I0094832

Sur les memoires De Condé

† L'abbé Lenglet du fresnoy ayant sceu que Mr Secousse faisoit
une nouvelle edition des memoires de Louis I. Prince de Condé
en cinq volumes in 4° crut qu'il pourroit risquer pour rendre
cette Edition plus complette d'y joindre un Supplement ou
Sixieme Volume, qui contient les pieces les plus rares et les plus
singulieres, du XVIe siecle qui n'entroyent point dans la Collection de Mr Secousse

ce Sixieme Volume contient 28 pieces, dont les quatre principales
sont
1° La Legende Du Cardinal de Lorraine
2° La Legende de Dom Claude de Guise Batard de Lorraine
3° L'apologie de Jean Chatel
4° La Mort de Ravaillac

L'abbé Lenglet comme ces pieces renferment ̄ faites dans des temps de troubles,
quelques
des maximes contraires a l'ordre public et a la tranquillité
du Royaume, L'abbé Lenglet n'a pas voulu les laisser paroître
de nouveau sans y joindre le contrepoison necessaire a leur
Lecture.
1° Quant à la legende de Cardinal Charles de Lorraine piece tresbelle et tres
bien faite, attaque les vastes idées et les projets dangereux de la maison de
Lorraine Guises, dont on a vu malheureusement les suittes facheuses, predites dès l'an 1574
que cette legende parut pour la premiere fois. Personne n'y prend aujourd'hui interest
les Princes de la maison de Lorraine ne viennent point des Dues de Guise, mais
d'une branche Collaterale. est-ce faire l'apologie de nos Rois, sur tout de la

maison regrettée que de faire voir les egaremens du ~~Duc~~ cardinal de
Lorraine ~~et~~ ~~qui feront~~ c'est ce qu'on a fait par les notes qui accompagnent cette
piece.

2° La Legende de Dom Claude d'alguise regarde un pretendu batard du ~~Duc~~ premier
Guise qui se fit moine et l'on en ferme et fait par des notes, fait par me[...]
du Cardinal Bellere' tirée de la Bibliotheque de S.M. Le mauvais d[...]
tement de ce moine, aussi personne n'y prend interet, pas mesme les fil[...]
de Guise, dont il fut abbé.

3° La Apologie de Jean chatel est la piece la plus mauvaise de ce Recuei[l]
celle sur l'impression de laquelle on pourroit le plus hesiter. mais o[n]
vois observations a faire à ce sujet : 1° cette apologie quoique dangereuse
vend publiquement dans Paris et il n'est pas de Bibliotheque ~~qui se for~~
~~publiquement~~ ou elle ne se trouve à l'on ~~l'eneau~~ sans qu'on y trouve de
~~ordre~~ Toute nüe et sans correctif ~~elle~~ n'est point la faute de ~~qu[...]~~
du mel, elle en fera beaucoup moins ~~par les~~ accompagnées des Notes que l'abbé Leng[...]
j'ajoutés pour en refuter les maximes dangereuses. 2° l'abbé Leng[...]
ayant dessein de reimprimer depuis environ 2 ans la Chronologie Novem[...]
et le feu d'argenson lui en demanda le plan ce que l'abbé Leng[...]
fit Verbalement, en marquant qu'il entre les notes qu'il y feroit entrer les pieces les plus rar[es]
du regne de Henri IV et notamment l'apologie de J. chatel : su[r]
quoi M. la Route d'argenson, qui a Leu cette piece repondit qu'elle éto[it]
trop forte et trop dangereuse, mais l'abbé Lengles pris la liberté de lu[i]
~~faire conoitre~~ qu'il ne la ~~laisserois~~ feront point reimprimer sans y mettre
le contrepoison necessaire à sa lecture ; ce qu'il ne fut point desappro[uvé]
par M. la Route d'argenson, et c'est ce que cet abbé executer ~~da[ns]~~
~~cette edition~~ 3° L'abbé Lengles scait et il en peut donner la preuve qu[e]
des libraires françois devroient reimprimer cette la Apologie et ils l'auroient
en Libraire, c'est à dire Sans y mettre le correctif necessaire : c'est ce qui a eng[...]
cet abbé ~~j'ajoute~~ à le prevenir par une edition qui corrigeât le malque celui[...]
pourroit faire dans les temps à venir.

4.º quant au Droict de françois Ravaillac; Il fut Imprimé non à Paris l'an
1610 non seulement en un Volume apart, mais même dans le mercure
françois Tome 1. os comme on l'avoit fait. Cola Imparfaitement
l'abbé Lenglet a suppléé à ce defaut par les mss. de la Bibliothe
que de S.M.

L'abbé Les autres pieces qui accompagnent ces quatre principales n'ont été
reimprimées que pour servir d'eclaircissement ou d'épreuves, mais Labbé
Lenglet les a toujours accompagnées de notes qui regardent le Droit
public du Royaume, par lesquels il met acouvert La personne de
nos Rois et de leurs ministres; Il a soin d'etablir les principes, qui
establissent La tranquillité et s'il a mis quelque chose qui souffre
a cet égard une juste censure, il offre de se soumettre a telle
peine qu'on Voudra Lui Imposer.

L'abbé Lenglet offre que l'on voudra bien regarder ce Livre comme
un Livre Etranger; c'est-à-dire de le remettre a l'examen d'un
homme habile dans le Droit public de La nation et s'il y a nece
quelque correction, à faire Il offre de se faire faire a ses dépens,
moyennant qu'on Lui en permette le debit comme un Livre étranger
et qu'on ne refuse pas même a ceux seux qui ne sont pas
regnicoles.

H Il est seur qu'il n'a rien qui puisse
blesser les Loix, Il n'a pas voulu publier les
notes sans les communiquer a une personne
exacte et versée dans Notre Droit public.

BIBLIOTHEQUE DE L'ARSENAL

No il faut remarquer qu'en mois de 9bre 1609.
l'Inquisition de Rome condamna comme mauvais le 14.18 et
mit à l'Index l'arrêt du Parlement rendu contre Jean
Chatel, Ce n'est pourtant pas que la Cour de Rome approuve
le Parricide ; mais c'est parceque par le même arrêt les
jésuites étoient chassés de France et déclaré corrupteurs
de la Jeunesse : que d'ailleurs on y condamne comme une
maxime très pernicieuse Celle et dire qu'Henry IV. n'étoit
pas dans le Sein de l'Eglise quand il eut reçu l'absolution
du pape.

pouvoit faite dans le temps averter. +

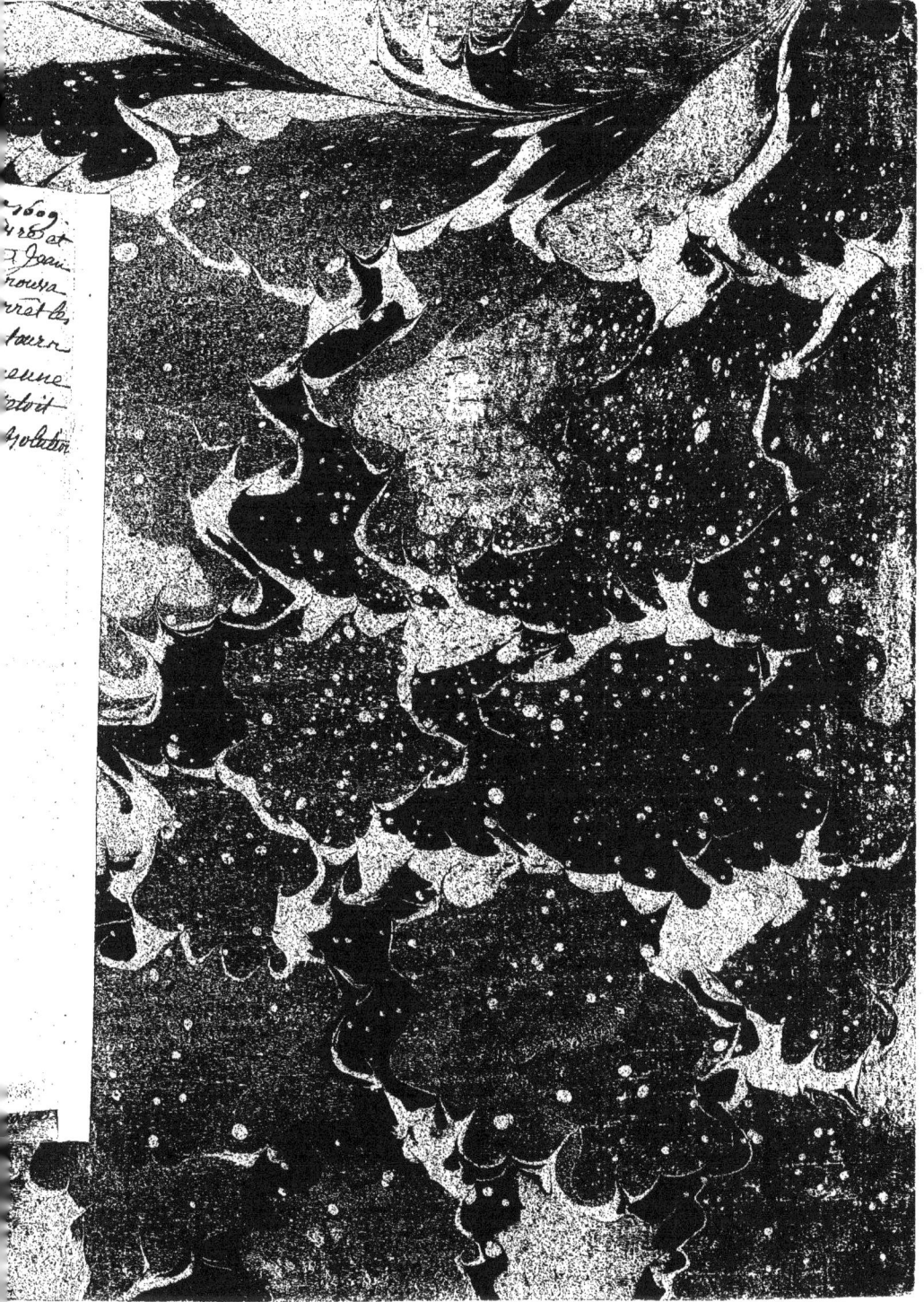

1609.
4 r8 et
7 Janu
nouvea
rret les
tour
enne
voit
violation

5651
H.

MEMOIRES

DE CONDÉ,

SERVANT D'ÉCLAIRCISSEMENT

Et de Preuves à l'Histoire

DE M. DE THOU.

SIX VOLUMES.

MEMOIRES
DE CONDÉ,
SERVANT D'ÉCLAIRCISSEMENT
Et de Preuves à l'Histoire
DE M. DE THOU,
TOME SIXIÉME.
OU
SUPPLEMENT

Qui contient la Legende du CARDINAL D[...] LORRAINE, *celle de* DOM CLAUDÉ DE GUISE, *& l'Apo[...] & Procès de* JEAN CHASTEL, *& autres, avec des Notes Historiques, Critiques, & Politiques.*

ERUDIT ET DITAT

A LA HAYE,
Chez PIERRE DEHONDT.

MDCCXLIII.

BIBLIOTHEQUE DE L'ARSENAL

4°·H·2803
6

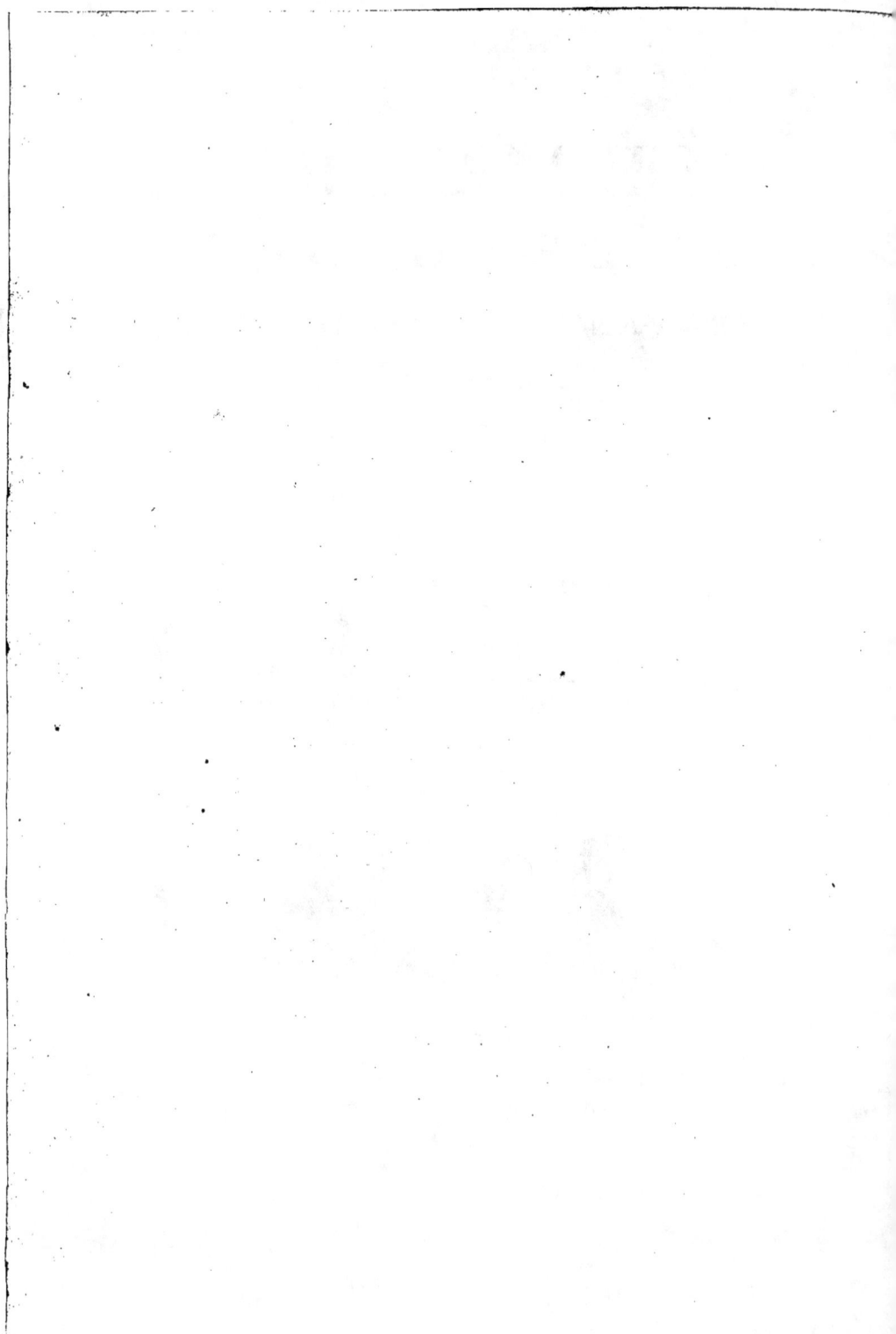

AVERTISSEMENT.

I.

Plan de cette Collection.

AYANT fçû que l'on donnoit une Edition nouvelle des MEMOIRES de Louis I. Prince DE CONDE', fi utiles pour la connoiffance exacte de l'Hiftoire des Rois François II. & Charles I X. j'ai crû qu'à l'imitation de l'habile Editeur de cet Ouvrage, je pouvois publier un Recüeil de Piéces curieufes & intéreffantes, qui ne feront, ni moins néceffaires, ni moins agréables au Public.

Mais on fçait que l'éloignement des tems, couvre ordinairement de quelque obfcurité ces fortes d'Ouvrages, furtout par rapport à des faits moins connus aujourd'hui, qu'ils ne l'étoient au moment de leur premiere publication. C'eft ce qui doit engager les nouveaux Editeurs à ne les jamais laiffer reparoître, fans les éclaircir, & quelquefois même les décorer d'obfervations, ou de piéces propres à y répandre la lumiere. Je fais enforte de l'exécuter dans cette Collection, que l'on peut qualifier, fi l'on veut, du titre de *Supplément aux Mémoires de Condé*, parce qu'il s'agit, furtout dans la premiere Partie, de perfonnes qui ont extrêmement figuré dans le tems des premiers troubles du xv I e. fiécle.

On a toujours regreté que François, Duc de Guife & Charles, Cardinal de Lorraine, n'ayent pas employé d'une maniere plus utile les grands talens dont Dieu les avoit favorifés. Quel bien n'auroient-ils pas fait au Royaume, qui avoit reçû généreufement dans fon fein Claude de Guife, leur pere, quoique Etranger, & qui les avoit élevé à ce haut point de grandeur, qui les fit longtems redouter par les Seigneurs les plus affectionnés au bien de l'Etat, & qui les rendit enfin la terreur de prefque tous les fujets du Roi!

Je

Je compte pour rien la haine , qu'ils s'étoient attirée de la part des Prétendus Réformés , parce que sous le prétexte spécieux de la Religion , ils vouloient terrasser un parti puissant, qui avoit refusé de se joindre avec eux , & d'être les Ministres de leur ambition démesurée. Mais combien les vrais Catholiques , & les plus fidéles sujets du Roi , n'ont-ils pas eu lieu de se plaindre d'eux ? Comme ils tendoient à parvenir au point suprême de la grandeur, ils obligerent le Roi François I I. à leur accorder la Charge de Grand Maître de sa Maison, possedée par le Connétable Anne de Montmorenci , l'un des plus zélés sujets qu'ayent eu nos Rois, qui avoient éprouvé l'inviolable fidélité de ce grand homme , & celle de sa Maison dans les tems les plus orageux. Et comme ils ont toujours eu le titre honorable de *Premiers Barons Chrétiens*, ils se sont aussi toujours appliquez à mériter la qualité de premiers & de plus fidéles sujets d'un Etat, dont souvent ils ont été le soutien. Les Guises n'ont pas mieux traité la Maison de Longueville , à qui le nom françois avoit de si grandes obligations. Ne lui ont-ils pas enlevé la Charge de Grand Chambellan, qu'elle avoit meritée par les plus importans services. Tous ces Seigneurs néanmoins, n'étoient pas des Protestans, qu'il fallut terrasser ou annéantir. C'étoient de zélés Catholiques, c'étoient des sujets fidéles, qu'il falloit écarter ou supplanter ; les Guises les trouvoient toujours en leur chemin , comme des obstacles, à chaque démarche qu'ils faisoient ; fermes dans leurs devoirs, on ne pouvoit ni les plier, ni leur faire embrasser les vûës d'ambition, qui animoient les Princes Lorrains. Ces Seigneurs se croyoient du moins autant que les Guises ; & ils avoient raison. Un cadet de Prince Etranger, vaut en France beaucoup moins, qu'un Seigneur sur le pied, où étoient alors les Longueville & les Montmorencis.

I I.

Caractere des Piéces employées dans ce Recüeil.

Toute cette conduite n'est que trop curieusement détaillée dans la *Légende de Charles, Cardinal de Lorraine* , qui commence la premiere partie de ce Recüeil , quoique cette Piéce imprimée d'abord en quinze cens soixante & quatorze & 1579, porte le nom du Sr. de Lisle , je le crois imaginaire ; quelqu'un auroit-il osé
se

fe déclarer auteur d'un Ouvrage auffi fatyrique. Ainfi, je compte
que l'on ignore qui en eft le véritable Auteur; mais elle vient
d'une main habile, qui connoiffoit bien le fujet qu'il avoit à traiter, & qui s'étoit muni des Mémoires les plus fûrs, pour appuyer
les faits qu'il avance. Et s'il étoit permis de fe livrer aux conjectures, je donnerois volontiers cette Légende au Sr. Louis *Regnier de
la Planche*, fort attaché à la Maifon de Montmorenci. Une hiſtoire
de troubles arrivés fous le régne de François II. qui lui eft attri-
bée, auffi bien que le *Grand & loyal devoir, fidélité & obéiſſance de Meſſieurs de Paris*, Ouvrages écrits dans le même goût, & avec la même
connoiffance des affaires, me feroient croire que cette Légende
coûle de la même fource. Je donne cette obfervation comme une
fimple conjecture, qui ne doit faire aucun tort à la mémoire du
Sr. de *la Planche*, qui paroît dans tous ces Ouvrages, auffi zélé pour
la Couronne, que pour la Maifon de Montmorenci; & par conféquent ennemi de l'ambition des Guifes, plûtôt que de leurs perfonnes. Ainfi la rareté de cette Piéce, n'en faifoit pas le feul mérite: quoiqu'elle fortit d'une main Proteftante, elle n'en étoit pas
moins agréable à tous les Catholiques, qui n'étoient pas les efclaves
des Guifes. Les Sçavans, qui l'ont toujours eftimée, en ont fçû
faire un ufage légitime, & ont engagé les amateurs de Livres, à
lui donner une place diftinguée dans leurs Cabinets; & je compte
leur faire plaifir de la publier de nouveau; mais décorée de quelques notes hiftoriques, qui en éclairciffent les obfcurités.

I I I.

Remarque fur la Harenga, *ou feconde Piéce de la premiere
Partie.*

La feconde Piéce de cette Partie, eft une fatyre ingénieufe
contre le Cardinal de Lorraine, imprimée en 1566. en un petit
in-octavo; c'eft la feule Edition que j'en connoiffe, & l'on ne
doute pas de fa rareté. Elle eft écrite en Vers Macaroniques,
c'eft-à-dire, en Vers latins burlefques. Elle regarde un fait fingulier, dont l'hiftoire ne donne aucune connoiffance. On avoit fouvent reproché au Cardinal de Lorraine d'accumuler fur fa tête,
contre l'efprit & les Canons de l'Eglife, une multitude prefque
infinie

infinie de Bénéfices, & même de ceux, qui comme les Evêchés, demandent une résidence particuliere. Le Pape Pie IV, qui termina heureusement le Concile de Trente, ne put s'empêcher d'en témoigner son étonnement à ce Prélat, qui badina sur ce reproche, & qui dit au Pontife, qu'il se réduiroit volontiers à l'unité d'un seul Bénéfice, en permutant tous ceux dont il étoit pourvû, contre celui de Sa Sainteté.

Le Cardinal avoit donc pris le parti de faire élire un Evêque Titulaire de l'Eglise de Mets, qui ne se mêloit que du spirituel : mais comme l'ambitieux Cardinal étoit plus touché du revenu du Bénéfice, que des fonctions Episcopales, il s'étoit fait nommer Administrateur temporel de cet Evêché. Ainsi l'Evêque n'étoit qu'un prête-nom du Cardinal. C'étoit proprement le premier Valet, mais cependant Valet spirituel de l'Administrateur de l'Evêché, où le Cardinal tranchoit du Souverain. Cet abus, qui tendoit à frustrer les Canons de leur exécution, & par conséquent à tromper l'Eglise, ne s'introduisit que trop en France, où l'on sacrifioit à l'avidité & au luxe des Gens de la Cour, même à des femmes, le revenu des Bénéfices, qui dans leur origine, avoient été destinés pour la subsistance des Pasteurs & des Pauvres. Heureusement il y a long-tems que nos Rois ont remedié à cet abus.

Après l'équipée de Paris, en 1565, où la vanité du Cardinal de Lorraine fut extrêmement abbaissée par le Maréchal de Montmorenci, & qui se trouve expliquée dans les notes sur cette Piéce, ce Prélat se rendit à Mets, pour y digérer doucement son chagrin. Là, il sçût que les Dominicains de cette Ville avoient dans le trésor de leur Sacristie, une fort belle Couronne d'or massif, enrichie de pierreries. Le Cardinal curieux, & même amoureux des belles choses, la voulut voir : les Religieux ne purent refuser de satisfaire la curiosité d'un Prélat de cette considération, qui se donnoit même en quelque sorte, pour leur Souverain. Ho, voir & retenir, dans cette occasion, fut la même chose pour l'avide Cardinal ; ainsi la Couronne ne revint pas aux Dominicains ; il quitta Mets, après y avoir commis quelques autres extravagances, qui seront bientôt détaillées, & se rendit à Cluni, & ensuite à l'Assemblée de Moulins, avec ce précieux dépôt.

Tel est le sujet de cette Piéce comique, où l'ingénieux Auteur feint, que le Chapitre général de l'Ordre de Saint Dominique, envoye une Ambassade célébre de plusieurs de ses Membres, pour
retirer

retirer des mains du Cardinal cette riche Couronne.

J'ai cherché, mais en vain, l'éclairciſſement de ce fait dans l'Hiſtoire de l'Evêché de Mets, du Pere *Meuriſſe* : j'ai même envoyé un Mémoire aux Dominiquains de cette Ville, pour m'informer s'ils n'avoient pas conſervé quelques idées, ſur l'enlévement de cette Couronne. J'ai crû leur devoir inſinuer, que pour en avoir connoiſſance, il falloit rechercher dans les anciens inventaires de leurs Reliques & de leurs Tréſors : mais je n'ai pu en tirer aucunes lumieres. Cependant le fait ne ſçauroit être, ni controuvé, ni imaginaire. On gloſe bien ſur ces ſortes d'événemens, mais on ne les invente pas du vivant de ceux-même à qui on les attribuë. C'eſt une ſatyre à la vérité ; mais toute ſatyre a un fondement réel dans l'hiſtoire générale ou particuliere. Et celui-ci doit paſſer pour certain, dès qu'il n'a pas été conteſté dans le tems même, qu'on le reproche au Cardinal de Lorraine ; il n'auroit pas été moins attentif à s'en juſtifier, qu'il le fut à ſe vouloir laver de l'équipée de Paris.

Je ne ſçai, ſi je n'ai pas chargé cette Piéce de trop de notes, quoiqu'hiſtoriques. En tout cas, il y a du remède ; le Lecteur impatient n'a qu'à ſauter par-deſſus celles, qui lui paroîtront trop longues.

Mais de qui vient cette Piéce ſi ingénieuſe ? Je n'ai pas été longtems à le chercher. Une perſonne habile, qui n'eſt pas moins verſée dans ces ſortes de faits particuliers, que dans le corps général de notre hiſtoire, m'a fait connoître qu'elle étoit de *Théodore de Béze.* La preuve s'en trouve page 51. de la Vie même de ce Théologien, publiée par Jérôme Hermès *Bolzec,* & imprimée *in-12.* ſous le nom de Turin, en 1582.* Elle eſt digne de l'enjouëment, de la légereté & du badinage des premieres années de Théodore de Béze, dont le nom eſt trop connu en tout genre de littérature, pour en parler ici en particulier.

I V.

De la guerre Cardinale, troiſiéme Piéce de ce Recuëil.

Ce même voyage de Mets produiſit une autre ſcéne extraordinaire,

***

* Il y en a une autre Edition *in-octavo* de Paris, de la même année.

dinaire, qui fit connoître le génie inquiet, & l'ingratitude de ce Cardinal. C'étoit à la recommandation de Henri II. qu'il avoit obtenu l'administration du temporel de l'Evêché de Mets. En qualité d'Administrateur, ce Prélat vouloit figurer, comme Prince de l'Empire. Il croyoit peut-être qu'il étoit indigne de lui, de se regarder comme un des plus Nobles Vasseaux de la Couronne de France, Royaume auquel pour le malheur de nos peres, il devoit son lustre & sa grandeur; mais cet homme, si fier en apparence, ne dédaigna point de ramper bassement devant un Empereur de la Maison d'Autriche, & de s'en déclarer le feudataire.

Il fut donc assez lâche & assez téméraire, pour mandier auprès de Maximilien II. une sauve-garde, par laquelle il faisoit rentrer les sujets du Pays Messin, sous la domination de l'Empire, au préjudice de la France, & malgré les conventions des plus illustres Membres du Corps Germanique, qui avoient imploré en 1551. le secours du Roi Henri II, & qui l'avoient même prié, pour les mettre à couvert de la tyrannie de Charles - Quint, de prendre sous sa protection la Ville de Mets, & le Pays Messin, pour être plus à portée de les secourir dans leurs besoins; convention qui fut exécutée en 1552. à la sollicitation du Cardinal de Lenoncourt, Evêque de cette grande Ville, & ratifiée par le Cardinal

Meurisse, Hist. des E- vêques de Mets.

de Lorraine lui-même * en 1556. Ainsi cet inquiet & turbulent Prélat, alloit contre son propre fait; & commettoit contre la Majesté Royale un crime, qui en tout autre tems, auroit été puni comme une félonie. Mais il ne fut redevable de la vie, ou de la liberté, qu'à la foiblesse du gouvernement, & aux intrigues pernicieuses de Catherine de Médicis, qui cherchoit des génies aussi broüillons, que celui du Cardinal de Lorraine, dont elle s'imaginoit avoir besoin, moins pour gouverner, que pour jetter le trouble dans le Royaume. Tel étoit le dangéreux moyen, dont elle se servit dans tous les tems, pour se rendre nécessaire, & par conséquent Maîtresse de tous les mouvemens de l'Etat.

Il paroît que cette Piéce, dont je ne connois qu'une Edition ancienne, est écrite, ou par Salcéde lui-même, ou sur les Mémoires de ce brave Officier. Bien qu'Espagnol, & par conséquent Etranger, il eut plus de reconnoissance que le Cardinal, & soutint vivement contre l'ambition de l'Administrateur, les intérêts de l'Etat, & la gloire de cette Couronne; mais moins récompensé de son zéle, que le Cardinal ne le fut de son crime; il devint plus d'une
fois

fois la victime de son attachement au Roi & au Royaume ; & pour couronner l'œuvre, les Guises le firent périr à la fatale journée de la Saint Barthélemy, quoique zélé Catholique : tant il est vrai, qu'il est quelquefois difficile ; franchissons le mot, & disons même, tant il est dangéreux de faire son devoir, quand il ne plaît pas au Ministre infidele, que l'on soit attaché à son Prince. Et par malheur, ce n'est pas la seule fois que cela soit arrivé.

Je me crois obligé de faire connoître ici une inattention, que j'ai commise. J'ignorois, lorsque j'ai fait imprimer cette Piéce, qu'elle le fut déja par l'illustre Éditeur des *Mémoires de Condé*, Tome V. p. 332. Mais lorsque je m'en suis apperçû, j'en avertis l'Imprimeur, qui me répondit en homme de sa profession, qu'il ne vouloit pas perdre son impression ; & qu'il valloit beaucoup mieux, la Piéce étant rare, que les Amateurs l'y trouvassent deux fois, que de sçavoir qu'elle y manquât, d'autant plus que les notes en étoient différentes. Ainsi je demande grace au Lecteur, pour cette bévûë : je souhaite qu'il n'y en ait pas de plus grande. Elle peut même passer à la faveur de la quatriéme Piéce, qui en fait comme la suite.

V.

De la quatriéme Piéce de notre Recueil.

Cette Piéce n'est pas a beaucoup près, aussi rare que la guerre Cardinale. Elle a pour titre : *Brief discours & véritable, des principales Conjurations de ceux de la Maison de Guise, contre le Roy & son Royaume, les Princes de son Sang & ses Etats.* Outre l'Edition, qui parut en 1565, dont je me suis servi, feu M. *Jean Godefroy*, Directeur de la Chambre des Comptes de l'Isle en Flandres, l'avoit publiée de nouveau, au tome troisiéme de la *Satyre Menippée* : il est vrai qu'elle n'y est point en sa place : & comme elle nous donne beaucoup d'actes, qui regardent *la guerre Cardinale*, j'ai cru la devoir mettre après ce petit Ouvrage, dont elle fait la suite. On ne sçauroit disconvenir, qu'elle ne vienne d'une main habile, qui avoit eu soin de se fournir de bons Mémoires : & si j'ose dire ma pensée, je crois qu'on ne sçauroit trop souvent réimprimer ces Piéces importantes, qui font voir combien il est dangéreux de trop élever dans un Etat des Sujets, qu'on ne sçauroit déplacer

sans

fans danger. C'eſt une leçon aux Princes, quoiqu'ils n'en ayent pas befoin ; c'en feroit même une pour les Miniſtres, ſi depuis long-tems, ils n'avoient pas eu la fage modération de fe regarder & d'agir comme les plus fidéles fujets du Roi & du Royaume. Mais du moins c'en eſt une aux peuples, pour les enga-ger à la déférence, qu'ils doivent avoir pour les perfonnes, qui ſont revêtuës de l'autorité Royale, s'ils ne veulent point fe jetter dans des troubles, dont eux-mêmes fouffrent beaucoup plus que les Chefs, ou que ceux qu'ils avoient deſſein d'attaquer de front. C'eſt alors qu'on peut dire avec vérité, *plectuntur Achivi.*

Mais en faifant reparoître cette Piéce, je l'ai munie d'un paſſe-port, à la faveur duquel elle prend un air de nouveauté ; ce ſont des notes hiſtoriques, par lefquelles j'ai foin d'éclaircir les obfcu-rités, dont elle pourroit être couverte pour des Lecteurs, qui ne feroient pas au fait de beaucoup de particularités de notre hiſtoire.

V I.

Les Etats de la France, opprimez par la tyrannie des Guiſes, cinquiéme Piéce de cette premiere Partie.

(1) Je termine cette premiere Partie par un morceau plus rare, que tous ceux qui ſont annoncez ci-deſſus. C'eſt une Piéce qui fut faite pour être préfentée au Roi François II, peu de tems après la confpiration d'Amboife. Elle a l'air d'une Requête, fous le titre néanmoins, que je viens de marquer. La lecture de cette Piéce, ne fçauroit manquer de furprendre ceux, qui voudront bien y faire attention. On prétend d'abord que la prife d'armes, qu'on y an-nonce, ne fut pas faite contre le Roi, ni contre fon autorité ; mais feulement contre l'Empire, que les Guiſes s'étoient attribué dans l'Etat au préjudice du bonheur des Peuples, au détriment de la tranquillité publique, auſſi bien qu'à la ruine de l'autorité royale. Le Duc de Guife & fon frere le Cardinal de Lorraine, avoient em-ployé tous les moyens qu'ils avoient pu imaginer, pour fe rendre maîtres de toutes les forces du Royaume. Le premier avoit un pou-voir

---

(1) Il faut bien rabattre de ce que je dis ici de rareté de cette Piéce, puifque je viens d'apprendre, qu'elle eſt imprimée, foit dans les premieres Editions des Mémoires de Condé, foit dans la belle & magnifique Edition, qu'on en va donner. C'eſt au T. I. page 405 Mais la faute étoit faite, quand je l'ai fçû. Ainſi cette Note fervira de correctif à mon texte.

voir abfolu, difons même defpotique fur tout le militaire, en quoi il étoit aidé par le Cardinal, qui fourageoit dans les Finances du Royaume, comme auroit fait le Partifan *La Croix*, lorfque dans nos dernieres guerres, il étoit détaché pour établir des contributions dans les Pays ennemis, & faire des exécutions militaires contre ceux qui s'y oppoferoient.

On y trouve des faits avérez & prouvez de trois Provinces, qu'ils ont voulu enlever à la Couronne, en conféquence de leurs prétentions imaginaires; fçavoir, la Provence, l'Anjou, & la Souveraineté du Barrois. On y remarque même une prophétie de ce qui eft arrivé dans les tems poftérieurs. Le peu de fujets, qui étoient reftés fidéles au Roi, les empêcherent donc de démembrer ces trois Provinces: les Guifes, pour n'en pas faire à deux fois, jugerent à propos de laiffer là ce détail de petites Provinces, & de prendre des mefures pour fe rendre maîtres du tout, en fe faififfant du trône des François. Ils firent courir de fauffes Généalogies, qui les proclamoient feul refte de la Maifon de Charles-Magne, fur laquelle Hugues Capet avoit ufurpé la Couronne. Ce prétexte chimérique, couvert du mafque de la Religion, penfa renverfer la France, c'eft-à-dire, l'Etat le plus floriffant de l'Europe. Une chofe doit furprendre, c'eft de voir un deffein de cette nature exactement fuivi pendant plus de 30 ans, fans que la mort violante des Chefs de ces funeftes entreprifes, ait rallenti leurs Succeffeurs & les ait rappellés à leur devoir. Ils en feroient venus à bout, fi la Providence n'avoit pas fufcité dans Henri IV. un Prince né pour faire la conquête & le bonheur de l'Univers; c'eft-à-dire, en qui le courage & la générofité combattoient à qui l'emporteroit.

Mais en parlant ici contre les projets ambitieux & téméraires des Guifes, je ne prétends point approuver la prife d'armes, que l'on fit alors contre leurs ufurpations & leur tyrannie. Il n'eft jamais permis d'attaquer à main armée, les Miniftres reconnus & avouez par le Roi; alors c'eft attaquer moins le Miniftre, que l'autorité Royale. Il y a des voyes moins dangéreufes, & pour les particuliers & pour les peuples : ce font les fages remontrances ; mais remontrances fi fouvent réiterées, que le Roi foit enfin obligé de faire examiner la conduite du Miniftre infidéle, dont on fe plaint.

VII.

ĕ

V I I.

SECONDE PARTIE
DE CE RECUEIL.

Les Piéces qui forment la Seconde Partie, quoique rares, font bien moins importantes & en moindre nombre, que celles de la premiere. *Dom Claude de Guife*, qui fait le fujet de la *Légende*, où fon nom fe trouve, étoit fils naturel du Premier Duc de Guife, Claude de Lorraine, mort en 1550. Elle eft remplie de tant d'horreurs, que je ne fçaurois m'imaginer, que tous les crimes dont elle pullule, puiffent être le fruit de la fcélérateffe, & de la férocité d'un feul homme. Elle a donc l'air d'un Roman, mais d'un Roman plus tragique, & plus funefte que ceux de l'Abbé *Prevot*, qui pour la noirceur, l'emportent fur tout ce que nous avons en ce genre. Toutes les démarches, toutes les intrigues y font compaffées de maniere, que tout réuffit à l'advantage de ce bâtard, qui termine enfin fes opérations, par l'empoifonnement du Cardinal de Lorraine en 1574: au moyen duquel Dom Claude de Guife, qui étoit Coadjuteur de l'Abbaye de Cluny, en devient Titulaire; & nous fçavons d'ailleurs par l'hiftoire, qu'il n'eft mort qu'en 1612.

Je ne défavoüerai pas cependant, que cet Abbé ne fût un très mauvais fujet: une Lettre du *Cardinal de Pellevé*, que j'ai tirée de la Bibliothéque du Roi, & que j'ai imprimée à la fin de cette Légende, fait voir qu'il y avoit un grand dérangement dans les mœurs de ce Moine, qu'il pouvoit même y avoir quelque chofe de plus, puifque le Pape étoit inftruit de fa mauvaife conduite. Le Cardinal *Pellevé*, quoiqu'idolâtre des *Guifes*, dont il étoit plûtôt le Valet que le Client, ne fçauroit s'empêcher de faire connoître à Dom Claude, quoiqu'en termes généraux, fa penfée fur l'excès de fes déportemens.

D'ailleurs, le reproche que l'on fait à Dom Claude dans cette Piéce, d'être le fils d'un Palefrenier, & non pas du Duc de Guife, ne devoit faire aucune impreffion: Hé, combien d'autres fe trouvent dans les mêmes circonftances, fans qu'on en faffe des Légendes ou des Satyres, ignore-t'on qu'en certains cas, un Muletier ou

un

un Palefrenier, l'emporte fouvent fur deux ou trois Princes. Les familles pour cela n'en font pas troublées ; on fçait que ces fortes d'écarts ne tirent point à conféquence dans la fociété civile, fi dans le droit *Pater eft quem nuptiæ demonftrant*; on peut dire auffi que celui-là eft fils naturel d'un Prince, qui eft avoüé pour tel par le Prince même. Quel privilége auroit eu le Duc de Guife de n'ê-tre pas trompé à de mauvaife marchandife, que l'on eft obligé d'acheter furtivement, puifqu'on l'eft même fouvent, en achetant loyalement dans les meilleurs magazins. Enfin ce qui doit décider en faveur de Dom Claude, eft que la Maifon de Guife l'a toujours reconnu. Elle le tira de l'Abbaye de Saint Denis, dont il étoit Profés, pour le faire Abbé de Saint Nicaife de Reims, d'où on le fit paffer à Cluny ; il y fit un fecond noviciat, en devint Coadjuteur, & enfin Titulaire de cette grande & célébre Abbaye : & dans l'Edit de réunion du *Duc de Guife*, avec Henri IV. au mois de Novembre 1594. le pardon accordé à *Dom Claude*, eft ftipulé & ratifié au premier article. Et il avoit eu l'honneur de capituler avec le Roi même, le 21 du mois d'Août 1594, alors il eut main levée de la faifie, que l'on avoit faite de fon temporel, & même de fon fpirituel en 1593.

Mais d'où vient cette animofité fi vive, contre un homme, qui ne figuroit point affez dans le monde, pour être traité en acteur principal de quelque Piéce tragique ? J'en ai tiré l'éclairciffement d'un fçavant & fage Religieux de la Congrégation de Cluny. Dom *Claude de Guife*, pour fe montrer digne de la Maifon de Lorrai-ne, qui vouloit bien l'adopter, s'étoit livré avec joye à la fureur des maffacres de la S. Barthélemy, dans la Ville & le Territoire de Cluny, où il y avoit beaucoup de Proteftans. Il n'en a pas fallu davantage, pour lui attirer de la part de ces derniers, cette horrible fatyre, la plus violente de celles que j'aye lûes. Il avoit fait fans doute quelques éxactions pécuniaires fur ces nouveaux Evangé-liques, comme on le marque dans cette Piéce, pour les obliger à fe redimer & à conferver leur vie par le moyen de quelque con-tribution. En faut-il davantage pour animer la plûpart des hom-mes, qui ne tiennent pas moins au bien qu'à la vie ? Enfin, je re-trouve dans toutes les horreurs que préfente ce Libelle, le carac-tere des gens de parti. On croit faire le bien de fa caufe, en déni-grant non-feulement le parti contraire, mais même tous les fujets

qui

qui peuvent s'y diftinguer, ou contre lefquels on a quelque animofité particuliere.

Je ne veux pas nier cependant, que Dom Claude de Guife
n'ait eu quelque talent, fi dans le tems du Cardinal de Lorraine
fon protecteur, il a fait quelque véxation, pour fatisfaire l'avidité
d'un Prélat, qui étoit continuellement aux expédiens, pour trouver de l'argent; on ne peut difconvenir fur le rapport même des
Religieux de cette Congrégation, que depuis qu'il fut Titulaire
de l'Abbaye de Cluny, il n'ait pris des mefures pour réparer les
maux qu'il avoit commis, n'étant que Coadjuteur. J'ai vû même
quelques - unes de fes Lettres, parmi les Manufcrits de *Béthune*,
dans la Bibliothéque de Sa Majefté, qui font des preuves de cette
attention, & qui de plus témoignent qu'il n'étoit pas fans quelque
génie. Rarement voit-on l'efprit manquer aux enfans de l'amour.

Je crois qu'on ne peut gueres héfiter fur l'Auteur de cet Ecrit
fatyrique: le foupçon roule fur deux perfonnes. L'une eft *Jean
Dagonneau*, à qui M. *De Thou* l'attribuë, fuivant le P. le Long;
cependant j'en ai cherché inutilement la preuve dans ce grand
Hiftorien. L'autre eft *Gilbert Regnault*, Seigneur *de Vaux*, qui fut
Bailli & Juge de Cluny. Il eft fort fouvent parlé de ce dernier
dans la Légende, pour les différens qu'il avoit eus avec le Cardinal de Lorraine, & avec Dom Claude de Guife. M. *De Thou*, ou
plûtôt le Pere le Long, l'attribue donc à *Dagonneau*; mais la Légende affurant qu'il fut empoifonné par le Coadjuteur de Cluny,
cette Satyre ne fçauroit venir de lui; & le titre de Seigneur de
Vaux, que l'on prétend donner à Dagonneau, qui ne poffédoit
point cette Terre, fait voir que c'eft une méprife dans le premier
nom de l'Auteur de la Satyre, & qu'en marquant *Dagonneau*, qui
n'étoit que Fermier de l'Abbaye de Cluny, on avoit eu deffein de
nommer *Regnault*, qui eft défigné par les qualités de Seigneur de
Vaux, Terre qui lui appartenoit. Ainfi je ne crois pas qu'il faille
s'embarraffer de pénétrer plus avant, & qu'on peut donner la Légende au Seigneur de Vaux, que l'on accufa même d'avoir fait
contre Dom Claude de Guife un *Pafquil*, ou *Pafquinade*, rapportée
au Chapitre XXXI. de cette Piéce. D'ailleurs, le détail circonftan-
cié qu'on fait dans les Chapitres 29. 30. & 31. de cette Satyre fur
le Sieur de Vaux, à l'air d'un Factum ou de l'Apologie d'une
perfonne intéreffée à tous les faits qu'on y raconte. On ne parle

pas

pas, même d'une ami avec autant d'affection & de foin que la Légende parle du Seigneur de Vaux dans ces trois Chapitres. Il fe fera donc livré à repréfenter tant d'horreur, pour fe dédommager de la double prifon où il fut mis de la part du Cardinal & de Dom Claude, & de diverfes rançons qu'il paya, auffi bien que de la perte de fon état de Juge de Cluny, qui lui fut ôté par le Cardinal de Lorraine, à la follicitation de Dom Claude de Guife. (1)

V I I I.

TROISIEME PARTIE DE CE RECUEIL.

La troifiéme Partie de ce Recuëil, est inconteftablement la plus ample & la plus intéreffante. Elle roule fur deux points effentiels de notre Hiftoire. Le premier, fur l'attentat commis en 1594. contre la perfonne de Henri IV. par Jean *Chaftel*, fils d'un Bourgeois de Paris.

L'autre eft la mort fatale de ce grand Prince, procurée par François *Ravaillac*, d'Angoulême, le 14. Mai 1610.

Ainfi la premiere Piéce de cette Partie, eft l'*Apologie pour Jean Chaftel*, imprimée *in-octavo*, en 1595. fous le nom de *François de Vérone Conftantin*. On héfita d'abord fur l'Auteur de cette infâme Piéce; & on l'attribua aux Jéfuites. Elle fut même traduite en latin, & imprimée *in-octavo* en Allemagne, fous le titre de *Jefuita Sicarius*. Quelques - uns ayant vû à la tête le nom de François de Vérone, l'ont attribuée au célèbre *Pere Veron*, Jéfuite. Mais Emmanuel *Meteren*, Hiftorien des Pays-bas, & plus équitable que les Proteftans fes Confreres, reconnoit fur l'année 1595, qu'elle n'eft pas des Péres de cette Compagnie, qui même la défavouèrent dans une Remontrance au Roi Henri IV. (2) p. 13. Le Roi en fut perfuadé, & *Meteren* nous apprend d'ailleurs que le véritable

Auteur

---

(1) Nous avons deux Editions anciennes de cette Légende : l'une de 1574. *in-octavo*, fous le titre de *Légende de Saint Nicaife*; c'étoit le titre qu'avoit eu d'abord Dom *Claude de Guife* : l'autre en pareille forme *in-octavo*, parut en 1581. fous le titre de *Légende de Dom Claude de Guife*, *Abbé de Cluny*, &c. Je me fuis fervi de cette derniere, n'y ayant de différence entre ces deux éditions, que celle du titre que je viens de marquer.

(2) Très-humble Remonftrance & Requefte des Religieux de la Compagnie de Jéfus, préfentée au Très-Chreftien Roy de France & de Navarre Henry IV. *in-octavo*. Bourdeaux, par Simon Millanges, Imprimeur Ordinaire du Roy. 1602.

ẽ 3

Auteur de cette Piéce les en justifia. C'est même ce qu'assuroit aussi le Roi Henri IV. au rapport de *Pierre Matthieu*, page 607. du Tome 2. de son Histoire de France.

J'ignore les égards que pouvoient avoir Meteren & Matthieu, pour ne pas déclarer le nom de Jean *Boucher*. Dès qu'il ne s'en cachoit pas, on pouvoit bien aussi faire la même chose à son égard. Le nouvel Editeur de la Bibliothéque Belgique de *Valere André*, n'en disconvient pas. Aussi la Tradition donne cette Apologie à *Jean Boucher*, autrefois Curé de Saint Benoît à Paris, le plus furieux de tous les Ligueurs, & depuis fugitif dans les Pays-bas, ayant été contraint de quitter la Capitale avec la garnison Espagnole, le 22 Mars 1594. Lorsque le Roi Henri IV. se rendit Maître de cette Ville. On sçait que *Jean Boucher*, étoit d'une bonne famille de Robe (1), qu'il nâquit à Paris en 1551, qu'après le cours ordinaire de ses études, fait vraisemblablement à Reims, il fut Recteur de l'Université de cette Ville en 1575, d'où il se transporta à Paris, & y devint en 1581 Prieur de la Maison de Sorbonne, & Recteur de l'Université de Paris. Ce fut en cette derniere qualité, que la même année, il soutint au Parlement la cause de l'Université, sur le Parchemin & les Parcheminiers. En 1582, il fut fait Lecteur, c'est-à-dire, Professeur en Théologie. En 1585 & 1586, il se jetta dans le parti de la Ligue, dont il fut l'un des quatre premiers Membres, avec Matthieu de Launoy, Chanoine de Soissons. Il devint même l'un des plus ardens défenseurs du Parti, & fut admis au conseil des Seize. Son zéle pour la Ligue alloit jusqu'au fanatisme ; & dès qu'il y avoit un grand crime commis par les Ligueurs, on pouvoit dire à coup sûr, que Jean Boucher en étoit l'instigateur, ou du moins le complice. Sa conscience les lui reprochant tous, il sentit bien qu'il n'y auroit pour lui aucune grace à espérer, c'est ce qui le détermina à fuir vers les Pays-bas. Retiré en Flandres, il y composa l'*Apologie de Jean Chastel*, qui vrai-semblablement

Historia Universit. Paris. Tom. VI.

(1) Je ne prétends point faire ici la Vie de Jean Boucher ; je dirai seulement, qu'en 1600. il avoit dessein d'aller à Rome, mais le Cardinal d'Ossat dit dans ses Lettres qu'il en parla vivement au Pape Clément VIII. & ce voyage n'eut pas lieu, Boucher craignant quelque funeste avanture dans la Capitale du monde Chrétien. En 1610. il fut fait Archidiacre de Tournai, & publia quelques mauvais Livres, & mourut seulement en 1646. âgé de 96. Mezerai dit qu'il se repentit de tout ce qu'il avoit fait mais quelle preuve en a-t'on ? Il auroit fallu en persuader le Public, par des Ecrits imprimez. Nous avons ses *Sermons sur la simulée conversion de Henri IV.* imprimés plusieurs fois in-8°. 1594. Il fit encore contre M. Despernon la *Gaverston*, & contre Henri III. *de justa Henrici III. abdicatione*, in-8°. *Paris* 1689. & *Lugduni* 1591. Cette édition est la plus ample.

ment fut imprimée d'abord à Doüay *, puisque *Meteren* marque , * Il y en
qu'on les alloit vendre dans les Auberges de cette Ville. a plusieurs

Le jugement qu'on peut porter de cet horrible Livre, est qu'il autres Edi-
renverse le droit naturel , & attaque le fondement de toute socié- tions, faites,
té civile , en mettant , sous prétexte de Religion , les armes à la à ce qu'on
main de tous les fanatiques & de tous les séditieux. On y voit un dit, en Alle-
magne.
abus continuel de l'Ecriture-sainte , & si Philippe II. Roi d'Espa-
gne n'avoit pas été possedé lui-même d'une passion plus vive, que
celle des plus outrés Ligueurs , il auroit fait condamner & exécuter cet impie & dangéreux Ecrivain , par l'autorité des Loix & de
la Justice , loin de le récompenser , comme il fit , d'un Canonicat
de Tournay , vacant en Régale en 1597. Son Livre n'attaquoit
pas moins ce Prince , que le Roi Henri IV. Il n'y a plus de Souverain légitime , dès qu'on s'en rapporte à une populace effrenée ,
séduite par des Prédicateurs séditieux.

Les Apôtres ont établis la Religion Chrétienne , non pas en
assassinant les Princes , mais en se présentant eux-mêmes à la mort
pour la défense de l'Evangile. Ils n'ont pas dit révoltez-vous contre les Souverains , qui refusent d'adhérer à la Foi , ou qui ne veulent pas nous accorder la permission de professer & de prêcher la
Doctrine de Jesus-Christ. Au contraire , en suivant la maxime de
Jesus-Christ , ils ont rendus à César , quoiqu'Idolâtre , ce qui lui
étoit dû , comme César ; ils ont reconnu que toutes Puissances
Souveraines étoient ordonnées de Dieu même, & que leur résister,
c'étoit attaquer la Divinité. Ils ont poussé plus loin les maximes ,
qu'ils avoient reçûes de Jesus-Christ , puisqu'ils nous ont ordonné
la soumission aux Maîtres , à ceux mêmes qui étoient de mauvaise
humeur , où dont les sentimens ne s'accordoient point avec les
nôtres ; quand même ce ne seroient pas des Souverains.

Quel contraste entre ces sentimens inspirez non-seulement par
la Divinité ; mais suggérez même par la Loi naturelle : & la morale pernicieuse de *Jean Boucher.* Ce fanatique , sous le voile du
Christianisme , devenoit disciple de Mahomet , en voulant que
l'on prêchât la Religion , le poignard à la main. Ce n'étoit pas en
lui un égarement de quelques jours ; ce n'étoit point un accès
passager de sédition ; une fureur constante contre l'Auguste sang
de nos Rois , l'agitoit & le possédoit. Il avoit dès l'an 1589. &
1591 , fait l'Apologie du Parricide commis en la personne du Roi
Henri III , par *Jacques Clément,* comme d'une action loüable ; &

eiij

en 1595, il fait celle d'un semblable crime, attenté par *Jean Chaſ-tel*, contre la perſonne du Roi Henri IV. il ne ſe contente pas de s'expliquer avec ces termes de fureur, qu'il avoit puiſés dans les emportemens de la Ligue, il fait encore trophée d'une érudition recherchée, quoique mal entenduë; & par un abus continuel des textes & des exemples de l'Ecriture-Sainte, il prétend que le for-fait commis par *Jean Chaſtel*, eſt une action loüable & digne des récompenſes céleſtes. Ce miſérable n'auroit-il aſſaſſiné qu'un homme privé, n'auroit-il attaqué qu'un particulier, de quel droit le faiſoit-il? quelle autorité légitime le chargeoit de cette action? par qui étoit-il diſpenſé de la Loi divine, qui marque que celui qui tuë eſt digne de mort?

Mais le bonheur de la France voulut que ce Livre ne parut, que ſur le déclin de la Ligue; car rien n'étoit plus capable de la ſoutenir, ſi dèſlors elle n'eut pas été terraſſée, par les armes vic-torieuſes du légitime poſſeſſeur du Trône des François. Je ſçai qu'il ne peut faire aujourd'hui aucune impreſſion, les eſprits ſont plus éclairez, & les cœurs plus dociles. Le François devenu ſage, reſerve ſon courage pour la défenſe de l'Etat, & ſe garde bien de l'employer pour ſa deſtruction; c'eſt un Livre de curioſité, que ſa rareté fait rechercher des amateurs; cependant je n'ai pas voulu le faire reparoître, ſans y appliquer le contrepoiſon, en expliquant ſuivant les occaſions, les principes inconteſtables du Droit naturel & du Droit des gens.

I X.

Avertiſſement aux Catholiques, ſeconde Piéce de cette troiſieme Partie.

La ſeconde Piéce de cette Partie, eſt l'*Avertiſſement aux Catho-liques*, ſur l'*Arreſt de la Cour du Parlement de Paris, en la Cauſe de Jean Chaſtel.* Cette Piéce, quoique moins rare que l'*Apologie*, n'eſt pas moins furieuſe. C'eſt un abregé ſuccinct, mais aſſez exact du Livre de *J. Boucher.* Je l'ai pris ſur un imprimé, publié *in-octavo*, en 1595.* On doit y appliquer les mêmes principes, que j'ai employés pour réfuter les égaremens de Boucher. J'en ignore l'Auteur, peut être vient-ils de la même main. L'uniformité de ſentimens & de diſ-cours, me le feroit volontiers penſer. Quoiqu'il y paroiſſe moins de fureur, étant plus concis, il n'en eſt que plus dangéreux.

> *Elle ſe trouve auſſi dans les *Mémoires de la Ligue.*

X

X.

Lettre du Roy Henri IV. aux Habitans de la Ville de Lyon, sur l'assassinat attenté contre sa personne.

A peine le Roi fut blessé, que pour tranquilliser ses Sujets, justement allarmés, il leur écrivit une Lettre ; qui paroît avoir été circulaire, du moins pour les grandes Villes. On y retrouve le caractére libre & dégagé de ce Prince, que rien n'étonnoit; mais cependant toujours reconnoissant envers la Divinité, qui l'avoit si visiblement protégé dans cette occasion ; & je la publie sur un imprimé du tems même.

X I.

Procédure faite contre Jean Chastel.

Je n'ai pas voulu faire paroître l'*Apologie de Jean Chastel* & l'*Avertissement aux Catholiques*, sans les accompagner de la procé-dure faite contre ce Parricide. Je me suis servi non-seulement des Imprimez du tems même ; mais j'y ai joint l'*Histoire abregée du Pro-cès* de ce Criminel, avec son *Interrogatoire*, tiré d'un Manuscrit très-curieux de la Bibliothéque de Sa Majesté. Les inscriptions gravées sur les diverses faces de la Pyramide, inserées dans le Ma-nuscrit que je cite, ne subsistent plus que dans nos Livres ; & peut être que les curieux ne seront point fâchez de les trouver ici, aussi bien que l'abrégé de l'assassinat projetté par Pierre Barriere, qui est dans quelques Imprimés. Si l'on y voit la proscription des Jé-suites, on y remarque aussi leur glorieux rétablissement, qui ar-riva sur la fin de 1603.

Cette Pyramide fut détruite en 1604, peu de tems après que le Roi Henri IV. cherchant à s'attacher les Jésuites, leurs permit de rentrer dans ses Etats. A la place de cette Pyramide, on avoit *mis le réservoir d'vne Fontaine, dont toutes les eaux*, dit un de nos His-toriens, *ne sçauroient jamais effacer la mémoire d'un crime si horrible.* Mais la Fontaine a suivi la Pyramide & a disparu.

Mezerai, abrégé, à l'an 1604

Toute cette Procédure & le Procès, sont remplis d'Arrêts no-tables,

tables, foit contre les Jéfuites, foit contre quelques-uns de leurs Membres ; parce qu'ils s'étoient livrés aux excès de la Ligue ; il ne faut pas s'en étonner, puifque la plûpart des autres Religieux, & prefque tous le refte des Eccléfiaftiques de Paris, j'en excepte les Bénédictins & les Chanoines Reguliers, s'y étoient pareillement engagez. Ainfi ils ont fuivi la maladie du tems. Ils avoient alors précifément autant d'ennemis que d'amis. Mais il y a près d'un fiécle que cela eft entiérement changé ; il femble qu'on fe foit attaché à les décrier plus que tous les autres, en publiant contr'eux la *Profopopée* & la *Complainte de la Pyramide*, l'*Invective* & le *Difcours d'Etat*, & beaucoup d'autres Ouvrages. Cependant, en faifant réimprimer la plûpart de ces Piéces, on les a fait reparoître comme des monumens hiftoriques, & l'on s'eft bien gardé de fuivre la paffion de leurs premiers Auteurs ; leur rareté a été le feul attrait, qui a porté à les publier de nouveau. D'ailleurs, on fçait, fi depuis ces tems orageux, les Membres de cette illuftre Compagnie fe font rapprochez du Droit public de la Nation, & s'ils plaignent leurs Ancêtres d'avoir donné dans ces égaremens. Pleins d'efprit & de lumieres, ils regardent ce qu'on dit de leurs Prédécefleurs, comme des effets d'une maladie périodique, qui ferpentoit dans tout le Royaume. Ainfi leur dire qu'ils ont été Ligueurs, inviolablement attachez aux Guifes, lorfqu'ils etoient puiffans, ennemis de Henri III, parce qu'il étoit foible ; & des premieres années de fon Succeffeur, tant qu'il n'a pas eu le deffus ; ils ne s'en formalifent pas plus, que fi on leur difoit, qu'ils ont été attaquez de la pefte, ou de quelque maladie populaire. Tel eft le paffeport, à la faveur duquel je fais rentrer ces Piéces dans le commerce de la Littérature.

X I I.

Arrêt fur la Ville de Lyon.

La Ville de Lyon, quoique foumife aux Arrêts du Parlement de Paris, cherchoit néanmoins par fa conduite à y donner atteinte, ou du moins à les éluder. Elle devoit choifir un Principal pour fon Collége. Les Chefs s'aviferent de jetter les yeux fur *Porfan*, qui avoit quitté la Compagnie de Jefus. Mais la Cour de Parlement, qui craignoit qu'on ne voulut fous ce prétexte, & par quelque nouveau déguifement, introduire les Jéfuites dans cette Ville de fon reſſort, refuſa de recevoir ce Principal, qui d'ailleurs étoit un homme notté ; & par un Arrêt confirmatif de pluſieurs autres, elle s'expliqua, & ne voulut admettre aucun Jéſuite, quand même ils auroient abjuré & renoncé aux vœux de la profeſſion par eux faits. L'Avocat Général *Marion*, fit à ce ſujet un plaidoyer extrêmement curieux & recherché. C'eſt ce que je publie ici, comme la derniere Piéce de l'affaire de *Jean Chaſtel.*

XIII.

Procès de Ravaillac.

Je fais ſuivre enfin le Procès de Ravaillac, dont le myſtere n'eſt pas encore bien développé. Quoique cette Piéce ſoit imprimée ſéparément dans le tems, & enſuite dans le premier Volume du *Mercure françois.* Cependant elle fut d'abord donnée ſi imparfaitement, qu'on ne me ſçaura pas mauvais gré de la publier de nouveau ; mais beaucoup plus entiere ſur un Manuſcrit de la Bibliothéque de Sa Majeſté. On y trouvera les cinq Interrogatoires de ce miſérable.

Puiſqu'on ne ſçauroit être ſûr d'avoir une vérité certaine ſur les cauſes & les motifs de ce terrible événement, voyons du moins ce qu'il y a de plus vraiſemblable. Voici le rapport de nos Hiſtoriens.

Mézerai, dans ſon Abregé, raconte ainſi le fait : « Il y avoit long-tems que le monſtre exécrable, qu'on nommoit François « Ravaillac, avoit formé la réſolution de tuer le Roi. Il étoit nâtif « d'Angoulême, âgé d'environ trente-deux ans, fils d'un homme « de Pratique, qui vivoit encore pour lors. Du commencement, « il avoit ſuivi le métier de ſon pere, puis il s'étoit jetté dans les « Feüillans, & y avoit été Novice : mais on l'avoit mis dehors pour « des rêveries extravagantes (1). Quelque tems après, il avoit été « empriſonné pour un meurtre (2), dont pourtant il ne fut point « convaincu ; au ſortir de-là il s'étoit remis à ſolliciter des Procès, « » &

(1) Ce qui eſt marqué juſqu'ici par Mezerai, eſt tiré des Interrogatoires de Ravaillac, rapportez troiſiéme Partie, page 220. & ſuivantes.

(2) Il eſt parlé de ſa priſon dans ſes Interrogatoires, mais ſans qu'on y trouve aucun détail. Il eſt dit ſeulement, qu'un faux témoin dépoſa contre lui.

„ & il en avoit perdu un en son nom , pour une succession , si bien
„ qu'il se réduisit à montrer à de petits enfans du menu peuple de la
„ Ville d'Angoulême (3). L'austérité du Cloître, l'obscurité de sa
„ prison, la perte de son procès, & l'extrême nécessité où il se trou-
„ voit réduit, lui égarerent l'imagination , & irriterent de plus en
„ plus son humeur attrabilaire. Dès sa premiere jeunesse, les cha-
„ leurs de la Ligue, les Libelles & les Sermons de ses Prédicateurs ,
„ lui avoient imprimez dans l'esprit une très-grande aversion pour
„ le Roi ; avec cette croyance, qu'on peut tuer ceux qui mettent la
„ Religion Catholique en danger , ou qui font la guerre au Pape.
„ Il étoit si fort échauffé sur ces matieres , qu'il ne pouvoit enten-
„ dre prononcer le nom de Huguenot, qu'il n'entrât en fureur.

  „ Ceux qui avoient premédité (4) de se défaire du Roi , trouvant
„ cet instrument propre pour exécuter leur dessein , sçûrent bien
„ le confirmer dans ces sentimens; ils trouverent des gens à leur
„ poste qui l'obsséderent continuellement, sans qu'il crût être obse-
„ dé ; qui le firent instruire par leurs Docteurs , & lui enchanterent
„ l'esprit par des visions supposées , & autres semblables artifices.
„ Cependant ils lui faisoient fournir quelque argent de fois à au-
„ tres , sans (5) qu'il sçût précisément d'où il venoit ; mais c'étoit
„ toujours fort petitement , de peur que s'il eut été à son aise , il
„ n'eut perdu cette dangéreuse pensée. Il y a des preuves , qu'ils
„ le menerent jusqu'à Naples (6), & que là , dans une assemblée
„ qui se fit au Logis du Viceroy (7), il s'en trouva plusieurs au-
„ tres , qui s'étoient dévoüez à une même fin. Ils le firent venir
„ d'Angoulême à Paris deux ou trois fois : enfin , ils le conduisi-
„ rent si bien à leur gré , qu'ils accomplirent par sa main sacrilége
„ la détestable résolution de leur cœur.

  „ La veille de l'entrée de la Reine, qui étoit un Vendredi, peu
„ avant les quatre heures du soir , comme le Roi alloit à l'Arsenal,
„ sans ses Gardes , pour conférer avec le Duc de Sully , & qu'il
                                         lisoit

---

(3) Ceci, depuis la note 1. est encore tiré de ses Interrogatoires.

(4) Ravaillac dans ses Interrogatoires , a toujours soutenu , que personne ne l'avoit incité à ce crime.

(5) Quelquefois il demandoit l'aumône , d'autres fois il se déguisoit en habit bourgeois. C'est ce qu'on peut voir dans la premiere Lettre de Nicolas Pasquier , fils d'Etienne. On peut voir aussi les Mémoires de l'Etoile.

(6) Ceci est détaillé dans le Factum du Capitaine la Garde , qui en 1608. vit Ravaillac à Naples , & il est étonnant que cette circonstance soit échappée aux Juges.

[7] Ce n'est pas chez le Viceroi , mais chez le Sieur de la Bruyere , fugitif & banni de France , & chez quelques autres particuliers , que se tenoient ces assemblées.

lifoit une certaine Lettre [8]; un embarras de quelques charettes «
ayant arrêté fon carroffe dans le milieu de la rüe de la Féronne-«
rie, qui alors étoit fort étroite; & fes Valets-de-pieds paffant «
fous les Charniers de S. Innocent; ce malheureux monta fur une «
des roües de derriere, & avançant le corps dans le carroffe, le «
frappa de deux coups de coûteau dans la poitrine; le premier gliffa «
entre les deux premieres côtes, & n'entra point dans le corps; «
mais le fecond lui coupa l'artére veneufe, au-deffus de l'oreille «
gauche du cœur, fi bien que le fang en fortant avec impétuofité «
l'étouffa en un moment, fans qu'il pût proferer aucune parole. «

La confufion & le trouble avoient tellement faifi ceux qui fe «
trouverent préfens à ce tragique accident, que fi Ravaillac eut «
jetté fon coûteau, on ne l'eut point reconnu; mais ayant été pris «
le tenant encore à la main, il avoüa le coup auffi hardiment, que «
s'il eut fait quelque action héroïque [9]. On remarqua deux «
chofes, dont le Lecteur tirera telle conféquence qu'il lui plaira: «
l'une, que lorfqu'on l'eut pris, on vit venir fept ou huit hommes «
l'épée à la main, qui difoient tout haut, qu'il le falloit tuer [10]; «
mais ils fe cacherent auffi-tôt dans la foule: l'autre, qu'on ne le «
mit pas d'abord en prifon, mais entre les mains de Montigni, «
& qu'on le garda deux jours dans l'Hôtel de Rets, avec fi peu «
de foin, que toutes fortes de gens lui parloient [11]: entr'autre «
un Religieux [12], qui avoit de grandes obligations au Roi, «
l'ayant abordé, & l'appellant *mon ami*, lui dit, *qu'il fe donna bien* «
de garde d'accufer les gens de bien.» Tel eft le recit de *Mézerai*, qui
a vû clair dans quelques-unes des circonftances de cet horrible
parricide, comme on le voit par les notes que nous y avons jointes: mais on fent bien qu'il n'a ofé tout dire.

Le Pere *Daniel*, à fon ordinaire, ne dit rien de fort merveilleux; il rapporte très-fechement le fait de la mort de Henri IV,
&

---

[8] Ce n'étoit pas le Roi, mais le Duc d'E-
pernon, qui lifoit un Mémoire, que le Roi venoit de lui remettre. Ce Mémoire venoit du
Comte de Soiffons, qui reprefentoit au Roi fes
griefs & fes demandes. Voyez la premiere Lettre de *Nicolas Pafquier.*
[9] M. De l'Eftoille, en fes *Mémoires*, à l'an
1610. marque que ce miférable, quoiqu'arrêté,
» paroit réfolument à un chacun, gauffant
» même les plus curieux, qui lui demandant qui

» lui avoit fait faire ce coup, *gardez*, leur di-
» foit-il, *qu'en fin je ne die que c'eft vous.*
[10] Ceci eft tiré de Pierre *Matthieu*, Hiftoir.
de la mort de Henri le Grand, *in-fol.*
[11] Rien n'eft plus étonnant que cette conduite, mais il femble que l'on craignoit de voir
trop clair dans ce trifte événement.
[12] C'eft du P. *Cotton*, dont Mézerai veut
parler, furquoi on peut voir cet entretien dans
les Mémoires de l'Eftoille, à l'an 1610.

& y ajoûte une feule circonftance, qui regarde le Duc d'*Efpernon*, qui eft que le Sieur de Saint Michel, Officier des Gardes du Corps, ayant tiré l'épée fur Ravaillac, ce Duc s'écria ; *fur tout Saint Michel prenez-garde de le tuer ; il y va de la vie pour vous.* Je ne puis défavoüer que cette circonftance ayant été examinée dans une des Conférences, qui fe tenoient chez M. *Huet*, ancien Evêque d'Avranche, il nous affura que fuivant une copie exacte, qu'il avoit du Procès de Ravaillac, différente des imprimés, cela ne pouvoit être. Cependant quoique je ne fois pas conftitué pour faire ici l'apologie de ce Jéfuite, je dirai que j'ai lû le même fait dans la première Lettre de Nicolas *Pafquier*, fils d'Eftienne ; elle fut écrite peu de jours après la mort du Roi ; il marque donc que *le Duc d'Efpernon (fe fouvenant du Moine, qui tua Henri III. lequel fut occis fur le champ) crie, Saint Michel ne le tuez pas : il y va de votre tête.* Ce qu'il repete dans fa Lettre 6. du Livre 5. circonftance dont il fe fert, & après lui le Pere *Daniel*, pour juftifier le Duc d'Epernon, fur les foupçons de la mort de Henri IV. que l'on avoit prétendu femer contre l'innocence de ce Seigneur. Il croyoit que l'on pourroit tirer de la bouche de Ravaillac, l'aveu de fes complices ; ce qu'il n'auroit pas fait, s'il y avoit eu lieu de l'en foupçonner luimême. Mais les Peres Jéfuites nouveaux Editeurs de l'Hiftoire de France du Pere *Daniel*, peuvent vérifier fur le procès de Ravaillac, que M. *Huet* leur a laiffé dans fa belle Bibliothéque, s'il y avoit quelque fondement dans le doute, que ce fçavant Evêque formoit contre le Pere *Daniel*. Car je ne crois pas qu'ils vouluffent me le communiquer ; mais en tout cas, ils ne me le refuferont point ; & n'en déplaife au Pere *Daniel*, il devoit entrer dans un plus grand détail de ce grand événement, il valoit bien la peine d'être examiné plus férieufement, qu'il n'a fait.

Le dernier endroit, où l'on a touché quelque chofe de la mort de Henri IV. eft la *Méthode pour étudier l'Hiftoire*, tome 2. chapitre 29. page 280. & fuivantes, de la première édition. « L'Hiftoire » de la mort de Henri IV. dit l'Auteur, eft une intrigue qu'on n'a- » voit pas voulu développer. On s'eft imaginé que c'étoit le coup » d'un infenfé, qui avoit perdu l'efprit. On fe trompe : ce fut une » affaire de parti, projettée & méditée à Naples [1], en 1608. &

malheureufement

[1] *Méditée à Naples.*] Ceci eft tiré du Fac- | connois cinq Editions : c'eft pourquoi, je ne tum du Capitaine *Pierre La Garde*, dont je | l'ai pas réimprimée dans ce Volume. Trois Edi-

malheureusement exécutée en France en 1610. Un reste de la Li- «
gue y entra ; les fugitifs François le conçûrent avec le Pere Ala- «
gona, Jésuite, oncle du Duc de Lerme, & le proposerent à Na- «
ples en 1608. au Capitaine Lagarde. Il y connut alors Ravaillac, «
qui revint en France pour cette horrible exécution. Ce dernier «
avoit servi dans la Compagnie du Duc d'Espernon [2], qui eut «
toujours avec Henri IV. son Maître, cette fierté mal entenduë, «
que sa faveur sous Henri III. lui avoit inspirée. Ravaillac étoit sou- «
vent chez lui après son retour de Naples [3]; & il geroit alors les «
affaires de Madame de Verneüil, Maîtresse disgraciée de Henri «
IV. Elle avoit déja trempé avec le Comte d'Auvergne son frere, & «
le Marquis d'Antragues son pere, dans quelques mouvemens con- «
tre ce Prince. D'Espernon & Madame de Verneüil se donnerent «
des rendez-vous fréquens pour concerter cette funeste expédi- «
tion, & on en ouit le projet de leur bouche dans un rendez-vous, «
qu'ils s'étoient donné à Saint Jean - en - Greve. Le Roi en fut «
averti [4] : mais soit aveuglement, soit excès de bonté, qui le «
» rendoit

---

tions sont de l'an 1619 : une quatrième fut
donnée en 1717, dans un Recueil de Pièces,
in-12. 2. Volumes sous le nom de Delft, & la
derniere, est à la fin du quatrième Volume du
Journal de Henri IV. imprimé in-8°. en 1740.
C'est une Piéce à lire plus d'une fois; & l'on
sera étonné que dans tout le Procès de Ravaillac, il ne soit fait aucune mention de ce voyage de Naples; & qu'on s'avise de demander
seulement à ce criminel, depuis quand il est de
retour de Bruxelles, où il n'avoit jamais été.

[2] *Dans la Compagnie du Duc d'Espernon.*]
Cet endroit n'est point exact, jamais Ravaillac
ne fut dans les troupes. Le Factum du Capitaine
La Garde prouve seulement, qu'il se rendit à
Naples avec des Lettres du Duc d'Espernon,
dont il étoit porteur, pour le Comte de Béne-
vente, Viceroi de Naples. Et ce fut alors, que
Ravaillac se vanta devant Pierre La Garde,
qu'il tueroit le Roi Henri IV.

[3] *Après son retour de Naples.*] Cet endroit
& ce qui suit, est tiré des Mémoires de la Demoiselle Decoman, qui étoit attachée à la Mar-
quise de Verneüil, & qui en ouit tout le complot, dont elle donne les dattes, sçavoir d'abord
en 1606. après le voyage de Sédan; & ensuite
en 1610. Complot qu'elle eut soin de faire connoître au Pere Procureur des Jésuites de la ruë

Saint Antoine, pour le faire sçavoir au P. Cotton, qu'elle chercha inutilement plusieurs fois.
On n'en tint aucun compte, comme il arrive
souvent dans les plus importantes affaires : on
sçait néanmoins qu'en matiere d'Etat, & sur-
tout en crime de léze-Majesté, il ne faut rien
négliger, pas même la plus légere circonstance. D'ailleurs, ce que rapporte la Demoiselle
Decoman de ses entretiens avec Ravaillac, re-
présente très-naïvement le caractére de ce misérable, dans les discours duquel on voit une
hipocrisie marquée, & les mêmes incertitudes
& les variations qu'il fait paroître dans ses Interrogatoires. Mais il est encore étonnant,
que la Decoman se trouvant prisonniere au
tems que Ravaillac fut arrêté, il n'ait point
été mention de la confronter avec ce criminel.
Tant de manquemens dans la procédure, pouvoient faire naître des soupçons désavantageux,
sur la maniere dont cette grande affaire fut
traitée.

[4] *En fut averti.*] Ceci est tiré du Mémoire
du Capitaine la Garde, qui en informa le Roi
près de deux ans avant que ce malheur arrivât,
soit par Zamet, frere de celui qui étoit en faveur
auprès du Roi, & qui pour lors se trouvoit à
Naples, soit par M. De Breves, Ambassadeur
de France à la Cour de Rome, soit enfin par

»rendoit incapable de penſer mal des gens deſquels il ne croyoit
»pas devoir rien appréhender ; il ne fit pas attention aux avis
»réitérez, qui lui en furent donnez. Il périt donc malheureuſe-
»ment de la maniere fatale dont on l'avoit menacé, & le Duc
»d'Eſpernon qui fut décreté (5), s'en juſtifia juridiquement (6):
»mais il ne fut jamais innocent (7) dans l'eſprit des perſonnes
»inſtruites de ſon caractere & de ſes démarches. On tomboit
»dans une minorité ; de nouveaux troubles ſe préparoient ; & ſon
»inſolence qui l'auroit fait périr dans toute autre occaſion, le ſou-
»tint ſous un regne foible. C'eſt un dénoüement, que nos plus
»grands Hiſtoriens non pas donné, ſoit qu'ils n'oſaſſent entamer
»ce point, ſoit qu'ils n'euſſent pas tous les ſecours néceſſaires
»pour en être inſtruits.

»On doit commencer cet événement, par la lecture de ce
»qu'en rapportent nos Hiſtoires générales ; & pour avoir l'ordre
»& la ſuite hiſtorique de ce fait, y joindre la fin des Mémoires de
»M. De *l'Eſtoile*, où il donne beaucoup de circonſtances particulie-
»res omiſes par nos plus grands Ecrivains. Le Manifeſte & le Factum
»de Pierre *Du Jardin*, dit le *Capitaine la Garde*, éclairciront le
»commencement de cette malheureuſe intrigue. L'Interrogatoire
»& la Déclaration de la Demoiſelle *Decoman*, fourniront les lu-
»mieres néceſſaires pour en ſuivre la trace à Paris. Elle eut néanmoins

lui-même, lorſque La Garde revenu de ſon voyage, ſe fit préſenter à Henri IV, à qui mê-me il remit la Lettre du Sieur De La Bruyere, Ligueur baoni du Royaume, Lettre qui ſe trouve avec d'autres Piéces, dans les actes de la procédure, qui en fut faite en 1618. & 1619.

(5) *Le Duc d'Eſpernon qui fut décreté.*] La Marquiſe de Verneüil le fut auſſi ; mais l'un & l'autre ſeulement d'un aſſigné pour être oüi, quoiqu'en crime de léze-Majeſté. Les Mémoi-res de l'Eſtoïle, à l'an 1611, marquent que « M. d'Eſpernon alla voir M. le Premier Préſi-» dent [De Harlay] pour apprendre des nou-» velles de la Decoman, qu'il pourſuivoit à la » mort. Mais le Premier Préſident le rebuta » fort, lui diſant : *Je ne ſuis pas votre Rappor-» teur, mais votre Juge ;* & comme d'Eſpernon » lui eut repliqué, que c'étoit comme ami, qu'il » le lui demandoit, *je n'ai point d'ami*, répon-dit-il, *je vous ferai juſtice contentez-vous de cela.* La ſuite de cet entretien n'eſt pas moins de con-

ſéquence; & l'on fera très-bien de le conſulter.

(6) *Juridiquement.*] Parce que la Décoman ne put pas prouver par témoins ou par preuve par écrit, le fait dont elle chargeoit le Duc d'Eſ-pernon & la Marquiſe de Verneüil : ce ne fut pas ſa faute, puiſqu'elle prit les meſures néceſ-ſaires pour faire intercepter les Lettres, qu'ils écrivoient en Eſpagne : mais ceux qui y étoient le plus intéreſſez, ne s'en embarraſſerent pas. C'eſt ainſi qu'il en va dans les grandes affaires. On néglige ſouvent un avis, qui vient d'une perſonne du commun : avis qui eſt ſouvent plus ſûr, que ceux des perſonnes les plus diſtin-guées. J'en ſçais là-deſſus plus que je n'en dois dire.

(7) *Il ne fut jamais innocent.*]. On peut voir à ce ſujet, ce qui eſt dit dans le *Manifeſte* du Capitaine la Garde, qui déclare même dans ſes Interrogatoires au Parlement, la liaiſon du Duc d'Eſpernon avec Ravaillac, & ce qui eſt ra-porté ci-après du Premier Préſident de Harlay.

moins le malheur, malgré la droiture de ses intentions & la «
vérité des faits qu'elle reveloit, de périr dans une prison (8), «
parce qu'elle ne put prouver juridiquement sa déposition. Elle «
avoit à faire à forte partie ; les Juges connoissoient un fond «
réel dans ses dépositions. Cependant l'innocence périt alors ; & «
le Duc d'Espernon triompha à la honte des Juges, qui le recon- «
connoissoient coupable (9) dans le particulier. Il faudroit joindre «

»à

---

(8) *Dans une prison.*] On voit dans les Mémoires De l'Estoile, qu'elle fut condamnée à une prison perpétuelle, ce qui n'étoit pas suffisant, si son accusation étoit fausse. En ce cas, la peine du talion avoit lieu ; il falloit la mort, comme le vouloit M. d'Espernon. Mais les Juges sentirent bien que tout ce détail de circonstances, rapporté par la Decoman, n'étoit pas controuvé. C'est ce qui les obligea a se déterminer seulement à la prison perpétuelle. Nicolas *Pasquier*, Let. 6. du Livre 5. prend bien de la peine à justifier le Duc d'Espernon contre les accusation de la Decoman. Mais pour revenir à la peine du talion, elle a eu lieu plus d'une fois dans notre histoire. *Jacques Cœur*, est accusé faussement par une Demoiselle d'avoir empoisonné Agnès Sorel ; il s'en justifia, & l'accusatrice, fut condamnée à la mort. Le Duc d'Elbœuf, est accusé injustement d'avoir attenté à la vie du Roi Henri III. & l'accusateur fut condamné à mourir, voyez *Journal de Henri III.* année 1585. On ne l'a point fait à la *Decoman,* malgré les sollicitations du Duc d'Espernon, alors tout-puissant. Elle n'étoit donc pas dans le cas d'une fausse accusation, mais seulement d'une accusation véritable, qu'elle ne pouvoit pas prouver juridiquement, & les circonstances lui ont été favorables en cela.

Quant aux preuves de la Decoman, rien n'est plus touchant, que ce qu'en dit alors le Premier Président de Harlay, au rapport de M. *de l'Estoile*, en ses *Mémoires*, à l'an 1611. que la Reine Régente lui ayant envoyé demander ce qui lui sembloit du Procès de la Decoman. Ce sage Magistrat répondit : *Vous direz à la Reine, que Dieu m'a réservé à vivre en ce siécle, pour y voir & entendre des choses si étranges, que je n'eusse jamais cru les pouvoir voir, ni oüir de mon vivant.* Et sur ce qu'un de ses amis dit à ce grand Homme, que beaucoup avoient opinion, que cette Demoiselle accusant tant de gens & même des plus grands du Royaume, elle en parloit à

la volée, & sans preuve : ce brave homme levant les yeux au ciel, & ses deux bras en haut, *Il n'y en a que trop,* dit - il , *il n'y en a que trop.* Mais le Capitaine la Garde ne fut pas mieux traité. D'abord il obtint en 1615., pour le service qu'il avoit rendus au Roi, le Contrôle Général de la Bierre; il en sollicitoit les Expéditions, lorsqu'il fut arrêté & mis à la Bastille, parce qu'il avoit sans doute déclaré de trop grands secrets, dont il donnoit la preuve. De-là, il fut transferé à la Conciergerie, où le Parlement entama une Procédure, dans laquelle son honneur fut mis à couvert, par l'Arrêt de la Cour du mois du 22. Août 1616. imprimé à la fin du quatriéme Volume du *Journal de Henri IV.* Mais quelle récompense a - t'il reçuë ? Point d'autre, à ce qu'il paroît, que d'avoir perdu sa chere liberté, qu'on lui avoit ôtée, pour avoir été fidéle serviteur du Roi & de l'Etat. Sans doute qu'on la lui a fait perdre d'autorité, dans la crainte qu'il ne revelât les grands & importans secrets, dont il étoit dépositaire. C'est ainsi qu'on en use le plus souvent, à l'égard de ceux qui sont emportés par leur zéle à vouloir le bien public. Son factum fait voir qu'en 1619 il étoit encore prisonnier à la Conciergerie.

(9) *Qui le reconnoissoient coupable.*] En voici la preuve. 1°. Le Duc d'Espernon se voyoit chargé par deux témoins ; sçavoir, Pierre la Garde, & la Demoiselle Decoman. 2°. La conduite du Premier Président de Harlay, à l'égard d'Espernon, nous marque du sentiment de ce grand homme, au sujet de ce Favori, & nous venons de le marquer. Mais dira-t'on avec Nicolas Paquier & le Pere Daniël, si le Duc d'Espernon étoit coupable, auroit-il empêché S. Michel de tuer Ravaillac, par lequel il pouvoit-être accusé ? Hé, pourquoi non ? Le Duc d'Espernon se seroit tiré de l'accusation de Ravaillac, plus facilement qu'il n'a fait de celle de Pierre la Garde & de la Demoiselle Decoman ; beaucoup plus croyables qu'un scélérat.

ō

» à ces Piéces le *Procès criminel de Ravaillac*, non pas celui qui est ,
» dit-on, falsifié (10) dans le Mercure François ; mais ceux qu'on
» trouve en Manuscrit dans quelques Bibliothéques.

» Nous avons indiqué dans le Catalogue, d'autres Piéces né-
» cessaires pour ce dénoüement, l'un des plus extraordinaires de
» l'Histoire moderne, & qui doit engager les Princes & les Mi-
» nistres à ne négliger aucun des avis, qu'on leur donne pour la
» sureté de la personne sacrée des Souverains.

» Le regne suivant commença par l'étonnement, où l'on étoit
» de la mort tragique de Henri IV. Les troubles & les mécontent-
» tement suivirent de près : les Favoris, gens toujours dangereux
» auprès des Souverains, dont ils sacrifient la gloire à leurs pas-
» sions, ou à leurs intérêts particuliers, dèshonorerent les dix pre-
» mieres années de Loüis XIII. Après quoi vint le gouvernement
» tyrannique du Connétable de Luines ; il fut relevé par le regne
» du Cardinal de Richelieu, qui étoit assez téméraire pour dire,
» que Loüis XIII. étoit son premier sujet. C'est ainsi que la tradition
» nous assure, que dans le particulier il parloit de son Roi. »

Mais je suis bien aise d'avertir les curieux, qu'ils ne trouveront
pas actuellement cet endroit dans la *Méthode pour étudier l'Histoire* ;
c'est un des cartons qu'on a eu la bonté de faire à cet Ouvrage ;
j'ignore quel en a été le motif. Seroit-il défendu après un siécle &
demi, de chercher à dévoiler la vérité de faits aussi importans que
celui-ci : mais en tout cas, j'y joint des notes historiques, pour
montrer que l'Auteur ne parloit pas sans fondement.

Je n'ai rien dit ici de tous les avis qui furent donnés au Roi de
l'entreprise, que l'on devoit faire sur sa personne ; sur tout du Billet, qui long-tems avant ce parricide, fut trouvé sur l'Autel de
l'Eglise de la Ville de Montargis, au sujet d'un grand rousseau
nâtif d'Angoulême, telle étoit la couleur de Ravaillac, qui devoit
tuer le Roi d'un coup de couteau, Billet même, dont il y eut
procès-verbal, qui fut envoyé à M. le Chancelier ; & les circonstances rapportées par M. *de l'Estoile* en ses *Mémoires*, à l'an 1610,
font bien connoître que c'étoit une affaire de parti & préméditée,
puisqu'il y alloit de la vie de celui qui donnoit cet avis ; d'où seroit
venu une pareille menace, sinon de gens en état de se faire craindre ? Quelles conséquences ne peut-on pas tirer de ce que M. *de*
l'Estoile

Nic. Pas-quier Let-tre I.

_____
(10) *Falsifié.*] C'est-à-dire „ peu fidéle ; c'est ce qu'on examinera dans un moment.

l'*Eſtoile*, rapporte avec Nicolas *Paſquier*, en ſa *Lettre Premiere*, qu'au moment même de la mort du Roï, le Prevôt des Maréchaux de la Ville de Pluvier, dit à pluſieurs perſonnes avec qui il joüoit à la boule, *que le Roi venoit d'être tué.* Il étoit cependant éloigné de 28 lieües de Paris. Cet homme, mauvais ſujet d'ailleurs, étoit fort attaché à la Marquiſe de Verneüil & au Sieur d'Antragues ſon pere. Mais de peur qu'il ne parle, il s'étrangle lui-même, ou bien on l'étrangle à la Conciergerie, & ſon corps fut traîné ſur la claye, le 19 Juin 1610.

Par tout ce qu'on vient de lire, il eſt bien difficile qu'il ne reſte pas quelques ſoupçons, peu favorables au Duc d'Eſpernon: je me garderai bien cependant de dire, que ce Seigneur connoiſſant Ravaillac, & voyant qu'il avoit donné le premier coup au Roi, frappa lui-même le ſecond, qui fut le ſeul coup mortel. C'eſt une circonſtance qui ſe trouve dans une Piéce imprimée à la fin du Tome IV. du *Journal de Henri IV.* ſous le titre d'*Extrait d'un Manuſcrit de M. d'Aumale:* mais qui voudra ſe donner la peine de lire la piéce entiere, verra qu'elle vient d'un de ces hommes outrez, dans le cœur duquel la haine contre le Duc d'Eſpernon avoit étrangement fermenté; juſques-là même que j'y retrouve cet impertinence des Ligueurs furieux, qui vouloient faire entendre à la populace, que M. d'Eſpernon étoit un démon incarné, ou du moins un ſorcier. (11) Ce ſont-là de ces extravagances, qu'un homme qui a de la naiſſance, de l'eſprit & l'uſage du monde, autant qu'en avoit le Duc d'Aumale, ſe feroit bien gardé de débiter & de croire. Je le paſſerois tout au plus au bas peuple de la Ligue, qu'il falloit animer par ces fadaiſes; & ce qui même fait voir ce qu'on doit penſer d'un pareil Ecrit, eſt de remarquer qu'on a impliqué dans ce crime abominable le Duc de Montbazon, qui n'a jamais donné lieu au moindre ſoupçon, & qui retint & ſaiſit le bras * de Ravaillac, qui
alloit

* Nicolas Paſquier premiere Lettre.

---

(11) Voyez le Libelle intitulé: les *Choſes horribles contenuës en une Lettre, envoyée à Henri de Valois, par un enfant de Paris, le 28. de Janvier 1589.* ſuivant la Copie qui en a eſté trouvée en ceſte Ville de Paris, près l'Horloge du Palais, in-8. pour Jacques Grégoire, Imprim. 1589. Cette Piéce, qui contient 13 pp. tend à faire croire au ſot peuple, que le Duc d'Eſpernon, eſt un eſ-» prit familier, que Henri III. obligea les Sor-» ciers de le tranſmuer en figure d'un homme » naturel, & ils firent ſortir des enfers un dé-» mon, figuré en homme, qui prit le nom de » Nogaret, qui eſt l'anagramme de celui de » Teragon, qu'il portoit dans les enfers; » & le tout continüé ſur le même ton de folie, qui fait aujourd'hui pitié; mais qu'on regardoit alors comme une grande & merveilleuſe découverte. C'eſt ce qu'il falloit pour amuſer les fanatiques de la Ligue, qui ſe repaiſſoient de ces ſortes d'imaginations.

õ 2

alloit porter un troisiéme coup. D'ailleurs comment le Duc d'Aumale pouvoit-il certifier un fait de cette nature, lui qui étoit alors proscrit du Royaume, & refugié à Bruxelles, où il est mort en 1619.

Je dirai encore moins que le Pere *Coton*, Jesuite, a eu part à ce parricide. Le personnage qu'on lui fait joüer dans l'*entrevûë de M. D'Espernon & de Ravaillac à Angoulême*, est entiérement contre la vraisemblance: on prétend qu'il s'aboucha dans cette Ville avec trois assassins, qui avoient promis de tuer le Roi, & que même il les assura qu'il alloit dire la sainte Messe à leur intention, afin que Dieu leur donnât la force & le courage d'entreprendre cette action: c'est-à-dire, qu'il alloit prier le Seigneur pour l'engager à prêter le secours nécessaire, pour commettre le plus énorme de tous les crimes. Je ne sçai comment on ose proferer d'aussi grandes folies: je suis persuadé que le plus outré J***, auroit honte de former une pareille accusation contre ce Jésuite, si chéri de Henri IV. & qui avoit presque seul obtenu le rappel de sa Compagnie. Je n'entre point en d'autre discussion, pour montrer l'extravagance d'un semblable discours, qui ne peut pas même faire la plus légere impression. Je m'étonnerois qu'on se fût avisé de réimprimer ce Libelle dans le Tome IV. du *Journal de Henri IV.* Quand on a des Piéces à faire paroître de nouveau, il faut y apporter plus de choix & de discernement. Mais je suis persuadé que l'Editeur de cet ouvrage a eu plus d'égard à la rareté de cette Piéce, qu'à la vérité historique.

Je ne parle point ici des nouvelles qui venoient de tous les Pays étrangers, qui annonçoient que le Roi avoit été tué, même avant que le crime fut commis. On pourroit néanmoins en tirer quelque induction, propre à montrer, que cette affaire étoit une action projettée, dont le dessein n'avoit pas laissé de transpirer dans bien des endroits. On peut lire à ce sujet les Mémoires de *Bassompierre*, la grande Histoire de *Mézerai*, M. de l'*Estoille*, en ses Mémoires, à l'an 1610. & la premiere Lettre de Nicolas Pasquier.

X V.

Examen du Procès de Ravaillac.

Continuons maintenant à faire l'examen du *Procès de Ravaillac*, aussi bien que des autres Piéces de ce Recuëil. Cette procédure avoir avoit déja paru en 1610. foit en un petit Livre feparé , foit dans le premier Volume du *Mercure françois* ; mais alors elle fut imprimée affez imparfaitement. La narration hiftorique s'y trouve à la vérité affez bien détaillée ; mais quand on vient aux Interrogatoires , ce n'eft pas la même chofe. Le premier qui fut fait le 14. Mai à l'Hôtel de Rets , immédiatement après le crime commis , pour lequel furent deléguez le Préfident *Jeanin* & M. de *Bullion* , quoique fimplement préparatoire , ne s'y trouve pas ; & même les quatre autres n'y font point rapportés en forme d'interrogatoires , mais en abregé , & prefque en forme de narration hiftorique ; ce qui ne convient point à ces fortes de Piéces , que les curieux font bien aifes de voir en nature , & en la maniere même qu'elles ont été écrites par le Greffier. C'eft ce que nous rétabliffons dans cette Edition , par le moyen du Manufcrit 192. de ceux de M. *de Brienne*, dans la Bibliothéque de Sa Majefté. Quoique ce ne foient que des Copies , néanmoins ainfi redigées , elles ont plus d'autorité qu'un extrait hiftorique ; & le Procès-verbal de la queftion fe trouve en entier dans notre Edition , au lieu qu'il eft prefque paffé fous filence dans les premieres impreffions.

Le fecond & troifiéme Interrogatoires , nous paroiffent n'avoir pas été pouffés affez loin , on s'y arrête même à des réflexions & à des penfées morales , qui ne concluent rien : dès qu'on voyoit que Ravaillac connoiffoit M. d'Efpernon , comme il en eft convenu au fecond & quatriéme Interrogatoire , page 224 & 233 ; il femble qu'on pouvoit lui demander comment & depuis quant il connoiffoit ce Seigneur : mais on diroit que les Juges n'ofoient toucher cet article , tant ils appréhendoient de découvrir trop de chofes. La fuite du troifiéme Interrogatoire , où la confrontation du Pere d'Aubigny , Jéfuite , avec ce miférable , eft un morceau extrêmement fingulier. On fent bien que Ravaillac accufoit jufte , par le détail qu'il fait de fon entretien avec ce Pere : & ce Jéfuite n'avoit rien à craindre , dès que le tout fe trouvoit dans les termes que marquoit Ravaillac ; cependant ce Pere crut qu'il devoit fe tenir ferme fur la négative.

Enfin le Procès-verbal d'exécution , tel même que nous le rapportons , nous paroît défectueux en deux points effentiels. Le *premier* , eft une circonftance importante , tirée de M. de l'Eftoille , en fes *Mémoires* , fur l'an 1610. qu'un certain homme qui fe trouvoit

voit

voit près de l'échaffaut, étoit defcendu de fon cheval, pour le mettre en la place d'un, qui étoit recrû (ou fatigué) afin de mieux tirer. Voilà ce qui eft dans le Procès-verbal d'exécution: mais M. de l'Eftoille y ajoûte ces paroles de Ravaillac: *On m'a bien trompé, dit-il, quand on m'a voulu perfuader, que le coup que je ferois feroit bien reçû du peuple, puifqu'il fournit lui-même des chevaux pour me déchirer.* Paroles importantes néanmoins, puifqu'elles font connoître que ce miférable avoit des complices, qui l'avoient engagés à commettre ce crime.

Le *deuxième point effentiel*, qui manque à ce Procès-verbal, eft qu'on n'a pas eu foin d'y marquer qu'à la première tirade des chevaux, le Criminel demanda d'être relâché, & qu'il dicta un Teftament de mort. Mais le Sieur *Voifin*, Greffier, s'attacha à l'écrire fi mal, que jamais on n'a pu le lire. C'eft en vain que ce Teftament, qui fubfifte encore à préfent, a été communiqué aux plus experts en matiere de veilles écritures, jamais ils n'ont pu en venir à bout. Cette conduite du Greffier en un point de cette conféquence, fait foupçonner qu'il y avoit quelque fecret, qu'il ne vouloit pas laiffer appercevoir: fecret peut-être, qui auroit pû nuire perfonnellement au Sr. Voyfin, fi la connoiffance en avoit tranfpiré par fon canal.

XVI.

Arrêt contre *Jean Mariana.*

L'on avoit remarqué dans les Interrogatoires de Ravaillac, que les Sermons des Prédicateurs féditieux, auffi bien que de fauffes maximes fur la vie des Rois, avoient fait impreffion fur fon efprit. On retrouvoit ces mêmes maximes dans un Traité du Pere *Jean Mariana*, Jéfuite Efpagnol, très-habile: & comme on avoit lieu de craindre que de pareils fentimens n'infpiraffent encore quelque fanatique, le Parlement crût qu'il devoit, le même jour qu'il rendit l'Arrêt contre Ravaillac, en donner un fecond contre cet Ecrivain. Mais pour y procéder d'une maniere plus exacte, la Cour s'adreffe à la Faculté de Théologie, pour l'engager à renouveller la cenfure qu'elle avoit déja portée dès l'an 1413, contre la doctrine pernicieufe de l'affaffinat des Princes, cenfure même approuvée & confirmée dans la Seffion quinziéme du Concile de Conftance, en 1415. La Faculté s'étant affemblée, renouvella fagement,

non

non-feulement la doctrine qu'elle avoit publiée au commencement du quinziéme siécle ; mais même elle se soumit au Décret du Concile de Constance, reconnû & accepté dans toute l'Eglise ; elle alla encore plus loin, car elle obligea les Bacheliers de la jurer, en la même maniere qu'ils jurent les autres Décrets de la Faculté. Jusques-là, il n'est point question de Mariana. Ce fut donc en conséquence de cette Délibération, que le Parlement rendit son Arrêt du 8. Juin 1610, où il accepte les conclusions de la Faculté de Théologie, aussi bien que la décision du Concile de Constance. Mais sçachant que *Mariana*, autorise la proposition condamnée par le Concile, c'est ce qui engagea le Parlement à proscrire, & à faire brûler publiquement le Livre de cet Auteur *de Rege & Regis Institutione*, où la maxime contraire au Concile de Constance, se trouve soutenuë ; & où l'on seme beaucoup de blasphêmes, contre la personne du feu Roi Henri III. Les Jésuites se donnerent alors beaucoup de mouvemens, pour empêcher cette proscription. L'Evêque de Paris, Henri de Gondy, travailla vivement pour eux, aussi bien que l'Evêque de Clermont, de la Maison de Tournon : mais ils n'obtinrent rien ; & toute la grace qu'on leur fit alors, fut de ne point qualifier Jean Mariana, du titre de Jésuite, comme si c'étoit un fait qu'on pût cacher.

XVII.

Arrêt contre Bellarmin.

La même année, le Parlement crut devoir proscrire pareillement le Livre du Cardinal *Bellarmin*, aussi Jésuite, sur l'autorité du Pape (*De Potestate Summi Pontificis*) qui venoit de paroître à Rome. Les Jésuites se remuerent un peu plus efficacement sur ce dernier Ouvrage, que sur celui de Mariana. Il est vrai cependant qu'ils ne purent en empêcher la proscription ; parce que les François pleuroient toujours l'un de leurs plus grands & de leurs meilleurs Rois. Ainsi ce Livre venoit dans des circonstances fâcheuses ; mais ils obtinrent un Arrêt du Conseil, qui tendoit à infirmer celui de la Cour. Il faut avoüer que ce sçavant Cardinal ne fut pas heureux dans la publication de cet Ouvrage, puisqu'il fut mis à l'*index*, à Rome, parce qu'il n'accordoit au Pape, qu'un pouvoir indirect sur le temporel des Rois. Cependant il en fut ôté dans la suite : mais il n'en fut pas de même de l'Arrêt du Parlement, qui subsiste toujours dans ses.

Voyez les difficultés proposées à M Steyaert.

ſes Regiſtres ; & qui fait voir le ſoin de cette auguſte Compagnie, pour écarter de l'eſprit des François, tout ce qui pouvoit attaquer l'autorité ou la vie des Rois.

XVIII.

Lettre latine d'Artus de Creſſonieriis.

La Piéce, qui vient après l'Arrêt contre Bellarmin, eſt très-ſinguliere pour plus d'une raiſon. Voici quel en fut le ſujet. A peine le Parlement eut condamné le Livre de Mariana, que le P. *Cotton* crut devoir publier une *Lettre déclaratoire*, ſur le ſentiment des Jéſuites, touchant la doctrine du Concile de Conſtance, pour la ſûreté de la vie des Rois. Cette Lettre parut donc à Paris en 1610. Mais que de contradictions ne ſouffrit-elle pas de la part de Sçavans? Elle occaſionna l'*Anticoton*, dont l'Auteur n'eſt pas bien connû. Cette derniere Piéce très-vive, ne reſta point ſans replique, tant de la part des Jéſuites, que de leurs amis ; vient enſuite le Livre des *Maximes du vieil de la Montagne* : ce dernier partoit d'une main Proteſtante. Ainſi tout ſembloit ſe réunir contre la doctrine de ces Peres. Pour éviter tous ces Ecrits, on auroit mieux fait de ne point donner cette Lettre du P. *Coton* ; on pouvoit ſans rien écrire, ſe contenter de s'en tenir dans la pratique à la doctrine du Concile & de la Faculté de Théologie.

L'Evêque de Paris, *Henri de Gondy*, qui devint Cardinal en 1618, crut bien faire pour calmer les murmures, qui s'élevoient contre les Peres de cette Compagnie, de donner une Atteſtation. Si elle eut regardé la doctrine du Livre, rien n'étoit plus juſte : comme Evêque, il avoit droit d'approuver un Ouvrage dogmatique, qui paroiſſoit dans ſon Dioceſe ; mais il voulut donner un Certificat, pour montrer que les Jéſuites n'étoient point coupables de l'aſſaſſinat, commis en la perſonne de Henri IV. Ce ſujet n'étoit point de ſa compétence ; il paroiſſoit même affermir les bruits, au lieu de les étouffer. C'eſt ce qui engagea un Curieux, dont le vrai nom n'eſt pas connu, à publier cette Lettre latine, écrite en ſtyle burleſque, & par laquelle il attaque moins le Livre, que l'Atteſtation.

Cette Atteſtation néanmoins, n'accompagnoit pas l'Edition de Paris, mais celle de Lyon, qui eſt la ſeconde. Auſſi l'Auteur de de la Lettre raille l'Evêque , en lui marquant qu'il *fe garde bien de vendre fes coquilles dans fon Dioceſe.* D'ailleurs cette Lettre , qui eſt extrêmement rare , mérite d'être lûë pour ſa ſingularité ; & j'ai eu ſoin d'y mettre à la tête l'Atteſtation , qu'elle attaque. Pour la *Lettre Déclaratoire* du Pere *Cotton* ; elle eſt aſſez commune dans nos Recüeils , au moyen de trois Editions , qui en ont paru dans le tems. C'eſt ce qui m'a déterminé à ne la point faire paroître de nouveau.

XIX.

Requête de l'Univerſité de Paris.

La Requête de l'Univerſité de Paris, que je publie à la p. 263. parut auſſi après la Lettre déclaratoire du P. *Cotton*. Cette Piéce , qui eſt dogmatique , eſt écrite avec préciſion & avec lumiere. Elle en veut à la ſincérité de la Lettre du Jéſuite , & prétend que la doctrine de ces Peres , n'eſt pas conforme à l'expoſé qu'en fait le P. *Cotton*. Elle aſſure auſſi en même tems, que les maximes de l'U-niverſité , auſſi anciennes que ſa fondation , ſont entiérement fa-vorables à l'autorité & à la ſûreté des Puiſſances féculieres. Je ſuis fâché cependant que le *Mercure françois* , ait marqué au Tome pre-mier , que cette Requête a été déſavoüée par l'Univerſité. Cela ne préjudicie pas néanmoins à ſa bonté ni à l'exactitude de ſes ſenti-mens , qui ſont conformes au droit naturel , & au droit public de la Nation.

XX.

Décret du P. Aquaviva , Général des Jéſuites.

Ce ſeroit en moi une affectation condamnable de donner ici pluſieurs Piéces , où la doctrine des Jéſuites ſe trouve attaquée , & de ne pas produire le Décret du Pere *Aquaviva* , qui léve le doute , du moins pour l'avenir , & qui ſe déclare pour la ſûreté de la vie des Rois & des Princes ; ce Decret, qui eſt important, parut à Rome le 6 Juillet 1610. Il établit & fixe la doctrine des Jéſuites, en l'aſſujettiſſant à celle du Concile de Conſtance , ſans néanmoins que cet illuſtre Pere propoſe d'autre autorité que la ſienne. Il eſt vrai , que cela ſuffit dans la forme du gouvernement de cette Compagnie.

XXI.

ũ

X X I.

Autre Lettre latine, d'un François à un Cardinal.

La même année 1610, fut fertile en divers écrits. Tous cependant ne furent pas également bien reçus ; celui dont est tiré la Lettre latine, imprimée à la page 268 de ce Recueil, est un petit Ouvrage, qui parut sous le titre latin de *Duæ Pyramides, una nova de perpetrato : altera vetus inversa de attentato Parricidio Ignatiana Secta in Henrico IV.* en forme *in-quarto.* La rareté de cette Piéce en fait le seul mérite. On y trouve si peu d'histoire & de doctrine, que je n'ai pas crû la devoir publier en entier. Ce sont des vers latins assez mauvais, qui viennent de quelque homme oisif, qui ne sçachant à quoi s'occuper, s'est avisé de faire imprimer cet Ecrit, qui contient 24 pages. Cependant, comme ce petit Ouvrage finit par une Lettre latine, assez instructive & assez moderée, j'ai crû que j'en pouvois orner ce Recueil ; c'est ce que j'ai trouvé de moins partial dans ces sortes d'Ecrits. L'Auteur s'adresse ou paroît s'adresser à un Cardinal, pour l'engager à faire corriger dans la doctrine des Jésuites, ce qui regarde la sureté de la vie des Rois. Il parle même d'une maniere si affectueuse pour les Peres de cette Compagnie, qu'il me fait croire que son discours n'est aucunement fardé. Mais la chose étoit déja faite par le Pere *Aquaviva*, dont il fait l'éloge, lorsque la Lettre arriva à Rome ; & ce qui m'a principalement engagé à la publier, est le bon sens, les sages maximes, & la modération qu'on y remarque ; on y trouve d'ailleurs le Décret de la Faculté de Théologie en latin, & que j'ai donné en françois à la page 240.

Enfin je finis cette Collection par une Piéce, qui n'est pas moins rare que toutes celles, dont je viens de parler ; c'est le *Courier Breton*, imprimé d'abord en 1626, puis en 1630. Il seroit à souhaiter que son Auteur ne fut pas sorti des bornes d'une sage modération ; mais la playe faite au Royaume par la mort de Henri IV, seigna, comme on voit plus de 15 à 20 ans. C'est ce qui arrive lorsque les Rois joignent les grandes actions, à la clémence & à la bonté paternelle. Ils sont long-tems regrettés ; mais des siécles entiers ne sçauroient les effacer de l'esprit & du cœur d'un peuple, qui les a chéris, parce qu'il en étoit aimé.

X X I I.

XXII.

En finissant cet Avertissement, je me crois obligé de corriger un endroit de la *page xij.* ci-dessus. J'y marqué, que j'avois inutilement cherché dans M. *De Thou*, l'endroit où ce grand Historien attribuë à *Dagonneau*, la Légende de Dom Claude de Guise. Quoi que j'aye lû plusieurs fois cet habile Ecrivain, j'avois mal retenu & mal cherché; je n'avois consulté que l'année 1574, où il est parlé de la mort du Cardinal de Lorraine: mais un excellent homme, dont je crois par reconnoissance devoir marquer le nom (c'est M. le *Marquis D'Aubaye*) m'a fait la grace de m'indiquer le Livre 41 à l'an 1567, où M. DeThou parle de Dagonneau, à l'occasion de la mort du *Prince de Portien*, & que dans cet endroit, il marquoit Dagonneau, pour Auteur de la *Légende de Dom Claude de Guise.* Mais le reste de ma remarque subsiste toujours, & je crois que c'est à *Gilbert Regnault*, Sieur de Vaux, & non pas à *Dagonneau*, qu'on la doit donner.

Si le Public goûte le choix que j'ai fait dans ce Recueil, je compte lui pouvoir donner quelques autres Pieces historiques, qui ne sont ni moins rares, ni moins interessantes.

AVIS.

JE satisfais ici au desir de quelques curieux, qui sçachant que je faisois imprimer l'*Arrêt de la Cour de Parlement contre le Livre de Mariana*, m'ont prié de marquer les différences des deux *Editions* de ce Livre si dangereux. En voici le titre:

Joannis MARIANÆ Hispani è Soc. Jesu de Rege & Regis Institutione Libri III. *in-quarto.* Toleti apud Petrum Rodericum 1599.
Idem. in-octavo. Moguntiæ Typis Baltazaris Lippii 1605.

DIFFÉRENCES

DIFFERENCES

DEUX EDITIONS DU LIVRE DE JEAN MARIANA,

Edition de Tolede.	Edition de Mayence.

Edition de Tolede.

Age 66, ligne 13. Eoque tempore diris devoto (Henrico IV.) à Pontificibus Romanis , jureque successionis spoliato , nunc mente mutata Galliæ Regi , &c.

Pag. 68. & 69 , lig. 35. Cæso Rege (Henrico III.) ingens sibi nomen fecit (Jacobus Clemens) cæde cædes expiata, ac manibus Guisani Ducis perfide perempti , regio sanguine est parentatum. Sic Clemens periit æternum Galliæ Decus, ut plerisque visum est, viginti quatuor natus annos, &c.

Pag. 70 , lig. V. 41. Cum Jure posse facere videretur, sive imperio vindicando , sive tuendâ salute : quam is, &c.

Pag. 74 , lig. 21. Si vita, si salus.

Pag. 85 , lig. 17. Quantam infamiam ? Ergo me auctore , neque noxium , &c.

Ainsi l'Edition de Mayence est dans cet endroit plus ample que celle de Tolede.

Pag. 87 , lig. 23. Quam augenda , minuendave Principis auctoritate.

Edition de Mayence.

Age 52, ligne 3. Eoque tempore diris devoto (Henrico IV.) à Ponticibus Romanis , jureque successionis spoliato , nunc quod laudandum imprimis , mente mutatâ , Christianissimo Galliæ Regi, &c.

Pag. 54, lig. 2. Cæso Rege (Henrico III.) ingens sibi nomen fecit (Jacobus Clemens) cæde cædes expiata, ac manibus Guisii Ducis, perfide perempti, regio sanguine est parentatum. Sic Clemens ille periit , viginti quatuor natus annos , &c.

Pag. 55, lig. 9. Cum Jure posse facere videretur, sive ut imperium vindicaret, sive ut tueretur salutem ; quam is , &c.

Pag. 58 , l. 21. Si vita , si laus. *Faute.*

Pag. 67, lig. 9 & 10. Quantam infamiam ? Apud Scriptores Romanos reperio Tiberio Imperante, lectas in Senatu Litteras Adgandestrii in Principis Chattorum, quibus mortem Arminii hostis promittebat , si patrandæ neci venenum mitteretur : responsumque non fraude, neque occultis artibus, sed palam & armatum Populum Romanum hostes suos ulcisci. In quo gloriam prisci temporis æquarunt , cum venenum in Pyrrhum Regem vetuerunt , prodideruntque; Tacitus auctor. Ergo me auctore neque noxium , &c.

Pag. 79, lig. 9. Quam agenda , minuenda ve Principis auctoritate. *Faute.*

Pag.

Pag. 69, *lig.* 33. Incluam. *C'est une faute.*
Pag. 70, *lig.* 30. Promulgatur. *faute.*
Pag. 73, *lig.* 7. Certe ad Tributa imperanda, abrogandalve leges, ac præsertim quæ de Succeffione in Regno funt, mutandas, refiftente multitudine.
Pag. 73, *lig.* 24. Cùm ad res gerendas nulla poteftas populo relicta fit, &c.

Pag. 78, *lig.* 15. Convito. *Faute.*
Pag. 79, *lig.* 8. Quia fama. *Faute.*
Pag. 80, *lig.* 3. Ita ergo vitam Inftituat, ut neque quemquam alium plus legibus valere patiatur, &c. *Faute.*
Pag. 81, *lig.* 26. Quid nimirum. *Faute.*
Pag. 90, *lig.* 5. Acceptûm ferri. *Faute.*
Pag. 90, *lig.* 1. Sed eæ copiæ tamen ad augendam Majeftatem Religionis, quâ continetur falus publica, continendos in officio facratos viros, nonobftant tantùm, &c.

Pag. 99, *lig.* 23. Uti in novalibus, quibus primis annis, &c.
Pag. 103, *lig.* 27. Vitæque aucta. *Faute.*
Pag. 108, *lig.* 6. Ex pravis initiis. *Faute.*
Pag. 118, *lig.* 25. Contingit. *Faute.*
Pag. 123, *lig.* 5. Collati. *Faute.*
Pag. 125, *lig.* 3. Aut auro. *Faute.*
Pag. 129, *lig.* 10. Cives. *Faute.*
Même page, *lig.* 14. Nam cum nufquam ftudium extiterit exercendi corpora, &c. *C'est une faute.*
Même page, *lig.* 21. Inftantiæ. *Faute.*
Pag. 131, *lig.* 29. Et Imagines ad vires corporis exercendas, idonea, excitandam audaciam, pellendum timorem, dexteritatem que comparandam imprimis utilia, &c.
Pag. 135, *lig.* 13. Defertus. *Faute.*
Pag. 136, *lig.* 3. Ad frænandam Libidinem.

Pag. 137, *lig.* 5. Plurimorum ergo operæ in explicandis. *C'est une faute.*

Pag. 88, *lig.* 22. Inclufam.
Pag. 89, *lig.* 26. Promulgantur.
Pag. 92, *lig.* 22. Certe Tributis imperandis, abrogandis-ve legibus, ac præsertim quæ de Succeffione in Regno funt mutandis, refiftente multitudine.
Pag. 93, *lig.* 12. Cum rebus gerendis, fingulifque Reipublicæ partibus adminiftrandis nulla poteftas populo fit relicta, &c.

Pag. 98, *lig.* 17. Convitio.
Pag. 100, *lig.* 18. Quid famâ.
Pag. 101, *lig.* 9. Ita ergo vitam inftituat, ut neque fe, neque quemquam alium plus legibus valere patiatur, &c.
Pag. 104, *lig.* 18. Quid mirum.
Pag. 113, *lig.* 21. Acceptûm ferri.
Pag. 114, *lig.* 20. Sed ea copiæ tamen augenda Majeftatem Religionis, quâ continetur falus publica, continendis in officio facratis viris, non obfunt tantùm, &c.
Pag. 126, *lig.* 11. Uti in novalibus, quæ primis annis, &c.
Pag. 133, *lig.* 14. Vitia quæ aucta.
Pag. 136, *lig.* 17. Ex parvis initiis.
Pag. 149, *lig.* 6. Contigit.
Pag. 155, *lig.* 12. Collocati.
Pag. 156, *ligne dernière*. Aut aura.
Pag. 160, *lig.* 4. Cives.
Même page, *lig.* 9. Nam cum nufquam alibi majus ftudium extiterit exercendi corpora, &c.
Même page, *lig.* 3. Inconftantiæ.
Pag. 165, *lig.* 7. Et imagines viribus corporis exercendis idonea, excitandâ audaciâ, pellendo timore, dexteritateque comparandâ, imprimis utilia, &c.

Pag. 169, *lig.* 17. Difertus.
Pag. 170, *lig.* 12. Frenanda Libidine quæ, &c.
Pag. 171, *lig.* 21. Plurimum ergo operæ in explicandis, &c.

Pag. 173, *lig.* 6. Non Romanæ copiæ parentem. *C'est une faute.*

Pag. 176, *lig.* 12. Denique fit perfuafum Principem, &c.

Pag. 176, *lig.* 11. Affectus & motus.

Pag. 177, *lig.* 1. Cœli rigorem.

Pag. 186, *lig.* 17. Herculem.

Pag. 187, *lig.* 9. Me auctore parabitur.

Pag. 190, *lig.* 16. Salute confumatur. Poftremo de illa difciplina, &c.

Il y a dans l'Edition de Mayence une addition de feize lignes.

Pag. 205, *lig.* 11. Sufcipiunt fraude tegenda, ea reclufa, &c.

Pag. 209, *lig.* 17. Qua ratione in Templorum aditu, &c.

Pag. 218, *lig.* 14. Dimitti, &c.

Pag. 221, *lig.* 4. Adulandi fupererat, &c.

Pag. 232, *lig.* 10. Me quidem auctore.

Pag. 237, *lig.* derniere. Qui in folitudine feceffu velafud fe, &c.

Pag. 246, *lig.* 9. Nemo, me quidem auctore, &c.

Pag. 250, *lig.* 16. Procurandum periculum, &c.

Pag. 251, *lig.* 19. Spem ponat curando morbo, non alios, &c.

Pag. 254, *lig.* 25. Antea aurem, &c.

Pag. 138, *lig.* 12. Non folum Romanæ copiæ parentem. &c.

Pag. 140, *lig.* 8. Denique perfuafum Principem, &c. *C'est une faute.*

Pag. 141, *lig.* 10. Affectus motus. *Faute.*
Ibidem, lig. 17. Cœli rigorem. *Faute.*

Pag. 149, *lig.* 16. Herculum. *Faute.*

Pag. 150, *lig.* 2. Me arbitro parabitur.

Pag. 152, *lig.* 24. Salute confumatur. Quàm prudenter & piè Ludovicus Sanctus Galliæ Rex Roberto Sorbona, qui ei erat à Confeffionibus in Structuram Collegii Sorbonici, quod de fuo nomine Lutetiæ Inftituit, toto orbe celeberrimum, fumptuum partem aliquam oranti confiderare prius juffit ac ftatuere, rem cum aliis viris doctis communicatu, quantum fibi erogare in id opus per divinas Leges liceret. Modeftiam immortali præconio dignam ; qui in pios ufus erogare temere & fine judicio non aufus, quam cautionem adhibuiffe creditis, cum in prophanos aliquid flagitabant ? An effudiffe paffim, illufiffe operibus & pecuniæ ? Poftremo de illa Difciplina, &c.

Pag. 165, *lig.* 30. Sufcipiunt, ut fraudem tegant ; ea reclufa, &c.

Pag. 168, *lig.* 17. Qua ratione Templorum aditu, &c. *Il y a faute ici.*

Pag. 175, *lig.* 15. Dimitti. *Faute.*

Pag. 177, *lig.* 3. Te Curis Laboribus. *Il y a faute.*

Pag. 177, *lig.* 27. Adulandi fupereret, &c. *Il y a faute.*

Pag. 187, *lig.* 11. Me quidem judice.

Pag. 191, *lig.* 23. Qui in folitudine feceffum apud fe, &c. *Faute legere.*

Pag. 198, *lig.* 13. Nemo, me quidem fuafore, &c.

Pag. 201, *lig.* 33. Vitandum periculum, &c.

Pag. 202, *lig.* 30. Spem ponat ad curandos morbos, non alios, &c.

Pag. 205, *lig.* 19. Antea auream. *Faute.*

Pag.

Edit. de Mayence.	*Edit. de Tolede.* XXXIX

Pag. 206 , *lig.* 10. Caduceator Cæsusve Pacem , &c.

Pag. 255 , *lig.* 22. Caduceator cæsa sue pacem , &c.

Pag. 212 , *lig.* 17. Diligantur , &c.

Pag. 262 , *lig.* 21. Deligantur , &c.

Pag. 214 , *lig.* 12. Licantia. *Faute.*

Pag. 265 , *lig.* 1. Licentia , &c.

Pag. 215 , *lig.* 11. Probatis. *Faute.*

Pag. 266 , *lig.* 26. Probitatis. &c.

Pag. 216 , *lig.* 30. Et ut unus ad multos gerendos Magistratus satis esset, &c.

Pag. 268 , *lig.* 5. Erit unus multis gerendis Magistratibus satis esset , &c.

Pag. 217 , *lig.* 30. Et an iis. *Faute.*

Pag. 269 , *lig.* 10. Et ab iis legibus.

Pag. 225 , *lig.* 3. Artent. *Il y a faute.*

Pag. 277 , *lig.* 26. Atcent.

Pag. 229 , *lig.* 10. Dicit Pontifices. *Faute.*

Pag. 283 , *lig.* 4. Dicite Pontifices.

Pag. 231 , *lig.* 24. Primum ad pacem tuendam.

Pag. 286 , *lig.* 3. Primum pace tuenda.

Pag. 232 , *lig.* 1. Deinde multi in potestatem contra , &c.

Même page , *lig.* 11. Deinde multi in potestate contra , &c.

Pag. 232 , *lig.* 14. Aliis prostratis.

Même page, *lig.* 25. Aliis prosternendis.

Pag. 233 , *lig.* 4. Probo vacantes. *Faute.*

Pag. 287 , *lig.* 20. Probro vacantes.

Pag. 233 , *lig.* 17. Itaque integra. *Faute.*

Pag. 288 , *lig.* 5. Atque integra.

Pag. 235 , *lig.* 11. Gratia Principis fecerit. *Il y a faute.*

Pag. 290 , *lig.* 12. Gratia Principis pluris fecerit.

Pag. 235 , *lig.* 18. Facile ad alios. *Faute.*

Pag. 290 , *lig.* 20. Facile alios.

Pag. 235 , *lig.* 26. Idoneos ad res gerendas , &c.

Pag. 290 , *lig. derniere.* Idoneos rebus gerendis , &c.

Pag. 236 , *lig.* 1. Solon qui sapiens.

Pag. 292 , *lig.* 5. Solon qui & sapiens.

Pag. 239 , *lig.* 4. In virtutum genere , &c. *Il y a faute.*

Pag. 295 , *lig.* 4. In omni virtutum genere , &c.

Pag. 239 , *lig.* 14. Is carus Principi.

Ib. lig. 14. Carus, me auctore Principi.

Pag. 241 , *lig.* 27. Ea Societate.

Pag. 298 , *lig.* 5. Eaque Societate.

Ibidem , *lig.* 31. Melioribus prostratis ad , &c.

Même page , *lig.* 19. Melioribus prosternendis ad , &c.

Pag. 243 , *lig.* 20. Ad illustrium familiarum sanguine , qui continuis deliciis flaccescit, recoquendum , & ad pristinum habitum revocandum , dum acria ingenia & militaria , cum sedatis per cojugia miscenda, quod inter præcipuas.

Pag. 300 , *lig.* 20. Illustrium familiarum sanguine , qui continuis deliciis flaccescit, recoquendo , & ad pristinum habitum revocando , tum acribus ingeniis & militaribus , cum sedatis per conjugia miscendis , quod inter præcipuas.

Pag. 245 , *lig.* 33. Ex bellis ferret. *Faute.*

Pag. 303 , *lig.* 16. Ex bellis feret , &c.

Pag. 246 , *lig.* 15. Aut militum. *Faute.*

Pag. 304 , *lig.* 5. Aut militem , &c.

Pag. 251 , *lig.* 5. Paratas fuisset. *Faute.*

Pag. 309 , *lig.* 18. Paratas fuisse , &c.

Pag. 251 , *lig.* 27. Fore arbitrabat , &c.

Pag. 310 , *lig.* 10. Fore arbitror , &c.

Ibid. lig. 30. Præcessis. *Il y a faute.*

Même page , *lig.* 22. Præcissis.

Pag. 253 , *lig.* 2. Neque negaveris.

Pag. 312 , *lig.* 5. Neque negaverim.

Pag. 262 , *lig.* 6. Ad Rempublicam in pace regendam destinata sunt , &c.

Pag. 323 , *lig.* 11. Republica in pace regenda destinata sint , &c.

Pag. 263 , *lig.* 9. Paucos profecto si nostro tempore , &c.

Pag. 324 , *lig.* 20. Paucos si nostro tempore , &c.

x'l *Edit. de Tolede.*

Pag. 268, chap. 8. *Tout ce chapitre, manque dans l'Edition de Tolede.*

Pag. 332, lig. 14. Laborat Hispania. Et quoniam, &c. *Il y a dans l'Edition de Mayence une phrase ajoûtée.*

Pag. 333, lig. 11. Agricolæ.

Pag. 334, lig. 8. Imperatorum solvit Domitianus.

Ibid, lig. 14. Domitianus, quem.

Pag. 337, lig. 10. Promerenda Provincialium gratia, &c.

Même page, lig. 25. Excitandis, &c.

Pag. 341, lig. 23. Reddenda similitudine, &c.

Pag. 345, lig. 1. Ducenda Pompa deserviunt, &c.

Pag. 353, lig. 5. Sint animo magno & excelso, &c.

Pag. 355, lig. 13. Tollerent.

Pag. 372, lig. 21. Amplificando urbis imperio salutare, &c.

Pag. 399, lig. 24. Repub. administranda, colligenda civium Benevolentia.

Pag. 400, lig. 4. Sin minus, excitandâ suorum industriâ, vicinorum Principium animis suspendendis, viribus novo sumptu debilitandis.

Pag. 411, lig. 4. Personas induere.

Pag. 412, lig. 16. Multitudine allicienda.

Pag. 414, lig. 2. Latius.

Même page, lig. 6. Modestiæ.

Même page, lig. 21. Certam sedem.

Pag. 415, lig. 14. Pervigiliis.

Pag. 321, lig. 4. Medicina facienda, corporeque debilitando.

Page 426, lig. 1. Si vicerint.

Pag. 438, lig. 20. Concordia violata.

Pag. 443, lig. 22. Conciliat, si incorruptis.

Pag. 445, lig. 13. Quod est optimum.

Edit. de Mayence.

Pag. 280, lig. 27. Laborat Hispania, agrum male colere, Romæ quidem censorium probrum judicabatur; auctor Plinius. Et quoniam, &c.

Pag. 281, lig. 20. Agriculæ. *Faute.*

Pag. 282, lig. 11. Imperatorum astrinxit Domitianus, solvit Tacitus, &c.

Ibid. lig. 17. Tacitus, quem, &c.

Pag. 285, lig. 1. Ad Promerendam Provincialium gratiam, &c.

Ibid. lig. 16. Excitatis, &c.

Pag. 288, lig. 23. Ad reddendam similitudinem, &c.

Pag. 291, lig. 10. Ad ducendam Pompam deserviunt, &c.

Pag. 297, lig. 28. Sine animo magno & excelso, &c. *Il y a faute ici.*

Pag. 299, lig. 23. Tolleret. *Faute.*

Pag. 313, lig. 33. Ad amplificandum urbis imperium salutare, &c.

Pag. 336, lig. 3. Ut remp. administret, colligat civium Benevolentiam.

Même page, lig. 11. Sin minus, ad excitandam suorum industriam, vicinorum principum animos suspendendos, vires novo sumptu debilitandas.

Pag. 345, lig. 9. Personas inducere. *Il y a faute.*

Pag. 346, lig. 13. Ut multitudinem alliciant.

Pag. 347, lig. 19. Iatius. *Il y a faute.*

Même page, lig. 23. Modestia. *Faute.*

Pag. 348, lig. 5. Certam fidem. *Faute.*

Pag. 349, lig. 1. Privilegiis. *Faute.*

Pag. 353, lig. 11. Medicinam faciendo, corpusque debilitando.

Pag. 457, lig. 10. Si vicerit. *Faute.*

Pag. 367, lig. 22. Concordia prolata. *Faute.*

Pag. 371, lig. 12. Conciliat, incorruptis. *Faute.*

Pag. 372, lig. 17. Quod optimum. *Faute.*

SUPPLEMENT.

SUPPLEMENT

AUX

MEMOIRES DE CONDÉ,

PREMIERE PARTIE.

OU

LEGENDE

DE

CHARLES CARDINAL DE LORRAINE,
& de ses Freres de la Maison de Guise.

Descrite par FRANÇOIS DE L'ISLE.

Sur l'imprimé à Reims, en 1579.

NOUVELLE ÉDITION.

Augmentée de Piéces très-curieuses , & accompagnée de notes
Historiques & Critiques.

LISTE

Des Piéces contenues dans cette premiere partie.

FRANÇOIS DE L'ISLE
AUX LECTEURS. S.

LE Révérendiffime Cardinal de Lorraine (amis Lecteurs) nous avoit repeus fouventesfois en fon vivant, de certaine efperance de nous faire voir la Légende de fon frere le Duc de Guife (1) tué devant Orleans (en 1563). Ce que nous attendions en grande dévotion, pour autant que chafcun tenoit pour affeuré que de tant d'hommes d'efprit que le Cardinal avoit à commandement, il choifiroit le plus habile de la main, & de l'entendement, pour baftir un œuvre fi digne des yeux de noftre France, qui dès long-temps ne void gueres de chofes qui luy puiffent plaire. Nous favions auffi que le Cardinal avoit provifion de Mémoires pour l'enrichiffement de l'ouvrage. Mais après avoir beaucoup attendu, nous avons efté entierement déceus par le decès de ce Révérendiffime (en 1574), qui a laiffé fa Légende à faire, auffi bien que celle de fes freres. Ce qui a donné occafion à plufieurs de juger finiftrement de cefte promeffe du Cardinal (2) : entant qu'on a eftimé, qu'il avoit voulu ainfi tenir en fufpens les uns & les au-

---

(1) C'étoit François Duc de Guife, fils de Claude de Guife mort en 1550, empoifonné à ce qu'on croit ; au lieu que François fut tué au fiége d'Orléans par François Poltrot, dit de Meré, & fon fils Henri Duc de Guife fut tué aux Etats de Blois en 1588. par ordre d'Henri III. Ainfi on voit que cette race de Guife, eft périe malheureufement : ce qui paroît une forte de châtiment de leur ingratitude & de leur efprit remuant & ambitieux ; au lieu que le Duc de Guife, fils de Henri tué à Blois, mena une vie plus douce, & eut une fin plus heureufe ; parce qu'il fe foumit à l'autorité légitime. La vie de François de Guife, tué devant Orleans, a été élégamment décrite en François, par M. de *Valincourt*, & imprimée in-12. à Paris 1681.

(2) Le Cardinal de Lorraine, qui avoit de grands talens pour les affaires, a extrêmement brillé dans l'Eglife & dans l'Etat ; mais il eut le malheur d'abufer de fes talens. Sa vanité lui renverfa la tête, & l'ambition éteignit en lui la Prudence, au point que par la plus étrange ingratitude, il s'éleva plus d'une fois, foit au Concile de Trente, foit en France même, contre les intérêts du Roi, qui l'avoit fait ce qu'il étoit. C'eft le ton fur lequel il étoit connu dans toute l'Europe. Il n'eft donc pas étonnant que de fon tems on ait tant écrit contre lui : mais par malheur il ne fe corrigea point ; & rarement les écrits corrigent les efprits ambitieux. Il mourut donc comme il avoit vécu ; & a laiffé par conféquent une réputation extrêmement gâtée.

tres, de peur que son pot aux roses luy fust descouvert en son vivant ,
& que l'ordure cachée dessous, rendist luy & sa race puants & détestables à nostre Nation. Toutesfois , sans nous arrester trop à disputer
ici qui l'a esmeu à nous jetter ainsi de la poudre aux yeux, en nous
voulant arrester à ses mensonges (1), il me faut rendre raison de mon
fait , & dire pourquoy j'ay relevé les héritiers du Cardinal (si d'aventure il en a : car je ne le suis, ni ne le veux estre) de ceste peine d'escrire ceste Légende, en laquelle non seulement les vies du Duc de Guise & du Cardinal, mais aussi celles de leurs autres freres sont descrites,
non pas tout au long, mais en partie seulement. Il y a quelques années
que pensant aux miseres de nostre France, & les voyant croistre à veüe
d'œil, encores que je ne fusse pas tant aveugle de ne voir le bras de
Dieu irrité contre les péchez des François ; si est-ce que regardant les
pierres & bastons, dont il nous vouloit humilier, j'apperçeus que ceux
de Guise entre autres estoyent comme les premiers en ce rang : & que
leurs ruses & cruautez exercées contre grands & petits (2), & jà publiées en beaucoup d'escrits, ne devoyent pas demeurer tousjours esparses, en danger de pourrir au tombeau de silence, & n'estre jamais
descouvertes de la posterité. Cela fit que peu à peu je commençay à
cercher parmy mes papiers quelques Livres & Mémoires, conformes à
ceux que le Cardinal tenoit si chers en sa vie, les ayant souvent sur sa
table, & disant (comme il fit nommément sous François second, en
l'Assemblée des principaux du Royaume à (3) Fontainebelleau) que
c'estoyent les couronnes de sa vie, pour le rendre immortel. D'iceux
je commençay à recueillir quelques passages & traits notables , desquels j'esperois accommoder un mien amy, qui commençoit à manier
ceste besongne heureusement. Depuis, luy ayant quitté du tout ceste
besongne, pour vaquer à chose aussi importance, qui se verra quelque
jour en lumiere , & les massacres de Sainct Barthelemy (en 1572)

(1) Toute l'Histoire du tems , nous represente ce Cardinal comme une source intarissable de mensonges ; & comme une pepiniere abondante de toutes les fourberies qui peuvent se commettre à la Cour , & dans le maniement des affaires ; ainsi il devoit en avoir belle provision. *Voy. Journal d'Henri III. année* 1574.

(2) Que l'Auteur n'auroit-il pas dit , s'il avoit vû les Tragédies que cette race a depuis excitées dans le Royaume, qu'elle a mis à deux doigts de sa perte ? Tant il est dangereux de trop élever dans le Royaume ces sujets étrangers, qui à l'exemple des viperes , ont percé le sein , qui les avoit porté & nourri.

(3) Cette Assemblée de Fontainebleau se tint le 21. Août 1560. Elle n'eut que trois Sceances , dans lesquelles principalement il s'agit de la conduite que l'on devoit tenir à l'égard de ceux de la Religion ; & il y fut aussi fait mention de faire rendre compte au Cardinal de Lorraine , qui avoit l'administration des Finances. Il ne s'y décida rien , on y indiqua seulement les Etats d'Orleans pour le mois de Décembre suivant.

eftant entrevenus (1), ou ceux de Guife avoyent été des premiers exécuteurs, je penfay qu'il ne feroit pas mauvais de conter à ceux qui ne
le favent, une partie de leur vie, puis que eux prenoyent plaifir à y
continuer : & que le mefchant doit ouir & voir ce qu'il ne voudroit
pas, puis qu'il fait ce qu'il ne devroit.

Or tant s'en faut que par ces Mémoires cueillis de cofté & d'autre
(comme ceux qui ont leu les difcours publiez depuis quinze ans en
ça, le cognoiftront prefques de prime face) j'aye voulu retenir l'efprit
& la main de ceux, qui pourront avoir de telles ou plus exactes Légendes de ceux de Guife, qu'au contraire je les prie inftamment de
ne plus frauder la France noftre Mere commune (2), de Mémoires
& Advertiffemens qui luy devroyent eftre auffi fouvent mis devant les
yeux, comme ceux de Guife ont tafché jufques à préfent, & tafchent
encor de les luy arracher du tout, pour la conduire & manier puis-
après à leur plaifir, & felon leurs ambitieux deffeins. Souvent je me
fuis efmerveillé de la ftupidité de plufieurs François, qui font profeffion
d'avoir de l'efprit à revendre, & cependant font femblant de croire
que nous n'avons bien quelconque, finon de ceux defquels la plufpart
de nos maux découlent. Si les affections particulieres n'avoyent corrompu la veuë de leurs entendemens, je m'affeure qu'ils feroyent d'autre advis : & quand il plaira à Dieu leur ofter cefte verriere d'ambition, de vengeance, & de femblable couleur qui les efblouit, ils fui-
ront l'ordure qu'ils chériffent & adorent.

Et quant à ceux qui voyent ces maux avec moy, qu'ils confiderent
comment, & jufques où ils y peuvent remédier, afin d'y mettre la
main à bon efcient, comme la Loy de nature mefmes les y oblige.

Quant aux matieres par moy déduites, du commencement je faifois
mon compte de réduire en douze fueilles de papier ce que j'avois à publier en ceft endroit : mais eftant embarqué, j'ay efté emporté en fi
haute mer d'affaires, qu'avant que gaigner le port à travers tant de ro-
chers & gouffres périlleux, je feray contraint de faire une longue navi-
gation. Et comme ceux qui ont perdu terre de long-temps, ne la regai-

---

(1) Il fut honteux à ceux de Guife de
faire l'infâme métier de bourreaux & d'affaffins, en allant eux-mêmes à la tête d'une
troupe de Brigands, poignarder nuitamment
des gens qui étoient fans défenfe. En vain
allegue-t'on pour eux la vengeance, qu'ils ont
voulu tirer de la mort du Duc de Guife, tué devant Orleans. En parlant humainement, il y a

des voyes d'honneur pour fe venger. Mais c'é-
toit penfer baffement que de s'y prendre comme ils ont fait contre l'Amiral & fes adherans.
(2) Si l'Auteur a vécu jufqu'en 1590. il
doit avoir été content : car fi l'on a écrit pour
les Guifes, il n'y a point eu de race contre laquelle on ait auffi tant parlé, & avec jufte
raifon.

gnent pas aifément, encor qu'à voiles & à rames ils s'y efforcent de tout leur pouvoir : auffi eftant venu fi avant en la mer Guifienne, je tafcheray de venir au bout au pluftoft qu'il fera poffible, en telle forte néanmoins que j'efpere eftre excufé de vous, fi vous ne me voyez fi-toft défembarqué que l'euffiez defiré. Les courfes & traverfes font fi longues & diverfes, tant de vagues l'une fur l'autre, tant de vents contraires fouflans & agitans le cours de mon vaiffeau en diverfes parts, que fouventesfois c'eft à recommencer, & y a toujours infinies & nouvelles routes. Toutesfois à l'aide de Dieu, je gaigneray le bord au pluftoft qu'il fera poffible, en vous faifant voir le refte de cefte Légende (1).

Le ftile eft tel que le voyez, à fçavoir fimple & nud, en façon de Mémoires & Recueils. Car je me fuis contenté le plus fouvent de reciter les propres mots des efcrivains qui m'ont precedé en ceci. Et encores que quelquesfois je les couche tout au long, fi n'ay-je point fait cela pour remplir le papier ; ains d'autant qu'il me fembloit néceffaire au point, qui lors fe préfentoit à traiter.

Quelque jour nous pourrons voir une Hiftoire, où ces rudes & petits commencemens ou defcriptions des geftes de ceux de Guife feront propofez en tels termes qu'il appartiendra à tel fujet. Ce m'eft affez, fi mon rude & fimple difcours peut fervir à quelques-uns de nos François, pour voir & fentir le feu qui les a confumez, & femble fumer encore par trop, pour achever de tout perdre, fi un plus grand que les hommes n'y pourvoit.

On pourra demander, pourquoy j'ay differé de mettre ceci fi tard en lumiere. A quoy je refpondray qu'il n'eft encores que temps, & il feroit bien à defirer auffi que cefte Légende fuft un difcours des maux du tout paffez, & qu'on n'euft plus aucune occafion de craindre pour l'avenir. Mais l'efprit du Cardinal de Lorraine vit encor en la France, & ne fait pas moins d'efforts qu'autresfois pour amener l'Eftat au but par luy tant prétendu en fa vie. Si plufieurs ne voyent, ny n'entendent cela, je feray très-joyeux fi le temps ne le leur fait fentir à leur confufion. De ma part, il m'a efté impoffible d'eftre traiftre à celle de qui je tiens la vie. Je commence donc à l'avertir des fraudes & embufches qu'on luy a dreffées pour la dévorer fous prétexte de la maintenir. Que mes freres

---

(1) La fuite ou feconde partie de cette Légende n'a jamais paru : mais n'importe ; l'Hiftoire nous a confervé plus de faits & de mémoires qu'il n'en faut pour faire une bonne continuation de cet ouvrage : ç'a toujours été le même efprit d'ambition, qui a conduit & animé cette maifon ; & pour le bonheur de la France, ils font péris à la peine. Ils ne s'en font même jamais relevé, c'eft ce qu'il y a eu de mieux pour nos peres & pour nous.

& compatriottes facent (fi bon leur femble) leur proufit de la bonne affection que je leur porte, laquelle je leur ferai toucher encore cy-après, fi Dieu me prefte la vie, & ne permettray qu'autre me devance en volonté de réfifter par moyens légitimes aux menées & pratiques des tyrans eftrangers. Si je ne le puis faire en tant de fortes que beaucoup d'autres, ce fera pour le moins de fi bonne main, que les marques en demeureront. Je voudroy bien avoir autre fujet à traiter, & je ne doute point qu'aucuns n'eftiment que je pouvois faire autre chofe. Ce qui eft vray : mais ils ne nieront pas que c'eft un temps & travail bien employé, de defcouvrir à la pofterité & à ceux-mefmes qui vivent encor, ce qui leur eft très-néceffaire pour leur inftruction (1).

Au refte, je n'ay point monftré en la déduction des chofes, le but où il les faloit rapporter, ny comme chafcun en doit faire fon proufit, attendu qu'il fera aifé à chafcun de le comprendre ; joint que les chofes paffées & ce qui eft contenu en ce Livre, & fera déclairé ès autres fuyvans, eft fi clair & tant bien cognu de tous, que ce feroit faire tort à leur mémoire & jugement de faire des longs difcours là-deffus. Seulement je défire, que les François fe fouviennent de leur ancienne générofité & liberté, & oppofent au contraire l'efclave fervitude, en laquelle ils ont efté tirez par les factions de ceux de Guife, qui abufans de la fimplicité de nos Roys, ont mis l'Eftat du Royaume au danger où chafcun le void.

Je ne doute point que certains courtifans & autres ferviteurs de ceux de Guife, relifans en cefte Légende ce qui eft efcrit en leurs confciences, ne hochent la tefte & froncent le nez contre moy, pour contredire à cecy, ou à cela. Mais je les prie d'avoir patience jufqu'à tant qu'ils ayent veu les autres Livres qui fuyvront ceftuy-cy bien-toft, fi Dieu le permet : & peut-eftre mettront-ils de l'eau en leur vin, ou s'il leur prend envie de dreffer autres Légendes à leurs Maiftres, pourveu que ce foit en meilleure confcience qu'ils ne les ont fervis, j'en feray content. Mais s'ils font tort à vérité, qu'ils fçachent que leurs flateries & fauffetez feront defcouvertes à tout le monde, afin qu'on s'en donne garde, & qu'à l'avenir nul ne foit pippé qu'à fon efcient.

Le Cardinal avoit un axiome ordinairement en la bouche pour l'a-

---

(1) L'Auteur a fans doute agi fur ce principe, qu'*intereft Reipublicæ cognofci malos* ; & plus l'homme méchant eft puiffant, plus il faut s'appliquer à le faire connoître, pourvû néanmoins qu'on n'y rifque point fa propre vie : car notre premier devoir dans la fociété civile, eft notre propre confervation. C'eft la Loi naturelle qui nous l'ordonne : il n'y a que Dieu & la Religion, à qui nous devions faire un facrifice volontaire de nous-mêmes.

vancement de ſes entrepriſes ; qu'un menſonge entretenu trois heures
ou trois jours durant, valoit beaucoup : pratiquant auſſi ce qu'un ancien diſoit, qu'un menteur doit eſtre effronté juſques au bout. Ses ſerviteurs & partiſans retiennent bien ceſte régle, & eſtiment qu'en niant
hardiment ce qui eſt clair comme le jour, le temps ſe paſſera : & comme une grande partie d'eux ſe ſoucie peu ou point du tout de Religion (1), ce n'eſt de merveilles s'ils foulent aux pieds l'équité & l'hon-
neſteté, colomnes & appui de la vie humaine. Mais de diſputer beaucoup avec eux, c'eſt preſque peine perduë : il ſuffit de les remettre au
ſiége judicial de Dieu, devant lequel ils comparoiſtront toſt ou tard,
encore qu'ils taſchent de perſuader le contraire à eux-meſmes & aux
autres.

Si l'on demande maintenant, pourquoy je ne préſente qu'un Livre
de ceſte Légende, & j'en ay promis davantage au tiltre : je confeſſe
avoir en main les Mémoires de l'œuvre entier, mais ayant eſté ſurpris
& comme lié par les mains d'un empeſchement inévitable, & l'Imprimeur déſirant publier quelque choſe de ce que j'avois commencé, il a
tiré de mes mains ceſte premiere partie (2), en laquelle ſi vous ren-
contrez des fautes d'impreſſions, j'eſpere que les excuſerés, n'ayant eu
la commodité de me trouver avec l'Imprimeur, ny le loiſir de faire
tranſcrire ce que j'avois aſſez rudement tracé de ma main. J'eſpere
que les autres Livres ſeront plus corrects, & que ſi en quelques endroits de ce premier Livre, il y a eu quelques particularitez omiſes,
elles ſe retrouveront en autre endroit propre cy-après. Si d'avanture
ceux qui reſtent de la maiſon de Guiſe recevoyent ceſte faveur de
Dieu, que de laiſſer le Royaume en repos, & ſe contentoyent du paſſé,
l'effaçans par gracieux & fidéles déportemens à l'avenir, je ne voudrois
tenir ma promeſſe, ains enſevelirois le premier les Mémoires des maux
paſſez : mais s'ils continuent, comme ils ont fait juſques à preſent, ils
trouveront des cerveaux & des mains qui leur réſiſteront. Et combien
que par fineſſes & trahiſons eux & leurs ſemblables ſe ſoyent avancez
juſqu'à preſent, plus que par force d'armes : ſi eſt-ce que la vérité aura
finalement ſon cours, & ne gaigneront rien à ſuyvre le mauvais train
de leurs devanciers, ſinon de ſe rendre tant plus odieux à Dieu & aux
hommes.

(1) L'Hiſtoire ne nous a que trop bien informé qu'ils ont cherché à s'unir avec les Princes Luthériens d'Allemagne ; ce qui leurs
ayant manqué, ils ont voulu ſe lier avec les
Huguenots de France. Mais les uns & les autres connoiſſoient leurs vûës, qui ne tendoient
qu'à uſurper le Trône, ou en tout, ou du moins
en partie. Ils ont donc refuſé d'être les miniſtres
de leur ambition ; mais par malheur ils n'ont
trouvé que trop de partiſans.

(2) Les autres parties n'ont jamais été imprimées, comme je l'ai déjà dit.   Ils

Ils hauſſeront tellement leur pyramide, que la pointe leur tombera finalement ſur la teſte, & les accablera du tout. S'ils préviennent ce danger, en ſe mettant en leur devoir, j'en ſerai très-aiſe : & ne veux pas nier que ſi ceux de Guiſe ſe fuſſent tenus en leur rang, ils pouvoient faire ſervice à la Couronne de France : mais de ſerviteurs voulans devenir Maiſtres, ils ont gaſté tout, & ruiné eux & les autres. Or craignant d'eſtendre ce propos trop avant, je vous prie, Lecteurs, recevoir de bon œil ce premier Livre, en attendant les autres, qui vous ſeront bien-toſt préſentez : ce que je m'aſſeure que ferez, ſi vous eſtes vrais François ; c'eſt-à-dire, affectionnez au ſervice de Dieu, au bien de voſtre Patrie, & à la conſervation de voſtre ancienne & généreuſe liberté.

F A U T E S A C O R R I G E R.

Dans la premiere Partie.

Page 21, note 2, ligne 2, 1555, *liſez* 1552.
p. 31, note 1, lig. 4, avant, *liſez* après.

Charles, Cardinal de Lorraine.
Né le 17. de Fevrier 1524: Mort le 26. de Décembre 1574.

LA LEGENDE
DE CHARLES
CARDINAL
DE LORRAINE,

Et de ses Freres, de la Maison de Guise.

L'AN mil trois cens soixante & deux, Jean Duc de Lorraine estant mort (1), eut pour successeur Charles premier du nom, son fils aisné; lequel eut trois fils (2) de Marguerite fille de Robert de Bavieres, Comte Palatin, à savoir Charles, Robert & Federic, qui moururent tous trois jeunes; & trois filles, dont l'aisnée Marie fut donnée à Enguerand Conte de Coucy, qui mourut sans hoirs: la seconde, Caterine, fut mariée à Jaques Marquis de Baden, en faveur duquel mariage le Duc de Lorraine donna audit Marquis les trois Prevostez de Sainct Diez, Arches & Bruettes, avec quelque somme

---

(1) *Estant mort.*] Ce fut en 1391 que mourut Jean Duc de Lorraine, qui avoit commencé en 1346, & Charles son successeur mourut le 25 Janvier 1431, nouveau Stile. A sa mort le Duché de Lorraine passant aux femmes, sortit de sa Maison, & fut possedé par celle d'Anjou.

(2) *Trois fils & trois filles.*] L'Histoire ne marque que deux fils, Loüis & Rodolphe, morts jeunes avant leur pere, & deux filles; sçavoir Isabeau & Catherine. La premiere mariée en 1418, à René Duc d'Anjou & de Bar; & Catherine fut mariée en 1426 à Jacques I, Marquis de Bade. René d'Anjou, Prince du Sang Royal de France, mourut à Aix en Provence le 10 Juillet 1480, & il est inhumé dans l'Eglise Cathédrale d'Angers, auprès d'Isabelle de Lorraine son épouse. Mais en 1452 Jean II d'Anjou leur fils devint Duc de Lorraine, par le décès de sa mere, & mourut en 1470. Succeda Nicolas d'Anjou, fils de Jean, depuis 1470 jusqu'en 1473. René II. vint ensuite, & par lui le Duché de Lorraine rentra par alliance dans l'ancienne Maison de Lorraine. Il ne mourut qu'en 1508, & eut pour successeur Antoine.

A

fomme de deniers : au moyen dequoy ce Marquis renonça à la fucceffion de la Duché de Lorraine. La troifiéme fille nommée Ifabeau, fut mariée à René d'Anjou, fils de Loys d'Anjou, fecond fils de Jean, Roy de France. Ce René premier du nom, fucceda à fon beau pere Charles de Lorraine, & eut fa Duché de Bar de par Yoland d'Arragon fa mere. Mais Antoine Conte de Vaudemont, fils de Ferry frere du Duc Charles donna empêchement à René, & maintint la Duché de Bar, luy appartenir. A ce luy aida le Duc Philippe de Bourgongne qui n'eftoit pas content du mariage de René avec Ifabeau. Si fut donnée bataille près Bulainville, où le Duc René demeura prifonnier & fut amené à Dijon fous la garde du Duc de Bourgongne, où il le tint quinze ans prifonnier, à l'appetit des Anglois & Bourguignons, au fervice defquels étoit Ferry de Vaudemont fils de ce Conte Antoine. Finalement fut appointé que René prifonnier donneroit fa fille aifnée Yoland à ce Ferry de Vaudemont, avec la fomme de deux cens mil efcus de rançon. Sur ces entrefaites, Loys d'Anjou frere aifné de René, mourut fans enfans, eftant à la pourfuite du Royaume de Naples, duquel le Pape Clement l'avoit couronné Roy. Ces nouvelles entenduës René delibera d'entrer en poffeffion de ces Royaumes : mais nonobftant le fecours des Genevois, du Duc de Milan & autres Potentats d'Italie, il fut finalement chaffé de Naples par les Efpagnols & contraint fe retirer en France vers Charles feptiéme fon beaufrere. Et après quelque guerre contre ceux de Mets, entendant la mort de fa femme Ifabeau, laiffa le gouvernement de Lorraine à Jean fon fils aifné, & delibera finir le refte de fes jours en fes

parties de Provence & d'Anjou.

Jean furnommé de Calabre ayant tenu la Lorraine environ dix-huit ans laiffa un fils nommé Jean d'Anjou, vivant encor fon grand pere René, lequel fiança Anne fille du Roy Loys unziefme : mais étant defpité contre fon beaupere, & pratiqué par le Duc de Bourgongne, comme il eftoit fur le poinct de traiter mariage avec Marie fille de ce Duc de Bourgongne & laiffer celle de France, il mourut. Par ce moyen René deuxiefme du nom, fils de Ferry de Vaudemont & de Yoland frere du Duc René d'Anjou, & fœur du Duc Jean fucceda aux Duchez de Lorraine & de Bar l'an 1473. à faute d'autres heritiers, vivant encor fon grand pere maternel René d'Anjou, & fa mere Yoland, que les Lorrains ne vouloyent avoir pour gouvernante. Ce Duc cy eut de grandes guerres contre le dernier Duc de Bourgongne, lequel finalement fut defait devant Nancy. Or vivoit encor le grand René d'Anjou (qui s'appelloit Roy de Sicile) pere grand de ce René deuxiefme, & fe tenoit en fon repos fur fon vieil aage en fes Duchez d'Anjou & de Provence, fort chery & careffé du Roy Loys unziefme, qui l'entretenoit paifiblement, craignant qu'il preftat l'oreille aux Bourguignons & Anglois, defquels il eftoit fort follicité. Si envoya ce Roy René vers fon petit fils, l'avertir que s'il vouloit eftre fon heritier, il euft à prendre les armes plaines de la maifon d'Anjou. Ce qu'il refufa faire, bien accordoit il de les porter mi-parties d'Anjou, Provence, Sicile & Lorraine. Pour ce refus, le Roy René inftitua fon heritier Charles Conte du Maine fon neveu, à caufe de Charles fon frere auffi Conte du Maine. Le Duc René adverty de cefte inftitution fe
hafta

hasta de venir voir son grand pere: mais les choses estoient ja faites & passées: au moyen de quoy tout indigné il s'en retourna soudainement. Le Roy René mourut l'an 1482. (1) Un peu après mourut aussi Charles du Maine son neveu, & partant le Roy Loys unziesme, demeura seigneur des pays de Provence, Anjou & le Maine, par donation testamentaire (2) que ledit Charles luy en fit: lequel encor lui laissa la Duché de Bar.

Après la mort du Roy Loys unziesme, René de Lorraine (qui s'estoit retiré en Italie à la persuasion du Pape Sixte IV, pour essayer de conquerir les Royaumes de Naples & Sicile: & avoit esté quelque temps à la solde des Venitiens) vint en France demander son droit aux Contez de Provence & d'Anjou, & à la Duché de Bar. Quant à ceste Duché, elle luy fut rendue, à condition que luy & ses successeurs en feroyent hommage au Roy, qui en demeureroit souverain: mais touchant la Provence & Anjou, fut fait responce qu'elles estoient de la Couronne, & qu'elles ne tomboyent en quenouille. Finalement par accord du Roy Charles VIII. & de ce Duc, le different fut remis au jugement de (3) trois deleguez. Cependant, le Roy donna au Duc une compagnie de cent hommes d'armes avec trente six mil francs (4) d'appointement. L'an 1489. ceux de Naples ennuyez de la tyrannie du jeune Alphonse, appellerent le Duc René à leur aide: mais ainsi qu'il s'aprestoit, fut prononcé l'arrest des trois Juges deleguez, qui fut tel: que non seulement Anjou & Provence, mais encor Naples & Sicile appartenoyent au Roy de France. Parquoy Charles huitiesme entreprint ce voyage pour lui-mesme. Mais nonobstant cet arrest, Yoland mere de René n'en laissa de porter (après la mort de son pere René le grand) le tiltre de Royne de Sicile. René deuxiesme aussi se nomma Roy de Sicile & de Jerusalem, à cause des vieilles conquestes de ses predecesseurs: & fit appeller son fils aisné Antoine, Duc de Calabre, & porta tousjours les armes d'Anjou mi-parties avec les siennes. Pour ceste audace & autres entreprises, il fut mal voulu du Roy Loys douziesme, chassé de France & privé de ses pensions: mais il trouva moyen de faire sa paix, puis mourut à la chasse, ayant esté Duc l'espace de trente (5) cinq ans. Il eut de sa femme Philippe sœur du Duc de Gueldres douze enfans desquels les sept moururent en jeunesse, & laissa seulement cinq fils, à savoir Antoine, Claude, Jean, Loys & François.

Antoine succeda à son pere René aux Duchez de Lorraine & de Bar, pareillement au Conté de Vaudemont & Marquisat de Pont: & (par la mort de Charles Duc de Gueldres, frere de sa mere) la Duché de Gueldres & Conté de Zutphen. Il laissa trois enfans: François qui fut Duc après (6) lui. Anne mariée au Prince d'Orange, & Nicolas

(1) *L'an 1482.*] Ce fut en 1480 que mourut René d'Anjou, Prince qui avoit de l'esprit & qui s'appliquoit à la poësie; mauvais métier pour un grand Prince, qui a bien d'autres choses à faire, quand il veut remplir ses devoirs.

(2) Ce fut en 1481 que Charles d'Anjou fit son testament en faveur du Roi Louis XI. le 10 Décembre & mourut le 11.

(3) *Trois Deleguez.*] Ces trois Juges deleguez furent le Seigneur de Comines, le Seigneur du Lau, avec celui de Cominges.

(4) *Trente six mille francs.*] Mais jamais René n'en toucha rien: ce fut en 1493 que Charles VIII. partit pour l'expedition de Naples, qui ne réussit point & dont on n'avoit pû le détourner.

(5) *Trente-cinq ans.*] Il mourut en 1508, alors commença le Duc Antoine, qui ne mourut qu'en 1544.

(6) François Duc de Lorraine ne gouverna qu'un an depuis 1544 jusqu'en 1545; & laissa le Duché à Charles II. qui fut un grand Prince, & qui gouverna 63 ans; n'étant mort qu'en 1608.

A 2

las, qui fut Evefque de Verdun, & depuis Evefque de Metz, & finalement (comme il eſt encores aujourd'huy) Conte de Vaudemont & beaupere de Henry troiſiefme Roy de France. François ſucceſſeur d'Antoine eut un fils & deux filles de Chreſtienne fille du Roy de Dannemarch. Le fils nommé Charles-deuxiefme ſucceda à ſon pere l'an 1545. & vit encor de preſent, ayant en mariage Claude fille du Roy Henry II. de laquelle il a pluſieurs enfans vivans.

Claude, ſecond fils de René & Duc de Guiſe & Baron de Joinville, vint en la Cour de France, où il obtint le gouvernement de Champagne & de Bourgonghe, ayant épouſé Antoinette de Bourbon, tante des feus Roy de Navarre & du Prince de Condé ; de laquelle il eut François, Charles, Claude, Loys, René & le grand Prieur : deſquels, ſpecialement de François qui depuis fut Duc de Guiſe, & tué par Poltrot devant Orleans, & de Charles Cardinal de Lorraine nous ferons en après ample mention, y adjéuſtant ce qui viendra à propos touchant les autres freres, l'un deſquels à ſavoir Claude fut Duc d'Aumale, tué au ſiege de la Rochelle, René Marquis d'Ellebeuf, Loys Cardinal de Guiſe, & le grand Prieur.

Jean troiſiefme fils de René, Evefque de Metz, fut fait Cardinal (1) par recommandation ſpeciale faite au Pape Leon dixiefme, l'an 1518. & depuis étant ordinairement à la Court

de France, fut fort aimé du Roy François premier, pour ce qu'il ne ſe meſloit point d'autres affaires que de plaiſir. Les deux autres à ſavoir Loys & François moururent en bataille, l'un au Royaume de Naples, & l'autre à la journée de Pavie. Le Duc Antoine fut aſſez bon homme, & vint volontairement trouver le Roy François à Dijon, où il luy fit hommage de la Duché de Bar, & fut bien marry d'une grand faute qu'il avoit faite : car ayant le feu Roy François acquis la Duché de Gueldres, lui qui pretendoit que par ſucceſſion ceſte Duché lui devoit eſcheoir, pratiqua par un Jacob Canis Bourgmaiſtre de Nimegue, de faire ſouſlever le peuple & empeſcher que le Roy n'en entraſt en poſſeſſion. Puis, voyant que le peuple ne vouloit point de lui & ſe donnoit au Duc de Cleves, il taſcha de r'adouber ceſte faute, mais il ne peut. Toutefois en faveur de Jean Cardinal de Lorraine (2) ſon frere, le Roy François luy pardonna le tout. Quant à ce Cardinal, ce fut un des premiers attrappeurs de benefices, & chaſcun a veu juſques à quel poinct il pouſſa l'Egliſe Gallicane. Toutefois pource qu'il ne fut pas homme fort violent, & d'ailleurs eſtoit deſpenſier & liberal, on le comporta aſſez doucement. Quant au pere du Duc de Guiſe & du Cardinal de Lorraine, en ſon temps il n'eut pas de grandes charges, & ne ſe fia l'on pas de luy de grandes affaires. Ayant mené ſans congé les forces du Roy ſecourir le Duc Antoine ſon

(1) Il fut fait Cardinal le vingt-ſeptiéme Juin de cette année.

(2) Voici ce que dit M. de Thou en parlant de ce Cardinal, que le 10 de Mai il mourut d'apoplexie en ſoupant à Neuvi bourg ſur la Loire (dans le Pays de Puyſaye) Prince qui avoit merité les bonnes graces du Roy François I. par ſon penchant pour les plaiſirs, & par ſes liberalités ſouvent mal entenduës,

Thuanus lib. VI. Cependant il fut employé en pluſieurs negociations, & ſe chargeoit même outre cela de dreſſer toutes les Filles d'honneur, que l'on plaçoit auprès de la Reine ou des Princeſſes ; c'étoit l'employ dont il s'acquittoit le mieux. Il mourut en 1550 au retour du Conclave, où fut élû le Pape Jules III. & Claude de Lorraine ſon frere étoit decedé dès le 12 d'Avril précedent.

fon frere, qui eftoit (ce difoit-on) travaillé d'Anabaptiftes (1), cela fut trouvé fort mauvais, & fans le Conneftable, qui eftoit lors grand Maiftre, & Marefchal de France, il euft efté emprifonné & mal traité du Roy François qui ne vouloit fouffrir que ceux qui n'eftoyent rien que par fa bienveillance, enjambaffent ainfi fur fon authorité. Et de fait, eftant avenu une autre fois que ce mefme Sieur de Guife gouverneur de Bourgongne voulut entrer au chafteau d'Auffonne, qui pour lors eftoit une charge à part, où le Sieur de Rouveray gentil-homme François & Lieutenant de la compagnie du Marquis de Rotelin commandoit là mefme : l'entrée lui en fut refufée, ce que Rouveray n'euft fait s'il euft tenu ledit Sieur de Guife pour Prince. Il s'en plaignit au Roy François, lequel loua en cela grandement le gentilhomme, & fe moqua de celuy qui avoit voulu faire le Prince de fon fang. Au refte il pinfoit vivement, & perfecuta jufques au bout plufieurs marchans des meilleures villes du Royaume : mais s'eftant attaché aux marchans de Paris, qui n'eftoyent encor accouftumez au rafoir, la ville print le fait en main, fit revoquer les commiffaires, & furent les amputeurs du Sieur de Guife partie prins prifonniers, les autres fondirent comme neige au Soleil. Depuis, il en porta tousjours une telle dent de laict aux Parifiens, qu'en temps de cherté, ny en autre faifon, quelque abondance de blez, vins ou autres vivres qu'il y euft ès pays de Champagne & Bourgongne, tant comme il en a efté l'un après l'autre Gouverneur, jamais ceux de Paris n'en

ont peu tirer pour leur ville, qu'avec forces lettres de traites bien cherement achetées. Si eft-ce qu'il ne s'attacha pas depuis à une generalité d'eftat de ville. Bien alloit-il halletant tousjours après quelque confifcation par cy par là, & quelqu'une s'accrochoit. Mais fon grand effort fut fur ceux de fon gouvernement, qu'il pluma à toutes reftes. Pourtant le Roy Henry, par l'advertiffement du Roy fon pere, ne le voulut jamais appeller aux affaires d'eftat, combien que fes deux premiers fils, affavoir le Duc de Guife & le Cardinal de Lorraine fes enfans, en fuffent : & les conduifoit le bon Seigneur jufques à la porte du Roy, puis s'en retournoit : en quoy, je ne fcay, à vray parler, de qui l'on avoit plus de honte, du pere ou des enfans. Or mourut-il empoifonné, & comme bon Chreftien pardonna fa mort à celuy ou à celle qui par mefgarde luy avança le terme de fes jours, en le prenant pour un autre.

Ses enfans furent avancez par fon frere Jean Cardinal, lequel fe voyant chargé de beaucoup de benefices, choifit Charles pour eftre fon fucceffeur, & l'entretint fpecialement au college de Navarre, d'où il fut retiré pour venir gouverner le Roy* Dauphin : car combien qu'il y euft d'autres perfonnages en France, pour faire telle charge, toutefois le credit de l'oncle gaigna cela fur le grand Roy François, joint quelque promptitude d'efprit qu'on voyoit en ceftuy-cy. Toutefois du temps du grand Roy François ils n'eftoient pas en grand credit. Charles étoit fimplement Monfieur de Reims, fon frere François Conte d'Aumale

Marginal notes:

Comme ceux de Guife fe furent avancez.

* Il y a faute dans ce récit. Le Roy Dauphin fut François II. il falloit donc mettre feulement le Dauphin.

(1) D'Anabatiftes.] Cette expedition fe fit, leRoi étant prifonnier en Efpagne en 1525, & nous en avons une Relation imprimée dans le temps même, fous ce titre : Hiftoire ou Recueil de la victoire obtenuë contre les Lutheriens du Pays d'Aulfays (ou Alface) & autres, par Antoine Duc de Calabre, de Lorraine & de Bar en 1525. écrit par Nicolas de Volchir de Serinville, Secretaire & Hiftorien de ce Duc, petit in folio, Paris 1526.

d'Aumale (car leur pere vivoit encor)
& les autres freres se poussoyent comme ils pouvoyent. Or savoit le Roy
François que les esprits pourroyent remuer quelque chose, & sous le pretexte des Duché d'Anjou & Conté de
Provence brouiller le Royaume ; pour
ceste cause ne les favorisoit-il que bien
à poinct. Il avoit fait cest honneur à
leur sœur aisnée pour l'amour de sa
beauté, qu'à l'entrée de la Royne Eleo-
nore, elle fut habillée en princesse : mais
voyant que ces estrangers s'en préva-
loyent, comme s'ils eussent esté desja
princes de France, il denia à la femme
du Marquis du Maine le manteau
Royal. Chascun sçait que ce mesme
Roy sur la fin de ses jours porta peu
d'affection au Connestable, lequel se
retira en (1) sa maison. La principale
occasion de ceste colere fut, qu'il entendit que par la recommandation dudit Sieur Connestable, le feu Roy
Henry lors Dauphin de France, les
avoit approchez de soy : en consequence de quoy & de leur alliance avec la
grande Seneschale de Normandie, qui

gouvernoit le Dauphin, le Roy François, qui l'avoit aimée aussi, se despita
contre.

Ceste grande Seneschale fille du feu
Sieur de S. Vallier avoit r'acheté la vie
de son pere de son (2) pucelage. Et
depuis, au grand malheur & deshonneur de nostre France, estant à demy
usée, avoit esté baillée à Henry, duquel
elle gaigna si bien le cœur, qu'elle devint Duchesse de Valentinois, & Royne de France, quant à l'effect. Ceux
de Guise voyans que c'estoit là une
planche propre pour passer bien avant
en la France, estiment qu'il faut s'en
servir, encor que ce fust un tres-vilain
expedient. Ils procurent le mariage du
troisiesme frere, depuis Duc d'Aumale
avec la derniere fille de ladite Seneschale. Par ce moyen s'approcherent de
Henry, duquel ils pratiquerent cependant deux choses, esquelles on descou-
vrira aisément tous leurs deportemens
subsequens contre la France. Le premier fut qu'ils oserent par le moyen
de ceste Seneschale tirer de la bonté &
simplicité de Henry lors Dauphin, en
mariant

(1) *Se retira en sa maison.*] La disgrace du Connetable Anne de Montmorency, qui avoit esté si
long-temps l'un des premiers favoris & des Ministres
de François I. arriva vers le mois d'Avril de l'an
1541. La cause en fut le conseil qu'il avoit suggeré
au Roi de donner en 1540. un libre passage à l'Empereur Charles Quint, pour aller soumettre les Gan-
tois revoltés, sans exiger aucune sûreté de la promesse faite par cet Empereur, d'accorder l'invesli-
ture du Duché de Milan pour Henri Duc d'Orleans,
qui fut depuis le Roi Henri II. Madame la Duchesse
d'Estampes Maitresse de François I. y avoit aussi
cooperé au moyen d'un diamant de grand prix, que
Charles Quint avoit malicieusement laissé tomber :
il fut ramassé par la Duchesse d'Estampes ; mais
Charles ne voulut pas le reprendre ; répondant po-
liment & galamment, qu'il étoit de trop belles
mains pour l'en retirer. Le seul Connetable en
souffrit : car comment pouvoir disgracier une Maitresse pour une semblable bagatelle ?
(2) *De son Pucelage.*] Ce fut en 1523 que Diane de
Poitiers, épouse de Louis de Brezé, grand Sénéchal
de Normandie, obtint du Roi François I. la vie
que Jean de Poitiers, Comte de S. Vallier son pere

avoit merité de perdre, pour avoir été complice
de la révolte du Connétable de Bourbon. Mais il y
avoit neuf ans que Diane étoit privée de son Pucelage, lorsqu'elle eût la grace de son pere. Née
en 1500, elle fut mariée au grand Sénéchal dès l'an
1514. Voyez *Duchesne*, Histoire des Comtes de Poitiers tom. 2. de l'Histoire des Ducs de Bourgogne.
Ainsi s'expliquer, comme a fait l'Auteur de la Legende, & après lui Mezerai, c'est avoir envie de
parler de Pucelage. De dire neanmoins qu'il n'y ait
pas eu quelque chose d'approchant, c'est, ce qu'on
ne sçauroit nier. *Brantome*, qui insinue ce fait,
dit seulement : *J'ai oüi parler d'un grand Seigneur, qui
ayant été jugé d'avoir la tête tranchée, si qu'étant sur
l'échaffaut, sa grace survint, que sa fille qui étoit des plus
belles, avoit obtenuë ; & descendant de l'échaffaut, il ne
dit autre chose, sinon, sauve le bon cas de ma fille, qui
m'a si bien sauvé !* Brantome, Dames Galantes
tom. 1. discours 1. Pouvoit-elle moins faire la
bonne Dame : ne doit-on pas tout employer pour
sauver la vie d'un pere qui nous a donné l'être ? Elle
y trouvoit un double avantage, dont elle a bien sçû
profiter, tant sous François I. que sous Henri II.
son fils.

mariant leur frere, une promeſſe de leur rendre, luy venu à la Couronne, la Conté de Provence. Mais comme Dieu rembarre ſouvent par les plus petits l'orgueil & la fierté des plus grans, un ſeul General de la Cheſnaye eut bien de la vertu aſſez de leur faire rendre honteuſement & maugré eux ceſte promeſſe : eſtans heureux en un poinct, c'eſt qu'en la jettant au feu, l'on y jettoit auſſi la preuve & le jugement tout aſſeuré de leur deſloyale felonnie : joinct que ſi le Roy François en euſt ſenty le vent, c'eſtoit fait d'eux & de la Seneſchale avec. Venons à l'autre poinct, le Roy François peu avant ſa mort, avoit auprès de ſoy deux perſonnages qu'il aimoit ſingulierement, à ſavoir le Cardinal de Tournon Chancelier de l'ordre & maiſtre de l'Oratoire, & le Sieur d'Annebaut Mareſchal & Amiral de France. Le Conneſtable eſtoit pour lors en ſa maiſon, & eſtoit grand maiſtre de France auſſi, le Dauphin au contraire eſtoit enveloppé de la grand Seneſchale, laquelle avoit à ſes coſtez ces deux freres de de Guiſe, François Conte d'Aumale, & Monſieur de Reims, par le moyen de ce mariage ſuſmentionné. Sur tous autres, le Dauphin aimoit le Sieur de Saint André, le pere duquel avoit eſté ſon gouverneur. Or comme la maladie de laquelle le feu Roy François mourut à Rambouillet fuſt longue & incurable, au jugement de tous les Medecins : Meſſieurs de Guiſe propoſent au Dauphin de faire (ſi toſt qu'il ſera Roy) une ordonnance, que nulle perſonne ne tiendroit doreſnavant deux offices : & là deſſus s'aſſeurent de piller ces Seigneurs ſuſnommez, & avoir par ce moyen telle entrée aux affaires qu'avec le temps ils viendroyent au deſſus de leurs deſſeins. Quant aux Princes du

ſang, pour ce que perſonne d'eux ne monſtroit ſemblant de ſe vouloir trop avancer, ceux de Guiſe s'aſſeuroyent d'en venir aiſement à bout.

Mais avant que paſſer plus outre, faut conſiderer deux autres traits notables en la mort de François premier. Ce Roy eſtant au lict de la mort, fit appeller le Dauphin ſon fils, pour parler familierement à luy : & comme l'ame prochaine de ſon iſſue eſt communement plus alaigre & delivrée de tout faix terrien, ſoin & cures mondaines & moins attachée au corps : auſſi avient-il ſouvent que les hommes en ces temps, lieux & accidens là, traitent ſouvent de choſes plus hautes que de couſtume, & par une certaine prevoyance, qui ſurpaſſe l'ordinaire de nature humaine, prediſent les choſes avenir. Ainſi donc entre beaucoup de notables advertiſſemens que ce Roy donna à ſon fils, il le pria très-inſtamment, qu'il ne s'acoſtaſt des enfans de Guiſe, & ne les approchaſt de luy ny de ſes affaires : car, diſoit-il, Mon fils, j'ay bien apperceu & cognois pour vray que la race n'en vaut rien, & que ſi vous faites le contraire, ils vous mettront en pourpoint & voſtre peuple en chemiſe. Ceſt advertiſſement eſtoit bien digne d'eſtre noté & executé : toutesfois la ſimpleſſe du Dauphin enſorcelé par la Seneſchale & l'ire de Dieu ſur la France, ne permit que le fils obeiſt au conſeil de ſon pere, qui en ceſt endroit ne parla que trop veritablement. Et ce qu'il avoit dit que ceſte race ne valoit rien, apparut bien toſt après. Car le jour que ce grand Roy François mourut à Rambouillet, le Dauphin travaillé de regret & deſplaiſir de l'eſtat où il voyoit ſon pere languiſſant, s'eſtoit jetté ſur le lict de la Dauphine, laquelle eſtoit à terre & faiſoit

François I. haiſſoit ceux de Guiſe.

faifoit de l'efplorée & dolente : au contraire la grande Senefchale & le Duc de Guife, qui n'eftoit lors que Conte d'Aumale y eftoyent, celle là toute gaye & joyeufe, voyant le temps de fes triomphes approcher : ceftuy cy fe proumenant par la chambre de la Dauphine, & de fois à autre alloit à la porte fçavoir des nouvelles, & quand il revenoit, il s'en va (difoit-il) le galand. Mais fans ce galand là, puis qu'il l'appelloit ainfi, tous ceux de la maifon de Guife n'euffent jamais efté que petits cadets de Lorraine.

Ceux de Guife pillent le Cardinal de Tournon. Voyons maintenant l'execution de cefte ordonnance que nulle perfonne ne tiendroit à l'avenir deux offices. Cefte ordonnance ainfi arreftée & le Roy François mort, s'executa premier que d'eftre veue ne publiée : car fur le champ, Monfieur de Reims defpouilla le Cardinal de Tournon de l'Office de Chancelier de l'Ordre, lequel leur jetta auffi & defpit leur quitta celuy de Maiftre de l'Oratoire, l'Amiral d'Annebaut laiffa l'eftat de Marefchal. Je laiffe les autres, pour venir à cefte grande Maiftrife, pour laquelle avoir ceux de Guife prefferent inftamment le nouveau Roy d'efcrire au Conneftable, que premier que venir en Cour il envoyaft procuration pour refigner l'un ou l'autre de fes Offices de Conneftable & Grand Maiftre, efperans bien qu'il retiendroit celui de Conneftable, comme le plus haut & le plus apparent. Mais foit que deflors le Roy euft arrefté d'exempter fon compere de leur ambition, ou que le defir qu'il avoit que le Sieur de S. André, auquel il s'en eftoit defcouvert, fuft preferé en ceft eftat par une refignation qui s'en feroit en fa faveur, (afin de fruftrer par tous moyens la fiere attente du Conte d'Aumale) l'en engardaft ; il efcrivit bien au

Conneftable qu'en toute diligence il le vinft trouver, mais point de refigner, remettant le Roy à en parler de bouche luy venu en Cour. Mais tant s'en fault, que le Roy (qui eftoit affamé & brufloit d'un ardant & furieux defir de voir ce Conneftable, qui fi long temps avoit efté eflongné de luy) euft le courage d'ofter à fon compere pas un de fes Eftats : qu'au contraire à leurs premiers embraffemens il fe trouva fi honteux de n'avoir eftat en main pour luy en donner, & honorer fa bien venue, que de fa propre perfonne il fit un prefent à fon compere. Monfieur de Reims, s'eftoit faify du Cachet : le Conté d'Aumale avoit prins les clefs du chafteau, comme faifine de fucceffion efcheuë. Mais quand ils ouyrent le Roy criant tout haut à l'un, rendez les clefs, à l'autre, portez le cachet au Grand Maiftre, & qu'il falloit dormir fous la clef du Grand Maiftre, marcher au commandement du Conneftable, & n'avoir cognoiffance des affaires que par diftribution du compere : chafcun peut penfer quelle route print l'ame de l'un & l'autre de ces deux freres, voyans mefme qu'à l'heure fut érigé un nouvel Office de Marefchal de France pour Jaques d'Albon Sieur de S. André, qui eftoit tout ce qui reftoit au Roi, & fur quoy le Conte d'Aumale fichoit fa derniere efperance.

Ce fut là un des fondemens de leur querele contre le Conneftable & fa maifon, Mais outre le tort qu'ils fe faifoyent à eux-mefmes en ceft endroit, ils fe monftroyent merveilleufement ingrats envers le Conneftable : car ceux qui ont efté en France du regne de François le grand, ont veu & conu que le pere & l'oncle defdits de Guife n'eurent onques en tout le Royaume, ne par tout le cours de leur vie, un tel ne fi bon

Leur ingratitude envers le Conneftable.

bon amy que le Conneſtable, lequel dès leur arrivée en France eſtoit jà en grand crédit envers le feu Roy François ſon Maiſtre, ayant depuis ſuccedé à une incroyable faveur de deux grands Maiſtres de France, l'un Seigneur de Boiſſy ſon couſin germain, l'autre de Savoye ſon beau-pere, & finalement venu juſqu'au plus haut dégré qu'hom-me de quelque grandeur, hors les Pri-mats de la Couronne, ne de quelque Pays qu'il ſoit, peuſt attaindre en Fran-ce. A luy ſeul plus qu'à nul autre, ſont tenus tous ceux de Guiſe de ce qu'ils ſont iſſus d'une Princeſſe de France fille de Vendoſme, ayant le Conneſtable moyenné le mariage de leur mere avec leur feu pere, lequel n'eſpérant pas que jamais tel bien luy deuſt avenir, avoit desjà jetté les yeux ſur une Da-moiſelle de moyenne maiſon. Les prie-res du Conneſtable ſeul valurent tant envers le Roy François à ſon retour d'Eſpagne, que leur dit pere évita la priſon, obtint pardon de ce que ſans aveu ny congé, il avoit mené les forces en Lorraine, & entra en grace. Eſtant avenu le décez de la Royne d'Eſcoſſe fille du Roy, & déſirant le feu Roy d'Eſcoſſe reprendre femme en France, le Conneſtable fuſt cauſe que Mada-moiſelle de Guiſe (1) leur ſœur, pénultieſme Royne d'Eſcoſſe, & Mere de Marie Stuart, fut préférée à beau-coup d'autres plus mariables, & vraye-ment plus ſortables qu'elle n'eſtoit. Mais il eſtoit bon de l'envoyer hors de cognoiſſance, car du temps qu'elle eſtoit nourrie à Nancy, elle avoit vou-lu laiſſer la Cour de Lorraine pour eſtre courtiſanne de l'Abbé de Beaulieu, grand oncle du feu Duc de Bouillon: & ſans l'advertiſſement que la Conteſſe de Lignanges en donna à Madame Re-née de Bourbon, ceſte-cy s'en alloit avec l'Abbé en ſon ſerrail de Beaulieu. Mais l'Abbé en receut un traitement qui monſtre le naturel de ceſte maiſon : car après l'avoir receu ſur leur Foy, & fait ſemblant d'avoir oublié la legereté de la Damoiſelle, ils le firent tuer de ſang froid, adjouſtans à la cruauté un par-jure accompagné de grande ingratitu-de : car la maiſon de Lorraine a tiré in-finis plaiſirs de celle de Sedan, laquel-le néantmoins a eſté depuis-perſecutée en diverſes ſortes par ceux de Guiſe.

Pour revenir à leur ingratitude en-vers le Conneſtable, le Roy Henry à ſon avénement à la Couronne, aſſavoir au mois d'Avril 1546. (2) ayant mis entre les mains dudit Sieur Conneſta-ble, ſon bon compere, l'univerſel ma-niement, charge & conduite des affaires du Royaume, quelques jours après print le Conte (3) d'Aumale, Monſieur de Reims (4) ſon frere, les Sieurs de Se-dan & de S. André (5) Mareſchaux de France, les préſenta au Conneſtable, & luy dit en ſes termes, mon compere voicy

---

(1) *Mademoiſelle de Guiſe.*] Elle ſe nommoit Ma-rie de Lorraine, née en 1515 ; laquelle en 1534. avoit épouſé Louis II. Duc de Longueville, & en 1538. Jacques Stuart V. du nom, Roi d'Ecoſſe & Veuf de Magdelaine de France, fille de François I. Marie de Lorraine, qui étoit Reine Doüairiere d'E-coſſe, mourut le 10. Juin 1560. & eſt enterrée dans l'Egliſe Métropolitaine de Reims. Elle fut Mere de l'infortunée Marie Stuart.
(2) *Mois d'Avril 1546.*] Selon le vieux Style ; mais c'eſt en 1547. ſuivant le Style nouveau.
(3) *Le Comte d'Aumale.*] C'eſt François de Lor-raine, qui depuis a été Duc de Guiſe, tué par Poltrot au ſiége d'Orléans, le 24. Février 1563.
(4) *Monſieur de Reims.*] C'eſt Charles Cardinal de Lorraine, qui fut au Concile de Trente, & qui après avoir fait beaucoup de bruit en France & en Italie, mourut à Avignon en 1574.
(5) *Les Sieurs de Sedan & de Saint André Maré-chaux.*] C'étoient Robert de La Marck IV. du nom Duc de Boüillon & Seigneur de Sedan, fait Maré-chal de France en 1547 & mort en 1556. Le ſecond étoit Jacques d'Albon de Saint André, Maréchal de France en 1547. & mort en 1562.

B

voicy les disciples que je vous présente, pour apprendre de vous, & vous obéyr, comme à moy-mesme. Je vous prie de les instruire en mes affaires pour m'y faire service sous vous, tant que vous vivrez : & en se tournant vers eux il leur dit : je vous baille pour vostre pere & Maistre d'Escole, aimez-le & l'honnorez, & faites ce qu'il vous dira : car je le tien moy-mesmes pour mon pere & mon meilleur amy, & pour le plus loyal & fidéle serviteur que le feu Roy mon pere ait eu, ne que je sçauroi avoir. Après cela, le pere desdits de Guise à la première entreveuë de luy & du Connestable leur dit en ces mesmes termes. Mes enfans, voilà vostre pere, car je suis moy-mesmes sa créature : faites luy toute vostre vie honneur & service, car nous le luy devons. Le tesmoignage que le feu Cardinal leur oncle fit en présence du feu Cardinal de Lenoncourt est encores plus grand : car ce fut en l'absence du Connestable, & fut quelque chose qu'ils vouloyent remuer contre luy, gardez-vous bien, (dit-il) d'offenser ce personnage-là : car sans luy vostre pere & toute vostre maison eust beaucoup souffert : vous ne fussiez pas ce que vous estes, ny vostre sœur aussi, je luy doy moy-mesmes mon avancement, & tout ce que j'eus onques de bien, de faveur & crédit envers le feu Roy. Mais tout cela ne les peut destourner de nuire couvertement & ouvertement au Connestable, en quoy ils profiterent peu durant le regne d'Henry : mais sous François se-

cond ils luy payerent le salaire de leur Escholage, comme nous le verrons cy-après.

Il a esté parlé du mariage de leur frere le Marquis du Maine avec la fille de la Sénéschale. Ils prindrent là une accroche contre le Sieur de Chastillon depuis Amiral, qui s'agrandit tellement avec le temps par nouvelles occasions, qu'ils l'ont fait mourir finalement, ensemble ses freres, & taschent tous les jours de voir le bout de sa race, si la leur ne périt la première. Pour entendre donc le fondement de tant de maux qui ont tout ruiné la France, faut se souvenir que le Connestable désireux d'avancer ses neveux de Chastillon, fit eslever à dix-huit ans l'aisné de leur maison en la dignité de (1) Cardinal, ardamment désirée pour l'ignorance du temps : & fit monter les deux autres, assavoir Gaspar & François (2) de gré en degré par toutes les charges & exercices militaires, tant par mer que par terre : où ayans acquis réputations entre tous autres Seigneurs du Royaume, il fut aisé à l'Amiral, qui lors s'appelloit le Sieur de Chastillon, tant par la faveur du Connestable, que pour les débats qui s'estoyent eslevez entre les Sieurs de Dampierre & de S. André, de tenir l'un des premiers lieux près le Roy Henry lors Dauphin. Ce que voyant le Conte d'Aumale défavorisé plus que nul autre envers le Roy François I. se joignit très-estroitement & de familiarité & d'amitié avec ledit Sieur de Chastillon, pour s'insinuer tant plus aisément

Commencement de la haine de ceux de Guise, contre l'Amiral de Chastillon.

---

(1) *Dignité de Cardinal.*] C'est Odet de Coligni, né en 1517. Cardinal en 1533. dit le Cardinal de Châtillon, Evêque de Beauvais en 1535 embrassa les nouvelles erreurs, fut excommunié en 1563. par le Pape Pie IV. Se maria le 1. Décembre 1564. Se fit nommer le Comte de Beauvais ; & mourut en Angleterre le 14. Février 1571. du poison qui lui

fut donné par son Valet de chambre, qui avoit été gagné par les ennemis de sa maison.
(2) *Gaspar & François.*] Gaspar fut le célèbre Amiral de Coligni, tué la nuit de la Saint Barthelemi en 1572. & François de Coligni, Seigneur d'Andelot, Colonel Général de l'Infanterie Françoise, mort en 1569.

aifément en la bonne grace du Dauphin. Cefte amitié réciproque continua tellement par l'efpace de quatre ou cinq ans entre ces deux Seigneurs qu'ils ne pouvoyent vivre l'un fans l'autre, & eftoyent ordinairement habillez d'une mefme parure. Or le pere defdits de Guife, voulant mettre fa maifon en crédit par quelque bout que ce fuft, défiroit que le Marquis du Maine fon troifiefme fils, efpoufaft la fille de la Sénefchale, Courtifanne du (1) Dauphin. Le Comte d'Aumale ne pouvoit approuver ce mariage, toutesfois craignant d'irriter le Dauphin, il s'adreffe au Sieur de Chaftillon, lors fon grand amy, pour le prier de luy donner avis, comme à fon amy fingulier, fur la refponfe qu'il devoit faire lors qu'on luy en parleroit, adjouftant, non fans larmes, qu'à quelque pris que ce fuft, il n'y confentiroit jamais. Le Sieur de Chaftillon défirant le confoler en fon ennuy, s'efforça de l'appaifer: & après quelques propos tenus de part & d'autre, la conclufion fut qu'il valoit mieux avoir un pouce d'authorité avec honneur, qu'une braffe fans honneur. Mais après cefte réfolution, tant s'en faut que le Comte d'Aumale fuyvift le confeil, fur lequel il s'eftoit le premier opiniaftrement arrefté, que pour jetter le Sieur de Chaftillon en la haine du Dauphin, il dit au Marefchal de Vieilleville, qui eftoit leur amy commun, qu'il n'euft jamais eftimé que le Sieur de Chaftillon euft efté envieux de fa grandeur & de fon avancement, en voulant deftourner ce mariage. Quant aux autres caufes de cefte inimitié, nous en

parlerons ès endroits propres cy-après.
Voilà un des freres bien pourveu. Refte de voir comme l'aifné, & le fecond s'avancerent. Le Duc René leur pere Grand avoit efpoufé Marguerite, fille & héritiére unique du Duc Guillaume de Tancarville de la maifon de Harcourt en Normandie: de cefte maifon leur font venus la Cömté d'Aumale, le Marquifat d'Elbeuf, & tout ce qu'ils ont de propre en France, excepté Joinville. Or pource que cefte Dame eftoit boffue & ftérile, il la laiffa pour efpoufer (comme dit a efté) la fœur du Duc de Gueldres, de laquelle font iffus le Duc Antoine, le Duc de Guife leur pere, & le Cardinal Jean leur oncle. Or nafquit (comme ils prétendent) le Duc Antoine, la premiere femme vivant encores: & laiffa un fils nommé François, duquel eft iffu Charles à préfent Duc de Lorraine, qui eftoit fort jeune & aagé de deux ans ou environ quand fon pere mourut. Lors (comme Veufves & pupiles, font toufjours abayez des mefchans) le Comte d'Aumale leve l'oreille, comme fi la porte luy eftoit ouverte à ufurper le Duché, en faifant déclarer le Duc Antoine illégitime. Ce qu'il ne pouvoit faire, finon ayant un pied dedans la Duché. Pourtant il fait tout ce qu'il peut pour parvenir à efpoufer Chreftienne, Veufve du Duc François. Elle, comme fage & advifée, & vrayement comme une mere naturelle, voulant conferver fon fils & fon bien, afpiroit à en avoir la garde: parquoy elle tenoit ce Monfieur l'amoureux en quelque halaine, comme auffi de fa part il eftimoit bien que cefte garde

Pratiques du Duc de Guife, pour trouver femme.

---

(1) *Courtifanne du Dauphin.*] C'étoit Diane de Poitiers, fille de Jean Comte de Saint Vallier, & qui avoit époufé en 1514. Louis de Brezé, Grand Sénéchal de Normandie, qui fut la Maiftreffe conftante de Henri II. Roi de France. On prétend même qu'elle l'avoit été du Poëte Clement Marot, c'etoit là une belle alliance pour une perfonne de condition: mais dans ces fortes de gens il ne faut pas s'en étonner, le temperament l'emporte fur les bienféances.

B 2

garde noble luy feroit une honnefte &
favorable entrée à s'emparer de la Duché. Pourtant, incontinent après les
nôces du Marquis du Maine, tous ces
Meffieurs les freres partent de Joinville
en grande diligence & brave équippage, pour faire cefte Veufve garde de fon
enfant. Mais fi-toft qu'elle tint ce qu'elle demandoit, elle leur donne du rof-
marin, & s'en revindrent bien confus,
& fur traineboyau, comme l'on dit.
Ayans failly à leur entreprife contre
leur coufin germain (car le feu Duc de
Lorraine & eux eftoyent enfans des
deux freres) ils jetterent leurs filez fur
les autres coufins du cofté de la mere.
Car le feu Roy de Navarre & eux, eftoyent enfans de frere & fœur. Ils ten-
terent donc par tous moyens de defbau-
cher le mariage entre Janne d'Albret (1)
Princeffe de Navarre, & Antoine de
Bourbon Duc de Vendofme depuis Roy
de Navarre. Mais comme une Veufve,
qui avoit eu aucunement affaire d'eux,
couvertement les mefprifa, une fille de
Roy qui n'en avoit que faire, ouvertement les defdaigna : car, (dit-elle, au
Roy Henry qui luy en parloit :) vou-
driez-vous, Monfieur, que celle qui
me doit porter la queuë fuft ma belle-
fœur, & que la fille de Madame de Valentinois vinft à me coftoyer ? Parquoy
le Roy fe fentant luy-mefme payé, ne
luy en parla onques depuis. Mais eux
tournans leur rage contre le Roy mefme, luy en firent payer l'amende, comme s'enfuit. Hercules d'Eft Duc de Fer-

rare avoit une fille qu'il aimoit mieux
que fa femme : car chafcun a veu quel
traittement (2) il a fait de fon vivant
à cefte grande Dame Renée fille du Roy
Loys douziefme, pere du peuple : ceux
auffi qui entendent les affaires d'Eftat,
& qui eftoyent de ce temps-là, favent
pourquoy on la refufa à tant de Princes
& Grans Seigneurs qui la demandoyent,
pour la mettre fi bas qu'en (3) Ferrare.
Or avoit ce Duc je ne fçay quelles parties de pouldres, de boulets & munitions, & autres femblables fatras, qu'il
avoit employées pour luy, & prétendoit les faire payer au Roy, ce qu'il
n'avoit peu faire du temps de François
le Grand, qui favoit la piperie qui en
cela luy avoit efté faite. Pour le faire
court, le Duc baille des parties en mariage à fa fille, & Henry les paye. Sa
débonnaireté les fit pancher de ce cofté,
& entreprendre bien hardiment plufieurs autres chofes. A cela ils adjoufte-
rent un autre poinct, c'eft qu'en s'accommodant à tout ce que l'aage de
Henry pouvoit requérir de volupté &
de plaifir, ils fe fervoyent de luy comme de cheval fondu ou d'efchauguette,
afin de voir plus loin. Or n'eft de befoin
de mettre icy en avant leurs infâmetez :
les parois, les licts & chandeliers de
l'Hoftel de Reims & autres leurs maifons acquifes, comme on verra tantoft, en pourroyent rendre tefmoignage : car elles ont rougy (par maniere de dire) des paillardifes, adul-
téres & maquerelage, dont ceux de
Guife

---

(1) *Janne d'Albret.*] On remarque là prudence &
le courage de cette jeune Princeffe, par les réponfes & la conduite qu'elle tint alors ; née en 1528.
Elle n'avoit pas plus de 20... ans ; mais elle en fit
bien paroître d'avantage dans la fuite.
(2) *Quel traitement.*] Madame Renée de France
ne fut pas heureufe en Italie ; il eft vrai qu'elle
avoit donné dans les nouvelles opinions, & qu'elle
recevoit à Ferrare tous ceux qui fortoient de Fran-

ce pour caufe de Religion. Elle y avoit reçû même
Jean Calvin & Clement Marot.
(3) *Pour la mettre fi bas qu'en Ferrare.*] François I.
maria fa belle-fœur à un petit Prince, parce qu'il
ne vouloit point pour beau-frere un Prince puiffant, qui auroit pû faire valoir au tems avenir fes
prétentions fur le Duché de Bretagne, auquel Madame Renée pouvoit avoir droit, comme fille
d'Anne de Bretagne & du Roi Louis XII.

Ceux de Guife, veulent chaffer Catherine de Medicis.

Guife ont efté les Miniftres (1) & Officiers.

De-là ils poufferent plus outre. Car ils oferent bien confeiller au Roy Henry de renvoyer en Italie fa femme Catherine de Médicis, & fans le Conneftable & le Cardinal de Chaftillon, elle paffoit les Monts. Eux penfans qu'elle demeureroit ftérile, & défirans cela de tout leur cœur, pour reprendre leurs premieres querelles fur l'Anjou, la Provence & la Couronne mefmes, s'allié-rent par le moyen de l'un d'eux avec cefte vilaine Sénefchale manifefte pu-

Leur grandeur fondée fur une putaine.

taine, de laquelle ils fe vouloyent auffi fervir comme d'une efponge, pour fuc-cer la fubftance de ce povre Royaume. Premierement ils attirerent chez cefte Sénefchale, pour en hériter puis après, ce qu'on appelle le (2) Tilletage, c'eft-à-dire une fomme ineftimable qui re-vient du renouvellement des Offices du Royaume : laquelle fomme payée à une fois, excede toute la prodigalité des Princes qui furent onques.

Charles eft Cardinal.

Sur ces entrefaites, Monfieur de Reims, défireux d'amaffer des Bénéfi-ces pour mieux acheminer fes deffeins, obtint par le moyen de la Sénefchale Lettres de faveur d'Henry, duquel le Pape Paul troifiefme ne tafchoit pour lors que de s'acointer contre l'Empe-reur Charles, pour venger la mort de ceft abominable Pierre Loys fon fils : comme auffi ce Monfieur de Reims, que la Sénefchale appelloit Maiftre Charles, ne cerchoit qu'à remplir fes bouges en vendant la faveur de fon Maiftre. Il fut donc efleu Cardinal fur la fin du mois

de Juillet l'an 1547. Cela fut caufe que fous ombre du Concile de Boulogne & de tels affaires qu'il voulut imaginer, il dreffa un voyage en Italie, pour deux principales raifons. La premiere pour braffer ce mariage avec la fille du Duc de Ferrare. La feconde, afin de fe faire cognoiftre à Rome, pour mieux baftir fes entreprifes à l'advenir. Eftant là ; il print le tiltre de (3) Cardinal d'An-jou ; mais on fçait en quel danger il cuida tomber pour cefte folie, & fans la Sénefchale ou Duchefse de Valenti-nois, il n'euft ofé revenir : tant y a, qu'il fut contraint de laiffer fon tiltre d'Anjou de-là les Monts, & changer de nom en retournant en France, & re-prendre tous deux le nom de fon pere. Nous l'appellerons donc déformais, (comme auffi fpécialement depuis la mort de fon oncle il s'eft ainfi nommé) le Cardinal de Lorraine.

Traitement fait par ceux de Guife, au Cardinal Jean leur oncle.

A fon retour, ils procurerent tant envers le Roy Henry que la Conté d'Aumale fut érigée en Duché, afin de pouffer plus avant François, qui lors prétendoit à ce mariage de Ferrare, cé-lébré quelques mois après. Lors il com-mencerent à pratiquer pour fe faire va-loir & pofer les fondemens de leur ty-rannie, contre les Grans & petis de la France. Il faut commencer par leur on-cle le Cardinal Jean, par la faveur du-quel Maiftre Charles eftoit venu du College de Navarre à la Cour. N'ayans patience qu'il les enrichift de fes Béné-fices par fon décès, ils ne cefferent (fpécialement Maiftre Charles) de luy tirer de deffous l'aîle tout ce qu'il fut poffible,

---

(1) *Ont été les Miniftres.*] On prétend que pour rendre les Rois fainéans & peu capables d'affaires, ils concouroient à les plonger dans le dérégle-ment.

(2) *Tilletage.*] C'eft ce qu'on pourroit aujour-d'hui nommer Paulette, qui fe paye au Roy pour

avoir l'hérédité des Charges.

(3) *Cardinal d'Anjou.*] M. De Thou, Livre XVI, parle de cette témérité du Cardinal, qui par ce Titre ambitieux vouloit renouveller les chiméri-ques prétentions de fa maifon fur le Comté de Pro-vence.

poſſible, par une importunité non gueres eſlongnée de violence. Ce bon neveu trouva incontinent façon de faire envie à ſon oncle de l'eſloigner de la Cour, luy apoſta des ſerviteurs tels qu'il luy pleut, le deſtitua de ceux qui luy eſtoyent les plus loyaux, ſous telle couverture que bon luy ſembla, & fit en ſorte qu'il ne tint pas à luy, qu'il ne le miſt en chemiſe : tellement qu'enfin une mort bien ſoudaine (car il vivoit un peu trop au gré de ſon neveu) l'emporta au retour de l'élection du Pape Jules troiſieſme, en l'an 1550. Ce fut lors que ſon neveu ſe fit bien cognoiſtre à Rome, où il gaigna un Chapeau pour ſon frere, qui eſt le dernier vivant des ſix, nommé le Cardinal (1) de Guiſe : & en ces temps auſſi fut achevé & accomply le mariage de l'aiſné avec la fille de Ferrare. Ayant ainſi deſpouillé leur oncle avant qu'il s'allaſt coucher, conſiderons comment ils le traiterent après ſa mort, Or mourut-il fort endebté envers pluſieurs Marchans, de Paris ſpécialement. Les richeſſes de ſes meubles eſtoient grandes & plus que ſuffiſantes pour l'acquiter. Luy décedé, les créanciers ſe retirent par devers le Cardinal de Lorraine ſon neveu, qui avoit avec le Cardinal de Guiſe recueilly tous ſes Bénéfices, mais luy ſeul s'eſtoit ſaiſy des meubles. Il fait reſponſe qu'il n'eſt point héritier. Car telles gens n'appellent pas héritier celuy qui prend les biens, & (comme diſent les Praticiens) s'immiſce en l'héritage : mais ſeulement celuy qui dit je le ſuis. Or nul ne diſoit le mot. Car le Cardinal de Lorraine vouloit avoir les biens ſans payer. Ses freres ne vouloyent pas payer ſans les avoir. Quant aux Bénéfices, l'on ſait que (par une rigueur de droit) ils ne ſont obligez aux debtes. Si le Cardinal de Lorraine euſt dit à pluſieurs qu'ils ne s'attendiſſent d'avoir rien de leur deu, en perdant leur debte ils euſſent beaucoup gaigné : car ils euſſent ſauvé le temps & les frais qu'ils y firent à attendre par l'eſpace d'environ deux ans, quelle iſſue prendroit un jeu, qu'il faiſoit jouer par l'un de ſes gens, lequel il fit commettre pour voir les debtes du défunct, les vérifier, ce diſoit-on, les mettre en leur ordre, & autres mots de pratique que ce Commiſſaire avoit en ſa bouche. Cependant on fit faire un inventaire diſoit l'un, l'autre diſoit une deſcription, & l'autre un mémoire : mais quoy que c'en fuſt, il ne ſe trouva en tous les biens du défunct, au raport & ſelon la conſcience de ſon neveu que des bancs, par maniere de dire, & quelques vieilles ſcabelles & tapiſſeries à faire feſte. C'eſtoit en bref l'inventoire de ce que le Cardinal de Lorraine ne vouloit point. Mais le plaiſir eſtoit de l'ouir parler, ſi-toſt que ces Marchans de Paris ſe préſentoyent devant luy. Il me ſemble (diſoit-il,) que les poux me mordent. Une autre fois c'eſtoyent des (2) Anglois, des ſalueurs & donneurs de bon jour. Puis quand ce venoit à chaſque particulier, l'un eſtoit un uſurier de Paris, l'autre n'avoit pas livré ſa marchandiſe, ceſtuy-cy l'avoit vendue ſix fois plus qu'elle ne valoit, ceſtuy-là avoit receu

---

(1) *Cardinal de Guiſe.*] Il étoit quatriéme fils de Claude de Lorraine Duc de Guiſe. Il ſe nommoit Louis de Lorraine, né en 1527. Cardinal en 1553. ſous le nom de Cardinal de Guiſe, & mourut le 29. May 1578.

(2) C'étoit autrefois un Proverbe, on diſoit d'un créancier importun, c'eſt un Anglois ; parce que les Anglois pendant leur ſéjour à Paris, avoient extrêmement tourmenté les Pariſiens par leurs uſures. C'eſt ce qu'on voit en beaucoup de nos anciens auteurs. Voyez Menage, Dictionnaire étimologique au mot Anglois.

receu quelque chofe deffus, à l'autre il n'eftoit rien deu. C'eft-à-dire , vous n'aurez rien. Plufieurs furent de cefte rubrique. Aux plus favoris , on difoit qu'il aidaffent à fe payer. Ce n'eftoit pas à dire tenez la main , mais donnez & quittez. Quand l'on avoit quitté la moitié pour le moins , les deux tiers , les trois quarts & plus , encores trouvoit-on , qu'il n'y avoit rien plus contant receu que ce que l'on avoit donné. Et quant à ce qui reftoit , demandez, (difoit-on,) quelque traité, quelque droit ou privilège , ou quelque chofe au Roy , on le vous fera donner. Mais c'eftoit autant , comme fi on euft dit à ces Marchans : allez , tuez chafcun un homme ou deux, & l'on vous fera bailler rémiffion. Car la vente des chaires , fcabelles & tapifferies eftoit remife aux Calendes Grecques. Sur cela , deux notables Marchans , entre autres, voyans une telle indignité , après plufieurs ouvertures , finalement offrent acquitter le défaut pour un quartier ou pour un tiers du revenu de fes Bénéfices : mais il n'y eut jamais ordre. Les uns en ont tiré quelque quart , un cinquiefme , un dixiefme , plus ou moins, & la plus part rien du tout. Or de ce que l'on quittoit, il falloit tous , ou peu s'en faut , bailler quittance comme de receu : on peu penfer à quelle fin , affavoir pour ofter aux créanciers l'honneur , & au Cardinal la mémoire & la fouvenance de leur libéralité. Ainfi peu à peu il fe defit de ces Marchans de Paris & autres femblables, pour comba-

tre plus à fon aife les plus grans & tous les Eftats du Royaume , lefquels il falloit que luy & fes freres domptaffent avant que pouvoir toucher le blanc auquel ils vifoyent.

Ils avoyent tiré une promeffe d'Henry eftant Dauphin , que quand il feroit Roy , la Conté de (1) Provence & Duché d'Anjou retournéroyent en leurs mains. Or ayans efté vivement grattez par le Général de la Chefnaye , cela demeura comme affoupi jufques à l'entrée du Roy à Angers , car lors ils querellerent de nouveau cefte Duché, ne demandans pour lors que le tiltre pour l'un d'eux. Mais un feul regard de travers du Conneftable les renverfa fi rudement par terre , qu'onques depuis ils n'en oferent ouvrir la bouche. Leur querelle pour la Duché d'Anjou.

Cependant, ils cercherent un autre expédient , c'eft de fe faire compagnons des Princes tout ouvertement , & les fupprimer obliquement & manifeftement. En ceft endroit, leurs pratiques ont efté fort longues & eftranges au poffible, comme l'Hiftoire feule du feu Prince de Condé le monftrera clairement, & nous en toucherons çà & là des particularitez dignes de mémoire. Se veulent faire compagnons des Princes.

1. En premier lieu , d'autant que la dignité de leur fang , ni leur maifon ne leur pouvoit donner avantage fur beaucoup de Gentils-hommes (2) François , ains feulement la prérogative de leur terres : pour couvrir ce qui leur défailloit de race, ils firent ériger leurs fimples Baronies en Duchez , Principautez , Marquifats & Contez, qui eft ce
qui

---

(1) *La Comté de Provence.*] Je me fouviens de ce qui arriva à Nanci en 1709. lorfque j'y étois : un Médecin fe préfenta pour être reçu à pratiquer dans la Ville. Il avoit étudié à Aix en Provence , & le Duc Leopold de Lorraine n'en vouloit cependant recevoir que de Pont-à-Mouffon. Mais on lui fit connoître qu'ayant des prétentions fur la Provence,

il devoit recevoir ceux qui avoient étudié dans les Univerfités de cette Province : ce qu'il fit effectivement ; tant la facuité des prétentions va loin.
(2) *De Gentilshommes François.*] On fçait qu'en France un Duc & Pair ne cede point le pas à un Prince Etranger, qui n'eft pas Roi. C'eft le droit de la Pairie.

qui jufques icy a efblouy les yeux du populaire ignorant des affaires d'Eſtat.

2. En ſecond lieu, ils taſcherent d'égaler la dignité des Pairs (d'autant que le Cardinal l'eſtoit) à celle des Princes, voire de préférer les Pairs aux Princes. Surquoy advint l'an 1551. un notable accident. La Cour de Parlement de Paris avoit envoyé ſix des plus notables de ſon corps vers le Roy Henry pour entendre ſon bon vouloir & plaiſir ſur quelques articles, l'un deſquels eſtoit tel.

Le ſecond poinct eſt, d'entendre du Roy, s'il luy plaît, que Meſſeigneurs les Princes du Sang ou autres Grans Seigneurs entrans en ladite Cour portent leurs (1) Eſpées. Car de toute antiquité, cela a eſté réſervé au Roy ſeul, en ſigne de ſpéciale prérogative de ſa dignité Royale, qui a la main de Juſtice, comme eſtant luy-meſme la Juſtice, tenant en ſeureté les Miniſtres d'icelle. Et ſi quelquefois y ſont entrez quelques Princes ou Seigneurs avec leurs Eſpées, ç'à eſté qu'ils ont prevenu, trouvant la porte ouverte, où ſont entrez par meſgarde, ou bien y ſont ainſi venus par exprès Commandement du Roy, eſtant lors irrité & marry d'autre choſe contre ſadite Cour : dont toutesfois n'a eſté faite regle ne couſtume : mais au contraire le feu Roy François eſtant lors Dauphin, & feu Meſſire Charles de Bourbon, y ſont venus, laiſſans leurs Eſpées à la porte, & ainſi le faiſoit garder le feu Roy Loys douxieſme. Ce Jugement de la Cour qui préfére, ſelon droit & raiſon, les Princes à tous Seigneurs, conforme à la

ſéance qui s'obſerve encores en icelle, & aux Arreſts donnez contre leur propre pere, faſcha ſi fort ceux de Guiſe, que pour engendrer un débat & contrariété entre le Jugement du Roy & celuy de ſa Cour de Parlement, augmenter leur crédit & s'eſlever peu à peu par deſſus les Princes, ils pratiquérent ſous main au lieu que le Sécrétaire s'accommodant à la demande de la Cour, & à l'ordre qu'elle avoit tenu, avoit en ſon Recueil, (ainſi que depuis il teſmoigna,) nommé les Princes les premiers, ils furent nommez en la reſponſe après les Pairs, comme il s'enſuyt. Le vouloir du Roy eſt, que quand en ſon abſence les Pairs de France, Princes du Sang, les Conneſtables & Mareſchaux de France, iront & entreront en ſa Cour de Parlement, & en la Chambre de l'Audience, ſoit à huis ouverts ou clos, qu'ils y puiſſent porter leurs Eſpées : ce que ledit Seigneur n'entend pour autre de quelque qualité, eſtat ou condition qu'il ſoit. Fait à Fontainebleau le dernier jour d'Aouſt mil cinq cens cinquante-un, ſigné Henry, & contreſigné du Thier.

3. Pour le troiſieſme poinct, ils pratiquérent une merveilleuſe ruſe pour donner avec le temps preſcription à la Principauté qu'ils vouloyent uſurper. Ce fut de s'allier de toutes pars le plus haut & richement qu'ils peurent, & outre plus ſe gliſſer entre les Princes, & tenir meſme rang qu'eux. A l'entrée du Roy Henry en la Ville de Suſe, François Duc de Guiſe s'ingera de marcher à coſté du feu Roy de Navarre, premier Prince de la Couronne. A la premiere ſaillie que François II. fit en

deüil

---

(1) *Portent leurs Eſpées.*] Aujourd'hui les Ducs & Pairs ſiégent au Parlement d'Epée au côté, comme ſont les Sénéchaux, les Baillifs d'Eſpée, & le Prevôt de Paris. Il n'y a que dans le moment qu'ils prêtent le Serment au Parlement, alors ils quittent leur Epée qui leur eſt rendue pour monter ſur les hauts bancs.

dueil de sa chambre, ledit Sieur de Guise se jetta entre deux Princes du Sang, pour avec eux luy porter la queuë. Pendant les regnes d'Henry II. François II. Charles IX. & encores aujourd'huy, on a veu & voit-on de quelle audace ceux de Guise enjambent par dessus les Princes du Sang, lesquels ils ont opprimez & foulez aux pieds, comme nous dirons tantost, après avoir touché encor quelques poincts servans à descouvrir leur ambition enragée en cest endroit.

4. Ceux de Guise s'estans ainsi avancez, devindrent merveilleusement jaloux de leur grandeur, s'attachans audacieusement à tous ceux qui faisoyent teste à leur attentats. Les François révérent tant leurs Princes, que (comme l'on ne les tient injuriez ny touchez en leur honneur, pour chose que les Princes leur facent ou disent, aussi ils ne mettent jamais la main à l'Espée contre eux) à nul autre quel qu'il soit, Estranger ou François, n'avienne d'outrager la personne d'un Gentil-homme François, s'il ne veut sur le champ autant ou plus recevoir du Gentil-homme, comme il luy en aura fait ou dit. Or tant plus ceux de Guise ont voulu faire des Princes de France, plus ont-ils trouvé de gens qui leur ont fait teste, spécialement sous François II. & Charles IX. & encor aujourd'huy l'on voit ceste résistance durer. Mais cela se verra en son lieu. Considerons quelques exemples du temps d'Henry. Le Sieur de Rochefort puisné de la maison de la Roche-guyon, fut appelé seul à seul un jour au Jardin du Roy à Fontainebleau par François Duc de Guise, & comme en ses propos il eust bien monstré à ce Duc qu'il ne tenoit pas pour Prince de France, il luy en fit plus ouverte démonstration quand à la seule contenance que le Duc de Guise fit de mettre la main sur la Dague, ce Sieur de Rochefort, qui n'estoit pas encore Chevalier de l'Ordre, comme il est, eust aussi-tost la main à l'Espée & le fit tenir coy. Ce que le Roy & les Princes de France approuverent. Ceste résistance fut cause que le mesme Duc de Guise pensant bien que le Sieur de Montmorency (contre qui il avoit querelle,) lequel n'estoit pas encores Mareschal, ne luy en feroit pas moins, attiltra un jour ledit Sieur de Nemours son grand compagnon & le Prince de Ferrare, en un lieu près du Chasteau de St. Germain (quelques jours après que le Connestable retourna de sa prison *) & puis alla tirer ledit Sieur de Montmorency par la cappe en la chambre de la Royne : (les Gentils-hommes savent que cela veut dire) lequel aussi-tost se leva sans mot dire, ny en parler à personne, sortit hors du Chasteau, & le suyvit jusques au lieu attiltré, là où il luy rendit response esgale à sa demande : & en cela ne le tint pour Prince plus qu'il faisoit auparavant : comme aussi il luy monstra depuis à Paris, lors que le Roy Charles IX. y estoit, & que l'Assemblée y fut faite pour l'Edit de Juillet, sur le débat qu'ils eurent pour une aire d'espreviers de la forest de Compiégne, que ledit Sieur de Guise vouloit avoir de prérogative : mais l'aire demeura au Sieur de Montmorency. On sait comment le Président Liset (1) leur a résisté sur ce poinct par plusieurs fois : car une fois en plaine

*Il avoit été fait prisonnier à la fatale journée de S. Quentin en 1557.

---

(1) *Lizet.*] Pierre Lizet homme de mérite, fut nommé Premier Président du Parlement de Paris, par François I. en 1529. Sa fermeté à refuser le Titre de Prince à la maison de Lorraine, engagea le Cardinal Charles de Lorraine, de concert avec Diane de Poitiers à accuser Lizet de crimes imaginaires,

C

ne Audiance du Parlement de Paris, fit
corriger la qualité de Prince que le Duc
de Guise avoit prise en certaine cause.
Une autre fois, il maintint au Cardinal
de Lorraine devant le Roy Henry, qu'il
n'estoit Prince, ny tenant rang de Prince en France. Et en un autre voyage devant le mesme Roy, sur une contesta-
tion inepte que faisoit le Cardinal, luy
usa de ces termes, mon fils mon amy,
vous estes encor trop jeune, pour entendre ces matières là, qui ne sont pas
les phrases de parler aux Princes de
France, adjoustant ces mots, vous n'estes
Prince ny esgal aux Princes, & si vous
voulez prendre ce tiltre, dites-nous les
lieux de vostre Principauté. Ce jeune
fils avoit vingt-cinq ans passez, & estoit desjà Pair & Cardinal. La mesme
Cour de Parlement, par Arrest, dé-
bouta le Duc de Guise le Pere, de la
préséance qu'il prétendoit, à cause de
sa Pairie, contre un Prince du Sang.
Mais leur audace en cest endroit appa-
roit tout ouvertement en infinies sortes, en seize ou dix-sept mois que regna
François II. dont il faut icy remarquer
quelques particularitez. Si-tost que le
Roy Henry eut la bouche close, le Duc
de Guise & le Cardinal de Lorraine emmenerent dans le Louvre le Roy François II. ses freres, les deux Roynes,
laissans les Princes du Sang & tous les
Grans Seigneurs du Royaume qui n'estoyent de leur retenue pour garder le
mort : tandis qu'eux ne laissoyent approcher de François II. (1) aucun pour
parler sinon en présence de l'un d'eux,
& avec si bonne garde, qu'ils ne le per-
doyent jamais de veuë. Ils chassent alors
le Connestable, faisans parler le Roy

comme bon leur sembloit, désapoin-
tent ceux qui ne leur estoyent agréables. Déboutent honnestement les Princes du Sang de leur degré, envoyans l'un
en Flandre, l'autre en Espagne, ayans
des serviteurs secrets près eux. Ils changent les Estats & Officiers de la maison
du Roy, & se gouvernent lors avec
telle violence, qu'on apperceut comme
en plain jour toute leur intention. Mais
on verra par ordre quelles gens s'y op-
poserent, & par quels moyens. Car ces
résistances particulieres estoyent de peu
d'importance, si on les compare avec ce
qui survint depuis.

Il faut voir maintenant jusques où ils
ont acheminé les affaires de France par
leur ambition, accompagnée d'avarice, cruauté, impiété & vilenie manifeste. Je dy donc que depuis qu'ils furent eslevez par le moyen de la Sénes-
chale, comme ils estoyent, & leurs enfans sont encor d'un esprit remuant &
pervers jusqu'au bout, ils ont persécuté
toutes sortes de Grans & petis du
Royaume, pour satisfaire aux passions
sus mentionnées. Et mesmes, quand ils
n'ont eu le moyen ou avis de persécuter ceux qu'ils hayssoyent, ils se sont
persécutez eux-mesmes, & ne sçauroit-
on bonnement dire à qui ils ont fait
plus de mal, ou à leurs amis, ou à leurs
ennemis. Nous commencerons premierement par les outrages qu'ils ont fait à
nos Roys mesmes, puis aux Princes du
Sang, en après aux Grans Seigneurs du
Royaume, de-là nous viendrons aux
Estats, assavoir à la Noblesse, à la Justice, au peuple, au Clergé, à leurs
favoris & amis, puis à eux-mesmes entr'eux : en proposant le plus sommaire-
ment

---

se voyant donc persécuté, il quitta volontairement
la Charge de Premier Président en 1550 ; & comme
il étoit pauvre, on lui donna l'Abbaye de Saint
Victor de Paris, où il mourut en 1554.

(1) *Ne laissent approcher de François II.* Aussi se
plaignoit-on de l'esclavage ou de la prison dans laquelle les Princes Lorrains détenoient ce Roi, qui
étoit aussi foible d'esprit que de corps.

ment que faire se pourra les choses, nous prierons les Lecteurs de remarquer en leurs Livres ce qui sera obmis pour le faire entendre à la posterité, qui aura horreur de la misère de France, qui a tant souffert, & porté avec trop de respect maintesfois des monstres si dangereux. Par mesme moyen aussi, & comme la déduction des propos le requerra, nous toucherons quelque chose de leur vertus, afin qu'on cognoisse à quelles enseignes il se faut souvenir d'eux.

Comment ceux de Guise sont portez à l'endroit des Rois de France.

Ainsi donc encor que du commencement ils ne fissent pas grand bruit, si est-ce que s'estans fait à croire, qu'ils avoyent quelque droit à la Couronne, ils s'efforcerent de s'y faire voye par tous moyens, l'un desquels fut d'abaisser tout le monde sous leurs pieds, & s'ils n'estoyent Roys de nom, en attendant le temps, ils le furent souventesfois de fait. Quant à François premier, d'autant qu'il les cognoissoit, ils ne s'avancerent pas trop. Mais sous Henry II. leurs cornes commencerent à sortir.

Voyez les Mémoires de Villeroy, pag. 55. Edition in-12. de 1665, & la Préface cy-des-sin.

Ce Roy estoit de doux esprit, mais de peu de jugement, & du tout propre à se laisser mener par le nez. Aussi en receut-il le salaire: car l'avarice de ceux de Guise, remplirent de sang l'Alemaigne, l'Italie, la France, la Flandres, mirent en vente comme au plus offrant les Loix de toute Justice, espuiserent les bourses des povres & des riches par infinies exactions. Par leur insolence & mal-heureuse conspiration, ils souillerent aussi la maison Royale, dedans laquelle ils dresserent l'eschafaut, pour y faire venir les horribles tragédies de la ruine de France, & y amoncelerent le bucher qu'ils allumerent depuis si fort, que les flammes & charbons en durent encores. Mais il

faut voir cecy par le menu, en quoy nous reciterons mot à mot les plaintes qui en ont esté faites & publiées de long temps. Le grand Roy François avoit laissé la France en assez bon estat. Mais ceux de Guise voyans que mille commoditez leur revenoyent de la guerre, ne pouvoyent ny ne vouloyent souffrir que la France demeurast en repos. Ce leur estoit une ouverture pour s'avancer, veu l'ardeur & violence de l'aisné & du troisiesme, lesquels le Cardinal n'a jamais craint d'hazarder, sachant qu'en tout événement la chose le valoit, & que s'ils estoyent plus heureux que sages, ce luy seroit un vray moyen de s'eslever jusques au bout: & s'ils mouroyent, leur mort serviroit de pont pour faire passer les autres plus outre. Davantage, ayant le principal maniement des Finances du Royaume, il leur estoit bien plus aisé de pescher en eau trouble qu'en eau claire. Outre cela, le Cardinal voyoit que par un mesme moyen il acqueroit la faveur de ceux de la quérelle, desquels il délibéroit faire le profit de sa maison aux despens du povre peuple: il diminuoit les forces du Roy, duquel il désiroit voir la Couronne sur la teste de son frere, comme les trois Couronnes Papales, sur la sienne. Finalement, ce luy estoit un vray moyen pour hazarder le Roy, les Princes du Sang, & tous ceux de la destruction desquels dépendoit l'accroissement de sa Grandeur. Voilà les braves occasions de la guerre tant longue & mal-heureuse par tout le Royaume, à laquelle il leur fut aisé de tourner le cœur du Roy, peu expert & désireux de nouvel honneur au commencement de son regne, sur l'ennemy juré de la maison de France, lequel pour lors ayant (comme l'on estimoit) dompté l'Alemaigne, l'Alemaigne (1), sembloit trop redoutable à ce Royaume, si l'on ne rompoit de bonne heure tous les desseins qu'il pouvoit avoir. Or trois occasions se presenterent pour le bien empescher. La premiere fut en rompant le cours du Concile de Trente, de l'authorité duquel l'Empereur se servoit, pour du tout unir les Allemans à sa dévotion, afin de faire puis après en Italie & ailleurs ce que bon luy eust semblé. La seconde, en prenant la quérelle de la maison des Farneses déchassez de Plaisance par l'Empereur. La troisiesme en pratiquant l'armée de l'Electeur Maurice & du Marquis de Brandebourg, estans au siége de Magdebourg, & grandement irritez contre l'Empereur à cause de la détention du Landgraff de Hesse, avec lesquels il y avoit apparence que le fils dudit Landgraff, & autres Princes Allemans se joindroyent aisément. Et combien qu'il n'y eust pas une de ces trois occasions qui fust correspondante à ce que le Cardinal a cerché de tout temps, c'est assavoir à ce qu'il fut tenu un vray pillier de la Foy Catholique : veu que la premiere mettoit le Roy & le Royaume en danger d'un interdict & excommunication Papale, & contrevenoit notoirement à la grandeur du Siége Apostolique, dont il contrefaisoit le zélateur : la seconde troubloit le repos de l'Europe : la troisiesme conjoignoit manifestement le Roy avec les Lutheriens, & leur donnoit moyen de se relever & fortifier plus que jamais : toutesfois ce fatal ennemy de Dieu & de tous hommes, n'en voulut laisser pas une, ains mit en teste

au Roy Henry, par dessus lequel il regnoit, de se servir de toutes les trois l'une après l'autre. De-là vint la protestation contre le Concile, & puis la guerre de Parme dressée contre le Pape, à l'appetit de ce suppost de la Papauté, aux despens excessifs de ce povre Royaume, & au profit du fils d'un bastard, qui en a depuis rendu le salaire, que toutes gens de bon esprit en ont attendu. De-là vint la premiere source des plus piteuses & lamentables calamitez qu'ait jamais endurées la povre France : car enfin il falut que l'apostume crevast, & que ces furies dressassent une guerre civile en Allemaigne, par laquelle nonobstant que Dieu ait chastié les iniquitez de plusieurs, si est-ce que tant de maux & de meurtres s'en sont ensuyvis, que c'est merveilles comme le Turc ne s'est encor servy de ceste planche que ceux de Guise luy ont dressée pour venir jusques à nous. De-là s'ensuyvit le voyage d'Allemaigne, où ils faillirent à leur entreprise, d'autant que Dieu ne permit que ce pays ne tombast en leurs pattes : mais leur cruauté fut telle, que leur propre pays de Lorraine en fit pour lors la premiere expérience, recevant en cest endroit le salaire d'avoir produit de tels enfans au monde. Car en premier lieu, ils vouloyent se venger tellement de la Duchesse Veufve de François & Mere du Duc à présent, laquelle les avoit mesprisez, qu'aussi désiroyent-ils attraper ceste Duché. Pour cest effect, ils sémerent mille calomnies contre ceste Veufve, la rendans odieuse infiniment envers le Roy Henry, & ne cesserent jamais

---

(1) *Dompté l'Allemaigne.*] La Bataille de Mulberg, gagnée en 1547, par Charles-Quint, sur l'Electeur de Saxe, sembloit devoir asservir l'Allemagne à la maison d'Autriche : mais heureusement l'Allemagne trouva deux Libérateurs, l'un fut le Roi de France Henri II. & l'autre l'Electeur Maurice de Saxe, tous deux soutinrent la Liberté Germanique contre l'ambition de Charles-Quint. Et le Roi procura le Traité de Passau en 1552 : pierre fondamentale de la liberté de l'Allemagne.

mais que fous ombre d'une protection
(car aux infignes malices, c'eft où ils
ont tousjours eu plus beaux prétextes)
n'euft prins le Duc en fa main, efpérans
bien qu'ayans un Roy favorable, la Duché & le Duc comme en leurs mains, le
temps les feroit toucher au but auquel
ils vifoyent de ce cofté-là. Mais comme
Dieu eft admirable en tous fes faits, il
eft avenu que le Duc, ny la Duché de
Lorraine n'ont point eu de plus fermes,
ny plus affurez fondemens, que ceux
que les coufins de Guife avoyent pofez
pour le ruiner. Car le Roy Henry print
l'enfant en fa garde, & depuis le fit fon
Gendre (1) & bailla la Duché en celle
de l'oncle, Comte de Vaudemont. Si
on adjoufte à cela la Ville de Metz,
faudra-il puis après un plus ample tefmoignage ? Car qu'eft-ce que cefte pauvre Ville n'a fouffert en peu d'années
& par dedans & par dehors, eftant def-
pouillée de fa liberté, fous l'ombre de
la protection d'icelle, defmembrée de
l'Empire, ruinée pour la plufpart, &
pour le comble de fes miféres réduite
en la fervitude du Cardinal, qui fous
un nom emprunté, en a tiré tous les ans
pour le moins cent mil francs, n'en
laiffant au Roy que le deshonneur de
l'avoir furprife (2) fous ombre de la
défendre, la charge de la garder avec
defpens ineftimables, la perte de grand
nombre de François, & l'inimitié de

l'Empire, qui tous les ans renouvelle le
Décret du recouvrement des Villes de
Metz, Thoul & Verdun, monftrant
par-là le défir qu'il a de les remettre en
leur premier eftat, à la première occafion. Peu après s'enfuyvit le Siége de
Metz (3) où le Cardinal craygnant la
peau de fon frere, & voulant l'agrandir
par deffus tous, luy fit envoyer tous les
Princes & Grans Seigneurs de France,
pour l'affeurer & aux defpens de leur
fang, eflever iceluy comme fur les efpaules de victoire. Mais quel befoin
eftoit-il de racheter ce trophée en of-
fenfant Dieu & les hommes ? le tout
aux defpens de l'honneur & des Finances du Roy. Combien nous a efté cher
vendu cefte tant vaillante défenfe d'une
Ville eftrangere, qui jamais ne nous
avoit fait outrage quelconque, fi on
n'appele outrage d'avoir creu trop lége-
rement aux paroles d'un Cardinal fon
nourriffon, & qu'elle tenoit pour fon
Evefque & Pafteur ? Et de fait, les François payerent bien cherement le contre-
change, quand la Picardie en fut bruflée (4) & faccagée jufques à Noyon :
& fous la conduite du troifiefme frere,
Gendre de la Ducheffe du Valentinois,
la Nobleffe Françoife receut la plus
grande playe qu'elle euft receu depuis
la journée de Pavie, eftant fans caufe
ny raifon amenée à la boucherie pluftoft
qu'à la Bataille : car en cefte rencontre,
où

---

(1) *Son Gendre.*] C'eft Charles III. Duc de Lorraine, qui en 1559. époufa Madame Claude de
France, fille de notre Roi Henri II. & qui eft morte en 1574.
(2) *De l'avoir furprife.*] La Ville de Metz ne fut
pas furprife, mais fe mit en 1555. fous la protection
de la France, & depuis ce tems-là, elle a été traitée comme Ville libre ; mais protegée par nos Rois
auffi bien que celle de Toul & de Verdun. Mais en
1648. au Traité de Munfter, le Domaine abfolu fut
cedé par l'Empire aux Rois de France : & c'eft depuis ce tems-là que ces Villes font regardées comme entiere domination de France, au lieu du fimple
Titre de protection, dont elles jouiffoient aupara-

vant. Mais c'eft un Proteftant qui a fait cette Legende, il ne voyoit qu'à regret une Ville de l'Empire entre les mains des François.
(3) *Siége de Metz.*] Ce fut en 1552. que le Duc
de Guife s'enferma dans Metz, & en fit lever le Siége à Charles-Quint. Il y périt beaucoup de Nobleffe
Françoife.
(4) *La Picardie fut brûlée.*] Charles-Quint pour fe
venger de l'affront receu devant Metz, vint en Picardie où il mit tout à feu & à fang, & affiegea,
prit & rafa Theroüanne, de maniere qu'à peine
fçait-on ou elle étoit fituée ; il ruina auffi la Ville
d'Hedin, qu'on a rebâtie, mais en un autre lieu. Enfin toute la Picardie en fut defolée.

où cest estourdy Duc d'Aumale troisiesme frere sut prins par sa faute, furent tuez deux cens Gentils-hommes François ou environ, entre lesquels estoyent plusieurs Grans Seigneurs, assavoir Sieurs de Rohan, de S. Forgeu, de Nançay, la Motte, Dusseau, les Baron de Couches, & de Castres & autres Seigneurs de marque. Quand le Royaume n'auroit receu autre dommage par la conduite de ces gens, que cestuy-là, il suffiroit pour les avoir en détestation. Tost après ceste desfaite en l'an 1552. au mois d'Octobre, s'ensuyvit le siége de Metz, d'où l'Empereur ayant esté chassé, le Duc de Guise s'attribuant toute la gloire (1), laquelle avoit esté achetée par les Princes & Seigneurs François, que le Cardinal y avoit fait envoyer par le Roy, c'est merveilles comme ils s'esleverent lors. Mais qu'apporta l'année suyvante, sinon deux pertes redoublées & non jamais recouvrables : c'est assavoir la ruine totale de Therouenne & de Hesdin, qui estoyent les deux clefs de Picardie. Le Cardinal là-dessus chantoit les triomphes de son frere aisné, se moquant des Seigneurs François, qui pour n'estre assistez estoyent forcez par l'ennemy, & faisoit croire au Roy, qu'il n'y avoit que leur maison propre à gouverner les affaires de paix & de guerre. Mais l'emprisonnement du troisiesme ès mains du Marquis de Brandebourg (2) rompoit le fil de telles vanteries : pourtant se hasterent-ils de le retirer pour se pousser les uns les autres. Toutesfois ils ne voulurent desbourser pour sa rançon un

seul denier de leurs larcins, ny avoir compassion quelconque du peuple François, qui estoit rongé jusques aux os. Ils trouverent un autre fort honneste moyen : ce fut d'emprunter le nom du Roy, pour tourmenter tous ceux que bon leur sembla, sous ombre d'Hérésie, afin d'en attrapper les confiscations. Car ce n'estoit pas assez que cestuy-là par sa témérité, eust esté cause de la mort de tant de Grans Seigneurs & braves Gentils-hommes François à l'heure de sa prise : mais il falloit encores que sa délivrance coustast la vie de ceux qui estoyent demeurez de reste : voire jusques à n'espargner les femmes des bons & vertueux Capitaines, durant mesme le temps qu'ils exposoyent leurs vies & leurs biens pour le service du Roy. De cecy seroit suffisamment creu le feu Sieur de Teligny (3), si quelques temps après il n'estoit mort au service du Roy Henry : car durant cest emprisonnement du Sieur d'Aumale, la Dame de Teligny fut faussement accusée d'Hérésie, par la subornation d'un Sorboniste, estaffier du Cardinal, comme estoyent aussi Messieurs nos Maistres ses compagnons, gens ignorans de tout bien & honneur, fiers, cruels & séditieux, s'il y en a au monde, sous ombre de la Religion qui leur sert de couverture : du tout semblables en cest endroit au Cardinal de Lorraine, qui les mettoit lors en besongne aux despens de l'honneur du Roy, lequel en estoit mal voulu de plusieurs. En quoy se descouvroit une autre ruse de ces gens, car ayans aux costez du
Roy

---

(1) *Toute la gloire.*] L'Auteur est ici trop satyrique, & l'on ne sauroit disconvenir que François Duc de Guise ne se soit comporté dans cette occasion en grand Capitaine, & n'y ait acquis beaucoup de gloire.

(2) *Marquis de Brandebourg.*] C'étoit Claude de Lorraine Duc d'Aumale, troisiéme fils de Claude de

Lorraine Duc de Guise. Il étoit né en 1526. & mourut au Siége de la Rochelle en 1573.

(3) *Teligni.*] Elle étoit Veuve de Charles de Teligni, tué au Siége de Saint Quentin en 1557. Elle fut mere du sage Louis de Teligni, gendre de l'Amiral de Châtillon, tué aussi-bien que son beau-pere la nuit de S. Barthelemi en 1572.

DU CARD. DE LORRAINE. 23

Roy Henry leur esponge, assavoir la Duchesse de Valentinois, belle-mere de ce prisonnier, laquelle pilloit à toutes restes, ensemble eux qui avoyent la bourse publique à gouverner : ils despouilloyent le Roy de l'amour & des biens de son peuple, dont ils se revestoyent, faisans croire que rien n'estoit bien fait que par leur conduite. Car mesmes ils furent si impudens de maintenir que leur frere d'Aumale avoit fait tres-bien son devoir, & que ceux qu'il avoit menez à la boucherie l'avoyent presques trahy : tellement que la faute fut rejettée sur les morts, & le survivant, qui n'avoit obéy au Commandement du Roy, qui luy manda expressement de ne rien hazarder, après sa délivrance, revint en Cour où il fut caressé par le moyen de sa belle-mere, autant & davantage que l'un des plus braves Lieutenans de Roy. Ainsi se moquoyent-ils d'un costé du Roy Henry, auquel cependant ils avoyent tellement osté le sens par leurs artifices qu'il n'estimoit avoir meilleurs ny plus fidéles serviteurs que lesdits de Guise, après le Connestable, auquel pour ceste cause ils vouloyent mal de mort, comme ils le monstrerent en diverses sortes.

Ces guerres de Metz n'estoyent rien au pris de celles de Picardie, dont ceux de Guise estoyent les allumettes. Et tant que le Duc de Guise & le Cardinal furent près du Roy Henry, ce feu s'embrasa de plus en plus. Encores ne se contenterent-ils de hazarder de ce costé-là l'estat du Roy, qui y perdit la The-

rouenne & Hedein, encores un bon nombre de Grans Seigneurs & Gentils-hommes, sans les prisonniers de marque : mais luy firent recevoir une autre grande bastonnade en Italie. Or n'est-il pas besoin que nous-mesmes recitions icy tous nos dommages, perte de Bataille où demeurerent quatre ou cinq mille hommes François pour la pluspars, sans les Capitaines & Gentils-hommes de marque : la perte de la Ville de Siene (1), qui a tant cousté d'argent à ce Royaume, qui a tant ensevely de François, qui a embelly Florence de nostre ignominie, qui a apporté perpétuelle servitude & quasi totale destruction aux pauvres Sienois, à qui peut-elle estre à meilleur droit imputée qu'à la jalousie de ceux de Guise qui gouvernoyent tout alors (c'estoit l'an 1554. & 1555.) aimans trop mieux differer le secours promis, & mettre par ce moyen toute l'armée en désespoir, que de souffrir qu'il fust dit, que sans eux la Toscane fust acquise au Roy, ou pour le moins contrainte à recevoir telle composition qu'on luy eust accordée.

Cependant ils avoyent dressé des pratiques en Italie, pour s'agrandir par quelque moyen que ce fust : & tousjours aux despens du Royaume, & à la confusion du Roy. L'on sçait qu'ils quérelent la Couronne de Naples & de Sicile (2), & que le Cardinal en toute sa vie abayoit après la Papauté, se persuadant de faire de merveilleux & estranges changemens, s'il estoit une fois

(1) *Sienne.*] La Ville de Sienne en Italie s'estoit mise sous la protection de la France, mais elle nous fut enlevée en 1554. & l'on y perdit de brave Noblesse. Voyez les Mémoires de Montluc & M. de Thou.
(2) *Naples & Siciles.*] Les Lorrains en portent encore les armes dans leur Ecusson, aussi-bien que du Royaume de Jerusalem ; mais rien n'est plus

agréable que ce qui est dit par l'ingénieux Auteur de la *Satyre Ménippée* ; où parlant aux Princes de la maison de Lorraine, il leur dit : hé laissez-là ce malotru de Royaume de France, & allez faire la conqueste de ce beau Royaume de Jerusalem, qui vous appartient du Chef de Godefroi de Bouillon, votre grand-pere. Mais Chantereau, le Fevre leurs a dessillé les yeux, à ce sujet.

fois Dieu en terre. Eftant donc avenu le décez du Pape, le Cardinal pouffé de fon ambition accouftumée n'alla point, mais courut au pluftoft qu'il luy fut poffible, pour attraper les trois Couronnes, qu'il dévoroit par une fotte efperance. Or l'experience monftra lors aux François, que ceft homme là traînoit tout mal-encontre avec foy. Car luy eftant party, incontinent l'Empereur Charles-le-Quint & le Roy Henry furent auffi-toft enclins à donner lieu aux meilleurs confeils de ceux, qui parloyent du repos de tant de povres peuples. Tellement que combien que la paix ne peuft eftre lors faite, fi eft-ce que moyennant l'avis & prudence du Conneftable & de l'Amiral, trefves pour cinq ans furent accordées le cinquiefme jour de Février, l'an 1556. Le Cardinal (felon fa couftume) ne voulant faire fon voyage de Rome à fes defpens, avoit affuré le Roy Henry, qu'il drefferoit en Italie de telles ligues contre l'Empereur Charles V. qu'on en auroit aifément le bout. Cela ayant efté trouvé bon par le Roy, fervit de couverture à l'ambition & avarice du Cardinal, lequel avec grandes capitulations (tousjours aux defpens de ce Royaume) fit Lieutenant Général du Roy en Italie Hercules deuxiefme, Duc de Ferrare : mais fes pratiques principales eftoyent de faire des amis & créer des ferviteurs, à l'aide defquels (& des forces & Finances Françoifes) il peuft conquefter le Papat pour foy & les Royaumes de Naples & Sicile pour fon frere. Or fi-toft qu'il fut adverty des trefves,

cela l'efmeut grandement, car c'eftoit la mort de tous fes deffeins de ce cofté-là. Auffi ne fe peut-il contenir de dire haut & clair devant plufieurs, en paffant par Nevers, que ce n'eftoit pas ce que le Roy luy avoit promis : & qu'il avoit bien moyen de rompre les trefves, s'affeurant de ce faire, fi-toft qu'il feroit venu à la Cour, qui lors eftoit à Bloys : auquel lieu eftant arrivé, & ayant parlé au Roy, finalement par les menées de fes Agents, fpecialement du Cardinal Caraffe envoyé du Pape, qui fit préfenter au Roy une riche Efpée, le Roy s'accorda à la rupture defdites trefves, quelques raifons que le Conneftable, l'Amiral & autres Grans Seigneurs amenaffent au contraire. L'inftrument principal de ceux de Guife, eftoit cefte Ducheffe de Valentinois, laquelle leur fervoit de pont & de corps & d'efprit, pour les eflever au Throfne Royal, car elle commandoit au Roy Henry, & eux commandoyent à cefte courtifanne. Ainfi donc ceux de Guife envelopperent Henry en un parjure manifefte, & le Royaume en nouveaux troubles, & en la perte qu'il receut depuis en la journée S. Laurens, prinfe de S. Quentin (1), ruine de Picardie, & en la paix fort défavantageufe pour les François. Il n'y avoit que ceux de Guife qui efperaffent gaigner en cefte nouvelle : car l'aifné afpirant à la Couronne de Naples & de Sicile, fe fit donner la charge d'aller rompre les trefves en Italie avec fix mille Suiffes, quatre mil François, cinq cens hommes d'armes, & cinq cens chevaux legers. Chacun fçait,

---

(1) *De S. Quentin.*] C'a été une des plus grande perte que la France ait reçu, elle s'en eft remife néanmoins comme de bien d'autres. Le gain de cette Bataille intéreffoit Philippe II. au point, qu'en exécution du vœu qu'il avoit fait pour le gain de cette Bataille, donnée le 10 d'Août jour de la fête de Saint Laurent, il bâtit le fameux Monaftere de S.

Laurent de l'Efcurial ; où il a prodigué les richeffes des deux continens. Sur quoi un François qui vifitoit cette fuperbe maifon, ne put s'empêcher de dire ; il faut donc que Philippe II. ait eu une terrible peur pour avoir fait un auffi grand vœu. Nous avons fur toute cette action la Relation de l'Amiral de Coligni.

fçait, qu'il emmena tous les meilleurs foldats qu'il peuſt avoir, laiſſant le Roy en pourpoint, & ſon peuple en chemiſe : car outre tant d'hommes qu'il emmena, les Finances furent tellement eſpuiſées par le Cardinal, qui en eſtoit le Surintendant, que finalement il en vint là, de preſter au Roy l'argent de ſes Finances, par perſonnes interpoſées à tel intéreſt, que ſon avarice a porté. Outre cela, les rolles de ce temps-là & de l'année ſuyvante, monſtreront quelles exceſſives donations le Cardinal & ſon frere obtindrent de la facilité du Roy, pendant que le peuple eſtoit foulé juſques au bout, les Finances eſpuiſées, comme dit a eſté, le Domaine, les Receptes, les Villes engagées, la guerre allumée, la frontiére de Picardie ès mains du Roy d'Eſpagne. Car tant s'en faut que les entrepriſes de Henry, conſeillé lors par le Cardinal ſuccedaſſent, qu'au contraire peu de temps après il perdit ceſte lamentable journée de Saint Laurent, où fut tué Jean de Bourbon Duc d'Anghien, le Vicomte de Turrene, & pluſieurs autres Seigneurs & Gentils-hommes François. L'Infanterie taillée en piéces pour la pluſpart, le Conneſtable fort bleſſé, prins priſonnier, avec bon nombre de vaillans Seigneurs & Gentils-hommes. Douze ou quinze jours après, la Ville de S. Quentin fut priſe d'aſſaut, où le Roy receut une autre bien rude baſtonnade. Icy ne faut paſſer un teſmoignage de la bonne volonté du Cardinal de Lorraine envers le Roy Henry & ſon Eſtat. Après la journée de S. Laurent, le Roy ſe trouvant ſans deniers, ſans Gens & ſans Conſeil (car le malheur voulant que le Cardinal demeura ſeul auprès de luy) ce révérend au lieu de

ſecourir le Roy de ſes biens, & pour luy aider de quelque partie des deniers qu'il avoit peſchez ès Finances, dès le lendemain de ceſt accident, ſe fit rembourſer par le Thréſorier de l'Eſpargne, d'une partie de quinze mil livres qu'il prétendoit luy eſtre deuë. Il n'y avoit en tout le Royaume ſi petit artiſan, ſi povre citoyen, qui ne miſt la main à la bourſe pour ſecourir ſon Roy, & qui pour ceſt effect n'en fuſt durement exécuté : cependant le Cardinal eſtoit devenu Sergent, exécutant Henry au plus dur temps de ſa fortune, en la plus grande néceſſité de ſes affaires, jouant au Roy deſpouillé avec telle impatience, qu'il ne voulut onc attendre que le Thréſorier de l'Eſpargne euſt recouvré argent, ains le contraingnit d'emprunter la ſomme qu'il demandoit pour luy ſatisfaire. Alors auſſi le Roy Henry obtint en don de la Ville de Paris, la ſomme de trois cens mil francs, leſquels le Cardinal mania, Dieu ſçait comment & à quoy elles furent lors employées. Mais cela ſoit dit pour eſpreuve ſimplement d'infinis ſemblables traits, où l'on ne ſçait lequel des deux a eſté plus grand au Cardinal, ou d'attirer ſans fin ny meſure, ou de bruſler d'impatience à eſpuiſer la France, qu'il avoit choiſie pour proye convenable à ſon ambition. Mais que faiſoit le Duc de Guiſe en Italie, tandis que la Nobleſſe Françoiſe eſtoit aux priſes avec l'Eſpagnol, pour poſer (ſans le voir) le fondement de la grandeur de ces Meſſieurs-cy ? Le Duc avoit amené avec ſoy une bonne troupe de Nobleſſe, & tary les Finances du Roy, ſans faire choſe qui valuſt (1) en Italie, ſinon que pour mettre ſon frere en crédit, & dreſſer des pratiques en faiſant le ſimple, il s'en alla avec ſon
illuſtre

(1) *Choſe qui valut.*] Auſſi perdîmes-nous Sienne, & tout le crédit que nous avions en Italie.

D

LA LEGENDE

illuftre Principauté, proftituer la dignité d'un Lieutenant Général du Roy de France dans Rome, à badiner avec des Preftres, & faire le bas-bout & le dernier d'une table de Cardinaux, la plus part d'eux Marmitons & gardelinges du Pape. Surquoy on a maintesfois loué la franchife de courage d'un Maiftre de Requeftes qui l'accompagnoit en ce voyage, lequel indigné de ce que fouffroit le Duc de Guife, fans congé de la Cardinauté, s'affift bravement auprès du Duc, afin qu'on ne reprochaft aux François que le Lieutenant Général de leur Roy euft fervy de porte-chappe à tels Papelars, & frippelippes de marmite, (1) qui fur leur fumier font fi peu de cas des Roys & Princes Chreftiens. Mais quoy: il falloit qu'avec le couft & la perte des hommes, la France receut encores ces deux injures en Italie: l'une dudit Sieur de Guife, qui laiffoit fon Camp oifeux, & les deffeins de fon Maiftre, pour nacquêter & faire la Cour au Pape, afin de créer (ainfi que le Cardinal s'attendoit bien qu'il deuft faire) des Cardinaux nouveaux à la dévotion dudit Cardinal, tant & en fi bon nombre, que venant le Papat à vacquer, il fe peuft affurer de l'eftre, autant qu'une foy Cardinale fe peut eftendre. L'autre injure par l'indifcrétion dudit Sieur de Guife, qui en fa perfonne, laiffoit fi

honteufement aviler la dignité & réputation de fon Roy, eftant fon Lieutenant Général. Les ennemis de la Couronne fe rioyent à gorge defployée de cefte fotte ambition, & les plus avifez François eftimoyent que le Roy, & le Connétable, s'eftoyent laiffez aller à telles entreprifes pour fe defcharger d'un faix infupportable qui leur péfoit fur les bras, par les continuelles alarmes que l'inconftance, l'avarice & la vaine gloire de ceux de Guife donnoit aux affaires du Roy, plus que les frais de deux telles conqueftes. Or comme le but du Cardinal fuft, fi-toft qu'il feroit Pape, attirer la guerre à Naples & en Sicile, ils fe fuffent ruinez en cefte conquefte, ou venans à bout de leur entreprife (en quoy la France euft moins perdu qu'à les tenir en ces bras) ils s'attachoyent pour toute leur vie un cordeau au col, à garder ce pays nouvellement conquis. Et comme toutes nouvelles Seigneuries font d'elles-mefmes foibles, odieufes & débiles, ils rendoyent aux François l'un & l'autre Royaume plus recouvrable de leurs foibles mains, que du puiffant bras qui les tient de préfent. Néantmoins fous ce prétexte, ce Cardinal grippoit à toutes reftes, tellement qu'à cefte occafion & autres femblables, celuy-là fe jouoit à bon efcient, qui renverfa fi-bien les Lettres du nom de Charles de Lorraine, qu'il trouva
(ce

(1) *Frippelippes de marmite.*] C'eft le Proverbe: *Cardinales Regibus æquiparantur*; mais quelques-uns font fi glorieux de poffeder cette Dignité, qui n'eft que temporelle, que fouvent ils en abufent. Témoin ce Cardinal Alberoni, qui de petit Curé de Village, s'abbaiffa jufques à faire la cuifine chez feu M. de Vendôme. Mais dès qu'il s'eft vû revêtu de la pourpre, il s'eft cru un Prince Souverain & a voulu faire la guerre au feu Duc d'Orléans Régent du Royaume & même au Roy. Mais Dieu fçait ce qui en eft arrivé. Il a été heureufement chaffé d'Efpagne, après néanmoins avoir emporté des fommes immenfes, qu'il a volé à cette Couronne. Mais voici un fait curieux que je fçai d'original. Alberoni

avant que de partir de Madrit, remit à un Banquier de cette Ville deux cens mille Piaftres pour lui être payées à Gennes. Le Roi Philippes V. en fut informé, il veut obliger le Banquier à contremander le payement de la Lettre de Change: fur le refus, le Banquier eft arrêté prifonnier, qui voyant que l'affaire devenoit férieufe, il donna le contre-ordre. Sur le champ, le Roi d'Efpagne le fait remettre au Marquis de Saint Philippe fon Envoyé à Gennes, qui fignifia le contre ordre. Il étoit tems, car une heure après arriva le Courrier d'Alberoni avec la Lettre de Change, dont il demandoit le payement; mais néant pour cette fois.

(ce qu'on pouvoit reprocher à ce Révérend eſtre très - vray) RACLE' AS L'OR
DE HENRY. Mais nous verrons cela tantoſt un peu plus par le menu.

En pourſuyvant noſtre propos , après
la perte de tant d'hommes en la journée
de S. Laurent , la priſe du Conneſtable
& autres finiſtres accidens , le Cardinal
voyant (ce luy ſembloit) la plus belle
ouverture du monde pour avancer ſa
maiſon , deſploya lors tout ce qu'il
avoit en l'entendement pour exécuter
ſes deſſeins. Le premier fut de faire ſon
frere Roy de fait , tandis que Henry le
ſeroit. L'autre de lier ſi bien ſon lierre
à la pyramide , que l'un fiſt finalemenr
tomber l'autre : ce fut de moyenner une
double alliance : l'une de ſa niepce Marie Stuard (1) Royne d'Eſcoſſe , avec
François fils aiſné de Henry , & l'autre ,
du Duc de Lorraine ſon couſin avec
Madame Claude de France. L'abſence
du Conneſtable, qu'il redoutoit & hayſſoit merveilleuſement , luy en accrut
du tout la volonté. Quant au premier
poinct , les affaires eſtans ainſi brouillez
en Picardie , & le Royaume deſnué de
forces , il faloit rappeller celles qui eſtoyent en Italie. Cependant le Cardinal
prenoit garde que nul n'entrepriſt la
Surintendance des affaires , s'attendant (puis que le Conneſtable eſtoit arreſté) de la mettre entre les
mains du Duc de Guiſe ſon frere , ſi-toſt
qu'il ſeroit de retour : lequel avoit eſté
en meſme temps repouſſé de devant Ci-
vitelle , de ſorte que ce mandement luy
vint bien à propos : & luy fut envoyé

l'Eſcuyer Scipion afin de le faire haſter
& amener ces forces avec luy. Eſtant
arrivé , le Cardinal le fit incontinent
envoyer à Compiégne , pour dreſſer le
Camp , où le Roy eſtant allé après , déclaira en préſence de tous les Chevaliers de l'Ordre & Capitaines de ſon armée , que le Duc de Guiſe eſtoit venu
à poinct pour la conſervation de ſon
Royaume , & fut mis en avant de le
faire Viceroy en France : mais d'autant
que ce tiltre fut trouvé nouveau , il fut
commandé de luy expédier Lettres de
Lieutenant Général (2) du Roy , en
tous les Pays de ſon obéïſſance : leſquelles furent dreſſées par du Thier Sécretaire des Commandemens , en telle forme que le Cardinal voulut , & depuis
receues & vérifiées par la Cour de Parlement de Paris , & autres Parlemens
du Royaume , les Princes du Sang laiſſez en arriere avec un manifeſte meſpris : comme auſſi après la prinſe de
Calais (3) , ils firent préférer le Duc
de Nemours au Prince de Condé , en
la charge de la Cavalerie legere , &
quelque an après le Mareſchal de Briſſac au meſme Prince au Gouvernement
de Picardie. Le Duc de Guiſe ayant ceſte charge , & gens à qui commander ,
enfloit à veuë d'œil , & le Cardinal
jouoit cependant de la harpe , endor-
mant le Roy Henry (parmy telles tempeſtes) au giron de ceſte villaine Séneſ-
chale. Néantmoins Henry qui aimoit
ardemment ſon compere le Conneſtable, & d'autre part , n'avoit pas les yeux
tellement appeſantis de ſommeil , que
par

---

(1) *Marie Stuard.*] Le 24. Avril 1558. elle
épouſa François II. Roy de France , & fut nommée
alors la Reine Dauphine ; mais après la mort du Roi
ſon mari ; elle retourna en Ecoſſe , où elle eut beaucoup à ſouffrir de la part de ſes ſujets ; & enfin la
Reine Eliſabet lui fit couper la teſte le 18 Février
1587.
(3) *Lettres de Lieutenant Général.*] Ces Lettres

font du 17 Mars 1559 , données auſſi-tôt après le
Tumulte d'Amboiſe. Elles ſont du 17. Mars 1559.
& ſe trouvent dans la Popeliniere , Liv. 6. fol. 166,
& 167. du Tome I.
(3) *Calais.*] Le Duc de Guiſe eut le bonheur de
prendre Calais ſur les Anglois , au mois de Janvier
1558. Ces Inſulaires s'en étoient rendus maîtres
l'an 1347.

par fois il ne les deſerraſt, & en les ouvrant n'apperceuſt ceux de Guiſe s'avancer par trop, commença de s'offenſer contre eux, & ne ſe peut tenir de deſcharger deſlors une partie de ce qu'il en penſa plus amplement depuis, car il s'excuſa envers ſon compere (ainſi appelloit-il le Conneſtable) luy mandant par Lettres ſecrettes, qu'il avoit eſté contraint de faire le Duc de Guiſe ſon Lieutenant, & le mariage du Dauphin, avec pluſieurs autres choſes contre ſa volonté : mais que le temps luy en feroit la raiſon.

Mariage du Dauphin avec Marie Stuard Royne d'Eſcoſſe.

Quant à ce mariage du Dauphin, il en va ainſi. Le Cardinal ne voyant perſonne en Cour qui luy peuſt contredire, eſtant ſon frere ſur ſon retour d'Italie pour eſtre Lieutenant du Roy, & le Conneſtable priſonnier, il commença à mettre en termes le mariage de ſa niepce la Royne d'Eſcoſſe. Pour parvenir à cela, il mettoit en avant que le Roy verroit auſſi-bien de ſon vivant ſon fils couronné que l'Empereur Charles avoit veu de ſon vivant couronner le Roy Philippe ſon fils Roy d'Angleterre, faiſant ledit Cardinal preſſer l'affaire par les Eſtats d'Eſcoſſe, ſollicitez par le Sieur d'Oiſel (1), qui manioit en ce pays-là les affaires de la Royne Doüairiere. Et pour faire condeſcendre la Royne à ce mariage, laquelle avoit touſjours dit, qu'il n'y avoit rien preſſé, puis que les deux perſonnes eſtoyent en la main du Roy, & que le Dauphin ſon fils eſtoit encores bien jeune & mal ſain : le Cardinal commença à ſe déclarer contre la Ducheſſe de Valentinois, & la blaſmer en tout ce qu'il pouvoit, comme ayant à deſdain la mémoire de ſon alliance, &

ne ſe ſouvenant plus (ou faignant l'avoir oublié) que c'eſtoit l'eſchelle par laquelle luy & ſes freres eſtoyent montez ſi haut. Cela faiſoit-il, eſtimant que c'eſtoit le moyen de gaigner le cœur de la Royne, laquelle hayſſoit extrêmement ceſte Ducheſſe & non ſans cauſe, comme chaſcun ſcet : de fait, ceſt expédient luy ſervit tellement pour avancer la béſongne, que ſept mois après la priſe du Conneſtable, ce mariage fut accomply, & deſlors François appellé Roy Dauphin, & Meſſieurs de Guiſe par conſéquent oncles du Roy.

La priſe de Calais, dont l'entreprinſe avoit eſté projettée par le Conneſtable, l'Amiral & le Sieur de Senarpont, augmenta le deſpit que le Roy Henry avoit conceu en ſon cœur contre le Duc de Guiſe. Ayant entendu pluſieurs fois la facilité d'exécuter l'entrepriſe, il y voulut aller en perſonne, mais le Cardinal voulant deſrober pour ſa maiſon le cœur des François, en fit deſtourner le Roy, & donner la charge au Duc de Guiſe, qui néantmoins en fit telle difficulté, tenant l'exécution pour impoſſible, qu'il vinſt juſques à proteſter (tant il eſtoit hardy) que ce qu'il en faiſoit, n'eſtoit que pour obéyr au très-exprès Commandement du Roy, qui ne ceſſoit d'inſiſter au contraire, & dire qu'en cela n'y avoit difficulté quelconque. Auſſi voyant qu'on en chantoit les louanges du Duc de Guiſe par tout le Royaume, il ne ſe peut contenir de dire qu'on luy avoit ravy un honneur qui à luy ſeul appartenoit.

Priſe de Calais, comment.

Au reſte, ſous les choſes qui avoyent la plus belle apparence au dehors, le Cardinal cachoit touſjours des deſſeins eſtranges pour agrandir ſa maiſon par la

La paix faite avec le Roy d'Eſpagne.

(1) D'Oiſel.] Henri Clutin Sieur d'Oiſel fut un des plus célébres Négociateurs du XV. Siécle, employé en diverſes Ambaſſades. Nous avons pluſieurs de ſes Négociations manuſcrites.

la ruine de France. Il nourrit les guerres de Picardie & Italie, rompt les trefves, gouverne tout avec son frere, pour satisfaire à son ambition, & se faire le chemin pour passer plus outre : mais cela ne suffisoit. Il faut donc tenter quelques autres moyens. Là-dessus, la Duchesse de Lorraine mit en avant le propos de la paix avec le Roy Philippes : ce que le Cardinal prenant à son avantage, comme nous verrons tantost, se fait donner la charge d'aller trouver ceste Dame, afin de descouvrir quelque nouveau moyen, qui fut tel : l'Evesque d'Arras, maintenant appellé le Cardinal Granvelle (1), s'estant trouvé comme député du Roy d'Espagne en ceste entreveue, dit entre autres choses, que le Royaume de France estoit infecté de Luthériens, & mesmes de Grans Seigneurs, entre lesquels fut nommé le Sieur d'Andelot, il adjousta qu'il y avoit des Princes aussi, qui par ce moyen espioyent la Couronne, à laquelle ils pourroyent aisément attaindre à l'aide & faveur des Protestans, comme il avoit nagueres descouvert. Ce propos ne tomba en terre : mais le Cardinal désirant dresser lors quelque pratique, descouvrit à Granvelle ce qu'il savoit de quelques offres faites au Roy Henry & des Princes Protestans, & des allées & venues sur ce faites entre le Roy de Navarre & eux. Or mettoit-il cela en avant pour ouïr l'autre, & sachant que si on ne trouvoit occasion de remuer mesnage en France mesmes, ses desseins se romproyent, & sa maison iroit par terre. Granvelle d'autre part, considérant de quelle importance, pour les affaires de

son Maistre, estoit la rupture de ceste intelligence avec les Protestans, posé ce fondement de la paix avec le Cardinal de Lorraine, que leurs Maistres estoyent si forts tous deux, que si l'un ruinoit l'autre, quelque tiers auroit bon marché du victorieux, que partant il faloit nécessairement les accorder, de sorte qu'avec toutes leurs forces, ils courruffent sur ces Evangéliques, pour se récompenser de leurs pertes, faisans premierement mourir ceux qui seroyent sous l'obéyssance de ces deux Roys, sans espargner personne. Le Cardinal pensoit là-dessus, que les Princes & Seigneurs de France, chargez d'estre Luthériens, estans morts, le Roy & le Royaume seroit d'autant affoibly, pour l'avoir en sa maison, à meilleur conte. Cependant, les confiscations serviroyent pour gaigner les serviteurs & amis. Mais ce qui luy fit embrasser ceste affaire de plus grand courage, fut que Granvelle luy dit, qu'il ne cognoissoit Chevalier, ny Capitaine au monde tant honoré & respecté, ny plus digne de ceste charge que le Duc de Guise. Car alors il commença à avaler des Pays & Royaumes tous entiers par une sotte espérance, se persuadant de faire son coup avec le plus beau prétexte du monde, à savoir le zéle de la Religion. Mais tout cela estoit la ruine de Henry, & de l'estat de luy & de ses successeurs. Car depuis que le Cardinal eut planté cest axiome au cœur de nos Roys qu'il faloit forcer les consciences, ne tenir la Foy aux Hérétiques, a-ce pas esté le moyen de faire deux terribles coups. L'un d'attirer à soy les Grans Seigneurs Catholiques, specialement le Connestable, & autres
bien

---

(1) *Cardinal Granvelle.*] Se nommoit Antoine Perrenot, Francomtois, Evêque d'Arras, puis Archevêque de Malines & de Bezançon sa Patrie : homme extrêmement décrié, tant pour la probité que pour les mœurs. Le Jésuite Strada, quoique peu satyrique, ne sauroit s'empêcher de faire voir l'excès de ses déréglemens. Il mourût à Madrit au mois de Septembre 1586, âgé de 70. ans.

D 3

bien affectionnez à la France, afin de luy eftre comme bourreaux pour fe coupper bras & jambes en perfécutans leurs concitoyens. L'autre de faire mourir les Princes, plufieurs Grans Seigneurs; un nombre infiny de Nobleffe & de bons François, qui rendoyent la Couronne imprenable & redoutable à tous fes ennemis. Mais fous ces deux coups font cachées tant de rufes & pratiques, qu'il eft impoffible de les reciter toutes, nous en mettrons en avant quelques-unes, pour faire que les lecteurs fe remettent les autres devant les yeux, & fe fouviennent que depuis que le Cardinal eut trouvé cefte ouverture, jamais Henry ny fes fucceffeurs n'ont eu repos, pour avoir creu un fi pernicieux confeil, qui a efté la ruine auffi du Cardinal & de la plufpart des fiens, & qui infailliblement accablera fa maifon : Dieu jufte Juge voulant qu'en la foffe que cavent les mefchans, eux-mefmes tombent les premiers, & qu'ils foyent attrappez au piége par eux tendu, & eftranglez du cordeau qu'ils avoyent filé pour les autres.

Pour conclufion, la paix fut faite, au grand défavantage de la France : mais le Cardinal ne fe foucioit à quel pris ce fuft, pourveu que cela fervift à fon project. Le premier article portoit, que les Roys procureroyent de faire tenir un Concile général pour affoppir les Héréfies, c'eft-à-dire, après que le Pape & les fiens auroyent fait la conclufion, on courroit fus de tous coftez aux Luthériens : en quoy le Duc de Guife feroit des premiers employez. Quant aux autres articles, plufieurs ont affeuré que le Cardinal eftoit fi bon ferviteur du

Roy d'Efpagne, que plufieurs pafferent en fa faveur, fans peu ou point de réfiftance. Et combien que le Conneftable & le Marefchal de S. André luy fuffent donnez pour adjoincts, fi eft-ce que luy & Granvelle procurerent bien fort le profit de l'Efpagnol. Quant au Conneftable, encores qu'il apperceuft le tort qu'on faifoit à fon Maiftre, & defcouvrift aucunement le but du Cardinal, toutesfois pour le défir qu'il avoit de revenir en France, pour réprimer, par le crédit qu'il avoit envers Henry, l'ambition defdits de Guife qu'il voyoit prendre un trop haut vol, & dont les effects s'eftoyent démonftrez en la pratique du mariage de leur niepce, & craignant que ce feu ne s'embrafaft, tellement qu'enfin l'on n'y peut remedier, fe laiffa aller en cefte négotiation. Le Marefchal de S. André n'eftoit pas homme qui s'ofaft oppofer au Cardinal : car eftant parvenu en honneur, par les moyens que chafcun fçait (1), il ne faut trouver eftrange s'il avoit l'efprit fervile & le cœur bas. Or combien que le Cardinal n'ignoraft point la grande affection que le Roy portoit à fon compere le Conneftable, & que fe feroit le plus fecret confeiller, fi-toft qu'il feroit en France, néantmoins eftimant cefte paix le plus brief chemin de fes penfées, il en pourfuyvit la publication.

En ce temps, ceux de la Religion favorifez de plufieurs Grans Seigneurs & Juges de ce Royaume, commençoyent à lever la tefte. Le Cardinal empoigne incontinent cefte occafion, pour acheminer fes deffeins. Sa délibération fut d'intimider les Juges équitables, defcouvrir

Pourfuite du Cardinal contre ceux de la Religion.

(1) *Que chafcun fçait.*] Parce qu'il s'étoit fait l'Efclave de François Duc de Guife. Il avoit de la bravoure, mais il étoit fort décrié du côté des mœurs; homme livré aux femmes & grand pillart; c'eft ainfi qu'en parle M. de Thou.

couvrir les mieux affectionnez , ou pour en triompher en les deftournant de leur conftance, ou en les exterminant , mettre de fes créatures en leur place pour gouverner puis après à fon plaifir , & defcouvrir tout par leur moyen. Paffant plus outre , il voit que ceux de la Religion la quitteront ou la maintiendront. S'ils la quittent, ce fera pour les affervir & efcorcher plus à loifir. S'ils la maintiennent, ce fera fous la faveur des Grans, lefquels par confequent feroyent reculez de la Cour & de toutes affaires. Luy donc & fes freres en auroyent tel maniement , qu'enfin nul ne leur oferoit contredire. Outreplus , il s'affeuroit d'irriter tellement le Roy Henry à l'encontre des plus Grans mefmes, que la place demeureroit vuide à luy & à fes freres de Guife. Et penfoit que c'eftoit là un fort honnefte moyen pour donner croc en jambe au Conneftable , d'autant que fes neveux de Chaftillon eftans arrachez de luy à caufe de la Religion , & le Roy de Navarre & le Prince de Condé auffi , il ne feroit pas fi fort.

Le Cardinal s'attache au Parlement de Paris.

Là-deffus, il rue un de fes plus grands coups contre la Cour de Parlement de Paris , s'adreffant en premier lieu au Préfident Seguier , qui eftoit allé en Cour pour impetrer le payement de quelques gaiges deus à luy & à fes compagnons. Car ayant fait fa harangue au Roy , le Cardinal s'avance & dit : je croy qu'on ne veut empefcher vos gages, pourveu que vous vous portiez fidélement : & après avoir fiérement reproché à tout le corps du Parlement , leur connivence en la confection des Procez de ceux de la Religion, les fit

tancer par le Roy , & commander d'affembler la Mercuriale , qui eftoit le filé pour attrapper les plus hardis. Et de fait , ayant desjà beaucoup de ferviteurs en ce Parlement , à leur rapport il enflamma tellement le Roy, qu'il voulut s'y trouver en perfonne , & après avoir ouy difcourir chafcun à fon tour , fit emprifonner du Bourg (1) & autres Confeillers. Ainfi s'attacha le Cardinal à la plus belle perle de la Couronne de Henry , en faifant (fous ce beau prétexte de Religion) que la plus notable compagnie qu'on fauroit voir , fe foit peu à peu (pour la plus part) convertis en une troupe d'efclaves , qui n'ont rien d'honnorable que la robbe & l'apparence extérieure. Et entre tous les maux que le Cardinal a fait à la France , ceftuy-cy en eft l'un des principaux.

Auffi , Dieu juftement irrité contre les confufions qui commençoyent lors à prendre pied , fpecialement l'Atheifme , la magie , l'injuftice , les paillardifes & infâmetez abominables, commença à exécuter des Jugemens, defquels ceux de Guife fe fervirent pour broiiiller d'avantage les affaires. Ce fut la mort foudaine de Henry, lequel eftoit des tenans à courir la lance avec le Duc de Guife , qui l'incita à ce coup, duquel il fut bleffé à mort.

Déportemens de ceux de Guife envers la perfonne du Roy Henry.

Nous avons veu comment par les guerres de Picardie & Italie , ceux de Guife affoiblirent l'Eftat du Roy Henry. Voyons maintenant quelques-uns de leurs déportemens envers la perfonne de ce Prince , tant en fa vie comme en fa mort. Ce Prince eftoit d'un naturel paifible & benin, comme chafcun fçait ,

(1) Du Bourg.] Anne du Bourg , Confeiller-Clerc au Parlement de Paris, accufé d'Héréfie , fut condamné à perdre la vie, & exécuté le 23.

Décembre 1558 , peu de tems avant fa mort de Henri II.

fçait, mais en peu, ils changerent merveilleufement fon naturel, tellement que s'il euft vefcu plus longuement, la paix avec le Roy d'Efpagne engendroit de terribles tragédies dans le Royaume. Avant qu'il fuft Roy, le Cardinal luy avoit efté donné pour Gouverneur, mais il ne fervit qu'à le corrompre & gafter, luy fervant de Macquereau & ferviteur d'amour. Les pierres, cabinets & tapifferies de l'Hoftel de Reims (où infinies paillardifes fe font commifes) en parlent encor. Et ne fe contentans de tenir près de luy la Ducheffe de Valentinois, au grand defpit de la Royne, defbauchoyent par autres petits ferviteurs, les Dames & Damoifelles de tous coftez, afin que par fi mal-heureux moyens, il gaignaffent la faveur de ce Prince en ruinant fon ame. Nous ne parlerons point de l'ord & fale adultére qu'ils luy firent commettre à fon retour de Piedmont, luy eftant encores Dauphin, ny de ce qu'ils luy ont comme amené celles qui leur touchoyent de plus près pour en faire à fon plaifir : c'eft-à-dire, fe polluer de façons eftranges (1). Quant le Cardinal fe defpitant contre le Duc de Guife, fon frere a dit maintesfois, que jamais Cocu ne chanta belle chanfon, que l'on eftime à qui il regardoit. Peuteftre que Henry avoit des compagnons, mais c'eftoit le premier perdu en ces ordures par l'entremife de ceux-cy. Delà vint que pour le ruiner du tout & de corps & d'ame, toft après fon avénement à la Couronne, furent par eux introduits mille moyens d'entretenir ce Prince en lafciveté, & en le deftournant de Dieu, mettre tout en troubles

par fucceffion de temps pour pefcher mieux à leur aife. Mais il en faut confiderer quelques particularitez. La Royne Catherine de Medicis demeura fterile quelques années, dont le Roy Henry eftant encores Dauphin eftoit fort defplaifant. Ces Meffieurs-cy, là-deffus, après leur avoir mis en main leur Sénefchale, tafchoyent à faire que Henry renvoyaft fa femme en Italie. Et une fois à Roffillon fur le Rofne, ils en tindrent un grand parlement, délibérez de faire r'envoyer cefte Royne, qui fut bien aydée par le Cardinal de Chaftillon, depuis en ce mefme fait. Alors faifoit-elle de la Chreftienne, ayant la Bible fouventesfois fur fa table, y lifant & faifant lire. D'autre part eftant avenu que par le Commandement du Grand Roy François, trente Pfeaumes de David furent traduits par Marot, & mis en Mufique par divers Muficiens : car le Roy & l'Empereur Charles-le-Quint, priférent cefte tranflation par paroles & préfents. Mais fi perfonne les aima (2) & embraffa eftroitement & ordinairement pour les chanter & faire chanter, c'eftoit ce jeune Prince Henry lors Dauphin, de maniere que les bons en béniffoyent Dieu, & fes mignons & la Sénefchale mefmes faignoyent les aymer, & luy difoyent, Monfieur, ceftuy-cy ne fera-il pas mien ? Vous me donnerez ceftuy-là, s'il vous plaît. Lors il eftoit bien empefché à leur en donner à fa fantafie & à la leur. Toutesfois il retint pour luy le 128. Bien heureux eft quiconque fert à Dieu volontiers, fit luy-mefme un chant à ce Pfeaume, lequel chant eftoit fort bon & plaifant, & bien propre aux paroles. Le chantoit
&

(1) *Façons eftranges.*] C'eft ainfi que dans ces tems de corruption, on s'avançoit à la Cour; même les plus Grands Seigneurs ne dédaignoient pas de faire ce vilain métier.

(2) *Mais fi perfonne les aima.*] C'étoient les Pfeaumes traduites en vers François, par Clément Marot, qui cependant étoit mort il y avoit long-tems.

& faifoit chanter fi fouvent, qu'il monftroit avoir un grand défir d'eftre béni
en lignée, ainfi que la defcription eft
faite en ce Pfeaume. Quelque temps
après, la Dauphine commença à avoir
des enfans : mais Henry au lieu de recognoiftre un tel bien, fe laiffa aller
après fes ordures avec cefte vilaine Sénefchale, & fit pis que devant : tellement auffi que cefte bénédiction fut (à
peu que je ne die) convertie en une
horrible malédiction. A quoy le Cardinal de Lorraine fut un inftrument fort
propre. Car voyant que Henry prenoit
plaifir à ces Saincts Cantiques, lefquels
fortifient la chafteté, & font ennemis
capitaux de toute ordure : que par fucceffion de temps il aimeroit mieux fa
femme, & renvoyeroit fa putaine, &
par conféquent, le crédit de Meffieurs
de Guife, fondé fur un fi fale appuy,
s'en iroit bas, commença premierement
à blafonner la tranflation, & finalement les Pfeaumes mefmes, fubrogeant
au lieu les vers lafcifs d'Horace, & les
folles chanfons & amours exécrables des
Poëtes François qu'il mit en crédit.
Alors Ronfard, Iodelle, Baif & autres
villains Poëtes (1) commencerent à
entrer en crédit : & Dieu auffi ne voulant pas que fon Nom demeuraft plus
long-temps ainfi prophané, retira fes
louanges pour les mettre en la bouche
des petits. Les Pfeaumes & Marot furent banis. Toutes fortes de vilaines
chanfons & lafcive Mufique vint en
avant, par l'entremife principale du
Cardinal, Mecenas de ces vilains
brouillons. Et pour achever la béfon-
gne, après avoir fait ofter par la Sénefchale au Roy toute fainte Mufique,

ofté à la Royne fon Confeffeur Boteil-
ler, qui pour lors prefchoit purement,
il bailla à Henry un fien Docteur Sor-
bonifte, homme ignorant & mefchant
jufques au bout, & par ce moyen luy
arracha du cœur ce peu de fémence de
piété qui y pouvoit eftre. Depuis ils fe
firent compaignons de Henry, & fpecialement eftant Roy, voire en plus de
fortes que l'honnefteté mefmes ne le
permet. Et de remuer icy telles ordures, ce feroit trop ennuyer les Lecteurs. Que ceux qui fe fouviennent du
temps efcheu depuis l'an 1550. jufques
à fa mort, fe propofent avec moy devant les yeux les mefchans tours que
ceux de Guife ont fait à ce povre Prince, ruinans fon ame, entretenans l'a-
dultére en fon fein, fe portans fi indignement en fa maifon que je voudroy
n'en avoir jamais ouy parler : & les tableaux qui en ont efté faits, & préfen-
tez au Cardinal mefmes, fes contenances & façons de faire l'ont monftré fuffifamment. Quel bien ont-ils fait à la
Royne ? Mais quel mal ne luy ont-ils
fait ? Henry laiffa quatre fils vivans.
Comment traiterent-ils François ? Nous
le verrons maintenant. De quelles confufions avons-nous efté agitez par leur
moyen fous le regne de Charles. Si le
Cardinal vivoit, comment euft-il manié Henry troifiefme par le moyen de
la Royne Louyfe de Lorraine ? A-il aimé le Duc d'Alençon ? Au contraire, il
luy ofta au départ du Roy de Pologne,
la Lieutenance, pour la faire affigner à
fon neveu le Duc de Lorraine (2), &
gouverner fous ce prétexte encor plus
audacieufement que jamais. Mais ces
torts demandent un plus exacte difcours
que

___

(1) *Poëtes.*] Jodelle & Baif ont bien mérité le
nom de vilains, mais Ronfard eut un peu plus de
réferve.

(2) *Le Duc de Lorraine.*] C'étoit Charles III, Duc
de Lorraine, mort en 1608.

E

que nous verrons. Ainsi donc, s'estans mocquez d'Henry & de tous les siens, ils ont emply sa maison d'ordure, son Royaume de troubles, ruiné les Grans, accablé les petits, & mis les choses en telle confusion, que selon les hommes, il n'y a espérance que le Royaume puisse estre restauré & ramené à quelque petite partie de son ancienne splendeur. Dès le vivant de ce Prince, aussi commencerent-ils à marquer ses serviteurs qui leur desplaisoyent, faisans escarter les uns, mettans les autres en mauvaise grace, ostans d'alentour du Roy ses bons Conseillers, y introduisans leurs mignons & esclaves, par le moyen desquels ce Prince estoit persuadé, que Messieurs de Guise estoyent ses plus fidéles serviteurs, sémans les divisions entre les Princes & Grans Seigneurs, pour en attirer les uns de leur costé & ruiner les autres tant plus aisément puis après. Toutes les particularitez se verront en leur ordre cy-après, où ces torts se cognoistront clairement. Pour ceste heure, nous dirons ce mot, qui sera approuvé de tous vrais François, qu'en si peu de temps que Henry a vescu, il leur a fait plus de biens que nul autre Roy précédent ne fit onques, par tout un siécle à tous ses serviteurs ensemble : il a plus souffert, comporté & enduré d'ennuy, de fascheries, de mauvais devoirs, de pertes & dommages d'eux, que maistre, amy, ne pere n'endura onc de serviteurs, compagnons, ny enfans. Car outre ce que de son vivant, ils luy ont tourné le dos une infinité de fois, & fait périr son corps & son ame, en tant qu'en eux a esté, ils ont souillé sa maison, gasté ses

enfans, ruiné son peuple, en sa mort ils ont bien monstré comment ils l'avoyent respecté en toute sa vie. Nous avons veu cy-devant que leur aisné sentant la mort du grand Roy François s'approcher, se moquoit de luy, & l'appelloit galant. Eux tous n'en ont moins dit, & monstrerent beaucoup plus de signes d'esjouissance & de leur meschant cœur en la mort d'Henry, leur plus grand amy, leur Seigneur & bienfaiteur. Quel spectacle fut-ce aux François, pleurans la mort tant inopinée de leur Prince, de voir le Duc deGuise & le Cardinal de Lorraine à l'heure mesme de ceste mort, enlever à face riante leur jeune Roy & neveu, & le transporter des Tournelles au Louvre. Quelqu'un aussi alors ne dit pas trop hors de propos, que ce jour-là se devoit appeller la veille de la feste des trois Rois. Car il n'y avoit personne qui voyant ces Messieurs aussi à cheval, ne jugeast que la France auroit un Roy héritier, Roy de nom seulement, & deux Roys de Lorraine par effect, ou plustost deux fins & cruels tyrans, comme ils se firent bien cognoistre tels depuis. Au reste, c'est l'estat des grans Chambellans d'avoir soucy du corps mort d'un Roy, jusques à ce qu'il soit en terre. Le Duc de Guise l'estoit, & avec violence avoit arraché cest estat à la maison de Longueville (1). Qui empeschoit ce Duc & son frere le Cardinal, qui avoyent un Roy à leur dévotion, &, s'il faut ainsi parler, à leur commandement de faire leur devoir, & non pas sur l'heure mesme l'abandonner comme une charogne? Que peut-on dire d'eux, d'avoir ainsi honteusement destourné
leur

(1) *A la maison de Longueville.*] Après la mort de François d'Orleans, Duc de Longueville en 1551. François de Lorraine, Duc de Guise, se saisit de la

Charge de Grand Chambellan, qui avoit été si long-tems dans la maison de Longueville.

leur vifage du corps de leur Roy & Seigneur ? L'ayans laiffé fans foin & foucy de fa garde & fépulture, pour laquelle le Conneftable & le refte des bons & fidéles ferviteurs demeurerent. Encores, s'ils euffent attendu que le corps euft efté refroidy & affeurément mort, ou pour le moins s'ils euffent fait quelque contenance de regret. Mais peut-eftre cefte inhumanité procéda de ce qu'ils entendirent que le Roy Henry avoit arrefté de les chaffer après les feftes & tournois : ou pluftoft leur ambition ne permit pas qu'ils attendiffent plus long-temps à defcouvrir ce qu'ils machinoyent en leurs cœurs, affavoir de regner fous le nom de leur neveu François fecond, en attendant l'occafion de paffer plus outre.

Comment ils fe font portez à l'endroit de François II.

Mais à l'aventure fe font-ilz mieux portez à l'endroit de François II. & pourroyent lors avoir fi bien fait, que les fautes précédentes méritoyent d'eftre couvertes. Voyons fi ainfi eft. Ce jeune Prince aagé de 16. ans pour le plus, ne regna pas dix-fept mois entiers. Mais on peut dire fans mentir, que jamais Royaume en l'efpace de 17. ans ne fut efbranlé de la forte que noftre povre France, le tout par l'ambition de ceux-cy. Et puis affermer que fi pour le jufte chaftiment de nos pechez, Dieu euft encor allongé de 17. autres mois le regne de François fecond, la maifon de Valois perdoit la Couronne tout quitte, & la Nobleffe Françoife fe pouvoit préparer à la mort ou à des indignitez eftranges. Le peuple, la Juftice & le Clergé mefmes ne pouvoyent attendre qu'une horrible tyrannie. Et afin que cela fe voye plus évidemment, confidérons comment ils maniérent le Royaume en ceft efpace de 17. mois. Premiérement ils ravirent le Roy des mains

des Eftats du Royaume & des Officiers de la Couronne, l'emmenans (en la mefme heure que fon Pere décéda) dans le Louvre avec fes freres, fa mere & fa femme. Là ils le garderent fi bien, que perfonne ne pouvoit approcher de luy que quelqu'un de ceux de Guife n'y fuft préfent. Et lors auffi furent-ils appelez Gardes du Roy. Chaffent le Conneftable & plufieurs autres, envoyent les Princes du Sang, l'un porter l'ordre en Efpagne, & l'autre pour conduire Madame Elizabeth, l'autre en Flandres pour la confirmation de la paix : & finalement les traîterent, comme nous verrons, quand il fera parlé de leurs déportemens envers plufieurs Princes du Sang. Prennent ou pluftoft raviffent à eux le maniement de toutes les affaires : car les Parlemens ayans envoyé vers le Roy leurs députez, il leur fit entendre, que fes deux oncles le Cardinal de Lorraine & le Duc de Guife avoyent la charge entiere de tout : & commanda que l'on s'adreffaft dès-lors en avant à eux en tout ce qui concernoit le fervice de luy & de fon Royaume : & qu'on leur obéyft comme à luy-mefmes. Les voilà déclairez Rois par leur organe : car ce jeune Prince, nullement expérimenté & miférable, fpécialement pour avoir fi mefchante compagnie, ne difoyt ny ne faifoit que ce qu'ils vouloyent : car le Cardinal l'avoit tellement accouftumé à fes fignes, qu'à la moindre de fes contenances le Roy parloit, marchoit ou fe taifoit : tellement qu'auffi l'appelloit-on l'ame du Roy : car à la vérité, il le faifoit mouvoir & tenir telle mine que bon luy fembloit.

Ayans efcarté les Princes & Seigneurs qui leur eftoyent fufpects, confidérons comme ils rangerent le refte. Quant au Confeil

Conseil privé, après s'estre asseurez du
Chancelier Olivier (1') qu'ils rappele-
rent , & qui lors oublia tant Dieu &
soy-mesmes, qu'il leur donna sa con-
cience , ils y firent entrer ceux de qui
ils se fioyent. Dès le temps d'Henry ,
les Parlemens s'estoyent remplis de
gens qui avoyent apporté le plus d'argent de solliciteurs , & de favoris des
Grans. Ceux de Guise , voyans bien
qu'il faloit avoir à leur dévotion ces
gens-là , y avoyent fait entrer peu à
peu les enfans des plus grans usuriers
& exacteurs , & autres manieres de
gens qui avoyent corrompu tout droit
divin & humain , vendu par le menu
ce qu'ils avoyent acheté en gros ou eu
pour récompense , déclairé les secrets
de la Cour , contre leur serment , &
villené la Justice en toutes sortes. Pourtant fut-il aisé à ceux de Guise , de ranger ces gens à leur devotion , tenant
les uns en bride , & remplissans les autres de très-grandes espérances. Ce qui
avoit esté pratiqué en cest endroit du
vivant de Henry , fut encor par eux
plus chaudement poursuivy sous François second , tellement qu'aussi depuis
ils eurent un grand appuy de ce costé-
là. Ils se mirent aussi à dresser les Estats de la maison du Roy , usurpans ce
qui appartenoit au Connestable , encores Grand-Maistre pour lors. Pour y
faire entrer leurs serviteurs & gens de
tout à leur poste , ils ostent partie des
Officiers du feu Roy , qui de tout temps
estoyent continuez de pere en fils, les
laissent , sous ombre de bon mesnage ,
comme aussi ils renvoyent partie des
autres en leurs maisons , avec demy-
gages pour pension , combien que l'Es-

tat nouveau des Officiers , domestiques
qu'ils establissoyent , excédast de beaucoup l'autre nombre. Les Provinces du
Royaume & les Villes de frontiere ,
furent aussi garnies des leurs , & ceux
qui n'estoyent à leur gré , renvoyez en
leurs maisons : fut mandé à tous Gouverneurs , Chefs de guerre & des Villes , d'obéyr au Duc de Guise , comme
au Roy mesmes. Les Finances pareillement furent maniées par les plus favoris du Cardinal , & furent avertis tous
les Parlemens qu'il avoit la Superintendance des affaires d'Estat. Pour demeurer seuls armez , font défendre tout
Port d'armes , spécialement les pistolets
& bastons à feu : & les longs manteaux
& grosses chausses. Le Cardinal fort
couard de nature , avoit sçeu d'un Né-
cromantien à Rome, qu'il seroit tué d'un
baston à feu par l'envie qu'on luy por-
teroit , & pour les ennemis qu'il acqué-
reroit en France , estant eslevé au plus
haut dégré d'honneur.

    Le premier trait de leur tyrannie, fut
de persécuter ceux de la Religion , en
la personne de certains Conseillers du
Parlement de Paris , spécialement d'Anne de Bourg , au Procez duquel amplement descrit en divers Traitez & Discours , spécialement en l'Histoire de
François second , depuis quelques mois
remise en lumiere , apparoissent des injustices & meschancetez si vilaines, que
rien plus , commises par les Juges ap-
postez par le Cardinal. Un autre trait
fut de bander le peuple contre les
Grans, par le moyen qui s'ensuit. Pour
abatre ceux qui leur pouvoyent faire
teste , & s'acquérir la bienveillance du
commun , & rendre leur Gouvernement

---

(1) *Chancelier Olivier.*] Il fut Chancelier en 1545.
Diane de Poitiers le voyant trop ferme , lui fit ôter
les Sceaux : qu'on lui rendit sous François II. &
    mourut à Amboise en 1560, peu de tems après l'en-
treprise qui s'y fit.

ment agréable, ils firent dreſſer Lettres de révocation de toutes aliénations faites tant à vies qu'à temps, fuſt pour récompenſe de ſervices ou autrement, excepté les venditions : dont les deniers avoyent eſté employez aux grans & urgens affaires du Roy, ſans aucun deſguiſement, enſemble l'appanage des filles de France, & le dot de la feu Royne Eleonor (1), duquel jouiſſoit l'Infante de Portugal : le reſte réüny au Domaine & Receptes ordinaires du Roy. Cela eſtoit pour les faire paſſer plus grans par leurs mains, & ſe faire des ſerviteurs plus que jamais, en leur faiſant avoir Lettres de Déclaration telles qu'il leur plaiſoit. 3. Le troiſieſme fut de faire chaſſer le Roy de Navarre (2) premier Prince du Sang, par les plus indignes moyens que l'on ſçauroit, & dont il ſera parlé au diſcours du traitement par eux fait aux Princes du Sang. 4. Ils arrachent au Conneſtable l'Eſtat de Grand-Maiſtre, pour le Duc de Guiſe, & achetant le Mareſchal de Briſſac par le Gouvernement de Picardie, qu'ils tirerent des mains de l'Amiral de Chaſtillon. 5. Pour ſe renforcer contre les appareils que l'on dreſſoit contre leur tyrannie, font dix-huict Chevaliers de l'Ordre tout d'une volée, & d'une marque de Chevalerie bien eſprouvée & ſans reproche font un colier à toutes beſtes. 6. Voyans que cela ne ſuffiſoit, & qu'avec le temps il y avoit danger que les Eſtats ne demandaſſent leur ancienne liberté, au moyen dequoy leur tyrannie donneroit du nez à terre, premierement ils firent trouver le plus mauvais du monde au Roy le bruit qui couroit, que l'on eſtoit déli-

béré en ce bas aage du Roy de demander les Eſtats, & ce par diverſes ruſes, la principale deſquelles fut d'intimider les plus Grans par quelque notable moyen, & gaigner tellement la Royne-Mere, qu'elle fuſt l'inſtrument pour ruer ce coup. Ils propoſerent donc à ceſte femme, qui d'ailleurs eſtoit tenaillée des fers ardans de ſon ambition, que ſi les Eſtats avoyent lieu, comme les ennemis de ſa Grandeur le déſiroyent, on l'envoyeroit faire des jardins, ſi elle ne paſſoit les Monts. Partant luy conſeillent (comme ſes bons ſerviteurs) d'y aviſer. Or ne regardoyent-ils pas à elle, car ſi le Roy François euſt ſurveſcu au Roy de Navarre & au Prince de Condé, qu'ils eſtoyent réſolus de faire mourir peu avant les Eſtats tenus à Orleans, ils l'euſſent fait deſloger plus viſte que le pas, car ſon eſprit & naturel, leur eſtoit ſuſpect à merveilles. C'eſtoit donc à leur commodité qu'ils viſoyent. Mais ceſte femme feignant ne voir rien en leurs fineſſes, monſtra qu'elle croyoit tout cela, & pour s'affermir auſſi de plus en plus, & leur jouer à eux-meſmes quelque bon tour, eſcrivit au Roy d'Eſpagne ſon gendre, ſe plaignant du Roy de Navarre & des Princes, comme s'ils euſſent voulu (par le moyen des Eſtats) la réduire à la condition d'une chambriére. Peu de temps après arrivé le paquet d'Eſpagne, contenant que le Roy Philippes avoit entendu, que certains mutins & rébelles, s'efforçoyent d'eſmouvoir des troubles, pour changer le Gouvernement du Royaume, qui avoit eſté ſi ſagement eſtably de bon nombre de Conſeillers, par le feu Roy Henry ſon

____

(1) *Reine Eleonor.*] Elle fut la ſeconde femme de François I ; mais dont il ne tint aucun compte.

(2) *Le Roi de Navarre.*] Hé le bon Prince ; à peine éroit-il ſenſible aux affronts qu'on lui faiſoit.

fon bon frere & beau-pere, & comme
fi le Roy fon beau-frere n'eftoit capable
de luy-mefme de l'adminiftrer, & en
bailler la Charge à ceux qui bon luy
fembleroit, fans y interpofer autre
confentement, ny recevoir Loy de fes
fujeéts, ce qu'il ne devoit aucunement
fouffrir. Que de fa part, il employeroit
volontiers toutes fes forces à maintenir
l'authorité de luy & de fes Miniftres,
voire luy coufteroit fa vie, & à quarante mil hommes qu'il tenoit prefts,
fi aucun eftoit fi hardy d'attenter au
contraire. Car il luy portoit telle affection (difoit-il) qu'il fe déclairoit tu-
teur & protecteur de luy & de fon
Royaume, comme auffi de fes affaires,
lefquelles il n'avoit en moindre récom-
mandation, que les fiennes propres.
Voilà comme l'ennemy héréditaire de
la Couronne de France, eftoit appellé à
la défenfe de la tyrannie. Plufieurs ont
trouvé telles Lettres plaines d'audace
merveilleufe, qu'un Prince eftranger
ofaft ainfi ouvertement en préfence de
tout le Confeil privé (où ces Lettres
furent leues, & à la barbe du Roy de
Navarre mefmes) abolir la liberté Françoife, & renverfer l'authorité des Eftats. Mais il avoit efté averty par ceux
de Guife, de tout l'eftat des affaires; &
fi les chofes euffent fuccedé comme elles commençoyent, il euft eu fa part à
la piéce avec les autres. Pour l'heure,
ces Lettres de l'Efpagnol eurent autant
d'efficace que ceux de Guife vouloyent:
car le Roy de Navarre commença à les
bonneter, & chercher de foy-mefmes
les occafions de s'en retourner garder
fon Pays. Mais pour le mieux pourme-
ner, la commiffion luy fut donnée de
mener Elizabeth, fœur du Roy, mariée
à l'Efpagnol: & le Cardinal de Bourbon & le Prince de la Roche-Suryon
pour adjoints, afin de la rendre fur la

Frontiére de France & d'Efpagne.

Or, voyans que tant plus ils cuy-
doyent s'avancer en ruinant l'Eftat,
plus ouvroyent-ils la bouche aux vrais
François; leur deffein fut de fe fortifier
en gaignant de nouveau les Parlemens,
les Eccléfiaftiques & les gens de guerre.
L'avancement de la Religion, & l'accroiffement de ceux qui en faifoyent
profeffion, eftoit une belle couverture
au Cardinal, pour pipper les Eccléfiaftiques. Quant aux Parlemens, pour autant que plufieurs qui y font pourveus
font entrez par la feneftre, eftans fans
aucune confcience, il ne les falut gueres
preffer pour fe rendre efclaves de ceux
de Guife. Les bons qui y reftoyent, in-
timidés par les rudes traittemens fais à
du Bourg & à fes compagnons, fe mettoyent la main fur la bouche. Quant
aux gens de guerre, voyans les Princes
ne dire mot, & le Duc de Guife armé,
tandis que les Grans & petis eftoyent en
chemife, n'attendans autre chofe que
l'efcorcheur, ils fe rangeoyent du cofté
des plus forts. Et combien que les uns
& les autres cognuffent par fuffifantes
conjeétures, que le but auquel tendoit
cefte maifon de Guife, eftoit tout autre
que celuy qu'on leur figuroit, fi eft-ce
qu'abreuvez de vaine efpérance, &
pour s'entretenir en une imaginée prof-
périté, comme gens enyvrez, chafcun
fe précipitoit en ce gouffre.

Eftans ainfi ceux de Guife en bonne
grace, & après avoir eflongné ceux qui
n'eftoyent de leur retenuë, ils fe réfolurent de penfer de plus près à leurs affaires, pour telle occafion. Le Roy,
François venant à croiftre, commença
à donner plus de jugement de fon indifpofition. Ils l'avoyent marié à leur
niéce Royne d'Efcoffe, en luy faifant
de fi bonne heure goufter les délices
du monde, & eftre coiffé de fa femme,
qu'ils

DU CARD. DE LORRAINE. 39

qu'ils le peuſſent manier plus ſouple-
ment. Mais ce Prince malſain , & qui
dès ſon enfance avoit monſtré une très-
dangereuſe indiſpoſition , pour n'avoir
craché ny mouché , fit que quelques
ſiens Médecins faits de la main de ceux
de Guiſe les advertirent ſecretement de
pourvoir leurs affaires , d'autant que le
Roy n'eſtoit pas pour la faire longue.
Sur ce rapport , le Cardinal tenant jà
attaché à ſa main la pluſpart des François , pour deſcouvrir comment ils eſtoyent affectionnez envers le Roy , déploroit quelquefois la miſére du temps
& l'indiſpoſition du Roy , qui n'auroit
pas peut-eſtre (diſoit-il) loiſir de punir les Hérétiques , & que les choſes
pourroyent ſe tourner tout autrement
après la mort d'iceluy. Ayant rué ce
coup , & ſentant pluſieurs déſirer à demy que luy donc penſaſt à quelque
ferme expédient , paſſoit outre , inſiſ-
tant ſur la maladie du Roy , laquelle il
taxoit malicieuſement de contagion, de
ladrerie : & ce à double fin , l'une pour
deſgouter les François de l'amour naturelle qu'ils portent à leurs Roys , pour
eſtre le Roy, comme ils vouloyent faire
croire entaché de telle contagion , &
par ce moyen les preparer à nouveau
changement : & l'autre pour rendre
tellement odieux ceux de la Religion
(leſquels ils prétendoit faire auteurs
de ce bruit) envers le Roy , que par
ſon commandement ils fuſſent du tout
exterminez , afin que cela raclé , ceux
de Guiſe ne trouvaſſent aucune réſiſ-
tance. Suyvant ceſte penſée , ils font
courir le bruit par ceux de ſa faction ,
que le Roy alloit à Blois , pour ſe faire
médeciner à cauſe des teintures de ſon
viſage , & comme quelques-uns demandaſſent que ſignifioit ce langage ,
ces eſpions diſoyent en grand ſecret à
l'oreille,que pour vray le Roy François

eſtoit entaché de lépre , pour laquelle
guérir il le faloit baigner au ſang de
bon nombre de petis enfans , & que
desjà il y avoit gens commis pour aller
prendre les plus beaux & plus ſains que
l'on pourroit trouver , depuis quatre
juſques à ſix ans. De fait , quelques
ruſtres ſuyvans la Cour , apoſtez par le
Cardinal , ſe tranſportoyent par les
Bourgades & Villages à l'entour de la
riviére de Loyre , s'enquérans du nombre des enfans , & d'autres venoyent
après , demandans s'il eſtoit venu gens
pour enregiſtrer leurs enfans , & qu'il
ſe falloit bien garder de les bailler ,
d'autant que c'eſtoit pour baigner le
Roy en leur ſang. Ces bruits mirent
tous ces Pays , à l'entour de Loyre , en
merveilleuſe frayeur , & le Roy eſtant
arrivé à Bloys , en ſceut les nouvelles ,
qui le troublérent grandement & ſa
Mere auſſi. Mais le Cardinal en rejetta
la coulpe ſur ceux de la Religion , & le
perſuada au Roy qui s'en enflamma
contre eux , d'une haine qui luy demeura emprainte au cœur juſques à la
fin de ſa vie. Et touteſfois un de ces garnemens , qui portoit telles nouvelles ,
& ſous prétexte d'advertir les peres &
meres des enfans , avoit exigé grans
ſommes de déniers , ayant eſté prins
près de Loches , convaincu & condamné à eſtre décapité , confeſſa , maintint
& afferma juſqu'au dernier ſouſpir ,
que le Cardinal luy avoit fait bailler
ceſte commiſſion & à pluſieurs autres
auſſi. Néanmoins on s'en attacha à ceux
de la Religion , & quoy que cinq ſemaines ou un mois auparavant on euſt
fait un Edit aſſez rigoureux , le Cardinal fit une recharge de trois autres
Edicts en Novembre 1559. en l'un deſquels ces mots eſtoyent contenus : qu'és
Aſſemblées de jour & de nuict de ceux
de la Religion , non ſeulement l'uſage
de

de l'Eglife Romaine eftoit vilainement profané : mais que l'on y fémoit plufieurs propos vilains, infâmes & injurieux contre Sa Majefté, & pour efmouvoir le peuple à fédition. Mais cela ne fit qu'aigrir beaucoup de perfonnes, qui mefmes n'eftoyent pas de la Religion, & eftimer qu'il y avoit autres chofes que la Religion, laquelle en ceft endroit (comme en beaucoup d'autres depuis) ne fervoit que de prétexte. Cependant ceux de Guife mirent une telle tafche fur leur neveu, qu'encor qu'il ne fuft ladre, toutesfois depuis ces bruits-là, il perdit prefque toute fa réputation.

Sur cela entrevindrent deux accidens qui remirent le Cardinal en nouvelles altéres. L'un fut que le Préfident Minard, l'un de fes efclaves au Parlement de Paris, fut tué d'un coup de piftolet, par gens incognus. L'autre fut qu'un fien bon ferviteur nommé Julian Fermé, fut tué affez près de Chambourg, où eftoit le Roy. Ce Fermé alloit porter force mémoire à Paris, pour faire Procez aux plus Grans Princes & Seigneurs du Royaume, & autres gens notables qui favorifoyent à la Religion. Le Cardinal empoignant ces occafions, donne une recharge de cefte calomnie fufmentionnée à ceux de la Religion, & par Lettres Patentes, fait encor défendre plus eftroitement que jamais, le port des Armes : mettant par tels bruits le Roy en l'indignation du peuple, qui n'avoit accouftumé de fe voir ainfi foufpeçonné. Cependant, affavoir le 23. de Décembre, le Confeiller du

Bourg fut exécuté à mort, & plufieurs autres de la Religion en divers lieux, au grand mefcontentement, non feulement de plufieurs François, mais auffi des Princes Eftrangers.

Mais cela n'eft comme rien, au pris des confufions & malheurs en quoy ceux de Guife envelopperent le Roy, & le Royaume puis après. Car leurs façons de faire ouvertement tyranniques, les ménaces defquelles on ufoit envers les plus Grans du Royaume, le reculement des Princes & Grans Seigneurs, le mefpris des Eftats du Royaume, la corruption des principaux de la Juftice, rangée à la dévotion de ces nouveaux Gouverneurs, les Finances du Royaume départies par leur commandement, & à qui bon leur fembloit, comme auffi tous les Offices & Bénéfices : brief, leur Gouvernement violent & de foymefme illégitime, ayant efmeu de merveilleufes haines contre eux, tant des Grans que des petis, amena en avant l'entreprife dont la Renaudiere eftoit Chef, fous le nom & adveu du fecond Prince du Sang (1), laquelle fut depuis maniée & rompue en la forte que nous le dirons au traitement par eux fait à la Nobleffe.

Pour le préfent, voyons comme ils   *De l'entre-* \
fe mocquérent alors du Roy & de fon   *prife d'Am-* \
Eftat. Ayans entendu par un certain   *boyfe.* \
Avocat de Paris, nommé des Avenelles (2), qu'on machinoit contr'eux, fe fervirent de la Royne-Mere, pour faire venir Meffieurs de Chaftillon à la Cour, ou par leur avis fut dreffé un Edit du Roy, pour adoucir les rigueurs \
                       que

---

(1) *Second Prince du Sang.*] C'étoit Louis, Prince de Condé, frere d'Antoine Roi de Navarre.

(2) *Des Avenelles.*] Voyez M. de Thou, Hiftoire, Lib. XXIV, qui fait une Defcription fort belle de la conjuration d'Amboife, tramée non pas contre le Roi ; mais contre la tirannie des Guifes. Le malheur, eft néanmoins que dans ces occafions, le favori implique toujours le Roi dans fa caufe, & prétend faire un crime d'Etat ou de Léze-Majefté, de ce qui n'eft qu'un crime particulier, qui cependant s'aggrave par les circonftances. Il eft vrai que qui attaque le Miniftre, attaque indirectement le Roi,

que l'on tenoit auparavant contre ceux de la Religion. Or se servoyent-ils de ce pour rompre l'entreprise, estans bien délibérez de révoquer le tout après, comme ils le firent entendre par Lettres particulieres à leurs esclaves au Parlement de Paris, où cest Edit fut incontinent publié, avec les modifications enregistrées au Registre secret ; tellement toutesfois que quelques Conseillers se lasserent aller, jusques à dire que c'estoit un attrappe-minault. Par ainsi, ils se jouoyent de la Foy Royale, mettans ceste tache infâme à nos Roys, d'estre perfides & desloyaux. Cependant, ayans nouveaux advertissemens, au lieu de penser à leur Gouvernement, & monstrer par effect qu'ils ne vouloyent estre tels qu'ils s'estoyent monstré jusques à lors, en foulant au pied toute l'authorité du Roy, amassent des forces de toutes pars, baillent argent à des Avenelles & autres espions, prins ès coffres du Roy, envoyent Gens-

* L'Auteur a tort de vouloir justifier la conspiration d'Amboise.

darmes * de tous costez, & tiennent le Roy au milieu d'eux, & ayans en ces tempestes obtenu Lettres pour le Duc de Guise, d'estre Lieutenant Général du Roy (1) avec puissance absolue, il ne fut question que de mettre tout à feu & à sang, faisans mourir infinies personnes nobles, & souillans le nom, l'honneur, les yeux & le regne de ce jeune Roy, des plus horribles cruautez que l'on sauroit penser. Car l'air, la terre & l'eau, seront tesmoins à jamais de la Barbarie de ces monstres, qui ont remply la France de sang, le Ciel de tesmoins & de Juges, & la Terre de complaintes. Leur imposture apparut aussi ouvertement, en ce que jamais ils ne voulurent permettre que le Roy en-

tendist, comme il appartenoit, les justes complaintes de ses sujets, que l'on traitoit si vilainement devant ses yeux. Il demandoit quelques-fois avec les larmes aux yeux, ce qu'il avoit fait à son peuple pour luy en vouloir ainsi (car ces Messieurs luy cornoyent sans cesse aux oreilles qu'on le vouloit tuer, & sous ce prétexte l'avoyent environné de troupes armées & ramassées des plus meschans garnemens du Royaume) & depuis ont continué à se faire garder près de nos Roys, la dignité desquels ils ont converty, en ce faisant (en je ne say quelle pompe Persique & frayeur Turquesque) & disoit qu'il vouloit entendre leurs plaintes & raisons. Et par fois disoit à ses bons oncles, je ne say que veulent dire ces remuemens. J'entens que c'est à vous à qui l'on en veut : je voudrois bien, que pour un temps vous fussiez hors d'icy, afin que l'on cognust mieux si ces gens cy s'attachent à moy ou à vous. Mais le meurtrier qui tenoit le Pere de son ennemy entre ses bras, sauvoit sa vie par ce moyen, aussi ceux de Guise se tenans joints (comme le lierre à la Pyramide) serrez & conjoints à ce jeune Prince, paroyent dextrement aux coups, desquels infailliblement ils eussent esté transpercez. Ils rejettoyent donc tous ces propos du Roy, l'asseurant que luy ny Messieurs ses freres ne vivroyent une heure après leur partement, & que la maison de Bourbon ne cerchoit qu'à les exterminer à l'aide des Hérétiques. Voilà comme ils envenimoyent le Roy contre son sang & son peuple, prenans Valois pour Guise, jouant manifestement au Roy despouillé. Comme aussi leurs cruautez n'empêcherent point qu'on ne

(1) Lieutenant Général.] Nous avons déja dit qu'elles sont dans la Popeliniere, Liv. vi. page 166. du Tom. 1. de son Histoire.

F

ne leur reprochaît ces chofes en face & par efcrit, eftans accufez d'avoir affoibly, mangé & ruiné les Roys & le Royaume. Mais cela fera déduit encor plus particulierement. Le Cardinal fut bien fi audacieux alors que de jurer par le Sang Dieu en préfence du Roy, que le Baron de Caftelnau (1) mourroit, & qu'il n'y avoit homme qui l'en délivraft. Cependant les Edits du Roy couroyent de tous coftez, & le Duc de Guife pour fe moquer du Roy davantage, & craignant que fi grand nombre d'exécutez ne les rendift odieux à tous, & que ce mot d'Eftats, dont on leur frottoit desjà les oreilles, ne chatouillaft le cœur du peuple, fut d'avis de fauver la vie (comme un brigand feroit à quelqu'un qu'il tiendroit à fa mercy au coin d'un bois) à la plufpart des povres foldats venus à pied*: ce qui fut fait, & fous main donné à chafcun un tefton.

* Ce font ceux du tumulte d'Amboife.

Je ne diray point qu'ils confeillerent au Roy de tuer le Prince de Condé, & les moyens qu'ils tindrent pour fe laver & blanchir dans le fang innocent, ny les calomnies qu'ils impoférent aux morts, & les belles promeffes qu'ils faifoyent pour l'avenir, le tout fous le nom du Roy, fans entretenir rien : car il fera temps d'en parler encor au long ailleurs. Seulement je ramenteveray aux Lecteurs un autre tort merveilleux, que leur ambition fit au Roy & à fon Eftat. Leur niéce mariée à François II. eftoit Royne d'Efcoffe. Or prétendoyent-ils qu'elle euft quelque droiĉt fur l'Angleterre, pour eftre fille du fils d'une fœur de Henry huitiefme Roy d'Angleterre,

Guerre en Efcoffe, par ceux de Guife aux defpens de France.

& prétendants qu'Elyzabeth à préfent regnante, feroit facilement déboutée, veu mefmes que Marie Royne d'Angleterre mariée au Roy Philippe, l'avoit fait déclairer baftarde. Pourtant firent-ils prendre à leur niepce le titre & les Armes d'Angleterre & d'Efcoffe, réfolus de s'approprier (2) enfin le Royaume d'Angleterre, aux defpens de la France, fous le nom de leur niepce, fuft par fineffe ou par force. La Religion dont Elizabeth faifoit profeffion, leur fut une couverture bien propre pour gaigner gens en Angleterre, où l'on fait qu'il n'y a que trop de gens affeĉtionnez au Pape. La grandeur du Roy de France, & l'alliance invincible des deux Royaumes, leur eftoit un autre manteau, fous lequel s'amafferent beaucoup de ferviteurs fecrets & penfionnaires, qui vendoyent leur mefchante confcience au pois de l'or, & en fe moquant de ceux de Guife, leur perfuaderent que pour attirer l'Angleterre, il faloit donter les Efcoffois, qui pour la plufpart eftoyent de la Religion. Car en ce bel exploit, les Anglois Catholiques auroyent un fuffifant gage de leur repos pour l'avenir : & qu'il faloit que l'un des fix freres demeuraft en Efcoffe. Sur ces menées, entrevint un trouble en Efcoffe pour la Religion, le Roy Henry mourut, & eux fe voyans à cheval, délibérent de pourfuyvre cefte proye à cor & à cry. Ils envoyent l'Evefque d'Amiens fort habile homme en Cour d'Eglife, & qui en un mois devoit réduire (ce difoit-il) tous les Efcoffois defvoyez, & un certain la Broffe efcervellé & furieux, qui

(1) Le Baron de Caftelnau.] Jacques de la Motte Caftelnau, Sieur de Chaloffe, eut la tête coupée en 1560.

(2) De s'appro rier, &c.] Mais la Reine Marie Stuart, fous le nom de laquelle les Guifes agiffoient,

en fut enfin la viĉtime, & eut la tête tranchée ; mais Elizabeth ne fut pas injufte à l'égard de fon fils Jacques Roi d'Ecoffe, qu'elle reconnut pour fon fucceffeur au Trône d'Angleterre. Il commença donc à regner en 1603.

qui devoit tuer tout en ce Royaume-là.
Ces deux bons Commiffaires arrivez en
Efcoffe, commencerent à faire des par-
tages par fantaifie des terres des Gentils-hommes, & (vendans la peau de
l'Ours qu'il n'avoyent prins) efcrivent
à ceux de Guife, qu'il y avoit moyen
de tirer deux cens mil efcus par an de
ce Royaume, en faifant mourir la Nobleffe & affujetiffant le peuple, & qu'on
logeroit là commodement mille Gentils-hommes François, pour faire fervice
à Meffieurs de Guife. Dieu fait fi ce confeil les grattoit où il les demangeoit,
& s'ils eftoyent defpitéz contre la Royne Douairiere leur fœur, & le Sieur
d'Oifel fon mignon (1), qui n'eftoyent
d'avis qu'on couruft fus aux Efcoffois,
qui avoyent du fang aux ongles, comme ils le monftrerent bien, faifans fentir
à l'Evefque qu'ils n'avoyent que faire
de fon inftruction, & contraignans la
Broffe de rebrouffer chemin & aller faire du brave ailleurs, chaffans les Preftres, la Cardinauté & Papauté, qui y
fuffent demeurez fans la fotte ambition
de ceux de Guife. Mais outre ce coup,
ils eurent une autre recharge du cofté
d'Angleterre, car la Royne Elizabeth
fit une ample proteftation à l'encontre
d'eux expreffément, faifant voir à tous
qu'ils eftoyent caufe de tous ces remuemens, à la confufion du Roy & à la ruine de fon Royaume. Et quelques mines
& menées qu'ils fiffent puis après, attachans, (felon leur couftume,) la peau
du renard à celle du Lyon, ils ne gaignerent rien de ce cofté-là, finon honte
pour eux & dommage au Roy & au
Royaume.

Pendant qu'ils eftendoyent leurs aî-
les fi loin : ceux de la Religion croif-
foyent en France d'un cofté, & les mal-
contens du Gouvernement de ceux de
Guife, reprenoyent leurs efprits, encore que l'entreprinfe d'Amboife en
euft merveilleufement eftonné la plufpart au commencement. Là-deffus le
Duc de Guife, Lieutenant Général,
defpité extrêmement qu'en fon Gouvernement du Dauphiné, ceux de la
Religion avoyent levé la tefte les premiers, y fait defcendre feize Enfeignes
des vieilles bandes du Piedmont, &
plufieurs autres Compagnies de Gen-
darmes François, fous la conduite de
Tavannes, Maugiron & autres qui firent de merveilleux ravages en ce Pays-
là. Toft après ils meinent le Roy à
Tours, où il ne tint pas à eux que la
Ville ne fut ruinée, car ils eftimoyent
que les habitans avoyent favorifé l'entreprife d'Amboyfe, & leur en ont longuement gardé une dent de laict.

En pourmenant ainfi le Roy, & luy Comment
réfiftent à
tout ordre.
faifant goufter les apafts de toutes vo-
luptez, ils abufoyent de fa jeuneffe &
fimplicité, plantans de jour à autres les
pilliers de leur grandeur pour l'avenir.
Et tant plus ils fe voyoient contredits,
plus eftoyent-ils envenimez & affinez
à nouvelles pratiques, rendans le Roy
odieux à fes fujets & aux Eftrangers
mefmes, ruinans plus le Royaume en
un mois alors, qu'il n'avoit efté en un
an ès guerres contre le Roy d'Efpagne :
car c'eft une chofe incroyable des exactions & des debtes qu'ils firent, & des
biens qu'ils amafferent fous François
leur neveu. Ces déportemens conjoints
avec une violence extrême, mirent la
plufpart des fujets comme en défefpoir
de voir jamais la France en repos, veu
les coups que ceux-cy luy donnoyent.
Toutefois pour y remedier premierement fous le nom de Theophile, fut
envoyé

(1) *Son mignon.*] J'en ai déja parlé.

envoyé une remonſtrance à la Royne-Mere, ou la tyrannie de ceux de Guiſe eſtoit dépeinte au vif, & la concluſion eſtoit, qu'il faloit pourvoir au Gouvernement du Royaume, & bailler un conſeil au Roy, ſelon les anciennes Conſtitutions & Obſervations de France, non pas à l'appetit de ceux de Guiſe. Puis appaiſer les troubles de la Religion, par un Concile ſainct & libre. La Royne-Mere qui eſtoit lors ſous leurs pattes, & taſchoit de leur complaire en toutes choſes, leur ſervant d'eſpionne en tout ce qu'elle pouvoit, fit retenir celuy qui porta ceſte remonſtrance, & après avoir fait cercher de tous coſtez ce Theophile, & donné des peurs au Porteur juſqu'à le vouloir batre, conſiderant que tels Eſcrits pourroyent avec le temps eſteindre leurs feux & reboucher la pointe de leurs glaives, concluent de mettre l'inquiſition d'Eſpagne en France, ayans premierement par leurs ſerviteurs ſecrets en Alemaigne & ailleurs, entretenus aux deſpens du Roy, diffamé par toutes ſortes de calomnies ceux de la Religion. Toutesfois la ſageſſe du Chancelier de l'Hoſpital (1) qui manioit politiquement ces eſpines, rompit le coup en quelque ſorte, car au lieu de l'inquiſition, fut dreſſé l'Edict de Romorantin, défendant toutes Aſſemblées illicites, comprenant ſous icelles les preſches & exercices de la Religion. Mais au lieu d'appaiſer les troubles,

ceſt Edit les redoubla de toutes parts. Ce qui commença à reſveiller les eſprits, fut un Livre intitulé : La Majorité du Roy, eſcrit en la faveur de ceux de Guiſe, par Jean du Tillet (2) Greffier de la Cour de Parlement à Paris, encor que le traitement qu'il avoit receu du Cardinal ne luy en deuſt avoir donné la volonté, mais lors chaſcun adoroit ces Meſſieurs, auſſi eſtoyent-ils Roys.

A ce Livre fut fait une vive réponſe, ſuyvie puis après de divers autres Livres en grand nombre, pour leſquels fut fait fort grande recerche, juſques à faire perdre Martin l'Hommer qui avoit imprimé le Tygre de la France, où le Cardinal entre ſes autres freres eſtoit dépeint de toutes couleurs. D'un coſté le Cardinal faignoit d'eſtre bien joyeux qu'on l'immortalizoit ainſi, & de l'autre il pratiquoit gens afin de reſpondre à tels Libelles qui deſcouvroyent ſes ruſes, & faiſoyent desjà ſa Légende, immortalizans voirement les ordures de luy & de toute ſa maiſon. Mais du Tillet entre autres qui avoit eu un bon coup d'eſtrille, s'excuſa pour l'avenir, & exhorta le Cardinal de pourvoir à ſes affaires par autre moyen, c'eſt aſſavoir d'uſer contre les perſonnes & biens de ceux de la Religion, de toutes les rigueurs dont on ſe pourroit aviſer, afin de ne leur donner pied ferme, ny aucun eſprit délivré : & que le Cardinal pourroit eſcrire particulierement

(1) De l'Hôpital.] Michel de l'Hôpital, grand' homme d'Etat, fut fait Chancelier le 30. Juin 1560. & mourut en 1573.

(2) Du Tillet.] Nous avons le Traité de Jean du Tillet, Greffier au Parlement, ſous ce titre : Pour l'entiére Majorité du Roy Très-Chrétien, contre le légitime Conſeil, malicieuſement inventé par les Rebelles, par Jean du Tillet in-4°. Paris 1560. Il ſe trouve auſſi dans le Traité de M. Dupuy ſur la Majorité, page 327. de l'Edition in-4°. de 1655. mais outre cet-

écrit, il s'en trouve un autre ſur le même ſujet, publié par Jean du Tillet, alors Evêque de S. Brieux, ſous ce Titre : Diſcours pour la Majorité du Roy Très-Chrétien (François II.) contre les Ecrits des Rebelles, par Jean du Tillet in-4°. Paris 1560. & in-8°. Tours, 1560. Ce Traité eſt rare, mais il s'en trouve un extrait au Tome 2. de la Bibliothéque du Droit François, de Laurent Bouchel, page 634. Edition de 1667.

Nouvelles
ruine du
Royaum.

ment aux Princes , ce qui fut fuivy comme le plus expédient.

Or pour entretenir leur crédit , vers les Princes Eftrangers , defcouvrir ce qu'ils difoyent & faifoyent , outre les Ambaſſadeurs ordinaires qui eſtoyent à la dévotion de ceux de Guiſe , ils gaignerent à force d'argent pluſieurs ſerviteurs de ces Princes meſmes , ayans en Eſpagne , Angleterre & Allemaigne , penſionnaires aux deſpens du Royaume de France. Mais outre tout cela , ils avoyent des ſerviteurs ſecrets ès Cours des Princes Eftrangers , & des Princes & Seigneurs de France , auſquels ils donnoyent de telles penſions , que ſeulement la deſpenſe des ſerviteurs ſecrets en France montoit par mois plus de vingt mille francs. Ils avoyent encor des coureurs qui alloyent eſpians par les Hoftelleries ſur les champs , pour marquer les uns & les autres , dont pluſieurs (ſans y penſer) quelque temps après eſtoyent empriſonnez & mis en tel poinct , que l'on en oyoit plus aucunes nouvelles.

Cela ainſi dreſſé , ils renouvellent leur ligue avec la Royne-Mere , eſcrivent à tous leurs partiſans , & s'emparent de toutes ſortes de gens , tellement que le Duc de Guiſe s'oſa vanter qu'il avoit promeſſe de douze cens Gentilshommes ſignalez, & le ſerment de leurs Chefs avec leſquels & les vieilles bandes venues du Piedmont , & autres qu'il avoit à commandement , il s'aſſeroit ſus le ventre à tous ſes ennemis. Puis le Cardinal mit en avant au Conſeil du Roy , qu'il ſe faloit ſaiſir de la perſonne du

Prince de Condé , chargé d'eſtre Chef de l'entrepriſe d'Amboiſe : & ayans entendu qu'il eſtoit allé en Bearn , perſuadent au Roy que c'eſtoit pour luy faire guerre nouvelle , afin d'eſchapper la punition de ſa faute. Ceſte impreſſion donnée , ils expédient nouvelles Commiſſions pour lever gens , afin d'aller aſſaillir le Roy de Navarre, qui avoit retiré le Prince ſon frere. Envoyent le Mareſchal de S. André eſpier ce que faiſoit le Prince. Font venir par l'entremiſe de la Royne-Mere , un nommé la Planche (1) , afin d'entendre encor plus particulierement les plaintes des Huguenots d'Eſtat & de Religion , pour ſe munir de nouvelles fineſſes allencontre , & deſſors furent ſi impudens , & elle , ſi je ne ſay quelle de dire, que le remede à tant de meſcontentemens , ſeroit qu'après le premier Prince du Sang marchaſt un de ceux de Guiſe , & ainſi conſéquemment. En quoy ils deſcouvrirent aſſez quel eſprit les menoit. Puis changent les Gouverneurs comme bon leur ſemble , envoyent la Motte-Gondrin en Dauphiné , & autres à leur poſte de çà & de-là : préparans ainſi leurs filez pour attrapper à leur aiſe tous leurs ennemis.

Et comme les Jugemens de Dieu ſont admirables en un poinct , c'eſt que les plus hardis contempteurs de Sa Majeſté , ont pour un temps toutes choſes plus qu'à ſouhait , afin que leur ruine ſoit tant plus grande puis après : ainſi en print-il à ceux de Guiſe. Car comme ils eſtoyent aux eſcoutes , ne ſachans par quel bout commencer : la Sagne , Gentil-homme

---

(1) La Planche:] C'eſt Louis Reinier de la Planche , celui dont nous avons une Hiſtoire , ſous le Titre d'Hiſtoire de l'Etat de France , tant de la République que de la Religion , ſous Henri II. in-8°. 1576. Il étoit parent de Meſſieurs du Tillet , & l'un des confidens du Maréchal de Montmorenci. Monſieur de Thou , Liv. xxv. rapporte au-long la converſation qu'il eut avec la Reine Catherine de Médicis , converſation curieuſe & fort ſenſée : & la Reine , ſi elle avoit eu plus de ſens & de raiſon , elle auroit dû en profiter , & par-là s'épargner bien des chagrins , remettre la tranquilité dans le Royaume , mais tous les Conſeils , quelque bons qu'ils ſoient , ne ſervent de rien auprès des ambitieux.

F 3

Gentil-homme Basque, dépesché par le Prince de Condé, pour aller solliciter ses amis, fut prins à Fontainebleau avec plusieurs despeches, par le moyen desquelles & de ses confessions en la torture, ils apperceurent encor mieux que le filet de leur tyrannie s'en alloit coupé, s'ils n'y prenoyent garde. Premierement font emprisonner le Vidame de Chartres (1), la belle-Mere du Prince de Condé : envoyent le Conte Ringrave aux frontieres de Lorraine, pour tenir prest un Régiment de Lansquenets & deux mille Pistoliers. Font descendre le long de la rivière de Loyre, les vieilles bandes venues du Piedmont en Dauphiné, faignans les vouloir envoyer en Escosse : mais ils séjournerent à Gyen & à l'entour de Montargis, pour s'asseurer au besoin des maisons de l'Admiral. Là ils commirent des maux incroyables avec impunité, pour en tirer meilleur service, pillans ou rançonnans les meilleures maisons, violans les plus belles filles & femmes, & pour ne faire justice, suffisoit de charger les complaignans d'estre Huguenots.

Un autre expédient se présenta là-dessus pour acheminer encor mieux leurs desseins. La Royne-Mere voyant tant d'apprests, & que parmy telles tempestes, elle ne pourroit subsister aisément, d'autant que l'un des deux partis l'humilieroit. Car elle redoutoit plus cent fois ceux de Guise que tous autres (2), tenant pour certain (comme aussi il estoit vray) que s'ils venoyent à bout des Princes du Sang, ils n'espar-

gneroyent ses enfans ny elle avec. D'autre part si ceux de Guise estoyent mattez, d'autant qu'elle s'estoit jointe à eux, il y avoit danger aussi qu'elle ne tombast quand & eux. Pourtant elle demande avis à l'Amiral & au Chancelier, qui luy déclairerent estre nécessaire de proposer au Conseil du Roy, que les Princes, Seigneurs du Royaume, Chevaliers de l'Ordre & gens d'authorité, fussent assemblez pour regarder tous les moyens de pacifier les troubles.

Ceux de Guise entendans cest avis, encor qu'il n'aimassent en sorte quelconque ceste liberté de l'Amiral & du Chancelier, & fussent bien délibérez de les abattre comme les autres, néantmoins y condescendirent, estimans que c'estoit une plus belle ouverture que toutes les autres pour venir à leur poinct. Ils disoyent donc, que quand le Roy de Navarre, le Prince de Condé, le Connestable & autres recevroyent les Lettres du Roy à ceste fin, ils ne feroyent aucune faute de venir, & qu'alors ils seroyent tout portez, pour estre retenus, sans donner la peine de les aller cercher si loin. Que s'ils ne pouvoyent gaigner encor cela, pour le moins auroyent-ils tant de voix en ceste Assemblée, que toutes leurs actions passées y seroyent authorisées, & leur degré estably pour l'avenir, tellement que puis après ce seroit un crime manifeste à quiconque y voudroit contrevenir. Que les Estats (si aucuns se tenoyent,) seroyent bridez par la décision

Assemblée de Fontainebleau.

(1) Le *Vidame de Chartres.*] Il se nommoit François de Vendôme, Vidame de Chartres, & Prince de Chabanois, Colonel de l'Infanterie Françoise, dernier mâle de l'ancienne maison de Vendôme. On le fit sortir de la Bastille peu avant sa mort, & l'on a cru qu'il avoit été empoisonné. C'étoit le tems de ces sortes d'expéditions. M. de Thou, Liv. XXVI. qui en parle avec éloge, ne dit pas néan-

moins qu'il eut été empoisonné ; mais seulement que les retours fâcheux des plaisirs, joints au mauvais Etat de ses affaires & au chagrin d'une indigne prison, terminerent ses jours à l'âge de 38. ans.

(2) *Que tous autres.*] C'étoit le bruit du tems, & peu s'en est fallu qu'ils ne l'ayent fait peu après ; mais Henri III. commença à y mettre ordre ; & Henri IV. acheva de les dompter.

fion de fi notable Affemblée, & par conféquent, demeureroyent Roys de France par effect, en attendant que leurs autres pratiques leur en feroyent auffi avoir le nom.

Et fi leurs ennemis ne fe trouvoyent en cefte Affemblée, ils auroyent nouvelle prinfe fur eux, tant pour les mettre de plus en plus la male grace & deffiance du Roy, que pour fe venger d'eux avec plus de prétexte puis après. Ainfi donc il ne fut queftion que de faire courir paquets de toutes parts au nom du Roy, & leurs Lettres à leurs amis. Lors leur vindrent bien à propos tant de Chevaliers de l'Ordre, qu'ils avoyent forgez peu auparavant, car ce furent autant de voix gaignées à la confufion du Roy & du Royaume.

Mais ils uférent d'une merveilleufe rufe à l'endroit du Roy de Navarre. Ils luy firent efcrire par la Royne-Mere qu'il euft à venir : & par deffous luy firent dirent par fes Confeillers, affavoir Defcars fon chamberlan, Bouchart fon Chancelier & autres qui eftoyent leurs efpions & ferviteurs fecrets vers ce Prince, qu'il n'allaft point à cefte Affemblée, & par ce moyen donnerent un tel coup de pied à l'eftat du Royaume qu'il s'en fent encor : car ce Prince eftant intimidé, fut caufe que le Gouvernement demeura à ces Meffieurs qui fe fortifierent de nouveau puis après.

En cefte Affemblée, trois perfonnes feulement les picquérent, & fpécialement deux les irritérent jufques au bout, l'Evefque de Valence (1) difant fon opinion les efchauffa : mais l'Archevefque de Vienne nommé Marillac (2),

les fit bien changer de contenance en fa docte & hardie Harangue, touchant l'authorité des Eftats & l'urgente néceffité de les affembler : concluant auffi à un Concile nationnal.

Traitant des Eftats, il monftra premierement que c'eftoit le vray moyen de retenir le peuple en devoir, puis monftra que c'eftoit des Eftats, à quelle fin ils doyvent eftre affemblez. Que les plaintes du peuple doyvent eftre ouyes & examinées en préfence des Eftats. Là-deffus il fit un difcours bien à propos des maux qui travailloyent le Royaume, & dont ceux de Guife (fans les nommer) eftoyent caufe. Ces maux eftoyent les furcharges extraordinaires, creuës & multipliées de telle forte, que le peuple en eftoit accablé : l'efpuifement des Finances du Roy, fes grandes debtes, les defpenfes exceffives du Royaume, l'ignorance du fond des Finances, les affaires d'Eftat embrouillez, les premiers Miniftres du Roy chargez de tourner toutes chofes à leur avantage, & faire leur profit particulier de la calamité de tous, le Roy n'eftoit obéy ny le peuple efcouté, le Gouvernement mal conduit. En après il monftroit les grandes commoditez que cefte Affemblée d'Eftat apporteroit. Le Roy entendroit par le menu les affaires de fon Royaume, examineroit les mœurs de fon peuple, cognoiftroit fa portée & pourvoiroit à fon Eftat : deviendroit bon Pafteur, tondant fon troupeau doucement, fans autrement l'offenfer : fe comporteroit royalement ; c'eft-à-dire, bénignement & faindtement : feroit heureux & acquerroit ce beau nom de Pere du peuple, duquel la mémoire au Roy

De l'Affemblée des Eftats.

(1) L'Evefque de Valence.] Jean de Montluc, fait Evêque de Valence en 1553. & mort à Touloufe en 1579.

(1) De Vienne, Marillac.] Charles de Marillac, Archevêque de Vienne en 1557. mort le 2. Décembre 1560.

Roy Loys XII. eſt plus célébrée, & reluiſt pour exemple à la poſterité, plus que toutes les conqueſtes & victoires de ceux qui ont eſté auparavant. En aprés, le peuple ſeroit tant plus encouragé de ſubvenir à ſon Roy. Ce qui eſt ordonné en telles Aſſemblées a une merveilleuſe efficace de rendre le peuple alaigre, & prompt à tout bon devoir. Ou quand peu de gens ſont appelez à baſtir les Loix, on vient à interpréter qu'elles ont eſté forgées ſelon la paſſion d'aucuns, & ſans examiner les raiſons qu'euſſent peu alleguer les abſens, s'ils euſſent eſté ouys. Il adjouſtoit que la maiſon de France avoit flory unze ans durant, en conſervant l'authorité des Eſtats. Que le meſme eſtoit avenu en l'Empire, ès Royaumes d'Eſpagne, d'Angleterre, d'Eſcoſſe, de Dannemarch, Suede, Boheme, Hongrie, & par tout ailleurs. Il reſpondoit amplement puis aprés à toutes les objections de ceux qui vouloyent faire accroire que l'authorité du Roy eſtoit diminuée en aſſemblant les Eſtats, & taxoit aſſez ouvertement la tyrannie de ceux de Guiſe, leſquels auſſi luy en ſceurent ſi mauvais gré, qu'aprés l'avoir fait menacer, il fut contraint ſe retirer, & voyant en quel eſtat eſtoyent les affaires, il en mourut de regret. Sa Harangue eſt imprimée, & inſerée en la notable Hiſtoire de François ſecond *, de nouveau miſe en lumiere. Partant n'avons voulu allonger ce propos pour le preſent.

* C'eſt l'Hiſtoire du Preſident de la Place, in-8°. 1565.

Mais ce qui les mit en fureur extrême, fut la Harangue de l'Amiral qui perça l'apoſtume de leur tyrannie: car parlant expreſſément de la nouvelle garde du Roy, monſtra que c'eſtoit trés-mal fait à ceux qui avoyent ainſi armé le Prince contre ſes ſujects, & dit nommément que ſi quelques Officiers du Roy craignoyent d'eſtre offenſez, ils en devoyent oſter les occaſions, & que le mal contentement n'eſtoit pas contre le Roy (& à quel propos auſſi, veu que c'eſtoit un enfant qui ne bougeoit, ny ne faiſoit rien que par le conſeil & abouchement de ſes oncles) mais contre ceux qui manioyent les affaires du Royaume, à quoy il eſtoit aiſé de pourvoir, pourveu que tout fuſt compaſſé par bon ordre & ſelon les Loix du Royaume. Le reſte de la Harangue tendoit à meſme fin que Marillac. Il y avoit auſſi quelque choſe de la Religion. Les deux freres de Guiſe monſtrerent lors qu'ils eſtoyent Roys: car outre ce, tous les Chevaliers de l'Ordre là préſens, n'oſerent haranguer, ains diſoyent ſeulement qu'ils eſtoyent de l'avis de M. le Cardinal, ils s'attaquérent ſpécialement à l'Amiral, inſiſtans ſur ceſte nouvelle garde, & monſtrans en ſomme que François leur neveu, ſervoit de maſque & couverture à leur félonie. Comme auſſi les Lettres envoyées incontinent aprés ceſte Aſſemblée aux Baillifs & Séneſchaux le monſtroyent. Car elles avoyent eſté dreſſées pour le Cardinal, qui promettoit une grande réformation de l'Egliſe (mais devinez ſi les putains réformerent les Bordeaux) enſemble les Eſtats, leſquels on aſſignoit au 10. jour de Décembre, en la Ville de Meaux. Et que cependant les Gouverneurs & Lieutenans des Provinces (pour la pluſpart ſerviteurs & eſclaves de la maiſon de Guiſe) viſiteroyent reſpectivement leurs Villes, pour entendre par le menu, & luy rapporter les doléances du peuple, c'eſt-à-dire pratiquer de tous coſtez à l'eſtabliſſement de la tyrannie. Ainſi ſe moquent-ils de l'authorité Royale, en rendant

dant vaine & fruſtratoire une ſi notable Aſſemblée, comme les effets en apparurent incontinent.

Ils adjouſterent à cela un autre trait de merveilleuſe audace à l'encontre du Roy, c'eſt de faire mettre en armes toutes les compagnies des Ordonnances, ſous prétexte que le feu d'Amboyſe n'eſtoit pas eſtaint, mais véritablement pour ruiner les Princes du Sang, oſter toute liberté aux Eſtats, & achever de brouiller tout. Et pour ſe fortifier davantage, ayans entendu le retour des troupes Françoiſes revenues d'Eſcoſſe par le Traité de Paix (que le Roy y avoit eſté contraint accorder à ſon grand deshonneur & déſavantage, par la folle ambition de ſes oncles) les joignirent aux vieilles bandes de Piémont, Mets & Picardie, pour leur garde, outre douze cens hommes, réſervez outre le département des Compagnies miſes & envoyées par tous les Gouvernemens. Ayans ainſi le glaive au poing & montez à l'avantage, font une deſpeche du Roy leur neveu au Roy de Navarre, par laquelle le Prince de Condé eſtoit chargé de crime de Léze-Majeſté : & pour en avoir le cœur net, ledit Seigneur prioit le Roy de Navarre de luy envoyer ſon frere en bonne & ſeure garde : ſinon il ſeroit luy-meſmes contraint de l'aller quérir avec ſi bonne compagnie, que la force luy en demoureroit. Le Roy de Navarre & ſon frere reſpondit ſagement & de telle conſtance, que ceux de Guiſe virent bien qu'avec toute leur puiſſance, à peine en pourroyent-ils avoir le bout. Et pourtant s'aviſerent-ils de ſe ſervir de la Foy & promeſſe du Roy pour

tromper ces Princes, & les attirer au piége. Parquoy ils font incontinent une autre deſpeche, par laquelle le Roy mandoit au Roy de Navarre & au Prince de Condé qu'ils pourroyent venir vers luy en toute ſeureté, & s'en retourner quand bon leur ſembleroit, les aſſeurant en parole de Roy (1), qu'il ne ſeroit attenté à leurs perſonnes en aucune maniere, qu'il entendroit paiſiblement leurs remonſtrances & juſtifications, ſans qu'ils entraſſent en priſon, ou qu'on leur fiſt procez : ſeulement il vouloit avoir reſponſe de la bouche du Prince ſur les poincts dont on le chargeoit, & qu'il ne pouvoit aucunement croire : brief, qu'ils ſeroyent recueillis ſelon leur eſtat & dignité, voire qu'on leur bailleroit le rang qui leur appartenoit au maniement des affaires, afin d'avoir leur conſeil & avis, pour rendre toutes choſes bien policées. Et quant à la Religion de laquelle ledit Sieur Prince avoit fait déclaration & proteſtation publique, il ne vouloit, ny n'entendoit que pour raiſon de ce, il en fuſt aucunement troublé ny inquiété. Ces povres Princes, comme vrais François, s'appuyans ſur une ſi ſolennelle promeſſe, encor qu'ils ne fuſſent pas du tout ſi aveugles, qu'ils ne viſſent les griffes de ces Lyons de Guiſe, qui les attendoyent pour les dévorer, ny tant deſnuez de moyens, qu'ils ne peuſſent par le moyen des armes, renger ces uſurpateurs & en venir à bout : toutesfois s'appuyans ſur leur innocence, & conduits cependant, comme nous le dirons plus particuliérement en autre endroit, ſe mettent en chemin, & peu à peu donnent congé à
ceux

(1) *Parole de Roy.*] Le Prince de Condé, Louis de Bourbon penſa périr pour s'être fié à la parole de ce Prince. Il étoit bien ſimple de compter ſur la parole d'un Roy Mineur, que la Reine-Mere, femme ſans Foy; & les Guiſars, gens ſans honneur, faiſoient tourner à tout vent.

G

ceux qui les accompagnoyent, pour avec petite trouppe venir donner dedans le filé de leurs ennemis.

Ceux de Guise font le Roy François II. perjure & desloyal contre son propre sang.

Voyons donc comme ils firent tenir à leur neveu la Foy tant solennellement promise. Le mesme jour que les Princes arriverent, ayans esté fort indignement receus, & peu respectez ou point du tout, le Roy s'estant fait suyvre par eux en la chambre de la Royne-Mere, s'adressant au Prince de Condé, luy dit : qu'on luy avoit rapporté de plusieurs endroits qu'il avoit fait & faisoit plusieurs entreprises contre luy & l'estat de son Royaume, à raison dequoy il l'avoit mandé pour en savoir la vérité par sa bouche. Le Prince ayant respondu pertinemment & monstré son innocence & descouvert la malice de ceux de Guise, (qui n'estoyent présens craignans la touche) néantmoins tout-à-l'heure mesmes fut mis entre les mains de Chavigny, Capitaine des Gardes, esclave de ceux de Guise, & par eux envoyé là expressément pour emmener ce Prince prisonnier. Car on ne le voulut pas bailler en garde au Roy de Navarre son frere, qui en respondoit sur sa vie : mais il avoit assez affaire à garder la sienne.

Leurs pratiques envers les Estrangers, pour ruiner la France.

Or comme une meschante conscience, ne cesse de cercher des moyens de mesmes pour s'appuyer, ceux de Guise voyans qu'ils avoyent commencé une besongne, de laquelle ils viendroyent mal-aisément à bout, s'ils n'estoyent favorisez que des François, encor que plusieurs eussent desjà renoncé à leur liberté, ils délibérent de pratiquer & attirer à eux les Princes Estrangers, pour s'en prévaloir au besoin. L'on peut penser si le Roy ne payoit pas les

joueurs de ces tragédies, & comme son authorité estoit manifestement usurpée en cest endroit. La paix avoit esté faite avec le Roy d'Espagne, à ceste condition, entre autres que les deux Roys persécuteroyent les Lutheriens à toute outrance. Ceste entreprinse ayant esté rompuë par la mort d'Henry, fut remise sus au commencement du regne de François, puis entremise à cause du fait d'Amboise. Mais ceux de Guise ayans leurs deux plus fort ennemis en main, résolurent (en se moquant aussi du Roy d'Espagne, & luy faysans accroire qu'ils estoyent grans zélateurs de l'Eglise Catholique) exterminer tellement ceux de la Religion, que par le mesme ils aplanissent davantage le chemin pour parvenir au Throsne. Ils mandent donc à l'Espagnol, qui de son costé estoit au guet, (délibéré de leur donner une trousse, si l'occasion s'en fust offerte à propos) que le Roy de Navarre & le Prince de Condé, sous ombre de quéreler le Gouvernement, vouloyent faire mourir le Roy & ses freres ; & à l'aide de la Royne d'Angleterre, des Princes Protestans & Suisses Evangeliques, introduire leur Religion en France, & regler aussi puis après toute la Chrestienté. Il y avoit prou d'autres pareilles calomnies, enfin desquelles ils adjoustoyent. Que s'il plaisoit au Roy d'Espagne les maintenir & favoriser en leur Gouvernement, ils empescheroyent le mal qu'on luy vouloit faire, & tiendroyent la main à ce que les promesses d'Henry fussent accomplies. Ils receurent responce telle qu'ils demandoyent, par le moyen du Cardinal d'Arras (1), qui pensoit lors avoir trouvé une belle bréche, pour faire entrer son Maistre

en

(1) *Cardinal d'Arras.*] C'est le Cardinal Granvelle dont nous avons déja dit un mot : & ce mot suffit pour le faire connoître.

en France, mais quand ceux de Guise fuſſent devenus Roys, il y auroit encor moins d'entrée qu'il n'a : & peut-eſtre euſt-il eſté en plus grand'peine qu'il n'a eſté, car l'ambition ne veut, ny ne peut porter de compagnon. De meſme pas ils envoyent au Pape, au Duc de Sa-voye, & gaignent les Suiſſes Catholi-ques, par les menées du Colonel Freu-lich, qui eſtoit à leur dévotion, ſe ré-ſolvent de ruiner tous leurs ennemis en France ceſt hyver-là, & ſur le Prin-temps aller aſſaillir Génève, puis les Allemans & Suiſſes de la Religion. Et afin que l'Eſpagnol n'euſt aucun empeſ-chement du coſté du Turc, qui ſe pour-roit jetter ſur ſes Pays, tandis que ſes plus grandes troupes entreroyent ès Pays du Roy de Navarre, on envoya exprès à Conſtantinople vers luy, pour accuſer les Princes du Sang de trahiſon & deſloyauté, & d'avoir conſ-piré avec certaines gens d'une nouvelle Religion, qui ne recognoiſſoit nuls Magiſtrats ny ſupérioritez, pour mettre à mort le Roy & ſes freres : le ſuppliant pendant qu'on ſeroit empeſché à répri-mer leur audace de rien innover, ny entreprendre du coſté d'Italie & d'Eſpa-gne, & ce en conſidération de l'ancien-ne amitié, alliance & confédération qui eſtoit entre luy & les Roys de France. Ils eurent ſi bonne reſponce, que le Duc de Guiſe ſe deſborda juſ-ques à dire par pluſieurs fois, qu'en tout événement il aimeroit mieux que le Royaume tombaſt en la puiſſance du Turc, & demeuraſt ſous ſa domination, que de voir la Doctrine des Lutheriens & Hérétiques, qu'il appelloit, y eſtre receue.

Voilà de merveilleux appreſts pour l'eſtabliſſement de leur grandeur. Car ils eſtoyent armez de toutes piéces de-dans le Royaume, ayans le Roy en leur main, & leurs ennemis comme à leurs pieds. Ils avoyent les Villes, les Gou-verneurs, les Finances, le peuple à commandement. Les ſuſdits Princes Eſtrangers les favoriſoyent : & peut-eſtre euſſent-ils eu quelque loppin du gaſteau, comme ſpécialement l'Eſpa-gnol s'y attendoit bien, ayant ainſi obtenu aiſément une trefve du Turc ſon grand ennemy, pour ſe ruer ſur la France, & par ainſi l'on voit où la cruelle ambition de ces gens réduiſoit toutes choſes, ſi Dieu ne fuſt apparu tout à l'inſtant, leur donnant pluſieurs coups ſur leurs oreilles avant qu'ils pliaſ-ſent le gantelet.

Ils avoyent accordé l'Aſſemblée des Eſtats pour deſcouvrir tant plus aiſé-ment leurs ennemis. Et appelloyent les Lettres Patentes du Roy la ratoire pour attrapper les fols : mais cela n'empeſcha point qu'aux Eſtats particuliers des Pro-vinces, beaucoup de choſes ne fuſſent miſes en avant pour le reſtabliſſement du Royaume ; tant à l'eſgard de la Re-ligion que de la Police, comme à Blois, à Angers, & notamment à Paris : car toute la grandeur dont ceux de Guiſe ſe faiſoyent redouter de tous coſtez, il en fut dit tout haut en plein Hoſtel-de-Ville (les nouvelles entendues de l'em-priſonnement du Prince de Condé,) que l'on ne ſouffriroit pas le Sang de France eſtre foulé par des Eſtrangers. Ces bruits firent haſter le Procez au Prince de Condé, lequel on vouloit faire mourir (1) environ le dixieſme de

Les deſſeins de ceux de Guiſe rom-pus.

---

(1) *Mourir.*] Il eut obligation de la vie à la maladie & à la mort de François II. auſſi bien qu'à Madame Renée de France, Ducheſſe de Ferrare,

qui revint en France & qui par ſes ſages remon-trances empeſcha l'exécution de ce Prince.

de Décembre. Quant au Roy de Navarre, ils tafcherent de le faire mourir,
& mefmes voulurent faire ce tort au
Roy leur neveu que de leur fervir de
bourreau à efpandre fon propre fang.
Et comme il ne reftoit plus qu'exécuter
ce coup, pour puis après en faire infinis d'autres. Dieu frappa François II.
d'un apoftume en l'oreille, dont il fut
eftouffé finalement, & mourut le cinquiefme jour de Décembre 1560. Cefte
mort rompit leurs entreprinfes, & les
effraya de telle forte au commencement, que quand ils cognurent qu'il
n'y avoit plus d'efpérance, ils s'allerent
enfermer dans leurs logis, plains de
crainte & de frayeur incroyable, d'où
ils ne partirent d'un jour ou de deux,
jufques à ce qu'ils euffent affeurance de
la Royne-Mere & du Roy de Navarre,
que rien ne leur feroit fait. Toutesfois
ils ne furent fi mal-avifez qu'ils ne fiffent dès leur fortie porter en leurs logis
foixante ou quatre-vingts mil francs
qu'il y avoit de refte à l'Efpargne : en
forte que les Finances du Roy eftoyent
toutes efpuifées : mais nul ne s'y oppofa, ce qui fut trouvé encores plus eftrange, & fit cognoiftre clairement,
que cela ne fe faifoit fans le confentement de la Royne-Mere, qui vouloit
maintenir fon authorité par la leur. Et à
dire le vray, fi elle ne les euft portez,
ils donnoyent alors du nez en terre :
mais les rufes & pratiques de ce cofté-là
méritent un autre difcours.

J'oubliois un autre trait de mefchanceté de ceux de Guife, à l'endroit de
leur neveu. Voulans fe laver les mains
de toutes chofes paffées, & les rejetter
fur la puiffance & volonté abfoluë, encores que ce fuft un enfant qui n'euft le
fens ny la difcrétion de pouvoir examiner, ny entreprendre telles chofes &
de fi grande importance, ils obtindrent

aifément de luy, qu'il parleroit doucement & amiablement au Roy de Navarre. Ce qu'il fit trois jours avant que
tomber malade, déclairant que ceux de
Guife n'avoyent jamais rien entrepris
contre luy, ny contre les fiens : mais
que de fon propre mouvement & contre leur avis, il avoit fait emprifonner
le Prince de Condé fon frere. Le prioit
d'ainfi le croire, & d'effacer pour l'a-
mour de luy & de la Royne fa Mere,
toute la mauvaife opinion qu'il pourroit
avoir conceuë d'eux. Ce qui leur fervit
grandement puis après : car ayant tiré
cefte confeffion de la bouche du Roy,
lequel ils faifoyent mentir vilainement
en ceft endroit, ils niérent puis après
fort & ferme tout ce qu'on leur pouvoit objecter, chargeans de tout le dos
du trefpaffé, & voulans combattre tous
ceux qui diroyent qu'ils euffent rien
entrepris de leur tefte.

Outre les pratiques fufnommées avec
les Eftrangers : fous le nom du Roy, à
l'iffue des Eftats, les forces de France
devoyent eftre parties en quatre armées
conduites par les Marefchaux de S. André, de Briffac & de Therme, & du
Sieur d'Aumale, pour faire le ravage
qu'on peut penfer. Car outre la fubver-
fion entiere de tous les Eftats, & la
ruine des plus grandes & anciennes
maifons qu'on devoit attaquer, fuft
pour caufe de la Religion, ou pour
avoir tenu le parti des Princes, ou pour
avoir mal parlé du Roy, & autres infinis moyens, la France devoit eftre réduite à la façon de vivre du Turc, afin
qu'il ne fuft en la puiffance d'aucun de
s'eflever puis après contre la tyrannie
de ceux de Guife. Que fi par importunité l'on pardonnoit à quelqu'un, c'eftoit à condition de perpétuelle ignominie. Outre plus, le Cardinal avoit
ufé de telle diligence, qu'il n'y avoit
                                    coin

coin au Royaume, des habitans duquel il n'euft les noms & furnoms, s'ils eftoyent de la Religion, ou gens de faction & entreprife, pour leur pouvoir nuire & ne s'eftre rengez à leur dévotion. Ce qu'il avoit recouvré par le moyen des Apoftats & ferviteurs fecrets qui alloyent ordinairement rodans çà & là, pour fonder les cœurs & volontez des hommes : en forte que tels truans eftoyent les Juges & dreffoyent les Sentences de mort de tout le monde. Or avoyent-ils délibéré d'animer tellement le peuple contre ceux de la Religion fpécialement, qu'il ne leur faudroit point d'autre bourreau : & n'eftoit pas queftion en ce faifant, de dire, je n'en fuis pas, car les Sentences en devoyent eftre prononcées par les Moines & autres Prefcheurs attiltrez pour aller par tout. Cefte licence au peuple s'appeloit lafcher la grande lévriere, pour mot du guet, & n'y avoit endroit en France qui fe fuft peu exempter de cefte calamité. Le Roy d'Efpagne s'eftoit tellement avancé de fon cofté, felon le temps & la promeffe qu'il avoit faite à ceux de Guife, que desjà cinq ou fix mil Efpagnols avoyent prins la route de Bearn, pour furprendre la Royne de Navarre à l'improvifte, la mettre à mort avec fes enfans, & faire pareil maffacre tant de fes fujets que de ceux de la France : & en ce faifant arrefter & rompre les forces qui eftoyent en Guyenne. Mais les nouvelles venues à l'Efpagnol de la mort du Roy, & que la Royne de Navarre les avoit defcouverts, & s'eftoit tellement fortifiée dans fes places fortes, que mal aifément la pouvoit-on avoir fans long fiége : ne fachant quel ply prendroyent les affaires, & craignant d'avoir à dos par ceux mefmes qui avoyent fait venir fes trou-

pes dans le pays, entre lefquels Monluc eftoit des premiers, fous la promeffe du Conté d'Armignac, ils fe retirerent fans rien exploiter, joint que les Lettres qu'ils avoyent du Roy pour le paffage à travers Bayonne (qui eft l'une des principales fortereffes & clefs du Royaume) fuft en grand ou en petit nombre, & le mandement de leur aider de vivres, artillerie & munitions tant qu'ils en voudroyent, n'euffent eu aucune force ne vertu après la mort dudit Seigneur, quelques expreffes & accompagnée de menaces qu'elles fuffent.

Si ceux de Guife s'eftoyent outrageufement portez durant la vie de ce jeune Roy leur neveu, ils ne recouvrerent pas leur honneur en fa mort. De fon vivant ils en firent fi bonne garde, que nul n'en approchoit que par leur mercy. Je laiffe à parler comment ils le maniérent en particulier. Car outre ce qu'ils le firent fouler de plaifirs de la chair avant qu'il euft aage, ils remplirent fa maifon de corruption & infâmetez. Et pour le grand défir qu'ils avoyent que leur niéce euft des enfans, & cependant fachant bien que François eftoit mal difpofé à cela, ayant les parties génératives du tout conftipées & empefchées, ils laifferent approcher d'elle plufieurs courtifans, à qui il ne tint pas qu'elle ne devinft bien fertile. Encores fuis-je honteux de favoir qu'en un tableau qu'un certain Italien Luquoys trouva moyen de faire porter en la chambre du Cardinal de Lorraine, avec Lettres du Pape, au lieu d'une Noftre-Dame de grace, ledit Cardinal, la Royne fa niéce, la Royne-Mere & & la Ducheffe de Guife, eftoyent peints au vif, les corps nuds, ayans les bras au col, & les jambes entrelacées enfemble. Je voudrois avoir oublié les ordures

Comment ils fe porterent à la mort de François II.

G 3

ordures exécrables que j'ay ouy raconter de luy & de ses freres par ceux, qui estoyent à la Cour, du vivant de François II. & qui estoyent tesmoins des choses qui se manifestoyent presque aux yeux de tous. François avoit mesprisé tout le monde pour les honorer, mal contenté tout le Royaume pour les satisfaire & mettre au-dessus, se préparoit à mettre le cousteau en son propre sang (on peut bien dire en son propre corps) pour les sauver : brief s'estoit hay luymesmes pour les aimer, & rabaissé pour les hausser : fut-il onques pestiferé, plus abandonné que ce corps fut d'eux-mesmes ? Il en alla ainsi. La coustume observée de tout temps en France après la mort des Roys est telle, que leurs plus favoris & ceux qui ont conduit & manié leurs affaires, doyvent les accompagner jusqu'au tombeau, & durant quarante jours qu'ils sont gardez & servis solennellement, attendant leurs funerailles. Ayans donc ceux de Guise fait garder estroitement ceste cérémonie après le trespas de Henry, & le Duc de Guise y estant doublement attenu & obligé, pour avoir eu (avec le souverain commandement) l'estat de Grand Maistre de France, qui y astraint notamment ceux qui ont telle dignité : tant y a toutesfois que nuls de tous ceux de la maison de Guise, ne firent cest honneur à leur Roy & Maistre, & mary de leur niéce, lequel vivant, leur estoit tant cher : ains par leur conseil & avis, fut envoyé jour & nuict jetter dans le tombeau de son pere, sans autre pompe ne solemnité funebre. Dont avint un brocard que le Roy ennemy mortel des Huguenots, n'avoit peu em-

pescher d'estre enterré luy-mesme à la Huguenotte. Ce qui amena ceux de Guise leurs partisans à ce poinct, fut l'Assemblée des Estats où ils vouloyent assister, pour crainte que l'on décretast quelque chose contre eux, & aussi que leur absence fist cognoistre à tout le monde la difference entre leur Gouvernement furieux & illégitime, & celuy des Princes du Sang, du Connestable, de Montmorency son aisné & des trois freres de Chastillon : & que par ce moyen la cause & racine de la contagion qui infectoit la République fust retranchée, chose qu'ils craignoyent plus que la peste, voyans bien que s'ils n'y donnoyent ordre, on cognoistroit qu'ils estoyent la vraye cause & source du désordre. Mais sur tout ils avoyent à gouverner une femme, la fermeté de laquelle leur estoit grandement suspecte (1), ayant l'Amiral auprès du Roy son fils, auquel alors elle déféroit beaucoup, autant qu'elle s'en pouvoit servir, pour adoucir les Princes & les Estats. Ils se doutoyent aussi qu'ils n'auroyent les talons plustost tournez de la Cour ou du maniement des affaires, que l'on ne fist une infinité de plaintes, la vérification desquelles ne pourroit estre desniée par la Royne-Mere, ny autres de leurs amis, attendu que le crime de Lése-Majesté trottoit en campagne. Ces occasions meurent ceux de Guise à quitter & renverser toutes bonnes Loix, & Observations accoustumées ès funérailles. Le Cardinal s'en voulut excuser sur le Roy de Navarre & les Chastillons, disant qu'ils l'avoyent ainsi avisé au Conseil, parce qu'il n'y avoit argent pour employer
en

---

(1) *Suspecte.*] Catherine de Médicis tournoit à tout vent, elle n'avoit qu'un principe sur lequel elle senoit ferme, qui étoit de maintenir toujours son autorité, soit par des Régences, soit par son pouvoir sur ses enfans ; soit enfin par toutes les voies les moins permises.

en ceſt œuvre pitoyable, combien que les quatre-vingt mil livres tirées par luy & ſon frere, des deniers venus de Poictou y euſſent eſté plus que ſuffiſantes. Auſſi en furent-ils taxez publiquement deſlors. Car le corps ayant eſté amené à S. Denis par Sanſac & la Broſſe, où il fut enterré ſans aucune ſolennité ny cérémonie Royale, deux jours après l'enterrement, l'on trouva attaché avec deux eſpingles ſur le drap de velours, qui eſtoit ſur le corps dudit Roy François un petit billet de papier, contenant ces mots : *Ou eſt Meſſire Tanneguy du Chaſtel (1) ? Mais il eſtoit François.* Dont chacun au commencement ne faiſoit que rire : mais enfin y ayant penſé de plus près, fut jugé que c'eſtoit autre que l'on n'eſtimoit. Tanneguy avoit eſté premier Chambellan du Roy Charles ſeptieſme, & deſpendit huict vingt mille livres pour faire enterrer ſolennellement ſon Maiſtre, qui ne luy furent rendus que trois ans après. Il fiſt ceſte deſpenſe de ſes deniers, voyant le corps eſtre abandonné d'un chacun, tous les Seigneurs s'eſtans retirez auprès de Loys onzieſme ſon fils, nouvellement entré en regne, & lors eſtant au Pays-Bas où il s'eſtoit retiré, eſtant en la male grace du Roy ſon pere. Ceſt Eſcrit donc fut interpreté pour un regret fait au nom du Roy François, ſe

voyant délaiſſé, & meſme deſtitué d'un tel Chambellan qu'eſtoit Tanneguy : & puis diſant (comme s'il ſe reprenoit) qu'il ne ſe faloit eſbahir de la bonté & devoir de Tanneguy, pour autant qu'il eſtoit François, & non Eſtranger : voulant l'Auteur de ceſt Eſcrit attaquer par ce moyen le Duc de Guiſe, lequel avoit ravy à la maiſon de Longueville, l'eſtat de grand Chambellan.

Nous avons veu la mauvaiſe entrée de ceux de Guiſe ſous le regne de François I. Du temps d'Henry II. leur ambition remplit de ſang l'Allemaigne & l'Italie ; leur avarice mit en vente & comme au plus offrant les loix & toute juſtice, eſpuiſa les bourſes des riches & des povres par infinies exactions, dont s'enſuyvirent les calamitez ſans nombre. Sous François II. l'on ne ſauroit dire laquelle des deux a été la plus grande en eux, la rapine ou la cruauté. Vray eſt que la cruauté ſe monſtra beaucoup plus, comme nous l'avons ja monſtré & le monſtrerons encor. Mais ſous Charles IX. les vices ſuſdits & pluſieurs autres, & toutes les ombres de leurs vertus ſe monſtrerent au jour. En ceſt endroit, ſe préſentent tant de diſcours par trop veritables, que je me trouve perplex, ne ſachant lequel prendre, tant le nombre eſt eſpais de ceux qui ſe preſentent desja. Or je m'aſſeure

Déportemens de ceux de Guiſe ſous le regne de Charles IX.

(1) *Du Chaſtel ?*] Voici ce que dit M. De Thou, Livre xvi. le corps du feu Roy François II. fut porté à S. Denis, accompagné ſeulement de Sanſac, de la Broſſe & de Guillard Evêque de Senlis qui étoit aveugle. Ses funerailles ſe firent ſans pompe & avec une ſimplicité peu convenable à la Dignité Royale. On n'épargna pas en cette occaſion les Princes Lorrains : eux que le feu Roi avoit comblés de biens & d'honneur, & qu'il avoit comme aſſocié au Trône. On publia d'ailleurs, qu'au moment de ſa mort, ils avoient tiré du Tréſor Royal trente mille écus d'or, qu'on avoit portez chez eux ; ce qui les rendit fort odieux. On mit ſur le drap mortuaire du cercueil du feu Roi cette Inſcription, dont l'Auteur n'a pas été connu. *Tannegui du*

Chaſtel ou eſt-il ? [Du Chaſtel d'une illuſtre famille de Bretagne, avoit été premier Chambellan de Charles VII. & après avoir rendu de grands ſervices au Roi & à l'Etat, il fut relegué dans ſes Terres. Ayant appris la mort du Roi ſon Maître, il accourut, & voyant qu'on ſe mettoit peu en peine de lui rendre les derniers devoirs, il lui fit faire à ſes frais de magnifiques funerailles, qui lui couterent trente mille écus d'or. On citoit l'exemple de Du Chaſtel, pour faire mieux ſentir l'ingratitude des Guiſes]. Le Duc de Guiſe même étant Grand Chambellan, devoit prendre ſoin des funerailles de ſon Maître : mais ils s'en tinrent au Proverbe, mieux vaut Goujat debout, qu'Empereur enterré.

m'asseure d'une chose, c'est qu'il n'y a aujourd'huy François (s'il est un peu cognoissant des affaires du monde) qui ne puisse faire une autre legende d'actes particuliers de ceux de Guise, s'il veut prendre le loisir d'en rassembler ce qu'il sait. Partant j'espere estre excusé si j'esbauche seulement ceste besongne qui demande plus de mains & de cerveaux.

Le Roy François estant mort, comme dit est, & le Cardinal luy ayant fait prononcer ces paroles, lors qu'il rendoit l'esprit, Seigneur pardonnez-moy mes fautes, & ne m'impute point celles que mes Ministres ont faites sous mon nom & authorité : ceux de Guise prindrent un nouveau Conseil, qui fut de despouiller la peau de Lyon, qu'ils ne pouvoyent plus retenir, sans manifeste danger d'estre traisnez à l'escorcherie & prendre celle du renard. Ils se resolvent donc de poursuivre leur chasse par le moyen de la Royne mere. Ils lui promettent donc, si elle les veut favoriser, de luy tenir la main à ce qu'elle tienne le premier rang. Et pour lui donner martel en teste, lui alleguent que les Princes ainsi mal-traitez par sa connivence, ne pourroyent de moins que luy en vouloir mal & tascheroyent de l'abaisser, afin d'eslever le Connestable, & ceux de Chastillon, pour puis après faire d'autres changemens. Que les Etats la degraderoyent, si elle n'alloit au-devant par derriere : & que combien qu'eux de Guise fussent reculez, ils avoyent encor tant de serviteurs & d'amis, que pour long-temps ils pourroyent faire teste aux Princes. Cependant elle retiendroit son authorité, & ses fils devenans majeurs, le gouvernement des Princes & de leurs partisans s'esvanouiroit. La Royne aussi fine qu'eux se sceut bien

servir de ceste offre, & balancer tellement entre les deux partis, enclinant tantost d'un costé, tantost de l'autre, que jusqu'à present la place lui est demeurée à la confusion de tous ceux qui l'y ont eslevée. Ayans trouvé une si bonne advocate, qui les reconcilia de plain saut avec le Roy de Navarre, & fit entendre qu'elle vouloit maintenir ceux de Guise contre tous leurs ennemis & mesdisans : ils commencerent à s'asseurer. Restoit de combattre le Prince de Condé, lequel ne se laisseroit manier comme le Roi de Navarre son frere. Puis ceux de Mommorency & de Chastillon. Là dessus se presenta la plus belle resolution pour eux qu'il estoit possible. Ils entendent que le nombre de ceux de la Religion croissoit en tous les endroits de France, savoyent que le Prince de Condé & ceux de Chastillon en estoyent ouvertement : car le Prince en avoit fait declaration manifeste, ayant dit & fait dire par Genly & autres au Roy François qu'il en estoit voirement : & mesmes au plus dur temps de son affliction, il fit desloger de sa chambre un prestre que ceux de Guise y avoyent envoyé pour chanter messe. Quant à l'Amiral, il avoit en plaine assemblée de Fontainebleau presenté leur requeste au Roy, tendant afin d'avoir temples & exercice public. Il avoit aussi declairé à la Royne mere qu'il ne quitteroit jamais la Religion, & s'offrit à en disputer contre le Cardinal. Le Sieur d'Andelot en estoit dès long-temps, & l'on sçait qu'à l'accusation du Duc de Guise & sollicitation du Cardinal, il en cuida être tué par le feu Roy Henry, qui lui demanda un jour si la Messe estoit bonne : & à quoy le Sieur d'Andelot fit response qu'il la tenoit pour chose profane & meschante. Le Cardinal de Chastillon

Chaftillon auffi commençoit à fe diftraire tout ouvertement de la Papauté. Voilà un beau moyen, ce leur femble, de bander le Conneftable contre le Prince & contre fes neveux de Chaftillon, ce qu'ils fçeurent bien faire dextrement comme nous le verrons en fon lieu. Ils concluent donc de laiffer faire ceux de la Religion, difant le Cardinal de Lorraine, qu'il n'y avoit encores prefque que des beliftres qui en fuffent, & faloit laiffer entrer les plus grands & riches, afin de gaigner en les ruinant. Or en faifant la guerre à ceux de la Religion, ils defcochoyent plufieurs coups d'une mefme flefche: car premierement ils acqueroyent la faveur du Pape, du Roy d'Efpagne, & d'autres, defquels ils feroyent fecourus. Secondement ils fçavoyent que les principales villes du Royaume eftoyent fi avant enfoncées dans la Papauté, qu'on ne leur arracheroit pas cefte vielle peau, que premierement on ne fe fuft bien battu, & que le moindre appuy que ces villes trouveroyent, elles feroyent toutes les refiftances poffibles. En troifiéme lieu, ils connoiffent l'humeur de la Royne mere, qui ne permettroit pas aifément que fes enfans fuffent enfeignez en la Religion, veu qu'elle n'en avoit point: & que le femblant qu'elle en pourroit faire pour un temps, feroit afin de gaigner ceux de la Religion & les oppofer aux Catholiques, afin que tandis qu'ils feroyent aux prinfes les uns contre les autres, elle maniaft tout, & qu'on n'euft loifir de confiderer & efplucher fes actions. Il y avoit auffi tant de ferviteurs fecrets qui pour piller & fourager ceux de la Religion deviendroyent très-catholiques: & les Cours de Parlement eftoyent tellement compofées, que fi la juftice n'eftoit reformée depuis la tefte jufqu'à la plante des pieds, jamais ceux de la Religion ne profpereroyent. Qu'ayans le Roy & fes freres en leur main par le moyen de la Royne, il leur feroit aifé de combattre fous ce bouclier tous leurs ennemis, & en avoir raifon avec le temps, voire fe faire plus grands que jamais par leur ruine. Une chofe les fafchoit, à favoir la longueur du temps & l'inconftance de la Royne mere, laquelle le Duc de Guife craignoit plus que toute autre chofe, enfemble la vivacité du Prince de Condé. Pour pourvoir à tout cela, ils procurent (comme nous avons veu cy-deffus) leur reconciliation avec le Roy de Navarre, qui fut faite tellement, que par mefme moyen il quitta à la Royne mere en la prefence du Duc de Guife & du Cardinal, tout tel droit qu'il pouvoit pretendre à la regence du Roy & du Royaume, fans jamais en rien le quereler, requerir & accepter: & figna cette quittance de fa main. Ayans ce point, ils concluent que le Prince en s'attachant à eux auroit de fi fortes parties que bientoft on en auroit le bout, & que ce feroit le moyen pour bander fon frere contre luy, & tirer l'un au party Catholique. Quant à la Royne, ils fe refolurent de la laiffer un peu balancer de cofté & d'autre, en attendant curieufement qu'elle feroit l'iffue de fes déportemens. Or favoyent puis qu'elle avoit cest avantage fur le Roy de Navarre, qu'elle pratiqueroit fi bien aux Eftats, que fon authorité feroit approuvée. Ils avoyent auffi telle part en elle, que fon inconftance leur feroit proufitable: & que l'an ne fe pafferoit point qu'ils ne viffent quelque remuëment pour fe remettre au-deffus.

Une

H

Une partie de ce dont ils voyoyent desja quelques apparences avint : mais ils furent bien trompez en d'autres endroits, car après avoir bien tourmenté ceux de la Religion par quatre guerres civiles & un horible massacre sous Charles IX. Cinq d'eux demeurerent à la poursuite, le plus inepte demeurant derriere : & quant au plus apparant sorti d'eux, à savoir le Duc de Guise à present, il est en tel estat que (comme quelqu'un disoit de ceux qui vont sur mer) on ne sçauroit dire s'il est vif ou mort, ayant reçeu un tel soufflet de Dieu sur le visage, qu'il en demeurera fletry à jamais. Or faut-il considerer les maux qu'ils firent au Roy & à tout le Royaume, & à eux-mesmes aussi en toutes ces guerres civiles. Et tout ainsi que les tonnerres n'esclatent point que premierement par signes precurseurs ils n'ayent donné quelques tesmoignages de leur proche arrivée, aussi ceux de Guise avant que de foudroyer sur la France firent leurs bruits sourdement, & pratiquerent çà & là pour se rendre plus furieux après s'estre fortifiez. Estans delivrez de ce qu'ils craignoyent le plus, à savoir de la recherche de l'emprisonnement du Prince, par l'asseurance que la Royne leur en mit au cœur, & leur reconciliation avec le Navarrois, auquel ils avoyent fait declarer par le Roy defunct, que c'estoit luy seul qui de son authorité avoit fait emprisonner le Prince : ils deliberent se trouver aux Estats pour voir ce qu'on y diroit, & servir à leur cause en tout ce qui leur seroit possible. Et avant que passer oultre : se liguent avec les Cardinaux de Tournon & d'Armignac, le Duc

de Nemours, les Mareschaux de Saint André & de Brissac, les Sieurs de Randam, Martigues, Sipierre, Monluc, la Motte Gondrin, la Suze, Sanssac, Savigny & autres Seigneurs & Capitaines en grand nombre, qui s'attendoyent bien de se faire grands & riches & opulens (1) par les guerres civiles, que les Princes (disoyent ceux de Guise) vouloyent introduire avec le changement de Principauté. Ils firent venir le bruit de cela aux oreilles du Roy de Navarre, qui au lieu d'y pourvoir comme il devoit, commença à perdre cœur, & quitter son authorité, comme il le monstra plus amplement tost après. De-là s'ensuivit le reglement arresté au Conseil du Roy le 21 de Decembre 1560, touchant le Gouvernement de l'Estat du Royaume, où la Royne mere fut mise au haut bout.

Cependant, il y eut un incident qui fut fort agreable au Cardinal, mais il en eut courte joye. Les deputez d'environ quarante Bailliages & Senechaussées du Royaume, maintenoyent leur pouvoir estre expiré, d'autant qu'ils avoyent esté mandez par le Roy François : & puis qu'il estoit mort il faloit avoir nouveaux memoires. Le Cardinal & les siens pensoyent bien que si cela ne rompoit du tout les Estats, il les reculeroit un peu, & cependant ils pratiqueroyent : mais par la sagesse du Chancelier & autres, fut conclud qu'on passeroit oultre : attendu que la dignité Royale ne mouroit point, mais estoit representée par son successeur. Aussi quand il fut avenu que telles declarations eussent reculé les Estats, c'eust esté au grand desavantage de ceux
de

de Guife, car ès nouveaux memoires ils euffent auffi des nouvelles recharges : & la Royne mere qui craignoit bien que les François, ne defcouvriffent l'efcrit qu'elle avoit tiré par menaces du Roy de Navarre, ne l'en fiffent rechercher & chaftier comme il appartenoit, pour avoir fait une fi defloyale traficque de la liberté du peuple, hafta la befongne, en quoy ceux de Guife gaignerent le plus.

Ils penfent là-deffus (ce qui eftoit vray auffi) qu'en cefte affemblée l'on traiteroit des affaires de la Religion & de l'Eftat. Or fçavoyent-ils très-bien que la Religion feroit comme le principal pour ce coup, dont ils furent joyeux au poffible, & déliberérent d'employer toutes leurs forces à pouffer la rouë de ce cofté-là, afin que l'autre demeuraft indécis, ou que s'ils eftoyent amenez à cefte néceffité que de rendre compte de leur adminiftration, ils préfentaffent leurs comptes en champ de bataille, pour eftre examinez & clos à la pointe de l'efpée, en quoy ils s'affeuroyent de faire un fi beau brouillis, que leurs torts s'efgareroyent avec les droits de partie adverfe. Il faut donc parler de la Religion à bon efcient, & en faouler les Huguenots, qui tous ardans d'affections, n'avoyent autres deffeins qu'à penfer à la liberté de leurs confciences : eftimans que la fervitude du corps feroit fupportable aucunement, pourveu que le principal leur demeuraft en fon entier. Mais ils fe mefcontoyent fort : car l'un ne pouvoit fubfifter fans l'autre, & piété fans juftice a un foible fondement au monde. Comme auffi quelques-uns fçeurent bien deflors, que fi le reftabliffement de l'Eftat du Royaume en fon ancienne fplendeur, & la réformation

de la Religion ne marchoyent d'un mefme pied, on en verroit avenir encores de plus grands maux que jamais. l'expérience l'a monftré à ceux qui n'en vouloyent rien croire lors : & Dieu vueille que les François en apprennent finalement quelque chofe.

Après cefte réfolution, le Cardinal de Lorraine faifoit pratiquer d'avoir la charge de faire la harangue au Roy pour les trois Eftats : ce qui lui fut accordé par le Clergé : & fut envoyé un nommé Griveau, Chanoine de la S. Chapelle, par devers le tiers Eftat, pour lui faire confentir : auquel incontinent à haute voix fut refpondu, qu'ils ne vouloient prendre pour porter la parole pour eux, celui duquel ils avoyent intention de fe plaindre : qui fut caufe qu'il fe déporta d'en parler à la Nobleffe. Et cependant empoigna cefte refponfe pour en faire fon profit : car il donne à entendre aux Catholiques, fpécialement au Clergé, que les Huguenots leur marcheroyent fur le ventre, fi de bonne heure on ne s'oppofoit à leurs deffeins. Que par conféquent, il faloit infifter fur ce point en la harangue pour le Clergé, & que puifque le tiers Eftat s'eftoit ainfi defcouvert, & avoit proterté à luy, qui eftoit un des principaux membres du Siége Apoftolique, les autres moindres ne feroyent efpargnez. Ainfi pour haranguer pour le Clergé, fut choifi un nommé Quintin, déferteur de la Religion, & pour lors Docteur en Droit Canon à Paris. Pour la Nobleffe, le Sieur de Rochefort, & Lange Avocat à Bordeaux pour le tiers Eftat.

On commença à tenir les Eftats le 13. Décembre, en la Salle deftinée à cefte fin : Les Cardinaux de Lorraine & de Guife, & le Duc de Guife s'y trouverent

Eftats d'Orleans,

H 2

trouverent pour ouyr & faire leur proufit des Harangues. Le premier jour ſe
paſſe à ouir la Harangue du Chancelier, laquelle les toucha peu ou point
du tout, car il ne parla qu'en général.
Le deputé du tiers Eſtat s'arreſta à taxer l'ignorance, l'avarice & les diſſolu-
tions des Eccléſiaſtiques ſans rien parti-
cularizer. Rochefort pour la Nobleſſe
approuva le Gouvernement baillé à la
Royne-Mere, taxa quelques vices au
Clergé & en la Juſtice, & après avoir
prié le Roy de maintenir la Nobleſſe en
ſes Priviléges, préſenta une Requeſte
par laquelle eſtoyent requis des Temples pour les Gentils-hommes de la Religion. Quintin pour le Clergé fit une
longue Harangue ou invective contre
ceux de la Religion, s'attachant aux
plus grands, & nommément en termes couverts à l'Amiral, qui avoit préſenté la Requeſte de ceux de Normandie
qui demandoyent des Temples.

Ces Harangues mirent le Cardinal
de Lorraine & ſes freres en bonne eſpérance : car ils s'aſſeuroyent que ſi
l'affaire de la Religion s'avançoit, comme il y en avoit manifeſte apparence,
ce ſeroit le vray moyen de ſéparer le
Conneſtable d'avec ceux de Chaſtillon,
& faire jouſter les Catholiques avec
ceux de la Religion, pendant quoy ils
ſe rendroyent les plus forts.

Comptes de-
mandez à
ceux de
Guiſe.

Sur ceſte penſée ſurvint un autre
fait qui leur ſervit, encor que la pourſuite leur en fuſt déſavantageuſe. Les
deputez pour viſiter le Cayer des Eſtats, ayans fait leur rapport au Conſeil
privé : le Roy de Navarre & le Chancelier furent aux Cordeliers pour parler aux Eſtats là aſſemblez, où fut commencé à parler de la reſtitution des
dons immenſes, de l'acquit des debtes
du Roy, & autres choſes ſemblables :
ce qui ne ſe pouvoit faire que premie-

rement ceux qui avoyent manié les Finances & affaires d'Eſtat, ſous les Roys
Henry & François ſecond, ne fuſſent
amenez à grande extrêmité. La Royne-
Mere s'esjouiſſoit fort de telle ouverture, s'aſſeurant qu'à cauſe de ſa Régence, on ne la recercheroit aucunement, & ſe délibéroit de pouſſer ceſte
roue pour humilier ceux qu'elle voyoit,
trop haut près d'elle. Le Roy de Navarre n'avoit rien eu ni manié. Ceux
de Guiſe, le Conneſtable & le Mareſchal de S. André, eſtoyent les plus
avant en ceſte beſongne : il n'y avoit
qu'un ſeul remede pour rompre ce
coup, c'eſtoit de troubler le Royaume.
Pour y parvenir, & dreſſer plus com-
modément tout ce qui y eſtoit requis,
au lieu de pourſuivre ce point, Dieu
juſtement courroucé, & voulant commencer à battre les François, permit
qu'on remiſt les Eſtats au mois de May
enſuyvant. C'eſtoit ce que ceux de Guiſe cerchoyent. Le Conneſtable n'en fut
pas marry, encor qu'il euſt proteſté
quelquefois d'eſtre preſt à rendre compte.

Le Roy de Navarre ayant encor alors
quelque affection à la Religion, le
Prince de Condé ſon frere & ceux de
Chaſtillon déſiroyent avancer la Religion, ce qui ſe pourroit plus commo-
dément faire, en laiſſant ceſt autre
point pour un temps, lequel ils pen-
ſoyent aiſément reprendre puis après.

Mais ils furent trompez par l'ambition de la Royne-Mere, la fétardiſe du
Roy de Navarre, les pratiques de ceux
de Guiſe hors du Royaume, & dedans
avec le Conneſtable qu'ils ſéparérent de
ſes neveus ſous prétexte de la Religion.

Cependant le jeune Roy avec ſes freres, eſtoit ès mains de la Mere, qui ne
faiſoit que regarder qui ſeroit le plus
fort,

Rufes de ceux de Gui-
e, pour a-
mener le
Royaume
aux troubles.

fort, pour se jetter entre ses bras avec ses enfans. Et d'autant qu'elle avoit beaucoup souffert soubs ceux de Guise, pendant le Regne de François second, elle eust bien desiré que ceux de la Religion fussent demeurez les Maistres, s'asseurant de les manier plus aisément : car elle avoit desjà en main les Chastillons, le Roy de Navarre se laissoit mener : quant au Prince de Condé, pourveu qu'elle ne s'opposast à la réparation du tort qu'il prétendoit luy avoir esté fait en son emprisonnement, elle le réputoit comme sien, & mesmes estimoit avoir en luy un nouveau baston pour atterrer ceux de Guise. Le Cardinal de Lorraine sentant que ce Prince estoit sur le point de venir en Cour, deslogea sous couleur d'aller faire résidence en son Archevesché de Reims, laissant néantmoins son frere le Duc de Guise, pour espion, & avec autres, pour pratiquer selon que les affaires se porteroyent. Le Prince de Condé ayant esté bien receu du Roy, & justifié en plain Conseil, luy fut permis d'en poursuivre plus ample déclaration. Pour cest effect, il s'en va à Paris. Tost après, survint un autre différent, qui mit le Duc de Guise & ses partisans en grand peine, & sans la ruse de la Royne-Mere qui leur servit bien à ce coup, & s'en vouloit aider à l'avenir, ils estoyent desfarçonnez à ce coup. Le Roy de Navarre sollicité par quelques-uns qui voyoyent assez clair, se plaignit à la Royne de la trop grande authorité qu'usurpoit le Duc de Guise, qui tousjours luy avoit esté adversaire, & que ledit Duc de Guise demeurant auprès du Roy, luy n'y pourroit demeurer, & qu'il faloit que l'un ou l'autre deslogeast de la Cour. La Royne ayant fait quelques excuses pour rom-

pre ce coup, le different vint jusques-là que le Roy de Navarre se botta le lendemain, estant tout prest à partir, suivi des Princes du Sang, du Connestable, & de ses neveus de Chastillon & de plusieurs autres Seigneurs. Or la Royne voyoit bien que si elle demouroit avec ceux de Guise seulement, c'estoit fait d'elle & d'eux aussi. Pour se conserver, feint de procurer leur bien, afin qu'ils ne luy nuisissent, s'ils demeuroyent Maistres encore une fois. Elle envoye quérir le Connestable, & luy fait commander par le Roy de ne bouger. Ce qu'estant obtenu, tout fut rompu, & le Roy de Navarre envoya quérir ses mulets qui estoyent desjà à Melun.

Ce different divulgué fit courir un bruit que la Royne supportoit ceux de Guise, contre les Princes du Sang : tellement que les Estats particuliers de Paris s'avancerent, & vindrent à toucher aux principaux points de l'Estat : l'article de la reddition des comptes, n'estoit oublié. Ceux de Guise estoyent expressément nommez, & fut arresté de procurer par toutes voyes, que défences leur seroyent faites d'entrer au Conseil privé, que premierement ils n'eussent rendu compte. D'un costé, la Royne-Mere s'esjouissoit fort, voyant ceux de Guise, ses plus grands ennemis en danger par tel moyen. De l'autre, elle estoit en quelque peine à cause de sa Régence. Pour y pourvoir, elle fait un nouvel accord avec le Roy de Navarre, par le moyen du Connestable, en telle sorte, que ledit Roy se contenta : & sollicita le Duc de Guise de faire l'humble : ce qu'il fit, plus qu'il n'avoit accoustumé auparavant. Elle envoye quérir le Prince de Condé, pour venir signer cest accord, & se sert du

Mareschal

H 3

Marefchal de Montmorency , pour faire amender & corriger ce qui avoit efté arrefté aux Eftats particuliers de Paris , touchant le Gouvernement du Royaume.

Le Cardinal manioit toutes ces affaires avec la Royne-Mere, à laquelle il efcrivoit fouvent, & combien qu'ils fe desfiaffent l'un de l'autre : toutesfois ils avoyent tant mefnagé enfemble, qu'il leur eftoit néceffaire pour leur confervation de prendre ce chemin. Ils fe hayffoyent donc extrêmement , & cependant faifoyent de merveilleux efforts à fe maintenir l'un par l'autre. Et de fait , on peut dire que toutes les rufes de ceux de Guife , ne leur ont jamais tant fervi que le feul efprit de la Royne-Mere , qui les haïffoit extrêmement néantmoins : comme au contraire jamais gens n'ont fait tant de mal & de bien à la Royne-Mere, qu'ont fait ceux de Guife. Mais cela fe verra en autre endroit plus commode. Icy l'on void le povre Roy & le Royaume flotans , & attendans le naufrage. Pour à quoy parvenir , ceux de Guife ne fe fentans affez forts , fous prétexte de Religion, fe joignent au Conneftable, l'en aigriffent contre l'Amiral fon neveu, qui faifoit ouverte profeffion de la Religion, s'aidans de tous artifices propres. Le Marefchal de S. André leur fervit bien auffi en ceft endroit : car il fouffla en l'oreille du Conneftable, que ce qui avoit efté propofé par les Eftats, de répéter les dons immenfes , avoit efté procuré par l'Amiral , pour tenir fon oncle en bride , & l'amener à la néceffité de confentir au changement de la Religion. Le Comte de Villars (1) irrité contre

l'Amiral qui avoit aigrement taxé fes mauvais déportemens en Languedoc , pouffa auffi à la rouë , tellement que nonobftant les remonftrances du Marefchal de Montmorency, le Conneftable s'adjoignit à ceux de Guife, qui faifoyent leurs ligues, & defobeyoient au Roy & au Royaume,fes ferviteurs pour mettre tout en défordre.

Auffi les Catholiques fe fentans fortifiez par telles ligues, commencerent à fe mutiner. Et là-deffus , par l'artifice de ceux de Guife, on fait courir le bruit que l'Amiral s'eftoit fait fort de chaffer la Meffe , & planter la Religion en France fans aucun bruit. Les Catholiques de Beauvais , Evefché du Cardinal de Chaftillon, commencerent & furent fuivis de ceux d'Amiens , Ponthoife & autres lieux. A Paris, y avoit des Moynes , & autres telles trompettes de fédition, qui avancerent bien les deffeins de ceux de Guife. De fait , fur ces premiers remuemens, furent envoyées Lettres Patentes à tous les Juges Royaux du Royaume , pour faire défenfes de ne s'entr'injurier aucunement par ces mots des Papiftes & Huguenots , & pourvoir à la feureté & liberté des uns & des autres.

La Cour de Parlement de Paris, où il y a beaucoup de ferviteurs de la maifon de Guife , envoya de grandes remonftrances au Confeil privé fur ceft Edit : mais ce n'eftoit qu'une nouvelle menée, pour broüiller tousjours les cartes, comme on dit , & adjoufter un défordre à un autre , fous le plus beau femblant du monde , à fçavoir la Religion.

Cependant , le Cardinal de Lorraine attendoit à Reims le jeune Roy , qui

Efmotion des Catholiques.

---

(1) *Le Comte de Villars.*] Il fe nommoit Honnorat de Savoye de Villars : Maréchal de France en 1571 Amiral en 1572, mort en 1580.

qui y fut mené à fon Sacre (1), où le Duc de Guife fut encor fi audacieux, que de fe jetter entre le Roy de Navarre & le Duc de Montpenfier, pour marcher après le Roy, s'efgalant par telle rufe aux Princes du Sang. Le Cardinal fe fentant dèflors affez fort, ayant gaigné ce point de mettre la Religion en avant, pour manteau de fon ambition : fit lors de grandes plaintes contre ceux de la Religion, remonftrant que pendant le colloque arrefté pour reigler tels differens, le Roy ne devoit permettre qu'on innovaft chofe quelconque. Et que pour y pourvoir feurement, eftoit requis de faire une Loy inviolable, & à cefte fin affembler au Parlement de Paris, les Princes, Seigneurs & autres du Confeil privé du Roy, pour y dreffer un Arreft, qui feroit gardé folennellement puis après. Mais cela eftoit une nouvelle rufe pour acheminer les deffeins de la maifon de Guife. Le Cardinal fçavoit bien qu'en l'Affemblée affignée aux Prélats, pour avifer aux affaires de la Religion, où les Miniftres auffi feroyent appelez, ne fe vuideroit rien : & que les chofes eftans ainfi en fufpens, le Roy feroit preffé de permettre l'exercice public de la Religion : ce que avenant le Prince de Condé & ceux de Chaftillon, s'avanceroyent pour luy faire tefte puis après. Pour obvier à cela, il penfoit qu'en prevenant ce colloque par une autre Affemblée à Paris, où il avoit gens à commandement, il pourroit gaigner quelque chofe, ou pour le moins bander tellement les uns contre les autres,

qu'il n'y perdroit rien. Voilà pourquoi cefte Affemblée fut affignée, la Royne-Mere s'y accordant prefque, pour mefme confidération, & les partifans contraires, eftimans que cela feroit pour le bien du Royaume.

Les Lecteurs peuvent icy penfer, quelles allées & venues faifoyent ceux de Guife, tant dedans que dehors le Royaume, & comme ils remuoyent Ciel & Terre pour fe maintenir. L'Efpagnol & plufieurs Princes d'Italie, eftoyent avertis de jour à autre de l'eftat des affaires, & la Royne-Mere fervoit alors de Sécretaire à la maifon de Guife, pour faire de belles defpêches fous le nom du Roy, à l'encontre des Princes du Sang, lefquels cependant on faifoit bien femblant de favorifer : car en ce temps, à fçavoir le 13. jour de Juin 1561. l'Arreft de l'innocence du Prince de Condé, fut prononcé (2) au Parlement de Paris, les Chambres affemblées, en robbes rouges, en la Grand'Chambre du Plaidoyé, en préfence du Duc de Guife, des Cardinaux de Lorraine & de Guife entre autres. Et fur la fin du mois d'Aouft enfuyvant, fut faite la réconciliation entre le Prince & le Duc de Guife.

En ces entrefaites, fut adreffé l'Edit Edit de Juillet. de Juillet en cefte Affemblée de Princes & Seigneurs au Parlement de Paris : où ceux de la Religion obtindrent plus de relafche & liberté, qu'ils n'avoyent onques euë auparavant. Et fut arrefté auffi derechef, que les Prélats feroyent appelez, & fauf-conduit donné aux Miniftres de la Religion, afin de cercher quelque

---

(1) *A fon Sacre.*] Charles IX. fut facré à Reims l'an 1561. par le Cardinal de Lorraine. Et la cérémonie du Sacre, fe trouve dans le cérémonial de Godefroy, Tom. 1. pag. 312.

(2) *Prononcé.*] Le Prince de Condé ayant été déclaré libre dès la mort de François II. reprit fa liberté peu de jours après ; mais ce ne fut qu'en 1561. Le 13. Juin que le Parlement de Paris rendit fon Arrêt, qui déclaroit ce Prince innocent de tous les crimes qu'on lui imputoit. Voy. M. de Thou, Liv. 28. de fon Hiftoire.

quelque moyen d'accord. Lors le Cardinal commença à bien efpérer de fes affaires. Car il s'affeuroit avoir un moyen tout preft de bander les Eglifes de la Confeffion d'Aufbourg, contre les reformées de France, à caufe de la Cêne : ce qu'avenant, outre ce qu'il expoferoit les Miniftres en rifée, il empefcheroit le Prince de Condé & ceux de Chaftillon, qui leur favorifoyent ouvertement, de fe préparer à réfifter aux deffeins & appareils que le Duc de Guife & fes partifans commençoient à dreffer, pour rendre leurs comptes à la pointe de la lance : d'autant qu'ils ne pourroyent eftre fecourus des Alemans, aufquels on feroit aifément accroire, que tout le remuement du Royaume, ne procédoit que de la Religion.

Pratiques pour ruiner le Roy de Navarre. Ceux de Guife euffent bien voulu trouver quelque moyen d'endormir le Prince de Condé, pour le diftraire d'avec ceux de Chaftillon. Mais leur confcience les redarguoit, tant pour luy avoir fait mille maux, qu'ils le laifferent là pour un temps, fe contentans de lui mettre en tefte le Connestable & autres. Mais avant que venir aux mains, un autre coup leur fembla neceffaire. Ils voyoyent le Roy de Navarre affez bien d'accord avec le Prince de Condé fon frere, & penfoyent (ce qui eftoit vray) que fi ces deux Princes demeuroyent unis, la Nobleffe Françoife & le peuple, nonobftant la Religion, fe rangeroit de leur party, pour chaffer ceux de Guife, ou les amener à conte, & remettre le

Royaume par conféquent en fon ancienne fplendeur. Ils font entendre auffi à la Royne mere le danger qu'il y avoit pour elle, fi ces deux Princes demeurent unis. Elle les prie d'y pourvoir de leur cofté, & promet de s'y employer du fien, comme elle fit par des moyens fort deshonneftes déclairez au difcours de fon Gouvernement (1). Quant à ceux de Guife, dès le vivant de François fecond, ils avoyent attiré à leur fervice le Sieur d'Efcars (2) Chambellan du Roy de Navarre, & avoyent defcouvert par ceft efpion tous les fecrets de fon Maiftre, lequel ayant defcouvert la defloyauté de ce d'Efcars par lettres efcrites de fa main, l'avoit chaffé d'arriére foy. Il s'eftoit rengé à demy avec ceux de Guife, qui luy font dire, qu'il tafche par tous moyens de fe remettre en grace avec fon ancien Maiftre, pour leur y faire fervice comme auparavant, affavoir, l'entretenir en fes plaifirs, faifant les meffages vers les Dames de la Cour, & le deftourner par conféquent de la Religion, qui requeroit un renoncement à toutes lafcivitez & puantifes. Lors tant de gens furent mis en befongne, que d'Efcars fut rappelé par le Roy de Navarre, dont plufieurs commencerent à prévoir de grans maux. Au contraire l'on affeure que au rapport qui fut fait au Cardinal de Lorraine touchant ce rappel, il commença à rire, & frappant (à fa couftume) d'une main dans l'autre, dit à quelquesuns, que de long-temps, il n'avoit ouy nouvelles

---

(1) *Gouvernement.*] C'eft ce qu'on appelle le *Difcours merveilleux de la vie & actions de la Reine Catherine de Médicis*, imprimé d'abord à Paris en 1575. Il y en a même une Edition Latine, fous le Titre de *Catherina Medicea vita, acta & Confilia*, in-8°. *Parifiis* 1575. Livre où avec bien des véritez, il y a beaucoup de traits de fatyre ; mais qu'importe, elle le

méritoit bien la bonne Dame.

(2) *Defcars.*] Les Princes avoient beau faire, on avoit foin dès-lors d'avoir auprès de leurs perfonnes, des Domeftiques vendus & livrés qui les trahiffoient pour de l'argent, car cela ne fe fait pas autrement.

nouvelles plus agréables.

Il a esté dit icy dessus, que les Estats commencez à Orleans, avoyent esté remis au mois de May. Depuis pour divers empeschemens, & par les menées de ceux qui ne vouloyent rendre compte qu'à cheval & à main armée, ils furent reculez jusques à la fin du mois d'Aoust à Pontoise, où ils avoyent esté assignez. Entre autres choses, ce qui toucha le plus ceux de Guise, spécialement le Duc de Guise qui y assistoit, fut ce que proposa le Sieur Bretagne en sa harangue pour le tiers Estat, touchant le mauvais mesnage desdits de Guise. Nous avons icy inseré ses propres mots, d'autant qu'ils sont notables. Vos sujets (dit-il parlant au Roy) ont été travaillez d'infinis subsides, tant ordinaires qu'extraordinaires, creues sur iceux, augmentations de gabelles, solde de cinquante mil hommes de pied, le taillon, les vingt livres sur chacun clocher du Royaume, huict escus levez sur les Officiers Royaux, six sur les Avocats de Parlement, quatre sur les bourgeois, vefves & artisans, deux sur les autres Avocats, Praticiens, Notaires & Sergens, emprunts, non emprunts, franchfiefs, nouveaux acquests, deniers levez après la journée S. Laurent, aliénation du domaine, aides, gabelles, érection des bureaux de la Foraine, finances reçeues d'offices, tant anciennement que nouvellement érigées, la suppression d'aucuns d'iceux, deniers de confirmation, autres deniers prins sur les maisons & hostels de villes, deniers levez des consignations, vaisselles d'or & d'argent billonnées, munitions de guerre, vivres pour les camps & armées mises sus depuis trente ans, chevaux & harnois d'Artillerie,

assiette d'estappe, fourniture, vesture & nourriture de soldats, solde & payement de soldats en plusieurs villes particuliéres, salpêtre & poudre fournis par le peuple, gaiges d'Officiers, Gendarmerie, gens de pied non payez, suppression de la traite Foraine, deniers de convoy en Bretagne, & plusieurs autres sommes infinies, sous divers noms & tiltres, tendans à mesmes fins d'avoir deniers de vos sujets. Au moyen desdites charges insupportables, se trouve vos povres sujets tant languides, attenuez & affoiblis, qu'à présent, Sire, ne leur reste à vous offrir, & présenter autre chose qu'une bonne & loyale volonté. Se sont examinez à diverses fois, & ont sondé tous leurs pouvoirs aux affaires de votre Majesté: mais à leur grand regret se trouvent desnuez du moyen de vous aider & sécourir: vous suppliants très-humblement, que votre bon plaisir soit différer & remettre le sécours qu'en attendez jusqu'à autre temps qu'ils auront repris leurs premiers pouvoirs, par tous devoirs qu'ils feront tant en labeur, industrie, espargne, sobrieté, que bon traitement qu'ils recevront de votre Majesté. Ne se peuvent persuader, veu les grans subsides sur eux levez durant les regnes des Roys Henry & François vos pere & frere (de bonne mémoire) que soyez demeuré redevable de si grande somme. Et réduisans en mémoire ce que les histoires anciènnes tant saínctes que profanes nous ont peu laisser de l'antiquité pour tesmoignage de leurs hauts faits, trouvent qu'il n'y eut onc Monarque, Roy ou Prince souverain, qui soit demeuré debteur de si excessive somme que le feu Roy Henry, vostre très-honoré pere, quelques longues &
continuelles

I

continuelles guerres que lesdits Monarques ayent soustenues, ou bien entreprises pour l'augmentation des bornes & limites de leurs Royaumes & Empires. Et à vray dire, la debte est si grande & excessive, qui voudroit espuiser tous les thrésors de vostre Royaume, & rechercher vos sujets particuliérement, à grande peine se trouveroit or & argent en leur puissance concurrent à ladite somme. Et quoy 'que cela semble dur & difficile à croire, est encores plus ennuyeux à vos sujets de l'entendre, qui n'ont pouvoir esgal à leur volonté. Cela les induit à croire que si grande somme de deniers levée sur vostre peuple, n'est entrée entiérement en vos coffres, ny convertie au proufit de vos prédécesseurs, ains par donations immenses & autres moyens sont demeurez pour partie entre les mains d'aucuns particuliers, les maisons desquels on voit reluire au détriment de vos subjets. Pour réparer telle administration, & faire qu'à l'avenir l'on ne tombe en tel abisme de debtes, ils vous supplient très-humblement ordonner aux Financiers & super Intendans de vos finances, qui les ont maniées & dispensées durant les regnes susdicts, de rendre & tenir compte de leurdite administration devant tels Déléguez qu'il vous plaira choisir, les Députez de vos Estats y assistans, que chacune Province & Gouvernement nommera. Par ce moyen seront réfroidis & révoquez ceux qui pourroyent à l'avenir commettre mesme faute.

En l'un des premiers articles contenu au Cayer présenté par le tiers Estat, ces mots estoyent contenus : qu'on fit rendre compte aux Comptables, & à ceux qui avoyent manié les finances, ne pouvant penser ledit tiers

Estat, qu'il n'y eust de grans abus qui se pourroyent vérifier. Et cependant, que tant ausdits Comptables qu'autres qui avoyent eu le maniement d'icelles finances, mesmes estant du Conseil privé, fust interdit l'accès audit Conseil, & l'exercice de leurs offices, jusques à ce que lesdits comptes fussent rendus, ailleurs qu'en la Chambre des Comptes, & en la présence des Déléguez des Estats, & le reste & débet qui s'en trouveroit fust payé. Que principalement l'on eust esgard à la revision de comptes de ceux qui avoyent receu les emprunts particuliers des sommes de huict, six, quatre, & deux escus, vingt livres pour clocher, munitions de vivres, fournitures d'estappes & autres pour la guerre, deniers levez sur les villes closes, après la journée S. Laurent, & de tous autres deniers extraordinaires levez sur le peuple. Que les deniers des pensions excessives & donations immenses fussent répétées sans excepter personne (fors la Royne mere, qui avoit sollicité les Députez du tiers Estat à faire ceste poursuite, pour les causes déclarées au discours de son Gouvernement) d'autant qu'il apparoissoit évidemment, que ces deniers n'avoyent esté employé à l'usage auquel ils estoyent destinez pour la subvention des affaires du Roy.

On peut penser, si ces instances grattoyent ceux de Guise. Le Cardinal un peu plus retenu que son frere le Duc, faisoit semblant de rien, comme se préparant à faire dresser ses comptes. Mais on lisoit au visage de l'autre mille ménaces contre l'Estat du Royaume, dont les effects se monstrerent cinq ou six mois après. Pour pourvoir donc à leurs affaires ils résolvent, quant à la reddition des comptes, d'employer tous les moyens qu'ils avoyent, pluftoft que fouffrir d'eftre amenez à cefte neceffité, & que fi les affaires de la Religion ne leur y faifoyent ouverture, ils la feroyent eux-mefmes, en fe ruant avec leurs partifans fur ceux de la Religion, lefquels feroyent favorifez du Prince de Condé, de l'Amiral, & d'autres Seigneurs : par ce moyen les comptes fe brouilleroyent fi bien, qu'avec le fecours des Eftrangers, ils pourroyent fe hauffer plus que jamais, ayant ce beau prétexte de Religion, & s'affeurans par conféquent de la faveur de tous les Catholiques. Outre plus le Cardinal voyant tant de gens de jour à autre fe déclairer de la Religion, fe fourioit à fa couftume, difant, que c'eftoit curée aux gens de guerre qui n'avoyent plus de befongne, & un beau moyen pour contenter beaucoup de Grans & petits, qui ne demandoyent qu'à mordre. Il s'eftoit accordé fort libéralement à la convocation des Miniftres, pour traiter de la Religion à Poiffy avec les Prélats du Royaume, qui s'y devoyent trouver pour avifer auffi de leur part à aider au Roy pour acquitter fes debtes. C'eftoit en efpérance de mettre les Miniftres en débat avec les Alemans de la Confeffion d'Ausbourg, ou (peut-eftre pour ce qu'il les eftimoit ignorans, & en avoit fouventesfois femé & fait femer les bruits de tous coftez) pour les eftonner par une fi notable affemblée, ou les rendre muets par fon babil, & par les ergots de quelques Sorboniftes

qui y eftoyent appelez pour difputer. Mais ayant penfé depuis de plus près à ce fait, il s'avifa d'un autre expédient, affavoir de tenir preft le Légat du Pape, afin que fi ce colloque aidoit plus à ceux de la Religion qu'il n'eftimoit, on rompift l'Affemblée de bonne heure, en faifant renvoyer les Miniftres au Concile général, affigné à Trente. C'eftoit auffi pour tousjours contenir en bride la Royne mere, l'inconftance de laquelle ceux de Guife redoutoyent, à tort toutesfois, veu qu'elle fçavoit mieux qu'eux comme elle avoit à jouer fon rolle : mais elle ne le leur communiquoit pas tout, ains feulement ce qu'elle cognoiffoit plus convenable à fon avancement, Ils avoyent ja efbranlé le Roy de Navarre par le moyen du Sieur d'Efcars, il faloit achever de mettre bas cette paroy, pour en recueillir les pierres & en lapider ceux de la Religion, comme ils le firent puis après. Belles promeffes eftoient neceffaires en ceft endroit : à quoy ce Légat du Pape & l'Ambaffadeur d'Efpagne, follicitez par ceux de Guife, tindrent bien la main.

Quant au colloque de Poiffy, (1) d'autant que les difcours & Harangues en ont efté publiez, & le feront encor plus amplement quelque jour, il n'eft befoin d'en faire icy long récit, joint que nous en toucherons quelque mot, en parlant cy-après de la Théologie & Religion du Cardinal, & de la belle Harangue qu'il fit en cette Affemblée le 16. de Septembre 1561. Pour ceft endroit,

Colloque de Poiffy.

---

(1) *Poiffy.*] Cette Affemblée qui fut infructueufe, fe paffa prefque toute en altercations, & l'on n'y décida rien. C'eft ce qui arrive dans ces fortes de Conférences. Elle commença le 9. Septembre 1561. & continua enfuite partie en public, partie dans des Affemblées particulieres. Le Cardinal de Lorraine y parla fort bien, & après lui quelques Théo- logiens de Paris. Theodore de Beze s'y efcrima de fon mieux. Mais le Pape trouva mauvais que fans fon aveu, on tint fur les matieres de Religion, une Affemblée auffi confidérable. A bon compte on a l'obligation au Colloque de Poiffy, d'avoir donné lieu aux Affemblées du Clergé de France, qui ne dattent que de ce tems-là.

I 2

endroit, ce sera assez de marquer quelques siennes ruses contre le repos du Royaume. Premierement pour faire penser aux idiots, que les Prélats n'estoyent pas là assemblez pour néant, il fit dresser force articles de l'institution des Evesques, de la dignité des Eglises Cathédrales & autres semblables choses, sans toucher à un seul poinct de doctrine, s'estans tous résolus de ne rien accorder aux Ministres, de peur d'estre estimez séducteurs, & faire une bréche irréparable à la dignité du Siége Romain. Par ce moyen le Cardinal se moquoit du Roy & de tout son Conseil, qui prétendoyent à quelque réformation.

Les Ministres de l'Eglise Réformée du Royaume, avoyent esté exhortez d'y envoyer quelques-uns de leurs compagnons, ce qu'ils firent, obéyssans aux Mandemens du Roy & de la Royne mere. Pierre Martyr & Theodore de Beze y furent aussi appelez de Zurich & Geneve, où ils estoyent Professeurs en Théologie, afin d'aviser plus meurement à tous différens. Le Cardinal se voyant un peu trop avant embarqué en affaires, où il estoit encores bien neuf, s'avisa de prévenir. Si-tost que Théodore de Beze fut arrivé, il l'alla trouver en la chambre de la Royne mere, où après plusieurs propos, il fut contraint dire audit de Beze, qu'il estoit fort joyeux de l'avoir ouy parler, & qu'il espéroit qu'ils se trouveroyent d'accord ensemble. Mais c'estoit une feinte, comme aussi la Dame de Cursol sur le départ luy sçeut dire, qu'il estoit homme de bien pour ce soir-là, & que le lendemain on verroit le contraire: ce qui apparut en ce que ces suppôts publierent, que le Cardinal avoit fermé la bouche à de Beze, & fait condescendre à son opi-

nion. Le contraire estant apparu en la Harangue faite par ledit de Beze, le Cardinal se trouva tellement confus, qu'estant assemblé avec les Docteurs & Prélats, il ne se peut contenir de dire, à la mienne volonté que cestuy-là (parlant de Theodore de Beze) eust esté muet, ou que nous eussions esté sours. Là-dessus ayant esté advisé qu'il falloit respondre, un Docteur de Sorbonne nommé Despense, intime serviteur de la maison de Guise, & quelques autres bastirent la Harangue que le Cardinal prononça depuis, ou sans respondre à ce que les Ministres avoyent mis en avant, s'arresta à deux poincts, à sçavoir de parler de l'Eglise, de quelques questions qu'en dépendent: puis de la Cêne du Seigneur. En quoy il ne fit autre chose, que replastrer les paralogismes des Sophistes. Partant j'ay estimé superflu d'insérer icy ceste Harangue, laquelle se verra plus proprement en l'Histoire de nostre temps. Ceste longue Harangue fut suyvie des amples discours de Despense, Saintes, & de quelques Jésuites & Moines, ausquels les Ministres respondirent suffisamment. Or le Cardinal estoit bien aise de les eschauffer les uns contre les autres, afin que cela venant à ennuyer aux Auditeurs, on remist le tout à une conférence privée ou par escrit, & que cependant le Pape envoyast un nouveau mandement, pour achever de fermer la bouche aux Prélats qui n'attendoyent autre chose. Après que par quelques mois on eust ainsi débatu, finalement la Royne voyant que sur un seul article des Images, les Prélats & Ministres n'estoyent peu tomber d'accord, & que mesmes lesdits Prélats avoyent leurs Docteurs mal unis en ce poinct, fit rompre le Colloque, dont les Sorbonistes furent si aises, qu'ils ne se peurent

rent contenir de faire mil démonftrations d'amitié à Theodore de Beze leur principal ennemy, des mains duquel ils efchappoyent à tout autre marché qu'ils n'avoyent efperé. Mais le Cardinal avoit fait efcrire par le Pape aux Prélats, que fur peine d'excommunication, ils remiffent la décifion de tels differens au Concile de Trente : ce qui vint bien à propos à ces Meffieurs fort empefchez. Quant à la Confeffion d'Aufbourg, qui eftoit le piége où le Cardinal penfoit pouffer les Miniftres, ils fe porterent fi prudemment, qu'il y tomba luy-mefme, tellement que toute la honte en retourna fur luy.

Edit de Janvier.

Durant ces difputes, fut dreffé ceft Edit tant célébre, nommé l'Edit de Janvier (1), par l'avis & confentement des plus Grans & notables du Royaume. C'eftoit l'expédient pour appaifer les troubles, & ramener l'Eftat en fon ancienne fplendeur. Mais la maifon de Guife ne pouvoit porter cela, pource qu'avenant que les chofes fuffent paifibles en France, on demanderoit leurs comptes, defquels n'y avoit rien de preft, finon en enrollemens de foldats, & forces tant eftrangeres que du Royaume : à quoy ils s'employerent, comme s'enfuit.

Du Triumvirat, (2) & de fa capitulation.

Cy-devant nous avons veu, comme fous prétexte de Religion, ils avoyent mis barre entre le Conneftable & fes neveux de Chaftillon, afin de fe fortifier de plus en plus, & ruiner bien aifément lefdits de Chaftillon qu'ils hayffoyent & redoutoyent extrêmement. Le Conneftable commença peu à peu à fe defpiter contre fes neveux, fur tout après qu'on luy euft rapporté, qu'ils eftoyent comme les motifs avec la Royne-Mere, de ce que les Eftats demandoyent compte, en quoy il feroit recerché, combien qu'il n'y fuft à la vingtiefme partie près, tant embroüillé que ceux de Guife. Ayans gaigné ce principal Officier de la Couronne, ils adjoignirent à eux le Marefchal de S. André, qui eftoit des plus comptables, comme chafcun fçait. Lors ils dreffent un Confeil entr'eux, le Cardinal ayant tousjours cefte aftuce de mettre la Religion en avant (3) pour mieux conduire fes deffeins, & font une réfolution telle. Premierement, que la Superintendance de toute l'affaire feroit baillée au Roy Catholique, qui pour commencement fe plaindroit du Roy de Navarre, fauteur d'une nouvelle Religion, le folliciteroit par belles promeffes de tout quitter & fe renger au party Catholique. Si le Navarrois demeure obftiné, l'Efpagnol continuant fes promeffes, accompagnées quelquefois de menaces, fera levée en Efpagne tout l'Hiver : puis luy courra fus à l'improveuë. Et s'il y a réfiftance, le Duc de Guife fe déclarera Chef de la Confeffion Catholique, & ira affaillir le Navarrois d'autre cofté, qui fera toft accablé. L'Empereur & les Princes Catholiques Alemans, priez d'empefcher le fecours au Navarrois. Les Suiffes Evangeliques,

---

(1) *Edit de Janvier.*] Cet Edit qui eft de l'an 1562. devint célébre, parce que non feulement il accorde aux Proteftans la tolérance de Religion ; mais même leur accorde des Temples, avec la permiffion de prêcher publiquement, & de pratiquer les cérémonies de leur Communion.

(2) *Le Triumvirat.*] Ce fut une union du Duc de Guife, du Connetable de Montmorenci & du Ma-

réchal de Saint André, formée en 1562. qui fous le nom du Roi & de la Reine, fe rendoient Maîtres de toutes les affaires du Gouvernement ; mais cette belle union ne dura pas long-tems.

(3) *La Religion en avant.*] C'a prefque toujours été le prétexte des féditieux ; parce qu'ils fçavent jufqu'à quel point on porte le fanatifme, dès qu'on croit rendre fervice à Dieu.

I 3

Evangeliques, retenus par les Catholiques. Ceux de Geneve affaillis & entiérement exterminez par le Duc de Savoye, pour donner frayeur aux autres.

Voilà quant au premier poinct de leur ligue. Et pour le regard de la France, ils arresterent de ne pardonner en façon quelconque à la vie d'aucun qui autrefois euft efté de la Religion. La commiffion des Maffacres baillée au Duc de Guife, qui auffi eut la charge d'exterminer toute la race des Bourbons, de peur qu'à l'avenir quelqu'un ne fortift d'eux pour faire vengeance des maffacres, & remettre fus la Religion.

Ils devoyent puis après faire la guerre aux Princes Proteftans, & prefter à l'Empereur & aux Princes Catholiques, les deniers amaffez des confifcations de tant de gens de la Religion, qu'on devoit faire mourir en France. Les Cardinaux, Evefques & autres S. Peres, devoyent fe cotifer, pour fournir auffi aux frais de cefte guerre facrée.

Ces beaux articles furent dreffez par le Cardinal, & le Conneftable ne s'arreftant qu'à fa Religion, eftoit lors tant efblouy, qu'il ne pouvoit voir que combien que fa maifon ne fuft nommée, toutesfois elle ne pourroit demeurer debout, celles de Chaftillon & de Bourbon eftans mifes bas. Quant au Marefchal de S. André, il eftoit bien aife de voir ainfi dreffer les comptes, pour ce qu'au lieu de rendre le plus receu, il efperoit encor faire nouvelle recepte, fans rien mettre ny jamais rendre compte. Outre ce que ceux de Guife tendoyent à mefme but, ils fe perfua-

doyent de fe baigner à ce coup au fang de tous leurs ennemis.

Pour effectuer ces chofes, ceux de Guife partent de la Cour fur la fin de Novembre, faifans cognoiftre leur meccontentement, lequel peu de jours après augmenta encore à caufe des procédures tenues contre le Duc de Nemours, qu'ils avoyent fufcité pour ravir & emmener en Lorraine Monfieur d'Orleans, & l'ayant à leur dévotion le faire Chef de leur entteprife. Car ils vouloient en tout événement avoir plufieurs cordes en leur arc, pource qu'ils ne fçavoyent pas encores bien quelle route prendroit la Royne-Mere. Toutesfois eftimans que fi le Roy de Navarre eftoit de leur retenue, elle n'oferoit fe ranger avec le Prince de Condé, de peur d'eftre dégradée, ils tafcherent d'achever ce qu'ils avoyent desjà commencé par d'Efcars & autres, par l'induction d'une vaine efperance de luy faire rendre fes Pays, à quoy le Pape, (difoit fon Légat, qui eftoit lors un des premiers follititeurs) tiendroit la main, pourveu que le Navarrois vouluft maintenir l'Eglife Romaine. Ce qu'il déclara toft après chaffant fes Miniftres, & fe révoltant de la Religion : au moyen dequoy il y eut beaucoup de difficultez à la vérification de l'Edit de Janvier.

Quelque temps auparavant, ceux de Guife avoyent efcrit au Duc de Wirtemberg, Prince Proteftant, le priant de vouloir entrer avec eux, en conférence de la Confeffion d'Aufbourg, en laquelle ils donnoyent efperance de vouloir eftre inftruits (1). Pour ceft effect, ils fe trouvent à Saverne, près de Strasbourg, Voyage de Saverne.

---

(1) *Inftruits.*] Cette démarche des Guifes a fait beaucoup de bruit ; & l'on vit bien dès-lors que c'étoit moins le défir de foutenir la Religion qui les faifoit agir, que l'envie de fe trouver à la tête d'un parti puiffant. M. de Thou, Liv. 29. fait affez connoître le caractere des Lorrains, au fujet de la Religion : cette entrevûë eft du 15. Février 1561. vieux Style ; mais 1562. Style nouveau.

bourg, & là eurent telle communication avec ce Prince, environ le quin-
ziefme de Février 1561. qu'après avoir
promis tous de fuyvre la Doctrine de la
Confeſſion d'Aufbourg, & le Cardinal
ayant conferé pour ceſt effect avec
Brence, principal Miniſtre du Duc de
Wirtemberg, enfin le Duc de Guife requit ce Prince en faveur de la Religion,
de faire tant envers les Princes Proteſtans, veu que de toute ancienneté la
maiſon de Lorraine avoit eſté de l'Empire, par meſme moyen luy & ſes freres fuſſent avouez pour Princes de l'Empire, ayans voix & ſuffrages aux jour-
nées Impériales : & par ce moyen, ſe
peuſſent ſouſtraire & exempter de la
ſouveraineté du Roy de France, empeſcher le ſecours que les Princes Proteſtans pourroyent donner à ceux de la
Religion, ſe fortifier de ce ſecours, &
pour récompenſe ruiner les Princes Proteſtans puis après. Comme ce Prince
eſtoit après à les faire recevoir, comme
ils le déſiroyent, nouvelles vindrent en
Alemagne du maſſacre de Vaſſy (1),
exécuté par le Duc de Guife, au départ
de Saverne pour venir en France. Les
Princes Proteſtans s'eſtonnoyent fort
de cela, & non ſans cauſe, veu qu'il
n'y avoit que trois jours (par maniere
de dire) que le Cardinal de Lorraine
avoit donné d'une main des coupes
d'argent doré à Brence & à quelques
autres Miniſtres d'Alemaigne, & d'une
autre il ſaccageoit ceux de la Religion.

Maſſacre de
Vaſſy.

Mais leur délibération avoit été faite
auparavant de venir fort & armez en

la ville de Paris, & de-là à la Cour,
pour s'aſſeurer de la Ville, puis des
perſonnes du Roy & Royne, pour
exécuter plus aiſément leur conſpiration. Et pour donner quelque honneſte couleur au retour du Duc de
Guife, il ſe fait rappeler par le Roy de
Navarre. Toutesfois il n'eut la patience de porter ſa cholere juſques à la
Cour, il la deſchargea ſur ceux de
Vaſſy, eſtant accompagné de troupes
en armes, ſuivant ce qui avoit eſté
arreſté plus de trois mois auparavant,
que chacun pratiqueroit autant de
Gentils-hommes & gens de guerre
qu'il ſeroit poſſible, pour ſe trouver
en armes ès environs de Paris au commencement de Mars, dont la Royne-
Mere & le Roy de Navarre avoyent
eſté ſuffiſamment avertis. Mais au lieu
d'y pourvoir, ils remettoyent les affaires de jour à autre, jouans en une
meſme tragédie chaſcun ſon perſonnage, d'une eſtrange ſorte. Ainſi le
Duc de Guife ſe trouva au temps aſſigné à Nanttueil, où il fut incontinent
rencontré par les autres Partiſans : deſquels on peut conjecturer le deſſein,
ſur ce que la pluſpart s'acheminans-là,
firent leurs Paſques, & ſe mirent en
eſtat que telles gens ont accouſtumé,
quand ils font leur compte de ſe hazarder à quelque périlleuſe entrepriſe.
Cependant, la Royne-Mere ayant eu
avis, que pour éviter les troubles, il
ſeroit bon que le Duc de Guife (ainſi
armé contre les Ordonnances du Roy)
ne paſſaſt par la ville de Paris, où le
Prévoſt des Marchans, & autres des
Principaux,

---

(1) De Vaſſy.] Ce fut en revenant de Saverne,
que ſe paſſa le Tumulte de Vaſſy, petite Ville de
Champagne. Le Duc de Guife, ou plîtôt ſes gens,
entamerent cette affaire ſans deſſein de faire aucun
carnage : mais tout s'engagea inſenſiblement, &
l'on en vint à une tuerie, où il y eut environ 60.
perſonnes qui perdirent la vie, & 200. qui furent

bleſſez. Cette diſpute qui venoit plûtôt des Valets
que du Maître, fit plus de bruit qu'elle ne méritoit. Les Princes Proteſtans & même les Princes du
Sang, prirent occaſion de-là, de faire beaucoup de
plaintes & de remontrances, & c'eſt même ce qui engagea une guerre civile.

Principaux, l'attendoyent. Sur ce, la Royne lui manda par plusieurs fois, qu'il eust à l'avenir trouver en sa maison de Monceaux, où il seroit le bien venu, lui défendant très-expressément de n'entrer en ladite ville de Paris avec telle compagnie, afin d'éviter les inconveniens qu'elle prévoyoit en devoir avenir, attendu mesmes l'exécution & boucherie faite tout freschement à Vassy, de laquelle on demandoit très-instamment justice au Roy & à elle : & n'oyoit-on pour ce regard, que plaintes & doléances par tout le Royaume. Le Duc de Guise manda pour responce qu'il ne pouvoit aller vers elle, d'autant qu'il estoit empesché à festoyer ses amis qui l'estoyent venu voir. Depuis, la Royne luy ayant escrit pour la seconde fois à mesme fin, il ne fit aucune responce, ains après avoir reçeu ses amis, suyvant la conclusion de l'entreprise, print son chemin d'un autre costé, & accompagné de ses adhérans vint à Paris par la porte S. Denis. Son entrée fut en armes descouvertes, qui estoit l'estat auquel on l'avoit tousjours veu marcher depuis la journée de Vassy. A ceste entrée assistoyent le Prévost des Marchans & trois des Eschevins, contre toute coustume, en grande compagnie, avec grandes acclamations de gens attiltrez, comme si le Roy mesme y fust entré en personne, jusques à crier à haute voix : Vive Monsieur de Guise : sans toutesfois que luy, ny autres de sa compagnie, monstrassent que cela leur depleust aucunement.

Commencemens des premiers troubles. Ceux de Guise ayans rué ce premier coup contre l'autorité du Roy & l'Estat du Royaume, passent outre, & commencent à tenir dans Paris un conseil à part. La Royne estant encor à Monceaux, & recevant tous les jours nouveaux advertissemens, que ceux de Guise vouloyent se saisir de la personne du Roy & d'elle, délibera de haster son partement, & se retirer en lieu de seureté. Elle vient à Melun, en deliberation de gaigner Orleans, pour attendre plus grand jour aux affaires, qui alloyent tomber en merveilleuse confusion. Mais ceux de Guise envoyent le Prévost des Marchans crier après elle que Paris & tout estoit perdu, si elle n'y venoit, d'autant que le Prince de Condé y estoit armé, & les Parisiens désarmez. Fait tant que les armes sont rendus aux mutins, pour fortifier le Duc de Guise & les siens à l'encontre de leurs ennemis, & avoir moyen de se saisir tant plus aisément de la personne du Roy.

Et pour avancer encor la besongne firent venir à Paris le Roy de Navarre : car ce Prévost des Marchans crioit sans cesse à la Cour, que la présence du Roy de Navarre estoit nécessaire à Paris, pour empescher les troubles : mais c'estoit, tout au rebours, par la menée de ceux de Guise, car dès qu'il y fut arrivé, le Conseil se tint entr'eux plus estroitement qu'auparavant, & fut arresté, entre autres choses, de se bien asseurer de la ville de Paris, & en chasser le Prince de Condé, comme celuy seul qui nuisoit à l'entreprise, de s'aller saisir du Roy & de la Royne-Mere, les amener à Paris, & les ayant à commandement, exécuter sous leur nom & authorité ce qui estoit déliberé. Ils firent tant enfin que la place leur demeura, & qu'ils enleverent le Roy & la Royne, & les amenerent au Louvre. Cela fait, quelques remonstrances que le Chancelier & autres missent en avant, fut arresté de faire guerre ouverte au Prince de Condé & aux siens.

Sur ces entrefaites fut envoyée au
Roy

Roy la proteftation & déclaration faite de la part du Prince , contenant les caufes qui l'avoyent contraint de prendre les armes, à fçavoir pour remettre en pleine liberté la perfonne du Roy & de la Royne , maintenir les Edits, & nommément le dernier fur le fait de la Religion : offrant de fe retirer en fa maifon, le Duc de Guife faifant le femblable. Le Cardinal de Lorraine & fes freres, avec leurs adhérans , voyans qu'il y avoit deux poinéts qu'il faloit fubtilement couvrir , fçavoir eft la captivité du Roy , & la contravention de l'Edit de Janvier : procurerent à toute diligence l'expédition d'une déclaration en datte du huitiefme d'Avril , par laquelle ils font confeffer au Roy , que le bruit de fa captivité eft une fauffe & menfongere calomnie controuvée par le Prince de Condé & les fiens , pour s'excufer de ce qu'il faifoit, & que luy & la Royne eftoyent en auffi grande liberté que jamais , & que de leur bon gré ils eftoyent venus àParis, pour remédier aux troubles. Ces Lettres furent incontinent publiées en Parlement, où ceux de Guife avoyent force créatures.

Pour fe mocquer encores mieux du Roy & de tout le Royaume, ils s'aviferent d'une autre fineffe , ce leur fembloit , c'eft que huiét ou dix jours après autres lettres furent dreffées , par lefquelles eft déclairé que le Prince de Condé , fous une fauffe & fimulée couleur de Religion , eftoit faify en fa perfonne, par aucuns féditieux qui le tenoyent en leur puiffance.

Et pour donner un coup à l'Edit de Janvier , font expédier autres lettres du mefme mois , par lefquelles ils donnent à entendre fous le nom du Roy , qu'il eft averty que plufieurs en

grand nombre fe font retirez à Orleans & ailleurs, fous prétexte d'une crainte qu'ils difent avoir qu'on les vueille recercher en leurs confciences, & empefcher qu'ils ne jouyffent de l'Edit de Janvier. Déclaire qu'il n'a entendu révoquer ceft Ediét que pour la Ville de Paris , Fauxbourg & banlieue d'icelle , où il ne veut qu'il y ait autre exercice que la Religion Romaine. Ces Lettres contraires à l'Edit de Janvier , font incontinent receues & vérifiées en Parlement.

Cela fait, ceux de Guife , après s'eftre fervis du Conneftable pour ravager Paris , & du Roy de Navarre pour en chaffer ceux de la Religion , envoyent le Marefchal de S. André d'un cofté , qui fait de cruels exploits , amaffent forces de toutes pars , & fe mettent en campagne avec de terribles aétes d'hoftilité contre ceux de la Religion. Nous toucherons icy les chofes fommairement, pource que c'eft affez d'en faire mention en paffant, & en laiffer l'ample déduétion à l'Hiftoire de noftre temps. Premierement ils fe fervent de la Royne-Mere, du Roy de Navarre , du Parlement de Paris , & de leurs ferviteurs fecrets, pour rompre la conftance du Prince de Condé , le féparer de ceux de Chaftillon, qu'ils vouloyent ruiner les premiers. Mais n'ayant rien gaigné de ce cofté-là (d'autant que voyant leurs embufches, il s'eftoit fortifié à l'encontre d'icelles , tant dedans que dehors le Royaume,) ils vindrent à la violence, faifans commettre maffacres de ceux de la Religion en plufieurs Villes du Royaume, affaillans de violence incroyable , quelques places où lefdits de la Religion s'eftoyent retirez pour leur feureté. Encores que le Roy de Navarre fuft Lieutenant Général de nom,

K

Requeste du
Triumvirat.

nom, & que le Connestable demeurast en son estat, si est-ce que tout passoit par les mains de ceux de Guise, qui en moins de rien, mirent tout le Royaume en armes. Puis avec le Connestable & le Mareschal de S. André, le Duc de Guise présente une Requeste au Roy & à la Royne-Mere, par laquelle ils requeroyent l'entier anéantissement de la Religion, dont l'exercice public avoit esté accordé quatre mois auparavant. Que tous Officiers de France, domestiques du Roy, de ses freres & sœur, tous Officiers de Justice, de guerre, comptes & Finances du Royaume, & autres ayans Charge, Administrations ou Commissions du Roy, tinssent la mesme Religion & en fissent déclaration expresse, les refusans, délayans ou contrevenans, privez de leurs Estats & Offices, Gages, Charges, Administrations ou Commissions. Que toutes personnes Ecclésiastiques eussent à faire le semblable, à peine d'estre privez de leurs Bénéfices. Que les Temples demolis fussent rebastis avec satisfaction de tous intérests, & les démolisseurs punis. Que les Armes prinses sans Commandement exprès du Roy de Navarre, fussent laissées : & que ceux qui perseveroyent à les porter contre la volonté du Roy de Navarre, Lieutenant Général, & representant la personne du Roy ès Païs de son obéïssance, fussent déclairez rebelles, & ennemis du Roy & du Royaume. Qu'au Roy de Navarre seul appartienne d'avoir & assembler forces en France, & qu'il les retienne durant quelques mois, pour appaiser les troubles. Cela fait, ils promettoyent s'en retourner en leurs maisons, voire au bout du monde (si besoin est, disoyent-ils) en exil perpétuel. Cela fut le 4. de May 1562. Le mesme jour ils se font commander par le Roy de ne bouger de la Cour : parquoy ils adressent une autre Requeste à la Royne-Mere, par laquelle ils offroyent se retirer en leurs maisons, pour obéïr (disoyent-ils,) au Roy de Navarre. A ces Requestes, fut suffisamment respondu par le Prince de Condé, qui descouvrit bien amplement les artifices de ceux de Guise, se fortifiant de jour à autre, tant pour l'authorité qu'il avoit en cest endroit, que par les Lettres que la Royne-Mere luy en escrivit (1), où elle luy recommandoit la Mere & les Enfans, condamnant assez ouvertement la tyrannie de ceux de Guise.

L'on ne sauroit bonnement dire, si les finesses de ceux de Guise, firent point autant de mal que leur violence. Quant aux cruautez que leurs satellites exercerent en divers endroits de la France, specialement les gens de guerre, & quelques massacreux en certaines Villes, la posterité sera plus estonnée, lisant ceste Histoire de l'an 1562. que nous qui avons esté spectateurs des horribles tragédies que le Cardinal & ses freres jouoyent à la ruine du Roy Charles & du Royaume. Mais il y a eu quelques finesses en leur déportemens qu'il est besoin de remarquer. Le Prince de Condé avoit des troupes bien armées & résolues au combat, composées des plus vaillans Seigneurs, Capitaines & soldats

---

(1) *Luy en escrivit.*] L'on a les Lettres de cette Princesse, par où l'on voit tous les biais qu'elle prenoit se conserver la suprême puissance. Elle cherchoit à tenir toujours les deux partis dans une égale autorité, afin de dominer elle-même. Dès qu'un des partis devenoit plus fort, elle panchoit du côté du plus foible, pour lui faire regagner, non la Supériorité, mais seulement l'égalité : on trouve beaucoup de ces Lettres dans les Mémoires de Condé, & dans ceux de Charles IX.

foldats François. Ceux de Guife craignans la touche, tafchoyent de diffiper
cefte Armée par allées & venues, à
quoy la Royne-Mere & le Roy de Navarre eftoyent employez. Cependant ils
furprenoyent tousjours quelques places
tenues par ceux de la Religion, amaf-
foyent argent, & appelloyent les Eftrangers de toutes parts au butin, fe
voians en danger d'eftre batus environ
la fin de Juin, par l'entremife du Roy
de Navarre, obtiennent trefves, &
deux jours après le Duc de Guife part
du Camp de Baugency avec quelques
autres : & tout incontinent l'on mande
au Prince de Condé, que fuyvant ce
qu'il avoit requis, le Duc de Guife &
les fiens s'eftoyent retirez en leurs maifons. La Royne eftoit embouchée des
propos qu'elle devoit tenir au Prince
au pourparler qu'elle eut avec luy, &
aufdits Seigneurs de la Religion : comme le Duc de Guife le donna affez à
entendre par une Lettre qu'il en efcrivoit au Cardinal de Lorraine, laquelle
fut furprinfe, en datte du 25. de Juin,
laquelle j'ay icy inférée, pour monftrer
tant mieux l'efprit de ces bonnes gens.
Je vous envoye(efcrit-il)ce Porteur en
diligence, pour vous avertir que tout
fut hier accordé,& vous puis dire qu'il y
en a qui font bien loin de leur compte.
Noftre Mere (la Royne) & fon frere
(le Roy de Navarre) ne jurent que par
la Foy qu'ils nous doivent, & qu'ils ne
veulent plus de confeil, que de ceux
que favez. Conclufion, la Religion réformée, en nous conduifant & tenant
bon (comme nous ferons jufques au
bout) s'en va à vau l'eau, & les Ami-
raux autant mal qu'il eft poffible. Toutes nos forces demeurent entierement, les leurs rompues, les Villes
rendues, fans parler d'Édits ny de prefches, ny d'adminiftration de Sacremens
à leur mode.

Le jour enfuyvant, le partement du
Duc de Guife & de fes partifans, le
Prince de Condé partit pour s'aller mettre entre les mains du Roy de Navarre
& de la Royne-Mere à Baugency, où il
paffa à travers l'Armée de ceux de Guife, au grand danger de fa perfonne. La
Royne-Mere eftant venue à Talfy, Village près de-là, fit bien cognoiftre audit Sieur Prince, à l'Amiral & à quelques autres Seigneurs de la Religion
venus là à fon mandement, fit incontinent cognoiftre par fa refponfe, qu'elle
eftoit l'organe de ceux de Guife, pour
entretenir les troubles & partialitez.
Car elle leur dit tout à plat, qu'il ne
failloit point qu'ils s'attendiffent que
l'Edit de Janvier fuft obfervé, ny qu'il
y euft en France autre Religion que la
Romaine, & que les Catholiques eftoyent fi forts & tant irritez, mefme-
ment à Paris, que fans plus grand tumulte, l'Edit ne pourroit eftre entretenu. Partant qu'ils fe devoyent contenter qu'on leur permettoit de vivre
en leurs maifons doucement, fans fcandale, & fans eftre recerchez, pourveu
qu'ils n'y fiffent aucuns prefches, adminiftration de Sacremens, ny autres
exercices de leur Religion. Or ceux de
Guife fachans bien que le Prince de
Condé & fes Affociez, eftoyent auparavant par plufieurs fois entrez en propos (comme auffi ils tindrent lors
le mefme langage à la Royne)· que
pluftoft qu'accorder de leur part qu'on
forçaft les confciences, & confentir à
chofe qui fuft contre l'honneur de Dieu
& fa Doctrine, ils aimeroyent mieux
fortir du Royaume, voire aller en exil
perpétuel : advertirent bien expreffément la Royne de les attirer encor en

ces

K 2

ces termes , par le moyen de ceſt abouchement , & les prendre au mot. Elle
leur promit ce faire , ce qu'elle executa
diligemment , car après avoir déclaré
aux Princes & aux ſiens que leurs Pro-
teſtations touchant la manutention des
Edits & de la Religion n'eſtoyent recevable , aecepta l'autre poinct fort libéralement , à ſçavoir qu'il valoit mieux
qu'ils ſe retiraſſent de France , leur promettant de leur en faire expédier tant
généralement que particuliérement toutes telles Lettres de ſeureté qu'ils de-
manderoyent. Puis après , tenant leur
retraite comme aſſeurée , commença à
leur diſcourir du temps que le Roy ſeroit hors de Minorité , & comme il y
en avoit qui la menaçoyent de la faire
durer juſques à l'aage de vingt ans :
mais qu'elle avoit bien délibéré de le
faire Majeur à l'aage de quatorze ans ,
& qu'elle s'aſſeuroit , ſi on luy vouloit
en cela contredire , que ledit Sieur
Prince & les ſiens ne faudroyent de luy
venir aider & aſſiſter. Elle ne ſe contenta pas de ſervir ſi malheureuſement à
l'ambition de ceux de Guiſe , & à la
ſienne auſſi : mais dès le ſoir meſme
eſtant de retour à Talſy , deſpeſcha
Rambouillet , pour eſtre le lendemain
du grand matin au lever du Prince &
des ſiens , pour les haſter de partir , &
luy rapporter le temps & l'heure qu'ils
s'achemineroyent pour ſe retirer hors
du Royaume. Elle eſcrivit auſſi une Lettre audit Sieur Prince , par laquelle elle
promettoit luy faire tenir dix mil eſcus ,
la part qu'il ſeroit : monſtrant par là ,
qu'elle ſervoit d'inſtrument à ceux de
Guiſe pour les chaſſer. En quoy chaſcun
peut voir quelle route commença dès-
lors à prendre la povre France , eſtant ſi
malheureuſement gouvernée.

Là-deſſus le Prince ſe retire en ſon
camp avec les Seigneurs qui l'accompagnoyent , ayant premiérement deſcouvert à la Royne-Mere ce qu'il avoit
deſcouvert des menées de ceux de
Guiſe , pour ſe ſaiſir de luy au retour
de ce pourparler. Mais tant s'en faut
qu'ils rompiſſent ſa conſtance , qu'au
contraire , après s'eſtre réſolu de maintenir les Loix & liberté de la patrie ,
& rendre ſon devoir à Dieu & à l'E-
gliſe contre la violence des ennemis :
il leur préſenta deux fois bataille.
Mais le Duc de Guiſe & les ſiens , qui
auparavant ſe fioyent tant en leurs for-
ees , ſens & expériences , que d'oſer
dire , meſme devant le Roy , qu'avec
trois cens hommes d'armes , ils ne faudroyent de mener tellement battans
tous les Huguenots , qu'ils auroyent
bien à faire à gaigner viſtement les
coings du Royaume pour ſe ſauver :
lors avec toutes les forces qu'ils avoyent
pratiquées durant ſept ou huict jours ,
& depuis aſſemblées ſous le nom &
authorité du Roy , ne peurent faire
autre choſe , ny trouver meilleur expédient que de ſe deſrober & deſcam-
per de nuict pour gaigner Blois , ville
de nulle force , où ils trouverent des
povres habitans tous déſarmez , deſquels ils maſſacrerent les uns , noye-
rent les autres , violerent femmes &
filles , & firent de merveilleux pilla-
ges : puis ayans ce paſſage ouvert , allerent ſaccager pluſieurs autres villes ,
& fourager une bonne partie du Royaume. Le Cardinal ſuivoit l'Armée avec
le Légat du Pape , pour couper chemins à tous moyens & ouverture d'accord , & pour entretenir les troubles ,
dont il ne faut pas plus certaine preuve
qu'un mémoire qui fut ſurprins alors ,
lequel il envoyoit au Duc de Guiſe ſon
frere , & à ſes compagnons en leur
camp à Blois , par Sevre Controlleur
de la Maiſon de ſondit frere. Ce Mémoire

moire contenoit ces propres mots, entre autres : Quant à rompre & empefcher ce qui met de nouveau en accord, c'eſt ce qui eſt le plus mal-aifé, & où l'on a le plus de peine : & ne croyez jamais qu'on ſe garde d'y entendre & preſter l'oreille , & qu'il ſoit accordé, s'ils ne ſe ſoumettent aux offres que la Royne dit leur avoir faites. Peu après il adjouſte. Quant à ſe tenir près de la Royne , tout cela ſe fait , & y fait-on tout ſon pouvoir ſelon l'inſtruction, ſans y perdre heure ny occaſion , & continuera-on. Quant au Pape , ce ſont longueurs ſi grandes que l'on n'en peut venir à bout, & ne tient à en crier , voire à s'en courroucer. Quant au ſecours de Flandres, nous n'y voyons rien de preſt que de grandes longueurs, & ſi en parla-on encores hier à l'Ambaſſadeur , qui dit avoir fait ſon devoir d'en eſcrire à Madame de Parme. Quant à Meaux , nous n'avons nulles forces pour y rien faire , on void ſi on les pourra attirer à ſe rendre. N'oubliez le Mans & Bourges ſur-tout : & faites que parties d'où vous eſtes, ce ne ſoit à recommencer. Le meilleur eſt de vous haſter de desnicher un peu rudement nos rébelles. Quant à la déclaration de rébellion elle fut hier lüe au Conſeil , & ſembla bien à tous. Elle a eſté dreſſée par les gens du Roy & devoit eſtre aujourd'huy publiée. On dit qu'on a promis de ne rien faire ſans vous : & vous l'envoye-on pour y adjouſter ou diminuer. C'eſt autant de temps , mais renvoyez - là incontinent.

Le Cardinal fait déclarer rebelles ceux qui s'oppoſent à ſes deſſeins.

Ceſte déclaration de rébellion fut pratiquée par le Cardinal , afin de rompre les forces du Prince de Condé , & par ce moyen venir aiſément à bout de ſes deſſeins. Le 27. de Juillet 1562.

l'Arreſt en fut prononcé en Parlement à Paris. Mais le Prince & les ſiens, ayans premiérement recuſé les eſclaves de ceux de Guiſe , qui ſe préparoyent à faire ceſte déclaration , & monſtre puis après l'iniquité d'icelle : le Cardinal n'avança pas beaucoup de ce coſté , ſinon de faire cognoiſtre ſes pratiques & rébellions , comme cela fut publié deſlors en la rémonſtrance que ledit Sieur Prince & ſes aſſociez en firent à la Royne , où ſes mots ſont notables entre autres : Si on vient regarder d'un droit œil , les parties de ceſte cauſe , on trouvera que ledit Sieur Prince & ſes aſſociez , ont eſté fauſſement déclairez rébelles , par ceux qui le ſont véritablement. Ils ont eſté déclairez ſéditieux , par ceux qui depuis la mort du feu Roy Henry , ont cauſé tous les troubles avenus en ce Royaume. Ont eſté déclairez criminels de leze Majeſté par ceux qui oppriment la Majeſté du Roy , aboliſſent ſes Ordonnances , & abuſent de ſon nom & authorité, pour eſtablir leur grandeur au pris de ſa ruine. Ceux-là meſme ſont criminels de leze Majeſté divine , deſquels les œuvres ont touſjours monſtré qu'ils ont l'ambition pour leur Dieu , l'avarice pour leur Religion , & les voluptez de ce monde , pour leur paradis & dernière félicité : qui ont juré de faire la guerre au Fils de Dieu , à ſa parole , & à ceux qui le maintiennent : qui font acte d'Anabaptiſtes en reiterant le Bapteſme des enfans ja baptizez ſelon l'Ordonnance de Jeſus-Chriſt : qui ont les maiſons pleines de rapines , & les mains ſanglantes de cruautez. Ceux-là auſſi ſont criminels de leze Majeſté humaine , qui ont violé les Edits du Roy , prins les armes contre ſon commandement , & ſaiſy ſa perſonne : qui
ſont

font amis intimes, & se servent en ce fait de ceux qui ont voulu en ravissant la seconde personne de France, opprimer le Roy, & mettre son Estat en confusion & en ruine. Et, s'il faut passer plus outre, je dis que ceux-là sont criminels de leze Majesté, qui ont fait dernierement une maudite conspiration en Provence, par les mains de Lauris Président en la Cour de Parlement d'Aix, conjoint avec Fabrice Cerbelonne, Gouverneur d'Avignon pour le Pape, tendant afin d'assembler quinze mil hommes qui marchoyent (comme ils en faisoyent le serment) par le commandement du Duc de Guise. Dont Fabrice fournissoit mil hommes de pied & deux cens chevaux. Ceste conspiration venue en cognoissance, & vérifiée par la Cour de Parlement de Provence, Entragues & Laydet, deux principaux Capitaines de ceste faction, eurent les testes tranchées, par Arrest donné en ladite Cour. Et si ce n'est assez, j'adjousterai d'avantage, que lesdits de Guise ont fait un semblable complot en Dauphiné, par le Capitaine Mantil: espérans par ce moyen armer ces deux Provinces, pour faire le tout ensemble marcher à leur dévotion. Tant y a, que ces conspirations, faites pour abolir la prédication de l'Evangile, ces levées de gens, ce serment fait de marcher au commandement du Duc de Guise, crient tout haut que luy & ses conspirateurs sont rébelles, séditieux & criminels de leze Majesté divine & humaine. Et au contraire, que ceux-là sont vrais & fidéles serviteurs du Roy, qui se sont opposez & opposent vertueusement à leurs rébellions, séditions & attentats contre la Majesté du Roy, & l'Estat de tout ce Royaume. Et de cela, outre ce qui a esté dit, soit encores tesmoin le renversement de la police & justice de ce Royaume, & mesmes de la Cour de Parlement à Paris. De laquelle ils se sont servis en ce faux & pernicieux jugement de rébellion: ne pouvans aussi trouver une autre compagnie qui fut tant corrompuë & dépravée, & tant esclave de leurs volontez & appetits que ceste-là. Comme de fait, tous ceux qui y restent aujourd'huy, ou tiennent leurs estats de la faveur desdits de Guise & de leurs adhérans, ou espérent en avoir d'autres par leur moyen. Et mesmes les principaux d'entr'eux sont notoirement comprins en la conspiration & ligue faite par lesdits de Guise & adhérans.

Voilà ce qui deslors estoit publié à l'encontre de ceux de Guise. Mais à ceste subtilité de faire déclairer rébelles ceux qui portoyent les armes avec le Prince de Condé, le Cardinal en adjousta encor quelques autres. La premiere fut de faire amener au camp de son frere, le Roy & la Royne, qu'il envoya querir par le Roy de Navarre: puis fist marcher cest enfant & ceste femme, comme en triumphe, pour mieux couvrir le but de ceste guerre. La seconde fut de gaigner du tout à eux les Estrangers, & mesmes les Protestans Alemans qu'ils firent entrer dans le Royaume. Cependant ils s'en moquoyent & faisoyent leurs risées de la Religion des Protestans: d'autant (disoyent-ils) qu'avec de l'argent ils les faisoyent venir exterminer l'Evangile en France, qu'eux-mesmes avoyent planté en Alemaigne, & dont ils faisoyent encor profession. Pour se moquer encor d'avantage des Alemans, ceux de Guise leur firent entendre que dès long-temps ils vouloyent introduire la confession d'Ausbourg en France,

Finesses du Cardinal pour maintenir sa tyrannie.

France , (laquelle le Cardinal avoit
deteftée en plaine Affemblée à Poiffy,
& depuis à Saverne protefté au Duc de
Wirtemberg qu'il l'approuvoit) &
qu'ils l'euffent ja fait, n'euft efté qu'ils
avoyent efté tousjours empefchez par
le Prince & fes adhérans, lefquels ils
chargeoyent d'eftre rébelles., de vouloir ufurper la Couronne, qu'ils
eftoyent Anabaptiftes, Atheiftes, gens
fans foy & Religion.

Le Cardinal va au Conci-le. Pendant ces chofes, on n'oyoit que
tempeftes par toute la France, & hor-
ribles confufions, amplement déduites
ès difcours qui en ont efté publiez, &
qui le feront encor. Mais le Cardinal
voulant affeurer fes affaires comme il
pourroit, délibera laiffer fes freres be-
fongnans en France, tandis qu'il yroit
faire fes pratiques avec le Pape, l'Efpagnol & autres au Concile de Trente,
le tout fous prétexte de Religion, &
de laquelle il fe moquoit tout ouvertement : car à Gyen & à Blois entre
autres articles, qu'il fit figner au Roy
& à tous ceux de fon Confeil, pour les
faire paffer au Concile, difoit-il, mais
en effect, pour amener le Pape & les
fiens à ce qu'il prétendoit, il y en eut
cinq entre autres, ou l'on peut remarquer l'efprit du Cardinal. Le premier
eftoit, que le Canon feroit retranché
de la Meffe, & le refte feroit corrigé
à la forme des anciennes liturgies, &
proferé en François.

2. Que les Pfeaumes feroyent chan-
tez dans les Temples felon la traduction Françoife, qui en a efté faite,
corrigée toutesfois par les Docteurs
de Sorbonne, autant rudes Poëtes
(encores qu'ils boyvent bien) que
mauvais Théologiens. 3. Qu'on par-
ticiperoit indifféremment à la Céne
fous les deux efpéces. 4. Que les pein-
tures plates feroyent permifes dans les

Temples, pour l'hiftoire feulement,
& que les images en feroyent oftées :
ou à tout le moins que le peuple feroit
admonefté de ne les honorer, ny fimplement, ny relativement. 5. Et finalement que les Prieurs & Curez inter-
prefteroyent ou feroyent interprefter
à leurs defpens l'Epiftre ou l'Evangile
du jour au peuple. Ainfi manioit la
France ceft efprit turbulent :qui con-
tredifoit à tous, & eftoit de tous con-
tredit, mefmes à Rome le Cardinal
Vitelli le reprint aigrement, difant
que c'eftoit un brouillon & un remueur
de mefnage, qui feul par fes pratiques
tailloit plus de befongne en un jour
que le Confiftoire des Cardinaux n'en
pouvoit coudre en un an. Pour mieux
faire fa pipée, il traifna avec luy neuf
Evefques, quatres Abbez & quelques
Sorboniftes, & arriva à Trente au mois
de Novembre 1562. où il fit une Harangue le 23. jour du mefme mois,
en laquelle y a quelques chofes à
remarquer. Premierement, il confeffe
que ce qui a attiré le jugement de Dieu
fur la France, eft la corruption de
mœurs en tous Eftats, & l'entier renverfement de la difcipline de l'Eglife.
Puis fur le milieu, parlant de ce que
requiert le Roy de France : Il demande
de nous (dit ce bon Harangueur)
que nous évitions tous nouveaux débats, autant que faire fe pourra, que
nous laiffions toutes queftions nouvelles & infructueufes, que nous procu-
rions, felon notre pouvoir, que tous
Princes & pays s'abftiennent de faire
guerre, il nous faut eftre entièrement
eflongnez de ce défir d'efmouvoir la
guerre, de peur que ceux qui fe font
retirez d'avec nous n'eftiment que ce
Concile foit tenu pluftoft pour inciter
les Princes à prendre les armes, &
pour faire des affociations & alliances

pour

pour quelque guerre, encores qu'elle fuft fainéte, que pour pourvoir à la réconciliation univerfelle des efprits. Il fait mention puis après de la réformation de l'Eglife, & pour la conclufion fe foumet au Siége Romain. Le Leéteur peut penfer que vouloit dire tout ce langage. Auffi de-là ne cefla-il de machiner contre l'Eftat du Royaume, dont il recevoit lettres de jour à autre, & fans luy rien ne fe faifoit en France. Comme nous le verrons encor cy-après. Mais puis que nous fommes fur fon féjour au Concile, nous y adjoufterons encor quelques lignes. Sitoft qu'il entendit la mort du Duc de Guife fon frere, (1) fur l'authorité duquel il avoit affis fon efpérance, il fe propofa foudain de ne retourner jamais en France, & de mefme inconftance que de couftume, tourna fon efprit vers les affaires d'Italie, gratifiant en tout ce qu'il peut, non-feulement le Pape, mais les autres Princes eftrangers, & fur-tout le Roy Catholique. Auparavant la nouvelle de cefte mort, il avoit tenu ferme avec les Evefques d'Efpagne pour la réfidence des Benefices, contre les difpenfes du Pape, & maintenu qu'elles eftoyent de droit divin : mais toft après il changea d'avis, & avec les fiens maintint qu'elles eftoyent de droit pofitif, & à la pluralité des voix l'emporta. Au moyen de quoy l'Archevefque de Grenate s'efcria tout haut que le Cardinal de Lorraine les avoit trahis. Et d'autre part, comme le Comte de Luna, Ambaffadeur du Roy d'Efpagne, eut dif-

feré de fe trouver au Concile, pour ce qu'il defdaignoit d'eftre au-deffous de l'Ambaffadeur de France, le Cardinal fut auteur de l'y faire venir : & pour gäigner la bienveillance de l'Efpagnol, fit bailler à ceft Ambaffadeur d'Efpagne, le lieu le plus honorable, fit perdre au Roy de France la prefceance qui n'avoit jamais efté en difpute.

Mais voyons fi fes freres demeurez en France eftoyent meilleurs ferviteurs de la Couronne. Le Duc de Guife, tenoit le Roy & la Royne en fes mains, les faifant trotter çà & là, & affifter à la prinfe des Villes, & fe cachant fous leur authorité pour ruer fes coups. Car quant au Roy de Navarre, il s'en moquoit d'une façon eftrange. Il affiége Bourges au mois d'Aouft. Ceux de dedans fe rendirent en Septembre. Le Duc de Guife y fit entrer le Roy & la Royne, ufant lors de merveilleufes menaffes & outrageufes paroles contre ceux qui s'eftoyent rendus. Tous ceux de la Religion en ces quartiers traitez pirement, que s'ils euffent efté Turcs ou Juifs. Le Duc d'Aumale & le Marquis d'Ellebeuf eftoyent en Normandie, l'un devant Rouen, & l'autre à Caen. Mais quelques gros & gras qu'ils fuffent, ils n'avancerent pas fort de ce cofté-là. Le Sieur de Morvilliers eftoit à Rouen, & dans le Fort Sainte Catherine y avoit fi bonne garnifon, que le Duc d'Aumale ne fit que perdre gens & munitions tout le long de l'Efté. Mefmes les affiégez, pour fe moquer de luy, dreffoyent des gargouilles çà & là, où il faifoit defpendre inutilement
 fes

Siége de Bourges & de Rouen.

---

(1) *Son frere.*] Le Cardinal eftoit alors en Italie, où il s'eftoit rendu pour broquanter les affaires au Concile de Trente, où il abandonna les intérêts de la Couronne de France, & favorifa ouvertement les prétentions de Philippe II. qui conteftoit mal-à-propos la prefceance aux Ambaffadeurs de France :

& il a fallu toute la fermeté de Louis-le-Grand, pour réparer dans la fuite les fautes du Cardinal de Lorraine & obliger le Roi Catholique à reconnoître que la Couronne de France avoit la prefceance fur celle d'Efpagne : ainfi c'eft aujourd'hui une affaire reglée & conclue dans l'Europe.

fes poudres & boulets , comme s'il euſt voulu defnicher des paffereaux. Au reſte, chafcun eſtoit Maiſtre en ſon Camp, tellement qu'un jour un enfant de Rouen eſtant ſorty pour aller voir les déportemens du Duc d'Aumale , fonder ſes entrepriſes & deſſeins , ayant veu qu'il n'y avoit ſi petit ruſtre , qui ne ſe meſlaſt de le conſeiller & de commander en ſa préſence, rapporta qu'il avoit veu force Capitaines & peu de ſoldats. Parquoy (dit-il) , vous n'eſtes en danger , ſinon quand Monſieur d'Aumale dort. Le Duc de Guiſe appeloit cependant les Eſtrangers, comme Italiens, Eſpagnols & autres, pour brouiller tout de plus en plus. Et attendant que la Royne d'Angleterre ſe préparoit pour donner ſecours au Prince de Condé , ſçachant que la Normandie eſtoit la deſcente, y mena incontinent ſon Armée , traignant le Roy, la Royne-Mere & le Roy de Navarre, qui y fut bleſſé au Siége de Rouen (1) , dont il mouruſt toſt après, recevant le ſalaire de s'eſtre adjoint aux ennemis de la Couronne & aux ſiens. Rouen fut prins, & toute violence y fut exercée. Cela fait, le Duc de Guiſe revient à Paris, eſtant en perplexité, à cauſe que le Prince de Condé ayant receu ſecours d'Alemaigne, venoit le trouver. Mais ſur ces entrefaites, il eſt fortifié de nouvelles Compagnies de Gaſcons & d'Eſpagnols, tellement qu'il délibére empeſcher que les Anglois ne ſe joigniſ-

ſent au Prince. Là-deſſus, ſurvint la Bataille donnée à Dreux (2) au mois de Décembre, où les choſes ſe paſſerent comme l'on ſçait. Mais comme le refus que le Duc de Guiſe fit lors que le Conneſtable le luy envoya dire (qui cauſa la priſe du Conneſtable) fit que pluſieurs eſtimerent qu'il cerchoit ceſt accident, & les autres le cognoiſſans, jugerent que c'eſtoit faute de courage : auſſi print-on de-là argument pour s'aſſeurer de tout ce que ce grand guerrier fit depuis ceſte journée. Car tous confeſſent qu'après la journée de Dreux, toute la force de ceux de la Religion conſiſtoit en la troupe que l'Amiral tenoit aux Champs, non pas en la Ville d'Orleans, qu'un chaſcun tenoit imprenable , l'Amiral demeura ſauvé. Ainſi donc la raiſon vouloit que le Duc de Guiſe s'attaquaſt à celuy, lequel vaincu , la Ville d'Orleans tendoit les mains : non pas à conſommer les hommes, l'argent, les munitions & les forces à la prinſe d'une Ville, laquelle prinſe & abbatuë, ne faiſoit que rendre l'Amiral plus fort, plus accort & eſveillé à nouvelles & hazardeuſes entrepriſes. On concluoit-de-là , que le Duc de Guiſe avoit eu faute de ſens & de courage , de n'avoir ſçeu ou oſé ſuivre l'Amiral ſe retirant en Normandie , & de l'avoir laiſſé ſe renforcer de Villes, de Places, de Fortereſſes, de Gens, d'Argent & de toutes autres munitions. Mais auſſi les plus Grans & les

les

Bataille de Dreux,

(1) *Y fut bleſſé au Siége de Rouen.*] Il fut bleſſé d'un coup d'Arquebuſe à l'épaule : ce Prince qui avoit beaucoup de bonnes qualitez , mais peu de fermeté, ſi ce n'eſt à la guerre, mourut le 17. Novembre 1562. ſur la Seine, vis-à-vis le grand Andelis, ſe faiſant tranſporter dans un batteau, pour ſe rendre à S. Maur des Foſſez, près Paris.
(2) *Donnée à Dreux.*] Elle ſe donna le 19. Décembre 1562. Les deux Chefs furent pris ; ſçavoir, le Prince de Condé, Chef de l'Armée des Réfor-

mez, ſe vit priſonnier des Catholiques ; & le Conneſtable, Chef de l'Armée Catholique, le fut par les Reformez. L'honneur en reſta aux Catholiques, mais avec peu d'avantage. Nous avons pluſieurs Deſcriptions de cette Bataille, l'une du Duc de Guiſe lui-même, & l'autre d'André Thevet. Cette Victoire fut même célébrée au Concile de Trente, par un Diſcours qu'en fit Beaucaire de Peguillon, ſur les Mémoires du Cardinal de Lorraine & du Duc de Guiſe.

L

les plus Experts de la France, tiennent pour certain que si la guerre eust plus longuement duré, l'Amiral eust fait recevoir une honte immortelle au Duc de Guise, lequel à Dreux ne l'osa regarder au visage, ne sortant d'Orleans pour aller en Normandie, le suyvre au dos : encores que l'Amiral fust sorty à petite troupe de ladite Ville assiégée, passant une partie de la France, & à la barbe du Duc de Guise, forcé Villes comme Touque, Caen, Falaize, Argentan, Vire & autres de Normandie, prins Forteresses & Chasteaux, contraint le Marquis d'Ellebeuf de faire joug, & se rendre à sa grace & mercy, encores qu'il eut le moyen de tenir bon, ayant une Place imprenable, (à sçavoir, le Chasteau de Caen) à son commandement. Mais ce n'estoit pas là son mestier. Il estoit plus propre à manier une bouteille & un jambon. De fait, quelques jours avant que l'Amiral approchast de Caen, il vouloit s'enfuir, & sans le Capitaine Renouard, il se retiroit avant qu'estre sommé. De luy donc ne rencontra pas mal-à-propos un Gentilhomme du Pays de Caux, lequel après les premiers troubles, voyant que l'Armée du Roy doutoit qu'il y eust longueur au recouvrement du Havre-de-Grace, leur conseilla d'y faire entrer le Marquis d'Ellebeuf : car il n'y a, (dit-il,) Place si forte, si munie, si imprenable, que incontinent il ne rende.

Cependant, le Cardinal ayant receu les nouvelles de la journée de Dreux : tout va bien, (dit-il,) puis que mon frere est sauvé. Parle-on plus à Paris de nous faire rendre compte ? Et puis se tournant devers deux Evesques ses favoris, leur dit en souriant, à ce que je voy, Monsieur mon frere orra ses comptes tout seul (1) : voilà où je les demandois. Le Roy de Navarre estoit mort. Le Mareschal de S. André avoit esté tué (2). Le Prince de Condé estoit prisonnier d'un costé, & le Connestable de l'autre, voilà où il les demandoit. Luy & son frere ne redoutoyent plus que la Royne-Mere, l'inconstance & finesse de laquelle ils avoyent à combatre. Pour en venir à bout, ils estiment qu'il falloit avoir Orleans pour attraper le Sieur d'Andelot qu'ils hayssoyent & craignoyent, rescouvrer le Connestable pour l'avoir du tout à leur mercy, si d'avanture ils ne l'eussent fait despêcher en la fureur de la prinse. Ils avoyent le Prince de Condé qui ne fust pas eschappé de leurs mains à bon marché. Et encores qu'ils vissent l'Amiral en pieds, si esperoyent-ils le matter avec le temps. Pour cest effect, ils firent tout d'une volée quarante Chevaliers de l'Ordre, & distribuerent les Compagnies d'hommes d'Armes à gens de leur tenue. Aussi le Duc de Guise se descouvrit assez quelques jours avant sa blessure : car sur ce qu'un sien familier luy parloit de suyvre l'Amiral, il fit responce : ce ne seroit peut-estre pas le proufit de beaucoup qu'ils fussent sitost vaincus, le jeu n'est pas assez brouillé. J'ay à combatre une plus mauvaise beste que tous les Huguenots ensemble, parlant de la Royne, de laquelle il se plaignoit assez souvent en son privé, qu'elle estoit merveilleusement ingrate envers

---

(1) *Tout seul.*] C'est la raillerie ou la Pantalonade que M. de Lestoile même en ses Mémoires, après cette Légende, attribue au Cardinal de Lorraine, au sujet de la journée de Dreux.

(2) *Tué.*] Le Mareschal de Sainct André avoit seulement été fait prisonnier : mais après sa prise, un nommé Beauvigni, que le Maréchal avoit autrefois insulté, le tua de sens froid ; quoique désarmé, ce qui est contre les Loix de l'honneur & de la guerre.

envers luy, & qu'elle ourdiffoit fous main quelque chofe avec le Prince de Condé. Mais, (difoit-il,) au plaifir de Dieu, qui fait le tort que l'on fait à noftre maifon, (parlant de la Provence & d'Anjou, & de la Couronne auffi,) j'auray le bout des uns & des autres : & quoy qu'il coufte, puis que ma part y eft, j'en auray la raifon, avant que le jeu fe départe. Encores fe defcouvre mieux l'iniquité de fon vouloir, par un autre propos qu'il tint, lors qu'il fit faire ces derniers Chevaliers de l'Ordre, (au rang defquels fon fils Henry, (1) plus propre encor à jouer aux noix qu'à tenir Efpée, eftoit des premiers,) fur la honte qu'on luy difoit qu'il feroit à tant de gens de bien, & Grans Seigneurs qui en eftoyent, d'y mettre quelques-uns qu'il vouloit, vous n'entendez pas, dit-il, le fecret. Il y en a, (parlant de la Royne) qui veulent vivre en confufion, & il y en faut tant mettre, que le défordre y amene un bon ordre. Voilà le foin qu'il avoit de l'eftat du Royaume. Mais on peut voir comment il fe dégradoit foy-mefme. En la journée de Dreux, le Conneftable avoit efté prins, combatant vaillamment, le Marefchal de S. André tué fur la place : le Duc de Guife ne s'eftoit peu retirer qu'avec honte & vitupere, ayant refufé de charger les Huguenots, lors que fon Capitaine le luy commanda, & d'avoir abandonné fon Chef au plus fort du combat. Il ne fit aucun honorable exploit en cefte journée-là, & perdit l'honneur de la prinfe du Prince de Condé, qui tomba ès mains du Sieur de Danville. Mais pour fa plus grande confufion, il eut en tefte le feul Amiral, duquel il avoit tant mefdit, & eut cefte reproche devant tout le monde,

de n'avoir avec toutes fes forces, ofé attaquer celuy qu'il avoit tant mefprifé, & qu'il difoit n'avoir vertu, proueffe, ny grace de commander. Ce qui defpitoit extrêmement le Duc de Guife, eftoit de fe voir bridé par la reddition du Havre-de-Grace aux Anglois, qui leur avoit efté baillé avec quelques conditions, qui n'eftoyent point iniques pour le temps : & cela fervit à faire ronger les ongles au Cardinal & à tous fes autres freres, qui fe virent nouvelle befongne taillée en ceft endroit. Or tenoyent-ils prefque pour certain, que cela ne s'eftoit point fait fans l'intelligence de la Royne-Mere avec le Prince de Condé & l'Amiral. Partant, donnerent-ils confeil au Roy d'Efpagne, par l'entremife de leurs ferviteurs fecrets, de demander au Roy de France quelques Villes à luy garder : donnans efperance à l'Efpagnol de les luy faire bailler, s'il euft efté tant inique & malavifé de les demander. L'on fait le regret qu'en avoit le Duc de Guife, quelques jours avans fa bleffeure à mort devant Orleans, ainfi qu'il s'en defcouvrit à un fien familier : difant qu'il fe répentoit bien de n'avoir fait bailler deux Villes au Roy d'Efpagne, au lieu d'une que tenoyent les Anglois : car c'eftoit, (difoit-il,) le moyen de tenir en bride l'inconftance de laquelle il chargeoit la Royne, & l'envie & jaloufie qu'il difoit qu'elle portoit desjà à fa grandeur, avec le moyen que cela aportoit de faire quelque grand chofe pour leur maifon, dont il ne fe voulut ouvertement defcouvrir : mais auffi il ne peut tant cacher fon jeu, qu'en difant que par ce moyen il euft eu fa part de la piéce, comme les autres, l'on ait bien peu juger (avec d'autres propos que

(1) *Henri.*] C'eft Henri de Lorraine Duc de Guife, tué à Blois le 23. Décembre 1588.

que depuis il tint encores) qu'il n'euſt intention de mettre le Royaume en proye, & en avoir ſa part.

Mort du Duc de Guiſe.

Ces meſcontentemens furent cauſe que l'Amiral paſſa ſeurement en Normandie & s'y fortifia de nouveau, tandis que le Duc de Guiſe aſſiégeoit Orleans, & ſe préparoit à plus hautes entrepriſes, ceſte là exécutée : ne tenant lors que propos pleins de menaces contre l'Eſtat & le repos du Royaume. Au milieu de ſes deſſeins, Poltrot (1) luy tira le coup de piſtolet, duquel il languit quelques jours en terribles tourmens & merveilleux regrets, de ſe voir tranché au milieu de ſa courſe. Il mettoit quelquesfois les doigts en ſa playe, & comme il s'eſtoit extrêmement deſpité contre les Chirurgiens & Médecins, qui n'avoyent peu alonger la vie à François ſecond, auſſi lors ne les pouvoit-il voir de bon œil, pour autant qu'il ſe voyoit pris. Enfin, après avoir pardonné à ſa femme, & laiſſé la charge de ſes enfans au Cardinal, non ſans charge de venger ſa mort & pourſuyvre les entrepriſes, tant de fois rompues, il fut comme attaché par la mort aux Fauxbourgs & à la porte d'Orleans. Ainſi périt le plus fier de tous ceux de Guiſe, indigne (ce diſoyent pluſieurs) de mourir en la Ville où un Roy eſtoit mort (2), & qu'il entraſt vif dedans les murailles de celle que luy & les ſiens avoyent deſtinée pour la mort d'un Prince du Sang, & de pluſieurs

bons Officiers de la Couronne. Les Catholiques, ſpecialement ceux de Paris (qui toutesfois n'en avoyent occaſion) comme il ſera dit cy-après, firent un grand dueil pour ſa mort. Le Roy de Navarre avoit eſté tué devant Rouen. Le Mareſchal de S. André, le Duc de Nevers & autres à Dreux. On n'en fit aucun ſemblant. Mais pour Monſieur de Guiſe qui avoit abandonné ſon Capitaine, qui combatoit pour ne rendre compte aux Eſtats de France, qui avoit violé les Edits, & vouloit avoir raiſon de ceux de Valois, on fit des pompes funebres, comme à un Roy (3). Or, comme après le décès de François ſecond, toute ceſte Cour qui environnoit ceux de Guiſe, s'eſvanouit, & toute leur multitude ſe convertit à l'inſtant en ſolitude, & meſmes pluſieurs qui les avoyent ſuyvis, eſtoyent preſts non ſeulement à tenir le baſſin à qui leur couperoit la gorge, ains meſmes de les eſgorger : ſemblablement après la mort de leur aiſné, ils demeurerent comme un corps perclus de ſes membres, eſtans abandonnez de la pluſpart, & pour la deſmeſurée puiſſance qu'ils avoyent uſurpée, devenus odieux à ceux qui leur eſtoyent plus équitables. Et pourtant le Cardinal, qui eſtoit lors à Trente, commença à regarder à nouveaux moyens, pour commencer par un autre bout : & commença par l'Eſpagnol, dont meſmes il ſe deſcouvrit depuis à un principal Conſeiller d'un
Grand

<hr>

(1) *Poltrot.*] Jean Poltrot de Meré, Gentilhomme d'Angoumois de la nouvelle Religion, impliqua dans ſon crime l'Amiral de Coligni, M. de la Rochefoucaut & Theodore de Beze, qui cependant ont toujours proteſté de leur innocence. Mais ce ſont là de ces occaſions, où il eſt toujours fâcheux de ſe voir accuſé, ſeroit-on même innocent. Il reſte toujours quelque obſcurité ſur la reputation de celui qui eſt contraint de ſe juſtifier. Le Duc de Guiſe mourut de ſa bleſſure le 24. Février 1563. avec beaucoup de fermeté & plein des ſentimens les

plus Chrétiens.

(2) *Etoit mort.*] C'eſt François II. Roi de France qui mourut à Orleans le 5. Décembre 1560.

(3) *Comme à un Roi.*] Il laiſſoit une famille dont il étoit aimé. Voilà pourquoi on lui fit des funerailles auſſi magnifiques. Tout ſon parti perdoit beaucoup ; mais dans les circonſtances où eſt mort François II, il ſembloit que toute la France dût y gagner, du moins de la tranquilité ; ce qui néanmoins n'arriva pas.

Grand Seigneur François : car après avoir fort descrié & blasmé l'estat des affaires de France, il luy disoit, que le Gouvernement d'Espagne estoit excellent & beau, là où les Grans du Pays tiennent le Roy en bride (1), sans qu'il soit loisible au Roy de s'en jouer, comme de jettons, faisant que celuy qui n'en valoit qu'un en vaut tantost dix, tantost cent, tantost dix mil, & quand il luy plaît, le remet à un : & ne seroit pas, (disoit-il,) mal aisé de ranger la France à son poinct. Cependant il faisoit du pleureur, escrivant des Lettres consolatoires à sa mere, lesquels à grand peine sauroit-on lire sans rire, specialement où il escrit ces mesmes mots : Madame, je vous dy que jamais Dieu n'honora tant mere, ne fit plus pour autre sienne créature, (j'excepte tousjours sa glorieuse Mere) qu'il a fait. Mais ce bon Fils de la plus heureuse du monde après la Vierge Marie, faisoit d'autres nouvelles pratiques contre l'Estat de son Roy & du Royaume, comme nous le verrons maintenant.

Premiere pacification. Le Duc de Guise ayant la bouche close, incontinent la paix s'avança, mais de telle sorte cependant qu'on cognut que les Mémoires que le Cardinal avoit laissez avant qu'aller au Concile, servoyent de beaucoup. Car l'Edit de Janvier fut comme anéanty, le Prince de Condé reculé de la Charge qui luy appartenoit, comme au premier Prince du Sang : l'Amiral & autres Grans Seigneurs de la Religion esloignez de la Cour, specialement l'Amiral, auquel on mit la résolution du coup donné au

feu Duc de Guise (2), qui estoit un artifice du Cardinal & les siens, pour tenir tousjours l'eau trouble & ne venir jamais à compte : & de la Royne-Mere aussi, qui en cest endroit favorisoit ceux de Guise, estant bien aise d'esslongner de ses fils toutes gens d'honneur, afin de les eslever & façonner à son humeur, dont les effects se monstrerent bien depuis.

Déportemens de ceux de Guise, depuis les premiers troubles jusqu'aux seconds. Depuis les premiers troubles jusques aux secons, survindrent beaucoup de choses en France, où les artifices de ceux de Guise apparurent en beaucoup de sortes, à la ruine du Royaume, comme nous en toucherons icy quelques particularitez plus notables, sans trop nous arrester à la circonstance des jours: joint qu'en traitant des tors qu'ils ont fait aux Princes du Sang : à la Noblesse, aux Estats & aux particuliers du Royaume, on verra les particularitez que nous passons maintenant.

Premierement donc, le Cardinal fait instance vers la Royne-Mere, de faire bailler l'Estat de Grand-Maistre à son neveu Henry, fils du feu Duc de Guise. Et combien que cest enfant fust du tout incapable de ceste, toutesfois au grand deshonneur du Roy, de toute la France, & par despit du Connestable, & de ceux de la Religion, que la Royne commençoit à hayr, il fut esleu Grand-Maistre, ayant besoin encor alors de verges & de Précepteur.

Depuis la mort du Roy de Navarre, la Royne-Mere estoit devenue Catholique. Car elle craignoit que le Prince de Condé, lors premier Prince du Sang, ne

---

(1) *En bride.*] Cela étoit bon autrefois, mais aujourd'hui le Gouvernement d'Espagne est sur le pied françois, & c'est le mieux.
(2) *Au feu Duc de Guise.*] Ce ne fut pas le Cardinal de Lorraine, mais Poltrot lui-même qui impliqua l'Amiral dans ce crime : mais l'Auteur de la Legende, comme Huguenot, veut éloigner de son parti la honte de ce coup odieux. L'Amiral se vit même obligé de s'en justifier avant que le Cardinal de Lorraine, qui étoit au Concile de Trente, pût en être informé. Voy. M. de Thou, Liv. 34. de son Histoire.

L 3

ne vouluſt tenir ſon rang , & comme il la cognoiſſoit , la ranger à l'aide de ceux de Chaſtillon , & du Conneſtable meſmes (les bouillons duquel commençoient aucunement à ſe refroidir) pour luy oſter le Gouvernement. Le Cardinal prevoyant que ſi cela avenoit, luy & ſes freres eſtoyent desferez , ſe réſolut d'y donner ordre. En l'Aſſemblée d'Orleans , les Eſtats d'un commun accort avoyent fait grande complainte des dons immenſes des Roys Henry & François ſecond , faits à pluſieurs perſonnes , les uns indignes , les autres outre meſure , & de faire rendre compte à ceux qui avoyent eu charge & commandement ès Finances. La premiere de ces plaintes, quant à l'indignité des perſonnes , concernoit principalement & juſqu'au fond du cœur la Ducheſſe de Valentinois & toute ſon ordure : & quant à l'excès touchoit au vif ceux de Guiſe , le Mareſchal de S. André & quelques autres. La ſeconde plainte regardoit du tout ceux de Guiſe , ſur tout au regard de François II. qu'ils avoyent manié à leur plaiſir , & ſous le regne infinis deniers s'eſtoient eſcoulez. D'autre coſté la réformation de l'Eſtat Eccléſiaſtique , dont la Nobleſſe & le tiers Eſtat faiſoyent inſtance , faiſoit mourir le Cardinal tout de bon. Pour faire eſvanouir ceſte pourſuite, ils ne trouverent plus prompt expédient que d'allumer ceſte guerre civile. Eſtant appaiſée , il met en avant à la Royne-Mere , que pour empeſcher que le Prince de Condé en s'avançant ſelon ſon degré, ne luy oſtaſt ſon Gouvernement , il faloit faire déclairer le Roy Majeur , ſuy-

vant ce qu'elle en avoit auſſi délibéré avant la mort du Roy de Navarre. Or s'aſſeuroit le Cardinal , que tandis que la Royne-Mere demeureroit Maiſtreſſe, les comptes ne ſe rendroyent jamais. Pource que permettans aux Eſtats de ſonder de ſi près le déportement des Gouverneurs , il y avoit danger qu'avec le temps on ne la recerchaſt elle-meſme. Et quant à la réformation du Clergé , il luy monſtre le danger qu'il y avoit d'avancer ceux de la Religion , (ce qui aviendroit en ce faiſant) pource qu'elle auroit l'Eſpagnol , le Pape , & tous les Catholiques en teſte , perdroit ſon crédit , & (peut-eſtre,) ſon autorité auſſi. Suivant tels conſeils , le Roy toſt après la paix fut déclaré Majeur (1) : & la Royne-Mere & le Cardinal , luy firent jouer un terrible rollet , le faiſant parler auſſi gros que s'il euſt en quarante ans : auſſi eſtoyent-ce eux qui parloyent par ſa bouche.

A ce Conſeil, le Cardinal en adjouſta un autre touchant l'inſtruction du Roy & de ſes freres. Car il remonſtra à la Royne , que ſi elle permettroit que les Princes & Seigneurs de la Religion approchaſſent de ſes enfans, ou qu'elle les introduiſt de ſi bonne heure aux affaires , ils ſeroyent gaignez , & pourroyent avec le temps luy donner de la peine à elle-meſmes, ou pour le moins luy oſter le maniement des affaires , & approcher de leurs perſonnes d'autres conſeilliers , comme les Bourbons , Montmorencis & Chaſtillons. Pour pourvoir à ce poinct, il fait amuſer le Roy à la toupie , à faire jouſter les coqs l'un contre l'autre , à faire battre les chiens,

---

(1) *Majeur.*] La Déclaration de la Majorité de Charles I X. ſe fit le 20. May 1563. au Parlement de Rouen ; où le Roi tint ſon Lit de Juſtice : démarche qui chagrina extrêmement le Parlement de Paris ; que le Roi obligea même de ſon autorité , de regiſtrer l'Edit , par lequel il avoit été déclaré Majeur.

chiens, ou à les harer fur ceftuy-cy ou ceftuy-là : puis à ouyr des farces, danfer, babiller avec des Courtifanes, finalement à jurer (1) & paillarder, le tout au veu & fceu de la Royne, & par l'entremife de plufieurs ferviteurs de la maifon de Guife. Et d'autant que le Roy eftoit affez impétueux, pour luy faire paffer ces boüillons, on le mit à la chaffe, tandis qu'une femme & un Preftre gouvernoyent le Royaume.

Et pour tenir tousjours en halaine ceux de la Religion, & empefcher que le Roy, avec le temps, ne favorifaft tellement les deux partis enfemble, qu'enfin les artifices de la maifon de Guife ne fe defcouvriffent, le Cardinal fçeut bien empoigner l'occafion pratiquée par la Royne-Mere un peu avant l'Edit de pacification. On avoit attribué je ne fçay quelle dépofition à Poltrot, par laquelle il confeffoit que l'Amiral luy avoit donné charge de tuer le Duc de Guife. Et combien que l'Amiral entendant ce bruit que la Palette ferviteur de ceux de Guife, faifoit femer parmy les Réiftres Proteftans, qui eftoyent venus au fecours de ceux de la Religion, & voyant quelle conféquence cela tiroit, euft par Lettres expreffes, fupplié la Royne-Mere de faire garder Poltrot, auquel il défiroit eftre confronté : néantmoins elle l'avoit fait tirer à quatre chevaux par Arreft du Parlement de Paris. En quoy fe void l'enclouëure, & le merveilleux artifice de la Royne & du Cardinal. Quant aux menées de la Royne, cela requiert une autre (2) Legende. Pour le regard du Cardinal, il fut le plus aife du monde, d'avoir cefte acroche, pour mettre le

Royaume en troubles, quand bon luy, fembleroit, fe deffaire de tous fes ennemis de Bourbon, de Montmorency & de Chaftillon. Et de fait, cefte Juftice qu'il faifoit demander par la Veuve & les enfans du Duc de Guife, luy eftoit un moyen merveilleufement propre pour fe faire valoir.

Car en peu de temps il paffa bien plus outre, donnant à entendre à la Royne, que jamais fon Gouvernement, ny l'Eftat du Roy, ne feroyent affeurez, tandis que les Bourbons, Montmorencis & Chaftillons feroyent à cheval : qu'il les faloit humilier, & leur mettre tant de gens en tefte, que le Roy & ceux qui eftoyent à l'entour de luy, demeuraffent les Maiftres. Que fi elle vouloit fe fervir de fes freres & neveux, & de ceux qui eftoyent affectionnez à leur maifon, elle les trouveroit prefts avec leurs moyens. Que tandis qu'elle desfaviroiferoit ceux de la Religion, la plufpart des Villes du Royaume employeroyent tous moyens pour maintenir elle & fon authorité.

Et d'autant que ç'euft efté broüiller trop les affaires tout d'un coup, & fe hazarder : un peu avant que de s'attacher aux trois maifons fus-mentionnées, enfemble, après avoir délibéré avec fes freres, le Cardinal propofa à la Royne-Mere, qu'il faloit fe desfaire premierement de ceux de Chaftillon : à quoy la Juftice, que demandoyent ceux de Guife, ferviroit de prétexte ; & d'autant qu'on ne les pourroit avoir par force, il leur faloit monftrer bon vifage pour les attrapper en un coup. Or encores que la Royne vift bien l'iniquité de ce Confeil, & les ruines qui s'en pouvoyent

(1) Jurer.] C'eft à quoi Charles IX. étoit le plus enclin, jamais on ne pût lui faire perdre cette honteufe habitude.

(2) Legende.] Cette Legende n'a pas été faite; mais le Difcours merveilleux fur cette Princeffe, peut en tenir lieu.

voyent enfuyvre , toutesfois préferant son ambition au repos de ses enfans & du Royaume, elle suyvit ce chemin. Car encores qu'elle n'aimaft gueres la maison de Guise , toutesfois sçachant qu'elle en cheviroit mieux , & qu'ils eftoyent embarquez si avant ès affaires , qu'ils employeroyent tous moyens pour se conserver avec elle, il ne fut queftion que de regarder aux moyens de se deffaire de ceux de Chaftillon. Mais comme ils eftoyent sur le poinct de se mettre en besongne , le Prince de Condé en plein Conseil du Roy , print le fait de l'Amiral en main , & déclaira tout haut , que quiconque s'attacheroit à l'Amiral par autre moyen que légitime & felon le droit , luy Prince ne l'endureroit pas. Cela & autres confidérations furent cause de cefte belle réconciliation , entre l'Amiral & ceux de Guise , faite à Moulins , lors que le Roy eftoit sur son voyage de Bayonne.

Or ce voyage fut entrepris par l'avis du Cardinal & de la Royne-Mere, sous prétexte de faire voir au Roy son Royaume : mais en effect , pour conférer avec l'Espagnol , faire une nouvelle ligue , pour remettre le Royaume en nouveaux troubles , comme il avint aussi après que les courses eurent efté faites. Pendant lesquelles le Cardinal & ses freres firent autres pratiques qui s'enfuyvent.

Le Cardinal eftant à Trente , avoit pratiqué une derniere feffion , pour faire déclarer le Roy de France Hérétique, Schismatique & excommunié , s'il persévéroit à vendre le Domaine de l'Eglise : combien que cefte vendition fust de l'invention que luy-mefmes , avant son partement de France , & son frere

avant sa mort , avoyent donnée. Car pour parvenir à leur grandeur & accompliffement de leurs deffeins , alors ils ne trouvoyent rien qui fuft fainct & inaliénable. En ce mesme deffein , vouloit faire déclarer le Royaume de Navarre , pour la Religion que la Royne & le Prince son fils tenoyent , eftre ouvert & en proye au premier conquérant. Dont le Roy adverty , manda à ses Ambaffadeurs & aux Evefques du Royaume , de se retirer promptement du Concile , faifant au refte de grandes proteftations contre les Auteurs de ce Conseil. Mais en cela y avoit de l'artifice du Cardinal , lequel en secret disoit avoir inventé ce moyen pour gratifier au Pape & au Roy Catholique , à qui il présentoit une nouvelle proye , & d'autre part escrivoit à la Royne-Mere , qu'il faloit que le Roy feift semblant d'empefcher cela , afin de gaigner la Royne de Navarre (1) , & la féparer d'avec le Prince & ceux de Chaftillon , pour les rompre tant plus aifément les uns après les autres. Sur çe , il revient en France , & ayant pourveu aux affaires , comme nous verrons maintenant, fait un nouveau voyage à Rome , pour solliciter en personne cefte interdiction contre la Royne de Navarre. Et pour se purger de telle meschanceté , il en partit deux jours avant la conclusion du Jugement : puis eftant arrivé à Venife , accufa aigrement le Pape & le Confiftoire de Rome , d'avoir paffé outre contre la volonté du Roy, pour faire entendre qu'il n'eftoit point de la partie.

Eftant de retour , & pour s'acquitter de la promeffe faite au Concile , il fut si impudent d'en présenter les Articles au Conseil du Roy , non pas tant pour les

Articles du Concile propofez par le Cardinal , pour troubler encor le Royaume.

(1) *Navarre.*] Jeanne d'Albret , Reine de Navarre , tint bon dans le parti Proteftant , & jamais on ne put l'en détacher.

les faire recevoir du premier coup au Royaume, que pour avoir un moyen propre pour rompre peu à peu l'Edit de pacification. Et afin que cela euft plus de luftre à fa follicitation, les Ambaffadeurs d'Efpagne, de Savoye, & du Pape, vindrent en Cour, & préfenterent certains Articles dreffez à l'inftance du Cardinal & de fes adhérans, lefquels nous avons icy inferez, d'autant qu'ils defcouvrent le fondement des autres troubles, que depuis ce temps-là nous avons veu en France.

Le premier poinct eft, qu'ils ont interpellé le Roy de garder & faire obferver en fon Royaume, Pays, Terres & Seigneuries de fon obéiffance, les Articles du S. Concile, nagueres fait à Trente, qu'ils ont apporté à cefte fin : & pour d'iceux luy faire lecture, & faire ferment pardevant les déléguez du Concile, eft baillée affignation au Roy, de fe trouver à Nancy en Lorraine, le jour de Noftre-Dame en Mars, où fe trouveront lefdits Sieurs, eux & tous les Roys & Princes Chreftiens, où ils ont délibéré faire une Loy générale, fuyvant ce qui a efté fait audit S. Concile, pour l'extirpation des Héréfies & nouvelles Doctrines qui feront trouvées répugnantes audit S. Concile.

Le deuxiefme poinct eft, que ledit Sieur face ceffer l'aliénation du temporel de l'Eglife, luy déclarant par ledit Roy d'Efpagne & Duc de Savoye, qu'ils n'ont entendu, ny entendent eftre payez des deniers à eux promis en mariage, par le défunct Roy Henry, fur & aux defpens de l'Eglife : & qu'il fe doit contenter de quelque don gratuit que luy feront les Eccléfiaftiques, ayant efgard aux faccagemens, qui puis nagueres ont efté faits en fon Royaume, & ce fous fon nom & par fon

Edit : dont toutesfois ils l'excufent pour fa tendre jeuneffe, comme eftans auffi priez de ce faire.

Le troifiefme, qu'il banniffe, fi mieux il n'aime faire punir les principaux féditieux & Schifmatiques de fon Royaume, par le moyen defquels ont efté faits les fufdits faccagemens de l'Eglife, & qui ont mis les ennemis de fa Couronne en fon Royaume, & pour ce faire, bailler entrée aufdits Eftrangers.

Le quatriefme, qu'il révoque la rémiffion & abfolution qu'il a faite par fon Edit de paix, fignamment contre ceux qui ont commis crime de Lefe-Majefté Divine : luy remonftrant que ce n'eftoit à luy, ny à Roy, ny à Prince de Chreftienté, remettre ou pardonner ladite offenfe qui eft faite contre la Divine Majefté, & que telle rémiffion appartient à un feul Dieu.

Le cinquiefme, que de fa part, comme Roy, il tient la main à Juftice, & icelle authorife, comme fes Prédéceffeurs ont fait, d'autant que d'icelle dépend l'authorité des Roys & Princes Chreftiens : & que faifant cela, il fera la punition du meurtre fi proditoirement fait à la perfonne du feu Sieur de Guife, par ceux qui luy font notoirement cognus, & qu'en icelles chofes ne faut ufer de diffimulation, confidéré la perfonne meurtrie fi malheureufement : & de fe faire obéir comme Roy, afin de faire florir Juftice en fon Royaume. Lefdits Seigneurs, pour lefquels eux Ambaffadeurs ont charge, luy offrent donner confort & aide, fi-toft qu'il plaira au Roy les en requerir.

Depuis que ceux de Guife ufurperent la Couronne, faifans de nos Roys leurs efclaves, il y a eu deux fortes de Confeils, de Lettres & de paroles de

Roy,

M

Roy, à sçavoir, Patentes & secrettes. Le Conseil privé traite ce qu'on veut que tout le monde sçache. Les Lettres Patentes & paroles dites devant tous, servent de confirmation. Mais ceux de Guise y ont introduit un Conseil secret, qui depuis a esté party comme en trois. Car la Royne Mere a le sien, ceux de Guise le leur, & le Roy quelquefois aussi le sien, composé de certains qui le gouvernent. Là ont esté résolues de nostre temps les affaires, dont les sanglantes exécutions se sont ensuyvies depuis. Les Lettres de Cachet sont ordinairement contraires aux Patentes, & les paroles ouvertes à celles que l'on dit en l'oreille. Ainsi en print-il à la venne de ces Ambassadeurs, car en public & au sçeu de tout le monde, le Roy leur déclaira que l'Edit de pacification avoit esté fait pour déchasser les ennemis de son Royaume, & autres choses en général : mais en particulier on mania cest affaire au Conseil secret, en la sorte que nous l'avons veu par effect depuis. Le vingt-sixiesme jour de Février 1563. le Roy fit une partie de ceste déclaration aux susdits Ambassadeurs, & pour mieux coulourer la besongue, le Cardinal & la Royne-Mere luy firent apprendre ceste responce par cœur, & la prononcer de sa bouche, luy qui entendoit lors autant ce qu'il disoit, que ce qu'il

ne disoit pas, estant enfant, mesmes en telles affaires.

Or, faut noter qu'un jour auparavant, le Cardinal avoit obtenu de la Royne un congé en forme de brevet, signé du Secretaire Bourdin, pour porter armes défendues par Edits & Lettres Patentes. Si on demande pourquoy il obtint ce brevet de la Royne plustost que du Roy, veu que celuy seul peut dispenser de la Loy qui l'a faite : & pourquoy il ne demanda des Lettres Patentes, ains s'arresta à un simple brevet : j'en laisseray le jugement à toutes personnes libres de passions. Ce qui survint tost après, descouvre les desseins du Cardinal & des siens.

Mais de pouvoir specifier icy ces desseins-là, tant en ces chevauchées qu'on fit faire au Roy, sous prétexte du voyage de Bayonne, où la sainte ligue fut confermée (1), & résolu avec le Duc d'Albe de courir sus à ceux de la Religion : qu'ès ligues brassées enviers endroits du Royaume par les menées de ceux de Guise, dont s'ensuyvirent des massacres horribles, specialement au Maine & en Touraine, & au Vendosmois. En Guyenne le Mareschal de Bourdillon, & ailleurs plusieurs autres, trop au commandement desdits de Guise & de la Royne. Nous ne parlerons donc icy par le menu de ces massacres, suy-

vis

---

(1) *Confermée.*] Voici un endroit fort curieux de l'Histoire de Pierre Mathieu, à ce sujet. « Il y eut un » Conseil fort secret & particulier, entre la Reine-» Mere & le Duc d'Albe, pour l'extirpation de l'A-» miral & de son parti, ne proposant meilleur re-» mede, que de faire des Vespres Siciliennes, ayant » souvent pour refrain ce mot : *une tête de Saumon*, » *est meilleure que celle de cent Grenouilles.*

» J'ai ouï dire au Président de Calignon, Chance-» lier de Navarre, que tout ce Conseil fut recueilli » par le Prince de Navarre, qui pour la gentillesse & » vivacité de son esprit étoit admiré des Espagnols ; » & le Duc de Medina-Celi le considérant si géné-» reux & si éveillé, dit qu'il seroit un grand Prince.

» Ce qu'il me dit pour m'instruire de ce secret est » peu diférent de ceci. *Pierre Matthieu, Hist. de Fran-* » *ce, Tom. I. pag. 283.* Les intéressez n'en ont rien » sçeu que par ce petit Prince, qui suivoit la Reine » par tout, & elle ne le pouvoit perdre de vûë ; il » se trouva au Cabinet, écouta & retint la résolu-» tion de ce Conseil : ces paroles d'ardeur & de feu, » au lieu de s'eteindre dans ce bois vert y demeure-» rent. Il les représenta si fidelement à la Reine de » Navarre sa Mere, & elle y ajouta tant d'ardeur & » de véhémence, en l'avis qu'elle en donna au Prin-» ce de Condé & à l'Amiral, qu'il ne fallut autre » trompette pour les réveiller, & entreprendre ce » qu'ils ne pûrent exécuter à Meaux.

vis d'extorfions & injuftices eftranges en diverfes Villes du Royaume, les artifices pour abolir peu à peu l'Edit de pacification, les pratiques du Cardinal pour gaigner le Prince de Condé, fous prétexte d'un Royaume imaginaire (1) & d'un mariage, afin de rendre l'Amiral plus foible, les Citadelles dreffées en divers lieux, les defmantelemens des Villes tenues aux premiers troubles par ceux de la Religion, les fauffes accufations qui leur furent mifes fus, la Déclaration ou Edit de Rouffillon, aboliffant manifeftement celuy de pacification. La moquerie des remonftrances faites par le Prince de Condé fur ceft Edit, & de tous ceux de la Religion, qui demandoyent foulagement & Juftice. Le maffacre de Tours & du Chafteau du Loir. L'audace de Chavigny efclave de la Royne & de ceux de Guife, le banniffement de certains perfonnages de la Religion, en la Ville de la Rochelle. Je ne ferai auffi plus ample mention de la défenfe de tenir Efcholes à ceux de la Religion, à la pourfuite du Cardinal, fuyvant pas à pas en cela l'Edit de Julian l'Apoftat contre les Chreftiens : la pourfuyte du mefme Cardinal, tafchant de ruiner les ames comme les corps, à ce qu'il ne fuft loifible aux Miniftres de vifiter les malades, n'y demeurer ailleurs qu'ès lieux mefmes où feroit l'exercice de la Religion pour les Bailliages.

D'un cofté, le Cardinal de Guife machinoit avec l'Evefque du Mans (2) dont s'enfuyvirent infinis maux. Le Duc d'Aumale eftoit en Champagne, où il ne faifoit gueres mieux. Il ofte à ceux de Troyes l'exercice de la Religion, qui par la Déclaration du Roy, leur eftoit permis dans leurs Fauxbourgs, leur affignant un Village fort incommode. Change de fon authorité le lieu du Bailliage de Chaumont en Baffigny, contre l'Ordonnance expreffe du Roy. Et fur la remonftrance qui luy en fut faite par le Lieutenant du Bailliage (ennemy déclaré de la Religion) du commandement qui luy avoit efté fait d'accommoder ceux de la Religion au refus du Gouverneur : il refpondit, qu'il avoit des contraires Edits du Roy dedans fa manche, & défendit à ce Lieutenant de paffer outre. Fit emprifonner un Avocat à Troyes, pour avoir préfenté une Requefte au Roy, au nom d'une povre femme de la Religion, à laquelle on avoit depuis la paix, coupé les bras & les jambes. Fit piller & faccager la maifon du Receveur de Mafcon. Favorifa en toutes fortes poffibles, les féditieux & publiques affaffins de Crevant. Le Cardinal de Lorraine eftoit en armes, accompagné de quelques Chevaliers de l'Ordre, & les mutins de Paris & autres lieux, voyans qu'on couroit fus ainfi à ceux de la Religion, ne demandoyent finon quelque grand qui les mift en train pour faire de mefmes, joint que le Roy eftoit loin, & en fon abfence avoyent grande envie de remuer les mains, & faire un terrible mefnage. Ce que prévoyant le Marefchal de Montmorency, &

---

(1) *Imaginaire.*] Le Cardinal de Lorraine cherchoit à amufer ce Prince, par la propofition d'un mariage, qu'ils vouloient faire avec Marie Stuart, Reine d'Ecoffe leur Niéce; mariage cependant qu'ils n'avoient deffein d'accomplir, puifque le Cardinal la propofoit à plufieurs autres Princes : c'étoit un appas pour en attirer plufieurs dans fon parti. Voy.

Brantôme, en l'*Eloge du Prince de Condé*, & les *Mémoires de Caftelnau*, Tom. 2.
(2) *Du Mans.*] Charles d'Angennes Evêque du Mans, l'un des partifans de la maifon de Guife; il fiégea depuis l'an 1559. jufqu'en 1587. Il fut Cardinal en 1572. & nommé le Cardinal de Rambouillet.

M 2

& ayant entendu que non feulement à Paris, mais auſſi par toutes les Villes du Royaume, les ſéditieux eſtoient au guet, attendans la venue du Cardinal, advertit le Roy de ce qu'il ſçavoit : ſur quoy il receut mandement de ne laiſſer entrer le Cardinal, ny aucun de ceux de Guiſe, en équippage de guerre dedans Paris. Derechef, & après que le Mareſchal fut adverty de ce brevet, que le Cardinal avoit obtenu de la Royne-Mere, il avertit par pluſieurs autres fois le Roy, ſpécialement à Chaalons, à Bar, à Maſcon & à Lyon, que ſi le Cardinal entroit en armes avec ſa garde, dans le Gouvernement de l'Iſle de France, il ſe mettroit en devoir de le déſarmer (1). Cinq ou ſix mois avant que le bruit vinſt à Paris de la venue du Cardinal, avec gardes d'arquebuziers, le Mareſchal fit la meſme déclaration publiquement & particulierement à des plus ſpéciaux ſerviteurs du Cardinal. Et afin que perſonne ne prétendiſt cauſe d'ignorance, le 13. de Décembre 1564. fit faire défenſe (publiée à ſon de trompe, & dès-lors imprimée) ſur peine de la hart à tous ſoldats or-

donnez pour gardes de Gouverneurs ou Police de Gouvernement, d'entrer en ſon Gouvernement : déclarant par mots exprès, afin que le Cardinal entendiſt par-là, que ceſte défenſe le touchoit, qu'il n'eſtoit permis à Seigneurs, quels qu'ils fuſſent, s'ils n'eſtoyent Princes de la maiſon de France, d'entrer au Gouvernement de l'Iſle de France, ſans* aucune garde. Néantmoins le Cardinal print ſon chemin à Paris : & partant de Reims, feit courir le bruit qu'il alloit à Ginville. Et quoy qu'il fut délicat, ſe mit aux champs en la plus grande rigueur de l'hyver, feit des traites exceſſives & non accouſtumées à luy en aucune ſaiſon, ny pour aucunes affaires. Eſtant arrivé à S. Denis, il y eut force allées & venues. Cependant le Mareſchal alla en perſonne au Parlement, où il ſçait que le Cardinal a tousjours eſtudié le plus qu'il a peu d'avoir des bénéficiers & amis, ſe plaindre que le Cardinal ſe venoit luy-meſme précipiter, & comme on dit bruſler à la chandelle. Outre plus, il envoya un Prevoſt ſur le chemin, qui ſe mit en devoir de prendre des premiers qu'il rencontra des Gardes

---

(1) *Déſarmer.*] Cet événement eſt un des plus curieux de l'Hiſtoire de M. de Thou : voici donc ce qu'il en dit, Liv. 37. Le Cardinal de Lorraine revenant de Rome, après le Concile de Trente (en 1565) avoit obtenu de la Reine Catherine, la permiſſion d'avoir des gardes : les Lettres lui en furent expédiées ; elles étoient cependant contraire à l'Edit du 13. Décembre 1564. qui défendoit à qui que ce ſoit, d'entrer en armes dans les Villes. Il ne laiſſa point de prendre le chemin de Paris dans cet équippage. François de Montmorenci, Gouverneur de Paris, à qui le Cardinal n'avoit pas fait communiquer ſes Lettres, crut être en droit de l'empêcher. Mais ne voulant point en faire parler au Cardinal, il vint le 8. Janvier au Parlement, où les Guiſes avoient beaucoup de créatures qui en avertiroient le Cardinal. Ce dernier s'inquiéta fort peu de toutes les démarches & même des menaces du Gouverneur, & continua ſon chemin ; mais à peine étoit-il à moitié chemin de S. Denis à Paris, que Montmorenci envoya un Prevôt des Maréchaux avec des Archers, pour ordonner au nom du Roi de mettre

bas les armes. Le Cardinal ſe crut inſulté par un pareil meſſager, il précipita donc ſes pas & entra dans Paris, avant que le Gouverneur en fut informé. Il étoit déja dans la rue S. Denis, vis-à-vis l'Egliſe des SS. Innocens, lorſque Montmorenci parut, il tomba ſur cette troupe, il y eut quelques perſonnes tuées de part & d'autre. Le Cardinal ſaiſi de peur avec le Duc d'Aumale ſon frere, & le jeune Duc de Guiſe ſon neveu ſe retira dans une des boutiques voiſines ; d'où ils ne ſortirent que la nuit pour ſe retirer à l'Hôtel de Cluny, où ils ſe tinrent cachez, & ſe virent enfin contraints de ſortir ſecrettement de la Capitale. Cette avanture produiſit pluſieurs Ecrits imprimez, les uns pour les Guiſes, & les autres en faveur des Montmorencis ; mais le Gouverneur de Paris fut avoué de la Cour, parce qu'il agiſſoit en vertu des Edits ; & le Cardinal ne fut point écouté dans ſes plaintes, pour n'avoir pas daigné communiquer au Gouverneur de Paris, les Lettres qui l'autoriſoient à ſe faire ſuivre par des hommes armez.

* *Sans*, je crois qu'il faut mettre, **avec.**

Entrée du
Cardinal à
Paris.

Gardes & Harquebouziers du Cardinal, lequel nonobstant tous ses avertissemens, ayant entendu que son frere d'Aumale, qui auparavant avec des troupes avoit tenu les champs, devoit entrer par une autre porte dans Paris, s'achemina auffi avec les siennes, & arriva à Paris sur le soir, les rues estans semées de gens attendans sa venue. Mais le Marefchal de Montmorency, avec quelques Seigneurs & Gentils-hommes de marque qui l'accompagnoyent, vint au-devant, & si-tost qu'il apperceut armes à ceux qui accompagnoyent le Cardinal, commença à crier de loin qu'on euft à les mettre bas. Les uns s'enfuirent, & quelques coups furent tirez, dont l'un des Gentils-hommes du Marefchal de Montmorency fut tué. Le Cardinal & son neveu le Duc de Guife, eurent plus de peur que de mal, & mettans viftement pied à terre, se sauverent en une maison prochaine, où l'on dit que le Cardinal eftoit si résolu, que ses chauffes luy servirent de baffin, & son pourpoint de selle perfée.

Le Cardinal, plus couard qu'un liévre, & les siens deflogerent sans trompette toft après, se voyans ainsi reculez de leur entreprise. Le bruit eftoit (& l'Amiral mesme, ayant efté mandé par le Sieur de Montmorency pour luy venir affifter de conseil & d'aide, le dit aux Principaux de Paris) que l'on avoit escrit une Lettre en Normandie, (elle procédoit de ceux de Guife) contenant ces mots: Que le meilleur moyen que l'on ait pour remettre en France ceux à qui la Couronne appartient de droit, pour en expulser cefte race de Valois,

c'eft de saccager les Huguenots qui les foustiennent: & que pour ceft effet, il faut vendre de leur bois, pour amaffer argent & armes, & pour la fin eftoit adjoufté, que les Huguenots qui plaideront, ne feront en peine de faire taxer leurs defpens. Outre cela, l'on fçavoit de divers endroits qu'il se faifoit cueillettes de deniers entre les Catholiques. Chafcun peut penfer à quelle fin. Pendant que l'Amiral eftoit à Paris, le Duc d'Aumale affez affamé, & voulant amaffer quelque efcu, s'eftoit retiré à Anet avec sa belle-mere (1), où il avoit amené la garde qui luy eft ordonnée pour le Gouvernement de Bourgogne, & trembloit de peur que le Marefchal de Montmorency (pource que c'eft en son Gouvernement, & que les gens de fadite garde faifoyent plufieurs extorfions aux voifins) ne l'envoyaft prendre. Parquoy il efcrivit par tout à fes amis, les priant de le venir fecourir, & luy aider à fortir de là, pour se retirer en son Gouvernement. A ce mandement, quelques-uns vindrent, les autres n'en tindrent compte. Et de ceux qui y vindrent, ne s'en trouva pas vingt qui demeurerent, pource que la feule remonftrance d'un Gentilhomme de Normandie les ramena tous à leur bon sens. Car comment voulez-vous (dit-il, au Duc d'Aumale) que nous prenions les armes contre un Marefchal de France, qui de fa feule parole les nous peut arracher & faire tomber des mains? Et s'il nous commandoit les tourner contre vous, que ferions-nous, fi nous ne voulons eftre rebelles & défobéiffans au Roy? Mais la refponfe que luy efcrivoit un Gentilhomme du Maine,

(1) *Sa belle-Mere.*] C'eftoit Diane de Poitiers, Maiftreffe du Roi Henri II, & dont il avoit époufé la fille.

Lettre au Duc d'Aumale.

ne, qui n'avoit peu venir à son mandement, & qui tomba en autres mains, est mémorable par la liberté Françoise de parler contre ceux qui se mesconnoissent : où l'on void, comment il faut juger des vrais Princes. Les mots de ceste Lettre sur ce poinct estoyent tels : Je n'ay point dit aussi, Monseigneur, que vous n'estes Prince, & que je ne vous suis serviteur. Mais j'ay bien peu dire, que je ne sçache homme en France qui vous recognoisse pour Prince du Sang ou de la Couronne : & en cela je ne pense avoir failly, mais me tiendrois coulpable de l'avoüer, de tant mesmes que je ne l'ay jamais ouy ny entendu que vous, ny pas un des vostres l'ayez prétendu. Quant à serviteur, pource que vostre courier m'a dit que vous me teniez pour ingrat : je luy dy voirement que je n'estois sujet que du Roy, & ne devois obéissance qu'à luy & à ses Officiers, chascun en leur endroit. J'adjousteray bien, que je n'estois serviteur que des Princes du Sang, & ne devois service à nul autre homme vivant, sinon de gayeté de cœur & autant qu'il me plairoit : & croy, Monseigneur, que vous ne le prétendez pas autrement de moy. Car vous sçavez que j'ay despendu douze mil livres, & plus de mon bien à suyvre feu Monsieur vostre pere, Monsieur vostre frere & vous, sans que j'aye onques esté au gages de pas un de vous, ou que j'en aye receu bien-fait ou avantage. Je suis, (graces à Dieu) Gentil-homme, & en ay toute ma vie fait les actes sans fourvoyer : & puis franchement dire, sans faire tort à personne, que je ne suis à autre qu'au Roy, à ses Princes, à mes amis & à moy. Car pour le jourd'huy, je n'ay point d'autre Maistre, qui me nourisse & paye mes gages que moy-

mesmes. Ce n'est pas que je ne vous face service, & que d'honnesteté je ne vous sois serviteur, pourveu que vous le preniez comme d'une franche volonté, & sans obligation que je vous doyve. Car vous n'ignorez point qu'il y en a assez d'autres qui en voudroyent à mesme droit que vous, autant prétendre sur moy, ce que pour la vie, homme vivant ne me fera avoüer par force : car je ferois tort à ceux ausquels service est deu, & à toute la Noblesse de France, laquelle m'en pourroit justement faire reproche. Voilà le langage d'un vray Gentil-homme François, qui n'a pas esté remarqué de tous ceux qui portent ce titre, comme il appartenoit.

Lettres de conspiration du Duc d'Aumale.

Au demeurant, le Duc d'Aumale s'estant retiré de là comme il peut, s'en alla en Champagne, où il commença à faire d'autres menées, pour entretenir tousjours l'eau trouble. Et le 25. jour de Février 1565. qui estoit six semaines après l'entrée du Cardinal à Paris, il escrivit une Lettre au Marquis d'Ellebeuf son frere, où l'esprit de ceux de Guise se monstre, & le désir qu'ils ont tousjours eu de ne laisser jamais la France en repos. Or en ceste Lettre, après avoir fait mention de ce qui estoit avenu à Paris, & s'estre moqué du Roy & de la Royne, disant qu'ils donnent des plus belles paroles & promesses du monde, & que c'est leur coustume, il adjouste : cependant mon frere, & durant ce temps que vous serez là où vous estes (à sçavoir en Touraine) je suis bien d'avis que vous voyez Monsieur de Montpensier, à qui j'escry la Lettre de créance sur vous, selon que me mandez. Et ne sçauriez mieux faire, que de regarder avec luy & les Seigneurs nos bons amis de de-là, de pratiquer avec le Cardinal, lequel pendant son séjour à Remberviller & en Lorraine, fit d'autres beaux actes, car il pilla ses sujets de l'Evesché de Metz, sous prétexte de retirer les terres engagées au Comte de Nassau : persuada au Duc de Lorraine (1) de massacrer tous ses sujets de la Religion, s'il n'eust esté retenu par le conseil des Sieurs duChastelet & Bassompierre (2) : fit bannir un bon nombre des habitans du Pont-à-Mousson, en haine de la Religion. Outre cela, il desbaucha (aucuns disent qu'il viola & print par force) la fille de Chambre de la Baillisve de Remberviller.

Nouvelles ruses, pour attirer les troubles.

L'original des Lettres du Duc d'Aumale à son frere le Marquis, dont nous avons veu un extrait en partie cy-dessus, fut presenté au Roy, qui ayant sur ce ouy la déposition d'un des Chevaliers de son Ordre, qui confessa avoir signé l'association, dont est parlé esdites Lettres, fit expédier en son Conseil privé l'acte suyvant, lequel nous avons icy inféré, pour sur iceluy considerer puis après quelques notables traits de ruse Italo-cardinalique.

Aujourd'huy dix-huitiesme de May 1565. le Roy estant au Mont de Marsan, assisté de la Royne sa Mere, & de Monseigneur le Duc d'Orleans * son frere, a appellé & convoqué les Princes de son Sang, gens de son Conseil privé, & autres Seigneurs & Chevaliers de son Ordre, estant près de sa personne, ausquels il a fait entendre estre adverty qu'en plusieurs endroits de son Royaume, se font associations, cueillettes de deniers, enrollemens d'hommes, amas

& préparatifs d'armes & chevaux : qu'aucuns s'oublient tant que d'envoyer gens hors de son Royaume, & avoir intelligence & communication avec les Princes Estrangers, sans son sceu, contre ses Edits de pacification, de Majorité, & autres Ordonnances, Déclarations & prohibitions sur telles choses. Ce qu'il ne peut, ny ne veut croire, pour l'estime qu'il a de l'affection & syncere volonté de tous ses sujets à l'obéissance de ses commandemens, bien de son service & repos de son Royaume. Néantmoins pour estre sur ce plus avant esclaircy de la vérité, les admoneste & leur déclairer ce qu'ils en ont entendu. Ce qu'ils ont fait. Et davantage, supplient très-humblement Sa Majesté croire qu'ils sont si esloignez de ces factions tant pernicieuses, qu'ils sont prests & disposez d'employer leurs vies & leurs biens, comme ils ont tousjours fait, pour le faire obéir, & pour l'entretenement de sesdits Edits & Ordonnances, repos & tranquilité de sondit Royaume. Déclairans sur leurs vies & honneurs, qu'ils n'ont aucune intelligence & communications avec ceux qui font & auroyent volonté de faire telles entreprises. Et quant à eux, ils ne sçavent que c'est d'association, ligues, sermens, promesses, escrits, ny signatures baillées à ceste intention, & à toutes renoncent, & n'y veulent avoir aucune participation, comme contraires à l'obéissance qu'ils doivent à Sadite Majesté ; & au repos de ce Royaume, qu'ils veulent de leur pouvoir maintenir & garder : & en cela ne cognoistre ny suyvre

---

(1) *De Lorraine.*] C'estoit Charles Duc de Lorraine, mort en 1608. Prince sage, & qui prenoit volontiers conseil, chose louable dans un Souverain.
(2) *Bassompierre.*] Les maisons du Châtelet & de

Bassompierre, sont des plus distinguées du Duché de Lorraine ; sur tout celle du Châtelet, qui est branche légitime de celle de Lorraine.
* Ça depuis été le Roi Henri III.

N

avec lefdits Seigneurs, ce que vous aurez réfolu tous par enfemble. Je vous
envoye ce chevaucheur exprès, afin que
par luy j'entende bien amplement fur
ce de vos nouvelles. Il demeurera près
de vous, tant que vous advíferez, &
me reviendra trouver en Champagne.
Du vingt-quatriefme jour de Février,
mil cinq cens foixante-cinq.

Sept mois auparavant lefdits de Guife avoyent pratiqué une autre ligue en
Guyenne, par le moyen du Sieur de
Candales (1), du Marquis de Trans &
autres, laquelle ayant efté defcouverte
par avertiffement donné à la Royne-
Mere, elle leur manda qu'ils n'euffent
à paffer outre. Néantmoins un peu après
ils la voulurent remettre deffus, fe fentans fortifiez de l'aveu des principaux
du Royaume.

D'un autre cofté, le Marquis d'Ellebeuf à la pourfuite du Sieur d'Aumale, pratiqua fa ligue dans le Gouvernement de Touraine, recueillant de toutes parts tous les volleurs & affaffins
publiques du païs, qui fous fa conduite commettoyent de jour en jour un
nombre infiny de brigandages & de
maffacres, tellement qu'il n'y avoit
homme de bien que ces brigans ne tra-
vaillaffent, ny repos qu'ils ne trou-
blaffent.

Pratiques du Cardinal. Le Cardinal de Lorraine pratiquoit
de fon cofté auffi en mefme temps, &
s'efforça de mettre les Baronnies de
l'Evefché de Mets en la fauve-garde de
l'Empereur, fi le Sieur de Salcede (2),
Gouverneur pour le Roy à Marfault,
n'euft empefché par force la publica-

tion de cefte fauve-garde. Le Cardinal
s'efcarmoucha là-deffus, & fit une guerre Cardinale, où il fut auffi heureux
qu'à fon entrée à Paris. Mais encores
qu'en cela il fe fuft rendu ridicule &
exécrable tout enfemble, fi en porta-il
toujours une dent de laict à Salcede,
& la luy arracha le jour de S. Barthelemy, le faifant màffacrer à Paris, & piller fa maifon entiérement.

Mais ce qui rendoit cefte pratique
plus fufpecte, c'eft qu'elle fut exécutée par le confeil du Baron de Polviller, Gouverneur de Haguenau, qui
pour ceft effect vint trouver le Cardinal à Remberviller en Lorraine : & qui
a follicité la plufpart des entreprinfes
faites fur l'Eftat de France, durant &
depuis les dernieres guerres de Picardie.
C'eft luy qui s'efforça de furprendre la
Ville de Lyon, & de faire révolter les
Pays de Breffe & de Savoye, par le Confeil du Cardinal d'Arras, fur la fin defdites guerres. C'eft ce Polviller qui
depuis pratiqua le Roy de Navarre,
pour le faire révolter de la Religion,
fous efperance de luy faire donner récompenfe du Royaume de Navarre.
C'eft ce Polviller qui depuis le premier
Edit de pacification, ofa pratiquer,
(fervant de maquignon au Cardinal
de Lorraine,) le Prince de Condé, fous
quelques efperances, qu'ils luy donnoyent de luy faire tomber dedans les
mains les terres de l'Evefché de Metz,
s'il vouloit fe déclarer de la Religion
Catholique Romaine. Les lecteurs peuvent penfer ce que l'on pouvoit attendre du confeil d'un tel homme, joint
                                    avec

---

(1) *Candales.*] Il fe nommoit Frederic de Foix,
Comte de Candales, qui faifoit la guerre aux Huguenots de Gafcogne, malgré les Edits de pacification de 1564. Il s'étoit ligué avec plufieurs autres
Seigneurs Catholiques, & fut tout avec les Guifes
contre les Proteftans.

(2) *Salcede.*] C'eft ce qui occafionna le mouve-

ment en Lorraine, ou Salcede, Gouverneur de
Marfal, s'oppofa au Cardinal qui étoit Evêque de
Metz. Cette affaire qui ne faifoit point honneur au
Cardinal, fut nommée la Guerre Cardinale, fur la-
quelle nous avons un Ecrit rare & curieux. Voyez
M. de Thou, Liv. 37.

Nouvelles rufes, pour attirer les troubles.

avec le Cardinal, lequel pendant son séjour à Remberviller & en Lorraine, fit d'autres beaux actes, car il pilla ses sujets de l'Evesché de Metz, sous prétexte de retirer les terres engagées au Comte de Nassau : persuada au Duc de Lorraine (1) de massacrer tous ses sujets de la Religion, s'il n'eust esté retenu par le conseil des Sieurs du Chastelet & Bassompierre (2) : fit bannir un bon nombre des habitans du Pont-à-Mousson, en haine de la Religion. Outre cela, il desbaucha (aucuns disent qu'il viola & print par force) la fille de Chambre de la Baillifve de Remberviller.

L'original des Lettres du Duc d'Aumale à son frere le Marquis, dont nous avons veu un extrait en partie cy-dessus, fut présenté au Roy, qui ayant sur ce ouy la déposition d'un des Chevaliers de son Ordre, qui confessa avoir signé l'association, dont est parlé esdites Lettres, fit expédier en son Conseil privé l'acte suyvant, lequel nous avons icy inféré, pour sur iceluy considerer puis après quelques notables traits de rufe Italo-cardinalique.

Aujourd'huy dix-huitiesme de May 1565. le Roy estant au Mont de Marsan, assisté de la Royne sa Mere, & de Monseigneur le Duc d'Orleans * son frere, a appellé & convoqué les Princes de son Sang, gens de son Conseil privé, & autres Seigneurs & Chevaliers de son Ordre, estant près de sa personne, ausquels il a fait entendre estre adverty qu'en plusieurs endroits de son Royaume, se font associations, cueilletes de deniers, enrollemens d'hommes, amas

& préparatifs d'armes & chevaux : qu'aucuns s'oublient tant que d'envoyer gens hors de son Royaume, & avoir intelligence & communication avec les Princes Estrangers, sans son sceu, contre ses Edits de pacification, de Majorité, & autres Ordonnances, Déclarations & prohibitions sur telles choses. Ce qu'il ne peut, ny ne veut croire, pour l'estime qu'il a de l'affection & syncere volonté de tous ses sujets à l'obéissance de ses commandemens, bien de son service & repos de son Royaume. Néantmoins pour estre sur ce plus avant esclaircy de la vérité, les admoneste & leur commande luy déclairer ce qu'ils en ont entendu. Ce qu'ils ont fait. Et davantage, supplient très-humblement Sa Majesté croire qu'ils sont si esloignez de ces factions tant pernicieuses, qu'ils sont prests & disposez d'employer leurs vies & leurs biens, comme ils ont tousjours fait, pour le faire obéir, & pour l'entretenement de sesdits Edits & Ordonnances, repos & tranquilité de sondit Royaume. Déclairans sur leurs vies & honneurs, qu'ils n'ont aucune intelligence & communications avec ceux qui font & auroyent volonté de faire telles entreprises. Et quant à eux, ils ne sçavent que c'est d'association, ligues, fermens, promesses, escrits, ny signatures baillées à ceste intention, & à toutes renoncent, & n'y veulent avoir aucune participation, comme contraires à l'obéissance qu'ils doivent à Sadite Majesté ; & au repos de ce Royaume, qu'ils veulent de leur pouvoir maintenir & garder : & en cela ne cognoistre ny suyvre

---

(1) *De Lorraine.*] C'étoit Charles Duc de Lorraine, mort en 1608. Prince sage, & qui prenoit volontiers conseil, chose louable dans un Souverain.
(2) *Bassompierre.*] Les maisons du Châtelet & de

Bassompierre, sont des plus distinguées du Duché de Lorraine ; sur tout celle du Châtelet, qui est branche légitime de celle de Lorraine.
* Ça depuis été le Roi Henri III.

N

vre autre intention que celle de Sadite Majesté, sans que pour quérelle particuliere, ny autre occasion, ils prennent, ny facent prendre les armes, par qui que ce soit, sans son exprès commandement. Et combien que leur loyauté & fidélité soit assez connue de Sadite Majesté, & tant comme ils estiment qu'il n'en puisse désirer plus certaine preuve que de leurs effects; si ont-ils bien voulu, satisfaisans à son commandement, signer ce présent acte de leurs seings. Et à ce que sous faux prétexte nul ne puisse de leur nom couvrir sa mauvaise intention, & afin que les Princes de son Sang & autres Princes & Gouverneurs, Chevaliers de l'Ordre, Seigneurs & Capitaines absens, sçachent & entendent le contenu cydessus, a voulu Sadite Majesté que ce présent acte leur fust envoyé, pour par leurs seings rendre le mesme tesmoignage de l'intention bonne qu'ils ont en cest endroit, non moindre, comme il s'asseure, que les dessusdits estans près sa personne, voulant croire qu'ils n'en feront aucune difficulté. Car il ne pourroit tenir ceux qui refuseront faire semblable déclaration par leurs seings, autres que coulpables de telles entreprises, factions & intelligences, dignes de sa male-grace, comme contempteurs de son authorité & de ses Edits, perturbateurs du repos public, & en ce faisant, criminels de Lése-Majesté. Et en ce cas, tels les tient & déclare dès à présent comme pour lors. Et semblablement tous ceux & celles qui sçauroyent aucune chose desdites associations, factions & entreprises susdites, & qui n'en viendront advertir Sadite Majesté: comme il appartient à bons

& loyaux sujets, lesquels aussi il entend & veut conserver & défendre de toutes ses forces, les prenant en sa protection contre ceux qui entreprendront de les offenser. Pour tesmoignage dequoy il a aussi voulu signer de sa propre main ce présent acte, les an & jour que dessus.

Cest acte estoit une poudre qu'on jettoit aux yeux de ceux de la Religion, pour les empescher de voir ce qu'on machinoit contr'eux. Et la Royne-Mere, suyvant l'induction & les Mémoires du Cardinal, faignoit estre ainsi mal contente de ceux de Guise, pour donner occasion aux Grands de la Religion de s'approcher du piége peu à peu. Le Cardinal aussi & ses freres, monstrerent semblant que cest acte les touchoit, mais secrettement ils poursuivirent leur pointe, sçachans bien à qui ils avoyent à faire. Et lors les Lettres de Cachet, voloyent de toutes parts, tellement que de-là vint que tout ce qui s'estoit exécuté en Touraine & au Maine, & en d'autres Provinces, au préjudice des Edits contre ceux de la Religion, fut authorisé par sous main, quelques remonstrances que le Prince de Condé, & autres en fissent. Quand donc les Catholiques esmouvoyent Ciel & Terre, mettans tout en confusion, un acte en papier avec belles piafes, appaisoit & reigloit tout cela. Si ceux de la Religion se remuoyent tant soit peu, pour respirer sous une tyrannie si violente, lors il n'estoit question que de feu & de sang, tesmoins les cruautez plus que Barbares & Turquesques, commises contre les habitans de Pamiers, faussement acculez de sédition, pour ne s'estre voulu laisser couper la gorge (1), qui toutesfois s'estoyent

(1) La gorge.]Ce fut une émeute arrivée à Pamiers, le 19. Mai 1566. dans laquelle les Protestans l'emporterent sur les Catholiques à main armée. M. de

Thou le rapporte, Liv. 39. & il y en a une relation particuliere, imprimée en 1567.

s'estoyent remis entre les mains du Sieur de Rambouillet à sa premiere parole, d'autant qu'il venoit de la part du Roy, & promettoit que rien ne leur seroit fait, que par l'ordre de Justice.

Cependant le Roy arrivé à Bayonne (1), où fut renoüée la saincte ligue, contenant la résolution d'exterminer tous eeux de la Religion, sans aucune exception de degré, sexe, aage, ni lieu. On devoit commencer en France, mais les apprests furent un peu longs, car le Cardinal n'avoit pas encor achevé ses pratiques en divers endroits avec les Estrangers. Les associations dans le Royaume n'estoyent pas encor trop asseurées. Le Prince de Condé, l'Amiral & autres Grands de la Religion, avertis de ce qui s'estoit passé à Bayonne, tant par le feu Prince de la Roche-sur-Yon, que par autres moyens se tenoyent sur leurs gardes. Pourtant differa-on quelque temps. Cependant survindrent les troubles de Flandres, à l'occasion desquels on résolut par l'avis du Cardinal, qui estoit tous les jours sommé de ses promesses par le Cardinal de Granvelle & par le Pape, & de jour à autre averti par le Cardinal Granvelle, que sans plus attendre on se serviroit du passage du Duc d'Albe, pour effectuer la conjuration (2). Diverses Despeches furent envoyées au Duc d'Albe. En ce mesme-temps aussi, à sçavoir en l'an 1567. ès mois de Juillet, Aoust & Septembre, l'on tient plusieurs Conseils, tant à Marchais qu'à Monceaux, pour délibérer suyvant les Mémoires du Cardinal, des plus certains & derniers moyens qu'on tien-

droit pour exécuter l'entreprise. En la derniere Assemblée tenue à Marchais, par l'avis de ceux de Guise, fut arresté que le Roy se retireroit au Bois de Vincennes, d'où il manderoit, sous quelque honneste couleur, le Prince de Condé & l'Amiral: auquel mandement s'ils obéyssoyent, ou l'un d'eux, on s'en saisiroit. Sinon qu'on avoit les six mil Suisses, qui avoyent esté levez, sous prétexte de s'en vouloir servir, tant contre la Royne d'Angleterre pour la défense de Calais, que pour les tenir sur les frontières, attendans que le Duc d'Albe eust passé, de peur qu'il entreprinst quelque chose contre les Pays du Roy. Qu'on avoit aussi vingt-deux Compagnies de Gendarmerie, qui avoyent esté choisies & nommées pour faire monstre en armes, & ausquelles l'on avoit baillé un rendez-vous, par le moyen desquelles, & avec lesdits Suisses, on pourroit facilement surprendre & s'asseurer du Prince, & de l'Amiral, s'ils ne venoyent au mandement du Roy. Et cependant qu'il faloit rechercher avec toutes rigueurs ceux de la Religion, sur les contraventions à l'Edict de Roussillon, mesmement les Gentilshommes, qui avoyent receu aux Presches establis en leurs maisons, autres que leurs sujets. Ce qui fut cause qu'on ordonna à l'instance & sollicitation du Cardinal de Lorraine, qui estoit peu de temps auparavant arrivé à la Cour, qu'on tiendroit des grands jours à Poictiers, pour principalement vaquer aux Procès de ceux qui seroyent trouvez coulpables desdites prétendues contraventions, & jusques à les déclairer criminels

---

(1) *Bayonne.*] Ce voyage fait en 1565. est fort célébre, & c'est là que fut projetté le massacre de la Saint Barthelemi. Ainsi les Protestans eurent raison d'en avoir de l'inquiétude, quoique M. de Thou, Liv. 37. les attaque à cette occasion com-

me des gens soupçonneux. A-t-on tort d'être inquiet, quand on voit qu'il s'agit de sa vie, de celle de sa famille & de tous les siens.

(2) *Conjuration.*] Cela ne réussit point alors, mais cela viendra en son temps.

N 2

criminels de Léfe-Majefté. Et pource que les Préfidens & Confeillers de la Cour de Parlement de Paris, qui avoyent efté nommez pour y aller, ne fembloyent affez partiaux & factieux au Cardinal, il en fit retrancher fept de la Lifte qui en avoit efté faicte, au lieu defquels il en fubrogea d'autres de fes créatures & de fon humeur. Pour le Pays de Normandie, on envoya le Maiftre des Requeftes S. Martin, auquel fut expédiée Commiffion à cefte fin, avec Lettres adreffantes à la Cour de Parlement de Rouen, pour vaquer avec ledit de S. Martin au fait de fadite Commiffion, & de ne défemparer la Cour, encores que ce fuft au temps prochain des vacations.

D'un autre cofté le Cardinal tafchoit, par le moyen du Conneftable, d'endormir l'Amiral & fes freres qui avoyent efcrit des Lettres, où ils defcouvroyent les embufches qu'on leur dreffoit. Les fix mil Suiffes levez pour l'exécution, viennent fur ces entrefaites trouver le Roy à Meaux, environné de ceux de Guife: au moyen dequoy le Prince & l'Amiral, voyans qu'on leur en vouloit, & à tous ceux de la Religion, réfolurent (avant que les chofes fe brouillaffent davantage) venir trouver le Roy. Et pour ce qu'il eftoit ès mains de fes ennemis & dès leurs, ils advifèrent de s'accompagner de quelques Gentilshommes fignalez de leurs parens & amis, jufques au nombre de cent ou fix-vingts (1), & de porter quelques armes pour leur feureté. Ce que le Cardinal & fes Miniftres ne faillirent de faire trouver au Roy le plus mauvais

du monde: & pour l'envenimer du tout contre ceux de la Religion, luy firent croire qu'il eftoit mort, s'il ne fe retiroit viftement à Paris, attendu que le Prince de Condé & l'Amiral eftoyent accompagnez de quinze cens ou deux mil chevaux, & vouloyent attenter à Sa Majefté & de la Royne, & de Meffieurs fes freres, & entreprendre contre l'Eftat. Ainfi donc le 28. de Septembre, fur les 4. heures après minuit, ils font deftoger le Roy, & le mettent au milieu des Suiffes, eftimans que fi le Prince eftoit fi bien accompagné, comme ils difoyent (ce qui toutesfois eftoit faux) car lors qu'il fe préfenta pour parler au Roy fur le chemin d'entre Meaux & Paris, il eftoit fuivy de trois cens chevaux au plus, les chofes fe pourroyent tellement efchauffer, que tousjours quelques-uns de leurs ennemis de part ou d'autre y demeureroyent. Le Duc d'Aumale & quelques autres fuyvirent le Roy, qui arriva fur les quatre heures après midi à Paris, ou ceux de Guife luy mirent cefte réfolution en tefte, de n'aimer jamais les Huguenots, comme il en fit une grande proteftation.

Le Cardinal, fuyvant fa couftume, ne voulut fuyvre le Roy, ains faignit prendre fon chemin vers Reims: mais ayant efté rencontré par quelques fiens ennemis, fe fauva de vifteffe fur un cheval d'Efpagne dans Chafteauthierry. Lors la feconde guerre civile fut allumée en France, & nonobftant les Requeftes préfentées par le Prince de Condé & les fiens, pour remettre les chofes en paix, ceux de Guife & la Royne-Mere, voulans

Seconde guerre civile.

---

(1) *Ou fix-vingts.*] Oh, l'Auteur comme Proteftant, farde & déguife la chofe; il y avoit plus de 400. chevaux, & ce n'étoit pas pour leur fûreté qu'ils s'affemblèrent, c'étoit une nouvelle guerre qu'ils entamoient, ils vouloient même fe faifir du

Roi, qui fut heureufement conduit de Meaux à Paris par les Suiffes, fans que les Proteftans puffent entamer cette troupe: ce fut en 1567. Voy. M. de Thou, Liv. 12.

voulans se desfaire des uns & des autres, firent donner une Bataille entre Paris & S. Denis (1), où le Connestable fut blessé à mort.

Ceste journée apporta un merveilleux contentement au Cardinal & aux siens, se voyans despeschez du Connestable, & le chemin ouvert pour parachever leurs desseins. D'un costé ils vouloient rendre le Roy ennemi juré de ceux de la Religion, lesquels avoyent tant retardé le cours de la grandeur Guisienne, & par luy ruiner leurs adversaires. Il faloit outre plus avoir quelque grand encor plus à commandement que le Roy, de l'authorité duquel ils se peussent servir, pour exécuter leurs passions. Si-tost que le Connestable eust rendu l'esprit, ceux de Guise conseillent la Royne-Mere de faire le Duc d'Anjou, Lieutenant Général du Roy son frere. Elle voyant le bien qui luy en revenoit, suyvit ce conseil. Et là-dessus marcherent les troupes, estant le Duc d'Anjou entierement gouverné par ceux de Guise, qui lors sous ombre, & depuis aussi faisoyent diverses Despeches pour ruiner premierement ceux de la Religion. Et ci-après nous verrons les torts qu'ils ont fait audit Sieur Duc, & comme ils se sont servis de luy pour ruiner la France de plus en plus.

Second Edit de pacification. Or d'autant que ceux de la Religion, eurent incontinent secours d'Alemagne, le Cardinal apperceut qu'il faloit encor reculer pour mieux sauter. Partant lors que le Camp du Prince de Condé estoit devant Chartres en l'an 1568. il fait envoyer par le Roy vers le Prince, gens pour faire la paix,

c'est-à-dire pour désarmer ceux de la Religion, afin de les tuer plus aisément puis après. Car il ne se peut nier que lesdits de la Religion ne fussent lors les plus forts. Néantmoins sans y estre contraints par faute de forces ou d'heureux succez, ils se séparérent & désarmerent, ouvrans les Villes à ceux que le Cardinal & la Royne-Mere y envoyoyent de par le Roy, à la simple foy & parole duquel ils se remirent de toute la seureté de leurs vies & biens, exposans leurs poictrines nues aux glaives & cousteaux de leurs adversaires. Les Seigneurs & Gentils-hommes de la Religion se retirerent chez eux : là où aucuns ne trouvans accez, les autres estans très-mal receus, jusques à estre tuez & massacrez cruellement, quelques-uns furent contraints de s'assembler (ce que le Cardinal & les siens demandoyent, tant pour avoir moyen de les calomnier, comme infracteurs des Edits, que pour leur courir sus & les desfaire plus aisément) & ne sçachans que faire, ni où se retirer, de prendre le chemin de Flandres, assez inconsidérément, puis que le Roy l'avoit défendu : mais y estans forcez par une extrême nécessité, qu'on dit n'avoir point de Loy. Néantmoins la peine en fut si prompte & si rigoureuse, que le Cardinal & les siens s'en devoyent bien contenter. Ils se servirent pour l'exécution du Mareschal de Cossé, afin de charger tousjours la rage sur les uns & les autres. Puis firent envoyer un Gentil-homme vers le Prince de Condé, pour sçavoir s'il avouoit une telle levée, en quoy l'on peut remarquer un autre artifice du Cardinal, pour entretenir

(1) Et S. Denis.] Cette Bataille, l'une des plus distinguées de ce tems-là, se donna le 10. Novembre 1567. & le Connétable blessé de six coups, mourut le lendemain avec toute la dignité d'un Héros Chrétien.

N 3

tenir le Roy en fa cholere, efloigner le Prince de la Cour, luy faire courir fus, ou à ces troupes, fi elles n'eftoyent avouées de luy, & par ce moyen ruiner peu à peu fes ennemis. Quant aux Eftrangers venus au fecours de ceux de la Religion, ils furent incontinent renvoyez, & groffes fommes de deniers empruntées par lefdits de la Religion, pour fournir au payement. Mais par les mandemens de ceux de Guife, une partie des deniers fut volée par la garnifon d'Auxerre, aucuns des conducteurs tuez, les autres rançonnez, fans aucune Juftice, car le Sieur de Prie Gouverneur d'Auxerre (où fut fait grand maffacre) avoit le mot du Cardinal.

Menées du Cardinal, pour les troifiefmes troubles. Nous remettrons ici fommairement en avant ce que ceux de Guife, pratiquérent depuis cefte paix feconde pour la rompre bien-toft & remettre le Royaume en nouveaux troubles, pour exterminer ceux de la Religion premierement, & par tel moyen avancer leurs affaires. En quoy nous reciterons une partie des plaintes, qui dès-lors en furent publiées, réfervans aux Lecteurs à fe fouvenir des particularitez qui auront efté ici omifes, car le nombre en eft fi grand, qu'il eft impoffible qu'un homme feul s'en puiffe fouvenir, Le nerf donc & la vraye feureté de cefte paix gifoit en ce que le Roy, fes freres & leur mere, defpouillaffent entierement toute la defiance qu'ils pouvoyent avoir de ceux de la Religion : à quoy eux penfoyent avoir bien pourveu par une telle & fi prompte obéif-

fance, que de quitter incontinent les armes, renvoyer les forces par le moyen defquelles ils pouvoyent ranger ceux de Guife & autres ennemis, & rendre toutes les places qu'il tenoyent pour leur feureté. Le Cardinal pour empefcher un tel bien, qui fans doute euft rompu tous fes deffeins, ne fit autre chofe qu'entretenir le Roy, & le Duc d'Anjou (quant à la Royne-Mere, elle menoit fes enfans, comme ceux de Guife vouloyent) en ces desfiances & inimitiez mortelles contre ceux de la Religion, leur en faifant furvenir tous les jours de nouvelles occafions. En quoy il s'aida de deux vertus qui luy ont toujours efté bien familieres, à fçavoir d'audace à controuver (1) toutes fortes de menfonges, ayant gens à point pour luy aider de ce cofté-là : puis d'affeurance effrontée pour ne s'eftonner point, après que fes fauffetez eftoyent defcouvertes. Les pratiques par luy menées pour entretenir & ruiner la Nobleffe tout enfemble, fes pilleries & exactions fur le Clergé, & les beaux prétextes dont il s'eft couvert à cefte fin, feront déclairez en leur endroit propre. Voyons les torts que luy & les fiens continuerent de faire au Roy & au Royaume en général, en quoy derechef nous reciterons les plaintes véritables qui en ont efté publiées,

Toft après la paix, de laquelle le Cardinal manda à fa Mere, qu'il empefcheroit l'exécution, il donna ordre par certains Prefcheurs à fa pofte, que le peuplé

---

(1) *A controuver.*] Voici ce que M. de Leftoile marque du Cardinal Charles de Lorraine, dans fes Mémoires fur l'Hiftoire de France, pour en parler fans paffion : « C'étoit un Prélat qui avoit d'auffi »grandes parties & graces de Dieu, que la France »en ait jamais eu ; mais s'il en a bien ufé, ou »abufé : le Jugement en eft à celui devant le Trône »duquel il eft comparu ; le bon arbre fe connoît »par le fruit : ce fruit étoit par le témoignage mê-»me de fes gens, que pour n'être jamais trompé, il » falloit toujours croire le contraire de ce qu'il »vous difoit. » Paroles qui reviennent à celles de la Légende. *Leftoile, Mémoires pour l'Hiftoire de France, année 1574.*

peuple fut réfolu , que c'eftoit confcience de tenir une telle paix, non-
feulement, pource qu'elle eftoit faite
avec les Hérétiques & Athéiftes, mais
auffi pource que la néceffité du temps
l'avoit extorquée comme par force. De
cela avint que plufieurs Catholiques ne
firent confcience de defpouiller toute
naturelle affection , & les plus mefchans fe voyans la porte ouverte à toutes pilleries & extorfions, fe lafcherent
la bride à toutes fortes de violences &
mefchancetez les plus exécrables du
monde. A quoy la connivence des Juges & Parlemens, fujets pour la plufpart à ceux de Guife, fervit beaucoup.
Tellement qu'en trois ou quatre mois,
furent maffacrez quelques perfonnes
de tous Eftats, faifans profeffion de la
Religion, dont nous laiffons les particularitez à l'Hiftoire de noftre temps.
Mais il y a deux particularitez notables
en ceft endroit-ci. Incontinent après la
paix, les Catholiques d'Amiens (entre-
autres) maffacrerent fix ou fept-vingts
perfonnes de la Religion, de touts fe-
xes, aages & qualitez. Or, pour faire
croire qu'on vouloit chaftier un fi mefchant & malheureux acte , on envoya
fur les lieux le Marefchal de Coffé, lequel fit emprifonner les auteurs de ce
maffacre, qui furent toft après relafchez
& eflargis à l'inftance & follicitation
du Cardinal, lequel en plain Confeil
dit, qu'il faloit avoir pitié de ces povres prifonniers, qui avoyent efté in-
duits à ce faire par un zele de Religion, & qu'il feroit le premier à demander leur grace : tellement que pour
une couleur & forme de Juftice, on fit
fouëtter trois ou quatre coquins, aufquels on perfuada de confeffer qu'ils
en eftoyent, & fit-on exécuter en effigie ceux qui le devoyent eftre en perfonne, & qui eftoyent préfens à l'exé-

cution de leurs effigies.

Sur la fin du mois de Juin au mefme
an 1558. René de Savoye Sieur de Sipierre, ayant efté maffacré en Provence
avec trente-cinq Gentils-hommes &
foldats de fa fuite, fuyvant le mandement qui en avoit efté envoyé par ceux
de Guife au Baron des Arts : quinze
jours avant ce maffacre, le Cardinal de
Guife dit en grande compagnie, qu'il
faloit defjà conter le Sieur de Sipierre
pour un chef tué, & qu'on auroit ainfi
les autres.

Par tels & infinis autres pareils actes, ceux de la Religion, au lieu d'eftre receus en leurs maifons avec liberté
de leurs confciences, fuyvant l'Edict,
furent mefmes contrains de les fuir,
n'eftans plus les Villes, Villes, mais
tafnieres de Tigres & de Lions. En
après, les Gouverneurs, Parlemens &
autres Officiers, defquels le Cardinal
difpofoit à fon appetit, & qui avoyent
defjà pour la plufpart, peu de volonté
de faire publier la paix, & moins encores de l'entretenir, de peur de perdre le moyen de butiner à leur maniere
accouftumée, eurent leur excufe toute
prefte, à fçavoir que les peuples eftans
ainfi irritez, il n'eftoit queftion de paffer outre, de peur de tout gafter. Cependant le Roy mefme non-feulement
fut entretenu par mille fauffes & impu-
dentes calomnies, en la deffiance defjà
conceuë de fes fujets, qui eft le plus
grand malheur qui fçauroit avenir à
un Prince : mais auffi contre la générofité Royale, fut intimidé & réduit jufques à ce point, qu'eftant perfuadé
qu'il ne luy eftoit poffible de fe faire
obéir qu'en ruinant une partie de fes
fujets par l'autre, il ne fut difficile au
Cardinal de tourner l'Edict de paix en
occafion de mille millions de troubles.

Outre

Outtre cela, le Cardinal voyant que si ceux de la Religion estoyent du tout jettez aux champs, ils se pourroyent amasser & fortifier en plusieurs lieux, il y pourveut, comme s'ensuit : voire jusques à oser escrire aux Provinces, qu'on n'adjoutast point de foy aux Lettres du Roy, si l'on n'y voyoit certaines siennes enseignes. Premierement, il fit publier l'Edict peu à peu, tantost ici, tantost là, pour attirer les plus nécessiteux & les plus simples dans les Villes : mais avec le mot du guet, de garder les portes en armes plus soigneusement mesmes que durant la guerre, de désarmer entierement ceux de la Religion, en y entrant de n'en laisser sortir pas un de ceux qui seroyent entrez, encores qu'ils se révoltassent de la Religion. En tout cela, le Cardinal fut si bien obéy, qu'il y eut peu de Villes où l'on ne massacrast publiquement, outre toutes autres sortes de violences exercées, pour faire révolter les plus fermes : ce qui ne pouvoit faillir d'avenir, ayant osté le glaive au Roy & à Justice, pour le mettre entre les mains de la populace, avec toute impunité. Et pour mieux s'asseurer que pas un de la Religion n'eschapperoit, le Cardinal donne à entendre au Roy qu'il ne seroit jamais en asseurance contre les entreprises des Huguenots, si les Villes qui avoyent esté tenues par eux, ou qui estoyent voisines de leurs chefs, n'estoyent munies de bonnes & fortes garnisons. Ce qui fut aussi-tost commandé que conseillé. Et pour mieux faire encores, s'il y avoit quelque Capitaine renommé, d'estre pillard ou cruel, aucun qui eust quelque mauvaise affection particuliere, une compagnie desbordée à tous vices : voilà ceux qui furent préférez, tant que on en peut trouver, pour remplir les Villes

aussi-tost qu'elles furent rendues, & tenir environnées les maisons du Prince de Condé, de l'Amiral, & autres Seigneurs que le Cardinal hayssoit & craignoit le plus. Et comme sur un tel avis, quelqu'un du privé Conseil du Cardinal, luy eust remonstré qu'il estoit à craindre qu'on ne descouvrist par trop qu'on ne vouloit garder l'Edict, & mesmes que les Catholiques se plaignissent d'y estre foulez, estans si grands frais du tout insupportables au Roy : Vous ne sçavez que vous dites, respondit le Cardinal : car quant au premier de ces deux points, la response sera preste, que c'est pour entretenir les deux parties en paix, selon l'Edict : & quant au second, estans les soldats logez chez les Huguenots, & iceux surchargez au centuple : quant aux cottisations, tout tombera sur leurs coffres ; quoy qu'il en soit, leurs confiscations rembourseront tout, voire mesmes payeront les debtes du Roy, après toutes récompenses.

Le Cardinal, non content de cela, pour empescher que les Seigneurs de la Religion ne vinssent à la Cour, & pour pouvoir exécuter ses desseins plus seurement, persuada au Roy qu'il ne seroit en asseurance de sa personne, sinon en se tenant comme enclos dedans Paris, pour un temps, sans aucunement s'en escarter que peu à peu. Ce qu'ayant obtenu, pour mieux garder son prisonnier, il dressa ponts-levis & gardes sur toutes les avenues, & corps-de-gardes par toute la Ville de Paris, comme au temps de la plus grande hostilité.

Ayant ainsi dressé ses filez, il bastit un Edict de par le Roy, pour attirer tous ceux de la Religion dans les Villes, afin de les y faire mourir, ou demeurer prisonniers en leurs maisons, à la merci de toutes sortes de brigands, jusques

Edit du Roy, dreffé par le Cardinal & à quelle fin.

jufques à l'heure affignée des Vefpres Siciliennes (1). Et afin qu'on juge mieux de cela, nous avons couché ici ce bel Edict, contenant ce que s'enfuit. Comme pour faire garder, entretenir, & inviolablement obferver entre nos fujets, le contenu en noftre Edict fait fur la pacification des derniers troubles avenus en ceftuy noftre Royaume, nous euffions ci-devant efcrit & mandé aux Gouverneurs de nos Provinces, nos vouloir & intention eftre. Que les portes de nos Villes fuffent ouvertes, à ceux de nofdits fujets qui font de la Religion Réformée, & eux eftablis & receus en leurs maifons, avec jouiffance de leurs biens, comme ils eftoient auparavant lefdits troubles : laiffans leurs armes à l'entrée defdites Villes, felon le Reiglement que nous avons envoyé à cefte fin, par tous les lieux & endroits de noftredit Royaume. Toutesfois nous avons efté depuis avertis que plufieurs de nos fujets de ladite Religion, prenans argument que l'on ne les veut recevoir efdites Villes, ou quand ils y font entrez, n'y peuvent demeurer fans eftre opprimez & travaillez par ceux de dedans, tiennent les champs à groffes troupes & en armes, faifans une infinité de maux & oppreffions à noftre povre peuple, tellement qu'il feroit à craindre que cela ne fuft caufe de jetter noftredit Royaume en nouveaux troubles. A quoy defirans pourvoir felon qu'il eft bien néceffaire, nous avons de nouveau dit & déclaré, difons & déclairons que noftre intention a tousjours efté & eft, que lefdits de la Religion prétenduë

Réformée, tant ceux qui auront porté les armes, que tous autres de la qualité portée par noftre Edict, foyent receus & rentrent chafcun au lieu de fa demeure, où nous voulons & entendons qu'ils foyent admis par les Gouverneurs de nos Provinces & Villes, Baillifs, Sénefchaux, & autres nos Jufticiers & Officiers d'icelles, par lefquels ils feront fommez de ce faire, avec toute la douceur qu'il fera poffible, maintenus en plaine poffeffion & jouiffance de leurfdits biens, & gardez de toute injure & oppreffion : afin qu'en toute feureté & repos, ils vivent avec nos autres fujets de la Religion Catholique, fous le bénéfice, & en enfuyvant noftre Edict de pacification : les prenant en noftre protection & fauve-garde, & donnant en garde les uns aux autres. Et en cas de contravention, voulons & nous plaît, les contrevenans eftre punis, felon la rigueur de nos Edicts & Ordonnances, de quelque Religion qu'ils foyent, & fans acception de perfonnes. Et où après avoir efté ainfi fommez & appelez, il fe trouveroit quelques ennemis du repos public, qui vouluffent continuer à tenir les champs, fouler noftredit peuple, & fe remettre enfemble en armes, pour recommencer nouveaux troubles : nous voulons & entendons, que par nofdits Gouverneurs de Provinces & Villes, Baillifs, Sénefchaux & autres nos Jufticiers & Officiers, chafcun endroit foy, & comme à luy appartiendra, foit faite Affemblée de tel nombre de gens de guerre, foit de noftre Gendarmerie, gens de pied
, eftans

<hr>

(1) *Vêpres Siciliennes.*] Ces Vêpres Siciliennes, font l'horrible nuit de la Saint Barthelemi en 1572. nuit qui deshonnora le Roi Charles IX. car pour Catherine, elle s'embarraffoit peu d'être deshonno-

rée. Ce maffacre fe fit à peu près à l'imitation de celui qui fut fait de tous les François en Sicile, l'an 1282, le jour même de Pâques.

eſtans à noſtre ſolde , ou habitans des Villes & Villages , qu'ils verront eſtre expédient & néceſſaire , ſelon les avis qu'ils auront du nombre que ſeront leſdits perturbateurs du repos public , pour leur courir ſus , & par toutes les voyes qu'ils jugeront les plus expédientes , les rompre & tailler en piéces , de façon que la force & obéiſſance nous en demeure. Car tel eſt noſtre plaiſir. Donné à Paris le 19. jour de May 1568. Charles. Robertet.

Il y a infinies captions & fraudes du Cardinal en ceſt Edit , pour exterminer ceux de la Religion , tant ès Villes qu'ès Champs , comme les meurtres qui s'en enſuyvirent , & une autre pratique que nous verrons maintenant le vérifierent par trop , au grand intéreſt de tout le Royaume , & ignominie perpétuelle du nom Royal.

Autres ruſes du Cardinal, pour allumer la troiſieſme guerre civile. Chaſcun ſçait que l'aiſance de tous Pays giſt principalement ès commerces & trafiques , ce qui recommande la France par deſſus tous les Royaumes du monde. Or fut-il dit expreſſément en la pacification , que les Villes ſeroyent incontinent remiſes en tel eſtat qu'auparavant les troubles , & les trafiques & commerces reſtablis. Le Cardinal ne pouvant ſupporter cela , & voulant qu'il y euſt bien-toſt en France autant de brigandages dreſſez , voire aux deſpens du Roy & de ſon povre peuple, qu'il y a de ponts & de paſſages de riviere : brief, afin qu'il n'y euſt trafique , lettres & bourſes, que treize garnemens ne viſitaſſent de lieue en lieue, pour en faire rapport au Cardinal, il faut conſiderer l'ordre qu'il y mit , ſous ombre d'empeſcher (diſoit-il) que ceux de la nouvelle Religion ne s'aſſemblaſſent pour machiner contre le Roy. Comme de fait , ſon but tendoit bien là auſſi en partie , & à

quelques deſſeins plus hauts , ſi les entrepriſes dreſſées à l'encontre du Prince de Condé , de l'Amiral & autres Seigneurs de la Religion euſſent bien ſuccedé lors. Mais la commiſſion qu'il fit deſpeſcher lors : monſtre mieux combien de tort il faiſoit au Roy & au Royaume, & le grand déſir qu'il avoit de rebrouiller tout , pour agrandir ſa maiſon de la ruine de ſes ennemis. Telle eſt la teneur de ceſte commiſſion faite en meſme-temps par l'Edit ſus inſeré , à ſçavoir au mois de May 1568. Le Capitaine N. eſt commis par le Roy en la Ville de N. pour demeurer Capitaine & Garde du pont & paſſage : auquel ſera baillé douze hommes pour eſtre près de ſa perſonne , pour leur commander ce qu'il verra eſtre à propos , & à faire pour le ſervice du Roy. Leſquels douze hommes , Sa Majeſté payera , outre & par deſſus l'entretenement qu'elle luy donnera. Il donnera ordre en premier lieu de faire un pont-levis au paſſage , lequel ſera gardé de jour & de nuict bien ſoigneuſement & diligemment par luy & ſes douze hommes : & ne laiſſera paſſer aucun, qu'il ne ſçache d'où il vient, quelle part il va, pour quel affaire , & qui il eſt. Et s'il void qu'il ſe préſente nombre de gens au paſſage dudit pont, le fera ſoudain lever, & ne leur permettra le paſſage qu'il n'ait pourveu à la ſeureté d'iceluy , & qu'il ne ſçache bien qu'ils n'ayent aucun moyen de nuire. Et afin que luy & les douze hommes eſtans avec luy , puiſſent demeurer continuellement à la garde du pont, avec la commodité requiſe , donnera ordre de faire faire incontinent une loge couverte près & joignant ledit pont : en laquelle luy & ſes ſoldats ſe pourront retirer , loger & accommoder , ſans s'eſloigner dudit pont, ny abandonner

la

la garde d'iceluy : & pour cest effect, Sa Majesté a escrit aux habitans de ladite Ville de faire faire, à leurs despens, ladite loge & pont-levis. Et d'autant qu'il peut grandement servir audit Capitaine, pour plus seurement garder ce pont & pourvoir à ce qu'il ne s'y puisse faire aucune surprise, de sçavoir ce qui se fera tant audit lieu qu'ès environs, il mettra peine de descouvrir le plus avant qu'il pourra des actions & desseins de ceux de la nouvelle Religion. Et s'il apprend quelque chose qui soit préjudiciable au service du Roy, se tiendra sur ses gardes, & en advertira le Capitaine commis à la garde du pont & passage de la plus prochaine Ville : & sera fait le semblable par tous les autres Capitaines, commis à la garde des ponts & passages, jusques à ce que le Roy en soit adverty pour y pourvoir. Et encores que la principale occasion, pour laquelle le Roy veut que ce Capitaine demeure au lieu dessusdit, soit pour la garde du pont & passage : il ne laissera de sa part à prendre diligemment garde que par ceux de la Religion nouvelle, ne se face aucun presche ou exercice de ladite Religion en autre lieu qu'en ceux qui sont ordonnez & establis par Sa Majesté, tant par le contenu d'iceux Edits de pacification, que par le Reglement qui en a esté fait, depuis la publication du dernier Edit. Aura l'œil ouvert, & prendra garde le plus près qu'il sera possible, à ce que ceux de ladite Religion ne facent aucuns enrollemens de gens de guerre, levées ou collectes de deniers, Assemblées illicites, ou remuemens de guerre, tant audit lieu, qu'en tous les lieux d'alentour : où il donnera ordre d'avoir gens fidéles, pour l'en avertir : & si besoin est, y envoyera aucuns de

ceux qu'il aura près de soy les plus avisez, entendus & propres pour pénétrer ès affaires desdits de la nouvelle Religion, pour luy en rapporter ce qu'ils pourront en avoir appris. Mettra peine d'entendre s'il y a aucuns Gentilshommes mal contens, tenans le party du Roy, lesquels monstrassent avoir inclination à favoriser & suyvre ceux de ladite nouvelle Religion, ou qui fussent pratiquez par eux, ou recerchez de faire quelques menées ou entreprises, pour surprendre quelques Villes, avant que se descouvrir de leur party, pour tenir lesdites entreprises plus couvertes & moins suspectes. Et aussi mettra peine, quand lesdits de la Religion nouvelle feront leurs synodes & Assemblées, de bien descouvrir & entendre la cause desdites Assemblées, & ce qui y aura esté conclud. Trouvera moyen d'y faire entrer, sous tel prétexte qu'il avisera, quelque homme d'entendement, qui luy soit bien fidéle, lequel puisse cognoistre & juger la fin de leur intention, & luy rendre bon compte de ce qui aura esté proposé & résolu en icelles Assemblées. Prendra garde qu'il ne se face aucunes secrettes Assemblées ès Villes & autres lieux prohibez & défendus, ou aucun secret exercice de ladite Religion. Et afin que le service de Sadite Majesté soit fait ainsi qu'il appartient, & avec bonne intelligence entre ses bons & loyaux sujets, ledit Capitaine communiquera souvent avec le Gouverneur, ayant charge de ladite Ville, des choses qui pourront survenir pour le service de Sadite Majesté, sans entreprendre l'un sur l'autre, afin qu'il n'avienne aucune division ou mescontentement entre le Gouverneur & luy. Sera curieux d'entendre qui sont ceux audit Pays qui ont la
charge

charge principale de conduire les affaires de la Religion nouvelle, quelles pensions ils ont, & s'ils despeschent quelques Ambaslades vers les Nations estrangeres, & à quelle fin. Et pour faire entendre au Roy ce qu'il pourra avoir appris & descouvert des choses dessusdites & autres touchant son service, il ne sera faute d'envoyer toutes les sepmaines un on plusieurs Messagers, selon l'importance des affaires vers Sa Majesté : qu'il adressera à Monsieur son frere & Lieutenant Général, qui luy fera responle. Et pourra aussi ledit Capitaine faire entendre au Roy & à mondit Sieur, tout ce qu'il pourra apprendre, envoyant ses Lettres à celuy qui sera commis à la garde du prochain passage, lequel les fera tenir de main en main, par les autres Capitaines qui auront semblables charges, à Sa Majesté, ou à mondit Seïgneur.

Tout homme qui aura tant soit peu de jugement, peut remarquer en ceste commission de merveilleux artifices du Cardinal, & nouveaux apprests pour la guerre, par le moyen de laquelle il s'avançoit. Aussi par tels moyens la troisiesme guerre civile fut tost allumée, car en moins de deux mois après la paix, plus de dix mil personnes furent tuées çà & là. Cependant le Cardinal se vantoit qu'il en feroit plus mourir entre deux treteaux, que le Roy avec toutes ses armées : & mandoit ordinairement à Rome & en divers autres endroits, qu'on avoit plus despesché de Huguenots en un jour depuis ceste paix, qu'en un mois durant la guerre.

Outre tout ce que dessus, le Cardinal craignant que les Catholiques ne se mutinaslent pas assez, fit faire des Confrairies, Ligues & Associations, à quoy plusieurs des Parlemens & de la Noblesse tindrent la main, faisans fond de deniers, prestans serment, enroollans soldats, & faisans autres cas semblables pour l'entretenement des Confrairies, qu'ils appelloyent du S. Esprit. Notamment en la Ville de Dijon, par les menées du Sieur de Tavannes, & d'un nommé Begard, Conseiller au Parlement fut faite une telle Ligue. Et comme aucuns des assistans demandaslent si le Roy les authoriseroit, fut respondu par Begard, qu'il avoit Lettres de Sa Majesté à ceste fin, lesquelles Tavannes avoit mises ès mains d'un sien Secrétaire, qui ne se peut lors trouver. Et que si le Roy n'avoit agréable, il ne falloit pour cela rien craindre, pource qu'il sçavoit bien ou s'addresser ailleurs. Qu'au surplus, il ne se falloit arrester aux Lettres que le Roy escrivoit ordinairement à Tavannes & à la Cour de Parlement pour l'observation de l'Edit, d'autant qu'il y avoit un jargon entr'eux que tout le monde n'entendoit pas. En plusieurs autres de Bourgongne & des autres Provinces, furent faits semblables.

Cependant l'exercice de Religion est défendu ès haut & bas Pays d'Auvergne, & ès Pays appartenans aux freres du Roy, & à quelques Princes du Sang. Les autres Provinces reçoyvent de grands empeschemens, les apprests se font de toutes parts pour attrapper les principaux, & néantmoins par Lettres envoyées çà & là aux Gouverneurs (qui avoyent le mot) on leur donnoit charge de faire entendre aux Gentilshommes de la Religion, que le Roy les vouloit bien traiter & entretenir en l'exercice de leur Religion, & leur faire paroistre qu'il les tenoit pour ses bons & loyaux sujets & serviteurs : & que les remuemens que l'on entendoit, n'estoyent que pour asseurer son Estat contre plusieurs habitans des Villes, insolens

insolens & séditieux , pour par après remettre toutes chofes en un eftat paifible , & favorifer fa Noblesse , tant de l'une que de l'autre Religion , qui eft fa principale force , la faifant vivre en union , fous l'authorité de fes Edits. Voilà de belles paroles. Mais pource que quelques Catholiques n'eftans bien avertis des intentions du Cardinal & des fiens , entendans telles Lettres , euffent peu fe refroidir , l'on dépefchoit autres Lettres fecrettes , avec mandemens de les communiquer à ceux que l'on verroit eftre propres à tels comptes. Le Cardinal déclaira l'entreprife à un Agent du Cardinal de Crequy (1) , au Chafteau de Madrit * au mois d'Aouft 1568. lequel Agent en efcrivit bien au long à fon Maiftre. Et pource que fon langage eft notable pour defcouvrir la conjuration du Cardinal & des fiens contre le repos du Royaume , nous avons icy inféré les propres mots de ladite Lettre , qui fut furprife & apportée au Prince de Condé. L'on donne bon ordre par tout (dit le Cardinal à cet Agent , pour le faire entendre à fon Maiftre) que la force demeure entierement au Roy , pour attrapper tous les principaux , & leur ofter le moyen de s'affembler , afin que les ayant rangez à ce poinct là , comme par le Reiglement qui eft jà donné fera aifé , l'on puiffe exterminer entierement une telle vermine (ainfi appelloit le Cardinal ceux de la Religion) ennemis de Dieu , du Roy & de l'Eftat , & n'en laiffer un feul en ce Royaume qui en foit entaché , pource que ce feroit toujours une fémence pour renouveller le mal , fi l'on ne fuyvoit cefte

*près Paris.

voye , dont nos voifins nous monftrent de fi beaux exemples. En attendant ce temps qui ne peut eftre plus long que de tout ce mois , on avife par toutes les Provinces de faire parler aux principaux & moins paffionnez de la Noblesse de ladite Religion , pour feulement les contenir , amufer & endormir autant que faire fe pourra , comme desjà il s'en trouve qui ont prefté l'oreille , & commencent à s'affeurer : & mefmes aucuns fe viennent jà brufler à la chandelle : & encores on a en outre bonne efperance , qu'il y en a d'autres qui feront le mefme , lefquels on fçait desjà eftre efbranlez. Ce qui fera indubitablement emporter bien - toft gain de caufe , & nous donnera pleine victoire , fans grande peine & réfiftance contre les ennemis de noftre foy. Voilà les deffeins du Cardinal , lefquels avec plufieurs autres pratiques que nous toucherons en autres endroits propres , attiferent le feu des troifiefmes guerres civiles plus longues & furieufes que les autres.

Le Prince de Condé , fur la fin de ce mefme mois , fe fauva en grand hafte de Noyers en Bourgongne , où il devoit eftre enclos deux jours après , & arriva à la Rochelle , contre laquelle le Cardinal avoit dreffé beaucoup de pratiques,mais il fe rompit la tefte en vain. Lors la guerre fut ouverte. Et comme les préparatifs fe dreffoyent pour faire marcher l'armée Catholique , fous la conduite du Duc d'Anjou , le Cardinal fit dreffer deux Edits , publiez en un mefme jour au Parlement de Paris , le 28. de Septembre , à fçavoir trois jours après qu'ils eurent efté baftis au Confeil.

(1) *Cardinal de Crequi.*] Se nommoit Antoine , de l'illuftre & ancienne maifon de Crequi , après avoir paffé en divers Evêchez , devint enfin Evêque d'Amiens en 1561. fut fait Cardinal en 1565. & mourut à Amiens le 20. Juin 1574.

feil. Au premier, le Roy ayant fait un long narré des chofes avenues en fon Royaume pour le fait de la Religion, déclaroit entre autres chofes, que l'Edit de Janvier par lequel il donnoit permiffion à ceux de la Religion d'en faire l'exercice, n'eftoit que provifionnel en attendant fa Majorité, & qu'il n'eftoit plus délibéré de faire obferver les Edits touchant le fait de la Religion. A ces caufes, parvenu audit aage de Majorité, défendoit tout exercice d'icelle ès Pays de fon obéiffance, voulant irrévocablement qu'il n'y euft autre exercice de Religion que de la Romaine, fur peine de confifcation de corps & de biens. Et fur les mefmes peines, commandoit à tous Miniftres de ladite Religion, de vuider le Royaume dans quinze jours : défendant néantmoins que ceux de la Religion ne fuffent aucunement recherchez en leurs confciences, pourveu qu'ils vouluffent vivre paifiblement en leurs maifons. Par l'autre, il déclaroit que de-là en avant, il n'entendoit fe fervir d'aucuns Officiers faifans telle profeffion, les fufpendant deflors de leurs Eftats & Charges : leur commandant de s'en aller deffaifir entre fes mains, dans quinze jours, autrement que par luy il y feroit pourveu. Il y avoit long-temps que ces Edits eftoyent fur le Bureau, & le Cardinal les monftroit de loin aux Catholiques, pour les faire venir à l'Offrande, & foncer deniers pour la folde de l'armée, en quoy luy, la Royne-Mere & fes mignons, jouerent leurs jeux accouftumez. Mais ces Edits nuifirent plus aux Catholiques qu'ils ne croyoyent : car la plufpart de ceux de la Religion qui n'euffent bougé de leurs maifons, voyans ce parjure tout manifefte, duquel le Cardinal diffamoit la race des Valois, fe jetterent incontinent en campagne.

Les Seigneurs de la Religion envoyerent ces Edits en Angleterre & Alemaigne, pour certaine preuve, qu'on ne les pourfuyvoit, comme fédirieux, ny affectans la Couronne, (comme ils vouloyent faire croire) ains comme zélateurs à la Religion que les Catholiques vouloyent extirper de France. C'eft ce que le Cardinal & les fiens gaignerent. En ce temps furent publiez divers Efcrits, contre l'audace & ambitieufe cruauté de ceux de Guife, fpecialement du Cardinal, le naturel duquel fut defcrit par un docte Poëte François, avec une imprécation à la fin. Et pource que le Sonnet qu'il en fit eft gentil, & non imprimé (que je fçache) je l'ay voulu icy préfenter au Lecteur.

SONNET.

De fer, de feu, de fang, Mars, Vulcan,
    Tifyphone,
  Baftit, forgea, remplit, l'ame, le cœur, la
    main
  Du meurtrier, embrafeur, du tyran inhu-
    main
  Qui tuë, brufle, perd la Françoife Couronne.
D'un Scythe, d'un Cyclope, & d'un fier Leftry-
    gone,
  La cruauté, l'ardeur, & la fanglante faim,
  Qui l'anime, l'efchauffe, & conduit fon def-
    fein,
  Rien que fer, rien que feu, rien que fang ne
    refonne
Puiffe-il par le fer cruellement mourir,
  Ou par le feu du Ciel horriblement périr,
  Et voir du fang des fiens la terre eftre arrou-
    fée :
Et foit roüillé, efteint, & feche par la paix,
  Le fer, le feu, le fang, cruel, ardent, ef-
    pais,
  Qui tuë, ard & rougit la France diffipée.

Cefte troifiefme guerre civile commençant au mois d'Octobre mil cinq cens foixante-huict, dura jufques au commencement d'Aouft 1570. L'Hiftoire en a efté efcrite bien au long
               &

& publiée (1), où il appert que les Catholiques & ceux de la Religion ont esté ruinez les uns par les autres, soit qu'on considére les Batailles données, Places assiégées ou prinses, chefs & soldats tuez : tellement que les François ont fait contre eux-mesmes, ce que (peut-estre) tous les autres peuples de l'Europe amassez ensemble n'eussent sceu exécuter. Cependant le Cardinal regardoit jouer ceste sanglante tragédie, desployant tous ses moyens pour ruiner les uns par les autres. Et d'autant que ce seroit un labeur infiny de descrire le tout, ce nous sera assez de remarquer icy quelques-uns de ses artifices pendant ceste troisiesme guerre.

Premierement, il s'asseura de la personne du Roy, qu'il menoit çà & là, selon les occurrences des affaires, & pourvoir que rien ne se fist que par son avis. Il servoit aussi de boutefeu pour enflammer le Roy de plus en plus à l'encontre de ceux de la Religion, specialement des principaux, contre lesquels on desploya toutes violences & trahisons pour en venir à bout. Les uns après avoir esté prins prisonniers furent tuez, nonobstant qu'on leur eust promis la foy, les autres furent empoisonnez, contre les autres furent apostez des meurtriers, ausquels mesmes, le Cardinal fit donner de grandes récompenses.

En après, il donna ordre d'avoir force serviteurs auprès du Duc d'Anjou, Lieutenant Général du Roy, afin de l'envenimer contre lesdits de la Religion. Ce qui fut de si pernicieuse conséquence au Prince de Condé, qu'il fut tué par Montesquiou (2) Capitaine des Gardes dudit Duc d'Anjou, estant entre les mains des Sieurs d'Argence & de S. Jean qui l'avoyent prins prisonnier. La mesme ruse fit que ce Duc ne voulut donner sauf-conduit au Sieur de l'Estrange, député de la part des Princes & Seigneurs de la Religion, au mois de Juin 1569. pour aller présenter leur Requeste au Roy, sur les moyens & remedes qu'ils connoissoyent estre plus propres & convenables pour faire cesser la guerre & establir une bonne paix.

De mesme ruse se servit le Cardinal pour empescher que la paix ne s'avançast : car estant averty que l'Amiral avoit envoyé au Mareschal de Montmorency son cousin ceste Requeste, pour la présenter au Roy, il prevint, disant au Roy, que ce n'estoit nullement raison que les sujets ainsi rebelles parlassent de loin, & s'ils ne venoyent se présenter à sa mercy, il ne les faloit escouter, mais en avoir le bout par les armes. Suyvant cela, le Roy dit au Mareschal de Montmorency, qu'il ne vouloit rien voir ny ouir de ceux de la Religion, specialement de l'Amiral, que premierement il ne se fust remis en bonne grace, à quoy il seroit reçeu se mettant en son devoir. Comme si l'Amiral & les siens n'eussent auparavant supplié instamment le Roy, comme ils faisoyent encores par ceste Remonstrance :

(1) Et publiée.] Cette Histoire est de Jean de Serre, fameux Protestant, sous le Titre de Mémoires de la troisieme guerre civile, depuis le 3. Mars 1568. jusqu'au mois de Décembre 1569. in 8°. 1570. & 1571. elle se trouve ordinairement à la fin des Mémoires du Regne de Charles IX. Tom. 3.

(2) Montesquiou.] Cet assassinat (car c'est ainsi qu'il faut nommer la mort du Prince de Condé) deshonnora Montesquiou & même le Duc d'Anjou, qui depuis fut notre Roi Henri III. tout homme qui est prisonnier de guerre & qui est désarmé, ne sçauroit être attaqué avec honneur, dès qu'il ne fait rien contre la parole qu'il a donnée. Et ce qui fait encore de plus fâcheux pour Montesquiou, est que le coup de pistolet, qui tua le Prince de Condé, lui fut donné par derriere. Le Duc d'Anjou fut tressoupçonné d'en avoir donné l'ordre au meurtrier, qui étoit Capitaine de ses Gardes.

trance, où ces mots eſtoyent contenus : Ils ſupplient très-humblement Voſtre Majeſté, de vouloir octroyer & accorder généralement à tous vos ſujets, de quelque qualité & condition qu'ils ſoyent, libre exercice de la Religion, en toutes les Villes, Villages & Bourgades, & en tous autres lieux & endroits de voſtre Royaume & Pays de voſtre obéiſſance & protection, ſans aucune exception, modification ou reſtriction de perſonnes, de temps ou de lieux, avec les ſeuretez néceſſaires & requiſes : & outre, ordonner & enjoindre de faire profeſſion manifeſte de l'une ou l'autre Religion, afin de couper chemin à pluſieurs, leſquels abuſans de ce bénéfice & grace, ſont tombez en Atheiſme & en liberté charnelle, s'eſtans licenciez de tout exercice & profeſſion de Religion, & ne deſirans rien plus que de voir une confuſion en ce Royaume, & tout ordre, police & diſcipline Eccléſiaſtique renverſée & abolie : choſe trop dangereuſe & pernicieuſe, & qui ne ſe doit aucunement tolerer. Et d'autant, Sire, que leſdits Sieurs Princes & les Seigneurs, Chevaliers, Gentils-hommes & autres qui les accompagnent, ne doutent point que ceux qui ont tousjours juſques à maintenant aſſis le fondement de leurs deſſeins ſur les calomnies qu'ils publient impudemment pour les rendre odieux, meſmes vers ceux qui (par la grace de Dieu) ſont affranchis de la ſervitude & tyrannie de l'Antechriſt, ne faudront de mettre en avant qu'ils veulent pluſtoſt opiniaſtrement défendre, ſans raiſon, ce qu'ils ont une fois réſolu croire touchant les Articles de la Religion Chreſtienne, que de ſe corriger & rétracter, leſdits Sieurs Princes & les Seigneurs, Chevaliers, Gentils-hommes & autres qui les

accompagnent, déclarent & proteſtent, comme ils ont tousjours fait, que ſi en quelque poinct de la Confeſſion de Foy, cy-devant préſentée à Voſtre Majeſté par les Egliſes Réformées de voſtre Royaume, on les peut enſeigner par la parole de Dieu, comprinſes ès Livres Canoniques de l'Eſcriture-Saincte, qu'ils ſe ſoyent eſlongnez de la Doctrine des Prophétes & Apoſtres, que promptement ils donneront les mains, & cederont très-volontiers à ceux qui les inſtruiront mieux par la parole de Dieu, qu'ils n'auroyent eſté dès le commencement, s'ils errent en quelque Article. Et pour ceſt effect, ne déſirent rien tant que la convocation d'un Concile libre, général, & légitimement convoqué, auquel un chaſcun pourra eſtre ouy, pour déduire ſes raiſons, leſquelles ſeront confermées ou convaincuës par la ſeule parole de Dieu, qui eſt le moyen uſité de toute ancienneté en pareille occaſion.

Cependant le Cardinal eſlevoit le Duc d'Anjou aux deſpens du Clergé & des Catholiques, pour ruiner ceux de la Religion, & avoir nouvelle corde à ſon arc pour tirer d'autres coups, ſi la guerre avoit tels ſuccès qu'il prétendoit. Car quant à la paix, la trouvoit & faiſoit impoſſible & hors d'eſperance d'eſtre contractée que par la ruine, & total anéantiſſement de ſes parties adverſes. Or a-il tousjours finement diſſimulé ſon intéreſt particulier, & pour faire que le Roy trouvaſt auſſi de ſa part la paix impoſſible, & que par conſéquent il hazardaſt tout avant que d'en venir là, il propoſoit deux empeſchemens. Le premier emprunté de la diverſité de la Religion, qui ne peut (diſoit-il) ny ne doit eſtre toleré en ce Royaume. L'autre eſt compoſé du nom de la Majeſté du Roy, qu'il diſoit avoir

avoir esté blessée par ceux de la Religion, & qu'il n'estoit possible de guérir une telle playe, sinon qu'eux posans les armes, se vinssent rendre la corde au col, à la miséricorde du Roy, séant au liét de la Justice du Cardinal. Mais il s'aidoit de ces raisons (ausquelles ceux de la Religion ont infinies fois respondu suffisamment) non tant pour zéle à sa Religion, de laquelle sera parlé aux Livres suyvans, ni pour affection qu'il portast au Roy, contre qui il conspiroit, que pource qu'avant que de condescendre à aucune ouverture de paix, il vouloit estre asseuré qu'en tout événement luy & les siens demeureroyent au premier lieu du conseil du Roy & du Royaume, qu'il pourroit destituer, & instituer les Officiers de la Couronne à sa discrétion, qu'il ordonneroit & disposeroit de la Justice & des Finances, selon sa convoitise : brief, que le Royaume prendroit de lui les Loix du faire & non faire, du taire & du parler & qu'en un mot il remueroit selon son bon plaisir, les ames, les corps & les biens, du chef & des membres d'iceluy Royaume.

Aussi craignoit-il que si le Roy laissoit approcher de ses oreilles les Remonstrances, ou les Députez de ceux de la Religion, avec le temps il n'apperceust aisément que les Conseillers qui luy ont fait entendre que la guerre estoit le seul moyen d'oster du Royaume la diversité de Religion, estoyent Atheistes ou gens escervellez & ignorans jusques au bout. Que le Roy se pourroit souvenir que depuis le retour du Cardinal du Concile de Trente, le corps du Conseil privé avoit esté divisé & bandé en deux diverses opinions, les uns ne conseillans que la paix, & les autres la guerre : & que par consé-

quent le Cardinal & ceux de sa maison pourroyent estre mal-traitez. Partant il se résout avec les siens de faire durer la guerre tant que possible sera, pour corrompre & façonner le Roy à son humeur & ruiner ceux de la Religion, afin d'avoir un chemin plus aisé aux entreprises secrettes. Il se persuadoit d'avoir à la longue lesdits de la Religion. Premierement, pource qu'estant chassez de la pluspart des Villes du Royaume, & réduits aux extrêmitez d'iceluy en un petit anglet de Saintonge, seroyent aisément enfermez dedans ce recoing de Pays, par le moyen des rivieres & Villes qui sont sur les marches d'Angoulmois & lieux d'alentour : & qu'estant une fois rangez en telles barrieres, la famine & la contagion de l'air, suscitée par l'infection de leurs troupes, les contraindroit dedans peu de mois de se rendre la corde au col, à sa discrétion & miséricorde. En après, que la principale force du Camp des Princes consistant en Estrangers, pour lesquels payer des arrérages seulement qui leur estoyent deus jusques alors, ceux de la Religion s'estoyent presques espuisez, & avoyent peu de moyens de les payer à l'avenir : d'amis on les pourroit rendre ennemis, & seroit aisé de les pratiquer, sinon à combattre lesdits de la Religion, pour le moins à se retirer en leur Pays, moyennant le remboursement de leur deu. Finalement, le Cardinal fondoit le prolongement de la guerre, sur l'incertitude de l'événement des Batailles, à cause des inconvéniens de son particulier. Tous ceux qui entendoyent que toute la Noblesse & plus belliqueuse partie du peuple François estoit lors en Campagne fort à point, pour s'entre-meurtrir, si une Bataille se donnoit, fremissoyent

P

fremiſſoyent d'horreur, & déploroyent la miſérable condition du Roy & du Royaume, panchans à leur ruine par l'évenement d'une telle rencontre à quelque party que demeuraſt la victoire. Le Cardinal & les ſiens cependant avoyent ſi peu d'eſgard à cela, qu'ils euſſent bien voulu que l'une des parties giſant par terre, euſt laiſſé l'autre tellement navrée, que jamais elle ne ſe ſuſt peu relever : non pas pour eſperance de créer une nouvelle Nobleſſe Françoiſe, avec une fueille de papier, ou une peau de parchemin & quatre onces de cire (ſuyvant l'apophtegme du Cardinal, que le Roy pouvoit faire plus de Gentils-hommes en une heure, qu'il n'en ſauroit mourir au combat en dix ans) mais pluſtoſt d'autant que la Nobleſſe Françoiſe eſtant eſtainte, il ſeroit plus aiſé de parache_ver les projects Guyſiens, & (avec la faveur des Maires, Eſchevins, & Conſeillers de la pluſpart des Villes du Royaume affectionnez de longue main au Cardinal, auſſi-bien que les Cours de Parlement, ſous couleur de maintenir l'Egliſe Catholique,) vendiquer le droit de la Couronne, qu'ils ſe ſont vantez de ſi long-temps appartenir à la maiſon de Lorraine, en vertu d'une ſucceſſion imaginaire de l'eſtoc de Charles-le-Grand (1). Mais le Cardinal craignant que la Bataille ne vinſt à ſe deſmeſler, pluſtoſt par un effroy & route de l'une des armées, que par grande effuſion de ſang, il aima mieux s'aſſurer en la longueur du temps, que baſtir ſon eſperance ſur ce fondement mouvant & hazardeux. Car ſi la vic-

toire euſt favoriſé ceux de la Religion, ceux de Guiſe eſtoyent perdus, ce leur ſembloit. Si elle demeuroit à l'armée du Cardinal, encores prévoyoit-il que la cholere eſtant refroidie, quelques Catholiques luy pourroyent attacher une querelle auſſi difficile que ceſte-là, & redemander la vie des Seigneurs & Gentils-hommes immolez ſur l'autel de ſon ambition. Car tous ceux qui portoyent les armes ſous le Duc d'Anjou, n'eſtoyent pas ſi dévots au ſervice de ceux de Guiſe, qu'eux euſſent bien voulu.

Ainſi le Cardinal fila ceſte corde de guerres civiles le plus long qu'il peut, encores qu'en ſes conſidérations, y euſt de grandes inconſidérations, leſquelles je ne veux deſcouvrir ni réfuter, cela appartenant à quelqu'un qui auroit le loiſir de dreſſer des diſcours politiques, & monſtrer l'aveuglement des Gentil-hommes François Catholiques, qui pour faire profeſſion d'eſtre gens d'entrepriſe & d'exécution, ſe ſont laiſſez beſſler à toutes reſtes par un Preſtre, plus couard qu'une femme, & qui ſous ſon chapeau & parmi ſes familiers, ſe moquoit d'eux à bouche ouverte, comme nous le verrons en ſon endroit ci-après.

Le Duc d'Aumale eſtoit ſur les frontieres de Bourgongne & de Lorraine, avec groſſes troupes, auſquelles il commandoit, pour empeſcher l'entrée des Reiſtres, qui venoyent au ſecours de ceux de la Religion. En quoy il fut auſſi heureux qu'en ſes autres exploits de guerre, ſes ſoldats diſans tout haut & bien ſouvent, que leur Général avoit

---

(1) *Charles-le-Grand.*] Ce fut la folie & la vaniré des Princes de Lorraine, de ſe dire deſcendus de Charlemagne; ils traitoient Hugue Capet & ſes deſcendans, d'uſurpateurs de la Couronne de France, qu'ils prétendoient leur appartenir. Mais depuis ce tems-là, on leur a fait voir clair dans leur Généalogie. Ils ſont bons, mais ne leur en déplaiſe, ils ne viennent ni de Godefroi de Bouillon, ni de Charles-Magne.

avoit plus de chair que d'esprit. Et de fait, encor qu'il fust en Pays propre pour l'Infanterie qui l'accompagnoit en grand nombre, & de gens aguerris, si ne fit-il chose qui valust, & fut en danger d'estre battu plusieurs fois, ayant mesmes refusé de choquer ses ennemis à son avantage. Mais le Cardinal fut aussi cause en partie de ceste procédure, car il ne vouloit pas qu'on vinst si-tost aux mains, esperant ou gaigner les Estrangers, ou les avoir mieux à l'avantage, & en somme voulant brouiller les cartes de plus en plus, pour rencontrer meilleur jeu.

Quant au jeune Duc de Guise (1), pour estre fort favorisé du Duc d'Anjou, avec qui il avoit fort estroitte accointance, il fut avancé en ces guerres, joint qu'il estoit grand Maistre. Lors son oncle le Cardinal l'environna de plusieurs Capitaines qui luy servyrent bien à Poictiers spécialement. Le Marquis du Maine (2) son frere estoit peu de chose alors, pour sa jeunesse. Le Grand Prieur & le Marquis d'Eliebeuf freres, estoyent morts quelques années auparavant, sans qu'on se soit beaucoup soucié d'eux, comme aussi ils avoyent eu autant d'esprit seulement que le Cardinal de Lorraine leur frere leur en avoir distribué, & n'estoyent factieux que par ses instructions & commandemens.

Mais à l'avanture avons nous assez estendu le propos en ceste premiere partie de la Legende de Messieurs de Guise. Partant nous laisserons reprendre halaine aux Lecteurs, & quelque loisir à nostre plume pour poursuyvre le reste, à sçavoir des déportemens du Cardinal & des siens, au troisiesme Edict de pacification, & des moyens tenus par eux pour venir à la journée de S. Barthelemy : & des choses qui sont depuis avenues de leur part, à la confusion du Roy Charles & de son Estat. Item, des meschans tours qu'ils ont jouez au Roy Henry troisiesme à présent regnant, à tous les Princes du Sang, aux Grands Seigneurs, à la Noblesse, à la Justice, au Clergé, au peuple, tant de l'une que de l'autre Religion, à leurs favoris & amis, voire à eux-mesmes entre eux. Cy-devant nous avons veu une partie de leurs façons de faire sous François premier, Henry second, François second & Charles neufviesme : mais les particularitez diverses qui seront marquées ès autres Livres suyvans, descouvriront qu'en ce premier Livre, nous n'avons rien fait qu'esbaucher les matieres, & monstré comme l'entrée du Palais sanglant, vilain & malheureux de ceux de Guise. Ceci donc soit le commencement de plus grand œuvre, & à la mienne volonté que de ce que dessus, les François puissent cognoistre à leurs despens, sur le tard, une partie des instrumens dont le Seigneur, courroucé contre leurs péchez, s'est servi pour les fouetter, afin que se retournans à luy comme il appartient, ils puissent recevoir, plustost que je n'ose esperer, quelque repos & soulagement.

HARENGA

---

(1) *Jeune Duc de Guise.*] C'est Henri Duc de Guise, que Henri III. eut enfin le courage de faire tuer à Blois le 23. Décembre 1588.

(2) *Marquis du Maine.*] C'est le Duc de Mayenne, qui est devenu le Chef de la Ligue, après la mort du Duc de Guise.

HARENGA

HABITA IN MONASTERIO CLUNIACENSI DIE Quinta mensis Aprilis , M. D. LXVI. ad D. Reverendissimum & Illustrissimum Cardinalem de Lotharingia , ejusdem Monasterii Abbatem Commendatarium , Per Devotum Fratrem Vincentium Justinianum , Genovensem , Generalem Ordinis Fratrum Prædicatorum , deputatum per Capitulum Generale unà cum certis aliis ejusdem Ordinis Fratribus Ambassatorem , versus eundem Reverendissimum. Pro repetenda Corona aurea , quam abstulit à Jacobitis urbis Metensis.

Venundantur Rhemis in Campania.

M. D. LXVI.

DOMINE Illustrissime ,
  Atque Reverendissime ,
Qui transis in peritia ,
Et occulta scientia ,
Magis Magnos sapientes
Qui sint inter omnes gentes ::
Totus ordo devotorum
Quotquot sunt Prædicatorum ,
Nos huc ad vos legaverunt ,
Et humiliter miserunt
Ad vestram reverentiam
Rogatum audientiam :
Et quamvis bene sciamus ,
Quòd jam scitis quid petimus ,
Vobis placebit attamen
Audire usque ad Amen ,
Quod habemus totaliter
Ad deducendum breviter.

Vos ergo scire debetis ,
Quòd ab hinc diebus certis ,
Tenuimus extra Regnum
Generale Capitulum ,
In quo conclusimus omnes ,
Post multas dissensiones ,
Quòd per omnem rationem ,
Debes reddere Coronam (1) ,
De auro massivam totam ,
Et lapidibus refertam ,
Quam jamdudum à fratribus
Jacobitis Metensibus ,
Vobis fecistis præbere ,
Fingentes velle videre :
Et licet istud petitum
Per se sit abundè justum ,
Tamen ut vos cognoscatis ,
Quòd in totis rebus istis

Nihil

Nihil leviter fecimus,
Sed cuncta ponderavimus
Cum matura gravitate,
Studentes longè & latè
Vosmet defendere, juxta
Veſtri honoris merita :
Non gravabimur dicere,
Sine quidquam omittere,
Præcipuas rationes,
Quas inter opiniones
Audivimus allegari,
Et prolixè diſputari.

Opinio Fra-
tris Jo. Steil
Germani.

Primus (1) qui dixit vos contra,
Non eſt de patria noſtra :
Quinimò eſſe debebat
(Ut ex lingua detegebat)
De Germaniæ partibus :
Iſte cum rationibus
Concluſis in paucis verbis,
Volebat monſtrare nobis,
Quòd in dictis & in vita
Vos eratis Hypocrita :
Nam licet in toto vultu,
In Bireto & habitu
Simuletis Catnolicum,
Et verum Apoſtolicum :
Licet Miſſam noſtris ſanctis

Omni die vos cantetis :
Licet ſervetis firmiter
Quidquid Eccleſia mater,
Et ſancta Romana ſedes,
Credere jubet fideles :
Tamen dicebat quòd intus
Nil credebatis penitus
De bona Papæ Doctrina,
Niſi quòd erat Culina,
Quam ſine conſcientiis
Replebatis Abbatiis,
Et pecuniis pinguibus
De tot Epiſcopatibus. (2)
Ad hos fines allegabat,
Et ut Doctus recitabat
Bene memoriter, omnem
Fidei confeſſionem,
Quam Savernæ feceratis
Coram Principibus certis : (3)
Referebat præterea,
Quòd cùm eſſetis anteà
Contra Papam faſtiditi
Idcirco quòd nollet uti
Veſtro prorſus conſilio
In Tridenti Concilio :
Vos ſicuti bene ſcitis,
Venetiis minaviſtis (4.)

Quòd

(1) *Opinio Fratris Jo. Steil Germani.*] On fait paroître ici un Dominicain Allemand, qui dit ce
qu'il penſe, & qui étoit d'une Nation qui parloit
autrefois fort ſincérement & fort naturellement ;
auſſi ne ménage-t-il pas ce Cardinal.
(2) On ſçait que le Cardinal Charles de Lorraine
avoit accumulé ſur ſa tête, un grand nombre de
Bénéfices & même d'Evêchez, dont il recevoit le
revenu, & qu'il faiſoit gouverner par des Titulai-
res apparens, que l'on nomme communément des
Cuſtodines. Le Pape Pie IV. quoique avare, ſe crut
obligé après le Concile de Trente, de faire connoître au Cardinal que cette multiplicité de Bénéfices étoit contraire aux Régles & à l'eſprit de l'E-
gliſe ; mais le Cardinal crut par une repartie ſe tirer d'affaire, en marquant au Pape, que pour ſe
réduire à l'unité, il permuteroit volontiers tous ſes
Bénéfices pour le ſien.
(3) M. de Thou remarque, Liv. xxix. de ſon
Hiſtoire, que ce fut au mois de Février 1562. que
le Duc de Guiſe & le Cardinal de Lorraine ſon frere
ſe rendirent à Joinville à Saverne, où le Duc
Chriſtophe de Witemberg les vint trouver, avec
deux célébres Théologiens de la Confeſſion d'Auſ-

bourg. Là les Princes Lorrains firent entendre au
Duc de Wittemberg, que leurs vuës étoient ſeulement d'empêcher en France l'établiſſement des erreurs de Zuingle ; qu'ils avoient preſſé plus d'une
fois au Colloque de Poiſſy, les Théologiens de Gé-
néve, de ſouſcrire la Confeſſion d'Auſbourg, ce
qu'ils avoient toujours refuſé de faire. Les Lorrains
voulant faire entendre par là, que leur but étoit
moins de ſoutenir la Doctrine de l'Egliſe Catholique, que d'introduire en France, la Doctrine de
Luther. C'eſt ainſi que ces Princes ſe jouoient de la
Religion, ayant même offert de ſe mettre à la tête
des Réformés, ſi ces derniers l'euſſent voulu accepter.
(4) Dans tout ce que le Cardinal fit à Rome, on
s'apperçut qu'il avoit ſacrifié les intérês du Roi &
du Royaume de France, ſoit en ne s'oppoſant point
à l'injuſte prétention de l'Ambaſſadeur d'Eſpagne,
pour la Preſéance ſur ceux du Roy. On vit bien
que la colere, qu'en témoigna ce Cardinal, n'étoit
qu'apparente ; & malgré les ordres que nos Ambaſſadeurs reçurent de la Cour de ſe retirer du Concile, & d'aller à Veniſe, où ils firent beaucoup de
bruit, le Cardinal de Lorraine ſe rendit à Rome,

P 3.

Quòd si Papa sic faceret,
Et vos plus calefaceret,
Poteratis subvertere
Papatum brevi tempore:
Unde ex his quæ jactabat
Hic Germanus, concludebat
Quòd vestræ ceremoniæ,
Erant solummodo minæ:
Et quòd odium vehemens,
Quo est inflata vestra mens,
Contra Hæreticos istos
Quos vocastis Huguenotos,
Non est pro defensione
De nostra Religione:
Sed ut vindicetis illam
Vestram veterem querelam,
In qua se opposuerunt
Vobis, & impedierunt
Ne regnum hoc perderetis, (1)
Et vos reges faceretis:
Breviter quòd instantia
Quam facitis, ut Francia
Concilium recipiat,

Et Rex Gallus consentiat
Super publicatione
Non est à devotione: (2)
Sed ut iterum prælia
Suscitentur civilia:
Et dum hæc flamma consumet
Omne Regnum, vos ipsimet
Gaudentes, canatis omnem
Troiæ conflagrationem,
Sicuti Nero cantavit
Quando Romam inflammavit.
Sed quid opus argumentis
(Dicebat) in rebus istis ?
Si Dominus Cardinalis
Esset tam bonus fidelis
Quantum vult ut credamus,
An retineret, quæsumus,
Coronam Deo dicatam,
Et ad precandum sacratam ?
Igitur, fratres, censeo
Ut repetatur ab eo.
    Postquam perfecit Germanus,
Plurimi levabant manus,

                                    Plurimi

---

où il cherchoit à ménager les bonnes graces du Pape, au préjudice des intérêts du Roy son Maitre: démarche même qui lui fut reprochée au Conseil, comme on le voit au Livre xxxv. de l'Histoire de M. de Thou; mais le Cardinal, homme hardi & téméraire, s'en embarrassoit peu.

(1) L'opposition des maisons de Guise & de Châtillon, a été cause dès les Guerres Civiles du Royaume, sous les Regnes de Charles IX. & de Henri III. & ces guerres ont empêché les Guises de réussir dans le dessein injuste qu'ils avoient de se rendre Maitres du Royaume, & de faire passer la Couronne sur la tête de l'un d'entre eux; chimere extravagante qui leur fut même reprochée long-tems avant les mouvemens de la Ligue, & dont M. de Nevers & M. de Villeroy, ne disconviennent pas eux-mêmes dans leurs Mémoires; & l'on doit les en croire, puisque non seulement c'étoit des personnes du tems, & qui étoient fort instruites de leurs desseins; mais qui même avoient été dans le parti des Guises. On peut voir à ce sujet M. de Nevers en son Traité des Causes & raisons de la prise des armes, Tome 2. de ses Mémoires.

(2) Quoique le Concile de Trente soit reçu en France, quant à la Doctrine par un consentement tacite, & par beaucoup de Conciles Provinciaux: cependant jamais on n'a pû faire recevoir en ce Royaume les Réglemens de Discipline qu'on y a fait, tant parce qu'il y en a quelques-uns qui dérogent à la dignité de nos Rois, qui sont fils ainés de

l'Eglise, que parce qu'il y en a d'autres qui sont contraires à la Jurisprudence invariable du Royaume, soit pour les matieres Ecclésiastiques, soit pour les matieres Civiles. La Ligue même, toute puissante qu'elle étoit en 1593. ne put jamais y réussir dans ses prétendus Etats. Cependant comme il y a dans ce Concile beaucoup de Réglemens fort utiles pour la Discipline, nos Rois n'ont pas manqué de les adopter d'abord dans l'Ordonnance de Blois en 1576. & dans les autres qui ont paru dans la suite; mais dans ces occasions, c'est l'autorité du Roi, seul Légiflateur en son Royaume, qui donne force de Loy à ces Réglemens, & non pas le Concile de Trente. Et lorsqu'il s'est agi en 1564. de proposer cette reception, le Jurisconsulte du Moulin eut ordre d'en donner son avis: c'est ce qui a produit cette Consultation, qui est un peu trop vive à la vérité, mais qui fait voir l'esprit des François dans le tems même de ce Concile. Et les démarches qui se firent en 1564. parurent si bien un effet de la conduite des Guises, que l'on somma le Roi de se trouver à Nanci, capitale de la Lorraine, au 25. Mars de cette année, pour y assister à la lecture des Décrets du Concile, & jurer son observation & délibérer ensuite des moyens de déraciner les erreurs que les Sectaires avoient répandues dans le Royaume, au mépris des Loix divines, & au préjudice de la tranquillité publique. Ce qui ne tendoit qu'à commencer une guerre civile. Voy. M. de Thou, Liv. xxxvi. & c'est ce qu'on reproche ici aux Guisars.

Plurimi erant filentes
Veluti confentientes:
Sed tacentibus aliis,
Surrexit Provincialis
Campaniæ, veftræ domus
Defenfor fideliffimus:
Quem furgentem ut viderunt,
Omnes ftatim tuffierunt,
Ne poft moverent ftrepitum
Audiendo fratrem iftum,
Qui in brevi proloquitur,
Dicendo ficut fequitur.

Opinio Fra.
Provincialis
Campaniæ.

　　Colendi fratres in Deo, (1)
Veftros oculos video
Pofitos fuper me rectè,
Ut expectantes attentè
Quidnam pretendam profequi,
Et utrum cupiam fequi
Fratris noftri fententiam,
An afferre contrariam:
Quòd fi hic Germanus frater,
Conclufiffet fimpliciter
Reddendam effe Coronam
Juxta Romanum canonem:
Nil haberem ad dicere
Nec poffem contra dicere:
Sed quia nimis taxavit,
Et palam injuriavit
Sanctiffimum Cardinalem,
(Qui non habet fuum parem
In omni Romano loco,
Pace cæterorum dico)

Meum debitum me jubet
Dicere ut fe res habet:
Namque ab incunabulis
Cognovi quis fit, & qualis.
Ego hunc vidi ftudere
In Collegio Navarræ, (2)
Et quamvis juvenis effet,
Oportebat ut præeffet,
Nec poterat fuccedere,
Sed audebat præcedere
Carolum de Borbonio,
Quem habebat ludibrio:
Hic faciebat omnia
Catholici officia:
Nec unquam eft reprehenfus
Quòd non perficeret prorfus,
Quidquid erat pro fperare
Quòd deberet imperare:
Et poftquam linquens hanc viam
Se direxit in curiam:
Certè intra dies paucos
Tranfivit omnes aulicos
Malitiis & artibus
Quæ petuntur ab omnibus
Pro fe principem reddere,
Et alios rejicere.
Quòd fi effe Courtifanum:
Si delicatum & vanum:
Si rapere poteftatem
Juxta fuam voluntatem:
Si mentiri, fi fingere, (3)
Si fumum fuum fpargere,

Unum

---

(1) *Opinio Fratris Provincialis Campaniæ.*] On fait paroître ici le Provincial des Dominiquains, de la Province de Champagne, où les Guifes étoient alors fort puiffans; & ce Moine paroît d'abord y vouloir faire une Apologie des Guifes, quoiqu'en effet ce foit une Satyre des plus fanglantes, fur tout du Cardinal de Lorraine: mais heureufement pour cet Auteur; les Hiftoires générales, en louant l'efprit du Cardinal, n'en parlent pas plus avantageufement, & dépeignent fon caractere par des traits fort vifs & par des faits Hiftoriques, qui ont mis la France à deux doigts de fa perte.

(2) Le Collège de Navarre, étoit alors l'Ecole la plus brillante qu'il y eut dans l'univerfité de Paris, c'eft là qu'on envoyoit tout ce qu'il y avoit de plus diftingué, pour y faire de bonnes Etudes. Ces tems font aujourd'hui bien changez.

(3) Le caractere ambitieux du Cardinal de Lorraine eft très-bien dépeint, par tous les attributs par lefquels on le defigne ici, par fa malice, les artifices qu'il employoit pour avoir la confiance du Roi. Sa vanité alloit jufques à fe croire capable de tout, même de conduire les matieres de Religion, qu'il avoit le moins étudiées, comme il le fit paroître au Colloque de Poiffy, en difputant fuperficiellement & cauteleufement avec des Miniftres qui n'avoient fait autre chofe toute leur vie que de manier la Théologie. Mais ce qui le fait encore mieux connoître, eft cet efprit de duplicité, dont il fut toujours accufé. Voici ce qu'en dit M. de l'Etoile au Tome 1. de fes Mémoires, fur l'Hiftoire de France, année 1574. « C'étoit, dit-il, un Prelat, »qui avoit d'auffi grandes parties & graces de Dieu, »que la France en ait jamais eu; mais s'il en a bien

Unum habere in ore
Et aliud in pectore :
Si velle præesse solum
Nec posse pati alium:
Si eum qui se tam amat
Quòd seipsum existimat
Plusquàm Deum sapientem
Appellatis Hypocritam :
Fatebor (nec injuria)
Quòd in Romana Curia
Non est Hypocrita talis
Ut Dominus Cardinalis :
Sed si modi sic agendi
Sunt artes bene vivendi :
Si alio itinere
Nullus potest pervenire
Ad aliquem Principatum ,
Neque ad ipsum Papatum :
Requiretur , si potestis ,
Ut vos , omnes subvertatis
Altissimas potestates
Quæ parantur per has artes ,
Imò Papatum penitus
Qui sine his cadit subtus :
Aut , si istud est iniquum
Pestilens & Hæreticum ,
Necesse est fateantur
Qui fidem veram fatentur ,
Quòd gloria principalis
Lothareni Cardinalis
Debet extolli , quòd ita
Sit maximus Hypocrita.
Ex quo falsò conclusisti
Mi frater , cùm intulisti ,
Quòd laudanda Hypocrisis

Erat damnata Hæresis :
Nam si hoc verum fuisset,
Quis inter nos omnes esset
Qui non foret Hæreticus ?
Cave ne sis Scismaticus.
An Hæreticum appellas
Eum qui defendit cellas
Ecclesiæ Catholicæ
Et privatim.& publicè
Illi quærens operculum ?
Qui coegit Avunculum (1)
Cluniacum resignare ,
Seque fecit eligere
Per Monachorum gratiam ,
Faciens conscientiam
Patruum privare censu
Sine ipsorum consensu ?
Hæreticus erit , cedo ,
Is , qui in Papa colendo
Ita diligens fuerit ,
Ut capellum habuerit
Et Biretum Cardinalis
Ante Principem sanguinis ? (2)
Qui post Farnesii mortem
Sollicitudinem tantam
De Papatu corripuit ,
Quòd illum nihil puduit
Ab Henrico extorquere , (3)
Uti ad suum placere
Posset eligendo Papam
Pro Francia ferre vocem ,
Non erubescendo suum
Præire senem patruum ?
Qui in hac electione
Sic sine acceptione

Personarum

---

busé ou abusé , le Jugement en est à celui , devant »le Trône duquel il est comparu . Le bon arbre se »connoît par le fruit ; ce fruit étoit par le témoi-»gnage même de ses gens , que pour n'être jamais »trompé , il falloit toujours croire le contraire de »ce qu'il vous disoit ».

(1) Cet oncle étoit Jean Cardinal de Lorraine , mort à Neuvi en 1550. comme nous l'avons marqué dans une des notes précédentes : & l'on voit dans la Légende , qu'ils ont dépouillé ce bon Car-

dinal bien avant qu'il mourut : mais ce fut une sottise au Cardinal Jean , de se laisser dépouiller par son neveu ; il n'avoit qu'à tenir bon , qu'en seroit-il arrivé ?

(2) Charles Cardinal de Lorraine , fut élevé à cette dignité l'an 1547. le 20. May. Et le Cardinal Charles de Bourbon n'y arriva que le 9. Janvier 1548.

(3) C'est Henri II, Roi de France , dont il est ici parlé.

HARENGA.

Personarum procefferit
Ut de Monte creaverit, (1)
Licet ipfe bene fciret
Quòd bellum Regi moveret?
An Hæreticum vocabis
Illum, qui rapuit nobis
Pacem, ut pro Ecclefia
Faceret multa prælia?
Qui propter defenfionem
Pauli quarti, in ruinam (2)
Regnum Franciæ pofuit,
Et nos penitus diruit?
Hæreticus erit ille
Qui movit bellum civile
Ut Hæreticos perderet, (3)
Aut extra Regnum pelleret?
Hæreticum appellabis
Illum, qui & vi & minis,
Cùm Tridenti vellet ire,
Coëgit Regem fignare
Quòd omnia obfervaret
Quæ Concilium juberet:
Quódque ipfe, & Regina,
Et Regni proceres unà
Vitam & bona ponerent,

Ut Concilium facerent
Ab omnibus cuftodiri,
Et devotè obediri?
Denique, an ifte cæcus
Effe poteft Hæreticus,
Qui in fine Sacrofanctæ
Synodi, Tridenti factæ,
Fecit acclamationes, (4)
Atque benedictiones,
Neque ceffat procurare,
Ut Rex hanc velit fignare?
O mi frater, fatis patet
Quòd non fentis ut oportet?
Nec melius argumentum
Indicabit effe certum
Quòd tu non es de Francia,
Quàm talis ignorantia.
Sed ne longiùs fis hofpes
Inter noftros, ficut tu es:
Atque ut totum ad longum,
Hoc præclarum capitulum
Intelligat de plus propè,
Cur Cardinalis tam fæpè,
Mutet per maximam curam
Sicut Proteus figuram: (5)

Audire

(1) Le Cardinal de Monté fut depuis Pape, fous le nom de Jules III. élu le 8. Février 1550. & mort le 23. Mars 1555. il avoit fuccedé au Pape Paul III, de la maifon Farnefe.
(2) Paul IV. élu le 23. May 1555. & décédé le 18. Août 1559. & la guerre civile, dont il parle, quelques vers plus bas, eft celle qui s'éleva en 1562. après le tumulte de Vaffy.
(3) Il parle là des deux Edits publiés, les 26. & 27. de May, portant ordre aux Prétendus Réformez. de fortir de Paris, avec claufe néanmoins, qui défendoit de leur faire injure, ni aucun tort à ceux qui fortiroient, ni de s'emparer de leurs biens fous peine de la vie. De Thou, Liv. xxx. au commencement.
(4) Le Cardinal de Lorraine fe fit moequer de lui au Concile de Trente, en faifant, pour ainfi dire, la fonction d'enfant de cœur; il entonna donc les acclamations qui furent faites à la fin du Concile, foit par vanité, foit par imprudence, dit M. de Thou (Libro xxxv.) Mais il fut encore blâmé à fon retour en France, d'avoir facrifié dans les acclamations, l'honneur du Roi & du Royaume. Non content de s'être chargé d'une commiffion qui ne convenoit point à fa dignité; il s'avifa, après avoir nommé dans fes acclamations, les Papes Paul III. Jules III. & Pie IV. de défigner auffi les Empereurs

Charles-Quint & Ferdinand Premier. Mais il eut l'impudence de ne point parler du Roi de France, quoique Fils aîné de l'Eglife, & Roi Très-Chrétien; ce qu'il fit pour fe conferver l'amitié de Philippe II. Roi d'Efpagne, confondant par là nos Rois, non feulement avec tous les autres Rois, mais encore avec toutes les Républiques & avec les plus petits Princes, quoique le Saint Siége tienne fa plus grande dignité temporelle des bien-faits des Rois Très-Chrétiens, qui ont été dans tous les tems les bien-faicteurs, & même les Protecteurs de l'Eglife Romaine.
(5) Ce fut en 1561. & après le Colloque de Poiffy, que le Duc de Guife & le Cardinal de Lorraine, quitterent la Cour; le premier fe retira à Joinville, & le Cardinal à Reims: le Duc de Nemours qui étoit dans leurs intérêts les accompagna & le bruit courut qu'il avoit deffein d'enlever de la Cour Alexandre, frere du Roi, qui depuis fut le Roi Henri III. pour le conduire avec eux en Lorraine, & peut-être même en Allemagne. Ces deux Seigneurs ne revinrent qu'en 1563. & comme le Cardinal étoit beaucoup plus brouillon & plus dangereux que le Duc de Guife, on prit le parti pour l'écarter du Royaume de l'envoyer au Concile de Trente, où il fe comporta très mal, comme l'Hiftoire même en fait mention. Mais enfin, on fe

Q

Audite quæ confilia
Secum ferat in curia :
Et quid durante duorum
Ferè fpatio annorum ,
Quibus dolente animo
Remanfit in fua domo ,
Secum ipfe difcurrerit
Et confilii ceperit.

Poftquam vidit quòd in vanum ,
Quærebat perditum manum

Quæ tam bene adverteret ,
Ut Caftillionem mitteret (1)
Ac inferos , vel apertè
Vel occidendo fecretè.
Poftquam ifte Marefchallus
De Monmorancio malus ,
Per bravadam quam in viis
Fecit illi Parifiis , (2)
Impedivit coram Deo ,
Ne Principem de Condæo (3)

Diutius

croyoit heureux d'avoir éloigné de la Cour, un mauvais fujet, qui ne pouvoit que gâter les affaires.

(1) Les Guifes qui haïffoient les Châtillons , fur tout l'Amiral de Coligni, qui étoit inviolablement attaché à la maifon de Bourbon , avoient tenté plus d'une fois de le faire périr : d'abord ils les brouillerent avec le Connétable Anne de Montmorenci leur oncle , & enfuite avec le Roi de Navarre : mais tous leurs projets devinrent inutiles , jufques en 1572. que fe fit l'infâme Tragédie de la Saint Barthelemi.

(2) Cette Scene du Tumulte de Paris , eft une des plus confidérables qui foit arrivée dans ce tems-là ; [c'eft-à-dire en 1565.] Le Cardinal étant retourné du Concile de Trente , dès l'année précédente , n'ignoroit pas combien il étoit haï , fur tout des Seigneurs & des perfonnes en place. Il pria donc la Reine-Mere , de lui faire expédier un Brevet , pour entrer avec des gens armés dans le Gouvernement de l'Ifle-de-France , & même dans Paris : ce qui fut fait au mois de Février 1564. ces deux Gouvernemens étoient alors unis en la perfonne de François de Montmorenci , Maréchal de France , fils aîné du Connétable , & qui étoit un homme ferme & d'un très-grand courage. Mais on publia le 13. Décembre 1564. un Edit ou Ordonnance du Roy , qui défendoit à toute perfonne de quelque qualité qu'elle fut , de marcher en armes dans le Royaume. Le Maréchal de Montmorenci n'ignoroit pas que le Cardinal avoit un Brevet , qui lui permettoit le port des armes ; mais comme le Cardinal , par une efpéce de mépris , n'avoit pas daigné le communiquer au Maréchal : ce dernier avoit raifon d'infifter fur l'obfervation des Edits & des Ordonnances du Roi. Le Cardinal , par bravade, continua fa route vers la capitale du Royaume ; il avoit même averti fes amis de fe rendre armés auprès de fa perfonne. Le Maréchal pour ne rien négliger , fe rendit au Parlement le 8. Janvier 1565. où il fçavoit que les Guifes avoient beaucoup d'émiffaires, qui rapporteroient au Cardinal ce qu'il auroit dit. Il marqua donc qu'il lui étoit défendu de laiffer approcher de Paris , qui que ce foit en armes ; que cependant il apprenoit qu'il y avoit des perfonnes qui voltigeoient aux environs de la capitale , d'une maniere contraire aux Ordonnances ; mais qu'il étoit réfolu de ne rien négliger de fon devoir , & de faire obferver les Ordres du Roi. Le Cardinal averti de la réfolution de Montmorenci, perfifta dans fon obftination , de ne pas communi-

quer fon Brevet , le Maréchal le fit avertir par des amis communs , de fe conformer aux Edits & aux Ordonnances. Le Cardinal continuant dans fon air de mépris , avança toujours dans le même equipage militaire. Le Maréchal lui envoya fur le chemin de S. Denys , un Prevôt des Maréchaux , avec des Gardes de la Connétablie , pour lui ordonner de la part du Roi & du Gouverneur , d'obéir aux Edits : le Cardinal fe diligente & entre dans Paris , avant que le Maréchal en foit informé : cependant Montmorenci raffemble fon monde , & rencontre le Cardinal dans la rue S. Denys , vis-à-vis l'Eglife des Innocens. Il fait main baffe fur cette troupe , & il y eut de part & d'autres deux perfonnes de tués. Le Cardinal n'étoit pas courageux , il prit donc le parti de fe jetter dans la boutique d'un Marchand , où il fe tint caché avec le jeune Duc de Guife fon neveu , & le Duc d'Aumale frere du Cardinal. Dès qu'ils furent en état de s'échapper , ils fe retirerent fecretement fur le foir à l'Hôtel de Cluni , dans le quartier de l'Univerfité , d'où ils n'oferent fortir : cependant ils auroient fouhaité tous trois être hors de Paris , ne voulant point y paroître , à caufe de l'affront qu'ils venoient d'y recevoir. Montmorenci roda toute la nuit avec fes troupes , autant pour infulter le Cardinal , que pour maintenir l'ordre. Le lendemain le Cardinal chargea le Prevôt des Marchands , d'aller trouver le Maréchal pour le prier , au nom du Parlement , de permettre aux Princes Lorrains de fortir de Paris en armes. Mais le Gouverneur demanda ou étoit le Brevet du Roi , & qu'il vouloit en avoir une copie en forme , le Cardinal perfifta dans fon obftination & fe vit contraint de fe retirer fecretement à Reims , & de-là dans le Pays Meffin ; & le Duc d'Aumale après avoir été quelque tems de côté & d'autre , prit le parti de fe retirer à Anet. Et tout le monde loua la conduite du Maréchal de Montmorenci. Cette affaire produifit plufieurs Ecrits , où les Guifes n'eurent pas plus d'avantage , que dans l'événement même. M. de Thou, Liv. XXXVII. fait un détail fort exact de cette équipée du Cardinal de Lorraine.

(3) Il place ici le Prince de Condé , parce que le Cardinal de Lorraine , avant que de venir à Paris , avoit été voir le Prince de Condé , pour l'amufer & le tromper , par l'efpérance imaginaire d'un mariage avec la veuve du feu Duc de Guife , tué devant Orleans par Poltrot , en 1563. mais le Prince de Condé n'en fut pas la dupe , des rufes du Cardinal de Lorraine , & fit bien.

Diutius deciperet,
Et per nasum attraheret.
Posteaquam Salcedius (1)
Tam ingratus quàm impius,
Patefecit in ardore,
Quidquid cum Imperatore
Practiquabat negotii,
Et nihil perdens otii
Non cessavit, dum speratum
Subverteret Marquisatum,
Ita quòd per suas artes,
Fecit ostendere nates
Cardinali, qui reverà
Tantum rudi procedurâ,
Ut Salcedius fecerat,
Tractari non debuerat.
Breviter postquam cognovit
Quòd frustra excogitavit
Millia subtilitatum,
Quódque Curia non multum
De ipso se laborabat,
Imò (contra quàm sperabat)
Quod in sua absentia

Bene fiebant omnia:
Et quòd cuncta ut debebant
Pacificè procedebant,
Huguenotis viventibus
Liberè coram omnibus :
Incepit desiderare
De in brevi retornare
In Curiam, & idcirco
Trahit in secreto loco
Quendam sibi fidissimum,
Et secretis aptissimum,
Quem, (ut is retulit nobis)
Alloquitur istis verbis.

Amice, cui nihil celo,
Tu debes scire quòd volo
In brevi Aulam adire,
Quæ Molendinos venire (2)
Debet, (licet in Triviis
Publicetur, quòd Blæsiis
Manebit ad hiemandum)
Quod si petis, quid agendum?
Paucis verbis declarabo,
Nec tibi quidquam celabo.

Nonne

(1) Le Cardinal de Lorraine ne sortit du tumulte de Paris, que pour tomber dans une affaire encore plus désagréable. Il avoit eu la témérité de présenter une Requête à l'Empereur Maximilien II. dans laquelle il se disoit son vassal à cause de l'Evêché de Metz, & imploroit la protection de ce Prince, pour le soutien de sa Jurisdiction sur Metz & le Pays Messin. Mais il trouva dans Pierre Salcede Espagnol, un homme intrépide, & qui sçut défendre les Droits du Roi de France. Le Cardinal l'avoit fait Gouverneur de l'Evêché de Metz, & Fermier des Impositions. Mais Salcede eut le courage d'abandonner ces deux qualités, pour prendre celle de Gouverneur pour le Roi. Le Cardinal se crut insulté par un de ses cliens, il en vint à une guerre ouverte. Le Duc de Lorraine lui donna du secours, & prit sur Salcede la Ville & la citadelle de Vic; mais le Roi Charles IX. informé de cette révolte du Cardinal, lui ordonna de mettre bas les armes, ce qu'il fit à son grand regret: Salcede le paya cher dans la suite, car en 1572. les Guises le firent périr à la fatale nuit de la S. Barthelemi : & il est ici traité d'ingrat & d'impie, parce que tenant tout ce qu'il avoit alors de la main du Cardinal, Administrateur temporel de l'Evêché de Metz; il avoit abandonné les vûes intéressées du Cardinal, pour soutenir les Droits du Roi, qui depuis 1552. étoit déclaré protecteur des Villes de Metz, Toul & Verdun, & de leur territoire & dépendance. Ce mouvement est appellé dans l'His-

toire, la Guerre Cardinale ; à qui cependant elle fit beaucoup moins d'honneur qu'à Salcede.

Le *Marquisat* dont il est ici parlé, est celui de *Nemeny*, qui étant de la temporalité de l'Evêché de Metz, fut ravagé par Salcede : & le Cardinal fit encore une chose contraire aux regles de l'Eglise, qui fut de détacher ce Marquisat, pour l'accorder aux Ducs de Lorraine. Ces gens là se croyoient tout permis pour leur ambition, & que rien n'étoit loisible aux autres, même pour le bien & la tranquilité publique.

(2) La Cour ayant passé le commencement de l'hyver à Blois, se rendit à Moulins au mois de Janvier 1566. Le Roi Charles IX. avoit indiqué cette Assemblée, qui paroissoit se faire pour des affaires d'Etat ; mais c'étoit effectivement pour réconcilier les Guises avec les Châtillons & les Montmorencis ; parce qu'on sçavoit que leur mes-intelligence entretenoit dans le Royaume, deux partis également dangereux ; les Princes & les Grands du Royaume y furent mandez, aussi-bien que les premiers Présidens de la plûpart des Parlemens du Royaume. Mais malgré tous les mouvemens qu'on se donna, pour une reconciliation, qui ne fut qu'apparente, tout n'aboutit qu'à une guerre ouverte, où le Connétable de Montmorenci fut tué en 1567. On y fit néanmoins l'Ordonnance de Moulins, où il y a de beaux Réglemens, mais dont une partie a été abrogée, changée & perfectionnée par les Ordonnances suivantes.

Q 2

Nonne scis quod Ausantius, (1)
Senneton, & Salcedius,
Promiserunt ostendere
Quòd appetivi prodere
Cum grandi vituperio
Urbem Metis Imperio ?
Ego contra obviare
Cupio, & accusare
Coram Rege & Regina
Illos omnes de rapina :
Et facere tantum benè
Ut possim monstrare plenè,
Quòd sunt calumniatores
Et ipsimet proditores.
Præterea, considero
Locum, qualem desidero
Pro nostrum Admiralium
Mittendo ad suspendium : (2)
Nam, ut scis, urbs Molendina
Est undequaque vicina
De nostris amicis totis,
Et procul ab Huguenotis :
Arverni, Borbonienses,
Forestieri, Berrienses,
Niverni, qui multà viâ
Non distant à Burgundia,
Hanc urbem undique cingunt :
Et qui has patrias regunt,

Qui ad bellum sunt utiles
Tam villani quàm nobiles
Sunt per omnem rationem
Ad nostram devotionem
Ex his urbem poterimus
Implere, sicut fecimus (3)
Cùm volebamus Condensem
Ponere desuper Ensem,
Sic Gaspardum persequemur.
Consequenter prosequemur
Injuriam, quam turpius
Intulit Monmorancius (4)
Contra nostram domum, & quam
Remittere volo nunquam,
Nisi altè declararit
Coram Rege, quòd patrarit
Malum actum, ut præfertur,
Et postea fateatur
Se esse nobis non solum
Amicum, imo servulum.
Ultrà, quamvis istæ omnes
Tam pulchræ occasiones
Haberent coloris minus,
Deberem nihilominus
Cito in Curiam ire,
Pro fortiter impedire
Ne Princeps de Nemurio, (5)
Ducat in matrimonio

Sororem

---

(1) C'est Jacques de Montberon d'Auzance, homme de grande naissance & de beaucoup de valeur : il avoit été Ambassadeur en Espagne en 1561. Et étoit Gouverneur pour le Roi dans la Ville de Metz. Le Cardinal de Lorraine lui en vouloit, parce que dans la guerre de Salcede, il avoit favorisé ce dernier, en défendant les Droits de la Couronne, contre les vûës téméraires du Cardinal, qui par sa conduite, alloit ôter au Roi la protection des trois Evêchez.

(2) Les Guises ne pouvoient souffrir l'Amiral, parce que Poltrot l'avoit accusé comme instigateur du crime qu'il venoit de commettre, en blessant au Siége d'Orleans de 1563. le Duc de Guise son frere. Et cette animosité ne fut pas même éteinte par la mort de l'Amiral, la nuit de la Saint Barthelemi.

(3) La prudence de Catherine empêcha qu'il n'y eut alors aucun mouvement dans la Ville de Moulins, & que les Guises ne fissent de l'Amiral, ce qu'ils avoient résolu de faire au Prince de Condé, sous le Regne de François II. c'est-à-dire, lui faire porter sa tête sur un échaffaut ; mais il n'y

perdit rien, la chose s'exécuta d'autorité en 1572.

(4) C'est au sujet de l'émeute du Maréchal de Montmorenci, contre le Cardinal de Lorraine, lorsque ce dernier voulut entrer armé dans la capitale du Royaume. La réconciliation ne fut qu'apparente, le Cardinal assura que s'il avoit differé de montrer le Brevet, que la Reine lui avoit accordé, de porter des armes, ce n'étoit point par mépris ; & Montmorenci déclara qu'il n'avoit pas eu dessein d'offenser le Cardinal, mais seulement de maintenir l'autorité du Roi. Ils eurent l'avantage de sentir, qu'on ne croyoit pas leurs déclarations sinceres. Mais la chose étoit faite, il falloit bien la couvrir de quelque masque. Les Guises, les Montmorencis, & les Collignis s'embrasserent ; mais Dieu sçait quelles embrassades.

(5) Ce fut dans cette même Assemblée de Moulins en 1566. que s'accorda le mariage de la veuve du Duc de Guise, tué devant Orleans. Il se termina à Saint Maur des Fossez près Paris ; & pour en honorer la cérémonie, le Roi & la Reine voulurent

Soror̃em noftram Guifiam :
Sed nefcio quid faciam,
Quia fi conor apertè
Illis refiftere, certè
Me odio profequentur,
Et inimici reddentur :
Si fimus confentientes,
Prodemus noftros Nepotes,
Qui non folum die una
Amittent plurima bona,
Sed mittentur inferius
Poft illos, qui pofterius
Nafcentur magno pretio
De ifto mattrimonio,
Cùm domus de Sabaudia (1)
Sit major quàm de Guifia :
Unde quidquid poffit effe
Certum eft nobis obeffe.
Sed inter tantum certamen
Hoc me confolatur tamen,
Quòd cumprimùm advenero
In Curiam, Ego ero
Primus inter folemnia,
Et regam folus omnia :
Nam Regina, quæ huc mifit
Me quæfitum, fic promifit :
Et Principes quotquot effent
Qui fe opponere poffent,
Sunt penitus inutiles

Et ad vincendum faciles :
Quòd fi hic Cancellarius (2)
Nos impedit ficut priùs,
Non ceffabo fubterfubtus
Donec volens aut invitus
Mittat Regia Sigilla :
Ut olim dimifit illa
Olivarius, qui fecum (3)
Confultus, poftea mecum
Bene prudens accordavit,
Et idcirco retornavit.
Igitur dones ordinem
Ut cuncta fint intra finem
Hujus menfis præparata,
Et viatica parata
Pro exequendo hoc iter,
Cujus tu eris arbiter.
   Cum ifta conclufione
Et deliberatione
Sunt jamque fere tres menfes
Ex quo reliquit Remenfes,
Tranfiens per Burgundiam,
In qua cepit Letaniam (4)
Et articulos permultos
Contra malos Huguenotos :
Nec dubito quin à die
Quo advenit, ad hodie,
Plurima innovaverit
Et pro fide certaverit :

Unde,

---

bien y affifter. Les Guifes craignoient que ce deu-
xiéme mariage ne portât quelque préjudice à leurs
neveux, fils de leur frere.
(1) Quoique la maifon de Lorraine foit une des
plus anciennes de l'Europe, & même dès plus il-
luftrées, puis qu'elle vient de la même fouche que
celle d'Autriche, fur laquelle elle a le droit d'aîneffe, quoiqu'avec moins d'illuftration ; cependant
par les Hiftoires, celle de Savoye l'emporte, s'il
eft vrai qu'elle defcende de l'ancienne maifon de
Saxe Imperiale.
(2) C'étoit le Chancelier de l'Hôpital, grand
homme d'Etat, & qui favorifoit plus les Montmorencis & les Châtillons que les Guifes ; mais fouvent, il étoit obligé de plier fous la tirannie de ces
derniers. Il eut même à l'Affemblée de Moulins, un
different confidérable avec le Cardinal de Lorraine,
qui le traita de *Beliftre* : terme injurieux, & qu'on
ne fçauroit prononcer contre le premier Magiftrat
du Royaume, fans fe rendre criminel. Tel étoit le
malheur des tems : un favori avoit l'impudence

d'infulter un Miniftre ou un premier Magiftrat, fans
qu'on en fît raifon. Que les tems font bien changez, fi telle chofe arrivoit aujourd'hui, il n'en
faudroit pas davantage pour faire le Procès a
l'homme le plus qualifié. A bon compte, les Guifes firent ôter les Sceaux au Chancelier de l'Hôpital, pour les donner à Jean de Morvilliers. Le
Chancelier de l'Hôpital, ne mourut qu'en 1573,
ayant toujours confervé une grande réputation.
Le Chancelier Olivier eut encore beaucoup
à fouffrir de la part des Guifes, & il fut pareillement obligé de plier fous leur impétueufe ambition, & on lui ôta auffi les Sceaux.
(4) Le Cardinal de Lorraine préfenta à l'Affemblée de Moulins, un Mémoire contre les Prétendus
Réformés de Bourgogne ; & ce fut à ce fujet, qu'il
eut un grand different avec le Chancelier de l'Hôpital, qui vouloit la tranquilité du Royaume, au
lieu que les Guifes ne cherchoient que le tumulte,
la diffention & la guerre.

Q 3

Unde, ut ad præteritum
Redeamus propofitum:
Si Dominus Cardinalis,
(Cujus nunquam erit talis.)
Ponit omnem fubftantiam
Pro fervando Ecclefiam :
Omnes debent infiftere,
Et nos de noftro latere,
Ut laus quæ illi debetur
Sine fine confervetur:
Sic peto ante omnia,
Ut frater de Germania,
Quod male dixit, dedicat,
Et fe mentiiffe dicat.
Poft, per fequentiam bonam
Defcendimus ad Coronam,
Quam ab hoc credo auferri
Neque poffe, nec deberi :
Atque hoc rationibus,
Volo probare duabus.
Prima, Quia liquet purè
In Decretalium jure,
Quòd inter bona alia,
Pretiofa mobilia
Non unquam poffunt eripi
A manibus Epifcopi,
Sed quòd eft illorum Rector,
Verus Cuftos & Protector :
Atqui Reverendiffimus
Eft Metenfis Epifcopus,
(Licet pro ludendo Papam (1)
Cuftodinos ferat Mitram)
Et Corona quam retinet
Ad Jacobitas pertinet,
Qui Metis & non aliò
Refident fine dubio :
Epifcopus ergo qui eft
Coronam habere poteft.

Secunda (quæ principalis
Et melior) erit talis :
Omne quod eft appofitum
Sequi debet fuppofitum,
Quòd fi illud præcellere
Videmus, & excellere
Debebit hoc quòd fequitur
Sed Corona fupponitur
Pro Capite : & veluti
Nulla eft Corona tanti
Pretii, in toto mundo,
Quàm eft in fuo rotundo
Corona de qua agitur :
Sic caput pro quo ponitur
(Dico fcilicet Domini
Cardinalis Lothareni)
Præcedit propter merita
Cætera mundi capita :
Ergo, bene concluditur
Quòd capiti, quod meretur
Ab omnibus coronari,
Debet hæc Corona dari.
Quapropter rationibus
Perfuafi patentibus,
Judicamus, quòd non tantùm
Nos debemus ufumfructum
Cardinali dare, (ficut
Epifcopo, cujus caput
Bonum : pro omnibus Mittis
Eft prorfus fimile noftris)
Sed ut plus merenti, totam
Coronæ proprietatem.
    Vixdum ifte finierat,
Cùm jam alter furrexerat,
Non habens patientiam
Petendi audientiam,
Quamvis effet inferius,
Sed erat Hannuierius : (2)

Quódque

(1) L'Evêque de Metz étoit alors François de Beaucaire, qui ne mourut qu'en 1593. mais il n'é-toit que le prête-nom, ou plûtôt le *Cuftodi nos* du Cardinal de Lorraine, qui étoit Adminiftrateur temporel de cet Evêché. Nous avons de François de Beaucaire, une Hiftoire de France, eftimée des connoiffeurs, mais cependant peu recherchée. Elle s'étend depuis l'an 1461. jufqu'en 1567. Elle eft en Latin, & fut imprimée in-folio à Lyon en 1625.
(2) *Hannuierius*, Hannuyers, eft le nom, que l'on donne même encore aujourd'hui aux habitans du Comté de Haynaut, l'une des Provinces des Pays-Bas.

Quódque plus eft, ifte frater
Tunc arrivabat noviter,
Nec habuerat otium
Decrotandi Capuffium,
Quin adhuc botas ferebat
Cùm fequentia dicebat.

Fratres mei, non putabam (1)
Tunc quando huc veniebam,
Quòd deberem myfteria
Tangere, de materia
Quam tractaverunt acriter
Noftrorum unus & alter:
Sed quia Germanum iftum,
Video jam fupra punctum,
De ponendo in Efcharpam
Et Capuffium & Capam,
Pro Campanum affallire
Qui fe venit dementire,
Debeo quam fcio certam
Aperire veritatem:
Nam poftquam audieritis
Quæ fcio de rebus iftis,
(Quod adhuc dixi nemini
Vos mecum fatebimini)
Quod nec ille, nec ifte fcit,
(Salvo honore) quid dicit:
Imò volo certiffimè,
Probare apertiffimè
Quòd ambo verum dixerunt,
Sed non fe intellexerunt:
Ut melius cognofcetis
Quando me audieritis:
Nam ego, cùm huc venirem

Fui juffus ut tranfirem,
(Licet plurimum deviè)
Per aulam Regis Franciæ:
Pro videndo, cùm hîc effem,
An ego alloqui poffem,
Iftum de noftra patria,
Qui dicitur in Francia
Scripfiffe dulciter, illam
Delicatam Epiftolam, (2)
Quæ Hiftoriam continet
(Non tamen ficut pertinet)
De litibus & querelis
Quas Dominus Cardinalis
Facit in Marefchalium
Quem vocant Monmorancium.
Sed fruftra illum quæfivi
Per Curiam, imò fcivi
Quòd Carolus ipfe erat (3)
Qui hanc literam fecerat.
Ergo de quærendo laffus
Me dirigo ftatim, verfus
Unum fenem de Flandria,
Qui tunc erat in Curia:
Is poft falutationes,
Et interrogationes
Recitavit mihi, fine
Ulla prætermiffione,
Quæ Cardinalis gefferat
A die, quo advenerat.
Et primo mihi narravit
Quonam pacto fe paffavit
Pulchra hæc declarantia
Pro fua innocentia,

Quam

(1) *Opinio Fratris Vafti Meiier Hannuerii.* L'Auteur fait paroître ici, un Religieux de la Province de Haynaut, pour avoir lieu de critiquer une Lettre que le Cardinal de Lorraine fit imprimer fur fon different avec le Maréchal de Montmorenci, fous le nom d'un Gentilhomme de Haynaut.
(2) Cet Auteur fatyrique veut parler ici de l'Ecrit qui parut fous ce Titre: *Lettre d'un Seigneur de Haynaut, envoyée à un fien ami fuivant la Cour d'Efpagne;* le 15. *Avril* 1564. *avant Pâques, in-octavo* 1564. c'eft-à-dire 1565. Nouveau Style. On fçait que cette Lettre eft du Cardinal de Lorraine lui-même, qui fait un récit infidéle de fon aventure avec le Maréchal de Montmorenci: mais on y fit deux réponfes très-vives: cette Hiftoire produifit encore plufieurs

autres Ecrits, qui ne faifoient point honneur au Cardinal.
[3] Cet Auteur a raifon de dire qu'il n'a pas trouvé ce prétendu Gentilhomme de Haynaut, parce qu'on fçavoir que c'étoit le Cardinal même qui s'étoit caché fous ce mafque; mais on ne prit pas le change, comme il paroît par l'Ecrit que l'on publia la même année fous ce Titre: *Défaveu d'un Seigneur de Haynault, de la Lettre écrite en fon nom par le Cardinal de Lorraine, in-octavo,* année 1565. Cette Piéce qui eft affez forte, attaque auffi la maifon de Lorraine, c'eft-à-dire ceux de Guife: cet événement eft rapporté dans la Légende du Cardinal, imprimée cy-deffus.

Quam de consensu ipsius
Habuit Admiralius : (1)
Deinde se ponens ad largum,
Declarat bene ad longum,
Quæcunque iste fecerat,
Et coactus concesserat,
Non solum Monmorancio,
Sed etiam Ausantio : (2)
Et quomodo horis paucis
Postquam Dominus Condensis
Exiverat à Curia,
Quæsivit ut injuria
Fieret, his maledictis,
Quos veretur, Huguenotis :
Quamvis Condensi promisisset
Priusquam hinc abiisset, (3)
Quòd non in suo sermone,
Istos de Religione,
Pro certo persequeretur
Sed transire pateretur
Tamen suam fidem frangens
Fuit promptus & diligens
Ad proponendum propere,
Quòd par erat defendere
Ministris, qui turbant nubes,
Ne ingrederentur urbes
In quibus citra vitium
Non erat exercitium
De tali Religione,
Et quòd consolatione
Horum uti non debebant
Huguenoti, qui manebant
In his liberis urbibus :
Sed si quis mortalis morbus
Eos premeret, ut irent

Ad Curatum, vel abirent,
Si non vellent Presbyteros,
Sicut ibunt, ad Inferos :
Et certe hoc abstulisset,
Nisi ipsum impedisset,
Occurendo anterius
Franciæ Cancellarius : (4)
Qui monstravit quòd hoc factum
Rumpebat prorsus Edictum :
Ex quo iste pauperculus
Fuit cunctis ridiculus :
Sed hæc nunc tango leviter,
Et quàm possum simpliciter,
Quia tractabo fusius
Hæc omnia, ex ipsius
Cardinalis dictamine.
Nam postquam Flandrus ordine
Retulit prout decebat,
Quæcunque bene sciebat :
Ego illi vale dico,
Et me recepi illico,
Ad cameram Cardinalis,
Latitando in angulis :
Et expectans hunc venire,
Me posui ad dormire,
(Nec quisquam me vidit autem)
Retro maximum tapetem :
Et tam fortiter dormivi,
Quòd nunquam me reveillavi,
Usquequo fuit commotus
Per nescio quos singultus,
Qui crepabant tam fortiter,
Ut meus hic pauper venter
Fere emiserit bombum,
Sed dicere unum verbum

Non

(a) Il y eut Arrêt, qui déclara l'Amiral inno-cent du meurtre de François Duc de Guise, commis par Poltrot devant Orleans. Le Prince de Condé l'en justifia pareillement : mais il ne fut pas pour cela justifié dans l'esprit des Guises.

(2) Voyez les notes cy-dessus.

(3) Le Cardinal de Lorraine avoit rendu visite au Prince de Condé ; il cherchoit à le séparer des Colignis, & cela sous l'esperance de lui faire épou-ser la veuve du feu Duc de Guise : mais Condé qui connoissoit les Guises, ne fut pas leur dupe, & ne tarda pas long-tems après l'Assemblée de Moulins à

se retirer de la Cour, où il voyoit que les Guises prenoient trop d'autorité, & sur tout par l'animo-sité que le Cardinal témoigna dans l'Assemblée de Moulins, Assemblée que l'on vit bien qui alloit dé-générer en un renouvellement des troubles.

(4) C'est toujours le Chancelier de l'Hôpital, qui pour maintenir la paix du Royaume, vouloit une tolérance, au lieu que les Cardinaux de Lor-raine & de Bourbon, vouloient la cassation des derniers Edits de pacification, ce qui alloit rallu-mer la guerre civile.

Non audebam, ne fortaſſe,
Si me ſenſiſſent hîc eſſe,
Me facerent in culina
Per ſervitorum agmina
Flagellari, ſicut unum
Latronem aut eſpionem.
Ergo me ſentiens captum
Contineo me quietum,
Et ſilentium imperò
Meo ventri tam miſero:
Sicque retinens ſufflamen,
Reſpicio per foramen
Cum uno tantum oculo:
Tunc, in toto cubiculo
Bene clauſo, vidi nullum
Nec Magiſtrum, nec famulum,
Præter unicum nobilem
Et Dominum Cardinalem,
Qui premens menſam cubitis,
Et caput manibus totis,
Suſpirabat, & lachrymas
Ejiciebat plurimas,
Nunc pugno menſam quatiens,
Nunc pede terram feriens.
Poſtquam hoc ſatis duravit,
Nobilis hunc elevavit
De remonſtrare non parcens,
Quantùm eſſet malè decens,
Ut is qui tantùm fulgeret,
Sicut fœmina lugeret:
Et tantùm ſubter & ſubtùs
Ille eſt vociferatus,
Quòd tandem dominus, certè
Se ſurrexit totum rectè:
Et oculos ſuos tergens
Sicut ampliùs non lugens
Incepit deambulare,
Et ut ſequitur dicere:

Regreſſus Domini Cardinalis.
Mi amice, mi ſocie, (1)
Conſiliorum conſcie,
Quis ſervus, aut inferior,

Eſt hodie miſerior
Quàm ego, qui conſilia
Sunt prorſus inutilia?
Scis enim (ut memor bene,
Nihil faciens te ſine)
Quòd quando huc veniebam,
Certò mihi promittebam
Gubernare regnum totum,
Secundùm meum placitum:
Quódque ſperabam acriùs
Regnare, quàm unquam priùs:
Sed ſum, ut in me reputo,
Bene longè de computo:
Nam quem ſperabam amicum
Nunc malè convenit mecum,
Et utile mihi obeſt:
Unde ſanè tantum abeſt
Ut ego regam omnia,
Quòd nemo eſt in Curia,
Qui non ſit plus reveritus,
Et quàm ego appetitus:
Imò quod minimè velis,
Omnes me onerant malis.
Iſte me appellat Peſtem,
Et perniciem infeſtam
Regis & Regni totius:
Me maledicit alius,
Et minatur exitium
Si perſequar initium:
Alter qui meliùs canit,
Placardos contra me ponit,
Dicentes quòd ſunt trecenti
Nobiles, & conjurati, (2)
Qui me occident miſerè
Niſi fugiam properè:
Breviter vidi neminem
Qui non me putet hominem
Periculoſum, & natum
Ad turbandum mundum totum.
Sed quod tu magis mireris,

Hæc

[1] *Regreſſus Domini Cardinalis.* Ces prétendus regrets font connoître, que le crédit du Cardinal hauſſoit ou baiſſoit, ſelon ce que la Reine-Mere en avoit beſoin, pour ſoutenir elle-même ſon autorité.

[2] Les troubles qui recommencerent ſur la fin de l'année 1566. attirerent de nouveaux ennemis à la maiſon de Guiſe. Mais ce fut bien pis, lorſqu'ils ſe furent livrés aux maſſacres du 24 Août 1572.

R

130

Hæc Regina, plufquam reris, (1)
Mihi nullo modo credit,
Sed quantùm poteft diffidit ?
Nam licet laborem ponam
Ad tenendum minam bonam :
Licet non definam fequi,
Et eam femper profequi
Tam de manè quàm de ferò,
Quærens viam quâ potero
Hujus animum vertere,
Et erga me convertere :
Tamen, amice, Regina
Eft ita cauta fœmina,
Ut intrà paululum tempus
Præviderit meum opus,
Difcooperiens omnia
Pectoris artificia,
Quæ fabricaram apud nos,
Sicut fcis, per duos annos.
Quid ergo, de me dicetur,
Quid extranei loquentur
De meo pulchro adventu
Et in Curiam reditu ?
Nónne dicent, quòd in locum,
Quod fperabam ante mecum,
Res quas-libet ordinare :
Nunc, fine me appellare,
Difponuntur negotia,
Quæ funt de importantia ?
Nónne dicent, & meritò,
Quòd huc expreffè tam citò

Adveni, ut videlicet
Componerem quantum licet
De fratris homicidio (2)
Cum occifore impio ?
Quódque ego malus frater
Procuravi diligenter,
Ut haberet brevi die
Arreftum innocentiæ, (3)
Requirens per omnem viam
Illius amicitiam ?
Nónne dicent, ò rem miram !
Quòd veni ut confentirem
Sororis matrimonio,
Quod ut poffum impedio ?
Nónne dicent per atria,
Quòd defuper injuria
(Nec eft mentio de tali)
Quam in urbe capitali
Hujus Regni, ardentius
Intulit Monmorancius,
Componere non gravavit ?
Quódque, quando is negavit
Se mihi famulum effe,
Et ego nolui preffe
Movere controverfiam :
Super iftam negantiam
Satis clarè confeffus fum,
Quòd non debeo nec poffum
Effe Princeps in Francia,
Sicut in Lotharingia ? (4)
Nónne dicent fimiliter,

Quòd

---

(1) L'inconftance de la Reine-Meré, n'étoit fi-xée que par fes intérêts propres : fe trouvoit-elle plus foible que les Guifes, elle appelloit les Religionnaires à fon fecours ? croyoit-elle avoir à craindre les Huguenots, alors elle fe jettoit dans les bras des Guifes ? Elle fentoit bien que feule elle n'étoit point affez forte. Elle ne travailloit bien qu'en fecond ; mais cependant elle avoit le talent de les tromper tous, & de les dompter les uns par les autres.

[2] On ne fçauroit difconvenir, que ce n'ait été un fpectacle fingulier, de voir le Cardinal de Lorraine & le Duc de Guife, embraffer à l'Affemblée de Moulins les Colignis, fur tout l'Amiral, qu'ils regardoient comme l'Auteur & l'Inftigateur de l'affaffinat commis par Poltrot, fur la perfonne du Duc de Guife ; y étant même impliqué par les Interrogatoires de l'affaffin, qui néanmoins varia plus

d'une fois : ce qui rendoit l'accufation douteufe. Mais le Prince de Condé ayant fait fa paix en 1563. déclara en plein Confeil le 15. May, que l'Amiral étoit innocent de la mort du Duc de Guife. Les Montmorencis foutinrent pareillement l'innocence de l'Amiral : cependant il refta toujours quelque obfcurité fur ce fait. Et c'eft donc à ce fujet que l'Auteur de la Satyre, fe moque ici du Cardinal de Lorraine.

[3] L'Arrêt qui déclare l'Amiral de Coligni, innocent de la mort du Duc de Guife, eft du 29 Janvier 1566 ; & eft aux preuves de l'Hiftoire de la maifon de Coligni, pag. 542.

[4] Le chagrin des Princes de la maifon de Lorraine en France, étoit de ne pouvoir être traités de Prince ; ce qui leur a toûjours été refufé au Parlement, où l'on ne reconnoît véritablement pour Princes, que ceux qui font du Sang de nos Rois.

Quòd malè & impudenter
Locutus fum linguâ vanâ ,
Coram Rege & Regina ,
Quando bis aufus fum clarè
Aufantium dementire , (1)
De quo feci laudabilem
Emendam honorabilem ?
Quódque licet probaverat
Aufantius , quæ dixerat ,
(Unde infamis maneo)
Tamen quæfivi cum eo
Facere amicitiam
Et redire in gratiam ,
Cujus rei liberiùs
Teftabitur Lignerius ? (2)
Econtra , Quòd malè facta
Quæ propofueram facta
Fuiffe per Aufantium ,
Et Præfidem Metenfium ,
Falfa prorfus convicta funt ;
Sicut ea quæ non poffunt
Bonis viris convenire ,
Sic recedunt in honore ,
Horum quifque bonus rector ,
Et ego calumniator.
Sed hoc plus me habet malè ,
Ut odium capitale ,
Quòd recenti memoriâ ,
Accidit controverfia
In certamine vario
Cum albo Cancellario : (3)
Nam poftquam Princeps Condenfis ,

Et bajulus Regis Enfis (4)
Unà cum his audacibus
Caftillonæis fratribus ,
Reliquerunt Aulæ vias ,
Ut irent in domos fuas :
Tunc certè benè putabam ,
Quòd pulchrum tempus habebam ;
Pro me penitus facere
In Confilio credere :
Ita quòd refero iftam
Catholicorum Requeftam ,
Quam Syndicus Burgundiæ (5)
Dederat à longo die,
Contra gentiles miniftros
Qui vaftant homines noftros :
Et ut confitear verè
Si potuiffem habere
Refponfum, quale petebat ,
Profectò eveniebat ,
Ut illi nobis infefti
Qui nil valent Huguenoti ,
Egrederentur urbibus
Non prædicabant in quibus ;
Aut fi inde non exirent
Ut Prefbyteros adirent :
Atque hic , ficut intendis ,
Eft unus de illis modis ,
Quos porto in memoria ,
Demonftrantes , qualis via
Debetur fequi ridendo ,
Pro in brevi reducendo
Omnem noftram nationem

Ad

Il eft vrai cependant qu'anciennement les Princes du Sang de France , n'avoient rang dans la féeance au Parlement que de la datte de leur Pairie : de maniere qu'ils pouvoient être précédés par un Pair Gentilhomme, dont la Pairie étoit plus ancienne ; mais Henri III. a réglé que les Princes du Sang de France précéderoient dans l'ordre de progeniture , tous les Pairs Gentilshommes, quelque ancienneté qu'eut leur Pairie ; & c'eft ce qui s'obferve toujours , n'étant pas jufte que les enfans de la maifon , qui peuvent devenir les Maîtres , foient précédés par des Etrangers,qui ne fçauroient avoir droit à la fucceffion.

(1) Il a été parlé ci-deffus de Jacques de Montberon d'Auxance , qui fut très-mal avec le Cardinal , au fujet de la guerre de Salcede.

(2) *Lignerius* étoit attaché à la maifon de Lor-

raine , & c'étoit lui qui commandoit les troupes ; que le Cardinal employoit contre Salcede.

(3) C'eft toujours le Chancelier de l'Hôpital , qui ne mourut qu'en 1573.

(4) C'étoit le Connétable Anne de Montmorenci , qui s'étoit alors réconcilié avec le Prince de Condé & les Colighis : mais cette reconciliation ne dura gueres.

(5) Le Cardinal de Lorraine allant à l'Affemblée de Moulins en 1566 , paffa par la Bourgogne & fe chargea d'appuyer au Confeil la Requête du Syndic de cette Province , contre les Prétendus Réformez. Et ce fut là ce qui occafionna une nouvelle guerre civile. On trouve au *Volume 86 des Manufcrits de M. Dupui* , une Relation curieufe du différend de ce Cardinal , avec le Chancelier de l'Hôpital.

HARENGA.

Ad Regis Religionem.
Sed ad noſtrum propoſitum :
Jam credebam ſicut certum ,
Quòd Requeſta quam tenebam
Reſponderet ut volebam :
Nam cuncti erant tacentes
Veluti conſentientes :
Et credo quòd impetraſſem
Omne , ſicut voluiſſem ,
Niſi iſte me turbaſſet ,
Probando , quòd iſtud eſſet
Frangere prorſus Edictum :
Unde ſtatim fuit dictum
Quòd is qui in me fuerat
Ad ſcholam me remiſerat :
Monſtrans bene quòd amplius
Non habeo , ſicut priùs ,
Poteſtatem auferendi
Ceram , & alteri dandi. (1)
Hæc inquam ſunt quæ narrabunt
Omnes , & me deridebunt :
Sed tu amice qui rides
Cùm fleo , quando plus vides ,
Dic mihi, quid ſuper hac re
Meliùs ſit ad facere ?
   Egóne ? (ait Nobilis)
Mi Domine Cardinalis ,
Scis benè , quòd aliquando
Tua ſumma magnitudo
Conſiſtebat in ſequela ,
Quam poſtulat Regis aula :
Sed nunc plus damni accipis
Quàm commodi non recipis :
Maximè , cùm tandiu , quàm
Regnum erit tale , nunquam
Beneventus eſſe potes ,
Imò te odibunt omnes.
Quare ego conjicio ,
(Salvo tuo judicio)
Quòd pro hac plenitudine
De tua magnitudine ,
Bonum eſſet relinquere
Iſtam Aulam , & vivere

In una ex tot domibus
Quas non habes à patribus,
   Adhuc iſte loquebatur ,
Cùm ad oſtium pulſatur
Sicut magni conſuerunt ,
Ideo aperuerunt :
Tunc de Guiſia Domina
(Quæ eſt tam pulchra fœmina)
Continuò eſt ingreſſa
Cum una ſtupente preſſa
Fœminarum & virorum :
Inter quos , ut unus horum
Me ſine mora ſalvavi :
Et de hac aula abivi
Die ipſa , qua Curiam
Rex duxit in Arverniam :
Nec exeundo reſcivi
Aliquid quàm hæc plus novi ,
Niſi quòd iſte Dominus
Cardinalis Lotharenus ,
Jam deliberabat ſecum
De eundo Cluniacum.
   His ergo ſic propoſitis
Et pro certo ſuppoſitis ,
Dico quòd frater Germanus
Et alter frater Campanus ,
Qui videntur diſcordari
Poſſunt brevi concordari ,
Non tam altercatione
Quàm unâ diſtinctione.
Quòd ſit ita , Tu mi frater
Suſtines bene fortiter ,
Quòd Dominus Cardinalis
Eſt plenus omnibus malis :
Tu contra dicis ut certus :
Quòd virtute eſt repletus :
Nunc diſtinguam pro utroque
Et jus ſervabo cujuſque.
Cùm Dominus Cardinalis
Se miſcet de negotiis
Regis, & ſuæ coronæ
Nunquam eſt homo de bene :
Econtra, quando contentus ,

(Quòd

(1) Cependant on ôta les Sceaux au Chancelier de l'Hôpital en 1568, & ils furent donnez à Jean de Morvilliers, comme nous l'avons dit.

(Quod eſt rarò) manet intus
Suam domum , nec attingit
Niſi quod ad eum tangit ,
In hoc mundo non eſt unus
Qui tam ſit quàm ille bonus :
Igitur ambo dixiſtis
Veritatem , & audiſtis ,
Et per hoc finitur primum.
Veniamus ad ſecundum :
Tu Germane perſeveras ,
Et firmiter aſſeveras ,
Quòd ipſe (quamvis ſit fictus)
Eſt maximus Huguenotus :
Tu contrà bone Campane ,
Suſtines ſerò & manè ,
Quòd inter omnes , unicus
Eſt optimus Catholicus :
Jam & in hoc concordatis ,
Quia ambo aberratis ,
Nam ille ſicuti neuter
Non eſt unus neque alter :
Probo hoc magno conſenſu :
Sic a contrario ſenſu :
Cupiebat Pius quartus
Ut is eſſet Huguenotus ,
Ergo non eſt. Nunc econtrà
Huguenoti , quotquot intra
Regnum Franciæ habitant ,
Magnis precibus affectant ,
Ut hic magnus Hypocrita
Sit aliquando Papiſta ,
Imò precantur inter ſe
Ut hic Pàpa poſſit eſſe :
Ergo non eſt Catholicus
Sicut non eſt Huguenotus.
His demum ſic compoſitis ,
Reſtat ſolùm ut bibatis
Bis , ter , quater & iterum
Veſtrum unus ad alterum ,

Quod facietis , ut ſpero ,
Poſtquàm ego concluſero ,
Quid ſentiam de corona
Quæ eſt tam dives & bona.
Ego certè dico clarè
Quòd hunc non poſſum amare ,
Quia ſervit de ſpeculo
Cardinali noſtro malo (1)
Quem vocant Atrebatenſem ,
Qui mittit omnes ad Enſem :
Et ſicuti cognoſcitur
Paſſum ad paſſum ſequitur
In vitiis , veſtigia
Hujus de Lotharingia ;
Unde , quia vitam noſter
Non habet , niſi quam veſter ,
Vellem ille moreretur
Ut hic cito ſequeretur :
Tamen iſtud magnum malum
Quod expeto contra illum ,
Non impediet quominus
Perſequar hoc meum munus.
Igitur meam appono
Sententiam cum Germano :
Et vós omnes quotquot eſtis
Sic opinare debetis ,
Mittentes ad hunc hodie
Priuſquàm craſtina die :
Nam ſi in ſuis ædibus
(Ut dicitur ab omnibus)
Se recipit , quid faceret
De Corona , cùm haberet
De ipſa non ullum onus
In ſua domo vir bonus ?
Si redire deliberat
In aulam , ut deſiderat ,
Certum eſt quòd occidetur ,
Et Corona rapietur
Ab aliis hæredibus

Incontinenti ,

---

(1) Ce mauvais Cardinal d'Arras , dont parle ici cet interlocuteur Flamand , eſt Antoine Perrenot , ſurnommé le Cardinal de Granvelle , qui en tout ſens , fut un très-méchant Miniſtre , qui n'a pas peu contribué par ſes hauteurs & ſa dureté , à faire perdre les Pays-Bas à la Couronne d'Eſpagne ; & qui d'ailleurs a deshonnoré ſa dignité par ſes mauvaiſes mœurs.

Incontinenti, à quibus
Non poſſetis rehabere,
Quia dicerent debere
Vobis nihil, Cùm vos nullam
Oſtenderetis Cedulam.
Hæc eſt mea opinio,
Et ita fratres ſentio.
    Poſtquàm omnes audierunt
Hannuierium, fuerunt
De ſua opinione,
Sine contradictione.
Tunc Campanus dedit manus
Germano, & poſt Germanus
Elevans calicem plenum
Invitat de tot Campanum:
Et Campanus non negligens:
Fuit admodum diligens
Ad hoc ſimile reddendum
Et Germano propinandum:
Denique tantum fecerunt
Carrous, & ſimul biberunt,
Nunc Germanus ad Campanum,
Nunc Campanus ad Germanum,
Quod Campanus prior victus,
Fuit per terram projectus,

Et portatus ſupra lectum;
Ubi indormivit tantum,
Quòd non ſurrexerat adhuc
Quando pro veniendo huc
Montavimus ſine pauſa
Supra equos, & hac cauſa,
Ad vos, ſicuti voluit
Scribere tunc non potuit:
Nam fratres non quieverunt
Donec nos ipſos viderunt,
Gallopare per Campagnam
In diligentiam magnam:
Quam nunquam dereliquimus
Quouſque hîc adfuimus.
Qua propter, ut concludamus,
Vos humiliter rogamus,
Quatenus placeat vobis
Coronam reddere nobis:
Aliter, denuntiamus
Quòd vos brevi faciemus
Citare, ut una Rappa,
Coram ſanctiſſimo Papa,
Quem novi quandiu vixi
Bonum Jacobitam. Dixi.

LA GUERRE
CARDINALE
DE L'ADMINISTRATEUR DU TEMPOREL
de l'Evêché de Metz.

CONTRE

Le Sieur DE SALCEDE, Chevalier de l'Ordre, &
Gouverneur de Marfal.

1565.

AVERTISSEMENT.

COMME il eſt parlé dans les ouvrages précédens & dans le ſuivant, de l'affront que reçut le Cardinal de Lorraine ; lorſqu'à
ſon retour du Concile de Trente il voulut entrer à main armée dans
Paris, contre les Edits : j'ai crû devoir tracer ici un leger crayon de
cette avanture ; pour ajouter à ce que j'en ai dit dans la note 2. de la
page 122. Je ſçai que j'aurois pû donner toutes les Piéces de cet événement, qui eſt fort intéreſſant : mais outre qu'elles auroient extrêmement groſſi ce Volume, je ſuis bien aiſe de faire connoître qu'une
main habile & très-exacte, les doit publier dans peu de tems.

Le Roy étoit pour lors à ſon voyage de Bayonne, entrepris ſur la
fin de l'an 1564 ; & le Cardinal de Lorraine qui n'ignoroit pas combien ſes véxations, ſon air impérieux, & même ſa tyrannie l'avoient
rendus odieux dans tout le Royaume, demanda au Roi un Brevet,
qui le diſpenſât de la rigueur des Ordonnances, & qui parconſéquent
lui permit de marcher avec des hommes armez pour la ſûreté de ſa

perfonne ; le Roi ou plûtôt la Reine-Mere, eut la foibleffe de le lui permettre. On auroit pû lui répondre qu'un fage Miniftre n'a rien à craindre des fujets du Roi ; & qu'un mauvais Miniftre ne fçauroit être trop tôt détruit.

Le Cardinal s'approcha donc de la Capitale dans cet équipage militaire, lorfque le Maréchal de Montmorenci, qui en fut informé, fe preparoit à s'y oppofer, parce que le Cardinal avoit refufé de lui communiquer le Brevet qu'il avoit du Roi. Le Cardinal par vanité & le Maréchal par un refte d'animofité contre les Guifes, fe picquerent mutuellement. Le Cardinal qui n'étoit brave que contre des gens timides ou défarmés, eut du deffous en cette occafion. Les amis des Guifes blâmerent la vivacité du Maréchal de Montmorenci & les partifans de ce dernier, ne pûrent s'empêcher de louer la conduite fevere qu'il avoit tenue à l'égard du Cardinal. On ne pouvoit le blâmer ouvertement, parce qu'il étoit à couvert par les Edits qui l'autorifoient, & dont il preffoit exactement l'obfervation : & le Cardinal avoit tort en apparence pour vouloir qu'on l'en crut fur fa hardieffe, ou fur fa parole : chofe fort équivoque dans un pareil homme.

Le Prince de Condé, que le Cardinal avoit falué en paffant à Soiffons, ne pût s'empêcher de dire fon fentiment fur cette action de M. de Montmorenci. *Si le Maréchal a fait cela pour rire ou pour faire peur au Cardinal*, dit le Prince, *il en a trop fait : s'il l'a fait avec fondement & de propos déliberé, il a moins fait qu'il ne devoit.*

Le Cardinal au lieu de fe fervir de cet accident pour former fa prudence & moderer fa vanité, n'en devint qu'un peu plus furieux, & voulut que le Roi & le Royaume en fouffriffent. C'eft ce qui lui fit entreprendre l'action téméraire & puniffable, dont on va voir le recit dans l'ouvrage fuivant, qui eft extrêmement curieux & très-rare.

Mais les Guifes ne pardonnerent point à Salcede, d'avoir été zelé ferviteur du Roi. Quoique bon Catholique, ils le firent périr à la fatale journée de la Saint Barthelemy, tant il eft dangereux de bien fervir fon Prince, quand cela ne plaît point au Miniftre.

LA

LA GUERRE

CARDINALE

DE L'ADMINISTRATEUR DU TEMPOREL
de l'Evefché de Mets, contre le Sieur de Salcede, Chevalier de l'Ordre, & Gouverneur de Marfal.

CHARLES Cardinal de Lorraine de la maison de Guyse, defirant recouvrer la réputation qu'il avoit perdue à Paris, au mois de Janvier dernier, & ne pouvant plus abufer, ny les Eftrangers, ny les naturels François foubs la faveur d'un vain credit, qu'il s'y eftoit tousjours vanté y avoir : délibera au commencement du mois d'Avril d'exciter, felon fa couftume, quelques efmotions, par l'execution defquelles il peuft fe remettre en authorité.

Or voyant que la négociation qu'il avoit encommencée avec Monfeigneur le Prince de Condé luy fuccedoit affez mal (1), & que la Roine d'Efcoce fa niepce (laquelle cognoiffant qu'elle avoit monté par fon premier mariage plus hault qu'elle ne devoit, s'eftimoit maintenant honorée d'efpoufer le nepveu de Monfieur (2) d'Aubigny) avoit difcipé par fes fecondes nopces les vaines fumées de la maifon de Guyfe, &

que par ces moyens il luy eftoit impoffible de travailler ou la France ou l'Efcoce, contre lefquelles jufques à prefent il avoit à diverfes occafions dreffé fes entreprifes : eut opinion qu'il ne pouvoit plus aifément recouvrer fa reputation, que d'attaquer l'efcarmouche du cofté de la Lorraine, où il penfoit avoir plus de faveur & moins de réfiftance.

Voici le fondement général de fon deffein, d'eftonner la Royne par fes entreprifes, (comme fi elle eftoit réfolue de permettre pluftoft que tout allaft en confufion, que de le fafcher) & d'entretenir les Eftrangers avec un petit nombre d'amis & ferviteurs, qui luy reftent, en une folle opinion de fa faveur. Et pour avancer d'un mefme pied la pourfuyte de fes entreprifes, & pour nous faire croire qu'il eft favorifé de l'Empereur, il impetra une fauvegarde (3) en qualité d'adminiftrateur du temporel de l'Evefché de Mets (car du fpirituel

---

(1) *Affez mal.*] Le rufé Cardinal avoit crû qu'il pouvoit détacher le Prince de Condé de l'Amiral de Coligni, en l'amufant de la vaine efperance du mariage de Marie Stuart Reine d'Ecoffe, & par conféquent en le faifant Roi : mais le Prince de Condé ne fe laiffa point attrapper au piége.

(2) Marie Stuart veuve de notre Roi François II. époufa Henri Stuart fon parent, qui par là devint Roi d'Ecoffe, du moins en apparence. M.

d'Aubigni, dont il eft ici parlé, fe nommoit auffi Stuart, & étoit au fervice de France.

(3) *Une fauve-garde*, &c.] Le Cardinal de Lorraine par cette fauvegarde alloit remettre les trois Evêchez de Metz, Toul & Verdun, fous la protection de l'Empire ; crime qui auroit été puni de mort fous un Regne, qui auroit eu plus de fermeté & moins de troubles que celui de Charles IX. On voit par là que ces Vermiffeaux de Princes ne ten-

S

fpirituel il s'en foucie peu) le cinquiéme de May dernier, de fa facrée Majefté , par laquelle l'Empereur le prend
(felon la forme commune) avec fa famille , les Seigneuries , Villes , Terres ,
Chafteaux , Forterefles , Villages , Maifons , Héritages , poffeffions , Dition &
Jurifdiction , & tous les fubjets & habitans de l'Evefché de Mets en fa protection.

Pour donc acheminer plus fubtilement fon deffein , il avoit au commencement du mois de May efcript au Sieur
de Salcede Chevalier de l'Ordre , Gouverneur de Marfal , & Bailly de l'Evefché de Mets , qu'il partiroit de Jeinville incontinent après la Sainct Jean,
pour aller vifiter fon Evefché : fans
l'advertir aucunement (contre fa couftume) de la pourfuyte qu'il avoit faicte
d'impétrer fa fauvegarde , craignant
qu'il n'en donnaft advis au Roy , &
qu'à cefte occafion il luy fuft faict défenfe de s'en fervir. Il avoit quelque
temps auparavant mis , contre le fervice
de Sa Majefté, des Capitaines nouveaux
dedans quelques places de l'Evefché ,
pour faire efpaule à fes deffeins , fi la
néceffité le requeroit.

Sur la fin du mois de Juin , le Sieur
de Salcede partit de Mets d'avec Monfieur d'Aufances (1) , iffu de la grande
& ancienne maifon de Montbron , Che-

valier de l'Ordre , & Lieutenant pour
le Roy à Mets & Pays Meffin , en déliberation d'aller trouver Monfieur le
Cardinal , la part où il feroit dedans
l'Evefché : eftimant, felon ce qu'il luy
avoit efcript , qu'il y fuft desjà arrivé.
Quelques jours après qu'il fut de retour
à Vic , capitale Ville de l'Evefché (2) ,
les Capitaines nouveaux des places s'efforcerent de faire publier & enregiftrer
leurs commiffions au Greffe du Bailla-
ge. Or pour eftever petit à petit l'authorité de Monfieur le Cardinal fur la
Majefté du Roy , les commiffions ne
concernoyent feulement la garde & feureté des places, ains permettoyent aux
Capitaines d'affembler Forces fans le
confentement du Sieur de Salcede Gouverneur de Marfal : ce qui eftoit une
entreprife notable fur l'authorité de Sa
Majefté. Cela fut caufe que le Sieur de
Salcedé commanda au Greffier de luy
mettre les commiffions en main.

En ce mefme temps il fut adverti par
les Officiers , que Monfieur le Cardinal
leur avoit commandé de publier par
toutes les Seigneuries de l'Evefché , la
fauvegarde qu'il avoit obtenue de l'Empereur : ce qu'il ne voulut permettre ,
eftant Gouverneur du Pays foubs l'authorité du Roy , premier que d'entendre le contenu. Il commanda à cefte fin
au Chancelier de Vic de la traduire de
Latin

---

doient dès ce tems-là qu'à ronger infenfiblement
le Royaume,& enfin à le renverfer,pour en arracher
quelque piéce. Tel a toûjours été leur deffein , de
l'avoir ou en entier ou en partie ; & le Cardinal
n'ayant pû en venir à bout , graces aux fidéles ferviteurs du Roi, il en a du moins démembrés quelques portions, pour les ceder aux Ducs de Lorraine
chefs de fa maifon.
(1) Monfieur d'Aufances.] Nous en avons dit un
mot dans la note 1. de la page 124. ci-deffus , & ce
mot fuffit pour l'intelligence du fait.
(2) Vic capitale de l'Evefché.] Il eft bon pour éviter toute méprife , de faire connoitre que le Pays
Meffin renferme deux fortes de Territoires. 1°. Le
Pays Meffin propre , dont autrefois nos Rois fur
tour depuis Henri II. étoient les protecteurs & dé-

fenfeurs nés ; mais dont l'entiere proprieté leurs a
été cedée par l'Empire , au Traité de Munfter en
1648. Mets en eft la Ville capitale , & la plus belle
de cette grande Province. 2°. Il y a enfuite le Bailliage de l'Evefché de Mets , ou le Temporel de l'E-
vêque de Mets , dont la capitale & chef-lieu eft la
Ville de Vic : c'eft là que cet Evêque a tous fes
Officiers ; il eft Seigneur direct de cette Ville & des
Terres qui en dépendent ; mais le Roi en eft toujours le Seigneur Suzerain , & a feul droit d'y mettre des garnifons , comme étant feul chef des armes
dans fes Etats : c'eft là néanmoins cette augufte &
Royale prérogative que ce fougueux de Cardinal de
Lorraine vouloit attaquer & détruire en fe foumet-
tant à l'Empereur & à l'Empire.

Latin en François, pour en avoir meilleure intelligence : ce qui fut faict.
Mais ayant cogneu par la lecture d'i-
celle, combien la conséquence en estoit
préjudiciable pour le service de Sa Majesté, il défendit au Chancelier de passer outre à la publication, devant qu'il
eust conferé avec Monsieur le Cardinal : ce qu'il esperoit faire dedans peu
de jours.

Le voyage que le Chancelier feit en
ce temps-là à Strasbourg, soubs le congé du Sieur de Salcede, feit differer
pour quelques jours la poursuyte de la
publication. La copie qui avoit esté tra-
duicte de Latin en François, estoit cependant demeurée ès mains du Procureur Général de l'Evesché, pour l'envoyer par les Bailliages. Et combien
que le Sieur de Salcede n'ignorast point
la diligence de laquelle usoit le Procureur Général pour l'envoyer d'une part
& d'autre : si est-ce qu'il se monstra pai-
sible & gracieux en ses déportemens.
Mais quand il entendit, se pourmenant par la Ville, que le Procureur Général disoit publiquement, que ceste
sauvegarde serviroit de bride pour retenir les François, il l'envoya querir
au Chasteau, pour luy remonstrer que
s'il vouloit mutiner les François contre
ceux du Pays par ce moyen là, qu'il le
chastieroit en mutin & séditieux. Or
pour abbaisser la contenance du peuple
qui commençoit desjà à se soublever
(comme il advient ordinairement, &
à toutes occasions qui se présentent en
un estat nouvellement acquis ou prins
en protection) il feit en qualité de Gou-

verneur, & au nom du Roi défense de
publier la sauvegarde, premier qu'il
luy en eust donné advis, ou à Monsieur
d'Auzances Lieutenant de Sa Majesté.

Monsieur le Cardinal adverty de ceste
défense faicte pour occasions nécessai-
res pour le service de Sa Majesté, se
transporta tellement, voyant l'authorité du Roy preferée à la sienne, qu'il feit
incontinent publier les simples copies
de sa sauvegarde à Rembervillier, Bac-
cara & Moyen-vic (1). Cependant le
Chancelier retourna de Strasbourg en
sa maison à Vic, où estant le Sieur de
Salcede, luy commande de luy apporter l'original de la sauvegarde, duquel
il se saisit. Et prevoyant que Monsieur
le Cardinal pourroit cy-après l'attaquer
pour l'empeschement qu'il avoit donné
à la publication de la sauvegarde en
qualité de Bailly de l'Evesché (2), &
non en qualité de Gouverneur pour le
Roy (combien que la défense eust esté
faicte au nom du Roy, & non de l'E-
vesque, & par conséquent en qualité
de Gouverneur, & non de Bailly) il
manda Jean de Combles, Tresorier de
Monsieur le Cardinal, pour luy déclarer que puis qu'il ne pouvoit accorder
avec le service du Roy le service de
Monsieur le Cardinal, qu'il le quictoit
du tout, & le pria de l'en advertir : ce
qu'il feit.

La délibération du Sieur de Salcede
fut, encores qu'il eut quicté la commission du Bailliage de l'Evesché, de retenir avec le Gouvernement de Marsal le
Chasteau de Vic : pour y entretenir selon la coustume, les forces du Roy soubs
l'authorité

---

(1) Ce sont de petites Villes qui dépendent de
la Temporalité de l'Evêché de Mets.
(2) On voit par là que Salcede outre la commission de Gouverneur pour le Roi, avoit encore celle
de Bailli du Temporel de l'Evêché : c'est ce qui irri-
ta le Cardinal de Lorraine, qui ne vouloit pas souf-

frir que son Officier s'opposât lui-même à ses desseins ; mais Salcede en résistant au Cardinal, agissoit
comme Officier du Roi ; voilà même ce qui le porta
pour être plus libre à remettre au Cardinal de Lorraine la commission de Bailli, qu'il en avoit reçue.

l'authorité de Sa Majesté. Et pour conduire à fin son conseil avec plus grande force & équité, il donna le quatriéme jour de Juillet advertissement de tout ce qui s'estoit passé, à Monsieur d'Ausances, le priant de luy envoyer quelques gens de guerre, attendu qu'il avoit diminué la garnison de Marsal, de laquelle on avoit accoustumé de rembourser les forces de toutes les places de l'Evesché soubs l'authorité du Roy, & commandement de ses Gouverneurs.

Le jour suivant Monsieur le Cardinal dépescha la Boyssiere son maistre d'Hostel, à Rembervillier, avec Lettres de creance au Sieur de Salcede, pour se plaindre de l'empeschement qu'il avoit faict à la publication de sa sauvegarde : auquel après la lecture des Lettres, & entendu la créance, il feit ceste responce de bouche, vous ne m'entendez (c'est le formulaire ordinaire de son langaige). Si Monsieur le Cardinal n'oste les Capitaines nouveaux des places, ne se déporte de faire publier sa sauvegarde, & s'il ne délibere de remettre toutes choses en leur premier estat, je quicte son service. Et renvoya le Sieur de la Boyssiere avec Lettres de creance pour cest effect.

Peu de jours après, Monsieur le Cardinal estimant que le Sieur de Salcede, qui est bon Catholique, se laisseroit aisément persuader selon le naturel de sa Nation *, à un Cordelier, luy envoya le Gardien des Cordeliers de Vic (1), (ainsi les regnards servent l'un l'autre) avec Lettres escriptes de sa main, pour le prier d'oster les soldats de sa maison de Vic. Le Sieur de Salcede ne voulut point se confesser d'avantage au Pere

Il estoit Espagnol.

Gardien qu'à la Boyssiere, excepté qu'il luy dict, que le Sieur de Bois-Verdun avoit esté despéché le dixiéme de Juillet par Monsieur d'Auzances, pour advertir Sa Majesté de tout le different.

Ayant le mesme jour que le Pere Gardien luy apporta les Lettres, receu advertissement que François de la Tour Chastelain & amodiateur du Chasteau d'Albestroph, en avoit chassé le nouveau Capitaine que Monsieur le Cardinal y avoit mis, pour ses insolences & violences, s'achemina pour y donner ordre. Il y arriva le jour ensuyvant à dix heures du matin, & feit tant par sa diligence, que la Tour s'accorda de tenir le Chasteau au nom du Roy, & soubs le commandement de Monsieur d'Ausances : ce que ledict de la Tour accorda avec la garde de dix soldats de la compagnie du Capitaine Saincte Colombe, que le Capitaine Pouqueron avoit menez pour accompagner le Sieur de Salcede. Puis ayant donné ordre à tout pour le service du Roy de ce costé-là, qui est sur les frontieres des terres du Duc des deux Ponts, se retira à Marsal, accompagné du Capitaine Pouqueron, & de ses gens.

Le Sieur de la Vallée maistre d'Hostel de Monsieur le Cardinal, & le Go, estoyent venus à Marsal en son absence pour conferer avec luy au nom de leur maistre : où ne l'ayant trouvé, ils se retirerent à Vic pour l'attendre. Arrivé qu'il y fut, le Go vint vers luy, pour sçavoir s'il vouloit ouir le Sieur de la Vallée, pour tenter les moyens de pacifier les affaires. Mais cognoissant par longue experience le naturel & les mœurs

(1) Hé bien, qui se seroit imaginé d'employer un Cordelier pour un fait de Guerre & de Gouvernement d'Etat ? Ne faut-il pas que ces sortes de Moines se trouvent mêlez par tout : qu'ils restent dans leurs Cloîtres, ils y trouveront encore plus d'occupation qu'ils n'en faut pour eux.

mœurs de celuy, avec lequel il avoit querelle pour le service du Roy, qui ne taschoit qu'à le surprendre, il respondit sagement & selon la vérité, qu'il n'estoit plus en sa puissance de traicter accord, puis que Sa Majesté avoit esté advertie du different, de la seule volonté de laquelle dépendoit le reste de tout le jugement pour y pourvoir.

Au mesme temps le Sieur d'Ouche envoyé de la part de Monsieur de Lorraine (1), arriva à Marsal avec Lettres de creance, de laquelle l'argument estoit : que Monsieur de Lorraine le prioit de remettre la conclusion de tout ce different entre ses mains, & qu'il accommoderoit toutes choses. Le Sieur de Salcede persista qu'il falloit nécessairement attendre la response de Sa Majesté, & qu'il ne pouvoit plus dépendre d'autre volonté, puis que les affaire estoyent parvenus à ce poinct, que on luy en avoit donne advis.

Et combien que Monsieur de Lorraine monstrast en apparence, qu'il trouvoit l'entreprise de Monsieur le Cardinal, qui commençoit desjà à recueillir ses Forces de toutes parts, aucunement raisonnable : si est-ce que se souvenant que le dessein de la maison de Guyse avoit tousjours esté de pere en fils d'occuper sa domination (2) : (que le Sieur d'Aumalle quelques jours devant qu'il fust pris par le Marquis Albert (3) s'estoit voulu saisir de la Ville de Nancy, principale Ville & seule Forteresse de son pays, soubs pretexte d'y aller disner, si Monsieur de

Vaudemont, vray & fidéle protecteur de Monsieur de Lorraine son nepveu, adverti de son dessein, ne l'eust en bon parent faict disner hors les portes de la Ville : que quelques jours auparavant Monsieur le Cardinal luy avoit tenu ce propos, qu'il falloit bander le Roy contre les Princes d'Allemaigne sur le débat des trois Villes Imperiales, Mets, Thou & Verdun, à ce que pour mettre fin à leurs querelles, il empiétast, comme Prince d'Empire & beau-frere du Roy, lesdictes Villes, du consentement des uns & des autres : adjoustant, pour couvrir ses impostures ceste mensonge insigne, & du tout incroyable, s'il en fut jamais, que la Roine qui cognoissoit qu'il estoit pauvre Prince, en estoit d'advis :) il vivoit en grande crainte & frayeur, car il sçavoit au contraire que Monsieur le Cardinal s'efforçoit d'oster l'authorité publique du Roy des places de l'Evesché, pour y commander à son appetit : à fin d'estre plus fort en Lorraine, ayant de longue main pratiqué l'Archevesque de Treves, & le Sieur de Bouleviller, les plus turbulens & impatiens de repos qui soyent en toute l'Allemaigne : & jouyssant desjà, par la seule liberalité de Monsieur de Vaudemont, non seulement de l'Evesché de Mets, mais aussi de celuy de Verdun, & de l'Abbaye de Gorse, de laquelle il a chassé tous les Moines, trois exceptez, pour la réduire en tiltre de Baronnie soubs sa puissance : & qu'à ceste fin il se fortifioit de jour en jour des forces des Gouvernemens de Champagne

(1) *Monsieur de Lorraine.*] Ces petits Princes Lorrains, chagrins de se voir resserrez entre deux grandes Puissances, telles que sont la France & l'Empire, ont toujours cherché à s'agrandir, mais leur vol n'a pû s'étendre bien loin : tout au plus, se font-ils fait donner quelques villages ou quelque petite ville; neanmoins cela estoit bien modique pour des gens qui avoient beaucoup d'appetit, & qui se croyoient

capables de digerer jusques à des Royaumes.

2) *D'occupper sa domination.*] Sur cette usurpation que les Guisars vouloient faire du Duché de Lorraine, voyez ce qui est dit cy-dessus dans la Légende, pag. 20. & 21.

(3) *Le Marquis Albert.*] C'est le Marquis Albert de Brandebourg, qui a été l'un des plus grands boute-feu des guerres d'Allemagne au XVI. siecle.

S 3

Champaigne & de Bourgongne, non beaucoup eslongnez de la Lorraine. Or pour se résoudre en partie sur ceste crainte, & pour entendre quelle contenance feroit le Roy de la nouvelle entreprise de Monsieur le Cardinal, il dépescha un courrier exprès au Sieur de la Roche, maistre d'Hostel de Sa Majesté, avec les Lettres qui ensuyvent :

,, Monsieur de la Roche, depuis cinq
,, ou six jours en çà s'est meu une con-
,, tention bien grande entre Monsieur
,, le Cardinal mon oncle, & le Sieur
,, de Salcede, lequel a refusé l'entrée
,, du Chasteau de Vic audict Sieur mon
,, oncle, & y a mis gens de guerre,
,, comme il a faict aussi semblablement
,, en la maison d'Albestroph : & à ce
,, que j'entens il escrit le tout à Sa Ma-
,, jesté, dequoy je desire bien sçavoir
,, la verité : mesme s'il sera advoué du
,, costé de Sadite Majesté, & si elle
,, trouvera bon qu'il face telle entre-
,, prise. Qui m'a donné occasion vous
,, envoyer ce porteur en toute diligen-
,, ce, avec ceste, pour vous prier, sur
,, toute affection qu'avez de me faire
,, service, que vous enquerez (1) se-
,, crettement & diligemment, comme
,, les choses se passent par de-là quant à
,, ce faict, quel advis & opinion en ha
,, la Roine, & la résolution que l'on y
,, prend ; & m'escrivez bien particu-
,, lierement & fidellement le tout par
,, ce mesme porteur, que me renvoye-
,, rez incontinent, & à la plus grande
,, diligence que faire se pourra. En
,, quoy je vous asseure que me ferez
,, chose autant aggréable que pourrois
,, recevoir en quelques autres mes affai-

res. Priant sur ce le Createur vous ,,
donner sa grace. De Nancy ce dou- ,,
ziéme de Juillet M. D. LXV. Au-des- ,,
soubs des Lettres sont escripts ces ,,
mots de la main de Monsieur de Lor- ,,
raine : je vous prie m'advertir fidéle- ,,
ment, comme j'ay fiance en vous, & ,,
me ferez service aggréable.   ,,

Le chevaucheur de Monsieur de Lorraine feit plus grande diligence que le Sieur de Bois-Verdun, qui avoit esté dépesché presque au mesme temps par le Sieur d'Auzances : & arriva le premier au Mont de Marsan, où il trouva la Court. Le Sieur de la Roche advertit la Roine du commandement qu'il avoit receu de Monsieur de Lorraine : ce qui fut cause que se voulant esclaircir de la verité, elle dépescha sur l'heure un courrier vers le Sieur de Salcede avec ces Lettres :

Monsieur de Salcede, j'ay esté ad- ,,
vertie par le Sieur de la Roche mais- ,,
tre d'Hostel du Roy Monsieur mon ,,
fils, qu'il est survenu quelques trou- ,,
bles par de-là entre mon cousin le ,,
Cardinal de Lorraine & vous, pour ,,
ne l'avoir voulu laisser entrer dedans ,,
le Chasteau de Vic, ny pareillement ,,
à la maison de Albestroph : dont nous ,,
n'avons eu autres advertissemens que ,,
par le Sieur de la Roche, à qui mon ,,
fils le Duc de Lorraine a envoyé un ,,
courrier exprès pour nous le faire en- ,,
tendre, ET pource que c'est chose ,,
dont je ne sçay que croire, pour n'en ,,
avoir point eu de vos nouvelles, j'ay ,,
bien voulu vous envoyer ce courrier ,,
exprès, pour en sçavoir mieux la ve- ,,
,, rité :

---

(1) *Secrettement.*] Vilain métier pour un Prince, de mettre des espions à la suite de la Cour : que n'écrivoit-il directement au Secretaire d'Etat, la voye étoit, & plus simple & plus honnorable : il sentoit bien que le cas n'étoit pas favorable. Mais le Sieur de la Roche alla droit & en parla ouverte-ment à la Reine Catherine.

» rité : par lequel me ferez sçavoir in-
» continent , la presente receue , com-
» me toutes choses sont passées. Priant
» Dieu , &c. Escript au Mont de Mar-
» san le vingtiéme de Juillet mil cinq
» cens soixante - cinq , & au bas : De
» l'Aubespine.

Comme ces choses se passoyent par
Lettres & messages d'une part & d'autre , Monsieur le Cardinal qui s'estoit
retiré à Nancy , accompagné de Monsieur d'Aumale , assembloit de tous costez gens de plus en plus. Pour couvrir
toutesfois son dessein d'un sac mouillé ,
comme l'on dit , Monsieur d'Aumalle
dépescha le seiziéme du mois Marcou-
ville Gentilhomme de sa maison , avec
Lettres à Monsieur d'Ausances. L'argument estoit , qu'il desiroit que les troubles fussent appaisez , & que les Forces
qui avoyent esté envoyées de Mets au
Sieur de Salcede , fussent retirées. Il
proposoit ces conditions iniques , à fin
qu'elles ne fussent acceptées : car il sçavoit , puis qu'il estoit question du service du Roy, & que les forces y avoyent
esté envoyées par l'ordonnance du Lieutenant de Sa Majesté , pour y demourer
jusques à ce que autrement par elle en
eust esté advisé , qu'il n'accepteroit jamais ses offres. Aussi feit il responce ,
que la publication de la sauvegarde obtenue par Monsieur le Cardinal , & le
changement des gardes touchoyent
grandement le service du Roy.

Ceste responce fut envoyée le dix-
septiéme du mois. Ledict jour Monsieur le Cardinal envoya ses Lettres à
tous les subjets de l'Evesché , pour pu-

blier & déclarer la guerre contre le sieur
de Salcede en ceste forme :

Cher & feal , pource que le sieur «
de Salcede , Bailly de nostre Evesché «
de Mets , abusant du pouvoir & auc- «
torité que luy avons baillez , s'est tel- «
lement voulu oublier en nostre en- «
droict , qu'en nous mesprisant , & ne «
nous voulant aucunement recognois- «
tre , ny obéyr ainsi qu'il est tenu, s'est «
emparé d'aucunes de nos Places, Chas- «
teaux & Villes de nostredict Evesché, «
y ayant mis Forces pour tenir à l'en- «
contre de nous , & qu'il nous est be- «
soin y pourvoir & remedier pour le «
bien de nostredict Evesché , & de «
nous , & de nos vassaulx pareille- «
ment , & pour le repos aussi du S. «
Empire (1) : & que pour en avoir «
la raison , nous sommes déliberez d'y «
employer tous nos efforts , ayant à «
cest effect advisé de prier tous nos «
bons parens & amis , mander & con- «
voquer nos loyaux & fidelles vassaux. «
Estant du nombre d'iceux, vous avons «
bien voulu escrire la presente , vous «
priant , & néantmoins ordonnant , «
sur la fidelité que nous devons , nous «
venir trouver au meilleur équipage «
que vous pourrez , pour nous secou- «
rir à ce besoin & necessité : de sorte «
que par le moyen de vostre bonne «
ayde & secours nous puissions avoir «
la raison de cest outrage , & faire re- «
cognoistre audit Salcede la faute qu'il «
a commise à l'encontre du Sainct Em- «
pire & de nous. Et nous asseurans que «
n'y voudrez faire faulte, ne vous fe- «
rons plus longue Lettre. Priant Dieu, «
» cher

---

(1) *Du Saint Empire.*] Qui n'admirera la super-
cherie de ce diminutif de Prince ; de citer ici le
nom du Saint Empire , sans dire un seul mot de la
France , de qui il tenoit toute sa grandeur ; sans
quoi il n'auroit pas esté plus consideré qu'un bon
Gentilhomme François. Tel a esté le caractere de
notre Nation , d'avoir quelquefois élevé des Etrangers , qui se sont ensuite servi de leur pouvoir contre leurs bienfaicteurs.

» cher & feal , vous donner entierement
» ce que vous defirez. De Nancy ce dix-
» septiéme jour de Juillet M. D. LXV.

» Et au-deſſous ,

» Nous vous prions derechef de faire
» toute diligence de nous venir trouver
» & vous rendre au lieu de S. Nicolas
» le plus promptement que pourrez, &
» dedans huict jours , ou plus-toſt , s'il
» eſt poſſible.

» Ainſi ſigné ,   C H A R L E S.
» Et plus bas.   L'ENFANT.

Ceux qui avoyent quelque jugement ,
ne pouvoyent approuver ceſte déclaration & publication de guerre : car le
ſieur de Salcede avoit touſjours reſpondu dès le commencement de ce
trouble, qu'il quictoit les livrées du
Cardinal, ſon ſervice & ſon office de
Bailly : qu'il avoit empeſché la publication de la ſauvegarde en qualité de
Gouverneur pour le Roy , & au nom
de Sa Majeſté , (& qu'il ſçavoit bien
qu'il ne l'euſt peu empeſcher , & ne
l'avoit auſſi empeſchée en qualité de
Bailly) & finalement qu'il tenoit les
Chaſteaux de Vic & Albeſtroph ſoubs
l'authorité du Roy & le commandement de Monſieur d'Auſances Lieutenant de Sa Majeſté. Puis donc qu'il
avoit quicté la qualité de Bailly , &
qu'il tenoit les places comme Gouverneur pour le Roy , Monſieur le Cardinal luy déclaroit la guerre en ceſte qualité. Or eſtant pourſuyvi en qualité de
Gouverneur , c'eſt contre le Roy que ſe
dreſſe la querelle, puis qu'il n'eſt pourſuyvi qu'en ſon nom. Mais ſera-il permis à un Bailly de ſe fortifier de l'authorité du nom du Roy , pour fermer
les portes à ſon ſuperieur ? Toutes les
terres de l'Eveſché de Mets ont , devant que le ſieur de Salcede fuſt Gouverneur de Marſal , eſté gardées & par

les forces & à la ſolde de Sa Majeſté ,
& non de l'Eveſque. Si donc le ſieur de
Salcede eſtant Gouverneur de Marſal ,
a eſté pourveu de l'Office de Bailly de
l'Eveſché : ceſte proviſion particuliere
du Bailliage n'a peu alterer l'authorité
& la qualité du Gouvernement, en ce
qui touche l'eſtat public , & les forces,
qui ne furent jamais ordonnées par le
Bailly depuis que le Roy ha le pays en
ſa protection : ains ſeulement par le
Gouverneur de Marſal ſoubs le commandement du Lieutenant du Roy. Le
ſieur de Salcede comme Bailly avoit la
Juriſdiction ordinaire & la Feodalité
en ſa main, & pour cela il eſtoit gaigé
des deniers de l'Eveſché : & pour les
Forces il a touſjours commandé ſoubs
l'authorité de Sa Majeſté, & a eſté gaigé
des deniers de Sadicte Majeſté. C'eſtoit
donc témérairement faict d'aſſembler
Forces pour le ſervice de l'Empire,
pour combatre un Gouverneur, qui commande ſoubs l'authorité de Sa Majeſté.
Et de faict, qu'eſt-ce de déclarer, eſtant ſubject du Roy, une guerre publique contre ſes Gouverneurs , que d'eſtre publiquement coupable de crime de
Léze-Majeſté , & exceſſive félonnie ?
Quand meſmes il n'y auroit que le deſdain de n'avoir voulu attendre la reſponſe de Sa Majeſté, il eſt cent fois puniſſable de mort en un acte de telle con-
ſéquence, & un temps ſi périlleux. Certes , ſi Monſieur le Cardinal euſt eſté
bon ſubject & ſerviteur de Roy, il euſt
pluſtoſt regardé à réunir la Juriſdiction
ordinaire qui dépend de l'Empire, avec
l'authorité publique de la Force qui dépend du Roy , que de vouloir oſter le
commandement public de Sa Majeſté,
pour le réunir avec la Juriſdiction ordinaire.

Monſieur d'Aumale eſcrivit derechef
le dix-huitiéme du mois à Monſieur
                d'Auſances,

d'Aufances, pour le prier de le venir trouver le lendemain au Pont-à-Moufson, pour traicter enfemble les moyens d'accorder ce different.

Monfieur d'Aufances qui defiroit de meilleure affection la paix, que ceux qui n'en prenoyent que le nom pour defguifer la guerre, fe trouva le dixneufiéme du mois au Pont-à-Moffon. Devant que de couvrir pour le difner Monfieur d'Aumalle accompagné des Sieurs de Linieres & de Pavan feit en la place publique de la Ville un long difcours auffi peu plaifant que veritable, des fervices que leur maifon a faicts à cefteCouronne : comme défunct Monfieur de Guyfe fon frere y avoit efté tué, & luy fort bleffé en la bataille des troubles derniers : que toutesfois chafcun leur couroit fus (ô changement eftrange, de voir ceux qui devant cinq ans faifoyent rendre compte aux Princes du fang, de ce qu'ils n'avoyent oncques fongé, eftre contraincts de courir de lieu en lieu pour fe plaindre & juftifier devant les Lieutenans de Sa Majefté !) qu'on avoit voulu tuer Monfieur le Cardinal & Monfieur de Guyfe fon nepveu, & que maintenant le Sieur de Salcede l'avoit bien tant defdaigné, qu'il n'avoit voulu recevoir une de fes Lettres, ains avoit renvoyé le porteur avec injures & aigreur de parolles. Que de fa part il ne defiroit qu'à compofer amiablement les affaires, & qu'il n'eftoit venu au Pont-à-Moffon que pour cefte occafion.

La refponfe de Monfieur d'Aufances fut qu'il ne fe mefloit aucunement de ces querelles, finon en ce qu'elles touchoyent le fervice du Roy, & le devoir de fa charge : & en cela encores ne pouvoit-il plus toucher, pour en avoir efté Sa Majefté advertie, à laquelle le Sieur de Salcede fe remettoit du tout. Que la paix luy eftoit très-agreable, mais qu'elle fuft conjoincte avec le fervice de Sa Majefté, & qu'il le prioit d'ouvrir les moyens les plus propres pour fatisfaire & à l'authorité du Roy, & à la volonté de Monfieur le Cardinal, & qu'il s'y employeroit de bon cœur.

La continuation de ce propos fut remife après le difner : lequel achevé, Meffieurs d'Aumalle & d'Aufances, accompagnez feulement des Sieurs de Linieres & de Pavan, fe retirerent en une chambre. Monfieur d'Aumalle continuant le propos, commença fur une grande plaincte, de ce que Monfieur d'Aufances avoit envoyé des foldats de Mets au Sieur de Salcede : fur quoy Monfieur d'Aufances déclara qu'il s'eftonnoit, comme on le trouvoit eftrange, veu que cela dépendoit fpecialement de fa charge : qu'il avoit tousjours ainfi auparavant efté pratiqué pour le fervice du Roy, & qu'il ne pouvoit refufer des forces au Sieur de Salcede, puis qu'il les demandoit pour le fervice de Sa Majefté : que s'il en abufoit pour fon particulier, que ce feroit à luy d'en rendre compte. Quant à fa part, qu'il n'a eu efgard aux particularitez des uns & des autres, ains s'eft feulement fondé fur le debvoir de fa charge : adjouftant pour la fin, que fi hors le fervice du Roy il euft eu intelligence avec le Sieur de Salcede, qu'il avoit & l'efprit & le moyen de fecourir fon amy par autre voye. Ces raifons furent approuvées & louées par Monfieur d'Aumalle, puis qu'il n'avoit eu efgard qu'au fervice de Sa Majefté.

Le propos finy, le Sieur de Linieres tenant deux cayers de papier en fa main, & addreffant fa parole à Monfieur d'Aufances,

T

fances, ufa de ces m ts : que Monfieur
le Cardinal defirant luy faire cognoiftre
fon intention fur ce qui eftoit intervenu entre luy & le Sieur de Salcede, luy
avoit commandé de faire lire en fa prefence ces deux cayers, qui contenoyent
oultre fes raifons juftificatives, une bref-
ve refponfe aux calomnies qui avoyent
efté mifes en avant contre fon honneur.
Durant ce propos, il entra un Secretaire dedans la chambre, auquel Monfieur
d'Aumalle commanda de prendre les
cayers & en faire lecture. Lors Monfieur d'Aufances dict, qu'il ne vouloit
point eftre Juge de leur different, que
c'eftoit au Roy d'en ordonner, & pour
cefte caufe que la lecture n'en eftoit
point requife : eftant toutesfois affec-
tueufement prié par Monfieur d'Aumalle, pour l'honneur qu'il luy portoit, fe
contenta de les ouyr lire. Voici en
fomme l'extraict des deux cayers.

Au commencement Monfieur le Cardinal après une longue repetition des
fervices qu'il pretend avoir faicts à cefte Couronne, comme le premier Pair de
France (1), & l'un des plus anciens
Confeillers, & des plus fecretes affaires de Sa Majefté, & ainfi non excufable s'il commettoit chofe contraire au
fervice de fon Prince : il allegue les raifons qui enfuyvent, pour juftifier fon
entreprife. Premierement, qu'il eft venu en fon Evefché de Mets, pour donner ordre à fes affaires, vifiter fes maifons, pour s'y efbattre, attendant l'hyver, ayant donné advis à la Roine de
fon voyage devant que de l'entreprendre. Mais que le Sieur de Salcede avoit

troublé la fefte, fe faififfant de fes maifons, Villes, rentes, deniers, & luy
fermant la porte au nez : & pour ce
qu'il s'excufoit principalement fur le
fervice du Roy, & fur l'injure qu'il pretendoit luy avoir efté faicte : Monfieur
le Cardinal refpond feparément à ces
deux articles.

Or pour fe purger de l'accufation du
premier, qui eftoit fondé fur l'intelligence qu'on pretendoit qu'il avoit en
Allemaigne (2), pour faire levée
d'hommes contre le fervice de Sa Majefté : fur le foufpeçon qu'on a pris des
pacquets qu'il a envoyé depuis un an
par diverfes fois à Bouleviller, Gouverneur de Haguenau, & fur la publication de fa fauvegarde, il s'efforce de fe
fauver à travers le marais en cefte forte : il rejette la premiere partie de cefte
accufation fur la mauvaife volonté de
fes ennemis, qui l'ont artificiellement
fouillé de cefte calomnie pour le rendre
odieux, veu qu'il ne penfa jamais à telles entreprifes. Il confeffe avoir efcript
à Bouleviller, & avoir auffi receu de fes
Lettres, mais qu'il en rendra bon compte à Sa Majefté.

Il eft un petit plus travaillé à fe dé-
peftrer de la derniere partie : il allegue
qu'il tient le temporel de l'Evefché de
Mets de l'Empire : qu'il ha aux muta-
tions des Empereurs receu l'inveftiture
de leur main, & par le commandement
des Roys & l'advis du Confeil : que les
appellations de l'Evefché reffortiffent à
la Chambre Imperiale : qu'à la reception
des hommages on commence tousjours
par les patentes de l'Empereur : que le
Roy

(1) Premier Pair de France.] Parce qu'il étoit Archevêque de Reims, & en cette qualité premier
Pair de France.
　(2) Intelligence en Allemagne.] On a toujours reproché au Cardinal de Lorraine de s'être abbouché
avec l'Empereur, lorfqu'il alla au Concile de Trente, fon objet étoit de faire rentrer les Evêchez de
Mets, Toul & Verdun, fous la protection de l'Empire ; & par là de fe faire déclarer l'un des Princes
ou des membres de ce vafte corps ; ce qu'il ne pouvoit faire qu'au préjudice du Roi de France, qui a
la protection de ces trois Evêchez.

Roy mefme confeffe tenir les trois Villes Imperiales, Mets, Thou & Verdun, de l'Empire, & qu'il eft preft d'en faire la foy, s'il y eft receu : que l'Empereur Ferdinand donna une pareille fauvegarde durant les troubles, qui fut publiée au veu & fceu & par le commandement du Sieur de Salcede : que pour cela toutesfois il n'entend point fe départir de la protection du Roy (1), ayant à fon befoin efté tousjours fecouru de fes forces. Vray eft qu'il trouve bien eftrange qu'on reçoit les bannis dedans fes places, qu'on leur donne des predicans de Mets, & que cela s'appelle oppreffion & non protection. Il prie auffi Meffieurs de Linieres & de Pavan, ès mains defquels il confent que fes places foyent mifes, jufques à tant que le Roy en ait ordonné, de demander fecours en fon nom, & en la prefence de Monfieur d'Aumalle fon frere, à Monfieur d'Aufances, pour jetter hors de fes maifons ceux qui les tiennent : de luy offrir fes parens, amis & ferviteurs, s'il eft en crainte de quelque chofe, voire de luy donner Charles, Monfieur fon nepveu en oftaige, s'il ha foupeçon qu'il vueille rien entreprendre contre le fervice de Sa Majefté. Et finalement de protefter devant Dieu, de tous les inconveniens qui pourront advenir à faulte de retirer ceux qui donnent aide au Sieur de Salcede contre Monfieur d'Aufances, & les autheurs de ces troubles : & que Dieu aidant, il n'oubliera rien de ce qui appartient à fa grandeur & à fon honneur. Puis en ce qui touche le particulier du Sieur de Salcede, il confeffe qu'il n'a jamais faict ny penfé chofe prejudiciable à fon honneur, comme pour l'en affeurer il luy a desjà efcript

de fa main : qu'il eft très-aifé que le Roy cognoiffe des plainctes qu'il voudra faire contre luy, & en fupplie Sa Majefté.

La lecture faicte, Monfieur d'Aumalle pria Monfieur d'Aufances, qu'il confideraft diligemment les raifons de M. le Cardinal. Lequel feit refponfe, que la fin de fon voyage n'eftoit point de recevoir des proteftations, qui s'attachoyent particulierement à luy : moins encores de rendre raifon de fa charge, & qu'il juftifieroit tousjours ce qu'il avoit ordonné en ce negoce devant Sa Majefté, fi aucuns l'en vouloyent rechercher. Monfieur d'Aumalle qui cognent que la lecture des cayers n'avoit pas porté beaucoup de fruict, propofa derechef, que le meilleur eftoit de fonder les moyens propres pour appaifer le tout, & qu'il s'affeuroit que la Roine n'approuveroit pas la prife des maifons & places de Monfieur fon frere. Ce propos fut rompu par Monfieur d'Aufances en cefte forte : qu'il eftimoit que tout ce que le Sieur de Salcede avoit faict, eftoit pour le fervice de Sa Majefté : & que s'il avoit opinion qu'il euft efgard à quelques particularitez, s'il le trouvoit bon, qu'il l'en efclairciroit en peu de jours. Cela excita Monfieur d'Aumalle de l'interpeller par diverfes fois, s'il advouoit le Sieur de Salcede de qu'il avoit faict : il déclara que ouy, en ce qu'il avoit faict pour le fervice du Roy. Or après avoir longuement difcouru d'une part & d'autre, eftans fur leur partement, Monfieur d'Aumalle le pria de recevoir de fa main les cayers, & de les voir en fon particulier, à fin de luy en rendre refponfe dedans le Dimanche enfuyvant : ce qu'il luy accorda,

Le

(1) Comment donc l'entendoit ce Cardinal, pouvoit-il avoir deux protecteurs & fe reconnoître pour un même fief, vaffal de differens Princes indépendans l'un de l'autre.

T 2

Le vingtiéme du mois , Monfieur d'Aufances eftant de retour à Mets , dépefcha vers le Sieur de Salcede le Capitaine Jaques , & le Secretaire du Val , avec Lettres & la copie des cayers. L'argument des Lettres eftoit , d'entendre de luy en quel nom il tenoit les places de l'Evefché. Ils arriverent le vingt & uniéme à Marfal , fur les cinq heures du matin : & après avoir communiqué de toutes chofes avec le Sieur de Salcede , il feit responfe : qu'il ne tenoit les places pour aucune caufe particuliere , ains pour le fervice du Roy feulement : & qu'ayant entendu la volonté de Sa Majefté , il obeyroit volontiers à ce qu'il en feroit ordonné.

Il refpondit auffi particulierement aux cayers , comme s'enfuit : qu'il trouve bien eftrange que Monfieur le Cardinal l'accufe de retenir fes rentes & deniers , veu qu'ils ont faict compte final enfemble , par lequel ils font demourez quites à dix efcus près : depuis lequel compte il n'a faict aucune recepte : qu'il ne l'avoit jamais accufé d'avoir intelligence en Allemaigne , encore qu'il n'ignoraft point que plufieurs pacquets n'yeuffent efté envoyez , & receus d'une part & d'autre : qu'il n'avoit receu aucuns bannis pour la Religion dedans les places : bien avoit-il permis , fous Requefte , à ceux qui l'eftoyent , de fe tenir quelques jours dedans les

Villes , pour donner ordre à leurs affaires , fans toutesfois leur avoir faict bailler aucun predicant : qu'il avoit empefché la publication de la fauvegarde , pour l'inconvenient qui en fuft advenu pour le fervice de Sa Majefté : & qu'il ne fe verifieroit jamais , qu'il en euft efté impetré aucune depuis que le Roy tenoit le Pays en fa protection , moins encores qu'on en euft faict publier : advouant toutesfois avoir permis aux Officiers de l'Evefché , durant le paffage des Reïtres , d'attacher quelques panonceaux de l'Empire fur les chemins , pour empefcher le pillage.

Nous pouvons adjoufter aux raifons precedentes , cefte-cy qu'il propofa à Monfieur le Baron d'Hauffonville le vingt-cinquiéme du mois , que la fauvegarde qui touchoit le gouvernement general de l'eftat du Pays , ne pouvoit eftre publiée par les Officiers de l'Evefché , fans permiffion du Roy : veu que toutes les places de l'Evefché avoyent tousjours , depuis que le Roy Henry s'en eftoit faifi (1) , efté gouvernées & gardées par Capitaines , qui avoyent ferment à Sa Majefté , & defquels les Gouverneurs eftoyent responfables : & y avoit-on tousjours mis , auparavant que le Gouverneur de Marfal fuft Bailly de l'Evefché , gens de la garnifon de Marfal , & à la folde de Sa Majefté : ce qui fe verifie encore maintenant par les

---

(1) *S'en étoit faifi.*] Ce fut à la priere des Princes de l'Empire , que Henri II. porta fes armes dans l'Empire , non pour fon avantage particulier ; mais pour rendre la liberté à cette illuftre Nation , qui imploroit le fecours du Roi contre la tirannie de Charles-Quint , & fur tout pour obtenir la liberté du Landgrave de Heffe , que l'Empereur retenoit prifonnier , contre la bonne foi & les paroles données folemnellement. Et Henri II. fit fagement de ne pas rifquer fon armée en Allemagne , fans avoir des Villes de retraite : ce qu'il fit en fe faififfant de Mets , & des Places de l'Evefché de Mets , que lui remit M. de Lenoncourt , qui occuppoit ce Siége Epif-

copal ; & après le Traité de Paffau en 1552 , Traité qui rendit la liberté à l'Allemagne , Henri II. conferva les trois Evêchez à titre de Protection , comme ces Villes s'étoient fouvent adreffées à nos Rois pour en être protegées. Cette retraite fervit alors au Roi , parce que fouvent ces Princes Allemans ne font pas toujours fort fidéles. Ils fe mettent ventre à terre pour obtenir de la protection & de l'argent. Croyent-ils fe pouvoir paffer de nous , leur bourfe eft-elle remplie ; ils font lâchement à votre barbe leur Traité , & vous abandonnent : c'eft ce que fit alors Albert de Brandebourg. Et la France n'a eu que trop d'exemples.

les roolles des monstres des Contre-
rolleurs faictes pour les gardes desdic-
tes places. Puis donc qu'il avoit commandement exprès du Roy de ne souffrir aucune innovation sans en advertir
Sa Majesté : qu'il ne pouvoit moins faire, estant Gouverneur pour le Roy,
que d'empescher la publication de la
sauvegarde, & que les nouveaux Capitaines mis dedans les places y eussent
commandement. Car puis que par leurs
commissions ils pouvoyent lever gens
à leur plaisir, & qui ne recognoissoyent
& n'avoyent serment qu'à Monsieur le
Cardinal soubs l'authorité de l'Empire :
il est aisé de juger combien cela estoit
prejudiciable pour le service du Roy.
Car ce n'estoit seulement donner entrée
à l'Empereur pour repeter les terres de
l'Evesché, mais le faire desjà victorieux
sans combatre, & devant que les Estats de l'Empire en eussent ordonné. Et
à la verité, quelles pratiques eussent
peu faire ces Capitaines nouveaux establis par Monsieur le Cardinal, qui n'a-
voyent point serment au Roy, avec
les citoyens des trois citez Imperiales ?
Il est certain que le peuple fortifié de
ces nouvelles forces convenables à son
affection, ne se fust jamais contenu
soubs l'obeïssance de Sa Majesté, sans se
soublever de jour à autre : & quand
mesmes il ne l'eust faict, le soulpeçon
eust contrainct Sa Majesté de mettre
plus grandes forces dedans le pays, non
sans grande despense. Quelles envies,
quelles desfiances eussent regné entre
les Gouverneurs & Capitaines de Sa
Majesté, & ceux qui n'eussent recogneu
que l'Empire : qui toutesfois eussent
esté contraincts pour le voisinage de
s'affronter de heure à heure les uns les
autres ? Or de la dissention des Capitaines, fust ensuyvie necessairement &
très-mal-à-propos pour la misere du

temps, la division de ce Royaume & de
l'Empire.

Quelques-uns adjoustoyent que ceste
responce seule estoit suffisante pour
payer Monsieur le Cardinal : que toutes les raisons qu'il allegue ne touchent
que la simple feodalité & justice ordinaire, & non le Reiglement de l'estat
general du pays Messin, qui est soubs
la tutelle du Roy, & l'authorité de ses
Lieutenans & Gouverneurs, & prenoyent droict sur l'exemple des trois citez, Mets, Thou & Verdun, allegué
par Monsieur le Cardinal : esquelles,
encores que le Roy advoue les tenir de
l'Empire, si est-ce qu'il y commande
souverainement en ce qui touche l'estat
general & les forces. Or est-il que le
Gouvernement general de l'estat du
pays Messin, estoit en ce que touche
l'authorité du Roy absolument alteré,
tant par la publication de la sauvegarde, que par l'establissement des nouveaux Capitaines : & pour ceste cause,
il ne se peult nier ou dissimuler que ce
ne fust une entreprise manifeste contre
l'authorité de Sa Majesté.

Et combien qu'elle fust inexcusable
en toutes personnes, si est-ce qu'elle
est digne de punition très-griefve en
la personne de Monsieur le Cardinal,
& par sa confession mesme : veu qu'il
ne pouvoit ignorer, estant Conseiller
de Sa Majesté, & de ses plus secretes
affaires, combien elle estoit prejudiciable à son service. Qui pourroit excuser
un Conseiller de Roy, de prendre les
armes publiques contre un Gouverneur,
qui declare que ce qu'il entreprend est
pour le service de Sa Majesté, & qui
ne propose pour toute défence, que le
nom & l'authorité de son Prince, & le
combatre par les forces de Sadicte Majesté ?

Ceux

T 3

Ceux qui avec jugement discouroient de ceste entreprise, disoyent qu'il falloit pour bien en déliberer, considerer devant toutes choses à quelle Requeste & pour quelles occasions le Roy Henry s'estoit saisi de Mets & pays Messin. Il n'y a doubte qu'il ne s'en fust saisi à la Requeste, poursuyte, & pour le bien & la liberté des plus grans Princes & des Estats de l'Empire. Ce qui apparoist par les Lettres que Sa Majesté en feit publier au commencement du voyage d'Allemagne.

Si doncques il a justement pris les Villes & le pays en sa protection, les droicts des Roys ses enfans, qui l'ont depuis conservé & deffendu par leurs forces, ne peuvent estre diminuez ou alterez, puisque les Princes & Estats de l'Empire, à la Requeste desquels le pays est venu en leur protection, n'ont point encores par Assemblée publique & légitime, déclaré avoir changé de volonté : voire que par les Loix de l'Empire, l'Empereur n'en peult ordonner sans l'advis & consentement des Princes & des Estats, à la poursuyte desquels le pays a esté mis en la protection de Sa Majesté. Comment donc peult-on impetrer sauvegardes d'autres que du Roy, sans violer son authorité légitime ?

Que si nous adjoustons que le Roy Henry s'en saisit à la Requeste du Cardinal de Lenoncourt, qui en estoit Evesque, & qu'il print le serment du peuple par toutes les Villes où il passa, avec protestation de poursuyvre à feu & à sang ceux qui s'opposeroyent à ses desseins, comme il est verifié par la protestation qui en est il y a long-temps publiée, la question sera lors sans aucune difficulté.

D'avantage, est-il croyable que Sa Majesté eust souffert que son subject, qui ne tient bien aucun que de sa liberalité, eust eu des intelligences prejudiciables à sa volonté dedans l'Allemaigne, pour se mettre en la protection de l'Empire, veu qu'elle ne voulut permettre que son Altesse mesme demourast en Lorraine ? Que diray-je plus, quand le Roy print la qualité de protecteur d'Empire, laquelle dure encores maintenant pour le regard de l'Evesché de Mets, ne sommoit-il pas les Pays & Villes de l'Empire de luy obeyr en tout, comme à l'Empereur ? Et de dire qu'il usurpast injustement ceste authorité, ce langage seroit bien esloigné du debvoir d'un subject.

Le Cardinal de Lenoncourt fut bien mieux affectionné au bien de la France, qui soubs l'authorité du Roy & non de l'Empereur, ordonna un Conseil à Mets l'an mil cinq cens cinquante-deux. Or d'alleguer qu'il n'entendoit pour cela assubjectir les Villes de l'Evesché soubs la protection de Sa Majesté, il n'y a raison aucune : car il feit en ce mesme temps fortifier la Ville de Marsal au nom & aux despens de Sa Majesté. Ceux donc qui s'arrestoyent sur les clauses de la sauvegarde, voyoient clairement que le Sieur de Salcede avoit eu occasion légitime & necessaire d'en empescher la publication, veu que l'Empereur prend generalement toutes les Villes de l'Evesché en sa protection, au nombre desquelles Marsal principale forteresse est comprinse : laquelle selon la confession de Monsieur le Cardinal, a tousjours esté gouvernée & gardée soubs l'authorité des Lieutenants du Roy. Puis donc que la sauvegarde estoit generale, le Sieur de Salcede n'en pouvoit approuver la publication en aucun lieu de l'Evesché, encores qu'il n'y eust eu en qualité de Gouverneur aucune authorité, sans prejudicier au service du Roy en ce qui touchoit la Ville de Marsal.

Marſal. Il y a plus, que non ſeulement l'Empereur prend en ſa protection les ſubjects naturels de l'Eveſché , mais toute la famille de Monſieur le Cardinal : laquelle il oblige ſpecialement de reſpondre à la Juriſdiction de l'Empire. Et encores que la ſauvegarde euſt eſté ſeulement impetrée pour empeſcher les embraſemens & ſaccagemens, qui pourroyent advenir dedans le pays du coſté de l'Empire : ſi eſt-ce que la conſequence en eſt ſi perilleuſe, pour le ſervice de Sa Majeſté, qu'elle eſt en tous ſes chefs inexcuſable.

Y a-il choſe ſi perilleuſe pour amoindrir l'obeiſſance d'un peuple , que de le favoriſer de l'authorité de celuy qui y pretend droict ? Les ſubjects d'Utrech , de Liége , de Cambray & de Conſtance, qui ſont en la protection de la maiſon d'Auſtriche , ne s'oublierent jamais juſques-là , que de requerir des ſauvegardes de l'Empire , encores que les Empereurs derniers ayent eſté de ceſte maiſon.

Quelques-uns ne pouvoyent ne s'eſbahir de ceſte nouveauté , veu que depuis un an Sa Majeſté avoit faict publier ſes Lettres Patentes par toutes les Villes de l'Eveſché , à fin de reunir toutes les terres que Monſieur le Cardinal de Lorraine avoit miſes ès mains de Monſieur de Lorraine & de Monſieur de Vaudemont , pour les faire plus aiſément conſentir à l'inveſtiture qu'il vouloit faire prendre à ſon nepveu Monſieur de Guyſe , du reſte du temporel de l'Eveſché en qualité de Prince d'Empire : & de faict , ceſt exemple ſi recent meritoit bien d'eſtre conſideré. Car ſi Sa Majeſté a caſſé les aliénations faictes : je ne voy point qu'on puiſſe ſouſtenir la publication d'une ſauvegarde , par laquelle la puiſſance de Sa Majeſté eſt diminuée , voire aneantie.

Or pour retourner au cours de ceſte Hiſtoire , le vingt-deuxiéme jour du mois le Capitaine Jacques & le Secretaire du Val , furent de retour à Mets vers Monſieur d'Auſances , qui les dépeſcha ſur l'heure avec Lettres pour aller à Nancy trouver Monſieur d'Aumalle. Ils y arriverent au ſoir ſur les dix heures : & pource que les portes de la Ville eſtoyent fermées , ils prierent à la garde de faire entendre leur venue à Monſieur d'Aumalle. Qui ſur l'advertiſſement qui luy fut donné , les envoya querir (après avoir conſulté avec Monſieur le Cardinal) ſur la minuict en ſa chambre. Ils luy preſenterent les Lettres de Monſieur d'Auſances , avec la copie & la reſponce de celle qu'il avoit eſcriptes au Sieur de Salcede. Eſtans tombez ſur l'article des Lettres de Monſieur d'Auſances , par lequel il advertiſſoit le Sieur de Salcede , de déclarer s'il tenoit les places de Vic & Albeſtroph pour le ſervice de Sa Majeſté : il dict que ce n'eſtoit pas le propos qu'il avoit tenu à Monſieur d'Auſances , au Pont-à-Moſſon : ains que ſon advis eſtoit qu'il ſe devoit ſaiſir des places , & y mettre garniſon autre que celle qui y eſtoit ſoubs l'authorité de Sa Majeſté, juſque à ce que autrement il en euſt eſté ordonné. Adjouſta qu'il eſtoit aſſeuré que Monſieur le Cardinal euſt approuvé ce conſeil , moyennant que les Capitaines n'euſſent point eſté Huguenots.

Finalement il accuſa Monſieur d'Auſances , de n'avoir faict ſon debvoir en cela : veu les inconveniens qui en pouvoyent advenir , & que deſjà Monſieur le Cardinal s'eſtoit plainct aux Princes d'Allemagne (il euſt eſté plus raiſonnable qu'il ſe fuſt plainct au Roy , puis qu'il eſtoit queſtion d'un de ſes ſubjects & Gouverneurs) qui trouvoyent eſtrange

trange qu'on se saisist des biens de l'Empire, pour la repetition desquels ils luy offroyent secours : & qu'il estoit à craindre qu'ils ne se contentassent pas, s'ils mettoyent leur gens aux champs, des places de l'Evesché ; mais qu'ils demandassent les Villes de Mets, Thou & Verdun. Ce propos estoit à la verité trop descouvert, pour celer la mauvaise volonté que Messieurs de Guyse avoyent au service de Sa Majesté, en l'execution de ceste entreprise. On sçavoit desjà assez les ouvertures que Monsieur le Cardinal avoit faictes aux Princes d'Empire, pour les exciter à repeter lesdictes Villes, sans que Monsieur d'Aumalle le déclarast d'avantage. La fin de son propos fut, que Monsieur le Cardinal avoit envoyé ledict jour des gens de pied & de cheval à Vic, desquels il auroit advertissement dedans le lendemain midi.

Ce qu'il disoit des forces qui avoyent esté envoyées à Vic, avoit esté executé en ceste sorte.

Ayant esté Monsieur le Cardinal adverti par les Eschevins de la Ville de Vic, que tous les soldats s'estoyent retirez dedans le Chasteau, & que le Sieur de Salcede estoit à Marsal, il envoya le Sieur de Linieres en qualité de Lieutenant General de son armée, pour y entrer avec ses forces la nuict du Dimanche vingt-deuxiéme dudict mois, où il fut receu par les habitans sans resistance, & ne trouva homme de guerre dedans, que le Capitaine la Salle, qui estoit malade au lict, qu'il retint prisonnier.

Voyci le roole des forces de ceste armée Cardinale : l'Evesque de Verdun y avoit envoyé cinq cens hommes de pied, avec cinquante chevaux legiers :

ceste troupe s'appeloit dedans les bandes, pour faire valloir la marchandise, La troupe de Monsieur le Prince de l'Empire. Le Capitaine Pierre commandoit à trois cens hommes de pied, qu'il avoit levez dedans le pays : une partie des compagnies de Monsieur de Lorraine & de Monsieur de Vaudemont y estoit : Cigalois Lieutenant du Gouverneur de Thou, y avoit mené les Harquebousiers à cheval, ordonnez pour le service du Roy en la Ville de Thou. Monsieur d'Aumalle y avoit envoyé sa garde, avec une partie de celle de Monsieur le Cardinal. Et ne fault point s'esmerveiller si pas un de toute ceste armée ne portoit les escharpes de France, (car ils combatoyent en guerre ouverte l'authorité de Sa Majesté) veu qu'ils ne portoient mesmes les escharpes de l'Empire, ny de Lorraine, ains celles que défunct Monsieur de Guyse, avoit teinctes du sang de dix mille hommes durant les troubles. Que si ceste marque d'infidelité est indigne* de consideration à l'endroict d'un mauvais François, si est-ce que le subject ne peult estre excusé de se servir des forces du Roy, pour combatre son authorité, & ceux qui s'employent pour son service : car encores que Monsieur d'Aumalle fust present, si est-ce que hors son Gouvernement il n'a aucune puissance sur les forces mesmes dedans le Royaume, moins donc dehors : veu que le commandement des armes est propre & particulier à Monsieur le Connestable, & aux Mareschaux de France (1).

Et pource que le Capitaine Jacques & du Val advertirent Monsieur d'Aumalle que le Sieur de Salcede leur avoit dict, qu'il tenoit seulement les places pour le
service

* Je crois qu'il faut lire , est digne de consideration.

(1) On doit même ajouter qu'il faut une Commission particuliere du Roi, pour commander des troupes dans les Etats de Sa Majesté,

service de Sa Majesté, & qu'il faisoit la mesme déclaration par les Lettres qu'il avoit escriptes à Monsieur d'Aussances, desquelles la copie avoit esté envoyée : Monsieur d'Aumalle leur respondit, que les Lettres estoyent bien faictes, mais qu'il y avoit un masque qui seroit bien-tost levé. Ce propos finy, ils se retirerent en leur logis. Le vingt-troisiéme du mois, ils furent derechef mandez au nom de Monsieur le Cardinal, auquel ils feirent entendre la response que le Sieur de Salcede avoit faicte sur chascun article de ses memoires, & qu'il leur avoit déclaré qu'il ne tenoit les places que pour le service du Roy. Monsieur le Cardinal feit response que le Sieur de Salcede ne pouvoit tenir que Marsal au nom de Sa Majesté, & que les autres places n'estoyent point du Gouvernement de Mets, encore qu'elles fussent soubs la protection de Sa Majesté.

Or je demande à Monsieur le Cardinal, comment les Villes de l'Evesché de Mets, peuvent estre en la protection du Roy, sans estre soubs la charge du Lieutenant de Roy qui y commande : en quoy pourra consister ceste protection, si elle n'est maintenue par les armes, par les forces, & par les Lieutenans de Sa Majesté ? Pourra-elle estre maintenue sans y avoir authorité & commandement ? Certes, ceste response justifie pleinement le faict du Sieur de Salcede : car puis que Monsieur le Cardinal confesse que Marsal est purement & simplement en la protection du Roy, & que le Sieur de Salcede en est Gouverneur soubs l'authorité de Sa Majesté, le service du Roy estoit mesprisé & violé, encores que toutes les autres places eussent esté libres, en ce que la sauvegarde, sans faire aucune exception

de Marsal, comprenoit generalement, comme nous avons dict, toutes les places de l'Evesché. Ces raisons estoyent de soy si claires, que Monsieur le Cardinal ne les ignoroit pas : mais il voyoit que s'il n'eust passé oultre, qu'on eust dict qu'il n'y avoit si petit Gouverneur qui ne luy feist teste dedans le département de sa charge : & par ce moyen, qu'il eust diminué son credit au lieu de l'accroistre.

Puis continuant son propos, il dict qu'il avoit envoyé gens de guerre pour recouvrer ses places, que le Chasteau de Vic estoit desjà assiegé, qu'il esperoit avoir ledict jour mille chevaux (sans les asnes) que dans le jour suyvant il feroit marcher quatre canons, & que par ce moyen il esperoit prendre ses places, & les bien garder à l'advenir. Et craignant que Monsieur d'Aussances acceptast les offres qu'il avoit faictes par ses memoires, de bailler la garde de Vic & Albestroph, aux Sieurs de Linieres & de Pavan, & de donner son nepveu en ostage : dict qu'il estimoit Monsieur d'Aussances si sage (il devoit donc user de son conseil) qu'il n'accepteroit point ses offres : advançant pour tout payement que les places ne pouvoyent estre en meilleures mains que les siennes, & qu'il n'esperoit employer pour le recouvrement de ses maisons, que ses amis les subjects du Roy & de luy. Voyez je vous prie l'audacieuse entreprise, d'oser ainsi disposer de son authorité privée des subjects du Roy contre le service de Sa Majesté. Durant le Siége du Chasteau de Vic. La Motte soldat de la garde de Monsieur d'Aumalle, ayant une escharpe rouge au col, fut tué cedict jour avec trois autres de sa bande, par les soldats qui estoyent dedans.

Cependant

V

Cependant que Monsieur le Cardinal discouroit avec le Capitaine Jacques & le Secretaire du Val, M. d'Aumalle qui estoit present, leur dict qu'il escriroit derechef à M. d'Ausances pour le prier d'appaiser ce different, avant qu'il y eust pis. Comme ils attendoyent ses Lettres, Monsieur le Cardinal parla particulierement avec le Capitaine Jacques, & luy déclara qu'il trouvoit bon, suyvant l'ouverture faicte par Monsieur d'Aumalle, que Monsieur d'Ausances se saisist des places pour les garder, jusques à ce que le Roy y eust pourveu. Ce qui luy donnoit occasion d'user de ce stratagême, estoit qu'il pensoit que le chasteau seroit pris devant qu'on y peust envoyer : & que cependant proposant cest offre, il monstreroit quelque feintise de bonne volonté. Car si sa parole eust esté simple & veritable, il eust faict differer le siége jusques à ce qu'il eust eu response de Monsieur d'Ausances.

Le Capitaine Jacques & du Val, arriverent à Mets sur la minuict, avec les Lettres de Monsieur d'Aumalle, & feirent entendre en toute diligence que la volonté de Monsieur le Cardinal estoit, qu'il se saisist au nom du Roy des places : & que Monsieur de Lorraine & Monsieur d'Aumalle estoyent de cest advis. Il commanda à l'instant au Capitaine Jacques, de partir avec le Capitaine d'Ivory son Lieutenant, & vingt soldats, pour entrer au nom du Roy, selon le consentement desdicts Sieurs dedans le chasteau de Vic & d'Albestroph : & escrivit au Sieur de Salcede, à ce qu'il en retirast ses forces. A l'heure mesme il dépescha le Sieur de Gripet vers Messieurs le Cardinal & d'Aumalle, pour leur faire entendre que selon leur volonté il avoit envoyé le Capitaine Jaques & son Lieutenant, pour se saisir au nom du Roy des places : & prioit Monsieur le Cardinal de retirer ses forces, en attendant l'Ordonnance de Sa Majesté.

Cependant Monsieur de Lorraine, qui craignoit que le malheur tombast sur luy (pource qu'il sçavoit bien que Monsieur le Cardinal, quelque promesse qu'il eust faicte, ne permettroit jamais que les places fussent mises ès mains de Monsieur d'Ausances) pour la juste desfiance qu'il ha de ses bons oncles, estoit en une merveilleuse peine : pour s'oster de laquelle il envoya le vingt-quatriéme du mois Monsieur le Baron d'Hausonville, son Conseiller & Chambellan, à Marsal vers le Sieur de Salcede, avec Lettres de creance pour luy persuader de mettre Vic & Albestroph entre ses mains : ce que le Sieur de Salcede refusa : bien fut-il d'advis de les mettre ès mains de Monsieur de Vaudemont, si Monsieur d'Ausances le trouvoit bon.

Le Sieur de Gripet arriva à Nancy cedict jour à sept heures du matin, & presenta ses Lettres à Monsieur le Cardinal : lesquelles après les avoir leues, respondit, que si Monsieur d'Ausances eust bien entendu ce que Monsieur d'Aumalle luy avoit dict au Pont-à-Mosson, & qu'il se fust lors saisi des places au nom du Roy, & en eust chassé la garnison qui y estoit, comme il voyoit maintenant par ses Lettres qu'il vouloit faire, qu'il eust bien faict : mais à present que le feu estoit allumé, qu'il ne sçavoit (voyez la lascheté de ce Capitaine rouge-vestu) s'il se pourroit esteindre : qu'il advertiroit toutesfois le Sieur de Linieres, qui avoit la charge de son armée, de laisser entrer le Capitaine Jacques dedans le Chasteau : & luy dépescha à ceste fin, un chevaucheur avec le Sieur de Gripet. Ils arriverent à Vic le mesme jour à unze heures du matin.

Le

Le Sieur de Linieres ayant receu les Lettres de Monfieur le Cardinal, en feit lecture en la prefence du jeune Baffon-pierre, Seigneur de Herrouet, & dict au Sieur de Gripet, qu'il falloit attendre le Capitaine Jacques, & voir ce que le Sieur de Salcede feroit de fa part : puis fe retira fur l'heure feul en une chambre, & efcrivit une Lettre à Monfieur le Cardinal, laquelle il luy envoya par homme exprès. Le Capitaine Jacques arriva à une heure après midy en la Ville de Vic, ayant, pour faire plus grande diligence, laiffé fes foldats par les chemins foubs la charge du Capitaine d'Ivory : & s'adreffa incontinent au Sieur de Linieres, pour fçavoir s'il ne vouloit pas, fuyvant l'accord faict avec Monfieur le Cardinal, (duquel il avoit efté adverti par un chevaucheur exprès) qu'il feift approcher fes foldats pour entrer dedans le Chafteau. Le Sieur de Linieres feit refponfe qu'il n'eftoit point de befoin de les faire approcher, jufques à ce qu'il euft receu refponfe de Monfieur le Cardinal, (voyez la farce qui fe joue entre le Lieutenant & le Maiftre, pour fe mocquer de l'authorité de Sa Majefté) & que le Capitaine Jacques euft entendu la volonté du Sieur de Salcede.

Le Sieur de Gripet le pria de faire ceffer cependant la batterie de fes gens, s'offrant de fa part de faire ceffer ceux du Chafteau. Sa refponfe fut qu'il feroit pluftoft tomber le Chafteau fur ceux qui eftoyent dedans, que de ceffer. Toutesfois pour le rendre inexcufable, le Capitaine Jacques & le Sieur de Gripet, furent trouver le Sieur de Salcede à Marfal : auquel le Capitaine Jacques donna les Lettres de Monfieur d'Aufances, pour luy faire retirer fes gens du Chafteau. Il refpondit que c'eftoit ce

qu'il defiroit, & manda furl'heure à celui qui en avoit la charge de le mettre ès mains du Capitaine Jacques, lequel il feit accompagner par homme exprès, pour faire inventaire de fes meubles.

Le Sieur de Linieres qui fçavoit bien que la volonté de Monfieur le Cardinal n'eftoit point qu'il ceffaft la batterie (ce que l'effect monftra peu après) quelque chofe qu'il y euft efcript : & ne voulant toutesfois demourer chargé du different, pour la craincte qu'il avoit d'eftre defadvoué, & que Monfieur le Cardinal fe vouluft quelquefois fervir contre luy des Lettres feinctes qu'il luy avoit efcrites : partit de Vic, incontinent que le Capitaine Jacques & le Sieur de Gripet, furent au chemin de Marfal, pour aller trouver Monfieur le Cardinal à Nancy, & laiffa de propos deliberé le Sieur de Herrouet, Lorrain de nation, pour commander en fon lieu : à fin que ne ayant aucun pouvoir fpecial de Monfieur le Cardinal, il s'excufaft de negotier avec le Capitaine Jaques & le Sieur de Gripet, & en tout evenement, eftant eftrangier, qu'il ne peuft eftre accufé, ne pourfuyvi de crime de Leze-Majefté, & de felonnie, d'avoir contre un accord faict avec le Lieutenant de Roy combatu les forces de Sa Majefté.

Entre cinq & fix heures du foir, le Capitaine Jaques & le Sieur de Gripet retournerent à Vic, où ils trouverent le Sieur de Herrouet, qui commandoit : auquel ils feirent entendre que le Sieur de Salcede confentoit que fur l'heure fes forces fortiffent du chafteau, & que le Capitaine Jaques y entraft foubs le commandement de Monfieur d'Aufances. Il feit refponfe, (pour tousjours, felon fon inftruction, faire couler le temps,

temps, & contraindre par ce moyen ceux du chasteau de se rendre,) qu'il falloit attendre jusques à minuiçt ou au poinçt du jour, qu'on pourroit avoir response de Monsieur le Cardinal.

Lors le Sieur de Gripet, luy remonstra qu'il devoit cependant faire cesser la batterie : ce que non seulement il refusa, ains au contraire les soldats (ce qui déclare assez à quelle fin le Sieur de Linieres s'estoit retiré) se meirent en debvoir de forcer le chasteau toute la nuiçt.

Le vingt-cinquiéme du mois, sur les six heures du matin, Monsieur d'Ausances receut Lettres du Sieur de Salcede, avec les articles de la promesse qu'il avoit faiçte à Monsieur le Baron d'Haussonville, de mettre les places ès mains de Monsieur de Vaudemont, sous le consentement de mondiçt Sieur d'Ausances : qui feit responce sur le champ, qu'il approuvoit ce qui estoit accordé, pourveu que les places demourassent soubs la charge du Capitaine Jaques.

Cedit jour le Sieur de Gripet voyant que la batterie ne cessoit point, & que Monsieur le Cardinal n'avoit encores faiçt responce à sept heures du matin, combien qu'il l'eust deu & peu faire quatre fois depuis le temps que le Sieur de Linieres l'avoit esté trouver : diçt au Sieur de Herrouet qu'il s'en vouloit retourner à Mets : lequel respondit, que puis qu'il avoit tant attendu, qu'il pourroit bien encores attendre une heure ou deux. Et depuis ce temps-là (tant il avoit peur que la ruze de Monsieur le Cardinal ne fust assez descouverte) il défendit au Capitaine Jacques & au Sieur de Gripet, de sortir hors la Ville, & d'envoyer aucun advertissement à Messieurs d'Ausances & de Salcede : esperant que les douze soldats qui avoient gardé le chasteau l'espace de trois jours

& plus sans aucun repos, seroyent contrainçts de se rendre d'heure à heure. Ceste conjecture ne fut pas faulse : car ils se rendirent leurs bagues sauves par composition, cediçt jour sur le midy.

Le Gentilhomme que Monsieur de Salcede avoit envoyé pour assister à l'inventaire de ses meubles, fut deschargé de peine : car le chasteau rendu, tous les meubles furent pillez avec son bestail, duquel il avoit de toutes especes en grand & incroyable nombre.

Le Sieur de Gripet laissant le Capitaine Jaques à Vic, en partit une heure après la prise du chasteau, en déliberation d'aller à Nancy vers Monsieur le Cardinal. Il trouva au village de la Neuf-bellote, à deux petites lieues de Nancy, quatre canons & leur équipage, accompagnez de cent ou six-vingts argoulets, qui les menoyent pour battre le chasteau de Vic. Un de la troupe le pria de dire à Monsieur d'Aumalle, qu'ils ne pouvoyent mener les pieces sans pionniers : ce qu'il luy promit de faire. Qui peult dire maintenant, ayant entendu ce discours, que Monsieur le Cardinal eust sans feintise escript au Sieur de Linieres ?

Voyci à la verité la response contenue en quatre canons que le Sieur de Herrouet attendoit d'heure à autre. Il n'est certes possible que ceste trahison & felonnie ne soit quelquefois punie comme elle merite : car l'accord n'avoit point esté faiçt selon l'ouverture que Monsieur d'Aumalle en avoit le premier proposée avec le Sieur de Salcede, ains avec Monsieur d'Ausances, qui estoit recogneu, & d'une part & d'autre Lieutenant pour le Roy. Et d'alleguer que le feu estoit lors, que l'accord fut aresté, si grand qu'on ne pouvoit l'estraindre : ce n'estoit pas courir à l'eau

pour

pour jecter deffus, que d'y envoyer depuis d'heure à autre nouvelles forces, & quatre canons.

Monfieur le Cardinal ayant entendu par le Sieur de Gripet, qui eftoit arrivé à Nancy à trois heures après midi,comme toutes chofes s'eftoyent paffées : luy dict qu'il eftoit bien marri de ce qui eftoit advenu : & s'excufa fur ce que le Sieur de Salcede n'avoit voulu rendre fes tiltres à Monfieur le Baron d'Hauffonville. Mais il n'eftoit plus queftion du Sieur de Salcede, ains feulement de garder un accord faict avec un Lieutenant de Roy. Et quand mefme il faudroit prendre droict en cefte difpute fur les articles accordez & fignez au nom de Monfieur le Cardinal, par Monfieur le Baron d'Hauffonville, au Sieur de Salcede : le faict ne feroit aucunement excufable : car il eft fpecialement arrefté par les articles, que tout le different des tiltres, papiers, rentes & autres difputes particulieres, qu'ils pourroyent avoir enfemble pour le maniement du temporel de l'Evefché, eftoit remis de leur confentement entre les mains de Monfieur de Lorraine & de Monfieur de Vaudemont, Juges à la verité qui ne pouvoyent eftre fufpects à Monfieur le Cardinal.

Et fur l'advertiffement que le Sieur de Gripet donna à Monfieur d'Aumalle, de ce que fes gens demandoyent des pionniers pour faire chemin à l'artillerie : il dict que Monfieur le Cardinal y en avoit envoyé cent cinquante, & que de fa part il ne fe mefloit de rien. Cefte refponfe eftoit à la verité bien froide pour un homme affeuré. Monfieur le Cardinal meit fin aux propos par cefte menace, qu'il luy coufteroit quatre mille chevaux, où il forceroit Albeftroph, comme il avoit faict le chafteau de Vic.

Or pour mieux jouer le dernier acte de cefte fable, le Seigneur de Linieres fut dépefché en pofte, pour aller à Vic, en déliberation, comme il difoit (car il feignoit n'avoir rien entendu de la prinfe du chafteau devant fon partement) de mettre le Capitaine Jaques dedans la place. Mais arrivé qu'il fut à Vic, & voyant que fes foldats eftoyent dedans, feit quelque mine d'en eftre marry : adjouftant toutesfois puis qu'elle eftoit rendue, qu'il n'avoit point de pouvoir d'en ordonner.

Le lendemain, qui eftoit le vingtfixiéme du mois, Monfieur le Cardinal voulant jouir de fa victoire, accompagné de Monfieur d'Aumalle & de Charles, Monfieur fon nepveu, entra dedans Vic, fur les dix heures du matin. Il y trouva encores le Capitaine Jaques, auquel il commanda après le difner d'aller trouver le Sieur de Salcede, pour fçavoir s'il luy vouloit permettre d'entrer dedans le chafteau d'Albeftroph : efperant par ce moyen addoucir l'aigreur de fon entreprife, en executant une partie de fon accord.

Le Sieur de Salcede donna Lettres au Capitaine Jaques,pour porter à François de la Tour, Capitaine du chafteau d'Albeftrop : par lefquelles il luy commandoit de recevoir au nom du Roy, & foubs l'authorité de Monfieur d'Aufances, dedans le chafteau le Capitaine Jaques, qu'il y feit conduire par le Sieur Fabron, homme d'armes de la compagnie de Monfieur le Marefchal de Vieille-ville. Devant que partir toutesfois, il retourna à Vic entre cinq & fix heures de foir : où fur les neuf heures il recent l'inftruction de Monfieur le Cardinal, qui luy bailla auffi pour l'accompagner le Sieur de Lenty, pour luy rapporter incontinent tout ce qui fe pafferoit. A cefte heure mefme
Monfieur

V 3

Monsieur le Cardinal habillé d'un pourpoint de satin noir, d'un haut de chausse de satin rouge, faict à la Grecquesque, & d'un bas de chamois, donna le mot du guet à ses soldats.

Le Capitaine Jaques marcha toute la nuict, & arriva le jour suyvant à sept heures du matin à Albestroph. Il trouva dedans la Ville le Capitaine Jean d'Arennes, Lieutenant du Capitaine Roch, accompagné de trente-cinq chevaux. Et pource que la Tour Capitaine du chasteau estoit absent, & que Labadie soldat du Capitaine Saincte Colombe, qui commandoit en la place en son absence, feit quelque difficulté: il ne peut entrer pour ce jour-là dedans le chasteau: & sur l'heure il en donna advertissement par messager exprès à Monsieur d'Ausances. Qui ayant desjà entendu par le Sieur de Gripet, que le dessein de Monsieur le Cardinal estoit d'acheminer ses forces & artillerie à Albestroph: luy renvoya en diligence ledict Sieur de Gripet, pour entendre de luy, s'il ne luy plaisoit pas à tout le moins permettre que le Capitaine Jaques entrast, selon leur accord, dedans le chasteau d'Albestroph: auquel il despescha à l'instant un trompete, tant pour l'advertir de se mettre dedans, sans en partir qu'il n'eust de ses nouvelles, que pour commander au Sieur de la Tour de l'y recevoir.

Par ce qui a esté touché cy-dessus, on peult voir de quelle diligence, prudence & conseil, Monsieur d'Ausances a usé pour composer les affaires, en attendant la responce de Sa Majesté, & le peu de respect que Monsieur le Cardinal a eu en toute ceste negotiation, à ce qu'il luy a esté remonstré pour le service de Sadicte Majesté. Et à la verité, il n'y avoit nulle occasion qui peust justement presser Monsieur le Cardinal,

pour ne pouvoir attendre la responce de Sa Majesté, premier que de mettre l'artillerie en campagne, & de forcer les places: veu que par son jugement il estoit question du service de Sadicte Majesté: puis qu'il avoit consenti que Monsieur d'Ausances s'en saisist, selon l'accord que Monsieur d'Aumalle en avoit proposé: puis aussi que Monsieur le Cardinal confesse par ses Lettres du vingt-huictiéme du mois, que le Capitaine Jacques & le Sieur de Gripet avoyent très-bien faict leur devoir, pour executer ce qui avoit esté accordé par luy & le Sieur d'Aumalle son frere.

Le Samedi vingt-huictiéme du mois, environ les six heures du matin, le Capitaine Jean d'Arennes advertit le Capitaine Jacques, que s'il vouloit entrer dedans le chasteau, il luy feroit délivrer: ce qui fut faict en la presence du Sieur de Lenty, & y ordonna, selon son instruction, le Capitaine d'Ivory, pour y commander avec douze de ses soldats. Et ayant donné ordre au gouvernement de la place, se retira sur le soir à Marsal: & de-là sur les huict heures à Vic, pour advertir Monsieur le Cardinal de ce qui s'estoit passé. Il avoit selon son instruction, dict au Sieur de Salcede en passant, que Monsieur le Cardinal n'entendoit point qu'il se meslast à l'advenir de ses affaires: auquel il avoit faict responce, qu'il avoit desjà le premier cassé Monsieur le Cardinal à ses gaiges: mais qu'il le prioit de l'asseurer qu'il se feroit bien obéir en ce qui touchoit le service du Roy & le gouvernement de Marsal.

Le vingt-neufiéme du mois, le courrier qu'il avoit pleu à la Majesté de la Roine d'envoyer à Messieurs d'Ausances & de Salcede, pour les resouldre sur l'advis qu'ils avoyent envoyé au Roy par le Sieur de Bois-Verdun, arriva

riva à Mets fur le midy : & fut incontinent dépefché au Sieur de Salcede à
Marfal.

Le Roy déclare par fa refponfe qu'il a
entendu par leurs Lettres, ce qui s'eftoit paffé jufques au douziéme du mois,
& qu'il cognoift que tout ce qui a efté
faict par le Sieur de Salcede, eftoit procedé d'une très-bonne intention qu'il
avoit à fon fervice : qu'il defiroit toutesfois gratifier Monfieur le Cardinal,
en toutes chofes qui ne toucheroyent
que fon particulier. Or le faict qui s'eftoit paffé, ne touchoit point feulement
ne principalement le particulier de M.
le Cardinal, mais le fervice de Sa Majefté : dont il s'enfuit qu'il ne devoit
eftre en cela favorifé. Et à fin qu'on ne
penfe point que nous ayons voulu rien
feindre du noftre, nous avons couché
les propres mots des Lettres de Sa Majefté. Il ordonne d'avantage que toutes
les places de l'Evefché foyent remifes
en l'eftat qu'elles eftoyent lors que M.
le Marefchal de Vieille-ville y faifoit
refidence : & commande à la fin au
Sieur de Salcede, de le venir incontinent trouver.

Eftant le courrier arrivé à Marfal fur
le foir, il fut prefent aux alarmes que le
Sieur de Herrouet Lieutenant General
de Monfieur le Cardinal donnoit d'heure à autre à la Ville, qui a toufjours efté
purement & fimplement tenue fous
l'authorité du Roy, fans que l'Evefque
y ait eu aucune puiffance, depuis que le
pays eft en la protection de Sadicte Majefté. Et pource que cefte violence ne
peut eftre mieux defcouverte que par
les Lettres du Sieur de Salcede, efcriptes le trentiéme du mois à Monfieur
d'Aufances, nous les adjoufterons à ceft
article :

» Monfieur, j'ay receu la Lettre que
la Roine m'a efcripte par ce courrier : «
enfemble la voftre, à laquelle je ne «
fçaurois faire autre refponfe finon «
celle que j'ay efcripte à leurs Majeftez «
par Monfieur de Bois-Verdun : m'af- «
feurant que de toutes les chofes paf- «
fées depuis vous aurez efcript & efcri- «
rez la verité à leurs Majeftez. Au de- «
meurant, je vous diray des nouvelles «
de par de-çà : c'eft que Monfieur le «
Cardinal de Lorraine, après avoir «
triomphé de la guerre, s'en retourne «
aujourd'huy à Nancy avec Monfieur «
d'Aumalle, & mene fon artillerie : & «
ont jà faict retourner en Bourgongne «
& en Champaigne les gens de cheval «
qu'ils avoyent faict couler, qui eft «
toute la force qu'ils avoyent : & dient «
que ledit Sieur d'Aumalle part de «
Nancy pour s'en aller en Bourgongne. «
Au furplus, il laiffe près de cefte Ville «
des garnifons, pour nous tenir ferrez : «
à fçavoir, à Vic une compagnie qu'il «
a faict lever à l'entour de Jeinville & «
Moyen-Vic, une autre qu'il a faict «
lever par le Capitaine Pierre, & les «
autres par les autres chafteaux : laiffe «
fon Lieutenant Général pour Gou- «
verneur Monfieur de Baffon-Pierre, «
appellé Herrouet, accompagné de «
quelques gens de cheval, tant Alle- «
mans qu'autres, qu'il a faict lever : «
de façon que les pauvres gens de cef- «
te Ville laiffent de peur la plus part «
de leurs grains aux champs, & nous «
ferons contraincts de vivre de la mu- «
tion qui n'eft point grande, attendant «
que le Roy y pourvoye. Il a défendu «
(ceft article eft bien à noter) à tous «
les maffons qui befongnoyent en cefte «
Ville, & qui avoyent faict marché «
pour le Roy, de n'y venir plus befon- «
gner : & cela nous portera grande in- «
commodité pour les brefches des mu- «
railles qu'il faut racouftrer, qui font «
» tombées

»tombées l'hyver paſſé, à fin qu'il n'en
»vienne point d'inconvenient. Ledict
»Sieur de Herrouet ſon Lieutenant y
»eſt, qui feit le vingt-neufiéme de ce
»mois faire une groſſe embuſcade de
»gens de pied près de ceſte Ville, &
»une autre de gens de cheval, & luy en
»perſonne s'approcha des portes de ceſ-
»te Ville, & deſchargerent leurs piſtol-
»les à trois ou à quatre ſoldats des miens
»qui eſtoyent là, & feirent monſtre de
»s'en retourner, pour faire ſortir les
»miens, à fin de donner ſur le pont de
»ceſte Ville, que comme il eſt long, il
»eſtoit bien aiſé d'entrer peſle-meſle
»avec eux. Voilà en ſomme quels ſont
»les déportemens des forces de Mon-
»ſieur le Cardinal.

En ceſte eſcarmouche, un ſoldat Gaſ-
con, qui eſtoit dedans la Ville, toucha
quelque peu le Sieur d'Ouche, homme
d'armes de la compagnie de Monſieur
de Lorraine, par la teſte, dont Monſieur le Cardinal ſe trouva fort offenſé:
& principalement de ce que le ſoldat
avoit dict par mocquerie, après avoir
tiré le coup. Ne le picquez pas, il eſt
au Cardinal: voyant qu'il n'avoit pas
encores recouvert ſa réputation: & depuis en a faict plaincte à Monſieur d'Auſances.

En ce meſme-temps Monſieur le Cardinal reçeut la deſpeſche de leur Majeſtez: par laquelle le Roy l'advertit,
qu'il euſt deſiré que les choſes fuſſent
paſſées avec plus de douceur, veu qu'il
a touſjours maintenu le Cardinal en
tous ſes droicts & authoritez: & qu'en
cela ne luy ne ſes predéceſſeurs n'ont
jamais pardonné à aucune deſpenſe.
Ceſte déclaration de Sa Majeſté, peut
ſervir d'un préjugé contre Monſieur le
Cardinal, & qu'il appartient à Sa Majeſté de le maintenir, & non à l'Empe-

reur. Finalement il luy commande de le
venir trouver, de laiſſer les places en
l'eſtat qu'elles eſtoyent, lors que Monſieur le Mareſchal de Vieille-Ville y
commandoit (qui eſt le meſme eſtat auquel le Sieur de Salcede, les a voulu
maintenir) & luy défend d'y mettre
nouvelles forces. Ce qui eſt non ſeulement une approbation certaine du faict
du Sieur de Salcede: mais un jugement
donné contre l'entrepriſe de Monſieur
le Cardinal, qui y avoit mis de nouveaux Capitaines.

Or pour accroiſtre ſa réputation après
s'eſtre ſaiſi du chaſteau de Vic, il commanda à ſes ſerviteurs d'advertir de
toutes parts leurs amis de ſa victoire.
Le premier qui la publia, fut le Sieur
de la Vallée, eſcrivant au Sieur de Vitry près de Sens, qu'il appelle ſon pere, en ceſte ſorte:

Monſieur mon pere, incontinent«
après avoir receu vos Lettres, j'ay«
faict entendre à Monſieur le Cardinal«
ce que m'eſcrivez. Je croy que vous«
avez entendu comme Monſieur le«
Cardinal a aſſemblé ſes amis & ſervi-«
teurs, pour prendre une Ville & un«
chaſteau, dont le Sieur de Salcede«
s'eſtoit ſaiſi: vous aſſeurant que mon-«
dit Sieur le Cardinal a mis ce ſemble,«
en neuf ou dix jours quatorze ou quin-«
ze cens hommes de cheval: choſe que«
je n'euſſe jamais crûe ſans le voir:«
vous aſſeurant que je penſe certaine-«
ment que nous fuſſions trouvez en-«
ſemble quatre mille chevaux, por-«
tans corſelets, dedans la mi-Aouſt,«
s'ils n'euſſent eſté contremandez: &«
de ceux de pied honneſte nombre.«
Monſieur de Lorraine a preſté ſix ca-«
nons à mondict Sieur le Cardinal, qui«
ont faict la paix: pource que quand«
ceux qui eſtoyent dedans leſdictes«
places,«

CARDINALE.

»places ont entendu que l'artillerie »marchoit, ils ont capitulé pour sortir. »Il est vray que deux jours auparavant »le Capitaine Attin & Charbonnieres »avoyent prins la Ville de nuict bien »dextrement. Voilà où nous sommes de "nostre guerre. Dieu vueille qu'elle »n'engendre rien de pire qu'elle a faict »jusques icy.

Le septiéme du mois d'Aoust le Sieur de Bois-Verdun, qui avoit esté dépesché à Sa Majesté par Monsieur d'Ausances, arriva à Mets, avec la response de Sadicte Majesté du vingt-troisiéme de Juillet, par laquelle elle commande de rechef aux Sieurs Cardinal, d'Ausances & de Salcede, de mettre les places de l'Evesché en l'estat quelles estoyent soubs Monsieur le Mareschal de Vieille-Ville, & d'en faire vuider les forces qui ont esté mises de nouveau, jusques à ce qu'elle soit plus amplement esclarcie de tout le different par la bouche des Sieurs Cardinal & Salcede : ausquels elle commande encor de la venir trouver à ceste fin.

Et pource que Monsieur le Cardinal avoit laissé garnison à Vic & à Moyen-Vic, sous la charge du jeune Basson-Pierre : Monsieur d'Ausances luy envoya le Sieur de Gripet le huictiéme jour du mois, pour le prier de faire vuider les forces nouvelles, qu'il avoit mis dedans les places, pour satisfaire de sa part à ce qu'il luy estoit commandé par Sa Majesté. Cedict jour Monsieur le Cardinal avoit despêché Lenfant son Secretaire à Monsieur d'Ausances, pour entendre de luy l'estat auquel les places estoyent anciennement ; lequel en escrivit sur l'heure au Sieur de Salcede, pour en sçavoir la vérité. Cela fut cause que Lenfant ne

fut si-tost renvoyé vers son Maistre, duquel aussi il avoit charge de faire plaintes du Sieur de Salcede de quelques particularitez ; & pource qu'elles ne peuvent estre mieux cogneues que par les responses, qui furent faictes l'onziéme du mois, nous les traicterons en cest endroict.

Sur ce qui a esté proposé par le Secretaire Lenfant, de la part de Monsieur le Cardinal de Lorraine, pour la restitution & restablissement du Chasteau d'Albestroph, tiltres transportez & deniers deuz, & pour empescher que les subjects de l'Evesché de Mets ne soyent foulez par les gens de guerre de Marsal, & autres particularitez : après que Monsieur d'Ausances en a communiqué à Monsieur de Salcede, venu en ceste Ville, ledict Sieur de Salcede a faict les offres qui s'ensuyvent à mondict Sieur le Cardinal, à fin que la verité soit cogneue à tous.

Premierement, encores qu'il ne soit aucunement comptable à mondict Sieur Cardinal, des deniers maniez par ses Receveurs & Tresoriers, il s'offre & consent que si sur les comptes, qui ont esté rendus par lesdicts Receveurs & Tresoriers de Monsieur le Cardinal, il se trouve aucune omission de recepte : de luy en tenir compte, & de payer le reliqua qui se trouvera par la closture desdicts comptes, depuis le temps qu'il a eu le maniement de ses affaires. Et à fin que le tout puisse estre mieux cogneu, le supplie très-humblement de luy faire bailler par escript les faicts & articles, dont il pense qu'il est responsable, tant envers luy, son peuple, & autres : l'asseurant, après les avoir euz, qu'il rendra si bon compte de tout, qu'il aura occasion de se contenter. Offre d'avantage que Monsieur le Cardinal

X

nal face reveoir ses comptes ; avec promesse de payer les sommes esquelles il
sera condamné. Et quand à ce qui touche la plainte faicte pour les tiltres ; il
dict les avoit faict transporter à Marsal
pour les conserver.

Sur la fin il faict ceste Requeste,
qu'après qu'il aura contenté Monsieur
le Cardinal du maniement qu'il a eu de
ses affaires, que suyvant l'intention de
Sa Majesté ; il soit cogneu, s'il a mal-
faict d'avoir empesché la publication de
la sauvegarde, & de la commission des
nouveaux Capitaines. Et où il sera trouvé qu'il n'a rien faict que pour le service de Sa Majesté, & pour le devoir de
sa charge : il prie Monsieur le Cardinal
de luy faire restitution de tous les biens
qu'il a perdus, de la despense qu'il a
faicte ; & qu'il y conviendra faire des
biens de ses serviteurs & amis, qui ont
esté pris & pillez à l'occasion des armes,
que mondict Sieur le Cardinal a prises
contre luy, qui representoit le Lieutenant de Sa Majesté : & en ce faisant, il
offre tous les tiltres. Et où il sera trouvé qu'il y ayt de sa faulte, il offre de
rendre tous lesdicts tiltres, sans aucune
restitution de ce qu'il a perdu. Que si
Monsieur le Cardinal desire que ses tiltres luy soyent rendus promptement,
il n'y contredict point, moyennant
qu'il luy baille bonne caution & asseurance de luy faire satisfaction des biens
pris tant sur luy, serviteurs & amis,
que de la despense faicte, & à faire
comme nous avons dit cy-dessus.

Le Secretaire Lenfant estant à Mets,
communiqua à Messieurs d'Aufances &
de Salcede, les Lettres de Sa Majesté,
du trentiéme de Juillet, envoyées à
Monsieur le Cardinal, par lesquelles
Sa Majesté déclare, qu'elle a entendu
par le Gentilhomme, que ledict Sieur
Cardinal luy avoit envoyé depuis sa

derniere depesche, ce qu'il avoit faict,
dont elle est fort marrie, de ce qu'il
avoit usé de telles précipitations devant
que le Comte Bizet, lequel ledict Sieur
Cardinal luy avoit envoyé, luy eut apporté sa responsse, qui satisfaisoit à toutes choses.

Le Sieur de Salcede se trouve si
bien asseuré de son baston ; qu'il fust
desjà arrivé à la Court, pour rendre
raison de ses actions, sinon qu'il desire
satisfaire de toutes choses à Monsieur le
Cardinal, pour luy oster toute excuse
devant que de partir. Toutesfois craignant que Sa Majesté trouvast mauvais
son retardement ; il a envoyé ces Lettres par la poste.

Sire ; suyvant les Lettres que j'ay «
receüe par le Sieur de Bois-Verdun, «
je me prepare pour aller vers Vostre «
Majesté : & cependant ayant trouvé «
en ceste Ville un Secretaire de Mon- «
seigneur le Cardinal de Lorraine, qui «
avoit faict quelques doleances à Mon- «
sieur d'Aufances ; du maniement que «
j'ay eu de ses affaires ; & encores que «
ses Tresoriers & Receveurs en soyent «
comptables, & non moy : si est-ce que «
le voulant rendre en ce satisfaict & «
content : j'ay mis par escript soubs «
mon seing l'offre que j'ay faict, de «
luy rendre compte de tout ce qu'il «
pense que je suis redevable & respon- «
sable envers luy, ses subjects & autres. «
Et pource que ces differens ne se peu- «
vent mieux esclaircir qu'icy : je sup- «
plie très-humblement vostre Majesté, «
trouver bon que j'en satisfasse mondict «
Seigneur le Cardinal, avant que de «
partir : à fin que l'on puisse cognois- «
tre qu'il n'y a aucun different d'argent «
entre luy & moy, ny crainte d'aucu- «
ne chose en mon particulier, qui m'ait «
fait faire ce que j'ay faict pour vostre «
service.   «

                                Oultre

Oultre lefdictes raifons déduites en la Lettre du Sieur de Salcede, il eftoit retenu à Marfal pour avoir efté adverti que les deux Cardinaux (qu'à bon droit on peult nommer les deux grans boutefeux de toute la Chreftienté) fe devoyent affembler & entrevoir à Remiremont, ce qu'advenant non feulement les Gouverneurs des Provinces & places doyvent eftre foigneux de leur charge, mais auffi tous les bons fubjects & ferviteurs du Roy, confederez & amis de la Couronne, fe doyvent preparer à bien faire : car ces deux efprits malins n'ont rien à marchander enfemble, que de nous remettre aux troubles.

Voylà en bref, & à la verité, comme toutes chofes font paffées depuis le commencement de la guerre de Vic jufques à la fin : & eft aifé par ce difcours de fe refouldre fur les difficultez qu'on peult alleguer d'une part & d'autre, pour juger équitablement & fans aucune paffion, lequel des deux parties a regardé au fervice, à l'honneur & à l'authorité de Sa Majefté.

BRIEF DISCOURS (1),

Et véritable des principales conjurations de ceux de la maifon de Guife, contre le Roy & fon Royaume, les Princes de fon Sang & fes Eftats.

QUE le deffein de ceux de la maifon de Guife ait toufjours efté, de femer troubles fur troubles dedans ce Royaume, pour baftir l'édifice de leur tyrannie fe fes ruines, il n'y a homme tant conjuré ennemy de cette Couronne qui le vueille, ou puiffe nier. Car qui ignore les entreprifes furieufes qu'ils ont, de jour en jour, & à toutes occafions faites contre la vie ; & les biens de tous les plus fidéles & obéiffans fujets, & ferviteurs du Roy, qui fe font vertueufement oppofez à leurs confeils ; certes, c'eft une chofe incroyable & monftrueufe, des pilleries & brigandages qu'ils ont commis fur la plus grande partie des plus anciennes, & honorables familles de ce Royaume. C'eft une cruelle boucherie d'hommes, que les maffacres qui ont efté executez à leur dévotion, & par leur commandement. Et combien que toutes leurs actions s'efforcent de furpaffer l'une l'autre en mefchanceté, & fi eft-ce que leurs conjurations, factions & partialitez, font à bon droit, plus fufpectes au Roy & à fon Confeil, que tous les autres crimes. Ce que Sa Majefté, ne pouvant plus diffimuler, a dernierement affez ouvertement déclaré, quand pour s'affeurer (fi cela fe peut efperer) de leur infidélité, il leur a fait figner un acte (qui fera declaré cy-après) & à quelques autres de fes obéiffants fujets, pour couvrir aucunement la honte & l'infamie de cette maifon de Guife.

Et pour ce que je fçay que plufieurs hommes, qui remarquent peu foigneufement les actions des Grands, peuvent ignorer les caufes neceffaires, qui ont pouffé la volonté de Sa Majefté, pour retenir la fureur de ces beftes fauvages,

&

---

(1) Ce difcours a été imprimé en 1565, & fert de fuite à l'Hiftoire de la guerre Cardinale.

& estrangeres d'un lieu extraordinaire, voire jusqu'à capituler avec elles : j'ay bien voulu les coucher par écrit. Il est certain que les séditieuses pratiques des Guisards (desquelles nous ferons mention en peu de parolles) nous ont apporté cette nouveauté.

Tous les vrais & naturels François, s'assujetissent librement sous l'authorité de la parolle du Roy, & sous les commandements de ses Edits, & ne veulent autre obligation pour les retenir en obéissance, que la simple déclaration de la volonté de Sa Majesté : mais les Guisards, qui de tout temps opiniastrement la combattent, au lieu de luy obéir, la foulent avec les pieds par leurs desseins temeraires & furieux, & cependant ne peuvent estre retenus d'aucune bride.

Mais devant que de parler des principales conspirations, ligues, & partialitez de ceux de cette maison, je vous prie, encore que leurs actions vous soient autant ou plus connuës qu'à moy-mesme, de ne vous fascher de les entendre, car non seulement la connoissance d'icelles, nous doit exciter, mais aussi la souvenance ordinaire, se doit representer devant nos esprits.

Voulez-vous donc que nous commencions au Regne du Roy Henry. Je le croy ainsi : vous souvenez-vous de ceux qui firent rompre la trève accordée par la diligence incroyable de Mon-

sieur le Connestable (1), avec l'honneur immortel de cette Couronne, & avec la confusion des ennemis d'icelle ; l'audace effrontée & l'ambition désesperée du Cardinal de Lorraine la firent rompre : car bruslant d'un desir enragé de se faire Pape, & s'efforceant d'applanir le passage au Sieur de Guise son frere, pour empiéter le Royaume de Naples, estant despesché en Italie, il negocia (selon sa coutume) tout au contraire des Memoires qu'il avoit portez, & à son retour nous enveloppa dans ses toiles, par ses factions & menées. Quel malheur en est-il advenu ? Ce Royaume a esté espuisé de deniers pour satisfaire à l'avarice, & desnué de forces pour eslever l'audace de ces deux freres, & contraint après la perte d'un nombre infini de braves hommes, de recevoir la paix (2) sous conditions autant dommageables que celles de la tréve estoient profitables & avantageuses.

Voyons la tragédie qu'ils ont jouée durant le Regne du Roy François dernier (3) mort : la creance qu'ils avoient usurpées en ce Royaume, sous la faveur de la Reine d'Escosse leur niepce (4), les poussa en ceste fureur ; que s'estans fortifiez d'aucuns de leur faction, ils oserent ravir contre toutes les Loix divines & humaines le Gouvernement de cest Estat. Quelle fut l'issuë de ceste conspiration? Telle qu'on la veit peu après. Quand pour leur arracher

(1) Cette tréve avoit été faite & jurée pour cinq ans à Vaucelles, le 5. Février 1556 ; mais malgré le sentiment du Connetable Anne de Montmorenci & de l'Admiral de Coligni, elle ne dura pas 9. mois, & fut rompue à l'instigation des Guises, qui comme heritiers, à ce qu'ils disoient, de la maison d'Anjou, pretendoient au Royaume de Naples ; mais ce ne fut pas pour eux.

(2) Cette paix est celle de Cateau-en-Cambresis, concluë l'an 1559. & peu favorable à la France.

(3) C'est François II. sous lequel commença le

Regne ou la Tirannie des Guises, qui depuis ce temps-là n'ont pas discontinué avec l'aide de la Reine Catherine de Medicis, de tourmenter le Royaume ; ils commencerent par le Connetable, qui les avoit protegés à la cour, & leur avoit servi de pere ; il en fut de même de tous les bons serviteurs du Roi & de l'Etat ; & sur tout des Princes du Sang, qui étant les enfans de la maison, leurs nuisoient extrêmement dans la gestion des affaires.

(4) C'étoit Marie Stuart, fille de Marie de Lorraine & de Jacques V. Roi d'Ecosse.

racher des mains le Sceptre du Roy, duquel ils abusoient à leur dévotion, quelque partie de la plus genereuse Noblesse de la France, s'assembla près d'Amboise (1), que si l'issuë de ceste honorable & à jamais loüable entreprise ne fut tant heureuse, que la Justice de la cause & le repos de la France le requeroient, si est-ce que le Sieur de Merey (2), (poussé de la main de Dieu) a depuis justement, légitimement, & vertueusement vangé le sang de ses compagnons, & les tourmens qu'il avoit endurez dedans les prisons d'Amboise, sur la teste, & la vie du plus cruel bourreau de la maison de Guise. Que dirons-nous plus ? Voyans que les Princes du Sang (3) se délibéroient d'affranchir (comme ils estoient naturellement obligez) ce Royaume de la servitude misérable, en laquelle il estoit détenu, & que d'un esprit commun, d'un consentement général, & d'une voix publique, les Estats (4) requeroient, qu'il fut pourveu au Gouvernement selon les Loix & les Coutumes; ils assemblerent de propos déliberé, toutes leurs forces à Orleans : pour dégrader les Princes du Sang, pour forcer la liberté, & la volonté des Estats, & pour establir & confirmer de plus en plus leur tyranie. Ce qui eut jetté dès-

lors ce Royaume en abisme horrible, si la volonté de Dieu l'eut permis : car ayans desjà tiré plusieurs personnes en société de crime, & de peril avec eux : & considerans d'autre part, la résistance qui leur estoit légitimement faite par tous les fidéles & obéissans sujets, & serviteurs du Roy : cette tempeste ne pouvoit estre dissipée, qu'avec une calamité publique.

Parlons maintenant de la conjuration qu'ils firent, incontinent que le * Roy qui regne à present fut parvenu à la Couronne. Pour ce que le Roy de Navarre, & Monsieur le Prince de Condé commencerent alors à favoriser publiquement la Religion pretenduë nouvelle : le Cardinal de Lorraine estima que ce changement de Religion luy coupoit la glace, pour voguer à pleines voiles en nouvelles pratiques. La route qu'il tint fut cest-cy, de pratiquer les Prestres & Moines de Paris, & principalement les Prescheurs (entre lesquels frere I. de Han, dit le Minime, fut le premier) pour esmouvoir, & exciter le commun peuple, contre le Roy de Navarre & Monseigneur le Prince de Condé. Ce qu'il obtint facilement d'eux, sur l'asseurance qu'il leur donnoit de les faire mettre en protection du Roy d'Espagne, vers lequel (5) Artus Desiré

* Le Roy Charles IX.

---

(1) Cette entreprise d'Amboise qui devoit avoit son execution en 1560, fut & mal conçuë & mal concertée : d'ailleurs n'en déplaise à l'éloge que lui donne ici cet Ecrivain, elle étoit faite contre les Loix de l'Etat, qui ne permettent pas aux sujets de s'attrouper en armes sans l'autorité du Roi, seul Maître des armes en son Royaume ; maxime qu'on ne sçauroit trop repeter.

(2) Jean de Meré, dit Poltrot, qui tua François Duc de Guise en 1563 : ce fut un crime, & non une action louable. De quelle autorité Poltrot étoit-il revêtu, pour attaquer & tuer : je ne dis pas seulement l'homme du Roy ; mais même un simple particulier, qui ne lui disoit rien, & qui ne l'attaquoit pas : car à son corps deffendant, & quand on se peut faire autrement, c'est une autre question.

(3) Qui étoient donc ces Princes du Sang ?

Etoit-ce le Prince de Condé, qui veritablement en fut soupçonné, mais qui nia toujours en avoir été le chef & l'instigateur, parce qu'il sçavoit la Loi de l'Etat sur le port des armes.

(4) Ho, dès qu'il s'agit des Etats légitimement assemblés, cela forme une autorité, qui a droit d'agir auprès du Roi, par la voie des Remontrances & non autrement : car le Roi assemble les Etats uniquement comme il assemble son Conseil, pour avoir leurs avis & non pour leur obeir ; au contraire, c'est aux Etats à obéir aux Rois. Telle est la forme de notre Gouvernement, où le Roi est absolu, à la difference du Gouvernement de l'Empire Germanique, où l'Empereur, qui est le chef & non le maitre de l'Empire, est soumis à la décision de la Diette.

(5) Il a fait plusieurs Ouvrages en faveur de la

X 3

Desiré fut despesché pour cest effect, & surpris avec tous ses paquets, & Memoires près de la Ville d'Orleans, par l'avertissement, conduite, & diligence du Capitaine Nicolas. Ce dernier dessein fondé sur la dévotion des Prescheurs, ne leur fut inutile. Car par ce moyen, ils entrerent (sous couleur de la deffence qu'ils prenoient de la Religion Romaine) premierement en grace avec les Parisiens, ayans toujours auparavant usé d'une inimitié mutuelle & reciproque les uns contre les autres : & jetterent le Roy de Navarre, & Monseigneur le Prince de Condé en l'inimitié, & l'envie du peuple de Paris, qui ensorcelez par les enchantemens des Ministres du Cardinal de Lorraine, oublia toutes les injures, & oppressions qu'il avoit receues de la maison de Guise.

Ayant donc par cest artifice gaigné la faveur de la populace, & fait Ligue avec les Prescheurs, il persuade à la Roine d'amener le Roy à Paris, esperant que le Roy de Navarre, & Monseigneur le Prince de Condé y feroient continuer leurs exhortations dans leurs maisons : & que ce faisans, le peuple tesmoing de ceste nouveauté, redoubleroit l'envie qu'il avoit desjà conceuë par ses menées contre leurs maisons. Quelque temps après le Roy délibera, pour accorder les differens, & appaiser les troubles, qui s'estoient eslevez en ce Royaume, pour la Religion, durant la tyrannie de la maison de Guise (sous le Regne du Roy François) d'assigner une conference amiable * des points qui estoient, & sont en controverse entre ceux de la Religion pretendue nouvel-

le, & ceux de la Religion Catholique Romaine. Lors le Cardinal de Lorraine, voyant que si ceux de la Religion pretenduë nouvelle (dès quels il avoit à toute outrance poursuivy la ruine, plus par sa grandeur que par dévotion) estoient favorisez de l'authorité publique des Loix, que sa maison, & sa creance, qui ne sont fondées que sur la pompe, & les biens de l'Eglise Catholique Romaine, ne pouvoient demeurer en leur entier : travailla (tant qu'il luy fut possible) de bander les Eglises d'Allemagne & de France, qui sont de la Religion pretenduë nouvelle, les unes contre les autres, sur la differences qui est entre elles sur l'article du Saint Sacrement. Mais ayant publiquement, & en la presence du Roy abusé (en proposant un extrait du dixiesme article de la Confession * d'Ausbourg) & les Docteurs de Sorbonne, & les Ministres de la Religion pretendue nouvelle, il excita les Cardinaux, & Evesques qui estoient à Poissy, d'envoyer au Pape, pour l'avertir d'interdire & troubler ce Royaume de guerres civiles & estrangeres, plustost que de souffrir la continuation & résolution de la conference.

Ce dessein fut descouvert par la diligence de Monsieur le Mareschal de Bourdillon, qui (suivant l'avertissement qui luy avoit esté donné par le deffunt Roy de Navarre) arresta à Turin le chevaucheur qui portoit les Memoires des Ecclesiastiques pour cest effet. Toutesfois le Cardinal de Lorraine, connoissant que cette entreprise estoit descouverte, & que les Pages de la Court en faisoient leurs contes, envoya les mesmes articles au Concile assemblé,

* Voyez ci-après.

* C'est le Colloque de Poissy, tenu en 1561.

Religion Catholique. Voyez la Bibliotheque de la croix du Maine, pag. 24. Il étoit mauvais Poëte & très-ignorant controversiste ; il a fait une espece

de traduction des Pseaumes, pour l'opposer à celles de Clement Marot & de Beze, qui avoient alors beaucoup de cours.

femblé, de propos délibéré à Trente, pour rompre le cours de la conference de Poiſſy *. La reſolution qui fut priſe ſur ces articles par le Concile, monſtre au doigt & à l'œil combien ils eſtoient profitables pour le repos de ce Royaume. Et affin que ceſte reſolution ſoit cogneuë par tout le monde, nous la toucherons par eſcript, ainſi qu'elle a eſté publiée par l'un des Secretaires du Cardinal Bortomée.

* Colloque de Poiſſy en 1561.

Projet de la maiſon de Guiſe.

» Premierement, afin que la choſe » ſoit conduite par plus grande autho» rité; on eſt d'avis de bailler la Super» intendance de toute l'affaire au Roy » Philippe Catholique; & à ceſte fin, » d'un commun conſentement, le tout * » chef & conducteur de toute l'entre» priſe. Ont eſtimé bon de proceder en » ceſte façon, que le Roy Philippe » aborde le Roy de Navarre par plain» tes & querelles, à raiſon que contre » l'inſtitution de ſes predéceſſeurs, & » au grand danger du Roy ſupille, du» quel il ha la charge, nourrit & entre» tient une nouvelle Religion. Et ſi en » cela ſe monſtre difficile, le Roy Ca» tholique par belles promeſſes eſſayera » de le retirer de ſa meſchanceté, & » malheureuſe délibération, luy deſcou» vrant quelque eſpoir de recouvrer ſon » Royaume de Navarre, ou bien de » quelque autre grand profit, & eſmo» lument en récompenſe dudit Royau» me (1): l'adoucira & ployera, s'il » eſt poſſible, pour le retenir de coſté, » & conſpirer avec luy contre les autres

* le tout, ne faudroit-il pas lire le faire

Autheurs de ceſte Secte pernicieuſe. « Ce que ſuccedant à ſouhait, feront« lors faciles, & abregez les moyens« de la guerre future. Mais pourſui« vant, & demeurant iceluy tousjours« obſtiné, neantmoins le Roi Philippe,« à qui tant pour l'authorité à luy don« née par le Saint Concile, que par le« voiſinage & proximité, la choſe tou« che de plus près, par Lettres gracieu« ſes & douces, l'admoneſtera de ſon« devoir, entremeſlant en ſes promeſſes« & blandices, quelques menaces. Ce« pendant tant ſecretement & occulte« ment que faire ſe pourra, fera ſur« l'hyver quelque levée & amas de gens« d'eſlire au Royaume d'Eſpaigne: puis« ayant ſes forces preſtes, déclarera en« public ce qu'il braſſe. Et ainſi le Roy« de Navarre ſans armée & pris à l'im« pourveu, facilement ſera opprimé,« encore que d'adventure avecque quel« que troupe tumultuaire & ramaſſée,« s'efforceat aller à l'encontre, ou vou« luſt empeſcher ſon ennemy d'entrer« en pays.

Or s'il cede, ſera aiſement chaſſé« hors ſon Royaume, & avecque luy ſa« femme & ſes enfans: mais s'il fait reſ« te & pluſieurs volontaires, gens d'ar« mes & ſans ſoulde le deffendent (car« pluſieurs des conjurez d'icelle Secte,« ſe pourroient avancer pour retarder« la Victoire) alors le Duc de Gui« ſe (1) ſe deſclarera chef de la con« feſſion Catholicque, & fera amas de« gens d'armes vaillants & de tous ceux« de ſa ſuite. Auſſi d'une autre part preſ« ſera le Navarrois, en ſorte qu'eſtant« pourſuivi d'un coſté & d'autre, tom« » bera

---

(1) On propoſa de lui donner le Royaume de Sardaigne. Voyez les Memoires de Caſtelnau, Tom, 2. pag. 81.
(2) Qui ne s'étonnera de voir des ſujets du Roi, traiter de leur autorité avec un Prince étranger:

crime uniſſable ſelon les Loix de tous les Royaumes, & qui plus eſt même faire déclarer cet étranger chef d'une ligue qui doit porter la guerre juſques au centre du Royaume.

,, bera en proye. Car certainement ,
,, un tel Roy ne peut faire teſte à deux
,, chefs, ni à deux exercites ſi puiſ-
,, ſants.
,, L'Empereur & les autres Princes
,, Alemans, qui ſont encores Catholi-
,, ques, mettront peine de boucher les
,, paſſages, qui vont en France, pen-
,, dant que la guerre s'y fera, de peur
,, que les Princes Proteſtans ne faſſent
,, paſſer quelque force, & envoyent ſe-
,, cours audit Roy de Navarre. De peur
,, auſſi que les cantons de Soüyſſe ne luy
,, preſtent ayde, faut que les cantons
,, qui ſuivent encore l'authorité de l'E-
,, gliſe Romaine, dénoncent la guerre
,, aux autres, & que le Pape ayde de
,, tant de forces qu'il pourra les dits
,, cantons de ſa Religion, & baille ſous
,, main argent, & autres choſes neceſ-
,, ſaires au ſouſtenement des frais de la
,, guerre.
,, Durant ce le Roy Catholique bail-
,, lera part de ſon exercite au Duc de
,, Savoye, qui de ſon coſté fera levée
,, des gens ſi grande, que commode-
,, ment faire ſe pourra en ſes terres. Le
,, Pape & les autres Princes d'Italie,
,, déclareront chef de leur armée le Duc
,, de Savoye (1) ; & pour augmenter
,, leurs forces, l'Empereur * Ferdinand
,, donnera ordre d'envoyer quelques
,, Compagnies de gens de pied & de
,, cheval, Allemans.
,, Le Duc de Savoye pendant que la
,, guerre troublera ainſi la France & les
,, Soüyſſes avec toutes forces, ſe ruera
,, à l'impourveu ſur la Ville de Gene-
,, ve, ſur le Lac de Lozanne, la force-

* Ferdinand
II. mort en
1564.

ra, & pluſtoſt ne ſe départira, ne re- ``
tirera ſes gens, qu'il ne ſoit maiſtre & ``
jouïſſant de laditte Ville (2), met- ``
tant au fil de l'épée, ou jettant dedans ``
le Lac tous les vivans qui y ſeront ``
trouvez, ſans aucune diſcretion de ``
ſexe ou aage. Pour donner à connoiſ- ``
tre à tous, qu'enfin la divine puiſſan- ``
ce a compenſé le retardement de la ``
peine par la grieve grandeur de tel ``
ſupplice, & qu'ainſi ſouvent fait reſ- ``
ſentir les enfans & porter la peine ``
par exemple memorable à tous jamais ``
de la meſchanceté de leurs peres, & ``
meſmes de celle qu'ils ont commiſes ``
contre la Religion. En quoy faiſant, ``
ne faut douter que les voiſins tou- ``
chez de cette cruauté & tremeur, ne ``
puiſſent eſtre ramenez à ſanté, & ``
principalement ceux qui à raiſon de ``
l'aage ou de l'ignorance, ſont plus ru- ``
des ou plus groſſiers, & par conſe- ``
quent plus aiſez à mener, auſquels il ``
faut pardonner. ``
Mais en France, pour bonnes & ``
juſtes raiſons, il fait bon ſuivre autre ``
chemin, & ne pardonner en façon ``
quelconque à la vie d'aucun, qui au- ``
trefois ait fait profeſſion de ceſte Sec- ``
te : & ſera baillé ceſte commiſſion ``
d'extirper tous ceux de la nouvelle ``
Religion au Duc de Guiſe, qui aura ``
en charge d'effacer entierement le ``
nom, la famille & race des Bour- ``
bons, de peur qu'enfin ne ſorte d'eux ``
quelqu'un (3) qui pourſuive la ven- ``
gence de ſes choſes, ou remette ſus ``
ceſte nouvelle Religion. ``
Ainſi les choſes ordonnées par la ``
» France,

---

(1) C'eſt Emmanuel Philibert, qui commença en
1553. & a fini en 1580.
(2) Ils ont bien fait ce qu'ils ont pû pour en
venir à bout, mais la vigilance & le courage des
Genevois, avec le ſecours des Suiſſes, leur a toujours fait manquer leur coup.

(3) Cependant elle n'eſt pas heureuſement éteinte, & ce quelqu'un eſt enfin ſorti non pour faire re-
naître la Religion Reformée, mais pour rendre au
Royaume le luſtre & la Dignité, que les Guiſes
avoient eu deſſein de lui enlever.

,, France, & le Royaume mis en son ,, entier, ancien & priftin Eftat, ayant ,, amaffé gens de tous coftez; il eft be- ,, foin envahir l'Allemaigne, & avec ,, l'ayde de l'Empereur & des Evef- ,, ques, la rendre & reftituer au Saint ,, Siége Apoftolique. Et où cefte guerre ,, feroit plus forte & plus longue qu'on ,, ne penfe & defire, à fin que par fau- ,, te d'argent, ne foit conduite plus laf- ,, chement ou plus incommodément, le ,, Duc de Guife, pour obvier à ceft in- ,, convenient, preftera à l'Empereur & ,, aux autres Princes d'Allemaigne & ,, Seigneurs Eccléfiaftiques, tout l'ar- ,, gent qu'ils auront amaffé de la confif- ,, cation, & defpoüille de tant de no- ,, bles, bourgeois puiffants & riches, ,, qui auront efté tuez en France, à ,, caufe de la nouvelle Religion, qui fe ,, monte à grande fomme (1), pre- ,, nant par ledit Seigneur de Guife, ,, fuffifante caution & refpondant : par ,, le moyen defquelles, après la confec- ,, tion de la guerre, fera rembourfé de ,, tous les deniers employez à ceft ef- ,, fet fur les defpouilles des Lutheriens, ,, & autres, qui pour le fait de la Reli- ,, gion feront tuez en Allemaigne. De ,, la part des Saints Peres, pour ne dé- ,, faillir & n'eftre veuz négligens à por- ,, ter ayde à tant fainct affaire de guer- ,, re, ou vouloir efpargner leur revenu ,, & propres deniers, ont adjoufté que ,, les Cardinaux fe doivent contenter ,, pour leur revenu annuel de cinq ou

fix mille efcus, les Evefques plus ri- " ches de deux ou trois mille au plus, " & le refte dudit revenu, le donner " de franche volonté à l'entretenement " de la guerre, qui fe conduit pour ex- " tirper la Secte des Lutheriens & Cal- " viniftes, & reftablir l'Eglife Romai- " ne, jufqu'à ce que la chofe foit con- " duicte à heureufe fin. "

Que fi quelque Eccléfiaftique ou " Clerc ha vouloir de fuivre les armes " en guerre fi fainte, les Peres ont tout " d'un commun confentement conclu & " arrefté, qu'il le peut faire, & s'enro- " ler en cefte guerre feulement, & ce " fans aucun fcrupule de confcience. "

Par ces moyens, France & Allemai- " gne ainfi chaftiées, rabaiffées & con- " duite à l'obeiffance de la Saincte Egli- " fe Romaine, les Peres ne font doute " que le temps ne pourvoye de confeil " & commodité propre à faire que les " autres Royaumes prochains foient ra- " menez à un troupeau, & fous un Gou- " verneur & Pafteur Apoftolique : mais " qu'il plaife à Dieu ayder & favorifer " leurs prefens deffeins, faints & pleins " de piété (2). "

Pouvoient - ils prendre réfolution plus barbare, cruelle, & contraire au bien & repos de cette Couronne.

Or pour mefler les cartes de toutes parts, le Sieur de Guife & le Cardinal de Lorraine, employerent toutes les inventions & menées, pour pratiquer Monfeigneur le Duc d'Orleans, pour

(fous

---

(1) Mais il falloit que les Guifes fuffent des foux ou des fanatiques, de propofer un femblable projet. S'imaginoient-ils que toute l'Europe fe laifferoit gourmander par leur ambition; & qu'ils etabliroient ainfi des contributions pécuniaires fur toutes les Puiffances, pour avancer leurs deffeins chimeriques. Il falloit que ces gens, avec beaucoup d'efprit, euffent une grande idée d'eux-mêmes, & une bien chetive du refte de l'humanité. A peine pourroit-on faire un femblable projet pour la con-

quête des Sauvages de l'Amerique, avant qu'ils euffent quelque idée fur la maniere de faire la guerre, foit offenfive, foit défenfive. (2) On devoit pour conclufion ajouter, & rempli de folie & d'extravagance : car je ne crois pas qu'il ait été propofé rien de plus chimerique. Le projet de Pirrhus dans Plutarque & fi ingenieufement mis en vers par M. Defpreaux, eft beaucoup plus fenfé, cependant il eft traité de ridicule par Cineas, le fage confeiller de ce Prince.

Y

(fous couleur de le mener en Lorraine)
le conduire à Paris, & fous fon nom,
faire revolter ce Royaume, & l'emplir
de guerres civiles, & pour monftrer
que ce que nous difons eft véritable,
nous adjoufterons à ce propos, ce qui
en a efté dépofé par Monfeigneur le
Duc d'Orleans.

„ Le Samedy qui fut (1) le jour que
„ le Roy commença à fortir de fa cham-
„ bre, après la guarifon de fa maladie,
„ Monfieur eftant en la chambre du
„ Roy, vint Monfieur de Nemours,
„ qui luy demanda s'il eftoit Hugue-
„ not ou Papifte. A quoy Monfieur ref-
„ pondit qu'il eftoit de la Religion de
„ fa Mere la Roine. Lors Monfieur de
„ Nemours le tira à part, fus un coffre,
„ qui eft près de la porte du cabinet
„ du Roy. Et luy dit, Monfieur, je
„ voy que le Royaume de France eft
„ perdu & ruiné par ces Huguenots, &
„ le Roy & vous n'eftes pas en feure-
„ té : parce que le Roy de Navarre &
„ le Prince de Condé fe veulent faire
„ Roys, & feront en forte qu'ils fe-
„ ront mourir le Roy & vous. Par ainfi
„ Monfieur, fi vous voulez éviter ce
„ danger, il faut que vous y avifiez.
„ Et fi vous voulez, Meffieurs de Gui-
„ fe & moy vous ayderons & vous fe-
„ courerons, & vous envoyerons en
„ Lorraine, ou en Savoye. Monfieur
„ refpondit, qu'il ne vouloit laiffer le
„ Roy, ne la Royne fa Mere. Monfieur
„ de Nemours repliqua encores à cecy.
„ Advifez bien ce que je vous dy : car
„ c'eft pour vôtre profit. A quoy Mon-
„ fieur ne refpondit rien. Monfieur de
„ Nemours luy dit : ne vous fiez-vous
„ pas en Carnavallet & Villequier ?
„ Ouy, dit Monfieur ! Lors il luy dit :
„ ne leur dites pas rien de ce que je

vous dy & de ce que je vous tiens fi "
longuement propos. Mais s'ils vous "
demandent que c'eft que je vous ay "
dit, dites leur que je vous parloye "
des comédies. Et lors ledit Sieur de "
Nemours le laiffa. Sur ces entrefaites, "
Monfieur de Guife eftant devant le "
feu, qui parloit au Prince de Ginvil- "
le fon fils, voyant que Monfieur de "
Nemours laiffoit Monfieur d'Orleans "
vint vers luy & luy dit : Monfieur, "
j'ay entendu que la Roine veut en- "
voyer M. d'Anjou & vous en Lorrai- "
ne, en un fort beau chafteau, pour "
prendre l'air : par ainfi fi vous y vou- "
lez venir, nous vous y ferons bon- "
ne chere. Lors Monfieur dit : je ne "
penfe pas que la Roine ma Mere, "
veuille que j'abandonne le Roy. "
Le Prince de Ginville repliqua : fi "
vous voulez venir en Lorraine, & "
entendre ce que Monfieur de Ne- "
mours vous a dit, il vous en pourra "
bien venir. Monfieur ne refpondit "
rien à cela. Le lendemain le Prince de "
Ginville revint vers Monfieur, & luy "
tint encores le mefme langage : luy "
difant que s'il vouloit fçavoir le "
moyen comme on l'emmeneroit, il "
luy diroit. Monfieur luy dit, qu'il le "
voudroit bien fçavoir. Le Prince de "
Ginville luy dit : on vous enlevera à "
plein minuit, & on vous fera fortir "
par une feneftre, qui refpond fur le "
Pont du Parc, & après on vous met- "
tra en coche : & ainfi vous ferez en "
Lorraine avant qu'on s'en apperçoi- "
ve. Monfieur ne refpondit rien à ce- "
la, & laiffa ledit Prince. Le lende- "
main Monfieur de Nemours s'en alla, "
& vint prendre congé du Roy ; & en "
prenant congé, dit en l'oreille de "
Monfieur : fouvenez-vous de ce que "
» je

(1) J'ai trouvé cette même dépofition dans un Volume des manufcrits de la Bibliotheque du Roi.

» je vous ay dit, & n'en dite rien à per-
» fonnes. Et ainfi s'en alla ledit Sieur de
» Nemours.

Cefte entreprife derniere eftant defcouverte, les eftonna grandement, &
principalement quand ils eurent entendu, par le rapport de Monfieur de Cur-
fol (qui par le commandement du Roy
les fut trouver à Nantueil) comme Sa
Majefté eftoit grandement offenfée de
cefte confpiration. Ce qui les excita
(ne pouvant plus avancer aucunes pratiques en ce Royaume, veu la deffa-
veur, en laquelle ils eftoyent, ny éviter leur ruine, pour les juftes recherches que les Eftats avoient requifes eftre faites fur eux) de jetter derechef les
yeux du cofté d'Allemaigne, pour s'en
fortifier, s'ils eftoient pourfuivis &
contraints de rendre compte de leurs
actions.

Or pour entrer plus aifément en ligue avec les Princes de l'Empire, ils fe
retirerent vers l'Excellence de Monfeigneur le Duc de Wirtemberg, Prince
très-magnanime, très-fage & très-ver-
tueux : qui finalement leur accorda
(après plufieurs grandes & humbles
prieres) de fe trouver avec eux à Saver-
nes (en 1562) : ou ayans efté enfemble deux jours entiers, le Cardinal de
Lorraine luy remonftra, qu'il n'eftoit
point tant ignorant qu'il ne cogneuft
bien les erreurs, & la corruption de la
Doctrine de l'Eglife Catholique Romaine (1) : & que luy & fon frere le
Duc de Guife, eftoient prefts de figner
la confeffion d'Aufbourg, & de follici-
ter qu'elle fur reçue par toute la France, moyennant que fon Excellence leur
promift de les favorifer & fupporter ;
& fi poffible eftoit, de les réconcilier

avec le Roy, la Roine & le Roy de
Navarre. Cefte Remonftrance eft remarquée de trois crimes notables : le
premier, d'avoir conferé de l'Eftat de
ce Royaume, fans le congé du Roy,
avec l'Excellence de Monfeigneur le
Duc de Wirtemberg, encore qu'il foit
très-amoureux du repos, du bien & de
la grandeur de ceft Eftat ; le fecond,
d'avoir impudemment trahi la Religion
Catholique Romaine, de laquelle feule defpend toute fon authorité : le tiers,
d'avoir ofé repaiftre l'Excellence d'un fi
grand Prince, de fes vaines impoftures
& menteries accouftumées.

Comme ils eftoient en ce voyage, le
Cardinal de Tournon, le Marefchal de
Saint André, & le Sieur d'Efcars, firent leur appointement avec le Roy
de Navarre, fous condition de faire
révoquer l'Edit de Janvier, ou de prendre les armes. Or que ce dernier deffein fuft conclud pour troubler, &
teindre tout ce Royaume de fang, ils le
monftrerent publiquement, quand (retournans en France) ils * maffacrerent *En 1562
cruellement, & fans occafion, les pauvres habitans de Vaffy. Ce qui fut encores plus clairement vérifié par les paroles du Sieur de Guife, qui dit (paffant par Efclairon) que fi un Seigneur
de ce Royaume, (il entendoit parler
du Roy de Navarre) luy tenoit promeffe, qu'il chafferoit tous ceux de la
Religion nouvelle, plus vifte qu'il n'a-
voit jamais chaffé cerf. Mais ce grand
veneur d'hommes eft demeuré au milieu de fa chaffe. Qu'advint-t'il après
leur retour ? Une guerre civile dedans
ce Royaume.

Et combien que ceux de cefte maifon
deuffent desjà eftre laffez de confpirer
contre

(1) Voyez les Memoires de Caftelnau, pag. 64. les Remarques fur la pag. 185. T. 2. de la Sat.
Men. Et l'Hift. du Concile de Trente, par Fra-Paolo, Edition de 1683. p. 435.

contre l'Eftat, & le repos de ce Royau-me : fi eft-ce que le Sieur d'Aumale a ces derniers jours mis en avant, follici-té & avancé une conjuration publique dedans le Gouvernement de Touraine, pour faire eflever les fujets du Roy, & en fon abfence, & au milieu de fon Royaume, où le peuple eft plus fédi-tieux & moins obéïffans aux Edits de Sa Majefté. Cette conjuration eft fuffifam-ment prouvée par les Lettres du Sieur d'Aumale, envoyées au Marquis d'El-beuf fon frere, defquelles la copie prinfe fur l'original s'enfuit.

Lettre de M. d'Aumale, au Marquis d'Elbeuf (1).

,, Mon frere, ainfi que j'eftois fur ,, mon chemin pour m'en aller à Au-,, male, j'ay receu de voftre homme la ,, Lettre que m'avez efcritte : à laquelle ,, je ne vous ay peu refpondre, que je ,, ne fuffe de retour de ce voyage en ce ,, lieu, tant pour ce que j'avois envie ,, de fentir premierement en quelle vo-,, lonté je trouverois la Nobleffe de ,, Normandie, qu'auffi que je voulois ,, bien entendre devant comme les cho-,, fes que fçavez avoient efté prinfes en ,, la Court, afin de vous les mander, ,, comme maintenant je puis & vous ,, les veux dire, ayant eu en m'en reve-,, nant icy, & eftans lors à Rouen ,, deux defpêches, coup fur coup du ,, Roy, & de la Roine : l'une & la pre-,, miere par le Chevalier de Sevre, qui ,, ne penfoit pas à fon partement de la ,, Cour, me venir trouver là. Aux ad-,, vertiffemens que l'on avoit donnez à ,, leurs Majeftez qui eftoient entre au-

tres chofes, que l'Amiral & le Maref- " chal * leurs avoient efcriptes, que ce " qui les avoit affemblez à Paris, n'ef- " toit à autre occafion, que pour les " courfes que je faifois là à l'entour, " tantoft à Saint Denis, à Meudon, & " auffi-toft à Carrieres & Dampierre : " & avec de telles forces, qu'ils affeu- " roient leurs Majeftez, que fans eux " & la prefence de leurs amis en ladic- " te Ville, je l'euffe furprinfe, ou gran- " dement troublée. Et avoient telle- " ment imprimé en cefte Cour là telles " menteries & impoftures, qui font tou- " tes pures & vrayes, (n'ayant dès ce " temps-là bougé de ce lieu) que leurs " Majeftez ne fçavoyent qu'en penfer. " Et pour ce advoiferent d'envoyer ledit " Chevalier de Sevre, tant à moy qu'à " eux. A moy, pour me prier de conti- " nuer en la prudence, & fageffe que " j'avois defmonftrée, lors de ce qui " fut fait à Monfieur le (2) Cardinal, " dont ils fe louent grandement, & " avoyent bien à m'en remercier : avec " de belles parolles du monde, telles " que fçavez qu'ils ont accouftumé d'en " donner, les plus maris du monde (à " ce qu'il m'a dit) du beau fait dudit " Marefchal. Auquel & audit Admiral " il avoit auffi charge de parler, pen- " fant les trouver encores enfemble en " ladicte Ville : & entre autres chofes " de dire audit Admiral, qu'il eut à en " defloger, ou s'il n'en vouloit rien " faire, qu'il dift à la Cour de Parle- " ment, que elle luy en feift comman- " dement très exprès, & de l'abandon- " ner au peuple. Et ne l'y ayant trouvé " ledict Chevalier, il donna (premie- " rement que de venir à moy) jufques à " »Chaftillon :

* Françoiſ de Montmorency, Maréchal de France.

(1) Ils étoient l'un & l'autre fils de Claude de Guife, mort en 1550.
(2) Lors de fon entrée à Paris, le 8. de Jan-vier 1565. Voyez les Remarques, fur la pag. 107. Tom. 3. de la Sat. Ménippée, & ce qui s'en trouve cy-deffus, pages 92. 93.

„ Chaftillon : ou à ce qu'il m'a affeuré,
„ il n'a pas oublié à luy faire entendre
„ ce que deffus. Et davantage que leurs
„ Majeftez luy mandoyent que d'oref-
„ navant il eut à fe contenir de faire
„ telles affemblées, non feulement en
„ ladiête Ville, mais en quelque lieu
„ que ce fuft de fon Royaume, où il
„ n'avoit aucun commandement, finon
„ du cofté de la marine : ou, graces à
„ Dieu, il n'y avoit chofe qui fe pre-
„ fenta pour cefte heure. Ce qu'il trou-
„ vaft fort eftrange, & feit refponfe,
„ que, à ce qu'il voyoit, on ne luy fça-
„ voit aucun gré de ce qu'il avoit fait,
„ qu'il n'eftoit pas à connoiftre com-
„ bien la Roine avoit de mauvaife vo-
„ lonté à luy & à fa Religion : qu'elle
„ faifoit tout ce qu'elle pouvoit pour
„ la ruiner : que ce qui l'avoit mené
„ audiêt Paris, n'eftoit que fon coufin
„ le Marefchal, qui comme Lieutenant
„ Général du Roy, l'avoit mandé pour
„ le fervice de Sa Majefté. Ce que le-
„ diêt Marefchal confirma audiêt Che-
„ valier : qui luy diêt davantage, que
„ quant à envoyer devers leurs Majef-
„ tez (1) fon la Planche (2), ainfi
„ qu'ils luy mandoient par luy, com-
„ me auffi faifoit fon père, qu'il n'en
„ feroit rien : & qu'il vouloit premie-
„ rement que Roy advouaft que ce
„ qu'il avoit fait eftoit pour fon fer-
„ vice : & fur l'heure mefme, & en la
„ prefence, il defpefcha pour cette
„ caufe-là à la Cour.
„ Si c'eftoit un autre que lediêt Che-
„ valier, qui m'euft rapporté ces pro-
„ pos là, j'y penferois deux fois avant
„ que d'y ajoufter foy, mais j'ay affez
„ d'affeurance de fa fidélité. Et ainfi

que je voulois defpefcher, le Capitai- „
ne Attin que vous connoiffez, retour- „
nant de la Cour (où je l'avois envoyé „
partant d'icy pour m'en aller en ce „
voyage) arriva : qui m'a rapporté en- „
cores de plus belles parolles de leurs „
Majeftez, après quelles furent par luy „
affeurées, que toutes ces belles cour- „
fes mifes en avant par lefdiêts perfon- „
nages, n'eftoyent que toutes menfon- „
ges controuvées : comme encores de- „
puis il leur vouluft confirmer, vou- „
lant prendre congé de la Royne, de- „
vers laquelle, comme il avoit fçeu le „
foir de fon partement, les diêts bons „
Seigneurs avoient envoyé le fils de „
Hieronyme de Thurin, pour affeurer „
le Roy, que lediêt Admiral s'eftoit „
retiré en fa maifon, après avoir veu „
les Forces, qu'il difoit que j'avois def- „
parties. Et fur cela, lediêt Attin ne „
s'oublia pas de dire à ladiête Dame en „
prefence dudiêt Thurin, que tous ces „
beaux advertiffements qu'ils don- „
noient, eftoient faux quant aufdites „
courfes : fupliant ladite Dame luy „
faire ceft honneur, que de faire met- „
tre luy & ledit Thurin, fous bonne „
& feure garde, jufqu'à ce qu'ils en „
euffent plus certain tefmoignage. Et „
que fi ce qu'il difoit n'eftoit verita- „
ble, qu'il vouloit que Sadiête Ma- „
jefté luy feift couper la tefte : comme „
auffi audiêt Thurin, s'il s'en trouvoit „
menteur. „

Ladiête Dame s'en voulut conten- „
ter, & diêt audiêt Attin qu'il m'affeu- „
raft, qu'elle fçavoit bien d'où venoient „
les verités & menfonges : qu'elle avoit „
bien cognu que j'avois tousjours mieux „
aimé preferer le bien du fervice du „
» Roy

(1) Voyez les Memoires de Caftelnau, Liv. 1. chap. 7.
(2) Jean Réinier Sieur de la Planche, qui avoit eu plufieurs entretiens avec la Reine-Meré, au fujet de la maifon de Guife. On lui attribue plufieurs ou-vrages, qui ne font point honneur aux Guifes.

Y. 3.

»Roy & le repos de son Royaume,
»que le particulier de nôtre maison,
»en quoy me prioit de vouloir conti-
»nuer, n'oubliant pas de belles pro-
»messes.

» Ledict Attin est retourné jusques
»à moitié chemin de la cour avec Cre-
»nay, que nous avions despesché pre-
»mierement à ladicte Dame. Il s'en va
»trouver Monsieur le Cardinal de sa
»part, comme aussi feray-je dans cinq
»ou six jours : aussi que leurs Majestez
»me prient de me retirer en Champai-
»gne. Et estans ledict Seigneur Cardi-
»nal & moy ensemble, nous aviserons
»ce que nous aurons à faire, dont je
»ne faudray de vous tenir adverty.

» Cependant, mon frere, & durant
»ce temps que vous serez là où vous es-
»tes, je suis bien d'advis que vous voyez
»Monsieur de Montpensier, à qui j'es-
»cry la Lettre de creance sur vous, se-
»lon que me mandez. Et ne sçauriez
»mieux faire que de regarder avec luy
»& les Seigneurs nos bons amis de de-
»là, de pratiquer une bonne associa-
»tion, qui d'eust estre faicte il y a long-
»temps, si chacun de son costé y eut
»mis peine. J'en sçay qui l'ont mise
»en avant, & depuis quand ce a esté
»au faict & au prendre ; ils ont seigné
»du nez, comme aussi en beaucoup
»d'autres choses : & si chacun de son
»costé y vouloit travailler, nous en
»aurions bien-tost une bonne fin, avec
»les bonnes & belles occasions que
»nous en avons : mais ceux à qui il
»touche comme à moy, n'en font pas
»le compte que je desirerois bien, Il me
»fascheroit fort qu'il ne tinst qu'à moy :
»pour le moins feray-je connoistre le

contraire, si Dieu me preste la vie. Et «
serois bien marri que la réputation «
que j'ay mis peine d'acquerir, en fust «
pour cela perduë : aussi j'espere que «
non. J'en ay cy-devant par plusieurs «
fois escrit à Messieurs de Montpen- «
sier, d'Estampes, Martigues & (1) Cha- «
vigny : par où ils auront bien pû ju- «
ger la volonté que j'ay tousjours euë «
de nous venger, & combien je desi- «
rerois l'association que vous dites : «
prevoyant assez combien elle estoit «
necessaire, non seulement pour nous, «
mais aussi pour tous les gens de bien, «
à qui l'on en veut plus que jamais. «

Et pour ceste cause, mon frere, (2) «
je trouverois merveilleusement bon «
que lesdits Seigneurs y voulsissent en- «
tendre, laissant là les Villes, d'autant «
qu'il n'y a aucune asseurance au peu- «
ple, comme je l'ay encore derniere- «
ment cogneu ; mais avec la Noblesse. «
De ma part je suis tout résolu & prest, «
& n'y veulx espargner aucune chose ; «
& le pluftost sera le meilleur : qui me «
fait vous prier, d'y regarder & en bien «
adviser tous par ensemble, mesmes «
avec ledict Sieur de Montpensier, & «
de m'en mander ce que vous en au- «
rez déliberé, à fin que par là je ré- «
solve avec les Seigneurs & la Noblesse «
qui sont de deçà, & en mes Gouver- «
nemens, qui feront tout ce que je «
voudray. «

Au demeurant, vous aurez bien en- «
tendu le nombre des Chevaliers de «
l'Ordre, qui ont esté faits (3), qui «
sont bien près de trente ou plus, dont «
Monsieur de Brion en est des pre- «
miers : aussi les préparatifs qu'on fait «
à la Cour, pour aller à Bayonne rece- «
» voir

---

(1) Le Seigneur de Martigues se nommoit Se-
bastien de Luxembourg ; il a été tué au siége de
Saint Jean d'Angely, en 1569.
(2) Le Seigneur de Chavigny se nommoit Fran-
çois-le-Roy. voyez les Memoires de Castelnau,
Tom. 1. pag. 525.
(3) Voyez les Memoires de Castelnau, Tom.
1. pag. 378.

» voir & feſtoyer la Roine d'Eſpaigne.
» (1) Monſieur d'Orleans doit partir
» ſix ou ſept jours devant, avec bonne
» trouppe de Nobleſſe.
» Je ne veux auſſi oublier à vous dire
» que en faiſant ceſte Lettre, j'ay veu
» une coppie d'une Lettre, que Mon-
» ſieur de Montpenſier eſcrit audit Ma-
» reſchal, pour reſponſe à celle qu'il luy
» avoit eſcrite de ſon beau fait. Je vous
» prie de l'en bien remercier de noſtre
» part, & meſmes de la mienne : encor
» que je le faſſe par la Lettre que je luy
» eſcry. Nous en ſommes bien tenus à
» luy.
» Au reſte, ſi vous voyez Monſieur
» (2) l'Eveſque du Mans, vous ne
» ſauriez que bien faire de luy parler
» auſſi de ladicte aſſociation, où il ſe-
» roit bien aiſe avec ſes amis d'y enten-
» dre : nous en avons parlé enſem-
» ble.
» Ce ſeroit auſſi bien faict que vous
» en eſcriviez à Monſieur de Marti-
» gues ; & ſi vous vous pouvez veoir &
» en communiquer enſemble, il ſeroit
» encores meilleur : je m'aſſeure qu'il
» continuë tousjours en la meſme bonne
» volonté qu'il nous a tousjours portée :
» auſſi ſe peut-il bien tenir aſſeuré de la
» noſtre, comme vous luy pouvez mieux
» faire entendre, & que je ſigneray
» tousjours avec les dicts Seigneurs, ce
» que vous aurez réſolu tous par en-
» ſemble.
» Je vous envoye ce chevaucheur ex-
» près, afin que par luy j'entende bien
» amplement ſur ce de vos nouvelles.
» Il demeurera près de vous tant que
» vous adviſerez, & me reviendra trou-
» ver en Champaigne.
» Du vingt-quatriéme jour de Fé-

vrier, mil cinq cens ſoixante-cinq. »

Voilà comment ceux de ceſte malheureuſe maiſon, deſtinée fatalement
pour troubler ce Royaume, ne peut demourer en repos. Que ſi Dieu, par ſa
bonté, n'euſt deſcouvert ceſte entreprinſe furieuſe, ce Royaume ſeroit
maintenant en feu. Celuy qui ne voit
ces choſes, eſt ſans entendement. Celuy qui les voit & y conſent, eſt coupable de Leze-Majeſté.

Or pour continuer la poſſeſſion de
l'infidélité de ceſte maiſon, contre la
Majeſté du Roy ; le Cardinal de Lorraï-
ne, s'eſt ces jours derniers efforcé de
mettre les Baronnies de l'Eveſché de
Mets, en la ſauvegarde de l'Empire :
ſi Monſieur de Salcede, Chevalier de
l'Ordre du Roy, & Gouverneur de Mar-
ſault (Eſpagnol de Nation, mais de volonté & d'obéiſſance, vrayment François) n'euſt empeſché par force la publication de la ſauvegarde.

Qu'eſt-ce ſe faire Roy, ſi cela né
l'eſt ? N'eſt-ce pas l'acte d'un Roy de
diſpoſer à ſa dévotion, de la reconn-
noiſſance des terres qu'il tient en ſa
protection, ſans aucune Ordonnance ?
Le Roy Henry print ſous ſa protection
à ſes deſpens, & à la priere & Requeſte
des plus grands Princes de l'Empire, les
terres de l'Eveſché de Mets ; & le Cardinal de Lorraine, meſpriſant l'authorité publique, en fera la reconnoiſſance à ſa dévotion, & à qui il luy plaira.
Je demanderois volontiers, que feroit
le Roy d'Eſpaigne, ſi les citoyens de
Cambray (qu'il ha & tient ſous ſa protection, comme le Roy tient les habitans de l'Eveſché de Mets) avoient ſon-
gé à ſe mettre ſous la ſauvegarde de
l'Empire ? Que feroit le Duc de Lorraine,

---

(1) L'entrevue du Roi Charles IX, avec la Reine d'Eſpagne ſa ſœur, s'eſt faite le 5. Juin 1565.

(2) C'étoit Charles d'Angennes de Rambouillet, Cardinal, mort en 1587.

raine, fi les Bourgeois du Pont-à-Mouffon y avoient leurs recours ? Il n'y auroit point affez d'arbres par les champs
pour leur fervir de Gibet, & toutesfois voicy un Cardinal effronté d'une
telle audace, qu'il fait le petarade au
Roy, & difpofe de fon Eftat, & il demeurera impuni ?

Or ce qui rend encore cette pratique
plus fufpecte, c'eft qu'elle a efté executée par le confeil du Baron de Bol-
viller, Gouverneur de Haguenau, qui
pour cet effet l'eft venu trouver à Ram-
bervillers : & qui a de long-temps follicité la plus grande partie des entreprinfes, qui ont efté faictes fur ceft Eftat, durant & depuis les guerres de Picardie. Et pour de plufieurs en reciter
quelques-unes, c'eft luy qui s'efforça
de furprendre la Ville de Lyon, & de
faire révolter les Pays de Breffe & de
Savoye, par le confeil du Cardinal
d'Arras (1), fur la fin des dictes guerres ; c'eft luy qui depuis pratiqua le
Roy de Navarre (ce que la Roine fçait
bien) pour le faire révolter de la Religion, fous efperance de luy faire donner récompenfe du Royaume de Navarre (2). C'eft luy qui depuis la paix
a ofé pratiquer (en vain toutesfois)
Monfeigneur le Prince de Condé, foubs
quelques efperances, qu'il luy donnoit
de luy faire tomber dedans la main, les
terres de l'Evefché de Mets, s'il vouloit fe defclarer de la Religion Catholique Romaine : que peut-on donc efperer du confeil d'un tel homme, accompagné du Cardinal de Lorraine,
que toute fédition & rébellion ? Certes
celuy qui apprehende droictement cette
furieufe entreprinfe, fans fe courrou-

cer, n'eft point naturel François, ne
bon, & fidel fujet du Roy : car c'eft un
crime de Leze-Majefté le plus infigne
qui fut jamais. Peut-on plus amoindrir
l'authorité de la Majefté de fon Prince,
que de difpofer contre fa volonté,
d'une partie de fa domination.

D'avantage le Marquis d'Elbeuf, fon
frere, qui à la pourfuite du Sieur d'Aumale, a pratiqué fa Ligue dedans le
Gouvernement de Touraine, a recueilly de toutes parts tous les voleurs &
affaffineurs publicqs du Pays, qui fous
fa conduite commettent de jour en jour
un nombre infini de brigandages &
maffacres, tellement qu'il n'y a homme de bien qu'il ne travaille, ny repos
qu'il ne trouble, par grandes affemblées
d'hommes armez.

Que fi les Loix appellent ceftui-là féditieux, qui contre le repos de l'Eftat,
& pour corrompre & efmouvoir le peuple, fait une affemblée illicite : comment appellerons-nous celuy, qui par
fon exemple & par force, pouffe le peuple en efmotion & fédition contre l'authorité du Roy, & le repos de fon
Eftat ?

O miférable maifon fi tu cognois, &
encores plus miférable, fi tu ignore que
la poftérité remarquera à jamais tes furieux deffeins. La France fe plaint-elle
d'avoir perdu tant d'hommes vertueux,
durant les guerres civiles ? La maifon de
Guife les a maffacrez. La Majefté du
Roy eft-elle maintenant mefprifée des
féditieux ? C'eft la maifon de Guife, qui
la mefprife : certes tous les maux que
nous avons veus, (& quels maux n'a-
vons-nous veus ?) Si nous en voulons
bien juger, nous font advenus des conjurations

(1) C'étoit Antoine Perrenot, mieux connu fous
le nom de Cardinal de Grandvelle, homme dangereux & grand ennemi de la France.

(2) En lui donnant la Sardaigne. Voyez les Memoires de Caftelnau, liv. 3, ch. 6. & les Remarques fur la Sat. pag. 245.

jurations précédentes, des quelles nous avons parlé. D'où sont venus les maux qui nous ont accablez sur la fin du Regne du Roy Henry ? De la conjuration faite en Italie par le Cardinal de Lorraine *, qui excita le tumulte d'Amboise ? La confpiration de ceux de Guife, pour ufurper le Gouvernement de ce Royaume : qui meit depuis les armes par toute la France, pour emprifonner les Princes du Sang, & pour rafer (fans connoiffance de caufe) les maifons des Gentilshommes du Pays d'Anjou ? Ceux de la maifon de Guife. Qui a pouffé les Sorboniftes, & Prefcheurs de Paris en efmotion, & leur a perfuadé d'envoyer leurs Memoires au Roy d'Efpaigne ? Le Cardinal de Lorraine *. Qui propofa au fecret confeil des Eccléfiaftiques durant le Colloque de Poiffy, de troubler ce Royaume par les menées & intelligences du Pape, & du Concile ? Le Cardinal de Lorraine. Qui s'eft efforcé de pratiquer le révoltement de Monfeigneur d'Orleans, contre le Roy ? Le Sieur de Guife. Qui a jamais voulu bander les Princes de l'Empire contre ce Royaume ? Le Cardinal de Lorraine & le Sieur de Guife fon frere. Qui a embrafé la France de guerres civiles ? Ceux de la maifon de Guife. Qui follicite encores maintenant de renouveller les playes des troubles paffez, par nouvelles confpirations ? Le Sieur d'Aumale, & le Marquis d'Elbeuf. Le Cardinal de Lorraine n'eft que trop impudent pour faire toutes autres chofes ; fi ne l'eft-il pas affez pour ofer nier, ou diffimuler ce que nous difons : encore que ce foit une chofe miférable que de n'ofer nier, ce que honneftement on ne peut confeffer.

Il y a donc tousjours un perpetuel confentement, entre tous ceux de cefte maifon, qui n'eft baftie que d'infidélité, d'audace, & de rébellion, de confpirer à toutes heures & occafions contre l'honneur, l'authorité & la Majefté de cefte Couronne. Certes, tel qu'eft le naturel & l'efprit d'un chacun, telles font ordinairement fes entreprifes. Or que le naturel de tous ceux de cefte malheureufe maifon foit nay à troubles, & féditions, & que leur efprit ait tousjours regardé la ruine de ce Royaume ; il eft affez prouvé par leurs déportemens paffez.

Il ne fault donc s'efmerveiller fi le Roy après avoir veu l'original des Lettres du Sieur d'Aumale, & entendu la dépofition d'un des Chevaliers de fon Ordre, qui a confeffé avoir figné l'affociation (de laquelle il eft fait mention dedans les dictes Lettres) a pour s'affeurer feulement de ceux de la maifon de Guife, perjures à Dieu, & aux hommes, fait expedier en fon Confeil privé, l'acte qui s'enfuit.

ACTE

Contre toutes affociations.

AUJOURD'HUY dix-huitié- «me de May 1565. le Roy eftant «au Mont de Marfan, affifté de la Roi-«ne fa Mere, & de Monfeigneur le «Duc d'Orleans fon frere, a appellé & «convoqué les Princes de fon Sang, «Gens de fon Confeil privé, & autres «Seigneurs & Chevaliers de fon Or-«dre, eftans près fa perfonne, aufquels «il a fait entendre, eftre adverty qu'en «plufieurs lieux de fon Royaume fe font «affociations, cueillettes de deniers, «enroollement d'hommes, amas & pre-«paratifs d'armes & chevaux, qu'aucuns «s'oublient, tant que d'envoyer gens «
» hors

Z

marginal notes:
* En 1560.
* En Septembre, 1561.

» hors de fon Royaume , & avoir in-
» telligence & communication avec les
» Princes eftrangiers , fans fon fceu ,
» contre fes Edicts de pacification , de
» Majorité & autres Ordonnances , De-
» clarations , & prohibitions fur telles
» chofes. Ce qu'il ne peut , & ne veult
» croire , pour l'eftime qu'il ha de l'af-
» fection , & fincere volonté de tous
» fes fubjets à l'obéiffance de fes com-
» mandements , bien de fon fervice, &
» repos de fon Royaume.

» Neantmoins, pour eftre fur ce plus
» avant efclaircy de la verité , les ad-
» monefte & leur commande luy de-
» clarer ce qu'ils ont entendu. Ce qu'ils
» ont faict : & davantage fupplient
» très-humblement Sa Majefté , croire
» qu'ils font fi efloignez de fes factions
» tant pernicieufes , qu'ils font près &
» difpofez d'employer & leurs vies &
» leurs biens , comme ils ont tousjours
» fait pour le faire obéir , & pour l'en-
» tretenement de fes Edicts & Ordon-
» nances , repos & tranquilité de fon-
» dict Royaume. Declarans fur leurs
» vies & honneurs , qu'ils n'ont aucune
» intelligence & communication avec
» ceux qui font & auroient volonté
» faire telles entreprifes. Et quant à
» eux , ils ne fçavent que c'eft que d'af-
» fociations , ligues, fermens, promef-
» fes , Efcrits , ne fignatures baillées à
» cette intention , & à toutes renon-
» ceant. Et ne veulent avoir aucune
» participation , comme contraires à
» l'obéiffance qu'ils doivent à fadicte
» Majefté , & au repos de cedict Royau-
» me , qu'ils veulent de leur pouvoir
» maintenir , & garder : & en cela ne
» cognoiftre , ne fuivre autre intention
» que celle de fadicte Majefté : fans ce
» que pour querelle particuliere, ne
» autre occafion ils prennent , ne faffe
» prendre les armes par qui ce foit ,

fans fon exprès commendement. Et «
combien que leur loyauté & fidelité «
foit affez cognue de fadicte Majefté , «
& tant comme ils eftiment qu'ils n'en «
puiffe defirer plus certaine preuve que «
leurs effets. Si ont ils bien voulu fa- «
tisfaifants à fon commandement , fi- «
gner ce prefent acte de leurs feings. «

'Et à ce que foubs faux pretexte , «
nul ne puiffe de leur nom couvrir fa «
mauvaife intention , & affin que les «
Princes de fondict fang , & aultres «
Princes , & Gouverneurs, Chevaliers «
de l'Ordre, Seigneurs & Capitaines «
abfens fçachent , & entendent le con- «
tenu cy-deffus : a voulu fadicte Ma- «
jefté que ce prefent acte leur fuft en- «
voyé , pour par leurs feings rendre le «
mefme tefmoignage de l'intention «
bonne, qu'ils ont en ceft endroit, non «
moindre, comme il s'affeure , que les «
deffus dits eftans près fadicte perfon- «
ne : voulant croire qu'ils n'en feront «
aucune difficulté. Car il ne pourroit «
tenir ceulx qui refuferont faire fem- «
blable declaration par leurs feings , «
aultres que coupables de telles entre- «
prinfes , factions & intelligences , «
dignes de fa male-grace, comme con- «
tempteurs de fon authorité & Edict , «
& perturbateurs du repos public , & «
en ce faifant crimineux de leze-Ma- «
jefté. Et tels en ce cas les tient & dé- «
clare dès à prefent comme dèflors. «
Et femblablement tous ceux & celles «
qui fçauroient aucune chofe defdites «
affociations , factions & entreprinfes «
fufdites , & qui n'en viendront adver- «
tir fadicte Majefté : comme il appar- «
tient à bons & loyaux fujeéts, lef- «
quels auffi il entend & veut confer- «
ver , & deffendre de toutes fes for- «
ces : les prenant en fa protection con- «
tre tous ceux qui entreprendront les «
offenfer. Pour tefmoignage de quoy «
» il

» il a aussi voulu signer de sa propre
» main ce dict present acte, les jour &
» an que dessus. »

Certes, je ne puis assez dignement
louer le jugement divin du Roy, de la
Roine, & de Messieurs du Conseil privé, d'avoir tant à propos, à si bonne
occasion, & par un acte tant solemnel
tesmoigné la deffiance perpetuelle,
qu'ils ont de la Maison de Guise. Que
si quelques-uns ont par simplicité, &
faute de jugement ignoré les causes necessaires, qui ont poussé le Roy pour
faire expedier un tel acte, maintenant
que la fumée ne leur donne plus dedans
les yeux, & que l'intention du Roy est
apparente, qu'ils tiennent les Guisars
tels que le Roy, la Roine, & Messieurs
du Conseil privé les tiennent, sçavoir
est, impatiens de repos, seditieux, &
perturbateurs de ce Royaume. Mais dira
quelqu'un, ils ont signé. Ouy, ils l'ont
signé de leurs mains infideles, desquelles ils ont ensanglanté toute la France,
& desquelles ils tendent encor le cordeau pour l'estrangler. Qu'ils signent
tant qu'ils voudront: le Roy, & la Roine
ne s'y fieront jamais. Ce n'est point l'office de ceux de de Guise de garder la foy
qu'ils ont promise (il est impossible de
garder ce qu'on n'a point) c'est l'office
des gens de biens, & non des meschants qui leur ressemblent, & qui
font profession publique d'infidelité.
Quant aux conspirations faites devant
la Majorité du Roy par ceux de Guise,
de priver la Roine du Gouvernement,
à elle, non sans grande occasion, &
pour la necessité presente par Estats oc-
troyé, & la conjuration entre eux n'a-
gueres faite de diminuer son authorité,
qui est diminuer celle du Roy, puisque
l'une & l'autre ne doivent estre reputez
que pour un: je n'en veux pour ceste

heure parler, puisque Sa Majesté mesme pour quelque temps le veut dissimuler. Aussi peu veux-je entrer en la mal-
heureuse & derniere entreprise du feu
Duc de Guise, non de s'approprier aucuns des principaux membres de la
Couronne, à quoy luy & les siens ont
tousjours aspiré: mais de transferer
meschament toute la Couronne en sa
Maison, & en priver le Roy, Messei-
gneurs ses freres, & tous les Princes du
Sang: pour estre aujourd'huy connues
de toutes personnes de jugement, qui
se reservent d'en faire plainte devant
nostre Roy, souverain & légitime Seigneur, lorsqu'il aura passé l'aage dè
vingt ans: & s'asseurent que la justice
en sera faicte, comme le droit le requiert, des os & de la posterité de
l'homme * le plus addonné & accomply en toutes parties necessaires à l'establissement d'une tyrannie qui fut oncques sur la terre.

Cependant pour monstrer comment
son frere le Cardinal le sçait ayder du
lion & du regnard, selon le besoin de
ses affaires, il ne fault que considerer
de quelle braverie il s'estoit venté de
faire publier, malgré le sieur de Salcede, la sauve-garde de l'Empereur faite
(qui est bien à noster) à sa requeste,
& sur sa plainte, ainsi qu'il appert par
la teneur de ladite sauve-garde.

* Il entend parler de François, Duc de Guise tué en 1563.

SAUVE-GARDE

De l'Empereur Maximilien II. pour le Cardinal de Lorraine.

MAXIMILIAN second de ce «
nom, par la grace de Dieu, esleu «
Empereur des Romains, tousjours «
auguste, Roy de Germanie, Hon- «
grie, Boheme, Dalmatie, Croatie, «
» &

Z 2

» & Sclavonie : & Archiduc d'Auftri-
» che , & Duc de Bourgogne , Styrie ,
» Carinthie , Carniolle & de Wirtem-
» berg , & Comte de Tyrol. Sçavoir
» faifons à tous par ces prefentes , que
» comme Reverendiffime Pere en Dieu,
» Monfieur Charles de la Sainte Eglife
» de Rome , du tiltre Sainct Apolinai-
» re , Preftre , Cardinal dict de Lorrai-
» ne , Adminiftrateur du temporel de
» l'Evefché de Metz , noftre très-cher
» Prince & amy , foit en grande doub-
» te & perplexité , que luy & fondit
» Evefché (lequel dépend de nous , &
» du Saint Empire Romain , & à cefte
» raifon fe reconnoift , & declare eftre
» Prince & Client du Saint - Empire)
» en ces temps perilleux par le moyen
» de quelques-uns de fes ennemis , &
» mal veuillans , foit molefté & trou-
» blé : à cefte caufe , & pour prevenir à
» tels inconveniens , recourant à noftre
» Ayde , nous a fait fupplication avec
» grandes prieres , qu'il nous pluft par
» l'authorité & puiffance du Saint-Em-
» pire , garder & preferver luy , & fon-
» dit Evefché de Metz , contre la force
» violence defdits malvueillans : & que
» voulions le deffendre & conferver en
» la foy , & paix publiques dudit Saint-
» Empire.

» Dont nous confiderans, que comme
» efleu Empereur des Romains, a raifon
» de noftre charge & authorité Impé-
» riale nous appartient , d'autant qu'il
» ne nous eft tousjours poffible , que
» nous repouffions toute force & injure
» arriere des Princes , & Eftats obéif-
» fants audit Empire , & par mefmes
» moyens pourvoyons, qu'ils ne foient
» d'aucuns perturbez, ny moleftez con-
» tre la foy & paix publique. Ayant
» ouy lefdictes prieres dudit Sieur Re-
» verendiffime , avons iceluy comme
» Adminiftrateur dudit Evefché de

Metz , & Prince dudit Saint-Empire , «
avec toute l'Eglife , dition & jurifdic- «
tion dudict Mets , enfemble toutes «
leurs Seigneuries , Villes , Terres , «
Chafteaux , Fortereffes , lieux , Villa- «
ges , maifons , heritages , poffeffions , «
fubjets & habitans , fes Confeillers «
& Officiers , familiers , ferviteurs & «
domeftiques , tous leurs biens meu- «
bles & immeubles , prins & receu en «
la tuition , protection & fauve-garde «
de Nous , & du Saint-Empire , & les «
avons munis , & pourveus de la foy , «
fauve-garde , & fauf conduit public «
contre l'injure & violence de quel- «
ques perfonnes que ce foyent : ainfy «
que par la teneur de ces prefentes , «
de noftre fcience & mouvement bien «
au long deliberé , & de noftre puif- «
fance pleniere & authorité Impériale «
le y prenons , recevons & pour- «
voyons. Voulant & ftatuant par ce «
prefent Edict Imperial , que ledict «
Sieur Revérendiffime Cardinal , & «
l'Evefché de Mets , avec leurs chofes «
& biens , foient fous la protection , «
tuition & fauve-garde , de nous & «
dudit Saint-Empire : & que par la «
foy publicque , & fauf-conduit ils «
demeurent & foyent prefervez feurs «
& libres de toutes injures & violen- «
ces de toutes perfonnes quelconques : «
enfemble de tous griefs , foit de loger «
gens de guerre , encore qu'ils fuffent «
à nous , ou autres telles charges , & «
ne foyent contre la foy publicque , & «
conftitution du Saint - Empire Ro- «
main ; & articles de la paix public- «
que conftituez en chofes facrées , & «
prophanes , contrevenant à nos pre- «
fentes Lettres de protection & fauve- «
garde , aucunement moleftez par au- «
cun Prince , Duc , Comte , Capitai- «
ne , Magiftrats , ou autres perfonnes «
Eccléfiaftiques ou Seculiers , Cité , «
» College »

» College, ou Communauté : de forte
» qu'ils puiffent jouir, & ufer de tous
» & chacuns privileges, graces, fran-
» chifes, libertez, immunitez, exemp-
» tions, & prérogatives, defquels les
» autres, qui font conftituez foubs la
» protection, tuition, fauve - garde,
» paix & foy publicque de nous & du-
» dit Saint-Empire, ufent & jouiffent
» tant de droit que de coutume ; en
» telle maniere toute fois, qu'à un cha-
» cun ayant action contre eux, ils ré-
» pondent és lieux de leur jurifdic-
» tion, & qu'ils defmonftrent eftre
» conforme à la foy publicque & à cef-
» te noftre fauve-garde.

» Pour ces caufes, mandons bien ex-
» preffement & à certes, à tous & cha-
» cun Princes, Archevefques, Evefques,
» Ducs, Marquis, Comtes, Barons,
» Chevaliers, Nobles, Vaffaux, Sénef-
» chaux, Prefidents, Capitaines, Gouver-
» neurs, Juges, Maires, Efchevins, Con-
» fuls, Citoyens, & autres qu'il appar-
» tiendra : fubjects, chers & loyaux. A
» Nous & audit Saint-Empire, de quel-
» que Eftat, degré, ordre, dignité ou
» condition qu'ils foyent, que pleine-
» ment & entierement, ils obfervent &
» maintiennent, facent obferver &
» maintenir ledict Sieur Revérendiffi-
» me Cardinal, & fondit Evefché de
» Mets : enfemble toutes fes Seigneu-
» ries, Villes, Terres, Chafteaux,
» Forterefles, lieux, gagnages *, mai-
» fons, heritages, poffeffions, fujets &
» habitans, leurs Officiers, Confeil-
» lers, familiers, ferviteurs & domef-
» tiques, avec leurs biens, tant meu-
» bles qu'immeubles, en cefte noftre
» protection, tuition, fauve-garde &
» foy publicque, felon les Décrets &
» Conftitutions de nos Predéceffeurs, &
» dudit Saint-Empire. Et que contre ce

*Gagnages ce font Ter-re affermées.

que cy-devant eft declaré, ils n'em- «
pefchent, moleftent ny perturbent «
ledit Sieur Revérendiffime, & fondit A
Evefché de Mets, ou aucuns des fub- «
jets d'iceux, conjointement ou divi- «
fément en leurs perfonnes, chofes, «
biens & droicts, & qu'à iceux ils ne «
facent, ou fouffrent eftre fait aucun «
dommage : fur peine d'encourir la «
gréve indignation de Nous & du «
Saint-Empire, & payer irremiffible- «
ment l'amende de vingt marcs d'or, «
applicable à efgale portion à noftre «
fifque & partie intereffées. En tef- «
moing dequoy, nous avons foufcript «
les prefentes de noftre propre main, «
& à icelles fait appliquer noftre fcel «
& armoiries de nos armes. Donné en «
noftre Cité de Vienne, le cinquiefme «
jour de May, l'an de grace de noftre «
Seigneur, mil cinq cens foixante & «
cinq, & de nos regnes des Romains, «
l'an troifieme, de Hongrie le fecond, «
& de Boheme le dix-feptieme. Ainfi «
figné *Maximilianus.* Et au-deffous, «
per mandatum Sacra Majeftatis pro- «
prium. Et pour Secretaire, *Singteroff.* «

Mais voyant que ledit Sieur de Salcede avoit arrefté la fauve-garde, &
s'en eftoit faify, il luy efcrit des Lettres
fort douces & familieres. La premiere.

Lettre du Cardinal de Lorraine au Sieur
de Salcede.

MONSIEUR le Bailly, j'ay «
receu ce matin des nouvelles, «
qui m'ont femblé merveilleufement «
eftranges, fur l'occafion defquelles «
j'ay advifé vous envoyer incontinent «
le Sieur de Buffiere mon Maiftre «
d'Hoftel prefent porteur, lequel «
vous fera entendre là-deffus tout ce «
que je vous pourrois efcrire. Dont je «
» vous

Z 3

» vous prie le croire, comme vous fe-
» riez moi-mesme, & par luy me man-
» der de vos nouvelles ; je ne vous fe-
» ray plus long discours des miennes,
» pour l'espérance que j'ay que je vous
» verray bientost : & lors aurons moyen
» d'en deviser tout à loisir ensemble.
» Seulement vous asseureray que je se-
» ray bien-aise de vous voire, & vous
» faire bonne chere. Cependant, je
» prieray Dieu, Monsieur de Salcede,
» vous donner entierement ce que
» mieux desirez. De Rambervilliers, ce
» cinquiesme jour de Juillet mil cinq
» cens soixante & cinq.

Au-dessous est escrit de la main de
Monsieur le Cardinal ce qui ensuit.

» Monsieur de Salcede, vous connois-
» sez le temps là où nous sommes, au-
» quel il n'y a faute de gens, qui par
» leurs menteries cherchent tous moïens
» de brouiller, & mettre les personnes
» en deffiance. Je vous prie, vous ayant
» toujours connu sage, ne vous laisser
» emporter à leurs passions : & vous as-
» seure je n'eus onques mauvaise vo-
» lonté en vostre endroit, & n'eufte
» jamais meilleur amy que moy, &
» croyez plus au seing & parolle d'un
» Prince, homme de bien, qu'aux faux
» raports des meschants : & croyez ce
» porteur comme moy-mesme : & fai-
» sons bonne chere, comme nous avons
» accoustumé, & vous me trouverez
» pour jamais vostre meilleur amy. C.
» Cardinal de Lorraine.

La seconde escripte de sa main.

» Monsieur le Bailly, il faut que je
» sois-mesme Secretaire de la presente,
» après avoir ouy le Pere Gardien, qui
» m'a dit la peine, où vous estes par
» faux rapports, vous aurez entendu
» par Bussiere ce que je vous ay man-
» dé ce matin de mon intention : main-
» tenant après avoir ouy par ce porteur

que l'on vous a dit que j'avois matt-«
vaise opinion de vous contre moy : à «
la verité, je n'avois oncques ouy par-«
ler de ce qu'il m'a dit, & le vous jure «
en foy de Prince : & n'en parleray «
onques ; & ceux qui le disent men-«
tent. Et quand je vous verray, je vous «
compteray tout, & ne vous en cache-«
ray chose du monde : & vous prie que «
nous facions meilleure chere que ja-«
mais, & que vous vous asseuriez qu'il «
ne tiendra que à vous que je ne vous «
soye tousjours bon amy, & recognois-«
sant les grands services que vous m'a-«
vez faits : mais je vous prie oster les «
Soldats de ma maison de Vic, qui ne «
font que donner ombre, & n'y faut «
autre garde que vous, ou Madame la «
Baillive, comme l'on a accoutumé. «
Car on fera tout plein de bruit de ce-«
cy, qui ne vaudra rien, que de faire «
rire ceux qui ne m'aiment point, & ne «
vous veulent point de bien. Je suis ve-«
nu à ce matin icy, & vous asseure que «
je m'attendoye que y deussiez venir. «
Ne vous faschez point, & vous n'en «
n'aurez jamais occasion de la part de «
vostre meilleur amy. C. *Cardinal de* «
Lorraine. »

Mais ledict Sieur de Salcede est trop
advisé pour se laisser abuser aux parolles emmielées dudict Cardinal, duquel
il cognoit le cœur estre tout cramoisy
& plein de sang, & de felonnie contre
le Roy, ses subjets & serviteurs. Et pour
ce ne luy a respondu, que ce qui s'ensuit, de bouche, sans luy daigner escrire :

« Que Monsieur le Cardinal ne face
point publier les sauve-gardes qu'il a «
impetrées de l'Empereur, que pre-«
mierement elles ne soient communi-«
quées, & avec la volonté du Roy, «
que les Capitaines qu'il a mis aux «
Chasteaux, ausquels j'ay commandé «
» depuis

» depuis dix ans en ça foyent oftez , &
» toutes chofes remifes en leur premier
» Eftat. Et fi mondiĉt Sieur le Cardinal
» pretend que j'aye faiĉt quelque chofe
» pour laquelle l'on me vueille ofter
» l'authorité & commandement que
» j'ay eus jufques à cefte heure , atten-
» du que toute ma vie j'ay aimé mon
» honneur , en me faifant cognoiftre
» mes fautes par-devant le Roy ; je fe-
» ray preft à faire ce que je devray. »

C'eft devant le Throfne du Roy , où
ledit Sieur de Salcede appelle lediĉt
Cardinal , pour avoir raifon dudiĉt Cardinal , qui ayant efté faiĉt par le Roy
Henry d'un petit-maiftre Charles , le
plus grand Cardinal en Benefices , qui
fut oncq en la Chreftienté (comme luy
fçeut bien reprocher la Ducheffe de Valentinois , de laquelle après le Roy , il
doit recognoiftre toute fa grandeur)
veult faire perdre au Roy durant fon
jeune aage , la plufpart du fruiĉt de
toute la guerre meuë durant le regne
dudiĉt feu Roy Henry : pour lequel
conferver , il luy avoit delaiffé le Piedmont , la Savoye , & autres Terres par
luy conquifes en Corfe & au Sienois :
tant il eftimoit le Meffin importer à l'ef-

tabliffement de ce Royaume : & non
fans caufe l'appelloit le boullevart de fa
Ville Capitale de Paris.

Dequoy il s'enfuit que quiconque
fouftiendra ou excufera lediĉt Cardinal
en cefte querelle , il eft ennemy juré du
Roy & de fon Eftat.

LES ETATS DE FRANCE, opprimez par la tyrannie des Guifes.

Au Roy leur Sauverain Seigneur.

SIRE , nous appercevons affez que
cefte nouvelle affemblée , (1) a efté
trouvée eftrange de Voftre Majefté ,
pour n'avoir connoiffance de l'extrême
néeeffité, qui nous a contraint d'effayer
un extrême remede pour la confervation de voftre perfonne, de voftre grandeur , & de tout le peuple que Dieu a
foubmis à voftre obéiffance. (2).

A cefte caufe , Sire , nous prefentons
à Voftre Majefté cefte remonftrance ,
par laquelle la caufe de ce fait eftant
amplement declarée & bien entendue ,
nous efperons de non-feulement effacer
le

(1) Cette Requête ou Remonftrance , comme on voudra l'appeller , fut publiée auffi-tôt après le tumulte d'Amboife , fous François II. en 1560. Elle eft belle , bien dreffée , & fait voir l'idée que l'on avoit alors de la conduite des Guifes , qui dès ce temps là cherchoient à fe faire dans le Royaume un parti affez puiffant , pour renverfer l'autorité Roya-le , & fe rendre maitres , ou de plufieurs Provinces , ou même du Royaume , au moyen de leurs chimé-riques prétentions, qui leur faifoient imaginer qu'ils defcendoient de Charlemagne. Ils fe trompoient bien les bonnes gens ; ils parleroient tout autrement s'ils vivoient aujourd'hui , & leurs prétendus Sça-vans leur feroient connoître qu'ils font de plu-fieurs étages biens inférieurs à la Maifon de France. Mais une chofe doit furprendre , c'eft de voir un projet de cette nature , dans le temps que la Couronne étoit appuyée par les trois freres du Roy François II. & par tous les Princes de la Maifon de Bourbon , tous alors très Catholiques , & contre lefquels il n'y avoit rien à dire. Bel avertiffement pour tous les Princes ,

de ne jamais recevoir , ni trop avanter dans leurs Etats des fujets étrangers , qui ont des prétenfions , ou qui peuvent fe faire un puiffant parti. La France ne l'a que trop éprouvé dans les Guifes , depuis 1560. jufqu'en 1595. que là valeur de Henry IV. l'emporta fur l'avidité des Princes Lorrains: J'ai tiré cette copie d'un imprimé du temps même , que j'ai trouvé au volume 86: des *Manufcrits de M. Du-puy*. La piéce eft en lettres italiques , en placart d'un pied & demi de haut , fur un pied de large ; & n'eft imprimée que d'un côté. Elle a rapport à la p. 18, de la Légende dans cette Edition.
(2) C'étoit bien fait de s'oppofer à la tyrannie des Guifes ; mais on s'y prenoit mal de le faire à main armée , fans l'autorité du Roy. Le droit d'af-fembler des troupes ou des gens armés , appartient aux feuls Souverains. La voye des remontrances étoit la feule qui fût permife. On a beau dire , ou en vouloir feulement aux Guifes , & non par au Roi. C'eft attaquer le Roy , que d'attaquer les Miniftres , ou quelqu'un commis de fa part ; & furtout quand on le fait les armes à la main.

le foufpeçon de fédition & mutinerie , mais auffi eftre recongneus pour tels que nous fommes , à favoir vos très-humbles & très-fideles fubjets & ferviteurs.

En premier lieu donc , Sire , nous proteftons devant la majefté de Dieu & la Voftre, que nous n'avons voulu & ne voulons attenter aucune chofe con-VoftrediĉteMajefté : ains voulons vivre & mourir en l'hommage , fervitude & très-humble obéïffance que nous vous debvons,& que les hommes & les forces qui vous font apparues , n'ont efté que pour voftre fervice ; lequel nous a armé pour nous oppofer à la tyrannie de ceux de Guife , qui n'ont jamais tafché en toute leur vie , qu'à s'aggrandir au prix de voftre ruine, & de tous ceux qui vous appartiennent.

Et combien , Sire , que la façon dont avons ufé , puiffe fembler de prime face eftre nouvelle & violente ; néantmoins nous fupplions très-humblement Voftre Majefté de confiderer , que n'ayant autre moyen , pour ofter le peril qui vous eft prochain (1) & à tout voftre Royaume , pour ce que nous craignons la cruauté accouftumée de ceux qui font auprès de voftre perfonne. Nous avons penfé qu'on ne trouve jamais nouveau , ne eftrange, ce que les fubjets font pour la confervation de leur Prince : & que

c'eft plutôt juftice que violence, que de repouffer la violence des ennemis d'un Roy & d'un Royaume , comme font ceux contre lefquels nous fommes affemblés. Ce qu'avons congneu par les démonftrations qu'ils en ont faites , defquelles nous toucherons en brief quelques-unes des principales , s'il plaît à Voftre Majefté les entendre.

Premierement , Sire , ils n'ont jamais diffimulé qu'ils prétendoient droits fur deux des principales Provinces de voftre Royaume , à favoir le Duché d'Anjou & le Comté de Provence (2) , déclarant ouvertement affez de fois , que ce n'eftoit que par force qu'ils eftoient privez de la poffeffion de ces deux Pays: Tellement , Sire , que du temps du feu Roi voftre Pere , en fon advenement à la Couronne , ils voulurent par leurs cautelles & menées , lui fouftraire ledit Comté de Provence (3) , pour le mettre entre leurs mains. Et combien que leur entreprife ne foit parvenuë à fon but , fi a-elle efté tellement acheminée , qu'il en eft demeuré quelque chofe par écrit. Davantage leur ambition a bien efté telle , que de mettre en peine quelques gens doĉtes , pour rechercher leur race és vieilles chroniques , fe voulant dire eftre defcendus de la droiĉte ligne de Charles-maigne (4) , efpérans,
fi

(1) C'eft en vain que difoient alors les Conjurez d'Amboife , le Roi eft prifonnier ; on le prive de fa liberté , on l'empêche d'agir. Hé bien , c'eft à lui à s'en plaindre ; ou fi les chofes font pouffées à l'excès , c'eft aux grands ou au peuple à réclamer ; mais furtout évitez les voyes de fait , qui partent d'une autorité particuliere : c'eft ce qui ne convient jamais dans un Etat policé. La preuve que les Conjurez fentoient bien que dans le fond ils avoient tort, c'eft que jamais ils n'ont voulu déclarer leur chef. Je fçai néanmoins que s'ils euffent été avoués , ou s'ils avoient réuffi , ils n'auroient pas fait difficulté de le nommer. Tous les hommes veulent être de la fête, quand une affaire a une bonne iffue , & tous s'en retirent ou y renoncent, pour peu qu'il y ait de mal à en attendre. Tout le monde veut bien profiter avec le Prince ; mais perfonne ne veut être martyr en

affaires d'Etat. Oh cela n'eft pas jufte : il faut prendre le bénéfice avec les charges : c'eft un proverbe qui s'applique à tout.

(2) On a parlé de ces deux chimériques prétenfions des Guifes & de la Maifon de Lorraine fur ces deux Provinces. Voyez la note 1. de la page 15. de cette Edition.

(3) Voyez ci-deffus page 15. où il eft parlé de la promeffe , qu'ils avoient tirée de Henri , par le moyen de Diane de Poitiers.

(4) Le premier qui a donné dans cette chimere, eft Symphorien *Champier* , Médecin du Duc Antoine de Lorraine ; mais depuis un fiécle , on eft venu au fentiment le plus raifonnable , qui ne donne pas tant d'illuftration à cette Maifon. Cependant comme s'ils avoient de grandes efpérances fur les Couronnes de l'Europe. Les Lorrains avoient fait mettre

fi quelque jour l'occafion fe prefentoit
debattre voftre Royaume ; comme fi
vous , Sire , & vos Prédécefleurs, n'en
eftiez qu'ufurpateurs. Et encore qu'ils
ayent longuement tâché de diffimuler
leur mauvaife & pernicieufe affection ,
fi en ont - ils toujours murmuré quelque chofe ; & furtout depuis le temps
qu'il a pleu à Dieu vous appeller à la
Couronne.

Au furplus , Sire , leur audace a efté
du tout intolerable à vos Sujets, quand
ils fe font comme faifis de voftre perfonne & du gouvernement de voftre
Royaume incontinent après le decès du
feu Roy : efperans par ce moyen fe faire
fi grands , que de pouvoir abbaifler &
Vous , Sire , & les Voftres, quand il
leur plaira; lequel acte feul eft très-
fuffifant pour découvrir leur ambition
extrême; attendu qu'il n'y a loy , couftume , ne exemple , qui les ait appellez
au lieu qu'ils tiennent près de Voftre
Majefté. Mais au contraire les Ordonnances de vos Prédéceffeurs , Sire , la
couftume & la refolution des Eftats de
voftre Royaume les en empefchoient
affez s'ils y euffent voulu prendre garde:
veu mefme que les Eftats tenus à Tours
au commencement du Regne de Charle
VIII. ne donnent aucuns lieux aux
Princes eftrangers auprès du Roy eftant

en bas âge ; mais plûtoft aux Princes
de fon fang , par le confeil defquels
il puiffe gouverner fon Royaume. A
quoi ces ambitieux n'ayant aucun égard,
ils ont empefché la convocation de vos
Eftats , Sire , fçachant bien que ceux
qui font affectionnez à voftre fervice,
n'approuveroient jamais qu'eux , qui
font eftrangers , qui prétendent que-
reller voftre Couronne , & qui ont tâché d'en démembrer aucunes des principales parties, euffent le maniement de
ce qu'ils vous veulent ravir, joint auffi
qu'on fe fouvenoit affez des grandes
pertes qu'ils ont caufées en ce Royaume
du vivant du feu Roy voftre Pere , &
même par le dernier voyage d'Italie ,
par lequel l'un fe prétendoit faire Pape,
l'autre Roy de Sicile & de Naples , re-
tirans pour ce faire les principales forces de France ; dont les grandes pertes
(1) defquelles nous nous reffentons encore, font enfuivies. Ayant donc fenti
tant de dommages par leur ambition ,
vos Etats , Sire , n'euffent jamais eftimé
leur préfence auprès de Voftre Majefté,
vous pouvoir eftre profitable. Mais ils
n'ont point eu crainte d'offenfer Voftre
Majefté, de violer vos Etats , & de renverfer les loix & couftumes de voftre
Royaume.

Davantage ils ont bien montré, qu'ils
vouloient

---

fur leur Palais à Nanci cette belle devife ADHUC
SPES RESTAT AVORUM. C'eft ce que d'autres ont
vû auffi bien que moi, avant que ce vieux Palais
fût démoli , pour faire place au nouveau. Mais à
quoi auroient donc abouti ces grandes efperances ,
finon à être Gouverneurs d'Alface ; car c'eft le
premier titre de cette Maifon , qu'ils ont tiré de
Gerard d'Alface , qui vivoit au milieu du onzième
fiécle , & dont ils defcendent.

(1) C'eft de la perte de la bataille de S. Quentin
en 1557. dont il eft ici parlé. On avoit rompu la
tréve fignée , jurée , & ratifiée pour cinq années en
1556. Tout le Confeil vouloit qu'on la gardât : mais
le caractere inquiet & remuant du Duc de Guife &
du Cardinal de Lorraine l'emporta fur les fages avis
des Miniftres. L'on envoya des troupes en Italie
fous la conduite du Duc de Guife , pour fecourir
le Pape Paul IV. qui fe moqua de nous,& fit fa paix

particuliere avec l'Efpagne , contre la parole qu'il
nous avoit donnée. On rompit la tréve du côté des
Païs Bas , fans avoir un affez gros corps de troupes.
Nous fûmes battus le jour de la fête de S. Laurent ;
ce grand Saint, qui étoit Efpagnol, favorifa fes Com-
patriotes à notre préjudice. Nos plus habiles Generaux furent faits prifonniers ; S. Quentin fut pris
d'affaut , auffi bien que plufieurs autres Villes. On
rappella d'Italie M. de Guife ; il revint & prit Calais. Enfin on fit la paix de Catteau-Cambrefis , en
1559, paix peu avantageufe. Nous voilà bien avan-
cés de revenir fort délabrés , au point d'où nous
étions partis. Mais nous avions befoin de cette
paix , quelque mauvaife qu'elle parût. Et malheureufement les Guifes femerent la difcorde dans le
Royaume , en commençant à attaquer les Huguenots à contre-tems. Henri II. mourut , & les Lorrains fe rendirent maitres du Gouvernement fous

vouloient retenir par force le lieu (1) qu'ils avoient usurpé par leur audace, faisant jurer quelques-uns des Etrangers (entretenus néanmoins des deniers de France) de marcher au commandement du Seigneur de Guise.

En après, Sire, il vous peut apparoir de quelle affection ils ont esté poussez pour prendre le maniement de vos affaires, en ce que dernierement ils ont voulu soustraire de la Couronne de France la Souveraineté du Pays de Barrois (2) pour en enrichir le Duc de Lorraine : ne tendant à autre fin qu'à affoiblir vos forces, pour puis après faire ce dont quelqu'un des leurs s'est osé vanter, à sçavoir, qu'il ne tenoit qu'à M. de Guise son frere, qu'il ne se faisoit Roy de France. Et de faict, Sire, le changement qu'ils ont commencé à faire des Gouverneurs de vos Villes frontieres & autres Places fortes, pour y en remettre d'autres, faits de leur main, a bien fait penser à vos Subjets, que de longue main, ils se vouloient préparer le chemin pour parvenir à leur intention, mesme quand les Charges de plus grande importance, tant par mer que par terre, ont esté mises entre les mains d'eux-mesmes & de leurs Serviteurs.

Ce qu'on peut encore plus aisément cognoistre par les grands amas d'argent qu'ils ont faits, & qu'ils ne peuvent nier avoir desrobé de vos deniers. Car depuis qu'ils manient vos affaires, Sire, les Tailles ont esté redoublées, les Impositions & Gabelles extraordinaires sur le sel, bleds & vins, les emprunts plus grands qu'ils ne furent onques, mesme du temps des plus grandes affaires. Tellement que vos pauvres Subjets, qui avoient tant souhaité la paix, pour l'esperance du repos qu'elle leur debvoit apporter, la trouvent aujourd'hui plus intolerable que la guerre. Et mesme on sçait que beaucoup de Villages, sur tout en la Normandie, demeurent inhabitez, parce qu'hommes, femmes & enfans, ont esté contraints d'abandonner leurs maisons à cause des exactions si grandes. Neanmoins on voit le nombre d'argent infini, qui a esté recueilli, n'estre employé pour vostre service & le soulagement de vos affaires : veu que tant vostre Gendarmerie, Infanterie, Cavalerie legere, qu'Officiers de vostre Justice, & autres ont demeuré long-tems & demeurent encore pour la pluspart sans estre payez, & vos debtes sans estre acquitées. Pour autant, Sire, s'il plaist à Vostre Majesté de faire oüir tous les
Comptables,

François II. & ce fut là source de tous les malheurs qui affligerent cette Couronne.

(1) Ils croyoient avoir raison, les bonnes gens ; quand on ne sçavoit être le premier, il faut du moins chercher à être le second ; & le second en France vaut bien le premier des autres Etats. Ils ne l'ont que trop fait connoître pendant près de trente ans, qu'ils se sont trouvés à la tête des affaires, ou qu'ils ont cherché à s'y mettre.

(2) Que de mouvemens les Princes de la Maison de Lorraine ne se sont-ils pas donnés pour posseder le Barrois en pleine Souveraineté. Ils l'ont fait sous Charles VIII. François I. Charles IX. & Henri III. & tout leur pouvoir a toujours trouvé un obstacle invincible dans le Parlement de Paris. Et le Duché de Bar est resté un Fief de la Couronne. Et quand les Ducs de Lorraine ont fait difficulté de se sou-

mettre à la foi & hommage, à l'instant le Duché a été saisi & mis en la main du Roi. On en peut voir les preuves dans l'histoire, & les actes s'en trouvent en grand nombre dans les manuscrits de Messieurs du Pui. Ce Duché a toujours ressorti au Parlement de Paris. Les Guises voyant donc, qu'ils ne pouvoient s'étendre vers cette partie de la France, porterent leurs vües d'un autre côté. Le Cardinal de Lorraine, administrateur temporel de l'Evêché de Metz, démembra plusieurs terres de son Evêché ; pour en favoriser le Duc de Lorraine, chef de sa Maison, & commit encore plusieurs autres malversations expliquées dans les Pieces imprimées ci-dessus. Et l'histoire ne produit malheureusement que trop d'actes, qui prouvent jusques à quel point ils ont porté leur mauvaise intention contre nos Rois & & contre cet Etat.

Comptables, qui ont eu & ont encore le maniement de vos finances, vous pourrez appercevoir les larcins innumerables que lesdits de Guise journellement commettent en l'Etat de la Superintendance d'icelles.

Et parce qu'ils n'estimoient rien tant contraire à leur ambition, qu'une bonne justice observée en France, ils se sont du tout estudiez à renverser l'autorité des Cours de Parlement, & mesme de celle de Paris : laquelle néanmoins a esté de tout tems honorée & entretenuë par les Rois vos Predecesseurs, comme le principal lieu de leur domination. Tellement qu'eux voulant avoir tous les Officiers de vostre Justice à loüage, pour ne dire, ne faire, que ce qu'il leur plairoit, ordonnant Commissaires à leur fantaisie çà & là, & leur donnant congnoissance de telles causes, qu'ils veulent ; bref renversant tout ordre jusqu'ici observé : il y a grand danger, Sire, qu'à l'endroit des Estrangers, & de tous ceux qui ne cognoissent vostre bonté naturelle, ils ne vous acquierent quelque note de cruauté.

Davantage, Sire, ne se contentans d'avoir mis une telle confusion en France, l'ont voulu estendre plus loin : se faisant causes de tous les troubles qui sont à présent en vostre Royaume d'Ecosse (1), par leur audace intolerable; & rejettant toute occasion de bon accord & tranquillité, ont aliené de Vostre Majesté les cœurs de plusieurs Princes Estrangers : chose qui pourroit à l'avenir apporter grand dommage à vostre Royaume.

En somme, Sire, on a toujours veu & experimenté que leur ambition a produit une extrême avarice, laquelle a esté cause des injustices & oppressions, dont ils ont affligé vostre pauvre Peuple : ce que le feu Roy commençant à cognoistre sur la fin de ses jours, étoit prest de les dechasser d'auprès de sa personne, si la mort lui en eust donné le loisir.

Et nous, Sire, n'ayant peu jusqu'ici faire entendre ces choses à Vostre Majesté, eussions grandement desiré d'avoir maintenant le moyen, non-seulement de faire ample preuve de ce qui est ici contenu, mais aussi produire autres choses concernans ce mesme faict : nous estimans très heureux, si par la presente remontrance nous obtenions audiance & permission de déclarer au long ce que nous avons à en dire. Mais puisque nous voyons que leur cruauté contre nous, & principalement contre ceux qui sont prisonniers (2) pour ce faict, s'en aigrit de plus en plus, & qu'ils ne permettent aucunement que ceste cause parvienne jusques à vos oreilles, s'en voulant faire juges & parties: nous ne pouvons faire autre chose, sinon déclarer à Vostre Majesté, que nous les tenons pour vos ennemis, & de tout vostre Peuple. Vous suppliant très-humblement, Sire, n'avoir opinion que ce qui a esté faict, & se fera

cy

(1) On voit par cet endroit que ce Mémoire fut dressé pour le Roy François II. qui avoit épousé Marie Stuart, Reine d'Ecosse, leur parente ; & ils n'ont rien épargné pour jetter aussi ce Royaume dans dans le trouble & dans la confusion.

(2) C'étoit sur-tout le Prince de Condé, que les Guises avoient résolu de faire mourir par les formes de la Justice ; parce qu'ils haïssoient extrèmement cette branche de Bourbon, qui étoit un terrible obstacle à leur ambition.

Aa 2

cy après (1) contre leur tyrannie, s'addreſſe contre Voſtre dicte Majeſté;
quoiqu'ils taſchent à le vous perſuader,
& vous faire accroire que tous ceux
qui s'en meſlent, ne pretendent à autre fin qu'à introduire quelque nouvelle Religion. Car combien qu'entre
ceux qui ſe ſont eſlevez contre eux,
il y en ait qui déſirent vivre ſelon la
Reformation de l'Evangile, comme
meſme aucuns vous en ont requis,
eſtants amenez devant Voſtre Majeſté:
neanmoins ceſte ſeule cauſe ne leur
euſt faict jamais prendre les armes,
s'il n'y euſt eu une cauſe civile & politique, qui eſt l'oppreſſion faicte par
eux de Voſtre dicte Majeſté, Eſtats,
Loix & Couſtumes de France. Et de

faict, comme Dieu recommande la patience au faict de la Religion; auſſi
veut-il que les Subjets prennent peine
de conſerver la grandeur de leurs Princes, & maintenir les Loix & Couſtumes de leurs pays (2).

Sur quoi, Sire, nous voulons réi-
terer ce que nous avons proteſté dès
le commmencement, à ſçavoir, que nous
voulons demeurer perpetuellement vos
très-humbles & très-obéïſſans Subjets
& Serviteurs: N'ayants prétendu autre
choſe en ce faict ici, ſinon que ce fuſt
une preuve perpetuelle à toutes les Nations de la Terre, combien les François ſont affectionnez à leur naturel
Prince, & combien ils craignent de
tomber ès mains des Eſtrangers.

(1) Ces menaces eurent enfin leur effet par la mort
de François Duc de Guiſe, tué devant Orleans en
1563. par Poltrot de Meré. On fit même courir
des Vers, où ces menaces ſont répetées.
Autant que ſont de Guiſars demeurés,
Autant a-t'il en France de Merés.
(2.) Quelque prétexte que préſente cette Requête, on ne ſçauroit s'empêcher de revenir au
principe établi par le droit public & invariable de
toutes les Nations, qui défend aux Subjets de prendre les armes pour quelque cauſe que ce ſoit, ſans
une commiſſion émanée de l'autorité légitime; au-

trèment c'eſt crime de leze Majeſté. L'hiſtoire eſt
remplie de faits notables, qui prouvent la verité de
cette maxime, ſoit dans l'hiſtoire ancienne, ſoit
dans l'hiſtoire moderne. Ce n'eſt point ici le lieu de
les rapeller. Les Souverains vont même ſouvent, &
c'eſt un droit inconteſtable, juſques à deſarmer ceux
de leurs Sujets, dont ils ont lieu d'appréhender quelque révolte ou quelque mouvement, contraire à la
tranquillité publique, qui de tous les tems a été
l'objet des déſirs de tous les Peuples; comme c'eſt
auſſi l'attention de tous les Princes, ou des Chefs
de tous les Gouvernemens.

TABLE
DES MATIERES

Contenuës en la Légende de Charles, Cardinal de Lorraine, & de ses Freres, de la Maison de Guise.

A a 3

Bb

P

C c

Fin de la Table des matieres de la premiere Partie.

SUPPLEMENT

AUX

MEMOIRES DE CONDÉ.

SECONDE PARTIE;

OU

LEGENDE

DE DOMP CLAUDE DE GUISE.

CONTENANT SES FAITS ET GESTES ;
depuis ſa nativité juſqu'à la mort du Cardinal de Lorraine :
& les moyens tenus , pour faire mourir le Roy Charles IX ;
enſemble pluſieurs Princes , Grands Seigneurs & autres durant
ledit temps.

NOUVELLE ÉDITION.

Augmentée de pluſieurs notes.

SOMMAIRE

Des Chapitres du préfent Livre.

LEGENDE

LEGENDE

DE

DOMP CLAUDE DE GUISE.

EPISTRE

A TRÉS ILLUSTRE PRINCE

HENRY DE LORRAINE DUC DE GUISE,
Pair & Grand Maiſtre de France (1), Gouverneur &
LieutenantGeneral pour le Roy, en ſes pays de Cham-
pagne, & Brie. Son Seigneur très-clement, V. T. N.
Salut.

J'AY debatu longuement en moy-meſme, *Monſeigneur*,
ſi à vous ou à *Monſieur le Duc du Mayne* (2) *voſtre
frere*, je devois dedier ceſte *Legende* : à cauſe que celuy,
ſous le nom duquel elle eſt faite & compoſée, eſt *Abbé de
Cluny*, & par conſequent du gouvernement de *Bourgongne*,
où Monſeigneur voſtre frere commande pour ſa Majeſté. Que
les principaux-faits, poincts & articles contenus en ceſte Legende,
ſont advenus dans & riere ſon gouvernement, & qu'il eſt bien
malaiſé que la pluſpart d'iceux n'ayent retenti en ſes oreilles. Par
ce moyen, je pouvois m'exempter de la preuve que me pourriez
ſur

(1) Cette Epitre eſt adreſſée à Henri Duc de Guiſe, le même qui fut tué à
Blois le 23 Decembre 1588.
(2) C'eſt le Duc de Mayenne, qui a ſi fort brillé depuis 1588. juſqu'en
1594. ſe trouvant à la tête de la ligue.

A

fur ce demander : car encore qu'elle foit facile à faire, on n'eft
pas pourtant hors de peine, quand il eft queftion de faire une en-
quefte, & principalement d'une telle & fi grande confequence,
que la gravité de cefte matiere merite.

Ce n'eft pas peu de chofe de vous faire acroire, & prouver
quant & quant, qu'un, duquel vous croyez eftre nepveu, ne vous
foit aucunement oncle, un qui fe dit eftre de voftre fang, foit iffu
d'un lieu le plus bas & fordide, qu'il eft poffible de penfer, entant
que le pere de fon pere, eftoit maiftre fy fy, en Bourgongne : fon
Pere naturel eftoit Palefrenier, & fes freres (s'ils ne font morts
puis n'agueres) bourreaux ou executeurs de la haute juftice, l'un
en la ville de Langres, & l'autre à Dole.

Ce n'eft peu de chofe de prouver que ce monftre ait tant de fois
trompé feu monfieur le Cardinal de Lorraine, voftre oncle, & des
fubtilitez & horribles actes qu'il a commis, pour luy faire acroire qu'il
luy eftoit frere. Par le moyen de fes fuppofitions il a fi bien fait, que de
fils d'un Palefrenier, arriere fils d'un maiftre fy, fy, & nepveu du
bourreau de Langres, il fe dit autentiquement fils de ce bon Duc de
Guyfe (1) voftre ayeul, paternellement frere de ce grand Capitaine
le duc de Guyfe (2) voftre pere, auffi frere de feus les Cardinaux de
Lorraine, & de Guyfe, frere des duc d'Aumalle, grand Prieur de
France, & Marquis d'Elbeuf vos oncles, & par confequent oncles
d'un grand Maiftre de France le Duc de Guyfe, oncle du Cardinal de Guyfe, & oncle du Duc du Mayne vos freres. Il eft bien
fi impudent, que quand il parle des Roys, Princes & Princeffes,
il tranche ce mot feu la Royne d'Ecoffe ma fœur, voftre tante, &
du Roy d'Efcoffe, il l'appelle fon petit nepveu, & pour le regard
du Duc de Lorraine & de meffieurs fes enfans, fe lui font autant de
                                                        nepveus

(1.) Claude de Lorraine Duc de Guife mort en 1550.
(2) François de Lorraine Duc de Guife tué au fiége d'Orleans en 1563.
par Poltrot.

nepveus & arrieres nepveux. En voftre prefence, je croy bien qu'il ne tient tel langage, vous fauriez bien auffi le relever ; mais envers fes inferieurs, il parle & enfle encore plus fort fon ftile.

Je ferois bien marri de détefter fa petiteffe & abjection, voire quand elle feroit encore plus petite, pourveu qu'elle fuft accompagnée de modeftie, vertu & honnefteté, auffi que tous les parens des Roys ne font pas Roys. Mais quand il n'y a rien de tout cela en l'Abbé de Cluny, quelle raifon y a-t-il de peflemefler fa fordide confanguinité avec la voftre ? d'un fils de Palefrenier, fe faire recognoiftre pour fils d'un Prince ? eftre nepveu d'un bourreau de Langres, & s'ofer qualifier nepveu du feu Duc de Lorraine ? nepveu d'un bourreau de Dole, & fe dire frere & oncle de deux grans Maiftres de France, qui eft feu monfeigneur de Guyfe, voftre pere & vous.

Affeurement le cœur me fend d'entendre telles chofes, & de voir ainfi voftre fang pollué, par une fi mefchante & depravée creature, & qu'il faille, que les ennemis de voftre grandeur & profperité ayent de quoi rire fur la proximité & parentage, que cefte illuftre maifon de Guyfe entretient avec un nepveu du bourreau de Langres. Et qu'un Duc de Guyfe ou Duc du Mayne, honore ce villain & puant monftre, jufques à l'appeller leur oncle. Encores quand vous auriez quelque pretexte pour faindre de l'ignorer, je ne faurois que dire. Mais tous ceux qui favent comment & par qui, il a efté engendré, favent que vous favez toute fa deconvenue, & qu'il eft autant poffible que voftre ayeul luy foit pere, comme vous eftes pere du Palefrenier fon pere : en quoy Monfieur, vous & les voftres eftes inexcufables, d'avoir jufques icy laiffé piafer ce paillard, ne plus ne moins que s'il eftoit yffu de ceft Antique Guyfard voftre grand pere. Pour beaucoup moindre fuppofition, Martin Guerre (1)*, par arreft*

de

_____

(1) *Martin Guerre.*] Il y eut un grand procès à Touloufe au milieu du XVIᵉ fiécle au fujet d'un faux Martin Guerre, qui fe fit croire le veritable Mar-

A 2

de la Cour de Parlement de Thoulouze , fut condamné d'eſtre pendu
& eſtranglé , quiconques par la loy ſuppoſe generation au Prince , ſi
c'eſt un fils , il doit eſtre degradé de ſa principauté , & celuy qui l'a
ſuppoſé bruſlé & ſon corps reduit en cendres : ſi c'eſt une femme qui ait
fabriqué la ſuppoſition , elle doit eſtre noyée. Je confeſſe bien que la
mere ou la tante de noſtre Abbé compoſerent la premiere ſuppoſition ,
ſelon que vous verrez par ceſte Legende , & partant dignes des
peines de la Loy. Mais le luſtre de la ſuppoſition , auctoriſation
d'icelle , deſguiſemens , & ſuppoſitions ſur ſuppoſitions , avec infinies fauſſetez ſur ce intervenues , pour abuſer & esblouyr les yeux
du Cardinal de Lorraine , tout cela a eſté demené par l'artifice &
dol de l'Abbé de Cluny , tellement que la Loy le regarde , non ſeulement comme fauſſaire , mais comme criminel de leze Majeſté.

Tout cela (Monſeigneur) ſeroit encore peu , ſi la vie de ce malheureux n'eſtoit ſi deteſtable. Par ceſte Legende vous n'y verrez que
larrecins , concuſſions , pilleries , venins , empoiſonnemens , fabrication de fauſſe monnoye , rançons , meurtres , & les plus horribles crimes , deſquels jamais on a ouy parler. Il y a tantoſt trente cinq ou quarante ans , que je fais profeſſion de la juriſprudence , & par tous les
Parlemens de ce Royaume , j'ai eu ceſt honneur de communiquer ,
ſonder , & diſputer avec ceux de ma robbe , des crimes & delits des
plus criminels qui ayent eſté jugez ès Cours ſouveraines : mais il ne
s'en treuve point de ſemblable , ne qui approche à la milleſime des
crimes de S. Niquaiſe. Il y a bien peu de maiſons ſignalées en France , où ce monſtre n'ait fait bailler quelque trait de ſon meſtier : il n'y
a maiſon en Maſconnois , de laquelle (s'il ne l'a deſtruite de fond
en comble) il n'ait tiré , tant par tyrannies , qu'autres illegitimes
pratiques , le verd & le ſec. Bref il a miſes tout à blanc les princi-
                                                              pales

tin Guerre. Le veritable étant revenu , le faux fut condamné par Arrêt du Parlement de Touloufe. Nous avons cet Arrêt imprimé avec un Commentaire
aſſez curieux , par Jean Coras.

pales de Cluny, c'eſt un horreur, que des volleries, larcins & pilleries, qu'il y exerce chacun jour.

L'intention de ceux qui ont baillé les inſtructions & memoires,
n'eſtoit pas pour dreſſer ceſte Legende, mais pour faire une requeſte
au Roy, une à ſa Cour de Parlement, & l'autre à Monſeigneur
le Duc du Mayne, pour implorer & obtenir le ſecours alencontre
de ce malheureux, ſelon que la juſtice le requiert, avec ces memoires & inſtructions, ils avoient pluſieurs informations. Là deſſus je
conſideray, que ſi le Prince & la Cour ſouveraine, avoient quelque notice de ſes innumerables crimes & delits, ſeroit à craindre
qu'on ne vous en ſceuſt mauvais gré, comme celuy qui par raiſon
eſtes, ou devez eſtre reſponſable d'un tel garnement. Car il ne
porte pas le nom ny la marque du Palefrenier ſon pere, il porte le
meſme ſurnom que vous portez, voire voſtre grand pere ou ayeul
avoit nom Claude, l'Abbé s'appelle auſſi Claude, il eſtoit Duc de
Guyſe, le fils d'un Palefrenier ſe nomme Claude de Guyſe, les
meſmes armoiries & ſous meſmes blazons, ce baſtard nepveu du bourreau de Langres les porte: il eſt bien ſi glorieux & ambitieux, que
ſi vous eſtiez mort, & Meſſieurs vos freres, je croy que il ne feroit
difficulté aucune de ſe qualifier Roy de Jeruſalem & de Sicile. Ainſi
donques, conſiderant l'autentique ſplendeur de vos armoiries, j'ai
penſé que ſi une Cour ſouveraine venoit à donner arreſt ignomi-
nieux alencontre de luy, ce ſeroit d'autant fleſtrir & alterer le luſtre
d'icelles, non pas que les meſchans ſoyent rien aux bons : mais il
ne ſe pourroit faire, que toujours l'arreſt ne vint à ſonner ce nom
de Guyſe: puis ſur la degradation des armoiries, ce nom de Guyſe
feroit toujours mis en butte, & quelque grand Seigneur que puiſſiez
eſtre, ou faveur que puiſſiez avoir, dans le papier rouge ce nom
de Guyſe demeureroit inſcript durant la memoire des hommes : Tellement que meu d'une très-juſte douleur, je pratiquay de telle
ſorte, pour l'honneur & reverence que je vous dois, que je di-

A 3   verty

verty ces pourfuivans, *de faire aucune requeſte*, *& ſe contenterent de ceſte Legende*, *en laquelle encore je n'ai voulu mettre la di-xieſme partie de ceque portoyent les memoires*, *& retranchay tous les autres crimes & delits*, *qu'il a commis depuis la mort du Car-dinal de Lorraine*, *juſques au premier jour du mois de Juin, en la preſente année mil cinq cens quatre vingts & un* : *mais ç'a été à la charge, que j'ai promis à ces povres pourſuivans, qu'avenant qu'il ne vous pleuſt pourvoir à leur commiſeration*, *à mes propres deſ-pens, je dreſſeray leurs requeſtes, ou bien je paracheveray en deux ou trois tomes, le ſurplus de ſa Legende. Vous ſçavez, Monſei-gneur, que je ſuis perſonne publique, & qu'en ſaine conſcience je ne puis refuſer de ſervir les parties, qui me fait vous ſupplier, prevenir le mal & honte, qui en pourroit advenir.* (1)

Il me ſemble (ſous meilleur advis toutesfois) que feriez beau-coup pour luy, de le releguer en quelque Monaſtere ou Abbaye, au pays de Bavieres, là où le Prince, qui appartient aux voſtres, pour amour de vous, le fera recevoir très-volontiers, c'eſt à faire à une prebende monachale. Ce traitement (quand tout eſt dit) eſt bien gracieux, au reſpeᶜt d'un milion de maleſices qu'il a faits, j'en-tends ſur toutes choſes qu'il ne ſe ſurnommera plus de Guyſe, & ſe tiendra pour degradé du nom & armoiries de voſtre maiſon. Et avant ſa relegation, il reſtituera par effets les deniers, concuſſionez & tyranniquement exigez de ſes ſujets de Cluny. Et s'il advient que ſes deniers & meubles ne ſoyent baſtans pour convertir & em-ployer à icelle reſtitution, vous ferez, s'il vous plaiſt, que les de-niers du revenu du temporel de l'Abbaye de Cluny, ſeront deſtinez durant huit ou dix ans, (2) à l'aquittement des deniers

ainſi

---

(1) Je n'ai pas de connoiſſance qu'il y ait eu aucune procedure à ce ſujet ; &c. cependant la ſuite de la Legende n'a point paru, Claude Guiſe eſt reſté Abbé de Cluni depuis 1574 juſqu'en 1612. comme on l'a vû dans l'Avertiſſement.

(2) Les Guiſards, gens avides du bien d'autrui, n'étoient point capables d'une aᶜtion auſſi noble & auſſi genereuſe que celle qui leur eſt ici propoſée.

ainſi exigez. Si vous faites cela, vous ne nettoyerez ſeulement le
pays du Maſconnois d'une peſte très dangereuſe, mais par toute la
France il ſera parlé, de quelle conſcience droite vous deſirez marcher.

Vous n'ignorez pas, Monſeigneur, qu'encore que le maſſacre de
la Saint Barthelemy, vous ait acquis des ennemis infinis, ce neantmoins le tems peu à peu couvre la memoire d'un ſi malheureux exploit. Il le fuſt bien eſté davantage, ſans ce monſtre infernal; car
depuis que ſes empoiſonnemens ont commencé à élider par la France,
& qu'on a veu qu'avec une licence effrenée il faiſoit tant de maux,
que c'eſtoit un gouffre inſatiable. Alors chacun a commencé à mur-
murer contre vous & ceux de voſtre maiſon, plus que jamais, diſans, ne ſera-t-il jamais fait? Ceſte maiſon de Guyſe ne ſe con-
tente-t-elle point, d'avoir déja par trois ou quatre fois deſtruit ce
povre Royaume, ſans qu'il faille que ce nouveau monſtre, fils de
putain, vienne ainſi nous mettre en deſolation? Serons-nous toujours opprimez de ceſte maudite race? Ces Tigres veuillent-ils
ſans ceſſe nous fouler aux pieds? Sera-t-il dit que les eſtrangers
ſupplantent ainſi les bons & ſujets naturels du Royaume? Les autres qui ſont un peu plus libres de parole alleguent, qu'apertement
ceux de Guiſe n'oſent jouer des grifes pour en avoir, & qu'ils
font jouer les jeux à ce voleur, qui ne leur ſert que de maquignon
ou courtier à faire les brigandages, larcins & voleries, que vous
verrez par ce traitté. Ils ſement bien encore de plus horribles bruits,
& que j'eſtime eſtre du tout faux, c'eſt qu'il eſt impoſſible, que la
pluſpart des empoiſonnemens mentionnez en cette Legende, n'ayent
eſté donnez à l'inſtigation & pourſuite de ceux de voſtre maiſon,
juſqu'à dire que vous meſme y avez preſté voſtre conſentement.
Voila pas un bel honneur? voila pas une belle reputation, que
vous acquerez par le moyen de voſtre oncle, de S. Niquaiſe?
Ceux qui vous ſont affectionnez & du nombre deſquels je ſuis, en
rougiſſent de honte. Le malheureux eſt bien ſi impudent, qu'il ne
ſçait,

ſçait, ny ne veut ſçavoir l'importance d'une telle honte, le front m'a ſué de deſtreſſe, toutes les fois que j'ai rencontré par les memoi-res de telles mixtions & potions venefiques, & qu'il n'a point eſté en moy de les pouvoir biſer, comme j'euſſe bien deſiré. Mais lors & quand je l'ai voulu faire, on m'a eſclairé de ſi près qu'on m'a dit, que ſi je ne ſuivois le fil du texte des inſtructions, qu'on y feroit mettre la main à un autre, qui eſtoit toute ma crainte ; car ſi un autre euſt legendé ceſte Legende, elle fuſt eſté confite entiere-ment de telles mixtions : j'ai fait en ſorte neanmoins, que je vous ay toujours retiré de ce party, tant qu'il m'a eſté poſſible, encore que les memoires vous y enveloppent plus qu'il ne ſeroit à deſirer.

Peut-eſtre vous faites-vous acroire, que chacun n'a pas notice ny cognoiſſance de la vie de ce monſtre, vous vous abuſez, Mon-ſeigneur, car s'il vous plaiſt prendre la peine de vous enquerir de tous les Eveſques & Prélats de la Province & Gouvernement de Bourgongne, voire juſqu'au moindre Beneficié de tous les Dioceſes, qui ſont en iceluy, ils vous teſmoigneront tous, que voſtre oncle l'Abbé de Cluny eſt le plus meſchant & malheureux perſonnage qui naſquit onques de mere, ſi vous vous informez de Monſeigneur le Grand, Lieutenant General en la Province de Bourgongne, & generalement à tous ceux de la Nobleſſe, principalement de meſſieurs de la Guiche, Baron de Senecé, de Monfort, S. Sar-uyn, Rochebaron, Salornay, de Pradines, Tremont, Cormatain, Varenges, & autres Gentilshommes ſes voiſins, ils vous diront tous, que voſtre oncle de S. Niquaiſe ne vaut rien, en quelque ſauſſe que puiſſiez l'habiller, mais une peſte, & totale ruine pour le pays. Je n'ay voulu produire pour teſmoin le Seigneur de Piſay, encore qu'il ſoit Gentilhomme d'honneur, à cauſe qu'il eſt ſuſpect à ce monſtre : ceſtuy-là s'il vouloit, fourniroit bien de plus amples memoires pour farcir ou decorer cette Legende ; il ne l'a point fait, ny voulu faire, afin qu'on ne die (comme je croy) qu'il en

veuille

veuille parler d'affection. Mais pour vous rendre cause de sça-
voir ces larcins, brigandages, concussions & pilleries, prenez un
par un tous ceux du Tiers estat, vous n'ouïstes jamais parler de
si horribles & monstrueux actes qu'ils vous en diront. Pour le
regard des Officiers du Roy au pays de Masconnois, ils vous
diront toujours que S. Niquaise peut bien vous remercier, singu-
lierement le Duc du Mayne : car sans cela vous auriez des infor-
mations à pleines charretées, à l'encontre de ce loup blanc. De là,
Monseigneur, vous pouvez bien penser que si vous faites le sourd,
& passez legerement pardessus tant de plaintes : Je voy la maison
de Guise plus mal renommée qu'elle ne fut onques : car au lieu que
ceux de la Religion sont si mal édifiez de vous, je voy en cecy,
si vous n'y pourvoyez, du tout esclatter les Papistes.

Le Duc du Mayne pour certain, a acquis un los qui n'est pas
petit, en la modestie & civilité qu'il a observée en ses dernieres
guerres, non seulement des Huguenots, mais aussi des Papistes.
Je prevoy, Monseigneur, toute cette gloire perduë, s'il n'a l'œil
à y remedier comme il appartient : il le pourra faire, en faisant
que son oncle, si oncle se doit appeller, ne soit plus veu des hommes,
à tout le moins en son Gouvernement de Bourgongne.

Nos Rois ont été de tout temps si amoureux de la tranquilité
bien & soulagement de leurs sujets, qu'ils ont toujours recommandé
à leurs Gouverneurs & Lieutenans generaux en leurs Provinces,
de ne les oppresser, ny les molester en façon quelconque : Et quand
il s'en est trouvé qui ait fait le contraire, procez criminel leur a été
fait, & dégradé de leurs Gouvernemens.

Contre un Mareschal de France qui a commandé autrefois au
Gouvernement de Languedoc, du temps de François premier de
ce nom, on fit informer sur ce, que son Sommelier passant par Vil-
lepinte, qui est entre Carcassonne & Avignonnet, contraignit une
femme

B

femme à luy prefter une nappe & une douzaine de ferviettes pour couvrir la table de fon maiftre, & fur ce point quelque Marefchal de France que fuft fon Maiftre, falut qu'il en refpondît, voir fouffrit d'eftre repeté, & après confrontation telle, que fi le Roy n'euft preferé fa débonnaireté à la rigueur de juftice, on avoit bien deliberé, avec d'autres petites particularités, faire fentir au Marefchal, la faute qu'il avoit fur ce faite, & de fait il en perdit fon Gouvernement. (1)

Que fi un tel & fi magnanime Roy eftoit aujourd'huy en vie, & qu'il entendift que non pas un Sommelier, mais un oncle d'un Gouverneur de Bourgongne, contraignît fes fujets, non pas à luy prefter une nappe ou ferviettes, mais à vuider leurs bources, y defrober & prendre par force & violence tout ce que bon luy femble, faccager, piller & ravir leur beftial, meubles, papiers & acquits, pour leur faire repayer une mefme debte, les battre, outrager & meurtrir. Je vous laiffe à penfer, que feroit là-deffus la majefté d'un tel Prince, il feroit mettre in pace Sainct Nicaife, & fon Gouverneur degradé de toute authorité & gouvernement.

L'esbahiffement que j'ay en cecy, c'eft, comme il fe peut faire que le Duc du Mayne, qui eft un Prince tant bien né, a fait l'aveugle, le fourd, & l'ignorant de la vie de fon oncle, fi doit-il bien penfer que quelque bonne mine que la Nobleffe de Bourgongne luy faffe, elle ne prend gueres en gré la tyrannie & vie monftrueufe de cet oncle.

Si j'euffe peu dedier cet Ouvrage au Duc du Mayne, j'avois

(1) Antoine Deſprés Montpeſat, qui fut fait Gouverneur de Languedoc en 1536. après Anne de Montmorenci, Il devint Maréchal de France en 1543. & mourut en 1544.

vois bien deliberé ne luy rien pardonner de la connivence qu'il fait en cette affaire: mais vous estes son aisné & si bon frere, que vous aviserez ensemble, de reparer la bresche que ce monstre fait à vostre reputation. D'autre part, j'auray assez de loisir d'en dire mon advis, sur la Preface ou Epistre liminaire du second Tome, advenant que je soye contraint d'y mettre la main. Je vous supplie, Monseigneur, faire qu'on n'en puisse dire, ny escrire davantage que ce qui est écript & deduit en ceste presente Legende. Faire vous le pouvez: car si dans deux ou trois mois après la publication d'icelle, vous l'envoyez avec sainct Barthelemy au pays de Bavieres, j'imposeray silence à nos poursuivans, & ferez cesser les cris & gemissemens d'aucuns bons Religieux de de son Abbaye: qui poussent bien à la roüe pour mettre en lumiere le reste de notre Legende: mesmement des larcins qu'il fait de nouveau sur ces Religieux, de son entrée qu'il fit en la ville de Cluny, d'une putain de Nonain nommée madame de Sainct Jacques, qu'il a toujours tenuë à pot & à feu, jusqu'à la prise de Lordon. Telles que de toutes les Abbayes qui sont en France, n'en y a pas une qui soit reduite sous une si piteuse & miserable servitude: Elle chantera le sale, vilain & miserable train de ce belistre de la Cour, son chambrier, son maquignon, son incestueux, & le plus depravé Religieux qui porta onques froc, elle parlera d'un Guillaume Josserand, du fils de Claude Dameret: d'un nommé Domp Baptiste Pernix: du seigneur de Razé: de Jean Mignot, dit la Noix: d'un Godemynon, tué par Quentin Belot: & Quantinet en la commune des habitans de Bassy: de Baudinot, tué à Paris en la rüe des Maçons, du Colombier, biens & heritages qu'il a osté par force & violence à maistre Jacques Moland, Advocat au Bailliage de Mascon: oppression & violence faite au Lieutenant de Prayes, à Decret, Barthelemy le Goy, du Char: à mon-
sieur

B 2

sieur l'Advocat de Chastillon : meurtre commis à la personne de son frere : aux dismeurs de S. Sorlin : mariages forcez pour loger ses estafiers : les oppressions, tyrannies & concussions n'agueres faites aux habitans de Masilles, à ceux de Lordon, à ceux d'Azé & Champagnes, Riseroles, Esnes, Perrosne, Veriset, Clessé, Igé, Doumange, Blanost, Bauge, Berzé, Vaulx sur Esnes, sainct Mauris, Layse, Sathonay, la Salle, Hurigny, Quaintaines, Scisse, Chivignes, Fleurevile, sainct Albain, Huchisy, Farges, Gratay, sainct Pierre de Lanques, sainct Yppolite, Malayo, Confronc, à ceux de Paroy le Monial, à ceux d'Estrigny, Jalogny, Bassy, Flagy, & plusieurs autres lieux : ce qu'il a fait au Seigneur de Varenges puis nagueres, au Seigneur de Pradines, au Seigneur de Sigy, la derniere volerie qu'il a fait faire à Messieurs les freres Dagoneau de leurs papiers, par un nommé Robert Picart, dit Janot, par le moyen de laquelle les heritiers du sieur Jean Dagoneau sont aujourd'huy destruits, la piperie qu'il a faite à maistre Gabriel Guttery, à Simonin, de Douzy, à Mignot de Verzé, à la maison de George de Faux, aux Papes de Cluny, à Filloux, à Fournier, à Philibert Goneau de Triuy, à Vincent Bernier, à Decret, à Dame Sibille Cotte, vesve de feu sire Jean Pennet, à Claude le Pape, à monsieur le Thrésorier Borbon, & à des Planches. Et déja sont allé à Paris, certains personnages, en déliberation de n'en partir jamais, qu'ils n'ayent presenté requeste au Roy, & à la Cour Souveraine, tant en leurs noms, qu'aux noms des dessusdits, ou bien de faire imprimer le second Tome, qui à la verité sera farcy d'une infinité d'autres empoisonnemens, meurtres, assassins, voleries, & les plus horribles crimes qui ayent jamais esté commis entre les hommes, tous lesquels crimes ont été perpetrez riere & dans le Gouvernement de Monsieur vostre frere, & tous les interessez & offensez offenfez font fujets du Roy, demeurans & refidans dans iceluy Gouvernement, la plufpart defquels ont des parens & amis pour fe faire ouyr envers Sa Majefté. Eftimez - vous que l'Advocat Moland vouffft endurer, que ce brigand de Sainct Martin, fous l'aveu de ce baftard, luy ait fait une telle fupercherie? ravy un droit de Seigneurie qu'il avoit en fon Domaine de la Cras? Nenny! Car il appartient à un des plus fignalez des finances de ce Royaume, qui eft aujourd'hui Thréforier de l'Efpargne (1). Déja a-t-il fait convenir en cas de nouvelleté & trouble au Bailliage de Mafcon, ceux qui fe font immifcez en fon Colombier. Entre autres vous avez quatre ou cinq Advocats à Dijon, & un de robbe longue à Paris, qui font natifs de Paroy le Monial, & prochains parens de ceux, les filles defquels le baftard de Sainct Niquaife fit violer dernierement par ceux qu'il y fit mettre en garnifon fous la conduite du Sieur de Villauneufs, & du voleur de Sainct Martin. Tout ce que je puis fur ce faire, c'eft de faire fufpendre la pourfuite qu'on veut faire en Cour, fur la prefentation defdites requeftes, ou impreffion du fecond Tome, comment déja je vous ay fait entendre.

(1) *Pierre Moland* étoit Tréforier de l'Epargne. Le Duc de Mayenne par fes Emiffaires lui enleva quatre cens mille écus d'or, fomme alors très-confiderable, que Pierre Moland tenoit cachée, dans le tems qu'il refufoit de modiques fecours au Roy, qui le fit même arrêter prifonnier. On faifoit monter ce tréfor à trois cens foixante mille écus en efpeces, fans y comprendre une grande quantité de vaiffelle d'argent, de pierreries & de bijoux d'or. Moland n'en fut pas quitte pour l'enlevement de fes effets, la Ligue pilla encore toutes les terres qu'il avoit en grand nombre en Touraine; & le Roi le rançonna de trente mille écus. Telle eft la conduite de ces Tréforiers, ils s'imaginent que l'argent du Roy & de l'Etat leur appartient, quoiqu'ils n'en foient que les dépofitaires. Quelques petites procedures criminelles, telles qu'on les a faites à Samblançai, qui fe feroient contr'eux de tems en tems, ne feroient pas hors de propos, & tiendroient les autres en refpect.

B 3

dre. Très-volontiers j'eusse bien voulu particularifer plufieurs autres qui font en la lifte des pourfuivans, mais j'ai trié ceux qu'il
m'a femblé devoir eftre gaignez pour les faire taire : Ce qui
fera facile moyennant qu'il plaife à voftre excellence fuivre le
confeil que je vous ay cy-deffus baillé, & ce faifant, il ne fera
cy-après dit ny efcrit que ce qui eft contenu au traité de cette
Legende.

    Telle qu'elle eft je la vous confacre, mais c'eft d'auffi bonne
volonté, que je fupplie le Créateur vous donner, Monfeigneur,
en très-parfaite fanté, très-longue & très-heureufe vie. A
Paris, ce premier de Juin. 1581.

LEGENDE

LEGENDE

DE

DOMP CLAUDE DE GUISE.

CHAPITRE PREMIER.

Comme & par qui Domp Claude de Guise a esté engendré ; Pourquoy il a esté ainsi appellé, & du temps de sa Nativité.

IL y a environ trente-quatre ans, qu'en la ville de Dijon, la mere de la mere de Domp Claude estoit assez liberale de son honneur, & encore qu'elle fust Presidente, elle se laissoit approcher à l'insceu de son mari (personnage signalé & tres-notable) d'un certain Chanoine de la Saincte Chappelle : qui finalement couvrit la mere & la fille. Or la fille estoit pour lors l'une des plus belles damoiselles de Bourgongne, & de fort bonne grace : toutesfois le Chanoine n'osoit la caresser & servir si souvent comme il eust bien desiré, tant il respectoit la mere, & avoit crainte de luy apprester jalousie. La fille d'autre costé voyant le train de sa mere, & que le Chanoine la faisoit par trop languir, à luy continuer ce qu'il lui avoit appris : vaincuë de son impudicité, s'adressa au Palefrenier de son pere, qui sceut très bien cognoistre la maladie de la Damoiselle. Parquoy postposant l'honneur & crainte qu'il devoit avoir de son maistre, eut telle part & jouïssance de sa fille qu'il voulut, & ainsi le Palefrenier & le Chanoine, serrerent Serre de si près, que l'un ou l'autre, luy enferra un bel enfant dans le ventre : car justement à six sepmaines elle sentit son fruict : dequoy s'appercevant la mere, fit tout ce qu'elle qu'elle peut pour la faire avorter, & en faire une vuidée, qui euſt beaucoup profité, ſi Dieu l'euſt ainſi permis : mais il l'a voulu reſerver pour un fleau de ſes juſtes jugemens envers ſon peuple, ſelon qu'il ſera dit cy après.

Durant le temps de cette inopinée conception & ſentie, de bon heur arriva à Dijon, le bon Claude de Guiſe, Gouverneur pour ſa Majeſté en Bourgongne, aux oreilles duquel, l'Huiſſiere Quartier de Vel maquerelle, fit retentir la bonne grace & parfaite beauté de cette nouvelle enceinte, qu'elle qualifioit pucelle, & digne de contenter un Roy : & pour luy faire trouver la marchandiſe plus appetiſſante & precieuſe, mit en avant pluſieurs & grandes difficultez pour parvenir à l'acheter. Car (diſoit-elle) le pere & la mere la tiennent de ſi court, à cauſe des grands partis qui la recherchent pour avoir à femme, qu'elle ne ſort ni bouge de ſa maiſon. Bref, elle luy en dit merveilles, & rangea ſi bien monſieur de Guiſe, que le meſme jour de ſon arrivée fit un grand feſtin, où le pere, la mere & la fille, furent ſoupper, durant lequel ce bon Duc avoit toujours l'œil ſur cette Damoiſelle, & y trouvant encore plus de ſingulieres beautez, que ne lui en avoit rapporté, l'Huiſſiere, tenta tous les moyens à luy poſſibles pour en avoir ſon plaiſir, monſtrant un viſage à la mere tel qu'elle ſe promettoit (ce qui advint depuis) faveur & proſperité tres grande pour elle, ſa fille, & ceux qui luy pourroient appartenir. Et encores qu'il fuſt très-magnanime Prince, & malaiſé à ſurmonter par aucuns aſſaux de guerre, la beauté de cette jeune enceinte le gaigna entierement, choſe qu'on ne doit imputer à

ce chevaleureux Prince pour puſillanimité : puis qu'il n'eſt le premier, qui commandant aux autres, n'a peu eſtre affranchi de la ſervitude des femmes. Il n'eſt pas ſeul qui ayant exploicté infinis actes belliqueux, a eſté dompté par la beauté d'une femme : Sanſon, Salomon, Hercules, & pluſieurs autres excellens chevaliers y ont bien eſté ſubmis. Pour cette raiſon le Poëte Anacreon a fort bien dit, que les armes, force & vertu de la femme, dépendent de ſa ſeule beauté : duquel j'ai bien voulu ici traduire les vers pour excuſer ce bon Duc.

Nature a departy aux taureaux cornes dures,
Des ongles aux chevaux : des pieds toujours trotans
Aux timides levraux : aux lions ouvertures
Ravageuſes des dents : ſur les fleuves flottans,
Le moyen de noüer aux poiſſons : & par aiſles
Voltiger aux oiſeaux : ſage diſcretion
Aux humains : n'a pas ſceu la donner aux femelles.
Que leur a-t-elle donc donné pour portion ?
Une ſeule beauté pour bouclier & defenſe,
Dont on pouvoit le fer aiſément ſurmonter,
Et rebrouſſer du fer la chaude reſiſtance :
Par cette forme donc femme, peut tout dompter.

Ce qu'a très bien experimenté ce bon Duc : car les tables levées, le bal commença, & le ſeigneur de Guiſe luymeſme dança avec la mere & la fille : mais ce qui le mit en plus grand appetit,

tit, c'eſt que l'Huiſſiere Quartier de Vel, ayant de ce temps-là une voix argentine avec noſtre nouvelle enceinte, le Chanoine eſtalon de la mere & la fille, & autres chantres chanterent des chanſons, fredonnées par l'Huiſſiere & ceſte jeune Damoiſelle, de ſi bonne grace, que le Seigneur de Guiſe n'euſt jamais repos juſqu'à ce que la mere lui euſt accordé ſa fille, c'eſt-à-dire, qu'elle coucheroit avec lui ceſte nuit-là, au logis du Roy. Toute ceſte diligence & deſconvenuë fuſt miſe ſous la conduite & dexterité de l'Huiſſiere, laquelle trouva moyen de faire retirer Monſieur le Préſident & Madame ſa femme, qui après avoir pris congé de Monſieur de Guiſe, emmenerent leur fille, qui emporta los merveilleux de ſes geſtes, de ſon parler, & de ſa beauté, que l'Huiſſiere magnifioit en toutes les façons qui luy eſtoit poſſible. Là-deſſus Monſieur le Préſident ſe couche, Madame la Préſidente luy tire le rideau, après avoir mis ſous ſon oreillier une eſpérance merveilleuſe des belles promeſſes faites par le Seigneur de Guiſe. Le Chanoine d'un coſté, & le Palefrenier de l'autre, s'appercevans très-bien qu'il y avoit pratique en pays, voulurent les retirer à part, la mere dit que l'heure eſtoit impropre, auſſi que l'Huiſſiere ſurvint : qui après leur avoir préſenté un momon de gayeté de cœur, alla reſveiller Monſieur le Préſident, pour le ſupplier permettre à Madame la Préſidente de venir en ſa maiſon voir des Damoiſelles qu'elle luy nomma, ce que luy accorda le Préſident, & menez (dit-il) voſtre fille avec vous, & revenez de bonne heure.

Sur ces entrefaites s'endormit le Préſident, partirent les Damoiſelles, &

de-là tirerent droit au logis du Roy, où après avoir fait collation : conſignerent entre les mains du Seigneur de Guyſe l'infante de queſtion, & par ſes mains meſmes la reprindrent, puis l'interpoſerent au lict, où ce bon Seigneur vint la trouver, & coucha avec elle environ trois heures. A la porte de la chambre l'Huiſſiere tenant un luc touchoit & chantoit tout enſemble, eſclatant mélodieuſement infinis traits, que les doigts & la voix accordoyent ſi bien, que les Gentils-hommes & autres, n'euſſent jamais peu penſer, que ſous ceſte armonie ſe deuſt pratiquer un ſi ſubtil maquerellage. Par le moyen duquel, le Seigneur de Guiſe alloit ſouvent paſſer le temps en la maiſon de Monſieur le Préſident, juſques à ce que la mere luy notifia, que ſa fille étoit enceinte : qu'elle eſtoit en merveilleux ſouci pour cacher ſa groſſeſſe, très-aiſe toutesfois, que le fruit qui en devoit ſortir eſtoit procréé d'un ſi magnanime Prince, pour l'eſpérance qu'elle avoit qu'à jamais il auroit ſouvenance & de la mere & de la fille. Je l'auray (dit-il) telle, Madame la Préſidente, que vous vous en appercevrez, & vous prie de le croire, pour teſmoignage dequoy, je veux, ſoit fille, ſoit fils, que vous les nommiez de mon nom. Eſtraines parmy cela furent departies à la mere & à la fille, qui au bout de ſix mois accoucha d'un beau fils, fut baptiſé, & ſon nom appellé Claude, duquel baptefme, le Seigneur de Guiſe qui s'eſtoit retiré à Ginville, fut incontinent averti, & manda qu'il fut bien traité.

Cependant noſtre Palefrenier voulut aller recongnoiſtre ſa premiere breſche : en laquelle durant ſept ou huict mois, il fit des exécutions & réparations merveilleuſes. Souvent

C   Madame

Madame la Préfidente l'envoyoit au village, où l'enfant eftoit nourry, foit pour fçavoir comme fe portoit la nourriffe, foit comme fe portoit fon enfant : car la nourriffe avoit fi bien efté inftruite, qu'elle l'advouoit pour fien, & le Palefrenier le croyoit auffi, & l'euft toufjours creu, finon que la fœur de la nourriffe lui dit un jour, que l'enfant luy reffembloit, tant du nez, traicts & lineamens de vifage, que des yeux & du front. Le Palefrenier fe foufriant, refpondit, qu'elle fe mocquoit de luy : Non fais, je vous affeure (dit-elle) & m'en rapporte à la nourriffe ma fœur. La nourrice qui jufques alors, ne s'eftoit pris garde à cefte reffemblance, obferva de près le Palefrenier, & trouva que ce que luy en avoit dit fa fœur eftoit veritable : car du vifage du Palefrenier & de Claude, y avoit telle conformité, qu'on n'y trouvoit autre différence, que de la barbe & de l'aage. Si fe repréfenta devant les yeux l'arrivée à Dijon de Monfieur de Guife, & calcul fait du temps d'icelle à la nativité de Claude, trouva que l'enfant ne pouvoit eftre à luy ; d'autre part, quand elle confideroit la vile condition du Palefrenier, ne luy pouvoit tomber en l'efprit, que la Damoifelle fe fuft oubliée jufques-là, que d'avoir eu affaire avec luy, toutesfois comme finette & bien apprife, diffimula ce qu'elle en penfoit. Certain temps après advint que Madame la Préfidente, fon Chanoine, fa fille, l'Huiffiere & Palefrenier, fous couleur de s'aller récréer aux champs, vindrent vifiter la nourriffe, qui leur avoit magnifiquement apprefté la collation, à l'iffuë de laquelle, Madame la Préfidente fe retira en une chambre à part avec le Chanoine, la fille auffi

fe retira en la chambre de la nourriffe, difant qu'elle fe trouvoit mal, fe fit chauffer quelque ferviette au Palefrenier, & la luy apportant fe rua fur elle, fi bien & fi beau, que la nourriffe les trouva l'un fur l'autre : quand elle vid cela, elle penfa tomber à la renverfe, fit figne à fa fœur à l'inftant d'approcher, qui les vid en befogne : n'oferent toutesfois pour l'heure en fonner mot, finon qu'il ne falloit trouver eftrange fi Claude reffembloit au Palefrenier. Courut bientoft un bruit par Dijon, que la fille d'un Préfident avoit vellé : mais perfonne n'ofoit ouvrir la bouche pour la nommer, finon qu'on huchoit le Palefrenier par les rues à gorge defployée, & les petits enfans chantoyent.

Le Palefrenier fe veut faire Mefferre,
Après avoir emply le ventre de la Serre,
Le Palefrenier s'en va fe faire Preftre :
Pour & afin qu'on ne puiffe cognoiftre,
Qu'il eft le pere de ce beau jeune enfant,
Que l'on dit eftre au Guifard triomphant.

Cefte rime & vau-de-ville, fe promena longuement par Dijon, & de fait le Palefrenier fe fit Preftre, & fe retira de chez Monfieur le Préfident, au grand regret de la mere & de la fille, que nous laifferons à part pour retourner au fil de l'hiftoire de Claude.

CHAPITRE II.

Comme Claude fut envoyé à Paris, de la mort de Monfieur de Guyfe, de la recommandation qu'il fit pour ce baftard.

CLAUDE ayant atteint l'aage de cinq ou fix ans, fut envoyé à Paris, en la maifon d'un povre homme, nommé Jean Guiette, qui le nourrift quelques

quelques années, servoit là-dedans d'un touillon de cuisine, c'est-à-dire, à tourner la broche, & hyver & esté, alloit sans chausses ny souliers, si mal vestu, que tous ses accoustremens ne valoyent cinq sols : tant peu de conte on faisoit de ce bastard. A la sollicitation d'une Présidente qui n'estoit point endormie, on le mit au College de Navarre, où il estudia quelque peu, pendant ses estudes, Monsieur de Guyse devint malade, appelle le Cardinal de Lorraine, & entre autres choses luy recommanda Claude, qu'il croyoit estre son bastard, & de ceste maladie mourut le Seigneur de Guyse. Sous ceste recommandation le Cardinal favorisast grandement notre bastard, fit continuer ses estudes, & donna quelques benefices pour son entretenement : dès lors comme ingrat, eut bien-tost oublié l'assistance & nourriture que luy avoit fait Jean Guiette : ne fut jamais tel de l'en remercier : mais au lieu de s'humilier, voulut tailler du grand, & se faire paroistre. Tous ceux qui l'observoient, sinistrement parloient de luy, jusques à dire, que si Dieu ne luy tenoit la main il feroit beaucoup de maux : car il s'adonnoit en ses plus tendres ans, à des friponneries, toutes autres qu'elles ne sont pratiquées par les plus insolens. Entre autres vices qui luy estoyent plus familiers en l'aage de quatorze ou quinze ans, c'estoit de fripper & desrober à ses compagnons peu ou prou, de ce qui leur estoit livré pour leur prébende & portion de vivres, si quelqu'un d'eux avoit de l'argent, il estoit bien caché s'il ne trouvoit moyen de mettre la griffe dessus, tellement qu'on avoit accoustumé, de plustost le regarder aux mains qu'en ses pieds : telle sepmaine a esté, qu'il a esté surpris en sept ou huict larcins, jamais jeune enfant ne fut si menteur comme il a esté, encore que pied à pied on le trouvoit en flagrant délit, il soustenoit tousjours que ce n'estoit pas luy : maintesfois il a esté foüetté pour ses larcins & menteries ; s'il y avoit quelque poste & mauvais garnement en sa classe, c'estoit autant de fraternité & compagnie pour Domp Claude : d'yvrogne, il ne l'estoit pas, mais en matiere de gourmandise, il n'avoit pas son semblable. En ce temps là vous aviez au Collège de Navarre plusieurs Princes & Gentilshommes qui estudioyent, pas un d'eux n'aimoit ny chérissoit Domp Claude, tant l'énormité de ses vices leur déplaisoit. Ce qui le rendoit encore plus odieux, c'estoit l'orgueil & l'ambition dont il estoit enflé, vouloit être veu de tous, & ne vouloit voir que ses semblables, se despitoit extrêmement quand on luy reprochoit qu'il estoit fils d'un Palefrenier, vindicatif au possible envers ceux qui l'avoit tant soit peu irrité, il estoit bien si glorieux que luymême semoit le bruit par le Collège, qu'il estoit fils du Cardinal de Lorraine, & ce qui le faisoit croire, estoit que quand ce Prélat alloit quelquefois au Collège de Navarre, il gratifioit ce bastard en plusieurs petites choses, comme à luy mettre la main sur la teste, luy tirer l'oreille, luy tendre la main, voire luy recoquiller sa chemise, & plusieurs autres petites faveurs & démonstrations telles, que quand il fut esté son enfant n'en eut pas fait davantage : mais ce qui le faisoit prévaloir encore plus, estoit la recommandation singuliere que le Cardinal faisoit envers ses Regens, l'un desquels, certain jour ne pust se tenir qu'il ne remonstrast au Cardinal les vices defquels eftoit rempli ce baftard, & qu'en faine confcience, il ne pouvoit les luy celer, à caufe qu'il le fentoit defperé en toutes mefchancetez, & du tout incorrigible : particularifa fur ce les points plus praignans des larcins, menfonges, gourmandifes, orgueil, & turpitude du perfonnage : mais après que le povre Regent eut bien harangué, en efperance de femondre le Cardinal d'en faire une reprimande au baftard, n'euft autre refponfe, finon qu'en fe foufriant le Cardinal luy dit, & bien mon amy, n'y a-t-il que cela ? vous parlez à un homme qui en a bien fait davantage en l'aage de ce petit frippon : laiffez-le un peu fripponner pour luy refveiller l'efprit, tout cela n'eft que gaillardife. Le Regent luy répliqua qu'il cognoiffoit le pelerin, & qu'il y avoit bien d'autres ordures en fa fleute qu'il n'ofoit dire, crainte de l'attrifter : mais le Cardinal fecouant la tefte, refpondit qu'il avoit affez beau loifir de nettoyer la fleute, quand il feroit un petit plus meur d'aage : qui fut caufe que le Regent n'ofa paffer outre, & defcouvrir au Cardinal, que par deux ou trois fois Domp Claude avoit commencé à fe joüet de la Sodomie : qu'on luy avoit trouvé des livres les plus lafcifs du monde, livres de la magie, & autres dangereux livres pour corrompre & gafter la jeuneffe, qu'il eftoit couftumier de tenir de vilains & fales propos. Bref, il avoit bien envie ne rien oublier de fa perverfité, fi le Cardinal eut tant foit peu voulu luy bailler audience, de-là en avant tant plus Domp Claude alloit en empirant, & tant plus de faveurs recevoit-il du Cardinal, mais ce qui le mit encore plus en credit, fut la Préfidente fa tante, qui pour couvrir la turpitude

& paillardife de fa fœur, diffimula & fe fit ouyr qu'elle eftoit mere de ce baftard, fainte inventée, pour defraciner de l'efprit du mary de fa fœur la frenaifie qu'il avoit, d'avoir fenty qu'elle avoit produit ce baftard avant que de l'avoir efpoufée, & encore qu'on luy ait fur ce mis devant les yeux tous les bandeaux les plus propres defquels on s'eft peu avifer, il en a tousjours martel en tefte, & tel, qu'il ne s'en peut contenter.

CHAPITRE III.

Comme un Prothonotaire propofa au Cardinal de Lorraine plufieurs point touchant Domp Claude, & de la refponfe qu'il luy fit.

LE plus grand plaifir qu'on pouvoit faire au Cardinal de Lorraine, c'eftoit de luy rapporter de la fanté de Domp Claude : & fur-tout quand il avoit fait quelque gaillardife, foit à tromper fes compagnons, foit à faire quelque finiftre habileté, dequoy plufieurs honorables Perfonnages eftoyent grandement fcandalifez, & plus encore de ce que le Cardinal de fois à d'autre difoit, qu'il feroit Domp Claude l'un des plus grands de fa qualité s'il vivoit aage d'homme, qui fut caufe qu'un certain Prothonotaire, entierement affectionné au fervice du Cardinal, un jour eftant en fon cabinet, fe prit à luy dire, Monfieur il vous a pleu me faire ceft honneur, de prendre en bonne part les advertiffemens que je vous ay baillé, préfentement j'ay à vous en faire un, s'il vous plaift ne le trouver mauvais. Dites hardiment, refpondit le Cardinal, ce que vous voudrez. Je fçay qu'elle eft voftre volonté. Monfieur, va dire le Prothonotaire, la plus belle

belle ame qui foit aujourd'huy en France, felon le rapport mefme de vos adverfaires, c'eft celle du Cardinal de Lorraine, fa gloire gift en ce que vous eftes le Prince & Prélat, le plus adroit, expérimenté, & advifé qui fut jamais en France, & toutesfois femble que veuilliez aujourd'huy commencer à vous laiffer furprendre, ou efblouir les yeux : car vous croyez que voftre petit Moyne foit voftre frere baftard, & il n'appartint onques, ny à vous, ny à feu Monfieur voftre pere : la putain qui la fait a bien efté rufée, d'appelourder la grandeur d'un tel Prince, pour l'honneur & reverence duquel, & afin auffi que voftre Maifon ne foit fouillée de la génération d'un tel béliftre & monftre, j'ay recherché avec merveilleufe diligence, le pere qui l'a engendré, & examiné de fi près la paillardife de fa mere, que j'ay trouvé le pere, l'heure, le jour & l'année qu'il a efté conçeu & engendré, qui font quatre poinéts, lefquels bien vérifiez, vous vous trouverez honteux d'avoir creu, voire penfé que Monfieur voftre pere, ait peu croire une telle & fi lourde fuppofirion. Pour la preuve de ces quatre points, je vous repréfente en premier lieu l'éfigie du pere de l'enfant : pour le regard de l'année, jour & heure de fa nativité, voicy l'extrait du regiftre des baptefmes, efcrit & figné de la propre main du Vicaire de la Paroiffe qui l'a baptifé. Il eft vray, que du jour de fa nativité jufques au jour du baptefme, il y a vingt-trois jours : mais l'intervalle d'un tel temps, vous donnera plus claire cognoiffance, que du jour de l'arrivée à Dijon de Monfieur voftre pere, jufques au jour du baptefme, n'y a que cinq mois & fept jours : adjouftez l'intermiffion depuis

l'heure de l'enfantement, jufques au baptefme, qui font vingt-trois jours, trouverez que tout le temps ne revient qu'à fix mois. La corroboration de cefte preuve, prend racine en ce, que Monfieur voftre pere n'a efté en Bourgongne plus de deux ans auparavant, ni moins avoit-il jamais cogneu la putain, mere de l'enfant, finon fix mois avant la nativité d'iceluy. Je prouveray par fa nourriffe & par d'autres, que la putain a eu affaire avec le Palefrenier de fon pere, lequel eft préfentement Preftre. Et c'eft celuy duquel j'ay le portrait & effigie que je tien au poing. Je fuis fafché, Monfeigneur, qu'il faille que je vous ramentoive ces particularitez, mais l'envie que j'ay vous ofter un tel deshonneur, (fi un tel béliftre, un tel avorton, peut en rien attirer la dignité & fplendeur de votre Illuftriffime Reverence) car par ce moyen, on dit que vous n'avez cognoiffance des bonnes lettres, que vous n'avez leu aux livres des Jurifconfultes, ou par exprès le fait eft pofé tel, que celuy de voftre Moyne. Paulus (dit-on) au 19. livre de fes refponfes, Refpond, que pour l'authorité de Hyppocrate, on doit croire, que celuy qui eft né & enfanté au feptiefme moys, eft légitime. Là-deffus les Doéteurs difent, que c'eft une chofe prefque impoffible, toutesfois puifqu'un fi fçavant Médecin l'a tenu, qu'ils recevroyent bien cefte opinion, moyennant qu'on ne la vouluft point tirer en conféquence, & dire qu'en moins de temps la femme peut enfanter, c'eft la commune opinion de tous les Doéteurs, fur la Loy *feptimo*, 12. ff. *de flatu ho.* de Plutarque, au cinquiefme livre des Opinions des Philofophes. Vous pourrez dire, que j'enfonce trop la matiere, foit en dif-

putant

putant ou la en férieufe recherche que
j'en ay faite. Je le confeffe (Monfeigneur) & ne pourroye le nier : mais
j'y fuis contraint, voyant que grands &
petits rient fous le bonnet, d'une telle
fuppofition. Je fonds en me fouvenant
d'une telle moquerie : n'eft-ce rien, à
voftre advis, quand vos adverfaires difent, qu'on vous l'a belle baillée, c'eft
affavoir que Monfieur le Cardinal de
Lorraine foit frere d'un fils d'un Palefrenier,& que feu Monfieur voftre pere
foit fon pere : & par ce moyen compagnon, & par maniere de dire, maquereau de ce Palefrenier. Penfez je
vous fupplie, Monfeigneur, à l'importance de cefte fuppofition, & fans
avoir efgard à la recommandation que
vous en a faite Monfieur voftre pere :
defavouez-le pour fon fils, & vous
pour voftre frere, vous vous defve-
lopperez (ce faifant) d'une ignominie
& honte la plus grande qu'on pourroit
penfer, non-feulement pour vous,
mais pour Meffieurs vos freres & nepveux. Qu'il vous fouvienne de l'extrait & genealogie qu'on a publié en
ce Royaume, (1) de Ferry de Vaudemont, & l'induftrie qu'on a trouvé,
pour monftrer que vous eftes yffu de
ce tige, expreffément pour vous priver
du degré enquoy vous pouvez attou-
cher à Godeffroy de Bouillon. Si vous
ne faites ce defadveu duquel je vous
parle, on vous tiendra plus que jamais
le cœur bas, & dira-on, que l'alliance ou parantage d'un fils de Palefre-

nier, fentira pluftoft une fetardife,
qu'un cœur généreux : Qui ne fçauroit
encore la genealogie du Palefrenier,
la honte ne feroit fi honteufe : mais
il a encore fon pere à Dijon, qui fe
mefle de curer les retraicts, & ne l'ap-
pelle-on aujourd'huy-là dedans finon
maiftre fy fy. Bien eft vray. que fa
mere eft morte, & en fon vivant ne
fervoit finon à porter la merde (reve-
remment parlant) à mefure que fon
mary curoit les lattrines. Il eft vray
que le Palefrenier eft aujourd'huy
Preftre, où il a encore moins d'honneur qu'alors qu'il demeuroit chez
Monfieur le Préfident, luy fervant de
palefrenier. Car quand il faut qu'il fe
mette à chanter fa Meffe, vous diriez
qu'il luy faut ronger l'eftrille de l'efta-
ble de fon maiftre. Tellement qu'il eft
beaucoup plus miferable, que s'il eftoit
palefrenier. Je n'ofe dire l'eftat dequoy fe meflent fes freres, pour ce que
je n'en fuis bien certain, tant y a, que
ce povre Preftre ne fçauroit lire trois
mots l'un après l'autre. Le Cardinal
fe trouva bien esbahy d'entendre ce
difcours, & plus encore quand il eut
veu l'effigie du Palefrenier, demeura
longuement penfif fans dire mot, en
après vid l'extrait du baptefme de l'enfant, vid auffi quelques lettres & ex-
péditions faites à Dijon par fon pere : prit par mémoires les dattes d'i-
celles ; & refpondant au Prothonotaire
dit, qu'il luy avoit fait grand plaifir
de l'advis qu'il luy avoit fur ce baillé,
&

---

(1) *En ce Royaume.*] Les Ducs de Guife qui
avoient du goût pour le Trone, femerent plufieurs
genealogies,foit pour fe faire defcendre de Charles-
Magne, foit pour fe faire defcendre de Godefroi
de Bouillon ; mais le Sceptre ayant gliffé de leurs
mains, on en eft venu foit à la véritable, foit du
moins à la plus vrai-femblable de leurs genealogies, qui eft de les faire defcendre de l'ancienne
Maifon d'Alface, ce qui doit leur faire honneur,

puifqu'on leur donne une fouche commune avec
l'augufte Maifon d'Autriche, fur laquelle même
ils avoient le droit d'aîneffe. Voyez *M. Chantereau
le Fevre*, dans fes confidérations fur la genealogie
de la Maifon de Lorraine, auffi-bien que le Pere
Dom Auguftin Calmet au Tome 1. de fon Hiftoire de
Lorraine, & le Pere *Hergott in Hiftoria domus Habi-
burgo Auftriaca*. Tout cela eft *in folio*.

& qu'il ne tarderoit gueres d'examiner toutes les preuves qu'il avoit mifes en avant , & pour ce faire déterminoit de voir le Palefrenier , & parler à luy , fi commanda au Prothonotaire de trouver moyen de le faire venir , & qu'il feroit bien recompenfé de fon voyage. Le Prothonotaire accepta la charge de le faire venir : mais comme il cherchoit perfonnage propre pour envoyer à Dijon , fut prevenu d'une grande & longue maladie : pendant laquelle n'euft moyen d'éfeftuer ce qu'il avoit promis au Cardinal. Qui vinft bien à propos pour Domp Claude, duquel le Cardinal devint tellement dégoufté, qu'il n'en vouloit ouyr parler, jufques à le vouloir chaffer. La Préfidente fa tante efmerveillée d'un fi foudain changement , ne fçavoit que dire & penfer , mit gens en peine de toutes parts pour en defcouvrir la caufe. Tellement qu'un jour eftant en l'hoftel de Rheims, Madame mere du Cardinal , demanda à un Gentilhomme de Bourgongne , s'il y auroit moyen de faire venir icy le pere de Domp Claude. Je m'en informeray , refpondit le Gentilhomme , puis je le vous feray fçavoir. La Préfidente Dormy efmerveillée de ce propos, tira à part le Gentilhomme , & comme ils avoyent quelque privauté & amitié enfemble dès long-temps , elle le pria luy déclarer , qui eftoit ce pere , & ce Domp Claude , dont Madame parloit. Je le vous diray très-volontiers Madame , refpondit le Gentilhomme , fi me voulez promettre ne me déceler point. Je le vous jure & le vous promets , dit Madame. Sur cefte promeffe le Gentilhomme defduit au long , l'entier avertiffement que le Prothonotaire avoit

baillé au Cardinal , & l'effigie du Palefrenier. Tellement , dit-il , Madame, que le Cardinal détermine de voir ce Palefrenier que l'on dit aujourd'huy eftre Preftre , & desja le Cardinal eft tellement defgoufté de Domp Claude , qu'il n'en veut ouyr parler en façon que ce foit , tellement que s'il treuve conformité de l'effigie au vray & naturel vifage du Palefrenier , il chaffera Domp Claude : dont j'aurois très-grand regret , tant pour l'amitié que luy portez à caufe qu'il eft de voftre pays de Bourgongne , que parce que Monfieur le Cardinal eftoit fur le point de l'eflever , & le prouvoir d'un bon & beau Benefice. A cefte parole la Préfidente , qui fçavoit bien en fa confcience , que ceft avertiffement eftoit très-véritable , à caufe que fa fœur mere de Domp Claude , privément luy avoit confeffé, que le Palefrenier en eftoit le pere , fe prit griefvement à plorer & jetter des foufpirs nonpareils. Le Gentilhomme la voyant ainfi fondre en larmes, fe répentit de luy avoir notifié cette nouvelle, combien qu'il ignoraft le fujet & conféquence d'icelle. Si fe retira la Préfidente en fa maifon , la plus défolée qu'il eftoit poffible , trouva en icelle Domp Claude , & un nommé Claude Garnier , qui fe jouoyent avec les fervantes : mais quand ils virent la Préfidente tant defconfortée , quitterent leur efbat, qui n'eftoit ny beau ny honnefte : car par le moyen d'iceluy , le ventre des chambrieres enfla. Mais premier nous faut toucher fommairement de ce Claude Garnier , qu'il faut foigneufement obferver , pour avoir la vraye & parfaite intelligence de ce traité.

CHAPITRE

CHAPITRE IV.

Quel est Claude Garnier, & comme la
Présidente Dormy, luy descouvrit l'a-
vertissement du Prothonotaire.

ENVIRON le temps que cest advertissement fut baillé, Domp
Claude pouvoit avoir dix-huict à dix-
neuf ans, & Claude Garnier environ
vingt-trois : iceluy Garnier est bastard
du Marguillier des Mathurins de Paris.
Entre tous les meschans garnemens
qui furent jamais en l'Université de
Paris, ces deux bastards ont tousjours
emporté le prix : car si Domp Claude
estoit larron, Garnier estoit hardy
preneur : si Domp Claude estoit Epi-
curien, Garnier estoit Athée : si l'un
estoit bougre, l'autre appertement cé-
lébroit la Sodomie, & en faisoit profession ouverte : ont esté trouvé cinq
ou six fois l'un sur l'autre, & pour
toute excuse alleguoyent qu'ils se cha-
touilloyent à la courtisanne. Bref, il
y avoit telle simpathie entre ces deux
monstres, qu'encore qu'ils fussent jeunes adolescens, ont commis les plus
vilains & horribles actes, dont jamais
a esté parlé : mais d'autant que la preuve d'iceux le monstrera mieux en son
ordre, nous n'en dirons icy pour ceste
heure davantage, afin d'aller consoler
la Présidente qui se déconforte en toutes sortes, pour les raisons qui vous
ont esté desduites. Garnier doncques
avec Domp Claude, s'acosterent de la
Présidente, luy demandant ce qu'elle
avoit, Hélas (dit-elle) je ne le vous diray point : car vous estes par trop solas-
tres pour porter un tel secret, & aussi
que je crains de faire marry Domp
Claude, auquel l'occasion de ma tristesse touche de si près, que je meurs

pour le dommage qui luy en peut advenir. Je vous supplie, Madame, respond
Garnier, ne vouloir celer l'affaire, sçavez-vous pas qu'il y a par tout remede
fors qu'à la mort : la playe sera bien
mortelle, si ce Moyne (parlant de Domp
Claude) n'y sçaist appliquer l'emplastre propre & convenable. La Présí-
dente (à la persuasion de Garnier) déchifra par le menu la cause du mauvais
visage, que le Cardinal faisoit à
Domp Claude, rejettant tout ce malheur sur l'impression que le Prothonotaire avoit baillé au Cardinal, que
Domp Claude estoit fils du Palefrenier
de feu Monsieur le Président son pere.
Et pour le confirmer en ceste opinion,
avoit fait dépeindre & tirer au vif le
Palefrenier, l'effigie duquel est entre
les mains du Cardinal, qui la garde
soigneusement, pour la confronter au
vif naturel du Palefrenier, & pour
faire une telle confrontation sont plus
de huict ou neuf mois qu'il a commandé au Prothonotaire le faire venir en
ceste ville, & jusqu'à ce que le Cardinal l'aye veu ne sera à son aise, & sans
la maladie du Prothonotaire la preuve
de ce fait eust esté faite, & parfaite,
& le povre Domp Claude en danger
de faire terrible sobresaut. Voilà mes
amys, pourquoy je pleure, & pourquoy me voyez tant désolée. S'il n'y
a que cela, nous aurons tantost guery
la maladie, respondit Garnier. Comment cela, va dire la Présidente : je le
vous découvriray (respondit Garnier)
après que m'aurez dit la vérité & desconvenue de cest affaire, faut nécessairement que je le sçache, par ainsí,
Madame, déclarez privément ce qui
en est, & vous verrez que nous sçavons faire : la Présidente marchanda
longuement sans l'oser dire, mais
vaincue d'importunité, confessa liberalement

ralement, que le Palefrenier eſtoit le pere de Domp Claude, & que le Cardinal vérifieroit aiſément que ſa Mere eſtoit enceinte de plus de trois mois avant que feu Monſieur de Guyſe fit le voyage à Dijon, au temps duquel il coucha la premiere fois avec elle, que la ſuppoſition avoit eſté maniée avec une merveilleuſe dexterité. Et ſans ce mauvais Prothonotaire, ne fut jamais eſté nouvelle de la menée, qu'il eſtoit temps d'y remedier, autrement que Domp Claude ſeroit déſadvoué pour fils donné de la maiſon de Guyſe, & ſa Mere & elle à jamais deshonnorées. Garnier là-deſſus, demanda ſi le Cardinal avoit l'éfigie du Palefrenier : ouy, reſpondit-elle : laiſſez-nous faire, Madame, va dire Domp Claude, je provoyeray bien à tout cecy, pourveu que me laiſſiez faire, ſi conſulterent longuement Domp Claude & Garnier, & au bout de huiċt jours, trouverent moyen d'entrer en la cuiſine du Prothonotaire, & ſaupiquerent ſi bien un petit pot, dans lequel on faiſoit bouillir un chapon, que trois jours après le Prothonotaire, ſon valet de chambre & la ſervante, pour avoir humé du bouillon, moururent tous trois. Si ce fut par poiſon je n'en voudrois juger, bien ſçay-je que depuis Garnier (dit de Sainċt Barthelemy) a dit que le Prothonotaire n'eſtoit le premier auquel il avoit fait avaler tel bouillon, ce que je croy fermement : car par poiſons, luy & Domp Claude ont fait & font mourir pluſieurs perſonnes, de quoy ne font que rire, ainſi qu'il ſera démonſtré cy-après au Chapitre des poiſons qu'on a expreſſément dreſſé, afin que les gens de bien puiſſent ſe garder de telles peſtes.

CHAPITRE V.

Comme Domp Claude empoiſonna ſon pere, & de la bourde & ſuppoſition qu'il fit accroire au Cardinal de Lorraine.

LE Prothonotaire mort, ainſi qu'avez entendu, Domp Claude par ſubtils moyens envoya à Dijon, avertir Madame la Préſidente ſa Mere, de l'impreſſion mauvaiſe qu'on avoit miſe de luy envers le Cardinal de Lorraine, qu'il eſtoit très-néceſſaire pour l'honneur d'elle, bien & réputation de Domp Claude, qu'elle pratiquaſt envers le Preſtre, qui avoit eſté Palefrenier de feu Monſieur le Préſident ſon Pere, de le faire venir à Paris : mais que cela fut en la plus grande diligence qu'il ſeroit poſſible, pluſtoſt qu'elle luy achetaſt un cheval, avec argent pour faire ſon voyage, & afin que Meſſire Fiacre n'en fit difficulté, l'aſſeuroit, que ſi-toſt qu'il ſeroit arrivé à Paris, le feroit récompenſer d'un bon & beau Bénéfice, pour les agréables ſervices qu'il avoit faits à feu Monſieur le Préſident : quand il fut queſtion de parler de Bénéfice, Madame la premiere Préſidente n'eut pas beaucoup de peine, de perſuader à Meſſire Fiacre de monter à cheval : car il s'offrit du premier coup de faire le voyage, remercia Madame la Préſidente de la bonne ſouvenance qu'on avoit eu de luy : & après avoir pris Lettres d'elle, partiſt à beau pied, tirant droit à Paris, où à ſon arrivée fut bien & honnorablement receu. Et comme il faiſoit collation, le Préſident inopinément arriva de la Ville, & le trouvant à table, demanda qu'il eſtoit, Monſieur, reſpond

D

pond la Préfidente , c'eft un perfonnage que j'aime comme moy-mefmes ,
car il eft des anciens ferviteurs de feu
Monfieur le Prefident mon pere. Le
Prefident luy demanda comment on fe
portoit en Bourgongne , à quoy Meffire Fiacre refpondoit à mefure que le
Prefident parloit , & l'ayant longuement obfervé , le Prefident dit , vous
ne fçavez ma femme que je regarde ,
non Monfieur, refpondit-elle , fi vous
ne le me diftes : j'advife ce bon Seigneur, qui reffemble en tout & par
tout à Domp Claude , affeurément vous
diriez que c'eft luy-mefmes , davantage , il a la voix, l'organe & le parler
tout tel que luy : bref, s'il n'avoit la
barbe fi efpeffe , je le prendrois pour
Domp Claude , voulut là-deffus s'en-
quérir à plain fonds d'où il eftoit , &
de plufieurs autres chofes : mais la Prefidente divertit cefte recherche , & tira
fon mary à part, quelle entretint (comme eft à prefumer) d'autre chofe pour
luy faire oublier Meffire Fiacre , qui
n'eftoit pas trop à fon aife d'ouir ainfi
parler un Prefident , pour crainte qu'il
avoit d'eftre recherché de la folie qu'il
avoit faite en la maifon de fon beau-
pere : auffi qu'en fa confcience il fçavoit bien qu'il eftoit le vray & naturel
pere de Domp Claude. Le Prefident retiré en fon eftude , elle envoya incontinent avertir Domp Claude & S. Barthelemy, de l'arrivée de Meffire Fiacre;
qu'ils envoyerent à mefmes inftant ,
inviter pour le foupper , qu'on prepara
en une chambre près de l'Hoftel de
Cluny. Meffire Fiacre fit grande difficulté d'y aller , s'excufant qu'il ne cognoiffoit Domp Claude, pour le long
temps qu'il ne l'avoit veu. La Prefidente elle-mefme l'amena à Domp
Claude, qui le careffa, comme auffi fit
Sainct Barthelemy, en toutes les fortes.

qu'il eftoit poffible : & après avoir
longuement devifé, la Prefidente les
laiffa après avoir bien & fingulierement recommandé Meffire Fiacre ,
qu'elle invita auffi en fa maifon avec
toute la compagnie pour le lendemain
au difné. Entre autres propos, Domp
Claude dit à Meffire Fiacre, Monfieur
je vous ayme & chery comme mon pere , & pour l'amitié parfaite que je
vous porte, ne partirez jamais de ma
maifon , que je ne vous aye récompen-
fé de la peine qu'avez prife. Ce fait ,
laverent les mains , & fe mirent à table : traiterent magnifiquement Meffire Fiacre qui fe fentoit grandement
honoré d'eftre en telle compagnie, car
il n'eftoit queftion finon qu'en bref,
Domp Claude feroit Abbé, & Meffire
Fiacre fon Vicaire, que Domp Claude
feroit Cardinal , & Meffire Vicaire,
Prothonotaire : l'iffue du foupé, furent
de toutes fortes de confitures, & pour
ce que Meffire Fiacre fe fentit altéré,
on l'abreva d'un verre plain de malve-
fie : après le foupé on le promena
longuement , mais parce qu'il prit une
foibleffe , fut mis entre deux draps, où
il fut fi bien traité, qu'environ la minuict, povre Meffire Fiacre rendit l'efprit à Dieu, de la maladie & mort duquel on n'eut jamais fenty aucune chofe
fans une bonne femme, qui de fa chambre entendit les cris horribles , que ce
povre corps fit durant deux heures :
crioit fans ceffe Madame la Prefidente,
difant qu'il eftoit empoifonné : hélas ,
Meffieurs, envoyez avertir Madame la
Prefidente, qu'elle vienne me fecourir:
vous l'aurez tout à cefte heure, refpondoit Sainct Barthelemy , avec un bon
& docte Médecin qui vous aura bien-
toft guery : mais perfonne n'entra jamais en la chambre, finon jufques au
lendemain matin que Madame la Prefidente

dente vinft, à laquelle Sainct Barthelemy dit, que ce povre Preftre eftoit
mort d'une apopléxie, quatre ou cinq
heures après on le porta enterrer, aux
obfeques, duquel n'y eut grand dueil
ny compagnie, cefte mort paffa fous
telle filence, qu'on a efté long-temps
après fans la découvrir, & fans la bonne femme de laquelle a efté parlé cy-
deffus, jamais n'en fut efté nouvelles.

CHAPITRE VI.

*Comme Domp Claude & Sainct Barthe-
lemy fuppoferent un Preftre, au lieu
du Palefrenier, que demandoit le Cardinal de Lorraine, & de ce qui en
advint.*

SIX ou fept jours après la mort de
Meffire Fiacre, Domp Claude &
Sainct Barthelemy, fufciterent un certain garnement Serrurier toutesfois, le
plus mefchant, fin & accort, qu'il
eftoit poffible de trouver, & duquel
long-temps auparavant Domp Claude
& Sainct Barthelemy, s'eftoyent fervis
à faire faire de fauces clefs & crochets,
defquels l'un & l'autre s'eftoyent fervis à crocheter & deftober en plufieurs
endroits,comme il fera dit.Or ce Serrurier habillé d'une robe de Preftre & inftruit des geftes, contenance & langage
qu'il devoit tenir, va trouver d'une
merveilleufe affeurance le Cardinal ;
& après luy avoir fait une grande révérence, luy dit qu'il eftoit, & que fuyvant certaine Lettre, que luy avoit efcrite le Prothonotaire Singuay, il eftoit venu le trouver : mais qu'averty de
fa mort, il eftoit fur le poinct de s'en
retourner en Bourgongne, ce qu'il n'a-
voit voulu faire, fans au préalable luy
avoir déclaré, que la Lettre du Pro-

thonotaire portoit que voftre Illuftriffime & Révérendiffime excellence avoit
à me dire quelque chofe pour voftre
fervice, qui m'a fait prendre l'hardieffe
me préfenter à vous, & recevoir vos
commandemens. Il n'eut pas fi-toft fini
fon propos, que le Cardinal luy demanda, s'il eftoit Meffire Fiacre de Dijon : je le fuis, mon Seigneur (refpondit-il) & pour vous faire humble fervice. Le Cardinal le regardant, l'obferva plus d'un quart d'heure, & ne
trouvant traicts, lineamens, phyfiono-
mie, ny reffemblance aucune à Domp
Claude, envoya quérir par un valet de
chambre l'éfigie qui eftoit dans fon ef-
critoire, & à mefmes inftant, exactement vérifia toutes les parties d'icelle.
Et comme cefte vérification fe faifoit,
voici arriver Madame la Douariere de
Guyfe, à laquelle le Cardinal dit, Madame, le Prothenotaire m'en a autresfois fait acroire de belles, affeurez-vous
qu'il en vouloit à povre Domp Claude.
Lors Madame prenant la parole, dit à
Meffire Fiacre, s'il avoit autresfois
cognu feu Monfieur le Prefident de
Dijon, Madame, refpondit-il, je le
devois bien connoiftre : car je n'ay jamais eu Seigneur ny Maiftre que luy.
Dequoy le ferviez-vous, dit Madame ?
De Palefrenier, refpondit Meffire Fiacre, & ce bon Seigneur eftoit fi foigneux de moy, qu'il me permettoit
d'aller quelquefois à l'Efchole, où j'ay
appris, Dieu mercy, à lire & à efcrire,
& un peu de Latin. Plufieurs autres in-
terrogats luy furent fur ce faits : ef-
quels Meffire Fiacre refpondit fort pertinemment. Lors le Cardinal pour
mieux encore eftre affeuré, manda par
un Page, Domp Claude, de le venir
incontinent trouver, afin de confronter plus exactement les vifages de l'un
&

D 2

& de l'autre. Cependant, Madame, tousjours s'enqueroit de plusieurs choses, & entre autres luy demanda, s'il y avoit long-temps qu'il estoit arrivé en ceste Ville, & s'il y cognoissoit personne : hersoir bien tard, respondit Messire Fiacre, fut le jour de mon arrivée : de cognoissance, je n'en ay pas beaucoup, que je sçache : car jamais je n'avois esté dans Paris. Madame, lors luy parla de Madame la Presidente, fille du President de Dijon, & qu'il n'estoit pas possible qu'il ne la cognut. Madame, fit responce Messire Fiacre, je la cognois bien : mais il y a si long-temps, que je doubte fort qu'elle ne me puisse cognoistre : car je suis demeuré un povre Prestre, & elle est parvenue en de grands biens & honneurs, tellement qu'il sera bien malaisé qu'elle puisse cognoistre le povre Fiacre de son pere. Voirement (dit Madame) je vais l'envoyer querir, aussi-bien ay-je à luy dire quelque chose, si luy despecha quant & quant un page pour la faire venir. Pendant tous ces discours, Madame dit, qu'on fit venir son Chapellain pour dire la Messe, on luy rapporte qu'il estoit au lict bien malade : & bien dit-elle, qu'on en trouve quelque autre pour chanter, Madame, respondit son Escuyer, il sera mal-aisé : car dix heures sont passées, & ny a pas un Prestre qui soit à dire Messe à l'heure que il vous parle, d'autre costé vostre Chapellain a esté prevenu si à coup de ce mal qui le tourmente, qu'il n'y a pas demy quart-d'heure, qu'il s'est allé coucher : mais voicy ce bon Seigneur à qui vous parlez, qui pourra bien dire Messe. C'est bien dit, va dire : Madame, Messire Fiacre allez-vous preparer pour la dire, & puis nous irons disner. Qui fut bien esbahy, ce fut Messire Fiacre : car il ne sçavoit comment s'ex-

cuser, tantost vouloit dire qu'il avoit desjeuné, mais il se souvint qu'un peu auparavant avoit dit qu'il estoit à jeun, tantost sur ce qu'il n'y avoit personne pour le confesser, mais il craignoit que Monsieur le Cardinal luy-mesme ne vinst à l'examiner, & pour ne sçavoir la forme de la confession, avoit merveilleuse crainte d'estre descouvert, si sortist de la sale faignant d'aller faire un peu d'eau, & en sortant rencontra Domp Claude, accompagné de S. Barthelemy, ausquels n'osa faire cognoissance, pour raison du Page qui les amenoit. Bien, dit Messire Fiacre à S. Barthelemy, nous sommes descouverts si vous ne m'estes secourable : car Madame veut me faire chanter Messe, & je ne sçay par quel bout commencer. S. Barthelemy fut bien estonné, toutesfois dit, prend courage mon amy, je te seconderay en tout ce qu'il me sera possible : si je n'avois crainte d'estre cognu, moy-mesme la chanteroit, mais il n'y a laquais céans qui ne me cognoisse, & à la vérité, s'il eut eu loisir d'aller prendre une fauce barbe, sa délibération estoit d'aller dire Messe. Le loisir ne donna lieu de discourir d'avantage : car on appella Messire Fiacre, à cause que Madame estoit desjà à genoux devant un Autel qu'on avoit dressé en la grand'Sale, à costé droit d'elle le Cardinal s'agenouilla aussi, fit mettre devant luy Domp Claude, qu'il regardoit d'un bon œil, & Sainct Barthelemy se mit à aider à vestir l'Aube & Chazuble du Prestre, qui tenoit morgue Sacerdotale, telle qu'on eut jamais pensé qu'il fut esté Serrurier. Si commença *l'Introïbo*, & poursuyvit le *Confiteor* d'une grande hardiesse. Le Cardinal & tous les assistans les mains jointes, respondoyent de mesmes, & à chasque fois qu'il se tournoit, ou disoit, foit, *Dominus vobifcum* : le Cardinal jettoit fermement la veue fur luy, puis regardoit Domp Claude, qui faifoit auffi la meilleure mine qu'il eftoit poffible. Or Sainct Barthelemy qui n'eftoit apprentif d'aider à chanter Meffe, pour eftre, comme il vous a efté dit, baftard du Marguillier des Mathurins : du premier coup fçavoit où il falloit mettre le doigt, pour trouver tous les morceaux & lopins de cefte Meffe, tellement que Meffire Fiacre n'avoit à faire que de lire, s'encliner, baiffer & hauffer, tourner & revirer, felon que Sainct Barthelemy guidoit cefte cérémonie, à quoy perfonne ne fe prenoit garde, tant il eft adroit en telle chofe. Finalement Meffire Fiacre, après avoir confacré l'Hoftie, icelle levée, communié, mangé, & beu tout ce qui eftoit dans le Calice, fa Meffe fe trouva célébrée au grand contentement du Cardinal : car il dit à Madame fa mere, que c'eftoit le Preftre qui faifoit auffi dévotieufement fon Office qu'il avoit encore veu. Ainfi que le Preftre fe deveftoit des accouftremens Sacerdotaux, la tante Prefidente entra en la Sale, & avec une grande révérence, vint fe préfenter à Madame, que le Cardinal tenoit par deffous les bras. Et bien, Madame la Préfidente (dit Madame) vous ne fçavez pourquoy je vous ay mandé : non, Madame, refpondit-elle) s'il ne vous plaift me le dire. Cognoiffez-vous ce Preftre qui vient là de chanter Meffe ? La Prefidente diffimulant d'entrée ne le cognoiftre, le regarda vivement en face, puis d'une démarche, prit cource pour l'approcher, luy tendit la main, la luy ferra en figne d'allegreffe & resjouiffance, difant à Madame, qu'elle le devoit bien cognoiftre, car c'eftoit l'un des plus an-

ciens ferviteurs de feu fon pere : & vous fupplie, Madame (adjoufta la Prefidente (ne trouver mauvais, fi je me licencie devant vous de luy monftrer le vifage que vous voyez. Le Cardinal lors prenant la parole dit : avez-vous point encores à Dijon d'autres Preftres, qui ayent fervi feu voftre pere ? Non, Monfieur (refpondit-elle) vous voyez en Meffire Fiacre tous ceux qui reftent en vie, car il n'y a aujourd'huy que luy. Le Cardinal & fa mere dirent, qu'il apparoiffoit clairement, que le Prothonotaire Singuay, avoit avancé une pure calomnie à l'encontre de ce povre enfant, entant que Meffire Fiacre ne luy reffembloit en chofe quelconque. Si prindrent Domp Claude, & le menerent au Palais, où Madame voulut aller avant que difner, car elle jeûnoit ce jour-là : elle eftoit fuyvie de la Prefidente, & de Meffire Fiacre, qui euft bien voulu eftre en fa maifon, pour la crainte qu'il avoit d'eftre cognu par la Ville. Promenans par la Sale du Palais, furvint un grand bruit pour deux coupeurs de bources qu'on pourfuyvoit de vifteffe : finalement ayans efté pris & les bources rendues, confefferent fur le champ, que ce n'eftoyent les premieres. Enquis de nommer leurs compagnons, en particuliferent plufieurs, & entre autres le Moyne Domp Claude, Sainct Barthelemy, & Jofeph le Serrurier, qui eft le Preftre, duquel nous avons traité en ce Chapitre. Les deux coupeurs de bources furent mis en Galere, & efchapperent la mort, par le moyen de leur bas aage : mais en la confection de leurs Procez, décélérent de merveilleux crimes à l'encontre de Domp Claude & de Sainct Barthelemy. Le Rapporteur de ce Procez, eftoit comme créature du Cardinal, &
pour

D 3

pour l'honneur d'iceluy, leurs crimes & accusations furent ensévelies au mieux qu'il peut, non pas tellement qu'il n'en parvint quelque chose aux oreilles du Cardinal : qui comme vous a esté dit, n'en faisoit que rire. Et reprit Domp Claude en telle amitié, qu'il le fit bien-tost après Abbé de Sainct Niquaise, au grand mescontentement de plusieurs, qui savoyent la vie, & jeunesse dépravée de ce jeune Abbé, & aussi celle de ce Scelerat de Sainct Barthelemy. Reste à produire les preuves des poincts principaux qui sont contenus en ce Chapitre, n'en y a point d'autres, que par la bouche d'eux-mesmes : car ils se sont moquez plusieurs fois à bouche ouverte, de la Messe du Serrurier, de l'avoir supposé pour Messire Fiacre : qu'ils l'avoyent envoyé au Paradis des Prestres dix ans plustost qu'il ne pensoit, c'est-à-dire, qu'ils l'avoyent fait mourir, pour parvenir à leur damnée entreprise : que le Cardinal estoit bien fin, mais qu'ils en savoyent à luy & à son Escarcelle. D'alleguer que telles preuves ne sont certaines, je le confesse : mais quant entre plusieurs adminicules se trouvent plusieurs empoisonnemens, & crimes semblables qu'ils ont perpétrez à l'endroit de plusieurs & grands personnages, cela est bien digne de faire croire le demeurant. Or au Traité des empoisonnemens, par le moyen desquels, ont fait & font perdre la vie à ceux qui leur plaist : on cognoistra bien la certitude de la mort violente du povre Messire Fiacre, & que ce sont de très-dangereux personnages, que Sainct Niquaise & Sainct Barthelemy. Pour fin de conte, nostre Messire Fiacre après avoir despouillé sa grande robbe & bonnet carré, se retira en sa boutique, en laquelle ses compagnons venoyent souvent le visiter. En ce mesme temps furent crochetées à Paris plusieurs boutiques, & la plus-part des butins & larcins consignez, & mis entre les mains de S. Niquaise, qui sous prétexte de son Abbaye, tenoit maison ouverte de la part & portion des butins, que les crocheteurs des serrures & coupeurs de bources, luy apportoyent chascun jour. Le Cardinal mesmes estoit esmerveillé de sa despense & bon mesnagement, alleguant qu'il estoit de si bon esprit, qu'il ne s'endettoit aucunement, & si avoit tousjours de reste. Fin finale, on ne parloit en la maison de Guyse, que de l'œconomat & grand mesnage de Domp Claude Abbé de Sainct Niquaise. Ceste réputation augmenta bien davantage, quant il commença à bastir à Sainct Niquaise, où il employa de grands deniers.

CHAPITRE VII.

L'Autheur.

ENCORE qu'il y ait plusieurs autres larcins, volleries, sacriléges, meurtres, assassins, empoisonnemens, Sodomies, fauce monnoye, & autres crimes & horribles délicts, faits & perpétrez par l'Abbé de Sainct Niquaise, & Sainct Barthelemy, depuis le temps qu'il fut mis au College de Navarre, jusques à ce qu'il fut pourveu de l'Abbaye de Sainct Niquaise, nous les passerons sous silence, afin de les adoucir, entant que mestier sera, sous le bénéfice de son adolescence. D'ailleurs nostre intention n'est pas de le rechercher en ce qu'il a fait au Pays de Champagne, mesmes en la Ville de Rheins, en laquelle l'Abbaye de Sainct Niquaise est assise & située, joint qu'il conviendroit pour une telle description,

tion, faire un grand & gros Volume.
Auſſi que pour mettre en évidence ce
qu'il a fait en Bourgongne, & Pays de
Maſconnois, il eſt impoſſible le réduire
en cent Chapitres. Par ainſi, vous Meſſieurs de Rheins & de Sainct Niquaiſe,
compoſez voſtre chronique à part : car
quant à moy, je prétens ne toucher
icy, que les volleries, ſacriléges, meurtres, aſſaſſins, empoiſonnemens, Sodomies, fauce monnoye, brigandan-
ges, & autres grands & horribles délicts qu'il a commis, & commet chacun
jour au Pays de Maſconnois, & Duché
de Bourgongne : en telle maniere toutesfois, que quand ſes actions & déportemens viſeront au préjudice du Roy,
de ſes Princes & Seigneurs, je les deſ-
couvriray ſelon que le devoir le me
commande.

CHAPITRE VIII.

*Comme Domp Claude de Guyſe dreſſa
l'eſtat de ſa maiſon, & des domeſtiques
qu'il prit pour ſe ſervir.*

DESJA il vous a eſté dit, que Garnier eſtoit fils du Marguillier du
Convent des Mathurins de Paris, & ce
qu'il s'appelle aujourdhuy S. Barthelemy, il a emprunté ce nom d'un Chanoine Noſtre-Dame de Paris, qui entretenoit la mere de ce meſchant garnement, la pluſpart de ceux à qui il appartient, ſont rufiſques, voleurs & larrons. Et combien que l'Abbé de Sainct
Niquaiſe, ſçache très-bien, que Sainct
Barthelemy eſt encore pire que tous ces
garnemens, il luy a donné toute la con-

duite & ſuperintendance de ſa maiſon.
Pour ſon Maiſtre d'Hoſtel, vous
avez un nommé Belle-perche, qui eſt
aſſez eſcript au Cathalogue des enfans
de la mate : ceſtuy auſſi eſt un fils de
putain, qui en meſchancetez aproche
de bien près celles de Sainct Barthelemy, auſſi a-il eſté Cordelier. (1)
Le meurtrier volontaire & exécuteur
des violens exploits de Sainct Niquaiſe, s'appelle le Capitaine Sainct Martin, le plus vilain ſcelerat, que nature
produit onques : celuy eſt fils d'un
Preſtre, & ſa mere a pratiqué ſes premieres paillardiſes à Huleu *, ou bour-
deau de Paris, environ ſix ou ſept ans :
a pluſieurs femmes, dont l'une eſt
buandiere, demourant en la rue des
Poſtes, ſur les Foſſez de Sainct Jaques.
Son Sécretaire eſt baſtard d'un Preſtre du Mans, & eſt nommé le Sécretaire Vaillant, digne du ſervice de
Sainct Niquaiſe, & qui ne vaut pas
beaucoup mieux que les autres, ormis
que ſes meſchancetez ſont plus couvertes, & qu'il eſt grand hypocrite. Voilà
en ſomme quatre baſtards ſerviteurs de
l'Abbé de Sainct Niquaiſe, auſſi baſtard, qu'on a eſté contraint ainſi divi-
ſer & ſpecifier, pour avoir plus claire
intelligence de ſa Legende.
Il a bien d'autres ſerviteurs tous baſtards de Preſtres, & qui ne ſont apren-
tifs à faire beaucoup de maux : mais ils
ſont aucunement tolerables, ſi on vient
à les accomparager à l'énormité des autres, qui ſont du tout déteſtables, comme il vous ſera dit.
De demander la raiſon. Pourquoy
l'Abbé de S. Niquaiſe trie ainſi des
hommes

* Rue du Heurlcumau-
vaiſe petite rue à Paris.

(1) Ne diroit-on pas que le terme de Cordelier
& celui de méchant homme, ſont des termes ſyno-
nimes. J'aime bien mieux entendre parler ce Poëte
qui dit que l'on trouve quelquefois un bon Cordelier ; cette maniere de parler étoit bonne au tems
du Roman de la Roſe, où de Guillaume Coquillart ; mais aujourd'huy je crois que le nombre en
eſt un peu augmenté.

hommes baſtards pour ſe ſervir, je n'en puis dire autre, que comme il eſt baſtard & meſchant tout outre, il ſe plaît avoir de ſes ſemblables, ou peut-eſtre, ne veut-il pas que ſes gens ſoyent mieux qualifiez que luy.

De demander auſſi comment on a peu ſçavoir qu'ils ſoyent baſtards & fils de putains, il a eſté très-aiſé. Car comment il advient que telles gens ſont quérelleux, & ont des riottes enſemble : a eſté tel jour, que ſous une ſimple quérelle, ſe ſont tout dit, & chanté mille injures l'un à l'autre : ont mis la main aux armes, juſques à ſe vouloir tuer, & ſans telles partialitez, la pluſpart des poiſons, deſquelles ils ont fait mourir tant de perſonnes, ne fuſſent jamais venues en lumiere, les plus grandes volleries, concuſſions & pilleries, fuſſent demeurées eſtainctes, bref, on n'euſt pas deſcouvert la centieſme partie de leurs maléfices, ſi euxmeſmes ne les euſſent cornez.

La plus grande difficulté que je trouve en ceci, c'eſt de perſuader comment le Cardinal de Lorraine, & tous ceux de la maiſon de Guyſe, ont bien ſceu, veu & entendu, le piteux train de ces meſchans & miſérables baſtards. Mais quand on aura bien conſideré les circonſtances & dépendances de ceſte Legende, on cognoiſtra bien, qu'il eſt impoſſible de faire tant de meſchancetez, ſinon qu'ils ayent eſté & ſoyent authoriſez.

CHAPITRE IX.

Comme l'Abbé de Sainct Niquaiſe fut fait & créé Coadjuteur perpetuel de l'Abbaye de Cluny, & de ce qu'il fiſt pour ſon premier coup d'eſſay.

L'ABBE' de Sainct Niquaiſe ayant reconquis la bonne grace du Cardinal de Lorraine, par le moyen de la mort de Meſſire Fiacre ſon pere, qu'il avoit empoiſonné, comme avez entendu. Et après avoir greſſé les doigts du Cardinal, des butins, brigandages, & maquignonemens monſtrueux & eſtranges, par luy faits en la Ville de Rheins & Abbaye de S. Niquaiſe. Le Cardinal prit la peine de venir en ſon Abbaye de Cluny, qui pour lors eſtoit régie & gouvernée par Domp Girard Boyer, au contentement, tant du Cardinal, Religieux, que de tous les ſujets du baſty de Cluny. Et outre cela, iceluy Boyer, qui depuis avoir eſté Prieur de Charlieu, avoit fait une infinité de ſervices, tant au Cardinal qu'à ceux de la maiſon de Guyſe : avoit touſjours rendu bon & fidelle conte, de l'adminiſtration du temporel d'icelle Abbaye, ne reſtoit plus qu'à conter des deux ou trois dernieres années, ſur leſquelles iceluy Prieur de Charlieu, avoit fait de grandes avances. En ſorte que occulairement apparoiſſoit que grandes & notables ſommes luy eſtoyent deuës. Particularité qu'on a bien voulu faire entendre par forme de parentaiſe, afin de bien remarquer le rembourcement & honneſte récompence, qu'en a ſur ce receu le Prieur de Charlieu : laquelle récompence & rembourcement, ſe déduiroit icy tout d'un train : mais convient au préalable vous dire, qu'après que le Cardinal eut fait deux ou trois Proceſſions avec ſes Moynes, chanté une couple de grandes Meſſes, de haut appareil & merveilleuſe ſolennité, & au bout d'icelles, déchiqueté deux Sermons & Preſches à la Cardinale, l'Abbé de S. Niquaiſe fut créé & inſtalé en eſtat & tiltre de Coadjuteur perpetuel de l'Abbaye de Cluny, & avec une Harangue & Oraiſon, tant Latine que Françoiſe, faite en Chapitre :

tre : intronifaMonfieur l'Abbé de Sainct Niquaife , auquel il recommanda le fainct Convent. Et en particulier n'y eut pas un Religieux , auquel le Cardinal ne feift promeffe, que Monfieur le Coadjuteur les traiteroit mieux qu'ils ne furent onques , que leurs prébendes augmenteroyent pluftoft que de diminuer. Bref , qu'il les mettroit tous en Paradis , s'ils le vouloyent croire. Et d'autant que les mieux advifez , mefmes les Grand Prieur , & Seigneurs de la Voute , n'adjouftoyent pas grande foy en fes promeffes, encore qu'elles fuffent bien emmiellées : un par un, le Cardinal les repaiffoit de vaines efperances : leur reprefentoit un Catalogue , contenant le dénombrement & noms des Bénéfices & collations, qui dépendent de l'ordre de Cluny. Veillez , leur (difoit-il) lors & quand aucuns d'iceux Bénéfices viendront à vaquer , je veux & entends que mon Coadjuteur les vous confere , & que vous foyez des premiers pourveus & honorez des plus beaux & meilleurs Bénéfices : car la grandeur & confervation d'un fi fainct Ordre, tel que Cluny , mérite & requiert, que ceux de voftre qualibre , qui tenez les premiers rangs d'iceluy Ordre , foyez promeus & eflevez , comme il appartient. A falu auffi icy particularifer une promeffe fi folennelle du Cardinal : pour monftrer & faire apparoir cy-après , que contre la teneur d'icelle, le Cardinal & le Coadjuteur , ont appovry , deftruit & ruyné, non feulement le grand Prieur , & compagnons d'ordre , & Seigneurs de la Voute : mais ont faccagé , & pris le plus beau & le meilleur de ce qui appartenoit au Convent, felon qu'il fera dit en fon Ordre.

Parquoy , & pour monftrer du premier coup d'effay de Monfieur le Coadjuteur , convient entendre , que Domp Girard Boyer , qui eftoit homme d'entendement , entre tous les autres , folicitoit d'heure à autre le Cardinal de voir fes contes : faifant grande querimonie fur tant de remifes qu'on luy faifoit. Mais le Cardinal qui l'avoit comme livré en proye à Sainct Niquaife , le remettoit de jour en jour à voir fes contes : qu'il fçavoit très - bien les grands deniers qui luy eftoyent deuz , & que raifon luy feroit tenue jufques à un quadrain : qu'entre tous ceux de l'Ordre il eftoit celuy, qu'il vouloit & entendoit eftre refpecté , & recompenfé de tant & tant de fervices qu'il avoit receu de luy. Cefte bonne volonté en préfence de Sainct Niquaife & Sainct Barthelemy , fut rafraîchie plufieurs fois , jufques à dire , qu'il entendoit que rien ne fe fit & déterminaft en l'Abbaye de Cluny, fans l'advis & bon confeil de Domp Girard Boyer , qu'il recommanda à l'Abbé de Sainct Nicaife comme luy-mefmes. Et au demeurant, on n'oublia point à luy monftrer le Catalogue des Bénéfices , dont cydeffus a efté parlé : afin qu'il tria ceux qui luy feroyent plus propres , pour l'en pourvoir quand vacation efcherroit. Sur tant belles promeffes, Domp Girard Boyer s'endormit aucunement , non pas tant qu'il ne continuaft la follicitation & reddition de fes contes.

Dès-lors l'Abbé de Sainct Niquaife & Sainct Barthelemy, propoferent d'empoifonner Domp Girard Boyer : mais il confideroit , que s'il venoit à mourir pendant le féjour à Cluny du Cardinal de Lorraine, fes freres qui eftoyent les plus fignalez du Mafconnois, pourroyent s'en reffentir , & peut-eftre retireroyent

E

tireroyent de l'Abbaye Domp Girard leur frere, avec tous ses papiers & meubles, & c'estoit là où principalement ils visoyent, confidération qui pour ceste heure là, préserva Domp Girard Boyer de mourir. Il redoubla néantmoins la sollicitation de la reddition de ses contes, le Cardinal le remet sur le Coadjuteur, à cause (disoit-il) que je m'en veux retourner en Cour, & de faict se trouva houffé, & esperonné, & ses mulets chargez pour un beau matin : tous ses gens prests de monter à cheval. Ce département si subit & inopiné, apresta un merveilleux esbahissement à plusieurs. Appella là-dessus Domp Girard Boyer, auquel il monstra un très-gracieux visage, le prit par la main, le promena au veu d'un chacun assez long-temps. Et quant l'Abbé de Sainct Niquaise, le grand Prieur, ou autres, venoit luy parler de quelque affaire, il remettoit la détermination d'icelle sur Domp Girard Boyer : vouloit & entendoit, que toutes ses affaires despendans de son Abbaye de Cluny, fussent guidées, mesnagées, & administrées par luy. Sur telles si amples & grandes faveurs, chacun tenoit que le Chambrier Boyer estoit plus grand que jamais, ce qui le faisoit croire, estoit que l'Abbé de S. Niquaise & Sainct Barthelemy, l'honoroyent & déféroyent sur toutes les affaires qui se presentoyent. Si s'apresta Domp Girard Boyer pour faire compagnie au Cardinal, fit fermer par ses serviteurs son logis & quartier de maison, qu'il souloit tenir en la maison Abbatiale de Cluny. Et en cest équipage, le Cardinal part de son Abbaye, comme aussi fit l'Abbé de S. Niquaise, grand Prieur & tous ses autres Officiers. En ceste compagnie y avoit plusieurs Evesques, Prothonotaires & Abbez : mais entre tous autres, le Cardinal devisoit, chevauchant par chemin avec son Chambrier de Cluny, qui est Domp Girard Boyer. A une lieuë ou deux de Cluny, le grand Prieur commença à prendre congé du Cardinal & s'en retourner à Cluny, comme aussi fit l'Abbé de S. Niquaise, auquel derechef le Cardinal rafraîchit de respecter son Chambrier Domp Girard Boyer, comme il luy avoit dit. Je le feray, respondit l'Abbé de S. Niquaise, à vostre contentement & au sien. Et ainsi départit de ceste trouppe. S. Niquaise, comme aussi vouloit faire le Chambrier Boyer, mais le Cardinal le retint, luy disant, qu'il avoit quelque chose à luy dire, & qu'il s'en pourroit retourner le lendemain : arrest & séjour, que le Chambrier Boyer réputoit à grande faveur, mais elle luy cousta chere : car pendant que le Cardinal l'amusoit par chemin, l'Abbé de S. Niquaise & S. Barthelemy alloyent saccager son logis. Car ils ne furent si-tost arrivez à Cluny, & mis pied en terre, qu'ils ouvrirent toutes les portes de la maison du Chambrier Boyer, crocheterent tous ses baheuz & coffres, prindrent & emporterent tous ses papiers, contes, acquits, deniers, graines, blez, vins, & généralement tous les meubles qu'il avoit en icelle, qui revenoient à grande somme de deniers. Car les provisions qu'avoit faites le Chambrier Boyer, estoit grandes, & y avoit employé beaucoup d'argent, à cause qu'il nourrissoit les Religieux, & fournissoit à tout ce qui estoit requis pour leur entretenement. Ce saccagement fait, ces voleurs (pour le grand butin qu'ils avoyent trouvé) consulterent ensemble de ne laisser entrer en la maison le Chambrier, & s'il faisoit trop le revesche, le payer de la monnoye qu'ils avoyent accoustumé de faire envers ceux

qu'ils

qu'ils vouloyent faire paſſer le pas. Se
gauſſant au reſte, de ce premier coup
d'eſſay, & algarade, qu'ils avoyent ſi
ſubtilement jouée au Chambrier Boyer.
Par la mort dieu (diſoit Sainct Barthelemy) Monſieur le Cardinal rira bien,
quand il ſçaüra noſtre beſongne : car
il eſt trop mieux ſuccedé, que n'euſ-
ſions peu deſirer. Donnant par-là aſſez
à entendre, que le Cardinal eſtoit de
la partie.

CHAPITRE X.

Comme Domp Girard Boyer Prieur de
Charlieu, trouva que tous ſes biens
meubles, avoyent eſté pillez & deſ-
robez : des grandes plaintes qu'il en
fit, & du ſcandale que pluſieurs grands
perſonnages prindrent pour raiſon de ce
vol & pillage.

DOMP Girard Boyer ayant pris
congé du Cardinal, s'en retourna
à Cluny, en eſperance d'y eſtre le mieux
venu qu'il n'avoit jamais eſté, mais il
trouva bien la chance tournée : car ainſi
qu'il penſoit entrer en ſon logis, trouva
la porte fermée, frappe le marteau d'i-
celle pluſieurs & divers coups : enfin
voici un valet de l'Abbé Sainct Niquaiſe, qui demande qui c'eſtoit. C'eſt moy,
reſpond le Chambrier, ouvrez la porte.
Monſieur, reſpond le valet, elle ne
s'ouvre point. Je ſuis le Chambrier,
reſpond Domp Girard. Monſieur, je
ſçay bien qui vous eſtes, dit le valet,
mais vous n'y pouvez entrer. Mon
amy, reſpond le Chambrier, allez dire, s'il vous plaiſt, à Monſieur, qui je
ſuis : il vous commandera incontinent
de m'ouvrir la porte. Je n'oſerois luy
aller demander (dit le valet) à cauſe du
commandement qu'il m'a fait, de n'ou-

vrir à perſonne. Le Chambrier inſiſta
pluſieurs fois à l'ouverture de la porte,
alleguant que le valet faiſoit plus qu'il
ne luy eſtoit commandé : ſi heurta derechef bien fermement du marteau, à
ce que Monſieur le Coadjuteur le peut
entendre, mais il n'eut autre reſponce,
ſinon qu'il n'y entreroit pas, dequoy
le Chambrier fut fort indigné : & plus
encore quand ſes valets vindrent luy
rapporter, que ſon eſtable eſtoit fermé, & que les chevaux du Coadjuteur
eſtoyent là-dedans, qui mangeoyent
ſon foin & avoine : fut contraint d'envoyer ſes chevaux en autre lieu, qui
bien luy greva, & non ſans cauſe. Et
pour le regard de ſa perſonne, fut contraint de chercher autre logis. Après
eſtre deboté, vinſt derechef ſe preſenter à la porte, où il trouva Monſieur
le Coadjuteur, qu'il ſalua, luy faiſant
entendre tout ce que le Cardinal luy
avoit baillé charge luy dire, puis avec
un grand ſouſpir dit : Monſieur, à mon
arrivée en ceſte maiſon, l'un de vos
gens m'a fait l'une des plus grandes indignitez qu'il eſt poſſible de penſer :
car il ne m'a jamais voulu ouvrir la
porte pour entrer en mon logis. Ha,
Monſieur le Chambrier, reſpond le
Coadjuteur, ne le trouvez point eſtrange : car je ne veux que perſonne
loge en ceſte maiſon que moy. Pour le
moins, Monſieur, dit le Chambrier,
permettez-moy, que je puiſſe me retirer en une portion du corps d'Hoſtel
d'Amboiſe, il y a grande intervale de
voſtre logis à ceſtuy-là. Vous n'y pouvez auſſi loger. Où voulez-vous donques que je me mette ? Au cloiſtre, ou
à l'enfermerie. Ce mot ſerra bien le
cœur au Chambrier, mais ce ne fut rien
au pris du refus qu'il luy fit tout à plat,
de la reſtitution de ſes coffres & meubles,

E 2

bles, mefmes de fes papiers : tel refus le mit en merveilleufe défiance , mais comme prudent qu'il eftoit, diffimula pour l'heure ce qu'il en penfoit. Tenta tous les moyens qu'il peut de l'amener à quelque raifon , & plus alloit avant , plus Sainct Niquaife reculoit de la luy faire, non pas mefmes de le vouloir fecourir d'un verre de vin , de tant de vins qu'il avoit en cave. Le bruit vola incontinent par tout le Pays de Mafconnois , d'une volerie fi infigne & remarquable, & plufieurs Gentilshommes qui favorifoyent le chambrier Boyer, s'en fentirent fort offenfez , jufques à vouloir prefter une extraite à ce Baftard. Ce qu'ils pouvoyent bien faire, & à fon Sainct Barthelemy , mais le chambrier Boyer s'oppofa fagement à tout cela. Bien n'oublia-il rien d'efcrire au long au Cardinal , cefte eftrange defconvenue , à laquelle fit fi maigre refponce , que le chambrier cognut appertement, qu'il eftoit de la partie , & avoit la plus grande portion au butin. Ne laiffa pour cela le chambrier de vivement infifter fur la reftitution de fes meubles & papiers , jufques à dire à Monfieur le Coadjuteur, que fi on ne les luy rendoit , il favoit bien à qui s'en plaindre. Toutesfois on le laiffa en cefte fueur, & n'eut autre Juftice , finon de voir chacun jour manger miférablement fon pain, vin, & diffiper toute la provifion des denrées qu'il avoit, dequoy plufieurs furent fort-efmerveillez. Et dèslors tous ceux de l'Eglife & Nobleffe , qui eftoyent affectionnez à ceux de la maifon de Guyfe , cognurent très-bien que les libelles diffamatoires femez à l'encontre d'eux, par tous les endroits de ce Royaume , eftoyent très-véritables , & que telles gens ne fervoyent que d'harpies en France , & furent la plufpart refroidis , de la bonne volonté

qu'ils avoyent envers le Cardinal & fes freres, principalement quand ils confideroyent la trahifon qu'on avoit fur ce jouée au chambrier : car aucuns d'eux avoyent efté préfens ès grandes faveurs , defquelles le Cardinal l'avoit cheri à fon partement , & de la finguliere & très-affectionnée recommandation qu'il en avoit faite à ce baftard & fils de putain. Contre lequel , grands & petis vomiffoyent d'horribles propos , encore que le Chambrier adoucit tant qu'il luy eftoit poffible , cefte bourrade qui luy avoit efté ainfi donnée , alleguant que le Cardinal & fon Coadjuteur eftoyent fi fages , qu'ils luy en feroyent toute raifon.

Icy eft bien le lieu de dire , que quant l'Abbé de Sainct Niquaife & Sainct Barthelemy arriverent à Cluny, n'avoyent pas le lyard , tant ils avoyent efté dégraiffez , avant que partir de Gynville , & jamais butin ne leur vint mieux à propos , que celuy qu'ils avoyent volé au chambrier Boyer.

CHAPITRE XI.

Comme Domp Claude de Guyfe fe fit légitimer , de la finance de fa légitimation , & des grands deniers qu'il a employé à faire des baftimens.

FAUT bien préfumer que le butin que fit Domp Claude de Guyfe, Coadjuteur des meubles du chambrier Boyer fut bien grand : car n'ayant pas le fols à fon arrivée à Cluny , comme vous a efté dit , defpendit en moins d'un an , plus de foixante mil livres , & fi fit toucher au Cardinal , autant & plus de deniers , qu'il n'avoit accouftumé de fon Abbaye. Sa légitimation , felon que luy-mefmes a rapporté , luy revient à plus de dix-huit cens efcus fol.

fol. A defpendu audit an , deux mil
efcus , pour un jeu de paume , du qualibre de celuy du Louvre de Paris. Item
a fait faire des efcuries , fermer de
murailles le grand tour , & autres baftimens , qui reviennent à plus de mil
efcus. Item a prefté en ladite année
plus de quatorze mil efcus , à raifon de
trente , quarante , & cinquante pour
cent : en a prefté à d'autres , qui luy
ont rendu cent pour cent , felon qu'il
fera plus à plain déclaré cy-après , au
chapitre des perfonnes qu'il a deftruit
& ruyné , pour raifon de telles ufures.
Bref , il fit un tel mefnagement dans la
premiere année de fon advenement ,
que fes coffres furent fi remplis d'efcus,
que tout en regorgeoit , outre les trente mil livres , que l'on vous vient de
dire , & ce fans y comprendre deux ou
trois mil efcus , que Sainct Barthelemy
a touché à fa part : fept ou huict cens
efcus , que ce brigand de Sainct Martin
a eu en la fienne : & fon Sécretaire
Vaillant en a eu encore davantage ,
qu'ils ont guaigné ou defrobé en cefte
premiere année , par le moyen des brigandages , exactions & pilleries , faites
durant icelle année , au Pays de Mafconnois : toutes lefquelles pratiques &
ufures , eftoyent maquignognées par un
nommé Jaquier , dit le Bragard , autrement Morveux , reeognu pour le plus
abject , maquereau & defloyal perfonnage , qu'on puiffe choifir en toute la
Province : & avec ee beliftre , qui ne
fçait ny lire ny efcrire , noftre Coadjuteur perpetuel jufques icy s'eft confeillé
& gouverné en toutes fes affaires. Par
deux ou trois fois il a mis à blanc ce
Jaquier , dit le Bragard , ear fi-toft qu'il
a acquis deux ou trois mil livres de poffeffions & héritages , des larcins qu'il
fait en cefte négociation : noftre Coad-

juteur fait quelqués paches avec luy ,
toutes fondées fur belles ufures : par le
moyen defquelles , il attire tout ce que
le Bragard peut guaigner. Encore aujourd'huy il a deux granges ou métai-
ries , fizes à la Chaume , près Lordon ,
& un beau héritage , dit la Channaize ,
fitué près de Cluny , dequoy noftre
Coadjuteur fait eftat , il y a plus de
trois ans , que cela fera pour luy , à
tout le moins les deniers qui provien-
dront de la vente d'iceux.

A efté befoin s'arrefter fur ce Bragard , & le dénommer en ce chapitre :
car nous aurons affaire du Bragard en
plufieurs endroits & fuite de cefte Légende , tant pour le trafic de noftre
Coadjuteur , que de fes voleries , ufures , brigandages , & fignamment pour
les maquerellages qu'il fait & commet
en fa maifon. Servira auffi à juftifier les
principaux poincts que nous avons à
toucher de Sainct Barthelemy : car il a
bien peu fait de telles ufures ou pluftoft
voleries , que le Bragard n'y ait mis le
nez.

Faut auffi icy faire cognoiftre un
nommé Afpremont , qui fe dit Maiftre
d'Hoftel de noftre Coadjuteur , à caufe
des coneuffions & pilleries qu'il fait de
fon cofté , par le commandement &
authorité de fon Maiftre , & s'il n'eftoit icy dénommé , le texte & fil de
cefte Légende en pourroit eftre plus
obfcur. Iceluy Afpremont donques , eft
un fils de putain : le pere duquel eftoit
Preftre , a deux ou trois femmes , auffi-
bien que ce fcélérat Sainct Martin , pratique à veuë d'œil de fon Maiftre , la
Poligamie. Ses exactions & pilleries
font d'autre nature que celle des autres.
Il eft vray qu'elles font plus couvertes ,
felon qu'il fera dit au chapitre des corvées , que fait faire Afpremont , par
force

E 3

force & violence aux povres Laboureurs.

Nous colloquerons auffi au degré de ces garnemens, un nommé Gafpard la Cour, Sécretain de Cluny, qui de beliftre qu'il eftoit, pour avoir-fervi noftre Coadjuteur en fes voleries & brigandages, s'eft eflevé & fait riche, tellement que par le moyen des inceftes & paillardifes, qu'il fait à Cluny, tient aujourd'huy table ouverte, s'entretient gros & gras : pippe l'un, defrobbe l'autre, de quoy il entretient table ouverte à ces voleurs & empoifonneurs, felon que plus à plain fera déduit au chapitre de la Sacriftie de l'Abbaye de Cluny, où ce la Cour, eft dépeint de toutes fes couleur. Suffit de monftrer pour ceft heure, qu'il eft couché au catalogue des gens de bien :

Dans lequel pareillement nous colloquerons un Moyne baftard, qui fe nomme Maceré, duquel nous avons bien à faire, pour juftifier les larrecins que noftre Coadjuteur fait à fes Religieux, & pour plufieurs finiftres, vilaines & déteftables pratiques, qu'exerce ordinairement ce vilain & déteftable Maceré, ainfi que nous monftrerons cyaprès en plufieurs endroits de cefte Legende. Tous les deffus nommez, outre les fommes principales qu'ils butinent au profit de leur Maiftre, le moindre d'eux, defrobe chacun an, mille ou douze cens efcus.

Il y a un frere Blaife Caneau, Convers, lequel s'il vouloit dire vérité, juftifieroit à l'œil, que de ce qui paffe par fes mains, noftre Coadjuteur pille & defrobe chacun an, plus de fix ou fept mil efcus : & fi ce n'eft le principal, qu'en matiere de pain, vin & pitance. Mais encore que frere Blaife ne vueille parler, ne lairrons de tirer la vérité du

préfent Article, felon qu'il fera dit en fon ordre.

De tous les deffus nommez, nous les pouvons réduire & qualifier en certain nombre, ou eftat, afin de les mieux cognoiftre : à la charge, qu'il fera cyaprès difcouru bien plus amplement de leur vie & converfation, car ils auroyent trop bon marché de ce qui en a efté cy-deffus dit.

PREMIEREMENT,

Noftre Coadjuteur baftard, eft le Maiftre de fes garnemens, & en particulier compagnon de Sainct Barthelemy, pour le fait des empoifonnemens, volleries & brigandages, qui feront cy-après déclarez.

Item, Sainct Barthelemy fera fon empoifonneur envers les Grands.

Belle-Perche, envers les Petis.

S. Martin, fon meurtrier volontaire, & voleur.

Afpremont, fon affaffinateur & exacteur champeftre.

Vaillant, fon fauffaire de Sécretaire.

Le Bragard, fon maquignon d'ufures.

La Cour Sécretain, fon inceftueux & maquereau.

Maceré, fon trompeur, pipeur ; c'eft-à-dire, qui trompe, pipe & defrobe fes Religieux.

Frere Blaife, fon hardi preneur, au préjudice de fes Religieux.

Ce n'eft pas à dire, que tous les deffufdits, foyent fimplement entachez des vices, defquels je les qualifie : car il eft notoire qu'on a bruflé des faux monnoyeurs, & mis fur la roüe dix mille voleurs & brigands, qui n'ont pas fait la vingtiefme partie des maux, que ces garnemens ont faits.

L'ordre

L'ordre de cefte Légende, requerroit bien de fpécifier icy les noms & furnoms de ceux qui donnerent du nez en terre, en la premiere année de fon coadjutoriat, par le moyen des horribles ufures & intérefts qu'il prit fur eux : mais ne faut oublier une tragédie, que S. Barthelemy menoit en ce temps-là, & d'un pernicieux & damnable exploit, qu'il fit environ le mefme temps.

CHAPITRE XII.

Comment Sainct Barthelemy partit d'avec Sainct Niquaife : pour faire mourir le Prince de Condé, l'Admiral, & le Prince de Porcian.

CE garnement de Sainct Barthelemy, après avoir fait plufieurs allées & venues, de Cluny à Ginville, & de Ginville à Cluny, monta à cheval, pour aller droit à Paris, où pour lors eftoit le Prince de Porcian, comme auffi eftoyent la plufpart de ceux de Guyfe, qui démonftroyent à Sainct Barthelemy, toutes les faveurs qu'ils pouvoyent penfer, & mefmes devant un chacun le careffoyent, & voyoient d'un fort bon œil. Sainct Barthelemy de fon cofté tenoit une troigne comme langoreufe & trifte, tellement qu'à fa contenance, on eut jugé qu'il eftoit indifpofé de fa perfonne, non pas de la langue : car s'il y en a une blandiffante, & pour bien mentir, c'eft celle de Sainct Barthelemy : pour diffimuler & jouer le double, & faire fur tout une trahifon, n'en faut point trouver d'autres que luy : pour avoir, comme il a, le babil, les geftes & contenances, pour un tel meftier. Ce malheureux donques, ayant obfervé, que deux Gentilshommes du Prince Porcian, l'avoyent fouvent veu privément com-

muniquer avec le Cardinal, & qu'ils entroyent dans un cabaret pour boire & fe rafraîchir, à caufe de la grande chaleur. Bien-toft après Sainct Barthelemy y entra auffi, demanda deux doigts de vin, & un morceau de pain : car (dit-il) je brufle de foif, or eftoit-il en fort bon équipage, fuyvi feulement d'un laquais, s'affift près des Gentils-hommes du Prince Porcian, qu'il falua, & eux auffi : luy préfenterent le plat du fruict, qui eftoit devant eux, print un quartier de poire & peu de pain, & avant que manger ofta fon bonnet, & les mains jointes & les yeux au Ciel, fit une priere baffe, à la fin de laquelle dit : l'homme ne vit pas du feul pain, mais de toute parole procédante de la bouche de Dieu. Après cela, fe mit à manger, tint plufieurs honneftes & graves propos aux Gentils-hommes, cita quelques Hiftoires convenables, felon les difcours qu'on mettoit en avant. Et de-là, les Gentils-hommes propoferent quelques poincts fur le fait de la Religion, expreffément afin de fentir celle que tenoit Sainct Barthelemy, qui leur eftoit grandement fufpect, à caufe qu'ils l'avoyent fouvent veu conférer avec le Cardinal, & autrement ne le cognoiffoyent. Mais quand Sainct Barthelemy commença à refpondre fur les poincts, mis en avant : euffiez dit, que toute fa vie il avoit eftudié en Theologie. Qui ofta les Gentil-hommes hors de doute, & plus encore quand ils l'entendirent fi bien pourfuivre & terminer fa conclufion. Monfieur, va dire l'un des Gentils-hommes du Prince Porcian : vous ne trouverez, s'il vous plaift, mauvais, fi je vous demande qui vous eftes : car je réputeray toute ma vie à grand heur, de cognoiftre un fi honnefte Gentilhomme, & d'avoir fouvenance de vos bons propos. Je me nomme, me, refpondit-il, Sainct Barthelemy, à vous faire fervice, & quant aurez affaire de moy, ne faut finon que demander Sainct Barthelemy, en la maifon de Monfieur le Cardinal, & m'y trouverez toufjours, tant que je féjourneray en cefte Cour. Vous eftes, dit le Gentilhomme du Prince de Porcian, le premier Gentilhomme domeftique, que j'aye encore veu en la maifon de Monfieur le Cardinal. Il peut bien eftre, dit S. Barthelemy, & encore qu'il me face condition fort avantageufe, & party honnorable, je détermine bien y demeurer le moins que je pourray : vous pouvant bien affeurer toutesfois, qu'il eft très-bien adverty, que je fuis de la Religion : ne m'a jamais preffé d'aller à la Meffe, comme pour mourir, je ne voudrois auffi y affifter : mais ma confcience ne me peut permettre de vivre Cardinalement, tant je détefte cefte vie Epifcopale. S. Barthelemy pour le faire court, jappa fi-bien du plat de la langue, qu'il endormit ces deux Gentilshommes, qui croyoient fermement, n'avoir jamais rencontré perfonnage, en geftes, parole & contenance, mieux réformé, que Sainct Barthelemy. Et avant que prendre congé l'un de l'autre, fe donnerent la main, en figne d'une perpétuelle amitié, qu'ils jurerent : fuyvant laquelle s'entrevoyoient fouvent enfemble, & à chafque fois que les Gentilshommes du Prince Porcian venoyent à la chambre de Sainct Barthelemy, le trouvoyent tantoft fur une Bible, tantoft à genoux, faifant les prieres : une autre fois, s'enquérant des Affemblées, pour aller au Prefche. Bref, jamais ne le trouvoyent (tant il avoit l'œil au bois) fans quelque exercice honnefte : qui confermoit de plus en plus ces bons perfonnages, en l'opinion qu'ils avoyent conceuë de Sainct Barthelemy. Et pour cefte caufe, firent entendre au Prince de Porcian, (1) quel il eftoit, & fur tout digne de faire fervice aux Grands. Ce rapport mit Sainct Barthelemy en telle réputation, que tous les Gentilshommes & domeftiques du Prince Porcian, le voyoient d'un fort bon œil : luy de fa part, les honnoroit, leur donnant à entendre le grand regret qu'il avoit de ne pouvoir voir Monfieur le Prince de Porcian : & préfenter le fervice très-humble, qu'il défiroit luy faire : car fi je fuis veu parlant de luy, comme il y a des efmerillons qui m'efclairent : on le rapportera incontinent au Cardinal, qui ne faudra jamais de m'en porter une dent de laict, pour la partialité qui eft entre ces deux maifons : mais je m'affeure,

---

(1) Le Prince de Porcian ou Porcean, étoit de l'ancienne & illuftre maifon de Croy, qui fe dit defcenduë des anciens Rois de Hongrie ; ce que je n'ai pas vérifié. Qu'elle en foit defcenduë ou non, il eft certain qu'elle eft alliée de toutes les Couronnes de l'Europe & de prefque toutes les maifons des Princes Souverains : celui dont il eft ici queftion fe nommoit *Antoine de Croy Prince de Portien*, âgé feulement de 26. ans, fans laiffer d'enfans de Catherine de Cleves fa femme, qui depuis fe maria avec Henri de Lorraine Duc de Guife, le même qui fut tué à Blois le 23. de Décembre 1588. Le bruit courut à la vérité qu'il étoit mort de poifon. Voici néanmoins ce qui en eft dit dans les *Mémoires de Lestoile* : « Le Prince de Portian, jeune, martial » & guerrier, mourut à Paris le 15. May [1567.] » d'une fiévre chaude, caufée d'une colere mêlée » d'excès, qui fut qu'ayant joué à la paume tout le » long du jour, il fut mandé le foir aux Thuilleries, » où le Roi le tint deux heures découvert dans le » jardin à la Lune & au ferain, & lui tint de rudes » propos, jufqu'à le menacer de la perte de fa tête, » pour Linchant place frontieres, qu'on avoit don-» né à entendre à S. M. qu'il faifoit fortifier. Etant » revenu en fa maifon, outré de dépit, comme il » avoit le cœur merveilleufement grand, envoya » quérir du vin, & étant en chaleur, en but trois » Quartes, & mangea trois plats d'amandes vertes, » & s'alla coucher là-deffus, qui fut le poifon qu'on » a dit lui avoir été baillé. » Il paroit par-là le peu de foy que l'on peut ajouter à ce qui eft marqué dans ce Chapitre & dans les autres de l'empoifonnement de ce Prince par le nommé Saint Barthelemy.

feure, que ce bon Prince m'excufera
(s'il luy plaift) fous le moindre mot de
l'excufe que je vous vien de dire. Ce
n'eft pas tout, car vous euffiez proprement
dit, que S. Barthelemy tenant ce
langage, avoit crainte d'eftre aperceu,
tant il tenoit bonne mine. Et comme
les Gentilshommes un jour fe promenoyent
par Paris, avec S. Barthelemy,
rencontrerent certains perfonnages,
qui fans prendre garde aux Gentilshommes
du Prince Porcian, frapperent fur
l'efpaule à S. Barthelemy, difant : où
vas-tu, ho, noftre Maiftre. Sainct Barthelemy
changeant de couleur, leur
refpondit, avec ces Gentilshommes,
que vous voyez, qui me bailleront s'il
leur plaift, licence de vous dire un
mot, fi les retira à part, & s'eftans parlez
à l'oreille, au lieu de fe tûtoyer,
ou de parler par toy, à Sainct Barthelemy,
l'apelloyent Monfieur, à plaine
bouche, quand vous plaift-il, Monfieur,
qu'on voife vous trouver ? Incontinent
après difné, dit Sainct Barthelemy,
venez & je vous y mencray :
car il doit parler. Ainfi prindrent congé,
après avoir fait une bien grande
révérence à Sainct Barthelemy. Les
Gentilshommes du Prince Porcian, entrerent
en merveilleux foupçon de cefte
rencontre : dequoy Sainct Barthelemy
s'apperceut très-bien : mefmes quand
l'un des Gentilshommes luy dit : Monfieur,
cognoiffez-vous ces deux galans,
à qui vous avez parlé ? Si je les cognois,
refpondit S. Barthelemy, ouy, ouy, je
les cognois, non pas tels que je les ay
cognus : car pour avoir couppé des
bources, n'y a pas encore quinze jours
qu'ils ont eu le fouët par cefte Ville,
& fi ont efté flétriffez & marquez fur
l'efpaule. Nous vifmes, refpondirent
les Gentilhommes, exécuter les galans,

& fi un Gentilhomme, qui eft en noftre
logis, fuft pluftoft arrivé en cefte
Ville, fuffent efté bruflez : car ce font
faux monnoyeurs, & empoifonneurs
manifeftes : & me repens, dit l'un
d'entr'eux, que ne les ayons attrappez.
Je fçay (dit Sainct Barthelemy, leurs
vies, auffi-bien que vous : mais graces
à Dieu, ne font plus ce qu'ils ont efté :
car aujourd'huy ils font de la Religion
Réformée, & fi zélez, que leur rifipiffance
me fait beaucoup efperer d'eux,
fous le bénéfice de laquelle, comme de
mon naturel je fuis pitoyable, je les
aprivoife au mieux qu'il m'eft poffible :
pour les ancrer de plus en plus au giron
de l'Eglife, où ils fe comportent au
contentement de tous les freres : & ce
que je leur ay parlé à l'oreille, c'eft
une affignation, que leur ay fignifiée à
deux heures après midy, pour venir
ouyr l'exhortation d'un Miniftre qui eft
fort excellent. Quand les Gentilshommes
entendirent ainfi parler Sainct Barthelemy,
ne feurent que dire ny penfer,
louërent grandement la converfion
de ces deux povres pécheurs, l'un
defquels eftoit fourbiffeur, & l'autre
tondeur de draps : mais ils ignoroyent
qu'ils eftoyent coufins germains à Sainct
Barthelemy, qui pour lever tout foupçon,
bigarra la vie de fes coufins, au
mieux qu'il luy fut poffible. Et eux
ayans ouy parler d'une exhortation,
prierent Sainct Barthelemy d'y pouvoir
affifter. Sainct Barthelemy dit, que l'Affemble
eftoit fi fecrette, que mal-aifément
y pourroyent-ils entrer. Si vous
eftes de l'Eglife, refpondirent les Gentilshommes,
& que l'Eglife ait bon tefmoignage
de vous : nous nous affeurons
que fous celuy que vous rendrez de
nous, l'entrée ne nous fera point déniée :
car la plufpart des Miniftres & anciens
de

F

de l'Eglife de Paris, nous cognoiffent : vous ne nous refuferez donc ce bien, de nous y faire avoir place. Sainct Barthelemy, quelque habille qu'il fut, fe trouva bien empefché, & prévoyoit très-bien, que s'il faifoit tant foit peu de refus en cefte affaire, eftoit à craindre qu'il ne détraqua les Gentilhommes, de la bonne opinion qu'ils avoyent conceus de luy. Arrefterent pour cefte caufe, de fe trouver à l'Affemblée, & que Sainct Barthelemy les viendroit prendre pour les y mener, & ainfi fe départirent d'enfemble. Jamais Sainct Barthelemy ne fe trouva plus empefché, & ne fçavoit par quel bout commencer, pour dreffer cefte Affemblée. Si s'adreffa à Maiftre Hugues le Serrurier, luy difant, que comme il avoit efté Preftre, falloit que fur les deux heures après midi, il fe tinft preft à contrefaire le Miniftre, & de prefcher par effect, autrement qu'il eftoit infame, & une entreprife qu'il avoit en main rompuë : qui importoit de beaucoup. Partant le requeroit inftamment, de prendre courage, & de monftrer qu'il fçavoit faire quelque chofe. Le Serrurier fit refponfe, que cela luy feroit bien difficile à faire, à caufe qu'il n'entendoit pas un des poincts de la Religion. Pourveu, va dire Sainct Barthelemy, que tu lifes ce que je te monftreray, ne te foucie du refte, car j'y donneray bon ordre : tira des Pfeaumes de fa pochette, qu'il avoit acheté puis n'aguerés, monftra au Serrurier la Confeffion qu'on a accouftumé de faire le jour des Prieres, la luy fit lire deux ou trois fois, & après l'avoir bien inftruit, & du Pfeaume qu'on devoit chanter : alla trouver quatorze ou quinze garnemens de Preftres rufifques, fept ou huit Moynes, auffi gens de bien que les Preftres, tous, enten-

dans la Mufique, & qui tous cognoiffoyent Sainct Barthelemy, pour l'un des plus grand rufifque & maquereau de Paris, leur dit & fit entendre fon deffein, pour effectuer, lequel chacun prefta l'aureille, promirent de fe trouver au lieu & heure affignée, & fi bien defguifez, que les Gentilshommes ne les pourroyent aucunement cognoiftre, firent à mefme inftant provifion de Pfeaumes.

De-là Sainct Barthelemy alla choifir fept ou huict ribaudes de Preftres, qui fçavoyent lire, leur mit des Pfeaumes en main, allerent à la fripperie emprunter des acouftremens, & entre autres, deux chapperons de velours, pour deux putains, coufines germaines de Sainct Barthelemy, il ferra en moins d'un quart-dheure, vingt-cinq ou trente putains, toutes inftruictes de la menée, & fi elles eftoyent ruffées, elles eftoyent encore mieux déguifées en acouftremens de Damoifelles & Bourgeoifes. On emprunta auffi quatre ou cinq jeunes Chantres, qui furent inftruits de mefmes, & n'en y avoit pas un, qui ne fift promeffe de bien jouer fon rôle, pour l'amitié qu'ils portoyent à Sainct Barthelemy : lequel donna au refte tel & fi promp ordre, que tout le refte de fes garnemens deftinez pour jouer cefte pippée, fe trouverent prefts : fit au furplus nettoyer la chambre où ce devoit faire le preche, en forte que tout y rehiffoit.

CHAPITRE XIII.

Comme le Serrurier contrefit le Miniftre, commença à prefcher, & de fon Affemblée defcouverte.

DEMIE heure avant que le prefche deut commencer, Sainct Barthelemy alla prendre les deux Gentilshommes

hommes du Prince Porcian, qu'il amena droit au lieu de l'Assemblée, en laquelle desjà estoyent arrivées la plufpart de ces bonnes bagues, qui toutes,
la Bible ou le nouveau Testament en la
main, lisoyent, faisant la meilleure
pipée qu'il estoit possible. Les Gentilshommes vindrent à s'asseoir, & au milieu d'eux, Sainct Barthelemy : n'y eurent pas beaucoup demeuré ; qu'on
voyoit arriver fil à fil nos Prestres &
Moynes, la plufpart desquels portoyent
des calottes, afin de cacher leurs couronnes : mais si les femmes tenoyent
bonne mine, les Moynes & Prestres
tenoyent la leur, dissimulant une je ne
sçay quelle crainte d'estre apperceus,
& tous faifans femblans de ne s'entre-
cognoistre : les uns estoyent habillez
en Marchans, les autres en Financiers,
& deux ou trois qui portoyent la cornette. Les Gentilshommes du Prince
Porcian estoyent tout émerveillez, de
ce qu'ils n'appercevoyent personne de
plusieurs fidelles de Paris, qui estoyent
de leur cognoissance, & s'informans de
Sainct Barthelemy, dit qu'il en cognoiffoit quelques-uns, entre autres, ces
deux qui portoyent la cornette, le sçavoir & saincte vie desquels il exaltoit
magnifiquement, ajoustant qu'ils a-
voyent beaucoup souffert, pour le fait
de la Religion : & toutesfois c'estoyent
deux Moynes, qui ne sçavoyent par
maniere de dire, lire ny escrire. Arriverent aussi le fourbisseur & tondeur
de draps, dont a esté cy-dessus parlé,
& avec eux le Ministre qui devoit prefcher, lequel à fa contenance, monftroit qu'il leur diroit quelque chose de
grand, pour leur salut. Voyez, Mef-
sieurs, va dire S. Barthelemy, voilà le
Ministre qui ne se peut saouler de fortifier & instruire ces povres pécheurs,

desquels me parlastes l'autre hier, ces
povres gens font si contrits & répen-
tans de la mauvaise vie qu'ils ont menée, qu'aujourd'huy on les répute des
plus dévotionez à la Religion, j'espere qu'ils feront bon fruict.

Le Ministre passant au milieu de l'Af-
semblée, chacun le falua, se veinst
aussi asseoir à l'endroit du lieu où il devoit prefcher, portoit une toque à la
Mantouë, & une grande robe à la
thréforiere, tenant une gefte, telle
qu'eussiez proprement dit, qu'il avoit
prefché toute fa vie, & ce qui le faifoit ainsi asseurer, c'est qu'il n'y avoit
pas un Moyne ny Prestre, qu'il ne cognut pour tel qu'ils estoyent, & qui
aussi le cognoissoyent très-bien, pour
avoir fait avec eux, & Sainct Barthelemy, mille & mille bourdelages, paillardises & maquerellages : sans les tours
encore plus habiles, que ceux de M.
François Villon. Bref, la plus grande
peine & estude du Ministre, estoit de
se garder de rire : car il n'y avoit pas
une femme, le train & bonne vie de laquelle il ne sçeut, comme elles-mefmes. Les Gentilshommes du Prince Porcian dirent bien, qu'ils n'avoyent onques cognu ce Ministre, demanderent
le nom à S. Barthelemy, qui leur dit,
qu'il s'appelloit M. Hugues, personnage (adjousta-il) duquel vous vous
contenterez : car s'il y a un Ministre en
France, doué des langues, d'éloquence, & des graces qui y appartiennent,
vous le verrez reluire en luy. Dequoy
les Gentilhommes furent bien aifes, &
de ce que toute l'Assemblée estoit composée (ce sembloit) d'hommes & femmes fort honnorables.

L'heure advenue, le Ministre commença à se lever, & d'un gefte & maintien fort modeste, ouvrit son Livre, la
teste

LA LEGENDE DE DOMP

teſte nuë & les mains jointes, commença à lire la Confeſſion, qu'on a acouſtumé faire devant le Preſche, au jour des Prieres publiques : à la fin de laquelle, un de la compagnie mit en ton le Pſeaume cinquante-un, que l'on chanta d'ordre, & de telle meſure, que les Gentilshommes du Prince Porcian, dirent, n'avoir jamais ouy ſi bien chanter, & tenir le poids. Et comme ils eſtoyent ſur la fin de la Pauſe, entendirent heurter à la porte, avec un bruit aſſez grand. Le Miniſtre fit ſigne de la main, que perſonne ne bougeaſt, & vouloit desjà joindre & lever les mains pour recommencer à prier, quand un de la compagnie vint dire, qu'on rompoit la porte, & une ſervante (faite à la main) qui toute effrayée, dit : Meſſieurs, ſçavez-vous : car il y a en bas pluſieurs gens armez, qui vous veulent mal faire. En ceſt effroy, mes Moynes & Preſtres, qui de çà, qui de-là, s'eſcarterent, les autres ſe cacherent ſous les licts, & le Miniſtre leva la ſemelle, non pour crainte d'une telle alarme, car il ſavoit bien d'où elle venoit, mais pour éviter de prier & preſcher, à quoy il n'entendoit aucune choſe, & eut (en priant) rompu toute la deſconvenue de Sainct Barthelemy : car il ne ſçavoit ny A ny B, ſinon à crocheter & fureter les ſerrures. La pluſpart ſe ſauverent par l'huis de derriere : mais quant aux Gentilshommes & Sainct Barthelemy, ils demeurerent, & fut la porte ouverte à ceux qui heurtoyent ſi fort. Entrerent à l'inſtant ſix ou ſept hommes armez, avec un homme vieil & ſignalé, qui ſe diſoit Commiſſaire de la ruë, qui demanderent où eſtoit le Miniſtre. Sainct Barthelemy prenant la parole, leur dit : que voulez-vous à ce Miniſtre. Pour le mener en priſon, reſpondirent-ils, ſuyvant la charge qui

nous en a eſté baillée. Mais qu'a-il fait, va dire Sainct Barthelemy. Non autre choſe, ſinon pource qu'il a preſché contre la Religion Chreſtienne. Il n'eſt pas vray, dit Sainct Barthelemy, & mettant la main aux armes, deſguaina la moitié de ſon eſpée : & les autres firent ſemblant d'avoir grand peur, diſant : Monſieur, nous ne voulons que dire un mot au Miniſtre. Allez le cercher ſi vous voulez, reſpondit S. Barthelemy, car il n'eſt pas icy. Ces canailles (adjouſta-il) en veulent aux gens de bien : ſi vous ne ſortez, je vous feray ſauter par la feneſtre, faut-il que les enfans de Dieu ſoyent ainſi privez de ſa parole, & qu'on ne puiſſe avoir quelque exercice de la Religion. Sortez, & vous ferez que ſage. A ceſte parole ils ſortirent, & à leur viſage démonſtroyent qu'ils avoyent grand reſpect à Sainct Barthelemy, lequel demanda où eſtoit le Miniſtre, on luy reſpond qu'il eſtoit ſorty, & ne ſçavoit-on quel chemin il avoit tenu. Je voudrois, dit S. Barthelemy, que l'euſſiez entendu preſcher, c'eſt le Miniſtre de la Chreſtienté, qui dit autant bien qu'il eſt poſſible : ayant bien regret, que je n'ay eu loiſir de vous faire parler à luy, vous en feuſſiez eſté ſatisfaits & contants toute voſtre vie : & ſans vous, j'euſſe bien pris plaiſir d'eſtriller les canailles qui le demandent. Les Gentilshommes le prierent de les laiſſer, le remercierent bien fort de tant de peine qu'il avoit ſur ce priſe, & redoubla l'amitié des Gentilshommes du Prince Porcian, & Sainct Barthelemy, plus qu'auparavant. Délibérérent qu'en la premiere Aſſemblée qui ſe feroit, s'y trouveroyent. Et ainſi les uns & les autres ſe retirerent chacun en leur quartier, Sainct Barthelemy (le cœur duquel bondiſſoit de joye) alla remercier ſes compagnons

compagnons & rufifques, vifiter la plufpart de ces bonnes Dames, qui avoyent fi bien joué leurs perfonnages, & delà fut trouver le Miniftre, non fans fe congratuler l'un l'autre, de tout ce qui eftoit fur ce paffé.

L'on pouvoit bien tout d'un train defduire, ce que Sainct Barthelemy vouloit faire, fans pefle-mefler ny faire tant de digreffions, de fes menées & paffevolans, que fa defloyauté & mauvaife volonté luy ont fait faire : mais il eft befoin qu'à l'exemple d'autruy, toutes bonnes perfonnes qui ont quelque crainte de Dieu, ne fe rendent fi faciles à croire & s'arrefter aux hommes. Vous voyez comment ce malheureux Sainct Barthelemy, meine par le nez ces deux povres Gentilshommes, & s'il leur en fait acroire de belles, encore qu'ils fuffent gaillards, & de bien bon efprit : quoy que foit, il leur a fi bien jetté de la pouffiere aux yeux, qu'ils ne voyent, que ce mefchant va commettre un acte du tout malheureux & exécrable, felon que vous entendrez.

CHAPITRE XIV.

Comment Sainct Barthelemy empoifonna le Prince Porcian, dè la mort d'iceluy, & de ce qui en furvint.

LE lendemain de ce beau Prefche, les Gentilshommes du Prince Porcian, rapporterent qu'ils s'eftoyent trouvez le jour devant, en une Affemblée la plus honorable qu'il eftoit poffible : que jamais ils n'avoyent mieux ouy pfalmodier, ny d'un fi bon accord, comme on avoit là, & que fans l'efcarmouche qu'on leur avoit voulu faire, ils eftimoyent, qu'ils euffent entendu un fort beau Prefche : que par le moyen

de S. Barthelemy ils avoyent eu entrée en l'Affemblée, qu'il avoit triomphé de repouffer ceux qui vouloyent atrapper le Miniftre, & qu'il monftroit bien qu'il n'eftoit aprentif de fe trouver avec les gens de bien. Ce rapport mit en tel crédit S. Barthelemy, qu'il eftoit mieux veu en la maifon du Prince Porcian, qu'il n'avoit encore efté. Auffi le malheureux fçeut très-bien fe prévaloir de fa pipée, car à l'heure de neuf à dix heures, il vint trouver ces deux Gentilshommes accouftumez, leur dit : qu'il avoit apris merveilles, de certaines pourfuites, que le Commiffaire de la ruë où s'eftoit fait le Prefche, faifoit, tant à l'encontre d'eux, que de luy, mais qu'il s'en donnoit bien peu de peine. Et comme les Gentilshommes le requeroyent de leur difcourir l'affaire, S. Barthelemy à mefme inftant, mettant fa main contre fon eftomac, dit : Meffieurs, tenez-moy, car une foibleffe me vient faifir. Lors les Gentilshommes l'un d'un cofté, l'autre de l'autre, le fouftenoyent. Ce paillard cependant renverfoit les yeux, inclinoit le chef fur le bras, qu'euffiez-dit, qu'il rendoit l'efprit : puis revenant à foy-mefmes, dit que le mal eftoit paffé, ne reftoit plus qu'un friffon, qui le faifoit febriciter, ajoufta qu'il eftoit fujet à telles foibleffes. Les Gentilshommes voulurent aller quérir le Médecin : leur dit, qu'il n'eftoit de befoin, que le remede ordinaire qu'il obfervoit en cela, s'eftoit de fe préfenter au feu, fe bien fécher & froter la tefte, & quelquefois prendre un bouillon, pourveu qu'il ne fut point trop falé. Ce propos ne fut fitoft dit, que les Gentilshommes le firent entrer en la cuifine, où il y avoit un bon feu, & là tous s'employent à le drelotter, froter & chaufer : fi tira de
devant

devant son estomac une serviette, laquelle dit-il, j'ay acoustumé de porter : luy-mesmes l'a voulut sécher : car je sçay, adjousta-il comme cela se gouverne : & s'adressant au cuisinier, luy dit : me sçauriez-vous, mon amy, secourir d'un bouillon, pour un petit fortifier mon estomac. Monsieur, respondit le cuisinier, en voilà dans ce petit pot, le meilleur du monde, & qui n'est point trop salé : il est composé d'un bon chappon, & autres bonnes viandes, que Monsieur (parlant du Prince Porcian) aime. Là-dessus, ce paillard tirant son mouchoir, tira par mesme moyen un papier de sa pochette, disant : Messieurs, si vous voulez voir quelque chose de gentil, lisez ces trois sonnets, faits contre le Cardinal, & placardez ceste nuict à l'encontre de la porte de sa chambre. L'un des Gentilshommes prit les sonnets, s'aprocha de la fenestre, où chacun courut pour en entendre la lecture, ne resta que le cuisinier, auquel Sainct Barthelemy demanda un plat, ou escuelle bien nette. Le cuisinier s'en alla de ce pas au garde manger, où estoit la vaisselle, & Sainct Barthelemy dissimulant de secher ceste belle serviette, découvrit le petit pot, qu'il s'aupiqua d'autre chose que de cloux de girofle. Car quant le cuisinier fut venu, & qu'il eut dressé le bouillon, Sainct Barthelemy dit, qu'il estoit tout en eau, & que derechef ceste foiblesse le reprenoit. Les Gentilshommes accoururent, pour le secourir : il renverse derechef les yeux en la teste, demande du vinaigre, se faict asperger & rejaillir quelques gouttes d'eau froide sur le visage : enfin le voilà revenu, on luy présente son bouillon, dit qu'il avoit le cœur tout afadi, requeroit d'avoir trois doigts de vin, qu'on luy apporta, & beut, mais du bouillon n'en

voulut prendre. Ainsi la foiblesse de Sainct Barthelemy se passa, lequel après avoir retiré ces sonnets, qu'on trouva fort bien composez, fit retraite au logis du Cardinal, avec lequel parla assez longuement : mais de pouvoir dire, quels furent leurs propos, il est impossible.

Tant y a qu'environ les dix heures, le Prince Porcian vint en sa maison en fort bonne disposition, lava ses mains, se mit à table, huma son bouillon, & disna : l'après-disnée on dresse partie à la paulme, en laquelle le Prince de Porcian joua, là on luy apporte à boire, & beut là derechef. La commune opinion porte, que Sainct Barthelemy luy en presta d'une, mais les preuves nous sont si inconnues, qu'il n'est raisonnable de rien mettre en avant, sans avoir une certaine certitude du faict.

L'on réplique, qu'il est mal aisé de pouvoir rendre certain tesmoignage de la poison, que Sainct Barthelemy a mis dans le bouillon du Prince Porcian, car qui est celuy qui luy a veu découvrir le pot ? Qui est celuy qui luy a veu la poison ? Qui est celuy qui peut avoir veu comme il l'a jettée dans le pot ? A cela l'on faict response, que précisément on ne peut pas testifier de ces trois poincts : signamment de la réalité & interposition de la poison dans le pot, ou tuppin de terre, qui estoit près du feu : mais les circonstances & adminucules, sont si certaines & indubitables, qu'elles représentent & font croire le contenu d'iceux.

Premierement, la mauvaise réputation de Sainct Barthelemy, les empoisonnemens qu'il a donnez avec Sainct Niquaise, à d'autres personnes, le rendent grandement suspect.

En après, la supposition qu'il a fait d'un Serrurier pour Ministre, l'Assemblée

blée de tant de Preſtres, Moynes, ruſiſ-
ques & paillardes, démonſtrent aſſez
de ſa mauvaiſe intention.

N'eſt-ce rien à voſtre advis, de s'eſtre contrefaict de la Religion, pour
s'acoſter de ces deux Gentilshommes du
Prince Porcian, s'eſtre deſguiſé en tant
de ſortes pour parvenir à l'exécution de
ſes malheureux deſſeins.

Prenons le cas, que ces foibleſſes
ſoyent véritables, pourquoy refuſe-il
d'humer le bouillon, que luy-meſmes
a fait dreſſer ?

Pourquoy s'en va-il de Paris, deux
jours après ceſte poiſon donnée ?

Mais quant toutes ces raiſons ne ſub-
ſiſteroyent, il appert qu'à l'iſſue du jeu
de paume, le Prince de Porcian fut
contrainct prendre le lict : la poiſon
dès-lors, le traicta d'une telle violence, qu'en peu de jours falut rendre
l'eſprit à Dieu. A Paris, voire par tout
le Royaume de France, grands & petits tenoyent fermement, que le Prince
de Porcian eſtoit empoiſonné.

Ne penſez pas, que ces Preſtres,
Moynes & ribaudes, qui s'eſtoyent
trouvé en ceſte belle Aſſemblée, n'euſſent bien ſenty quelque choſe de l'entrepriſe de Sainct Barthelemy : car il
leur avoit à tous découvert, que les
deux Gentilshommes, au milieu deſquels il eſtoit aſſis en l'Aſſemblée, eſtoyent domeſtiques au Prince Porcian,
& ainſi ne faut trouver eſtrange, ce
bruit qui couroit par Paris, de ceſt empoiſonnement.

Qui rend encore mieux convaincu
Sainct Barthelemy, c'eſt que luy-meſmes, a fait ſes riſées avec ſes compagnons, de la tragédie qu'il avoit ſur ce
jouée, & aucuns d'iceux le luy ont
ſouſtenu. Toutes ces circonſtances prennent grand vertu, ſur les récompenſes
qui furent faites de ce temps-là à Sainct

Barthelemy : car l'Abbé de Sainct Niquaiſe, Coadjuteur perpetuel, l'eſleva
& enrichit encore plus qu'il n'avoit
fait. Ce ne ſont pas les deux Gentilshommes du Prince Porcian, qui ſeuls
ont tenu ſuſpect Sainct Barthelemy de
ceſte poiſon, mais la pluſpart des domeſtiques de ſa maiſon, ont bien ſceu
préſumer, qu'autre que luy, ne pouvoit avoir fait un ſi malheureux acte.

Non ſeulement à Paris, mais par
tous les lieux & endroits de la France,
quand il eſt queſtion de parler d'une
telle mort précipitée du Prince Porcian, on la rejette & à bon droit ſur
Sainct Barthelemy : bref, il n'y a grands
ny petits, qui n'aye ouy parler de ce
malheureux. Qui agrave encore plus
une telle ſuſpition, c'eſt qu'il eſt compagnon à Sainct Niquaiſe : Sainct Niquaiſe ſe dit beau-frere du Cardinal, le
Cardinal eſtoit capital ennemy du Prince, le Prince de Porcian ne l'aimoit
gueres, que peut-on préſumer autre
choſe, ſinon que S. Barthelemy a par
poiſon, fait mourir un ſi brave Prince.
Mais d'autant que la réalité précise de
la poiſon jettée dans le pot, n'eſt point
encore bien juſtifiée, on prouvera par
gens de bien, que de ce temps-là S.
Barthelemy s'eſt fait ouyr, que plus de
quatre ans auparavant, il n'avoit jamais eſté ſans avoir ſur luy de la poiſon, en telle quantité, qu'il pouvoit
touſjours trouſſer celuy, ou ceux qu'il
luy plairoit. Il n'eſt pas croyable, dira
quelcun, que Sainct Barthelemy ſi accort & ſubtil, ſe ſoit oublié juſques-là,
que de tenir un tel langage. Pour reſponſe, le malheureux n'a autre propos
en la bouche : mais il s'en ſert expreſſément pour lever l'opinion mauvaiſe
qu'on a de luy, comme s'il vouloit
dire, penſez-vous, que ſi j'eſtois empoiſonneur, que je le vouluſſe dire.

Hꜳ

Ha, malheureux, tu le dis, & si tu l'es de fait tout ensemble, mais tu ne t'en donne pas beaucoup de peine, t'appuyant tellement sur la grandeur de ceux qui te favorisent, qu'il te semble bien advis que S. Niquaise, ny toy, ne pourrez jamais estre recerchez de vos maléfices, c'est pourquoy en toute hardiesse, vous les commettez : mais j'espere qu'il ne tardera pas beaucoup, que ce bon Dieu ne vous treuve.

Ce meschant & malheureux acte ainsi commis, S. Barthelemy s'en retourna à Cluny trouver S. Niquaise, pour recevoir sa récompense d'un tel & si insigne empoisonnement, qu'il vous a esté dit : il ne demeura gueres là sans de nouveau pratiquer nouvelles poisons, pour faire mourir d'autres personnages, selon qu'il sera dit. Mais premierement convient faire entendre à chacun, quel estoit ce Prince de Porcian, & quelle perte la Chrestienté a faite, d'avoir perdu un Prince tant généreux.

CHAPITRE XV.

Complainte de la France, ou plustost de la Chrestienté, sur la mort du Prince Porcian.

JE ne m'arresteray point à déduire icy par le menu, l'illustre maison du Prince Porcian (1), n'y aussi les actes chevalereux & faits heroïques, de ce vertueux Prince, car il n'y a Prince, ny grand Seigneur en la Chrestienté, qui n'aye voulu sentir & flairer sa pieté, sa vertu, & sa magnanimité, telle, qu'il est bien mal aisé, de trouver Prince de son qualibre, qui puisse le seconder.

Ce bon Prince donques, ayant par plusieurs années, senti l'affliction & peine extrême, en laquelle estoit constitué le petit troupeau de l'Eglise Françoise, escouté ses larmes & pleurs, son mal qu'elle souffroit à cause des armes, qu'elles cliquetoyent dans les entrailles de la France, que ce grand & magnanime Prince de Condé, comme le doux nourrisson d'icelle, vouloit armer, pour une tant juste défense, qui regardoit en tout & par tout, le bien & repos de la Chrestienté : l'esprit de Dieu engrava si bien toutes ces considerations au cœur de ce jeune Prince, qu'il voulut estre de la partie, & ce faisant, se déclara ennemy de ceux, qui pour leur ambition s'opposoyent, que l'Evangile n'eust son cours, tel qu'il devoit avoir.

Particularisant haut & clair le Cardinal de Lorraine, jusques à dire, qu'il estoit le motif & la seule cause de la maladie de nostre France, qu'il prenoit plaisir à faire batre les François, afin d'abatre les Princes du Sang, que par son ambition & le désir qu'il avoit de les surmonter, afin de mettre le pied au lieu qui ne luy appartenoit, tenoit tout ce Royaume en division, qu'il déterminoit jusques à la derniere goutte de son sang, le poursuivre, luy & ses semblables, s'ils ne désistoyent d'une si malheureuse entreprise. Je tueray (disoit-il) ce Prestre de Cardinal, s'il ne se range à la raison, ha povre Prince, que ce mot t'a cousté cher : car ton Prestre de Cardinal, puis que Prestre y a, sous ce mot, a juré ta ruyne, & en te ruynant ou faisant mourir, il me prive, moy qui suis France, de l'un de mes meilleurs & plus braves Prince. Hélas,

(1) Voyez cy-dessus, pag. 40. note 1. de ce qu'on a dit de la naissance de ce Seigneur ; d'ailleurs on a une Histoire Généalogique de la maison de Croy.

Hélas, c'eſtoit toy, Prince très-illuſtre, de qui la France eſperoit l'un des principaux remedes de ſes malheurs : par ton ſecours & aide, la France eſperoit bien jouyr d'une paix ſalutaire, tu la pouvois bien faire : car le grand courage duquel tu t'es employé en ceſt affaire, me faiſoit beaucoup plus eſperer que cela : tes faits d'armes ont hauſſé ton renom juſques au Ciel : tu moiſſonnois d'une très-grand hardieſſe, le favoreux fruict de paix : l'heur te rendoit ſi heureux que d'eſtoc ou de taille, tu abbatois mes ennemis : tout ton propos eſtoit, de me mettre en repos, l'équité de la paix, à laquelle tu prétendois, c'eſtoit qu'il y eut équalité entre les miens.

Tu faiſois reſonner ceſte équalité d'une merveilleuſe grace, & qui eut ſuyvi ton prudent conſeil, entre ceux que j'ay enfanté, il y eut eu meſme faveur & liberté : autant fut eſté avoué & loué l'Huguenot que le Papiſte, & le Papiſte que l'Huguenot : & comme mere de tels enfans, je déſirois que mon Roy fut à tous le pere, leur donnant toute liberté de biens, d'honneur, que de conſcience, tant aux uns qu'aux autres. Moyen le plus propre du monde, à deſraciner de leur cœur toutes defiances, afin que ſous telle, & ſi bonne aſſeurance, ils puiſſent rendre l'humble & parfaite obéiſſance, qu'ils doyvent à Sa Majeſté, afin auſſi, que je fuſſe eſté, comme je dois eſtre, gouvernée par les Loix de mes anceſtres, mes bons Roys : d'autant que ſous les Loix de l'eſtranger, je n'ay jamais anué * & plier, ny encore moins de me ranger, pour eſtre, comme elles ſont, iniques,

* anué, d'an-
nuere, accou-
ſumé.

barbares, non Royalles, mais tyranniques, domination, que mon naturel & condition ne peut porter. Ainſi mon Roy de mon tourment, eut fait enfanter un changement nonpareil, & ſous ſon Diadême, mon luſtre précieux chacun eut veu renaiſtre. Et tout ainſi que Philippe de Valois, eut réputation d'eſtre l'un des premiers & plus heureux Rois, qui ait commandé en ceſte Monarchie, & que tout le temps de ſon Regne j'aye flori : ainſi ſous le Regne de Charles, & des Majeſtez de ſes freres, le Prince de Porcian avec ſes aſſociez, eſperoit bien de me faire reluire. O ſiécle heureux, ſi j'euſſe peu encore une fois me revoir dans le giron de la convaleſcence, & douce proſperité, où j'ay eſté, je ſerois encore floriſſante, opulente, riche, forte & invincible, & de mon luſtre glorieux, le renom heurteroit tous les bouts de la terre. Mon nom maintenant contemptible, ſembleroit terrible aux barbares & eſtrangers, & d'effroy trembleroit la terre de ceux qui ne demandent qu'à me guerroyer : ſous le ſeul nom de France, ſous le ſeul ſouvenir de ma force & puiſſance, palliroyent tous ceux qui me bravadent. Mais las, la mémoire de ma ſplendeur du temps paſſé, m'eſt autant d'ennuy & de langueur.

Il eſt bien vray, que j'ay encore pour mon ſupport, le Prince de Condé, Prince généreux, qui n'a ſon pareil, & duquel j'ay merveilleuſe eſperance : j'ay d'autre coſté, ce grand Chevalier, & grand Capitaine l'Admiral, j'ay le Conte de Beauvais (1), & le Seigneur d'Andelot ſon frere, j'ay le Conte de la Rochefoucaud, j'ay le
Conte

(1) Ce Comte de Beauvais étoit le Cardinal de Châtillon, en 1533. frere de l'Amiral, qui après avoir embraſſé le Calviniſme, prit le Titre de Comte de Beauvais, & mourut empoiſonné en Angleterre, l'an 1571.

G

* autrement
le Capitaine
Lorges, qui
eut le mal-
heur de tuer
Henri II. &
fut décapité
en 1574.

Conte de Montgomery * : j'ay pour le faire court, un bon nombre de braves Chevaliers, tous de la Religion : qui sont les vrayes colomnes & pilliers fondamentaux de ma liberté, & qui d'un magnanime courage, exposent vie & biens, pour me faire restituer mon renom, mon lustre, & tout ce qui appartient, pour la conservation du Sceptre & Couronne de mon Roy. Mais quoy ? Je vois des yeux de l'esprit, que s'ils ne prennent garde à eux, ils ne la feront pas longue : car l'Abbé de S. Nicquaise, Coadjuteur de l'Abbaye de Cluny, & S. Barthelemy, machinent les moyens & addresses pour les empoisonner : la poison est desjà toute preste, ne reste plus que de marcher. Je voy & cognois ceux qui ont puissance de leur commander, qui les sollicitent d'accelerer cest acte damnable, & s'ils faillent à une si maudite entreprise, je voy une infinité d'autres conjurations qui se preparent pour les exterminer, vous estes tous morts, si vous n'y prenez garde, mon devoir est de vous advertir : car en vous perdant, je suis perdue. Si le massacre qu'ils ont projetté, vient à estre exécuté, pas un de vous n'eschappera : mais las ! ce massacre me massacrera : ce massacre ternira mon Roy, d'autant qu'il ne sera plustost exécuté, que la malediction de Dieu, pour le comble de mes malheurs, tombera dessus ma teste.

Parquoy, vous ô mon Roy, considerez & pleurez avec moy, la grande perte que vous avez desjà faite, en ce fidelle & humble serviteur, que vous aviez, au Prince Porcian, & la sinistre & perilleuse consequence, si vous venez à permettre l'exécution du massacre, que l'on vous conseille. Dès l'heure que y aurez consenty, & interposé vostre authorité & decret, Charles de Valois va perdre le los, l'honneur, le lustre & réputation, qui jusques icy vous a environné. Le Souverain qui vous a mis le Sceptre en main, le vous arrachera, si vous venez à espandre le sang de ses enfans vos serviteurs, il vous fera cracher le vostre : si vous consentez à telle cruauté, cruellement il vous fera perdre la vie. Si Monsieur vostre frere, qui doit succeder après vous, adhere à un si malheureux acte, dès-lors qu'il aura mis le pied à l'estrief, il ne fera que tracasser parmy la terre, avec une infinité de fraiz & despenses : ira prendre possession, & sera receu en la jouissance de plusieurs terres & Seigneuries : voire sera magnifiquement eslu & couronné Roy, de l'un des plus beau & spacieux Royaume de l'Europe (1) : mais la jouyssance sera de si peu de durée, que l'issue qu'il sera de tant de liberalitez qui luy auront esté offertes, sera plaine d'ignominie & honte, il sera par maniere de dire, contraint de faire un pertuis à la nuict, & se sauver de vistesse. Les grandes sommes de deniers qui auront esté employées, pour la prise de possession, d'un si excellent Royaume, seront aussi bien confondues, comme si elles avoyent esté jettées au fonds de la mer, tous les Princes & Potentats par où il passera, le regarderont de l'œil de travers, & qui pis est, s'il succede à la Couronne, qu'il face hardiment estat, que pas un des François, quelque bonne mine qu'on face, ne l'aimeront jamais (2). Comme

(1) C'est de l'Election du Duc d'Anjou à la Couronne de Pologne, dont il est parlé dans cette prosopopée.

(2) Il est singulier qu'en 1574. & 1581. tems où cette Légende a été faite, on parlât déja d'Henri III. comme d'un Prince qui avoit mérité le mé-

uно pour exemple, fi à tort & fans raifon, le Souverain avoit fait mettre à
mort le Seigneur deGuyfe & fes enfans;
affavoir mon, quelle volonté le Duc du
Mayne, le Duc d'Aumalle & autres leurs
parens, pourroyent porter à voftre Majefté, non autre que de defirer voftre
ruyne & confufion en tous vos affaires.
Il luy aviendra pis, s'il prefte l'oreille à
fi mauvaife entreprife : car le Souverain
de là haut, a auffi cher & précieux les
Princes & Chevaliers, que luy ay en-
fantez, comme la prunelle de fon œil :
s'il avenoit donques, que fes mains &
les voftres, fuffent fouillées de leur
fang, vous & voftre frere, feriez en
exécration à perpetuité, devant fa haute & infinie Majefté, la Juftice de laquelle eft fi équitable, que vous en-
fondreriez & abyfmeriez, en extrême
défolation.

Desjà pour l'empoifonnement du
Prince de Porcian, & perfécution faite
à mes povres François, je voy & ne
tardera pas beaucoup, que ceux qui fe
font fervis en cela de Sainct Niquaife,
ou de Sainct Barthelemy, foyent Pairs
de France, foyent Cardinaux, Ducs ou
Marquis, tous feront morts, & precifément exterminez, dans la feptiefme
année de l'empoifonnement, perfécution ou maffacre, qu'ils fe promettent
de faire.

Dans le mefme-temps, fi vous n'y
prenez garde, mon Roy, les fleurs-de-
Lis fletriront en la fleur de voftre ado-
lefcence, & fi elles viennent à fe rever-
dir fous le fleuron & Sceptre qui s'a-
prefte pour voftre frere, elles terniront,

du moins deviendront fi pâles & lan-
guiffantes, qu'il n'aura jamais bien ny
joye de les porter (1). Le Clergé, la Nobleffe, & le Tier-Eftat, avec des difcours merveilleux, ne peuvent fe tenir
chacun pour fon regard, de fouhaiter
la fuppreffion de l'une ou l'autre des
Religions : mais quand il eft queftion
leur parler de perfidie, maffacres, empoifonnemens ou trahifons, ils abhor-
rent toutes telles pratiques, & finiftres
moyens, & les rejettent comme peftes.
Sera-il donques dit, qu'un Sainct Niquaife, baftard d'un Palefrenier, & un
Sainct Barthelemy, baftard d'un Marguillier des Mathurins de Paris, viennent à me remplir de poifons, & empoifonner ceux que je cheris & aime ?

Sera-il dit, que ceux qui le leur font
faire, abufent de l'authorité de mon
Roy, pour vifer à ce beau maffacre ? ô
maffacre pernicieux, maffacre fur lequel ma ruyne eft aprefté.

La déploration & complainte de la
France, fur la mort du Prince Porcian,
contient bien plufieurs particularitez,
en laquelle la vie de l'Abbé de Sainct
Niquaife & Sainct Barthelemy, eft def-
cripte d'un ftile folennel. Mais d'autant
que fa Legende en contient prefque autant, nous nous fommes contentez d'en
avoir tiré ce que nous vous venons de
dire, afin de toucher en paffant, des
regrets, que plufieurs Princes & grands
Seigneurs, firent fur la mort du Prince
de Porcian, lefquels ont efté réduits
en un certain fommaire, duquel la teneur s'enfuit.

CHAPITRE

___

pris de fes fujets : tant il eft vrai que les mauvais caracteres ne fçauroient long-tems fe farder,
ni fe déguifer ; mais il eft encore plus fingulier que
dans ce tems-là même, on fit une efpece de prédiction de la mort du Duc de Guife, & des fuites
qu'elle pouvoit entrainer avec elle.

(1) Fatale prédiction pour le Regne du Roi
Henri III, qui malheureufement s'accomplit trop à
la Lettre. Ce Prince aimé en Pologne, où on ne le
connoiffoit pas, fe vint faire méprifer en France,
où on ne le connoiffoit que trop.

CHAPITRE XVI.

Regrets d'aucuns Princes Catholiques, sur la mort du Prince Porcian, & de la retraite à Cluny de Sainct Barthelemy.

LA poison de laquelle fut empoisonné le Prince Porcian, ne fut si-rost descouverte, que chacun en disoit sa ratelée, mais au deshonneur & grand désavantage de ceux qui l'avoyent fait empoisonner, jusques à dire, que si ce train duroit plus gueres, on seroit contraint leur courir sus. Et ce dequoy je m'esbahy le plus, c'est que les Papistes mesmes, voire les plus apparens, trouvoyent le plus mauvais un si meschant exploit : entr'eux ne couroit autre bruit, sinon que S. Niquaise & S. Barthelemy l'avoyent executé.

Il y avoit bien peu de Princes & grands Seigneurs en France, qui ne regretassent le Prince Porcian, jusques à dire, qu'il estoit bon François, & encore qu'il fut de la Religion, n'avoit pourtant changé la loyauté qu'il devoit à son Prince & à sa Patrie.

Que jamais Prince ny Seigneur, n'avoit esté si bon, docile, prompt & facile, d'obéir à son Prince, comme il avoit esté.

Qu'il avoit embrassé la défense de luy & des sujets de Sa Majesté, en telle sorte, qu'il avoit bien fait paroistre, de combien il aimoit l'honneur de Dieu & tranquilité de ce Royaume.

Le plus grand regret qu'il avoit (disoyent aucuns) estoit de veoir, à l'appetit de ceux qui l'avoyent fait empoisonner : la povre France, non seulement descharnée, mais havre, recreue & bazanée.

Les autres disoyent, avoir ouy dire maintesfois au Prince Porcian, que la France estoit franche, & qu'avant que son courage se rendit capable de la servitude des estrangers, il essiroit plustost dix mille morts.

On a recueilli plusieurs & graves propos dignes d'un si gentil Prince, qu'eussions volontiers icy inseré, n'eust esté, qu'il en a esté assez dit, pour monstrer le tort que Sainct Barthelemy a fait à nostre France, d'avoir ainsi fait mourir un si magnanime Prince.

Ha, disoit un certain Prince Catholique, parlant du Prince Porcian, l'on perd aujourd'huy en France, un Prince, Soldat, s'il en fut onques.

L'autre adjoustant avec des souspirs merveilleux, soustenoit que ce Prince n'avoit point d'amertume en son cœur, qu'il estoit liberal, gracieux & hardi à merveilles.

Son Eschole estoit la pure & sacrée párole de Dieu, ennemy de toutes erreurs : vérité avoit trouvé place en luy, tellement qu'en ses faits & en ses dits, il marchoit rondement & d'une bonne conscience.

Ne taschoit que d'estaindre les feux de nos guerres civiles, & pour y parvenir, ne taschoit que d'abatre ces monstres, ennemis jurez de nostre France : aussi pouvez-vous bien dire, qu'il estoit craint & redouté.

Qui voudroit desduire les regrets, & propos des Princes & Seigneurs de la Religion, sur la mort du Prince Porcian, faudroit en faire un volume à part, tant ils ont esté grands & proférez véritablement, à l'honneur & avantage de ce bon Prince, nous ne l'avons point voulu faire, nous contentans de ce qui a esté dit par ceux-là mesmes qui estoyent de contraire Religion.

Nous pouvons bien de là conclurre, que non seulement la France, mais toute la Chrestienté, doit déplorer la mort de
ce

ce bon Prince, comme ayant fait en luy une de ses plus grandes pertes.

On s'esmerveille grandement d'une chose, c'est que dès l'heure, que la poison fut donnée, l'hardiesse ou plustost impudence de Sainct Barthelemy, fut telle, qu'il se fit ouyr au logis du Cardinal : aux uns & aux autres, l'un des principaux est dépesché, & selon qu'on a depuis entendu, il en vouloit autant faire au Prince de Condé, & à l'Admiral, ausquels on dépescha Gentilshommes tout exprès, pour se prendre garde à eux, & d'avoir l'œil sur ce meschant garnement de Sainct Barthelemy, l'Histoire duquel, selon qu'avez entendue, on fit entendre de poinct en poinct. On envoya à Rheins, à Gynville, & en plusieurs autres lieux, pour le trouver, & n'eust-on jamais pensé qu'il se fut retiré à Cluny, avec son compagnon, où nous irons le visiter, afin de sçavoir qu'ils font.

CHAPITRE XVII.

Comme Sainct Niquaise, & Sainct Barthelemy empoisonnerent deux Docteurs en Théologie, la raison pourquoy, & de plusieurs autres empoisonnemens faits au mesme temps.

POUR raison & à cause des larcins & pilleries, que nostre Coadjuteur faisoit, sur le Convent & Religieux de l'Abbaye de Cluny, le grand Prieur, Compagnons d'ordre, & entre autres un nommé Domp Pennet, Secretain de la Charité, faisoyent une infinité de plaintes, qui parvindrent aux oreilles du Cardinal ; mais pour tout cela, n'en faisoit pas grand conte, tant Sainct Niquaise & Sainct Barthelemy estoyent entrez en grace, pour le Saupiquet si

habillement donné au Prince de Porcian, qui fut cause, que le Convent & certains particuliers, recoururent envers quelques Prélats, qui promirent s'employer en cest affaire, & le faire resonner aux oreilles du Cardinal, comme il falloit. Le Cardinal là-dessus escrit à Sainct Niquaise, qu'on luy rompoit la teste, des mescontentemens qu'il donnoit à ses Religieux, jusques à l'en avoir fait rougir d'honte : si le prioit à l'advenir, se comporter le plus modestement qu'il luy seroit possible, de maniere toutesfois, que cela ne peut alterer l'espargne, & bon mesnagement qu'il avoit si bien & heureusement commencé, que pour assoupir le bruit & plaintes de ses Religieux, c'estoit à faire à contenter le grand Prieur, le Prieur Cloistrier, le Chambrier Boyer & Domp Pennet, qu'il luy recommandoit selon l'entiere & parfaite fiance qu'il avoit en luy. Or la recommandation de ses quatres, estoit si bien & dextrement couchée & escripte de la propre main du Cardinal, au bas de la Lettre, que quand Sainct Niquaise la leur eut communiquée, pas un d'eux ne sçeut que dire, sinon de prier Dieu, pour la prosperité du Cardinal, & aussi pour celle de Sainct Niquaise : qui sur ce le pria d'oublier les premiers commencemens de son administration en ceste Abbaye, qu'il n'ignoroit pas qu'eux (comme peres & vrais fondamentaux de l'ordre) n'eussent eu trèsjustes occasions se mescontenter de luy, mais qu'il avoit des moyens en main, pour satisfaire à tous les défauts & désordres qui avoyent sur ce esté faits : vouloit à l'advenir se guider en tout & par tout, par leur bon conseil. Finalement leur donna la main, en signe d'une bonne, saincte & monachale reconciliation,

conciliation, & pour mieux la confirmer, arresterent de banqueter ensemble, horsmis le Chambrier Boyer, qui s'excusa sur quelque particulier affaire qui l'appelloit ailleurs, & bien luy en prit pour ce coup : à l'heure du banquet, trois ou quatre des principaux de l'Abbaye, furent empoisonnez, & entre autres Domp Cottignon, grand Prieur de Cluny, & Domp Pennet grand Prieur & Secretain de la Charité, tous deux Docteurs en Theologie, qui ne la firent pas longue : car depuis ce beau banquet, la poison ne leur donna jamais relasche, qu'ils ne fussent morts, mort qu'on trouva si estrange & effrayable, qu'on n'osoit, par maniere de dire soufler, tant les Religieux apprehenderent une mort si subite & inopinée, furent fort estonnez de voir peu de temps après, mourir trois ou quatre des autres, qui avoyent disné en ce banquet, murmurans grandement à l'encontre de leur Coadjuteur, & S. Barthelemy. Qui cependant à bouche ouverte, rioit de la trousse & subtile recompense (ainsi l'appelloyent-ils) qu'ils avoyent jouée à ces personnages, leur intention estoit bien, de se depescher tout d'un coup, de quelques autres, afin de racler de l'Abbaye, tous ceux qui pourroyent le controller en son gouvernement & administration, mais pas un d'eux, ne vouloit se fier en Sainct Niquaise, & moins en S. Barthelemy, excepté ce belistre de la Court, qui leur jura toute fidelité, à leur faire service, confort & aide, à l'exécution de leurs meschancetez, selon qu'on pourra cognoistre en ses déportemens,

comme il sera dit cy-après. Convient sur ce entendre que sous l'ordre & collation de l'Abbaye de Cluny, il y a environ quatre cens soixante & douze Priorez, le revenu d'aucuns d'iceux, vaut dix-sept & dix-huict mil livres par an, d'autres sont admodiez mil, deux, trois, quatre, cinq, six, & sept mil livres par an, l'intention & dessein de Sainct Niquaise estoit, par le moyen de ses poisons, faire vaquer les deux tierces parties ou la moitié pour le moins, de ses Priorez & benefices, chacun an. Convient aussi entendre, que advenant la mort d'iceux beneficiers, la despouille de plain droit, & sans figure de procez, appartient à l'Abbé de Cluny, ou à Monsieur son Coadjuteur. Le Cardinal de Lorraine a tiré autresfois pour année extraordinairement à cause d'icelles despouilles, plus de soixante mil livres, Sainct Niquaise se promettoit bien quadrupler la partie chacun an, & davantage. Car on luy a ouy dire, qu'il esperoit bien tirer autant & plus d'argent de son Abbaye, qu'un Roy d'Escosse (1) de son Royaume, ce qu'il pouvoit bien faire, & sans grand frais.

Possible qu'il vouloit par ce moyen obvier à infinies fausses résignations, que la pluspart de ces Prieurs pourroyent faire en fraude du droit de patronage, qui appartenoit à l'Abbé de Cluny. Mesmes le plus souvent orrez proferer telles parolles à S. Barthelemy, les povres Huguenots veulent réformer l'Eglise, j'ay en ma bource un moyen, pour sans coup fraper, les réduire tous en union. Que servent tant de procez,
pour

---

(1) Je trouve que ce n'est pas mal viser, que de comparer l'Abbaye de Cluny avec le Royaume d'Escosse, Royaume assez pauvre, où souvent on ne voit de l'or & de l'argent qu'en peinture, au lieu que l'Abbaye de Cluny administrée suivant le plan qui est ici proposé, vaudroit bien, & peut-être davantage qu'un Royaume aussi modique.

pour ces matieres beneficielles, par la mort dieu, si j'estois Pape, je ferois bailler les estrivieres à un tas de porteurs de Rogatons, qui ont inventé tant de façons pour acquerir des bénéfices : car je me souviens avoir ouy dire à Monseigneur le Cardinal, qu'anciennement il n'y avoit que troys voyes, pour obtenir un bénéfice, assavoir l'élection, la collation & l'institution : mais ces canailles de belistres, en ont forgé bien d'autres, & contre tout ordre de raison. Et que servent les signatures, les commandes, les unions, les graces expectatives, les réserves, les dévoluts, les permutations, les résignations, les translations, les nominations & autres telles brouilleries, sinon pour enfanter de gros & dangereux procez. Quant à moy, je le vous redis encore une fois (parlant à un Gentilhomme, à Lourdon, qui venoit de la part de Monsieur de Guise, ayant le placet du Roy, pour le Prieuré de Souvigny). Si j'estoy seulement Cardinal, je me donne à cinq cens mille pippes de Diables, si je ne raclerois bien toutes ces belles bulleries, & ferois tant envers sa Saincteté, qu'il n'y auroit qu'une seule collation pour obtenir bénéfice, laquelle se feroit seulement par l'Abbé ou Patron du benefice, & non par le Roy ou le Pape, car l'un ny l'autre, ne savent la valeur du benefice, & cognoissent encore moins la preud'hommie & qualité de ceux ausquels ils les baillent. Hé, galand, ton Sainct Niquaise sçait bien que tu ne vaut rien, & cependant tu avois desja obtenu la provision de ce beau Prieuré, quant ce courrier arriva.

La coustume de l'ordre porte, que la pluspart des Abbez & Prieurs de l'ordre, sont tenus se representer chacun an au Chapitre, qui se tient environ trois sepmaines après Pasques, & durant trois jours l'Abbé leur doit tenir Court ouverte, tant à eux qu'à leurs chevaux. S. Niquaise & S. Barthelemy avoyent desjà fait une liste de soixante ou quatre-vingts Prieurs, qui devoyent avaller tout tel breuvage, que celuy du Prince Porcian, ou des deux Docteurs en Theologie, dont cy-dessus a esté parlé, mais ils furent bien trompez : car la rammée de ces empoisonneurs courut par les Priorez & Abbayes, tellement qu'au jour accoustumé du Chapitre, ny eut Abbé ny Prieur qui s'y representast, ainsi pour ce coup demeura infructueuse, la poison de nos empoisonneurs, & non seulement pour ce coup, mais aussi pour les Chapitres suyvans, car dès le temps qu'ils ont esté descouvers, pour tels qu'ils sont, personne des beneficiers n'a osé approcher de ces monstres malheureux. Il est vray que Sainct Niquaise, ou le Cardinal de Lorraine, y ont gagné d'autre costé : par ce moyen se sont exemptez des grands fraits qu'on souloit faire, pour tels Chapitres, lesquels fraits toutesfois, eussent bien voulu faire, pour l'esperance qu'ils avoyent de bien faire payer l'escot aux Abbez & Prieurs, selon qu'il vous a esté dit.

Ainsi ayans failly à leurs desseins, voulurent par trois ou quatre fois empoisonner le Prieur de Sainct Marcel, & de Railly, grand Vicaire d'icelle Abbaye, mais ce qu'il avoit resigné ses benefices, & que la resignation avoit esté admise, empeschoit de luy distribuer le boucon, comme ils eussent bien voulu.

Maquignonnerent aussi plusieurs fois la mort de Sainct Belyn, pour avoir tant sa despouille, que son Prioré de la Madelaine, mais la dexterité d'un sien nepveu, auquel il avoit resigné, a fait surçoir l'execution de la poison, plus

de

de neuf ans, & jufques à ce que finalement de regret, poifon, ou defplaifir,
ont fait mourir iceluy Sainct Belyn,
felon que nous dirons cy-après.

Environ la premiere année du Coadjutoriat de Sainct Niquaife, cinq ou
fix autres Religieux furent empoifonnez, fous pretexte de mille ou douze
cens efcus, que tous enfemble pouvoyent avoir, & ceux qui avoyent
quelque chofe, & qui de bon ou mauvais gré, ne venoyent configner entre
fes mains ce peu d'argent ou bien qu'ils
pouvoyent avoir, eftoyent affeurez de
mourir par poifon, ou bien les envoyoit à Anagobie en Provence, lieu
fi mal aëré & mal fain, que de dix qui
y vont, les huict où neuf y meurent au
bout de deux ou trois ans.

Ne faut icy oublier certains povres
Curez, & beneficiers de la Ville & Mandement de Cluny, que pour avoir leurs
Cures & autres benefices, leur a fait
paffer le pas, auffi-bien qu'aux autres.

Il a fi-bien fait troter la poifon, &
mauvais traitemens faits aux Religieux,
qu'au lieu de cent Moynes qu'ils fouloyent eftre en l'Abbaye, n'en font aujourd'huy cinquante. En la mefme année a fait empoifonner deux ou trois
bourgeois, en la Ville de Cluny, à
caufe qu'ils ne vouloyent confentir de
donner en mariage leurs parentes, à
aucuns de fes eftafiers & brigans.

La poifon qu'il fit au mefme temps
donner au Seigneur de Guterry fon Medecin, & de laquelle il mourut, on n'a
jamais peu fçavoir l'occafion : les uns
tiennent, que s'eftoit pour le refus de
mille ou douze cens efcus, qu'il vouloit
branqueter à fon Medecin : autres que
c'eftoit pour mettre en referve fa prebende, & gages de Medecin, ce qui
eft vray-femblable : car depuis ce temps,
les povres Religieux ont prefque tous-

jours efté deftituez de Medecins. Bref,
pour mettre en fa bource trois ou quatre cens livres par an au plus, que pouvoit avoir fon Medecin, il l'a fait empoifonner, & après deftruire fes enfans, qui eftoyent riches de plus de
trente ou quarante mil livres, ainfi
qu'il fera dit cy-après en fon ordre.

A Paroy le Monnial, membre dépendant de l'Abbaye de Cluny, & en
d'autres membres, dépendans d'icelle,
Sainct Barthelemy a fait quelques voyages, & ne s'en eft retourné fans y faire
de beaux vacarmes : car audit temps, a
fait mourir par poifon, quatorze ou
quinze perfonnes Religieux ou autres,
par la mort defquels a tiré de grans deniers.

Sainct Barthelemy a efté après, pour
bouçonner un nommé Chevillard, Secretaire de l'Abbaye, non tant pour
avoir fes benefices, que pour rafler
mille ou douze cens efcus, qu'il pouvoit avoir de contant, mais il a toufjours efté fi accort, qu'il n'a peu fentir
s'il tenoit fon argent en l'Abbaye, ou
en fa maifon en Ville : n'a tenu toutesfois, que Sainct Barthelemy n'aye cro-
cheté & fureté fes coffres, armoires &
contoir, & n'y ayant peu trouver ce
qu'il y cherchoit : finalement pour avoir
fes benefices, il a paffé le pas, comme
les autres. La poifon qu'il a avalée a efté
un petit mieux couverte, car on a fait
acroire, que Chevillard eftoit mort de
pefte, Sainct Niquaife quoy que ce
foit, n'y a rien perdu, car on fçait bien
ce qu'il a tiré de Chevillard.

D'icy à trois jours on ne pourroit ra-
compter les trafiques, les profits, les
larcins & mefchancetez qu'il a faites,
par le moyen de fes poifons, ce qu'euffions volontiers difcouru, n'euft efté la
crainte d'ennuyer les lecteurs, de fi per-
verfe & malheureufe marchandife.

Nous

Nous sommes contrainéts toutesfois de produire encore icy son Procureur d'Office, nommé George de Fault, duquel après avoir tiré de grans deniers, à cause de la composition de son Office de Procureur d'Office, auquel desjà il estoit installé, & iceluy entortillé en des paches, fermes, & admodiations & autres négociations, esquelles il a pippé, trompé, & circonvenu ce povre de Fault, non povre, car il estoit opulent & riche : finalement l'a fait mourir par poison, & après sa mort, a ruyné & destruit sa vesve & enfans, comme nous dirons lors & quand nous parlerons des maisons qu'il a ruynées, & du train où il a fait entrer ceste vesve, par le moyen de ce meurtrier de la Fleur, qu'il luy fist prendre, sous pretexte tel, qu'il est impossible en parler qu'avec un très-grand blasme de sa mesnie.

George de Fault empoisonné, Sainét Niquaise met un bouquet sur l'Office de Procureur d'Office, lequel Office estoit de soy si empoisonné, qu'il empoisonna finalement Sainét Niquaise, & celuy qui en fut proveu, c'est-à-dire en bon langage, qu'encore que l'Office ne valut à tout rompre, cent ou six vingts escus, pour une fois, Sainét Niquaise a fait payer à un nommé Filloux, plus de douze cens escus. Or non seulement douze cens escus, mais par autres diverses compositions, a tiré le vert & le sec de ce povre Filloux, qu'il a destruict par ce moyen : & enfin l'a fait mourir d'une mort beaucoup plus cruelle, que s'il l'eust empoisonné, selon qu'il sera dit en son lieu. Circonstance digne d'estre particularizée, pour servir de preface au Traitté de l'Histoire, que vous entendrez de ce povre Filloux, que l'on

colloque à juste raison, au rang des empoisonnez. Et ce que nous avons touché, que par le moyen d'iceluy Office, Sainét Niquaise fut aussi empoisonné, ce n'est pas à dire, qu'il beut ou avalast de la poison : car le malheureux a assez (dit-il) de contrepoison, pour se garentir de telle maladie. Mais la pipperie, usure, meschantes & illegitimes pratiques, desquelles il avoit usé, pour extorquer de Filloux, son Procureur d'Office, ont porté dommage à Sainét Niquaise, cent ou deux cent mil escus, en ont fait couster au Pays de Masconnois, & Pays circonvoisins plus de six cens mille.

CHAPITRE XVIII.

Comment un nommé du Vendal, & deux autres Religieux de Cluny, tuerent un nommé le Gendre, Docteur en Theologie, & Prieur Cloistrier de l'Abbaye de Cluny : & de la raison pourquoy n'ont esté punis à cause d'iceluy meurtre.

SI Monsieur le Gendre, Docteur en Theologie, & Prieur Cloistrier de l'Abbaye de Cluny, eut voulu boire dans le gobelet, c'est-à-dire, avaler de la poison qu'avoyent prise Domp Cottignon, & Pennet, aussi Docteurs en Theologie : ne fut pas allé cercher sa mort si loin ne si violente, comme il a fait.

Convient donques savoir, que pour faire entendre au Cardinal, le grand désordre qu'il y avoit en son Abbaye de Cluny, les torts, griefs, violences, larrecins, pilleries, que l'on faisoit aux Religieux. La paillardise, la Sodomie, plus ouverte qu'elle n'avoit jamais esté en ce Monastere, depuis l'arrivée de Sainét Niquaise. Les empoisonnemens, &

H

& sur tout la fabrication de la fausse monnoye, qu'un nommé du Vendal, & deux autres Religieux fabriquoyent, sous la faveur & authorité de Sainct Niquaise, & pour plusieurs autres crimes & délits, que l'on commettoit chacun jour dans l'Abbaye & lieux circonvoisins. Ce Monsieur le Gendre, monta à cheval, déterminé ne retourner de la Cour, sans sur ce sçavoir la volonté du Cardinal : mais il ne fut plustost à dix ou donze lieues de Cluny, qu'il trouva bien à qui parler. Premierement on le devalise, ensemble quatre ou cinq qui l'accompagnoyent, de tous les deniers & papiers qu'ils avoyent : en après, on tue les chevaux, & à mesme instant, on couppe la gorge au Prieur Cloistrier & à ceux de sa suite. Cest assassin n'est si-tost fait, qu'on en donne advertissement au Cardinal, qui en fut bien marry, pour la bonne volonté qu'il luy portoit, escrit aux Officiers du Roy à Mascon, de rechercher cest assassin, & y donner tel & si bon ordre, que justice en fut faite, autrement qu'il sçavoit bien le moyen, pour leur redemander la connivence & deguisement, s'il en pouvoit remarquer aucun.

Les Officiers du Roy à Mascon, sont là-dessus des diligences nompareilles, telles qu'en pensant simplement rechercher cest assassin, trouverent une infinité d'autres crimes, le moindre desquels estoit la fabrication de la fausse monnoye, que l'on avoit desjà semée en si grande quantité par le Pays, que toutes les especes d'or & d'argent estoyent fausses, roignées ou alterées : mais du Vandal, l'un des principaux fabricateurs se sauva, & ne furent pris de tous ces complices, que deux Religieux, qui furent menez & conduits à Paris,

ausquels on fit si bien le bec, que Sainct Niquaise & Sainct Barthelemy, principaux autheurs de tous les crimes dessusdits, ne furent que bien peu dénommez au procez. Tant y a, que la voix & commune renommée estoit, que Sainct Barthelemy bailloit sur le nez du Roy, comme aussi faisoit Sainct Nicaise, fabrication que l'on peut bien croire : car à quelle raison, ont-ils pris tant de peine, pour sauver les deux Religieux, qu'on avoit mené à Paris, & depuis retiré d'entre les mains de Justice, avec toute impunité, & d'une façon la plus estrange qu'on pourroit penser. Ceste poursuite leur a un peu cousté, mais s'ils n'y eussent procedé de la sorte, les deux Religieux alloyent déceler de terribles choses, à l'encontre de S. Niquaise & Sainct Barthelemy, & desjà se sentoyent-ils si pressez, qu'ils manderent toutes les faveurs qu'ils peurent, pour la redemption & délivrance des deux Religieux : toutesfois cela n'a empesché qu'on ne les ait tenus pour très-suspects de faux monnoyeurs, & aujourd'huy le sont bien davantage : car on verra en son lieu s'ils sont apprentifs à faire fausse monnoye. Reste icy à dire, que pour empescher les tesmoins, qui pouvoyent rendre bon & asseuré tesmoignage de ceste fabrication, on a corrompu les uns : & les autres, qui ont fait difficulté de se laisser corrompre, on les a empoisonnés & fait mourir, de maniere que de l'assassin du Prieur Cloistrier le Gendre, & fabrication de fausse monnoye, sous la conduite de du Vandal, sont esté tuez ou empoisonnez, plus de quarante-six personnes, Sainct Niquaise en a bien esté empesché long-temps, mais la robbe du Cardinal a couvert toutes ces choses.

CHAPITRE

CHAPITRE XIX.

Comme nostre Maistre de Rivo, Grand Prieur, & Compagnons d'ordre de Cluny, remonstrerent au Cardinal la vie de Sainct Niquaise & Sainct Barthelemy, & de la response qu'il leur fit.

NOSTRE Maistre de Rivo, Grand Prieur de Cluny, avec aucuns des Compagnons d'ordre, vindrent trouver le Cardinal à Tornus, lors qu'il fit son dernier voyage à Rome, accompagné d'une Requeste & Liste des principaux crimes & délits que Sainct Niquaise & Sainct Barthelemy avoyent commis & perpetrez, puis le dernier voyage qu'il avoit fait à Cluny : qu'ils estoyent si horribles & détestables, qu'il leur estoit impossible pour le devoir qu'ils devoyent à leur Ordre & à son service, de les cacher, encore qu'ils fussent très-bien advertis, de l'amitié & singuliere affection qu'il portoit envers Domp Claude Abbé de Sainct Niquaise, pour avoir eu cest heur, comme il a, d'estre advoué pour donné, d'une si grande & illustre maison, que la sienne, mais qu'il estoit tel, & si bon Prélat, qu'il postposeroit tousjours l'amitié des siens, à la saincteté & conservation de leur Ordre, qui estoit, comme il est, infiniment scandalizé de la vie & conversation de Domp Claude, Abbé de Sainct Niquaise, non seulement à cause des larcins & mauvaises pratiques, qu'il exerce journellement sur les povres Religieux, aucuns desquels, ont esté injuriez, battus & outragez, toutes & quantesfois qu'ils se sont fait ouyr, qu'ils le vous feroyent entendre, mais nous faisons plainte à

l'encontre de luy, qu'il a introduit dans ce Sainct Convent, non seulement les paillardises, mais la Sodomie toute ouverte, se mesle avec son Sainct Barthelemy & autres garnemens, qui ne valent pas mieux que luy, à faire mourir & empoisonner tous les gens de bien, qui ne veuillent acquiescer à ses damnables entreprises, de sorte que depuis un an, a fait mourir & empoisonner plus de soixante ou quatre-vingts personnes, les noms & surnoms desquels, il avoit en main : que l'Atheisme estoit aussi familier & ordinaire en sa maison, comme la Religion Catholique en leur Convent : qu'il avoit commis infinis sacrileges en leur Convent, qu'on ne parloit que de la fabrication de fauce monnoye qu'il faisoit faire : en sa maison Abbaciale, & autres lieux circonvoisins de sa Ville de Cluny : que les usures qu'il exerce chacun jour, avoyent destruit & ruiné la plus part de ses subjets. Particulariza aussi plusieurs volleries & larcins, faites par luy & Sainct Barthelemy, suppliant très-humblement son Illustrissime & Reverendissime Cardinauté & Prelature, y vouloir remedier ; & ce faisant, qu'il luy pleut le vouloir releguer en lieu où il puisse reformer sa meschante, damnable & malheureuse vie, sinon il estoit à craindre, que sa dépravation ne vint à infecter & corrompre tout l'Ordre du Sainct Convent, que ses meubles, & autres butins qu'il avoit raflé & serrez en sa maison Abbaciale, fussent sequestrez, & en après vendus & délivrez, pour aider à relever tant de povres familles, qu'il avoit destruites & ruinées par force, violence ou autrement. Et pour le regard de ce monstre de Sainct Barthelemy, qu'à leur poursuite & diligence, leur fut permis de le faire mettre

H 2

tre entre les mains du Provost des Mareſchaux, afin de luy faire ſon procès, comme contre celuy qui ſe trouveroit attaint & convaincu de tous les crimes & délits deſſuſdits, la mileſime partie deſquels, n'avoyent eſté deſduits, crainte d'atediter ſon Illuſtriſſime excellence & Prelature. Eſt-il poſſible, va dire le Cardinal, que mon petit frere ſoit ſi degeneré & depravé, que vous le faites ? Il eſt encore d'avantage qu'on ne vous en a dit, reſpondit un certain Gentilhomme Champenois, qui là eſtoit, & approchant du Cardinal, luy dit à l'oreille, comme depuis il a rapporté, Monſeigneur, n'y a point d'ordre, d'advouer pour voſtre frere, l'Abbé de S. Niquaiſe, vous pouvez, Monſeigneur, faire ce qu'il vous plaira : mais il eſt auſſi-bien voſtre frere, que je ſuis le voſtre. Car il eſt fils d'une putain qui a circonvenu feu Monſieur voſtre pere, d'autant qu'elle eſtoit enceinte d'un Palefrenier, trois mois avant, que voſtre pere la cognut. Vous n'eſtes pas le premier qui me l'a dit, va dire le Cardinal, mais j'ay touſjours trouvé, que tous les rapports qu'on m'en a fait, eſtoyent pures menteries, tantoſt on me diſoit, que ce Palefrenier le reſſembloit de tous les traits de viſage, tantoſt qu'il avoit l'organe, le parler, & meſme prolation que luy, ſa ſtature, ſa corpulence : j'ay voulu veriſier ric à ric toutes ces parties, mais quant c'eſt venu au fait & au prendre, j'ay touſjours trouvé qu'il n'en eſtoit rien, juſques meſmes à ne me contenter de l'effigie & pourtrait au vif qu'on m'en avoit baillé, mais j'ay fait venir à Paris le Palefrenier, qui eſt aujourd'huy vivant & encore Preſtre, j'ay trouvé pour le vous faire court, qu'il y avoit telle reſſemblance comme de vous à moy. Ha, Monſieur, va reſpondre le Gentilhomme, ſi vous ſçaviez la bourde qu'on vous a ſur ce jouée, cognoiſtriez qu'il n'appartint onques à feu Monſieur voſtre pere, ſi ce mit à luy deſcouvrir comme Sainct Niquaiſe & S. Barthelemy, par poiſon avoyent fait mourir le Palefrenier, vray & naturel pere de Sainct Niquaiſe, & après ſuppoſé en ſon lieu un Serrurier, qu'ils firent habiller en Preſtre, & après comme meſchant & malheureux qu'il eſtoit, fut ſi impudent, que de s'aller preſenter à voſtre Illuſtriſſime excellence & faire acroire qu'il eſtoit Meſſire Fiacre, jadis Palefrenier du Preſident des Barres de Dijon : comment ſçavez-vous cela, dit le Cardinal. Je le ſçay, reſpondit le Gentilhomme, d'autant que Sainct Niquaiſe & Sainct Barthelemy, ſe ſont eux-meſmes mocquez d'une telle ſuppoſition, & de ce qu'ils vous avoyent ſi-bien trompé. Je le ſçay auſſi à cauſe que par la bouche meſme du Serrurier, il a dit comme tout l'affaire avoit paſſé, on a découvert meſmes juſques à la poiſon qu'ils firent prendre au povre Meſſire Fiacre, & comme en moins de trois heures la violence de la poiſon le fit mourir, on prouvera, tant y a, que le povre Fiacre partiſt de Dijon, & depuis n'y eſt jamais retourné : davantage le Serrurier eſt encore vivant, auquel ſi on ſerre une fois les doigts, on luy fera bien dire qui a mangé le lard, & puis Monſeigneur, vous eſtes en bonne ſouvenance & jugement, que s'il vous plaiſt faire venir le Serrurier, & le faire habiller en Preſtre, vous jugeriez du premier coup, que c'eſt celuy meſmes qui chanta Meſſe devant vous, & celuy-meſmes qu'on a ſuppoſé au lieu de Meſſire Fiacre, jadis Palefrenier : mais que diriez-vous Monſeigneur, ſi pour faire à leur aiſe & plaiſir une telle ſuppoſition, ils ont empoiſonné & fait

mourir

mourir le Prothonotaire Singuay. Le Cardinal oyant ces chofes, les rumina affez longuement, & dit à celuy qui parloit, qu'on luy coucha par memoires, tout ce qui avoit fur ce efté propofé, deliberant qu'à fon retour de Rome luy-mefmes vouloit eftre le Commiffaire ou Enquefteur pour en informer, demanda fur ce fi le Serrurier eftoit encore vivant. Ouy, Monfieur, refpondit le Gentilhomme Champenois, & vous le reprefenteray toutesfois & quantes qu'il vous plaira, d'une chofe veux-je vous fupplier, qu'il plaife à voftre Illuftriffime bonté, n'en rien découvrir. Laiffez-moy faire, dit le Cardinal. Et quant à voftre Requefte, parlant à Domp de Ryvo, & Compagnons d'ordre, vous la me baillerez, avec toutes vos piéces, & après ne tarderez gueres, que ne vous apperceviez de la bonne provifion & ordre, que j'y donneray. Et comme il eftoit fur ce propos, Sainct Niquaife & Sainct Barthelemy approcherent, aufquels le Cardinal fe foufriant, leur dit, vous avez piffé contre le Soleil, vous autres, vous aurez des verges : puis retirant à part Sainct Niquaife, luy parla longuement, & d'autres affaires, comme il eft à préfumer, car de fois à d'autre, fe prenoyent à rire : fi que les regardans, mefmes les Grand Prieur & Compagnons d'ordre, furent tous efmerveillez, fe repentirent grandement d'avoir efté fi avantageux, que d'en avoir tant dit au Cardinal, pour le peu de juftice qu'ils en efperoyent.

Allerent de ce pas redreffer leur Requefte, qu'ils adoucirent un peu davantage qu'elle n'eftoit : la prefenterent au Cardinal, qui leur fit de belles promeffes, & puis c'eft tout : car ils n'eurent pas pluftoft tourné le dos, que le Cardinal appellant Sainct Niquaife, luy

mit en main la Requefte faite à l'encontre de luy, & luy dit, en prefence de fes Religieux, que ce n'eftoit la premiere fois, qu'il avoit eu des plaintes de luy, l'affeurant, que s'il ne fe comportoit comme il devoit, qu'il fçavoit bien les moyens comme s'y gouverner. Voilà en effect le plus clair & liquide payement, que le Grand Prieur & ceux du Convent eurent de leur Coadjuteur, & s'ils fe trouverent efbahis, le Gentilhomme qui luy avoit chanté fi bien la fuppofition du Serrurier, faite par S. Niquaife, & deconvenue telle qu'avez entendue, le fut bien encore davantage : confideré le peu de conte, que le Cardinal en avoit fait, fi ne voulut pourtant defifter de la diligence qu'il avoit fur ce promife faire au Cardinal, c'eft affavoir, de luy dreffer les articles & par fubtil moyen luy reprefenter le Serrurier. Ce qui fut efté très-facile à faire, fans ce que Sainct Niquaife fentit cefte nouvelle découverture, à laquelle il fceut bien prouvoir, par les moyens qui vous feront cy-après déduits.

Cependant le Cardinal pour l'hafte qu'il avoit, partit de Tournus, tirant droit à Lyon, & de là à Rome, comme il vous a efté dit, laiffant fon Convent de Cluny en merveilleufe défolation, & fon Sainct Niquaife en plus grand crédit & authorité qu'il n'avoit encore efté, lequel après avoir leu & releu la Requefte prefentée, par Domp de Ryvo grand Prieur, qu'il a encore aujourd'huy en fa puiffance. Conceut dèflors inimitié mortelle à l'encontre de luy, comme auffi fit Sainct Barthelemy, qui ne fait qu'efpier l'heure & l'occafion pour le furprendre & le trouffer, c'eft-à-dire, luy faire boire le breuvage des autres ; mais le Grand Prieur jufques icy a eu fi-bien l'œil au bois, qu'il s'eft tousjours

H 3

tousjours fauvé de l'incurfion de ces Arabes : il eft vray qu'il luy a un peu coufté du fang de la bourfe, coufte & vaille, pourveu qu'on fauve le moule du pourpoinct. Or nous lairrons faire le voyage à Rome du Cardinal, comme auffi nous lairrons aller le Gentilhomme Champenois, tant pour dreffer les articles promis au Cardinal, que pour faire les diligences convenables pour defcouvrir la fuppofition de noftre Serrurier, qu'il fe diligente donques au mieux qu'il pourra : car nous ne tarderons gueres à l'aller trouver, pour voir le chemin & iffuë de fon affaire.

CHAPITRE XX.

Comment & par quels moyens l'Abbé de Sainct Niquaife a fait grands amas de deniers, pendant le fejour à Rome du Cardinal, & du nombre des Religieux qu'il a fait empoifonner, durant ledit temps.

SI l'Abbé de Sainct Niquaife avoit bien gaigné fur fes ufures, il les redoubla encore plus fort que paravant, tellement qu'il ne pleuvoit que des efcus & ducats en fa maifon. Les amendes des prifes de bois, qui fouloyent valoir, cinquante ou foixante livres par an, ce tyran chacun mois en tiroit douze ou quinze cens livres : car dès qu'un povre payfan eftoit trouvé dans fes bois, on luy faifoit à croire, qu'il avoit couppé un chefne, qui eftoit à dire, qu'il falloit trouver cent ou deux cens efcus. Tel laboureur a efté à qui il a couté plus de mil livres, fans ce qu'il falloit à Sainct Barthelemy, au morveux le Bragard, & autres brigands & volleurs fes domeftiques. Pour les amener à telles compofitions & fans forme

de Juftice, les fait mettre en une baffe-foffe, & fans boire & manger, les laiffe-là deux ou trois jours, en forte que de tels & fi cruels traitemens, plufieurs en font morts : & pour fe rédimer d'une telle tyrannie & cruauté, n'y a autre expédient que de compofer à fon plaifir & volonté. Il a deftruit par ce moyen, les meilleurs laboureurs & payfans de tout le mandement de Cluny, de telles concuffions & pilleries, non pas que luy les appelle ainfi : il s'eft vanté en avoir tiré pour une année, dix-fept ou dix-huict mil livres, voilà pour un item.

Pour le regard des difmes, ce malheureux en propre perfonne alloit les cuillir & amaffer, & avec ces brigans, dans la difmerie du Merle près Cluny, contraignoit les povres gens par force & violence, de difmer à fon plaifir & volonté, tellement que s'ils devoyent une gerbe, leur en faifoit payer deux, & fi liberalement ne payoyent, les envoyoit en prifon, de laquelle ne fortoyent, qu'ils n'euffent compofé à fa dévotion, & mauvaife volonté, tellement qu'il en a auffi tiré de grandes fommes de deniers.

Mais s'il a fait des exactions fur les difmes, il en a fait bien d'autres fur la prife des beftes, qui entroyent dans les Prez de l'Abbaye, ce malheureux en a tiré des fommes incroyables, & encore que les amandes deuffent appartenir aux Fermiers, il fe les approprioit : car (dit-il) la Juftice n'en a eu cognoiffance comme il eftoit vray, d'autant qu'il les faifoit tous paffer fous le filet de fa tyrannie.

Or environ le fejour, que le Cardinal faifoit à Rome, le Roy fit faire quelques aliénations du temporel du Clergé de France. Sous pretexte de cefte aliénation, Sainct Niquaife après

avoir

avoir payé la part & portion de ce à quoy avoit esté cottizé l'Abbaye de Cluny, vira & pratiqua si-bien sur ceste négotiation, que tant sur le Convent, que sur quelques membres les moins préjudiciables qui furent vendus, tira plus de xxx. mil livres, qu'il mit dans ses bouges.

Sur la fabrication de la fausse monnoye durant iceluy temps guaigna, si gain se doit appeller, plus de vingt-cinq mil livres.

Le surhaucement des monnoyes, luy a valu plus de soixante ou quatre-vingts mil livres, car ce monstre n'eust pris un escu, sinon d'or & de poix, & au prix de l'Ordonnance : & quant il les délivroit, soit pour gages d'Officiers, soit pour convertir aux usures, il les donnoit tousjours pour vingt-cinq ou trente sols davantage, qu'il ne les avoit pris.

Les Sous-Fermiers & Admodiateurs, qui n'apportoyent leurs deniers à jour nommé, leur faisoit payer l'interest du retardement de leurs payemens, & si exigeoit pour les frais & vacations des Sergens, qu'il tient à gages, de grands deniers : de sorte qu'il a tiré pour une année de telle nature de deniers, plus de sept ou huict mil livres.

Pour les vestiaires, pelisses, souliers & autres acoustremens des Religieux, a desrobé & retenu chacun an à ses povres gens, plus de deux mil livres.

Sur les gages des serviteurs domestiques, en argent, bled, vin ou autres choses, leur a desrobé & retranché, pendant l'absence du Cardinal, plus de cinq ou six mil livres.

Sur le pain & le vin, & prebande, tant des Religieux qu'autres prebandiers, a desrobé durant iceluy temps, plus de neuf ou dix mil livres.

N'y a pas un des Sous-Fermiers &

autres Admodiateurs, qu'il n'ait composé, ou plustost rançonné de quelques sommes de deniers, recerchans les uns de n'avoir accompli certaines charges portées par leur bail, autres de n'avoir fait les reparations, autres de cecy, autres de cela, en façon que pour exiger tyranniquement, vingt ou vingt-cinq mil livres de telles pratiques, a destruit la pluspart des Fermiers & Admodiateurs. Et encores qu'ils remonstrassent, qu'encore que telles choses fussent recherchables (que non) telles recherches ne se devoyent faire, qu'à la fin & expiration de leurs baux à fermes.

Item de l'absence des Religieux, des prebendes des Officiers qui estoyent morts, d'une infinité de chiquaneries irrecherchables par la teneur du bail à ferme, il a fait payer aux Fermiers Généraux plus de dix ou douze mil livres.

Sur les povres sujets, les a recherchez de plusieurs nouveautez, desquelles jamais n'avoyent ouy parler, comme de leurs droits & usages en leurs buissons & bois, vaines pastures, & autres telles choses, en a tiré plus de quatorze ou quinze mil livres.

Sous pretexte du massacre, commis à la feste Sainct Barthelemy, a tyrannizé & fait payer à ceux de la Religion, plus de neuf ou dix mil livres, sans ce qu'il a falu payer à Sainct Barthelemy, & autres ses brigandeaux.

Il y a bien peu de maisons au basty & mandement de l'Abbaye de Cluny, desquels il n'ait tiré, boeufs, vaches, moutons & pourceaux : & ceux qui ne l'ont voulu faire de bon gré, le leur a fait faire par force & violence : car ses estafiers & brigandeaux, les ont contrains & contraignent ordinairement à cela, lesquelles compositions, reviennent pour le temps qu'il a esté dit, à plus de douze mil livres.

Par

Par force & violence a fait faire une infinité de corvées contre tout droit & raison aux povres, qui leur reviennent d'intéreft pour iceluy temps, à sept ou huict mille livres.

A tousjours tenu fur les Villages quatre ou cinq brigandeaux, tels que Belle-Perche & S. Martin, expreffé-ment pour & afin d'exiger fur eux dons & préfens forcez, pour la confervation (dit-il) qu'il fait de leurs Villages, à ce que les gens de guerre n'y viennent, & fe font eux-mefmes qui les y font pluftoft venir, de maniere que pour le temps fufdit en a tiré plus de douze mil livres. Ce vilain baftard pour le faire court, en moins de quinze mois, a pillé ou defrobé fur les povres fub-jets du mandement de Cluny, plus de deux cens mil livres, & cela fembleroit incroyable, finon qu'on eut déduit par le menu comment il les a touchées, il eft vray qu'on ne fpecifie pas les noms & furnoms de ceux de qui il les a pris, nous ne l'avons pas voulu faire, crainte d'obfcurcir plufieurs autres parties, ou noftre Maiftre eft fuffifamment dépeint. Les efcus & ducats pleuvoyent fi dreu en fa bource, qu'il a bien efté fi hardi, que de fe faire ouyr à quelques-uns, qu'il ne vouloit que demye douzaine d'années pour ferrer quatre ou cinq cens mil efcus, & de fait il en prenoit bien le chemin, fi la prife de Lordon ne fut advenue, comme fera dit en fon lieu, bien peut-on croire que fans ceft inconvenient, Sainct Niquaife tenoit desjà en fa puiffance plus de deux cens mil efcus. N'eft auffi befoin faire icy mention du fonds qu'il faifoit des de-

niers qu'il recevoit des fermes & admo-diations du Cardinal, à caufe d'icelle Abbaye, car durant fon abfence il a bien fait valoir le talent.

Durant ledit temps a bien fait mou-rir par poifon quinze ou feize Reli-gieux, de la mort defquels foit en pre-bande defpouille ou autrement, s'eft prevalu de plus de neuf mil livres. De l'intereft de l'intereft en a receu plus de xxv. mil livres.

De la compofition de plufieurs meur-tres, fauffetez & voleries, commifes durant ledit temps au veu & feu d'un chacun, a tiré plus de dix mil livres, pour le retranchement des huiles, chandelles, harens & viande de Caref-me a gaigné ou defrobé audit temps cinq ou fix mil livres.

CHAPITRE XXI.

Comment l'Abbé de S. Niquaife fit tenir une bonne fomme de deniers à Rome au Cardinal, du bon gré qu'il luy en fceut & de la recompenfe qu'il luy en fit.

LE Cardinal de Lorraine ayant de-meuré affez long-temps à Rome, receut plufieurs & diverfes plaintes fur la malverfation de fon S. Niquaife & dépravation de S. Barthelemy, mais ceux de fa compagnie ayans apperceu qu'il ne prenoit plaifir d'ouyr parler en mauvaife part d'eux, à caufe du fervice qu'il en recevoit en plufieurs & divers affaires, defquels autres que luy & eux n'avoient cognoiffance, finon ceux à qui on faifoit paffer le pas. On commença à changer de ftile (1), & dire que l'Abbé de

(1) Ce changement de Style étoit jufte fuivant l'ufage du tems & des Grands; il n'y a que deux moyens d'être ancrez dans leur faveur, c'eft de leur trouver moyen d'avoir beaucoup d'argent, ou de concourir à leurs plaifirs. Par l'un ou l'autre de ces talens, on entre dans leur amitié; mais on devient leur intime favori quand on les peut réunir tous les deux. On en voit quelque chofe dans les Poëfies de Guillaume *Coquillart*, pag. 108. Edition de 1733.

de Sainct Niquaife n'avoit fon pareil pour bien mefnager le temporel d'une Abbaye, que Cluny valoit aujourd'huy plus d'efcus, qu'il ne fouloit valoir de fols, qu'il eftoit digne d'eftre fuperintendant aux Finances d'un Roy, que c'eftoit le plus accort, fubtil & adroit, que l'on veid onques, que la plufpart des François croyoient fermement,qu'il eftoit fils du Cardinal, & desjà pour fa dexterité, Proverbe commun trottoit par la France, que Sainct Niquaife eftoit l'ame du Cardinal. Louanges à quoy le Cardinal prenoit un fingulier plaifir, & tel, qu'un jour fe mit à dire, qu'il avoit tousjours cogneu en S. Niquaife, toutes les graces, dexterité d'efprit, & autres parties, defquelles on parloit à fon avantage, & efperoit qu'il feroit un merveilleux fruict, ne doutant point qu'il n'y euft encore un peu de jeuneffe, qui s'efvanouiroit de foy-mefmes, à mefure que l'aage le feroit croiftre. (1)

Et comme le Cardinal parloit, entra en fa chambre un Banquier de Rome, lequel après luy avoir fait une grande reverence, luy dit : Monfeigneur, je vien tout à cefte heure de recevoir une Lettre de Change, du Seigneur Bonvife, par laquelle il me mande à Lettre veuë, que je vous face toucher feize mil efcus fol, pour femblable fomme, qu'il dit avoir receuë de voftre Coadjuteur de Cluny, qui vous efcrit, comme je croy : qui m'a fait venir ceans, pour fçavoir de voftre excellence, s'il luy plaift recevoir prefentement les de-

niers, car ils font prefts, ne refte qu'à les conter. Le Cardinal remercia le Banquier, & prenant la Lettre la leut de mot à mot. Puis fe tournant vers fes Prothonotaires & Gentilshommes, leur dit : Et bien, que vous femble de l'Abbé de S. Niquaife, eft-il diligent en mes affaires, Foy de Prelat, il m'a desjà plus fait tenir en demy an de mon Abbaye de Cluny, que je n'en avois receu en trois, & toutesfois, il y a quelcun de par le monde, qui tâchent bien fort à me defgouter de luy, mais ils perdent leurs peines : car avant que je m'en retourne en France, Sainct Niquaife fera Abbé de Cluny.

Et de faict, l'Abbaye fut conferée bien-toft après, à la furvivance l'un de l'autre, le Roy y confentant, furent les Bulles, fignatures & expeditions faites en bonne forme. Domp Claude de S. Niquaife, recevant ceft advertiffement, je vous laiffe à penfer, s'il en receut plaifir & contentement, n'eft pas poffible de les reciter ny comprendre : mais faut bien croire, que telles nouvelles ne pleurent pas beaucoup à plufieurs, & notamment à ceux qui avoyent mefdit de luy, dequoy noftre nouvel Abbé ne faifoit pas grand femblant, fçachant bien qu'il auroit affez de loifir, pour s'en revencher.

Entre tous ceux qui fe trouverent bien perplex & marry tout enfemble, ce fut noftre Gentilhomme Champenois, car il doutoit bien fort, qu'après qu'il auroit pris beaucoup de peine, de mettre en évidence, le tige duquel

---

(1) Ceci me fait fouvenir de ce qu'on rapporte d'un Evêque de notre France [c'étoit dit-on M. de Matignon] lorfque dans le cours de fes vifites on lui denonçoit les défordres de quelques Curez, celui-ci, lui difoit-on, eft adonné aux femmes ; celui-là eft adonné au vin. Oh, difoit-il, en parlant du dernier : oh le vilain vice, c'eft un péché, dont

on ne fe corrige pas ; il ne fait qu'augmenter **avec** l'âge : au lieu que l'autre fe corrigera avec le tems ; quelques années de plus fur la tête le rendront plus fage. On peut m'en croire, difoit-il, fur ma parole. Il en étoit de même de ce bon Coadjuteur de Cluny : vraifemblablement, il devint un peu moins méchant avec l'âge.

I

quel eſtoit ſorti S. Niquaiſe, la ſuppo-
ſirion & tragedie, tant de S. Barthelemy, que du Serrurier : eſtoit bien à
craindre, que le Cardinal ne luy en
ſçeut mauvais gré, & pour toute récompenſe, acquerroit un ennemy en
ce nouveau Abbé de Cluny, que l'on
voyoit eſlever d'heure à autre, d'une
merveilleuſe façon. Partant ne ſçachant
quel party eſlire, fit eſtat de plus n'en
parler, mais ayant demeuré trois &
quatre jours, ſa conſcience le ſtimuloit de ne laiſſer en arriere une ſi grande meſchanceté, que ſon devoir luy
commandoit de ne laiſſer ainſi abuſer
le Cardinal, auquel il ſe ſentoit par
trop redevable, pour le voir ainſi dé-
niaiſer. Au moyen dequoy détermina
recercher une telle tragedie & mettre
toute la peine qui luy ſeroit poſſible,
pour la démonſtrer & faire cognoiſtre
au Cardinal, par les moyens que vous
entendrez.

CHAPITRE XXII.

*Comme le Gentilhomme Champenois pour-
parla avec Maiſtre Hugues le Serrurier, des advertiſſemens que ils ſe firent l'un à l'autre, & de ce qui en ſurvint.*

POUR bien entendre le contenu
de ce chapitre, convient préſuppo-
ſer, que ce Gentilhomme Champenois
eſtoit nepveu du Prothenotaire Singuay, duquel ſans la mort de laquelle
il fut prevenu, n'y a doute qu'il ne fut
eſté des mieux avancez de tous les Prothenotaires de la maiſon du Cardinal,
tant il eſtoit adroit & de bon eſprit.
Or en l'extremité de ſa maladie avec
une infinité de ſanglots & ſouſpirs,
ſans ceſſe diſoit, qu'il mourroit empoiſonné. Enquis ſommairement qui pourroit luy avoir donné la poiſon. Hélas,
je ne ſçay, reſpondoit-il, ſi ce n'eſt ce
baſtard de Sainct Niquaiſe, pour déſar-
çonner lequel, & faire paroiſtre au
Cardinal qu'il eſtoit fils d'un Palefrenier du feu Preſident des Barres de Dijon, j'avois fait infinis diligences, dequoy (peut-eſtre) s'eſtant apperceu ce
malheureux baſtard, & crainte qu'il a,
que le Cardinal ne vienne à le connoiſ-
tre pour tel qu'il eſt, ce malheureux
oſeroit bien m'avoir fait preſter ceſte
mortelle geſſine, en laquelle vous me
voyez, & comme il vouloit en dire davantage mourut, ſelon qu'il a eſté dit
cy-deſſus.

Le Gentilhomme bien recors de toutes ces choſes, par tous les endroits où
il s'eſt trouvé depuis, fait reſonner
ceſte poiſon aux oreilles de pluſieurs &
entre autres à un Meſſire Jean leur
Chapelain, auquel le Prothonotaire
avoit promis une Cure, & le faire riche en benefices. Ce Meſſire Jean alloit ſouvent à Paris, pour la ſollicita-
tion des procez de la maiſon de Singuay, & comme bon drôle qu'il eſtoit,
n'y avoit ruſſques, ny maquereaux à
Paris, qui ne le connut, & comme tel
avoit eſté appellé en l'Aſſemblée, en
laquelle le Serrurier contrefit le Miniſtre. Or ce Serrurier eſtoit couſin remué de germain de Meſſire Jean, tellement qu'il n'alloit, ny venoit jamais à
Paris, ſans boire, manger, & bien
ſouvent coucher en la maiſon de ſon
couſin, ſi luy mit un jour en avant la
grande perte qu'il avoit faite en la
mort du feu Prothonotaire, que ſans
icelle il fut eſté beneficié de plus de
cinq ou ſix cens livres, faiſoit des im-
precations & maudiſſoit celuy ou ceux,
qui eſtoyent cauſe de ſa mort. Vous les
cognoiſſez bien, reſpondit le Serrurier.
Je les connois, dit Meſſire Jean. Et ſi
me

me voulez promettre d'eftre fecret, je les vous déceleray : & ce pour deux raifons; l'une, qu'ils n'ont aquité la promeffe qu'ils m'avoyent faite, pour recompenfe de tant de fervices qu'ils ont receu de moy, l'autre qu'il eft bien à craindre, qu'ils ne jouent une trouffe à voftre Maiftre, toute telle qu'ils ont fait à fon oncle le Prothonotaire : car je fçay de bonne part que ils luy en veullent, par ainfi qu'il y prenne garde. Trouverez-vous point mauvais, mon coufin, va dire Meffire Jean, fi je vous fais parler à mon Maiftre ? Non, pourveu qu'il ne me décele point.

Là-deffus Meffire Jean va trouver le Gentilhomme, luy raconta tout ce qu'il avoit entendu de fon coufin Maiftre Hugues le Serrurier, & de ce pas l'allerent voir en fa maifon, où le Serrurier fans faire beaucoup prier, luy déclara toute l'hiftoire de la mort de fon oncle le Prothenotaire de Singuay, que s'il n'avoit bien l'œil & de près à fa perfonne, Sainct Niquaife & Sainct Barthelemy, qui avoyent empoifonné fon pere le feroyent auffi mourir, à caufe qu'ils avoyent defjà fenty qu'il vouloit remuer à l'encontre d'eux quelque chofe de cefte mort, fi leur déchifra par le menu tous les moyens qu'ils avoyent tenus, pour faire mourir le Prothenotaire Singuay : n'oublia auffi à leur déceler toute l'hiftoire de Meffire Fiacre, vray & naturel pere de Sainct Niquaife, en quoy toutesfois, je ne fuis en rien coulpable, & aimerois mieux mourir, que d'avoir confenty à telles mefchancetez, bien ay-je fervy en cecy de boufon & de drôle, car comme je fuis connu de tous les bons garçons, foit pour jouer farces, pour fauter, danfer & faire quelques petites galanteries, Maiftre Hugues le Serrurier eft tous-

jours des premiers, & pour cefte caufe, Sainct Niquaife & Sainct Barthelemy, ont eu bon marché de moy, à me faire contrefaire le Preftre, pour dire Meffe devant le Cardinal : comme auffi à contrefaire le Miniftre, devant les deux Gentilshommes du Prince Porcian : mais depuis que j'ay fenty qu'on fe fervoit de moy, fous pretexte de telles gentilleffes, à faire mourir les gens de bien, jamais depuis n'ay voulu aimer, ny Sainct Niquaife, ny Sainct Barthelemy. Qui fut bien aife d'ouir telles nouvelles, ce fut le Gentilhomme Champenois, difant, Maiftre Hugues, vous parlez en homme de bien, & ne fauriez mieux faire, que de manifefter telles peftes, afin qu'on s'en puiffe donner garde, & comme vous m'avez fait une telle ouverture, de laquelle moy & les miens, vous feront à jamais redevables, je veux auffi vous advertir, que vous foyez prudent & foigneux, pour ne tomber à leur mifericorde : car puis qu'ainfi eft, que vous fçavez leur train & fecret, duquel a ufé Sainct Niquaife pour faire mourir Meffire Fiacre fon pere, tenez-vous affeuré qu'il ne pourra, où il vous fera mourir, pour la grande crainte qu'il a, que le Cardinal ne vienne à defcouvrir le pot aux rofes, je veux bien vous dire davantage, c'eft qu'il n'y a rien plus certain, que le Cardinal luy a conferé fon Abbaye de Cluny à furvivance, mais s'il advient, que je luy puiffe parler : je luy en feray faire une revocation, comme ayant efté circonvenu de ce baftard, & de Sainct Barthelemy fon compagnon, & pour tefmoignage de la fuppofition qu'il a fur ce faite, je ne veux finon, que produire Maiftre Hugues : car je vous cognois tel, & fi homme de bien, que luy maintiendrez tous les poinéts
&

I 2

& articles, que m'avez proposez. Je le ferois de bien bonne volonté, dit Maiſtre Hugues, n'eſtoit une difficulté grande, que je fais ſur cecy, & qui ne ſe peut vuider, ſans me mettre en extrême danger. Quel ? reſpondit le Gentilhomme Champenois, c'eſt, dit Maiſtre Hugues, que le Cardinal ne faudra point, de me faire punir par Juſtice, de la temerité & hardieſſe que j'ay priſe, de me contrefaire Preſtre, & d'avoir chanté Meſſe devant luy, & Madame ſa Mere : crime ſi on le veut examiner à la rigueur, aſſez pour me faire bruſler ; & cependant, je ne l'ay chantée que de gayeté de cœur, comme je ſuis preſt à ſorneter, à tout ce que l'on m'appelle : je vous aſſeure, reſpondit le Gentilhomme, qu'il n'en fera que rire, & neantmoins avant que de vous nommer ny preſenter, il me jurera foy de Prelat, que directement ou indirectement vous ne ſerez jamais recerché de ceſte célébration de Meſſe. Je me repoſeray doncques, va dire Maiſtre Hugues, ſur voſtre promeſſe, & ſi le Cardinal m'eſcoute, aſſeurez-vous, que je luy en diray du vieil juſques au nouveau, car tous les confins de ceſte ſuppoſition, ſont dans l'entendement de Maiſtre Hugues. Le remercia bien fort le Gentilhomme, qui pour eſtraines luy bailla cinquante eſcus, qu'il refuſa par trois ou quatre fois, & ainſi départit le Gentilhomme d'avec Maiſtre Hugues, tirant droit à ſon logis, où il retint par eſcrit & bonnes memoires tous les avertiſſemens qu'il avoit receu de Maiſtre Hugues le Serrurier, ſe viſiterent depuis pluſieurs & diverſes fois, attendans le retour du Cardinal.

CHAPITRE XXIII.

Comme Sainct Niquaiſe Abbé de Cluny, fut adverty que Maiſtre Hugues le Serrurier avoit décelé au nepveu du Prothonotaire Singuay, tant la mort de Meſſire Fiacre, que d'iceluy Prothonotaire, & du voyage à Paris de S. Barthelemy.

LES amys de Sainct Niquaiſe avertis de l'extrême diligence & recerche que le Gentilhomme Champenois faiſoit de la mort du Prothonotaire Singuay ſon oncle, & qu'il avoit découvert quelque grande choſe, de laquelle il faiſoit feſte au déſavantage de Sainct Niquaiſe, meſmes qu'il n'attendoit que le retour du Cardinal, pour luy monſtrer qu'il eſtoit fils d'un Palefrenier, que luy & Sainct Barthelemy avoyent fait mourir par poiſon. Donnerent pluſieurs & bons avertiſſemens à Sainct Niquaiſe, le priant y vouloir provoir, ſinon qu'ils prevoyoient qu'il en ſortiroit de la folie, tant ce Gentilhomme Champenois agravoit la matiere.

Cela fut cauſe, que Sainct Niquaiſe fit incontinent monter à cheval Sainct Barthelemy, qui tira droit à Paris, où il ne fut ſi-toſt arrivé & parlé à la Preſidente, qu'il trouva l'alarme de la ſuppoſition & empoiſonnement de Meſſire Fiacre, pere de Sainct Niquaiſe, encore plus grande qu'on n'avoit eſcript, & ce qui l'eſpouvanta le plus, fut, qu'ayant ſalué Maiſtre Hugues le Serrurier, il luy parla ainſi, eſcoute Garnier, ainſi appelloit-il S. Barthelemy, je te prie, retire-toy d'auprès de moy, & me laiſſe en paix, & feras que ſage, que ſi tu ne te retires, je te diray choſe qui te cuira, oſte-toy d'auprès de moy, vilain traiſtre, qui a empoiſonné le

Prince

Prince de Porcian, & le Prothonotaire de Singuay. Je feray mourir ton Sainct Niquaife & toy avec, le vilain qu'il eft, il a fait mourir fon pere. A cefte parole Sainct Barthelemy tout effrayé, fit retraite la plus douce & honnefte qu'il luy eftoit-poffible, car Maiftre Hugues le pourfuivoit de propos, criant à bouche ouverte, voilà ce traiftre qui a empoifonné le Prince de Porcian.

Sur cefte colere arriva le Gentilhomme, qui luy demanda qu'il avoit, que j'ay, Monfieur, dit Maiftre Hugues, je me courrouce à l'encontre de S. Barthelemy, noftre empoifonneur, qui ne fait que partir d'icy, & m'eft venu trouver, comme je prefume, pour me faire taire, de ce que vous fçavez. Je voudrois pour beaucoup, refpondit le Gentilhomme, que l'euffiez un peu amadoué, pour fçavoir au vray qu'il vous vouloit dire, & par dernier je me fuffe rendu prifonnier avec luy, encore que cefte voye foit nulle, toutesfois je veux en cela, me guider par confeil, & ne fuyvre du tout mon opinion : ha, le paillard, que ne l'ay-je veu. Or S. Barthelemy avoit laiffé fon laquais, au milieu de plufieurs perfonnes, qui s'eftoyent affemblez devant le logis & boutique de Maiftre Hugues, pour efcouter, la plufpart defquels, quand ils entendirent parler du Prince Porcian, prefterent l'oreille, difant, qu'il falloit arrefter ce malheureux qui l'avoit empoifonné. Il en a bien empoifonné d'autres, le vilain qu'il eft, refpondit Maiftre Hugues. Cognois-je point ce Garnier, dit S. Barthelemy, va dire un voifin de Maiftre Hugues. Vous ne cognoiffez autre, refpondit Maiftre Hugues, fon pere eft Marguillier aux Mathurins, fa mere eft putain d'un Cha-

noine de cefte Ville, duquel il porte le furnom : bref, pour le bien cognoiftre, ne faut que s'adreffer aux rufifques, maquereaux, pipeurs, couppeurs de bourfe, crocheteurs de ferrures, voleurs, brigands, faux monnoyeurs ; & ils vous diront affez, quel eft ce beliftre, qui contrefait le Gentilhomme, depuis qu'il eft au fervice de l'Abbé de S. Niquaife, auffi homme de bien que luy : lequel a empoifonné fon propre pere, pour faire acroire qu'il eft fils donné du pere du Cardinal de Lorraine.

Or le laquais de Sainct Barthelemy, ne laiffa de tous ces propos en tomber un feul en terre, car il les luy rapporta de poinct en poinct, n'oubliant à remarquer le nepveu du feu Prothonotaire, qui deliberoit fe rendre prifonnier avec luy, s'il le pouvoit attrapper, fouftenant que Monfieur de Cluny & Sainct Barthelemy, avoyent fait mourir par poifon, iceluy Prothonotaire, dequoy Sainct Barthelemy fe trouva fort effrayé, & fut plus de huict ou dix jours, fans qu'il ofa fe monftrer.

Se déguifa finalement, & par le moyen de fes compagnons, fit dire à Maiftre Hugues, à quoy il tenoit, qu'il eftoit fi mal contant de Monfieur de Cluny, & de luy : qu'il eftoit expreffement venu en cefte Ville, avec une bonne fomme de deniers, pour recompenfer tous ceux qui luy avoyent fait fervice, du nombre defquels il eftoit des principaux, & comme tel avoit charge de luy delivrer une bonne partie d'iceux deniers, le requeroit bien fort de moderer fa colere, & rafraîchir l'amitié ancienne, qui eftoit entr'eux : fur tout, que Monfieur de Sainct Niquaife eftoit aujourd'huy Abbé de l'une des plus riches Abbayes de France, & qu'il

I 3

qu'il ne tarderoit pas beaucoup fans
avoir une bonne Evefché, car l'intention du Cardinal eftoit de le faire grand,
que Maiftre Hugues ne gagneroit pas
d'abbayer contre fa grandeur, & d'en
parler en fi mauvaife part, comme il
avoit fait : que ceux qui le luy faifoyent
faire, ny guaigneroyent pas beaucoup
à la fin, confideré que d'autres avoyent
desjà mis toutes les peines qu'il eftoit
poffible, de le mettre en difgrace envers le Cardinal, en quoy ils avoyent
toufjours perdu leurs peines, car fi
Monfieur de Cluny a des ennemis,
comme il a, il a auffi des amis, pour
bien rembarrer toutes leurs calomnics.
A quoy Maiftre Hugues fit refponfe,
dites à Sainct Barthelemy qu'il m'a fait
dire & chanter une Meffe devant le
Cardinal qui luy couftera cher, &
pourveu que je puiffe parler à luy, je
me contente : & n'oublieray aucune
chofe de cefte célébration, & comme
fa poifon a fait mourir des perfonnes,
ainfi s'en retournerent par trois ou quatre fois ceux qui eftoyent deleguez
pour une telle reconciliation fans rien
faire, quoy voyant S. Barthelemy tenta tous les autres moyens qu'il peut
pour aprocher fa femme, luy fit prefenter des prefens, mais plus on en parloit,
& plus Maiftre Hugues fe faifoit difficile, & n'en vouloit ouyr parler, ce que
Sainct Barthelemy fit entendre au nouveau Abbé de Cluny, & qu'il feroit
contraint s'en retourner fans rien faire,
tant Maiftre Hugues fe rendoit de difficile convention : l'Abbé de Cluny luy
fait refponce, ne partir de Paris fans
donner fin à ce qu'ils avoyent refolu de
ceft affaire, & avoir efgard que le Cardinal ne pouvoit plus gueres demeurer
à Rome.

CHAPITRE XXIV.

Comme Maiftre Hugues le Serrurier de-
vint extrémement malade, demanda
confeffion, & comme il fit ces Pafques
avant que mourir.

QUINZE jours ou trois fepmaines, après l'arrivée à Paris de S.
Barthelemy, qui eftoit environ Pafques, Maiftre Hugues le Serrurier,
prit une groffe fievre, double tierce,
de laquelle on n'efperoit vie, fa femme
mande le Vicaire de fa Parroiffe, pour
le confeffer & communier tout enfemble : il fait refponce, qu'il avoit fi
grand preffe à confeffer fes Parroiffiens,
qu'il luy eftoit impoffible y pouvoir aller, pour l'heure. Sainct Barthelemy
ayant ouy le vent de cefte confeffion,
& auffi que le Medecin luy avoit rapporté, que la maladie de Maiftre Hugues n'eftoit mortelle, mais qu'elle feroit longue, s'adreffa au Vicaire auquel
il avoit bonne cognoiffance & amitié
dès long-temps, le priant très-inftam-
ment, que fi Maiftre Hugues le Serrurier l'appelloit à confeffion, luy faire
cefte amitié que Sainct Barthelemy fut
fon Preftre & Confeffeur. Vous n'eftes
pas Preftre, va dire le Vicaire, j'en
pourrois eftre repris. Laiffez-moy faire,
dit Sainct Barthelemy, je vous indem-
niferay de tout. Cela eftoit environ les
trois heures après midi, que derechef
on vint foliciter le Vicaire de venir haf-
tivement communier le povre Maiftre
Hugues, Sainct Barthelemy prend une
des grandes robbes du Vicaire, un fur-
pelis, ou rochet deffus, & avec l'eftole,
alla prendre le Ciboire, & un bonnet
quarré fur la tefte, ne l'euffiez jamais
pris pour Sainct Barthelemy, joinct
qu'il

qu'il avoit mis fur le nez un petit emplaftre noir.

En ceft équipage faifoit marcher devant luy un clerc ou coriau, avec une torche allumée, & une petite clochette, au fon de laquelle, tous les regardans mettoient les genoux en terre, à mefure que le Preftre paffoit, qui portoit fort folennellement le Ciboire. Arrivé qu'il fut au logis du povre Maiftre Hugues, Sainct Barthelemy le trouva au plus fort de fa fiévre, fi le falua d'une voix tant douce & gracieufe, qu'on eut pluftoft jugé la voix & parole d'une femme, que non pas d'un homme, & tenoit tousjours le Ciboire haut, de maniere que Maiftre Hugues, quand mefmes il fut efté en fanté, n'eut peu difcerner le perfonnage, fi luy demanda comme il fe portoit, comme il plaift à Dieu, refpondit le patient. Et bien mon amy, voulez-vous avoir courage, je vous ay icy apporté la fouveraine medecine des medecines, m'affeurant que quand vous l'aurez prife, vous vous trouverez du tout allegé & du corps & de l'efprit, qui me fait vous prier me dire, fi comme bon Catholique, vous avez intention de vivre & mourir, ainfi qu'un bon Chreftien doit faire. Ouy, Monfieur, refpondit Maiftre Hugues. Et comme il parloit, le Gentilhomme Champenois & le Medecin arriverent, qui donna telle frayeur à Sainct Barthelemy, qu'il eut voulu eftre à cent lieues de-là, le Medecin fe courrouça bien fort à la femme, d'avoir fait venir le Preftre, difant qu'il n'y avoit aucun danger de mort en fon marry, qu'il eftoit à craindre, qu'il n'aprehendaft la venue du Preftre, & que cela ne luy redoublaft fa fiévre. Non fera, Monfieur, refpondit-elle, il eft très-joyeux de ce qu'il eft venu. Demanda là-deffus, s'il avoit point encore beu en fon excez, refpondit que non, bien avoit-il demandé à boire : quand il demandera, va dire le Medecin qu'on luy laiffe boire une bonne fois de fa tyfanne, pria au furplus le Vicaire, ne le retenir que le moins qu'il pourroit en fa confeffion, crainte de trop l'alterer. Cela fait, le Medecin fe retira, comme auffi fit le Gentilhomme Champenois, enfemble tous ceux qui eftoyent en la chambre, dès-lors le Vicaire aproche du patient, & l'ayant doucement examiné, luy dit, qu'il avoit la langue & bouche empaftée, qui empefchoit de pouvoir parler, fi prit le Vicaire de l'eau en la bouche, diffimulant la vouloir rincer, & de l'autre main jetta de fa poifon dans le coquemar où eftoit la tifanne : ce fait, demanda au patient, s'il avoit plus rien à dire, refpondit que non, luy fit dire fon Confiteor, & le Vicaire lui mettant la main fur la tefte, dit l'abfolution d'une telle façon, qu'on ne l'eut jugé aprentif en ceft affaire.

Si ouvrit la porte à ceux de la maifon & à plufieurs de fes voifins, qui vindrent le vifiter, ouvrit le Ciboire, tira un petit Hoftie, & après l'avoir confacré & dit les fuffrages fur ce accouftumez, fit ouvrir la bouche au patient, qui le prit & avala, & après avoir rendu graces, remercia le Vicaire : qui luy dit, qu'il avoir en la maifon des confitures, des oranges & de beaux fruicts, que s'il en avoit affaire, qu'on n'efpargnaft aucune chofe : le patient demanda fur ce à boire, on luy remplit un grand verre de la tifanne du coquemart. Le Vicaire là-deffus prend congé, & avec fa torche ou clochete, retourne le Ciboire en fon lieu : deux ou trois jours après, le povre Maiftre Hugues prend une fiévre continue, qu'en moins de deux fois vingt-quatre heures, l'emporta

porta en l'autre monde : le Medecin bien esbahy voulût à ses propres frais le faire ouvrir, trouva la poison sur son povre estomac, telle que s'il eust eu cent vies, n'en eust reschappé une.

On s'informe d'où & comment ceste poison luy pouvoit avoir esté donnée, on parle au Vicaire de la Parroisse, & luy demande-on celuy qui l'estoit venu communier, n'osoit dire que c'estoit S. Barthelemy : vous en respondrez, dit le Gentilhomme Champenois, ha malheureux, vous estes cause de la mort d'un homme de bien, car il entra quant & quant en soupçon, que Sainct Barthelemy ou quelque Prestre à sa dévotion, avoit empoisonné ce povre homme. Le Vicaire d'autre costé s'excusoit sur la grand presse qu'il avoit de confesser & communier environ Pasques à ses paroissiens, & qu'il ne pouvoir estre par tout, de maniere qu'il estoit contraint d'emprunter des Prestres pour envoyer çà & là à ses malades. Je vous feray dire par Justice le nom & le surnom du Prestre, que vous avez envoyé à Maistre Hugues le Serrurier. La poursuite en fut telle, qu'il obtint prinse de corps à l'encontre du Vicaire, lequel pour se redimer, interpelloit par prieres & Requestes Sainct Barthelemy, de l'oster de ceste peine, ce qu'il fit, car le jour qu'il se devoit aller rendre à la prison, Sainct Barthelemy luy bailla à soupper le soir devant, & environ les cinq à six heures du matin mourut, après toutesfois avoir fait une infinité de plaintes, à l'encontre de Sainct Barthelemy, mais c'estoit trop tard.

CHAPITRE XXV.

Question, assavoir si le Parfumeur demeurant sur le Pont Sainct Michel de Paris, a empoisonné la feue Royne de Navarre, ou bien si c'est Sainct Barthelemy.

INCIDEMMENT nous mettons icy en avant une question, assavoir, si c'est le Parfumeur demeurant sur le Pont S. Michel de Paris (1), qui ait empoisonné la feuë Royne de Navarre, ou bien si c'est S. Barthelemy, chacun sçait assez les raisons qui ont esté autresfois publiées pour faire acroire, que ce Parfumeur avoit empoisonné les gans, que ceste bonne Princesse acheta un peu auparavant sa mort, & dès-lors qu'elle les eut flairé & senti, elle s'alla mettre au lict, où elle ne la fit pas longue, tout cela est bien vray. Mais le malheur fut qu'après sa mort, quand feu l'Admiral l'eust fait ouvrir, & n'ayant trouvé trais de poison sur son estomac, on ne s'avisa jamais d'ouvrir & regarder les parties de son cerveau, où estoit monté le flair de tout le venin de ceste mortelle poison, que si cela fut esté fait, la poison estoit découverte, & non seulement le Parfumeur fut esté attrappé, mais aussi Sainct Barthelemy, car dès-lors qu'on fit courir le bruit qu'on vouloit fendre & ouvrir le corps de la Royne de Navarre, ce Parfumeur par trois ou quatre fois, vint au logis de Sainct Barthelemy, luy annoncer qu'il estoit perdu, s'il ne se
sauvoit,

(1) Les Mémoires de Lestolle à l'an 1572. & 1586. marquent aussi que Jeanne, Reine de Navarre & Mere de Henri IV. avoir été empoisonnée par Regnier, ou René Bianque Parfumeur Italien. Cependant on prétend que le Procès-Verbal d'ouverture du corps de cette Reine, témoigne qu'on avoit trouvé la cause de sa mort dans un abcès que la pleuresie avoit formé, & que par là on se crut dispensé d'ouvrir sa tête. Mais le préjugé fut toujours contre le Parfumeur Italien, dont les crimes étoient connus, & qui s'étoit même vanté d'avoir empoisonné cette Reine.

fauvoit, & plus il eſtoit effrayé, plus Sainct Barthelemy ſe gauſſoit du Parfumeur, luy diſant, le cul vous fait tif taf, mon amy. Point , point , n'ayez point de crainte , je deſpite tous les Medecins du monde , s'ils trouvent traits, lict, ny giſte de la poiſon, ſinon qu'ils vinſſent à regarder le ſommet & plus profond de ſon cerveau, & quand bien ils y regarderoyent, ſera mal aiſé d'entreconnoiſtre les effects des mixtions, dont j'ay parfumé les gands, & ſi je n'avois crainte d'eſtre cognu, je me déguiſerois volontiers en Mercier, pour aller preſenter à vendre à l'Admiral , les deux paires de gans, que j'ay ſopiquez de meſmes : gardez-les bien & vous donnez garde de les ſentir, que ſi d'aventure l'Admiral ſe preſente pour les acheter, après les avoir dépaquetez, laiſſez-luy trier luy-meſmes, & ne les maniez que le moins que vous pourrez. Je ne feray jamais à mon aiſe, dit le Parfumeur, que vous ne ſoyez hors de ceſte Ville, pourquoy ? reſpond Sainct Barthelemy. Pource, va dire le Parfumeur, que j'ay veu paſſer cejourd'huy trois ou quatre fois un Gentilhomme Champenois qui parloit ſiniſtrement de vous, alleguant que vous aviez fait mourir un povre homme, qu'il regrettoit fort, & qu'il luy couſteroit la vie, ou il en auroit ſa raiſon. Quand Sainct Barthelemy eut entendu parler du Gentilhomme Champenois, il aprehenda ceſt advertiſſement, & cognut bien, que le Parfumeur le conſeilloit de ſon profit, ſi monta à cheval, & vint à Cluny, où il trouva ſon nouveau Abbé, qui le careſſa en toutes les ſortes qu'il eſt poſſible, meſmes quand il l'euſt aſſeuré du trefpas de Maiſtre Hugues le Serrurier. Après la mort duquel , je penſois bien incontinent m'en revenir : mais la Royne de Navarre vint en ces entrefaites à Paris, pour faire les apreſts des nopces de ſon fils, je ne voulus onques partir, ſans la faire eſtrener d'une paire de gans, j'en voulois bien en faire autant à l'Admiral, mais le Parfumeur n'a jamais ceſſé qu'il ne m'ait mis hors de Paris. Commença lors à luy deſduire les aprehenfions du Parfumeur, & ſes frayeurs : que ce vilain de Sainct Barthelemy racontoit d'une telle ſorte, que Sainct Niquaiſe crevoit de rire, enſemble tous ceux qui oyoient le diſcours, car Sainct Barthelemy contrefaiſoit les mines & geſtes de ce Parfumeur, qu'on euſt proprement dit, que c'eſtoit luy-meſmes, & avec un langage Italien, Sainct Barthelemy faiſoit les admirations de meſmes : aſſeurant au reſte, qu'il n'avoit jamais veu homme plus timide que le Parfumeur.

Voilà à peu près les propos, recueil, geſtes & impudences, qui furent tenus & monſtrez à l'arrivée à Cluny de S. Barthelemy, hors mis, que Sainct Niquaiſe le retira à l'inſtant à part, promenerent longuement enſemble, de pouvoir dire ce dequoy ils deviſoyent, eſt impoſſible, ſinon que fois à d'autre Sainct Niquaiſe embraſſoit Sainct Barthelemy, & eſt bien à preſumer qu'il congratuloit l'exploit qu'il avoit executé envers povre Maiſtre Hugues le Serrurier.

Si on demande, qu'il n'eſt pas poſſible que Sainct Barthelemy, ores qu'il auroit empoiſonné & parfumé les gans de la Royne de Navarre, fut ſi mal adviſé, que d'en avoir ainſi fait ſes contes. Reſponſe, ceux qui cognoiſſent S. Barthelemy, ne feront difficulté de le croire, car c'eſt le plus libre en parole, que fils de putain qu'on ait jamais veu, quelquefois

K

quelquesfois luy est advenu de dire & confesser en bonne compagnie, qu'il y avoit bien peu de faux monnoyeurs en France qu'il ne connut. Si là-dessus on luy objectoit, qu'il sçavoit donques bien faire la fausse monnoye : *Bonum est omnia scire, sed non uti*, respondoit-il, qui fait croire qu'en la compagnie où il estoit, ne faisoit grand scrupule d'avouer le parfum des gans de la Royne de Navarre, car c'estoyent tous Papistes & gens peu affectionnez à ceste bonne Princesse, la mort de laquelle & de tous ses semblables ils desiroyent, afin qu'il ne fut plus nouvelles de Religion : parquoy au lieu de détester un si vilain acte, magnifioyent la dexterité & diligence sur ce faite par Sainct Barthelemy.

D'alleguer qu'il n'est pas à dire pourtant, que cela puisse le convaincre de l'avoir fait, attendu qu'on rejette en tout & par tout, le Parfun & l'empoisonnement sur le Parfumeur : cela est bien vray, mais si toutes les circonstances sont bien considerées, nostre question sera tantost vuidée.

Premierement lors & du temps que Sainct Barthelemy a fait passer le pas au povre Maistre Hugues le Serrurier, deux jours après la Royne de Navarre faira ces beaux gans parfumez.

Qu'un peu auparavant, S. Barthelemy avoit esté en un jour cinq & six fois en la maison du Parfumeur. Qu'à l'ouverture du corps de la Royne de Navarre, le Parfumeur envoya dire à S. Barthelemy qu'il eust à se retirer, & luy-mesmes depuis vint trouver Sainct Barthelemy pour le faire départir de Paris, jusques à luy dire, le danger éminent, auquel il se mettoit, d'oser se presenter & marcher par la Ville.

Que le soupçon auquel entra Sainct Barthelemy, pour la crainte qu'il eut du Gentilhomme Champenois, le fit incontinent monter à cheval.

Qu'on a ouy dire maintesfois à S. Barthelemy, qu'il mourroit jeune homme, où il envoyeroit au sepulchre tous les chefs de la Religion, aussi-bien qu'il avoit fait le Prince Porcian.

Qu'il s'est efforcé par plusieurs fois d'attenter par poison, le feu Prince de Condé, & Admiral.

Item, qu'il s'est vanté luy-mesmes, d'avoir distribué les mixtions desquelles les gans furent parfumez.

Item & pour le faire court, c'est un empoisonneur, pour tel tenu, & reputé de tous ceux qui familierement ont conversé avec luy.

Toutes ces circonstances vuident assez nostre question, du moins elles sont plus que suffisantes, pour le faire appliquer à la question, il y en a bien d'autres & fort preignantes : mais pour ne biguarer ceste Legende de certains grans personnages qui ont tenu main à ces beaux parfums de mixtions, n'en dirons pour ceste heure davantage, sinon que par les évenemens du massacre depuis ensuivy, on peut bien connoistre, que ceste bonne Princesse estoit poursuyvie & solicitée d'autres, que du Parfumeur & Sainct Barthelemy, tellement que ces belistres & malheureux n'ont servy que de bourreaux & exécuteurs de la volonté de ceux, qui les ont mis en besoigne.

De taxer icy Sainct Niquaise, n'y a apparence, ny moins qu'il ait presté consentement à ce parfun, je croy mesmes que Sainct Barthelemy à son arrivée à Paris, ne sçavoit si le parfun se devoit faire, car la principale occasion de son voyage, tendoit de faire mourir Maistre Hugues le Serrurier, de la vie duquel dépendoit l'entiere ruine de S. Niquaise, Abbé de Cluny, d'autant que fi le Cardinal de Lorraine l'eut veu & recognu pour celuy qui avoit chanté Meffe devant luy, & qu'il avoit efté fuppofé au lieu de Meffire Fiacre, jadis Palefrenier, Sainct Niquaife eut donné du nez en terre, & en danger de perdre la vie, tant pour la fuppofition, que pour avoir abufé un fi grand Prelat, tel que le Cardinal de Lorraine (1).

Quoy que ce foit, où toutes les adminicules & indices cy-deffus, ne concluroyent precifément pour rendre convaincu Sainct Barthelemy : pour le moins demeurera-il adherant & complice au Parfumeur de gans, tellement que le Parfumeur a parfumé, Sainct Barthelemy a mixtionné, fi le Parfumeur a fourny le parfun, Sainct Barthelemy a diftribué la poifon : & ainfi l'un & l'autre refpectivement, demeureront qualifiez d'eftre empoifonneurs parfumez, ou parfumeurs empoifonneurs.

CHAPITRE XXVI.

Advertiffement aux Princes & Grands Seigneurs.

QUI me fait fupplier les Roys, Princes & Grands Seigneurs de ce Royaume, qui fe font dédiez & confacrez au Service de Dieu, que de l'exemple de la Royne de Navarre, piteufe & lamentable, ils ayent à faire leur profit, à ce que quand ils feront à Paris, fe bien prendre garde de ce Parfumeur de gans, car il en a encore deux paires, par la confeffion mefmes de Sainct Barthelemy, que ce malheureux Parfumeur tient empaquetez, pour les vous développer & faire flairer, ne plus ne

moins qu'à la Royne de Navarre, fitoft que vous les aurez fenty, vous voilà empoifonnez, eftes vous empoifonnez, il n'y a contrepoifon qui puiffe vous garentir : car la poifon eft tellement envenimée, qu'elle eft du tout incurable, au rapport mefmes de l'empoifonneur. Par ces deux paires de gans, toutes autres marchandifes vous doyvent eftre fufpectes, fi elles font principalement entre mains, telles que celles du Parfumeur, & ce d'autant que ces malheureux, S. Niquaife & S. Barthelemy, ont déterminé ne ceffer jamais, qu'ils ne vous ayent fait mourir, vous pouvez icy remarquer quelle induftrie ils pratiquent pour y parvenir, vous voyez & cognoiffez ceux qui leur tiennent la main en cela. Depuis que la France eft France : deux telles peftes n'ont efté fufcitées pour exercer telles mefchancetez, l'impunité & connivence, fera qu'à leur exemple chacun voudra fe mefler d'empoifonner, de piller, brigander & faccager, ces crimes leur font auffi familiers, comme tous les autres vices, que nous avons defduits cydevant. Qui plus eft, il n'y a grands ny petits au Bailliage de Mafconnois, riere lequel refident, voire le Magiftrat mefmes, qui ne fçache, voye & cognoiffe la dépravation, damnable & malheureufe vie de ces monftres, & non feulement les Officiers du Roy à Mafcon, mais tous ceux de Bourgongne.

Ce fils de putain Sainct Barthelemy, eft bien fi malheureux, que de s'eftre fait ouyr plufieurs fois, que fi le Roy vouloit luy admodier les parties cafuelles, & par mefme moyen luy accorder la nomination & prefentation des Offices

(1) Le Cardinal de Lorraine, dont il eft ici queftion, eft Charles fils de Claude Duc de Guife. Il avoit été au Concile de Trente, & mourut à Avignon en 1574.

fices de son Royaume, il luy en bailleroit chacun an, deux millions d'escus, plus qu'il n'en reçoit. A quoy quelqu'un un jour luy repliquant, dit, que quand il seroit riche de trente millions d'escus, ne faudroit que demie douzaine d'années pour l'envoyer au safran : car on sçavoit bien que la nature de tels deniers, ne pouvoit exceder chacun an, à tout rompre, douze cens mil escus, je sçay (respondoit Sainct Barthelemy) recepte ou pratique, pour en tirer trois fois davantage, requis sur ce de dire, comme cela se pourroit faire, respondit que c'estoyent Lettres cachetées, qui ne se pouvoyent ouvrir que par luymesmes, & puis d'une sursaillie, à son acoustumée exclamoit, disant : ô que d'Offices de Presidens & de Conseillers, que vous verriez dedans mes coffres ; pas tant que vous diriez bien (respondoit l'autre) car ils sont si providens, qu'à mesure que l'aage les presse, par survivance, resignation ou autrement, ils advisent d'asseurer leurs Estats & Offices : ils auroyent beau asseurer, & faire, (disoit ce malheureux) si je ne trouvois le moyen de les faire vaquer, donnant assez à entendre, que par le moyen de sa poison, il feroit mourir tant d'Officiers qu'il voudroit, & de fait, on nous a sur ce adverty, qu'il a empoisonné en moins de trois ans, dix ou douze Conseillers. Mais à cause que l'on n'a peu tirer la vérité de fait, comme il fust bien esté requis, nous n'en toucherons davantage, afin de ne rien coucher en ceste Legende, sinon ce qui sera garny de bon & suffisant tesmoignage.

Afin aussi que par mesme moyen, tant d'excellens hommes, desquels le corps de la souveraine Cour de Parlement de Paris, est composé, ayent l'œil, non seulement sur Sainct Barthelemy, mais sur ce bastard d'Abbé de Cluny, je n'ose dire le vacarme qu'il leur est facile de faire, par le moyen de leurs empoisonnemens : ils ont des desseins merveilleux, pour faire avoir des Offices de Presidens & Conseillers, à la dévotion de ceux qui les authorisent, ou bien pour en tirer profit : qu'il soit vray, que on examine sur le Registre des Parties casuelles, & sur le Registre des dons, que le Roy a fait depuis trois ans, des Offices de Presidens & Conseillers, on appercevra à veuë d'œil, que la plusspart ont esté donnez à ceux qui tiennent le menton à Sainct Niquaise & Sainct Barthelemy, non que par là je vueille juger qu'ils ayent empoisonné ceux qui sont morts sans avoir eu loisir de resigner : car comme avons dit, nous sommes pour ce regard destituez de tesmoignage, sans lequel toutesfois on peut bien faire son profit des presomptions, qu'on en peut tirer par les moyens qu'avez entendu.

Quand nous parlons des Officiers du corps de la Cour, nous ne voulons oublier tous les autres Officiers, tant des Généraux des Aydes, Requestes du Palais, & tous autres Magistrats, signamment les Presidens, & Maistres des Comptes, d'autant que Sainct Barthelemy ne fait difficulté de dire, qu'autant qu'il y a de Maistres des Comptes à Paris, ce sont autant de dix-huit mil livres (1.), pour chacun Office, & qu'il en a fait toucher en moins de neuf mois, plus de soixante mil livres, de ses bons Seigneurs, & pour sa part en avoit en honneste récompense, s'il est vray, je m'en

(1) Elles en valent aujourd'huy plus de cent cinquante mille ; aussi regarde-t'on ces Charges comme des plus utiles de la Robe.

m'en rapporte à ce qui en eſt, bien ſçay-je, que pour tels & ſemblables empoiſonnemens, il n'y a fils de putain en France, mieux venu & careſſé qu'il eſt.

Et afin qu'on ſe puiſſe mieux donner garde de luy, nous repeterons encore quel il eſt, il s'appelle Garnier, dit S. Barthelemy, fils du Marguillier des Mathurins de Paris, ſa mere putain d'un Chanoine Noſtre-Dame, duquel Chanoine ce beliſtre & malheureux a uſurpé le nom, pour ſe rendre du tout deshonté en ſon ignominie, il eſt de fort baſſe ſtature, mingrelet, ou greſlé & aduſté, un viſage, au regard duquel, encore qu'il ſe contreface au mieux qu'il peut, repreſente qu'il eſt du tout confit ſelon le propre & vray naturel d'un enfant de la Matte*, il parle & dit le mot : mais pour le bien cognoiſtre, ne faut s'addreſſer à ſes pere & mere, ains en l'Hoſtel de Cluny, ou bien en la maiſon ou College de Cluny, auquel tous les Moynes de l'Ordre, qui y ont eſtudié ou demeuré, cognoiſſent Sainct Barthelemy.

* Ce ſont les filoux & vagabons.

Non ſeulement les enfans de la Matte, mais juſques au plus vil & abject logis des maquereaux, on bordeaux de Paris, Sainct Barthelemy y eſt renommé, comme l'un des plus anciens de ſes contemporanez : car la pluſpart des autres ſont eſté pendus ou bruſlez pour la faulſe monnoye, les autres attachez à la chiorme de quelque galere, à Marſeille ou à la Rochelle : mais entre tous les autres, il eſt connu des couppeurs de bourſes : vray eſt, que depuis il s'eſt meſlé de la poiſon, il a un petit plus taillé du grand, & puis l'authorité de ſon Sainct Niquaiſe le tient au rang des bien habillez, vous ne jugeriez à les voir, que l'un ny l'autre fuſſent baſtards, ou fils de putain.

J'examine tant que je puis ſa ſtature, mais le malheureux eſt ſi ſubtil & dépravé, que pour faire une meſchanceté, il ne craindra point à ſe déguiſer trois & quatre fois par jour, qui me fait doubter, que ſous la repreſentation que je cuide icy dépeindre de luy, quelqu'un ne vienne à eſtre circonvenu : vous avez veu, comme le vilain s'eſt deſguiſé & a contrefaict le Preſtre : on m'a rapporté que pour empoiſonner un Prieur du Mans, il a porté le froc d'un Moine plus de ſept jours, pour faire un maquerelage d'une ſienne ſœur ou couſine germaine, ce vilain a demeuré deux & trois jours habillé en Religieuſe, en la maiſon d'une maquerelle en la ruë de Quinquampoix.

Ainſi, & ſans avoir eſgard à ſa ſtature, il vaut trop mieux pour ſe contregarder de luy, s'informer dextrement du Parfumeur de gans Italien, demeurant ſur le Pont Sainct Michel, où eſt logé Monſieur de S. Barthelemy, quel ſejour il doit faire à Paris, afin que tant qu'il y demeurera un chacun en ſon endroit, ſe garde de ce malheureux : ou bien & pour n'avoir tant de peine, ne faut que par un valet faire demander aux enfans de la Matte Sainct Barthelemy, ou bien à l'oreille d'iceux leur dire : avez-vous point veu l'empoiſonneur du Prince Porcian, vous en aurez touſjours nouvelles.

D'avertir icy Meſſieurs du Clergé, ce ſont bien eux, à l'endroit deſquels les principales operations ſe font pour le regard des poiſons de Sainct Niquaiſe & Sainct Barthelemy, & pour ceſte cauſe, mon intention eſtoit au commencement de ceſt avertiſſement, les ſemondre de veiller ſur eux : mais il leur plaiſt, ſe contenteront que tous les Prieurs de l'Ordre de Cluny, ont

deſjà

desjà sur ce si bien esté avertis, qu'à leurs voix & personnes, nous avons compris tous les autres beneficiez de ce Royaume : s'ils ont des yeux à la teste, ils voyent bien qu'ils sont émerillonnez d'une estrange façon par ces empoisonneurs : pour faire une Abbaye vacante : Sainct Barthelemy ne craindra point de faire cent & deux cent lieues pour un voyage, & encore que les Abbayes ou Priorez ne soyent de la collation de Cluny, leurs Maistres ont des tiercelets ou Prothenotaires, sous le nom desquels les benefices sont conferez. Il est vray que Sainct Nicaise a esté bien trompé : car après avoir fait empoisonner Domp Girard Boyer, il pensoit bien se bailler par les joues du Prioré de Charlieu, qui est tombé entre les mains du Chancelier Birague, (1) lequel le possede aujourd'huy, au grand regret de Sainct Niquaise ; mais il doit avoir esgard, que s'il a perdu le benefice, il a gaigné beaucoup en la mort de Domp Girard Boyer, qui faisoit bien estat ne mourir sans amener Sainct Niquaise à la restitution du reliqua de tous les meubles qu'il luy avoit pillez : & si la porte de Justice estoit ouverte, s'asseure Sainct Niquaise qu'il en plumeroit la chastaigne : car le feu Prieur de Charlieu a laissé des parens, qui ne sont point ladres, & sçavent bien sentir l'odeur du tort & indignitez que ces empoisonneurs ont fait à leur frere.

En particulier nostre devoir porte d'avertir Monsieur le Cardinal de Bourbon, auquel pour rendre ses benefices vacquans, ce paillard de Sainct Barthelemy, par trois ou quatre fois a tiré ses

boites pour le mixtionner ou bouconner comme les autres ; mais (comme Dieu ne l'a permis) il s'est tousjours trouvé preservé tantost par la mort des Roys qui est intervenue, tantost par les troubles, & aussi de quelques autres occurences, comme du massacre, sous lequel le Cardinal de Bourbon retirant les petits enfans de feu Monsieur le Prince de Condé, destina ces principaux benefices pour l'un d'eux, & sans cela l'Archevesché de Rouan estoit translatée en autres mains que de celles des Princes du Sang : si on demande comme cela s'est peu descouvrir, je m'en rapporte à Sainct Barthelemy, & à ceux ausquels il ne s'est peu tenir de faire feste & célebrer une telle translation, comme si desjà elle fut advenue : qui voudroit icy dresser une Liste des noms & surnoms des Prelats, Evesques Abbez & Prieürs, sur lesquels Sainct Niquaise & Sainct Barthelemy ont voulu attenter, faudroit par maniere de dire, commencer par les douze Archeveschez de l'Eglise Gallicane. De dire que pour le moins on doit excepter le Cardinal de Lorraine comme Archevesque de Rheins, je m'en garderay très-bien : car vous verrez cy-après & bientost, le guerdon & récompense que son coadjuteur & Sainct Barthelemy luy ont faite de tant de benefices, que ces malheureux ont receu de luy.

D'excepter aussi le Cardinal de Guyse, Sainct Barthelemy l'a fait passer par l'alambic des autres, tellement que si un par un, je voulois mettre en compte ceux que ces malheureux ont empoisonnez, je pourrois bien en dresser un Livre tout entier, il est vray que les
preuves

preuves en font un peu obfcures & dou-
teufes : c'eft pourquoy nous ne les re-
cercherons davantage.

Qui ferreroit toutesfois les doigts à
Sainct Barthelemy, il diroit bien qu'il
a cavalé la vie de Monfieur Lenoncourt (1), plus de deux fois, à caufe
du Prioré de la Charité.

Combien d'allées & de venues a-il
fait, pour bouconner les beneficiez de
Champagne, fignamment fur ceux de
Bourgongne : mais il eft desjà fi defcouvert, qu'il n'ofe par maniere de dire
comparoir devant les hommes.

Je m'efmerveille toutesfois, que pour
un qui meurt de poifon, comme il n'en
dépefche quatre, confideré qu'il faut
bien eftre fubtil & habile pour efchap-
per des mains de ce malheureux.

CHAPITRE XXVII.

*Comme Sainct Niquaife Abbé de Cluny,
traita ceux de la Religion, au temps
du Maffacre, & de la compofition
qu'il fit avec eux, pour leur fauver
la vie.*

ENCORE que le Cardinal de Lorraine, à fon partement de France
pour aller à Rome, euft donné le mot
du guet, fur l'heure, le jour, & execution du maffacre, qui fe devoit executer à Paris, & en plufieurs autres
endroits de ce Royaume, & qu'il y eut
fingulierement recommandé de n'efpargner pas un des fignalez de la Religion,
de faire fur tout mourir Maiftre Gilbert
Regnaud, Seigneur de Vaux, qui fouloit eftre fon Juge de Cluny, enfemble

les freres Dagoneau, mefmes le Receveur du Roy à Mafcon, qui bien fouvent, & de fois à autre, avoit acouftumé d'aller à Cluny, vifiter Jean Dagoneau fon frere, toutesfois Dieu fe fervit tellement de l'infatiable avarice de
ce nouveau Abbé, que pas un de ceux
de la Religion de Cluny ne furent offenfez en leurs perfonnes : je ne veux
dire toutesfois, que fi le Seigneur de
Vaux, & Receveur Dagoneau fuffent
tombez en fes pattes, c'eftoit autant de
dépefché : car depuis par Lettres Miffives du Cardinal, efcriptes à Rome, il fe
courrouçoit aigrement à Sainct Niquaife, de ce qu'il n'avoit fait baiffer les
mains à l'endroit de fes fujets de Cluny, fuivant le commandement qu'il luy
en avoit fur ce baillé, qui eftoit à dire,
de les faire maffacret : Sainct Niquaife
en a encore les Lettres entre fes mains,
& les a communiquées à des Gentilshommes, & à tant de honorables perfonnages qu'il ne les peut nyer : la communication toutesfois qu'il en a faite,
ne tendoit tant à monftrer de l'humanité & douceur qu'il vouloit faire accroire avoir exercé à l'endroit de ceux
de la Religion, que pour extorquer
d'eux les rançons que ce malheureux
en a tirée.

Ne falloit pas que le Cardinal fe courrouça fi fort à l'encontre de luy, de la
douceur de ce malheureux : car il a
exercé des cruautez pires cent & cent
fois, que fi du premier coup il les euft
fait maffacrer : nous produirons pour
exemple le Seigneur Jean Dagoneau,
perfonnage qui pour fa preudhommie
& bonne converfation, eftoit tellement
aimé

---

(1) C'étoit Philippe de Lenoncourt, iffu d'une
grande maifon du Duché de Lorraine ; il fut Evêque d'Auxerre, puis de Châlons : Abbé de plufieurs Abbayes, fut auffi Prieur de la Charité fur-
Loire, dépendance de Cluny. A été nommé Cardinal en 1586. & Archevêque de Reims en 1588 ;
après le Cardinal de Guife, & eft mort en 1592.

aimé des Gentilshommes du pays, de tous autres, mesmes dé ceux du Clergé, grans & petits le respectoyent & portoyent une affection singuliere : toutesfois à cause qu'il estoit de la Religion, S. Niquaise le fait mettre en ses prisons, voulut voir & cognoistre ce bon personnage, y trouva encore plus de parties & graces qu'on ne luy en avoit rapporté, & tellement qu'il se passoit bien peu d'heure au jour, que Sainct Niquaise ne vinst le visiter : se promenoit quelquefois trois, quatre & cinq heures en sa prison, & ne se pouvoit rassasier d'estre avec luy, jurant & affermant que si le Roy & Monsieur le Cardinal n'estoyent avertis de sa prise, il le mettroit en liberté : ce qu'il ne pouvoit faire sans irriter le Roy & le Cardinal, tant le nom des Dagoneaux leur estoit odieux, & combien que Sa Majesté eut commandé de faire mourir son frere le Receveur Dagoneau, qui avoit esté mené prisonnier au Chasteau de Dijon, & de faire le semblable de ses freres, il donneroit tel ordre que Jean Dagoneau n'auroit mal ny desplaisir : le tente par tous les moyens qu'il peut d'abjurer sa Religion, que s'il le faisoit, luy promettoit merveilles : à quoy le bon homme ne voulut jamais consentir, jusques à luy dire que pour luy faire plaisir & service, il estoit bien content luy faire compagnie, & assister à la Messe, pourveu que luy & ceux qui y assisteroyent, creussent que Jean Dagoneau croyoit que la Messe ne valoit rien, & qu'elle luy estoit puante & détestable.

Pour une telle perseverance, Sainct Niquaise ne laissoit de cherir & caresser le Seigneur Jean Dagoneau, & luy faire tout le meilleur traictement (hors mis sa captivité) dont il se pouvoit adviser : & tout ainsi que le chat après s'estre longuement joué de la rate, vient à la rater, pinser, & de sa pate à la faire sauter, pour après l'escraser & manger : ainsi Sainct Niquaise après avoir joué de la simplicité & preudhommie de Jean Dagoneau, il commença à luy donner de sa griphe, par le moyen de deux ou trois rançons qu'il luy fit coup sur coup payer : déploroit néantmoins sa misere autant & plus que s'il estoit son propre frere. Pendant donques que Sainct Niquaise luy secouoit la bourse, Sainct Barthelemy d'autre costé au veu & sceu de son Maistre, secouoit l'honneur & pudicité de sa femme, tellement que la malheureuse qui avoit fait profession de la Religion, revolta pour abandonner son honneur à ce Scelerat empoisonneur, qui depuis se servit de ceste ribaude, pour empoisonner & faire mourir son mary.

Mais afin que chacun cognoisse la tyrannie, perfidie, cruauté & desloyauté de ces malheureux, nous estendrons un peu au large l'histoire de ce bon personnage Jean Dagoneau, lisant laquelle, on cognoistra qu'il n'est pas possible au monde de trouver deux tels ne si malheureux hommes, que Sainct Niquaise, ny Sainct Barthelemy.

Jean Dagoneau donques réduit sous une telle servitude & miserable captivité, appercevant d'autre costé, le piteux & vilain train qu'alloit prendre sa femme, pensa mourir de désespoir ; car il voyoit d'ailleurs tous ses freres prisonniers, ausquels il portoit une singuliere amitié, &, pour les secourir, cerchoit tous les moyens qu'il pouvoit de se mettre en liberté, afin aussi d'éviter l'extrême ruine & désolation de la maison de luy & de ses freres, comme l'une des plus opulentes maisons de Bourgongne, de leur qualité : si fist entendre à Sainct Niquaise, que suivant ce
que

que il luy avoit dit, & pour luy faire
fervice, il eftoit très-contant de prendre en admodiation fon Abbaye de
Cluny. Le renard qui ne demandoit
pas mieux, le prit quant & quant au
mot, mais au prealable fallut faire encore une autre compofition de rançon :
& d'autant que Dagoneau eftoit deftitué d'argent, fut dit que cefte rançon
tiendroit fonds à la fomme principale
de treize mil livres, que Sainct Niquaife devoit prefter à Jean Dagoneau
& à fes confermiers, qui eftoyent les
Sieurs Jean Pennet, & Claude Decret,
oncles d'iceluy Dagoneau : & ce pour
faire les avances & provifions qu'il
convenoit faire, tant pour la nourriture des Religieux que charges d'icelle
Abbaye.

Bail à ferme fut paffé dès-lors d'icelle
Abbaye, avec des aftrictions telles & fi
avantageufes pour luy, qu'à voir feulement le contract du Bail à ferme, on
jugera facilement comme ces trois perfonnages furent eftroitement & d'une
inaudite façon liez audit Abbé.

Non contant de cefte liaifon, il leur
fit faire nouveaux contracts, & paches
fur paches, expreffément pour mieux
les confumer, comme l'experience le
monftrera cy-après. Si-bien qu'il ne
pouvoit affouvir fa volonté que l'on
void reluire & paroiftre en la multiplicité des contracts qu'il leur fit faire.

Entre autres chofes il leur fit prendre
quarante bottes de vin, au pris de douze cens livres, qui ne valoyent cinq
cens, & certaine quantité de blé, à un
pris du tout exceffif, & faut entendre
que ce bled & vin venoit d'eftre def-
robbé ou pillé à un autre bourgeois,
comme il fera tantoft dit.

Pour la retroceffion des lods que Pel-
leterat tenoit, la leur fit revenir à telle

fomme qu'il voulut, encore qu'il fçeut
très-bien qu'elle feroit inutile, & du
tout infructueufe à Dagoneau & à fes
affociez.

Embarqua en cefte fomme principale
de treize mil livres, l'intéreft de deux
années, à raifon de dix pour cent, qui
font deux mil fix cens livres, & deux
mil livres tournois qu'il devoit prendre
chacun an de furcroit, comme Coadjuteur de ladite Abbaye.

Y fit employer femblablement quinze
cens livres pour fes efpingles, qu'il prenoit à l'infceu du Cardinal.

Et pour monftre de fa plus grande
tyrannie, n'oublia fur icelle fomme
principale, à defduire là fomme des deniers de la derniere compofition de la
rançon de Jean Dagoneau, comme il a
efté dit.

Tellement que ce venerable Abbé,
n'euft pas beaucoup de peine à parfour-
nir cefte fomme de treize mil livres :
car avec un peu de pecune nombrée, il
fit obliger Dagoneau & fes affociez com-
me-il voulut, & eft incroyable comme
depuis ce malheureux a fait tricher cefte partie.

Environ ce mefme temps le Chafteau
de Lordon fut pris, de la prife duquel
nous traicterons auffi cy-après : feulement nous dirons icy que par le moyen
de cefte prife, Lordon l'un des principaux membres d'icelle Abbaye, fut mis
hors des mains de noftre Abbé, qui
pour cefte occafion fe retira du pays :
retiré qu'il fut, la guerre fut ouverte
au Mafconnois, & par ce moyen la
non-jouyffance de la ferme générale
d'icelle Abbaye eftoit toute patente :
Sainct Niquaife là-deffus efcrit de jour
en jour à Dagoneau, le prie avoir l'œil
& tenir main en fon Abbaye, à ce qu'il
eut à fupporter les charges au mieux
qu'il

L

qu'il luy feroit poffible, felon l'entiere & parfaicte fiance qu'il avoit en luy : par plufieurs autres fiennes Lettres que cinq cens perfonnes ont veuës, leuës & tenues, il remercie infiniment Dagoneau de tant de peines, travaux & diligences qu'il prenoit & faifoit à la confervation de fes maifons, & Abbayes, & à fupporter les charges : car ce Dagoneau eftoit tant amiable & refpecté, que les gens de guerre, tant de l'une que autre Religion, pour amour de luy, fe déportoyent de faire beaucoup de maux, tant fur les fubjets de Cluny Religieux de l'Abbaye, qu'en la perception des fruicts & revenus des membres & doyennez d'icelle Abbaye, felon que l'injure du temps, & licence de la guerre le leur permettoit. Et pour les retenir en cefte modeftie, Dagoneau tenoit fa maifon ouverte à tous les chefs & autres gens de guerre, c'eft-à-dire, bouche à court, avec toutes les affiftances & liberalitez dignes de captiver la benevolence de telles gens : en quoy Dagoneau a fupporté des frais, de fes propres deniers, pour plus de deux ou trois mil efcus qui ont efpargné & fauvé à ce baftard plus de trente mil efcus : on ne fçauroit, quand tout eft dit, dire ny eftimer le profit, qu'il a receu par le moyen de la debonnaireté, providence & fidelité de ce bon perfonnage : & fans luy, il peut bien dire que tous fes ferviteurs eftoyent morts, toutes fes maifons, granges & moulins bruflez, & tous les deniers, graines, vins & autres denrées, que ces fous-Fermiers pouvoyent avoir perdus.

Ce que Sainct Niquaife n'a pas ignoré, d'autant qu'outre les Lettres de remerciement qu'il luy en a fur ce efcriptes, de fa propre main, il a tousjours ajoufté à ces Lettres en fubftance femblable. Je fçay Monfieur Dagoneau ce que vous avez fait & faites ordinairement pour moy, & les grans frais en quoy vous vous conftituez, pour conferver ce qui eft à moy, en quoy je vous feray toute ma vie redevable, pour vous en faire recompenfe à voftre contentement, & fi vous rembourferay de tous & chacun les deniers, frais & defpences que vous fupportez à l'occafion de l'inclemence de ce miferable temps : le tout à voftre parole, fçachant très-bien que vous ne me rapporterez rien qui ne foit jufte & raifonnable.

Il a efté befoin, exprimer tout ce que deffus, pour de plus en plus manifefter l'ingratitude, perfidie & defloyauté de ce brigand. Et s'il faut avant que venir à la recompenfe, qu'en a eu Dagoneau, dire que fans luy, la reftitution du Chafteau de Lordon ne fut efté faite, & la plus part de fes meubles reftituez, comme ils ont efté : & pour y parvenir Dagoneau a auffi fupporté des frais merveilleux, car ordinairement il avoit en fa maifon les Capitaines & principaux foldats, qu'il falloit feftoyer & s'eft lié en promeffes envers plufieurs particuliers, pour retirer fa tapifferie & meubles, qu'on luy demande encore aujourd'huy.

Pour remuneration defquels fervices, l'Abbé après s'eftre inftalé en fon Chafteau de Lordon, donne mille acolades à Dagoneau, des remerciemens une infinité : mais quand il eft queftion à demander rabais pour la non jouïffance de la Ferme generale, à caufe des troubles : quant il eft queftion de demander rembourfement des parties fournies durant iceux par Dagoneau, Sainct Niquaife luy fait dire, que pour fon regard, il le veut recompenfer à fon dire, tant du rabais que autrement : Dagoneau refpond, que pour mourir il ne voudroit
faire

faire tort à ses associez, le supplie ne le prendre en mauvaise part. Finalement Sainct Niquaise recule, & ne veut approcher ny de rabais, ny de remboursement, au moyen dequoy les povres admodiateurs furent contraints recourir à Justice, luy pour égarer la matiere, fait évoquer la cause en vertu de son Committimus aux Requestes du Palais à Paris, & connoissant très-bien qu'il n'avoit que tenir, & que la Cour trouveroit mauvais de refuser un rabais tant équitable, les fait menacer par le Sieur de Bourbon de Ville-Franche, que s'ils ne vouloyent se contenter pour deux mil livres pour iceluy rabais, il les feroit mettre prisonniers, pour l'interest de ceste venerable partie de treize mil livres, de laquelle a esté parlé, les menaces furent bien telles, que les povres Fermiers n'eurent plus grand haste, que de contracter avec ce tygre ainsi qu'il voulut: tellement que pour le rabais, que pour plusieurs autres parties qu'ils avoyent avancées pour luy, soit pour décimes, ou autrement, tout cela se trouva confondu avec tel & si grand préjudice, qu'il leur eut beaucoup mieux valu de n'avoir onques demandé ledit rabais.

Car sous pretexte de leur donner deux mil livres pour iceluy rabais, entortilla si bien ses povres Fermiers, par contracts sur contracts, & obligations sur obligations, qu'ils se trouverent chargez à nourrir quinze soldats à Lordon, par contre eschange de quinze Moynes: & au lieu que les Religieux absens devoyent demeurer au profit des Fermiers, il les a contraincts pour iceux, continuellement entretenir la nourriture des soldats, de sorte qu'il eut beaucoup mieux valu entretenir trente Moynes selon les premieres char-

ges, que passer sous une si désavantageuse condition.

Sous la passation de tels & si forcez contrats, Sainct Niquaise disoit tousjours, qu'il ne vouloit estre ingrat à bien recognoistre Dagoneau, le paisoit des meilleures & plus belles esperances desquelles il se pouvoit adviser: & s'il avoit quelques debtes ou obligations, comme il en avoit plusieurs, dont il ne pouvoit estre payé, à cause qu'il avoit rendu la pluspart de ses debiteurs insolvables par le moyen de ses usures, il les mettoit entre les mains de Dagoneau, puis le contraignoit à s'obliger & sous umbre de quelque simulée réalité qu'il faisoit faire: en presence des Notaire & Tesmoins, renouvelloit ces meschantes obligations, aux despens & à la ruine de ce povre Dagoneau.

Le tenoit tellement captif, qu'il l'a contrainct pour un coup à s'obliger de mil escus, la realité desquels se faisoit très-bien en la presence des Notaire & Tesmoins: mais estoyent-ils retirez, Sainct Barthelemy retiroit à mesme instant les mesmes especes qu'il avoit representé sur table.

De mettre en avant qu'il n'est pas croyable que Dagoneau qui estoit homme d'entendement, se soit ainsi laissé abuser & traicter, la chose en va ainsi pourtant: & la captivité a bien esté telle, & si estrange, que depuis le temps du massacre, ce brigand l'a tousjours tenu plustost pour esclave, ou une vache à lait, pour succer luy & ses freres jusques aux os, qu'autrement: car ils prouveront que de la plus part des parties & deniers fournis à ce tygre par Dagoneau, il l'a tousjours remis de jour en jour à luy en passer quitance, & finalement n'en a peu rien retirer.

Et

L 2

Et pour le defarçonner du tout au temps que les Fermiers devoyent faire profit en leur admodiation, ayant auſſi égard, que tant que Dagoneau tiendroit ſon Abbaye, ne pourroit ny à ſes aſſociez demander les treize mil livres, conceuës & enfantées par l'artifice qu'il vous a eſté dir, les amena à ce point par contrainte & illigitimes moyens, à remettre entre ſes mains la ferme & admodiation d'icelle Abbaye, & par meſme moyen quiter le rabais qu'il leur avoit fait. Qui a eſté la derniere & plus piteuſe pache que ce brigand ait fait avec eux : car ce contract, quelque couleur que Sainct Niquaiſe luy ait peu faire bailler, démonſtre évidemment qu'il a ruiné trois des meilleures maiſons de Cluny, qui ſont Jean Dagoneau, Jean Pennet & Claude Decret.

Bref, pour cognoiſtre les piperies & larcins que ce meſchant a fait à ces povres gens, ne faut ſimplement que voir la multiplicité des contracts qu'il a fait avec eux : tels que ſi une Cour ſouveraine les peut voir, comme il eſt bien requis qu'elle voye tels brigandages, je ne penſe point que quand il n'auroit autre ordure en ſa fluſte qu'il ne ſoit digne de très-grand ſupplice.

Ceſte admodiation remiſe, l'Abbé de Sainct Niquaiſe amadoué Jean Dagoneau plus que jamais, luy fait dire qu'il ne tarderoit pas beaucoup à le recompenſer de tant de plaiſirs & ſervices qu'il avoit receu de luy : cependant comme s'il le vouloit eſpargner & le quiter tout ce qu'il luy pouvoit devoir, ſe rue ſur Decret & les heritiers de Pennet, fait faire pluſieurs executions ſur eux, par le moyen deſquelles ne leur laiſſe beſtail, ny meubles, les met finalement à blanc & fait decreter leurs heritages.

Pour le regard de Dagoneau, d'autant qu'il avoit pluſieurs Lettres miſſives de Sainct Niquaiſe, & autres papiers ſuffiſans, pour juſtifier des torts faits tant à luy qu'à ſes aſſociez, & auſſi pour l'amener à raiſon des parties qu'il avoit à luy demander, auſſi qu'il avoit aſſez veſcu, ſans avoir en ſa recompenſe, on commença doucement à le bouconner, tellement que quand Sainct Barthelemy, la Cour & Jane du Mex, femme d'iceluy Dagoneau, virent qu'il eſtoit temps le faire deſloger, preſſerent un petit ſes mets, de maniere que ce bon perſonnage ne la fit pas longue, & mourut après avoir porté la poiſon environ cinq ou ſix mois.

Il n'eut ſi-toſt rendu l'eſprit, que S. Niquaiſe fait ſéeler tous ſes contoirs, coffres & baheux : non pas tant pour ſes meubles, que pour mettre la main ſur les comptes, papiers & acquiſts, meſmes ſur pluſieurs Lettres miſſives qu'il avoit de luy : ce qu'il ne peut faire pour lors, car le Chaſtelain Dagoneau ſon frere, qui pour lors eſtoit à Cluny, y donna tel & ſi bon ordre, que ce tygre ne les peut pour l'heure enlever. Au moyen dequoy & ſous couleur de ces belles obligations qu'avez entendues fit (contre tout ordre de droit & formalité de Juſtice) rompre les portes de la maiſon de Dagoneau, & par un nommé Javot, pillé & deſrobé tous les papiers, Lettres & acquiſts qui eſtoyent en ladite maiſon, ſelon & ainſi que plus à plain il vous ſera recité, ſi-toſt que nous aurons les mémoires de la volerie & larcin qui a eſté faite d'iceux papiers, vol & larcin le plus inſigne, meſchant & malheureux, dont onques a eſté parlé.

Voilà volontiers le payement que les gens de bien & d'honneur ont, quant ils ſe détraquent du chemin qu'ils devoyent tenir : car ce n'eſtoit le devoir

du

du Seigneur Jean Dagoneau, de maniet la ferme & admodiation d'un Abbé, principalement d'un si malheureux homme, d'autant qu'il estoit appellé à chose meilleure, & n'y a pretexte qui le puisse excuser. En quoy tous ceux qui font profession de la Religion doivent bien prendre garde, & de ne faire point si bon marché de leur conscience, quand il est question de faire service à ceux, qui sont du qualibre de Sainct Niquaise : vous voyez l'honneste recompense qu'il en a faite à Dagoneau, c'est qu'il a fait non pas violer sa femme, mais l'a rengée si bien à sa cordelle, qu'elle est aujourd'huy putain de Sainct Barthelemy, paillarde du Secretain de Cluny, & qui des poisons de ses rusisques, a empoisonné son mary, l'un des plus homme de bien que la terre portast onques : ce n'est pas tout, car S. Niquaise par le moyen de ceste ribaude a descouvert les papiers, lettres, contes & acquists de son mary, qui ont esté volez, ainsi que dit est.

Et comme Jason pour ravir la toison d'or, qui estoit en l'Isle de Colches, ne trouva expedient plus propre que gagner la sorciere Medée, qui encore que pour l'honneur & devoir d'amitié quelle devoit à Œete son pere, aima neantmoins beaucoup plus l'amitié de Jason, & trahir son pere, postposant tout honneur & honte elle se prostitua à Jason. Lequel (comme a très-bien descrit le Poëte Apollonius au second Livre de ses Argonautes) n'eust jamais peu conquerir la toison d'or, si Medée par ses charmes n'eust assoupy de sommeil le dragon qui ne pouvoit aucunement estre abbatu de sommeil. Ainsi Sainct Niquaise & Sainct Barthelemy, n'ont trouvé moyen plus à propos pour ravir la toison d'or ; le thresor de la bonne

renommée de Dagoneau, que par l'adresse de ceste Medée Bourguignotte, beaucoup plus cruelle que ne fust Medée de Colches : car le dragon ne demeura endormy que pour certain temps, mais Dagoneau dort d'un si profond sommeil, qu'il ne se peut resveiller.

Il me déplaît infiniement pour l'honneur que je dois à Messieurs les freres Dagoneau, que leur belle-sœur soit icy dépainte de ses couleurs, l'énormité & gravité de ses forfaits, & le grand tort qu'elle a fait à leur maison m'a poussé jusques-là, afin aussi que sa lubricité & paillardise la rendent puante & odieuse à toutes femmes d'honneur, qui orront parler de son gouvernement.

Ne faut icy maintenant mettre sous silence, que certains Gentilshommes estans à Lordon, & desplorans la mort de Dagoneau, dirent que c'estoit grand dommage d'avoir perdu un si bon, vertueux & honneste personnage, qui avoit souffert beaucoup en sa personne & biens, depuis la feste Sainct Barthelemy : & qu'il eut trop mieux valu que luy & ses freres fussent esté massacrez en ce jour-là, que de les faire tant languir, comme on a fait. Si je fusse esté creu va dire Sainct Barthelemy, cestuy-cy eut encore langui une couple d'années : Sainct Niquaise adjousta, feu Monsieur le Cardinal vouloit tout d'un coup qu'on dépeschast les Huguenots de Cluny, en quoy il s'abusoit par trop, d'autant que pour avoir raison de telle vermine, falloit les traiter de la façon, que j'ay fait envers Dagoneau. Car, (dit-il) j'en ay tiré du service durant huict ou neuf ans : pendant lesquels je l'ay tousjours tondu à mesure, que le poil luy croissoit, je luy ay (di-je) si bien roigné les ongles, qu'il n'avoit garde d'esgrafiner. Et qui eut traité de mesmes mefmes ceux de la Religion, comme j'ay fait, n'euffent fait fi grand bruit, comme ils font. Je n'ay regret que d'une chofe, de ne pouvoir mordre fur ce Regnaud (1), fi l'auray-je, quoy qu'il tarde, & fi je le puis avoir, il ne tardera. gueres d'aller voir Dagoneau. Les Gentilshommes, quelques Papiftes qu'ils fuffent ne prenoyent pas grand plaifir d'ouir tenir ce langage, cognoiffant très-bien, qu'ils s'eftoient fervis de poifon à l'endroit de Dagoneau, lequel un peu auparavant fa mort efcrivit une Lettre à fes freres, laquelle eft tombée entre nos mains, & pource qu'il y a certains poincts fervans à cefte Legende, nous l'avons icy inferé de mot à mot.

Mes freres, fi j'euffe creu vos bons & faints avertiffemens, je fuffe maintenant près de vous, & ne ferois comme je fuis deftitué des falutaires confolations que la gravité de ma maladie requiert : car voftre povre frere fe va eftendre fur le lit, pour ne l'y faire pas longue, afin de départir de ce miferable monde quand il plaira à Dieu, je meurs du mefme morceau ou breuvage que m'avez toujours predit : mes parens & amis ont efté contraints m'annoncer, que je fuis empoifonné & que s'il n'y avoit homme au monde que moy, n'en y auroit point : avertiffement qu'ils m'ont bien voulu faire, pour prevenir la confufion & défordre de mes affaires, qui confiftent en deux points, que je vous ay bien voulu ramentevoir avant que mourir comme mes très-chers & honorez freres,& comme à ceux que j'ay toujours aimé autant & plus que moy-mefmes.

Le premier, c'eft la partie pour la-quelle Meffieurs du Clergé ont fait mettre nos biens en decret, j'ay mis en un fac tous les contes, papiers & acquifts, avec les advis des principaux Advocats de Paris, contenant qu'en tout & par tout ceux du Clergé font mal fondez : trouverez auffi dans le fac les Regiftres de la caufe, j'ay dreffé un petit eftat fur les acquifts, par lequel vous verrez, que tant s'en faut que je doive aucune chofe à ceux du Clergé, qu'ils me font reliquateurs de grandes & notables fommes de deniers, & Dieu a permis qu'eux-mefmes ont appoftillé tous mes contes, hormis la partie des beneficiez infolvables, de laquelle comme fçavez, on n'a peu accorder, à caufe qu'ils ne m'en vueillent paffer que la moitié, mais mes diligences & Procès-verbaux qui font auffi dans le fac, font fi bien faits, que de droit ne m'en peuvent retrancher aucune chofe : pour avoir paix je vous prie leur quitter pluftoft du mien, à ce que mes povres enfans foyent hors de telles inquiétudes : pour voftre regard n'en pouvez tomber que debout, car ils n'ont nulle action à l'encontre de vous pour avoir, comme ils ont contrevenu au contract paffé entre eux & vous : la derniere confultation fur ce faite eft entre les mains de Monfieur de Vermille. De rejetter cependant fur moy la privation de vos biens il n'y a raifon, car ce que je me fuis immifcé en la recepte des décimes, je ne le devois faire, veu la contravention que ceux du Clergé avoyent faite : mais vous voyant tous captifs & miferablement detenus prifonniers, dequoy vouliez, vous mes freres, que je fupportaffe tant de frais que j'avois fur les bras ? Je fçay bien que vous Receveur l'avez

(1) C'eft Gilbert Regnault, Seigneur de Vaux, auparavant Juge de Cluny, & que l'on croit Auteur de cette Légende.

l'avez trouvé mauvais, mais quand vous confiderez la mifere, & le peu de moyens qu'aviez d'eftre affifté d'ailleurs, recevrez en bonne part la bonne volonté, de laquelle j'y ay procedé : & quelque confultation & advis des gens fçavans de voftre quartier, que vous ayez, je vous fens & cognois fi bon frere, que ne voudriez permettre que le faix tomba du tout fur mes povres enfans : à quoy je vous fupplie d'avoir efgard & me faire ce bien avant que mourir, que je puiffe fur ce fçavoir voftre intention.

Le deuxiefme & le principal, ce font les affaires que j'ay eu avec Monfieur de Cluny, lefquelles encore qu'elles femblent bien embrouillées, s'il vous plaît pour la confervation du bien de mes povres enfans les fecourir de voftre aide & bon confeil : il vous fera très-aifé les developper de fes mains : pour ceft effect j'en ay auffi dreffé un eftat, pour la juftification duquel j'ay plufieurs contes, papiers & acquifts dans trois grans facs. Il eft vray que luy ay fourny plufieurs parties, defquelles n'ay peu jufques icy tirer quittances : mais fi vous regardez bien mon eftat, Memoires & Pieces juftificatives, ne peut me les denier : les m'allouant auffi vous verrez à l'œil comme je ne puis luy eftre reliquateur à tout rompre de huict ou neuf cens livres, c'eft pourquoy je ne fais aucune difficulté d'avouer & recognoiftre plufieurs parties, defquelles il me fait fans ceffe importuner par Maceré & Capitaine Sainct Martin : lefquelles importunitez me piquent & ferrent extrêmement le cœur, car s'ils y procedoyent de bonne foy, mutuellement Monfieur de Cluny devroit recognoiftre les parties dont je n'ay point de quittance, d'autant quelles font baftantes pour faire

une compenfation de tout ce qu'il me peut demander, principalement de la partie de mil efcus dont je vous fis obliger avec moy : de laquelle fomme je vous prie ne vous donner peyne, veu que du temps de la paffation d'icelle desjà je vous feis voir que pour l'acquitement de ladite fomme j'avois les parties, dont je vous vien de parler fi juftes & raifonnables qu'elles tiendroyent lieu en acquitement des mil efcus.

S'il advient d'aventure qu'il face difficulté de les allouer, ce que je ne croy, avez moyen de faire invalider fon obligation de mil efcus : car je n'en ay jamais touché de contant huict ou neuf cens livres, quelque realité de pecune nombrée, portée par ladite obligation, la preuve en eft toute patente : car j'ay des papiers cottez & efcripts de la propre main de M. de Cluny, juftifiant de plufieurs parties qu'il m'a precontées fur ladite fomme de mil efcus, tellement qu'il me faut que cela pour le rendre infâme, mais je croy qu'il n'en viendra là.

Outre toutes ces chofes, il me doit une recompenfe de plus de deux mil efcus, que j'ay defpendu pour la confervation de fes maifons & biens ; s'il vouloit eftre fi ingrat que de ne la vouloir faire & qu'il falut recourir à Juftice, ne faut que produire plus de foixante ou quatre-vingts miffives qu'il m'a efcrit, avec le tefmoignage de fes principaux domeftiques & Officiers pour l'amener à raifon de la recompenfe qu'il me doit fur ce faire.

Me doit auffi rembourfer des parties que j'ay fournies par fon commandement verbal, pour luy faire reftituer la plus part de fes meubles qui luy avoyent efté pris : & fi outre cela me doit encore indemnifer des promeffes que j'ay faites, mefmes au Seigneur de la Borie-
re,

re, pour ſa tapiſſerie que je luy ay fait recouvrer : bref, mes parties ſont ſi liquides qu'il n'eſt pas poſſible de plus : je voulois tout d'un train parachever ceſte Lettre, mais mon povre eſtomac me fait ſi grand mal que je ſuis contraint vous dire adieu, je ne ſçay ſi ce ſera le dernier adieu.

Trois jours après j'ay repris cœur pour vous dire, que quant à la partie des treize mille livres, de laquelle il me fit premierement obligé avec mes oncles, Decret & Pennet, je ne luy en dois aucune choſe, & s'il veut faire raiſon à mes oncles, ne luy en doyvent auſſi rien : s'il faut entrer en procez (que Dieu ne vueille) & qu'il ne vueille y marcher de bonne conſcience, vous trouverez parmy mes papiers bonnes & ſuffiſantes memoires & pieces juſtificatives que n'avons jamais touché d'icelle partie contant deux ou trois mil livres, tout le reſte (horsmis quelque bled & vin vendu à pris exceſſif & du tout exhorbitant) ce ſont uſures ſur uſures & autre telle nature de deniers qui ne vaut pas mieux, tellement qu'il ne faut que cela pour rembarrer ſa realité, & faire déclarer nulle telle obligation : j'ay bien pluſieurs autres choſes à vous dire là-deſſus, mais mon mal & douleur d'eſtomac me ſemond de penſer à ma conſcience, c'eſt pourquoy je remets toutes les affaires que j'ay en ce monde à voſtre bonne diſcretion, après que je vous auray dit que ma femme, (qui eſt à ce qu'on m'a dit, de l'intelligence de ceux qui me font mourir) me fait ſoliciter de teſter, & pour luy complaire je diray par mon teſtament ce qu'elle voudra : mais vous en ferez après ma mort ce que vous adviſerez pour le mieux : ce bon Dieu vueille la redreſſer & luy pardonner la faute qu'elle a faite en mon endroit. Mes fre-

res, hier je penſois plus ne vous eſcrire tant je fus preſſé en mes douleurs : mais depuis j'ay eu un peu de relâche, pendant lequel il ne me peut tomber en l'eſprit que Monſieur de Cluny voulut me faire tort, tant il m'a cognu affectionné en ſon ſervice & où il le voudroit faire, vous avez de la juſtice en France : je ne ſçay ſur qui rejetter le morceau mortel qui m'a eſté donné, ſi c'eſt luy, ſi c'eſt Sainct Barthelemy, ſi c'eſt le Secretain, voire ſi c'eſt ma femme, Dieu vueille le leur pardonner, pour le moins ne ſçauroyent-ils dire que je leur aye jamais fait deſplaiſir, que je ſçache : bien ſçai-je que je pouvois bien me paſſer d'avoir affaire à eux, & mon devoir me commandoit de faire quelque honneſte retraite ſans me peſle-meſler parmy les prophanes : j'euſſe par ce moyen conſervé noſtre fraternité en l'entiere & parfaite amitié qu'elle s'eſtoit auparavant entretenue, La zizanie & partialité ne fut jamais avenue comme elle eſt entre mes freres & moy, qui pis eſt, je ne fuſſe eſté en ſcandale comme je ſuis eſté à l'endroit de tous ceux faiſans profeſſion de la Religion Reformée du Bailliage de Maſcon, meſmes de l'Egliſe de Cluny : vous ne m'euſſiez délaiſſé mes freres, comme vous avez fait, je n'euſſe pas beu dans le hanap venimeux où l'on m'a fait boire : bref ceſte maudite défiance m'a amené au piteux eſtat où voſtre povre frere eſt détenu, en quoy j'apperçois très-bien qu'entre pluſieurs & divers chaſtimens, par leſquels ce bon Dieu éternel & Tout-puiſſant, voire plein de toute bonté m'appelle à ſoy, & dompte ma chair & défiance pour oſter ceſte nonchalance & reveiller ma ſtupidité par infirmitez telles que je les ſens, qui ſont comme les avant-coureurs de la mort bien prochaine qui me
doit

doit terminer : les tourmens & angoiſ-
ſes me ſont bien preſſantes, principalement quand je me repreſente ce grand
& dernier jour du Jugement de Sa Majeſté, & de la vie éternelle qui s'en doit
enſuivre, laquelle ſera continue aux
bons en gloire & beatitude : & aux
meſchans en ignominie & de la gehenne : deſquelles choſes moy povre &
miſerable pendant que j'eſtois avec ces
prophanes, je m'eſtois tellement laſché
la bride, que je n'en voulois nullement
ouyr parler.

Au contraire j'ay parmy eux, ouy &
entendu les plus grands blaſphêmes
qu'il eſt poſſible de penſer, & au lieu
d'en gemir ou les reprendre, je m'en
ſuis mis à rire avec eux : j'ay veu faire
des tyrannies, & extorſions pendant
que j'ay demeuré en ceſte maiſon Abbaciale, telles que les cheveux m'heriſ-
ſent en la teſte : une infinité de contracts faincts & deſguiſez ont eſté paſſez & ſtipulez en ma preſence, j'ay veu
tromper & circonvenir pluſieurs bons
Villageois, voire on s'eſt ſervi de moy
pour les amener à des compoſitions injuſtes & contre toute équité, à Lordon,
à Cluny : j'ay veu faire des concuſſions
& pilleries du tout eſtranges ; paillardiſes, inceſtes ont eſté là-dedans auſſi fre-
quentes que en lieu de ce Royaume :
des uſures il ne ſe parle d'autre choſe,
le Plat-Pays eſt deſtruit des incurſions
& voleries que les ſerviteurs de l'Abbé
y font : je n'oſe dire les horribles meſchancetez que j'y ay veues. Or maintenant, Seigneur, ta Majeſté a trouvé ce
povre langoureux abbatu de maladie,
& ſouſtenant la rigueur de ton fleau,
& la ſeverité de ta verge, envers lequel
le ſentiment du peché eſt reſveillé, &
l'image de la mort ſe preſente maintenant devant mes yeux. Et pourtant mes

freres qui attendez ou devez attendre
ceſte meſme heure d'averſité ſelon la
condition de voſtre nature, je vous requiers de prier avec moy ce bon Dieu
qu'il luy plaiſe n'exercer point rigoureux Jugement à l'encontre de moy,
ſelon que j'ay merité, mais pluſtoſt que
ſa debonnaireté jette les yeux de ſa miſericorde ſur moy, & me regardant
comme racheté, me donne la grace &
conſtance de courage, par laquelle je
puiſſe recevoir paiſiblement ceſte gra-
cieuſe correction & viſitation paternelle, que j'endure patiemment en obeiſſance volontaire, me ſubmettant de
tout mon cœur & gré à la benevolence
de toy qui me frappes : aſſiſte moy mon
Dieu en toutes mes adverſitez & fâche-
ries, & ſois ma protection & défenſe
contre le danger qui eſt bien prochain
de moy, & principalement ſi ma conſcience découverte me fait, comme elle
fait, accuſation de mes pechez inte-
rieurs : alors, Seigneur plein de bonté,
mets à l'oppoſite les durs tourmens &
le ſacrifice volontaire de ton Fils Jeſus-
Chriſt, pour la défence de moy povre
& miſerable : lequel ton Fils bien-aimé
a porté mes infirmitez, & a enduré la
peyne que moy-meſme avois meritée,
eſtant fait peché pour moy, quand pour
mes pechez & offenſes il a ſouffert la
mort, leſquels il a lavez par ſon Sang,
& reſſuſcitant des morts a eſté fait ma
juſtice & parfaite redemption, fais que
moy povre malade ſente le fruit & la
vertu de ces benefices par foy & eſtant
preſſé de ceſte angoiſſe, que je reçoy
pour ma conſolation un ſi grand threſor de felicité, c'eſt-à-dire la rémiſſion
de mes pechez à cauſe de ton Fils Jeſus-
Chriſt : que ceſte foy me ſoit comme
un bouclier, par lequel je puiſſe repouſ-
ſer les eſtonnemens de la mort & qu'il
me

M

me face hardiment cheminer pour parvenir à la vie éternelle & bien-heureuse, que quand je l'auray aprehendée, j'en puisse jouyr éternellement. O Pere Celeste, aye moy donc pour bien & singulierement recommandé, ô nostre bon Dieu pource que je suis malade en ceste sorte, tu me gueriras : je suis gisant, tu me releveras : je suis couché, tu me redresseras : je suis foible, tu me fortifieras : je recognois mon impurité, mes macules & ordures, tu me laveras, je suis navré, tu m'appliqueras saincte & bonne medecine : je suis saisy de crainte & tremblement, tu me donneras bon courage : ô Seigneur, reçois moy à toy, car j'ay mon recours droit à toy, & me rend constant & ferme à obeir à tes Commandemens & sainctes Ordonnances : bref, pardonne-moy tous mes pechez, toutes mes fautes & offenses, par lesquelles j'ay grievement provoqué ton ire & la rigueur de ton Iugement contre moy : en lieu de la mort Seigneur, octroye-moy la vie avec toy en gloire.

Et si tu cognois que je puisse encore faire quelque profit, cultiver ta vigne en ceste mortalité, & de plus grande diligence & solicitude me conformer à l'exemple de ton Fils Iesus-Christ, conserve-moy : mais que ce soit en augmentant tes graces : toutesfois que ta volonté soit faite en tout & par tout, qui est bonne à tout jamais.

Mes freres, j'ay un merveilleux contentement d'avoir sur la fin de ma Lettre fait & escrit ceste Priere acoustumée d'estre dite en la visitation d'un malade, je l'escris & prononce du meilleur cœur que j'aye, afin que vous cognoissiez l'assistance que Dieu me fait de le

cognoistre, & que plus ardemment vous soyés esmeu à le prier & requerir pour vostre povre frere, qui pour sa derniere Lettre va supplier le Createur vous donner, mes freres, en santé longue & heureuse vie, à Clugny ce 15 de Ianvier 1580. Vostre humble & obeissant frere Iean Dagoneau, superscripte à mes freres Messieurs les Receveurs & Grenetier Dagoneau estant presentement à Geneve.

Voilà comme ce bon personnage termina sa vie ; & un peu auparavant que de rendre l'esprit, lors principalement qu'il estoit à l'agonie, Sainct Niquaise coup sur coup luy envoyoit son Moyne Macere & Capitaine Sainct Martin, pour l'intimider & le presser de recognoistre quelques parties, que ce povre langoureux, comme il est à croire, liberalement confessoit pour saouler l'insatiable volonté & avarice de ce monstre, lequel s'il fut esté homme de bien, devoit luy-mesmes au prealable reconnoistre les parties, sur lesquelles il doit plusieurs quittances à ce povre trespassé : mais au lieu d'user de bonne foy, il n'a jamais cessé jusques à ce qu'il ait fait voler tous les papiers, contes & acquists de ce bon personnage, selon qu'il a esté dit, & sera encore cy-apres plus à plain desduict sur la formalité qu'il a gardée pour voler iceux papiers, le temps & l'ordre de ceste Legende ne portoit pas de parler si avant d'iceluy Dagoneau, d'autant qu'il a esté empoisonné, & est mort long-temps apres la prise de Lordon : mais le fil du texte nous a amené là, aussi que ne sommes asseurez, si avant la perfection de ce Volume, on pourra recouvrer les memoires de la prise de Lordon.

CHAPITRE.

CHAPITRE XXVIII.

Continuation des traittemens faits par S.
Niquaiſe & Sainct Barthelemy, à ceux
de la Religion Reformée à Cluny, &
ſingulierement à un nommé George du
Mont, & à ſa femme.

QUI voudroit bien ſpecifier les
perſecutions, les voleries, les larcins & brigandages que Sainct Niquaiſe & Sainct Barthelemy ont exercées à
l'encontre des povres fidelles faiſans
profeſſion de la Religion en la Ville de
Cluny, faudroit les prendre un par un,
puis déchiffrer les tours, les menées,
les piperies, cruautez & barbaries,
pour tirer les rançons de ces povres
gens : mais quoy ? un catalogue bien
eſpais ne les pourroit contenir : vous
voyez bien que ſous la tragedie du povre Seigneur Dagoneau, en laquelle
on a retranché une infinité de larcins,
cruautez & indignitez qu'on luy a faites, le diſcours s'en treuve long, comme vous voyez : ainſi qui ſeparement
voudroit deſcrire les ſommes de deniers qu'il a tirées des Seigneurs Philibert Magnyn, Marin Arcelin, Capitaine Rouſſet, Bolot, Diviſien, Tup-
pinier, Holande, Alamartine, Corneloup, Fournier, & pluſieurs autres ſignalez de la Ville de Cluny, nous n'aurions jamais fait, non ſeulement à ſpecifier les deniers qu'il a extorquez de
ces perſonnages, mais auſſi les moyens
qu'il a tenu à leur faire renoncer Dieu,
c'eſt-à-dire revolter de la Religion Reformée, & de faire inſtituer ſa Meſſe
du Sainct-Eſprit, que ceſt infâme non
pour devotion qu'il y aye, mais pour

maintenir ſes ſubjets en diviſion & partialité, fait chacun Dimanche celebrer
au ſon du baraban (1).

Sous le nom donques de tous ceux de
la Religion de Cluny, nous en choiſi-
rons ſeulement un & le plus povre &
impuiſſant en biens de tous ceux-cy devant nommez, afin que par le traitement que luy a eſté fait, on puiſſe juger de celuy qui a eſté fait aux autres :
en premier lieu il s'appelle George du
Mont, Cordonnier, aagé de ſoixante
& douze ans, Sainct Niquaiſe le fait
conſtituer priſonnier, & par ſon Sainct
Barthelemy & autres ſes Brigandeaux,
luy fait dire qu'il falloit aller à la Meſſe, ou bien mourir : pour l'intimider,
on luy met en avant le maſſacre de Paris : la grande boucherie & carnage fait
de ceux de la Religion en la Ville de
Lyon, que s'il ne vouloit abjurer, c'eſtoit fait de ſa vie : à quoy fit reſponſe George du Mont, qu'avant que
d'aller à la Meſſe, il ſouffriroit pluſtoſt
mille morts, & quelques frayeurs que
luy fit ſur ce Sainct Barthelemy, ne
peurent faire revolter ce bon homme :
ſa povre femme cependant eſtoit en
grand deſtreſſe, & ne ſçavoit que faire
pour parvenir à la redemption & delivrance de ſon mary, car ils eſtoyent
conſtituez en telle & ſi grande impuiſ-
ſance, que pour vivre aucuns bons
perſonnages luy avoyent mis en main
une petite ſomme d'argent, de laquelle
il pouvoit encore avoir en cuirs dans
ſa boutique, valant environ ſix ou ſept
vingt livres : & d'une telle & ſi chari-
table aumoſne, le povre homme & ſa
femme s'entretenoyent. Par la mort
Dieu, diſoyent ces voleurs, ſi en faut-
il trouver encore qu'il n'en fut point,
ou

---

(1) *Baraban.*] C'eſt apparemment ou le ſon du Tambour ou du Baſſin de cuivre, ainſi qu'on s'en ſert
encore en quelques Provinces.

ou bien George du Mont paſſera le pas.
Or Sainct Niquaiſe & Sainct Barthelemy eſtoyent bien avertis de la povreté
de ce bon homme , car ils ſont ſi providens , qu'ils ont l'inventaire & eſtat de
tous les biens & facultez de ces povres
gens de Cluny & baſti d'iceluy , ſuivant lequel ils les tyranniſent , & ran-
çonnent , comme il ſera dit ailleurs.
Ainſi George du Mont n'avoit pas une
aſſiette qui ne fut comme oculaire à ſes
brigandeaux. Un Papiſte fut contraint
de remonſtrer à Sainct Niquaiſe & à
Sainct Barthelemy , que s'ils venoyent
à faire payer cent ſols à George du
Mont , ils le feroyent mourir de faim
& ſa femme auſſi , car ils n'avoyent rien
à luy , qu'il faloit avoir pitié de luy ,
& avoir égard à ſa vieilleſſe : teſte Dieu
va dire Sainct Barthelemy , nous luy ferons le ventre auſſi plat qu'une punai-
ſe. Et puis que vous dites qu'il eſt ſi povre , il le faut faire mourir de faim ,
afin qu'il aye tant meilleur appetit
quand il ſera en Paradis , puis en ſe
moquant & avec des blaſphemes , diſoit , vous ne ſçauriez apovrir ceux de
la Religion : car il ne leur faut de foy ,
qu'auſſi gros qu'un graiſ de mouſtarde
pour convertir en or & argent tous les
metaux qu'ils voudront : ils reculeront
ou abaiſſeront meſmes une montagne
qui leur en voudra croire , je m'en ra-
porte à leur Evangile. Voilà comment
ce brigand avoit pitié & commiſeration
de ce povre George du Mont : il eut
bien telle , qu'il le mit hors de priſon ,
mais ce après l'avoir deſpouillé de
tout ce qu'il pouvoit avoir en ce monde. A l'iſſue de ſa priſon , il fut réduit
en telle & ſi eſtrange neceſſité , que luy
& ſa femme n'avoyent pas un liard vaillant : bref , Sainct Niquaiſe ne leur
laiſſa que le ſoufle. Et en ceſt équipage
furent contraincts de ſortir de la Ville

& ſe reduire en la Ville de Geneve , où
la povre femme , à cauſe des frayeurs &
apprehenſions que ces malheureux luy
avoyent baillées , elle ſe mit au lict : auquel après avoir demeuré ſept ou huict
ans , eſt morte de grande detreſſe. Et
quant au povre homme , il a digeré au
mieux qu'il a peu ce cruel traitement à
luy fait par Sainct Niquaiſe , eut trop
mieux valu pour l'homme & la femme ,
tout d'un coup avoir eſté maſſacrez ,
que ſupporter tant de langueurs & mi-
ſeres comme ils ont fait. N'eſt-ce rien
d'expulſer un povre ſeptuagenaire du
lieu de ſa naiſſance , où il avoit moyen
d'eſtre ſecouru de ſes parens & amis , &
aller vacabonder parmy les montagnes
& eſtrange Pays : non pas que Dieu
mercy il ait eu faute au lieu où il eſt ,
car les gens de bien luy ont touſjours
fait aſſiſtance , mais la longue & eſtrange maladie de ſa femme , que le povre
homme a eſté contraint de coucher &
lever comme un enfant durant le temps
de ſa maladie luy doit avoir ſervy en
l'aage qu'il porte , de grandes & horribles tentations : & non ſans cauſe : car
il eſt ſi vieil & valetudinaire , qu'il ne
ſe peut ſouſtenir.

Tout ce que deſſus a eſté mis en avant
pour vous dire , que l'eſtat piteux auquel eſtoit reduit George du Mont & ſa
femme , on l'a fait ſonner aux oreilles
de Sainct Niquaiſe & Sainct Barthelemy , afin de les ſemondre non pas de
reſtituer , mais de leur eſlargir en aumoſne quelque petite ſomme de deniers , de tant de rançons qu'ils avoyent
tiré de ceux de la Religion : car ils cognoiſſoyent très-bien George du Mont ,
& la reputationqu'il avoit d'eſtre preud-
homme. Requis donques de faire quelque ſecours à luy & à ſa femme , Sainct
Barthelemy fit reſponce qu'il falloit
laiſſer mourir la femme , & après la
mary

mary fous une telle deftreffe, povreté & martire qu'ils fouffroyent, que ce feroit à faire à les canonizer après leur mort, le mary comme Sainct George, & fa femme comme faincte du Mont, & que de fa part il feroit très-content leur offrir une chandelle. Moquerie la plus vilaine qu'on pourroit dire : & comme on luy repliquoit qu'encore avoit-on bien pitié d'une bête, auffi faut-il (refpondoit-il) mais d'un Sainct fanctifié, il eft desjà par foy en la gloire de Dieu, que fi j'y avois auffi bonne part que Monfieur Sainct George, ou telle portion que Madame Saincte du Mont fa femme, je ne boirois n'y mangerois jamais en ce monde : autre payement ny autre raifon ne peut-on avoir de ce monftre, finon à fe moquer de la Religion à bouche ouverte, tantoft il chantoit un ou deux verfets d'un Pfeaume, tantoft le Confiteor de la Grand'Meffe, maintenant une priere, tantoft la Letanie : bref, un bouffon & plus grand contempteur du monde n'euft fceu faire pis.

Au partir de telles irrifions alloit de maifon en maifon de ceux de la Religion, fentir & flairer fi le Vendredy ou Samedy on y mangeoit de la chair : non pas à caufe du fcrupule, car luy-mefmes & Sainct Niquaife en mangent indifferemment : mais afin de concuffionner ceux qui en mangeroyent : & de fait entrant par les maifons ces brigandeaux cachéement interpofoyent en quelque lieu un lievre ou perdrix qu'ils portoyent, puis accufant le Maiftre du logis & le voulant mener en prifon, falloit venir à une compofition de dix ou douze efcus & les payer fur le champ : par le moyen de ce beau lievre ou perdrix, ont tiré fept ou huict vingts efcus pour un Vendredy : ne le faut trouver eftrange, car l'effroy du maffacre eftoit fi recent & terrible, que chacun ne demandoit qu'à fe fauver & paroiftre bon Papifte.

Sainct Niquaife par ce moyen ne fe contentoit de tant de rançons qu'il recevoit de ces povres gens, mais leur faifoit fuppofer des perdrix & lievres par le moyen defquels il tiroit compofition fur compofition, & rançon fur rançons.

Mais ce qui eft à obferver, c'eft que le mefme jour de Vendredi, auquel ce beau lievre & perdrix troterent fi fort, Sainct Niquaife & Sainct Barthelemy en foupperent très-bien : fe moquans des povres gens qu'ils avoyent fi-bien deniaifez, ces brigandeaux en ont bien fait d'autres, felon qu'il fera traité en fon lieu.

CHAPITRE XXIX.

Moyens que Sainct Niquaife à tenus pour faire mourir de Vaux, & comment Dieu miraculeufement l'en a prefervé.

LE Cardinal de Lorraine, certain temps après le maffacre (r) partift de Rome pour s'en retourner en France, & avant qu'aller en Cour paffa par Cluny, fe courrouça bien fort à Sainct Niquaife, du bon marché qu'il avoit fait à ceux de la Religion de leur avoir fauvé la vie, mefmes à Dagoneau qu'il voulut voir : Sainct Niquaife le luy fait amener, & après avoir longuement parlé à luy, on luy octroya quelque liberté, ce fut toutefois après avoir payé les rançons, & s'eftre obligé de la derniere, felon qu'avez entendu, quelcun depuis a raporté avoir ouy que

(r) C'eft le maffacre de la Saint Barthelemi en 1572.

M 3

que Sainct Niquaise dit au Cardinal : Monsieur avant que Dagoneau m'eschappe, il vous fera service, & en tireray de luy : pour recompense asseurez-vous qu'il l'aura toute telle que ceux de sa Religion meritent, pleust-à Dieu que je tinsse aussi-bien à ma cordelle les autres Huguenots, à peine pourroient-ils jamais piafer comme ils ont fait. A quoy tient-il, va commencer à dire le Cardinal, qu'on ne peut avoir ce Regnaud. Monsieur, respondit Sainct Niquaise, j'y ay fait tout ce que Marion fit à danser, & pouvez bien croire que je n'y dors pas : mais ce Monsieur là est si fin & accort, que quand on cuide le trouver d'un costé, il est veu en l'autre : quoy qu'il tarde, si en aura-il, car je luy ay atitré des levriers au passage, & aura beau courir si on ne l'atrappe : plusieurs & divers propos furent sur ce tenus tous tendans à luy en presenter d'une, comme à celuy auquel le Cardinal en vouloit sur tous les Huguenots de Bourgongne. Or il faut voir s'il en a occasion, afin qu'on cognoisse de plus en plus la meschante volonté de Sainct Niquaise & S. Barthelemy.

Le Seigneur de Vaux donques ayant esté (il y a plus de trente & tant d'ans) proveu de l'Estat & Office de Juge de Cluny. Et iceluy exercé tant au contentement du Cardinal, que de ses sujets : il a employé durant ledit temps pour son service en plusieurs autres & divers affaires, fait faire de grans & fâcheux voyages, l'entretenant tousjours d'esperance, qu'il ne tarderoit pas beaucoup à le recompenser : comme celuy duquel il avoit receu autant de contentement pour les affaires, où il l'avoit employé, que de serviteurs qu'il ait jamais eu : & encore qu'il sentist très-bien que le Seigneur de Vaux fut de la Religion, ne laissa pour cela de l'employer un bien long-temps à son service, jusques à ce que l'ayant fait tempter de faire une démarche, c'est-à-dire de trahir ceux de la Religion, & que sa grandeur ni tous ses moyens ny avoyent de rien profité, le fit pour recompense de ses services constituer prisonnier aux prisons de Châlons, où il a trempé environ unze mois, & jusques à ce que par le moyen de la paix faite en l'année mil cinq cens soixante-trois, les portes des prisons luy furent ouvertes : captivité qui porta dommage au Seigneur de Vaux de plus de trois ou quatre mil escus, sans la perte de son Estat & Office, que le Cardinal donna à un Atheiste.

En vertu de l'Edit de pacification, le Seigneur de Vaux demande estre reintegré à son estat, & d'avantage intente action à l'encontre du Cardinal, pour raison d'iceluy estat, alleguant de droit qu'il ne luy pouvoit oster : tous ceux qui cognoissoyent le Seigneur de Vaux, taxoyent le Cardinal d'une merveilleuse ingratitude, jusques à ses domestiques mesmes, & que Dieu se courrouceroit de faire si peu d'estat de vouloir ainsi devaliser les hommes, principalement du qualibre du Seigneur de Vaux : qu'il s'en trouvoit bien peu à la douzaine, qui eut tant fait pour le Cardinal comme il avoit fait : que le plus beau & meilleur de son aage s'estoit consumé à son service : que les gens de bien se degousteroyent à luy en faire, s'il ne faisoit raison à de Vaux. Tout cela ne peut onques esmouvoir le Cardinal à le restablir en son estat, quelques Lettres Patentes qu'il ait sur ce obtenues, ils plaident là-dessus fort & ferme à Paris, & comme de Vaux estoit prest d'obtenir Arrest à son profit, les troubles recommencerent en l'année
mille

mille cinq cens foixante-fept, par le moyen defquels de Vaux eft contrainct de fe retirer de France : pendant fa retraicte le Cardinal le fait émerilloner en toutes les fortes qu'il lui fut poffible pour le faire tuer : & encore qu'il fut dans & riere les Pays de l'Alteffe de Savoye, & par ce moyen deuft eftre libre & en lieu de feureté, le Seigneur de Tremont pour lors Gouverneur à Mafcon le veilla & chevala de telle forte, que par un nommé le capitaine la Conduite, il fut pris & amené prifonnier à Sainct Clement, près Mafcon.

De demander pourquoy tout d'un train on ne le mena à Mafcon, il fe trouva des amis qui l'empêcherent : car s'il fut entré là-dedans on l'euft maffacré un milion de fois s'il fut efté poffible, tant pour gratifier au Cardinal, que pour autant que de Vaux avoit reputation d'eftre l'un des principaux de la Religion du Pays de Mafconnois, & qui avoit autant bien maintenu l'exercice d'icelle, voire en la prefence du Cardinal, c'eft-à-dire quand il prêchoit en fon Abbaye, fes fubjets faifoyent prefcher publiquement en une maifon de la Ville : qui fut caufe qu'avant que le bruit de fa prife parvint aux oreilles du Cardinal, on pratiqua fi bien le Seigneur de Tremont, que moyennant trois mille efcus de rançon, le Seigneur de Vaux efchappa de fes mains.

Ce n'eft pas tout : car cependant les premiers, feconds (1) & troifiefmes troubles tous les meubles, papiers & acquifts du Seigneur de Vaux (2) ont tousjours efté pillez & faccagez, jufques à rechercher tous les debts & obliga-

tions qui luy pouvoyent eftre deuës : contraindre les debteurs à les faire payer, vendre fes meubles à vil pris, depopuler fes granges & beftail : bref, faire demolir, rompre & abbattre fes maifons, emporter fes graines, & raffler tout ce qui eftoit dedans, voire jufques à ne luy laiffer bled, ny vin, pour nourrir fes femme & enfans.

Toutes ces cruautez & éminens perils font eftranges, mais ils ne font rien au prix de ceux que vous entendrez : car Sainct Niquaife & Sainct Barthelemy, pour faire perdre la vie à de Vaux, ont fait le diable de Vauvert ; mais jamais n'y on peu parvenir, tant Dieu luy a fait d'affiftance, & le doit bien remercier : comme auffi je m'affeure qu'il fait, d'autant qu'outre les * ftretes & dangers que nous deduirons cy-après, y en a paffé une infinité par deffus fa tefte, pour lefquels particularifer faudroit faire autant de Volume, tant la gravité & énormité d'iceux eft horrible.

c'eft à dire deftreffes.

Par deux divers voyages que de Vaux a fait en Cour, il a tousjours efté talonné, fans que il s'en foit apperceu de ce brigand & voleur de Capitaine Sainct Martin, pour avoir eu commandement de Sainct Niquaife, le tuer à quelque pris que fut : ne faut pas dire que les armes de de Vaux l'ayent garentis, car c'eft un perfonnage qui a efté un bien long-temps fans porter efpée, mais ce voleur de Capitaine Sainct Martin, à toutes les fois qu'il penfoit le tenir & faire fon coup, a tousjours efté retenu, Dieu ainfi le permettant.

Dans la Ville de Paris mefmes, iceluy brigand de Sainct Martin, avec d'autres voleurs, ont chevalé de Vaux, &

(1) Les premiers troubles commencerent en 1560, après la Confpiration d'Amboife : les feconds troubles en 1562, après le maffacre de Vaffy, & les troifiémes troubles en 1568.

(2) C'eft Gilgert Regnault, Seigneur de Vaux, qu'on croit Auteur de cette Legende.

& tâché de l'attirer en lieu propre pour l'executer : & un de ses voleurs s'est fait ouyr, qu'il a esté avec ses compagnons, plus de quinze jours aux despens du Capitaine de Sainct Martin, au logis de Saincte Barbe habillé en Advocat, & S. Martin en Medecin, qui se faisoit conduire par un valet aussi homme de bien que luy, expressément pour assassiner de Vaux : qu'un jour en la place de Greve, sans deux Conseillers qui de bonheur passerent par là, il estoit troussé en male, car de Vaux, sans y penser s'alloit mettre entre leurs mains.

Plus de six fois, ce Cordelier renié de Belle-Perche, avec le Capitaine Sainct Martin son compaignon, ont esté cachés au bois de Boursier, en esperance que Regnaud viendroit en sa maison de Vaux, ont fait mesmes dresser des sentinelles depuis Mascon jusques en Vaux, & de Mascon à Estours, où plus de trois fois ils pensoyent bien rencontrer leur proye, mais tousjours l'ont failly.

Il n'y a pas encore long-temps qu'en une sienne maison de Bresse nommée Mespillat, de Vaux n'en faisoit que partir, lors & quand Sainct Martin y arriva luy troisiesme bien deliberez de ne retourner à Cluny sans luy avoir donné mornisle : car de Cluny à Mespillat, ne demeurerent jamais trois heures & demie, & si passerent le Port Jean-Gras, afin de n'estre apperceus.

Sainct Barthelemy s'est essayé plusieurs fois à l'empoisonner, mesme dans Paris, & pour ce faire, s'est desguisé en toutes les sortes qu'il a peu, toutesfois quand s'est venu à l'approcher, a tousjours eu crainte d'estre descouvert : car il avoit affaire à un homme, qui ne se mouche pas du pied.

La plus belle ou dangereuse qu'ait onques failly de Vaux, ç'a esté lors & quand il fut malade à Cluny, temps de la guerre de Lordon : car ceste belle Déesse qui empoisonna Jean Dagoneau son mary, avoit bien envie le bouconner, mais de bonheur elle ne se trouva point pour l'heure de mixtions, d'autant que Sainct Barthelemy ne luy en avoit point laissé : & à leur premiere veuë elle en fit complainte, disant que le plus grand ennemy de Monseigneur, (parlant de Sainct Niquaise) n'avoit durant sa maladie rien pris que par ses mains, & qu'homme du monde ne l'avoit jamais paré plus beau que Monsieur de Vaux, si elle eut eu dequoy luy bien faire : que ne mandiez-vous vers moy (ventre Dieu, va dire Sainct Barthelemy) vous n'estiez pas, respondit-elle, ny à Châlons, ny à Cormatam. Comme qu'il soit, n'a tenu à faute de bonne volonté qu'il n'aye eu son petit cas, & non seulement luy, mais tous ces braves canailles, qui estoyent dans Lordon, vray est que je me fusse mise en danger, ce m'est tout un, pourveu que mon service soit agreable à Monsieur : ce conte fut depuis rapporté à Sainct Niquaise, qui voulut voir la Déesse, & la congratuler d'une telle & si bonne volonté.

Projetterent depuis la reduction de Lordon, une infinité de fois, si elle pourroit joindre de Vaux : assavoir de le faire venir en un banquet à sa maison, ou bien si elle pourroit aller à Mascon, & là disner ou souper à Mascon avec luy : je suis Monsieur aujourd'huy trop mal voulu des Huguenots, & entre autres la femme de Monsieur de Vaux ne me void volontiers, faudroit y employer quelque autre.

Il y a bien peu de Gentilshommes en Masconnois, que Sainct Niquaise n'aye pratiqué pour amorcer de Vaux, & le faire venir en leurs maisons, afin que

que par chemin il eut moyen de l'a-voir, mais la Nobleſſe reſpecte tant de Vaux, & luy porte ſi bonne volonté, qu'onques n'ont voulu preſter conſeil, aide, ny confort aux malheureux deſ-ſeins de ce fils de putain, auſſi que tous les gens de bien l'ont en execration. De dire qu'il ne falloit que s'addreſſer au Seigneur de Tremont pour jouer le jeu, il eſt tel, & ſi bon Gentilhomme, qu'il ne voudroit avoir trompé le Sei-gneur de Vaux : & ce qu'il luy a fait payer tant d'eſcus pour ſa rançon, il y a trop de difference : car encore que la rançon fut illegitime, le droit de guer-re & inclemence du temps a plus com-batu en cela le Seigneur de Vaux, que toute autre choſe, d'autant que s'il ne ſe fut ainſi rencontré, Tremont ne s'en fut pas donné beaucoup de peine. Voi-ſe donques cercher Sainct Niquaiſe des traiſtres ailleurs : la Nobleſſe Maſcon-noiſe eſt trop bien apriſe, & mourroit pluſtoſt de mille morts avant que de te-nir eſcorte à ce baſtard en ſi malheureux deſſeins.

Il a ſondé le guet par trois ou quatre fois ſi faiſant bruſler le Chaſteau de Vaux, & ſa maiſon de Meſpillat, il pourroit intereſſer de beaucoup de Vaux : l'intereſt luy a-on fait reſponſe, ne ſeroit pas petit : mais il ſeroit auſſi bien grand pour ce baſtard : car de Vaux a tant d'amis, que qui ſe jouera du feu, il n'y a maiſons, granges ny moulins Abbaciaux qu'on ne face tout reduire en cendres.

Ce baſtard pour endormir de Vaux, a fait dire à quelques-uns de ceux de la Religion de Cluny, que quand on vou-droit reſtablir le Preſche à Vaux, diſtant de Cluny une petite lieuë, qu'il ne s'y oppoſeroit pas beaucoup pourveu que cela ſe fit ſans ſcandale, & qu'on y al-

laſt en toute modeſtie, ſans porter ar-mes. Le Seigneur de Vaux a bien grand regret de la diſſipation de ſon Egliſe, tant pour la privation de l'exercice qu'il avoit en ſa maiſon, que pour la com-modité que les povres fidelles de Cluny ont perdue : car ce leur eſtoit un ſoula-gement bien grand, qu'ils pouvoyent aller ouyr & retourner du Preſche en moins de trois heures. Mais quoy, ce brigand fait faire ceſte ſemonce tout exprès, pour faire coupper la gorge au Seigneur de Vaux : & pour le regard de ceux de Cluny, il les tient, comme ſi deſjà ils eſtoyent morts : car les eſcla-ves en Barbarie ne ſont ſi tiranniqueme-ment traictez, comme ils ſont.

N'y a pas auſſi long-temps qu'il a tempté (à l'inſceu toutesfois du Sei-gneur Marin Arcelin) le faire aller à Maſilles, ſous certain pretexte, & ſe promet bien qu'avant que l'admodia-tion de Maſilles ſoit finie que de Vaux & ſa femme pour voir la femme d'Ar-celin leur fille, ils iront à Maſilles : ſi vous y allez Seigneur de Vaux & ne vous tenez bien couvert, Sainct Mar-tin, Belle-Perche, & tous ſes brigan-deaux ſont preſts à vous faire mourir : ceſt avertiſſement vient de telle & ſi bonne part, que ne le devez meſpri-ſer.

Sainct Barthelemy a tenu un homme à Maſcon plus de trois mois, tant pour empoiſonner de Vaux, que pour l'eſ-pionner, quand il ſortira de Maſcon. Il a failly à l'un & l'autre : des domeſti-ques de la maiſon de ce baſtard ont dit des choſes terribles, que ce malheureux a en main pour faire mourir de Vaux. On demande pourquoy & à quelle rai-ſon il en veut ainſi mortellement à de Vaux : on reſpond pourquoy & à quel-le raiſon a-il fait mourir Dagoneau, il

eſt

N

est vray qu'on met en avant quelques raisons, qui ne sont ny fermes ny veritables : la premiere, on dit qu'il n'y a ny Presidens, ny Conseillers à Paris, ausquels le Seigneur de Vaux n'ait fait entendre les malversations & horribles crimes que Sainct Niquaise & Sainct Barthelemy ont commis & commettent au Masconnois, principalement dans le basty de Cluny : dequoy chacun est si esbay que rien plus, & que Belle-Perche & tous ses brigandeaux n'y ont esté oubliez : pour response, le Seigneur de Vaux sçait bien quels ils sont, & ne se soucieroit pas beaucoup quand il en auroit fait plaincte : mais il peut protester n'en avoir jamais ouvert la bouche, en termes generaux peut-il bien avoir dit comme les autres : c'est qu'au lieu que la maison Abbaciale de Cluny, souloit estre comme la retraite & civil hospital de la Noblesse, & de tous autres qui avoyent la vertu, aujourd'huy c'est une spelunque de brigans & larrons : que s'il avoit à prouver cest article, il ne voudroit pas sortir de l'Abbaye, s'asseurant que si le Grand Prieur, les compagnons d'ordre & généralement tout le sainct Convent estoit requis de mettre la main sur la poictrine, qui est la forme de jurement suivant l'ordre de Sainct Benoist : ils attesteroyent que c'est non seulement une spelunque de brigans & larrons, mais un college d'Atheisme & de toute impiété : les Mémoires, Instructions & Requestes sur ce presentées à Monseigneur l'Illustrissime & Reverendissime Cardinal de Lorraine font foy de ce que je dy : d'ajouster que le Seigneur de Vaux a esté celuy qui a minuté les Mémoires & Requestes, c'est faulsement diviné, & tient tant de nostre Maistre de Ryvo, Grand Prieur de l'Ordre, ensemble de tous nos Mais-

tres de la Voute, qu'ils tesmoigneront tousjours que le Seigneur de Vaux n'y a jamais mis la main, ny moins esté requis de l'y mettre : & ores qu'il l'auroit fait ; il est personnage public : ne penseroit faire tort à personne de servir ceux qui voudroyent sur ce l'employer, encore qu'il ne prendroit pas beaucoup de plaisir à souiller sa plume, de remuer les ordures des garnemens, dont il est ici parlé.

Il auroit encore moins de peine à vérifier les empoisonnemens, symonies, usures, meurtres, assassinemens, fabrication de faulse monnoye, sodomie, suppositions, faulsetez & autres horribles actes, desquels ce bastard, & ses bastards de serviteurs sont prevenus : car de vingt ou vingt-cinq mil familles qu'il y a dans le Bailliage & Election de Masconnois, n'en y a pas une, voire jusques aux valets & chambrieres qui ne sçache que S. Niquaise, S. Barthelemy, Belle-Perche, Capitaine S. Martin, le Secretain, la Court, Macere, & autres tels rustres, sont empoisonneurs, simoniaques, usuriers, meurtriers, assassinateurs, fabricateurs de faulse monnoye, sodomites, fabricateurs de faux tesmoings, faulsaires, incestueux : les petits enfans en vendent la moutarde, & parmy le peuple ne court autre Proverbe, donne-toy garde du loup blanc ; c'est-à-dire, garde la pate de Sainct Niquaise, & quant ils disent les loups garoux de Sainct Niquaise : ils n'entendent de parler sinon de Sainct Barthelemy, Belle-Perche, Capitaine Sainct Martin, le Secretain, la Court & Macere : & de fait depuis que le Masconnois est érigé en Conté, ne se treuve que jamais il y soit entré de tels loups & monstres comme ces vilains là.

Si d'aventure le tesmoignage du commun

mun populaire femble fufpect : j'imploreray fi befoin fait, celuy de Meffieurs du Clergé, & en après celuy de tous les Gentilshommes, non feulement du Pays & Conté de Mafconnois, mais auffi de la Bourgogne, voire de Brie & Champagne, de tous lefquels n'en y a pas un qui ne rende encore plus folide & ferme raifon de tous les crimes. & délicts, defquels ces monftres & loups garoux font habillez : car la plufpart de ceux du Clergé & de la Nobleffe, fçavent leurs voleries, facriléges empoifonnemens & autres crimes : voire trop mieux que le fimple populaire, encore qu'il aye efté & foit aujourd'huy devoré par eux.

CHAPITRE XXX.

Raifon pourquoi Sainct Niquaife & Sainct Barthelemy font ennemis capitaux de de Vaux, & de fon innocence & juftification de calomnies qu'ils luy mettent à fus.

L'INIMITIE' capitale qu'ils portent au Seigneur de Vaux eft auffi fondée fur ce qu'ils le tiennent feul motif d'avoir fait venir à Cluny le Seigneur de Ponfenac & fes troupes, d'avoir fait piller l'Abbaye, & autres excez par eux pretendus eftre faits au commencement des troubles de l'année mil cinq cens foixante-deux : calomnie la plus faulfe qui ait jamais efté controuvée : car le Seigneur de Vaux onques n'a parlé ny requis le Seigneur de Ponfenac, ny autre de fon armée de venir à Cluny, ny moins pour piller l'Abbaye : & n'y a raifons par lefquelles le Cardinal ait deu croire une telle calomnie : d'autant qu'il eft notoire que auparavant l'arrivée en Mafconnois du

Seigneur de Ponfenac, tout le trefor & argenterie de l'Abbaye de Cluny avoit efté tranfmarché à Dole, & eftoit fi peu demeuré dans l'Abbaye que le Seigneur de Vaux fut bien efté deftitué d'entendement, de perfuader au Seigneur de Ponfenac le contraire, veu que petits & grans eftoyent fuffifamment avertis d'iceluy tranfmarchement des Reliques à Dole : l'experience auffi l'a bien monftré, car les trouppes de Ponfenac ne fe feroyent vanté d'avoir butiné en l'Abbaye de Cluny en Reliques or ou argent, la valeur de quatre ou cinq cens efcus : & toutesfois le Cardinal a rejetté une telle rafle fur de Vaux : pour cefte feule il l'a fait tremper prifonnier unze mois aux prifons de Châlon. N'y auroit-il pas bien matiere de l'avoir ainfi traicté, enfemble les Efchevins qui eftoyent pour lors en la Ville de Cluny ? Or - mais (dit le Cardinal) de Vaux, ny les Efchevins ne devoyent laiffer entrer dans Cluny les troupes de Ponfenac : fi ceft argument eftoit vallable, je voudrois inferer de-là, qu'on devoit donques mettre prifonnier le Cardinal & fes freres, toutes & quantesfois qu'ils ont laiffé entrer les Reiftres en France : s'ils repliquent que Regnaud eftoit Juge de Cluny, & Maiftre Claude de la Rouë, Loys Lambert & Corneloup, Efchevins de Cluny, je dy que le Cardinal eftoit Primat de France, Superintendant des affaires & des Finances, & fon frere Lieutenant Général des Armées de leurs Majeftez : s'enfuit-il pourtant que fi les Reiftres font entrez, qu'on doive rejetter fur eux une telle entrée, & les emprifonner ? Non affeurement, combien toutesfois qu'on les tienne Autheurs des troubles, & par ce moyen caufe de l'entrée de tant d'Eftrangers

qui

qui ont mis en défolation ce povre Royaume.

Je ne veux pas nyer toutesfois, que qui les eut emprifonné, tenu de court, comme on a fait de Vaux, & leur ronger l'ongle du gros artoit, auffi-bien qu'on a fait à de Vaux, indubitablement la France fut efté exempte & garentie de tant de maux qu'elle a fouffert, & fouffre encore prefentement : pour le moins Sainct Niquaife ne briganderoit pas le Pays comme il fait : fes empoifonnemens & ceux de Sainct Barthelemy n'euffent pas eu la vogue en France, comme ils ont : le Roy Charles fut encore efté vivant, & pareillement plufieurs autres Princes, Grans Seigneurs & Prelats, que ces monftres ont fait mourir par poifon.

Voicy une autre calomnie & accufation, fur laquelle ils affignerent leur mauvaife volonté à l'encontre du Seigneur de Vaux, s'il a (difent-ils) pour la feconde fois fait venir devant Cluny l'armée de Ponfenac, pour fe redimer de laquelle l'Abbé & le Convent furent contraints compofer à une grande fomme de deniers, au grand prejudice de l'Abbé & du fainct Convent. Tous ceux qui ont negotié cefte compofition, tefmoigneront que le Seigneur de Vaux en tout ny en partie n'en a efté caufe, ny voudroit fe mefler de tels affaires, finon que le Roy, ou autre ayant puiffance de luy, le luy eut commandé : & à quoy faire s'en mefler, veu que le Seigneur de Ponfenac eftoit accompagné de plufieurs Gentilshommes & Chevaliers, par l'advis defquels il conduifoit les affaires de la guerre ? Il y a bien un point, c'eft que quand le Seigneur de Vaux auroit acheminé une telle compofition : on luy en devroit fçavoir gré, veu que par le moyen d'icelle, la Ville & Abbaye de Cluny a efté garen-

tie & prefervée du fac, duquel elle eftoit menacée, tellement que qui n'eut compofé à cefte heure-là, fans doute le Seigneur de Ponfenac fut entré par force, & defjà avoit-il fappé la muraille, de maniere qu'il ne reftoit que d'y entrer : ce qui fut efté très-facile à faire, & fi lors il l'eut conquife par force, au lieu d'un efcu qui luy fut payé, en eut tiré plus de quatorze, & en danger de mettre à feu & à fang la Ville & l'Abbaye. Si Sainct Niquaife confideroit bien le piteux traitement fait à ceux de Sainct Gengoulx-le-Royal, voifin de ceux de Cluny, pour avoir fait les opiniaftres à ne vouloir compofer comme Cluny, l'occifion & maffacre de tant d'hommes ne fut advenue, comme on a veu.

Le Cardinal ny pareillement Sainct Niquaife, ne trouveroyent mauvaife la compofition, pourveu qu'elle fut efté faite entierement aux coufts & defpens des bourgeois de la Ville ou du Convent, comme tout bien confideré, le fonds de la compofition tombe pluftoft fur le Convent ou la Ville, que fur le Cardinal : je voy bien ce qui fait mefcontenter Sainct Niquaife & en regarder fi fort de travers le Seigneur de Vaux, c'eft que pour l'acquitement des deniers portez par la compofition, on prit quelque argenterie & joyaux dans l'Abbaye, & S. Niquaife dès qu'il eut mis le nez là-dedans, il penfoit auffi bien appropier à fon profit tout le threfor & argenterie de l'Abbaye, comme du refte : d'objecter que c'eft l'interdit, & que quelque endiablé qu'il foit, ne voudroit s'enrichir des Reliques précieufes & faintes, d'un tel & fi facré lieu : je vous prie ne vous y fiez pas, il en prendroit fur le grand Autel, finon que la fainteté de Sainct Barthelemy l'en empefcha. A cefte heure cognoiftre

vous

vous pouvez, s'il a occasion d'en vouloir pour cela au Seigneur de Vaux : toute la maladie gist à ces Reliques & Joyaux, qui ont esté convertis à l'acquit & payement de la partie convenue avec le Seigneur de Ponsenac, qui à tout rompre n'eut sceu monter deux mil escus.

La cause fondamentale de la capitale inimitié à l'encontre du Seigneur de Vaux, & qui semble avoir quelque apparence, est fondée sur la perte qu'a faite Sainct Niquaise au Chasteau de Lordon, qui à la verité est estimée à plus de deux cens mil escus, selon qu'on fera apparoir lors & quant nous traiterons de la prise de Lordon : une telle & si notable somme ne se treuve pas en beaucoup de maisons de France, voire en la Chrestienté ne s'en pourroit pas trouver mille. Sainct Niquaise n'avoit petitement travaillé, d'avoir reduit dans son Chasteau de Lordon un tel thresor : & à un gentil esprit comme le sien, & comme celuy de Sainct Barthelemy, qui entend aucunement l'examen de la coupelle & sou de fin ; c'est-à-dire, à faire la faulse monnoye, il en eut en moins de trois ou quatre ans tiré plus de douze ou quinze cens mil escus : car l'examen de la coupelle bien entendue, & pratiquée avec l'usure telle que S. Niquaise l'exerce, un escu en doit faire six en trois mois. Voyez donques le profit inestimable qu'il eut sur ce fait, mesnager comme il est, & avec un peu de mixtion de Sainct Barthelemy, qui est de la poison par le marché. Je ne pense point qu'il n'eust conquis tous les plus beaux & meilleurs benefices de France, se fut fait Cardinal, & comme l'argent triche ou multiplie en ses mains, il estoit homme à force d'argent pour parvenir à achepter la

Chaire Papale. Sur cecy on met en avant que Messieurs de Guyse pour payer leurs debtes, eussent tiré de luy, comme ils font, de grandes sommes de deniers, & par ce moyen empesché de ne voler si à coup à la summité de la Ierarchie Papale : tout cela est bien vray, mais la dexterité de son esprit, & experience qu'il a au fait des metaux, luy pouvoyent produire de grans & innumerables profits ; par le moyen de ce grand thresor perdu. Je ne veux dire toutesfois que ce qu'il est bastard & fils de putain, n'eust causé une merveilleuse répugnance de parvenir au Siége Papal.

Quoy que ce soit, on void à l'œil qu'il a très-juste raison de souspirer en son cœur la perte d'une telle partie : mais de la rejetter sur le Seigneur de Vaux, à quel propos ? Il a esté (dit-il) cause de la prise de Lordon, il a tousjours servy de conseil au Seigneur de Pisay, toutes les affaires d'Estat se terminoyent par luy : & s'il eust voulu le Chasteau de Lordon, se fut restitué à la premiere sommation, qui fut faite à ceux de dedans : qui en voudra croire Sainct Niquaise, c'est de Vaux qui a fait tous les maux. Pour responce, je puis asseurer, que quand Lordon a esté pris, de Vaux en sçavoit autant que S. Niquaise : & comme l'eust-il sceu, ny moins comment fut-il esté cause de la prise, veu que ceux qui ont faict la faction, en blanc ny en noir ne luy en communiquerent onques ? Et comment luy en eussent-ils communiqué, qu'à creature vivante ne se voulurent jamais descouvrir, jusques à ce que l'exploit fut executé ? Mais cela se manifestera plus apertement quand nous traiterons de la prise, & se verra qu'à tort Sainct Niquaise charge de Vaux, qui le confesseroit librement, s'il avoit esté de la partie,

N 3

partie, ne plus ne moins que librement il confeſſe avoir aſſiſté de conſeil au Seigneur de Piſay, laquelle aſſiſtance il a faicte de l'authorité & commandement de Monſeigneur fils & frere de Roy : très-marry qu'il ne s'eſt trouvé du commencement à la priſe, car il eut preſervé pour ſon ſervice le plus beau & le meilleur du threſor, qui s'eſt trouvé adhiré & perdu. Il eut bien fait davantage : c'eſt, qu'il eut fait envers Monſeigneur frere du Roy, que Monſieur de Sainct Niquaiſe eut eu une copie de l'inventaire du threſor, & par meſme moyen l'eut remercié de l'œconomat, qu'il avoit obſervé à ſi bien le luy conſerver : le remerciement ne ſe devoit pas laiſſer de faire, c'eſtoit bien l'intention de Monſeigneur, mais il adviſa que Sainct Niquaiſe eſtoit ſi bien apris, qu'il ſe contenteroit de ce que le Roy par ſon Edit de pacification, a déclaré que tout ce qui a eſté fur ce fait, a eſté pour ſon ſervice : ſi c'eſt pour ſon ſervice, quelle raiſon y a-il d'en ſçavoir mauvais gré à de Vaux, ny moins luy ſçavoir pis des bleds, vins & autres denrées pris à Cluny, Lordon & ailleurs ? C'eſt le plus grand bien qui avint onques à Sainct Niquaiſe : car il trouvera touſjours en l'Edit, que c'eſt pour le ſervice de Sa Majeſté : de l'interpreter autrement on feroit violence au texte de l'Edit, & pour cela Sainct Niquaiſe, ny Sainct Barthelemy n'en ſeroyent pas plus ſages.

De dire que ſi de Vaux eut voulu, le Chaſteau de Lordon ſe fut reſtitué à la premiere ſommation qui fut faite : je ne ſçay comment Sainct Niquaiſe l'entend, bien ſçay-je que de Vaux n'a que faire de Lordon, ny des biens que S. Niquaiſe puiſſe avoir, tant il eſt content de ſa condition : une choſe puis-je bien croire, c'eſt que qui mettroit au choix de de Vaux pour qui il aimeroit mieux Lordon, ou entre les mains de Monſeigneur frere du Roy, ou entre celles de Sainct Niquaiſe, il eſliroit Monſeigneur, ainſi ſi Monſeigneur le tenoit lors de la ſommation de laquelle il parle, je ne fais doubte que de Vaux n'aye pluſtoſt incliné du coſté de Monſeigneur. Mais laiſſons-là de Vaux, & empruntons ſur ce la voix dès Grans & des petits, Papiſtes & Huguenots, hommes & femmes : n'en y a-il pas un qui n'eſliſe cent mille fois pluſtoſt Monſeigneur, eſtant comme il eſt, fils & frere du Roy : que Sainct Niquaiſe, qui n'eſt que fils d'un Palefrenier : Monſeigneur fils légitime d'un des plus grand Roy qui fut onques, S. Niquaiſe baſtard, fils du plus ſordide & vilain perſonnage qui naquiſt onques de mere : Monſeigneur Prince Chreſtien & très-illuſtre, S. Niquaiſe Atheiſte, remply de toute impiété : Monſeigneur, gracieux, liberal & debonnaire : Sainct Niquaiſe cruel, taquin, tyran, larron, voleur & empoiſonneur : j'ay horreur de balancer icy l'inegalité d'une telle comparaiſon, ſinon que comme le blanc ſe fait mieux paroiſtre parmy le noir, auſſi le luſtre d'un ſi magnanime Prince reluit parmy l'obſcurité de ce fils de putain.

L'intention de Monſeigneur n'a jamais eſté, que Lordon fut reſtitué à ce baſtard, pour une infinité de plainctes qu'on luy a faictes de ſes malverſations : & n'y a pas long-temps qu'on luy en a ouy dire de terribles & Eſtranges propos, & que ſi Dieu permet qu'il y ait une fois Juſtice en France, il n'y a article en ceſte Legende qu'on ne mette bien en lumiere : faut un peu patienter, Sainct Niquiſe fait querimonie à l'encontre de de Vaux, ſur ce, qu'en tous les Procez qu'il a au Bailliage de Maſcon, de Vaux eſt touſjours Advocat
pour

pour fes Parties adverfes, & qu'il s'en pourroit bien paffer. En quoy je vous prie luy fait de Vaux fur ce offence ? s'il n'eftoit Advocat ny en auroit-il pas un autre ? fi auroit, & qui peut eltre le galoperoit bien d'une autre forte : fimplement de Vaux plaide le droit de fes Parties, & luy déplaît bien fouvent de voir les traictemens que Sainct Niquaife fait à fes fujets. Que s'il eftoit Magiftrat, je ne fay doubte qu'il ne luy fit bien tenir pied à boule, & que fes brigands & empoifonneurs domeftiques ne roderoyent pas tant par Pays à la foule & ruine du povre peuple fans eftre chaftiez comme il appartient.

Mais à quel propos met-on fus à de Vaux une telle calomnie, veu la modeftie qu'il garde en plaidant contre luy, l'honneur & reverence que il luy porte, les titre & qualitez qu'il luy baille ? car jamais il ne luy fort mot de la bouche touchant Sainct Niquaife, qu'il ne l'appelle le Seigneur très-illuftriffime & très-Reverendiffime Abbé de Cluny : le recognoiffant non feulement pour un grand, puiffant & fignalé Seigneur, mais pour un plus que très-venerable Pere fpirituel, tel qu'il eft, eftant promeu aux Saincts & facrez ordres. Car (Dieu merci) il n'a pas laiffé couler tout le temps de fa vie, fans avoir bien & foigneufement feuilleté les Saincts Decrets du Droit Canon : où entre autres chofes remarquables, a trouvé que les Papes, Preſtres & Prelats, font nommez peres des Chreftiens, au chapitre *nuntius ex. de teftib.* Qu'il les faut fuperlativement & fans reftriction honorer : car puis qu'ils fervent au gouvernement de l'Eglife, ce feroit trop les mefprifer, ne les cherir, aimer & reverer : non pas toutesfois tant que la faincteté du Pape, parce qu'il eft le Chef de toute l'Eglife, en

tel degré qu'eft le moteur du premier mouvement, duquel les Philofophes ont fi bien gafouillé : & Meffieurs les Prelats font bien caufes premieres d'un tel mouvement, non pas efficientes, mais inftrumentales. Pour mieux cognoiftre cecy, faut remarquer qu'il y a une harmonie du monde celeftiel avec ce monde terreftre, que comme les intelligences, Anges & ames fpirituelles, par l'influence & affiftance prefident ça bas, fous la charge de ce grand & infini premier moteur, ainfi que dit Averroës, Avicembrun, Simplice, Philopone, Hierofme Cardan, & plufieurs autres : auffi les Prelats font eftablis pour regir, mouvoir & gouverner tout le monde fous l'empire & pouvoir du Sainct Siége Apoftolique : que s'il y a grande inegalité entre les Anges & les hommes, auffi il y a beaucoup plus longue diftance de la dignité des Prélats & des Chreftiens.

Quel fcandale à voftre advis, quant cefte Legende viendra à eftre publiée par ce Royaume, & voir que l'impunité face ainfi fubfifter un tel monftre, & d'avoir en fa compagnie des gens, le moindre defquels à mille & mille fois merité la roue ?

Ce qu'il en veut fi fort à de Vaux, eft que ferieufement on a inventorié tout ce threfor de Lordon, & parmy ce threfor eft apparu tout ce que S. Niquaife pretendoit s'approprier, dont il creve de defpit. On y a recogneu des traits tels que s'il en eft une fois recherché, on luy fera dire de terribles chofes : je cognois des gens de bien & d'honeur qui ne defireroyent pas mieux que d'eftre fon Commiffaire, pour luy faire & inftruire fon Procez.

Ne fera impertinent de mettre icy en avant une ftrete que S. Niquaife a voulu jouer, afin que de Vaux s'en

prenne

prenne garde , & en face son profit. Il
y a environ trois ou quatre ans qu'iceluy de Vaux avoit un beau mulet , qui
autresfois avoit esté à un nommé Chril-
lot Advocat de Dijon ; qu'il disoit avoir
esté pris au Mont Sainct Vincent aux
Brenots ses beaux-freres : requeroit instamment restitution d'iceluy , de Vaux
ne le pouvoit rendre pour plusieurs raisons qu'il mettoit en avant & qui seroyent trop longues à discourir : on offre aux Brenots infinis moyens pour se
venger de de Vaux , du refus qu'il faisoit de restituer le mulet : mais comme
sages & bien advisez , respondoyent
tousjours qu'ils en accorderoyent très-
bien avec de Vaux : que fait là-dessus
S. Niquaise ? il depesche Belle-Perche ,
S. Barthelemy , S. Martin & quelques
autres voleurs à Mascon , avec un homme incognu aussi bons garnemens
qu'eux , comme est à presumer. Car
cest incognu qui faisoit du niais , se tenoit du long de la riviere sous l'escorcherie , attendant que le valet ou laquais de de Vaux vint abreuver le mulet , & après de démonter le laquais &
dire que le mulet estoit à Monsieur Bre-
not son Maistre , en esperance que de
Vaux , au premier bruit de la prise de
son mulet sortiroit de sa maison , &
viendroit le recourir : mais de bonheur le mulet de tout ce jour ne sortist
ny fut abbruvé à la riviere , & bien en
prit à de Vaux : car si l'affaire eut suc-
cedé selon la desconvenue de S. Niquaise , pour certain cest homme incognu (sous l'escorte de S. Barthelemy , Belle-Perche & autres brigandeaux
qui l'attendoyent soubs S. Jean de l'Isle , montez & équipez de mesmes) eut
baillé un coup de pistole à de Vaux. S.
Niquaise à leur arrivée à Cluny , se trouva bien estonné de ce qu'ils avoyent
failly à leur proye , luy raconterent

comme le tout estoit passé , & que la
maladie de Monsieur le mulet avoit ga-
renty la vie du paillard , ainsi nom-
moyent-ils de Vaux.

Faut bien dire que la menée de ce
mulet se faisoit par l'intelligence d'aucuns seditieux de la Ville de Mascon :
car le propre jour , ou le lendemain on
rompit toutes les vitres & fenestres de
la maison d'iceluy de Vaux : & s'il se fut
presenté aux fenestres , ou bien sorty de
sa maison , on luy eut fait un très-mau-
vais tour , selon qu'on a bien apris par
un bon personnage , qui a descouvert &
par eux-mesmes tout le dessein du mulet.

Entre tous ceux de robbe longue de
Mascon , S. Niquaise (après de Vaux)
en veut au Lieutenant particulier, Chandon : & si ne sçauroit dire pourquoy ,
sinon que Chandon est si vertueux &
bon Justicier , qu'il ne peut favoriser à
toutes les actions & déportemens de ce
monstre , ny encore moins de ses brigandeaux : tellement que si son conseil
estoit suivy , il les garderoit bien de ty-
ranniser & brigander les povres subjets
du Roy au Bailliage de Masconnois.
Advint un jour que S. Barthelemy dit à
S. Niquaise , que pour bien attrapper
de Vaux , faudroit captiver Chandon
son beau-frere , par le moyen duquel ,
on pourroit acheminer de Vaux à luy
faire accroire que S. Niquaise voudroit
bien se servir de luy , & l'honorer de
sa Judicature de Cluny , à la survivance de luy & de son fils : que de Vaux se
lairroit facilement endormir , pourveu
que cela fut démené par Chandon.
Trouvez un autre expedient va dire S.
Niquaise : car Chandon & moy , ne
nous chaussons pas à un pied : davantage il est finet , & encore qu'il n'aime
pas beaucoup les Huguenots : s'il s'apperçoit de la menée , il ne faudra d'a-
vertir

vertir incontinent fon beau-frere, qui fera cependant fon profit de la reinte-grande de fon eftat, & furvivance : & après nous aurons bien affaire à le luy arracher des mains. Vous avez veu comme il a promené Monfieur le Cardinal, pour raifon de fon Office : c'eft à faire (refpondit Sainct Barthelemy) à banqueter ceans le Lieutenant particulier de Vaux, & fon fils : & fi dans trois fepmaines après je ne les envoye féeller leurs Lettres à la Cour Souveraine d'enhaut, je veux que tous les diables l'emportent, & moy aufsi : ce vilain mit là en termes, le throfne de Dieu, & les diables par moquerie, car il ne croit ny en l'un ny en l'autre. La refolution toutesfois fut prife qu'à la diligence de S. Barthelemy, on fondéroit le Lieutenant particulier, pour parvenir à l'execution de leurs mefchans & dampnables deffeins : mais en ces entrefaites on a eu à faire de Sainct Barthelemy ailleurs pour en aller bouconner d'autres, felon qu'il fera amplement defduit cy-après : qui bien en prit au Lieutenant particulier & à de Vaux, à caufe que l'invention de ce malheureux eftoit bien convenable pour attempter fur ces deux perfonnages : il eft vray que le Lieutenant Chandon n'aime pas beaucoup à froter fa robe avec telles gens : voyant comme il fçait, de quel meftier ils fe meflent : toutesfois il n'y a fi bon ne fi bien advifé, qui ne fe trouve quelquefois furpris dans les filets de tels garnemens. Qui me fait requerir le Lieutenant particulier & fon beaufrere, fe vouloit donner garde de ces monftres : fe vouloir fouvenir fur tout de la rufe qu'il a jouée, pour empoifonner la Royne de Navarre, Prince de Porcian & tant d'autres excellens perfonnages : d'alleguer que ceux-là

eftoyent de la Religion Reformée, & qu'indifferemment ne voudroyent pratiquer leurs venimeufes mixtions fur les Catholiques : donne-toy garde n'eft pas mort, car quant vous aurez leu cefte Legende, vous verrez que le nombre des empoifonnez Papiftes, eft plus grand que celuy dès Huguenots. Domp Girard Boyer, Prieur de Charlieu, eftoit-il Huguenot ? Ces Docteurs en Theologie, Cottignon & Pennet, furent-ils onques de la Religion ? Tous ces Prieurs qui font de l'Ordre & collation de Cluny, invitez, interpellez & femonds fi folemnellement de fe reprefenter au grand chapitre de Cluny, pourquoy faire ? Pour eftre empoifonnez, ont-ils jamais fait profefsion d'icelle Religion ? Mefsire Fiacre, pere de Sainct Niquaife, eftoit-il pas Preftre & tant d'autres Catholiques, qu'avez desjà veu cy-devant, que ce malheureux a fait mourir ?

Je fçay bien qu'il y a une particuliere raifon, pour laquelle Sainct Niquaife en veut à Chandon, ce n'eft pas pour eftre beau-frere de de Vaux : car s'il ne l'eftoit, un autre le feroit : mais c'eft que comment Chandon eft perfonnage fort fignalé, qui entre autres graces a un bon boute-hors ; c'eft-à-dire, qui a une langue diferte pour bien dire tout ce qu'il veut ; & comme tel, il paffe bien peu de Princes & Grans Seigneurs, Prefidens, Maiftres des Requeftes & Confeillers, aufquels ils ne voife faire la reverence : & aufsi eux prennent à bien grand plaifir de le voir & cognoiftre, c'eft un ordinaire aux grans qui paffent pays, de s'informer de l'eftat & tranquilité de la Province, comment ceux du Clergé, de la Nobleffe & du tiers-Eftat fe comportent, & s'il y a aucuns qui aye occafion fe plaindre ;

à

O

à tels & femblables interrogatoires, Chandon a accouftumé de rendre fort bonne raifon, & combien la Bourgongne & Province de Mafconnois a à loüer Dieu, tant du bon Gouvernement de Monfieur le Duc du Maine, que de Monfieur le Grand, qu'il n'y a Province ny généralité au Royaume de France plus heureufe que celle de Bourgongne : & comme Chandon n'eft point fac au diable, il ne fait difficulté de dire la vérité, de l'efpine que le Bailliage de Mafconnois a au talon : depuis que Sainct Niquaife a efté coadjuteur & Abbé de Cluny : toute la faute que fait là-deffus Chandon, c'eft qu'il n'exprime pas les parties de ces mefchancetez, comment il devroit : combien que le peu qu'il en touche tranche comme un rafoir : fi devroit-il particularifer fa deconvenue, pour monftrer de l'énormité d'icelle. Le mefcontentement donques de Sainct Niquaife procede de cela, & de ce qu'il eft bien inftruict qu'à la relation de telles perfonnes, les Prefidens & Maiftres des Requeftes faifans leurs chevauchées, ont accouftumé d'en reveftir leurs procez-verbaux : pour le moins il y a bien peu de Confeillers qui n'en retiennent peu ou prou dans leurs tablettes, qui eft caufe que dans le papier rouge des Cours Souveraines, Sainct Niquaife, Sainct Barthelemy, Belle-Perche, Capitaine S. Martin, y font chroniquez & efcrits, comme il faut.

De telles retentions & memoires, S. Niquaife ne fçait du tout fi mauvais gré à Chandon, comme à de Vaux, ayant, comme il a, ferme opinion qu'elles font faites & retenues par fon artifice & diligence : en quoy il s'abufe grandement, car ayant l'alliance qui eft aujourd'huy entre Chandon & de Vaux, Chandon fçavoit, & eftoit fort bien inftruit, de la vie & converfation de Sainct Niquaife, il l'a fçavoit bien : que s'il eut voulu informer des plaintes & doleances à luy faites par les fujets du Roy au Bailliage de Mafconnois, à l'encontre de Sainct Niquaife & fes domeftiques, le Greffier, ny tous fes clercs, ne fuffiroyent pas pour informer & efcrire, tant la multiplicité des malefices eft grande. N'eft-ce rien à voftre advis, de ne laiffer paffer un jour, fans faire vingt-cinq ou trente contracts & obligations tous ufuraires, defguifez & faux ? N'eft-ce rien chacun jour par force & violence, faire faire à fes fubjets, trente, quarante, cent & deux cens corvées ? N'eft-ce rien de faire chacun jour quatorze, quinze, vingt, trente, & quarante concuffions & pilleries ? N'eft-ce rien de ne laiffer une journée fans faire amener prifonnier, contre toute forme de droit, fix, fept, douze & vingt perfonnes en fon chafteau de Lordon : & là après les avoir tenu dans les crottons ou jaquettes, deux ou trois jours fans boire ny manger, les rançonner à quarante, cinquante, cent, deux & trois cens efcus ? N'eft-ce rien de ravir, violer & prendre par force, trois, quatre, cinq & fix femmes ou filles en un jour par fes brigandeaux ? N'eft-ce rien de battre, outrager, tuer & affaffiner ordinairement ceux, qui cuident s'oppofer à la tyrannie & cruauté de fes brigands ? N'eft-ce rien de faire prendre par force la faulfe monnoye, qu'ils font ordinairement fabriquer dans Lordon ? N'eft-ce rien de ravir & ofter par force de jour en jour, aux povres laboureurs, chevaux, jumens, bœufs, veaux, moutons & autre beftail ? N'eft-ce rien d'ofter à fes fujets leurs documens, titres, papiers & enfeignemens, pour leur faire perdre, & les priver de leurs communautez,

communautez, vaines pastures & autres priviléges?

Nous ne parlons icy des empoisonnemens, sodomie, crimes de Leze-Majesté divine & humaine, & autres crimes horribles & detestables qu'ils commettent ordinairement, pour lesquels qui en voudroit informer, faudroit des Commissaires plus encore, que pour ceux que nous venons de dire. Et toutesfois les Lieutenant Général & Particulier de Mascon (contre toute équité toutesfois) ne sçauroyent monstrer vingt-cinq ou trente informations faites à l'encontre de ces monstres, au lieu qu'ils en devroyent avoir trois ou quatre mil paires, connivence que Dieu leur redemandera: elle est bien telle, que quand les povres villageois se vont plaindre à l'encontre de Sainct Niquaise, ou bien seulement pour faire dresser une simple Requeste contre luy, ne sçauroyent trouver Advocats, Clers ny Procureurs, qui la vueillent escrire, & pour toute excuse, ne sçavent sinon dire, que leur ancre est gelée, quand il est question d'escrire contre luy, est-ce justice que cela? Non asseurement: mais injustice toute évidente.

Ne sert de dire, que les Parties se devroyent adresser à de Vaux, comme s'il estoit assiduellement à Mascon: & quand il y seroit, il a, Dieu mercy, d'autres affaires que de si souvent remuer l'ordure, qui est en la flute de S. Niquaise: qu'un autre s'y employe aussi-bien qu'il a fait, & qu'il espere faire à l'advenir, qu'on nettoyera en ce faisant le pays de telles pestes, fut aussi-bien esté requis ne toucher rien du fait de de Vaux, jusques après la prise de Lordon, mais nous sommes incertains si ceste Legende pourra estre revestue des memoires qui doyvent avoir esté dressées pour icelle prise, à cause qu'on ne les peut bonnement recouvrer.

CHAPITRE XXXI.

Que Sainct Niquaise a eu opinion, que de Vaux avoit composé certain Pasquil à l'encontre de luy, & comme depuis pour iceluy, il a voulu faire mourir Maistre Jean du Mostier, Apothicaire.

IL faut bien dire qu'il en vueille du tout à de Vaux, car sans considerer la phrase, la vaine, & le stile de de Vaux, il a faussement jugé, qu'il avoit fait & composé un Pasquil, en rime Françoise, à l'encontre de luy: que nous avons icy inseré, de mot à mot, non que la Poësie d'iceluy en soit bonne, ny aussi le langage, qui est rude: & n'y a rien là-dedans, qui sonne, hormis que le sujet en est très-bon, & tous les points mentionnez, très-véritables. Mais à quel propos l'auroit fait de Vaux? Je croy qu'il a bien autre chose à faire, que de rimailler S. Niquaise, les faits & gestes duquel, sont suffisamment descripts ailleurs, non pas en rime, mais en Prose, non pas en Pasquils, mais en bons procez verbaux, actes, charges & informations, cependant Sainct Niquaise a demeuré long-temps en opinion, que de Vaux l'avoit composé: mesmes qu'il l'avoit fait imprimer, & iceluy envoyé par tous lieux & endroits de ce Royaume, où l'on peut avoir ouy parler de S. Niquaise & de Sainct Barthelemy, en quoy Sainct Niquaise se trompe par trop: car de Vaux, s'il y avoit mis la main, ne voudroit le mettre en ny (1).

Il

(1) *En ny.*] C'est-à-dire, ne voudroit pas le nier ou mettre en denegation: c'est la premiere fois que je lis cette maniere de parler.

Il n'est pas seul qu'il a ainsi soupçonné de l'avoir fait, d'autant qu'il en a recerché bien exactement Maistre Jean du Mostier, Apothicaire de Cluny, & de telle sorte, qu'il avoit juré sa mort, encore que ce bon personnage n'y eut onques pensé : voilà comment une mauvaise conscience, telle que celle de Sainct Niquaise, ne fait que mal penser d'autruy. Asseurément ce Pasquil quelque mal rimé qu'il soit, a bien fait parler de Sainct Niquaise, & y a bien peu de Princes, Prélats, Grands Seigneurs, & autres en France, qui n'en ait eu copie, & qui ne aye pris plaisir à se faire construire le texte d'iceluy, pour détester la vie d'une si maudite creature. Le jugement qu'ils donnoyent là-dessus, c'estoit, qu'en un sac on devoit mettre ce monstre, & aussi son Sainct Barthelemy, puis les jetter tous deux à la riviere : mais faudra bien reformer un tel jugement, quand ils auront leu le contenu de sa Legende, & au lieu de les noyer, faut premierement les démembrer membre par membre : ou bien les faire tirer à quatre chevaux, qui mieux n'aimera les faire

bouillir en l'huile (1), sinon qu'on vousist leur faire souffrir encore plus cruel supplice, comme aux plus criminels que la terre portast onques.

Qui voudroit raconter toutes les entreprises que ce meschant a fait faire, pour avoir la vie de de Vaux, ne seroit jamais fait. Par cela que nous en avons touché, on peut bien cognoistre s'il luy en veut. Qu'il se garde donques de ce loup, autrement qu'il sçache qu'il le dévorera, qu'il se abstienne sur tout d'aller en Vaux, ny ailleurs, sinon qu'il soit bien accompagné. Et pour le regard du Lieutenant particulier son beau-frere, s'il advient que Sainct Barthelemy, vueille entamer quelque reconciliation, sous quelque pretexte que ce puisse estre, ou bien se semondre de luy-mesmes, de vouloir aller voir sa maison à Davayé, pour y boire avec luy, refusez tout à plat toutes telles courtoisies & civilitez, sinon qu'aimiez mieux honnestement vous excuser, autrement il vous envoyera chasser aux taupes, comme a esté dit au precedent chapitre.

S'ENSUIT LA TENEUR DU PASQUIL DE LORDON, & du Sonnet à la fin d'iceluy.

LA vie d'un bastard vous est icy descripte,
D'un bougre, d'un larron, & d'un vray Sodomite,
De Claude le bastard : ainsi le faut nommer,
Et ne luy appartient oser se renommer :
Estre issu de ce Duc chevalereux de Guyse.

On

(1) C'étoit anciennement la peine que l'on imposoit aux faux-monnoyeurs. Nous voyons cette punition en usage en 1347. 1412. 1415. 1417. 1522. 1523. 1527. & 1550 : comme on le remarque tres-souvent dans Sauval, en ses Antiquitez de Paris Tom. 1. pag. 596. & Tom. 3. pag. 226. & aux preuves pag. 269. 274. 282. 605. 607. 608. Ainsi on ne doit pas être étonné d'en voir un article dans la Coutume du Loudunois, qui porte que qui fait ou forge fausse monnoye, doit être traîné, bouilli & pendu,

On en voit encore une preuve aux Mem. de M. De l'Estoile, à l'an 1587. où il dit : Le Mercredi 21 Janvier, le Samedi & Mercredi suivans, furent pendus cinq faux monnoyeurs ; & le Samedi dernier du mois, fut bouilli aux Halles, celui qui étoit comme le Maître de ces ouvriers d'iniquité. Cette punition subsiste encore dans les Pays-Bas : ainsi c'est avec raison que l'Auteur de la Legende la veut imposer aux Emissaires de Dom Claude de Guise, comme coupables du même crime.

On ſçait bien quel il eſt , & la belle feintiſe ,
Qu'on donna à ce Duc , c'eſt un Palefrenier ,
Qui baſtiſt ce baſtard au ſommet d'un ſenier ,
Qui ſerra de ſi près ſa maiſtreſſe de Serre ,
Sur le foin , qu'en ſortiſt ceſt eſclair de tonnerre.

　　Qui ayant quelque temps foudroyé la Champaigne ,
Fuſt icy envoyé piller noſtre campagne ,
Et nos vaux , & nos monts , & tout vifs devorer
Les povres Maſconnois , leſquels pour honorer
Monſieur le Cardinal , n'ont pas oſé gronder
Contre luy un ſeul mot : voire non pas ſonder
Les moyens d'esbaudir la chaleureuſe nue ,
Nourriſſe du malheur de leur deſconvenue.

　　De tant plus eſt enflé le baſtard Sainct Niquaiſe :
Car ſe voyant ſi gras , ſi haut & à ſon aiſe ,
L'un des plus gros Abbez , & celuy auquel gronde
Un threſor le plus grand , qu'il ſceuſt en tout ce monde :
Il fait comme un porceau , lequel ſe ſent ſi gras ,
Si peſant , qu'on ne peut le tenir de deux bras :
Et lequel ſe veautrant met ſes pieds dans ſa bauge ,
La renverſe ſur ſoy , auſſi dedans ſa bauge.

　　Ainſi ce gras baſtard fut ſi ſot , temeraire ,
Si maudit , ſi pervers , qu'il pillaſt le ſacraire ,
Dont vendiſt à Lyon la plus grande partie ,
L'autre dans le Chaſteau de Lordon fit mener
Au Sieur de Sainct Belin , penſant bien demener ,
Sans qu'aucun ſonnaſt mot de telle ſymonie
Avecques l'eſcorcheur de Sainct Barthelemy ,
Qu'il tient pour ſon conſeil , ſon appuy , ſon amy :
Le bas de la jument , qui forge la monnoye :
Eſtoit-ce point (Meſſieurs) pour le Duc de Savoye ?

　　Non , de par Dieu , c'eſtoit (dit-il) Meſſieurs de Guÿſe
Pour vous , pour preſider au milieu de l'Egliſe ,
Pour eſtre Cardinal , ou Pape (s'il pouvoit)
Pourquoy ne l'a-il fait ? quand ſi bien il avoit
Ce threſor en ſes mains : la dignité Papale
Au fin creux d'Acheron tels garnemens devale.

　　Mais il fut bien deceu , car Lordon , la chevance ,
Ce qui eſtoit dedans eſt mis en bonnes mains ,
Au ſervice du Roy : & dont orfevres maints
Ont eu de gros lingots , tant de teſtons de France
Sont venus de Lordon , & des ſainctes reliques ,
Que l'Abbé de Cluny par moyens trop obliques
Vouloit s'approprier : il eut fait ſimonie :

O ʒ

Le

Le profit du public un tel deffaut supplie.

  Donc non contant d'avoir commis tel sacrilege,
Ce vilain a destruit, l'Hospital, le College,
Pour tripoter : faisant estat d'estre semblable
Au grand Escarcelier, son bon Seigneur le Diable,
Lequel est maintenant au fond du feu d'Enfer,
Où il mange Satan, & le beau Lucifer.

  Or pour pouvoir tant mieux jouer son personnage,
Il sçait si bien farder ses mœurs & son langage,
Qu'à le voir vous diriez, que c'est le plus sainct homme,
Qu'oncques ait esté veu, voire venu de Rome.
Mais quand il vient au fait, il pille, & il rançonne,
Dessous main il meurtrit, il viole, il bouconne :

  Et pour si grands exploits il ne voudroit la Borde,
La Noix, ny Esopet, ny moins aussi Filloux,
Le Bragard, le Morveux, entend bien tous ces coups.
Il sçait bien comme il faut danser par sus la corde.
Et qu'on luy baille en main un Janot, ou dortaut,
Ce grand Quentin Belot, ou quelque autre lordaut :
Et un simple contract faux & abominable,
Pourveu qu'il soit signé Bridet, le nom d'un Diable.
Le Morveux braguera, & Sainct Barthelemy :
Si Monsieur à la dent, sur sien quelque ennemy,
Il l'escorche tout vif, il l'envoye coucher,
Plustost qu'il n'a loisir tant soit peu se moucher.
Il est marchant grossier, mais c'est de fine espice :
Domps Penet, Cotignon y sont entrez en lice,
Sans sçavoir avec luy : le pere à Sainct Niquaise
A eu un saupiquet de la chaude fournaise
De Sainct Barthelemy : la Royne de Navarre,
Monsieur le Cardinal, on dit tard gare, gare,
Garnier les a poivrez, tout comme il avoit fait
Le Prince Porcian, & de nom & de fait.

  Monsieur de Sainct Clement, le corporal Fournier,
Maistre Gilbert Regnaud, avec Vincent Bernier :
S'il falloit informer de luy & ses complices,
Voudroyent bien descouvrir de plus grands malefices,
Ils ont peur que Garnier trop tost ne les envoye
Avecques Guterry, pour voir la mort en voye.

  Si le maistre est bastard, tous ses valets le sont :
Si le maistre fait mal, tous ses valets le sont :
Si le maistre a un cœur inhumain & sauvage,
Ses valets sont bien plus aleurez au carnage :
S'il dit, il faut avoir le galand, quoy qu'il coste :
Sainct Barthelemy sort, S. Martin court la poste ;

                                     Apremont

Apremont & Vaillant , & le gueux Belle-Perche ,
Bridet , & le Morveux , tendent leur longue perche ,
Pour le prendre aux filets : & le mettre en Justice ,
Parce que plus souvent contre la paroy pisse ,
Il doit prou à Monsieur , ha ce n'est qu'un faulfaire ,
Le contract est ès mains de Vaillant , il veut faire
Venir les estrangiers : s'ils ne peuvent l'avoir
Par si subtils moyens , il le faut esmouvoir
A outrager quelqu'un : car d'estoc soit de taille ,
Il le faut amener au champ de la bataille :
Lors cinq ou six voleurs l'attaquent , l'exterminent ,
Sainct Martin est le chef de ceux qui assassinent
Si souvent à Cluny : ha Sainct Barthelemy
Il n'est pas si cruel , ne frappe qu'à demy ,
Il fait plus en riant , en faisant bonne chere ,
Que tous ces brigandeaux : il caresse , il revere
Les haineux de Monsieur : souvent il leur appreste
Un petit desjuné si friand , tant honneste ,
Si bien assaisonné , qu'esprins de telle viande ,
Sans vouloir , sont contraints sommeiller ; on demande
Pourquoy ? c'est pour chasser aux taupes dessous terre ,
Afin que par après ne facent plus de guerre.

SONNET.

Domp Claude , contre toy tout le pays murmure :
De ce que tu ravis à un chascun le sien ,
Soit à tort , soit à droit , pour agrandir le tien ,
Par fraude , par effort , par trop rongeante usure.

Dont je ne m'esbahis , ce n'est que ta nature :
Puis qu'ès Moyne , bastard : Moyne ne vaudra rien ,
Ne vaut , & n'a valu : le lievre prend le chien
Quand on voit le bastard s'adonner à droiture.

Si bien , que qui voudroit au vif representer
Le pourtrait d'un meschant , devroit faire planter
Ton chef sur un posteau , où mettroit pour devise :

C'est le chef d'un meschant , d'un contempteur de Dieu :
Lequel a saccagé le sainct & sacré lieu :
D'un Moyne , d'un bastard , de Domp Claude de Guyse.

Très-volontiers j'eusse bien voulu des-duire aucunes particularitez sur ce Pas-quil , & de certains propos sur ce tenus , par des plus Grans de ce Royaume : mais nous avons laissé , comme sçavez , le Cardinal de Lorraine à Cluny , qui est sur son partement pour aller en Court : partant convient l'aller voir , & reprendre les dernieres arres de l'estat où nous l'avons laissé.

CHAPITRE

CHAPITRE XXXII.

Motif de faire empoisonner le Roy Charles neufiéme, qui l'a empoisonné, & comment fa maladie induftrieufement eft rejettée par Sainct Barthelemy fur un Italien, qu'il dit eftre magicien.

AU vingt-neufiéme chapitre de cefte Legende, vous avez entendu l'arrivée à Cluny du Cardinal de Lorraine, qui remua beaucoup d'affaires, pour raifon de l'œconomat de fon Abbaye, & avoit bien envie fe courroucer à Sainct Niquaife, pour les grans reproches, que le Pape & tous les Cardinaux luy avoyent fait de fa mauvaife vie*, comme vous entendrez une autre fois : toutesfois le Cardinal diffimula fon mefcontentement pour ce coup, à caufe qu'il avoit un ver, qui frizoit fa queuë dans la confcience de ce Prelat, en telle forte qu'il n'avoit point de repos : d'autre cofté il avoit defcouvert, paffant en Italie, que le Roy Charles, depuis le maffacre, s'eftoit toujours defpité, & le chagrin fi bien ancré en luy, qu'il ne prenoit plus plaifir d'ouïr parler du Cardinal, ny de ceux de la maifon de Guyfe : que quelquefois en grinçant les dents, on luy avoit ouy dire : par la digne mort dieu, je voudrois que le Cardinal & toute fa race, fuffent là où eft l'Admiral : qu'en defpit de l'heure que je les aye jamais creu, & autres tels & femblables propos : qui demonftroyent fuffifamment, que le Cardinal, & tous ceux de la maifon de Guyfe, eftoyent enfilez en fon indignation. Et ce qui le faifoit ainfi croire fi fermement au Cardinal, furent trois ou quatre defpêches qu'il receut, tant du Cardinal de Guyfe, que de fes

*On en aura la preuve par la Lettre du Cardinal Pellevé que j'imprime.

nepveüs : toutes confirmatives à l'advertiffement qu'il avoit fur ce receu en Italie.

Dès l'heure & le jour de la reception de telles defpêches, il demeura plus penfif qu'auparavant, & de fois à d'autre, foit au difné, foit au fouppé, tenoit toujours quelque propos à l'honneur & à la louange du Roy de Pologne, difant, que ce Royaume là eftoit bien floriffant & bien heureux, d'eftre commandé par le plus fage & magnanime Prince, qui fut aujourd'huy en la Chreftienté. Que la povre France ne fçavoit la perte qu'elle avoit faite, de s'eftre faite orpheline d'un tel & fi genereux Prince, que Dieu par maniere de dire, avoit foufté fur les plus parfaites & entieres profperitez de l'Eglife Gallicane, que le protecteur du povre Clergé eftoit par trop efloigné pour en efperer le fruit, confort & aide, dont il avoit acouftumé leur faire jouyr. Puis en fouspirant (difoit) eft-ce cecy la recompenfe, d'en vouloir à ceux à qui on eft tant obligé ? A-on jamais ouy parler de telle ingratitude ? Je ne le puis croire, ny moins fçaurois penfer.

Sur la varieté de tels foufpirs & plaintes, geftes, contenances, & tout autre langage que ne fouloit tenir le Cardinal, ceux qui eftoyent près de luy ne fçavoyent qu'en dire ny imaginer, & les plus habiles fur une telle & fi foudaine revolution, fuffent efté bien empefchez d'y faire quelque jugement. Car dès-lors qu'il eut à Rome les premieres nouvelles du Maffacre, & jufques à fon département de Rome, jamais Prelat ne magnifia la generofité, vertu, prudence & debonnaireté du Roy Charles, comme il avoit fait, jufques à dire, que fous le Sceptre d'un

Prince

Prince Chreſtien , n'avoit eſté fait un tel , ſi ſacré & ſolennel exploit (1), que celuy qui avoit eſté fait le jour Sainct Barthelemy, vingt-quatriefme d'Aouſt , en l'année mil cinq cens ſeptante-deux : que le triomphe d'un ſi excellent Roy , devoit eſtre celebré ſous les ſuffrages de l'Egliſe militante , ne plus ne moins , comme ſi tout d'un coup , il avoit ſupplanté & mis par terre tous les ennemis d'iceluy : qu'il pouvoit bien dire , que jamais le Sainct Siége Apoſtolique n'avoit eu un tel & ſi rude ennemy , que Gaſpard de Coligny , qu'un bien grand Monarque n'eut oſé entreprendre une ſi ſuperbe & audacieuſe entrepriſe comme il avoit fait : par le moyen de laquelle noſtre Mere Saincte Egliſe, avoit autant & plus ſouffert , qu'elle n'avoit jamais fait : que ſans doute l'Admiral eut executé ſes malheureux deſſeins , s'il ne fut eſté prevenu de la ſorte qu'il a eſté , & partant que l'Egliſe ne ſe devoit jamais laſſer de rendre graces à Dieu , & à la glorieuſe & ſacrée Vierge Marie , & les prier pour la proſperité du Roy. Ceſte action de graces a continué juſques au temps de l'arrivée à Cluny du Cardinal, qui en bien , ny en mal, ne faiſoit mention du Roy Charles , ſinon à ſe plaindre , & en termes couverts , de la façon qu'avez cy-deſſus entendu. Ceux qui avoyent bon nez , ſentoyent bien que le Cardinal n'eſtoit content de ſon Roy, & que toutes ces pierres raboteuſes ; c'eſt-à-dire , plaines de ingratitude , tomboyent au jardin de Sa Majeſté , comme les autres pierres precieuſes & de ſi grande louan-

ge : demandoyent le retour en France du Roy de Pologne. Qui fait ainſi croire , c'eſtoit que tous ceux qui venoyent de la Court rapportoyent que le Roy eſtoit fort indigné contre ceux de la maiſon de Guyſe , & que ſi la corde ne rompoit, on ne tarderoit pas beaucoup à voir un beau jeu. Les autres alleguoyent que s'eſtoyent toutes faintes & diſſimulations , & que par tels déguiſemens le Cardinal vouloit (s'il eſtoit poſſible) compoſer & faire executer un autre & ſecond maſſacre : quoy que ſoit, & ſous l'eſpeſſeur d'une telle & ſi obſcure nuée , on appercevoit bien que les affaires de l'Abbaye de Cluny n'eſtoyent ſi grandes , qu'il falut que le Cardinal demeuraſt ſi ſouvent ſerré en ſon cabinet , comme il faiſoit , & dans lequel n'entroit avec luy que Sainct Niquaiſe & S. Barthelemy : au moyen dequoy , les plus clairs-voyans , jugerent que ſous une telle privauté & ſecrette conference, Sainct Barthelemy devoit eſtre employé & bien-toſt , à quelque bon ouvrage , ſignifiant par-là , que ſes mixtions ne tarderoyent gueres , ſans eſtre miſes en beſogne. Il eſtoit auſſi commun en la maiſon du Cardinal, de ce que ſçavoit faire S. Barthelemy, comme au Cardinal de dire Meſſe quand il vouloit faire quelque bon coup. Ce que l'experience démonſtra bien-toſt après , car le Cardinal ne fuſt pluſtoſt arrivé en Court, que S. Barthelemy ne tarda gueres à l'aller trouver.

Pour bien joüer ſon perſonnage , faiſoit ſemblant de n'avoir nul accez au Cardinal, & n'a eſté apperceu qu'une fois

(1) Les Italiens regarderent ce maſſacre de la S. Barthelemi , les uns comme une gentilleſſe du Roi Charles IX. & les autres comme une belle œuvre. Nous avons à ce ſujet un Livre Italien de Camilio CAPILUPI , ſous ce Titre : Lo Stratagema di Carlo IX. Rè di Francia contro li Ugonoti , Rebelli di Dio , in-4°. Roma 1572. Il ne faut donc pas s'étonner ſi le Cardinal de Lorraine en parle d'une maniere ſi avantageuſe , puiſque cette cruelle action étoit conduite par le Duc de Guiſe. Dieu le lui rendit bien enſuite, en le laiſſant perir miſerablement aux Etats de Blois de 1588.

P

fois avec luy en fa garderobe. Sainct Barthelemy, comme il eft entrant, & qui dit le mot, alloit, venoit au logis du Roy, & eftoit le bien venu entre les principaux Officiers, tant de la fommellerie, que cuifine de Sa Majefté : les frequentoit avec aufli grande privanté, que s'il fut efté Efchançon, ou maiftre Queux luy-mefmes. Ce train n'eut pas beaucoup duré, que le Roy devint extrèmement malade, & tellement extenué, qu'on appercevoit affez à fa mine, qu'il ne pouvoit eftre de de longue durée. Que fait cependant ce malheureux Sainct Barthelemy, il feme bruit en plufieurs endroits, que la magie prenoit vogue en France, plus qu'il ne feroit à defirer, & qu'on ne luy pouvoit ofter de la fantafie, qu'un magicien ne retint le Roy en la détreffe, de laquelle il eftoit fi travaillé. Et comme l'un des Efchançons du Roy dit, qu'il ne pouvoit croire, que la magie eut tant de pouvoir : mais au contraire, qu'il douteroit pluftoft que quelque Huguenot l'eut empoifonné. Je ne le penfe pas, (refpondit Sainct Barthelemy.) encore que je ne me fie pas beaucoup aux Huguenots, mais fi c'eftoit poifon, le Roy à la violence du mal qu'il fouffre, fut desjà mort, rejettant du tout fa maladie fur l'exorcifme de quelque forcier, ou bien fur l'artifice d'un magicien. L'Efchançon ravi en admiration, requeroit inftamment Sainct Barthelemy luy dire, s'il croyoit qu'un magicien eut bien telle puiffance, que de retenir un homme malade, & le faire mourir fans le toucher. Il le peut faire (refpondit S. Barthelemy) & le croy aufli fermement, que je vous parle, ne fçavez-vous pas l'induftrieufe curiofité des hommes, lefquels pour avoir eu fi ferme perfuafion des miftiques proprietez qui font ès nombres,

font allé cercher l'amitié, le commandement, & l'obeiffance qu'ont les nombres par entr'eux : jufques à trouver les nombres planetaires, fi laborieufement & fi artificiellement agencez, que je conclu affeurément, qu'on ne leur doit nier l'efficace qu'on leur attribue en la magie : par vertu de laquelle les magiciens ont tousjours fait & mis à fin de grandes chofes. Pour le faire court, Sainct Barthelemy en conta fi bien & fi beau, que non feulement l'Efchanfon, mais plufieurs Gentilshommes, qui oyoyent caqueter Sainct Barthelemy, fe laifferent perfuader, que la maladie du Roy dépendoit d'un magicien, & dès-lors le bruit courut par Court, que le Roy eftoit enforcelé.

Ce qui fortifia bien ce trait de magie, fut que le Cardinal ne tenoit autre propos, tellement que chacun creut à ce qu'il en vouloit faire croire. Et par ce moyen Sainct Barthelemy eftoit fi bien couvert, qu'on n'eut jamais eu opinion, que luy-mefmes avoit efté le magicien : ou pluftoft l'empoifonneur. Ce malheureux là s'avifa encore d'une grande fineffe : car comme il fçait tous les bons tours qui fe font à Paris, s'avifa d'un certain Italien, qui plus par folie, fuperftition que autrement, avoit fait une image de cire, & donna tel & fi bon ordre, que l'image, la cire & l'Italien, furent pris, & l'Italien conftitué prifonnier*. Par tout le Royaume, on ne parle que de l'Italien & de ceft image : on luy fait fon procez, pluftoft on luy veut faire acroire, que l'image c'eft l'éfigie & reprefentation du Roy, que le glaive duquel il piquoit l'image, c'eftoit cela mefme qui retenoit le Roy en l'agonie & langueur, en laquelle il eftoit ; je ne veux excufer l'Italien, ny fa fuperftition, mais le povre homme porte le faix & la peine que S. Barthelemy

*Il eft mention de ce magicien dans le procès de la Mole & Coconas. Voyez les Mem. de Nevers, Tom. 1. ceux de Caftelnau & Journal de Henri III. fur l'an 1574. de la nouvelle édition.

my devroit porter : car luy fans autre , doit eftre foupçonné d'avoir empoifonné le Roy , les indices font tels & fi grands , que qui examinera bien , & de près , ce peu que nous en avons touché, & les circonftances & dépendances de fon voyage , fur autre que luy on ne doit rejetter la mort de noftre Roy : qui à bien parler , eft auffi caufe de fa mort , il n'avoit que faire de manifefter le mefcontentement qu'il avoit à l'encontre de ceux de Guyfe , ny moins rejetter fur eux l'exploit du maffacre, fe pouvant bien penfer , que comme ils avoyent ofé entreprendre ; & fur ce , abufer de fon authorité , qu'ils le traiteroyent de mefmes , s'il ne fe tenoit ferme de leur cofté. Ils voyoient à veuë d'œil, de combien il commençoit à détefter le maffacre ; ils voyoient d'ailleurs en quel péril ils eftoyent , fi la fanté luy eut permis de les recercher : n'ont peu moins faire fur telles confiderations, que de recourir à leur remede accouftumé , & faire que par un Sainct Barthelemy , leur maffacre de S. Barthelemy , demeuraft authorifé comme il avoit efté. Pour efblouïr les yeux des perfonnes , & afin de cacher la poifon de laquelle il eftoit empoifonné : ceft image de cire , & prifon de l'Italien venoit fort bien à propos, comme vous a efté dit : mais encore n'eftoit-ce rien au pris de quelque image qu'on trouva fur le Seigneur de la Mole (1) Provençal, lors de l'inftruction de fon procès, fur icelle fut interrogué & repeté plufieurs fois : autant y avoit-il d'apparen-

ce que telle image ou caractere d'euft fervir à faire mal au Roy , que celle de l'Italien , l'une & l'autre des images fervoit feulement à Sainct Barthelemy , & non à autre , pour les raifons qu'avez entendu.

CHAPITRE XXXIII.

Rufe de Sainct Barthelemy , par le moyen de laquelle il pretendoit d'empoifonner Monfieur , frere du Roi , & le Roi de Navarre , & de la confeffion qu'il a faite d'avoir empoifonné le Roy.

PAR ce qui a efté dit cy - deffus , femble qu'il n'y ait pas grande occafion d'accufer S. Barthelemy d'avoir empoifonné fon Roy, & le noftre auffi : je le confeffe , & ferois bien marry fous tels indices, contre luy, ny autre, donner quelque mauvais jugement , c'eft pourquoy franchement nous n'avons voulu dire, que ç'a-il efté, qui l'a empoifonné , & à Dieu ne plaife ; mais je dy que fi de mes propres yeux je luy avois veu mixtioner la poifon , & icelle realement & de fait délivrée au Roy , je n'en pourrois en faine confcience accufer autre que S. Barthelemy , tant pour les raifons qu'avez entendu , que pour ce qui en eft intervenu après. Car depuis que le Roy fut mort , S. Barthelemy comparut en la prefence du Cardinal , de toute autre façon qu'il n'avoit fait à ce voyage, ne fut jamais mieux careffé que fut ce paillard , & les plus apparens des domeftiques du
Cardinal

---

(1) Boniface La Mole , & Coconas ; le premier Gentilhomme Provençal & le fecond Piémontois, furent executez en Gréve l'an 1574 , pour pretendue Confpiration : on pretend que le crime de La Mole regardoit une intrigue amoureufe où le Roi Charles IX. fe trouvoit interelfé, & que le Roi lui-même avoit la penfée de l'étrangler , ou le faire étrangler en fa préfence. Belle occupation pour un

Roi ; mais Charles IX. ayant manqué fon coup, il écrivit au Duc d'Anjou , qui fut depuis Henri III, de le faire mourir au Siége de la Rochelle : ce qui n'ayant pas été exécuté , il vint perir à Paris. Les Memoires de *Leftoile* en font un affez long article à l'an 1574 , & fon procès fe trouve au Tome 2. des Memoires de M. *De Caftelnau.* Voyez auffi le Tome 1. du nouveau *Journal d'Henri III.*

Cardinal l'honoroyent, horsmis quelques-uns, qui ne se pouvoyent tenir, parlans de Sainct Barthelemy, de dire, que le Roy n'estoit le premier qui avoit passé par ses mains : mais cela se disoit si bas, qu'à peine osoit-on ouvrir la bouche, tant avoit-on crainte de desplaire au Cardinal. C'estoit bien l'intention à des plus grans de ce Royaume d'insister, que le Roy avoit esté empoisonné, & d'accuser ce monstre de Sainct Barthelemy. Toutesfois considerant que cela ne se pouvoit faire sans irriter le Cardinal, qui estoit venu au comble de ses souhaits, aussi que chacun avoit crainte de tomber en semblable captivité, que celle des Mareschaux de Montmorency & de Cossé *, aimerent trop mieux se taire, que de trop parler. Pour bien avoir la verité du fait, eut falu parler à Sainct Niquaise, qui ayant receu Lettre gergonée de Sainct Barthelemy, ne se peut tenir de dire, qu'avant qu'il fut peu de jours nous aurions pour Roy en France le Roy de Pologne. Sainct Barthelemy passa bien plus outre, sornetant toutesfois avec ses semblables, que si Dieu faisoit les Roys, S. Barthelemy les sçavoit desfaire : & s'il les desfait, il les sçait refaire. Requis de dire, comme il l'entendoit, c'est une enigme (respond Sainct Barthelemy) devinez-le, si vous voulez. Qui fut cause que ses compagnons le sollicitoyent plus fort, que devant leur interpreter cest enigme, & n'en voulant rien faire, l'un de sa troupe, qui depuis nous l'a rapporté, dit à l'oreille de son compagnon, Dieu a fait estre Roy Charles de Valois, S. Barthelemy l'a empoisonné, c'est ce qu'il dit l'avoir desfait, & si Dieu les fait mourir, veut conclure qu'il fait succeder en leur place, celuy ou ceux qui luy plaist : car par ses poisons fera tous-

* Ils furent mis à la Bastille peu avant la mort de Charles IX.

jours mourir jusques à celuy que Sainct Barthelemy voudra coloquer au throsne : & c'est ce qu'il appelle refaire les Roys. Ne voilà pas une impudence & blasphême execrable de ce monstre, de s'acomparer ainsi avec la Majesté de Dieu, & de se jouer à faire mourir les Princes & Roys. Qui le rend encore plus suspect de cest empoisonnement, c'est que dès-lors que le Roy commença d'estre malade, il ne frequenta pas beaucoup la cuisine ny sommellerie du Roy, le galand avoit fait ce qu'il vouloit faire. Feu le Mareschal de Montmorency qui avoit eu l'efigie de ce paillard, advertissoit tousjours ses gens de ne le laisser approcher sa maison, en bien ny en mal, jusques à commander, qu'on luy baillast des estrivieres, s'il venoit rien flairer en sa cuisine ou sommellerie, ayant, comme il avoit esté fort bien adverti, de la procedure qu'il avoit tenue pour faire mourir la Royne de Navarre, & le Prince de Porcian. Pendant le commencement de sa prison, il luy est venu souvent en fantasie, que ce paillard devoit avoir empoisonné le Roy, d'en avertir Sa Majesté, il n'eut osé, car il estoit destitué de tous moyens, pour en tirer la preuve, il consideroit aussi l'importance d'une telle accusation, laquelle regardoit ses principaux ennemis, qui possedoyent le credit & principale authorité de la Court, d'autre costé il avoit bien sceu de quel artifice on avoit rejetté toute la maladie du Roy sur ceste belle image de cire, & que ce ne seroit que peine perdue, de donner sur ce aucun advertissement : joint qu'il ne pourroit apporter aucun remede, ny soulagement au Roy, à cause que les principaux effets de la poison, avoyent rendu la maladie du tout incurable, il avoit aussi bien sceu tous les advertissemens qui furent faits en Pologne,

Pologne, du commencement mesmes qu'il fut empoisonné : & ainsi estant en la puissance de ses ennemis, n'en pouvoit ouvrir la bouche sans un extrème danger. Comme qu'il soit si les Officiers, tant de la sommellerie, que cuisine du Roy n'eussent eu crainte, en eussent bien voulu dire ce qui leur en sembloit.

Ce monstre de Sainct Barthelemy, avant que partir de la Court, avoit bien grand desir de despécher tout d'un coup Monsieur, frere du Roy, & le Roy de Navarre. Car auparavant il s'estoit fait ouyr, qu'il rendroit la boutique baliée & nette avant l'arrivée du Roy de Pologne, ou il mourroit à la peine. Pour y parvenir il s'adresse à un bon personnage de la Religion, domestique du Roy de Navarre, & lequel cognoissoit Sainct Barthelemy, comme je le cognois, & pour l'un des plus grands empoisonneurs qui fut jamais en France. Frere, luy va dire S. Barthelemy, j'ay quelque chose sur ma conscience, que je détermine ne déclarer à creature vivant, si ce n'est à vous, comme à celuy qui de vostre grace, m'avez tousjours monstré toute fraternité & amitié ; mais s'il vous plaist, me ferez promesse de le tenir secret. Ce bon personnage, qui ne se fioit à S. Barthelemy, respondit, vous connoissant, comme je vous cognois, je ne vous feray promesse aucune, par ainsi déclarez ce qu'il vous plaira, j'aime autant le sçavoir, que de ne le sçavoir pas, Saint Barthelemy la larme à l'œil, à tout le moins contrefaisant de l'y avoir, à cause que de son mouchoir il essuyoit ses paupieres, commença à luy dire : la meschante, damnable, & miserable vie que j'ay (frere & amy) jusques icy menée, m'est en telle & si horrible execration : & le Jugement de Dieu pour mes démerites m'est si effrayable, que si je n'avois esperance en sa grande & infinie misericorde, je me precipiterois à chacune heure, il est vray, que depuis qu'il luy a pleu me donner quelque rescipience, j'ay senty quelque relasche en mon povre & passionné esprit, mal-aisément pourriez-vous croire une si subite conversion, sinon que vous entendiez ma desconvenue, que je mets entre vos mains, tant pour le scrupule de conscience que j'en fais, que pour en faire confession devant l'Eglise & tous autres qu'il vous plaira, si vous cognoissez qu'ainsi se doyve faire : combien qu'à la verité cela ne peut estre eventé, sans mettre S. Barthelemy en un très-grand & extrème danger : c'est pourquoy du commencement je vous ay si affectueusement requis me faire promesse de ne me déceler ; mais puis qu'il vous plaist ne vous y astraindre, je me confieray de vostre bonne volonté. Sçachez donques, frere & amy, que me promenant un jour au milieu de l'Abbaye de Cluny, tout à un coup, & sans y penser, je me vois representer l'énormité de cest horrible massacre de la Sainct Barthelemy, & me sembloit que je voyois plus de trente mille corps morts, estendus au milieu de la prairie, les ames desquels crioyent devant le throsne de Dieu : vengeance, Seigneur, vengeance, Seigneur : d'autre costé il m'estoit advis, que plus de trois cens mille personnes, faisans profession de la Religion Reformée, à genoux, & les mains jointes, crioyent de mesmes, & plus ils crioyent, les ames des trespassez (ce me sembloit) redoubloyent leur cris, & adjoustoyent : vengeance sur la maison de Valois, vengance sur celle des Guisards.

Guifards. J'appercevois bien en moy, que tout cela n'eſtoit qu'illuſion, car vous ſçavez que Sainct Barthelemy n'eſt pas des plus faciles à croire, toutesfois plus je mettois peine me deſvelopper de telles viſions, & plus elles ſe repreſentoyent devant mes yeux, tellement que j'ay demeuré, (pour ceſte ſeule cauſe) plus de trente-cinq ou quarante nuicts en des plus grandes inquiétudes, que ſouffrit onques povre homme. Ceſte commiſeration du ſang innocent eſpandu, me toucha tellement au cœur, qu'il me va tomber en l'eſprit, que je pouvois, ſi je voulois, me rendre liberateur de ſa povre Egliſe, & en ce faiſant qu'il ne faloit ſinon faire mourir le Roy, & ceux de la maiſon de Guyſe, entrepriſe qui me donna une infinité de traverſes en l'entendement, tant pour la trouver de difficile execution, que pour eſtre troublé en ma conſcience, ſi légitimement je pouvois faire une telle délivrance : d'un coſté, je conſiderois que monRoy eſtoit l'oinct du Seigneur, & partant qu'il ne m'eſtoit licite d'attenter contre Sa Majeſté, d'autre part, ſa perfidie, ſa cruauté ſtimuloit tellement mon cœur, que j'eſtois contraint me ſumettre d'eſtre l'executeur d'une ſi juſte & équitable vengeance, mais avant que de la commencer, je me mis en bon eſtat, c'eſt-à-dire, que par trois divers jours je jeuſnay, & après avoir prié Dieu, je trouve moyen d'empoiſonner le vin du goubelet du Roy, en ſorte que quand il eut eu cent mille vies, n'en fut pas eſchappé, reſte maintenant à deſpêcher le Cardinal de Lorraine, & toute ceſte maudite race des Guiſards, une ſeule difficulté m'a juſques icy retenu, c'eſt qu'avant que de commencer l'exploit, je voudrois bien avoir trouvé moyen d'entrer au ſervice de Monſeigneur frere du Roy,

ou du Roy de Navarre, car s'ils venoyent à mourir, pendant que je ſuis au ſervice de S. Niquaiſe, on ne faudra jamais à me ſoupçonner, & mettray ma vie en danger, là où ſi je ſuis au ſervice de Monſieur, ou du Roy de Navarre, on ne ſe doutera point de moy, & ainſi ſans mener grand bruit, vous verrez faire une belle execution. Ce bon perſonnage entendant ainſi parler S. Barthelemy, penſa tomber à la renverſe : ha malheureux (va-il s'eſcrier) qu'avez-vous fait, avoir empoiſonné voſtre Roy & Prince ! Puis revenu en ſoy-meſmes, luy dit, je te jure (Sainct Barthelemy) que ſi tu ne te retires d'auprès de moy, tout maintenant : je te vois accuſer pour un empoiſonneur, & meurtrier de ſon Roy : ha traiſtre ! ha malheureux ! a-on jamais veu un tel monſtre, que ce meſchant ? Qui fut bien eſtonné, ce fut S. Barthelemy, non pas pour les paroles de ce bon perſonnage, ne pour crainte qu'il eut d'eſtre deſcouvert d'avoir empoiſonné le Roy, car il fit reſponſe, que ſi ce bon perſonnage en ouvroit la bouche, s'eſtoit à faire à luy ruer un démenty, mais il eſtoit marry qu'il perdoit l'eſperance d'avoir l'entrée qu'il ſe promettoit en la maiſon de Monſieur frere du Roy, & de celle du Roy de Navarre, pour y jouer ſes jeux venefiques, & que s'il eſtoit deſcouvert, qu'on ne luy fit couper les jarrets, d'autant que desjà pluſieursGentilshommes avoyent très-mauvaiſe opinion de luy. Ce bon perſonnage d'autre coſté n'eſtoit en petite peine de ſe deſcouvrir, parce qu'une telle & ſi ſerieuſe accuſation, dégarnie de teſmoignage, emporte une peine de Talyon : que ceux qui avoyent mis en œuvre ce malheureux, n'eſpargneroyent aucune choſe pour luy faire pratiquer une telle Loy, parquoy contraint de
ſe

fe taire & beaucoup penfer, remit en Dieu l'iffue d'un tel affaire, en telle forte neantmoins, qu'il n'eut onques repos, jufques à ce qu'il eut adverti Monfieur frere du Roy, & auffi le Roy de Navarre, de faire obferver l'effay ufité entre leurs Princes plus que jamais, car il fçavoit pour certain, qu'il y avoit gens attitrez pour les faire mourir par poifon.

N'oublia auffi de manifefter à fes plus privez amis, la refcipicence fardée de Sainct Barthelemy, les propos qu'il luy avoit fur ce tenus, & comment il les avoit colorez expreffément pour avoir l'entrée en la maifon de ces Princes, & racontoit cela d'une fi bonne grace, qu'euffiez proprement dit, que c'eftoit Sainct Barthelemy, dequoy les efcoutans ne fe pouvoyent garder de rire, car ils cognoiffoyent le pelerin, & fçavoyent très-bien de quel boys il fe chauffoit, furent bien marris toutesfois, de ce que ce bon perfonnage n'en avoit un peu plus diffimulé, afin de defcouvrir plus profondement l'artifice de ce malheureux, pour s'en donner mieux garde. Ce dequoy la compagnie rioit le plus, eftoit de la fubtile, fainte & bonne mine que Sainct Barthelemy faifoit de plourer : vous euffiez veritablement jugé (difoit ce bon perfonnage) qu'il vouloit fondre en larmes. Or comme ils devifoyent fur le Quay des Auguftins, le Cardinal de Lorraine, avec une grande fuite de gens, paffoit, & entre autres Sainct Barthelemy y eftoit, qui fe prenant à rire, falua la compagnie, & leur monftrant du doigt ce bon perfonnage, leur dit, il vous en contera de belles, fi vous le voulez croire, n'a tenu qu'à luy, qu'il ne m'aye réduit au giron de noftre Mere Saincte Eglife : Adieu adieu, Meffieurs, je le vous recommande : l'impu-

dence de ce paillard eftoit fi grande, qu'il rendoit honteux ceux qui le regardoyent, au lieu que ce vilain fe devoit cacher, de fa honte & mefchanceté.

Pour le moins a-il fortifié par fa propre confeffion, les indices que vous avez entendu de l'empoifonnement de fon Roy. L'on peut alleguer, qu'elle n'eft pas ferme, à caufe qu'il eft en la puiffance de Sainct Barthelemy de la defnier fi bon luy femble : mais ceux qui le cognoiffent, en croiront toujours pluftoft ce bon perfonnage, qui eft fans reproche & homme craignant Dieu, & que pour mourir, ne voudroit avoir avancé un propos fans en eftre bien certain & affeuré, que non pas ceft empoifonneur : item, qu'il eft defjà pour tel tenu & reputé.

Mais qu'eft-il befoin d'infifter fi avant, pour fçavoir s'il l'a fait ou non, de deux chofes l'une, faut-il conclure pour fur ce tirer la verité, car les Medecins & tous autres, qui ont remarqué le fujet de la maladie du Roy, tiennent qu'il eft mort de forcelerie & magie, ou de poifon : fi l'on en doit attribuer quelque chofe à la magie, on tient le magicien en prifon, & jufques icy n'a-on peu tirer de luy chofe, qui merite de le foupçonner de la mort du Roy ; fi c'eft par poifon, pourquoy n'attrappe-l'on Sainct Barthelemy, n'y a-il pas affez d'indices, pour luy faire fur ce confeffer la verité, quant il n'auroit empoifonné en toute fa vie que la Royne de Navarre & Prince Porcian, merite-il pas du moins d'eftre foupçonné & mis en prifon, principalement quand il eft question de la mort d'un fi grand Roy. Cela alleguent les aucuns, n'eft pas verifié, à quoy tient-il qu'on ne le verifie, eft-il fi mal aifé de commettre un Maiftre des Requeftes ou ou quelque autre Commissaire pour faire l'information. Ouy : mais voire, disent les temporiseurs, il n'est pas acroire que Sainct Barthelemy voulist si hardiment demeurer & se rendre domestique d'une telle maison que celle qu'il frequente, & de faire un si meschant acte, que celuy duquel on le taxe, & puis on ne peut remuer ce point, sans irriter ceux desquels il s'advoue, chose à laquelle on doit avoir esgard, car ce ne seroit petite chose de mettre en butte Sainct Barthelemy, & après ne pouvoir trouver des Juges : car qui est celuy qui voudroit s'ingerer à instruire un tel procez, pour estre regardé de travers de son legislateur : que Sainct Barthelemy, alleguent les autres, face du pis que il pourra, puis que la Justice n'y veut mettre ordre, nous lairrons courir l'eau là bas.

Or Sainct Barthelemy voyant qu'il ne pouvoit avoir entrée en la maison de ses Princes, & qu'il estoit regardé de travers de plusieurs, partist de la Cour pour aller trouver Sainct Niquaise, qui de son costé remue force besongnes, au détriment des povres sujets du Roy au Bailliage de Masconnois, mais nous n'avons encore place pour dire ce qu'il fait, à cause que le Gentilhomme Champenois veut parler au Cardinal de Lorraine, nous escouterons doncques, s'il vous plaist, ce qu'il veut dire.

CHAPITRE XXXIV.

Comment le Gentilhomme Champenois imprima en l'esprit du Cardinal de Lorraine que S. Niquaise estoit fils du Palefrenier Prestre, qui fut empoisonné, & des moyens qu'il observa pour en avoir plus grande preuve.

SUR la fin du vingt-quatriesme chapitre de nostre Legende, avez peu voir comment le Gentilhomme Champenois avoit fait telle & si bonne diligence, qu'il avoit obtenu prise de corps à l'encontre du Vicaire, qui envoya S. Barthelemy pour confesser Maistre Joseph le Serrurier, depuis lequel temps, s'informa si bien de la vie de Sainct Niquaise, qu'il sçeut & au vray comme toutes les suppositions que il luy avoit faites estoyent passées, si vint trouver le Cardinal de Lorraine, qui le voyoit d'un fort bon visage : auquel après avoir fait une bien grande reverence, luy dit, Monseigneur, depuis vostre partement pour aller à Rome, jamais povre Gentilhomme n'a eu tant de peine que moy, & tout pour vostre service, car le regret que j'ay de voir un si grand Prince & Prélat abusé comme vous estes, & vostre réputation & vivacité d'esprit d'autant alteré, il ne peut estre que tous ceux qui vous sont affectionnez, du nombre desquels je suis, n'en portent de l'ennuy & grande fascherie, desjà, Monsieur, vous estes averty, que mon oncle le Prothonotaire, pour vous faire apparoir que S. Niquaise avoit été conceu au ventre de sa mere, d'un Palefrenier depuis Prestre, trois mois devant que Monsieur vostre pere eut cognoissance d'elle, il avoit sur ce fait plusieurs diligences : mais S. Niquaise avec un S. Barthelemy, previndrent

vindrent tellement mon oncle, qu'ils le firent mourir par poifon, manderent ce Palefrenier, ou Preftre, qui reffembloit en tout Sainct Niquaife, & à fon arrivée à Paris, le veillerent & bouconnerent de fi près, qu'en moins de deux jours il fut mort : fufciterent au lieu d'iceluy un nommé Maiftre Hugues le Serrurier, l'habillerent en Preftre, & comment s'ils ne l'euffent point connu, l'envoyerent-vous le prefenter, luy parlaftes : voire il chanta Meffe devant vous, vous l'interrogaftes bien au long, & n'y ayans trouvé traits, ny lineamens du vifage Sainct Niquaife, felon qu'on vous avoit rapporté, le renvoyaftes ; mais moy par la bouche mefmes d'Hugues le Serrurier, j'avois defcouvert toute la fourbe & fuppofition : ce qu'ayant entendu Sainct Niquaife, donna tel ordre qu'il fit empoifonner ce Maiftre Hugues le Serrurier, par la plus grande aftuce qu'on pourroit penfer. Si deduit au Cardinal, comment S. Barthelemy defguifé en Preftre l'avoit confeffé & communié, & fous le voile d'icelle confeffion, luy-mefmes l'auroit empoifonné, expreffement afin que n'euffiez aucune cognoiffance tant du lieu duquel Sainct Niquaife eftoit forty, que de toutes les fuppofitions que je vous viens de dire ; je n'en parle point par cœur, Monfeigneur, j'ay entre mes mains les pieces & papiers, fur lefquels j'avois obtenu prife de corps, à l'encontre du Vicaire, qui avoit fubftitué S. Barthelemy, pour faire une telle confeffion. Je croy, que pour vous tenir fur ce le bandeau devant vos yeux, qu'ils ont fait mourir plus de dix-fept perfonnes, & fi vous n'y prenez garde ils vous feront mourir, quoy qu'il tarde, pour neant ; n'eft-il pas dit, que baftard ou fils de putain ne firent jamais bien.

Ainfi, Monfeigneur, je vous fupplie, de vouloir de près bien juftifier l'advertiffement que je vous viens de faire, car il n'eft pas raifon que vous foyez ainfi abufé, & par des garnemens qui ont merité la mort plus de fois que je ne pourrois dire. On n'entend aujourd'huy par la France, finon qu'un Cardinal de Lorraine a fait Abbé de Cluny, un fils de Preftre, jadis Palefrenier, & qui pis eft, avoué frere baftard de luy, & de Meffieurs fes freres. S'il m'appartenoit de vous tanfer (Monfeigneur) je vous chanterois mille injures, fera-il dit, qu'un fils de Palefrenier foit yffu du fang des Roys de Jerufalem ? Qu'un fils de putain & de ce fordide, foit du cofté gauche forty de la maifon de Lorraine ? Sera-il dit que ce fils de ribaude foit l'oncle de Meffieurs vos nepveus ? Qu'un tel avorton aye déniaifé le plus grand efprit, le plus grand cerveau, le plus grand Prelat, qui ait jamais efté en France ? Tel eftes-vous reputé (Monfeigneur) par toute la Chreftienté, & fi de bonne heure vous n'y pourvoyez, je prevoy le fleftriffement d'une telle & fi heureufe réputation, car les plus grands de ce Royaume, fçavent trop mieux que moy, le temps de la conception, de la nativité, & enfantement de voftre nouveau Abbé, le vilain, l'infame parricide qu'il eft, a empoifonné fon pere, pour vous en faire perdre la veue, mais il a beau faire : car il a encore des parens, à la fifionomie defquels ce vilain reffemble en tout & par tout, vous avez encore aujourd'huy le bourreau de Langres, qui eftoit frere de par pere à ce Palefrenier, & par confequent oncle de Sainct Niquaife, s'il veut l'empoifonner pour prevenir que ne puiffiez le recognoiftre : il faut par mefme moyen faire

Q

faire mourir tous ſes enfans, couſins germains à S. Niquaiſe, l'un deſquels eſt auſſi executeur de la haute Juſtice à Dole, en Bourgongne : & l'une des filles mariées au bourreau de Bezançon, qui ont des enfans, entre leſquels s'en treuvent deux, qui à les voir, diriez proprement que c'eſt Sainct Niquaiſe meſmes, & ſuis bien eſté ſi curieux, que par deux diverſes fois, je ſuis eſté expreſſément à Langres, à Dole & à Bezançon : il eſt vray que la femme du bourreau de Bezançon, a un peu la levre de deſſus plus groſſe, mais ſon maintient, ſes geſtes & organe, approchent en tout & par tout à S. Niquaiſe, je ne m'en ſuis pas voulu croire moy-meſmes : car j'ay mené trois Gentilshommes avec moy, & qui tous trois vous ſont très-humbles ſerviteurs, qui vous rendront le teſmoignage que je vous vien de dire.

Au reſte (Monſeigneur) ne trouvez eſtrange, ſi avec un grand ſoin & diligence, j'ay ainſi recerché ſa genealogie, car ſi Dieu me fait la grace de le vous faire cognoiſtre pour tel qu'il eſt, & que puiſſiez le déſavouer, pour ne rien appartenir à vous, ny aux voſtres, il me ſera, s'il vous plaiſt, permis luy redemander la mort de mon oncle, & chaſtier par meſme moyen ſon couſtilier de Sainct Barthelemy : le Cardinal interrompant le propos du Gentilhomme, fit reſponſe, qu'il eſtoit bien vray ſemblable, qu'il y avoit de la ſuppoſition & de la poiſon, pour maintenir S. Niquaiſe, fils donné de leur maiſon, que deſjà il en avoit eu divers advertiſſemens, éſquels il n'avoit ſi bien pris garde comment il fut eſté bien requis, qu'une telle faute toutesfois ne luy de-

vroit eſtre imputée, ains à une je ne ſçay quelle recommandation que luy en fit feu Monſieur de Guyſe, pour la reverence duquel il a eſlevé Sainct Niquaiſe trop plus qu'il ne devoit, & ſe repentoit très-bien de luy avoir conferé ſon Abbaye de Cluny, mais il ſçavoit bien comme il falloit dénouer l'aiguillette, pour deſpouiller un tel marchant (1), ce qu'il feroit & ne tarderoit pas beaucoup qu'il n'en ouyt parler. S'il vous plaiſt, Monſeigneur, reſpondit le Gentilhomme, je vous en feray bien-toſt deſpêcher. Non, non, reſpond le Cardinal, il faut qu'il parle premierement, car il eſt beneficié, il eſt Abbé de Cluny & de Sainct Niquaiſe, & ſous ſon nom il y a d'autres benefices qu'il ne faut pas perdre, ſeulement ne diſtes mot, & me laiſſez jouer la farce, de la partie de laquelle je le veux faire eſtre, & au lieu qu'il eſt Abbé, ſe contentera d'eſtre ſimple cloiſtrier ſi je vy demie douzaine de mois. Car bien-toſt la Royne - Mere partira pour aller à Lyon, au-devant du Roy de Pologne, où eſtant, je le deſracineray de Cluny, & le meneray avec moy, juſques à ce qu'il ait reſigné ce que je veux luy demander, ſeulement n'eſventez rien de ceſte mine, & pour amour de moy, donnez-vous bien garde qu'on ne luy m'efface, ny attente en façon que ce ſoit, je le vous rendray ſi petit, que vous tiendrez pour bien vengé de la mort de voſtre oncle : une choſe veux-je laiſſer à voſtre diligence, c'eſt ſi il eſt poſſible que quand je paſſeray par Muſſy l'Eveſque, ou à l'environ, trouviez moyen de me faire voir le bourreau de Langres, pour me conferer davantage de la reſſemblance du Palefrenier, duquel

(1) Malgré tous ces diſcours vrais ou faux, ce bâtard eſt reſté maltre de l'Abbaye de Cluny, qu'il a poſſedée depuis 1574. qu'eſt mort le Cardinal Charles de Lorraine, juſqu'en 1612.

quel vous m'avez parlé. Monseigneur, respondit le Gentilhomme : je le vous feray voir & parler à luy, mais il faudroit par mesme moyen avoir Sainct Niquaise, pour les confronter l'un à l'autre, je dois avoir son pourtrait quelque part en mes coffres, respondit le Cardinal, au fort c'est à faire à luy escrire de se faire tirer & peindre, & qu'il m'envoye l'effigie, je m'asseure qu'il le fera incontinent. Et pour le regard de Sainct Barthelemy, va dire le Gentilhomme, je me plains, Monseigneur, autant & plus de luy, que de S. Niquaise : car il mixtionna le boucon qu'avala mon oncle. J'ay un peu affaire de Sainct Barthelemy, respondit le Cardinal, laissez-le pour ceste heure en l'estat qu'il est, je vous diray le temps que vous le devrez mettre entre les mains du Prevost des Mareschaux ; serez-vous pas contant quand il l'aura fait pendre ? Il peut bien, Monseigneur, va dire le Gentilhomme vous remercier, car sans vous, son corps fut maintenant estendu ou pourry sur une roüe. Il y a assez de temps, dit le Cardinal, & ainsi se départirent : mais de malheur, comment ils parloyent ensemble, il y avoit des Gentilshommes & autres qui escoutoyent par une fente de l'appareil qui estoit entre eux, tellement qu'ils pouvoyent ouyr tout ce qu'ils disoyent, comme aussi ils firent, & à la malheure pour le Cardinal, selon que vous entendrez par le discours de ce traité : car entre ses escoutans se trouva un amy de Sainct Niquaise, qui l'avertist de point en point de tout ce qui vous a esté dit cy-dessus, dequoy il en fit très-bien son profit, comme aussi vous sera dit.

Cependant le Cardinal escrit à Sainct Niquaise, de se faire peindre & luy envoyer son pourtraict & effigie, par un laquais, qu'il luy envoya tout exprès, car il en avoit, disoit-il, affaire. Sainct Niquaise, qui desjà avoit esté adverti, connut très-bien à quoy ce pourtrait devoit servir, fut bien esbahy, & encore plus Sainct Barthelemy, pour se voir menacer d'une telle façon, toutesfois pour satisfaire au vouloir du Cardinal, conseilla Sainct Niquaise de envoyer son pourtrait, se fit peindre & tirer au vif, & renvoya le laquais au Cardinal, vous-eussiez veu d'autre costé le Gentilhomme Champenois diligenter de toutes parts, pour avertir les bourreaux de Langres, Dole & Bezançon, se donner garde d'estre empoisonnez, & de se tenir prests pour se rendre à Mussy l'Evesque, lors & quand ils seroyent mandez. Pour cest effect, on leur bailla deniers pour arres, avec promesse qu'ils seroyent satisfaits de leurs voyages & despens à leurs contentemens.

CHAPITRE XXXV.

Comme S. Niquaise dépescha Daubin, frere du Morveux le Bragard, pour aller empoisonner le bourreau de Langres, & de ce qui en advint.

DE'S le jour & l'heure que Sainct Niquaise eut receu l'advertissement qui vous a esté dit, il demeura merveilleusement troublé en son esprit, & ne pouvoit digerer ceste menace, de se voir reduire au petit pied, ou bien d'estre Abbé de l'une des plus belles & riches Abbaye du monde, & devenir un simple Moyne cloistrier. Mais s'il estoit attristé, nostre empoisonneur Sainct Barthelemy l'estoit bien davantage, & luy sembloit desjà que le bourreau le tenoit entre ses mains pour le briser, & rompre sur une roüe, tant sa
meschante

meschante conscience luy faisoit son procès. Ils demeurerent l'un & l'autre en ses frayeurs plus de trois sepmaines, tant qu'on s'apperceut très-bien qu'ils n'estoyent des plus contans: il est vray qu'on ne pouvoit bonnement presumer d'où procedoit tel mescontentement, sinon que quand ils parloyent du Cardinal, c'estoit de tout autre stile & langage qu'ils n'avoyent accoustumé, tantost ils le taxoyent d'ingratitude, tantost que c'estoit le Prelat qui avoit destruit le Roy & son Royaume, que si on faisoit parler une fois Sainct Barthelemy, il diroit des choses terribles. Avec tous tels & semblables propos, personne n'osoit responder, estimant qu'on les mettoit expressément en termes, pour & afin de moucharder quelques-uns, parquoy contrains de s'aprivoiser avec un nommé Daubin, qui est frere du Morveux le Bragard, luy déclarerent le motif de leur mescontentement, & que s'il vouloit leur estre fidelle & secret, ils le feroyent le plus grand de sa race. Daubin promit & jura, que pour leur service il feroit tout ce qu'ils commanderoyent, & si auroit si bonne bouche, qu'ame vivante ne descouvriroit rien de luy, par ainsi qu'ils se confiassent de luy comme d'eux-mesmes.

Sainct Niquaise lors luy dit: mon amy, voilà une boite composée de telle mixtion, que qui en prend le moins du monde, il faut par nécessité mourir: car c'est la plus fine poison qu'on puisse faire. Il y a cinq ou six personnes desquels j'ay receu tel & si grand déplaisir, que je ne seray jamais à mon aise, que je ne les aye fait passer le pas, car ils ont esté si téméraires, que de s'estre fait ouyr, qu'ils me sont parens, sortis du mesme lieu, dont je suis yssu, expressément pour imprimer en l'entendement du Cardinal, que je ne luy appartiens

en rien, & que je ne suis le fils advoüé de feu Monsieur de Guyse mon pere. Pour laquelle cause le Cardinal en est desjà tellement coifé, qu'il détermine se faire representer ces personnages dont je vous parle, déliberant que s'il treuve en eux quelque conformité ou ressemblance entre eux & moy, qu'il croira tout ce que mes ennemis luy en ont rapporté. Il est facile, comme vous sçavez, d'imprimer en la cervelle du Cardinal, tout ce que l'on voudra pour ce regard, & si j'avois à prouver & faire acroire que vous ressemblez au grand Turc, il ne me seroit pas mal-aisé à faire: car je renierois* en tant de sortes les traits lineamens sur toutes les parties d'une personne, que j'y trouverois tousjours conformité de l'un à l'autre.

*peut-être faut-il lire, je remirerois.

Ainsi pour prevenir telle inquisition, le plus beau & le meilleur est d'oster de devant la face du Cardinal, ceux que l'on luy veut sur ce faire voir, mes ennemis ce faisant, seront privez de leurs desseins, qui me fait vous prier entreprendre d'aller à Langres, & trouver moyen d'empoisonner le bourreau de la Ville, c'est le personnage, que l'on me met en butte: il vous sera très-facile à le bouconner, c'est à faire à le mener deux ou trois fois en quelque cabaret, & puis luy mixtionner un peu le vin qu'il devra boire, on ne se doutera jamais de vous, & n'estes pas cognu, qui vient fort bien à propos: de-là vous irez à Dole, où après avoir sejourné quelque peu, trouverez moyen semblablement de vous acoster au bourreau de Dole, le festoyerez & traiterez tout ainsi que vous aurez fait envers celuy de Langres: successivement vous vous acheminerez à Bezançon, & là empoisonnerez par les plus subtils moyens que pourrez, la femme de l'Executeur de Haute-Justice, ensemble tous ses enfans.

fans, que fi vous faites cefte diligence pour amour de moy, je ne manqueray point à la promeffe que je vous ay faite : mais il faut que cefte diligence foit faite dans fix fepmaines ou deux mois au plus, autrement ne le faut entreprendre : tenez voilà foixante efcus pour voftre voyage, & cent en une bource, que je vous garderay pour eftraines de la bonne volonté que je délibere de vous porter, donnez-vous bien garde d'en rien defcouvrir à perfonne, ny moins au Morveux, voftre frere, encore que je ne me défie point de luy, d'autant que ceft affaire, outre la celerité qu'elle requiert, merite d'eftre tenu fecret fur toutes chofes. Daubin prit les foixante efcus, promit de faire merveilles, part de Cluny, & de-là tira en la maifon d'un honnorable Gentilhomme, qui ne fe nomme point pour cefte heure, finon que Daubin, dit Jaquier, luy eftoit fort affectionné, fi luy dit, encore Monfieur, que je foye affez volage, fi ferois-je bien marry de faire chofe contre mon devoir, luy difcourut fur ce de point en point la charge & negotiation que l'Abbé de Cluny luy avoit baillée, luy monftra la boite de la poifon, avec les foixante efcus pour fon voyage. Que dois-je faire là-deffus, Monfieur, va dire Daubin. Le Gentilhomme tout efmerveillé demeura long-temps fans parler, & après avoir longuement penfé, s'efcria en cefte forte : ha la malheureufe & mefchante ame, que ce Sainct Niquaife : la terre n'en porta onques une femblable, ô qu'il en a bien fait d'autres, & à tort luy & S. Barthelemy, ne font fufpitionnez d'avoir fait mourir la Royne de Navarre, le Prince de Porcian, & tant d'autres braves hommes, comme ils ont fait. Puis s'adreffant à Daubin, luy fit ref-

ponfe, vous me demandez, que vous devez faire, je vous confeille de vous donner bien garde d'eftre executeur de la mauvaife volonté de ce mefchant homme, les hommes ne couftent-ils rien de nourrir, que de les faire ainfi mourir ? Et fi me voulez croire, vous irez à Langres, à Dole & à Bezançon, avertir ces povres gens du mauvais tour que Sainct Niquaife leur veut faire faire, & entre cy & là, nous trouverons quelque excufe, pour payer ce mefchant homme. Daubin s'accorda au Gentilhomme, & luy ayant laiffé la boite de la poifon, s'en alla à Langres, acofta le bourreau de la Ville, & après luy avoir quelque peu parlé, luy déclara la charge qu'il avoit de l'empoifonner, enfemble l'executeur de Dole, & la femme de l'executeur de Bezançon, ce qu'il ne voudroit faire pour mourir, par ainfi, qu'il advifaft bien celuy ou ceux avec lefquels il frequenteroit, mefmes au boire & au manger, à caufe que le perfonnage qui l'avoit là envoyé, avoit déliberé de le faire mourir.

Le bourreau de Langres le remercia infiniement, luy difant, que defjà un brave Gentilhomme Champenois, les avoit fuffifamment adverti du bon tour qu'on luy vouloit faire, non feulement à luy, mais à celuy de Dole, & à fa fille qui eft mariée à Bezançon, le malheureux fe devroit bien contenter d'avoir fait mourir fon propre pere, qui eftoit mon frere, & quand il nous auroit fait empoifonner, on luy reprochera toujours d'avoir fait mourir fes oncles, freres de fon pere : & quant à ma fille mariée à l'executeur de la Haute-Juftice de Bezançon, elle eft fa coufine germaine, fi le diable ne l'emporte. Daubin entendant tous ces propos, voulut s'informer

Q 3

mer plus avant du parantage. Le bourreau de Langres luy dit : comme tout
eſtoit paſſé , & qu'autrefois ſon frere ,
qui pour lors eſtoit Palefrenier du feu
Preſident des Barres à Dijon , obtint ſi
bien la bonne grace de ſa fille , qu'elle
ſe fit emplir le ventre , & en ſortit ce
venerable Abbé, qui me veut faire mourir. Perſonne ne peut aujourd'huy rendre meilleure raiſon de ce fait que moy,
car mon frere, qui depuis a eſté Preſtre,
privément & comme de frere à frere, librement m'a confeſſé ce qui en eſt , &
la peine qu'on a eu de ſuppoſer ce baſtard , & le faire advouer à feu Monſieur de Guyſe : ſi mon frere m'eut creu,
il fut encore eſté en vie, car je luy avois
mandé , qu'il ſe donnaſt bien garde
d'aller à Paris, à ſon dan , pourquoy y
eſt-il allé ? Daubin ne ſe pouvoit ſaou-
ler d'ouir ainſi caqueter le bourreau ,
qui adjouſta , que pour bien tirer la verité de ce fait , ne faloit ſinon que le
confronter à S. Niquaiſe , car ſelon que
le Gentilhomme Champenois luy avoit
rapporté, y avoit conformité & reſſemblance de l'un à l'autre, ce que vous ,
Seigneur (parlant à Daubin) pouvez
bien appercevoir : de moy je n'en ſçay
rien , pour n'avoir jamais veu que je
ſçache Sainct Niquaiſe , mais vous pouvez bien voir , s'il me reſſemble en
rien ; bien ſçay-je , que mon frere , qui
eſtoit ſon pere , & moy , nous retirions
comme les deux doigts de la main.

Daubin qui juſques alors ne s'y eſtoit
pris garde , attentivement obſerva le
bourreau, diſant : que veritablement au
ſeul regard de ſon viſage , il n'avoit jamais veu perſonne mieux ſe reſſembler,
que Monſieur de Cluny & luy. Depuis
trois mois je penſe, dit le bourreau ,
que plus de cinquante perſonnes m'ont
pris pour luy , quant il n'y auroit que
cela , & le ſang qui ne peut démentir ,

le malheureux devroit avoir horreur de
faire perir ſon propre ſang : peut-eſtre
me dédaigne-il , à cauſe de mon eſtat ;
qu'il ſçache qu'il y en a encore de moindre en ſa race que moy , je les luy nom-
meray bien encore quand il voudra : au
reſte advertiſſez-le hardiment , que je
ne boiray ny mangeray avec perſonne
eſtranger, que je n'aye fait la reverence à Monſieur le Cardinal de Lorraine,
& ſi je puis , il verra tous ceux que ce
monſtre veut faire empoiſonner. Daubin le pria bien fort ne le déceler de
l'advertiſſement qu'il luy avoit fur ce
donné , ce que le bourreau luy promit,
& ainſi partirent l'un d'avec l'autre.

Mais Daubin avant que ſe preſenter
à Sainct Niquaiſe, alla trouver ſon Gentilhomme , auquel il raconta tout ce
qu'avez entendu du bourreau de Langres & de luy, l'aſſeurant n'avoir onques veu deux hommes mieux ſe reſſembler , que Sainct Niquaiſe & le
bourreau. A ceſte heure , Monſieur ,
dit Daubin , il eſt queſtion , s'il vous
plaiſt, que me conſeilliez quelle excuſe je dois produire à Sainct Niquaiſe. Il
me ſemble, dit le Gentilhomme , que
vous avez beau moyen de vous excuſer,
veu ce que vous a dit le bourreau , &
partant allez le trouver à Cluny , & luy
reſtituez le reſte de ſon argent , & ſa
boite de poiſon, que luy & tous ſes
ſemblables , en euſſent autant dans l'eſtomac , pour leur apprendre d'empoiſonner les hommes. Il me faſche fort,
dit Daubin , luy reſtituer cinquante &
cinq eſcus , que j'ay encore de ſon argent , auſſi que j'en ay bien affaire. Si
vous me croyez , dit le Gentilhomme ,
vous luy rendrez tout. Je le feray puis
que vous me le conſeillez , & de ce pas
alla à Cluny trouver Sainct Niquaiſe,
qui fut bien eſbahy de le voir ſi-toſt de
retour. Daubin ſur ce lui rendit raiſon
comme

comme il avoit fait, & qu'il estoit impossible d'amener le bourreau de Langres en aucun cabaret, car des-lors qu'on luy fait quelque semonce, il dit avoir esté adverti par un certain Gentilhomme Champenois, qu'on le veut empoisonner, & que jusques à ce qu'il se soit presenté à Monsieur le Cardinal de Lorraine, auquel on le veut faire voir, il ne boira ny mangera hors de sa maison. Bien y a-il une servante du logis où j'estois, à laquelle je feray faire tout ce que je voudray, mais je n'ay osé luy descouvrir l'affaire, sans premierement vous en advertir.

Quant Sainct Niquaise ouyt parler du Gentilhomme Champenois, conut très-bien que Daubin avoit esté à Langres, & que ce Gentilhomme estoit celuy qui avoit adverti le bourreau, se trouva bien perplex Sainct Niquaise, & encore plus, quand Daubin luy rapporta que le bourreau de Dole, & la femme du bourreau de Bezançon, estoyent si bien admonnestez de se tenir sur leurs gardes. Si ne faut-il pas demeurer en si beau chemin, va dire Sainct Barthelemy, quand un moyen est failly, il en faut trouver un autre : il me semble Daubin que la servante de laquelle avez parlé, pourroit bien faire quelque chose, mais quel moyen pourroit-elle avoir d'entrer en la maison du bourreau. Elle en trouvera assez, respondit Daubin, car elle est de bon esprit, de bonne grace, & assez belle, & fera tout ce que je voudray. Cela va bien, va dire Sainct Barthelemy, pourveu qu'elle puisse exploiter l'affaire habillement, faut que tout soit fait & parfait dans six sepmaines, terme qui fut sur ce prefix à Daubin, & par ce moyen s'exempta de vuider ses mains de cinquante-six escus qu'il avoit encore de reste : on luy recommanda sur ce la diligence, &

de moyenner, s'il estoit possible, que par mesme moyen elle expediast tout d'un train le bourreau de Dole, & la femme du bourreau de Bezançon. Je n'oublieray rien (dit Daubin) de tout ce que je pourray pour vostre service, le remercierent bien fort, Sainct Niquaise & Sainct Barthelemy, après avoir reconnu, si la boite de la poison qu'il avoit rapporté estoit bien complette.

Ainsi prit congé Daubin, qui pour sa premiere retraite alla chez son Gentilhomme, auquel il raconta tout ce qu'avez entendu, lequel pour essay fit prendre à un chien & à un chat, de la drogue qui estoit dans la boite, le chat après la prise mourut trois heures après, le chien survesquit le chat de deux jours. Lors le Gentilhomme se prit à dire, que S. Niquaise & S. Barthelemy estoyent indignes de converser entre les hommes, & qu'on leur devoit courir sus, comme sur ennemis & perturbateurs du bien public. Daubin respondit, j'ay si bien fait, que le reste des soixante escus m'est demeuré & demeurera, s'il m'est possible. Dequoy le Gentilhomme se prit à rire, luy recommanda toutesfois la seureté de sa personne, & de chatier droit en ceste affaire. Daubin allegua qu'on en orroit parler, & par ce moyen pour la seconde fois s'alla promener à Langres, pourquoy faire ? rien : car il estoit autant de nouvelles de chambriere ou servante, que de serviteurs ; & après s'en retourna à Cluny, asseurant Sainct Niquaise, qu'il avoit laissé la servante déliberée de bien faire la besongne, non seulement à Langres, mais aussi à Dole, & signamment à Bezançon : qui par ce moyen se contenta, non que pource il fut exempt de grands troubles en sa cervelle, selon que vous entendrez.

CHAPITRE

CHAPITRE XXXVI.

De la conspiration & preparatif que S. Niquaise fit pour empoisonner le Cardinal de Lorraine, & des parfuns qu'il fit pour la poison.

SUR ces grandes inquiétudes d'esprit, Sainct Barthelemy rafraichit à Sainct Niquaise, qu'il ne se faloit pas endormir, & qu'en tels affaires on ne sçauroit par trop remuer la vivacité d'un esprit ; ainsi, Monsieur (disoit-il à Sainct Niquaise) si par poison vous ne pouvez venir à bout de ces gens, que Daubin est allé voir à Langres, Dole & Bezançon, que sera-il de faire ? Il me semble (respond Sainct Niquaise) que je me dois aller rendre au Cardinal de Bourbon, & le requerir me prendre en sa protection, sous la resignation de tous mes benefices, que je feray à celuy ou ceux qu'il luy plaira, m'asseurant qu'il est si bon Prince & Prelat, qu'il me lairra de quoy m'entretenir. Si Cluny (va dire S. Barthelemy) estoit entirement vostre, ceste voye ne seroit impertinente, encore que j'en face grande difficulté : car le Cardinal de Bourbon respecte tellement nostre Cardinal, qu'il ne fera en cecy, sinon ce qu'il voudra, & ainsi perdrez vos peines, & si serez pirement traité qu'auparavant. Qu'est-il donc de faire, respond S. Niquaise, il me semble (dit S. Barthelemy) que nous nous devons retirer au Prince de Condé, & librement luy confesser nostre desconvenue, & si vous voulez, j'iray le trouver, & après m'avoir entendu, s'il donne parole de Prince, tort aucun ne nous sera fait : car il entretiendra sa promesse. Quelle parole & promesse (respondit S. Niquaise) voulez-vous qu'il entre-

tienne ? Si vous luy confessez avoir fait mourir la Royne de Navarre sa tante : & puis quand il le vous pourra promettre, pensez-vous que le Cardinal de Bourbon, ou bien le Roy de Navarre, vueille vous laisser en paix ? Nenny, il feroit beau voir, s'il nous laissoit eschapper, on diroit tousjours, qu'il auroit sauvé celuy ou ceux qui ont empoisonné sa mere, il semble que vous soyez à present aliéné de vostre esprit. Si vous me concevez bien (va dire S. Barthelemy) trouverez qu'il ne nous en peut advenir aucun mal, car nous rejetterons tous ces empoisonnemens, sur ceux qui nous les ont fait faire. Cela vous pourra-il garentir ? Ouy asseurément, si le Prince de Condé baille sur ce sa parole. D'avantage je m'asseure quand les Princes du sang, auront entendu les advertissemens que nous leur ferons, & les mauvais desseins, que on projette à l'encontre d'eux, qu'ils nous en sçauront gré : car il n'y a pas personne en France qui leur en puisse tant descouvrir que nous, & principalement vous, auquel le Cardinal n'a rien caché, pendant le temps qu'il vous a favorisé : je vous dy encore une fois, que les Princes y prendront tel & si grand plaisir, qu'à jamais ils vous en cheriront, & si vous voulez, je dresseray un memoire bien ample de tous les points & articles qui les concernent, & desquels ils peuvent faire leur profit. Je suis bien content que vous le faciez (respond S. Niquaise) mais c'est à la charge, que me baillerez de plus persuasives raisons, pour me faire trouver bonne ceste voye, de laquelle me parlez. Quand vous aurez veu les articles, peut-estre changerez-vous d'opinion, dit S. Barthelemy. Lors S. Niquaise, ruminant & se promenant par la galerie du logis, où de bonheur travailloit

un

un menuiſier, qui a rapporté depuis tout cecy, fit reſponſe, nous n'avons point de plus expedient en un tel affaire, que d'envoyer noſtre homme *ad Patres*. Cela s'entend bien (va dire S. Barthelemy) mais ſi d'aventure il venoit à vous faire ſi mauvais viſage, que tout à plat la porte de ſa maiſon vous fut fermée, vous voilà hors de moyen d'executer voſtre entrepriſe. J'ay tant de choſes à démeſler avec luy, qu'il ne me ſauroit couper la queuë ſi à coup, & pour l'amener à ce point, que de me faire bon viſage, je luy veux faire une bonne ſomme d'argent, pour luy preſenter à ſon arrivée en ce quartier. C'eſt le vray endroit pour le prendre au treſbuchet, je veux faire cinquante ou ſoixante Portugaloiſes, de quarante eſcus la piece, & luy feray acroire que elles m'ont eſté ainſi envoyée, puis dans la bourſe où elles ſeront, y feray mettre deux cens Nobles à la roſe, que j'ay, mais je veux que tout cela ſoit encore mieux & plus ſubtilement parfumé, que les gans de la Royne de Navarre. Laiſſez-moy guider le parfun (va dire Sainct Barthelemy) & après vous verrez bien rire; il faut auſſi parfumer tous les autres deniers, que vous luy voudrez bailler. Il n'eſt pas de beſoin (reſpondit S. Niquaiſe) ainſi qu'ainſi ne prendrail la peine de voir tels deniers, ne prendra plaiſir qu'aux Portugaloiſes, pour la nouveauté d'icelles, faut ſur tout que la bourſe ſoit bien faite, & que d'elle-meſme, elle face ſemonce au Cardinal de flairer & regarder dedans, à quoy Sainct Barthelemy dit qu'il ſe chargeoit de faire faire la bourſe. Promenerent long-temps, & tindrent pluſieurs autres propos, mais le menuiſier ne les pouvoit bonnement entendre, ſinon quelques mots à la deſrobée.

Par un Graveur, firent graver les coings pour les Portugaloiſes, qui furent fabriquées, juſques au nombre de ſoixante. Et par un Brodeur, la bourſe fut faite, tant bien diaprée, qu'il n'eſtoit pas poſſible de plus : dans icelle, l'on met les Portugaloiſes & Nobles à la roſe; le tout ſi bien parfumé & agencé, que celuy meſmes qui eut eu advis de n'y regarder, à peine ſe fut-il tenu d'y mettre le nez. Vienne donques le Cardinal quand il voudra, ſon S. Niquaiſe a ſon bouquet ou ſa bourſe toute preſte.

Environ ce meſme-temps, il eſcrit au Cardinal, qu'il ſerre deniers de toutes parts, qu'il luy plaiſe l'advertir, ſi ſon plaiſir eſtoit, qu'il les luy face tenir en Court, ou bien s'il les luy gardera juſques à ſon arrivée en ce quartier. Le Cardinal eſcrit, que bien-toſt le Roy ſera à Lyon, retournant de ſon voyage de Pologne, & que là il ſe trouvera, où ſuffira que les deniers ſoyent aportez. Au reſte, le Cardinal luy fait une fort favorable Lettre, luy recommande ſon Abbaye & la ſienne, ainſi qu'il avoit parfaite fiance en luy qu'il le feroit. Vous euſſiez dit voyant ceſte Lettre, que Sainct Niquaiſe eſtoit en plus grand credit & faveur que jamais : mais le galand, qui cognoiſſoit bien l'humeur du Cardinal, ne s'y fioit pas beaucoup : qui le fait ainſi juger, c'eſt qu'il ne déſiſta point de luy bailler la bourſe, ſelon qu'il vous ſera dit en ſon lieu : il monſtra ſa Lettre à pluſieurs, mais il ne monſtra pas la bourſe depuis qu'elle fut attinctée & parfumée (comme il vous a eſté dit.)

Nonobſtant tout ce parfun, S. Barthelemy mit la main à la plume, & durant trois ou quatre jours, dreſſa pluſieurs Memoires & Inſtructions à Meſſieurs

R

fieurs les Princes, délibérant très-bien, où le parfun ne prendroit coup, de s'en fervir pour les raifons qui ont efté cy-deffus déduites. Icy feroit bien le lieu de lès tranfcrire, mais la Roine-Mere, les Princes & Cardinal de Lorraine, font en chemin pour venir à Lyon, au-devant du Roy, retournant de Pologne, & faut par neceffité voir ce que le Cardinal veut faire à Muffi l'Evefque : car cela regarde l'un des principaux points de cefte Legende.

CHAPITRE XXXVII.

Comme le Cardinal de Lorraine parla au boureau de Langres, à la femblance duquel il connut que S. Niquaife n'appartenoit en rien au feu Duc de Guyfe fon pere, & de la refponfe du bourreau.

LE Cardinal de Lorraine ne fut fi-toft arrivé à Muffy l'Evefque, que le Gentilhomme Champenois, qui n'avoit pas dormy, tant fes diligences avoyent efté grandes, vint trouver le Cardinal & l'advertit, que les oncles & coufins germains de Sainct Niquaife, eftoyent en la Ville depuis trois jours : dequoy le Cardinal fut très-aife, commanda qu'on les luy fit venir, mais fi fecrettement que perfonne ne s'en apperceut. Toutesfois plufieurs de la Ville ayans veu le boureau de Langres (à caufe que Muffi l'Evefque eft un membre dépendant de l'Evefché de Langres) eftimoyent qu'on deut faire quelque execution, comme auffi il advint, car le mefme jour, d'autant que le bourreau de la Court eftoit malade, celuy de Langres pendit & eftrangla deux mauvais garnemens pour leurs démérites, & cela fut occafion que le Cardinal ne les peut voir jufques après l'exe-

cution. Icelle faite, le Gentilhomme Champenois les fait mener en la chambre du Cardinal, qui auffi fe fit apporter le pourtraict & effigie de Sainct Niquaife, après demanda lequel d'eux eftoit le Maiftre Executeur de la Haute Juftice de Langres. Ce fuis-je (refpondit le bourreau de Langres). Et va dire le Cardinal, cognoiffez-vous Monfieur de Sainct Niquaife, ou l'Abbé de Cluny ? Je ne le cognois, refpond le bourreau de Langres. Et qui eft ceftuy-cy ? Eft-ce voftre frere. C'eft mon frere (Monfeigneur) refpond le bourreau, & eft Maiftre Executeur de la Haute-Juftice de Dole, au Conté de Bourgongne, & quant à cefte femme que vous voyez, elle eft ma fille, femme de l'Executeur de la Haute-Juftice de Bezançon, & fes petits enfans font à elle *. Avez-vous encore d'autres freres, dit le Cardinal. Non, Monfeigneur (refpond le bourreau de Langres) bien en avois-je un, mais il eft décedé, il y a affez long-temps. Faifoit-il le mefme office que vous ? dit le Cardinal. Non, Monfeigneur, car il eftoit Preftre, refpond le bourreau. Et auparavant que d'eftre Preftre, dequoy s'eftoit-il meflé ? (va dire Cardinal) : Il a efté, refpond le bourreau, un bien long-temps à Dijon, en la maifon de feu Monfieur le Prefident des Barres, le fervant de Palefrenier, & de luy-mefmes apprit un peu à lire, tellement qu'à l'iffue de ce fervice, on le fit Preftre, & en ce mefme-temps, j'eftois auffi à Dijon, où pareillement je fervois Maiftre. Depuis quel temps (dit le Cardinal) eft mort voftre frere, & où eft-il mort ? Il y a environ feize ou dix-fept ans, qu'un de vos Prothonotaires luy efcrivit une Lettre pour l'aller trouver à Paris, & à ce que j'ay depuis peu entendre, c'eftoit pour le vous faire voir : mais le povre homme

à

* Voilà une belle famille !

à son arrivée à Paris, trouva que le Prothonotaire estoit mort, en l'absence duquel, une Presidente le mit entre les mains de celuy que vous appellez S. Niquaise, & d'un autre nommé Sainct Barthelemy, lesquels sous couleur de luy faire bonne chere, pour avoir esté au service de Monsieur le Président, luy baillerent à souper : mais ce fut un souppé qui luy cousta bien cher, car ils l'empoisonnerent & le firent mourir le soir mesmes & enterrer le lendemain : voilà comment mon povre frere termina sa vie. Comment sçavez-vous tout cela, que vous me venez de dire ? luy dit le Cardinal. Je sçay fort bien, Monseigneur (respond le bourreau) car au-dessus de la chambre où le povre homme mourut, y avoit une bonne femme qui entendit tous les propos, plaintes & soufpirs, que mon frere fit à sa mort : & si elle est encore vivante, elle vous racontera à peu près, comme ceste farce fut jouée.

Lors le Cardinal après les avoir longuement regardé l'un après l'autre, le Gentilhomme Champenois luy dit, il me semble, Monseigneur, que vous devriez prendre le pourtrait que vous avez de S. Niquaise, pour plus exactement faire la verification que vous pretendez. Il n'est jà besoin (respond le Cardinal) de regarder dans le pourtrait, car ceste femme retire au vif à S. Niquaise, & si elle avoit un bonnet, & que le menton commençast un peu à luy coutonner, asseurément je jugerois que c'est S. Niquaise mesmes, le bourreau de Langres ne le retire pas si fort, mais il a le nez, les yeux, le front tout tel & semblable que S. Niquaise, l'organe, la voix, & le parler comme luy, reste que S. Niquaise n'est pas si gros ne materiel, aussi n'est-il pas si

vieil. Le Gentilhomme Champenois luy dit, s'il vous plaist, Monseigneur, il vous desduira fort bien, comment & en quel temps son frere emplit le ventre à la mere de S. Niquaise. Je vous prie, respond le Cardinal, que je ne m'en informe davantage, pensez-vous que je prenne plaisir, que Monsieur de Guyse mon pere, ait eu les restes d'un frere d'un bourreau : asseurément j'en suis honteux, & ne me fut jamais tombé en l'esprit, que je fusse esté si aveuglé pour ne connoistre une telle supposition, veu les bons advertissemens que m'avoit sur ce donné vostre oncle le Prothonotaire. Et ne treuve point estrange si feu Monsieur de Guyse s'est laissé abuser, que moy qui pensois bien avoir l'œil certain, j'ay esté trompé, S. Niquaise & ce bélistre de Sainct Barthelemy, m'en ont presté d'une, mais elle leur coustera cher. Commanda au Gentilhomme Champenois de renvoyer toute ceste mesgnie, & les contenter de leurs voyages. Le Gentilhomme dit, qu'ils n'avoyent pas perdu leur peine d'estre venu, car ils avoyent pendu deux hommes, de l'execution desquels ils avoyent tiré plus qu'ils n'avoyent dependu en tout leur voyage, toutefois qu'il ne lairroit à les bien satisfaire ; ce qu'il fit : puis s'en retournerent, après que le Cardinal eut recommandé au Gentilhomme Champenois de tenir l'affaire secrete.

Jusques à Dijon, le Cardinal de fois à d'autre, s'informoit de plus en plus du Gentilhomme Champenois de ceste affaire, tellement que de toutes les suppositions qui avoyent sur ce esté faites, luy en rendit fort bonne raison. Je voudrois pour beaucoup (va dire le Cardinal) que le Serrurier fust encore en vie, c'est chose estrange, quand j'y pense,

R 2

pense, comment j'aye esté si facile à me laisser circonvenir en cest endroit. Ne le faut pas trouver estrange : car si S. Niquaise est subtil & meschant, Sainct Barthelemy l'est encore plus. Si me fait il bien mal, que j'aye esté ainsi abusé par de tels bélistres : encore une fois se faut bien donner garde de rien éventer de cecy, car la mere de S. Niquaise ne faudra point à me venir trouver, comme aussi fera son mary, je leur feray le meilleur visage que je pourray. Je ne veux point, s'il est possible, qu'on sçachent rien de ceste inquisition, & pour cause. Au reste, il n'est pas dit pour neant, que nourriture passe nature, je le dy à cause de Sainct Niquaise, qui pour estre yssu de si bas lieu, comme il est, c'est peut-estre le plus adroit & habille homme de sa qualité, qu'on sçauriez gueres trouver : mon intention estoit de m'en servir & l'eslever, & quant il ne m'eut si lourdement abusé (foy de Prelat) je l'eusse laissé en quelque mediocre estat. Vous pouvez Monsieur, (respond le Gentilhomme) faire ce qu'il vous plaira : mais d'un esprit si pervers, tel que celuy de S. Niquaise, ne faut pas esperer que vous en puissiez jamais tirer service qui vaille ; au contraire, les maisons qui sont accompagnées de tels & si pernicieux garnemens, leur est impossible à la fin qu'il n'y advienne du malheur. Le cœur me dit (Monseigneur) qu'il vous fera quelque meschant & lasche tour. Que me sçauroit-il faire, respond le Cardinal. Ce qu'il fait aux autres, dit le Gentilhomme. Qu'il vienne, qu'il vienne, va respondre le Cardinal, je le garderay bien de mettre le nez si avant en mes affaires, comme il a fait. Le Gentilhomme n'osoit à bouche ouverte dire au Cardinal, que ce n'estoit là où il faloit craindre S. Niquaise, ains à la poi-

son : & estoit le Cardinal si aprehensif qu'il avoit crainte qu'un tel advertissement ne portast préjudice à sa santé, & pour ceste cause, ne voulut passer plus outre : aussi qu'il devoit bien sçavoir ce que S. Niquaise & S. Barthelemy sçavoyent faire.

Et comment ils estoyent sur ce propos, un nommé Janot arriva, venant de Cluny, portant un paquet de Sainct Niquaise, qu'il presenta au Cardinal : lequel l'ayant ouvert, & leu, demanda comment se portoit S. Niquaise. Très-bien, respondit Janot. Mon ami, dit le Cardinal, remontez à cheval incontinent, & dites à Monsieur de Sainct Niquaise, que demain nous partons de ceste Ville, pour aller à Lyon, où je feray très-aise de le trouver, suyvant la derniere Lettre que je luy ay sur ce escrite, & qu'il n'oublie de me faire apporter tout ce dequoy il m'a adverti. Janot requit le Cardinal d'escrire un petit mot de responce : on luy dit qu'il n'estoit jà de besoin, & ainsi s'en retourna Janot. Qui fut bien aise, se fut Sainct Niquaise, qui ne pouvoit voir l'heure qu'il n'eut parlé au Cardinal, au moyen dequoy, & après avoir fait tous ses preparatifs, monterent à cheval, tirerent droit à Lyon, où ils arriverent quelques jours après le Cardinal.

CHAPITRE XXXVIII.

Comment S. Niquaise empoisonna le Cardinal de Lorraine, de la mort d'iceluy, & des propos qu'il tinst pendant sa maladie.

APRES que Sainct Niquaise, eut fait une grande reverence au Cardinal, qui estoit logé en rue merciere, au logis du Gojat de Bourdeaux, le
Cardinal

Cardinal luy fit fort bon acueil, comme auffi il fit à Sainct Barthelemy, & à quelques autres Officiers qui eftoyent venus de Cluny, fe retira en fa garderobbe, où il demeura plus d'une heure avec Sainct Niquaife, quel propos ils tindrent, cela ne fe peut dire, car il n'y avoit qu'eux deux, mais ainfi que le Cardinal voulut fortir de la garderobbe, S. Niquaife appella Sainct Barthelemy, auquel il demanda la bource, de laquelle a efté parlé cy-devant au trente-fixiéme chapitre, Sainct Barthelemy, la tirant d'une malette, & après d'un grand papier où elle eftoit envelopée, la prefente au Cardinal, qui ouvrit luy-mefmes la bource, & tira les efpeces qui eftoyent dedans, trouva fort belles les Portugaloifes, les conta par deux fois, flairoit & fentoit le parfun, de la plus fouëfve & odoriferante odeur, qu'il avoit onques fenty à fon dire : de malheur le Gentilhomme Champenois eftoit là, auquel le Cardinal monftra de ces Portugaloifes, & les mania, puis les remit dans la bource, lors on vint dire au Cardinal que le Roy le demandoit; fi rendit à S. Niquaife la bource, difant qu'il la gardaft bien jufques au lendemain, & qu'il vouloit la faire voir au Roy, principalement les Portugaloifes, qui eftoyent dedans.

De ce pas, Sainct Niquaife & S. Barthelemy, fe retirerent en leur chambre, bien aifes de ce que leur parfun avoit fi bien pris, & que le Gentilhomme Champenois avoit tenu des Portugaloifes, & fenti le flair du parfun. Si à l'heure mefme le Cardinal eut pris la bource & porté au Roy, jamais on n'eut veu un tel déluge, car tous les

Princes & Grans Seigneurs, indiféremment euffent manié, regardé & flairé telles piéces. Et par ce moyen tous euffent eftez empoifonnez, marris pour cefte feule caufe, de ce que le Cardinal la vouloit monftrer au Roy : car ils prevoyoient qu'il ne faloit que cela pour les découvrir, & fe mettre en merveilleux danger : Sainct Barthelemy pratique tant par fa diligence & dexterité, qu'il treuve dans Lyon encore une plus belle bource, que la premiere, il déparfume fes Portugaloifes & Nobles à la rofe, de maniere qu'il n'y avoit plus de venin, met toutes ces efpeces dans cefte nouvelle bource, attendans quand le Cardinal la demanderoit : mais les affaires de la Court fe trouverent tant embrouillées, à caufe des nouveaux troubles qu'on voyoit élider au Pays de Languedoc (1), que le Cardinal penfoit bien à d'autres chofes, auffi que le parfun des Portugaloifes qu'il avoit fenty, commençoit defjà d'entrer en operation, fe trouva preocupé d'une douleur de tefte, de forte que cela le rendoit tout chagrin. Cependant Sainct Niquaife pratiquoit fon congé pour retourner à Cluny, le Cardinal le luy refufa tout à plat, difant, qu'il vouloit qu'il l'accompagnaft jufques en Avignon, d'autant qu'il avoit affaire de luy.

Ce congé refufé, tous ceux de Cluny qui l'entendirent, furent merveilleufement joyeux, eftimant que jamais S. Niquaife ne retourneroit à Cluny, comme auffi c'eftoit l'intention du Cardinal, mais ce n'eftoit pas celle de Sainct Niquaife, ny auffi de S. Barthelemy, qui faifoyent la meilleure pipée du monde, fe trouvoyent ordinairement devant

(1) La guerre civile commença en 1574 à fe faire fentir en Languedoc, fous le Maréchal de Damville, fils du Connétable Anne de Montmorenci, & qui lui même devint Connétable fous Henri IV.

R 3

devant le Cardinal , & euſſiez dit , qu'il n'avoit point de plus affectionnez ſerviteurs qu'eux. On faiſoit auſſi la meilleure mine à S. Barthelemy qu'on pouvoit, pour autant qu'on avoit bien envie qu'il entreprit d'aller à Montpellier , eſſayer s'il pourroit faire dormir le Mareſchal d'Amville, il s'excuſa comme la verité eſtoit , que pluſieurs le cognoiſſoyent de de-là , & qu'il ſeroit deſcouvert du premier coup, qu'il valoit mieux attendre que le Roy fut en Avignon : puis s'il cognoiſſoit qu'il y peut avoir quelque entrée, s'offroit de faire tout ce qu'il pourroit.

Encore que Sainct Niquaiſe & Sainct Barthelemy fuſſent fort bien aſſeurez , que la maladie en laquelle entroit le Cardinal, eſtoit incurable, & qu'il ne la pourroit faire gueres longue, vouloyent neanmoins touſjours avoir deux cordes en leur arc : car Sainct Barthelemy, pour s'inſinuer en la bonne grace de ceux de la Religion , & Catholiques unis, leur donnoit pluſieurs & bons advertiſſemens, ſelon l'occurence des affaires , & ſingulierement fit ſonner aux oreilles du Mareſchal d'Amville, qu'on luy en vouloit ſur tous autres , & qu'il y avoit des mixtions, & certains perſonnages preſts d'arriver à Montpellier, pour l'empoiſonner, que s'il n'y prenoit ſoigneuſement garde, on luy feroit un mauvais tour, qu'il ſçavoit auſſi de bonne part, que le Car-

dinal ne l'a pouvoit pas faire longue, que s'il cognoiſſoit que ſon ſervice fut agréable à ceux de la Religion, il y employeroit, vie & tout ce qu'il avoit : mais il eſtoit ſi bien connu que pour mourir, ceux de la Religion n'euſſent voulu ſe ſervir de luy, auſſi n'avoyent-ils pas tort : vous voyez icy quels ſont les déportemens de ce malheureux.

Le Roy ayant fait aſſez long ſejour à Lyon, deſcendit finalement en Avignon, où eſtant le Cardinal de Lorraine (1) , ne demeura pas beaucoup que le parfun luy donna une fiévre telle & ſi ardante, que la freneſie ne l'abandonna jamais, inceſſamment il avoit ces mots en la bouche : Monſieur S. Denis, Monſieur S. Denis. Le Roy, la Royne-Mere , & autres Grands Seigneurs, vindrent le viſiter pluſieurs fois , & ſur toutes les demandes & conſolations qu'on luy faiſoit, on ne pouvoit avoir autre reſponſe de luy, ſinon touſjours qu'il crioit : Monſieur S. Denis , Monſieur S. Denis Areopagite. Environ treize jours il demeura en ceſte freneſie, les Medecins & Apothicaires, perdirent tout jugement en ſa maladie, auſſi ignoroyent-ils le parfun, que luy avoyent donné S. Niquaiſe & Sainct Barthelemy , & ores qu'ils euſſent bien ſçeu, n'y pouvoyent rien faire ; car tout le temps de ſa maladie, S. Niquaiſe & S. Barthelemy ne l'abandonnerent jamais, & leur eſtoit auſſi facile

(1) Le bruit à la verité courut que le Cardinal de Lorraine avoit été empoiſonné ; mais il ne s'en fit aucune recherche : il paroit qu'il n'y en eut aucune preuve. Voici ce qu'en dit M. de Leſtoile en ſes Memoires à la fin de l'an 1574. « Le Dimanche » 26. Décembre à cinq heures du matin, Charles » Cardinal de Lorraine âgé de 50. ans , mourut à » Avignon d'une fiévre ſymptomée d'un extrême » mal de tête , provenu du ſerain d'Avignon , qui » eſt fort dangereux, & lui avoit offenſé le cerveau, » en la Proceſſion des battus [ou Pénitens] où il » s'étoit trouvé en grande dévotion, le Crucifix à

la main, les pieds à moitié nuds & la tête peu » couverte, qui eſt le poiſon qu'on a voulu depuis » faire accroire lui avoir été donné ». Il tomba donc dans des égaremens d'eſprit , qui lui faiſoient proferer, dit-on , des paroles peu ſeantes , & l'Archevêque de Reims ſon neveu l'entendant, dit en riant : je ne vois rien en mon oncle pour le déſeſperer , & qu'il avoit encore toutes ſes paroles & actions naturelles. D'ailleurs M. de Leſtoile en parle aſſez ſincerement, & à ce qu'il paroit , ſans paſſion.

facile de luy redoubler ſes poiſons, comme de l'entreprendre : ces vilains ſe moquoyent en eux-meſmes du Cardinal, & ne pouvoyent voir l'heure qu'il n'eut la bouche cloſe, furent bien ſi impudens, qu'à l'heure de ſa plus grande freneſie, luy firent ſupplier le Roy, qu'il pleut à Sa Majeſté nommer & preſenter au Pape, Sainct Niquaiſe pour Abbé de Cluny, ſuivant ſa premiere nomination & preſentation ; le Roy luy accorda tout ce qu'il voulut, & dès-lors plus que jamais, le Cardinal ſe mit à reclamer ſon Monſieur S. Denis Areopagite, juſques à ce que vaincu de ſon mal, rendit le dernier ſouſpir, au grand contentement de S. Niquaiſe & Sainct Barthelemy.

Le contentement fut encore plus grand, quand ils entendirent que le Gentilhomme Champenois eſtoit mort, le propre jour & à la meſme heure, que le Cardinal rendit l'eſprit, en quoy l'on peut bien cognoiſtre la meſchanceté toute évidente de ces monſtres.

Le Cardinal mort, ſon corps ſolennellement fut porté depuis Avignon, juſques à Ginville, & à meſure qu'il devoit paſſer par les Villes, on envoyoit devant advertir ceux du Clergé, & les prier qu'avec la croix & l'eau benite, on vint au-devant de ce corps, mais la pluſpart y alloyent plus par contrainte qu'autrement, diſans qu'ils n'eſtoyent pas beaucoup obligez d'honorer le corps d'un, qui leur avoit fait tant de maux.

Tout le plaiſir qui eſtoit en la conduite de ce corps & le dueil, conſiſtoit en celuy de Sainct Niquaiſe & Sainct Barthelemy, qui faiſoyent comme l'on dit en commun proverbe, Gambades pour le feu Roy, tout leur dueil donques & ſolicitude eſtoit de ſe rendre

paiſible poſſeſſeur de ſon Abbaye, afin de la gouverner, non comme Coadiuteur, mais comme Abbé. Le Gouvernement a bien eſté tel, qu'il n'a jamais eſté parlé d'un ſemblable, ſi les Memoires d'iceluy Gouvernement peuvent parvenir en nos mains, nous ne faudrons de les adjouſter en ceſte Legende, afin de la décorer & luy donner le luſtre tel, que ce monſtre mérite.

Tant y a, que par le moyen de ce monſtre Sainct Barthelemy, la France a fait des pertes ineſtimables, la Chreſtienté meſmes eſt infiniement intereſſée, en ce que ce malheureux a empoiſonné & fait mourir la Royne de Navarre : Dieu (ce ſembloit) vouloit ſe ſervir de ceſte illuſtre Princeſſe pour la protection de ſa povre Egliſe, & les maiſtres de ce vilain l'ont ſupplantée, entant qu'à eux a eſté, quelle perte de ce Prince Porcian ? Je n'oſe y mettre le Roy Charles, pour avoir eſté trop facile d'acquieſcer au vouloir de ceux qui luy ont fait avouer ce miſerable maſſacre : car la perfidie & cruauté tomboit de leur coſté, & non pas du ſien. Mais les malheureux ont bien cognu qu'il n'eut pas tardé beaucoup, ſans en recevoir la punition qu'ils meritoyent, il eſt vray, qu'ils ne l'ont pas porté loin, d'autant que ſi vous regardez de près à la terre, vous trouverez que les ſepulchres de tous ſes maſſacreux, ſont garnis de leurs puantes charongnes, mais laiſſons les morts enſevelir les morts, & peſons Sainct Niquaiſe à la balance où nous l'avons mis.

Je tien que par le moyen de ſa poiſon & de ſon Sainct Barthelemy, il eſt en ſa puiſſance (ſi on n'y pourvoit) de faire mourir les plus ſignalez de France : il a desjà ſi bien commencé, que encore une fois je veux conclurre, que la gravité de ſon délit, le doit plus faire

faire detefter, & devoit-on pluftoft defirer fa mort ; que non pas celle du Cardinal. Je diray bien cela , qu'au temps
de la mort du Cardinal, Sainct Niquaife avoit plus d'or & d'argent , que non
pas luy. D'alleguer qu'on ne fçauroit
eftimer les finances que le Cardinal
avoit, tant à Venife , qu'ailleurs , affeurez-vous, que ces troubles les luy
avoyent fi-bien efpuifées, qu'il n'y en
avoit pas tant , qu'on diroit bien. Et
puis le Cardinal, Cardinalement vouloit fe faire paroiftre , & vouloit tant
qu'il luy eftoit poffible, qu'on parlaft
en bonne part de luy : c'eft pourquoy
les Finances du Roy n'ont efté fi hardiment puifées , ne fi fouvent efcorniflées
qu'on eut bien voulu. Mais quant à S.
Niquaife , il eft content de ne paroiftre
aucunement , voire d'eftre reputé le
plus mefchant des mefchans, pourveu
qu'il n'en puiffe avoir , c'eft le plus hardi voleur & larron, pillard & rençon-
neur, duquel jamais a efté parlé , nous
monftrerons à l'aide de Dieu, qu'en
cinq ou fix ans, il avoit plus tiré du
Mafconnois , qu'en cinquante ou foixante ans , que les deux Cardinaux de
Lorraine, qui ont efté Abbez de Cluny
durant ledit temps, n'en ont tiré , fans
y comprendre les pilleries , larcins ,
concuffions & voleries , faites fur les
fujets du Roy.
   Je fçay bien qu'on dira , que la comparaifon eft par trop inegale , entant
que le Cardinal par manierede dire
avoit la clef du cabinet du Roy ; c'eft-
à-dire , qu'il difpofoit à fon plaifir des
finances de Sa Majefté. Là-deffus , nous
avons desjà dit, à quoy il a tenu qu'elles n'ont efté pinfées , felon que le Cardinal pouvoit bien fouhaiter, tant y a
qu'il avoit cefte dexterité , de fçavoir
bien plumer l'oye fans la faire crier ,
mais quant à Sainct Niquaife , il ne plu-

me pas feulement : mais il efcorche
tout vif tous ceux qui tombent entre
fes pates , par la lifte de ceux qu'il a
ainfi efcorché, on s'efmerveillera comme il s'eft peu faire, qu'en fi peu de
temps il aye deftruit tant de perfonnes.
   Les pinfades du Cardinal, avoyent
encore quelque couleur , pour eftre
comme elles eftoyent authorifées d'un
Roy , à tout le moins on le nous le faifoit acroire : mais celles de Sainct Niquaife , ne font authorifées que de luy-
mefmes , & pour toute couleur, ne
veut que fa dépravée & damnable volonté. Si vous dites que le Cardinal eft
caufe que le Roy extraordinairement a
fait payer au povre Clergé , plus de foixante millions de livres,& qu'il eft caufe
que la plufpart des Curez & autres Beneficiers ont quitté & abandonné leurs
benefices , par le moyen de telles exactions. Tout cela eft bien veritable ,
mais encore en ont-ils meilleur marché,
que s'ils euffent perdu la vie. Et encore
aujourd'huy qui leur mettroit à eflire
ou de payer encore une fois foixante
milions de livres , voire de quitter
leurs benefices , ou de perdre la vie ; la
vie comme trop plus precieufe , leur
feroit plus chere cent mille fois ; & toutesfois nous efperons monftrer que par
le moyen des poifons de Sainct Niquaife & de Sainct Barthelemy, ils ont plus
fait mourir de Prélats & autres beneficiers, depuis neuf ou dix ans, qu'il
n'en eft pas mort trente-cinq ans auparavant. Pour la preuve de cela, ne faut
finon voir le Regiftre des Evefchez ,
Abbayes & autres benefices, qui font à
la nomination & prefentation du Roy ,
& pour le regard des autres benefices
qui font de la collation de Cluny, ou
des autres benefices Guifardez. Je vous
laiffe à penfer fi madame la poifon y
                              trotte ,

trotte, auſſi en la pluſpart des lieux, où ſont aſſis iceux benefices, vous n'entendez parler que de morts ſubites, advenues à ces povres beneficiérs. Quel profit revient de tout cela à Sainct Niquaiſe ? d'enrichir ceux qui le luy ont fait faire, leſquels ont des Tiercelets ou Cuſtodinos pour les porter, ſous certain prix que l'on convient avec eux : ainſi vous voyez qu'une playe mortelle eſt trop plus grande, que quand il n'y va que du ſang de la bourſe. D'autre coſté S. Niquaiſe & S. Barthelemy y ont touſjours quelque profit, & cela eſt bien à croire, car d'où viendroyent tant de deniers, qu'il a en ſa puiſſance? On ſçait bien que l'Abbaye de Cluny vaut, & auſſi que peut valoir S. Niquaiſe.

On met en avant, que par le moyen des troubles advenus pour le fait de la Religion, outre les ſoixante milions de livres, exigées ſur ceux du Clergé, il leur couſte quatre fois davantage, & telle couſtange à bon droit eſt rejettée ſur le Cardinal comme ſur celuy, qui a eſté cauſe de tous nos malheurs, ainſi qu'il a eſté dit cy-deſſus. Que direz-vous ſi je monſtre, que par le moyen de la poiſon de Sainct Niquaiſe, le Clergé a perdu & perdra plus de trois cens milions de livres ? voicy comment je l'entens : ſi Sainct Barthelemy n'eut empoiſonné la Royne de Navarre, le maſſacre ne fut point advenu : car ceſte vertueuſe Princeſſe, avoit de ſi bons yeux en la teſte, & l'entendement ſi raſſis, qu'elle eut bien gardé l'Admiral de paſſer ſi legerement par deſſus infinis advertiſſemens, qui luy furent donnez après la mort de la Royne, du deſſein projetté pour l'execution du maſſacre : elle l'eut fort bien empeſché de s'appuyer & repoſer ſur la foy de ceux, qui n'en avoyent point : car elle tenoit comme en ſa main l'Anatomie de la foy de ces perfides ; & pour ceſte cauſe les perfides prevoyoient bien, que le preambule du maſſacre devoit commencer par la mort de ceſte Princeſſe, cognoiſſans très-bien que l'Admiral honoreroit de tant la Majeſté de ſon Roy, qu'il ſeroit très-facile l'endormir ſous la foy Royale, que ceux de Valois avoyent accouſtumé de tenir.

Ainſi Sainct Niquaiſe & S. Barthelemy, ayans empoiſonné la Royne de Navarre, le maſſacre eſt intervenu : par le moyen du maſſacre, les troubles ont eſté renouvellez en France : par le moyen des troubles, les bourſes des Prélats & autres beneficiers ont eſté vuidées : par le moyen de leurs bourſes, à feu & à ſang ils ont eſté & ſont pourſuivis : par le moyen du feu & ſang, ils ſont à la veille d'eſtre du tout deſtruits, & leur cabale du tout ſupprimée, à cauſe que la perfidie eſt tellement deſcouverte, qu'il ſera très-malaiſé, voire impoſſible, que jamais on puiſſe ſe fier ſur la parole de celuy qui la devoit avoir, ſur la foy de celuy qui devoit eſtre la foy meſme : tellement que ceſte défiance nourrira une perpetuelle guerre, la nourriſſant, ſa viande, ſon entretenement : voire tout ſon équipage, ne ſe peut prendre que ſur le Clergé : s'il s'y prend, conſiderez la deſpenſe, elle ne ſe peut pas ſupporter pour ſeize cens mille livres, à quoy le Clergé a compoſé chacun an pour le fait de la ſubvention, quadruplez hardiment la partie, chacun an, encore ne ſera-ce pas fait. Car outre ce quadruple, on ravagera les Seigneuries, terres & poſſeſſions, de voſtre temporel, vous ſerez à la mercy de ceux, qui ſeront plus forts que vous, par le fil

de

S

de l'efpée la plufpart de vous pafferez;
encore n'eft-ce pas tout, car tous les
endroits où vos adverfaires pafferont,
ne fe contenteront des deux tiers ny
trois quarts du revenu de vos benefices, ains prendront le tout, & conver-
tiront vos deniers à vous faire la guerre, de forte que de voftre propre argent, de vos propres armes, vous ferez battus, guerroyez & occis, ces pertes donques, ces frais, ces defpences
reviendront bien davantage en peu de
temps à plus que de trois cens milions
de livres, c'est bien autrement vous cha-
touiller. Si mieux vous n'aimez dire
pinfer vos bourfes, que du temps du
Cardinal de Lorraine, ce ne font pas
foixante milions de livres, que diftes
qu'il a fait coufter au Clergé, la dace
qu'on vous demande aujourd'huy, les
Subfides & exactions, defquels eftes
pourfuivis, ce font bien autres fommes. Et qui en eft caufe? Sainct Niquaife, & Sainct Barthelemy : car s'ils
n'euffent empoifonnez la Royne de
Navarre, il n'y eut point eu de maffacre, & par conféquent point de guerre; n'y a-il point de guerre, le Clergé
demeuroit tranquille en la perception,
& jouiffance de fes fruits, personne ne
pouvoir l'offenfer, le Clergé peut donques cognoiftre de combien il eft attenu à ce monftre de Sainct Niquaife, &
cest empoifonneur de Sainct Barthelemy.

CHAPITRE XXXIX.

*Queftion, affavoir, fi c'eft fur le Car-
dinal ou fur Sainct Niquaife, qu'on
eut impuée la poifon de la bourfe, de
laquelle peu s'en eft falu que le Roy à
prefent regnant, & autres Princes du
Sang, n'ayent efté empoifonnez, & des
raifons fur ce amenées.*

ENCORES que cefte queftion
femble en foy avoir beaucoup de
difficultés. Si eft-ce qu'à confiderer le
fait en foy-mefmes, on peut aifément
réfoulfre que Sainct Niquaife eft digne
de mort, & que de droit divin & humain, il merite pire que le mourir,
s'il eftoit poffible: mais quand au Cardinal, les uns le tiennent en cela pour
innocent, les autres fouftiennent, qu'il
eft digne pour ce regard, encore de
plus grand fupplice, que non pas Sainct
Niquaife, pour avoir, comme il a efté
plufieurs fois adverti de fa mauvaife
converfation, enfemble de S. Barthelemy, que le Cardinal s'eft fervy d'eux à
l'endroit de plufieurs, pour les bouconner de mefme, fingulierement envers le
Prince de Porcian, qu'il n'a pas tenu en
luy qu'il n'en ait fait autant à tous les
Princes de la Religion; que par la propre bouche de Sainct Barthelemy, on
a découvert d'horribles empoifonnemens qu'on vouloit faire, comme au
Marefchal d'Amville & à d'autres. S'il
n'y a point d'autres tefmoignages que
celuy de S. Niquaife & S. Barthelemy,
ils font de droit par trop reprochables
pour en eftre creu. Outre cela, j'ay appris de bonne part, que qui regardera
l'efpaule droite de Sainct Barthelemy,
on trouvera qu'il a la fleur-de-Lis imprimée, avec un fer chaud; je me rapporte

porte à ce qui en est. Toutesfois pour reprocher le tesmoignage d'un tel garnement, je sçay bien qu'il ne faudroit pas avoir beaucoup de peine, & encore moins de S. Niquaise : car celuy qui est prevenu d'Atheisme, de Sodomie, de parricide, d'empoisonnemens, sacrileges, symonies, fabrication de fausse monnoye, voleries, larcins, concussions & pilleries, je vous laisse à penser si foy de vérité doit estre adjoustée à son tesmoignage. Ce n'est pas toutesfois pour vouloir excuser le Cardinal de Lorraine ; car quand je le voudrois

faire, ses actions & déportemens contenus & déclarez en une infinité de Livres & autres Libelles diffamatoires, que luy-mesmes a autresfois presenté & fait voir au Roy, démonstrent assez si la vie, authorité & grandeur d'un tel Prélat, a de beaucoup profité en France : le sang espandu, les feux allumez, les cris & gémissemens de tant de povres femmes & enfans orphelins, qu'il a faits, en rendent d'autre costé de telles & si manifestes preuves, qu'il n'est jà besoin d'en faire icy autre mention.

FIN.

Lettre du Cardinal de Pellevé, à D. Claude de Guise, Abbé de Cluny.

Tiré du Volume 9135. des Mss. de Bethune, p. 19. dans la Bibliotheque du Roy.

Du 22. Avril 1593.

MONSIEUR, qui pourroit escrire aussi librement comme on parleroit ensemble, nous aurions subjet pour discourir de beaucoup de choses. Vous sçavez, comme j'ai la protection de votre Ordre, laquelle j'acceptai volontiers, quoiqu'il n'y ait que charge, pour avoir toujours plus de moyen de vous pouvoir faire service, par de-çà & à Rome : cela me donne occasion de vous supplier treuver bon, que je vous die le désir, que j'ay que mettiez peine de vous maintenir en bonne opinion vers notre Sainct Pere, singulierement en ce qui concerne vostre Ordre. J'ai oui vent qu'il y en avoit quelque plaintes, que je me suis efforcé d'excuser & assoupir. Mais il est bien difficile que Sa Sainteté ne soit toujours bien informée de tout. Monsieur le Légat a beaucoup de choses à vous dire. Et quant à S. Martin des-Champs

entre autres, est l'une des belles maisons, qui se puisse treuver, pour y establir & conserver la régularité. Je ne connois point autrement celui qui le tient, sinon que c'est un Docteur en Theologie, fort estimé d'ung chascun pour sa Doctrine & intégrité de vie ; & croy qu'il peut faire beaucoup de bien en ce Prieuré. Il me semble qu'il est très-bien colloqué en luy, & que luy voulant oster, on se mettroit en grande peine & Procez. Vous y adviserez se vous plaist. Assurez-vous que n'aurez jamais personne, qui vous serve de meilleure affection, que moy & en cest endroit.

Monsieur, je me recommanderai bien humblement à votre bonne grace, & supplie le Créateur, vous donner en santé, bonne & longue vie. A Paris ce 22. d'Apvril 1593. Vostre humble amy & serviteur, le *Cardinal de Pellevé.*

TABLE

TABLE
DES MATIERES
Contenuës en la Légende de D. Claude de Guife.

T

TABLE DES MATIERES.

Fin de la Table des Matieres.

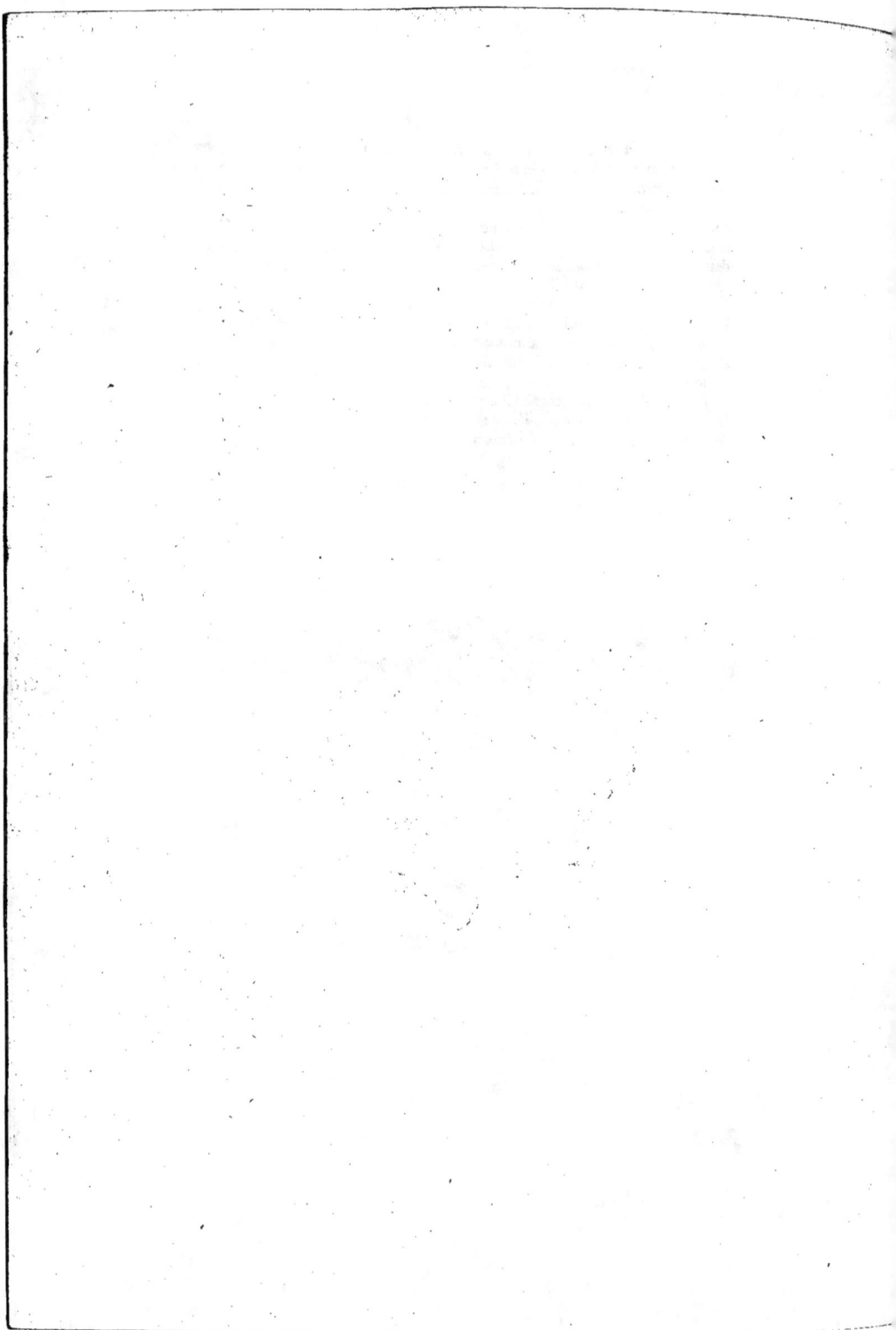

SUPPLEMENT

AUX

MEMOIRES DE CONDÉ.

TROISIEME PARTIE.

OU

APOLOGIE

POUR

JEHAN CHASTEL, PARISIEN,

Exécuté à mort, & pour les Peres & Efcolliers de la
Societé de Jefus, bannis du Royaume de France.

CONTRE L'ARREST DE PARLEMENT,

Donné contre eux à Paris, le 29. Decembre 1594.

Divifée en cinq Parties.

Par *FRANÇOIS DE VERONE,* Conftantin.

Deus conteret dentes eorum in ore ipforum,
Molas leonum confringet Dominus. Pfal. 57.

L'An M. D. XCV.

Accompagnée de notes Hiftoriques & Politiques, & augmentée
de beaucoup de Piéces curieufes.

NOUVELLE ÉDITION.

AVIS DE L'AUTEUR DE L'APOLOGIE,
POUR JEHAN CHASTEL.

L'AN 1594. que Paris fut livré entre les mains de Henry de Bourbon, comme iceluy, après son retour de Picardie, estoit en la chambre de la Dame de Liencourt, sa favorite, dicte vulgairement la Gabriele, le 27. de Décembre, Jehan Chastel, Parisien, fils de Pierre Chastel, Marchand, Bourgeois de Paris, âgé de 19. ans, émeu du zele de religion & de justice, se coule dedans. Et d'un cousteau qu'il avoit, pensant luy donner dans la gorge, le frappe en la bouche, environ les 7. heures du soir, & luy rompt une dent. Il est apprehendé, il avoue le faict, soustient en la question n'avoir esté émeu d'autre, que de luy-mesme. Et conneu, qu'il avoit faict son cours au College des Jesuites; & illec, eu pour Précepteur, un nommé Jehan Gueret (qui là-dessus estant appliqué à la question, est trouvé innocent) l'Arrest est prononcé le 29. suivant, tant contre ledit Chastel, que contre la Société entiere desdits Jesuites, en la forme qui s'ensuit.

Je ne réimprime pas ici l'Arrêt, qui est à la tête de l'Edition de 1595; parce qu'il se trouve imprimé ci-après pp. 129 & 164.

SOMMAIRE.

SOMMAIRE

DES MATIERES,

COMPRISES EN CE DISCOURS.

PREMIERE PARTIE.

De la source de l'erreur, qui se voit tant icy qu'ailleurs.

SECONDE PARTIE.

Que l'Acte de Chastel est juste.

ã 2

TROISIEME PARTIE.

Que l'acte de Chastel est héroique.

QUATRIEME PARTIE.

Vices & impertinences de l'Arrest, contre Chastel.

CINQUIEME PARTIE.

Vices & impertinences de l'Arrest, contre les Jesuites.

LISTE

Des Piéces ajoutées à cette Edition.

I.

ADvertissement aux Catholiques, sur l'Arrest de la Cour du Parlement de Paris, en la Cause de Jean Chastel, qualifié Escolier estudiant au College des Jesuites,   LIX

I I.

Copie de la Lettre du Roy, sur l'affaffinat attenté contre fa perfonne ; envoyée à Meffieurs les Confuls, Efchevins, manans & habitans de la Ville de Lyon,

I I I.

Procedure faite contre Jean Chaftel, Efcolier, eftudiant au College
des Jefuites, pour le parricide par luy attenté fur la perfonne du Roy
très-Chreftien, Henry IV. Roy de France & de Navarre,

I V.

Pyramide élevée devant la grande porte du Palais à Paris,

V.

Hiftoire prodigieufe du déteftable parricide attenté contre le Roy
Henri IV. de ce nom Très-Chrétien, Roy de France & de Navarre,
par Pierre Barriere, à la fufcitation des Jefuites.

V I.

Hiftoire abregée du Procès Criminel de Jean Chaftel, avec l'Arreft
contre luy & contre les Jefuites,

V I I.

Profopopée de la Pyramide du Palais, dreffée devant la grande
Porte du Palais à Paris,

V I I I.

Complainte au Roy, fur la Pyramide,

I X.

Invective contre l'abominable Parricide attenté fur la perfonne

S O N N E T.

N ON, *Lecteur, ne croy pas, que foit contre les Roys,*
  Où contre un vray Senat, que cefte plume efcrime,
  Ces deux ont trop d'honneur, & ne pourroit ce crime
  Tomber en l'ame d'un, qui honore les loix,
Mais fi le loup fe juge aux dents & à la voix,
  Si le ferpent au fifle, & air qu'il envenime,
  Garde - toy de l'erreur, de dire legitime,
  Le Tyran & la Cour, où tout cela tu vois.
L'un veut, & l'autre faict, tout ce que l'herefie,
  Couve dedans fon cœur. Et de pareille envie,
  Jouent à qui mieux mieux. O peftilent accords!
Heureux, qui pour fauver la France Catholique,
  Renverfera d'un coup, tout ce regne heretique,
  Et luy brifant la tefte en brifera le corps.

APOLOGIE

A P O L O G I E
P O U R
JEHAN CHASTEL.

PARTIE PREMIERE.

DE LA SOURCE DE L'ERREUR QUI SE VOIT,
tant ici qu'allieurs.

CHAPITRE PREMIER.

Reſſemblance mere d'erreur.

E ne fut pas mal rencontré à celui là qui dict, que LA RESSEMBLANCE *eſt la mere de l'erreur*: pour eſtre celle qui plus nous trompe, qui nous éblouit les ſens, perd & égare notre raiſon, & induict à tout propos à prendre, ou juger l'un pour l'autre. Ainſi pour la reſſemblance (1) le loup ſe prend pour le chien, le ſerpent pour l'anguille, la cicüe pour le perſil, le cuyvre pour l'or, l'eſtein pour l'argent, & le verre pour l'emeraude. Ainſi la grappe peincte par Zeuxis trompe les oiſeaux, la genice de Myron

(1) Tout ce Chapitre, qui eſt étranger au ſujet dont il s'agit, ne merite aucune remarque hiſtorique. Il n'eſt queſtion que d'en montrer en un mot tout le faux. Tout homme de bon ſens peut-il dire; il y a eu dans tous les ſiecles des trompeurs, qui par la reſſemblance ont trompé d'autres hommes; il y en aura même dans tous les tems, ainſi l'action de Jean Chaſtel n'a que l'apparence du crime, & n'en a pas la méchanceté. C'eſt ainſi neanmoins que la paſſion fait raiſonner Jean Boucher auteur de ce livre.

APOLOGIE

Myron faict courir les taureaux à soi, & le chien d'Esope est deceu par l'ombre. Ainsi les perdrix & les cailles sont pipées par les appeaux, & les pigeons chassez par les espouvantaux de chenneviere. Là consistent les vanitez des songes, les illusions des charmeurs, les stratagèmes de guerre, & toutes sortes de tromperies, pires que celle des deux

Bessons, dont Virgile dict que la grande ressemblance trompoit même les parens, mais d'un erreur plaisant & agréable. De là sont les piperies de ceux, qui pour quelque rapport de lineamens, de corsage, de parolle & mesme de nom, se sont supposez & intrus aux plus nobles familles, voire aux plus grands estatz, & au lict des plus chastes mariages. Tel que fut l'esboreillé Smerdis, qui se glissa à la Monarchie des Perses, soy disant estre Smerdis fils de Cyrus, auquel il ressembloit de nom & de visage. Un Prompalus soit disant fils d'Antiochus, qui par ce moyen ravit le Royaulme de Syrie. Un certain Juif narif de Sidon, qui soy disant Alexandre fils d'Herodes, auquel il ressembloit, se fit recevoir Roy par les Juifs: & recogneu par Auguste Cæsar, à la rudesse de ses mains, fut envoyé aux galeres. Et aultres en l'antiquité, racontez par Valere & Fulgose. Et du temps de Loys VII, Roy de France, celui qui soy disant Baudouin, Comte de Flandres, à qui il ressembloit, se fait suyvre par la Noblesse du païs, & depuis fut executé à mort. Et de nostre temps à Tolose, celuy qui se disant Martin Guerre, pour la grande ressemblance qu'il luy avoit, s'estoit emparé des biens & de la femme de celuy, qu'il se supposoit estre. Ainsi en la Poësie Ixion est abusé par l'idole de Junon, & embrasse une nuée. Et Turnus deceu par la figure & phantasme d'Aeneas, que Junon luy mit devant

Æneid. 10.

Herodot. lib. 3.

Joseph lib. 17.
Ant. c. 14.

Val. lib. 9. c. 16.
Fulgos. liv. 9. c. 16.

Æneid. 10.

les yeux, s'eschauffe de courir après, & ainsi sort de la bataille. Dans Plaute la transformation de Jupiter en Amphytruo, & de Mercure en Sosia, donne subjet à mille plaisantes tromperies. Et s'il faut mettre le sacré avec le prophane, la tromperie de Jacob envers son pere Isaac, pour emporter la benediction de son frere, n'a peu estre mieux, que par la ressemblance des mains velues de celuy, pour qui il se supposoit, par le conseil de sa mere.

In Amphytr.

Genes. 27.

Ainsi se coulent les faux amis, les faux Chrétiens & Catholiques, & tant qu'il y a d'hypocrites, qui couvrent le loup de la brebis. Et pour parler en general, la ressemblance est celle qui faict prendre le laid pour le beau, le plaisant pour l'honneste, le tortu pour le droict, la chair pour l'esprit, le mensonge pour verité, brief qui faict fuir le bien pour le mal, & suyvre le mal pour le bien. Toutes choses, selon les Philosophes, appetent naturellement le bien. Mais *ce qui nous trompe la plus part* (dict le Poëte) *est l'apparence du droict.* Qui faict que le vice se prend pour la vertu, & la vertu pour le vice, & generalement faict par tout que l'un est pris au lieu de l'autre.

Arist. 1. Eth.
Horac. in arte

De là, par un mesme moyen se font les jugemens pervers, & les discours à contrepoil. Le voleur est nommé vaillant, le zelateur seditieux, le vindicatif homme de cœur, & le patient homme de peu: le corrompu homme d'esprit, & l'incorruptible un pedant: le juste & severe est cruel, & l'indulgent est raisonnable: le canteleux homme prudent, & le simple sot & stupide: le chiche & avare est menager, & le prodigue est honneste homme. L'usurier en sa cruauté, soubs ombre de survenir à la necessité d'autrui, soit publique ou particuliere, veut estre dict officieux,
&

Faux jugemens pour la ressemblance.

& maintient son iniquité estre un œuvre recommandable. N'y ayant par ce moyen ni chose si bonne qui ne se condamne, ny si mechante qui ne se deffende, & qui ne trouve un Advocat. Suyvant ce que dict un autre Poëte.

Druide.

Le mal qui pres du bien s'approche,
Fait que soubs c'est erreur souvent
Le vice gaigne le devant,
Et la vertu a le reproche.

CHAPITRE II. (1)

Ruse du Diable pour tromper par la ressemblance.

r. Tromperie.

OStez ce moyen au Diable, & ses traicts sont inutiles. C'est par la qu'il tente les hommes, qu'il les trompe & les seduict, & principalement en trois sortes. La premiere est de tascher faire couler le mal pour le bien, voire aux plus spirituels, & fusse mesme à Jesus-Christ, pour lui persuader s'il peut, sous apparence tantost de necessité qu'il change la pierre en pain : tantost de confiance en Dieu, qu'il se jette du hault en bas. Et se transfigurant en Ange de lumiere, sous ombre de pieté, ou de quelque devotion sensible, qu'il peut aisement enflammer, il tire apres soy les heretiques, & les plus plains de vanité, & remplis de l'amour d'euxmesmes : jusqu'à se faire des martyrs, pour tromper les moins rusez. Tels qu'on a veu les Adamistes, quelque salle & vilaine que fust leur superstition & folie, comme tesmoigne sainct Bernard. Et depuis les Lutherians & Calvinistes, psalmodians dedans les flammes, pour deffendre leur impieté, & dont plusieurs ont esté seduicts.

Matt. 4.

2. Cor. 11.

Et si ceste voye ne succede, son recours est à la deuxiesme, pour faire que soubs couleur de mal la vérité soit persecutée : & en consequence de la persecution, elle soit meprisée & condamnée. Usant de ce second artifice, du traictement faict aux bons comme s'ils estoient meschans, & aux meschans comme s'ils estoient bons, pour en confondre le jugement, & ainsi donner blasme à la vertu, & faire honneur à la malice. Ainsi il tue les martyrs, & crucifie Jesus-Christ en guise de malfaicteur. Et en l'innocence d'iceluy, il execute par dessus tous, la honte, le blasme, l'improbere, le deshonneur, la moquerie, le mespris & cruaulté de supplice, comme si c'eust esté le plus meschant, & le plus scelerat qui fust au monde.

Epist. 46.

2. Tromperie.

Et pour ce que l'on voit, que les meschans sont à leur aise, & les bons sont en peine, & que les serviteurs de Jesus-Christ sont traictez comme leur maistre, de la vient c'est erreur parmy les hommes, qui ignorent les secrets de Dieu, de condamner les derniers, & justifier les premiers, suivant le dire commun, que le miserable a le tort, & le batu paye l'amende. Qui est la vraie vanité, que le Sage dict estre sur la terre. Disant, *Qu'il y a aucuns justes, ausquels il advient selon l'œuvre des meschans, & aussi il y a tels meschans, ausquels*

Ecclef. 8.

---

(1) Tout ce Chapitre n'est pas moins étranger que le precedent. On pourroit même en conclure que l'esprit malin ayant trompé Jean Chastel, en lui représentant comme une action louable, le parricide qu'il attentoit sur la personne de Henri IV. & Chastel ayant succombé à cette tentation, il n'en est pas moins punissable, suivant toutes les loix, qui défendent le meurtre & l'assassinat, même dans un ennemi public, à moins que ce ne soit à son corps defendant, quand on ne peut faire autrement, ou dans une guerre ouverte, & même lorsque sous l'autorité du Prince on est conduit à une bataille, par les Chefs & les Officiers. Ainsi tout le sçavoir repandu dans ce Chapitre est en pure perte, & l'on ne sçauroit en conclure que l'action de Chastel est louable.

APOLOGIE.

4

quels il advient felon l'œuvre des juftes, dont le monde ignorant faict fon fondement ordinaire. Soit pour condamner les bons, comme faifoient Job fes amis, pour l'affliction où ils le voyoient. Et comme ceux de l'Ifle de Malte, qui jugeoyent S. Paul eftre un mefchant, pour une vipere qui luy prit le doigt. Et quelques uns mefmes de ce temps, qui condamnent les Machabées, pour les malheurs qu'ils ont receu; de mefme que fit Conftantius de fon temps en faveur des Arians, à l'encontre des Catholiques, qui luy faifoient refiftance, comme Lucifer tefmoigne. Soit pour juftifier les mefchans, de même que les idolatres de Juda, qui eftoient en Egypte du temps de Hieremie, lefquels adorant la Royne du Ciel, qui eft la Lune, & lui faifant facrifice, s'imaginoient que cefte impieté eftoit vraye religion, & fe moquoient du Prophete, qui leur prefchoit le contraire. *Pour ce que tandis (difoient-ils) qu'ils en avoient ainfi ufé, ils eftoient raffafiez de pain, & bien à leur ayfe, & n'avoient point veu de mal.* Qui eft juftement le langage dont le Cardinal Polus tefmoigne que les courtifans de Henry huictiefme d'Angleterre ufoient pour juftifier fon fchifme & mefpris des cenfures; difant *que depuis qu'il eftoit excommunié, rien de mal n'eftoit avenu au Royaume, que la terre produifoit les fruicts, que fes affaires alloient bien, qu'il vainquoit fes ennemis*: & dont encores aujourd'huy ils ufent en cefte mefme Ifle, en faveur de celle qui y commande, dont ils juftifient l'impieté, & canonifent les actions, par la longue profperité & felicité de fon regne. Voire que c'eft le grand lieu commun, fur lequel leurs prefcheurs s'infiftent, pour remplir leurs fermons, & abufer tant eux-mefmes, que le pauvre peuple, & fans lequel ils

feroient fouvent muets.

Et ce qui eft le plus eftrange, il n'y a pas mefme les fuperftitieux, & ceux qui ufent de fortileges, voire auffi les Atheiftes, qui ne fe aydent de cet argument, pour juftifier leur impieté. Tefmoin pour les premiers, l'opiniaftreté d'aucuns, qui portent des caracteres, & ufent de charmes & de paroles, tant efcrites en bulletins, que verballes qu'ils prononcent, pour garir hommes & beftes. Qui pour l'apparence quelques garifons avenues (n'avifant où ils s'engagent & combien ils le payeront cher) fe font croire qu'ils ont raifon, & que leur action eft bonne. Tefmoing pour les derniers, ceux qui pour eftre en leur impieté abandonnez de Dieu, & pour ne fentir aucune affliction, dont Dieu ordinairement exerce & vifite les fiens, fe figurent eftre plus heureux, & plus avifez que les aultres. Tel qu'eftoit un Selius remarqué par Martial.

Selius, tant eft ftupide,
Souftient que le ciel eft vuide,
Et qu'il n'y a point de Dieux:
Et dict pour toute affeurance,
Que depuis cefte creance,
Il eft devenu heureux.

Que s'il advient que bons & mauvais facent ou fouffrent mefmes chofes, il faict ce troifiefme erreur, que de faire juger des uns comme des aultres, & les condamner tous enfemble, pour ce qu'ils font en mefme peine. Ainfi il crucifie Jefus-Chrift avec deux larrons, & au milieu d'eux. Il faict mourir les premiers Chreftiens, avec les plus fcelerats. Faict traifner en mefme fupplice, à mefmes gibets, & fur mefmes clayes, les vrays martyrs Catholiques, & les faux martyrs heretiques, comme on veit en Angleterre, du tems de Henry huictiefme. Pour faire juger des uns
comme

Act. 28.

Lucifer Calavitanus con. Conft. Hier. 44.

Lib. 1.

Lib. 4. Epig.

3. Trompette.

Job. 101.

comme des aultres, & abuser de la simplicité de ceux, qui ne regardent à la difference de la persecution d'Isaac par Ismael, & celle d'Agar par Sara. Dont la premiere est aultant injuste, comme la seconde est saincte & juste. Ni à ce que dict sainct Augustin, *que ce n'est à ce qu'on endure, mais à ce pourquoy on endure, qu'il faut asseoir jugement. Et que soubs la ressemblance des passions, la dissimilitude des patiens ne laisse d'estre, ne plus ne moins, que soubs un mesme fleau le froment est purgé, & le chaume brisé: soubs un mesme l'or reluit, & la paille fume: & n'est pourtant l'huyle confuse avec le marc, si tous deux sont foulez en mesme pressorage.*

Genes. 21. Genes. 16. — Lib. 1. de Civit. c. 8.

CHAPITRE III.

Advis en l'escriture pour se prevaloir contre l'erreur de la ressemblance. (1)

OCCASION pourquoy si jamais allieurs, on peut dire que c'est icy qu'il convient practiquer ce dont Jesus-Christ nous advertit, d'estre *prudens comme serpens*. Et aviser à ce que l'escriture nous veult dire, distinguant les bestes nettes d'avec les souilliées, en ce que les nettes ont l'ongle divisée & ruminent, & les aultres non. Entendant par la division de l'ongle, la discretion necessaire, pour sonder l'interieur & merite de la cause: & par la rumination, d'y penser profondement. Et aillieurs, quand elle dict, *que l'homme voit ce qui est devant les yeux, mais Dieu regarde le cœur*, elle nous donne advis à l'exemple de Dieu, qui doibt servir de regle, pour faire tout droict jugement, autant qu'on le peut imiter, de ne juger selon l'escorce, ains examiner le faict. A faute dequoy, est icy verifié, par les mondains & sensuels, & qui ne s'arrestent qu'à l'exterieur, ce que dict le Sage, que *les creatures ont esté faictes, pour faire tomber les fils des hommes, & pour servir de piege à leurs pieds*. Comme au contraire, S. Paul dict de l'homme *spirituel, qu'il juge tout*, c'est à dire comme il fault. Aussi que pour venir au faict, Jesus-Christ nous en a donné exemple, lors qu'estant frappé iniquement, comme ayant mal parlé au Pontife, il respondit, *Si j'ay mal parlé, donne tesmoignage du mal: mais si bien, pourquoy me frappes tu?* Arguant par là la faulte de ceux, qui condamnent ou punissent pour la ressemblance du mal, sans regarder plus avant à la nature du cas.

Matt. 10. — Levit. 11. — 1. Reg. 16. — Sap. 14. — 1. Cor. 2. — Joh. 18.

CHAPITRE IV.

Practique de ceste ruse en ces trois sortes, contre la ligue des Catholiques. (2)

CE que s'il fault monstrer par pratique, la seulle consideration de l'estat de la ligue des Catholiques en France, & de leurs contraires, sans aller cercher plus loing, fournira dequoy amplement, en tous sens & en toutes sortes

(1) Autre Chapître qui ne dit rien, & où il y a abus de l'autorité de l'Ecriture Sainte.

(2) Tout ce Chapitre n'est qu'une pure declamation, sans aucun fondement. Ce qui a esté fait par ceux de la Ligue, qui ont reconnu Henry IV. n'a point été fait au préjudice de la Religion; 1°. Le Roi étoit converti dès le 25 Juillet 1593, & son absolution admise par les Evêques. 2°. Il se soumettoit au Saint Siége en y sollicitant sa reconciliation par ses Ambassadeurs, 3°. Il avoit promis solemnellement à son Sacre le 17 Février 1594. de maintenir la Religion Catholique, telle qu'elle a toujours été pratiquée dans le Royaume. 4°. Quand Henry IV. auroit encore été d'une Religion étrangere, on ne pouvoit pas lui refuser la Couronne, ni l'obéissance, dès que son droit étoit certain. L'Ecriture nous obligeant d'obéir même aux mauvais Princes: & l'opposition qu'on y peut apporter à la derniere extremité, est de souffrir à l'exemple des premiers Chrétiens; & non de faire souffrir les autres. La Religion ne s'est point établie par des révoltes & des seditions, ainsi elle ne sçauroit se conserver par des moyens aussi odieux. Qui s'imprimera bien ces maximes verra que la passion seule & non l'amour de la vérité a dicté cette prétendue Apologie.

APOLOGIE

6

fortes. Pour les divers & eftranges jugemens qui s'en font faicts, & font encore, tant fur le merite & nature de la caufe, que fur les evenemens ruyneux d'une part, & avantageux de l'autre : que aufli fur les effects communs qui font les maux & inconveniens de la guerre. Ne fe pouvant dire où la reffemblance auroit plus caufé d'erreur, pour faire prendre le bien pour le mal, & le mal pour le bien, qu'en ces trois fortes de difcours, & nommement pour la ligue.

Pratique en la premiere forte.

Car quant au merite de la caufe, l'erreur y eft manifefte, foit pour le general d'icelle, foit pour le particulier de ceux qui s'en difent ou fe font dicts eftre. Pour le general, en ce qu'on appelle rebellion, ce qui eft religion : crime de leze majefté, ce qui eft conferver la majefté : infraction de loix, ce qui eft conferver les loix : nouvelleté, ce qui eft garder l'antiquité : fedition, ce qui eft protection, & obviation au mal avenir. Le tout pour l'oppofition faicte par les Catholiques, d'une part, non à la Royaulté, ains à la tyrannie : & tyrannie, non occulte ou tolerable, ains ouverte & au premier chef : qui opprime la religion, & religion non telle quelle, ou inventée depuis trois jours, ains la feule veritable, & ancienne aux Françoys, & par laquelle ils ont ceft honneur d'eftre nommez Tref-chreftiens. Et par mefme moyen à la domination des heretiques, que de long tems on projectoit, à la corruptele generale de la foy & des bonnes mœurs, & ouverture patente de la perdition des ames. Non à la maniere des Huguenots, qui pour planter leur herefie, leur invention damnable, & fynagogue de Satan, ont couvert leurs facrileges, du manteau de religion : & en leurs rebellions ouvertes, on faict à

croire aux Roys de France que c'eftoit pour leur fervice. Ains pour maintenir les Roys ès termes de leur devoir, pour obeir à l'Eglife, pour éviter les cenfures & excommunications, pour fauver l'honneur des François, l'authorité des Eftatz, & loix fondamentales du Royaulme. Et d'aultre part, pour la prétenfion faicte par les ennemis, de droict où il ny en a point, d'ordre en ce qui renverfe l'ordre, de Majefté en ce qui eft hoftilité, & d'authorité legitime, où elle n'eft, ny ne peut eftre. Et en confequence, pour la reffemblance qu'il y auroit en tels mouvemens, & plus que juftes oppofitions, à celles qui font purement illicites, eft venu l'erreur de ceux, qui condamnent par l'exterieur, ce dont le merite ne fe peut juger, que par la juftice du fuject, qui pouffe les uns & les aultres.

Et quant au particulier, pour raifon d'aucuns qui fe font dicts de la Ligue, & en effect n'en furent onc, finon pour la perdre & deftruire, ou n'en furent jamais dignes, qui ont couvert leur ambition du manteau de devotion, abufant d'une faincte caufe, pour fervir à leurs paffions, & cupiditez infatiables, & par ce moyen l'ont perdue, on fçait l'erreur qui en eft venu, de juger les uns par les autres, & condamner le general, pour la faute de peu de gens, comme fi pour un Judas, qui eftoit larron & hypocrite, il falloit rejecter, ou donner blafme au college des Apoftres. *Joh. 6.*

Et au contraire pour l'égard des ennemis, on fçait comme les perfidies, defloyaultez, hoftilitez & oppreffions de ceux, qui ont plus eftimé la terre que le ciel, la gloire des hommes que la gloire de Dieu, la promeffe faicte contre Dieu aux hommes, que celle qu'ils ont faicte à Dieu, au facrement de baptefme : qui fe font faicts enfemble

ble protecteurs de tyrannie & d'heresie, ennemys ouverts de la foy & de l'Eglise Catholique, & meurtriers de leur patrie & de leurs freres : pour l'apparence de souftenir une Majesté qui n'estoit plus, & en consequence, de s'en forger une qui ne peut-estre, contre le jugement de l'Eglise & des Estats, sainctement faict & prononcé, & conformément aux loix tant divines que humaines, telles perfidies, dy-je, ont esté dictes bons & loyaux services, offices de bons Françoys, & de fidelles serviteurs du Roy & de la Couronne. Mais avec autant d'absurdité, que la seule nature du faict, sans cercher aultres argumens, le monstre & publie à tout le monde. Ny ayant besoing d'aultre chose, sinon de detourner le voyle, & mettre au jour ce qui en est, pour en juger la turpitude.

CHAPITRE V.
Praxique en la seconde sorte d'erreur. (1)

QUANT au second poinct, pour l'egard des ennemis, on sçait les discours qui s'en font faicts, & comme d'une part les adversitez, miseres, humiliations, confusions, mocqueries, bannissemens, proscriptions, pauvretés, prisons, questions, gibets, cruauté de supplice, de ceux qui vilainement ont esté trahys & livrez, par ceux de qui ils s'estoient fiez : & de l'autre les prosperitez, succez, grandeurs, victoires, honneurs, jouissance de tout bien, asseurances, libertez, abondances, plaisirs, contentement de toutes sortes, ont servi d'argument aux imprudens, pour condamner les premiers, & justifier les derniers. Voire d'arguer d'atheisme, ceux qui diront le contraire.

De mesmes que jadis les Juifs, lesquels voyant Jesus-Christ en croix s'en mocquoient plus que jamais, & se confirmoient eux-mesmes, en leurs folles opinions d'estre justes de leur part, & que le crucifié estoit un meschant. Gens sans jugement & cervelle, qui voient les croix des affligez (comme disoit S. Bernard) & ne voyent leurs onctions : & comme ceux que S. Paul dict estre *tristes en apparence, sont interieurement joyeux.* Pour se veoir *dignes d'endurer* contumelie, pour le nom de Jesus-Christ. Et reçoyvent *avec joye le ravissement de leurs biens, congnoissant en eux-mesmes, qu'ils ont une meilleure chevance & substance, reservée ès cieux, & qui est permanente.* Prenant au reste à grand honneur, d'estre receus à l'effect & pratique des termes du contract, qu'ils ont faict & juré à Dieu, qui est de n'espargner biens, moyens, commoditez, femmes, enfans, parens & amys, voire la vie, qu'ilz ne soient prests de quicter, pour maintenir sa foy, & garder sa Religion. Sur l'asseurance qu'effectuant leur promesse, Dieu ne manquera à la sienne, Suivant ce que dict l'escriture, *Que le sage garde la loy de Dieu, & la loy lui est fidelle. Que les afflictions du temps present ne sont comparables à la gloire à venir, qui sera revelée en eux* par celuy qui leur dict, comme à Abraham leur pere. *Je suis ta sauve-garde, & ton loyer tres-abondant. Que si bien leur homme exterieur deschet, toutefois l'interieur est renouvellé de jour en jour, & que l'affliction legere, & qui ne faict que passer, qu'ils endurent à present, produict en eux un poids eternel de gloire excellent à merveilles.*

Et quand bien seroit pour leurs fautes

Matt. 17.

2. Cor. 6.

Act. 5.
Hebr. 10.

Luc. 14.

Eccli. 33.
Rom. 8.

Genes. 15.

2. Cor. 4.

tes

---

[1] Ce Chapitre ne contient qu'une declamation generale, qui n'a point une juste application au sujet que l'Auteur veut traiter dans cet ouvrage.

tes, que le malheur fuſt tombé ſur eux, ſi ſe garderont-ils de ceſte abſurdité, & ignorance intolerable, de confondre la cauſe avec les perſonnes, & de condamner l'un pour l'autre. Sachant que la faulte a eſté, non d'avoir entrepris la cauſe, ains de l'avoir mal deffendue. Et que comme il n'y en eut jamais, ni de plus ſaincte, ni de plus juſte, ainſi n'y en eut-il jamais, ni de plus mal menée des uns, ni plus ſubtilement pipée des aultres. Comme pour ne diſſimuler, ce qu'on ſçait & que l'on voit, les faultes en ceſte qualité, de ceux qui devoient faire mieux, & ſpécialement des grands, qui ont tant faict jetter de larmes de ſang au cœur des gens de bien, devant celuy qui ne rejettera pas éternellement leurs prieres, n'ont eſté que trop notoires.

Et de vouloir pour cela condamner les affligez, en comparaiſon des aultres, & juſtifier leurs contraires, cela n'appartient qu'à gens, qui n'aviſent aux ſecrets jugemens de Dieu. Lequel comme il punit tout peché, & de ceux meſmes de ſon party, *commençant par ſon ſanctuaire*, ainſi ſçait il balancer en matiere de pechez, ce qui poiſe plus ou moins. Et d'une ſageſſe admirable, il s'ayde des plus meſchans, pour donner chaſtimens aux aultres : & des plus grands pecheurs, il faict le fleau des moindres. Et comme il n'y a peché au monde comparable à celuy de l'hereticque, & du fauteur d'heretique, & de tout ſchiſmatique contre l'Egliſe, ce

Ezech. 9.

qu'il proſpere telles gens pour un temps, n'eſt que pour éternellement les perdre. Comme au contraire il chaſtie preſentement ceux, à qui il veult faire pour jamais miſericorde, leur faiſant boire le deſſus de la coupe de ſon ire, dont il reſerve le fond & la lie, à ceux qui les tourmentent. Le tout ſuivant la proportion du jugement faict en l'eſcriture, de celuy *qui blaſpheme Dieu*, & de celuy *qui le maudict*. Dont il eſt dit du premier, *qu'il mourra de mort :* & de l'aultre, *qu'il portera ſon peché*. C'eſt (dit Origene) que comme le dernier eſt pire que le premier, ainſi n'y ayant peine ſuffiſante en ce monde pour expier ſon péché, il fault qu'il le porte en l'autre. Obligé qu'il eſt à la mort éternelle, comme l'aultre a enduré la temporelle.

Levit. 24.

Orig. Homil. 14. in Levit.

CHAPITRE VI.

Practique au troiſieſme erreur.

ET pour le troiſieme & dernier diſcours, on ſçait comme les excez de la guerre, les brullemens, meurtres, famines, volleries, ſacrileges, ruynes de maiſons, ceſſation de ſervice divin, & aultres ſemblables, ont eſté nommez les fruicts de la Ligue, ou du moins également imputez à ceux de la Ligue. Mais aultant mal à propos, que le blaſpheme de telles choſes n'appartient qu'à qui a le tort, & que le tort ne pouvant eſtre du coſté de ceux qui (1) deffendent l'Egliſe, & combattent pour

---

[1] L'Auteur à tort de dire que la faute n'étoit pas du côté de ceux de la Ligue. On ſçait dans la morale & dans la ſaine politique que l'on péche également, ſoit en défendant une mauvaiſe cauſe, ſoit en défendant une bonne cauſe par des voyes injuſtes & condamnables. La Religion ſe doit ſoutenir par la fermeté & la conſtance, & non par la révolte & le trouble de l'Etat. Ce ſont des moyens tant de fois condamnés dans la conduite des hérétiques anciens & nouveaux, qu'il ſeroit honteux à des Catholiques de s'en ſervir pour ſoutenir la verité. C'eſt une ſage réflexion déja faite par un des plus grands hommes du XVI. Siécle qui avoit eu le malheur de prendre le parti de la Ligue, & qui eut le bonheur de le quitter, après avoir conſulté le Pape Sixte V. Nous avons tant crié » contre les heretiques, dit M. le Duc de Ne- » vers, d'avoir pris les armes pour le fait de la » Religion

l'Eglise (fi non en ce qu'ils deffendroient mal une bonne caufe) comme au contraire ni eut jamais, & ne peut y avoir aucun droict ni raifon, en ceux qui la perfécutent (occafion pourquoi les ennemis de l'Eglife font ordinairement figurez en l'efcriture, par fimilitudes de beftes irraifonnables & cruelles, comme de Lyons, d'Ours, de Leopards, de Serpens, de Dragons, de Sangliers, de Loups, de Renards, de grenouilles mortiferes, forties du puy de l'abyfme, & aultres femblables) telles calomnies & improperes contre le general de la Ligue, ne font que crachas contre le Ciel, qui retombent fur la face de ceux qui les jettent. Non plus que les calomnies jadis faictes contre les premiers Chreftiens, à qui les Payens, comme dict S. Cyprian, imputoient les maladies, fterilitez, & aultres deffaulx de la terre. Confideré que le femblable fe pouvoit dire contre les Machabées, pour la guerre par eux faicte, & commencée contre le Roy Antiochus, (1) & pour les excès qui en vinrent. Et qui n'ont laiffé pour cela d'eftre canonifez par faint Paul, & eftre mis au nombre des faints. Et l'honneur de leur eftre faict par l'efcriture, que de dire, *que font les hommes, par qui le falut a efté faict en Ifraël.* Et particuliere-

Dan. 7.
Apoc. 12.
Pfal. 79.
Mat. 7.
Cant. 2.
Apoc. 9.

Cypr. ad Demetr.

Mch. 11.

5. Mac. 5.

ment de Judas Machabeus, qui a efté leur premier chef, eftably par Matathias leur pere, & qui a donné le nom aux aultres, *Que le falut fut adreffé en fa main, qu'il resjouit Jacob en fes œuvres, que fa memoire eft en benediction à tout jamais, & qu'il a deftourné l'ire du Dieu d'Ifraël.* N'eftant eftrange de coucher du temporel, pour celuy à qui on doict la vie, & qui demande l'un & l'autre. Et qui par le commandement, qu'il fit à Abraham de luy immoler fon fils, ne veult qu'il y ait rien de refervé, en ceux qui fe difent fils d'Abraham, c'eft à dire Chreftiens, tant prétieux peuft-il eftre, que pour luy on n'abandonne, voire qu'on le luy facrifie. Auffi que tels excez, pour le regard de la faincte Ligue, & de ceux qui en font, ne leur peuvent non plus eftre imputez à blafme, qu'à une femme fage, vertueufe & pudique, qu'on voudroit prendre par force, les morfures, égratignures, boffes, playes, meurtriffures, dechiremens d'habits, arrachemens de cheveux, fraction de vaiffeaux prétieux, renverfement de meubles, & autres tels défordres, quelle auroit faict à aultruy, ou fouffert en fa perfonne, combattant pour fon honneur, & pour ce qu'elle a après Dieu le plus precieux au monde. Car c'eft là qu'il fault penetrer, pour fe

1. Mac. 3.

Luc. 14.

Genef. 22.

» Religion contre leur Souverain Roy; & nous » les avons battus de plufieurs doctes & faints » exemples & préceptes, pour les convaincre en » leur faute; & néanmoins nous tombons aujour- » d'hui en plus grande erreur, que jamais ils n'ont » fait, faifant tout le contraire de ce que nous leur » avons voulu enfeigner; chofe que nous fçavons » être contre le commandement de Dieu, & qui » certes eft un péché contre le Saint-Efprit, le- » quel ne fe remet ni en ce monde, ni en l'autre. *M. le Duc de Nevers Avertiffement aux Bourgeois de Paris au Tom. I. de fes Memoires pag. 896.*

(1) Ceux qui déclarerent la guerre contre Antiochus avoient autorité pour la faire, puifqu'outre le Sacerdoce judaïque, ils étoient encore revetus de la fouveraine puiffance; puiffance même reconnue dans la Nation avant la Déclaration de la Guerre;

mais l'Auteur de ce Libelle devoit marquer d'où émanoit l'autorité de la Ligue, pour fe déclarer d'abord contre fon Roi légitime dans Henry III. & enfuite contre celui que la loi du Royaume lui défignoit pour fucceffeur dans Henry IV. & c'eft de ce defaut d'autorité que vient tout le crime de la Ligue. D'ailleurs le refte de ce Chapitre n'eft qu'une vaine déclamation. Auffi le *Duc de Nevers* le marque expreffément dans fon avertiffement aux Bourgeois de Paris pag. 896. » Nous pouvons » donc conclure fans aucune difficulté que la prife » des armes faite par nous contre notre Roi, & » SANS L'AUTORITE' DU SUPERIEUR, eft fans » fondement, fans raifon & fans juftice, contre no- » tre honneur & notre devoir, & contre les com- » mandemens de Dieu, & confequemment à la » damnation de notre ame.

B

se defabufer foy mefme, & ne juger du merite d'un party, fur une fi vaine reffemblance, pour en ufer comme les petits enfans, qui fe laiffent aller aux poupées, & à toute forte de fiction. Ou pluftoft comme les petits chats, qui fe jouent à l'ombre qui remue, & courent après comme fi c'eftoit quelque chofe de folide. Ou comme les parafites d'Heliogabalus, qui fe laifferent beffler par des viandes en peincture, ou comme il a efté dict cy-deffus du chien d'Efope deçeu par l'ombre, & d'Ixion qui au lieu de Junon embraffoit les nuées.

CAAPITRE VII.

Pratique particuliere pour le faict de Chaftel & de l'Arreft.

MAIS fi jamais cefte tromperie s'eft veue au general de la caufe, d'autant plus fe-doibt-elle reconnoiftre, pour le faict de Jehan Chaftel, & de l'arreft fur ce intervenu, que comme du premier abord l'apparence y eft plus grande, de mal au bien pour le premier, & de bien au mal pour le dernier, pour tromper les moins rufez, ainfi avec trop plus de clarté & d'évi-

dence, le contraire fe manifefte, & decouvre en tous les deux, à qui y regardera de près.

Car pour l'égard du premier, comme à veoir un attentat, & acte de guet à pend, en la perfonne d'un qualifié Roy Tref-chreftien, pretendu legitime & naturel feigneur, & mefmes en fa maifon (ou de fa Gabrielle) & en fa chambre, jufqu'à le navrer au vifage d'un coufteau, & luy rompre une dent (1) en la bouche, luy penfant donner dans la gorge, le fujet n'eft que trop clair, à qui accorde ces qualitez, pour dire que cela eft crime de leze majefté, & qualifier l'acte de tous les tiltres, qui font couchez en l'arreft, à fçavoir de très-mefchant, très-inhumain, très-execrable, très-abominable, & très-deteftable parricide. Mais qui verra auffi, non ce qui fe dict, mais ce qui eft, & par le jugement, non de juges paffionnez, mais de l'Eglife & des Eftatz, & de toutes loix tant divines que humaines, & fondamentales du Royaulme, & de temps immemorial receuës, publiées, reverées, practiquées & tenues en France,à (2) fçavoir un excommunié, un heretique, un relaps, un profanateur de chofes

(1) Quand Chatel n'auroit point attaqué un Roi, ou du moins un Prince reconnu & avoué par la plus grande partie de la nation ; quand il auroit feulement attenté à la vie d'un fimple particulier, il auroit merité la peine dûe aux affaffins, que *qui tue eft digne de mort*, c'eft l'Oracle de l'Ecriture Sainte ; quand même il manqueroit fon coup. Mais la grandeur du crime augmente par la qualité de la perfonne. Ainfi attaquer une perfonne conftituée dans la premiere dignité, eft un crime de Leze-Majefté.

(2) Les Loix Eccléfiaftiques reçûes & publiées, foit en France, foit dans tous les autres-Etats, ne marquent pas de fe foulever ; au contraire elles ordonnent toujours l'obéiffance aux Puiffances établies de Dieu. *Omnis anima poteftatibus fublimieribus fubdita fit.* Alors même tous les Princes étoient Idolâtres, cependant il eft marqué qu'en confcience on eft obligé de leur obéir. L'Eglife laiffe donc aux Princes le droit du glaive, foit qu'il déclare la

guerre, foit qu'il faffe punir le crime : elle fe referve les remontrances, les avertiffemens charitables, les prieres, la conftance à fouffrir, ou du moins la fuite dans la perfecution. Ces Loix font anterieures à l'établiffement de la Monarchie Françoife. Et l'on ne fçauroit en montrer aucune qui les revoque, & qui dife, revoltez-vous, faites des ligues, prenez les armes, tuez & faccagez ; feroit-ce même à l'égard d'un excommunié, d'un relaps, d'un idolâtre. La patience & la fermeté font les armes d'un Chrétien : ou s'il y a droit d'attaquer un tyran, il faut qu'il foit déclaré tel, non par des particuliers, mais par le corps de la Nation ; & que cette Nation en corps autorife celui ou ceux qu'elle commet pour faire la guerre au tyran ; mais perfonne ne peut le faire de fon chef, autrement c'eft s'attribuer la fouveraine autorité, crime qui va de pair avec la tyrannie, & qui n'eft pas moins puniffable.

choses sacrées, un déclaré ennemy public, un oppresseur de la Religion, & comme tel exclus de tout droict de parvenir à la couronne, & partant un tyran au lieu de Roi, un usurpateur au lieu de naturel seigneur, un criminel au lieu de Prince legitime, se gardera bien de dire aultrement (si ce n'est qu'il eust perdu le sens, & toute apprehension d'humanité & d'amour envers Dieu, envers l'Eglise, & sa patrie) sinon que d'en avoir voulu depescher le monde, est un acte genereux, vertueux, & heroique, comparable aux plus grands & plus recommandables, qui se soient veuz en l'antiquité de l'histoire, tant sacrée que profane. N'y ayant qu'un poinct à redire, c'est qu'il ne l'a mis à chef, pour envoyer le mechant *en son lieu*, comme Judas, dont il soustient les sectaires, qui sont les Calvinistes.

Act. 1.

Et comme de ce que le coup a failly, le premier dira, *Que c'est une faveur manifeste du Ciel, & que qui en doubte est athée.* (comme quelque discoureur l'a escrit) aussi dira le second, & avec trop plus de jugement, que c'est une demonstration, non de faveur, mais de fureur, non de compassion, mais d'indignation de Dieu contre son peuple, sur lequel il n'a voulu encore faire cesser la verge d'Assur (que d'ailleurs il a maudict) ny *depecer le joug du fardeau, ni le baston de son espaule, ni la verge de son exacteur, comme au jour de Madian.* Et que pour l'égard du tyran, ce n'est tant conservation, que dilation à une saison meilleure, & heure que Dieu a choisie, pour plus furieusement le punir en l'aultre monde, quand sa malice sera consommée, & le peuple chastié. Comme luy mesme reconneut, estant pèrs de Caudebec, au siege de

Esa. 9.

Rouen, 1591. que Dieu le faict vivre pour cest effect. Disant, *ó que ce peuple voudroit que je fusse mort! mais il est encores trop meschant.*

Et pour l'égard de celay qui a faict le coup, comme le premier dira que sa constance (si toutesfois il la daigne publier) est pluftost une furie, & le supplice qu'il a souffert, juste punition, ou comme dict l'arrest, *reparation de tort*: Ainsi l'aultre asseurera, que la perseverance à soustenir le faict, & justice d'iceluy, par ce jeune & courageux entrepreneur, tant en son interrogatoire, qu'au supplice, jusqu'à la mort inclusivement, comme tantost il sera dict, est une force plus qu'humaine, voire heroique & divine. Et ne qualifiera le supplice, sinon du tiltre de vray martyre.

Henry de B. se reconnoist estre le fleau de Dieu.

De mesme aussi pour l'arrest, qui considerera la splendeur d'un Parlement, & la majesté de ce siege, sans penetrer plus oultre, on diroit qu'est l'oracle de Themis, un jugement sacré-sainct, que font les Dieux qui ont parlé, & doibt cela estre receu, comme la voix mesme de Dieu, qui préside en la justice. Comme au contraire qui verra un conventicule d'heretiques & schismatiques, les ministres de Theman, fils d'Agar, & sages de la terre, enfans & officiers d'Edom, qui disent *à la journée de Hierusalem,* c'est à dire, au temps qui leur rit, & vient à propos contre l'Eglise, *Rasez-la, rasez-la, jusqu'au fondement,* les anciens crimineux de ce siege, qui en ceste qualité a pendu & bruslé leurs peres, dont ilz sentent encores l'odeur du feu, & tirent le licol après eux, dont les mains sont souillées, & l'escarlatte teincte du plus pur sang des catholiques, des prestres & religieux, dont ilz se sont surnommez, & faicts les

Practique pour le faict de l'arrest.

Baruch. 3.

Psal. 135.

B 2

(1) les bourreaux, & que icy ils conti-nuent, contre les Peres Jesuites, qu'ils ont à ceste occasion, (2) sans aucun propos ni suject, chassez hors du Royaulme ; après leurs biens confis-quez, tant meubles qu'immeubles, au-cuns d'eux cruellement mis à mort, d'aultres estropiez (si Dieu par sa puis-sance ne les eut fortifiez en la peine) par tourmens & questions, sans char-ges ni apparence quelconque, mons-trant par la leur dessein de perdre la religion, dont ils prennent tellement au mot, une occasion si maigre, pour y frapper un tel coup, qui n'est rien que l'ouverture, de chasser tant qu'il y a de prestres & de moynes, voire de **Justice d'An-gleterre en France.** Catholiques, pour venir plustost à chef, de ce qu'ils couvent en leur ame : brief la justice d'Angleterre, c'est à di-re le siege d'impieté, establissement du bordel de la paillarde Babylon, la chai-re de l'Ante-Christ, & persecution ou-

verte des serviteurs de Dieu, qui est transferée en France : qui verra, dy-je, tout cela estre assis sur les fleurs de lys, qui verra les animositez de juges & parties ensemble, & en oultre les ab-surditez du jugement, tant en la forme qu'en la matiere, ou l'iniquité se mani-feste d'elle-mesme, aura tel jugement autant en abomination, en dedain & detestation, que le nom de soy eust peu sembler grand, specieux & auguste. Et en somme en ceste telle quelle ressem-blance, la dissimilitude, voire contra-rieté du prétendu à ce qui est, sera si patente & oculaire, qu'il n'appartien-dra qu'aux furieux, & depourveus de sens communs, c'est à dire à ceux qui sont semblables aux juges, qui ont donné l'arrest (si toutesfois en leur con-science ils ne se condamnent eux-mes-mes) d'y pouvoir rien retrouver, non-seulement de commun, mais ni aussi qui en approche.

SECON-

(1) L'Auteur seditieux de ce miserable Libelle en veut au Parlement, seant pour lors à Tours, qui a fait exécuter à mort le Pere Bourgouin, Prieur des Jacobins de Paris, trouvé non-seulement les armes à la main, mais même qui avoit ou con-seillé, ou du moins approuvé le Parricide du feu Roy Henry III.
(2) Les Peres Jesuites avoient donné dans l'er-reur du tems, en se livant aux fureurs de la Ligue. Ils en avoient obtenu le pardon dès le mois de

Mars 1594. lorsque Henry IV. entra dans Paris, mais la récidive en étoit beaucoup plus criminelle ; & le Roi ou le Parlement avoient droit de les faire sortir du Royaume, & de punir de mort celui ou ceux d'entre eux qui avoient approuvé plus de dix mois après le pardon accordé, le Parricide de Jean Chatel directement ou indirectement : & ç'a été dans le Roi Henry IV. une grace singuliere de les avoir rappellés dans le Royaume. Leurs Auteurs mêmes n'en disconviennent pas.

SECONDE PARTIE.

QVE L'ACTE DE CHASTEL EST JVSTE.

ET pour autant que le tout confiste en ces deux poincts generaux, l'un de monstrer l'innocence & vertu de Jehan Chastel, & que son acte est purement juste, vertueux & heroique, l'aultre de monstrer l'injustice de l'arrest, & le vice d'icelluy, tant en la forme qu'en la matiere, & qui pourtant doibt estre estimé nul, c'est pourquoy nous arresterons à ces deux, pour lever toute tromperie, & pour dessiller les yeux de ceux, qui à l'occasion de ceste ressemblance, pourroient en l'un ou en l'autre estre tombez en erreur.

CHAPITRE PREMIER.

Acte heroique ne peut estre sans justice.

ET pour commencer au premier, on sçait en bonne Philosophie, qu'on appelle heroique ce qui excelle en perfection de vertu, & passe par-dessus l'ordinaire des hommes voire rend l'homme comme divin, en quelque sorte de vertu que ce soit, d'abstinence, continence, de mansuetude, de douceur, mais sur tout de magnanimité, de force, de courage, & consᵗ

Arist. 7. Ethic. Th. p. q. 7. ar. 2.

tance, car ainsi en parle Aristote, & les Theologiens de mesmes. Dont il s'ensuit, que pour estre acte heroique, deux choses y sont necessaires, l'un qu'il soit juste & vertueux, l'aultre que la vertu y excelle (1). Car à Dieu ne plaise, que sur un aultre fondement, que de ce qui est de vertu, & de justice, nous voulions poser le suject, d'une vraye & solide louange. Et d'aultant que l'acte dont est question appartient à la vertu de Force, pour la hardiesse & courage en l'entreprise, & le mespris de la mort certaine, accordons aux Philosophes, que si l'acte de soy n'est juste, qu'il soit reputé pour crime, & pour acte scelerat, quelque assurance & grand courage qu'il y ait, & n'emprunte le nom de vertu. Advouons ce que dict Ciceron, *que la vertu de Force est une affection de l'ame, qui obeit à la loy souveraine, pour endurer toutes sortes de maux.* Ou comme disent les Stoiciens, *Que c'est une vertu qui combat pour l'équité.* Et S. Thomas après Aristote, *que c'est une vertu moderative de crainte & audace, pour le bien de la Republique.* Pour ce que la force sans la justice, est plustost acte de beste, que d'homme raisonnable.

Tuscul. 4.

Offic. 1.

Arist. 3. Et hic. Th. in ep. ad Hebr. 11.

CHAPITRE

(1) Il faut ajouter à cette définition que celuy qui entreprend une action heroïque le fasse par des voyes justes & légitimes.

B 3

CHAPITRE II.

Personnes des Roys inviolables.

COMME aussi pour venir au poinct, & justifier le faict dont est question, nul n'attende icy de moy, que je die cruement (comme calomnieusement l'a imputé l'arrest à l'innocence du deffunct) qu'il est permis tuer les Roys. Recognoissant avec les saincts, l'honneur que l'on doibt rendre aux Roys. Pour estre les majestez sacrées, images, & représentations de Dieu, & qu'il n'est loisible de violer. Nous sçavons la religion de David, & comme pour cest égard il s'est tousjours retenu, & a gardé ses mains nettes, pour ne les souiller du sang de l'oinct de Dieu, Et mesme comme il a faict mourir celuy, qui luy portoit nouvelles, d'avoir mis la main sur Saul, & depuis sur les deux, qui tuerent Isboseth son fils. Combien que sainct Augustin escrit, *qu'il pouvoit justement tuer Saul, encores qu'il ne l'ait voulu.* Et ce que dict Optat Milevitain, que *Dieu s'est repenty d'avoir oingt Saul pour Roy, pour ce que* l'onction (il entend la vraye & légitime, telle que celle du Navarrois n'est pas) *le rendoit inviolable.* Nous sçavons le Canon cinquiesme du Concile de Tolede, qui excommunie ceux qui mesdiront mesmes des Roys. Conformement à ce qui est escrit, *Tu ne mesdi-*

1. Reg. 24. & 26.

2. Reg. 1. 4. Reg. 4.

Cont. Adimantum. c. 17.

Libr. 2. con. Donat. 1.Reg. 15.

Exod. 22.

ras point du Prince de ton peuple. Quoy que cela soit dict (& par l'interprétation mesme de S. Paul) premier des Prestres que des Roys. Nous sçavons que S. Pierre ordonne, d'obéir aux seigneurs, *non seulement doux, humains & modestes, mais aussi aux Dyscoles,* c'est à dire fascheux & rigoureux. Et ce que le Concile de Constance resoult, contre la liberté de tuer toutes sortes de tyrans, par quelque vassal que ce soit, & contre la foy jurée, & sans avoir ordonnance du juge. Nous sçavons le respect qu'on leur doibt, voire aussi la patience, quand ilz affligeroient les peuples, & abuseroient de leur puissance, en ce qui est de leur fonction, & despend de leur authorité, pourveu qu'ilz n'aillent plus avant. Et deussent-ils battre leurs subjects *de verges & de courgées,* comme Roboam menaçoit.

Et detestons pour cet effet, & l'attentat des heretiques à Meaux, contre le Roi Charles neuviesme, (1) & le conseil de leurs ministres, disant *qu'il falloit tuer la mere & les enfans.* Et n'approuvons non plus l'advis de celuy, qui dès le commencement de la Ligue, que la tyrannie n'estoit si formelle en France, (2) vouloit qu'on tuast le feu Roi Henry troisiesme, & y insistoit fermement. Et pour n'en avoir esté creu par le feu Duc de Guise, se tourna de despit à l'encontre, & changea de parti. Comme ni aussi son foible argument, en sa harangue faicte au Pape, pour

Ad. 23.

1. Pet. 2. Seff. 15.

3. Reg. 12.

Conseil de tuer les Rois detestable.

---

(1) Qui n'admirera cet honnête-homme qui désapprouve l'attentat commis par les Princes Protestans contre Charles IX. qui désapprouve même le dessein de tuer le Roi Henry III. & qui néanmoins va bientôt faire l'éloge du Parricide, commis par Jacques Clement en la personne de ce dernier Roy. C'est ce que nous allons aussi examiner.

(2) Il paroît que l'Auteur de l'Apologie en veut ici au Duc de Nevers, qui d'abord par

un saint zele entra dans les fureurs de la Ligue : mais agité des remords de sa conscience il se transporta à Rome en 1585. pour consulter le Pape Sixte V. qui le dissuada entierement de continuer dans la revolte, & qui lui fit sagement connoître que les Chefs de la Ligue se servoient du manteau de la Religion pour couvrir leur ambition & le desir qu'ils avoient de monter sur le trône des François. *Lettre du Duc de Nevers au Cardinal de Bourbon Tom. I. de ses Memoires.*

pour imputer à ceux de la Ligue, ce qui eſt advenu depuis, de la mort d'iceluy Henry : & qui nonobſtant la tyrannie ouverte, leur a eſté autant fortuit & inopiné, comme luy, qui en parle, y avoit eſté reſolu, quand la tyrannie n'eſtoit telle. Alleguant pour toute raiſon, *l'allegreſſe publique qui auroit eſté de la mort.* Comme s'il eſtoit néceſſaire, qu'un bien ne plaiſe qu'à qui le faiċt, & non à qui le reçoit, & qu'à qui s'eſjouit des œuvres d'aultruy, & de Dieu principalement, l'honneur luy en doibve appartenir, & en doibve eſtre dict l'autheur.

Et neanmoins pour ceſt égard, on pourroit douter de l'acte de frere de Jacques Clement, s'il eſtoit loiſible ou non, quelque inſupportable que le Roy fuſt devenu alors, n'eſtoit la condamnation de droict & de faict, pour

les deux extremitez de violence tyrannique, au premier chef, par luy commiſes, contre l'Eſtat & l'Egliſe. Tant pour le maſſacre de Bloys, contre la foy publique & majeſté des Eſtats (qui ſont les juges du ſceptre & du Royaume) qu'il avoit violé de meurtre, de captivité & toute ſorte de terreur : que par l'hoſtilité préſente, où il paſſoit oultre à opprimer la religion, dont il maſſacroit les Preſtres, profanoit les Sacremens, meſpriſoit les cenſures, & favoriſoit les heretiques. Pour raiſon dequoy il eſtoit rendu pur privé, & ennemy, compris de tout poinct en la rigueur de l'un & de l'autre droict, tant civil que canonique. Du premier par la loy *Julia Majeſtatis*, & du ſecond par les canons du Concile Lyon, ſoubs Innocent IV. contre les Aſſaſſins, du Pape Honorius au chap. *Fœlicis*

(1) Il y a bien des obſervations à faire ſur cet endroit. 1°. Le maſſacre de Blois ne pouvoit pas fournir un motif de ſe revolter contre Henry III. ce Prince en faiſant mourir de ſon autorité le Duc & le Cardinal de Guiſe puniſſoit deux ſujets rebelles, qui ſelon les loix avoient merité la mort. Il le faiſoit à la verité ſans les formes requiſes, parce que la faction des Guiſes étoit alors ſi puiſſante, qu'elle étoit capable de faire perir un Roi foible & innocent, & de ſe ſauver quoique rebelles & criminels de leze majeſté. Mais la rebellion bien prouvée autoriſoit le Roi à ſe ſervir de ſon autorité; & c'eſt peut-être le ſeul coup de vigueur qu'il ait fait paroître depuis qu'il fut monté ſur le trône. 2°. Le fait du Duc de Guiſe ne ſouffroit donc aucune difficulté; mais on inſiſta ſur celui du Cardinal ſon frere. D'abord je pourrois dire avec un écrivain moderne : » Eſt- » ce que la vie d'un homme, qui porte une robbe » longue & un rabat étoit plus ſacrée que celle » d'un homme qui porte un habit court & un » épée, » dès que tous deux ſont coupables du même crime. (*Voltaire eſſays ſur les guerres civiles*) mais je me ſervirai de motifs, où il y aura moins d'eſprit & plus de ſolidité, je les tirerai des Memoires de M. le Duc de Nevers. L'Empereur Ferdinand frere de Charles Quint fit tuer en Hongrie le Cardinal Georges Martinuſius. Cependant ce Prince étoit zélé Catholique & craignant Dieu. Le Duc d'Urbin Franciſque Marie, tua de ſa propre main le Cardinal de Pavie en la Ville de Ravenne, où étoit le Pape. Cependant ni l'un ni l'autre ne furent attaquez, ni par leurs ſujets, ni par le Pape

même; quoique le Duc d'Urbin fut Vaſſal du Pape. Louis XI. Roi de France fit empriſonner le Cardinal de la Balue, dans une cage de bois ferrée, & cependant il ne fut pas excommunié, & l'on ſçait que Louis XIV. Prince très-religieux, fit arrêter le Cardinal de Retz, & ſa conduite ne fut pas déſapprouvée. L'on n'ignore pas qu'un Prélat qui reçoit le Chapeau de Cardinal eſt regardé comme ſujet du Pape, & comme Prince du Sang de l'Egliſe : mais auſſi-tôt après ſa reception, il prête au Roy un nouveau ſerment de fidélité, par lequel il ſe reconnoît ſujet du Roi; ainſi le Roi reprend ſur lui les mêmes droits qu'il avoit avant ſa nomination au Cardinalat, & par là il eſt ſoumis en France aux Loix de l'Etat, & par conſequent puniſſable en cas d'excez & de crime. 3°. Où cet Auteur a-t-il pris que les Etats ſont en France les Juges des Rois. La maxime inconteſtable de notre droit public, eſt que quant au temporel le Roi ne dépend que de lui ſeul & de ſon épée, & qu'il ne reconnoît de Superieur & de Juge que Dieu ſeul. Les Etats ſont les Conſeillers de nos Rois, & non pas leurs Juges; & jamais les Rois ne les ont aſſemblez à autre fin que de conſulter avec eux, pour être inſtruits de l'état de leurs Provinces & de leur ordre, & jamais pour recevoir d'eux aucune juſſion ou commandement. 4°. Je ne prétends pas neanmoins diſculper entierement Henry III. de faire à la face des Autels, & en recevant le corps de Jeſus-Chriſt, un ſerment qu'il ne vouloit pas tenir, ou d'y manquer après l'avoir juré; mais cette faute regardoit Dieu & non les Etats du Royaume.

Fœlicis recordationis, in 6. & de Pius
5. en fa 36. Bulle contre ceux qui of-
fenfent la perfonne des Cardinaux, &
du Concile general de Latran contre
les heretiques, & fauteurs d'heretiques. Qui tous declarent telles gens
diffidez & bannis, & partant purs privez, & expofez au premier, qui en
pourra vuider le monde. Et d'abondant
pour le faict, eftoit condamné tant canoniquement, par l'excommunication
perfonnelle de Sixte V. que civilement, par la revolte publique & jufte
defection des peuples. Et partant l'action (1) de Clement rendue loyfible,
comme contre un ennemy public,
condamné juridiquement, & envers
qui toute obligation de refpect & de

devoir eftoit levée. Et en tout cas,
les merveilles qui fe font venes, & les
circonftances du faict, pour le lieu, le
temps, les perfonnes, la façon, & le
contenance, & depuis & en confequence, le jugement prononcé par la bouche
du Pape Sixte V. qui a deffendu de prier

pour luy, quoy qu'il l'euft aymé premierement, ont monftré évidemment,
que le coup a efté du mefme endroict,
que celuy de Julian l'Apoftat, c'eft à
dire, du (2) ciel. Et que de l'imputer
aux hommes, comme ils ont faict cy-
devant à Tours, & font encore à Paris,
jufqu'à maffacrer, Preftres, Moynes,

Docteurs & Predicateurs, qui n'en
avoient eu aulcune cognoiffance, voire de les demembrer, & tirer à quatre
chevaux, eft oultre l'injuftice & cruaulté contre les innocens, (3) & facrilege contre les oingts de Dieu, dont ils
font en poffeffion, une ftupidité & manie, de gens fans jugement & cervelle,
& que la paffion tranfporte, comme le
chien à mordre la pierre, quand il ne
peult celuy qui l'a jettée.

Et d'autant plus ridicules ceux, qui
après tant de crimes commis, & de jugemens donnez, contre celuy dont ils
parlent, ofent condamner le coup,
dont eux-mêmes avoient efté d'advis,
& avec tant de paffion, lors que ni les
crimes (on entend les derniers nommez) ni les jugemens n'eftoient, qu'il
n'y gaignent aultre chofe, finon fe condamner eux-mêmes, voire de s'enfer-
rer auffi avant, qu'ils ne peuvent feulement effleurer l'honneur & la reputation de ceux, qu'ils penfent tirer en
envie.

C H A P I T R E III.

Chaftel n'a voulu tuer un Roy.

M A i s auffi eft-il tout conftant,
que l'intention de Chaftel n'a
efté d'offenfer (4) ou tuer un Roy,
quoy

---

(1) Qui eft le fuperieur qui avoit commis Jacques Clement pour aller faire juftice de Henry III.
n'auroit-il tué qu'un fimple particulier, quelque
criminel qu'il fur, il faut que ce criminel foit jugé felon les formes de la Juftice, & qu'il foit
livré par le Juge entre les mains de celui, qui eft
commis pour en executer les Arrêts cela s'eft-il
obfervé à l'égard de Henry III. Quelqu'un même étoit-il en droit de le faire.
(2 Il n'y a point de crime qui ne parte de la
permiffion divine; mais celui qui le commet n'en
eft pas moins puniffable, fuivant toutes les loix divines & humaines.
(3 Si l'on a fait mourir après la reduction de
Paris des Prêtres & des Moines, ç'a été pour cri-

mes, pour revoltes & pour fedition, & ils n'é-
toient pas moins puniffables que les autres fujets
du Roi. La punition n'étoit point alors attachée
à l'ordre, mais au crime; & le Prêtre coupable
n'eft pas plus exempt de la peine portée par la loi,
que tous les autres; il n'eft onction ni vœux mo-
naftique, qui le mette à l'abri, il eft même plus
puniffable qu'un autre, parce qu'il eft plus éclairé,
& qu'il doit être moins fufceptible de paffions &
d'emportemens.
(4) He! qui donc a voulu tuer Jean Chaftel;
c'étoit du moins un homme conftitué en dignité,
qui n'étoit point déclaré ennemi de l'état, puifqu'il étoit reconnu pour Roi par la plus grande &
la plus faine partie de la nation; & quand il auroit

quoy que bien un foy difant Roy, & en qui fans plus eft la femblance d'un Roy, finon en gravité ou merite de la perfonne, au moins pour eftre reputé extrait du fang des Roys de France, & pour eftre fervi en Roy. Quoyqu'aultrement il ne l'eft non plus, qu'il n'eft heritier ni de la foy, ni de la vertu, ni du merite des Roys de France. (1) Et qu'en ayant efté pour cela, c'eft à dire pour fon impieté & herefie, très-juftement exclus, par l'Eglife & les Eftats, il ne le peult eftre en tout, finon de faiet & non de droiet, ce qui s'appelle tyrannie, & tyrannie au premier chef. Ne pouvant eftre très-Chreftien, celuy qui n'eft pas Chreftien. Ni fils aifné de l'Eglife, celuy qui n'eft pas dans l'Eglife. Ni membre noble de ce corps myftique, celuy qui en eft retranché, comme membre pourry & aride. Ni Catholique, celuy qui eft heretique. Ni digne d'eftre recogneu par les Catholiques, celuy qui eft le fupport & l'appuy des heretiques, & qui eftablift les heretiques. Ni capable d'eftre fervi en Roy, celuy qui eft ladre & mefeau plus qu'Ozias ne fut jamais, & qui pourtant fut dépofé. N'y ayant pire ladrerie, que celle qui eft fpirituelle, & furtout celle de l'herefie, & herefie redoublée en celuy qui eft relaps. Ni par la grace de Dieu, celuy qui eft par la fureur de Dieu. Ni facré, celuy qui eft execré. Ni l'oingt de Dieu, celuy qui eft loing de Dieu, voire qui n'a point de Dieu : ne pouvant avoir Dieu pour

t. Par. 26.

pere, comme diet fainet Cyprian, qui n'a l'Eglife pour fa mere. Ni Lieutenant ou Miniftre du Royaulme de Jefus-Chrift (tels que fans plus font tous Roys Chreftiens, & par l'expreffe parole de l'efcriture, Jefus-Chrift eftant *feul dominateur*, c'eft-à-dire, feul Roy en proprieté, & qui le nie eft mis par l'Apoftre fainet Jude, au nombre des heretiques) qui ne faiet le ferment à Jefus-Chrift, & au Parlement de Jefus-Chrift, qu'il a fouverainement eftably en terre, qui eft l'Eglife Catholique, Apoftolique & Romaine, ce que l'heretique ne peut faire. Ni par confequent Roy de France, celuy qui manque en cefte premiere, principale, & plus effentielle capacité, & fans laquelle il ne le peut eftre.

Epift. Iud.

CHAPITRE IV.

Ne peut eftre diet Roy pour la converfion prétendue.

NE faiet rien de dire qu'il eft maintenant converty, puifque la befte fe voit aux dens, & aux ongles & aux griffes. Puifque fans changer de nature, couvrant le loup de l'agneau, il ne s'eft fervi de ce mafque, que pour entrer au bercail, pour y exercer fa furie, contre les agneaux de Dieu. C'eftà-dire, pour faper la religion, & y eftablir l'herefie, comme il faiet pis que jamais. Suivant les promeffes par luy faietes, tant à la Royne d'Angleterre,

qu'à

roit été déclaré ennemi, quel étoit le Superieur ou le Juge qui avoit commis Jean Chaftel pour l'aller affaffiner ? C'eft toujours le principe où il faut revenir.

(1) Dans les Royaumes fucceffifs, la Couronne n'eft attachée ni à la foi, ni aux bonnes œuvres. Cyrus quoiqu'Idolâtre eft reconnu Roy par les Prophetes mêmes, & les Rois de Juda qui avoient

abandonné la foi de David n'étoient pas moins Rois que David lui-même. Salomon fut reconnu également Roi avant & après fon idolâtrie. Le refte de ce Chapitre eft une pure déclamation. Et Dieu prend fous fa protection tous les Royaumes, même ceux des Idolâtres, & leur a deftiné des Anges tutelaires, fous la garde defquels les élus & les autres fidéles font en feureté.

C

qu'à tous aultres heretiques , tant dedans que dehors le Royaume. Et lesquelles feules il est capable de tenir. Comme l'experience s'en voit , par ses actions nouvelles.

1. (1) Par l'entretenement des alliances heretiques, aufquelles il n'a renoncé , ni prétend renoncer encore.

2. Par l'approbation de ses actions, par les mesmes heretiques, d'Angleterre , d'Allemaigne , de Geneve , & tous aultres , qui ne se pleignent , & ne disent tout mot de sa conversion prétendue. (2) Eux qui d'ailleurs ne se pourroient tenir, & qui lors de sa premiere conversion , 1572. escrivirent de gros livres à l'encontre , détestant sa legereté , & le deschirant d'injures, jusqu'à le dire estre bastard , & engendré par un Ministre.

3. Par le mespris des Catholiques , & avancement des heretiques, dont il rebute les premiers, & honore les derniers, des plus importantes charges, tant de la couronne , qu'aultres : & tant aux armes , qu'en la justice. Tesmoing le prétendu Duc de Bouillon huguenot , (3) qu'il a créé Mareschal de France. Et comme tel a esté receu contre les formes , sans faire le serment ordinaire , par le Parlement de Paris. Voire avec cette nouvelle Theologie , & plus qu'héretique impieté , prononcée , comme on asseure , par les prétendus gens du Roi. *Qu'il suffit pour estre Chrestien ,* Impieté horde croire les articles de la divinité , & de rible. *l'incarnation du fils de Dieu , & que le reste n'est qu'accessoire.* Moyen souverain pour recevoir tant qu'il y a de Wiclefristes, Hussites , Lutherians, Anabaptistes , voire d'heretiques en general. Les Arians & Manicheans seuls exceptez , tant que quelque aultre plus generale maxime leur en donne cy-après entrée. Comme de dire à la Turquesque. *Qu'il fault seulement recognoistre un Dieu , sans parler des trois personnes.* Ou *que tous seront sauvez , en la religion qu'ils tiennent quelle qu'elle soit.* Comme aucuns du Parlement tiennent, suyvant en ce l'opinion la plus frequente des Mahometans.

4. Par l'establissement de son conseil, composé de purs heretiques, comme Bouillon , Plessis Mornay , Sansy Calvinistes, Schombert Lutherian, & aultres.

5. (4) Par l'édict de 1577. remis incontinent après la trahyson de Paris 1576 authorisant le presche heretique , par tous les endroits de la France.

6. Par l'édict de Janvier , qui est de liberté de conscience, publié ceste année 1595. que l'on sçait estre le seminaire de tous les maux & troubles de la France. Par lequel l'heresie est remise dans

---

[1] Charles Quint, Ferdinand son frere & les autres Empereurs ont eu des alliances avec les heretiques , leur Conseil même comme le Conseil Aulique & la Chambre Imperiale étoit remplie de Protestans , sans que pour cela ils ayent été regardés comme heretiques, ni protecteurs de l'heresie. On les a même toujours tenu comme des Princes très-Orthodoxes dans la foi & dans les mœurs , & Henry I V. n'étoit pas alors de pire condition.

(2) *Prétendu*] parce qu'un Prince étranger ne sçauroit trouver mauvais la conversion du Prince son voisin. Dans les tems posterieurs les Rois de Pologne, Frederic Auguste I. & le Roi son fils se sont convertis sans que l'Allemagne , ni leurs sujets s'en soient plaints , & sont mêmes restez protecteurs de la Ligue Protestante, titre qu'ils ont eu dès le commencement de la reformation.

(3) Les Charges militaires ne dependent point de la Religion. Les Etats generaux d'Hollande se servent d'Officiers Catholiques , comme la Maison d'Autriche même dans les troubles de Religion a employé des Protestans dans ses Armées.

[4] Cet Edit fut publié le 5 Octobre : mais dans les conjonctures présentes il étoit nécessaire ; il y a faute d'impression ici ; car au lieu de 1576. il faut lire 1594. qui est la réduction de Paris. Alors le Roi par son Edit du mois de Mars 1594. & par la Déclaration du 15. Novembre de la même année a rétabli l'Edit de 1577.

dans les villes, & les hereriques faicts égaux , & de pareille condition aux Catholiques.

7. Par l'argument notable, que c'eſt pour parvenir à l'éverſion de la Religion Catholique, de ce que contre la volonté des Catholiques, il publie ceſt Edict aux terres des Catholiques. Et là où le Calviniſme regne, comme en ſon pays de Bearn, la meſme liberté n'eſt donnée, pour y vivre à la Catholique. Et ce pour accomplir la volonté de ſa mere, qui luy ordonna par teſtament, qu'il ne tint jamais aultre religion que la Calviniſte, ni ne permiſt eſtre tenue en ſes pays.

8. (1) Par la caſſation des proviſions de benefices faictes par le Pape, & des Legats Caetan & de Plaiſance, qu'il appelle *prétendus*. Comme il ſe voit par Arreſt de Parlement, de l'an 1594. Et depuis confirmé & renouvellé par l'Edict faict ſur la reduction du Duc de Guyſe, au chap. 7. 1595. Moyen ſouverain pour planter l'hereſie, comme il s'eſt veu en Angleterre.

9. (2) Par l'eſtabliſſement d'un Patriarche & Antipape en France, faict à Paris l'an 1594. en la perſonne de l'Archeveſque de Bourges, qui de faict pourveoit aux benefices, & faict le Pape en France. Comme cy-devant en Angleterre il fut faict en la perſonne de Cranmer Archeveſque de Cantorbie.

10. (3) Par les proviſions faictes à gens indignes & incapables, voire meſme mariez & heretiques. Comme audict de Bouillon, qu'il a faict Abbé de S. Remy de Rheims. Et de tous ceux, dont l'impertinence en toutes ſortes, n'eſt propre à rien, qu'à renverſer la religion, & favoriſer les volontez de leur Prince. Comme auſſi en Angleterre.

11. Comme la practique en conſequence, du meſpris du S. Siege, faict par les Eveſques de ſon party, qui eſcrivent en leurs lettres patentes & teſtimoniales. *N. par la grace de Dieu Eveſ- ques de N.* & non à l'ordinaire. *Par la grace de Dieu & du S. Siege Apoſtolique.* Meſmes quelques-uns ont eſcrit, *N. Eveſque de N. par le bienfaict & Ordonnance du Roy Henry IV. &c.* (4) *à cauſe de l'interdiction de la Cour de Rome.* Comme a faict un ſoy diſant Eveſque de Luſſon. Qui eſt juſtement eſtablir hereſie des Henricians, condamnée au Concile de Benevente par le Pape Victor, & depuys par Gregoire VII. en un Synode de cent & dix Eveſques.

16. q. 7. c. Per laicos.

12. Par

---

(1) Henry IV. avoit raiſon puiſque ces Legats ne réſidoient ni au près du feu Roi, ni auprès de lui, mais ſeulement auprès des revoltés; ainſi leurs pouvoirs n'étoient pas légitimes.

[2] L'Auteur a tort, il n'y eut point de Patriarche nommé, mais comme l'Archevêque de Bourges eſt Patriarche né, il devint Adminiſtrateur ſpirituel de tous les Benefices vacans; & le Roi qui a toujours eu dans le Royaume la manutention du temporel des Egliſes, comme Fondateur y nomma des Economes temporels. Le fait n'eſt pas ſans exemple; la même choſe eſt encore arrivée ſous Louis XII. & Henry II. dans le tems de leurs differens avec Rome, & ces Rois n'étoient pas moins Catholiques; alors tout ſe rapportoit en France à l'ancien droit commun, où l'on n'avoit pas beſoin de recourir au Pape ni pour les penſions des

Benefices, ni pour les diſpenſes.

(3) C'étoit un abus du tems de donner des Abbayes, & même des Evêchés à des Laïcs; mais cet abus étoit plus ancien que Henry IV. puiſqu'on le voit même en la perſonne de Hugues le Blanc, Pere de Hugues Capet, qui tout Laïc qu'il étoit, poſſedoit l'Abbaye de S. Martin de Tours & pluſieurs autres.

[4] C'étoit s'expliquer mal : mais les Rois de France comme Fondateurs ont toujours eu part à l'établiſſement des Evêques, ainſi que le peuple; & dans les proviſions même actuelles expediées par la Cour de Rome, il y a toujours une Bulle adreſſée au Roi, une au Chapitre, & une autre au Peuple, parce que tous anciennement avoient droit à cette nomination.

12. Par la perfecution des catholiques, tant ouverte par les executions à mort de Preftres comme de Laiques, foubs prétexte & couleur de crimes, que fecrette & cachée par poifons à toutes fortes de perfonnes. Tant des Princes, comme du Duc de Nemours, (1) que des gentilshommes, comme du fieur d'O, que auffi des Prédicateurs Catholiques, tant reguliers que feculiers, & de quatre entre les aultres, cefte prefente année. Après avoir efté à quelques-uns le filence impofé, par la Cour de Parlement. Pour ce qu'ils avoient efté trop hardis, à prefcher contre les heretiques.

13. Par le défordre qui continue, en toute forte d'impieté. Et nommement des inceftes (2) des religieufes, & toute efpece de Simonie en l'Eglife.

14. Par l'entreprife mefme contre les facremens, comme de pénitence à reveler les confeffions (3), comme tantoft fera dict. Et du mariage, pour feparer ce que Dieu auroit conjoinct, contre fa parole expreffe, comme il a efté attenté, pour l'égard de celle dont il abufe, & que pour ceft effect il a procuré eftre feparée de fon mary légitime, voire quant au lien, comme dès long-temps auparavant il en avoit envahy la couche.

15. Et d'abondant avec tout cela, par l'exercice qu'il continue encore, de la perfidie heretique. Comme on

Mat. 19.

tient qu'il a faict cefte année 1595. au bois de Vincennes à Pafques. Et comme chacun peut inferer, eftant tout conftant que la Cene de Calvin s'y eft faicte (4), & que là il a paffé les feftes accompagné de fes plus affidez Huguenots, qui y ont faict leurs devotions.

Car voylà dont on peut juger, quelle eft cefte converfion, ou comme il eft devenu Catholique. Comme de tout ce que deffus, la France fervira de tefmoing. Car elle le voit, elle le fçait, & neantmoins elle l'endure.

CHAPITRE V.

Ni au préjudice de l'excommunication.

JOINT l'excommunication, tant de droict comme de faict, qui le tient toufjours lié, & qui opere toufjours fon effect, pour le priver de la Royaulté. N'ayant gaigné par l'abfolution prétendue à S. Denys, finon rendre fa condition pire, & s'y plonger plus avant, pour le facrilege y commis, & l'injure tant au facrifice de la Meffe, & Sacrement de penitence, (5) qu'à l'authorité de l'Eglife.

Et rien ne fervira de dire, *que l'excommunication ne prive un homme de fon bien, ains feulement d'eftre hanté des hommes,* comme dict la Satyre Menippée. Juge trop plus competant au vin,

quand

---

(1) Le Duc de Nemours de la Maifon de Savoye avoit été arrêté prifonnier, il mourut après fa liberté : He bien, eft-ce la faute de Henry IV. de plus gros Seigneurs font morts pareillement, & cela n'a pas tiré à confequence pour Henry IV.

(2) Simonie, luxure, défordres, meurtres, inceftes ; il y en a eu prefque dans tous les fiécles : ces crimes font prefque inévitables dans les tems de troubles : mais on fe garde bien pour cela d'en accufer les Chefs. Et dans le cas préfent c'étoit bien plutôt la faute des Ligueurs que du Roi. Que

les revoltés ne fe foumettoient-ils, l'ordre auroit été bien plutôt rétabli.

[3] *Confeffions*] C'étoit un abus fi cela eft arrivé, mais le Roi n'y trempoit pas.

[4] *S'y eft faite.*] C'étoit une tolerance neceffaire, mais depuis le Roi l'a modifiée par fes Edits.

(5) Dans ce tems-là il fut prouvé par quelques differtations d'Antoine *Loifel* & de Pierre *Pithou* que l'abfolution donnée par les Evêques à Henry IV. fuffifoit pour communiquer avec lui, même dans le fpirituel.

quand il eſt pur ou brouillé, qu'à ce qui eſt de religion vraye ou ſophiſtiquée, & qu'à parler de telles matieres. Pour n'eſtre de meſme une Royaulté & puiſſance ſouveraine, que un patrimoine ou heritage. Ni ce qui eſt office & miniſtere ſacré, pour diſtribuer la juſtice à tous, faire garder les loix divines & humaines, extirper les hereſies, & deffendre le peuple & l'Eſtat de toute oppreſſion (comme il ſe voit par les ceremonies de leur ſacre, & par le ſerment qu'ils en preſtent, à Dieu, à l'Egliſe & au peuple, & cela ſuyvant l'Eſcriture, qui appelle les Roys, *Miniſtres du Royaume de Dieu, pour juger droiðement, & garder la loy de Juſtice,* & dont ils rendront compte, comme de ce qui n'eſt de leur propre, & comme Paſteurs du troupeau qui leur eſt commis) de meſme qu'une poſſeſſion privée. Ni en ſomme, ce qui touche le public, tant ſpirituel que temporel, de meſme que l'intereſt particulier d'un homme.

Et veu l'erreur que ſeroit, de penſer que leurs dignitez & domaines leur ſoyent naturelles, & aultrement qu'en conſequence de la charge, de meſme que l'on diðt, que le benefice eſt pour l'office, n'eſtant pour aultre raiſon, qu'on leur paye les tributs, les gabelles & ſubſides, que l'honneur, authorité, obeiſſance, & toutes prérogatives leur ſont deferées, & la fidélité jurée: comme reciproquement ils s'obligent à

Marginalia left:
Royaulté n'eſt de meſme qu'un patrimoine.

Sap. 6.

Authorité de l'Egliſe ſur les Roys quelle, & ou ſondée.

garder ce que deſſus, (1) & moyennant quoy, & non aultrement, le peuple eſt tenu de ſes promeſſes, pour eſtre un contract mutuel, qui oblige également: n'eſt merveille ſi l'Egliſe, qui eſt la mere commune, à qui les Roys ſont ſujeðs de droiðt divin, & à qui appartient *d'oſter les ſcandales hors de la voye du peuple,* uſant d'autorité abſolue pour le faiðt du ſpirituel, prend ſubſidiairement auſſi, la cauſe du peuple & de l'Eſtat, pour exclure de l'acceſſoire, celuy qui eſt incapable du principal, & qui s'en eſt rendu indigne, voire meſme luy eſt contraire, comme eſt ſus tous l'heretique. Comme de meſme il s'en faiðt, aux charges Eccleſiaſtiques, & ſe feroit meſme contre le Pape, ſi le cas y eſcheoit, comme il eſt diðt par les Decrets. Et dont la maxime eſt reſolue, autre part que dans Varron & Feſtus, & qu'au clapier & au cellier du Polypragmon, ſurnommé le riche laboureur, ou pluſtoſt le mauvais riche où a eſté forgé le Menippée.

Joinðt que priver d'eſtre hanté des hommes (ce que ce plaiſant Grammairien, qui faiðt la guerre aux ſyllabes, il y a cinquante ans, accorde eſtre faiðt par l'excommunication) eſt neceſſairement priver de la Royaulté. Pour eſtre icelle une qualité relative, & non abſolue, qui conſiſte eſſentiellement en hantiſe & habitude avec les hommes, pour commander & eſtre obéi, eſtre honoré

Marginalia right:
Eſa. 61.

Eſa. 57.

Diſt. 40. c. Si papa.

Royaulté qualité relative.

---

(1) Ce ſeditieux ne connoiſſoit pas même la nature du droit public du Royaume. Il ne ſçavoit pas que le ſacre n'ajoute rien à l'autorité de nos Rois. C'eſt une ceremonie Religieuſe, qui fait connoître aux peuples que leur perſonne doit être invulnerable. Mais ils ſont Rois même avant l'onction. La maxime de l'Etat eſt en France que le Trône n'eſt jamais vacant; le mort ſaiſit le vif, c'eſt-à-dire que le même inſtant qui voit mourir un de nos Rois, voit en même-tems regner ſon ſucceſſeur: à la difference des Couronnes électives, où il faut le conſentement de ceux qui ont droit à l'élection. Auſſi l'Egliſe n'entre point dans ces conteſtations odieuſes. Quoiqu'elle ne regarde pas comme fidéles & enfans de l'Egliſe les Rois qui ſont d'une communion étrangere, cependant elle les regarde toujours comme Rois, ſur-tout en France, dont un ſaint Pape, c'eſt Innocent III, a dit autrefois, *Rex Franciæ Superiorem in temporalibus minimè recognoſcit, Innocent. Cap. per Venerabilem.*

C 3

honoré & salué. Voire que c'est pour cest égard que les (1) majestez sont sacrées, pour le reng de personne publique, & non de particuliere, qu'ils tiennent. Ni ayant raison quelconque, que celuy qui est privé de la grace, soit l'instrument de la mesme grace. N'y que qui est maudict de Dieu, exerce souverainement ce qui est de Dieu & non des hommes, qui est d'administrer la Justice, comme il est dict en l'Escriture. Joinct que la mesme qui commande *d'honorer les Roys,* & deffend d'honorer l'excommunié, juge & déclare par mesme moyen, que d'estre excommunié, & créé ou receu pour Roy, ce sont choses incompatibles.

Comme aussi n'est ce souverain remede des censures Ecclesiastiques, à l'endroict des Princes & Roys, qui se bandent contre l'Eglise, & s'oublient en leur debvoir, tant pour leur peine particuliere, quoy qu'elle leur soit justement deuë, que pour le danger du troupeau de Dieu, & pour le mettre en seureté, à ce que tels loups ne le devorent. Et à ce que n'advienne ce que dict Salvian, *que l'honneur d'un seul homme soit la ruyne de tout un monde.* Comme aussi c'est le propre du Pasteur souverain, en vertu de son autorité, & de la clause expresse du pouvoir, que Dieu lui a donné en terre, *de paistre ses brebis & agneaux,* d'exclure les loups dehors, & les chasser du bercail, voire de leur faire courre sus. Cela ne debvant estre trouvé estrange, & moins que d'oster la vie aux enragez, comme l'on faict (bien qu'ils n'ayent forfaict) par authorité publique, à ce qu'ils ne

nuysent aux aultres. Ce cas particulier, faisant, que ce qui aultrement seroit contraire à la nature, & contre le commandement de Dieu, qui est d'obster la vie à un homme, est rendu conforme à la nature, & au commandement de Dieu. Tant pour ce que l'enragé n'est plus homme, que pour ce que sa mort est necessaire, pour conserver la vie aux hommes.

Qui est ce que les Theologiens veulent dire, soustenant que le Pape peut sur le temporel, sinon directement, au moins indirectement. C'est-à-dire, au cas qu'il prejudicie au spirituel, & pour en empescher le desordre. N'y ayant que tenir, que comme les Princes Souverains, & entre tous les Roys de France, pour raison de leur temporel, c'est-à-dire, de leur domaine particulier, & choses purement civiles, ne relevent d'aucun Seigneur superieur, comme il est dict au chap. *Per venerabilem,* ni du Pape non plus que d'un aultre, & ne recognoissent pour cest égard, aultres juges, ni aultres loix, sinon les ordinaires du Royaume où ils commandent, par lesquelles ils sont sujects d'estre condamnés comme les autres, & ainsi se practique en France, sans qu'il y en ait appel ailleurs : Ainsi en matiere de crime de leze-Majesté divine, tel qu'est l'heresie, en la personne du Prince, voire qui seroit legitime (& plus encor d'un usurpateur violent & injuste) & generalement pour la capacité de leurs personnes quant au spirituel, & spirituel non particulier, mais general, l'authorité est en celuy, qui a le spirituel en charge, pour y regler

2. Par. 19.

1. Pet. 2.

Matt. 18.

Nota A. quelle fin les Rois sont excommuniez.

lib. 4. de provid.

Job. 21.

Puissance du Pape sur le temporel comme se doibt entendre.

(1) En France l'auguste titre de Rois est une qualité absolue independante du peuple, parce que dans l'origine le peuple s'estant donné à une famille il s'est dépouillé de son droit, & n'a plus pour lui que l'obeïssance & la soumission à laquelle il s'est engagé.

Recours au Pape contre l'hostilité quel.

gler le temporel, & pour empefcher qu'il ne nuyfe à ce qui eft le principal, qui eft le falut des ames. Et non feulement en ce faict, mais auffi pour l'hoftilité & leze-Majefté humaine, quoy qu'avec quelque difference. Car comme alors en premiere inftance la cognoiffance eft aux Eftats, ou aux Pairs qui les repréfentent, ainfi avenant que ce moyen ne fubfifte, foit par l'empefchement ou impoffibilité de l'affemblée, ou par la violence à eux faicte, comme il advint à Bloys 1588. foit par la corruption des Pairs, qui favoriferoient le crime, le recours du peuple eft à celuy, qui eftant pere general, ha droict (1) à faulte de tous aultres, voire mefme auffi eft tenu, de procurer par tous moyens, tant de fon authorité, qu'implorant l'ayde des aultres Princes, que juftice foit faicte aux innocens, & à ceux qui reçoivent injure.

Devoir reciproque de l'Eglife & de l'Eftat.

Voire mefme que fi cela eft commun à l'une & à l'aultre puiffance, (2) & fpirituelle & temporelle, d'eftre fubfidiaires l'une à l'autre, pour fuppléer, obvier, remedier aux deffaux l'un de l'autre, comme il efchet en certains cas, que l'authorité temporelle reforme la fpirituelle, d'autant moins fe doibt revoquer en doubte, le pouvoir de la fpiri-

tuelle fur la temporelle, que pour l'égard de ce devoir reciproque & mutuel, l'inegalité ne laiffe d'eftre grande. Ne plus ne moins qu'en la relation d'office mutuel, du pere envers le fils, & du fils envers le pere, l'inegalité demeure tousjours, pour eftre celuy du pere envers le fils, avec authorité paternelle, comme celuy du fils envers le pere, eft pluftoft obeiffance & affiftance filiale. Comme l'ont ainfi reconnu, tant qu'il y a eu d'Empereurs, qui fe font dignement entremis, pour aider à reformer l'Eglife & les Ecclefiaftiques. De mefme que feroit le fils envers fon pere phrenetique, lequel fi bien il tiendroit de force, fi feroit-ce avec refpect pourtant, comme nature l'y oblige.

CHAPITRE VI.

Cenfure temeraire du Parlement contre la Sorbonne, pour ceft article.

CE QUE fi euffent bien confideré, fi ou s'en fuffent rendus capables ceux de Parlement, qui ont tant faict les efchauffez cefte année 1595. d'une propofition mife en thefe par un Bachelier en Theologie, difant que *Papa fpiritualem & temporalem in omnes Reges* (3) *exercet*

---

(1) En France le Pape quant au temporel eft regardé comme un Prince étranger. Sa qualité de Pere commun lui donne droit de remontrer & non pas décider dans le cas où il s'agit du temporel. C'eft même ce que pratiqua Philippe II. Roi d'Efpagne, lorfqu'en 1580. il fe rendit maitre du Portugal. Le Pape Gregoire XIII. vouloit que ce Prince s'en rapportât au S. Siége comme arbitre : mais Philippe fçut bien faire connoître que fes droits vrais ou faux à la Couronne de Portugal n'étoient foumis qu'à fon épée & non pas à la décifion ou à la médiation du Pape.

(2) Les bornes des deux puiffances font en France fagement limitées ; le fpirituel eft laiffé à l'Eglife & le temporel regarde le fouverain ; mais comme il arrive fouvent que le Juge Ecclefiaftique veut

empieter fur le temporel, alors les Officiers du Roi font autorifez à faire refferrer le Clergé dans les bornes de fon miniftere, & même en bien des matieres de difcipline, les Conciles prient les Rois d'interpofer leur autorité pour faire obferver les Canons. Au lieu que nos Rois font trop religieux pour mettre la main à l'encenfoir, & quand ils l'ont fait les feules remontrances du Clergé les ont empêché d'aller plus avant.

(3) Le Parlement a eu raifon de s'élever & de fevir contre de pareilles propofitions, parce qu'il eft gardien & dépofitaire des loix du Royaume, & que de tout tems il a profcrit tout ce qui pourroit porter atteinte aux droits imprefcriptibles de la Couronne, au lieu que dans les tems de troubles on a vû le Clergé flechir ou biaifer.

exercet poteſtatem, que de le tenir priſonnier quatre moys, luy & ſon preſident, puis venir avec ſcandale en plein College de Sorbonne, lacerer publiquement la theſe, comme cy-devant les Bulles du Pape à Tours, & faire prononcer tout hault, à celuy qui l'auroit eſcrite, *que temerairement & malicieuſement il auroit avancé ladiſte propoſition, dont il demanderoit pardon au Roy, &c.* ne leur euſt eſté beſoing faire de ſi longues harangues, deſployer tant de rhetorique, & faire tant de montre de leur bien dire, comme ils ont faiſt audit College, ſur la preuve d'une négative, qui ne leur eſt niée ni debatue (eſtant priſe ſainement) ni contraire au ſens de celuy qui tenoit la theſe. Et moins d'inveſtiver ſur ce ſujet ſi ardemment contre le Pape. Eſtant à préſumer, que comme le ſens de la propoſition ne pouvoit eſtre aultre, que le commun de l'eſcolle, ſuyvant la diſtinction que deſſus, qui eſt ſaine & veritable, & le contraire eſt hereſie, cela devoit les contenter, comme ils veulent eſtre receus & déclarer & interpreter leurs Arreſts, quand les faultes en ſont palpables. Et quant bien cela n'euſt ſuffi, & que le meilleur euſt eſté de la ſupprimer du tout,il y avoit d'aultres moyens, pour le paſſer doucement & à petit bruiſt, ſans en venir aux empriſonnemens, & demonſtrations ſi patentes de la tyrannie & furie politique. Et

plus encore ſans venir avec tel apparat, cenſurer en plaine eſcholle, ou temerairement ce qu'ils n'entendent, ou malicieuſement ce qu'ils diſſimulent. Prenant ceſte occaſion à propos, pour braver & fouler aux pieds une eſcholle, que de long-temps, & avec ſujeſt ils redoubtent, & qui leur ſerd d'eſpine en leur pied. Oſant amener *Babylon* au

Temeraire entrepriſe ſur la Sorbonne.

milieu de *Jeruſalem*, c'eſt-à-dire la confuſion au lieu de diſtinction, & en *Sion les Ilumeans*, c'eſt-à-dire, au lieu de ſpéculation, les gens de ſang & de terre : & (ce qui eſt deffendu par la loi) au lieu ſainſt les animaux immondes, qui n'ont point l'ongle fendu, c'eſt-à-dire, qui ne ſçavent ou ne veulent diſtinguer. N'aviſant comme les paroys de ce lieu, qui ont de tous temps des oreilles, & qui entendent le Latin, quoyque muette alors, comme la harpe de David entre les Babyloniens, & meſme de ce banc formidable, qui faiſt paour à tout le monde, remarquoyent l'infirmité de leurs debiles argumens, leurs traiſts qui ne touchoient au but, & toute la maſſe inutile de leur mal, concluant diſcours, qu'un ſeul *diſtingo* couperoit, comme le raſoir de Phocion tranchoit ceux de Demoſthene, & qui le ſçauront relever un jour. N'y ayant qu'une choſe à dire, c'eſt que la mort n'a eſté ſoufferte, pluſtoſt que de rien demordre, & chanceller ſoubs ceſte crainte.

Levit 11.

Pſal. 136.

Et ne ſe peut dire pour excuſe, que ſi bien le ſens de la theſe eſtoit bon, que les termes ne l'eſtoient de meſme, ou qu'elle eſtoit couchée cruement. Pour eſtre touſjours le plus ſeur en matiere de propoſitions moyennes, qui ont deux extremitez vitieuſes, pour les concevoir & exprimer en general, d'uſer de termes qui approchent de la moins vitieuſe extremité, & qui s'éloignent de la pire. De meſme que les vertus morales approchent plus près d'une extremité que de l'autre, & de l'excès plus que la deffeſtuoſité. Comme la libéralité de la prodigalité, plus que de l'avarice. Qui faiſt que de deux erreurs qui ſeroient, l'une à dire.

Forme de theſe irrepréhenſible.

Que

Que l'Eglise (1) *a toute puiſſance, tant directe qu'indirecte ſur le temporel,* & l'aultre de ſouſtenir *qu'elle n'a ni l'une ni l'aultre,* au mylieu deſquels deux eſt la propoſition veritable, le dernier eſtant le pire, l'affirmative eſtoit plus propre, pour déclarer ceſte vérité moyenne, & concevoir la propoſition, que non pas la negative. Ne pouvant non plus eſtre blaſmée cette affirmation generale, que celle des deux Evangéliſtes S. Matthieu & S. Marc, diſant en termes generaux, *que les larrons qui eſtoient crucifiez* avec Jeſus-Chriſt, *luy faiſoient des reproches, & diſoyent des outrages.* Encore que cela ne fuſt vray que de l'un des deux, comme S. Luc le déclare.

Joinct la condition du temps, auquel ce dernier erreur prenant vogue par la France, qui eſt l'hereſie des Politiques, ſe renger à la negative, eſtoit luy donner gaigné, ou du moins montrer en avoir quelque grain ſoubs la langue. Et on ſçait la regle de S. Baſile, qu'en matiere d'heretiques, il ne leur fault laſcher un ſeul iota, ni le moindre poinct, qui ſe puiſſe couler dans la lettre. Et la regle ancienne uſitée en l'Egliſe, qui eſt de s'abſtenir des mots & du langage des heretiques, quoy qu'autrement veritables, quand le venin y eſt caché. De meſme que les Nazareans eſtoyent tenus s'abſtenire d'un pepin de raiſin. Et Moyſe commandoit de ſe retirer des ſchiſmatiques, & ne rien toucher de ce qui leur appartenoit. Et en la loy de Dieu, toucher

un corps mort, voire du bout du doigt, rendoit l'homme ſouillé & immonde.

Auſſi que ce n'eſt contrevenir au chap. *Per venerabilem,* qu'ils ont tant faict ſonner hault, par lequel ſi bien il eſt dict, *que le Roy de France ne connoiſt aucun ſuperieur au temporel,* ſi ne laiſſe il d'eſtre dit après, *qu'il y a certains cas, où le Pape juge in temporalibus* (2). & ne pouvant y avoir aucun cas plus digne, ni plus neceſſaire, que quand l'heretique commande, ou entreprend de commander, en un Royaume Catholique, pour l'exclure & débouter, deſfendre l'authorité du Pape en ce ſens, eſt autant éloigné de contravention faicte au decret, comme ceux qui l'alleguent en ce cas, totalement le renverſent.

Joinct les exemples pour ceſt égard, de l'authorité des Papes, comme des Sacrificateurs en l'ancienne loy, pour deſtituer les Princes. Comme feit Samuel, Saul, Azarias Ozias, & Joiada Athalie. Et depuis entre les Chreſtiens, de Leon briſeur d'images, privé de ce (3) qu'il tenoit en Italie, par Gregoire II. Des Grecs privez de l'Empire d'Orient transferé aux François & Allemans, par Leon III. de Henry IV. depoſſedé par Paſchal II. d'Othon IV. par Innocent III. de Frederic II. par Innocent IV. au Concile de Lyon, de Loys de Bavieres, ſoy diſant Loys IV. par Jehan XXII. & le jugement executé par Clement VI. & d'aultres. Le tout enſuite de l'excommunication,

Matt. 27.
Marc. 15.

Iuc. 23.

Baſil. ad Valeutem Imp. Num. 6.

Num. 4.
Num. 16.

1. Reg. 15.
2. Par. 26.
4. Reg. 11.

---

(1) Toutes ces queſtions ſont toujours odieuſes, & il n'y a que le cas d'une extrême neceſſité, qui doive obliger les Canoniſtes de les traiter; d'ailleurs il faut être fort ſobres, parce que ſouvent l'Auteur imprudent qui écrit pour l'une ou pour l'autre puiſſance, eſt deſavoué. C'eſt ce que nous avons vû arriver & à Rome & en France.

(2) Le Pape peut être juge d'un temporel, conſtitué hors de ſes Etats, lorſqu'il en eſt re-

quis, ou qu'on le choiſit pour arbitre comme pere commun des fidéles, & non comme Juge neceſſaire & ordinaire.

(3) Il n'y a pas un de ces exemples qui ne péche, mais ce n'eſt point ici le lieu de les examiner; c'eſt plutôt la matiere d'un Traité du droit public du Royaume, que l'objet d'une courte note telle que je l'applique ici.

D

munication , & pour des crimes moindres, que ceux du jourd'huy. Par laquelle eſtans retranchez de l'Egliſe , ils
l'ont eſté auſſi de l'Eſtat. Et en France
comme ailleurs , comme il s'eſt veu en
Childeric dernier de la race de Clovis,
dépoſé par Zacharie , & depuis en Loys
le Fayneant , & aultres.

CHAPITRE VII.

Ne ſe peut prévaloir contre l'excommuni-
cation , par l'exemple des Roys de
France.

QUE ſi on allegue les Roys de France , comme Philippes I. Philippes
II. & autres , & meſme ceux de dehors,
comme Theodoſe l'Empereur, qui eſtant excommuniez n'ont pour cela perdu leur tiltre , on reſpond que s'ils ne
l'ont perdu, ils n'y eſtoient condamnez
auſſi. Comme auſſi n'eſtoient les pechez
ſemblables, ni en nombre , ni en ſub-
Difference ſtance. Pour n'y avoir comparaiſon ,
de l'excom- entre un peché ſeul , faict par paſſion ,
munication comme il a eſté en ceux-là , & un nom-
du jourd'hui bre infiny de crimes , en toutes ſortes
aux préce- & de tout temps, comme il ſe voit icy.
dentes. Ni particulierement , entre un peché
moral , où la foy ne laiſſe d'eſtre , &
quoy que morte , comme dict S. Jacques , n'eſt pas nulle toutesfois : & celuy de l'hereſie , qui coupe la racine
de la foy , & où la foy eſt du tout nulle. Ni d'un membre bleſſé & malade ,
mais capable de gariſon : & d'un membre ſec & aride , qui n'a plus eſprit
ni vie.

Et partant auſſi les excommunications differentes , pour eſtre celle pour
peché moral , comme une medecine à
l'excommunié , & comme un bandeau
qui le ſerre , & qui le prive de la fonction ordinaire , mais non pourtant de
la vie. Et qui excite la vigueur de la
foy , & toutes les puiſſances de ſon
ame , par le remors de conſcience , &
conſideration du piteux eſtat où il eſt ,
pour revenir à ſoy meſme , & rendre
les fruicts de penitence. Comme il s'eſt
veu excellemment , ès ſuſdicts Theodoſe Empereur , & Philippes I. & II.
Roys de France. Et celle qui eſt pour
hereſie , eſt un remede plus pour la
communauté , que non pas pour l'excommunié , pour retrancher le membre , non-ſeulement mort , mais auſſi
pourry & infect , à ce qu'il ne nuyſe
aux aultres.

Et partant ne meurt la Royaulté au
premier (& la cenſure ne l'en prive   **Excommu-**
auſſi) comme elle meurt au dernier ,   **nication**
quand meſme il auroit eſté auparavant   **pour hereſie**
Roy legitime. Pour ne pouvoir icelle   **ôte tout (1)**
reſider en un ſujet du tout mort , &   **droict de**
où il n'y a un ſeul brin de vie , qui ne   **Royaulté.**
peut eſtre , que par la foi , à laquelle
l'heretique n'a part aucune. Ne pouvant eſtre foy Chreſtienne , ſinon en
celuy qui demeure en l'Egliſe. Ce qui
fut jadis figuré par la ladrerie d'Ozias,   **2. Par. 26.**
Roy de Juda , qui de Roy legitime ,
le fit eſtre pur privé , & deceu entierement de la Couronne. Avec telle rigueur du jugement de Dieu , que pour
le reſpect qu'on luy eut , de luy donner une maiſon ſeparée dans la Ville ,
ſans

---

(1) Fixons-nous à ce principe inconteſtable que
c'eſt Dieu qui eſtablit les Rois , & qu'il n'y a que
Dieu qui les puiſſe dépoſſeder. *Per me reges regnant,*
diſent les Saints Livres. *Cujus juſſu homines naſcun-*
tur , hujus juſſu & reges conſtituuntur. C'eſt la maxime de ſaint Irenée conforme à l'écriture & à la pra-

tique conſtante de l'Egliſe. C'eſt ce qui doit ſervir
de reponſe à toutes les difficultés que l'on pourroit propoſer & de correctif aux propoſitions mal
énoncées par quelques Theologiens. *§. Irenæus*
liv. V. cap. 24.

Efa. 6.

Homil. 4. & 5. in Efa.

fans le mettre du tout hors, comme tous les autres ladres, Dieu ferma la bouche aux Prophetes, tant que ce ladre furvefquit. Et après fa mort feulement, Efaie recommença à avoir fes vifions, comme amplement le déclare S. Chryfoftome, en fes homilies fur Efaie. Argument evident, par l'interpretation des SS. Peres, & de toute l'antiquité, non feulement du droiĉt de Royaulté perdu au Prince heretique, mais auffi de la neceffité, de le ranger au pied des aultres, & le punir comme heretique. Et qu'entre ceux, qui le foutiennent, ne peut y avoir de vrays Prophetes.

Excommunication pofterieure ou anterieure.

Et en oultre y a difference entre l'excommunication pofterieure à la Royaulté, comme ont efté celles des Roys fufdiĉts, & celle qui eft anterieure & va devant, comme eft celle-ci. Car fi bien la pofterieure ne faiĉt perdre le tiltre qui eftoit ja acquis, & en poffeffion aĉtuelle, & fans aucune controverfe, ains feulement en fufpend l'aĉtion pour un temps, tant que l'Eglife foit obéie, comme il s'eft veu foubs Philippe Augufte, durant l'excommunication duquel, on difoit *Regnante Chrifto* (1), & non pas *Philippo*, fi n'en eft-il de mefme de l'anterieure, & qui precede la Royaulté. Et notam-

ment, quand la claufe de privation & exclufion, eft comprife en la cenfure. Pour ce qu'elle empefche que le tiltre n'advienne, le faifant paffer fur l'excommunié, à l'inftant de la fucceffion efcheuë, pour cercher un aultre fujeĉt capable, fur lequel il refide, l'aultre en demeurant privé non feulement *quoad aĉtum*, mais auffi *quoad habitum*. Eftant comme l'empefchement de mariage, par cognation *ex fornicatione*, ou autrement. Lequel fi bien *contraĉtum non dirimit*, (n'empefchant lors que la cohabitation) du moins *impedit contrahendum*, pour éviter l'incefte & conjonĉtion illicite. Et au cas que l'on paffe oultre, elle rend le mariage nul.

Or il eft certain, qu'en celuy dont eft queftion, l'excommunication precede le temps de la Royaulté, avec claufe expreffe d'exclufion & privation de tout droiĉt de Principauté & Couronne, nommement de celle de la France. Defendant fur peine d'excommunication, de le recognoiftre pour tel. Et encore avec prefcription de temps, troys & quatre foys redoublée. Pour ce que l'an entier fuffit, pour toute prefcription de droiĉt, voire en ceux qui font ja Roys. Tefmoin Jehan (2) d'Albret Roy de Navarre, pere de Henry d'Albret, grand pere de ceftuy-cy

Excommunication anterieure faiĉt perdre le droiĉt.

c. Rurfus & c. Quicunque 11. q. 3.

---

(1) *Regnante Chrifto*] cette formule a autrefois embarraffé les Sçavans, qui l'ayant vû dans des aĉtes de Philippes I. Roi de France ; fe font imaginés qu'elle devoit fon origine à l'excommunication de ce Prince ; & que fes fujets n'ayant ofé dater alors des années de fon regne. Ce fcrupule étoit fupportable au tems que ce Libelle a paru ; mais aujourd'hui que l'on a manié beaucoup d'aĉtes de plufieurs autres Regnes où fe trouve cette maniere de compter, on ne feroit pas recevable à former le même doute. C'eft ce qui a été fuffifamment éclairci par David Blondel *de formula regnante Chrifto*, par Befly & par le P. Mabillon qui ont montré qu'on s'en eft fervi au lieu de la formule courante de l'an de Jefus-Chrift ; & qu'elle n'a

point de rappport à l'excommunication de Philippe.

(2) L'invafion du Royaume de Navarre par Ferdinand le Catholique, fut une véritable ufurpation, dont Charles Quint & Philippe II. avoient ordonné la reftitution par leurs teftamens : mais dire à un Souverain de reftituer ce que fon predeceffeur lui ordonne de rendre, ce n'eft pas les connoître, le droit de poffeffion & de bienféance a fur eux plus de pouvoir que les ordres d'un Roi decedé. Et ces reftitutions quelques juftes qu'elles foient ne font point d'ufage. Auffi y a-t-il long-tems que l'on n'a pas reclamé en France le Royaume de Navarre. Chacune des deux puiffances s'en dit Roi, pour la portion qu'elle poffede.

D 2

Prefcription du temps, joincte à l'excommu-nication.

cy à caufe de fa mere, privé du Royau-me, pour n'avoir obéi en l'an. Et la hafte que prit, il y a cinq cens ans & plus, Henry I V. Empereur, pour pre-venir l'année de fon excommunica-tion, allant par le plus rude hyver, & extreme danger de fa perfonne, & avec toute humilité, pour demander fon abfolution, au Pape Gregoire VII. Et icy la cenfure précede, de trois voi-re & de quatre années, le temps de la fucceffion prétendue. Ayant efté l'ex-communication l'an 1585. le 9. de Septembre. Et la mort de Henry III. dont la fucceffion fe prend l'an 1589. le 2. jour d'Aouft. Ce qui faict mefme que la vanité des privileges prétendus, en faveur des Roys, & de la Couronne de France, ne trouve icy place, pour n'avoir efté iceluy lors Roy de France.

Et pour venir au dernier poinct, la particularité fpéciale, qui eft inferée en cenfure, *d'exclufion, privation, & inha-bitation, tant pour luy que pour fes hoirs, à perpetuité & tousjoursmais*, ce qui n'a efté de mefme aux autres, avec le con-cours des raifons cy-deffus mifes, mon-tre qu'il n'y a rien en l'exemple des Rois de France, qui luy puiffe eftre favorable.

CHAPITRE VIII.

Ni mefme quand il feroit abfous.

MAis ce qui eft le plus notable, c'eft que quand bien il feroit ab-fout, & par celuy qui feul le peut, fi ne feroit-il Roy pourtant, aultre-ment qu'il eft à préfent, qui eft de faict & non de droict. (1) Premierement pour n'eftre telle attribution ou reftitu-tion de droict, de la nature & effence de l'abfolution. Ni par confequent necef-fairement y conjoincte, ou defpendan-tes d'icelle. N'y ayant pareille raifon de reftituer en abfolvant, que de deftituer en condamnant. Comme la facilité n'eft de mefme, de rebaftir que de deftruire, ni de recouvrer que de perdre. Et n'eft chofe fans exemple, que les reconciliez ne foyent remis en leurs charges. Com-me ni auffi au contraire.

Auffi qu'eftant queftion d'une digni-té temporelle, ce n'eft chofe qui fim-plement defpende de la vertu des clefs. Comme auffi il ne faut craindre, que fes agens le requierent, ni mefme l'ac-ceptent, quand bien on le leur offri-roit, pour ne préjudicier à la maxime politique, qui eft pour ceft égard, de ne recognoiftre en aucuns fens le Pape. Et pour n'eftre veus deferer à l'Eglife & aux canons des Conciles, qui pri-vent les heretiques de tout droict de couronne & principauté.

Joinct qu'eftant iceluy condamné, non feulement par l'Eglife, mais auffi par les Eftats, fi bien le Pape peut re-lafcher la condamnation Ecclefiaftique, (2) fi ne pourroit il la civile. Com-me il ne fe voit jamais auffi, que l'ab-folution de l'Eglife exempte le crimi-nel, de la peine à laquelle la loy & le Magiftrat

---

(1) Ce miferable feditieux ne voioit-il pas l'é-trange contradiction dans laquelle il tomboit, il veut bien que le Pape puiffe ôter le Royaume, mais il nie qu'il le puiffe rendre; a-t-il moins de pouvoir pour le dernier que pour le premier. S'il ne fçauroit rendre, il ne peut donc pas ôter. Si la reftitution de cette dignité temporelle ne dépend point du pouvoir des clefs, elle n'en dependoit donc pas quant à la privation. D'ailleurs toute la déclamation de ce Chapitre n'eft qu'une contradic-tion perpetuelle, qui roule toujours fur le même fondement.

(2) Où font-ils ces Etats qui ont ôté la Cou-ronne à Henry I V. eft-ce l'affemblée de quelques feditieux gagnés par l'argent de Philippe II. Roi d'Efpagne, qui craignoit qu'en laiffant pacifier les troubles

Magiftrat civil le condamne.

4. Mefme que quant à la confcience, cela repugneroit à l'effect de l'abfolution. Qui ne peut eftre fans fatisfaction aux parties offenfées. Ce qui ne pouvant eftre aultrement, que par la privation de l'Eftat, en celuy en qui toutes fortes de crimes de leze-Majefté fe trouvent, le fruict de telle abfolution feroit incompatible avec la dignité Royale.

5. Et d'autant que pour la difpofition où il eft, demeurant, comme il faict, notoirement impenitent, heretique, & adultere, nul difcours ne fe peut figurer, pour lequel on le deuft abfoudre, voire feulement en parler, fi non pour en venir au cas, que les Docteurs n'ont obmis, & dont il fe trouve des exemples, qui eft d'abfoudre l'impenitent, & celuy dont la fiction eft notoire, quand cela fert au public, & pour empefcher un plus grand mal : comme on allegue en ceft endroict, la crainte d'un fchifme, & defunion du Royaume d'avec le Sainct Siege (car c'eft tout ce qui s'en dict de mieux, & avec plus d'apparence) cela n'eftant en tout, que *pour redimer la vexation*, comme difent les Theologiens, & non pour operer en luy rien de folide, finon de l'abandonner aux jugemens de Dieu, retirant de luy la difcipline, & luy mettant fon fang fur fa tefte, dont l'experience fe veit en Arius & Georges Roy de Boëme, à l'un & l'autre defquels l'abfolution accordée, & donnée fur un pareil difcours, n'apporta aultre chofe, qu'une mort terrible & efpouventable, qui ne leur permit de jouïr

Sum. Angel. abfol. 3. nu. 7. Syv. abfol. 3. nu. 10.

Effect d'abfolution redoutable en impenitent.

du bien, de ce dont ils eftoient indignes, & qu'ils demandoient avec fimulation & bravade : mefme que cela feroit argument d'une évidente oppreffion de l'Eglife, que l'on voudroict emporter par la force, cela ne luy pourroit donner non plus de droict, ou prejugé pour la Royaulté, que feit à Efaü l'adoration de fon frere Jacob, repeté par fept fois, ou que feroit à un voleur l'abfolution extorquée de force, pour le rendre jufte poffeffeur, de ce qu'il auroit pris à aultruy.

6. Et qui eft encore plus, c'eft que ne pouvant eftre Roy de droict, finon ou par l'adven & validation du droict prétendu jufqu'à luy, qui eft de la fucceffion, ou par acquifition de droict nouveau, pour la perte & annullation du premier, ne l'un ni l'aultre ne pourroit eftre, en vertu de l'abfolution. Le premier, oftant toutes les loix, tant canoniques, que civiles, qui excluent les heretiques de tout droict de Principaulté, & plus encore les relaps. Et mefme les jugemens donnez contre luy, tant par l'Eglife que par les Eftats, dont les termes font exprès, *Qu'il eft condamné comme ennemy juré de l'Eglife, du Roy & de l'Eftat, crimineux de leze-Majefté divine & humaine au premier chef, & declaré inhabile à fucceder à la Couronne de France, privé tant luy que fes hoirs, de tout droict de fucceffion* : Qui vault aultant à dire, qu'il eft privé non feulement *actu*, comme les aultres Roys, mais aufli *habitu*, & qu'il ne lui en refte aucune reffource : l'Eglife mefme adjouftant ce mot *à perpetuité*, pour avoir jugé, qu'il n'y auroit feureté jamais

Conf. 35.

---

troubles du Royaume, les François ne fecouruffent les Peuples des Pays-bas revoltés contre les vexations qu'on leur faifoit fouffrir. Mais cet ignorant feditieux ignore-t-il que dans ce tems-là même il

Il y eut un Arrêt célèbre pour la manutention de la Loi Salique, & par confequent pour deferer la Couronne à Henry IV. qui étoit le fucceffeur le plus proche fuivant la loi de primogeniture.

mais en luy, & faifant en cela ce qu'elle a peu faire, fuyvant le reglement que deffus. Toutes lefquelles parolles valant autant qu'elles fonnent, fuyvant la maxime commune, eft neceffaire auffi qu'ils produifent ceft effect. Voire feroit du tout les renverfer, fi au préjudice de tout cela, on l'avouoit avoir efté Roy de droict.

Et de dire que fans offenfer les loix, qui auroient eu leur effect, l'abfolution l'auroit reftabli au droict perdu, moins y auroit-il d'apparence. Pour ce que le droict perdu par le crime ne revient effentiellement par l'abfolution du crime. Ains font chofes feparées, & actions differentes, mefmes ès chofes fpirituelles, & purement Ecclefiaftiques, comme il fe voit au Simoniaque; auquel l'abfolution donnée ne peut valider fa provifion illicite, ni le faire legitime poffeffeur, ains eft befoing de droict nouveau. Suyvant la regle de droict, tant civil que canonique. *Que ce qui au commencement ne fubfifte en droict, ne peut revenir avec le temps.*

De Reg. juris in 6. reg. 18. ff. de reg. Jur, h. 29.

Et fi on vouloit tant s'avancer, que de paffer par deffus toute loy humaine, la naturelle mefme y refifteroit, par laquelle & fuyvant laquelle ce droict luy eftant perdu, auroit icy lieu la maxime de Phyfique, que *A privatione ad habitum non fit regreffus.* Pour y avoir mefme proportion à ce droict perdu une foys, que la veuë qui eft perdue, ou d'un membre coupé ou mort, qui ne peut pas revenir, finon par une grace purement furnaturelle, & qui ne feroit fondée en nature. L'argument pour la nature eftant icy infaillible, Que le fondement du droict eftant déperi, le droict neceffairement déperit auffi. Or que le fondement du droict de Royaulté foit depery en luy, la preuve en eft neceffaire. Car veu que

ce fondement n'eft aultre, comme de toute feigneurie en general, finon un contract mutuel, & obligation reciproque, entre le feigneur & le vaffal, fur lequel le droict de fucceffion fubfifte, & eft-ce qui le regle & modifie, & fuyvant les termes, & avec préfuppofition duquel, & non aultrement, les peuples ont confenty en la reconnoiffance, de ceux de la lignée & fouche de leurs Roys, & d'ailleurs il eft certain, que la contravention par l'une des parties rend l'obligation nulle, pour l'égalité de droict qui y eft, la contravention de celuy-cy ayant efté telle, qu'il ne s'en peut dire, ni imaginer de plus grande, par tant d'hoftilitez & remuemens, non feulement contre les Roys, mais auffi contre l'Eftat, & partant de cruaultez contre toutes fortes de perfonnes, & contre toutes loix, tant civiles que de guerre mefme, par lefquelles il n'y a efpece de felonnie, dont il ne foit atteinct, il s'enfuit de neceffité, que l'obligation par ce moyen n'eftant plus, le fondement n'eft plus auffi, & par ainfi le droict déperit de mefme.

Fondement du droict de Royaulté quel.

Oultre ce que d'abondant, tout violent poffeffeur, qui s'eftablit par la force, & contre les loix de Juftice, voire en ce qui luy eft propre, eft par la loy, privé de fa poffeffion. Qui faict que d'autant moins doibt eftre favorable à ceft ufurpateur, la violence derniere, envahiffant ce qui n'eft fien, pour y acquerir aucun droict, que c'eft une nouvelle injure, & incapacité avec les précedentes. Et partant, felon la regle que deffus, le droict, fi aucun il eut jamais, luy eftant une fois perdu, ne luy peut pas revenir.

Et ne fervira de dire, *que la caufe oftée, qui eft la condamnation, l'effect doibt ceffer auffi.* Pour ce que fi bien la maxime eft vraye, de l'effect qui eft en action

La caufe ceffant l'effect ceffe, comme fe doibt entendre.

action continue, comme de baftir, de peindre, d'efcrire (car en ce cas la cau-fe oftée, l'effect neceffairement ceffe) fi ne l'eft-il de l'effect, qui eft œuvre confommée, & parfaict une fois. Soit pofitif, comme un baftiment, un ta-bleau, un livre : foit privatif, comme la perte de la veue, de la vie, de la virginité; Qui ne laiffent d'eftre, quand bien la caufe ne feroit plus ; Affavoir pour les premiers, le baftiment après l'architecte, le tableau après le peintre, le livre après l'efcrivain, & le filz après le pere. Et pour les derniers, l'a-veuglement après eftre gary le mal, pour lequel la veue eft perdue. Et la vie ou la virginité ne revient, pour avoir puny celuy, qui a ofté l'un ou l'autre.

Difference de droict fuf-pens, & droict perdu.

Et partant pour venir au poinct, comme la maxime auroit lieu, en ma-tiere de fimple fufpenfion, comme il s'eft veu ès Roys de France, dont a efté dict cy-deffus, pour ce qu'alors la cau-fe oftée, qui eft l'excommunication, l'effect auffi cefferoit : ainfi en matiere de droict perdu, comme il advient en ce faict, elle ne pourroit avoir lieu, pour faire en tout qu'il revienne. Y ayant icy quelque chofe de femblable, à ce que les Theologiens diftinguent, entre *œuvre mort, & œuvre mortifié*. En-tendant par l'œuvre mort, celuy qui eft faict hors de la grace, comme en eftat d'herefie ou excommunication, & par l'œuvre mortifié, celuy qui ef-tant faict en eftat de grace, eft par le péché fuyvant rendu inutile, infruc-tueux, & fans merite à l'autheur. Def-quels deux comme le dernier revient, par la penitence & grace fubfequente, ainfi le premier ne revient jamais, quelque bon moralement qu'il puiffe eftre.

D. Th. 3. p. q. 89. ar. 5. & 6.

Ezech. 18.

Et fi l'on demande alors, que feroit donc l'abfolution, fi le droict perdu ne revient ? On refpond, que comme l'ab-fous eftant impenitent, l'effect n'en fe-roit aultre, que ce qui a efté dit cy-deffus, ainfi au cas (ce que Dieu veul-le) que la penitence fuft vraye, l'effect n'en feroit pas petit pourtant, fans en venir fi avant. Ne fuffe que pour le fpirituel, le remettant au gyron de l'E-glife, & le rendant capable du Royau-me du Ciel. Comme pour l'égard du temporel, tout ce qu'elle pourroit ope-rer, feroit de le rendre fufceptible d'un nouveau droict, & par élection, oftant l'empefchement *in foro fori*, du-rant lequel il ne le pouvoit eftre. Mais fans avoir égard néantmoins, au fufdict droict prétendu, comme chofe qui ne fubfifteroit plus. Et ce tant pour fervir d'exemple, que pour maintenir l'au-thorité des jugemens, & des loix tant canoniques, que fondamentales du Royaume.

Abfolution, que pourroit faire.

Et par ainfi eftant befoing de nou-veau de droict, on demande alors, qui luy auroit donné ? Ce ne pourroit eftre le Pape, par la regle que deffus, pour n'eftre cela fimplement defpendant des clefs. Et ne le voudroient les agens te-nir à ce tiltre. Et en tout ne le pourroit fa Saincteté, fans ladicte élection des Eftats. Ce ne feroit pas les Eftats auffi car ils n'ont efté affemblez. Et de dire que le confentement public y fupplée, c'eft une mauvaife interpretation de la liberté publique (fans laquelle le droict ne peut eftre) que d'une captivité for-cée. Et de la volonté des Catholiques, que de la puiffance des heretiques. Et du confentement des peuples, que de la force des ennemys, & des miniftres de tyrannie. Eftant à prefumer, par les larmes & fanglots, de ceux qui gemif-fent foubs la perfecution, qui fe voit & continue, que telle n'eft leur vo-lonté.

Mais

Droict ac-
quis a un
aultre.

Mais ce qui paſſe plus oultre encore, c'eſt que ce n'eſt choſe qui ſe
puiſſe, au prejudice de celuy, à qui
le droict eſt acquis. Et auquel à l'inſtant
de l'incapacité & excluſion avenue, &
prononcée en jugement, il a eſté irre-
vocablement devolu. Eſtant conſtant
entre les Juriſconſultes, que *l'incapa-*
ble eſt reputé comme mort, & n'empeſche
les ſuyvans.

Qualité
pretendue
ou receuë ne
prejudicie.

Et n'importe contre cela, quand
bien meſme en l'abſolvant, ou en
quelque ſorte que ce fuſt traictant à
Rome, la qualité de Roy de France
ſe couleroit, voire ſeroit admiſe, proferée, & inſerée au 'procès. Veu que
par diſpoſition de droict, les qualitez
pretendues ne prejudicient aux parties.
Et ne pourroit cela en tout empeſcher
l'intereſt, tant de ceux qui ſont offenſez, & qui juſtement s'y oppoſent,
que de quiconque en a le droict. Ni
meſme quand ils ſeroient preſens, &
ne proteſteroient à l'encontre, pour

l. Cujus ff. de
pignorat. act.

n'eſtre (& par la loy meſme) *beſoing de*
proteſtation, pour infirmer une action qui
de ſoy eſt nulle. Et ſuffit de n'y donner
conſentement. Et par ainſi, d'autant
moins ſe pourroit-il faire, au préjudice de tant de gens abſens, & detenus
en captivité, qui de cœur & d'eſprit,
j'adjouſte d'obligation qu'ils en ont
en conſcience, s'y oppoſent. Et ſi meſ-

2. Reg. 18.

me David, pour deferer à Saul, pour
le ſervir comme Roy, & le reconnoiſtre tel, & eſtant perſecuté injuſtement de luy, ſe tenir ſur la ſeule def-
fenſive, voire l'ayant en ſa puiſſance,
eſpargner ſa perſonne, proteſtant de
ne vouloir mettre la main ſur l'oingt
de Dieu, meſme ſe proſterner devant

1. Reg. 24.
& 26.

luy, & l'appeller ſon Seigneur & ſon
Roy, ſe dire un chien mort en comparaiſon de luy, ſi tout cela, dy-je, ne
luy a peu préjudicier, que le droict de

la couronne qui luy eſtoit devolu, ne
luy demeuraſt, & par la confeſſion meſme de Saul ſon ennemy, à combien
plus forte raiſon, le ſilence en ceſte action, de qui y a intereſt, & meſme
de ceux qui ſont abſens, ne peut il ni
préjudicier à eux, ni ſervir au préten-
dant ?

Auſſi que pour l'égard de ſa Saincteté, qui admettroit ladicte qualité
de Roy, voire la profereroit, cela
n'importeroit non plus, pour n'eſtre
cela du faict dont eſt queſtion. N'eſtant
à preſumer, que le juge euſt prononcé,
plus que ce qui ſeroit demandé. Comme auſſi par diſpoſition de droict, cela ne ſeroit valide. Et comme il a eſté
dict, il ne fault craindre que les agens
en viennent là. Comme auſſi ils n'y
ſeroient recevables, ſans ouyr les parties. Et de dire que la ſimple énoncia-
tion attribue droict, moins y a-t-il de
raiſon. Attendu que par le meſme
droict, *Verba enuntiativa non diſpo-*
nunt. Et moins en un faict de telle conſequence.

CHAPITRE IX.

Ne peut eſtre dict Roy par droict de
ſucceſſion.

MAis que ſera-ce ſi non ſeulement le droict eſt depery, mais
ſi jamais il'n'a eſté ni en nature, ni autrement ? S'il en eſt, icy, non comme
d'un qui a perdu la veue, ou l'ouye,
ou la parole, mais comme d'un qui ne
veit, ne ouyt, ne parla jamais ? Et
non comme d'un, à qui on a oſté la vie,
mais comme d'une maſſe de chair, en
qui l'ame n'a eſté infuſe ?

Car ceſte nullité ſe voit, tant par la
conſideration generale, de la nature
des Royaumes, que par le reglement
ſpecial,

fpecial, en matiere des fucceffions. La premiere, pour eftre fimplement abus, que de dire que la fucceffion, quelque part qu'elle foit receue, foit en France, foit ailleurs, lie tellement les Royaumes, ou les peuples, que ce foit un fondement immuable & néceffaire. Attendu, que fi bien elle a efté admife, pour l'experience qu'il y a, que les inconveniens en font moindres, que de l'élection, fi ne fut-ce jamais pourtant, pour préjudicier au droict de nature, fur lequel eft l'élection. Ni pour y renoncer, ou fe lier les mains, au cas que pour le vice & indignité des fucceffeurs, la fucceffion fuft nuyfible, & l'élection néceffaire. Comme celle qui eft le fondement, fur lequel la fucceffion fubfifte, & aux conditions de laquelle, comprifes au contract mutuel, d'entre le Seigneur & le Vaffal, & d'entre les Roys & les peuples, dont a efté dit cy-deffus, la fucceffion eft liée. (1) Voire en telle forte, que quoy qu'elle femble hereditaire, fi eft-elle pluftoft élective.

Succeffion eft élective.

Tefmoin la pratique des Royaumes, où la fucceffion a eu le plus de lieu, où fouvent les plus éloignés ont efté préferez aux plus proches, & les puifnais aux aifnez. Voire les familles du tout changées. Tantoft pour la maleverfation de celuy qui doibt fucceder, tantoft pour celle de fon pere, tantoft pour la minorité d'ans, aultresfois par la feule faveur du peuple. Et mefme

de ce qu'en recevant & confacrant les Roys, quelques proches en la fucceffion qu'ils foient, fi eft-ce tousjours avec quelque forme d'élection. Comme l'experience l'a montré, tant au Royaume d'Ifrael, qu'ès Royaumes de Chreftienté, Efpaigne, Portugal, Angleterre, & particulierement en France.

Ainfi en Ifrael, oultre ce que David eft élu divinement, au préjudice de Saul, & de fa maifon, Salomon fon dixiefme fils, emporte la couronne fur fes aifnez. Et en la fucceffion d'iceluy, fouvent eft-il dict des Roys, qu'ils ont efté conftituez par les peuples. Comme Roboam, Azarias, Joas, Ochozias, & aultres.

3. Reg. 11.

3. Reg. 12.
2. Par. 22.
2. Par. 23.

En Efpaigne, depuis l'an 416. que les Gots en chafferent les Romains, de trois races qui y ont efté, jufques à l'an 1504. que la Maifon d'Auftriche y entra, dont la premiere fut des Gots, qui a duré 300. ans, la feconde de dom Palazo, Roy des Afturias, qui dura aultres 300. ans, la troifiefme de don Sancho Mayor Roy de Navarre, qui a dure 500. ans, infinis exemples fe trouvent, non feulement des aifnez, mais auffi de tous les enfans des Roys deboutez, & les oncles preferez par les Eftats, mefmes lorfque la fucceffion y eftoit tellement authorifée, qu'elle fembloit hereditaire. Et mefme depuis Don Ramiro, quand les fils aifnez des Roys commencerent à prendre le nom de

---

(1) La fucceffion a été reconnue de tous tems dans la Monarchie Françoife, & jamais il n'y a été donné atteinte. Le fait eft fi conftant que les étrangers mêmes en font convenus. C'eft ce qu'on voit dans Agathias, Theophanes, & Cedrenus, Hiftoriens Grecs; auffi le Pontifical de l'Eglife de Reims marque à l'article du Sacre des Rois; *Dum Rex ad folium venerit, Archiepifcopus illum collocet in fede, & dicat Arch'epifcopus; fta & retine à modo ftatum, quem huc ufque Paternâ fucceffione tenuifti, hære-* ditario jure tibi delegatum, per auctoritatem Dei omnipotentis. Pithou lettre fur la prefceance des Rois de France pag. 19. mais ce que l'Auteur rapporte enfuite des autres Royaumes ne font que des fophifmes & d'inutiles declamations. On ne raifonne point en droit public d'un Royaume à un autre, chaque Nation ayant un droit, public, qui lui eft propre, & dont on ne fçauroit tirer une confequence pour le Royaume voifin.

E

de Prince d'Espaigne.

Tesmoin cent ans après ou environ, l'exclusion des enfans de Dom Ordonio. II. qui estoient quatre fils & une fille, pour raison de leur bas aage, & Dom Fruela leur oncle eleu Roy en la place. Et après le decès d'iceluy, quoy qu'il eust laissé plusieurs enfans, l'aisné du dict Dom Ordonio, auparavant exclus, receu à l'Estat.

Tesmoin l'an 950. Dom Sancho, surnommé le Gordo, frere de Dom OrdonioIII.eleu par les Estats, au préjudice du Prince dom Vermudo, fils aisné dudict Ordonio, pour estre iceluy de bas Abib. Moral. Caribag. aage. Tesmoin l'an 1207. Donna Berenguela, mariée au Prince de Leon, eleue Royne par les Estats, & sa soeur Donna Blanca exclue, avec son fils S. Louys, Roy de France, crainte que le Royaume ne vint en la main des estrangers. Et l'an 1276. Dom Sancho el Bravo, déclaré par les Estats, assemblés à Segovie, successeur de son pere, au préjudice des enfans de son frere aisné, & suyvant ladicte declaration, couronné l'an 1284. Duquel est descendu le Roy qui est à présent, & les Ducs de Medinaceli descendus desdicts enfans du frere aisné depossedé.

En Portugal, Dom Juan frere bastard de Dom Fernando I. fut eleu Roi, & la fille dudict Don Fernando (à qui la couronne appartenoit par succession)

en fut exclue, pour ce qu'elle estoit mariée à Jehan I. Roy de Castille.

En Angleterre, les exemples de l'élection, contre le droict de succession, se trouvent jusques à vingt foys, tant devant qu'après la conqueste des Normans, assavoir depuys l'an 802. que Egbert fut eleu Roy de Bretaigne (laquelle il fit appeller Angleterre, Polyd. Virg. lors que Pepin regnoit en France) jusqu'à ladicte conqueste, dix foys, & dix foys depuys. Dont la derniere escheut en Henry VII. grand pere de la Royne, qui est à présent.

Mais sur tout, & particulierement Election en France, contre la succession. en France, les exemples en sont autant notables que fréquens. (1) Et pour ne parler de la premiere race (pour ce qu'aucuns disent que la succession n'estoit alors bien establie) Pepin premier Roy de la seconde race, entré par élection, ses deux enfans Charles & Carloman, furent pareillement éleus après son décès, à partager le Royaume également. Et trois ans après Carloman venant à mourir, les Estats de France feirent le serment du Royaume entier audict Charles, excluant du tout les enfans de Carloman. Aussi par élection succeda à Louys Debonnaire, Charles le Chauve son quatriesme fils, l'an 840. Audict Charles succeda Louys le Besgue son troisiesme fils, par l'exclusion de l'aisné, pour sa malversation. Audict

---

(1) Le droit public sur la succession peut avoir varié d'une race à l'autre : cependant les meilleurs Ecrivains, comme dit *Tillet* & *Bodin* n'en conviennent pas, mais dans la troisieme race la pratique a toujours esté constante de suivre la ligne de la succession, seroit-elle même à la milliesme génération comme le remarque le Jurisconsulte *Balde* en parlant même de la Maison de Bourbon, qui de son tems estoit la plus éloignée du Trône. Voici ses paroles au titre de *feudo Marchiæ, si moreretur rota Domus Regia & extaret unus de sanguine antiquo, puta de Domo Borboniâ, & non esset alius proximior, esto quod esset millesimo gradu, tamen jure sanguinis, &*

perpetuæ consuetudinis succederet in Regno Francorum. C'est ce qui est avoué par tous nos Ecrivains. Joignez cette note avec ce qui vient d'estre dit, & vous trouverez le droit public du Royaume quant à la succession. *Bodin* [Liv. VI. de sa Republique chap. 5.] explique très-bien ce droit de la Nation » que » la Monarchie bien ordonnée, dit-il, ne tombe » en choix, ni en fort, ni en quenouille ; mais » elle échet par droit successif au mal le plus pro- » che de l'estocq paternel & hors partage. » Ce droit a été bien developpé & prouvé par l'Abbé le Grand dans son *Traité de la succession à la Couronne de France.*

Audict Louys, ſes deux enfans baſtards, Louys & Carloman, par élection des Eſtats, l'an 881. & le fils legitime, qui eſtoit Charles le ſimple, exclus pour ſon bas aâge. A ces deux ſucceda Louys le Fayneant, & iceluy dépoſé, fut éleu Charles le Gros. Et iceluy auſſi dépoſſedé fut éleu par les Eſtats Odo Comte de Paris & Duc d'Anjou. Et puis iceluy chaſſé, fut mis en ſon lieu, ledict Charles le Simple. Auſſi depuis fut éleu Hugue Capet, l'an 988. & Charles de Lorraine, fils de Louys d'Oultremer, legitime ſucceſſeur exclus, pour avoir favoriſé les Allemans. Et ſur le fondement, que luy alleguerent les Ambaſſadeurs des Eſtats, diſant *qu'il eſt permis d'exclure de la Couronne, ceux qui en ſont indignes,* comme du Haillant le récite. Et l'an 1110. après le décès de Philippes I. fut Loys le Gros ſon fils, en danger d'eſtre dépoſſedé par le peuple, pour le maltalent qu'il portoit à ſon pere. Pour à quoi obvier, fut ſoudainement & ſans ordre, par le conſeil & ayde de ſes amis, Couronné à Orleans. Le ſemblable teſmoigne Philippes de Comines, avoir eſté de la déliberation du peuple, pour demettre de la ſucceſſion Charles VIII. fils de Loys XI. pour la malveillance qu'il portoit audict Loys ſonpere.

Joinct aux exemples que deſſus, la couſtume ordinaire des Roys Chreſtiens, de ſe nommer *Roys par la grace de Dieu.* Déclarant par ceſte confeſſion, que ſi bien la grace (1) & la nature,

Roys par la grace de Dieu.

c'eſt-à-dire la ſucceſſion, s'accordent enſembles, au tiltre de la Royaulté, ſi n'en peuſt eſtre la ſucceſſion le principal fondement, pour l'emporter contre la grace. Et moins encore au Royaume, lequel par ſpeciale, prérogative, eſt appellé très-Chreſtien.

Et d'abondant encore, la forme du Sacre & Couronnement des Roys de France, tant ancienne que moderne. L'ancienne ayant eſté, que le Roy de France, venant à eſtre Couronné, faiſoit ſon ſerment en ces mots. *Je N. par la grace de Dieu, prochain d'eſtre ordonné Roy de France.* Laquelle ayant commencé à Clodouée, a duré 600. ans, ſi nous croyons Guillaume de Nangis, & après luy du Tillet. C'eſt-à-dire juſqu'à Loys le jeune. Lequel au Sacre de ſon fils Philippe Auguſte, y adjouſta les douze Pairs, & beaucoup d'aultres cerimonies, pour le rendre plus magnifique. Changeant un peu la forme du ſerment, ſans rien innover de la ſubſtance. Comme il ſe voit aujourd'huy, par le couronnement des Roys. Entre les ceremonies duquel, celle-cy eſtant expreſſe, que l'on demande trois fois au peuple, *s'il veult avoir tel pour Roy* (2) (qui eſt repréſenter la forme, d'une vraye élection) on infere de tout ce que deſſus, veu que par ce moyen, le tiltre de Roy eſt deferé au Sacre, & au conſentement du peuple, que ſi bien la ſucceſſion y a lieu, & y eſt la très-bien venue, quand rien n'y a qui empeſche,

Belleforeſt.

Repreſentation d'election au Sacre des Rois de France.

---

(1) Miſerable ſophiſme, qui vient d'une mauvaiſe explication de ce mot *par la grace de Dieu,* qui ne veut pas dire qu'il faut être dans la grace de Dieu pour être Roi, mais ſeulement pour témoigner que toutes les Couronnes viennent de Dieu, que c'eſt lui qui place ſur le Trône l'Idolâtre, l'infidéle, l'heterodoxe auſſi bien que le Prince Catholique. *Per me Reges regnant,* c'eſt la parole de l'Ecriture Sainte. Si le ſentiment ſeditieux de cet Auteur avoit lieu il s'enſuivroit qu'un Prince

qui perdroit la grace de Dieu par un péché mortel finiroit dès-lors d'être Roi. Ce qui a été generalement condamné dans les propoſitions de Wiclef.

[2] Cette formule eſt ancienne, & ſe rapporte à la premiere origine, dont on conſerve la memoire; mais elle n'ajoûte rien à l'autorité Royale qui eſt toujours, & qui de tous tems a été reconnue, même avant le Sacre, ſans que jamais il ſoit rien arrivé au contraire.

pesche, si n'en est-ce le principal fondement. Et moins qui puisse deroger à
toutes loix, tant divines que humaines,
& aux jugemens au contraire, comme
l'on prétend aujourd'huy.

Droict de succession cesse au dixiesme. degré.

Et quant au reglement special,
pour le faict des successions, veu que,
par la confession des Docteurs, tout
droict de consanguinité, cesse au dixiesme degré, (1) on peut juger quelle
est l'infirmité, voire nullité du droict
de celuy, qui n'est qu'au vingt-deuxies-
me. Car quant à ce que Balde adjouste,
que *fallit regula in familia Borboniorum*,
dont quelques-uns font un Achille,

Exception ridicule.

c'est un trop foible argument, pour un
faict de telle importance. Pour estre cela une exception sans sujet & fondement (sans préjudice néantmoins, du
merite qui y pourroit estre) & que ce
Docteur, quoy. que soit qui l'ait émeu,
donne à entendre par luy-mesme, n'en
alleguant raison aucune, qu'elle ne doibt
estre creue, & n'y doibt estre eu aucun
égard. Et que par mesme facilité qu'elle
est dicte, par la mesme elle doibt estre
rejettée aussi.

Joinct, que quand il diroit à bon
escient, & quand mesme la chose seroit, il ne le pourroit avoir entendu
des Bourbons heretiques. Veu qu'il sçavoit assez, que de droict les heretiques
sont indignes & incapables des successions. Et partant, que quand bien il seroit à propos, d'en prendre un de ceste
famille, comme les derniers Estatz de
Bloys, n'y contredisent, en tout cas il
doibt estre libre, de choisir le plus utile, & en qui du moins l'incapacité la

plus grande, qui est d'estre heretique
& excommunié relaps, oultre tant
d'hostilitez exercées contre la France,
seroit connue n'avoir lieu.

CHAPITRE X.

Ne peut estre dict Roy pour l'obéissance qui luy est rendue (2).

QUE si. on dict pour conclusion,
qu'enfin Henry s'est faict le maîs-
tre, que sa prosperité est son tiltre, &
l'obéissance qui luy est rendue par toute la France, respondront les Catholiques, oultre que cette obéissance luy
est fort mal asseurée, que si bien il est
Roy *de faict*, si ne l'est-il pourtant *de
droict*, Non plus que celuy qui en l'E-
vangile est dict en ceste mesme sorte,
Prince de ce monde. Et tout tant, qu'il *Job. 20.*
y eut jamais d'usurpateurs sur la terre.
Et emploiront en cest endroict la response de Lucifer à Constantius, qui se
targeoit de ce bouclier, pour deffendre son Arianisme, & n'appelloit qu'à
son épée, & à sa prosperité, pour se
faire recognoistre Prince légitime. Luy
disant ce Prélat, *Que si bien Saul a regné* *Lucifer cont.2*
long-temps & faict la guerre à David, *Const.*
après estre reprouvé de Dieu, si n'en avoit
il le droict pourtant, & ne laissoit d'estre
illegitime. Ne pouvant y avoir de droict, *1. Reg. 13.*
à qui Dieu l'avoit osté, voire donné à un *& 15.* *1. Reg. 16.*
aultre, par jugement irrevocable. Et com- *Psal. 88.*
me de. ce qu'il permet regner telles
gens, sont des secrets de sa providence, soit pour experimenter les siens,
s'ils l'aiment ou ne l'aiment pas, comme *Deut. 13.*
dict

---

(1) Cela est recevable dans les biens patrimo-
niaux ordinaires, mais non dans les successions du
Royaume, où la représentation a lieu à l'infini.
(2) Tout ce Chapitre roule toujours sur le même
sophisme. Il falloit pour montrer que Henry I V.

n'étoit pas Roi de droit, apporter à son sujet une
revelation ou un ordre de Dieu tel que Samuel le
fit connoître à Saul, autrement la loix de l'Etat
subsiste toujours, dans Henri, comme dans ses autres prédécesseurs.

dict l'Escriture : soit pour servir de crible *à cribler la maison d'Israel*, ou de pierre de touche, pour *reueler les pensées secrettes*, & faire paristre au jour, ce qui est caché au dedans : soit (comme dict S. Chrysostome) *pour ne laisser les siens sans rien faire de leur part*, & pour les exercer, tant à prendre patience, qu'à résister & combattre : soit pour chastier le peuple, ou aultre cause que Dieu sçait, & n'entendons pas, comme il s'est veu sous les Antioches, les Valens, les Julians, & sur tout soubs le détestable Copronyme, autant heureux en ses affaires, qu'il estoit meschant & impie, c'est le mesme qu'on jugera du regne celuy-cy, & non pas pour accorder, qu'aucun droict luy soit acquis.

Voire mesme adjousterons, que si bien les perfidies, de ceux qui ont faict naufrage, & d'honneur & de conscience, luy en ont faict ouverture, si ne sera-il dict pourtant, que ceste tentation soit si forte, que d'ébranler le demeurant, non plus que celle du temps des dessusnommez. Que Dieu ne s'en réserve tousjours bon nombre, qui ne fléchiront devant Baal. Et que si bien par les trous de ce crible, passe toute la poulsiere, des ruynes *de la Maison d'Israel, secouée & ébranlée*, comme dict le Prophete, Dieu n'en reserve pourtant les pierres, *dont la moindre ne tombera par terre*, pour rebastir un jour *les murs de Jerusalem*. Et si par le mesme crible, tout le menu grain se coulle, comme Dieu montra en vision, declarant l'estat de la persecution de l'Affri-

que, sous Hunerich Roy des Vandales, qui contrefaisoit le Catholique, pour le moins il n'en demeure un petit tas, pour servir à l'avenir de semence, & faire revivre l'Eglise.

CHAPITRE XI.

Héretiques deputez à la mort par droict divin & humain. (1)

MAis pour ce que ce n'est assez de dire, que Chastel n'a voulu attaquer un Roy, ains un qu'il sçavoit n'estre, ni ne pouvoit estre Roy, si on demande quelle justice neantmoins, d'attenter à sa personne, veu que la loi deffend l'homicide : je demanderai aussi alors, pourquoy est loué Phinées, & prouvé de Dieu, pour avoir enfoncé d'un mesme coup le paillard Israëlite, & la paillarde Madianite pourquoy Aiod, qui tue le tyran Eglon, Roy des Moabites, & luy met la dague dans le ventre ? Pourquoy Elie, qui tue les faux Prophetes ? Pourquoy loué Mathathias, qui tue l'idolatre Hebrieu, & le Sergent ou Officier du Roy, qui le contraignoit à ceste impieté ? Pourquoy loué Judith, qui tue Holofernes ; Pourquoy Jahel, qui tue Sisara, & luy fiche un cloud dans la teste ? Pourquoy canonisées telles executions, & louées publiquement par l'Eglise, & par les hommes, s'il n'y a dispensation de la reigle, tant divine que humaine ?

Car pour l'égard du droict divin la responce est toute claire, que les commandemens superieurs derogent aux inferieurs,

[1] Tout ce Chapitre ne contient qu'un abus continuel du texte & des exemples de l'Ecriture Sainte. Il y avoit inspiration, revelation, ou autorité avouée & reconnue dans ceux dont il y est parlé, mais Jean Chastel n'avoit aucun de ces caracteres ; & dans les exemples rapportés de l'Histoire Ecclesiastique, on voit que l'Eglise implore le secours du bras seculier, c'est-à-dire, de celui ou de ceux qui ont droit de vie & de mort. Car ce droit n'appartient point à l'Eglise, son pouvoir ne va point au-delà de l'excommunication & des penitences salutaires,

inferieurs, ceux de devant, à ceux d'a-
près, & la premiere table à la seconde,
& à tous les commandemens en general, celuy qui est le premier de tous.
Qui appartient à l'honneur de Dieu,
qui est par-dessus le Sabbath, & auprès
duquel il n'y a pere, ni mere, Roy, ni
maistre quelconque, comme il est porté par texte exprès de l'Escriture.

Que suyvant ceste regle, si bien en
general il est deffendu de tuer, si ne
laisse cela d'estre permis, en certaines
sortes de personnes. Et en deux entre
les aultres, qui sont les heretiques &
les tyrans. Mais plus encore, quand les
deux sont joincts ensemble. Car pour
l'egard des premiers, *Celuy* (dict l'Escriture) *qui ne voudra obéir au prebstre,
qu'il meure par decret du juge.* Car par
celuy qui désobéit au prebstre, il fault
entendre l'heretique. De mesme elle
commande ailleurs, de tuer les Cananeans, Jebuseans & Amalecites, &
David dict, *Je tueray de bon matin tous
les pecheurs de la terre, pour exterminer
de la cité du Dieu, tous ceux qui operent
iniquité.* Voire que qui en espargne un
seul, sa vie respondra pour la sienne,
comme il s'est veu en Saül espargnant
Agag Roy d'Amalec, & en Achab, espargnant Benadad Roy de Syrie, suyvant quoy n'a esté pardonné, mesme
aux Roys de Juda, tesmoin le Roy
Amasias, mis à mort en Lachis, pour
raison de son Apostasie. Et on sçait
que tous ceux-là tenoient le rang d'heretiques.

Ainsi au nouveau testament, l'escriture qui nomme les heretiques, du
nom de ce qui doibt estre mis à mort,
les appellant tantôt *Loups ravissans,
vestus en habits de brebis,* tantost *larrons
& brigans,* montre par mesme moyen,
que l'engeance en doibt estre extermi-
née.

Quant au droict humain, tant canonique que civil, le Concile de Chalce-
doine, qui condamne Eutyches heretique au feu, & par consequent en luy
tous les heretiques, pour accomplir le
mot de l'Evangile, *que la branche qui
est separée du tronc devienne seche, &
brule,* nous y servira de garend, ce
que S. Hierosme, & S. Leon Pape tes-
moignent, que Priscillian heretique,
& quelques siens disciples, ont esté mis
à mort, par le glaive des loix publiques. Pareillement aussi les loix des
Empereurs Theodose, Valentinian, &
Martian, qui condamnent les heretiques d'estre executez à mort. Et ce que
S. Augustin escrit, que les Donatistes
appelloient pour ceste raison les Catholiques, *massacreurs des corps;* ce qui
n'eust esté, sinon pour la coustume,
qui deslors estoit, d'executer les heretiques, par le glaive materiel, comme
le mesme docteur dict ailleurs. Laquelle
loy mesme il a approuvée, pour les
fruicts qui en sont venus. Quoyqu'auparavant il eust esté d'opinion contraire, que depuis il a retractée, comme
auparavant luy S. Basile, pour le faict
des Apollinaristes. Et la practique qui
en a esté depuis, au Concile de Constance, en la personne de Jehan Hus,
& Hierosme de Prag. Et de nostre temps
par toute la Chrestienté, & specialement en France. Voire mesme parmi
les heretiques. Tesmoin Calvin, qui
en ceste qualité fit brusler Servet à Geneve.

Et pour ce que la conversion de
quelques-uns, a donné suject à l'Eglise,
de moderer aucunement ceste rigueur,
il est dict particulierement des relaps
(qui sont reputez incorrigibles, & tels
jugez par la loy) *que sans leur donner
aucune audience, ils seront mis entre les
mains du bras seculier, pour estre executez*

à

Mat. 12.

Matt. 23.

Deut. 17.
Deut. 25.

Psal. 100.

1. Reg. 15.
3. Reg. 20.

2. Par. 25.

Mat. 7.
Job. 10.

Cont. Calc.
Act. 1.

Joh. 15.

Hier. ep. ad
Crespon. cont.
Pelag. Leo ep.
93.

Lib. 1. cont.
ep. Parm. c. 7.

Lib. 2. cont.
lit. Petil. c.
92. 97. 99.
& 100.

Lib. 2. retr.
c. 5. Basil. ep.
137.

Moderation
de la peine
aux hereti-
ques n'a lieu
pour les re-
laps.
Alphons. de
just. haer. pun.

à mort. Car tel est la constitution de Lucius III. au chap. ad *Abolendam*. Et depuis d'Alexandre IV. au chap. *Super eo*, & depuis du Concile de Narbonne, contre les reliques des Albigeois, par les Evesques & Prélats de France.

Lib. 2. t. 2.
Cod. de Epis.
audient. l. 3.

Excuses des
héretiques
par ceux du
Parlement.

Et ne servira de dire pour excuse, que c'est une maladie d'esprit, qui doibt estre garye par remedes spirituels, & non par peines corporelles. Comme on dict ceux du Parlement, emprisonnant un Religieux, de l'ordre de Saincte Croix, pour avoir dict en preschant, *que les heretiques doibvent estre punis par le feu*, & qu'encore à présent ils tiennent. Comme s'il y avoit vice au monde, qui ne fust maladie d'esprit. Qui ne subsistast en l'esprit, & par ainsi ne receust la mesme excuse.

Heresie vice
de volonté
& malice.

Ou comme si l'heresie estoit simple erreur, & non plustost une malice. Comme si c'estoit vice d'entendement, & non plustost de volonté, qui ne veult captiver l'entendement, *en l'obéissance de la foy*. Ou comme si l'erreur estoit excusable, quand les choses sont définies : ou s'il falloit encore cercher, quand les choses sont trouvées & jugées véritables, par celle qui en est la reigle, & comme dict S. Paul, *est la colomne & firmament de vérité*, qui est l'Eglise, & de vouloir aller à l'encontre. Et comme si cela n'estoit jugé, & par leurs loix mesmes, estre *crime public*, & de leze-Majesté divine & humaine, & auquel la mort est deue. Et pourquoy donc pu-

2. Cor. 10.

Sal. 3.

Authent.
Gazaros, c.
de haeret. l. A-
riani.c de ha-
res.

nir au corps, celuy qu'ils tiennent en prison, puisqu'en tout cas, selon leur dire, cela ne seroit qu'erreur d'esprit? Car s'ils alleguent la consequence, & le trouble qui en pourroit estre, les troubles qu'ont faict les Huguenots, & le feu qu'ils ont mis par tout, les devoit trop plus émouvoir, pour les punir & chastier. Et devoyent juger par le fruict, que l'arbre doibt estre mis au feu. Comme les soutenant clairement, & se déclarant estre du nombre, attendant, qu'estant les plus forts, ils facent contre les Catholiques, ce que a deu estre faict contre eux-mesmes, ils montrent aussi par ce moyen, que parlant en leur propre cause, leur jugement n'est recevable.

CHAPITRE XII.

Heretiques executez par les particuliers,
si aultrement ne se peut. (1).

QUE si l'on dict, que cela se doibt faire par l'ordre du Magistrat, & qu'ainsi s'entendent les lieux sus alleguez, on respond, que comme cela est vray, quand les choses sont entieres, & y a moyen de le faire, aussi sçait-on, que le cas estant aultre, & la nécessité publique le requerant, & specialement si le procès en est faict, l'aultre voye y est ouverte, par l'un & l'aultre droict, au premier qui le pourra. Dieu disant en l'escriture, *Si ton fre-*

Deut. 13.

re,

---

[1] Semblable abus de l'Ecriture Sainte; 1°. Le seditieux Auteur ne distingue pas ici la loi nouvelle d'avec la loi Judaïque, la loi de l'Evangile ne permet pas à ses Ministres de se souiller du sang de leur frere. Ainsi on ne peut pas conclure de l'une à l'autre. 2°. L'Auteur ne fait pas attention au passage même qu'il rapporte, tout se reduisoit non à tuer soi-même celuy qui vouloit seduire, mais à le déférer au peuple qui le devoit faire mourir sur les preuves, & le délateur avoit droit seulement de donner le premier coup. *Ne le cache point;* ainsi on n'étoit obligé de le dénoncer. *Et ta main sera sur lui la premiere;* ce qui est une preuve qu'après un jugement dans la forme de droit, le dénonciateur devoit seulement donner le premier coup.

re , ou ton filz , ou ta fille , ou ta femme ,
qui eft en ton fein , ou ton prochain qui eft
comme ton ame , te veut inciter , difant en
fecret : allons & fervons aux aultres
Dieux , lefquels tu n'as conneus , toy, ne
tes peres , ne luy pardonne poinct , & ne
luy fay mifericorde , & ne le cache poinct :
mais foudain tu le tueras , ta main fera
fur luy la premiere , pour le mettre à mort.
Et après la main de tout le Peuple , & le
lapideras , & ainfi mourra , &c. Suivant
lequel commandement les exemples cy-
deffus alleguez , de Phinées , d'Aiod ,
d'Helie , de Mathathias , de Judith ,
de Jahel , n'ont efté par forme juridi-
que , mais à la premiere occafion , qui
s'eft préfentée à eux.

Cic. pro Milo-
ne.

Auffi que fi les heretiques font *loups*
& brigans , comme il a efté dict, dont
les premiers fe tuent, par le premier
venu , & les derniers s'ils fe rencontrent de nuict , ou fi de jour ils fe deffendent de force , felon la loy des 12.
Tables (n'y ayant rien plus jufte , que
où la raifon ne peut rien , d'oppofer
force contre force) il s'enfuit par mefme moyen , qu'il eft loifible à tout venant , de mettre telles gens , fpecialement les relaps condamnez , à mort,
quand aultre moyen ne fe préfente.

Qué c'eft
qu'eftre dif-
fidé.

Et eft ce que l'Eglife veult dire ,
quand elle déclare & prononce telles
gens eftre *diffi lez* (comme il a efté dict
cy-deffus , des Princes fauteurs d'heretiques , & à plus forte raifon des heretiques mefmes) c'eft-à-dire , condamnez & proferits à la mort , en qui
tout devoir d'obligation , de refpect ,
de fervice , de fujection , d'amitié , de
parenté , de foy promife , ou autre cho-

fe quelconque ceffe. Levant par moyen
le fcrupule , qui peut eftre , au premier
qui fe préfentera , & en pourra vuider
le monde. Comme executeur du bras
feculier , qui n'auroit la main affez forte , & comme faifant acte de juftice ,
& par authorité publique. Adjouftant
encore au Concile de Lateran ce poinct,
qu'il foit privé de fepulture , & que ces
actions foyent refcindées & déclarées nul-
les , &c. Par lequel moyen elle traicte
le mefchant , qui auroit ainfi efté accablé , comme eftant executé par juftice.
Ou comme la befte furieufe , qu'on a
tué , parmy les champs , dont on fe contente de la peau , & le corps eft jetté à
la voyrie.

Joinct pour le civil la practique en
tous Royaumes , & fpecialement en
France. Tefmoin l'Arreft de Parlement, (1) de l'an 1560. prononcé par
feu Monfieur le Préfident le Maiftre ,
contre les Huguenots. Par lequel il eft
permis à un chacun de les tuer. Et
non fans grande confideration. Pour
n'y avoir befte plus funefte que celle
qui devore les ames, ni larron plus pernicieux , que celuy qui pille la foy &
religion des hommes. Ni plus veneneux afpic, que celuy qui en blandif-
fant , donne droict au cœur. Ni plus
dangereux empoifonneur , que celuy
qui corrompt les eaux du puy de Jacob
(qui eft la parole de Dieu en l'Efcriture) comme jadis les Philiftins. Et comme l'eftoile nommée *Abfintium*, qui
rend les eaux ameres , & faict mourir la
tierce partie des poiffons , c'eft-à-dire
des Chreftiens. Car on fçait par experience , ce que dict l'Apoftre d'eux ,
que

Genef. 26.

Apoc. 8.

---

(1) Je n'ai point vû cet Arrêt , mais s'il eft tel
que le rapporte l'Auteur , on devoit faire le procès
au Préfident le Maiftre , & le pendre lui-même,
pour établir dans le Royaume autant d'affaffins
qu'il y avoit de gens furieux , paffionnez ou fanatiques.

8. Timot. 2.

que leur parole gaigne comme le chancre. Figurez qu'ilz font par les grenouilles, forties du puy de l'abyfme, & formez au moule de celuy qui eft leur Roy, que l'Efcriture appelle en Gerc ᾽Απολλύων, en Latin *Exterminans.* Comme celuy dont le meftier eft de tout gafter & tout perdre.

Apoc. 9.

Et fi on dict que cela eft pour les Herefiarches, on fçait auffi que les chefs heretiques, tiennent reng d'Herefiarches. Et que l'Arreft ayant efté donné pour l'Amiral Colligny, & fes adherans armez, il peut eftre employé auffi pour ceux, qui en uferoient de mefme.

CHAPITRE XIII.

Le femblable auffi des Tyrans. (1)

QUANT aux tyrans, on fçait ce que de tout temps a efté dict & jugé contre eux, tant par le fentiment de nature, que par le confentement des fages, tant Payens, comme Chreftiens. Tefmoin pour les Payens, ce que fi fouvent Ciceron en efcrit, tant en fes plaidoiez & oraifons, qu'en fes livres de Philofophie. Tantoft difant, *qu'il n'y a point de mal:* tantoft, *qu'il eft honnefte:* tantoft, *qu'il eft glorieux de tuer le tyran, quand bien il feroit amy & familier.* Tantoft, *que tous droicts de nature ceffent envers les tyrans: & que fouvent avec honneur, les femmes ont tué les maris, les peres, les enfans, les amis, & les Peuples & Republiques leurs Gouverneurs mefmes, qui avoient bien faict, pour raifon de la tyrannie.* Tefmoin les loix qui ont

Offic. 3.
Tufc. 5.
Philip. 2.

Offic. 2.

efté, tant entre les Grecs, d'ériger des ftatues à la memoire des tyrannicides, comme dict Ariftote, & après luy Quintilian: qu'entre les Latins, telle qu'on voit dans Plutarque celle de Valerius Publicola, par laquelle il eft permis tuer celuy, qui affecte la tyrannie. Tefmoin la practique qui en a efté, & les exemples à ce conformes. Comme entre les Grecs de Timoleon, loué publiquement, pour avoir faict mourir fon frere Timophanes, qui affectoit la tyrannie. Et les ftatues érigées à Harmodius & Ariftogiton, pour avoir voulu délivrer le païs de la tyrannie. Et entre les Latins, ce qui s'eft paffé à Rome, contre Manlius Capitolinus, precipité du mefme Capitole, qu'il avoit fi bravement deffendu. Et les deux Gracches, Tyberius & Cajus. Et à Syracufe contre Calippus & Dyndarides, pour le mefme crime de tyrannie.

Lib. 5. Polit.
c. 10. Quinct.
lib. 7. Plut.
in Public.

Valer. lib. 2

Et pour l'égard des Chreftiens, quoy que le Concile de Conftance, ait avec raifon condamné, ceux qui difent, *Que tout tyran peut eftre tué, par tout vaffal, quelque qu'il foit, & mefme contre la foy jurée, & fans ordonnance publique,* & ce tant pour l'abus, qui pourroit eftre, & (comme dict Alphonfe de Caftro) que tout ne fut rempli de meurtres, de maris par les femmes, de peres par les enfans, de maiftres par les ferviteurs, & de Seigneurs par les vaffaulx, fous couleur de dire qu'ils feroient tyrans, comme auffi pour éviter l'ouverture aux parjures, que cette propofition femble faire: fi ne laiffe pourtant le droict de nature de fubfifter,

Seff. 15.

Alph. cont.
Haref. verb.
tyranni.

---

(1) En fuivant le texte de ce Chapitre on pouvoit tuer en confcience Jean Boucher Auteur de ce livre, qui fit un maxime tyrannique, en concourant à la mort inhumaine du Préfident Briffon, comme il en fut convaincu; cependant ce n'étoit pas là ce que penfoit ce fanatique. Mais à bon compte tous les Theologiens citez par cet Auteur étoient pendables fuivant les loix, pour avoir établi des maximes fanguinaires, qui vont à la deftruction de la focieté; mais ce feroient des tefmoignages à examiner; car il ne faut pas en croire un auffi grand brouillon que Jean Boucher.

F

subsister, pour les tyrans invaseurs, ou qui se bandent contre le bien public, & specialement de la religion : & qui sont recognuz pour telz, & envers qui toute obligation est de droict & de faict levée. Entendant par la religion, non une telle quelle invention, ou nouvelle perfidie, introduicte depuis trois jours, telle que se forgent les heretiques, ains la seule veritable, c'est-à-dire Catholique, Apostolique & Romaine. A laquelle s'opposer, ou en quelque sorte nuire par le Prince, est une autant vraye tyrannie, comme de chastier les heretiques, est œuvre essentiellement Royal. Partant aussi œuvre juste, de mettre telles gens à mort. Tesmoin ce que dict le Pape Honorius, *que l'homicide n'est point peché, quand il se faict pour venger le peuple de Dieu.* Et ce que Lucifer soustient ouvertement, estre faisable en la personne de Constantius, à l'exemple de Phinées & Mathathias. Et la resolution conforme sur cest article, tant des Theologiens, Lyranus, Cajetan, Soto, Sylvestre, Fumus, & autres après S. Thomas, que des Jurifconsultes, comme Fernandus Vasquius, Covarruvias & aultres, voire mesme sans toucher le faict de la religion. Disant tous d'un mesme accord, *qu'en matiere de tyrans, qui usurpent par armes, ou aultres voyes iniques, une Seigneurie injuste, & où ils n'ont droict, & où il n'y a recours à aucun superieur, pour en avoir justice, ni autre moyen d'oster la tyrannie, il est loysible à un chacun du peuple, de les tuer.* Voire, adjouste Cajetan, *par poison & proditoirement.* Et S. Thomas pour cest égard justifie le dire de Ciceron, cy-dessus allegué, en ses livres des Offices. Adjoustant pour raison, *que d'autant que le tyran a guerre injuste, contre un chacun du peuple, en general & en particulier,*

& que tous au contraire ont juste guerre contre luy, pourtant peuvent contre sa personne, ce que le droict de guerre permet, contre un vray ennemy. Et si ainsi on le tue, que cela est par authorité, non privée, mais publique. Un chacun seul, & pour le tout, en estant faict juste & legitime executeur. Le mesme est-il de Gerson, Chancelier de l'Université de Paris, lequel ayant esté audict Concile de Constance, dont il n'a peu ignorer l'intention, ne faict difficulté, au traicté qu'il a faict, *de decem considerationibus, ne fatuis adulatorum decipiantur erroribus,* d'employer contre les Princes violens, & qui de faict sont injurieux au public, la maxime naturelle, que *vim repellere licet.* Et ce que dict Senecque en ses tragedies.

Sacrifice plus grand, plus gras, & authentique.
Ne peut-on faire à Dieu, que d'un tyran inique.

Et que diroient-ils donc, d'un qui opprime la religion, & qui luy est du tout contraire ?

Les heretiques mesmes, quoy qu'ils changent de discours, selon la marée de leurs affaires, & selon qu'ils ont un Prince, ou contraire ou favorable, en ont remply leurs livres. Tesmoin l'Autheur des questions, soubs le nom de Junius Brutus. Georges Bucchanan en son livre, *de jure regni, &c.* où il met le tyran au nombre des bestes cruelles, & qui doibt estre traicté de mesme. Bodin aussi en sa Repub. qui condamne le tyran usant de violence, à passer par la loy Veleria, qui ordonne telles gens estre executez, sans forme ne figure de procès. Et en consequence, les executions, que sur ce discours ils ont faictes, sur la plupart des nobles en France, en Escosse, Angleterre, & Allemaigne, par le conseil des Ministres, soubs couleur

En Psal. 5.

Cont. Const.

Lyr. in 31. Num.

Covarru. disp. de Matrim. 4. 4. num. 6. Fumus in armil. Cajet. 2. q. 64. ar. 3. Th. 2. sent. dist. ult. q. 2. ar. 2. ad ult.

Par. 4. lit. b.

En l'Hercule furieux.

Li. 2. Chap. 5.

Cruautez des Huguenots fous couleur de se bander contre les tyrans.

leur de les dire tyrans, pour ce qu'ils estoient Catholiques. Et sur la personne mesme des Roys, comme de Charles IX. Et sur tout le panegyrique de Beze, qui canonise Poltrot, (1) & en faict un sainct, pour le meurtre par luy commis, en la personne du grand François de Lorraine, Duc de Guyse, que sur tous ils qualifioient tyran. N'y ayant pour cest égard, difference d'entre eux & nous, sinon pour la particuliere détermination du tyran, pour sçavoir qui l'est ou ne l'est pas. Qui est autant ridicule de la part des heretiques, fondez qu'ils sont sur leurs songes & nouveaultez, comme de la part des Catholiques, immobiles qu'ils sont en la ferme pierre de la créance de l'Eglise, elle est vraye & infaillible.

Seuls Catholiques déterminent vrayement du tyran.

CHAPITRE XIV.

Et plus pour le tyran & heretique ensemble.

QUe s'il est ainsi, à prendre l'heretique & le tyran à part, combien plus quand les deux sont joincts ensemble ? Quant le veau d'or est couronné, & l'impieté mise au throsne ? Quand le meschant est armé, & le furieux a le glaive ? Ou pour mieux dire, quand le Milan a ses griffes, le vaultour son bec, le loup ses dens, le taureau ses cornes, le serpent son dard, le dragon son venin, le sanglier son croc, & le lyon ses dagues ? Quant soubs mes-

me toict on voict le renard & le lyon ensemble : le renard d'heresie, & le lyon de tyrannie ? Comme c'est un abus de dire, que là où l'heresie & la souveraineté sont ensemble, la tyrannie n'y soit pourtant veu le tesmoignage authentique des Apostres (2) en S. Clement, disant en termes exprès. *Que le Roy impie n'est plus Roy, mais tyran.* Et ce tant pour ce que le droit ne peut estre joinct avec l'impieté, que pour estre assez connue par eux, la nature d'icelle. Laquelle estant en authorité, ne se peut contenir, qu'elle ne produise les fruits, de celuy qu'elle a pour pere, & qui dès le commencement est homicide. Et que diroient-ils d'un, en qui l'impieté & tyrannie, sont assemblées en toutes sortes, & au plus hault degré qui puisse estre ?

Const. Apost. lib. 8. c. 2.

Joh. 8.

Car si l'impieté y est patente, comme il a esté monstré cy-dessus, la tyrannie ne l'y est moins, en quelque sens que le tyran se prenne, soit de droict soit de faict, comme disent les Docteurs. C'est-à-dire, ou pour estre injuste invaseur, ou pour estre inique administrateur, comme icy tous les deux se voyent.

Tyrannie en tout sens.

Le premier, par l'usurpation par luy faicte, de la Couronne qu'il prétend, par force d'armes, contre l'authorité des loix, tant divines que humaines. Par lesquelles, tant de droict que de faict, & par jugement exprès, il en a esté exclus, comme criminel de leze-Majesté divine & humaine, au premier chef,

De droict.

(1) He qui doute que Théodore de Beze zélé Huguenot n'ait loué l'assassinat commis par Poltrot en 1562, contre le Duc de Guise ? On sçait que tous les Chefs de parti canonisent les sottises, & même les crimes qui se font pour l'avantage du parti : nous n'en avons que trop d'exemples, même dans notre siécle : mais l'Auteur de ce Libelle, qui se dit si bon Catholique devoit-il imiter ce qu'il blâme si fort dans les autres, C'est en vain qu'il se jettera sur la différence du motif. L'axiome du Saint-Esprit qui marque *qu'on ne doit pas faire le mal pour en tirer un bien,* est de toutes les Communions, & appartient encore plus à la Religion Catholique, qu'à toute autre.

(2) Ces constitutions ne sont pas du Pape S. Clement, mais supposées & n'ont point d'autorité. D'ailleurs il ne dit pas qu'il faille tuer ni le tyran, ni l'Hérétique.

It de saict.

chef, comme a esté dict cy-dessus.

Et le dernier, par les actions tyranniques, & persecution ouverte, contre
les Catholiques, tant Ecclesiastiques,
Prebstres & Evesques, que Laïques,
qui n'ont suivy son party. Opprimez en
leurs biens, vies, liberté, honneur,
familles, par bannissemens, prisons,
exécutions à mort, tant secrette par
poisons, comme il a esté dict, que violente & sanglante, telle qu'on a veu
depuis qu'il est en regne, tant à Tours,
qu'à Paris. Ou ne se trouve, qu'on ait
faict le procès à un seul heretique, ni
à d'autres que de la Ligue. Sur lesquels
seuls ils employent le temps, comme si
ils n'avoient aultre chose, ni en l'ame
ni ès mains. Et par l'imputation de crimes, tels que sont les deux reservez
Reservation par l'édict de la trahyson de Paris, qui
de faicts n'ont servy que de voile, pour couvrir
pour couvrir telles injustices, & vindictes manifes-
la tyrannie. tes, & pour leur donner couleur, soit
que l'accusation soit vraye, ou faulse.
Dont le premier est de ceux, qui auroient attenté à la personne, tant du
feu Roy, que de luy. Comme si la
mort du feu Roy luy touchoit si fort au
cœur, dont il a monstré l'allegresse par
les lettres aux Suysses, du 18. Aoust,
1590. disant (parlant du Roy) *Que*
Dieu l'avoit vangé de son vieil ennemy.
Comme aussi il luy avoit faict la guerre.
Et comme s'il n'estoit tout constant,
que comme ceste mort n'a esté par conseil humain (comme a esté dict cy-des-

sus) ainsi ce n'est qu'un feint prétexte,
pour justifier les cruautez, qui depuis
sur ce sujet ont esté executées. Et pour
l'égard de sa personne, comme si l'on
devoit dire crime ce que le droict de
nature & de la guerre permet, voire
exige, contre un ennemy ouvert, &
le plus capital du monde. Et comme s'il
y avoyt aucun homme de bien, & du
party Catholique, qui ne l'eust du desirer faire. Et néantmoins c'est là-dessus,
que l'on pend & execute, que l'on tire
à quatre chevaux tant Prebstres que
Laïques; Quelque faulseté qu'il y ait en
l'accusation: Si non de la volonté commune, qui ne devant manquer en personne, est pour faire à tous le sembla-
ble,(1) qu'au Prieur des Jacobins de Pa-   *Prieur des*
ris à Tours, duquel la confession seule,   *Jacobins sur*
de l'allegresse qu'il avoit eue de la   *quoy exécu-*
mort du feu Roy, comme tous aultres,   *té.*
est de charge suffisante, pour sup-
pléer à l'infirmité des faux tesmoins, &
lui faire endurer le supplice.

L'aultre est de sa mort de Brisson, (2)   *Prétexte de*
Présidente à Paris, que l'on couleure du   *la mort de*
nom general, des injures faictes à gens   *Brisson pour*
du mesme party. Comme s'ils estoient   *executer les*
soucieux de venger ceux de la Ligue,   *Catholiques.*
qu'ils voudroient estre tous morts. Ou
comme si Brisson en eust esté. Ou comme si ses intelligences & trahysons,
contre le party Catholique, & entre
aultres de l'attentat, à corrompre les
garnisons, l'an 1590. & du jugement inique, en faveur d'un trahystre
découvert,

---

(1) Le P. Bourgoin méritoit la mort, non seulement pour avoir conseillé, mais même pour
avoir approuvé le parricide du Roi Henry III.
mais ce Moine n'a pas été tué ou massacré d'autorité, il a été jugé suivant les loix & par des Juges, qui tiennent du Roi le droit de vie ou de
mort.
(2) La mort du Président Brisson & des deux
Conseillers que les ligueurs firent mourir de leur
autorité, est l'un des plus grands excès commis par

ces furieux; aussi le Duc de Mayenne eut soin à
son rétour à Paris de faire mourir Louchard & ceux
qu'il put faire prendre comme auteurs de cet assassinat, & les fit pendre dans le Louvre même. Et
Jean Boucher, qui en étoit complice fut obligé de
s'enfuir en Flandre avec les Troupes Espagnoles,
parce qu'il n'y avoit pour lui aucune grace à esperer; & c'est ce desespoir qui l'avoit rendu si furieux
contre sa patrie.

Briſſon Préſident quel. découvert, & ſuffiſamment convaincu, donné l'an 1591. n'eſtoient claires comme le jour. Oultre l'impureté & ſcandale, de celuy dont les faulſetez, les concuſſions & rapines, & toutes ſortes de corruption, qui le rendoient aultant dangereux, que ſon eſprit eſtoit grand, ſa doctrine conſommée, & ſa qualité honorable, crioient vengeance devant Dieu. Pour leſquelles les meſmes juges, qui feignent s'en formaliſer, & meſme le Préſident de Harlay dès longtemps auparavant, au lieu de Barnabas, qui eſtoit ſon nom, l'avoient nommé Barabbas. Et notamment des dernieres, & faicte de freſche memoire, pour leſquelles l'action eſtoit preſte, & le gibet infaillible. Ou comme ſi le ſeul excès de la forme, n'eſtoit excuſable, en un peuple juſtement irrité, & qui après tant de meſpris, en ſes très-juſtes plaintes, après tant de denis de juſtice, par ceux qui eſtoient tenuz de la faire, & parmy tant de dangers, ne ſçachant à qui avoir recours, ni meſme à qui ſe fier, y a eſté porté de force & neceſſité, plus que de ſa volonté, & comme ſi n'en devoit eſtre la coulpe imputée à ceux qui par faulte de juſtice, ayant cauſé le déſordre, l'ont achevé par un aultre, trop pire que le premier, & qui n'aura jamais d'excuſe. Et au fort, comme ſi l'abolition qui en avoit eſté faicte, & vérifiée au Parlement, n'euſt deu eſtre maintenue. Brief en tout, comme ſi cela n'eſtoit un piege, pour attraper les Catholiques, & en quelque ſorte que ce ſoit, en diminuer le nombre.

Excès de la forme en la mort du Préſident Briſſon excuſable.

Nombre de ſeize affecté Conſidéré meſme les circonſtances,

des jugemens qui s'en ſont faicts. Se donnant du plaiſir, d'en mettre ſeize pour un jour, ſur la roue en effigie, & douze à la potence, pour revenir, avec les quatre du 4. Decembre 1591. au meſme nombre de ſeize, & ainſi ſe moquer des ſeize, qu'ils auroient penduz, & rouez. Deuſſent-ils pour remplir le nombre, prendre ceux qui n'en pouvoient mais. De meſme que jadis Caligula, par faulte de condamnez, pour jetter aux beſtes, faiſoit prendre des premiers, que l'on trouvoit au théatre. Dont ils ont eſté contraincts depuys, par la conſtante vérité, ſe dedire de quelques-uns, & caſſer le jugement. Voire auſſi juſqu'à mettre du nombre, le Pere Religieux, qui confeſſa Briſſon à ſa mort, (1) lequel fur ce ſeul ſujet, ils ont condamné à mourir. Gens dignes qu'un jour à leur mort, il n'y ait Prebſtre ni Clerc, puis qu'ils ſe rendent les bourreaux, de ceux qui font ceſt office. Car que peut mais un confeſſeur, de la mort de celuy qu'il conſole, & duquel il cerche le ſalut? Ou quelle charité envers le deffunct, d'oſter la vie temporelle, à qui s'eſt mis en devoir, de luy ſauver l'éternelle?

aux Jugemens,

Dion in Caligd.

Condamnation à mort, de celuy qui a confeſſe les patiens.

De meſme eſt auſſi le beau prétexte, de la commiſeration de la veufve, qu'ils enflent comme une balle, de la ſubſtance de tant de pauvres, ou comme dict l'Eſcriture, *des cachez de Dieu*, qu'enfin elle en crevera: Et des larmes de Crocodil, d'une Lamie inſatiable, qui contrefait la dolente, pour la choſe du monde, que plus elle deſiroit. Et dont ils font montre en public, comme d'une Portie envers Brutus, d'un Cornelie envers

Prétexte de la veufve Briſſon ridicule.

Pſal. 16.

---

(1) On eut raiſon de le faire mourir parce que lui-même avoit donné ſon conſentement à cet aſſaſſinat, & qu'il étoit un des plus ſéditieux de Paris; mais ce ne fut pas pour avoir confeſſé le Préſident Briſſon, ce fut à raiſon de ſa complicité dans ce crime.

F 3

vers Gracchus, d'une Artemifie envers Maufolus, luy compofant de beaux efcrits, qu'on a faict en fon nom voler par la France. Elle qui hayffoit fon mary, qui n'en pouvoit dire bien, ni ouyr dire à un aultre, qui n'avoit plus grand plaifir, que de luy faire deplaifir. Comme fi l'on ignoroit, les riottes qui eftoient entre ces deux, qui ne fe voioient jamais, & ne pouvoient vivre enfemble. Qui faifoient ménage à part, l'un aux champs, l'aultre à la ville. Dont cefte fidelle efpoufe rempliffoit la maifon d'adulteres & inceftes, abufant de celuy mefme, à qui elle avoit abandonné fa fille, & du faict de qui, elle la fçavoit eftre enceincte. Qui eftoit le Prieuré de Longpont, & au lieu mefme du Monaftere. Et le mary plaidoit & informoit à l'encontre. Et fe plaignant à quelques-uns, des traverfes qu'il en recevoit, qui n'eftoient que trop connues, & dont le fcandale eftoit public, comprenant en un mot la petulance, tant de la langue que d'impudicité, de celle qui le tormentoit, ne faifoit difficulté, de l'appeller une chienne. Ufant de fes propres termes. *Cefte braque me faict mourir. Ce font des* Gelodacryc *traicts de ma braque.* Ou comme fi on ne de la vefve fçavoit, quelle eft cefte gelodacrye, d'une femme qui pleure au dehors, ce qui la faict rire au dedans. A qui l'odeur des condemnations, fert d'oignons & de fumées, comme jadis aux femmes nommées *Prafica*, pour plorer les funerailles de celuy, dont la mort luy eft trop plus chere que la vie. Et dont elle fe feftoye, comme d'un porc en faloir. Semblable à

Gelodacryc de la vefve Briffon.

cefte vieille nommée Acco, qui a donné le lieu au proverbe *Akkizein*, qui faignoit ne vouloir pas, ce que plus elle vouloit & avoir regret de ce, dont elle euft efté bien marrie, qu'il en euft efté aultrement. Ou pluftoft à cefte Babylon, ényvrée enfemble du vin de fes paillardifes, & du fang des gens de bien, & qui pourtant ne laiffe comme le feu, la mer, & l'enfer, dire tousjours, *Apporte, apporte.*

Apoc. 17.

Car voylà les couvertures, dont la tyrannie fe déguife, tant qu'icelles eftant faillies, & rendues inutiles, on vienne fimplement & à l'ouvert, à tirer la religion en crime. Comme le commencement s'en eft veu par le filence impofé aux Prédicateurs, par la violence faicte aux efcholles, mefme de la Sorbonne, par l'obfervation que l'on faict, de ceux qui font les plus dévots, & par la confifcation mefme des biens, & adjournemens à trois briefs jours, de quelques-uns des Catholiques, faict depuis en ce mefme mois, fur ce fimple fuject, (faulte d'aultre) d'avoir efté au confeil des feize, & affifté aux prédications de la Ligue.

En Juillet 1595.

Ce que tout bien confideré, on peult voir fi c'eft merveille, qu'un François s'efchauffant du zéle d'un Aiod, d'un Phinées, & de tant qu'il y en eut jamais, qui pour le zele de la Religion & du Peuple, ont attenté aux Tyrans, ait entrepris de faire un coup, aultant comparable à tous ceux là, que le fuject en eft plus grand, en toutes fortes & manieres.

                                    CHAPITRE

CHAPITRE XV.

*Raisons & utilitez particuliere de l'entre-
prise de Chastel.*

ET si tout cela ne suffit, n'eust manqué à Chastel le fondement de l'u-
tilité (1) publique, tant spirituelle
que temporelle, tant de religion que
d'estat, qui eust reussi de ce coup. Premierement, pour oster l'Anatheme de
la France, comme jadis du peuple d'Israel par la mort du sacrilege Achan,
& du paillard Zambri, avec la paillarde Madianite. Dont l'une & l'aultre
appaisa l'ire de Dieu, & remit les enfans d'Israel, au cours de leurs premieres victoires. Dieu ayant dict pour le
premier, *Qu'ils ne pourroient plus sub-*
sister, devant leurs ennemis, & qu'il ne
seroit plus parmy eux, tant qu'ils eussent
faict mourir celuy, qui en estoit coupable.
Et de l'aultre, *que Phinées avoit appaisé*
son courroux, afin qu'il n'exterminast
Israel. Ce que d'autant plus doibt icy
avoir lieu, qu'il n'y a rien de comparable, ni au paillard Zambri, à l'adultere & incestueux, corporel & spirituel, & qui en faict profession notoire : ni au sacrilege Achan, à celuy dont
les sacrileges de toutes sortes, sont connus à tout le monde. Et que partant il
est plus requis de se prévaloir contre celuy qui traine après soy tant de malen-
contre.

2. Plus aussi pour couper broche, à
l'establissement de long-tems projetté,
& qui tous les jours s'avance, d'un

Josue 7.

Num. 25.

bastard notoirement adulterin & heretique : engendré, conceu, nay, nourry
& élevé en l'heresie, & parmy les heretiques. Et garantir par mesme moyen,
le Royaulme de France, des menaces
de Dieu, prononcées par le Prophete
Amos. *Voicy* (dit-il) *les yeux du Sei-*
gneur, sont sur le Royaume qui peche, &
il le brisera du milieu de la terre. Consideré, que n'y ayant plus souverain
moyen de faire pecher un Royaume,
que d'establir en souveraineté un heretique & schismatique, tant pour raison
de l'heresie & du chisme, que pour les
impuretez & énormitez, qui ordinairement suyvent l'un & l'aultre ; & dont
l'experience se voit en France, par les
Simonies, incestes, abus des biens d'E-
glise, & renversement de tout ordre &
discipline Ecclesiastique, depuis ce regne prétendu, ne pouvoit aussi ce malheur estre mieux diverty, que luy en
coupant la racine, & ostant celuy, qui
est l'astre principal, qui domine en ceste
influence.

3. Plus pour destruire le corps du péché, qui déja seroit formé en France,
tant par les heresies nouvelles, oultre
le Calvinisme, que par la corruption
generale des bonnes mœurs, en toute
espece de vice. Quant aux heresies,
telles que sont celles-cy. 1. *Qu'un he-*
retique relaps, & nommement excommu-
nié du S. Siege, ne perde le droict de la
Couronne. 2. *Que tel est Roy legitime, don-*
né & ordonné de Dieu. 3. *Que l'Eglise ne*
le peut priver de ce droict, ni les Estats,
ni generalement les Princes, de leurs di-
gnitez ou Royaumes, pour crime & here-
sie.

Amos 9.

*Heresies
nouvelles,
éclofes &
soutenues en
France.*

(1) Mais quel superieur avoit établi Jean Chastel
pour vangeur de l'injure faite à l'état & à la Religion. C'est ce que l'Auteur devoit établir : jusques-
là son crime sera toujours regardé comme le plus
détestable de tous les patricides. Ainsi tout ce que
l'Auteur débite dans ce Chapitre tombe de soi-même, dès qu'il n'apporte point un titre suffisant éma-
né d'une autorité légitime qui commet Jean Chastel pour faire l'acte qu'il a exécuté.

fie quelconque. 4. *Ni abfoudre les fujetts, de l'obeiffance & fidélité à eux deuë.* 5. *Qu'il fault refifter à tels jugemens, & qu'ils n'obligent en confcience.* 6. *Qu'il ne fe fault enquerir des actions, ni de la confcience de fon Prince.* 7. *Que la Loy Salique ne peut eftre reglée & modifiée, par la Religion Chreftienne, pour aftreindre le Roy a eftre Catholique.* 8. *Qu'un heretique eft par la grace de Dieu Chreftien.* 9. *Qu'il n'eft loifible de refifter à un Prince hérétique.* 10. *Qu'un Roy Catholique peut permettre deux religions en fon Royaume.* 11. *Qu'il ne faut punir les heretiques, ni les contraindre par force à eftre Catholiques.* 12. *Qu'il fault prier mefme pour les excommuniez, tant vifs que morts, & publiquement en l'Eglife, & y doibvent les gens d'Eglife eftre contraincts, fur peine de vuider le Royaume.* 13. *Que les confeffions fe peuvent reveler, pour le bien de la juftice.* Et aultres telles propofitions, non auparavant ouyes en France. Lefquelles nouvellement efclofes, felon que la paffion les a conceues, ont trouvé auffi-toft authorité, en la bouche tant des Ecclefiaftiques, que des Parlemens en France. Et trouveront de plus en plus, tant que ce regne durera. Pour raifon defquelles, *le pauvre Jofeph eft réduict en fervitude & oyt un langage qu'il n'entendoit poinct*, & que fes peres ne luy ont poinct appris.

Et quant aux mœurs, pour repurger tous Eftats, & en ofter le vieil levain. Les Simoniaques de l'Eglife, les voleurs des Gouvernemens, les larrons des Finances, les corrompuz de la Juftice, le bordel de la Cour, les Atheiftes du Confeil, & de tous quartiers l'heretique.

4. La quatrieme, pour divertir de la France les peines deues aux pechez, tant de celuy-cy, que des fiens, que Dieu

Pfal. 80.

ordinairement repete des peuples, qui fupportent les mefchans Princes. Comme jadis du peuple de Juda, qu'il affligea de mortalité, de glaive, de famine & de beftes, pour les pechez de Manaffes Roy de Juda, comme il eft dict en Hieremie. Confideré le jugement de Dieu, par lequel, de ces mefmes quatre fleaux, la France commence aujourd'huy d'eftre affligée. De mortalité, par la pefte & contagion dans les villes. De glaive, par la guerre & batailles perdues. De famine, par le trafic qui ceffe, comme auffi la recolte en plufieurs lieux. Et de beftes par la Campaigne, qui crient & qui devorent, mefmes aux environs de Paris. Ce que la France doibt tant plus craindre, qu'elle a moins d'excufe de fa faulte. N'eftant obligée à celuy-cy, comme Juda à Manaffes. Qui eftoit Roy legitime, ce que celuy-cy n'eft. Et fils aifné du bon Roy Ezechias, & non au 22. degré, comme celuy-cy de S. Loys. Et qui en oultre, n'eftoit condamné par jugement fpecial & perfonnel, de l'Eglife & des Eftatz, comme on fçait que ceftuy-cy eft.

5. Auffi que ce feroit pour deffiller les yeux, & ofter le fcrupule à ceux, qui foubs la vanité d'un ferment, ou promeffe faicte à l'excommunié, qui ne les peut obliger, & *d'une paction par eux faicte*, comme dict l'Efcriture, *avec l'enfer & la mort*, s'eftiment engagez à luy. Et pour faire, que l'object n'eftant plus, ils fe fouviennent au moins alors, du ferment qu'ils ont faict au baptefme, tant à Dieu, qu'à l'Eglife, & que fi perfidement & damnablement, ils auroient depuis violé. Et ainfi le bandeau ofté, ils recognoiffent leur faulte, & reviennent à eux-mefmes.

6. Pouvoit auffi confiderer, le bien qu'il feroit aux Catholiques, tant pour liberer de captivité, ceux qui font par les

Hier. 15.

Fleaux de la France comme du temps de Manaffes.

Vanité du ferment prefté à H. de B.
Efa. 28.

Captivité des Catholiques par la France.

les villes de la France, qu'on travaille, qu'on maſtine, qu'on obſerve à tout propos, qu'on prive de la liberté de ſervir Dieu à leur aiſe, & à qui on oſte le pain ſpirituel, juſqu'à violenter les eſcholles, comme il a eſté dict cy-deſſus : que pour raſſembler les diſperſions, d'Iſrael, & de tous ceux qui ſont bannis, pour la cauſe de l'Egliſe, faiſant que par la mort d'Herodes, Jeſus-Chriſt revienne en la terre de Juda. Comme avec le temps il fera, & pluſtoſt qu'ils ne le deſirent.

7. Et pour n'obmectre les politiques, & leur faire part de la charité, pour oſter la ſervitude de certains de ce nombre là, qui ſoy-diſans Catholiques, contraincts qu'ils ſont par leur vanité, d'adorer & le Veau, & la Geniſſe qui eſt ſa ſœur, comme du tems de Jeroboam, ſe laſchent à ceſte impieté, que parlant de l'hereſie, ou des heretiques, en la preſence de l'un des deux, ils diſent la religion, & ceux de la religion. Et ainſi contre leur conſcience, faiſant honneur à la paillarde, (de meſme que les miſerables Anglois, & le Turc Amurath en ſes lettres, à celle qu'ils appellent vierge & pucelle, & la terre conquiſe en ſon nom, au pais des Indes, Virginie ; & qu'ils ſçavent eſtre une Meſſaline, & la plus inſatiable, que ce ſiécle ait produict) perdent à credit, ce qu'il y avoit d'huile & de lumiere en eux, infatuent leur ſel, & & s'engagent d'eſtre par le juſte jugement de Dieu, & ſuyvant ſa parole, foulez aux pieds comme la boue.

8. On adjouſte, pour delivrer de peine, tant qu'il y a de ceſte caballe, que de-çà, que de la les monts, qui adorent ce Dagon, moitié chair & moitié poiſſon, comme jadis les Philiſtins, ou pluſtoſt ce Dragon, comme les Babyloniens. Qui courent après, comme les petits enfans aux bouilles, voire s'en empeſchent comme d'une poupée, pour luy faire leurs préſens, & vuider en faveur de luy leurs bourſes. A ce qu'eſtant iceluy par terre, comme Dagon devant l'Arche, bras & teſte coupée, (car de pieds il n'en avoit point) ou crevé, comme le Dragon, par la ſoupe de Daniel, ou comme la poupée de paſte, qui a le col rompu, ils retirent leurs eſpingles, ſans plus faire tant de depens, perdent le ſuject de tant de couroux, comme Cotys après avoir briſé ſa belle vaiſſelle de terre. Et déſiſtant de courir au vent, qui les meine au précipice, ils regardent mieux à leurs pieds. Et ce qui eſt le principal, ils apprennent déſormais à faire honneur à l'Arche, qui eſt le corps de Jeſus-Chriſt, tant veritable, au ſacrifice de la Meſſe, que myſtique en l'Egliſe, aultrement & plus, que de le vouloir mettre auprès d'une idole, qui n'a de fondement, en matiere de religion, non plus qu'un poiſſon n'a de pieds. Et s'ils ſont frappez au derriere, c'eſt-à-dire ſi la conſcience, qu'ils avoient mis au derriere, les poinct, leur honte eſtant deſcouverte, qu'ils ſe haſtent, comme les Philiſtins, qui offroient à l'Arche, la figure de leur derriere en or, de confeſſer leur peché, faire leur offrande à Dieu, recognoiſſant l'Egliſe eſtre par-deſſus l'Eſtat. Et l'Arche eſtant miſe ſur un chariot neuf, c'eſt-à-dire entre les mains de gens d'Egliſe renouvellez, & d'une touſe aultre vie, que leurs courtiſans Simoniaques, ils la renvoyent, pour eſtre tirée, par les vaſches, qui oublient leurs veaux, c'eſt-à-dire pour eſtre conduicte par les Catholiques, qui ſçavent quicter femme & enfans, & tout ce qu'ils ont pour leur religion. Et deuſſent-ils eſtre

Marginalia left: Mat. 2.

3. Reg. 13.

Servitude impie de politique.

Mercur. Gallobelg.

Job. 12.

Matt. 5.

Jud. 16. Dan. 14.

Marginalia right: 1. Reg. 5.

Injures faicte au corps de Jeſus Chriſt, l'approchant de l'excommunié.

Pſal. 77.

1. Reg. 6. Allegorie de l'Arche priſe par les Philiſtins.

estre sacrifiez eux-mesmes, pour aller *en Bethsames*, c'est-à-dire la maison du Soleil, qui est Dieu, & où *l'Esprit de Dieu les guide*. Et jugeant par-là, comme les Philistins, que l'injure par eux faicte à Dieu, est cause de leur malheur, ils apprennent à luy faire aultre service.

Espargner le sang Fran-çoys.

9. Et pour aller plus avant, pour (1) épargner & sauver le reste du sang François, tant des Princes, que la Noblesse Catholique, que celuy-cy continuera de faire mourir, comme il a faict jusqu'à huy. Tesmoin pour les premiers,

Princes mis à mort.

le Prince de Condé son cousin, empoisonné par sa propre femme, qu'il avoit auparavant corrompue. Tesmoin les deux Cardinaux de Bourbon, l'un son oncle, à qui appartenoit la Couronne, (plustost qu'à luy, & si l'exception de Balde avoit lieu) qu'il a faict mourir en prison. Et l'autre son cousin, qu'il a faict empoisonner, & par sa confession mesme, menaçant le frere du deffunct, de luy en faire autant, ou plus encore. Et depuis le feu Duc de Nemours, contre lequel n'ayant peu rien, ni les armes, ni les captivitez & trahysons, recours a esté au venin, pour l'envoyer avec les aultres. Là mesme aussi se rapporte, la condemnation fraischement faicte, contre M. le Duc d'Aumalle, par le Parlement de Paris. Et en fera ainsi des aultres, tant proches parens luy soyent-ils. Tesmoin pour les derniers, le sieur d'O empoisonné, & son Gouvernement de Paris présenté à un hérétique, qui est le susdict Bouillon.

Tesmoin la Noblesse Catholique, qu'il sçait mettre aux hazards des coups, autant accortement & bravement, que subtilement il s'en retire, & les aultres Huguenots. Comme il s'en ouvrit luy-mesme, en sa lettre du 15. Mars 1590. au Camp de d'Yvry, à la Royne d'Angleterre, se glorifiant de n'avoir perdu en la bataille, que bien peu de Huguenots, mais bien quelque nombre de Catholiques, *qu'il estimoit autant d'ennemis perdus*. Quoiqu'il s'en die pourtant, *avoir dissimulé grande fascherie*. Et comme nouvellement la practique en a esté à Dourlans, où ledict Bouillon, ayans engagé les Catholiques, qui y sont demeurez, sçeut gentillement se retirer de la presse, & user de la maxime. Et on sçait le peu de regret qu'il a montré y avoir, quoyque la perte n'y ait esté moindre, que de cinq cens cinquante gentilhommes. Ne feignant de dire que c'estoit une partie, de ce qu'ils avoyent desiré perdre. Dont la Noblesse Catholique deust ouvrir les yeux, pour rougir de honte, & pallir de frayeur ensemble. Voyant le jugement de Dieu sur elle & les siens. De ce que d'enfans de l'Eglise qu'ils estoient, ayant puissance, *de marcher sur l'aspic, & le basilic, & de fouler aux pieds le Dragon & le Lyon*, pour s'estre asservis à celuy, dont ils pouvoient estre les maistres, ils sont devenus enfans perdus, pour les enfans de perdition, & rempart pour les heretiques. Voire sont faicts la lictiere, des chevaux & mulets de Satan (car c'est la figure,
soubs

Noblesse Huguenotte épargnée, & la Catholique mise aux hazards.

Honte & frayeur pour la Noblesse.

Psal. 90.

---

(1) Ce seditieux ne sçachant comment noircir la réputation d'Henry IV. met sur son compte tous les crimes, les morts naturelles, & même les condamnations justes & légitimes qui ont été faites, comme celle du Duc d'Aumale que son obstination dans la révolte rendoit indigne de toute grace, le Prince de Condé fut empoisonné par ses propres

Domestiques, sans que Henry y ait trempé. Les Cardinaux de Bourbon moururent comme tous les hommes doivent mourir, aussi bien que M. d'O & le Duc de Nemours. Mais il plait à cet Ecrivain seditieux de faire autant de crimes de toutes ces morts.

Alban. in ejus Vita.

soubs laquelle Dieu montra en vision, à S. Antoine le naturel des heretiques) & mis au dessoubs de l'excrement le plus vil, & le plus abject, qui soit au monde.

10. Et par consequent, pour arrester le cours, de ce desesperé Neron, qui faisant bon marché, de ce qu'il a ravy d'emblée, & sçait ne luy appartenir, dict comme l'autre jadis à Rome, après Tybere.

Sueton in Tyb. & Nerone.

Moy mourant, la terre en feu
Soit pesle mesle en tout lieu.

Ou plustost de ce nouveau Abimelech, meurtrier de ses freres, pour s'asseurer de l'Estat. Et à ce que la prediction,

Jud. 9.

faicte de luy aux Françoys, comme jadis d'Abimelech, à ceux de Sichem par Joatham, leur disant, *que c'estoit la ronce, dont sortiroit le feu, qui brusleroit leur ville* (comme depuis il advint) ne soit icy effectuée de mesme.

Moyen d'asseurer la Religion.

11. Et par mesme moyen, pour descharger la France, de ce dont elle est en peine depuis trente ans, & qu'elle a recherché au pris du sang, de tant milliers d'hommes, qui sont morts à son occasion. Et qu'en tout cas, estant necessaire d'asseurer la religion, ce qui ne se peut du vivant de celuy, qui est comme la teste du Serpent, donne vie à tout le corps, force estoit, comme il est encore, de le briser premierement.

Pacifier la France.

12. Aussi que c'est le souverain expedient, pour pacifier le Royaume, par un bon accord, avec sa Saincteté, & le puissant Roy Catholique. Contre la force duquel, se vouloir opiniastrer, & en faveur de celuy-cy, est chose autant ridicule, & pernicieuse, j'adjouste aussi, honteuse aux François, veu les biens receus de sa Majesté, comme follement, temerairement, au préjudice de l'Estat, & à la ruine certaine & asseu-

rée, de ceux qui ne le suyveront, ce gentil avanturier luy a osé denoncer la guerre

13. Et veu que ce n'est à la France, ni aux Catholiques, mais à luy & à ceux qui le suyvent, tant heretiques, qu'adherans & fauteurs des heretiques, que la guerre se faict, comme depuis ce grand Monarque, l'a expressement declaré, par ses patentes, il n'y a discours de raison, qui ne juge, que le plus court chemin, pour arrester les limiers, ne soit de terrasser la beste, à qui la chasse se faict. N'y ayant rien de plus absurde, que de veoir deschirer la France, pour celuy qui est l'ennemy, le rebut, l'anatheme, & le scandale de la France : & vouloir mourir pour celuy, dont la vie est la mort, & la mort est la vie du public, & de la patrie. Et que si l'Elephant quicte ses dents, & le Bievre ses genitoires, pour se garentir de la mort, d'aultant plus a d'occasion la France (& tout bon naturel Françoys pour elle) de divertir ceste guerre, aux depens d'un homme seul, que c'est celuy du monde, dont elle a le moins affaire, & qui ne luy sert d'aultre chose, sinon de filet à la langue, d'apostume en la chair, de gratelle en sa peau, de cor en son pied, de maille en l'œil, de fiebvre au sang, de paralysie aux nerfs, de resverie en la teste, & de Diable en tout le corps, qui la rend ensemble sourde, aveugle, & muette.

La guerre ne se faict que contre l'heretique & ses fauteurs.

14. En en somme, pour oster la division, qui ne fut jamais que funeste à la Chrestienté, entre ces deux puissantes Monarchies. Et l'invention diabolique, de faire des amis les ennemis, de guerre de religion, guerre d'estat, & de la guerre contre les heretiques & fauteurs d'heretiques, guerre de Couronne,

Division de France & Espaigne funeste à la Chrestienté.

G 2

ronne contre Couronne. Comme auſſi, pour oſter le malheur contraire, de joindre Catholiques & heretiques enſemble, c'eſt-à-dire le feu & l'eau, la lumiere & les tenebres. Ce qui ne s'eſt veu en France, que ſoubs celuy, qui pour eſtablir & advancer les uns, je dis les heretiques, ſçait ſi accortement (& néantmoins honteuſement pour les François) piper & gourmender les aultres, quelque ſervice & corvée qu'il en tire. Et pour faire, que par une paix, autant bonne & aſſeurée, qu'elle ſeroit ſelon Dieu, ſelon l'Egliſe, & ſelon les loix de la France, qui ſi miſerablement, ont eſté violées, toutes les forces ſe tournent à la ruyne des meſchans, tant heretiques dans le Royaume, & regions voiſines, que Turcs & Mahometans au dehors.

Tromperie damnable des Françoys. 15. Pour faire ceſſer l'abus, & damnable tromperie, de ceſte vaine reſſemblance, de ceux, qui ſe figurant combattre, pour un Roy légitime & naturel, & mourir au lict d'honneur, s'enſeveliſſent en l'exécration publique, de Dieu, de l'Egliſe & des hommes : au gouffre de la damnation, & ruynes de leurs ames, & perte irreparable de la vie temporelle, & éternelle. Et à la réputation à jamais, & à toute la poſterité, d'avoir eſté trahyſtres & infidelles, à Dieu, à l'Egliſe, à leur patrie, & à leur propre conſcience.

Malheur & deſhonneur des Françoys , de combattre pour un héretique. 16. Pour deſtourner le malheur, & le deshonneur de la France & des François, qui eſt de combattre pour un hérétique, & ſoubs des chefs hérétiques, eux qui les premiers de tous les Chreſtiens, ont eu jadis l'honneur de combattre les heretiques, ſoubs Clovis premier Roy très-Chreſtien. Et que faiſant mourir de la main d'un François, celuy qui a deshonoré les François, la honte

en fut auſſi plus honorablement expiée.

17. Mais ſur tout, pour oſter le cours en general de la perte de tant d'ames, & la pierre de ſcandale, qui faict chopper les François : l'eſcueil où ils briſent le navire de leur conſcience : le levain, qui les corrompt : le malefice, qui les charme : la peſte, qui les envenime : le poiſon qui les ſuffoque, le boucon de Circé, qui les faict devenir pourceaux, l'arbre ſuperſtitieux, ſoubs qui ils font *Hier. 3.* leur fornication ſpirituelle : le veau d'or qu'ils idolatrent, & en tour duquel ils danſent, comme jadis du tems de Moy-ſe, le Beelphegor ou Priape, à qui ils *Exod. 32.* ſe ſont initiez : le Moloch, à qui ils *Num. 25.* *Pſal. 106.* conſacrent leurs enfans : le Baal à qui *4. Reg. 23.* ils offrent encens : l'ange de l'abyſme *Apoc. 9.* *Hier. 15.* qui les infecte, de l'haleine de ce trou : la montagne peſtifere, qui gaſte toute la terre. Brief pour faire d'un ſeul coup, & ſans tant faire de deſpens, que le Dieu que tant ils honorent, s'en aille à l'aſſemblée des aultres Dieux, qui luy reſſemblent, c'eſt-à-dire des Tyrans, & Perſecuteurs de l'Egliſe, des Princes excommuniez, & *des Geans dicts à la* *Baruch. 3.* *guerre,* comme parle l'Eſcriture, au manoir qui luy eſt préparé, des tenebres exterieures, pour y faire ſon entrée, comme le Roy de Babylon, & Lucifer *Eſa. 14.* long-tems auparavant. Et à ce que, comme dict le Prophete, *tout l'Enfer en* *ſoit émeu, & tous luy viennent au devant,* pour luy donner place avec eux. Pour y gouſter l'Ambroiſie du feu, *du ſouffre,* *Pſal. 10.* *& de la greſle, & du ſouffle des tempeſtes,* & boire à grands traicts le doux Nectar, du fond de la coupe de l'ire de Dieu, & de la lie qui eſt reſervée à luy, & à *Pſal. 74.* la paillarde Babylon, comme il en a faict *Apoc. 16.* boire le deſſus aux aultres. Et ſi on dict, que cela eſt dur, qu'il juge que c'eſt
miſericorde.

miſericorde, que le temps luy ſoit ra-
courcy, à ce que ſa damnation en ſoit
moindre, qui plus il vit, plus elle croiſt.
N'y ayant qu'une choſe à craindre, que
Dieu ne veüille perdre avec luy, tous
ceux qui ſont de ſa caballe. Et partant
qu'il le reſerve pour tirer avec luy, la
ſuite de tout ſon brigandaige, comme le
ſerpent ſon venim, quand il veult mourir, & comme la boiſe ou abſcès peſti-
lent, toutes les humeurs peccantes du
corps. De meſme que jadis Catilina à
Rome, que pour ceſte raiſon, le Con-
ſul Ciceron proteſta, ne vouloir faire
mourir ſeul, bien qu'il le tint en ſa puiſſance. Afin qu'eſtans tous enſemble, &
comme dict l'Eſcriture, *tous les poiſſons
du dragon Leviathan, eſtans joincts & col-
lez à ſes eſcailles*, il les enveloppe tous
en meſme ruyne. Pratiquant en eux, ce
qui eſt dict ailleurs, *que leur paſſion avec
l'enfer, & leur alliance avec la mort, ſervira pour les briſer. Et que ceux qui ont
adoré la beſte, & en ont porté l'eſcharpe,
la fumée de leurs tourmens monte par tous
les ſiécles des ſiécles, & n'ayent repos ni
jour ni nuict, pour avoir adoré la beſte, &
en avoir porté l'image.*

Et d'abondant, pour ſortir de Fran-

ce, & venir au general de l'Egliſe,
pour délivrer le S. Siége, tant de l'importunité de ceux qui demandent l'abſolution, pour un qui ſe moque du S.
Siége, que du hazard de l'abus, & de la
tromperie infaillible, avenant qu'elle ſe
donne.

Du premier, pourtant d'artifices pré-
meditez, & langages compoſez, pour
noircir ce qui eſt blanc, & blanchir ce
qui eſt noir, tant (1) par la légation
premiere, faicte par le Duc de Nevers,
que par la nouvelle, qui ſe manie. Et
de tous ceux qui à ceſte occaſion, tant
deça que delà les monts, ſur le fondement de leurs paſſions, convoitiſes,
imaginations, & de leurs commoditez
particulieres & temporelles, vuides
qu'ils ſont du zele de l'honneur de Dieu,
& de la diſcipline eccleſiaſtique, oſent
entreprendre, de traverſer le S. Siége.

Et pour éviter le ſcandale, préparé
ſur le fondement de l'avarice & convoi-
tiſe de ceux, qui ayant perdu l'eſprit,
pour s'eſtre diviſez eux-meſmes, comme
dict S. Jude, & quicté leur foy premiere, donnent à eſperer d'eux, le meſme
que feit Judas, pour livrer celuy, en
la compagnie de qui il avoit eu ceſt honneur

Marginal notes (left column):
Salluſt.
Cic. 1. Catil.

Eſa. 29.
Nam. 16.
Eſa. 28.

Apic. 14.

Marginal notes (right column):
Importunité
faicte au S.
Siége.

Artifices
d'Ambaſſa-
des.

Epiſt. Jud

(1) M. le Duc de Nevers, & par zéle pour la
Religion, & par amour de la patrie, fut à Rome en
1593. pour travailler auprès du Pape Clement VIII.
& procurer l'abſolution au Roi Henry IV. mais dès
que les Eſpagnols en furent inſtruits, ils mirent tout
en œuvre pour intimider le Pape, & l'empêcher de
terminer cette bonne œuvre. C'eſt ce qu'on voit ſur
tout par un écrit publié en 1594. ſous le Titre d'*Intimidations*, &c. où l'on marque que le Duc de Seſſa
Ambaſſadeur de Philippe II. vers ſa Sainteté, dit
» que ſi le Pape ſe laiſſoit aller à la Requête du
» Duc de Nevers; ſon Maître [c'eſt-à-dire Philip-
» pe II.] lui déclaroit qu'il affameroit Rome, ne
» permettant pas qu'il y vînt aucuns grains, ni au-
» tres commoditez de Sicile, Naples, & autres
» ſiennes Terres.
» Qu'il feroit un ſchiſme en Eſpagne & autres
» ſiens Royaumes.
» Qu'il mettroit telle diviſion parmis les Cardi-

» naux, que cela apporteroit un grand préjudice.
» Qu'il ſuſciteroit l'Empereur à redemander Ro-
» me & autres Villes appartenantes à l'Empire, &
» que ſon dit Maître ſeroit lui-même exécuteur deſ-
» dites demandes; lequel au pis aller lui feroit la
» guerre ouverte comme ſon pere avoit fait à Paul
» Farneſe.
Il y avoit encore beaucoup d'autres menaces
contenues dans un petit écrit de 8 pages, intitulé,
*Intimidations, faites par le Duc de Seſſa, Ambaſſadeur
du Roi d'Eſpagne pour détourner le Pape de la bonne volonté, qu'il avoit de recevoir Henry IV. au Giron de l'Egliſe*
in 8. Lyon 1594. & autre édition faite en Flandres
la même année. Auſſi la négociation du Duc de Nevers fut alors ſans aucun effet, & le Pere Antoine
Poſſevin Jeſuite, qui étoit bien intentionné pour
cette réconciliation fut exilé de Rome, cependant
elle réüſſit l'année 1595. ſur tout par le moyen du
Cardinal Tolet Jeſuite Eſpagnol.

Moyens de
romperie &
abus de l'au-
thorité du S.
Siège.

neur que d'en eſtre. Et que ceux meſmes qui s'en aydeut, ne ſçauront que trop publier.

Du ſecond, pour les moyens de tromper, qui ſont tous au ſuppliant. Sa malice naturelle, ſon impieté aſſeurée, & que tousjours il continue. L'obligation qu'il en a, par les maximes d'Eſtat, qui eſt la ſeule religion qu'il ſuit. Les promeſſes qu'il en a faict, à tous les heretiques, tant dedans que dehors le Royaume. Ses Conſeillers heretiques, tant Lutherians que Calviniſtes, qu'il a près de luy, & les plus ruſez matoys, qu'il y ait ſur le rond de la terre, par qui tout cecy ſe meine : Un Parlement a ſa devotion, compoſé la plupart d'heretiques, ramaſſez de tout coſtez, tant de la Rochelle, que des aultres reſſources de Geneve, comme en l'Arche de Noé, & aux dépens de la bource commune des Huguenots, qui ont payé les Eſtats. Et le reſte de Politiques, ou gens contraincts de les ſuyvre, pour ne s'oſer découvrir. Les excuſes toutes trouvées, & moyens projectez d'eſchapper, par délais ſur délais, par excuſes ſur la guerre, & multitude des affaires, comme cy-devant de ſa converſion. Par ſuppoſitions de cas nouveaux, & accortement inventez. Et quant tout cela manquera, voire aura eſté employé (qui ſera autant gaigné de temps) par l'oppoſition finale, de ceux qui pour le bien de l'Eſtat, allegueront mille raiſons, & qu'ils ſçauront forger à plaiſir, comme ils en ſont bons inventeurs, & comme on dict, en ont le maſle & la femelle. Et qui en oultre ſçavent faire d'une fourmis un Elephant. Et deuſſent-ils arreſter, ſur un pied de mouche, n'auront faulte de Remores, pour mettre le tout à néant. Et pendant feront leurs affaires,

ayant l'une & l'aultre chorde pour tenir les Catholiques, & d'Eſtat, & d'Egliſe, qu'ils feront autant lors ſonner hault, que cy-devant ils l'ont deprimée. Juſqu'à ce qu'eſtans bien eſtablis, ils reprennent leurs erres premieres, plus ſeurement, & avec plus d'effect, qu'ils n'auroient faict par le paſſé. Que la témerité & arrongance heretique, les a portez inconſiderement, aux excès qu'ils ont commis, de bruſler les Bulles & caſſer les proviſions de Rome, proſcrire le Nunce du Pape, faire mourir Prebſtres & Moines, & aultres tels deſordres, qui ont quaſi gaſté leur jeu : & dont ils n'ont eu faulte de reprimende, par les plus aviſez & entendus Conſeillers d'Eſtat, pour s'eſtre ſi fort haſtez, avant que d'eſtre bien ancrez. Et en ſomme faire avec plus de jugement, ce que la furie n'a ſceu faire. S'aydant de l'abſolution, comme d'un moyen ſouverain, de reprendre leur haleine, & temporiſer un peu, pour ſervir de mantelet, à mieux faire leurs approches. Tant qu'eſtans logez au foſſé, & les caſemates priſes, leur batterie eſtant dreſſée, contre le fort de la religion, ils donnent furieuſement dedans, pour s'en rendre du tout maiſtres. Et pour tout dire en un mot, pour délivrer l'Egliſe d'une des plus fortes, plus délicates, & plus dangereuſes tentations, qui ait eſté, non ſeulement en ce ſiécle, mais depuis la Chreſtienté.

Et ſi on dict que c'eſt deviner, on ſçait trop, oultre les actions paſſées, qui donnent à juger des futures, comme faiſoit le Renard du Lyon.

Pour la frayeur que j'ay des pas qui
tournent

Tous devers toy, & nuls qui en re-
tournent :

Ou plûtoſt, comme dict le Prophete Hieremie.

Moyen de
réparer la
faulte des
premieres
furies.

Tentation
grande en
l'Egliſe.

Divination
bien fondée.

Hier. 13.

Hieremie. *Si l'E hiopien peut muer sa peau, ou le Leopard ses taches, tout ainsi pourrez-vous bien faire, vous qui estes appris à mal faire :* on sçait, dy-je, oultre tout cela, ce que peut la malice des Ministres, quand elle est appuyée d'une authorité souveraine. Comme Cacus de la terre combattant contre Hercules. Et qu'il n'y a meilleur moyen, pour renger telle engeance de terre, que de luy faire perdre pied, de ce qui principalement l'appuye. Car si un seul thresorier Cecil, enfant de terre, c'est-à-dire, petit fils d'un tavernier, & dont la mere ne voulut souffrir estre appellée *Mestris*, c'est-à-dire Damoiselle, tant que la Royne l'eust faict Mylord, a esté suffisant en Angleterre, sur l'appuy de sa maistresse, de faire passer la religion Catholique, & tout exercice d'icelle, comme de se confesser, communier, porter chappellet ou grains benis, recevoir ou n'accuser un Prebstre, en crime de leze-Majesté : d'avoir par tout des espions, contrefaisans les Catholiques, jusqu'à se faire Prebstres, & dire Messe, qui se coule de tous costez, tant dehors que dedans le Royaume, pour découvrir les Catholiques, & tirer d'eux, voire leurs plus secrettes pensées : d'attiltrer des délateurs, & faulx tesmoins, entretenus à gaiges, & payé à poinct nommé, pour servir à discretion : d'inventer des subtilitez & interrogatoires captieux, pour faire chopper de la langue, & tomber en désordre, les plus innocens de la terre, dont on se veut défaire, & les rendre convaincus, de ce à quoy ils n'ont jamais songé : de se faire redoubter, par les gens de Justice, pour les tenir à sa devotion, & comme chiens en laisse, pour faire courre, c'est-à-dire, condamner qui il voudra, fusse mesme les

Princes, comme il a faict la Royne d'Escosse : & oultre cela faire mourir de poison, ceux qu'il ne peut avoir aultrement, comme il a faict le Cardinal de Chastillon François, le Duc de Lenox Escossois, & dernierement le Comte de Derby, & sa femme qui estoit enceincte (mais elle reschappa, & son fruit mourut) pour faire espouser sa petite fille, au frere dudict Comte, auquel par ce moyen la succession viendroit. Et par ainsi remuer tout cest estat, & y entretenir la tyrannye, que l'on sçait & que l'on voit, si un seul (dy-je) peut tout cela, que feront tant de gens, si accors & inventifs, que feront dix mil Cecils, qui ne sont moins, ni heretiques, ni meschans, que le Cecil d'Angleterre, appuyez de ceste Souveraineté, pour suyvre les mesmes erres, & les practiquer en France ? Veu l'experience que l'on a de ce qu'ils sçavent faire, & des commencemens qui s'en voient, en toutes sortes & manieres.

Car voylà les raisons, dont Chastel, ou qui que ce soit auroit pu justifier l'utilité de son coup. Et dont l'effect ne l'eust trompé, veu les exemples qui en sont, & qui l'y pouvoient resouldre. Absalon l'usurpateur, & fils indigne d'un tel pere que David, n'est si tost mort, que le peuple est remis en paix. Holofernes n'a si tost perdu la teste, que le Camp des Assiriens est en confusion, & le peuple de Dieu délivré. Et par la mort d'Eglon, Roy des Moabites, Israel reprend courage, & se met en liberté. Et comme on dict, la beste morte, le venin est mort aussi. Car c'est là qu'il l'eust deu prendre, & non aux inconveniens, alleguez par certains discoureurs, de la mort

des

Cecil Thresorier d'Angleterre.

Que peut la malice des Ministres, appuyée de Souveraineté.

Estranges artifices de Cecil.

2. Reg. 18.

Judith. 13.

Jud. 3.

des Alexandres & des Cefars. Aux re-muemens defquels, comme il n'y alloit que de l'Eftat, & non de la religion, n'y a auffirien de femblable, au faict dont eft queftion, où la religion eft tellement engagée. Eftant celle, qui paffe par deffus toute confideration d'Eftat, & pour la deffenfe de laquel-le, il faut courir à tout hazard, la tefte baiffée. De mefme que le Serpent, pour fauver fa tefte, expofe fon corps à toute playe.

Et comme il n'appartient qu'aux Huguenots, d'alleguer en ce fuject, les Alexandres & les Cæfars, en fa-veur de celuy, qui eft leur Alexandre & leur Cæfar, (& n'a de religion, non plus que ces deux) pour eftablir leur impieté; ainfi quand il faudroit décider ce faict, par le poinct de l'an-tiquité, & des hiftoires purement hu-maines, Chaftel avoir affez de juge-ment, lifant ès lettres prophanes, les exemples des ftatues d'Harmodius &

Valer. lib. 3.
Florus.

& Ariftogiton, de Scevola brûlant fa main, pour avoir failly Porfena, de l'un & de l'autre Brutus,& de ce qui fut efcript du temps de Cæfar, au pied de la ftatue de l'ancien Brutus, pour exci-ter la vertu de l'aultre, *Brute dormis? Brute dormis? utinam Brute viveres:* dont l'effect puis après advint, & aul-tres femblables dans Plutarque & ail-leurs, pour de là tirer argument, & conclure du moindre au plus. Et que fi telles gens pour le feul amour du païs, avoient couru tels hazards, fans avoir aultre lumiere, un Chreftien, & un Françoys, qui d'abondant feroit in-ftruict, par le zele d'un Phinées, d'un Aiod, d'un Elie, & aultres dont tan-toft il fera dict, ne pouvoit moins que d'en faire aultant, pour celle pour qui Jefus-Chrift eft mort, & en la-quelle feule pour jamais, les hom-mes ont affeurance de vie, qui eft l'E-glife Catholique.

Plut. in Bruti

PARTIE

PARTIE TROISIEME,

QVE L'ACTE DE CHASTEL EST heroïque.

CE qu'estant dict de la justice, & de l'utilité y conjoincte, reste de veoir les circonstances, qui servent d'ailles à la vertu, pour la mettre au plus hault degré, de ce où elle pourroit atteindre. Et pour montrer que le faict dont est question, est purement heroique.

Et d'aultant que le tout consiste en deux poincts, l'un de la substance du faict, l'aultre de la confession, le premier pour l'action, qui est passée une fois, & le second pour la persistance & perseverance en iceluy, (la vertu n'estant louable, qu'en tant qu'elle est persevere (voyons icy tous les deux, & comme en l'un & en l'aultre, rien n'a manqué à la vertu de Chastel, qu'elle ne soit dicte purement, & vrayement heroique.

CHAPITRE PREMIER.

Acte de Chastel heroique en sa substance.

OR le premier sera clair, à qui considerera, que comme la vertu de force, se voit ès crainctes & hardiesses : ès crainctes, pour vaincre le peril, & toutes risques de souffrir : & aux hardiesses, pour entreprendre quelque acte brave & genereux, sur le fonde-

ment de justice, & de la pieté publique, les deux se rencontrent icy, en si hault degré d'excellence, à considerer simplement le faict, qu'il n'y auroit plus qu'adjouster, n'estoit que la tendre jeunesse, d'un enfant nourry aux estudes, & aagé pour tout de dix-neuf ans, qui n'a rien veu, que les parois, & la pouldre de son escholle, nous ravit plus hault encor, voire par dessus le vol des aigles, pour donner à entendre par tout, que peut le feu du S. Esprit, depuis qu'il embrase les ames. Pour faire icy plus qu'un Aiod, un Phinées, un Matathie. Car si bien ils ont faict genereusement, si n'ont-ils pas couru pourtant la risque d'une mort tant inevitable, & douloureuse s'il en fut onc, & plus que l'aage ne portoit. Quoyque soit, ne s'y en est veue une practique si authentique. Ou ensemble & en mesme instant, la vieillesse cede à la jeunesse, la cruauté à la vertu, la furie à la patience, la rage à la devotion, la barbarie au fervent amour, & les tourmens à la constance. Où l'ignorance du droict divin & humain, faict joug à la science de l'un l'aultre, & plus infuse qu'apprise : & la ruse & imposture à la prudente & simple verité. Ou l'impudente calomnie, & calomnieuse impudence, de ceux qui attribuoient à l'or, & aux appoinctemens

(marginal notes: Chastel aagé de 19. ans. / Vertu & courage de Chastel.)

H

Acte de Chastel dément la calomnie faicte aux Catholiques.

mens d'Espaigne, tout ce qu'il y avoit de bon zele, entre les pauvres Catholiques, se trouve par une nouvelle preuve, après celle du siege de Paris, où la famine & la langueur, ont tesmoigné de leur courage, & leur sincere pieté (telle qu'il ne faut attendre des aultres) estre honteusement vaincue. Voyant, que mesmes les plus jeunes, y couchent si gaillardement de ce que or ni argent ne peut rendre. Avec des peines si cruelles, dont le Diable mesme est confus, voyant les deux extremitez de la vertu de Force, si rarement joinctes ensemble. N'y ayant rien peu avoir, ni de plus grand à entreprendre, que de mettre à mort le Tyran, au milieu de ses délices, & en la chambre de sa Venus : & de venger d'un seul coup, tant de cruaultez & injures faictes à l'Eglise, tant de Prebstres massacrez, tant de violemens, & incestes de moniales & religieuses, tant de Sacremens profanez, tant de parjures & moqueries, tant de mespris de censures, & tant d'hostilitez commises. Et sur tout l'injure de tant d'ames perdues, & qui se perdront cy-après, tant de ceux qui le suyvent, que des pauvres enfans, qui seront nourris de ce venim. Et de la religion blessée, à qui il donne le coup de la mort, & qui tire comme à la fin. Ni de plus fort à

surmonter, que ce qui par la confession de tous, est jugé le plus terrible, à sçavoir l'attente de la mort, & d'une mort non telle qu'elle, ains la plus cruelle de toutes, à laquelle il s'attendoit, & en avoit veu les exemples.

Car sa résolution fust telle, le hazard où il se mit, & le temps qu'il demeura, après le coup donné, ayant moyen d'eschapper, comme on dict, pour n'estre remarqué d'aucun, tant pour l'obscurité de la nuict, que pour la confusion, qui estoit parmy eux, en donne suffisante preuve. De mesme qu'il en prit aux deux, qui ont attaqué le tyran, usurpateur des Pays-bas, surnommé le Prince des Gueux. Dont l'un fut Jehan de Jaureguy (1) Biscain de nation, aagé de 18. ans, qui luy donna d'un pistolet dans les machoires, en la Ville d'Anvers, le 18. de Mars 1582. Et l'aultre Balthasar Gerard, Gentilhomme Bourguignon, aagé de 34. ans, qui d'un autre pistolet, chargé de trois balles, le rendit roide mort, en la ville de Depht, en Hollande, le 10 de Juillet 1584. Au lieu mesme que ce meschant, oultre tant d'aultres Prebstres massacrez, avoit quelque temps auparavant minuté la mort, du docte vieillard, & devot Poëte Cornelius Musius, pere spirituel des Religieuses, du Monastere de S. Agathe de

Les deux extremitez de la Force joincts au faict de Chastel.

Resolution de Chastel.

Acte de Jehan Jaureguy, & Balthazar Gerard, contre le Prince d'Aurange.

Martyre de Cornelius Musius.

(1) Jaureguy fit cet assassinat du Prince d'Orange à la sollicitation d'un Jesuite & d'un Banquier d'Anvers, qui se retira à Tournay, d'autres disent à Calais. Avant que ce coup arriva, le Prince d'Orange receut un coup de pistolet dans la machoire, il entra par les joues, & n'endommagea ni les dens ni la langue, ni le palais ; le Prince d'Orange fut trois mois à guérir de sa blessure, & l'on prit aussi-tôt un Jacobin déguisé, nommé Timmermans, & un Valet du Banquier fugitif, qui furent trouvés complices de ce crime. On leur fit leur procès aussi-bien qu'au cadavre de Jaureguy qui avoit été tué sur le champ. Mais l'an 1584. ce Prince ne put éviter la mort & fut tué à Delftd'un autre

coup de pistolet par Baltasard Gerard, Gentilhomme de Franche Comté. Tous deux avoient été gagnés par les promesses d'Espagne, & par quelques Moines qui ne se présentent que trop souvent pour appuier ces trahisons. Il fut pareillement jugé & condamné à la mort qu'on lui fit souffrir d'une maniere cruelle ; mais pas encore autant que le méritoit son crime. Tels sont les assassins dont ce fanatique écrivain fait l'éloge. Mais il étoit sur les Terres d'Espagne, & il falloit, ou qu'il gardât le silence, ou qu'il fit l'éloge de tous les assassinats, commis à la sollicitation de la Cour d'Espagne.

de Delpht. De l'habitation defquelles, pour la beauté & excellence du lieu, ce tyran s'eftoit faify, pour y faire fa demeure. Qui pour fe deffaire de ce bon pere, l'ayant faict fortir la ville, foubs couleur de quelque charge honorable, l'avoit faict furprendre en chemin, par le Sieur de Lumay. Qui luy feit ce bon traictement, que de le pendre nud premierement par les mains, avec des plombs pefans aux pieds, & brufler les aiffelles, avec des torches. Puis coucher à la renverfe, fur une table, pieds & mains liez, & ainfi le remplir d'eau, verfée de force, avec un entonnoir, par la bouche, qu'on luy feit rendre par après, à force de coups de bafton fur le ventre, tant par où il l'avoit prife, que par les aultres conduicts de nature. Puis de rechef, pendre par les deux gros orteils des pieds, tant qu'iceux eftant efcorchez, le pauvre corps tomba par terre. Et finablement, pendre & eftrangler à un gibet. Dont le bourreau de Lumay, fut après payé comme il méritoit. Defchiré qu'il fut, & mangé de fes propres chiens. Comme jadis les Donatiftes, dans Optat Milevitain. Comme Jefabel au livre des Roys, & mieux qu'Acteon dans les fables.

De mefme auffi, qu'il en prit à frere Jacques (1) Clement, de l'ordre de S. Dominique, qui en ufa de mefme à S. Cloud, près Paris 1589. le premier jour d'Aouft, en la perfonne de celuy, qui après le maffacre de Bloys, venoit avec main armée, pour devorer Paris, & le refte des Catholiques. Qui tous

Jugement horrible fur le fieur de Lumay.
4. Reg. 9.

d'un mefme efprit, pour n'eftre vertueux à demy, & ne manquer à la partye principale de la force, & celle où le martyre fe confomme, qui eft d'endurer les tourmens, pour le bien de la vertu, ont mefprifé les moyens, de s'évader & garentir des peines.

Tefmoin pour le premier, la difpofition dudict Jaureguy, & préparation à la mort, par le Sacrement de Confeffion. Après lequel, émeu de feul zele de Dieu, donna le coup en préfence de ceux, qui fur le champ le maffacrerent. Difpofé qu'il eftoit à mourir, foit de cefte façon, foit d'une aultre,& avec plus de peines,s'ils euffent eu la patience. Tefmoin pour le fecond l'allegreffe dudict Gerard, qui s'eftant préparé de mefme, dict après le coup donné, fans s'eftonner aultrement, *J'ay executé ce que je voulois, faictes vous aultres, ce qui eft de voftre charge.* Et ainfi fe difpofa, à la cruaulté des peines, dont le recit faict horreur : comme de la feule apprehenfion, de la veue d'icelles, plufieurs tomberent pafmez. Dont l'ordre fut, de le fouetter premierement, par cinq diverfes fois, en une nuict. 2. Puis frotter de miel tout le corps, pour le faire lecher par un bouc, à ce que la rudeffe de la langue l'efchorchaft. Ce que le bouc ne voulut faire. 3. Puis lier pied & mains enfemble, & le vanner trois fois en un van. 4. Puis guinder en l'air,ayant pendu au gros orteil d'un des pieds, un plomb de cent cinquante livres. 5. Puis l'approcher d'un grand feu, luy ayant chauffé des fouliers de cuir tout crud, imbibez

Refolution à la mort, de Jaureguy & Gerard.

1. Martyre & peines de Balthazar Gerard.
2.
3.
4.
5.

---

(1) C'eft ainfi qu'à la honte du nom Chreftien, & de la Religion, ce téméraire Ecrivain canonife les actions les plus infames; mais il eft bon de remarquer en paffant qu'il reconnoit franchement que la mort du Roi Henry III. eft l'action d'un Jacobin, ce que certains écrivains de l'Ordre de S.

Dominique ont voulu revoquer en doute; mais ce fut après coup ; car dans le temps même on ne douta point que ce crime ne partit d'un Moine de cet Ordre, crime même autorifé par le Duc de Mayenne, Madame de Montpenfier, fœur des Guifes, & loué enfin par tous les autres Ligueurs,

imbibez d'huyle. 6. Luy brufler les aiſ-
ſelles avec flambeaux. 7. Le veſtir d'u-
ne chemiſe, trempée en eau ardent,
qui luy fut allumée ſur le corps. 8. Le
piquer aux doigts, entre la chair & les
ongles, de groſſes éguilles, & ficher
des clouds dedans. Le tout ſans qu'il
criaſt, ni monſtraſt aucun ſigne de paſſion, dont il fut eſtimé ſorcier. 9. Puis le
baigner en vieux piſſat, avec graiſſe
bouillante. Ou aultre parole ne fut
ouye, quoy qu'on l'interpellaſt de parler, ſinon, *bon Dieu patience.* Adjouſ-
tant pour reſponſe, à ceux qui luy demandoient, qui le fortifioit ainſi, *Que
c'eſtoit les prieres des Saincts, & que la
conſtance ſeroit juſques à la mort.* Au ſurplus doux & modeſte aux injures qu'on
luy fayſoit. Comme à un, qui luy demanda, depuis quand il s'eſtoit donné
au Diable, il reſpondit ſimplement,
*qu'il ne reconnoiſſoit point le Diable, &
n'avoit que faire à luy.* Et aux aultres injures ſe teut. Meſme remercia ſes juges,
de l'avoir ſuſtenté en priſon, diſant
*qu'il s'en revengeroit, priant Dieu pour
eux en Paradis.* Et luy eſtant prononcée
la ſentence de mort, à laquelle, comme S. Cyprian, il diſt *Deo gratias,*
s'ayda ſoy-meſme à monter ſur l'eſchaf-
fault. Bailla librement la main dextre,
qui pour le 10. tourment, luy fut bruſlée, entre deux platines de fer, en forme de gauffrier. 11. Puis bruſlé & ſerre bras & cuyſſes, de chaiſne de fer ar-
dantes (ou perpetuellement il prioit,

& prononçoit les Pſeaumes de David)
meſme ſa main bruſlée luy eſtant un peu
relachée, il en fiſt le ſigne de la Croix.
Puis s'ayda luy-meſme à eſtre mis ſur le
banc, où aprés 12. les genitoires cou-
pées & 13. le ventre fendu peſamment
& à loyſir, en forme de Croix 14. le
cœur luy eſtant arraché, rendit ainſi ſon
ame à Dieu. Avec aultant d'admiration,
& eſtonnement d'un chacun, que l'exemple eſt memorable, pour toute la poſterité.

    Teſmoin pour le dernier, l'aſſu-
rance dudiſt Clement, paſſant au travers des ennemis, & qui n'en perdoit
pour cela, ni le manger, ni le dormir,
& moins de celebrer la Meſſe, comme
il fit le meſme jour, & avant que de
faire ſon coup. Et meſme a eſté obſervé, qu'iceluy avant ſortir Paris, comme il refaiſoit ſes ſoulliers, avec une
éguille & du fil, pour faire ſon voyage de S. Cloud, où eſtoit le Roy, avec
ſon armée a deux lieues de la Ville,
quelques-uns de ſes freres, qui le
voyoient, & rioyent de ſa ſimplicité,
luy ayant demandé, combien ceſt ouvrage dureroit, il leur reſpondit de
meſme, & en riant comme eux,
qu'il dureroit aſſez, pour le chemin
qu'il avoit à faire. Son intelligence eſtant, qu'il devoit aller, mais non pas
revenir. Comme depuis il advint. Ayant
iceluy après ſon coup, tendu les deux
bras en croix, pour recevoir ſon martyre, qu'au meſme inſtant il receut (1).
                          Quoy

Aſſeurance de F.Jacques Clement.

---

(1) Comment l'Auteur de cette miſerable ſatyre
peut-il traiter de martyr un aſſaſſin & un parricide, qui
tue le Roi ſon Souverain : & même un Souverain
reconnu & avoué dans toute la Nation ? Il devoit
même ſçavoir que le Pape Gregoire XIII. quoique favorable à la Ligue, qu'il croyoit ſeulement
armée pour défendre la Religion, ne voulut jamais
permettre qu'il fut attenté à la vie du Roi. C'eſt
ce qu'on voit par la lettre du Pere Matthieu Jeſuite au Tome I. des Memoires de Nevers page
657. & Boucher n'a-t-il pas dit lui-même ci-deſſus
chap. 2. de la ſeconde partie que la perſonne des
Rois eſt inviolable. Mais où eſt l'autorité de l'Egliſe, du S. Siége ou de l'Etat qui ait marqué que le
parricide de Jacques Clement étoit permis ? où eſt
la puiſſance légitime qui l'a dégradé de la qualité
de Roi ?

Quoy que foit, tous d'un mefme efprit, comme Chaftel après eux, eftoient préparez à la mort, qu'ils fçavoient ne pouvoir fuir. Se pouvant dire d'eux avec raifon, ce que difoit le Poëte lyrique, de M. Regulus, retournant (pour ne manquer à la foy promife) vers ceux de Carthage, dont il avoit ruiné les affaires à Rome.

Hora. lib. 3.
Car. Ode 5.

Trop fçavoit-il, quel fervice
Le bourreau luy préparoit,
Et n'ignoroit le fupplice,
Que le barbare appreftoit.
Si fceut-il bien fe diftraire
Des fiens qui le retenoient:
Et des peuples fe diffaire,
Qui fon retour empefchoient.
Auffi gay, qu'un qui s'ennuye
D'avoir trop long-temps playdé:
Et renvoyé fa partie,
Quand le procès eft vuidé.
Allant à fa metairye,
Veoir fon ménage des champs,
Ou bien à l'Academie.
Philofopher quelque temps,

Y ayant encore icy de plus, que non feulement ils ne craignoient la mort, ains auffi ils la défiroient. Soit que fuft pour éviter la vanité des louanges, & gloire des hommes, foit pour donner à entendre la grandeur de leur zele, foit pour rendre leur œuvre parfait, comme dict S. Paul, *que la patience à l'œuvre parfaict,* foit pour le defir extreme, d'endurer pour l'honneur de Dieu, & & jouir de fa préfence. Ou pluftoft les quatre enfemble. Tel qu'eftoit S. Ignace, qui difoit des beftes, qui luy ef-

Heb. 10.

toient preparées à Rome, *Que fi elles le refpectoient, & venoient careffer, comme elles avoient faict les aultres martyrs, que luy-mefme les agaceroit, pour fe faire devorer.*

Ignat. ep. ad Rom. Hierony de fcript. eccl.

Le tout pour fuyvre les erres, d'un Sanfon & d'un Eleazar, qui pour terraffer l'ennemy, & venger le peuple de Dieu, au prix de leur fang & de leur vie, fe font jettez à corps perdu, au milieu de la mort. S'enfeveliffant foubs la ruyne, l'un du Palais, où eftoient les Princes Philiftins, que par fa force il fecoua: & l'aultre de l'Elephant armé, fur lequel il penfoit, que le tyran Antiochus fuft, qu'il tua de fes deux mains. Et trop plus heureufement ni qu'un Codrus, ni qu'un Curtius, ni les deux Decius Romains. Practiquant ce que l'Efcriture tefmoigne, eftre *la fouveraine charité, de mettre fon ame pour fes freres.* Et par mefme moyen, condamnant l'ineptie de ceux, qui reprouvent les actions, comme n'eftant de Dieu, quand les autheurs meurent en la peine. Comme fi Jefus-Chrift mefme, (1) n'eftoit mort en la peine de l'action, pour laquelle il eftoit venu, qui eft de fauver le monde. Et comme fi cela n'eftoit, condamner tous les martyrs. Ne voyant, que comme la refurrection de Jefus-Chrift, a juftifié fa mort, & rabattu l'erreur des Juifs, qui penfoient l'avoir vaincu, ainfi fera la refurrection derniere, la mort de tous les faincts de Dieu, & qui ont pati pour fon fervice.

Jud. 16.

1. Mac. 6.

Joh. 15.

Action ne laiffe d'eftre bonne, quoy qu'on meure.

CHAPITRE

(1) Quelle prophanation de la Religion de comparer le crime de Jean Chaftel avec les fouffrances de Jefus-Chrift. Tel eft caractere du Fanati- que de tout facrifier à l'objet de fes fureurs. Il n'y a rien de facré pour lui!

H 3

CHAPITRE II.

Acte de Chaftel heroique en fa confeffion.

M AIS fi l'action de Chaftel, a de foy efté heroique, la confeffion l'eft d'aultant plus, que comme c'eft la marque ordinaire, où fe connoift la vertu, & le calibre auquel on la mefure, pour eftre ce qui l'anime, & luy donne vie, & à quoy elle fe juge, comme l'argent au fon, le clairon à la voix, & l'inftrument à l'harmonie, & qui pourtant eft fignifiée, par les clochettes d'or fin, qui eftoient à la robbe du grand Sacrificateur, par les harpes, trompettes, clairons, & toutes fortes d'inftrumens, en l'Ancien Teftament, & ce que Jefus-Chrift principalement recommande, l'exemple auffi s'en voit icy, plus beau, plus fingulier, & plus rare entre les aultres. Comme celle, qui eftonne aultant fes ennemis, comme leur préfomption & fureur fe promettoit d'en abbattre la fermeté, & & devorer la conftance. Où la prudence de ce monde, faict joug à celle de l'efprit, & la malice inveterée à la renouvelée jeuneffe. D'aultant plus admirable, & recommandable à la pofterité, qu'eftant plus furieufement combattue, de cruaulté & malice, ni les tourmens d'une part, ni l'impieté des artifices de l'aultre, n'ont rien peu gaigner deffus,

Confeffion eft la marque de la vertu.

Exod. 28. & 39.

Luc. 12.

pour en alterer le difcours. Qui le rendent en effect, vraye trompette d'argent, forgée au marteau, affavoir par les tourmens, & vraye trompe de corne, que S. Auguftin expofe de ceux qui eftant nais de la chair, comme la corne, furmontent neantmoins la chair. Defquels deux, le Prophete commande, que l'on *donne louange, & face des cantiques à Dieu.* Et dont plus les juges fe font efforcez, d'obfcurcir l'honneur par la calomnie de l'arreft, qui fe dement foy-mefme, comme tantoft il fera dict, plus la lueur les éblouit, & leur faict perdre leur efcrime.

Num. 10. Aug. in Pfal. 97.

Pfal. 76.

CHAPITRE III.

Artifices contre Chaftel, & abus de Sacrement de penitence.

E T pour parler des artifices, le bon Lieutenant Lugoly, (1) qui y a fi bien joué fon roullet, fçait bien en confcience qu'en dire. Et ceux qui ont eu participation, au facrilege par luy commis, fe déguifant en habit de Prebftre, & fuppofant la perfonne d'un Confeffeur, pour tirer, ou pouvoir dire avoir tiré du pénitent, en guife de confeffion facramentale, chofe dont on peuft fe prévaloir, tant contre luy, que contre ceux, qui ont eu leur part au martyre.

Comme de faict, l'impudence des bruicts, qu'ils ont faict courir, aultant éloignez

Sacrilege & calomnie des Juges.

---

(1) Il n'y a point de doute que Lugoly Lieutenant des Marechaux n'ait fait une action mauvaife, de fe déguifer en Prêtre, & en Confeffeur, pour avoir par la confeffion de Jean Chaftel les lumieres qu'il s'imaginoit en pouvoir tirer. Il le fit de fon chef, & fans avoir été autorifé par le Parlement, ni par aucun autre fuperieur; c'eft un abus vifible du Sacrement, qui devoit être puni. Quand même cette fupercherie auroit eu fon effet, on ne pouvoit en faire aucun ufage dans le for exterieur, parce que tout ce qui a rapport à la confeffion, doit être caché fous un fecret impenetrable, de quelque crime qu'il s'agiffe; ce qui doit s'étendre même à une confeffion, qui feroit nulle de la part du Miniftre; la bonne foi du pénitent fuffit pour lui affurer un fecret inviolable. Ce déguifement de Lugoli n'eft pas imaginaire, il fe trouve attefté par M. de Leftoile dans fes *Memoires pour l'Hiftoire de France.*

éloignez de la penfée du deffunct, com-me la leur eft du ciel, & leur ame plon-gée dans le bourbier de menfonge, en déclare l'intention. Publiant qu'il au-roit dict en confeffion, que pour fatis-faction de certains cas énormes, par luy commis, les Jefuites luy auroient ordonné, de tuer & affaffiner le Roy. Chofe horrible & non encore ouye, au moins en matiere de Juges, & dont à pei-ne fe peut dire, lequel eft le plus exé-crable, ou l'abus du Sacrement, qu'eux mefmes publient, & s'en vantent : ou l'intention qui les pouffe, pour calom-nier de la forte, pour fe rendre du tout Diables.

Bien eft-il que parcy-devant le fem-blable avoit efté faict, par deux aultres de la mefme faction, l'un ouvert enne-my & heretique, & l'aultre trahyftre & hypocrite. Dont le premier fut Sau-tour Champenois, en la perfonne du Docteur & Prédicateur Mauclerc, qu'il prit fur le chemin de Troys, où il avoit prefché le Carefme, comme il s'en re-tournoit à Paris, l'an 1589. Auquel il ufa de ce traict, après luy avoir donné toutes les frayeurs de la mort, & eftant requis de luy, qu'il peuft avoir un Con-feffeur. L'aultre a efté Marins Gafcon, nepveu du Sieur de Belin, l'un des Mi-niftres de la trahyfon de Paris, & laiffé à ceft effect dans la Ville, en la perfon-ne d'un Chirurgien, domeftique du fieur le Bailleur, l'an 1594. peu aupara-vant la trahyfon, pour une bague éga-rée, à la maifon d'une miferable, trop connue, & de laquelle comme d'aul-tres, & de fes plus proches il abufoit alors, & fur le foupçon qu'il euft, que le Chirurgien, qui l'eftoit venu penfer leans, l'euft prife. Auquel après avoir à cefte occafion, ferré les poulces, & après avec plufieurs oultrages l'avoir

mené de nuict, les yeux bandez, à la riviere, pour le jetter dedans, finale-ment, comme le pauvre affligé deman-doit confeffion, luy en ufa de mefme l'aultre, fe fuppofant pour un Prebftre. Et le lendemain fut la bague rapportée à la Dame, par un de fes aultres amou-reux, qui par paffe-temps s'en eftoit faifi. Lequel crime qui euft puny, com-me le cas le meritoit, & crioit à Dieu vengeance, fe fuft enfemble defcouvert, par une confeffion veritable, & non apoftée, le venim de la trahyfon, que ce garnement entre aultres couvoit. Dont ceft acte le rendoit digne, pour fe renger avec ceux, que l'avarice de Judas, joincte à une plus fecrette or-dure (comme Dieu abandonne telles gens) en rendift toft après, les princi-paux & les plus apparens Miniftres. Mais fi cela eft digne d'un ribleur, d'un voleur & d'un heretique, (comme cela eft une invention de bordel & d'hereti-que, pour abufer les femmes, & fe rire de l'Eglife) pourquoy d'un homme de Jufti-ce, d'un Lieutenant de Prévoft d'Hoftel, & de robbe longue, & d'un qui avec fa foutane & fon chappelet, contrefaict le Jefuite ? Si l'herefie joincte aux ar-mes, & la temerité & furie de Mars, au bordel de Venus, ont lafché bride à ce facrilege, pourquoy la difcretion & fageffe, de ceux qu'on appelle Dieux, & qui fe difent Catholiques, fe porter à ce mefme crime ? & à une impieté fi gran-de ? Quelle convenance, de la guerre, qui n'eftoute point les loix, & de la gravité de l'eftat, de ceux qui parlent des loix ? De la barbarie & licence des armes, & de la majefté de juftice ? Sup-pofer une perfonne facrée, toucher la prunelle de l'œil de Dieu, contrefaire fon Lieutenant, & Vicaire en terre, en ce qu'ils n'endureroyent eftre faict, en

la

APOLOGIE

64

la personne du moindre Officier de justice, prophaner le Sacrement, l'employer en usage contraire, & ce qui est donné pour la salutation, en tirer la perdition : & ce qui est justification, en forger la calomnie, & supposition de faux crime : violer le secret du seel, forcer le cabinet de Dieu, scandaliser les infirmes, & donner suject, de ne se confesser qu'à demy, ou de ne se confesser du tout, à quiconque sera en peine, soit à tort, soit à droict ; apprester à rire aux heretiques, & leur exposer en passe-temps, ce nerf de la religion, quelle sincerité de juge ? quelle preuve de Catholique ?

CHAPITRE IV.

Execration de ce mesme sacrilege, en ceux du Parlement.

QUE si l'on dict, que c'est pour suyvre les erres, des premiers de ce Parlement, qui nommerent aux grans jours de Poictiers, les Prebstres qui devoyent confesser (1), avec deffenses d'aller à d'aultres, & exigeoyent d'eux, qu'ils eussent à reveler les confessions, sur peine de la vie, ce qu'ils ont depuis continué, & semblent vouloir aujour-

d'huy continuer à Paris, par la mesme façon, de nommer les Confesseurs, dont encore ils usent, soubs couleur de dire, que c'est pour une bonne fin, à ce qu'ils n'errent en la justice, & que le coulpable n'eschappe, & l'innocent ne patisse, & le passent ainsi doucement en coustume, soustenant que c'est bien faict, ô ridicule hypocrisie, & damnable impieté ! Ridicule hypocrisie, de gens conscientieux, qui ignorent la maxime, Que le juge n'est tenu en conscience, de juger que selon les preuves & les formes ordinaires Qu'il est homme, & non pas Dieu, & partant luy suffit se contenir ès termes de sa profession, & des voyes & instructions humaines, & n'en sera plus avant recherché, ni responsable devant Dieu. Qui ignorent le dire de S. Paul, *qu'il ne fault faire le mal, afin que le bien advienne.* Et par mesme moyen, conclurons pour les devins & sorciers, voyre mesme s'en ayderont, pour avoir revelation, s'il n'y a qu'à dire, que l'intention est bonne, pour justifier une meschanceté, & approuver les moyens sinistres. Vrays Phariséens hypocrites, qui osent pour leur tradition, & invention particuliere, toucher aux decrets du Ciel, & ordonnances de l'Eglise. Et à fin

Hypocrisie ridicule.

Rom. 3.

(1) Si les membres du Parlement ont fait cette démarche, c'est une faute de leur part ; la confession devant estre libre, l'histoire marque que dans le fait de Ravaillac on voulut interroger le Prêtre, auquel il s'estoit confessé : mais ce Prestre répondit fort sagement, que Dieu lui faisoit une grande grace, qui estoit d'oublier tous les péchés qu'on lui déclaroit dans la confession, & la chose ne fut pas poussée plus loin de la part du Parlement, & dans le dernier siécle, il se présenta au Parlement un fait encore plus singulier en arrestant la Dame de Brinvilliers accusée, & depuis convaincue de divers empoisonnemens, on trouva dans sa cassette une confession écrite de sa main, où il étoit marqué : *Je me confesse à Dieu & à vous mon Pere d'avoir empoisonné mon pere, d'avoir empoison-*

né mon frere, &c. La question fut agitée pour sçavoir si on devoit se servir de cette preuve écrite pour la conviction de la Dame de Brinvilliers, & il fut décidé que ce papier estant une confession projettée, elle ne pouvoit servir en justice, parce que tout ce qui a rapport à la pénitence, & à la confession, doit être ensévéli sous un secret impénétrable. M. *Nivelle* célébre Avocat fit à ce sujet un Memoire fort curieux qui fut alors imprimé séparément & qui est rapporté dans la *Bibliotheque canonique de Bouchel* augmentée par *Blondeau.* Ce secret inviolable fait non seulement la seureté du Sacrement, mais mesme celle des Rois & des Souverains, comme on l'a montré dans des écrits faits sur cette doctrine.

Matt. 23.

fin de fauver le bras, ne feignent de couper la tefte. *Aveugles & conducteurs d'aveugles, qui coulent le moucheron, & engloutiffent le chameau. Qui difment l'aneth & le cumin, & laiffent les chofes de la loy, qui font de trop plus d'importance.*

Impiété damnable.

Et damnable impieté de gens, qui directement entreprennent fur Dieu mefme : tirant de force, ce que le prebftre fçait, non comme homme, ains comme Vicaire & Lieutenant de Dieu. Eftant en la mefme qualité, qu'il fçait le péché, & qu'il abfoult le péché : & il ne l'abfoult, que comme Lieutenant de Dieu. Pour ce que ceft œuvre eft de Dieu feul. Dont le Preftre eftant le Mini-

18. Suppl. q. 11, 47, 2.

ftre, il agit comme Dieu auffi. Et ce qu'un Superieur en l'Eglife, voire le Pape mefme, qui a toute la jurifdiction fpirituelle fur terre, ne peut ni par excommunication, ni autrement commander, ou y contraindre le Prebftre, pour eftre cela de droict divin, & fuperieur à luy ; attendu, que fi bien fa Jurifdiction s'eftend fur les perfonnes, qui adminiftrent le Sacrement, fi ne s'eftend elle fur le Sacrement mefme, qui eft œuvre purement de Dieu, & non d'homme, pour en alterer la fubftance : comme auffi le prebftre n'y doibt obéir, pour quelque fujet, ou commandement de qui que ce foit, deuft-il endurer la mort, (ce qu'en ce cas il eft tenu faire, & luy fera un jufte martyre) ceux-cy l'ofent entreprendre.

De mefme qu'en uferent les heretiques du païs-bas, furnommez Gueux, en la Ville d'Anvers l'an 1582. en la perfonne du venerable Pere (1) Antoine Antonin Temermans (c'eft Charpentier en François) de l'Ordre de S. Dominique, natif de Dunkerke, Prédicateur excellent Flamen, Françoys & Efpagnol, auquel le fufdict Jehan de Jaureguy s'eftoit reconcilié, avant que faire fon coup. Duquel ayant exigé, qu'il euft à dire le fecret, & reveler la confeffion, & ne l'ayant peu obtenir, pour le refuz qu'il en feit, & où il perfevera conftamment, voire pour obvier aux impoftures, le protefta par efcrit, qu'il fit en Latin, en la paroy de la prifon, avec un ferret d'éguillette, (& qui depuis a efté tranfcrit authentiquement, par la main des Notaires Royaulx) ils l'executerent à mort, l'eftranglant à un poteau. Le corps mis en quatre quartiers, & la tefte fur un pieu, en la Citadelle. Ce que n'ayant efté fans admiration, & eftonnemèt public, tant pour le mérite de la caufe, & vertu du perfonnage, qui le rendoit vray martyr, que pour une certaine lueur, que quelques-uns eftans en garde, affeurerent avoir veu de nuict, rayonner deffus ce chef, qui depuis a efté, & eft en vénération & garde en ladicte ville d'Anvers, au Convent des Freres Prêcheurs : fervira ceft exemple, pour condamner enfemble, & l'impieté de ceux qui exigent telles revelations, & le

sacrilege

Martyre dé P. Antonin Temermans, pour n'voir voulu révéler la confeffion.

---

(1) Le Pere Timmermans Dominicain n'eft pas en faute pour avoir refufé de révéler la confeffion de Jaureguy ; au contraire il en eft louable ; mais on ne fçauroit l'excufer d'avoir déclaré qu'il avoit fçû le crime par un autre aveu, que lui en fit Jaureguy ; s'il l'a fçû il devoit en avertir ou faire avertir le Prince d'Orange, il n'eft jamais permis de contribuer à un affaffinat, & moins encore à celui d'une perfonne conftituée en dignité que de tout autre.

Dès qu'il reconnoit l'avoir fçû, c'étoit fans doute par d'autre voye que celle de la confeffion, parce qu'un Confeffeur ignore abfolument ce qu'il ne fçait que par ce moyen ; ainfi il étoit puniffable, fur-tout s'il l'a confeillé, comme le porte l'Hiftoire ; & il ne méritoit pas d'être mis par le Pere Choquet dans le Catalogue des Saints Martyrs que l'Ordre de S. Dominique a produits dans les Pais-bas. On ne doit pas ainfi proftituer la qualité de Saint,

I

a. Sacerdus De pænit. dist. 6.

sacrilege de ceux, qui y optemperant, soit pour crainéte de la mort, soit pour se mettre en crédiét, souillent l'ordre sacerdotal, honnissent l'honneur des

c. Omnis utr. de pænit. exc.

Levites, polluent la dignité du caractere, & tombent en la juste sévérité des condamnations & censures de l'Eglise.

Entreprises sur l'Eglise en toutes sortes.

N'estant merveille au surplus, si ceste curiosité de juges, s'est laschée à ceste impieté. Pour estre cela du mesme esprit, dont ils ont entrepris cy-devant, de pourvoir aux benefices, deffendre d'aller à Rome, & faire mourir Prestres & Moynes. Et depuis encore, sur l'administration de la parole de Dieu, deffendant aux Evesques, de recevoir en leurs Eglises, aucuns Prédicateurs, (1) sinon qu'ils soient nommez par eux, & ausquels ils prescrivent, ce qu'ils doibvent dire ou taire. A ce que s'élevant de tout point, sur l'Eglise, & Dieu mesme, il n'y ait rien plus à dire, qu'ils ne soient vrays Antechrists. En

a. Thess. 2.

une chose seule excusable (si telle impieté a excuse) de ce que leurs Evesques sont muets, pour ne s'opposer à l'encontre.

Ezech. 13.

Que leurs Prophetes sont comme renards aux déserts, qui ne montent point aux bresches, & ne se présentent, pour remparer, & servir de mur à la maison d'Israel, pour se tenir en bataille au jour du Seigneur. Et les Prestres n'ont point

Hier. 2.

diét, où est le Seigneur? Et ceux qui tenoient la loy, ne l'ont point cogneu. Les pasteurs ont prévariqué contre luy. Et comme diét le Psalmiste, Les fils d'Ephraim

Psal. 77.

armez, & qui tirent de l'arc, ont tourné

le dos au jour de la bataille. Soit que la Simonie, soit que la lubricité, soit que l'avarice & ambition, & sur tout l'hypocrisie, leur face tomber les armes du poing, & qu'estans veuz les premiers du loup, qu'ils ont deu prévoir les premiers, ils ont tous perdu la parole. Horsmis ceux, qui ne l'ont peu perdre, pour ce qu'ils n'en eurent jamais.

CHAPITRE V.

Impudence de calomnie contre Chastel.

MAIS puisqu'ils n'ont aultre maxime, pour faire tout ce, que leur furie, & leur perverse volonté leur suggere, sinon que cela leur a pleu, & leur venoit à propos, qui est la maxime de Babylon, la loi souveraine du Royaume des tenebres, la clef du puy de l'abysme, le sommaire de l'inimitié de Dieu, la vraye & seule porte d'Enfer, le seul tiltre de damnation, sans lequel & hors lequel elle ne peut estre, quelle lumiere en ont-ils tiré? Qu'ontils profité de ce sacrilege? Quelle preuve & enseignement, de ce larcin de confession? de ceste curiosité impie? Car l'invention est plaisante, de dire, qu'ils ont appris du pénitent, que pour penitence & satisfaction de ses faultes, il auroit en charge des Jesuites, de tuer & assassiner le Roy, & l'auroit ainsi recogneu. Car telles penitences se donnent? Ils en ont veu par les histoires. Et tout cela estoit credible, en la personne d'un jeune

Maxime de propre volonté quelle.

Invention ridicule.

---

(1) Pour ce qui regarde les Prédicateurs, le Magistrat civil peut souvent leur imposer silence, comme perturbateurs du repos public ou comme féditeux, parce que leur ministere est public. Et l'Histoire rapporte que Philippe II. Roi d'Espagne, fit mourir une vingtaine de Prédicateurs de tous Ordres, pour avoir prêché en Portugal que ce Prince avoit usurpé injustement la Couronne de Portugal sur les vrais héritiers. Voilà des faits que devoit rapporter cet écrivain féditeux, mais ils n'osoit dire la vérité, Philippe II. lui auroit rétranché la pension qu'il lui donnoit, & peut-être l'auroit-il traité comme il a fait les Prédicateurs Portugais.

jeune homme de dix-neuf ans, & en la difcrétion d'un pere Confeffeur, qui luy auroit commis ce fecret. Que veult-on de plus vray-femblable ? Au moins à faulte de trouver mieux, il faut ufer de ce moyen. Car à quelque prix que ce foit, il fault garder que l'on ne croye, que le feul amour de Dieu, & de la religion, ait peu avoir tant de force, que de faire frapper tels coups, s'il n'y a tentation d'ailleurs. Et en matiere d'impudent, quand le Rubicon eft paffé, il le fault eftre à toute refte.

CHAPITRE VI.

Impofture au Sacrement, comme defcou-verte par Chaftel.

ET quel maintien au penitent, en une fourbe fi infame ? Ceft ame-çon eft trop foible, pour lever un fi gros poiffon. Ce font traicts de petits enfans, & fubtilitez trop groffieres. A telles toiles d'araignée, ne fe prent une fi forte mouche. Tels Lievres ne fe prennent à ce tabourin, ny tels oifeaux à la veue du retz. Il fault pour jouer un roullet, apprendre mieux les contenances. Et le pauvre animal, qui ne fçavoit les traicts du meftier de confeffer, comme celuy qui ne frequente ce Sacrement, *qu'en forme commune, tous les ans une fois* (comme refpondit Langlois de lui-mefme, après la trahyfon de Paris *) & partant n'eftant rufé à cela, comme il eft aux tours du Palais, & à tromper filles & femmes, quelque bonne morgue qu'il feift lors, & quelque obfcurité qu'il y euft, ne laiffa d'eftre defcouvert du premier coup, par celuy qui

Confeffion en forme commune.

* C'eft la reddicion de Paris le 22. Mars 1594.

l'entendoit mieux, & en eftoit plus practic que luy. Pour avoir ce reverend Pere en Dieu, nouveau imprimé, failly à dire l'oraifon, & benediction ordinaire, que le Confeffeur dict au penitent, avant la confeffion. D'où conneu par Chaftel, pour n'eftre Prebftre, comme le rat à fon bruict, & comme l'afne à fon ramage, auffi propre à ce meftier, comme un enfant à faire l'Hercule, ou un fol le Philofophe, & ayant befoing de protocolle, comme les joueurs de l'Hoftel de Bourgoigne *, la mine eftant éventée, avant qu'avoir peu prendre feu, l'invention eft mife au néant, & le miferable autant confus, que fon impie ignorance, & & ignorante impieté le requeroit. Sauf néantmoins fon recours, à faire courir impudemment, les bruicts & ordures que deffus, contre celuy, de qui il n'avoit ouy aultre propos, que d'une fevere reprimende, & deteftation de fon facrilege. Et qui n'ayant acquis de là, qu'un degré nouveau d'honneur, devant Dieu & devant les hommes, & de démonftration de jugement, plus que l'aage ne le portoit, celuy eft auffi une qualité nouvelle, pour eftre le juge un jour, de celuy qui a voulu fouiller fon nom, & perdre fa reputation, pour le convaincre, comme il fera, de calomnie & de menfonge.

Prebftre contrefaict découvert par fon ignorance.

* Il parle des anciens Comediens.

CHAPITRE VII.

Conftance de Chaftel en l'interrogatoire.

CELA auffi eftant trop groffier, pour eftre employé au procès, que

I 2

que feront Meſſieurs les Juges ? Il fault des moyens plus ſubtils , & que les Maiſtres du meſtier y mettent leur cinq cens de nature. Et qu'ils eſpuiſent tous leurs artificés , pour faire l'interrogatoire , & tirer quelque choſe de plus. Mais ce fut alors que la cellette ſervit de chaire de Docteur , où l'enfant enſeigne les vieux , & le criminel faict la leçon aux Juges. Souſtenant à haute voix, *Qu'il a voulu tuer le Tyran , l'Excommunié , Relaps Heretique, & que c'eſt choſe qu'il a deu faire. Qu'il ne le reconnoiſt poinct pour Roy , pour eſtre iceluy hors de l'Egliſe , & que ſans le Pape il n'y peut eſtre. Ains ſeulement pour ennemy , & déclaré tel par les loix. Que ce qu'il en a faict , eſt par le ſeul motif de ſa conſcience , & pour le Zele de l'honneur de Dieu , & non à la perſuaſion d'aucun.* Allegant pour ſes actions , le peril de la Religion, l'eſtabliſſement de l'hereſie , & du preſche Huguenot , par édict public, la perſecution ouverte contre les Catholiques , le ſchiſme formé contre l'Egliſe , & la ruyne de tant d'ames. Et en oultre , la condamnation , par l'Egliſe & les Eſtats , l'exemple des Saincts , contre tels Tyrans , perſécuteurs de l'Egliſe , & du troupeau de Jeſus-Chriſt. Souſtenant avec aſſeurance , tout cela eſtre argument ſuffiſant , & devoir eſtre toujours à l'avenir , à un qui ayme la Religion , ſon prochain , & ſa patrie , pour l'inciter à faire le ſemblable. Brief comme un aultre Caton , qui dès ſa jeuneſſe ménaçoit les Tyrans , & eſtoit

courageux contre eux , voire plus que Caton ne fut jamais , & avec trop plus d'honneur , & meilleur fondement , il faict le diſcours , en eſprit de vehemence , dont un ſeul article n'a peu eſtre publié par les Juges , ſans le falſifier , & uſer de calomnie. Qui les eſtonne tellement (ferme qu'il eſt ſur ſon quarré , autant qu'eux vacillans , ſur la boulle de leur inconſtance) que n'ayant dequoy ſatisfaire , ni de parer à l'encontre , ſinon de lui impoſer ſilence , c'eſt lorſqu'on veit practiqué , ce qui eſt dict par le prophete. *Vos anciens ſongeront des ſonges , & vos jouvenceaux verront des viſions.* Que on veit renouveller la merveille , d'un David contre Goliath , d'un Samſon contre les Philiſtins , d'un Daniel contre les vieux fols , d'un Saint Eſtienne contre les Juifs , & de tant de martyrs en l'un & en l'autre ſexe , qui ont rebouché d'un meſme eſprit les tormens des bourreaux , & la prudence des mondains , voire en leur plus tendre jeuneſſe. Tels qu'oultre les Macchabées ſuſdicts , ont eſté un ſainct Pancrace , un ſainct Mammas , un ſainct Juſtin , un ſainct Agapit , un ſainct Symphorian. Et entre les pucelles , une ſaincte Luce , une ſaincte Agnès , une ſaincte Priſque , une ſaincte Catherine , & tant d'aultres , qui en leur plus bas aage , de 18. de 15. de 13. & de 10 ans , ont ſurmonté , & la ſageſſe des plus vieux , & la vieilleſſe des plus ſages de ce monde , juſqu'à l'effuſion de leur ſang , dont l'Egliſe eſt honorée.

Confeſſion de Chaſtel devant les Juges.

Plutar. in Cat.

Joel. 2.

CHAPITRE

CHAPITRE VIII.

Constance de Chastel en la question.

QUE leur convient-il donc de faire? C'est qu'on l'applique à la question, *ordinaire & extraordinaire, pour sçavoir de luy ses complices.* On l'estend sur le chevallet, les traicts de corde sont redoublez. Une seule voix de luy s'entend. *Que la seule conscience l'a incité à ce faire pour la liberté de l'Eglise, pour en venger les injures, pour le bien de la Religion, & en empescher perte.* Et autant qu'il peut, il décharge tout le monde, comme depuis il a perseveré, jusqu'au dernier souspir de la vie. Et notamment ceux, dont on l'interroge, pour avoir estudié chez eux, qui sont les Peres Jesuites. Comment donc ne sera t'il dict, que c'est le seul esprit de Dieu, qui domine en ceste affaire? Mais ce mot de *conscience*, qui n'est déformais recevable, à gens qui luy ont coupé la teste, & tranché la premiere syllabe, & qui se contente de *la science* pour devenir Dæmons & Gnostiques, c'est-à-dire Huguenots, coustera cher à ceux qui sont du mestier, de manier les consciences. Les Curez en seront suspects, & ceux qui souvent communient, & qui oyent plus d'une Messe. Mais sur tous les Jesuites, & fussent pour la plus legere présomption. Et comme dict le Sonnet, que sur ce suject ils ont faict imprimer. *Il fault tous délateurs en telle cause entendre,*

Et mesme aux vains rapports ajouster quelque foy.

Deussent-on mettre à la question, voire pendre & estrangler, quelques-uns de la compagnie, quelques Prestres

& Religieux qu'ils soient, sans en chercher plus grandes preuves. Pour ramener en France, le tems de Tybere, auquel tous délateurs estoient creus, & tout crime estoit capital, voire pour peu & de fort simples paroles. *Suet. in Tyb.*

CHAPITRE IX.

Constance de Chastel en l'amende honorable.

ON passe oultre néantmoins à executer l'arrest, à ce que Chastel se dédise, & fasse amende honorable, la torche au poing, nud en chemise, devant l'Eglise de Paris. Il est mené au Parvy nostre Dame suyvant l'Arrest. On le presse de dire par sa bouche, *qu'il se repent, & demande pardon à Dieu.* Que faict donc le pauvre jeune homme? Tout inutile & estropié qu'il est de la question endurée, faict haultement & rondement une response, qui confond, & l'imposture de Lugoly, & la gravité des Juges, & la sagesse des entenduz, & la cruauté des bourreaux. Disant, *Qu'il crie à Dieu mercy, des pechez qu'il a commis, en tout le discours de sa vie, & notamment de n'avoir mis à chef ce qu'il a essayé de faire, pour délivrer le monde de l'ennemy le plus funeste, que l'Eglise eust aujourd'huy sur la terre.* Car ceste confession est notoire. Ouye & entendue en public, à la consolation & édification des uns, & à la confusion des aultres. O constance plus que d'enfant, & digne d'estre mise en la memoire, de tous les siécles avenir. Car plus icy ne s'admirera, la constance d'un Scevole, punissant la main, qui a erré, pour avoir failly l'ennemy, en présence de l'ennemy mesme, puisqu'i-
cy *Protestation de Chastel.*

cy se voit le semblable. Voire quelque chose de plus, non en un guerrier, mais en un enfant : non entre les Soldats, mais entre les bourreaux, & non pour se brusler la main, & & mal faire à soy-mesme, ains pour la livrer au supplice, comme jadis les saincts & vertueux Machabées.

2. Mach. 9.

Pour la reprendre un jour, en la gloire de la résurrection. Et au rebours de ce que l'ennemy pense, avec d'autant plus de seureté, que c'est sur un meilleur suject. Non d'Estat, mais de Religion. Non pour une telle quelle vanité, mais pour le seul honneur de Dieu, & repos de son Eglise. Et sur le fondement de la foy, qui *seule* (comme dit sainct Augustin) *rend les vertus veritables.* Telles, que pour faulte d'icelle, n'ont jamais eu, ni les Scevoles, ni les Regules, ni les aultres braves Romains, celebrez par les histoires.

Lib. 3. cont. Jul. Pelag. c. 4.

CHAPITRE X.

Constance de Chastel au supplice.

AUssi cela n'estoit assez, si jusques au dernier souspir, la vertu ne perseveroit, que ni la honte du tombereau, ni les voix sanglantes & cruelles, ni le tranchant des tenailles enflammées, ni les traicts de cordes redoublez, ni toute figure & appréhension de mort, n'ont peu faire departir, de sa résolution premiere. Non pas mesme (ce qui est plus émerveillable) ayant ja un bras separé du corps. Tesmoin ceux qui le veirent, & ouyrent alors, redoublant & continuant de vive voix, sa proposition premiere. Tant que le corps tout demembré, & cruellement

en piéces, l'esprit vainqueur est allé vers celuy, dont au prix de son sang, il a tenté de venger la querelle. Ame heureuse, & autant digne d'estre partie d'un Françoys, que ceste seule qualité, de venger sa religion, je dy Religion Catholique, & l'obéissance de l'Eglise, d'exterminer l'heretique, & heretique Calviniste, & Calviniste relaps, de detester un hypocrite, d'en couper la teste & racine, & pour un si digne suject, exposer son sang & sa vie, jusqu'à reduire les siens en misere, pour accomplir l'Evangile, & n'aymer les siens plus que Dieu, est la marque d'un vray Françoys. Et d'autant plus heureux ce corps qui a esté après réduict en cendre, que c'à esté par le mesme feu, qui a bruslé à Tours, l'Arrest de Jesus-Christ, prononcé par la bouche de son Vicaire, & Lieutenant General en terre, & par les mains d'un bourreau : & pour la deffense duquel, il a esté consumé de mesme. Le tout sur un pareil discours, qu'ont esté jadis le corps des martyrs, à ce que les cendres n'en fussent recueillies & reverées comme Eusebe le tesmoigne.

Rom. 13

Luc. 14.

Euseb. lib. 5. cap. 1.

CHAPITRE XI.

Acte ne lesse d'estre heroique, quoyque l'entreprise ne vienne à chef.

ET n'importe pour la louange, que le coup n'a esté parfaict : & n'a esté le succès conforme à la volonté. N'estant par l'évenement, qu'on mesure la vertu. *En choses grandes,* dict le Poëte, *il suffit d'avoir voulu.* Et l'Escriture promet récompense, non tant selon l'œuvre, que selon le labeur de l'œuvre. *Chascun* (dict l'Apostre)

1. Cor. 3.

l'Apoſtre) *recevera recompenſe ſelon ſon labeur*. Et ailleurs il faict eſtat, non tant du bon œuvre, *que de la patience du bon œuvre*. Et ne laiſſe pour l'égard de l'autheur, y avoir perfection en l'œuvre, quand la patience y eſt conjoincte. Eſtant celle, comme dict le meſme, *qui rend l'œuvre parfaict*. Et partant, rien ne luy manque pour la louange. Cela n'eſtant ſans grande raiſon. Veu que en bonne Philoſophie, des deux actes, qui ſe trouvent en la vertu de Force, l'un d'exciter le courage, pour attaquer l'ennemy, l'aultre de ſurmonter la crainte, pour ſe reſoudre à ſouffrir choſes triſtes & ameres, pour le bien de la vertu, le dernier (comme dict ſainct Thomas) eſt recogneu pour le plus brave, & qui excelle par deſſus l'aultre, comme eſtant le plus difficile. Pour y avoir plus de peine à quicter le bien que l'on a, comme la paix, les biens, le repos, & ſur-

tout le bien de la vie (qui eſt la matiere de la crainte) que non pas à quicter ce qu'on n'a point, & dont la recherche appartient à l'audace. Occaſion pourquoy dict Ariſtote, *Que les hommes ſont dicts principalement forts & vaillans, en ce qu'ils endurent choſes triſtes pour la vertu.* Mais plus clairement encore, le Sainct-Eſprit en l'Eſcriture. *Meilleur eſt* (dict le Sage) *l'homme patient, que l'homme vaillant.* De ſorte que, ſi bien Dieu n'a permis, pour un plus grand ſecret, que le coup n'ait paſſé oultre, & que l'expérience ait manqué à la vertu, & l'addreſſe au courage, ne laiſſera pourtant d'eſtre un acte, aultant vertueux & heroique, qu'il a eſté digne d'eſtre blaſmé par les ennemis de Dieu, & deteſté par ceux qui ne ſont capables de louer, ſinon ce qui eſt contre Dieu, & injurieux à l'Egliſe.

Xam. 2.
Hib. 10.
2. 2. q. 113.
Lib. 3. Ethic.
Prov. 16.

PARTIE

PARTIE QUATRIEME.

VICES ET IMPERTINENCES DE l'Arreſt, contre Chaſtel.

Mais pour venir au ſecond chef, qui eſt d'examiner l'Arreſt, pour en déclarer le vice, & comme en tout il eſt deffectueux, tant en la forme, qu'en la matiere, nous n'uſerons de long circuit, y ayant prou dequoy le veoir, à qui y prendra un peu garde. Pour veoir icy aſſemblé, tout ce qui ſe peut dire de mal,& que la paſſion peut éclorre, pour rendre un jugement inique devant Dieu & devant les hommes. D'hereſies, impietez, ignorances, nullitez, erreur en faict & en droict, injuſtices, animoſitez, fauſſes ſuppoſitions, voire falſitez notoires, & de certaine ſcience, dont ce jugement eſt baſty, comme de piéces rapportées. Le tout pour deſſiller les yeux de ceux, qui ſe feroient laiſſez, ou pourroient laiſſer aller, au bruict & ſplendeur de ce ſiége, & du premier Parlement de France. Pour juger l'arbre par le fruict, & les ouvriers à l'ouvrage, & monſtrer le peu d'authorité, que doibt avoir près des gens de bien, une ſi piétre, & ſi mal façonné beſongne.

CHAPITRE PREMIER.

Impertinence en la cenſure du faict.

Et pour ce que le diſpoſitif, contient deux chefs principaux, l'un pour le faict de Jehan Chaſtel, condamné & exécuté à mort, l'autre des Peres Jeſuites, qu'ils ont banny du Royaume avec confiſcation de biens, &c. Pour commencer par le premier, & traicter le tout par ordre, trois poincts y ſont à conſiderer. Le premier de la cenſure du faict. Le ſecond, de la condamnation à la peine. Le tiers, de l'inhibition faicte après la peine, de proferer les paroles dictes par Chaſtel.

Or pour l'égard de la cenſure, *Il ſera dict* (diſent-ils) *que ladicte Cour a délaré & déclare ledict Jehan Chaſtel, atteinct & convaincu, du crime de leze-majeſté, divine & humaine, au premier chef, par le très-meſchant & très-déteſtable parricide, attenté ſur la perſonne du Roy.* Où l'on peut dès le commencement, juger le lyon par l'ongle, pour y veoir en ce peu de mots, autant de vices, que de paroles. Diſant crime ce qui n'eſt crime, Roy celuy qui n'eſt Roy, leze-majeſté divine & humaine, où n'y a ni l'un ni l'autre, ains ſervice à tous les deux. Parricide, où il n'y a ni pere, ni rien qui en approche, & mechant ce qui eſt louable. Le tout, ſuyvant ceſt erreur commun, de la reſſemblance, qui les trompe, & dont ils veulent tromper les aultres.

Je ne repeterai ce qui a eſté dict, pour montrer que ce n'eſt un crime, & que l'acte de ſoy eſt juſte. Ni de ce que le

1.
2.
3.

Cenſure du Parlement contre le faict de Chaſtel.

le bleſſé n'eſt Roy, & ne le peult eſtre. Moins m'arreſteray-je à ces mots, de très-meſchant, très-inhumain, très-déteſtable, très-abominable, & très-execrable, qui font peur aux petits enfans. Me remettant à la ſubſtance du faict, lequel eſtant ſimplement juſte, ceſte ſeule qualité diſſipe comme un Soleil, tous ces brouillars de vitupere, & par l'excellence de la vertu, dont il a eſté parlé cy-deſſus, donne à entendre le contraire. Pour dire, que c'eſt un acte très-ſainct, très-humain, très-digne, très-louable, & très-recommandable. Ni pouvant y avoir rien de plus ſainct, de plus humain, de plus digne, de plus louable, & de plus recommandable, que de ſauver tant de milliers d'hommes, tant préſens qu'à venir, de la damnation éternelle, ou ceſte Royaulté tend, par l'eſtabliſſement de l'hereſie (oultre tant d'effuſion de ſang, de ruynes, & de pertes temporelles, que les guerres apporteront) aux deſpens de la vie d'un ſeul homme. Et de l'ame la plus vile, que ſoit peut eſtre ſous le Ciel. N'y ayant celuy de tant de gens, qui ſont morts à ſon occaſion, tant meſchant & miſerable ſoit-il, qui ne ſoit de condition trop meilleur, que celuy qui n'excelle de rien par ſus les aultres, ſinon que comme il eſt plus en authorité, ainſi il luy en prend, comme au Prince des ténébres, lequel pour ſa Principauté, eſt le plus miſerable,

Vanité de blaſmes contre l'acte de Chaſtel.

Meſchant mis en authorité, eſt plus miſerable.

le plus damné, & le plus maudict de tous. Pour ceſte diſtinction notable, entre le Royaume de Dieu, & celuy du Diable, que comme au Royaume de Dieu, qui plus y eſt eſlevé, & eſt plus proche de Dieu, eſt plus heureux, plus ſainct, & plus honorable, ainſi au Royaume de Satan, qui plus excelle en grandeur, plus il eſt malheureux, plus maudict, & execrable.

Et pour l'égard de la Majeſté, ſuffira icy de dire (oultre ce que n'eſt leur meſtier de déterminer de leze-Majeſté divine, qui n'appartient qu'à l'Egliſe) que ce ne peut eſtre leze-Majeſté divine, puiſque tuer les heretiques, & heretiques relaps, eſt conforme à la Majeſté divine, qui hait les heretiques : & comme il a eſté dict & prouvé cy-deſſus, tant par l'Eſcriture, que les Canons, donne puiſſance de tuer les heretiques (1).

Ce ne peut peut eſtre auſſi leze-Majeſté humaine, puiſque majeſté ne peut eſtre, en celuy que les loix de la majeſté condamnent. Moins encore leze-Majeſté, puiſque c'eſt faire ſuyvant les loix du Royaume, contre les rebelles & attaincts de felonnie. Et conformement aux Arreſts de la Cour, donnez contre luy & les ſiens. Puiſque c'eſt faire ſuyvant le jugement des Eſtatz, (2) émologué & enregiſtré ès Parlemens, & Cours Souveraines de France, & paſſé en loy fondamentale. Par lequel, comme ennemy

Ce n'eſt leze-Majeſté divine.

Ni leze-Majeſté humaine.

---

(1) Jamais l'Egliſe n'a donné pouvoir de tuer : elle fait même le contraire, & lorſque dans les pays d'inquiſition on trouve dans ſes priſons un criminel qui mérite la mort, le Juge Eccléſiaſtique lui impoſe ſeulement une pénitence, ſon pouvoir n'allant point au-delà, & il intercéde pour le coupable auprès du Juge Séculier. Cette cérémonie ne ſeroit-elle qu'une formalité, elle fait toujours connoître que l'eſprit de l'Egliſe, eſt d'empêcher la mort du pécheur, loin de l'autoriſer, ou de l'ordonner.

(2) Où eſt-il ce jugement des Etats, où en eſt l'omologation. On trouve le contraire, puiſqu'après les prétendus Etats de la Ligue, le Parlement réſidant à Paris rendit un Arrêt célébre en 1593, où il maintient en ſon entier l'autorité de la Loi Salique : demarche vigoureuſe qui brouilla le Duc de Mayenne avec le Parlement ; il y eut même quelques écrits imprimés dans le tems, ſoit au ſujet de la queſtion en elle-même, ſoit au ſujet de la conteſtation, & du mécontentement du Duc de Mayenne ; mais l'Arrêt ſubſiſta.

K

Voyez cy-dessus.

nemy juré de l'Eglise & de l'Estat, & comme il a esté dict cy-dessus, il est déclaré *crimineux de leze-Majesté divine & humaine, au premier chef, & privé tant luy que ses hoirs, procréez ou à procréer de tous droict de succession.* Et ce par requeste présentée au Roy, par les trois ordres, & par la personne mesme, de l'Archevesque de Bourges. Le tout pour les hostilitez

Chefs de condamnation contre H. de B.

patentes, tant contre l'Estat & la Couronne, que contre l'Eglise, de celuy qui a tout remply de feu & de sang en France, depuis les mons Pirenées, jusques aux extremitez du Royaume. Qui a esté chef des voleurs, qui a amené les estrangers, & estrangers heretiques. Qui a faict triompher le Casimir de la France, avec des beufs aux cornes dorées.

Et quand la seule heresie seroit, comment l'eust peu la loy admettre à la Royaulté (comme la seule force, accompagnée d'ignorance & malice l'y a

porté) veu qu'elle rejette telles gens, voire de faire testament, & d'estre ouys

en tesmoignage, & de toutes charges civiles ?

Ce n'est point paricide.

Moins aussi peut cet acte, estre nommé paricide. Ne pouvant estre dict pere du païs, sinon celuy qui est vray & légitime Roy : ce que ne peut estre celuy, que les loix tant divines que humaines auroient exclus. Joinct que par la loy, *neque fur, neque prædo censetur nomine patris familias* Aussi que plus grande absurdité ne peut estre, que d'appeller paricide, celuy qui tue le paricide. Et plus vray paricide ne peut estre, que celuy qui tue les deux meres, & celle qui engendre les corps, & celle qui engendre les ames, qui est l'Eglise & la patrie. Et moins peut-il estre avoué, que le tyrannicide soit paricide, non plus que le tyran soit pere. N'appartenant qu'aux mesmes tyrans, ou aux suppôts de ty-

rannie, de vouloir prendre l'un pour l'aultre.

CHAPITRE II.

Impertinence en la condamnation à l'amende honorable.

QUANT à la condamnation, qui a trois poincts, à sçavoir l'amende honorable, la question & le supplice, me remettant pour les deux derniers, à ce qui a esté dict cy-dessus, suffira icy de considerer l'amende, tant en la forme, qu'en la matiere. La forme est, en ce qu'on condamne Chastel, *à faire amende honorable, aevant la principale porte de l'Eglise de Paris, nud en chemise, tenant une torche de cire ardente, du poix de deux livres, & illec à genoux, &c.* Et voicy un cas nouveau, dont ceste mesme porte de l'Eglise de Paris, donnera tesmoignage, au jugement de Dieu, s'ouvrant à l'encontre de ceux, qui au lieu mesme, où leurs peres seans au Parlement, envoyent les heretiques, du Bourg, Nez d'argent, & les aultres, pour faire amende honorable, de leur heresie & impieté, ils y envoyent les Catholiques, en faveur des heretiques, contre la Religion Catholique. Pour en avoir esté zélateurs, & pour avoir en faveur d'icelle, voulu suppléer le deffaut d'eux-mesmes. Essayant de faire contre le tyran, & usurpateur heretique, ce qu'ils estoient tenus par leur charge, & que leur corruption n'a voulu faire. Et par une methode à rebours, donnent la peine, à qui merite salaire : & salaire plus grand, que les statues de bronze, & tant que l'antiquité érigea jamais de monumens, à l'honneur des tyranicides.

Mais pour l'égard de la matiere, quelle amende y auroit-il ? C'est que Chastel en la forme que dessus, condamnera

damnera son action, & ses paroles. Son action, pour le coup par luy faict : & ses paroles, pour la confession, & propos par luy dicts, & soustenus au procès. Et pour le premier, *Il dira, que malheureusement & proditoirement, il a attenté le très-inhumain & très-abominable parricide, & blessé le Roy d'un cousteau à la face.*

Digne proposition, de gens constans en leur erreur, & qui du mesme esprit, par lequel cy-devant ilz ont jugé, contre Dieu & sa parole, contre l'Eglise, & les Decrets, contre les estatz & loix fondamentales du Royaume, le tyran estre Roy, l'usurpateur légitime, le criminel souverain, l'ennemy Prince & naturel Seigneur : & depuis ils ont faict encore d'un heretique, un Catholique : d'un hypocrite, un penitent : d'un frere couvert, un convert : d'un infidelle, un très-Chrestien : d'un excommunié, un enfant de l'Eglise : voire du mesme, par lequel le zele leur est sedition, la conscience rebellion, la craincte de Dieu folie, la religion superstition : du mesme esprit, dy-je, ils continuent icy, à faire de vertu un crime, pour dire prodition, ce qui est devoir ; assassinat, ce qui est exécution de justice : & parricide, ce qui est venger le parricide, & attaquer le parricide.

N'avisant, comme par ce mesme jugement, condamnant Moyse, Phinées, Aiod, Helie, Mathathias, & autres semblables, qui ont servi de patron & exemple, au zele de Chastel, consequemment ils justifient les Idolâtres du veau d'or, le paillard & le Madianite, la tyrannie d'Eglon Roy de Moab, les faulx Prophetes de Baal, la persecution d'Antiochus, & aultres tels impies, contre qui ces saincts personnages ont

Exod. 33.
Num. 25.
Jud. 3.
3. Reg. 18.
Mac. 1.

dégainé, & au sang desquels ils ont baigné, le trenchant de leurs espées. Et par mesme consequence, le Dieu mesme d'Israël n'eschappera leurs censures, qui a déclaré, tant par miracles & beaux succez, que par parole expresse, que tels actes courageux, & genereuses entreprises, luy sont pour bien agreables.

CHAPITRE III.

Falsitez notoires contre Chastel.

MAIS cela n'estoit assez, si passant oultre aux propos, tant véritables que prétendus de Chastel, ils ne s'engageoient en deux bien pires qualités, sçavoir est de falsité & d'héresie. Et de falsité en deux sortes, & & par texte tout exprès. L'une de dire, *que Chastel a soustenu au procès, qu'il est loysible tuer les Roys :* & l'aultre, *que instruction luy en auroit esté donnée.* Supposition en tous les deux, d'autant plus ridicule & intolerable, que la raison naturelle, voire par leur discours même, montre évidemment le contraire, & argue estre imposture ; Et imposture miserable, de gens vaincus & abattuz, & qui n'ayant sceu, respondre, non plus que les Juifs à sainct Estienne, ni resister à l'esprit qui parloit, ont recours comme les Juifs, à la seule colomnie.   *Act. 7*

Car pour parler de la premiere, tout bon esprit jugera, quel besoin avoit Chastel de dire, *qu'il est permis tuer les Roys,* pour tuer un qui n'est pas Roy, & qu'il ne recognoist pour Roy, & que si hault & si clair il soustient n'estre Roy, ni le pouvoir estre. Et de ceste vérité négative, faict le fondement de son martyre. Et quelle raison à luy d'alleguer, ce qui seroit se contredire,   *Premiere falsité.*

&

K 2

& renverſer ſa procedure? Joinét le peu
d'apparence, que celuy qui eſt diét par
l'Arreſt, avoir faiét le cours de ſes eſtudes aux Jeſuites, où la Philoſophie eſt
exactement montrée, & au ſurplus
qu'ils ont conneu, & à leur confuſion,
homme d'eſprit & de jugement, & comme diét le Poëte.

*Jeune homme, en qui le neʒ & les ſens
ne manquoit, ait faiét ceſte faulte en ſon
ſyllogiſme, de conclure une affirmative, par une négative, contre les reigles
de Logique.* Comme s'il euſt diét, *Il eſt*
Syllogiſme
vicieux, &
ridiculement
imputé à
Chaſtel.
*permis tuer les Roys. O Henry de Bour-
bon n'eſt pas Roy. Il eſt donc permis le tuer.*
Car qui ne ſçait, que la concluſion ſuit
touſjours la pire partie? & qu'en la premiere figure, il n'y a jamais d'aſſomp-
tion negative? Et ce qu'un Dialeéticien
de quinze jours, ne peut ignorer, un
Philoſophe conſommé, qui a faiét ſon
cours entier, meſme eſtant queſtion de
rendre raiſon d'un tel faiét, y auroit-il
choppé de la ſorte?

Que s'ils ſçavent en conſcience, que
Vray Syllo-
giſme & diſ-
cours de
Chaſtel.
ſa ratiocination eſtoit telle. *Il eſt permis
tuer le tyran, heretique, relaps, perſecu-
teur de la religion Catholique, excommunié & diffilé par l'Egliſe, & privé tant
par icelle, que par les Eſtats, de tout
droiét de Royaulté, Domaine, Succeſſion,
& déclaré ennemy public par tous les deux,
& uſurpateur de l'Eſtat. Or Henry de
Bourbon eſt tel. Il eſt donc permis le tuer.*
D'aultant plus ſont-ils miſerables, de
ſophiſtiquer ainſi ſon dire, & l'alleguer
à contrepoil, que par-là on voit à l'œil,
de quelle foy ils procedent ailleurs, &
ſuſſe meſme pour alleguer, comme tantoſt il ſera diét, les canons & l'eſcriture. Et comme pour ne pouvoir dé-
mordre, que leur Henry eſt Roy de
France, & en faire, comme ils font,
un principe, ils veulent que la vérité
cede à leur témérité, la raiſon à leur

paſſion, & le diſcours à leur folie.

Or ſi ceſte falſité eſt claire, celle de
l'inſtruétion ne l'eſt moins. N'appartenant qu'aux Calviniſtes, de dire, *Qu'il
fault tuer les Roys.* Teſmoing les livres
qu'ils en ont eſcrit, & le conſeil que
donna Beze de tuer la mere & les enfans, & ce qui ſe paſſa à Meaux, contre le Roy Charles IX. comme il a eſté
diét cy-deſſus. Et je m'aſſeure qu'ils ne
diront, que Chaſtel ait eſté inſtruiét
par les Calviniſtes, ni au conſeil des
Calviniſtes.
Seconde
faulſeté en
l'Arreſt.

Bien peut avoir appris Chaſtel, ce
que Nature meſme enſeigne, & qui eſt
juſtifié par le droiét, tant civil que canonique, & que les plus jeunes ſçavent
que *vim vi licet repellere*, & ce que Ciceron entonne ſi haultement, en l'une
de ſes Oraiſons. *Car c'eſt*, diét-il, *une
loy, non eſcrite, mais née avec nous,
que nous n'avons appriſe, leue, ni receue,
mais de la nature l'avons priſe, puiſée &
tirée: à laquelle nous ne ſommes enſeignez,
mais faiéts: non inſtituez, mais imbus:
que ſi noſtre vie tomboit en quelques embuſches, & en la force & aux couſteaux,
ou des larrons, ou des ennemys, tout moyen
ſeroit honneſte, de pourveoir à ſon ſalut.*
Et moins pouvoit-il ignorer, qu'il n'y
a force plus douloureuſe, que de veoir
violer ſa mere, & celle en qui toutes
les charités ſont compriſes, qui eſt l'E-
gliſe & la patrie. De veoir le meurtrier de ſes freres, & le loup dans le
bercail, qui tue les agneaux de Dieu,
de mort éternelle & temporelle. Et quel
beſoing d'inſtruétion, à qui eſt aſſez
inſtruiét de luy-meſme? Et ſi de tuer
telles gens, quand aultre moyen ne ſe
préſente, cela s'appelle tuer les Roys,
que s'enſuit-il, ſinon que les voleurs,
meurtriers, oppreſſeurs de l'Egliſe &
de la patrie, ſoyent Roys? Or pour ce
que l'Arreſt diét, *ceſte inſtruétion eſtre
damnable,*
Pro Millone

damnable, on laisse icy à juger, quelle est l'instruction la plus damnable, ou celle que la nature enseigne, conformement à Dieu, aux Loix, aux Décrets, & à l'Eglise : ou celle que l'heresie nous ameine, & confirme par cest Arrest, contre Dieu, contre les Loix, contre les Décrets, & l'Eglise.

CHAPITRE IV.

Heresie manifeste en l'Arrest.

MAIS pour venir à l'heresie, voyons ce que poursuit l'Arrest. C'est que Chastel dira. *Que par faulse & damnable instruction, il a soustenu au procès, que Henry quatriesme, à present regnant, n'est en l'Eglise, jusques à ce qu'il ait l'approbation du Pape.*

Car l'heresie est indubitable, qui se trouve icy estre double : à sçavoir celle des Politiques, & celle de Calvin & Luther, ou plustost de tous les heretiques. La premiere, de dire Roy legitime (car telle est leur intelligence, l'appellant Henry IV. & le mettant au nombre des Roys) celuy qu'on sçait, avoir esté de tous temps, & estre encore heretique, & excommunié de l'Eglise. Et la seconde, de soustenir, que l'excommunié du Sainct Siége, est en l'Eglise, ou y peut estre, sans l'approbation du Sainct Siége.

(en marge : Hérésie (1) double.)

(en marge : Dessus pag. 95. & 96.)

Car que le premier soit heresie, cela est sans difficulté, veu les erreurs, voire heresies y comprises, dont a esté dict cy-dessus, & que par-là ils justifient.

Aussi que cela estant contre la parole de Dieu, contre la doctrine de la foy, contre les jugemens de l'Eglise, & des Conciles, il n'y a que tenir, que l'heresie ne soit infaillible. Car bien est-ce contre la parole de Dieu, veu la deffense expresse, & repetée par trois foys, que Dieu faict au peuple d'Israël, *de se constituer un Roy, sinon qui soit du nombre des freres.* Entendant par *les freres*, ceux de la mesme Religion, & enfans d'une mesme mere, qui est l'Eglise Catholique, Comme l'exposent les Saincts Peres, & entre autres Lucifer contre Constantius. Et en est l'exposition necessaire. Pour ce que la vraye Religion, n'estant lors qu'au peuple d'Israël, force estoit, pour declarer le vray fidelle, qui n'est aultre que le Catholique, d'user de ce mot de *frere*.

(en marge : Deut. 17.)

(en marge : Frere signifie Catholique.)

Le mesme se voit, tant par la deffense, que Dieu faict à son peuple, de s'allier par mariage, avec les Cananeans, que par la déposition d'Ozias, Roy de Judas, dépouillé de son estat, par ordonnance & approbation de Dieu, pour la ladrerie qui luy vint. Consideré, que comme la Royaulté est une espece de mariage, entre le Roy & le peuple, ains les Saincts Peres sont d'accord, que la ladrerie en cet endroit signifie l'heresie. Occasion pourquoy, en vertu de ces deux passages, le susdict Lucifer conclut, contre le mesme Constancius, qu'il doibt estre privé de l'Estat, pour raison de son Arianisme.

(en marge : Deut. 7.)

(en marge : 1. Par. 26.)

(en marge : Dessus pag. 51.)

(en marge : Ladrerie figure d'heresie.)

C'est aussy contre la doctrine de la Foy,

---

(1) Où ce prétendu Théologien a-t-il lû que ce soit une heresie de dire qu'un Prince même errant ou hérétique, soit véritablement Roi quand la succession & l'aveu des peuples le reconnoissent à ce titre. L'Eglise n'étend pas ses qualifications d'heresies sur des matieres temporelles. Le dogme & la doctrine de l'Eglise sont purement spirituelles. Je ne parle pas ici du reste de la question, elle renferme trop de discussion sur la force & les effets de l'excommunication, pour être examinée dans de courtes notes, telles que je les donne ici.

Foy, pour l'injure que cela faict, (comme les Theologiens de Paris, prouverent par escrit public, l'an 1592.) tant au regne, qu'à la grace, & mérite de Jesus-Christ, & à la foy qui y est deue. A son regne, luy baillant pour Lieutenant (car les Roys sont Lieutenans sans plus, Jesus-Christ estant seul Propriétaire) celuy qui luy est ennemy juré ; voire qui est Ante-Christ, & avec qui il n'a nulle convenance, comme est tout heretique. A sa grace, pour l'abus que seroit, veu que la Grace tant ministerielle, que meritoire, ne peult estre qu'en l'Eglise, de dire *Roy par la Grace de Dieu*, celuy qu'on sçait n'estre en l'Eglise. Et plus de faire instrument de la grace, celuy qui n'est susceptible de la grace. Et plus encore, veu que toute grace de Dieu, est le fruict du mérite de Jesus-Christ, qui ne peut estre, que pour édifier, & bastir son corps mystique, qui est l'Eglise, & l'heretique au contraire, n'est au monde, que pour ruiner l'Eglise (suyvant ce que dict l'Evangile, que *le larron ne vient, que pour derobber, pour tuer & destruire* : & dessus a esté dict, qu'il est ministre, de celuy qui s'appelle *Apollion*, c'est-à-dire exterminateur) dire que l'heretique est par la grace, seroit depouiller la grace, de son fruict propre & naturel, & luy en donner un contraire. Voire est un blaspheme manifeste, de dire que la grace de Dieu, soit destinée à destruire. Comme aussi de dire, celuy-là estre par la grace de Dieu, qui est plustost par sa fureur. De mesme que les bestes furieuses, & *l'exploit des mauvais Anges*, que Dieu envoye en son *indignation, & en l'embrasement de son ire*. Comme il est dict en l'Escriture.

C'est aussi contre les Conciles, veu

ce que l'on sçait estre ordonnné, par le Concile de Latran : qui prive & destitue tous les heretiques, de toutes charges, dignitez, & fonctions publiques.

Que l'aultre aussi soit l'heresie, tant de Luther que de Calvin, les termes mesmes le demonstrent. N'estant aultre chose de dire que l'excommunié par le Pape, est en l'Eglise sans le Pape, & sans son approbation, sinon depouiller le Pape, de sa souveraineté, & de l'authorité qu'il a par sus tous, de lier & delier. *Et de la clef de David*, qui est commise, par laquelle *il ouvre, & personne ne ferme, & personne n'ouvre*. Et par ainsi, niant un chef visible, & universel en l'Eglise, renverser la Hierarchie : & au lieu de Hierusalem, establir une Babylone. Et veu que c'est l'escueil, où non-seulement Calvin & Luther, mais aussi tous les heretiques ont heurté, & se sont brisez, ils ne peuvent eschapper, que disant souverainement & judiciairement le mesme, ils ne soient, & par leur arrest, mis aussi au mesme nombre. Car comment s'accordroit, qu'un mesme soit Souverain, & qu'on casse ses jugemens ? Que l'inferieur condamne le superieur, qu'il deface ce qu'il a faict, & contre luy & maugré luy, il délie ce qu'il auroit lié ? Brief comme se peut justifier, ce que la loy & les Decrets, mesme ce que le sens & la nature si haultement, souverainement & notoirement condamnent.

Car il n'y a nul moyen, de tergiversation. Les paroles sont trop claires. Puisque *sans l'approbation du Pape*, c'est-à-dire, maugré le Pape, celuy qu'il a excommunié, ne laisse *d'estre en l'Eglise*. Joinct aussi les actions, précedentes & subsequentes, conformes à la parole, & la parole aux actions, qui montrent évidemment, que c'est là sans plus qu'ils

en

en veulent. Et que de l'abondance du
cœur, dont ils ont cy-devant brulé les
Bulles, proscript les Nonces, deschiré
l'honneur des Legats, cassé & biffé les
indulgences du S. Siége, fermé la bouche à ceux, qui en deffendent l'authorité, & en pleine escholle : & sur tout
en ont prophané l'ordre, par les massacres qu'ils ont faicts, & continuent
tous les jours, sur les Prebstres, leur
bouche a parlé alors. Comme aussi ce
n'est merveille, si estans la pluspart de
profession Calvinistes, & le reste ou in-
firme, ou d'accord avec eux (tels que
sont tous Politiques) & par consequent
portez, que de volonté, que de force,
par l'esprit de l'héresie, le fruict aussi
qu'ils ont produict, est conforme à la
racine. Suyvant ce que dict l'Evangile,
*Engeance de viperes comment pourriez
vous parler bien, estant mauvais ? Car de
l'abondance du cœur, la bouche parle.
Le bon homme, du bon thrésor de son
cœur, faict sortir bonnes choses. Et l'homme mauvais, du mauvais thrésor de son
cœur, tire aussi choses mauvaises. Et en
tout (comme il est dict ailleurs) on ne
cueille poinct, ni la grappe des espines,
ni les figues des chardons.*

Et juge icy qui voudra, que l'honneur de Parlement. Et quelle mutation
funeste, de l'antique probité, gravité,
syncerité, integrité, pieté & religion
de ce siege. Puisque au lieu, là où jadis on punissoit l'heresie, on prononce
l'heresie. Puisque le lieu, que sur-tout
redoubtoient les heretiques, est l'appuy des heretiques, & le Port où ils
aspirent. O face jadis de justice, comme
de belle que tu estois, tu es maintenant
obscurcie, & noircie sur les charbons ! O
fruicts de la bourse Huguenote, & de
la vendition des offices ! Et toy maison
ancienne, comme ayant changé de maî-

tre, tu as bien changé de nom aussi,
Rendue que tu es, d'oracle de verité ;
la boutique de mensonge : de support
de pieté, la mere d'impieté : & de do-
micile de vertu, le refuge de malice. Et
reduicte à ce malheur, qu'au lieu de
l'esprit de Dieu, qui présidoit en toy,
aujourd'huy, selon le Prophete, *Le bu-
tor, le hybou, & le corbeau y habitent,
Les espines, les chardons, & les ortyes y
croissent. Là est le repaire des dragons, &
l'habitation des austruches. Là les oyseaux
sauvages, & les luytons crient l'un à l'autre. Là y couche la Fée ou Lamie, c'est-
à-dire l'heresie, & en son ombre le hybou
fait son nid, pour y éclorre ses petits.*

CHAPITRE V.

Nul moyen d'excuser l'heresie.

ET ne servira pour excuse, de dire
qu'ils ont envoyé à Rome, & qu'ils
recognoissent le S. Siege. Car que sert
d'honorer de bouche, & en effect l'opprimer ? Joinct que si la légation nouvelle, n'est d'aultre substance, que celle du Duc de Nevers, dont les lettres
qu'il portoit, & que luy-mesme il a
publiées, ne parloyent que d'obédience, benediction, & approbation du passé,
& nullement d'absolution (quoyque
ledict Seigneur, par le discours de sa
legation, tesmoigne l'avoir demandée)
ce n'est pas amender la faulte, que d'y
mettre une telle emplastre. Et de vouloir encore une fois, que la mine serve de jeu, feroit trop abuser du S. Siége. Et diroit-on que tels sophismes, de
gens qui portent deux visages, qui ont
le feu & l'eau ensemble, qui veulent &
ne veulent pas, demandent & ne demandent pas, se submettent & ne se submettent pas, qui viennent en serpens
&

APOLOGIE

80

& renards, & veulent eſtre veus brebis, qui voltigent en eſpreviers, & veulent eſtre veus colombes, qui font les Cameleons, les Vertumnes & Protées, ne doivent ainſi s'adreſſer au lieu, où le S. Eſprit préſide, qui commande *de prendre les renardeaux, qui veulent demolir la vigne.* Et que toſt ou tard il ſçaura prendre, quand bien les hommes y manqueroient.

Cant. 2.

Mais ſi c'eſt à bon eſcient à ce coup (& on s'en rapporte à ce qui en eſt) & pour demander abſolution, cela ne ſera pour ſauver l'Arreſt, ains pluſtoſt pour le condamner, & avec ſolemnité. Car pourquoy dire eſtre en l'Egliſe ſans le Pape, celuy que ſi ſolennellement on demande, y eſtre mis par le Pape? Comme au contraire, s'ils maintiennent leur Arreſt, ou ſi en effect ils y ſont ſouſtenuz, il n'y a que tenir, que toute ceſte legation, pour demander abſolution à Rome, n'eſt ſinon pour s'eſtablir d'une part, & pour s'en rire & mocquer de l'autre.

Legation à Rome, condamne l'Arreſt.

Ne leur ſervira non plus, ni la Theologie de S. Denis, ni le beau traicté, que depuis ils en ont faict imprimer à Paris, cette année 1595. (1) chez Montrœil & Richer, *De la juſte & canonique abſolution de Henry IV. &c.* Qui n'ayant oſé paroiſtre, que deux ans après le coup, ne l'oſe encore maintenant, quoyqu'il ait la main forte, que ſoubs le nom d'un eſtranger. Car on leur dira de meſme, ſi l'abſolution eſt *canonique,* pourquoy donc aller à Rome? Car de

Traicté d'abſolution canonique.

penſer couler entre deux, & trouver un tiers moyen, pour enſemble déferer à la légation, & juſtifier neantmoins, tant l'action des Eveſques, que leur Arreſt, & joindre en un, deux extremités ſi contraires, le chemin eſt trop contraint, les eſpines trop eſpaiſſes, & n'en ſortiront que ſanglans. Ou pluſtoſt, comme dict le Prophete, *le lict eſt trop eſtroit, de ſorte que l'un tombera à terre. Et la couverture trop eſtroite, ne peut couvrir tous les deux.* Et ne les ſauveront alors, les exceptions canoniques, du peril & article de mort, des inimitiez capitales, & du du danger en la demeure, pour dire qu'au refus du Pape, les Eveſques, qui comme preudhommes, l'auroient ainſi jugé, auroient peu paſſer oultre, contre la volonté meſme du Pape. Et qu'attendant l'abſolution de Rome, & ſans préjudice d'icelle, la leur auroit eu vigueur, pour faire que le penitent, ne laiſſaſt d'eſtre en l'Egliſe.

Tiers moyen inutile & impoſſible.

Eſa. 28.

Car quelles exceptions canoniques, contre la volonté expreſſe, & au refus de celuy, de qui elles ſont émanées? Ou qui ouit jamais dire, que la grace du ſouverain, fuſt pour agir contre ſon authorité, & préjudicier à luy-meſme? Et veu que le devoir de *preud'homme,* eſt de juger ſelon l'intention du Legiſlateur, comme ſeront-ils recevables, jugeant directement à l'encontre, & contre le refus par luy faict?

Exceptions ne valent contre l'intention du Legiſlateur.

Auſſi que les raiſons du refus de ſa Sainteté, ayant eſté ſimplement canoniques

Raiſons du refus de ſa Sainteté canonique.

---

(1) Cette diſſertation qui eſt de Pierre Pithou fut faite d'abord en Latin, & imprimée en 1594. puis traduite en François & imprimée en 1595. Il y en a une pareille d'Antoine Loiſel Avocat au Parlement, & qui eſt imprimée dans ſes œuvres. Celle de Pierre Pithou eſt marquée comme ſi elle eſtoit traduite de l'Italien, ou qui fut fait pour lui donner plus d'autorité. D'ailleurs quoique Henry IV. fut abſous canoniquement par les Eveſques, il avoit raiſon de ſolliciter l'abſolution du Pape, parce que dans l'Egliſe il faut toujours maintenir l'économie Ecclésiastique, & conſerver la communion avec le Saint Siege, qui eſt le centre de l'unité Eccléſiaſtique ſuivant S. Irenée.

niques & peremptoires, comme encore elles continuent, pour l'impenitence notoire & publique de celuy pour qui on parle, & de qui mesme les deleguez, qui allerent vers icelle, n'avoient charge ni adveu : autant ridicule sont les plainctes, qu'ils ont faictes dudict refus, que leur procedure y a esté incivile : & damnable l'entreprise, que là-dessus ils ont fondée. Gens sages, & entendus aux formes & reglemens canoniques. 1. Qui veulent une Requeste estre receue, pour celuy qui ne l'avoue, ni n'en est susceptible. 2. Qui parlent d'absolution, avant la conversion. 3. Qui demandent la grace présente, sur le phantosme d'une conversion future. Dignes & sages Architectes, 4. qui veulent bastir sans fondement. 5. Et accorts & rusez Marchands, qui veulent le drap sans payer & sur une caution en l'air. Car c'est ainsi que Tertullien en parle, disant *que la penitence est le prix, auquel se vent la grace de pardon.* Et dont Dieu mesme est le Marchand, & le Pape est son Facteur, qui luy en doibt rendre bon compte. 6. Et qui encore, qui promettent pour aultruy, ce que le mesme, pour qui ils parlent, ne peut promettre pour luy-mesme, n'estant chose qui soit en sa puissance. Voire y auroit contradiction, de condamner ensemble, & approuver une mesme chose. La condamnant, en promettant le contraire. Et l'approuvant, y perseverant encore. 7. Qui ne sçavent que le temps des Requestes présentées, pour se pouvoir plaindre de la longueur de Juge, ne doibt estre compté, que du jour, que le suject est disposé à l'effect de la Requeste, & en est rendu capable. Ce qui ne peut estre, en matiere d'absolution, que par la conversion :

Impertinences de ceux qui se plaignent du refus de Pape.

Tertul. de pœnit.

& conversion non future, mais présente : & non présente seulement, mais reconnüe pour veritable, & par vrays fruicts de penitence. Et encore, comme dict l'ancien Pere Pacianus, *avec grand poix & balancement, après de grands gémissemens, & prieres de toute l'Eglise.* 8. Qui ne sçavent la distinction du fort intérieur & extérieur. Et que comme pour l'intérieur, Dieu qui ne se peut tromper, donne la grace au mesme instant de la conversion, ainsi pour l'extérieur, l'Eglise qui ne voit le cœur, est tenue de s'informer devant & juger par les effects : comme estant la seule marque canonique, que Jesus-Christ luy a donnée. Et qu'on ne s'est fié du premier coup à S. Paul, quelque vraye que fust sa conversion, que premierement, tant par révélation, que par effects & bons tesmoignages, la vérité n'en eust esté connüe.

Et par ainsi tomberont de mesme, ces belles exceptions, du peril & articles de mort, des inimitiez capitales, & du danger en la demeure, dont cest escrit faict si grand feu. Car tout cela n'estant canonique, sinon pour les pénitens, ni aultrement qu'à la condition du principal, qui est la penitence, quelle raison d'alleguer ces choses, où la pénitence n'est poinct?

Oultre les autres raisons peremptoires, qui rendent icy telles exceptions nulles. Car si bien le peril de mort, est favorisé au canon, pour celuy qui est en danger, si ne l'est-il pour celuy, qui faict le danger de luy-mesme, tant pour luy que pour les aultres, & qui est cause de tout le mal. Ni pour celuy, qui court hazard volontaire, & en action illicite. Comme aussi en action vaine & téméraire : telle qu'est celle des joueurs

Epist. 1. ad Sympron.

Note.

Mat. 7.

Act. 9. Gal. 1.

Exceptions canoniques, mal fondées.

L

joueurs de passe-passe, & qui sautent sur la chorde. Suyvant ce qu'un ancien, escrivant sur ce passage, où il est dict, *Que Dieu donne charge aux Anges, de garder l'homme en toutes ses voyes*, expose ce mot, des voyes justes, & non téméraires. Et sur tout, n'est pour celuy, qui court hazard, pour violer les loix, tant canoniques que civiles. La loy voulant expressément, *que nul ne tire commodité, de la chose qu'il s'efforce de combattre*. Et quelle raison donc de favoriser les Canons de l'Eglise, celuy qui combat contre l'Eglise, & contre les jugemens de l'Eglise ?

Et pour les inimitiez capitales, voire qui seroient acquises, par la coulpe de l'excommunié, si bien telle exception a lieu, pour une coulpe une fois commise, & qui ne se peut plus retenir : si ne l'a-elle pour la coulpe, qui continue, & laquelle cessant, l'inimitié cesseroit. Comme est celle, d'usurper un Estat, contre les loix, par celuy qui en est justement exclus, & de favoriser les hérétiques. Aultrement, la grace favoriseroit le mal. Et ne s'ensuit, que si bien la personne peut recevoir commodité de sa coulpe, que pourtant la coulpe, doibve recevoir commodité de la personne. C'est-à-dire, que pour espargner la personne, la coulpe soit entretenue. Veu que pour ceste raison, les incorrigibles, & qui continuent au mal, sont exclus de toute grace, par les Loix & les Canons.

Et au fort, quand ces deux exceptions auroient lieu, qui l'auroit lors pressé si fort, veu qu'elles n'avoient esté moindres, voire plus grandes auparavant ?

Car quant au principal qu'ils alleguent, du danger en la demeure,

veu que le danger compris au Canon, n'est aultre que celuy *des ames*, cela auroit icy apparence, si le spirituel les eust émeu, non le seul temporel, tant pour l'absous, que pour eux-mesmes. Pour la crainte qu'il y avoit lors, tant de la nomination d'un Roy aux Estats, que du remuement sourd entre les Catholiques, qui commençoient à s'ennuyer, & qui a cousté la vie, au dernier Cardinal de Bourbon. Pour raison de quoy, n'y ayant aultre remede que de ceste conversion & absolution, qu'il gardoit pour l'extremité, & à ce besoing seulement, force luy fut de boire ce calice, sans differer davantage. Sauf de le faire trouver bon aux Huguenots, tant estrangers, Anglois, Hollandois, Allemans & Suysses, que de tous les endroicts de la France : qu'il asseura de toute faveur & gratification, par ses patentes du mesme jour 25. Juillet 1593. Et que par ce moyen ont eu l'honneur, d'en recevoir les premieres excuses, & plustost que le Pape. Auquel les lettres portées par la Clielle, ne sont que du 18. Aoust. Et par tant ne peut estre en tout, ceste exception canonique.

Car quant au spirituel dont on parle, pour la crainte, que le pénitent ne perdist sa devotion, ou qu'il fust detourné par les Huguenots, l'un & l'autre est trop ridicule. Le premier, pour n'y avoir eu que craindre, de perdre ce qui n'estoit poinct. Et pour ce que n'ayant esté aultre ceste dévotion, si-non de consentir, d'user de l'expedient de ceste fiction nécessaire, ce seroit trop se mesprendre, d'appeller cela canonique. Et le second encore plus, puisque les Huguenots d'auprès luy, Mornay, Sanssy, & aultres, l'ont incité mesme à

ce

Psal. 90.

L. Ita tamen. Qui suspectam. ad Sen. Trebel.

l. de Epist. aud. l. 3. de harat. in 6. c. 4.

De pœnit. & remiss. c. alt.

Danger purement temporel, n'est canonique.

Vanité de danger spirituel.

ce faire (1). Et quant à ceux qui le fuy-vent, fi le fcrupule les piquoit, pour la fréquentation néceffaire, avec l'ex-communié, ils devoient trop plus eftre fcrupuleux, de rien faire contre le S. Siége.

Jugement de preud'hommes ridicules.

Et fi c'eft-là toute la reffource, du jugement des Evefques, en qualité de *preud'hommes*, pour bailler l'abfolution, fur un danger temporel, & mefme en chofe injufte, & contre le jugement des loix, tant d'Eglife, que d'Eftat, c'eft mal s'acquiter de leur charge, de peres fpirituels, & édificateurs de Sion, qui eft l'Eglife, que de *plaftrer la paroy, avec du mortier fans paille*, c'eft-à-dire mal lié, *& maçonner fans eftoffe*. N'avi-fant à ce que Dieu dict, & menace par

Ezech. 13.

fon Prophete. *Dy à ceux qui maçonnent la paroy fans eftoffe, qu'elle cherra. Et de rechef, Je deftruiray la paroy, que vous avez plaftrée fans eftoffe, & la rueray jus en terre, & fera fon fondement defcouvert: & ferez confumez au milieu d'icelle, & fçaurez que je fuis le Seigneur. J'accom-pliray ma fureur à la paroy, & à ceux qui la plaftrent fans eftoffe. Et vous di-ray, La paroy n'eft plus, ne ceux qui l'ont plaftrée.* Car c'eft ainfi qu'il en par-le, & à ceux qui foubs couleur de di-re *paix, paix, où il n'y a poinct de paix*,

fuyvent leur propre efprit, & fantafie particuliere.

Et fi en tout, ceux de l'Arreft, n'ont aultre fondement de leur dire, cefte couverture eft trop claire, pour les cacher de l'herefie, & ce bafton de roufeau trop foible, pour les fouftenir en leur cheute.

CHAPITRE VI.

Impertinence de l'inhibition, de proferer les propos de Chaftel.

RESTE le troifiéme poinct, qui eft de l'inhibition & deffenfe, à toutes perfonnes, de quelque quali-té & condition qu'elles foient, *fur pei-ne de crime de leze-Majefté de dire ne pro-ferer, en aucun lieu, public ne aultre, lefdits propos de Chaftel: lefquels ladicte Cour a déclaré & déclare fcandaleux, & condamnez comme hérétiques par les faincts Decrets.*

Ou comme l'herefie tourne en droict, & l'impieté s'en faict croire, deux cho-fes font à remarquer, à fçavoir l'entre-prife au jugement, & le jugement en fa fubftance. Le premier, pour veoir ici déterminer par gens lays, de la pa-role de Dieu & d'herefie, (2) comme cy-

Incompe-tence de ju-gement fpi-rituel par des Laïques.

---

(1) Ce fut véritablement Dupleffis Mornay & Harlai Sanci, qui confeillerent le plus efficacement à Henry IV. de rentrer dans l'Eglife Romaine. On fçait que la tolerance eccléfiaftique eft un des principes des Reformés & des Proteftans d'Allema-gne. Malgré les déclamations qu'ils font contre la doctrine & le culte de l'Eglife Catholique, ils ne laiffent pas de convenir que l'on peut abfolument fe fauver dans l'Eglife Romaine, quoique plus dif-ficilement que dans leur reforme. C'eft ce qu'on a vû même au commencement de ce fiecle, lorfque la Princeffe de Wolfenbuttel fut fur le point d'é-poufer le Sereniffime Archiduc Charles, qui depuis a été le fage Empereur Charles VI. mort en 1740. cette vertueufe Princeffe avoit un fcrupule fur la Religion, mais il fut levé par l'univerfité d'Hel-

meftads, qui décida que la Princeffe pouvoit em-braffer le culte Catholique, parce qu'on pouvoit fe fauver dans l'Eglife Romaine. C'étoit auffi le fentiment de M. Jacques de Bafnage, l'un des plus Sçavans Théologiens de la Reforme, auffi-bien que du Docteur Burnet Evêque de Salifberi en An-gleterre, & de prefque tous les grands Théologiens de leur communion.

(2) Le Parlement ne déclare point hérétique les propos de Jean Chaftel; mais il marque feulement que ces propos ont été déclarés hérétiques par les faints Decrets; or c'eftune fimple queftion de fait pour laquelle il ne faut employer que fes yeux. Ainfi cet Ecrivain a tort de dire ici que le Parle-ment s'arroge l'autorité de qualifier d'héréfie cer-taines propofitions.

cy-deſſus de Majeſté divine. Ce qui n'appartient qu'à l'Egliſe. Car ſi bien parmy eux il y a quelques Eccléſiaſtiques, le nombre en eſtant ſi petit, & ſi peu reſpecté des aultres (au moins en ceſte qualité) qui les emportent comme un torrent, cela ne doibt tenir lieu, que ce ne ſoit jugement de Laiques. Joinct l'entrepriſe dont a eſté dict, de pourvoir aux benefices, diſpoſer des Confeſſeurs, voire auſſi des Prédicateurs, & par deſſus les Eveſques meſme. Car ce n'eſt choſe qui leur compete, ni comme Lays, ni comme Clercs. Car ſi bien les Clers y ſont mis, pour ſouſtenir les droicts de l'Egliſe, ſi n'eſt-ce pour entreprendre ſur elle : Ni pour mettre en la main des Roys, ce qui eſt pur ſpirituel. On ſçait l'ordre qui eſt en nature, & le partage qui en eſt faict. Que la Lune eſt pour la nuict, & le Soleil pour le jour. Et la nuict eſt le temporel, & le jour eſt le ſpirituel. Comme la Lune eſt la principauté, & l'Egliſe eſt le Soleil, dont le throſne eſt devant Dieu. *Les cieux les cieux au Seigneur, mais il a donné la terre aux fils des hommes.* Ce que Joſaphat Roy de Juda entendant *Amarias le Sacrificateur* (diſoit-il) *préſidera ſur vous, en toutes choſes du Seigneur : & Zabadius fils d'Iſmael, Duc de la Maiſon de Juda, ſera ſur toutes les affaires du Roy.* Et Hoſius Eveſque de Cordoue, à Conſtance l'Empereur. *Ne vous meſlez, ô Empereur, des choſes Eccléſiaſtiques, & ne nous commandeż pas pour ceſt egard, mais pluſtoſt apprenez de nous.* Et S. Ambroiſe à Valentinian. *Ne vous travaillez, ô Empereur, penſant avoir droict, de commander ès choſes divines. Il eſt eſcrit, rendez à Ceſar ce qui eſt à Ceſar, & à Dieu ce qui eſt à Dieu. Les Palais ſont pour les Princes, & les Egliſes pour les Prebſtres.* S. Athanaſe iroit plus oultre, & les appelleroit *Ante-Chriſts, & l'abomination de déſolation prédicte par Daniel,* comme il fit le meſme Conſtance. N'appartenant qu'à ceux, à qui Jeſus-Chriſt a dict, *comme mon pere m'a envoyé, ainſi je vous envoye,* de cognoiſtre de telles choſes. Mal prit à Saul, & mal au Roy Ozias, de s'immiſcer ès choſes ſacrées, & tous deux y ont perdu, & le Royaume & la vie. Et Oza meurt ſoudainement, pour avoir mis indiſcretement la main à l'Arche, quoy que ſe fuſt pour ſuppléer aux bœufs, qui preſque la faiſoyent tomber. Voire il en meurt cinquante mil. du peuple, & ſoixante & dix des Princes, pour avoir ſeulement decouvert, & regardé l'Arche. Auſſi les mieux aviſez Princes, ſe ſont bien gardez d'y entreprendre. Conſtantin le Grand n'entre au Concile de Nice, ſinon que tout le dernier, ne s'aſſied qu'avec permiſſion des Eveſques. Et ayant parlé un peu de la paix & de la concorde, laiſſe le jugement de la foy aux Eveſques. Voire ne veult cognoiſtre de leurs differens. Et Theodoſe le jeune, eſcrivant au troiſieſme Concile d'Epheſe, dict qu'il ſe gardera bien, de parler des matieres de la Religion, *pour n'eſtre loyſible à aucun, ſinon qui ſoit du nombre des Eveſques, de s'immiſcer aux choſes, qui ſont de l'Egliſe.*

Que ſi bien aujourd'huy en Angleterre, on en uſe tout au contrarie, on une femme meſme eſt receue, pour préſider ès choſes ſacrées, quelle raiſon que la France ſoit emportée de ce vent ? Que ces Aquilons l'entrainent ? Et que ce que ceſte pauvre Iſle, n'a ſouffert que pied à pied, la France y coure au galop ?

Mais d'autant plus intolerables, d'entreprendre ſur le ſpirituel, qu'avec plus
de

Ordre & partage des deux puiſſances. Gen. I.

Pſal. 88.

Pſal. 113.

1. Par. 19.

Athanaſ. ad ſolit. vitam agentes.

Epiſt. 32.

Athan. ubi ſupra.

Joh. 20.

1. Reg. 13.
2. Par. 26.

2. Reg. 6.

1. Reg. 6.

Euſeb. lib. 3. de vita Conſt. Soc. lib. 1. c. 8.

de feverité, ils prohibent aux Eccléfiaftiques, de parler du temporel. Et blafment fi aufterement en aultruy, ce que plus indignement ils commettent. Car fi bien la Lune tient du Soleil, fi le Soleil ne tient-il de la Lune. Et plus de droict a en tout cas l'Eglife, de juger du temporel, voire par-là tefmoignage de S. Paul (*Sçavez-vous pas*, dict-il, *que nous jugerons les Anges? Combien plus les chofes feculieres?*) que non pas le temporel de l'Eglife.

v. Cor. 6.

Et plus encore le font-ils d'alleguer la parole de Dieu, & les faincts Decrets, voire de s'en formalifer, qu'ils ne connoiffent l'un ni l'aultre, voire violent tous les deux. Et de condamner comme herefie, eux qui fouftiennent l'herefie, & prononcent herefie. Car quelle parole de Dieu en ceux, qui en tuent les Miniftres? en maffacrent les Prophetes? Ou quel gouft de cefte eau vive, à qui en coupe les tuyaux? Et veu que la parole de Dieu eft en l'efprit, *qui feul vivifie, & la lettre tue*, & l'efprit n'eft qu'en l'Eglife, comment la parole de Dieu en ceux, qui fe bandent contre l'Eglife?

v. Cor. 3.

De mefme eft-il des faincts Decrets, en ceux qui violent les faincts Decrets, & en font profeffion ouverte. 1. Qui font mourir Preftres & Moines, 2. qui caffent les provifions de Rome, 3. qui deffendent de plus y aller, (1) 4. qui determinent d'herefie, & de crime de leze-Majefté divine, 5. qui d'autho-

rité fouveraine ofent pourveoir aux bénéfices, 6. difpofer des Prédicateurs : & pour l'égard de ces deux, faire la loy aux ordinaires. 7. Qui fouftiennent un excommunié par le S. Siége, eftre en l'Eglife, fans & contre l'authorité du S. Siége. 8. Qui nyent de pied ferme, la mefme authorité, & des facrez Conciles, pour priver les heretiques, de tout droict des Couronnes. Et generalement de l'Eglife, fur le temporel, en tous fens & en toutes fortes : & en font leur principale maxime, & fans admettre diftinction aucune.

9. Qui commandent aux gens d'Eglife, comme nagueres aux Chartreux, aux Minimes & Capucins, de prier en public, (2) & tout hault, pour l'excommunié, relaps, & contre l'effence mefme de l'excommunication, fur peine de vuider le Royaume. 10. Qui ordonnent aux Confeffeurs, de reveler les Confeffions, (3) voire mefme les y contraignent. 11. Qui brulent les Bulles du S. Siége, & par les mains d'un bourreau. (4) 12. Qui n'agueres, & de fraifche memoire, ont caffé & biffé la Bulle du Jubilé, de N. S. Pere le Pape Clement VIII. à préfent féant, donné à Rome, du 3. Decembre 1594. aux fins de prier, pour les néceffitez publiques de la Chreftienté, affaillie de tous coftez. Alleguant pour leur raifon, la claufe de refervation y comprife, *des hérétiques & fchifmatiques, fpécialement déclarez, & condamnez par l'Eglife,*

---

(1) Ceci fe trouve expliqué ci-deffus dans une note fur la page 19. de cette Edition.

(2) Pourquoi refuferoit-on de prier pour un Prince converti, ou qui du moins cherche à fe convertir, puifque les premiers Chrétiens prioient pour le falut des Empereurs, quoiqu'idolâtres, puifque l'Eglife même le jour du Vendredi-Saint, prie pour la converfion des hérétiques, des Juifs & de tous les infidèles.

(3) Jamais il n'a été ordonné de révéler les con-

feffions, feroit-ce même en matière de crime d'Etat. Voyez *le Traité Hiftorique & Dogmatique du fecret de la Confeffio*, où cette matière eft examinée.

(4) Cela s'eft fait quand on a veu qu'elles pouvoient mettre le trouble dans l'Etat; & l'on a quelquefois furcis l'execution des Bulles de Jubilé, lorfqu'elles contenoient dans le difpofitif des maximes contraires aux ufages reçus généralement dans toute la Nation : cela s'eft encore pratiqué depuis, fans que pour cela on ait attaqué la catholicité de nos Rois.

l'Eglise, à qui, & pour qui, la grace de l'indulgence n'eſtoit donnée. 13. Qui veulent que l'heretique ſoit abſous ſans penitence, & que le relaps ait audience. Le tout contre les ſaincts Decrets, & conſtitutions conciliaires : voire contre tout ordre & police, tant Eccleſiaſtique que Civile, & tout ſentiment de Chreſtienté. Car voylà la Religion, & reverence aux ſaincts Decrets, en ceux qui alleguent les Decrets, ſe formaliſent pour les Decrets; & veulent eſtre veus zelateurs des Decrets. Tout de meſme qu'en l'Evangile, le Diable allegue l'Eſcriture, luy qui eſt ennemy de l'Eſcriture, condamné par l'Eſcriture, & qui ne tâche à rien plus, que de corrompre l'Eſcriture. Et pourtant dignes comme luy, que ſilence leur ſoit impoſé, indignes qu'ils ſont, de mentionner ou proferer par leur bouche, ni les Decrets ni l'Eſcriture.

CHAPITRE VII.

Propos de Chaſtel ne ſont ſcandaleux, ne ſeditieux.

MAIS pour venir au jugement, en ſa ſubſtance, & n'inſiſter ſeulement, comme l'on dict, *ad hominem,* prenons droict par leurs paroles. Et voyons quelle raiſon ils ont, de dire les propos de Chaſtel eſtre ſcandaleux, ſeditieux, contraires à la parole de Dieu, & condamnez comme heretiques, par les ſain[c]ts Decrets.

Car pourquoy dire ſcandaleux? Où comme prennent-ils le ſcandale ? Jamais vérité ne fut ſcandale, qu'à l'ennemy de vérité, ni la foy qu'à l'infidelle, ni la ſaincteté qu'au meſchant. Qui eſt ce que les Théologiens diſent, *ſcandale pris & non donné. Bienheureux,*

Mat. 11.

diſoit Jeſus-Chriſt, *qui ne ſera point ſcandaliſé en moy.* Cela eſt le propre des Capernaites, qui ne veulent croire ſa parole, pour la manducation de ſon corps. C'eſt le propre des diſciples apoſtats, qui diſent *que ceſte parole eſt dure.* C'eſt le propre des Judas & ſacramentaires, & de leurs diſciples les Calviniſtes, qui ont choppé à ceſte meſme pierre, & tous ſe ſont ſcandaliſez. C'eſt le propre de *deux Maiſons d'Iſrael* (comme dict Eſaie) c'eſt-à-dire de Simeon & Levi. L'une pour les Scribes & Phariſées, l'autre pour les Pontifes & ſacrificateurs, qui en ſont venus, qui y ont choppé auſſi. Brief c'eſt le propre de tous meſchans, & des enfans de ce monde, à qui Jeſus-Chriſt déplaiſt, & à qui ils ſont la guerre. Ne pouvant eſtre vrayement ſcandale, que ce qui eſt faux & vicieux, & qui par exemple ou inſtruction mauvaiſe, induict aultruy à errer ou mal faire. Tels que ſont les propos de ceux, qui ſouſtiennent les heretiques, qui affligent les Catholiques, qui font des ſchiſmes contre l'Egliſe, qui font blaſphemer le nom de Dieu, diminuer les enfans de lumiere, & multiplier ceux de la gehenne, comme il eſt faict par ceſt Arreſt. Et ſi Chaſtel a dict verité, ſi le contraire eſt hereſie, comme il a eſté monſtré cy-deſſus, quel préjugé feront d'eux-meſmes, ceux qui y trouvent le ſcandale ? Et comme oſent parler de ſcandale, ceux dont les actions entieres, voire la teſte & les pieds, ne ſont rien que pur ſcandale ?

Ils ne ſont non plus ſeditieux, ſinon de la ſorte, que toute vérité eſt appellée ſedition, par celuy qui l'a en hayne. Comme Helie de ſon temps, fut nommé ſeditieux. Hieremie auſſi Michée & tous les autres Prophetes, & comme tels mal traictez auſſi. De meſme

Iu. 6.

Eſa. 8.

Que c'eſt que vray ſcandale.

3. Reg. 18.
Hier. 26.
3. Reg. 22.

mefme auffi, que Jefus-Chrift eft accufé de fédition, pour avoir prefché vérité, & comme tel condamné par Pilate. Et depuis tous les Martyrs, qui ont paffé par les glaives, & par les feus des tyrans. Et les Confeffeurs de mefme, les Athanafes en Egypte, les Bafiles, & les Chryfoftomes en la Grece, & les Hilaires en la France. Et en tous endroicts, ceux qui prefchent & difent vérité. Ou comme on diroit feditieux, celuy qui crie voyant le larron, ou au loup qu'il voit venir. Qui donne l'allarme fur l'ennemy, & le voyant fonne la trompette. Mais fi au contraire eft feditieux, celuy qui porte le mefchant, qui met le feu dedans l'Eglife, qui renverfe les loix du pays, & qui faict que la raifon cede à la force, comme s'en excuferont ceux qui parlent ?

CHAPITRE VIII.

Propos de Chaftel, ne font contraires à la parole de Dieu.

MAIS d'aultant plus eft ridicule, de déclarer fes propos contraires, à la parole de Dieu, & condamnés comme heretiques, par les faincts Decrets, que l'Efcriture & les Decrets, montrent évidemment le contraire, & juftifient le dire de Chaftel. Comme pour tous les deux articles, tant du Tyran, heretique, relaps, excommunié, ufurpateur, &c. qu'il eft loyfible de faire mourir, que pour l'excommunié du S. Siége, qui ne peut eftre remis

en l'Eglife, fans le Pape, il a efté monftré cy-deffus, par l'Efcriture & les Décrets.

Car s'ils penfent fe prévaloir, de ce qui eft en l'Efcriture, en faveur des Rois, il faudroit montrer devant, que les Heretiques & les Tyrans fuffent Roys. Ou que l'Efcriture favorifaft telles gens, comme Roys. L'équivoque eftant trop groffiere, de vouloir prendre l'un pour l'aultre.

Bien fe trouve-il efcrit, *Tu ne maudiras point le Prince de ton Peuple.* Et ailleurs, *Ne touchez point à mes oingts* (quoyque l'un & l'aultre eft premierement dict des Preftres) & Jefus-Chrift dict, *Rendez à Cefar, ce qui eft à Cefar.* Et S. Pierre commande d'eftre *fujects à tout ordre humain, foit au Roy comme au Superieur, foit aux Gouverneurs, comme envoyez de par luy.* Et derechef, *Craignez Dieu, honorez le Roy.* Et S. Paul enfeigne, *que toute perfonne foit fujecte, aux puiffances fuperieures. Et d'eftre fujects, non feulement pour l'ire, mais auffi pour la confcience. Rendre à qui tribut, le tribut : à qui peage, le peage : à qui craincte, la craincte : à qui honneur, l'honneur. Et qu'avant toutes chofes, on faffe requefte, prieres, fupplications & actions de graces, pour tous hommes, pour les Roys, & pour tous ceux qui font conftituez en dignité.* Et quant aux Decrets, on fçait ce qui a efté allegué cy-deffus, du Concile 5. de Tolede, & de celuy de Conftance.

Mais auffi fçait-on, que tout cela s'entend des Roys legitimes, (1) & approuvez de l'Eglife. Et d'approbation,

Exod. 22.

Pfal. 104.

Mat. 22.
1. Pet. 2.

Rom. 13.

1. Timoth. 2.

L'Efcriture recommandant les Roys, n'entend parler que des legitimes.

tion, non de tolerance, ou souffrance seulement (comme jadis en l'Eglise primitive, que l'Eglise n'estoit parvenue à son authorité entiere *, & particulierement pour cest article) mais aussi de reconnoissance, de vrays enfans & nourrissons de l'Eglise. Comme il est advenu depuis, que les Rois se sont soubmis à l'Eglise, & ont reconneu tenir leurs couronnes de Jesus-Christ, en tiltre de fief, & comme Lieutenans d'iceluy. Suivant ce qu'escrit le Psalmiste, parlant aux Roys. Là où, pour ce qu'on lict vulgairement *Apprehendite disciplinam*, il y a dans l'Hebrieu, *Baisez le fils*, à sçavoir en signe d'hommage & sujection. Comme de faict l'Escriture expliquant cela, & predisant ce qui estoit à venir, appelle les Roys par le Sage, *Ministres du Royaume de Dieu*, sans plus. Et dans Esaie, *nourrissons de son Eglise*: qui en ceste qualité, *luy feront reverance, la face baissée en terre, & lecheront la poudre de ses pieds*. Comme estant celle, où J. C. a establi son Sceptre, & la Maison de Jacob, *où il regnera éternellement*. Et par le mesme Prophete, leur enjoinct, & sur peine de perir, eux, leurs peuples, Royaumes & couronnes, *qu'ils ayent à se renger, & servir à l'Eglise*. Ce qui est aussi le sens, du mystére revelé à Nabuchodonosor, & interprété par Daniel, de la pierrette roullée du hault de la Montaigne, sans main d'homme qui ruyna la statue, figure des Monarchies du monde. Pour les assujettir aux loix de Chrestienté, & leur faire prendre une meilleure forme.

Mais pour l'égard des heretiques, relaps & excommuniez, condamnez

marginal note (left): * L'Auteur ne sçait ce qu'il dit, car l'Eglise a tousjours eu la mesme autorité qui lui est propre, qui est l'autorité spirituelle.

Psal. 2.

Sap. 6.

Esa. 49.

Luc. 2.

Esa. 60.

Dan. 1

L'Escriture n'entend favoriser l'hérétique.

& privez de droict, & par consequent illegitimes, & usurpateurs à faulx tiltre, telles faveurs ne se trouvent pour eux: & en parlent tant l'escriture, que les saincts Decrets, comme il a esté dict cy-dessus d'une bien differente sorte. Et comme l'accord de ces deux, a servi de fondement, à la Bulle d'excommunication prononcée par Sixte V. contre le Roy prétendu: ainsi de-là apprenons-nous, que si ne luy est-il acquis pourtant aulcun droict, ni la liberté ostée aux Chrestiens, de se prévaloir à l'encontre. Et par ainsi comme de l'escriture & des saincts Decrets on collige estre heresie (& la verité est telle) de dire *qu'il est permis tuer les Roys*, c'est-à-dire les Princes légitimes, approuvez & non condamnés par l'Eglise, & par l'Estat: ainsi dire le semblable de l'hérétique & tyran, condamnés & exclus de la Couronne, par l'Eglise & les Estats, est autant éloigné d'heresie, comme de dire que qui est tel, est Roy légitime, est une vraye & damnable heresie.

marginal note (right): *Par. 2. Ch. 11. & 12.*

CHAPITRE IX.

Exemple des Empereurs, ne conclud pour les hérétiques.

QUE s'ils combattent par exemple, disant que du temps des Apostres, les Roys estoient infidelles & n'ont laissé pourtant les Apostres, d'escrire en faveur d'eux, ce que dessus, & qui a esté pratiqué deslors. On respond, que si bien alors les Roys estoient infidelles, si ne laissoient-ils d'estre encore legitimes. Pour n'avoir encore la loy, (1) qui declare les infidelles illégitimes,

---

[1] Saint Pierre & Saint Paul la sçavoient ceste Loi, il la tenoient tant du droit naturel que

de la revelation, ainsi elle estoit publique, & pour eux & pour les fidéles qu'ils instruisoient; cependant cela

gitimes, esté publiquement receue, par les Roys & les Royaumes. Ce que n'estant aujourd'huy de mesme, que l'Eglise use de ses droicts, après la submission des Roys, & de leurs Estats, telle qu'Esaie l'avoit prédict, & que la loy produict son effect, pour faire que ce qui subsistoit par nature, subsiste aujourd'huy par la grace (& pourtant se disent aujourd'huy Roys, non simplement, mais Roys par la grace de Dieu) n'est merveille, si l'escriture qui lors recommandoit les infidelles, aujourd'huy leur est contraire. Suyvant le dire de S. Paul (& par l'interpretation de S. Augustin) qui ordonne *d'estre appareillez, à venger toute désobéissance, après que la premiere obéissance,* (qui est celle de la submission des Roys) sera accomplie. N'y ayant pour cela variation, au sens de l'escriture des Apostres, ains en la matiere sujette. En ce que tel, qui alors estoit legitime, est aujourd'huy illégitime. Et l'Escriture, comme a esté dict, ne favorise que les légitimes.

Que pour l'égard des heretiques, si le payen est aujourd'huy incapable, d'autant plus l'est aussi tout heretique, que plus particulierement, & personnellement, celuy qui est heretique, s'est obligé par le baptesme, d'obéir à Dieu & à l'Eglise. Joinct aussi que l'heretique est incomparablement plus dangereux & préjudiciable à l'Eglise, que tout payen & infidelle.

(marginalia: E/a. 49.)
(marginalia: 2. Cor. 10.)
(marginalia: Aug. Ep. 50.)

CHAPITRE X

Ni l'exemple des Empereurs hérétiques.

ET si on dict, que depuis ce temps, plusieurs Empereurs heretiques ont esté obéis, & recogneu pour légitimes, on sçait aussi pour responce, les cruelles tragedies, qui ont esté executées sur leurs personnes. Dont les executeurs n'ont esté blasmés, quoyqu'ils eussent ravy l'Estat, si non pour avoir esté imitateurs, de l'infidélité de ceux, qu'ils avoient mis hors du monde. Comme jadis il s'est veu, au Royaume d'Israel, en Samarie. Es personnes de Baasa, qui tua Nadab, fils de Jeroboam. De Zambri, qui tua Ela, fils de Baasa. De Amri, qui fit mourir Zambri, qui se brula vif. De Jehu, qui tua Joram & Jezabel, fils & femme d'Achab. Qui tous s'estans saisis de l'Estat, de ceux qu'ils avoient tuez, n'ont esté blasmez pourtant, ni chastiez de Dieu, sinon, ou pour avoir suivy l'impieté de leurs devanciers, ou pour l'avoir changée en un aultre. Comme feit Jehu, qui ayant ruyné l'impieté d'Achab, qui adoroit Baal, revint à celle des veaux d'or, qu'avoit mis Jeroboam. Comme aussi le mesme Jeroboam, qui ravit la plus grand part de l'Etat de Roboam, n'en a esté chastié ni blasmé de Dieu, ains seulement pour s'estre dementi, de la religion de David. Ce qui fut cause de sa ruyne, veu la promesse que Dieu luy

(marginalia: 3. Reg. 15. 3. Reg. 16. 4. Reg. 10.)
(marginalia: ibid.)

---

cela ne les empêche pas d'avertir les Chrétiens de leur tems d'être soumis aux puissances quoiqu'idolâtres. Ainsi ce chapitre & les quatre suivans ne font qu'une vaine déclamation, dictée par une passion aveugle, & par le désespoir d'être banni à perpétuité de la patrie, comme le fut ce téméraire Ecrivain en 1594.

M

3. *Reg.* 11. luy avoict faicte par le Prophéte A-
hias, *d'eftre avec luy , & luy baftir*
une maifon ferme , pourveu qu'il gardaft
fes commandemens , & cheminaft en la
voye de David. Argument évident, que
ce que tels heretiques ont efté recon-
neus Empereurs, comme Valens, Ba-
filifcus , Zeno , Anaftafius , Philippi-
cus, Copronymus , Staurarius , les deux
Leons Iconomaches, Michael Balbus ,
Theophilus , & aultres , a pluftoft efté
de faiĉt , que de droiĉt. Et partant,
n'y a rien qui puiffe de-là , eftre tiré
en exemple , ni conféquence, en faveur des heretiques.

CHAPITRE XI.

Et moins au Royaume de France.

JOINCT, que quand en tout aultre Royaume de Chreftienté , l'hérétique (ce que non) pourroit avoir
droiĉt , de Prince légitime, le feul tiſ-
tre de très-Chreftien , au Royaume
de France, rejeĉteroit naturellement ,
& par prérogative fpéciale , toute ef-
Hérétique
n'eft pas
Chreftien.

pece d'heretique. Pour l'incompatibi-
lité qu'il y a , d'heretique & de très-
Chreftien. Veu que par la confeffion
des anciens Peres , l'heretique n'eft pas
feulement Chreftien. Et eft honte à
ceux , qui pour fe dire bon Françoys ,
parlent fi hault des privileges du
Royaume de France , d'obmettre , voire de fouler aux pieds , celuy qui eft

Quelle plus
beau & le
plus digne
privilege de
France.

le plus beau, le plus digne , & le plus
naturel de tous : & qui pour ceſt efgard , le rend comparable , à la digni-

té & pureté du S. Siege , qui eſt DE
NE POUVOIR ESTRE légitimement commandé par un heretique.

CHAPITRE XII.

Ni la patience des Sainĉts.

ET fi on allegue les Sainĉts , qui
ont paty longuement foubs telles
dominations , & ne fe font avifez de
tuer les Tyrans , quelques heretiques
qu'ils fuffent : on refpond, oultre ce
que l'argument négatif ne conclut ,
qu'il y a trop de difference, entre ce qui
eft licite & meritoire , & ce qui eſt
d'obligation. Car fi bien l'œuvre eftoit
meritoire, fi n'y eftoient-ils tenus pourtant. Et fi bien l'obligation n'y eſt , &
ne perdent pour cela , ceux qui endurent les tyrans , & ne les tuent , le me-

Part. 3. ch.
11.

rite de leur patience , voire que , comme il a efté diĉt , c'eft en icelle que
confifte l'excellence du merite , fi ne
laiffe pourtant, celui qui s'efforce de
faire vertueufement , pour le public ,
& n'en vient à chef , d'avoir le fruiĉt
de fon merite. Et d'autant plus grand ,
que pour cefte occafion , il endure de
plus grandes peines.

CHAPITRE XIII.

Ni l'exemple de Nabuchodonofor.

MOINS encore faiĉt en ceſt en-
droiĉt, l'objeĉtion (1) tant de fois
promenée & remuée , du commandement de Dieu , faiĉt par Hieremie ,
au

---

(1) Qui ne riroit de voir les explications , que
donne cet extravagant Ecrivain à tous les endroits
de l'Ecriture Sainte & de la Tradition , qui l'embar-
raffent. Mais ne lui en déplaife , ce n'étoient pas
feulement les François qui étoient intereffés à la
profcription de fon fanatifme ; toutes les Couronnes , même celle d'Efpagne , devoient en demander

la punition. Par malheur Philippe II. lui-même ,
quoique vieux & âgé, n'avoit pas moins de paffion
que cet Auteur furieux. Hé ne voyoit-il pas le bon
Prince qu'en allumant le feu de la difcorde en France , il engageoit pareillement les autres Princes à
fouſtenir fes fujets révoltés dans les Pays-bas.

au peuple de Juda, de se submettre au Roy Nabuchodonosor, usurpateur & infidelle. Pour estre cela un faict particulier, qui ne doibt tourner en reigle, ni en exemple ou consequence. Non plus que le commandement, que Dieu feit au peuple d'Israel, d'emprunter les bagues & joyaux des Egyptiens, & les emporter sans les rendre. Et à Osée le Prophete, de prendre une putain pour femme. Et qui d'ailleurs est assez contrebarré, par d'aultres faits particuliers contraires. (1) Comme de l'exécution à mort de Amasias Roy de Juda, pour son Idolâtrie, du remuement des Macchabées contre le Roy Antiochus, & autres exemples cy-dessus mis. Aussi, qu'il n'y a point aujourd'huy de Hieremie, qui commande d'obéyr à ce Roy prétendu (si ce n'est, que l'Archevesque de Bourges, Patriarche des schismatiques, & ses consors, soient devenus Prophétes) ains plustost qui le prohibe, qui est N. S. Pere. Et est merveille, comme ceste objection si chancie, & trainée parmy les cendres, ose encore paroistre au jour. Argument évident, du peu de support, que telles gens ont en l'Escriture, dont ils escorchent si pietrement la lettre nue.

PARTIE

(1) Mais cet Ecrivain ne voit-il pas que dans tous les endroits cités de l'Ecriture Sainte, il y avoit une révélation divine, révélation même avouée & reconnue par les Peuples & par les Princes ? Il y a une Loi invariable, qui émane du droit naturel & du droit des gens, qui est l'obéissance aux Supérieurs établis de Dieu, soit par élection, soit par une succession avouée & reconnue dans la Nation. La Loi de Dieu ne sçauroit y être contraire ; & quand il s'est trouvé des Usurpateurs, ils ont été punis, ou par des Princes étrangers, qui ont vangé les droits de la Nation opprimée, ou par la Nation même, ou par des particuliers autorisés, soit par le Corps de la Nation, soit par une révélation reconnue & avouée, sur-tout dans le Royaume de Juda & d'Israel, que Dieu lui-même avoit formé ou permis. Mais où est la révélation divine, où est ici la commission émanée d'une autorité légitime, qui ayent pû dispenser des loix ordinaires ? Dieu n'a jamais dit, révoltez-vous contre un tel Prince, reconnu & avoué, tels que David & Salomon, mais il a permis pour punir d'autres Princes que leur Royaume fut divisé, ou attaqué ; il l'a même souvent prédit par ses Prophétes ; marque certaine qu'il y avoit révélation. L'exemple des Maccabées est une preuve de la vérité de la Loi. Ils étoient autorisés par toute la Nation, pour s'opposer à l'usurpation d'Antiochus ; ainsi leur exemple ne sçauroit être cité pour appuyer le crime de Chastel, & la révolte des Ligueurs.

M 2

PARTIE CINQUIEME.

VICES ET IMPERTINENCES DE l'Arrest, contre les Jesuites.

RESTE le faict des Jesuites, & l'injure, tant generale, que particuliere, que ceste barbare fureur, a vomy contre ceux de ce corps : ou pluſtoſt contre l'Egliſe, (1) & contre la Religion entiere. C'eſt qu'à l'occaſion de Chaſtel, qui a faict ſes eſtudes aux Jeſuites (car d'aultres raiſons n'alleguent-ils poinct) ils ordonnent en général, *que les Prebſtres & Eſcolliers du College de Clermont, & tous aultres ſoy diſans de ladicte Société, comme corrupteurs de la jeuneſſe, perturbateurs du repos public, ennemys du Roy & de l'Eſtat, vuideront en trois jours, après la ſignification du préſent Arreſt, hors de Paris, & aultres Villes & lieux, où ſont leurs Colleges. Et dans quinzaine après, hors du Royaume, ſur peine, où ils ſeront trouvez, ledict temps paſſé, d'eſtre punis comme crimineux & coulpables, dudict crime de leze-majeſté. Les biens, tant meubles qu'immeubles, à eux appartenans, employez en œuvres pitoyables, & diſtribution d'iceux faicte, ainſi que par la Cour ſera ordonné. Oultre, faict deffenſe à tous ſujets du Roy, d'envoyer des Eſcolliers, aux Colleges de ladicte Société,* qui ſont hors du Royaume, pour y eſtre inſtruicts, ſur la meſme peine, de crime de leze-Majeſté. Car ce ſont les mots de l'Arreſt, & qui a eſté ainſi executé.

Or on prie icy toutes gens, d'entendement & de raiſon, de vouloir arreſter un peu, pour veoir à ce ſeul exemple, ce que peut la paſſion, pour aveugler les hommes, & pour tranſporter les Juges, en inconvenient & déſordre. Pour l'experience qui ſe trouve, en ceſt article, entre les aultres, d'animoſité, précipitation, calomnie, injuſtice évidente, & pour conſommation de l'œuvre, de rage & de furie. Car ce ſont les belles parties, qui ſe voyent icy aſſemblées, & qui toutes s'accuſent d'elles-meſmes.

CHAPITRE PREMIER.

Animoſité des Juges, contre les Jeſuites.

L'ANIMOSITE' y eſt claire, à conſiderer tant la paſſion en general, de ce corps du Parlement, comme il eſt compoſé, en la teſte, aux membres, & aux pieds contre l'Egliſe & les

---

[1] Les Jeſuites meſme depuis l'amniſtie accordée par le Roi Henry IV. avoient été trouvés ſaiſis de titres, papiers & documens, qui tendoient à troubler l'ordre & l'économie du Royaume. On ſçavoit même qu'ils ne pouvoient ſe taire, ainſi le Parlement a eu raiſon de faire ſur eux un exemple de juſtice. Mais la grace que leur accorda depuis le Roi de les recevoir dans ſes Etats à la recommandàtion du Pape Clément VIII. à couvert tout ce qu'ils avoient fait de mal ; & ils ont fait oublier par une conduite plus meſurée les fautes qu'ils avoient commiſes auparavant. La preuve de ce qu'on avance dans cette note ſe trouve ci-après dans le procès même de Jean Chaſtel ; & l'on y verra combien les Jeſuites d'alors étoient en faute.

les Ecclefiaftiques : que la haine particuliere, qu'ils portent à ceux ceft ordre. Le premier, pour y avoir un chef, qui fe qualifie bourreau de la Ligue, c'eft-à-dire de l'Eglife, & des Catholiques, & de tout ce qui eft contraire à l'herefie. Car qui ouit jamais dire, qu'un bourreau deuft eftre juge ? Et en oultre, élevé à ceft eftat, par la faction de Geneve, dont entre aultres eftoit fon frere. Et la plufpart des membres, promeus par la mefme voye, comme a efté dict cy-deffus. Et pour le parquet, qui font les pieds, oultre le Procureur General, (2) heritier de la Religion de fon pere, la feule perfonne de Servin Advocat, principale partie des Jefuites, Huguenot, inftruict à Geneve, fils d'un Miniftre, qui depuis a efté pendu, & dont l'eftat a efté certainement payé de la bourfe Huguenotte, devoit fuffire pour toute preuve. Mais plus encore les fruicts qui en font, par la mort conjurée des Ecclefiaftiques, & par les cruelles exécutions, qui tous les jours s'en continuent. Sans avoir égard à leurs fainctes ordres, ni aux conftitutions canoniques, ni à l'authorité de l'Eglife. Et mefme fur cefte ignominie, de pendre en mefme heure, & en mefme gibet, un Preftre avec un bourreau, (3) comme ils ont faict, en contumelie de l'ordre.

Et quant au particulier de la haine, contre les Jefuites, l'occafion prife à propos, ou pluftoft tirée par les cheveux, de ce dont ils avoient tant efté en peine, & qu'ils avoient tant recherchée, les mois de Juin, Juillet, Aouft, & Septembre auparavant, pour faire ce qu'ils ont faict, & n'en avoient peu venir à bout. Et qu'ils ont pris finablement, fur un cas tant inopiné & fortuit, pour les condamner, & fans aultre fuject, que d'un phantofme en l'air, & du nuage d'une foudaine émotion, montre affez ce qui en eft.

De mefme que les Juifs & Pharifées contre Jefus-Chrift, dont ils efpioient les actions, allant & tracaffant çà & là, pour trouver fuject de mefdire, voire de le perdre, & n'ont ceffé, tant qu'ils l'ont mis à la croix.

Tefmoin les menaces de Sarmoyfe, & des aultres Politiques, avec paroles injurieufes, contre ceux de cefte Société, auparavant la prodition, & publiées tant de vive voix, que par efcrit, en l'Anti-Efpagnol, & ailleurs. Tefmoin depuis la trahyfon, les allées & venues, du fufdict qualifié bourreau, & de fes confors : qui fur ce fujet, & pour la réfiftance d'aucuns, qui ne fuyvoient leur paffion, ont fué fang & eau, & ailleurs que dans le Palais, & d'aultres heures que de jour. Tefmoin le fecours

(1) Il étoit frere de Nicolas de Harlay Sanci, qui alors étoit Proteftant ; mais qui depuis rentra dans le fein de l'Eglife ; & c'eft au fujet de fa converfion que Théodore Agrippa d'Aubigné, fit cette fanglante fatyre, fous le nom de *confeffion Catholique de Sanci*.

(2) Louis Servin Avocat Général du Parlement, obtint cette place en 1589 le Parlement féant à Tours. Le Roi Henry III. faifant quelque difficulté à Monfieur Fay d'Efpeiffe fur ce que Servin avoit la tête legere, Monfieur d'Efpeiffe que l'on faifoit Préfident de ce Parlement, répondit au Roi : Sire les gens fages ont perdu votre Etat, il faut que les fous le rétabliffent, & Servin fe conduifit affez bien, & mourut dans fa place le 6. Mars 1626. Il étoit originaire du Vendofmois, fils d'un homme

de la Religion, & d'une famille affez médiocre : il fut élevé à Geneve ; mais embraffa la Religion Catholique : ainfi on peut dire qu'il fut le fils deſes œuvres, & a fort brillé en fon tems. Il eut pour fucceffeur dans fa Charge le célèbre Jerôme Bignon. Il y a un écrit foit Satyrique contre Louis Servin imprimé en 1617. fous le titre de *difcours des mœurs & humeurs de Mr Servin Avocat Général au Parlement de Paris in-80.* c'eft une petite brochure que j'ai trouvée & lu dans la Bibliotheque de Sa Majefté.

(3) He dès qu'il étoit coupable, pourquoi n'en pas faire juftice ? Si fa Robbe ne l'a point empêché de tomber dans le crime, cette même Robbe ne pouvoit lui en épargner la punition ?

Marginal notes:
[1] Préfident Harlay fe qualifie bourreau de la Ligue.

Servin Huguenot principale partie des Jefuites.

Haine particuliere contre les Jefuites.

Argumens d'animofité. 1.

2.

3.

secours & advis des Ministres Huguenots, qui leur ont servy au besoing, &
y ont joué leur rollet, comme tantost
sera dict. Tesmoin les libelles diffamatoires, & horribles impostures, depuis
publiées par escrit, contre les mesmes
de ceste Société, jusqu'à les traduire
impudemment, de sorcellerie & en-
chanterie. Comme il s'est veu, par un
certain traicté, intitulé *La leçon aux
Ligueurs*, de l'invention de celuy, qui
de grand Docteur qu'il estoit, & souverainement reconnu aux Halles, pour
faire la leçon aux Ligueurs, apprend la
sienne au coin des Halles, & de la cloa-
que la plus impure des meschans. Tesmoin la continuation à cest effect, d'un
Huguenoteau de Chirurgien, nommé
d'Ambroyse, à la charge de Recteur
de (1) l'Université, intrus premierement de faict & de force à ce degré, à l'instant de la trahyson de Paris,
& depuis continué, par mesme violence, contre les formes & privileges de
ladite Université, & au préjudice de la
conclusion generale d'icelle, les quatre
facultez assemblées, peu auparavant ladicte trahyson. Par laquelle, ledict Chirurgien avoit esté nommement exclus,
& biffé de ladite université, & déclaré
indigne d'y recevoir aucune grade. Le
tout pour servir de brouillon, à renouveller le vieux procès, pendu au croc,
de ladite Université, contre lesdits Jesuites. Et au préjudice de la déclaration,
que particulierement en firent alors les
Théologiens, par laquelle, ils renon-
çoyent de leur part, à l'instance, &

embrassoient ladicte Societé. Tesmoin
le discours de Pontdaymerie, sur le faict
dont est question, & dédié au premier
Président, comme une trophée au vainqueur, avec invectives contre ceux,
qui avoient apporté plus de religion,
pour ne condamner ladicte Société, &
comme l'on dict sur l'étiquette du sac.
Tesmoin l'inimitié de Servin heretique, contre son collegue Seguier Catholique, qui s'est icy principalement
éclose. Tesmoin le triomphe des Huguenots dans Paris, & congratulations
à leurs Confreres du Parlement, sur ce
suject, & les bouffonneries qu'ils en
ont publiées, tant en prose comme ne
vers. Brief la caballe des ennemis de
ceste Société, à qui l'occasion du coup
de Chastel, a servi de manteau de charité, pour couvrir la multitude des iniquitez, qu'ils avoyent conçuës contre
icelle. Dont ils ont esté en travail tant
de temps, & qu'ils ont enfantée à ceste
heure.

CHAPITRE II.

Précipitation & désordre au jugement.

QUANT à la précipitation, la brief-
veté du temps les formes nullement gardées, & la mal façon de l'Arrest, en donnent suffisante preuve. Estant icy ou jamais, que le proverbe a eu
lieu, *que la chienne qui se haste faict ses
petits aveugles.* Car pour le temps on
peut juger, quel loisir à gens forcenez,
de rabbattre leurs fumées, & donner
lieu

[marginal notes: 4. Libelle dif-famatoire contre les Jésuites. 3. 4. Procès re-nouvellé ex-près contre les Jésuites. / 6. 7. 8. 9. / Brièveté du temps.]

[1] Le Roi comme Fondateur & Protecteur de l'Université, peut de son autorité ordonner la continuation d'un Recteur, quand il y a lieu de craindre que dans une nouvelle Election, on ne mette en place quelque Perturbateur du repos public, alors tout privilege le céde à la nécessité & au besoin de l'Etat ou au maintien de l'ordre public; sur-tout quand il s'agit de Priviléges de l'Université, qui sont émanés de la pure libéralité de nos Rois, qui peuvent en suspendre l'exécution quand ils le jugent convenable à l'ordre public. D'ailleurs François d'Amboise, dont il est ici question étoit bon Catholique, & sa famille s'est toujours distinguée même dans le Parlement.

lieu à la raison. N'y ayant qu'un jour entier, entre le coup de Chastel, qui fut le Mardy 27. Decembre à 7. heures du soir, & l'Arrest prononcé, le Jeudy 29. suyvant au matin. La mal façon n'y est moins, pour n'y veoir un seul brin des formes ordinaires & usitées. Sans charges, sans informations, sans partie, sans tesmoins, sans Requeste du Procureur General *, sans estre appellez, ouys, interrogez en general ou particulier, voire tant seulement mentionnez au procès. N'ayant esté là dict d'eux en tout, sinon que *Jehan Chastel a fait le cours de ses estudes en leur College*, & que *Jehan Gueret, Precepteur dudict Chastel, estoit Prestre de leur Société, & demeurant audit College* Ce que s'ils reputent pour crime, ou pour argument peremptoire de crime, comment se sauveront-ils, qu'ils ne condamnent leurs enfans, qui ont demeuré audict College ? Voire ceux mesmes de leur corps qui y ont esté nourris, comme d'aultres ? Je diray leurs personnes mesmes, qui tant de fois on faict honneur, à leurs exercices publics, où ils ont assisté avec tant d'applaudissemens, de benedictions, de louanges, d'actions de graces, de démonstrations d'obligation éternelle, qu'ils reconnoissent avoir à leur merite ?

On vous appelle icy tous Juges, tous Jurisconsultes & Docteurs, tous practiciens des Cours, tant souveraines que subalternes, tant des Royaumes que Republiques, tant anciens que modernes, tant domestiques que forains, tant présens qu'avenir, venez, accourez, sondez, & voyez le jugement, & s'il y en eut un jamais de semblable. On appelle icy Nicodeme, qui disoit aux Prestres & Phariséans, qui en vouloyent user de mesme, contre Jesus-Christ. *Nostre loy juge-elle un homme, devant*

Nullité de formes.
* *Autant de faussetés que de paroles, comme on le verra au procès.*

Jugement sans ouyr les parties.

Jo. 7.

que de l'avoir ouy, & conneu ce qu'il a faict ? On appelle le Proconsul Festus, qui disoit *que les Romains n'ont point la coustume, de livrer quelqu'un, devant que celuy qui est accusé ait ses accusateurs présens, & qu'il ait lieu de se deffendre du crime.* On appelle le Jurisconsulte Ulpian, qui dict *qu'en matiere criminelle, & matiere qui touche l'honneur de la personne, il fault que les preuves soyent plus claires que le jour.* On appellera mesme Pilate, lequel quelque inique Juge qu'il fust, si sceut-il demander pourtant, *Quelle accusation apportez-vous, à l'encontre de cest homme ?* On appelle la maxime usitée en tous jugemens, qui est d'ouir la partie, suivant ce que dict la Medée ès tragedies.

Qui juge sans ouir la partie contraire,

Est, quoyqu'il juge bien, injuste & temeraire.

Et le bon mot de Latin, du Roy Loys XII. *Audi partem.* Specialement en matieres criminelles, où les circonstances à garder au Juge, sont instituées en faveur des criminels, pour estre LE DANGER plus grand, de condamner un innocent, que d'absoudre un meschant. N'y ayant qu'une seule occasion exceptée, pour commencer par l'execution, qui est de tumulte & sedition populaire, en flagrant delict, * où l'execution faicte de quelques-uns, le procès se faict par après, tant contre les exécutez, que contre les aultres coupables.

On appelle les Ordonnances des Roys de France, spécialement celle de 1539. de François premier, pour les formes de proceder, tant en matieres civiles, qui est de communiquer à la partie, & donner moyen de debattre & contredire : qu'ès matieres criminelles, où les charges & informations precedent, puis l'interrogatoire, puis la confrontation

Act. 25.

Tit. de dolo.

Job. 18.

*L. Si qui c. Qui accusare non possunt.
Danger de condamner l'innocent.*

* *Il devoit dire aussi le crime de leze-Majesté, où la seule presomption suffit pour faire arrester l'homme souppçonné.
Ordonnances violée.*

de

de tefmoins, avec liberté de les reprocher, & dont le Juge mefme doibt advertir l'accufé, s'il eft fimple & ignorant, des formes de la juftice. Le tout à peine de nullité de jugement.

Oultre les aultres regles & Ordonnances, pour le faiſt de la conviction de l'accufé : dont la juftification doibt eftre recherchée, plus que la condamnation. Voire avec tant de circonspection, & de néceffité de preuves fuffifantes, qu'au cas qu'elles ne foyent, le Jurifconfulte, deffend de condamner l'accufé. Difant, qu'il vaut mieux abfoudre une centaine de mefchans, que de condamner un feul innocent. Et la loy commune de droiſt, qui veult que la preuve défaillant, le Juge donne l'abfolution, attendu qu'il repréfente la perfonne de Dieu. Et partant, doibt fouftenir le droiſt de l'abfent, qui eſt jugé tout notoire, quand la preuve défault, de la part de l'accufateur.

Et pour n'obmettre rien en ceſt endroiſt, on appelle mefme leurs confciences, & comme feverement ils puniroient les Juges inferieurs, & qui reffortiffent à eux, fi en matiere criminelle, ils avoyent faiſt la mefme faulte que de paffer ainfi fur les formes. Mais fur-tout on vous appelle, ô ames heureufes, de qui la vertu & preudhommie a faiſt florir jadis en France, ce noble fleuron de juftice, la troifiefme des fleurs de lis, & l'a faiſt en ceſte qualité, renommer par fus tous les Royaumes du monde. Pour juger l'indignité de ceux, qui foy difans vos fucceffeurs, & affis fur les mefmes fleurs de lys, comme les fangliers en la vigne, honniffent ceſte honorable peinſture, par une fi précipitée iniquité, & précipitation fi inique.

Joinſt, l'indignité commife, à l'endroiſt d'une Communauté, fpéciale-ment de Doſteurs, Efcolliers & Profeffeurs publics, & mefmes Ecclefiaftiques. Dont le Procureur General, & Advocats du Roy, doibvent d'office prendre la caufe en main, comme des Seminaires de pieté & vertu ès Republiques, & comme de gens reputés de droiſt, pour mineurs & pupilles, & de qui en ceſte qualité, la Cour de Parlement a de tous temps eſté la confervatrice & proteſtrice, dont on voit bien icy le contraire.

Voire mefme qui eſt pis, ce qui jamais n'eſt denié aux plus eftranges & barbares, & à qui l'on faiſt tousjours juftice, par les formes du Royaume, on le nie aux Domeftiques, & qui font plus que Bourgeois. Mais que dy-je aux Eftrangers ? Ce qui n'eſt pas mefme denié, aux plus grands voleurs & affaffinateurs, & aux plus viles & abjeſtes perfonnes, qui tous font jugez par les formes, on le denie à ceux, qui ont tousjours vefcu en honneur, & de qui le merite eſt public, & par la confeffion mefme, de ceux qui les jugent.

Et ce qui accroiſt l'indignité, c'eſt que pour un feul de la Societé, qui eſt denommé en l'Arreſt, à fçavoir Jehan Gueret, & fur un faiſt, qui ne peut eftre diſt crime, ains eſt office approuvé, meritoire, & honorable, fçavoir eſt, d'avoir eſté Precepteur de Chaſtel, & qui enfin eſt trouvé innocent, on paffe oultre à condamner le corps. * Ce qui ne pourroit mefme eftre faiſt, quand l'un des membres feroit attainſt & convaincu de crime veritable ; N'y ayant loy ni practique, qui ne juge, *que les faultes font perfonnelles, & que la peine fuit le déliſt.* Et feroient bien marris ces Meffieurs, que pour certains de leurs corps, qui ont eſté chaſtiez, comme heretiques, faulfaires & concuffionnaires, ou aultres crimes (je ne touche

ceux

Marginal notes (left):
L. Abfentem. ff. de pœnis. 2. Par. 20.

Marginal notes (right):
Communautez d'Ecclefiaftiques & Profeffeurs favorables.

* Pour monſtrer la fauffeté de ceci voyez, le procès ci-après.

ceux qu'ils ont couverts, & qu'ils ont faict paſſer au travers des loix, comme bourdons au travers des toiles d'aregnées) que pour cela fuſt faict breche à leur honneur. Et plus encore, que tous deuſſent ſubir meſme peine. Comme ils ne peuvent icy eſchapper, qu'ayant faict la faulte en gros, & en corps, ils n'en ſoyent auſſi tous un jour, reſponſables & puniſſables.

5. Et pour achever ce poinct, des formes mal gardées, c'eſt qu'ils jugent incidemment, ce qui eſt plus que le principal. Et ceux qui ſçavent ailleurs, multiplier les inſtances, & d'un procès en engendrer d'aultres, jugeant à pluſieurs fois, ce qui ſe peut juger en une, pour faire gaigner les Procureurs, & conſommer les parties en frais (teſmoin celuy, qui ſupplia la Cour, de luy donner un Arreſt chaſtré, c'eſt-à-dire définitif, & qui n'en engendraſt plus d'aultres) ils jugent icy tout en un coup, & ſans qu'il en fuſt beſoing, ce que le ſens & la nature, teſmoigne avoir deu eſtre faict aultrement.

CHAPITRE III.

Nulle raiſon valable de haſter ce jugement.

QUE ſi la haſte qu'ils avoient, les a portez à ce deſordre, quelle raiſon de ſe haſter? Ou qui les preſſoit de ſi près? Si pour eſtre le faict conſtant, Chaſtel avouant ſon coup, *Quid tum* pour les Jeſuites*, qui ne l'avouent ni ne l'ont faict? meſme que le criminel décharge? Quelle preuve de leur delict? Quel devoir meſme d'informer, ſinon par l'abus de la Confeſſion, & par la calomnie là-deſſus formée? En tout cas, que n'y a-il jugement à part? Que

* Sur les Jeſuites voyez les procedures cy-apres.

n'approfondit-on le procès? Un ſujeCt de telle importance, meritoit-il pas une inſtruction plus grande? Pourquoy en un jour, & jour de feſte, condamner un tel corps, & ſans inſtruction aucune, eux qui pour juger un particulier, font durer un procès dix, douze, quinze & vingt ans, ſous couleur de dire, qu'ils veulent veoir clair en l'affaire? Qui alleguent comme Dieux, en affaires beaucoup moindres, le *Deſcendam & videbo*: Et icy vont ſans reconnoiſtre, & ſans regarder où ils frappent, comme les Andabates en tenebres? Quand ils veulent, aviſez comme la ſagette de Jonathas: & icy inconſiderez, comme materats ſans plume? Quand ils veulent, clair-voyans comme Dragons: & icy, aveugles comme taulpes? Quand ils veulent, pluſque tortues: & icy, ſubits pluſque lievres? Durs & peſans, pour faire droict jugement, *& qui ont les pieds viſtes pour repandre le ſang*? O gens engagez à l'iniquité, qui ſoit pour ſe haſter, ſoit pour delayer, ne peuvent faire qu'injuſtice?

Si c'a eſté pour le courroux, & reſſentiment de l'injure, qu'en peuvent mais tant d'innocens? Ou quelle juſtice déformais, ſi la paſſion s'avoue ellemeſme, aveugle & ignorante qu'elle eſt, en avoir occupé la place? y prononcer ſes Arreſts? & en ſa honte & turpitude, ne laiſſe de s'en faire croire?

Si pour l'occaſion, de frapper le fer quand il eſt chaud, ſi pour ſatisfaire au vouloir, voire au mandement exprès de leur maiſtre (comme depuis on a faict, & continué à Dijon) ſi pour accomplir le deſir, tant de luy, que d'eux-meſmes, & de tous les heretiques, qui tous d'un conſentement bruloient après ceſte execution, de meſme eſprit que celuy, qui n'a rien plus en horreur,

Geneſ. 18.

2. Reg. 14

Pſal. 13.

N

horreur, que le nom de JESUS & des JESUITES : ſi pour confiſquer leurs biens, pour l'entretenement des Miniſtres, que l'on a faict venir de Geneve, moyennant l'eſtat de ſix vingts mille eſcuz, & adjouſter ce nouveau ſacrilege aux anciennes pilleries des Temples, pour faire ouverture aux

Oeuvres piroyables quels.

ſuyvantes (car ce ſont les *œuvres pitoyables,* où telles confiſcations ſe dédient) diſons les choſes par leur nom, & comme c'eſt une partie faicte, une ſurpriſe de guet à pens, une querelle d'Allemand, un office de courtiſans, un ſervice à volonté, ou pluſtoſt action d'eſclaves : quoyque ſoit un jugement d'Herodes, qui pour faire plaiſir aux Juifs, fit mettre Sainct Pierre en priſon, pour le faire mourir, comme il avoit faict Sainct Jacques : un project

Act. 12.

3. Reg. 20.

de Jezabel & Achab, contre Naboth, condamné par calomnie, pour avoir confiſcation de ſa vigne, & de ceux qui diſent en l'eſcriture, *Dreſſons embuſches au juſte, pour le ſurprendre, pour ce qu'il eſt contraire à nos œuvres :* une intelligence mutuelle, du Maiſtre & des Serviteurs, & correſpondance d'une part, de celuy dont l'Eſcriture dit,

Sap. 2.

Prov. 6.

L'homme apoſtat, & homme inutile chemine avec bouche perverſe, faict ſigne des yeux, parle du pied, enſeigne des doigts, choſes perverſes ſont en ſon cœur, il machine mal en tout temps, & ſeme des contentions ; & de l'aultre, de ceux dont il eſt dict, *Selon qu'il eſt juge du peuple,*

Eccle. 10.

Mich. 7.

tels ſont ſes Miniſtres : une practique de ce qu'eſcrit le Prophéte Michée, *Ils ſont tous aguettans après le ſang, un chacun chaſſe après ſon frere, avec le rets. Le Prince demande, & le Juge eſt après à le contenter. Le grand parle ſelon le deſir de ſon ame, & ils le troublent davantage (lui accordant ſes volontez.) Celui qui eſt le meilleur entre eux, eſt comme la ronce,*

& celuy qui eſt droicturier, comme l'eſpine de la haye : en un mot, ſi c'eſt ce que

Eccleſ. 3.

dict le Sage en l'Eccléſiaſte, *J'ay veu ſoubs le Soleil, l'impiété au lieu de jugement, & au lieu de juſtice, préſider l'iniquité :* pour ravir le bien de l'Egliſe, pour chaſſer les Catholiques, pour eſtablir l'hereſie : Brief pour aller en poſte en Angleterre, & mettre Geneve par tout en France, prenons droict ſur ce diſcours, & laiſſons à juger au monde,

Pſal. 32.

où ceſte précipitation menera la France, ſi bien-toſt elle n'eſt arreſtée. Si la bride n'eſt bien-toſt miſe, en la machoire, de ce cheval eſchappé, qui va par tout, où la furie le meine.

CHAPITRE IV.

Calomnie & impoſture en l'Arreſt.

MAIS ſur tout, les calomnies & impoſtures, ſe trouvent icy eſtre cruelles. Pour les termes dont ils uſent, les condemnant, *comme Corrupteurs de jeuneſſe, Perturbateurs du repos public, ennemis du Roi & de l'Eſtat.* S'ils ſont tels, où eſt la peine? S'ils ſont tels, où eſt la preuve? Car on ſçait, que pour tels crimes, la peine n'eſt pas ſuffiſante, d'eſtre bannis ſeulement. Socrate accuſé (quoyque fauſſement) de corrompre la jeuneſſe, eſt executé à mort. Et n'eurent les Juifs plus fort argument, pour induire Pilate, à condamner Jeſus-Chriſt à mort, ſinon de dire, *qu'il troubloit le peuple, & eſtoit*

Luc. 23. Job. 19.

ennemy de Ceſar & de l'Eſtat. Les loix auſſi contre telles gens ſont connues. Et de dire que la clemence, ou le reſpect envers l'ordre Eccléſiaſtique, auroit retenus ces Meſſieurs, pour ne paſſer oultre à les faire mourir, les cruaultez précedentes, & contre les gens d'Egliſe, qu'ils ont, & en ſi grand nombre, & par tant de ſortes de ſuppli-

ces,

ces, ſi inhumainement & barbarement executez, & du ſang tout chaud deſquels, ils ont encore les mains ſouillées, mais non ſaoullées, nous apprend ce qui en eſt.

Et néantmoins on demande, quelle corruption de jeuneſſe ils veulent dire, ou particuliere en ce faict, par l'inſtruction prétendue donnée à Chaſtel : ou generale, envers toute la jeuneſſe. Si le premier, pourquoy celuy, qui eſtoit le Precepteur, & où l'apparence eſt plus grande, d'en avoir eſté le miniſtre ? Que n'a-il ſervy d'exemple luy ſeul, pour temperer la rigueur aux aultres ? Et pourquoy non ſpecifié au procès ? Et quand bien il ſeroit coulpable, pourquoy les aultres chaſtiez ? Veu que la faulte eſtant perſonnelle, la peine doibt eſtre perſonnelle auſſi, & non contre tout un corps ? Et quand il en faudroit venir là, que l'on deuſt eſtendre la peine, pourquoy hors de Paris, & par toute la France, veu que en tout cas, ce ne ſeroit qu'à Paris, que Chaſtel auroit eſté inſtruict ? Si le dernier, qu'a cela de commun au faict de Chaſtel ? Pourquoy au meſme Arreſt ? Pourquoy confondre les matieres ? Pourquoy eſtre queſtion des aulx, & reſpondre des oignons ? De meſme auſſi, pour le crime de Perturbateurs de repos public, le ſont-ils tous, ou en partie ? Si en partie, pourquoy tous en peine & bannis du Royaume ? Si tous, que n'y-a-il Arreſt & procès à part ? Et pourquoy en tout, y a-il jugement ſans procès, & avec une précipitation telle ?

Mais ce qui faict que moins on s'eſ-

tonne de telles ſuppoſitions, eſt la poſſeſſion où ils ſont, eux qui puniſſent les faulſaires, ou du moins les doibvent punir, d'en uſer ſouvent de meſme. Teſmoin de fraiſche memoire à Paris, l'Arreſt comploté ailleurs, que *in loco majorum*, du temps des derniers Eſtats, en Janvier 1593. en faveur de l'excommunié, (1) & de ce que depuis ils ont mis à chef. Où ils diſent, *Sur la Requeſte du Procureur General du Roy.* Et on ſçait, & ne le peuvent nier, & par le teſmoignage du Procureur General meſme, & des aultres gens du Roy, qui eſtoient lors, que la Requeſte ne fut jamais. Et comme aucuns d'eux ont rougi, quand on le leur a remis en face.

Teſmoin à Tours auparavant, les faux teſmoins preparez, contre le feu pere Edmon Bourgoin, Prieur des (2) Jacobins de Paris, pour le faict de la mort du feu Roy. Au deffault & à l'infirmité deſquels (comme il eſtoit innocent, & eſtoit une ſuppoſition pure) après l'avoir tenu quatre moys priſonnier, ſans pouvoir trouver aultre charge, ſupplea finalement, comme il a eſté dict, pour toute preuve, l'allegreſſe qu'il confeſſa, par ſon interrogatoire, en avoir eue, comme tous aultres. Et ainſi ſuppoſant faux, & choſe qui ne fut jamais, le tirerent à quatre chevaux, & demembrerent.

Teſmoin oultre les deux faulſetez, cy-deſſus miſes contre Chaſtel, la recente calomnie, & ſuppoſition impudente, & de gens dont l'orgueil & oultre cuidance monte tousjours, ſur laquelle ils ont oſé faire le procès, à M.

le

---

(1) Jean Boucher Auteur de ce miſerable Libelle, veut parler ici de l'Arrêt ſur la Loi Salique, qui fâcha ſi fort le Duc de Mayenne, & ſur lequel le Parlement ne laiſſa pas de tenir ferme, malgré les ménaces, qui lui furent faites par ce Chef de la Ligue.

(2) J'en ai parlé ci-deſſus dans une note de la page 12. de cette Edition.

le Duc d'Aumalle, qu'ils ont executé en effigie, (1) & tiré à quatre chevaux, en pleine Greve dans Paris. Puis décapité, & le corps mis en quatre quartiers; Les armes lacerées, & déclaré Roturier, luy & les siens; Luy imputant pour crime d'avoir vendu le Chasteau de Han aux Espagnols. Quoyque la chose soit constante, que comme cela n'estoit en sa disposition, ainsi il n'y en a eu participation aucune. Et eust trop mieux sceu s'y comporter, quand il eust manié l'affaire, que n'a faict celuy, qui y a perdu la teste. Ce qui apprend, jusques à où ceste façon de faire se peut porter, contre les particuliers, puisqu'elle n'espargne mesme les Princes.

Connivence à la falsité. Et sur tout, pour montrer l'integrité, avec laquelle pour cest égard ils procedent, servira d'exemple authentique, la connivence ou plustost approbation, de la falsité de Servin, aussi à Tours, contre le Conseiller Pelletier, Catholique & Prestre, à la reception duquel, ledict Servin s'opposoit. Duquel ayant, pour cet effect, falsifié les informations, & estant convaincu de la faulseté, par sa confession mesme, & en presence de la Cour, à qui la plainte en estoit faicte, fut receu à dire pour ex- *Justification de Servin.* cuse, *que ce qu'il en avoit faict, estoit pour le zele & affection, qu'il portoit au service du Roy.* Et comme depuis ledit Pelletier recusoit le Calomniateur, (2)

pour Juge de sa reception, ne fut la recusation receue, ains en fut ouy l'advis, comme si le cas n'eust esté.

Et on laisse à juger à tous, lequel vault mieux, ou le faulsaire, ou celuy qui le justifie. Quel est le zele qui les mange, qui est le zele de calomnie, & partant zele Diabolique (car Diable c'est-à-dire calomniateur) & pis que ce que sainct Jacques appelle, *zele amer.* Plus aussi, quel est le Sainct, à qui on porte telles chandelles, & qu'on honore de tels services. Et d'abondant qu'elle seureté auront près de luy, les Prestres & les Catholiques, puisque pour le zele de son service, le Magistrat Huguenot, est receu à user contre eux, de faulseté notoire, & mesme en action publique. Et le faulsaire reconnu pour tel, ne laisse d'estre estably leur Juge, & contre les formes de la justice. Quelle distribution de justice on doibt esperer, où il y a telle inégalité, & acception de personnes. Où on coule les moucherons des Catholiques, & engloutit le chameau des heretiques, & contre les Catholiques, & ceux mesmes qui se rangent à leur party. Et si David *qui detractent en secret de leur prochain,* que feroit-il du faulsaire manifeste, en action publique, abusant du Magistrat, & de ceux qui le reçoivent? Ou que feroit Daniel, que de condamner de nouveau, & le Calomniateur,

Jac. 3.

Psal. 100.

Dan. 13.

---

(1) L'Auteur de ce Libelle compte apparemment pour rien la démarche du Duc d'Aumale qui fut vû les armes à la main dans l'Armée Espagnole contre Henry IV. quoiqu'il eut été sommé par le Roi de rentrer dans son devoir, d'ailleurs il étoit allé à Bruxelles en 1595. pour s'engager à livrer aux Espagnols le Chasteau de Ham, place alors très-importante, & de solliciter le sieur de Cormeron qui commandoit à effectuer cette trahison. Ce fait n'est que trop connu par l'histoire; ainsi le Parlement de Paris a eu raison de traiter le Duc d'Aumale en Juillet 1595, comme on doit faire

les traîtres. Le Pere Daniel qui parle de la trahison de Ham, ne parle pas du supplice du Duc d'Aumale. Cette punition quoique simplement en effigie, ne devoit pas être omise; mais il ne faut pas s'en étonner, ce médiocre Historien a bien omis d'autres faits essentiels.
(2) La regle de notre jurisprudence est que l'on ne sçauroit recuser le Procureur General; sa personne est inviolable dans l'administration de la justice. Mais d'ailleurs M. Servin n'étoit point Procureur Général, cependant comme Avocat Général il parloit souvent au nom du Procureur Général.

lomniateur, & ceux qui le juſtifient, comme il feit jadis les vieillards, ca-lomniateurs de Suſanne.

CHAPITRE V.

Deffenſe de la Societé, contre les crimes de l'Arreſt.

MAIS pour enfoncer la matiere, & n'arreſter ſeulement aux for-mes, voyons un peu quels ſont ſes cri-mes, quelle ceſte corruption de jeuneſ-ſe, quelles ces perturbations de repos public, quelle eſt ceſte inimitié au Roy & à l'Eſtat, qu'il a fallu ſi haultement & bravement publier par Arreſt, & chaſtier avec une ſeverité ſi grande.

On ſçait les merveilles, que Dieu a operé par ceſte Societé inſigne, & comme en temps oportun, non ſans prédiction de Prophetes, que Dieu a

Fruicts & merite de ce-ſte Societé.

ſuſcité ès derniers temps de l'Egliſe, comme de l'Abbé Joachim & aultres, elle a eſté envoyée de Dieu, au meſme temps, que le ravage de l'hereſie de Luther vint au monde. Pour y ſervir d'antidote, comme auparavant, celles de S. François, & S. Dominique du temps des heretiques Albigeois. Je ne toucherai icy plus amplement, la ſain-cteté de l'inſtituteur, me remettant à ce qui en a eſté eſcrit amplement, & à ce que bien-toſt en ſera publié par l'E-gliſe, à la canoniſation (1) du perſon-ſonnage. Je me contenterai de dire, que comme ceſt ordre a eſté divinement érigé, pour la gloire de Dieu, & exal-tation de ſon Egliſe, tant au dehors, par la propagation de la foi Chreſtien-ne, & converſion des infidelles, ès

Indes, & Provinces nouvellement deſ-couvertes: que au dedans, pour remedier aux maux, qui s'eſtoient gliſſez, tant par les hereſies, que refroidiſſement do devotion, & depravation de mœurs, tant au Clergé, qu'eſtat ſeculier : & ſuppléer au deffaulx, que la malice du temps avoit apporté, tant en la reli-gion & diſcipline publique, pour tous aages, ſexes & eſtatz, que particulie-rement pour l'inſtruction de la jeuneſſe, & pour ſemer en ces jeunes plantes, la pieté & doctrine enſemble : comme par tout ils s'y ſont employez, tant par la-beur & induſtrie, que par l'effuſion de leur ſang, ès Indes & en l'Europe, ſpecialement en Angleterre : les fruicts en ayant eſté, conformément à l'inten-tion & inſtitution, ſi beaux, ſi grans, & ſi ſignalez, par toute la Chreſtienté, & particulierement en France, tant de-hors que dans Paris, & tant par la re-formation des conſciences, fréquenta-tions des Sacremens, exercices pieux, & meditations ſainctes, multiplication du nombre des Religieux, Capucins, Chartreux & aultres, que par la con-noiſſance des langues, & ſciences d'hu-manité, Philoſophie & Théologie, que

Ne ſont cor-rupteurs des jeuneſſe.

tout le monde le ſçait, le voit, & le connoiſt, & ceux meſme qui les con-damnent, & par l'experience tant d'eux meſmes, que de leurs enfâns, & par leur confeſſion :

Si cela eſt corrompre la jeuneſſe, on peut veoir quel eſt le nez de ceux, qui tiennent ce langage, à qui la religion & pieté Catholique put, comme au porc la marjolaine, & la roſe à l'eſcar-bot. Et à qui, comme dict S. Paul, le

2. Cor. 2.

bon odeur de Jeſus-Chriſt, eſt odeur de mort,

---

(1) Enfin le Saint Fondateur des Jeſuites a été heureuſement canoniſé le 12. Mars 1622. par le Pa-pe Gregoire XV, ainſi la canoniſation fut demandée

plus de 25. ans, mais le S. Siége n'a point prétendu par là canoniſer les fautes que peuvent avoir faite quelques-uns des Diſciples.

mort à mort, comme aux gens de bien, il eſt odeur de vie à vie. Quel leur zele envers la jeuneſſe, dont l'inſtruction Catholique les brule, la probité les offenſe, la devotion les ulcere, la reformation les afflige, & le profit les tourmente. Ou pluſtoſt, quelle envie ils ont, de la rendre comme leurs peres, *Generation perverſe & rebelle, generation qui n'a point dreſſé ſon cœur, & de qui l'eſprit n'a point eſté fidéle à Dieu.* Marris qu'ils ſont, de la veoir affermie, ſur la ſolidité de la pierre de l'Egliſe, dont ils ſe ſont ſeparez.

Pſal. 7.

Si troubler le repos public, on peut veoir quel eſt leur repos, à qui la vie exemplaire, & inſtruction de vertu, donne peine, comme le chant du cocq aux dormeurs, le ſon de la trompette aux poltrons, le point du jour aux beſtes de la foreſt, & comme la lumiere aux larrons, & la preſence du juſte aux meſchans & impies, mentionnée, en l'Eſcriture, pour ce qu'il eſt contraire à leurs œuvres. Et que comme ce ne peut eſtre le repos, que Jeſus-Chriſt promet, à ceux qui viennent à luy, il s'enſuit que c'eſt pluſtoſt, celuy que luy-meſme eſt venu deſtruire, & y mettre le glaive à la place. Celuy *qui rend la memoire de la mort amere, à qui eſt en paix, en la jouiſſance de ſes biens.* Qui eſt déclaré en l'Eſcriture, par le lict de la paillarde Babylon, où elle ſe confit en delices : & de la femme folle, qui tire à ſoy le jeune homme. Par l'oiſiveté, abondance, & ſaturité de pain de Sodome, qui l'a conſommée & perdue. Par le bon temps des jours de Noé, que les hommes beuvoient, mangeoient, & ſe marioient, & le déluge les perdit. Par le repos des habitans de Laïs, qui furent mis au fil de l'eſpée. Par le dormir des hommes, pendant lequel l'ennemy ſeme ſa zizanie. Par le Sabbath, dont Jeſus-Chriſt nous enſeigne de prier, qu'en

Ne ſont Perturbateurs du repos public.

Sap. 2.

Mat. 11.

Matt. 10.

Eccli. 41.

Apoc. 17.
Prov. 5.

Ezech. 16.

Mat. 24.

Jud. 18.

Mat. 13.

iceluy ne ſoit notre fuite. Brief le repos, dont les mondains diſent, *Paix, paix, & il n'y a point de paix,* dict le Prophete. Et dont S. Paul dict, *que quand ils auront dict, Paix & ſeureté, il leur adviendra une deſtruction ſoudaine.* Car c'eſt le repos, que ceſte Société eſt venu rompre, pour dire avec le meſme ſainct Paul, *Toy qui dors, éveille toy, & te leve des morts, & Jeſus-Chriſt t'eſclairera.*

Ma'. 24.

Ezech. 13.
1. Theſ. 5.

Epheſ. 5.

Si eſtre ennemis du Roy & de l'Eſtat, on peut veoir quel eſt ce Roy, & quel ceſt Eſtat de Babylone, duquel on tient pour ennemis les Prophetes & Heraux de Dieu, les enfans de Hieruſalem, & la ſemence de la femme, qui briſe la teſte au Dragon, qui eſt l'Egliſe Catholique. Et ceſt eſcadron de renfort, de nouvelle milice, qu'ameine le Dieu Sabaoth, pour combattre ſes ennemis, & rentrer en ſon heritage. Car ſi bien d'autres combattoient ja, ce n'eſt pour les empeſcher, mais pour venir au ſecours. *Et qui n'eſt point contre nous,* dict Jeſus-Chriſt, *il eſt pour nous.*

Ni ennemis du Roy & de l'Eſtat.

Geneſ. 3.

Luc. 9.

Brief on juge de-là, quel eſt le myſtere de ceſt Arreſt, & où tend toute la caballe, qui eſt de ruyner l'Egliſe, & renverſer les Sacremens, eſtablir ſouverainement l'hereſie, & introduire le Royaume de Satan en France. Comme d'ailleurs & par leurs aultres actions, il eſt aiſé de juger. Car ſi meſme on en eſt là venu, que frequenter les Sacremens, eſtre adonné à devotion, prier long-temps en l'Egliſe, eſtre reformé en ſes mœurs, zelé à l'honneur de Dieu, eſtre amateur de ſa parole, & obeïſſant à l'Egliſe, eſt une note de ſuſpicion, & que telles gens ſoyent eſpiez, traverſez, calomniez, & traictez comme Ligueurs, qui ne voit par eux-meſmes, l'interprétation de leur dire, & que c'eſt

Myſtere de la caballe & de l'intention des ennemis revelé.

Vray ſens des paroles de l'Arreſt.

c'est le sens, de ce qu'ils appellent corruption de jeunesse, troubler le repos public, & estre ennemy de l'Estat?

Car si pour leur justification, ils alleguent le faict de Chastel, il leur falloit prouver deux choses, & que l'acte de soy fust mauvais, & que ceste Societé l'y eust induict. Et quand bien le premier seroit (car de l'autre ils ne le peuvent dire, & se convainqueroient par eux-mesmes) si ne sera-il jamais dict, que d'un bel arbre, chargé de beaux & de bons fruicts, & en grande quantité, pour un seul qui s'y trouveroit, corrompu par la gresle, ou par le ver, qui s'engendre dedans, on en deust couper la racine. Et qu'en tout cas, si cela doibt avoir lieu, que pour tout fruict mauvais, on mette la congnée à l'arbre, ce n'est là qu'il falloit prendre. Ce n'est en Chastel, qu'est le mal. Eux mesmes sont les fruicts mauvais, qui ont esté portez par cest arbre. C'est-à-dire, qui ont esté là instruicts. Quoyque ce n'est de luy, qu'ils ont pris ce mauvais suc, ains l'ont bien tiré d'ailleurs. Et doibvent juger par eux-mesmes, que tout ce que faict l'escolier, ne vient de celuy qui l'enseigne.

CHAPITRE VI.

Deffense, contre le plaidoyé d'Arnauld.

NE les justificra non plus, ni la caballe du procès, remué par l'Université, dont ils se sont aydez, & par les plus inutiles, & qu'on ne sçavoit pas qu'ils fussent nays, comme le singe de

la patte du chat, pour mouvoir ceste Camarine : ni le playdoyé d'Arnauld, qu'ils ont publié depuys. (1) Pour l'évidence, tant de l'abus & menées de l'un, contre l'advis de plus sages, que des mensonges & impostures de l'aultre. Duquel seroit corvée de parler, pour l'inutilité des abois, qu'il vomit & debagoule, comme un chien contre la Lune, ou comme les vages contre un escueil, qui n'y gaignent aultre chose, sinon de se briser & se rompre, n'estoit pour la malice d'aucuns, & l'infirmité des aultres, qui se paissent de tels discours.

Je ne m'estendray aultrement, sur cest ancien differend, sinon pour dire, que comme toutes nouveautez, sont au commencement suspectes, quelques bonnes qu'elles puissent estre, ce n'est merveille, s'il en est pris de mesme, à ceux de ceste Societé. Comme aussi auparavant, à ceux des Ordres de S. Dominique & de S. François, qui eurent mesmes contradictions. Et mesme comme à Jesus-Christ, dont il est dict, qu'il a esté mis *pour signe, auquel on contrediroit.* Et depuis à la Religion Chrestienne, quelque part qu'elle ait esté annoncée. Suyvant ce qui est dict en l'Apocalypse, *qu'à l'ouverture du Temple au Ciel, & à l'ouverture de l'Arche,* (qui signifie la prédication de l'Evangile) *furent faicts esclairs & tonnerres, & tremblement de terre & gresle.* Estant cela une tentation necessaire, pour sonder & esprouver les esprits, s'ils sont de Dieu ou non. Suyvant la regle Evangelique, que *toute plante qui n'est poinct plantée de Dieu, sera deracinée.* Et au contraire,

Procès de l'Université par qui remué.

Contradiction ordinaire aux choses bonnes.

Luc. 2.

Apo. 11.

Matt. 15.

(1) C'est Antoine Arnauld l'un des plus célèbres Avocats de son tems, & qui fut pere de M. Robert Arnauld d'Andilly, de Nicolas Arnauld Evesque d'Angers, & d'Antoine Arnauld. Docteur de Sorbonne. Ce plaidoyer prononcé en 1594. eut | tout le succès que l'Université en pouvoit attendre : & l'on prétend que c'est de-là qu'est venue l'animosité des Jesuites contre les Arnaulds ; mais cela se peut-il croire ? j'en laisse le jugement à d'autres mieux instruits, & plus clairs-voyans.

contraire, comme dict Gamaliel, *ce qui est de Dieu, ne peut pas estre deffaict.* Et que si bien l'opposition du commencement, sembloit estre bien fondée, si ne l'a-elle peu estre maintenant, que les fruicts subsequens en ont justifié la cause. Mesme que les Theologiens s'estans départis de l'instance, ceux qui en ceste qualité s'y sont nommez & intrus, font autant de tort à ce corps, dont ils ne sont dignes d'estre les membres.

Et moins, pour mettre celuy en besongne, duquel comme le nom approche de l'un de ceux, que l'antiquité a attribué à l'Ante-Christ, & où se trouve le nombre de la beste, qui est Αρνεμαι, & signifie *Renier* (ce que cest ennemy sera, tant par mensonges, que par blasphemes) ainsi il semble, en avoir icy produict les effects, pour chasser le nom de JESUS, en la personne des Jesuites. Et par les mesmes voyes, que ce *Renieur* doibt faire. Ne remplissant son discours, que ou de mensonges évidens, ou de blasmes de choses bonnes, on du moins qui ne sont mauvaises. De mesme que jadis en ces deux sortes, lés Juifs persecutoient Jesus-Christ. Ou le blasphemant de ce qui estoit bon, comme de recevoir les pecheurs, garir les malades au Sabbath manger & boire parmi le monde : ou lui imputant ce qui estoit faux, comme d'estre seducteur, gourmend, yvrongne, demoniacle. Voire avec tant de curiosité, que de mesme qu'en usa un certain Musicien (c'estoit Adrian Willart) qui faict en chantant, montre de son industrie, en la saincte Chapelle de Paris, présent Certon, maistre de la Chapelle, en faisant tous

faux accords, & n'en faisant un seul bon : ou comme les peinctres de Flandre, quand ils peignent les Kermesses de Village, (1) où l'excellence est, de n'y mettre une seule morgue, geste, ni contenance, qui ne soit inepte & ridicule : aussi il semble, que pour faire ce chef d'œuvre, il s'est estudié, de ne dire un seul mot, ni de bien, ni de verité, si ce n'est pour donner blasme. Et qui ne resente Αρνεμαι, en l'une ou l'aultre de ces deux sortes. Pour estre digne Ministre de celuy, auquel *a esté donnée gueule, proferante grandes choses, & blasphemes.* Comme aussi se sont les deux chefs, où tout ce plaidoyé se rapporte.

Pour le premier, les blasphemant de ce que la Societé a des biens. Que leur pere a esté Espagnol, & leur ordre receu premierement en Espagne. Qu'ils font veu d'obédience à leur General. Qu'ils deffendent l'authorité du S. Siege, pour excommunier mesme les Roys. Qu'ils ont conferé à Paris, avec les Legats du S. Siege, presché pour les Catholiques, refusé absolution à ceux, qui ne quictoient le party du feu Roy excommunié. Ne prient pour l'excommunié du S. Siege. Que de petits commencemens, ils sont fort multipliez, mesme y en a de Cardinaux.

Pour le second, leur imputant, qu'ils sont factieux pour l'Espaigne. Qu'ils sont ennemy de la France. Que leur Patriarche & instituteur, Ignace Loyola, vous estant blessé à la jambe, par les François, d'estre ennemy perpetuel de la France, & plus que Hannibal des Romains, & qu'en cela les fils suyvent le pere. Qu'ils ont faict des conjurations à Paris, avec les Ambassadeurs,
&

Left margin notes:
Act. 5.

Remuement de Procès mal fondé.

Mystere en l'opposition d'Arnauld aux Jesuites.

Luc.
Joh. 9.

Joh. 7.
M 11. 11.
Job. 8.

Right margin notes:
Sommaire du plaidoyé d'Arnauld. Apoc. 13.

Blasme de choses bonnes ou indifferentes.

Impostures & calomnies.

(1) *Kermesses*] ce sont les foires qui se font tous les ans dans les Villes & Villages des Pays-bas, & où se rendent beaucoup de baladins pour divertir le peuple.

& aultres Miniftres de la Majefté Catholique. Ont voulu rendre la Ville au Roy d'Efpagne, & luy ont envoyé l'Eftat du Royaume. Appellent le Roy d'Efpagne, Roy univerfel des Chreftiens. Toutes leurs penféés ne font, que de la grandeur d'Efpagne. Sont coulpables de parricide, attenté contre le Roy, par la confeffion de Barriere, executé à Melun. Enfeignent la jeuneffe de tuer les Roys, de faire des feditions, & d'eftablir la tyrannie d'Efpaigne. Ont faict mourir le Roy Sebaftian de Portugal. Ont introduict audict Portugal le Roy Philippe. Ont faict tuer les François aux Terceres. Sont autheurs des cruautez, exercées par les Efpagnols, aux Indes & terres neuves. Et pour confommation de l'œuvre, les charge après tout cela, d'un tombereau d'injures & de convices.

Car voylà à peu près, la fubftance de ce digne plaidoyé, dont les oracles font publics, & les copies imprimées, pour les traduire en tous endroicts, & faire paffer cefte efcume en argent comptant, comme ils ont faict au Parlement, & depuis en Allemaigne, par la faction des heretiques: lefquels, comme on dict, en brouillent mefine des papiers. Et quelle refponfe à tout cela? Ou pluftoft, quelle pierre *à ce Sepulchre ouvert, & au gofier,* d'où fort une telle halene?

Car de ce qu'il commence par les biens, c'eft trop toft découvrir la mefche, & declarer le fond de la tragedie. Comme du procès de Naboth & des profcripts du Triumvirat, dont le crime eftoit d'avoir de moyens. Comme fi c'eftoit crime aux Communautez, d'avoir de quoy fe fuftenter. Et comme fi en la compagnie mefine de Jefus-Chrift, il n'y euft la bourfe commune. Car quant aux Baronnies & Comtez,

qu'il les dict avoir en Italie & en Efpagne, il en devoit produire les tiltres, & ne les oublier en fon fac, pour verifier fon dire. Comme pour l'égard de leur nombre, qu'il dict eftre de neuf à dix mil, & de 128. Colleges, feulement en Efpagne, & c'eft trop honorer l'Efpagne, que de la faire eftre tout un monde. Veu que eftant cela environ le nombre, de ce qu'ils font en toute la terre, tant en perfonnes qu'en College, dire tout cela eftre en Efpagne, eft appeller tout le monde Efpagne. De mefme eft-il, des deux millions d'or, qu'il affeure qu'ils poffedent. Car d'où en fçait-il le compte? Et où en a-il veu les Regiftres? Et s'il l'entend de l'Efpagne feule, le voifinage eft trop proche, pour faire croire ce menfonge, dont y a trop de tefmoins. Et faudroit parler de plus loin. Si de toutes les Provinces du monde, quelle merveille deveroit-ce eftre, veu le grand nombre qui y feroit, en proportion de l'Efpagne, qui feule en auroit dix mil? Et fi deux cens livres pour tefte, eft bien petitement ce qu'il fault, que demeureroit-il pour le refte, en France, Italie, Pays-bas, Allemagne, Suede, Pologne, Hongrie, toutes les terres de l'Empire, & toutes les Provinces des Indes, quand pour les feuls Efpagnols, il ne faudroict à cefte raifon, moins de deux millions de livres pour leur entretenement?

Et quant à l'inftitution, fi bien leur pere eftoit Efpagnol, & la Société a efté premierement reçeue en Efpagne, il devoit penfer auffi, qu'elle a commencé en France. Voire y a efté baftie, & forgée dans Paris, & les premiers vœus faicts à Montmartre, en la Chapelle des Martyrs. Et par un jugement admirable, à ce que par le concours de ces

deux

O

deux Nations, de la Françoise & l'Espagnole, la lumiere de celuy, *qui monte sur l'occident*, fust donnée au monde. Mais par tel si, que la clarté commenceroit de la France, pour revenir au mystere du chandelier du Tabernacle, figure de la vraye Religion, dont les lys portoient immédiatement la lumiere. Présage d'une renovation de lumiere, qui doibt estre par la France. Et veu que la forme, est ce qui donne le nom, d'autant plus doibt estre ceste Societé nommée Françoise, & plus encore qu'Espagnole qu'elle a esté faicte & formée en France. Ce qu'estant un tiltre d'honneur à la France, ce n'est faict en bon François, de luy vouloir envier, & moins encore de l'en priver.

Aussi, que si pour estre le pere Espagnol, la race en doibt estre chassée, il falloit donc chasser S. Loys, & tout ce qui depuis en est venu, pour ce que sa mere estoit Espagnole. Et pour approcher de plus près, il faudroit par ceste mesme raison, chasser tout l'ordre de S. Dominique, que l'on sçait avoir esté Espagnol, quoyque l'ordre ait aussi commencé en France. Et par là mesme, devront estre chassez de l'Espagne, ceux des ordres de Cisteaux, de Grandmont, la Mercy, la Trinité, Clugny, Prémonstré, de saincte Croix, de S. Guillaume, des Chartreux, de la Charité nostre Dame, dont les premiers Peres estoient de France, & les Chefs d'Ordre sont en France.

Et quant à ce que la Societé, a esté receuë en Espagne, qui ne sçait les contradictions, & plus grandes incomparablement, qu'elles n'ont esté en France? Aussi, que si l'Espagne, pour en avoir donné le plan, en a deu gouster les fruicts, la France ne le devoit pas moins, pour estre celle, où il a esté transplanté, qui l'a receu en son gyron,

l'a nourri, cultivé, arrousé, élevé, provigné, brief donné toutes les façons, tant que les boustons estans éclos, elle en a veu les premieres fleurs, & touché les premieres grappes.

Mais de blasmer, oultre tout cela, d'avoir veu d'obedience, & reconnoistre un superieur, d'avoir deffendu l'authorité du S. Siege, conferé avec ses Legats, faict des Prédications Catholiques, refusé d'absoudre les Schismatiques, & n'avoir voulu prier en public pour l'excommunié, d'aultant plus est-il intolerable, que c'est se montrer en mesme instant, non seulement sans Religion, mais aussi sans jugement & cervelle. Comme, qui voudroit reprendre le fils, d'honorer le Pere, le Laboureur de cultiver la terre, le Maçon de maçonner, le Forgeron de forger, le Soldat de combattre, voire je diray le Soleil de luire, & la Lune & les estoiles de faire leurs cours ordinaires, & tant qu'il y a de créatures, de faire ce qui est de leur fonction naturelle. Car pourquoy blasmer l'obedience, veu que c'est sans quoy, la religion ne subsiste? Pourquoy de deffendre le S. Siege, veu que c'est l'obligation commune, & qui est à eux plus qu'aux aultres? Pourquoy d'avoir veu les Legats, qui ont la jurisdiction & mission legitime? Pourquoy de prescher en Catholiques, veu que c'est leur vocation? Et pourquoy de refuser d'absoudre les Schismatiques, & de prier pour les excommuniez, veu que c'est suyvant les Canons, qui prohibent l'un & l'autre.

De mesme est-il de les traduire, de ce que de petits commencemens, ils se feroient fort multipliez. Comme si le mesme n'estoit de la Religion Chrestienne, que pour ceste raison, Jesus-Christ compare *au grain de moustarde, qui estant la plus petite des semences, croist*

Psal. 67.

Exod. 25.

Societé de Jesus, plus Françoise qu'Espagnole.

Chefs d'ordres en France.

Societé de Jesus contredicte en Espagne.

Blasmes impies & ridicules.

Mat. 13.

croift en un grand arbre, & les oyfeaux du Ciel viennent, & font leurs nids en fes branches. Et quant à ce qu'il y en a de Cardinaux, c'eft autant les blafmer à tort, que comme ce n'a efté, ni à leur fouheét, ni requefte, ni mefme avec leur approbation, & moins felon l'efprit de leur pere, qui y eftoit du tout contraire, le mal qui y peut, ou en peut être, ne leur doibt eftre imputé auffi.

Impofture impudente.

Mais pour venir aux calomnies, & juger de l'une toutes les aultres, d'autant plus eft hors de raifon, ce qu'il met fus au Pere Ignace Loyola, d'avoir pis qu'un Hannibal, juré d'eftre ennemy à la France, que l'impudence eft fouveraine, de faire d'un agneau, un loup, & d'une colombe un milan. C'eft-à-dire d'un Chreftien, un infidelle : d'un homme refigné à Dieu, un convoiteux & infatiable : d'un patient, un vindicatif : d'un humble & doux, un fuperbe & cruel : d'un pere fpirituel, un meurtrier : d'un exemplaire de charité, un homme de feu & de fang : d'un que le zele de Dieu & du prochain mangeoit, qui ne refpiroit que le gain des ames, un barbare & ennemy, fans Dieu, fans foy, & fans loy, que l'on fçait qu'Hannibal eftoit. Brief, d'un que l'efprit de Dieu conduict, un que les Demons infernaux agitent. O fubtil & gracieux parallele, & digne d'eftre receu au lieu, où les tenebres font lumiere, & la lumiere font tenebres!

Et de mefme efprit eft le refte, qu'il impute à cefte Societé, des maffacres faicts ès Indes, comme du Roy de Portugal en Maroch, & des Françoys aux

Terceres : comme fi la fureur de Mars, fe gouvernoit par les Preftres. Et de mefme contre les amys, que contre les ennemys. Et comme fi à qui cherche le falut de tous, la mort de tous deuft eftre imputée. Tel auffi le paricide prétendu au faict de Barriere, pour n'avoir voulu violer le feel de la confeffion, (1) & en faveur d'un ennemy public, & qui lors faifoit guerre ouverte, & par un feul, à qui le secret fut commis. Et pour s'eftre iceluy gardé de commettre un facrilege, qui l'euft rendu autant damnable, que barbare & impie eft la cruauté de ceux, qui pour ce fujeét, l'ont demembré en effigie. Comme auffi ils ont faict le Curé de S. André à Paris, pour luy en avoir feulement efté faicte ouverture, à laquelle il n'avoit voulu refpondre. De mefme eftoffe eft ce qu'il dict, qu'ils ont voulu rendre Paris à l'Efpagnol. Comme fi cela euft efté en eux, & n'euffent eu les Efpagnols, prou d'aultres moyens, & plus aifez, quand ils y euffent voulu entendre. Ou comme fi le lieu & le temps, qu'ils alloient en leurs Colleges, foit à S. Jacques, pour affifter à leurs actes, foit à S. Loys rue S. Antoine, pour fe confeffer & communier aux feftes, euft efté propre, pour traicter de l'Eftat. Car fi bien les devotions politiques, font autant de coups d'Eftat, c'eft-à-dire, de complots, pour effectuer leurs deffeins, pourquoy dire le femblable, des devotions Catholiques, & dont on fçait que les departemens font aultres ?

Et pour l'égard de la jeuneffe, qu'il dict eftre inftruite par eux, (2) à tuer les Roys, comme la calomnie eft impudente,

_____

(1) Cet attentat fut commis contre Henry IV. le 25 Août 1593. mais le Pere Banqui Dominicain de France en ayant eu connoiffance par Pierre Barriere, fe crut obligé de le déclarer ; ce qui pré-

ferva dès-lors le Roi Henry IV. & Aubri, Curé de Saint André des Arcs, homme feditieux y confentit : Voyez-en l'hiftoire ci-après.

(2) Le fait que je vais rapporter eft fingulier,

O 2

dente, & qui fe refute d'elle-mefme, fi pourtant c'eft la reffource, de la claufe de l'Arreft, qui a ufé des mefmes termes, ô gens aifez à perfuader, & foudains à croire mal, à qui la fimple impofture, fert d'inftruction & d'oracle ! Et bien alterez d'ouir mefdire, & des eaus de contradiction, fi un tel bourbier les abreuve.

CHAPITRE VII.

Injuftice & tyrannie en la condamnation.

ET fi c'eft là-deffus neanmoins, que le fondement eft pris, de chaffer & bannir, avec confifcations de biens, non un particulier, mais un corps: & non de Paris feulement, mais de tout le Royaume : & non du Royaume feulement, mais de tout le monde, tant qu'en eux, pour *l'inhibition* qu'ils adjouftent, *fur peine de crime de leze-Majefté*, d'envoyer des Efcolliers à leurs Colleges, hors du Royaume : fi là enfemble fe voit à l'œil, injuftice & tyrannie, & accompagnée de furie, qui les en pourra garentir, ou décharger de ce blafme ?

Attaquer le general pour le particulier, acte tyrannique.

Car bien l'injuftice y eft claire, oultre les animofitez, & paffions que deffus, puifqu'on juge fans fujet, general ou particulier, & fur pure calomnie, & calomnie palpable. Et quant le particulier y feroit (comme a efté mon-

tré le contraire) de s'en prendre à un general, cela a tousjours efté fans exemple, finon des Tyrans manifeftes, & Perfecuteurs de l'Eglife. Tel que fut Herodes, qui pour un feul Jefus-Chrift, feit tuer tous les petits enfans, qui eftoient en Bethlehem. Tel que fut Saul, contre tous les Preftres, qui eftoient en la ville de Nobé, & tous les habitans d'icelle, hommes, femmes & enfans, qu'il fit paffer au fil de l'efpée, pour un feul Achimelech Sacrificateur, qui avoit receu David en paffant. Tel que le fuperbe Aman, contre toute la Nation Judaique, pour un feul Mardochée. Tel que le cruel Sylla, & le Triumvirat depuis, contre tout un peuple, pour les inimitiez particulieres. Tel que le Turc Mahomed II. qui pour un concombre mangé, donna fentence de mort, contre un grand nombre de jeunes gens, qu'il faifoit fendre par le ventre. Mais qui ont auffi efté punis de mefme. Comme Herode & Sylla mangez de poux. Saul tué de fa propre main. Et Aman pendu au gibet, qu'il avoit préparé à un aultre.

Et fi bien Theodofe, qui d'ailleurs eftoit bon Prince, a commis la mefme faulte, fi n'en efchappera-il neantmoins, que l'acte ne foit jugé tyrannique. Et par fa confeffion mefme, veu le chaftiment qu'il en eut, & la penitence qu'il en feit. Quoyque plus excufable neantmoins, en un grand furpris de colere,
&

Matt. 24.

1. Reg. 22.

Efth. 3.

---

mais-très-certain. On envoya de France à M. *Antoine Arnauld*, alors retiré dans les Pays-bas, un Ouvrage, où l'on montroit que la Doctrine des Jefuites Etrangers, étoit que l'on pouvoit tuer les Rois, que l'on regardoit comme des Tyrans. C'eft ce qui étoit prouvé par le témoignage de prefque tous leurs Théologiens ; mais M. Arnauld quoique mécontent des Jefuites, non feulement ne voulut pas que le Livre parut ; mais même il le fupprima, témoignant qu'il n'étoit pas feur pour la vie des Rois, que l'on connut qu'un fi grand nombre de Théologiens avoient donné dans un pareil excès.

Tel étoit de ce nombre le Jefuite Jean Mariana dont le Livre *de Rege & Regis inftitutione* fût condamné au feu par l'Augufte Parlement de Paris. On fçait que cette pernicieufe maxime fe trouve dans l'Edition in-4°. de Tolede de l'an 1599. qui eft la plus recherchée. Et j'ai vu auttefois le Traité pernicieux de *Junius Brutus vindiciæ contra Tyrannos* traduit en François, & approuvé par le Pere Gregoire de Valentia Jefuite. Mais les Jefuites François font dans un autre fentiment comme on le voit par l'*Apologie de la Compagnie de Jefus*, publiée par le Pere Nicolas Cauffin de cette Compagnie.

& où le courroux joinct à la puissance, esclatte aysement tels tonnerres, qu'en un Corps de Parlement, où la raison doibt dominer. Et spécialement de celuy, de qui le devoir est de tout tems, de moderer les courroux, & volontez précipitées des Roys. Qui en a bien usé icy aultrement, que ne fit sainct Ambroise envers Theodose.

Considéré aussi, que n'y ayant qu'un cas, auquel on peut condamner une Communaulté ou Generalité, à sçavoir s'il y a vie scandaleuse & depravée, & préjudiciable à la Religion & l'Estat, comme est celle des Heretiques & Schismatiques, Apostats, Juifs & aultres ennemis de l'Eglise, où mal vivans, (car ce sont telles vermines, qu'il convient exterminer, pour ne gaster & infester les aultres) il ne se trouve icy rien de semblable.

Joinct, que cela estant l'ordinaire des tyrans, d'avoir les bons en hayne, & la vertu pour suspecte, soit pour l'antipathie qui est en eux, comme du serpent au fresne, & des crapaux à la rue : soit pour la synderese, & remord de leur indignité, comme Neron & Caligula, qui ne pouvoient souffrir, gens plus habiles qu'eux, en quelque vacation que ce fust : soit pour l'apprehension qu'ils ont, que tels gens portent leur ruyne, comme l'eau du feu, les chiens du loup, & le chat de la souris, c'est aussi ce, dont on voit icy la practique.

Et ce qui est plus encore, c'est que s'attaquant au general, & à ceux, où il n'y a aucune scintille de suspicion, qui sont ceux de dehors Paris, & mesme de dehors la France, ils montrent, que ce n'est à aucun crime, ains à l'ordre, & à la cause de l'institution d'iceluy, qu'ils en veulent. Laquelle n'estant aul-tre, sinon pour avancer la pieté Chrestienne, obvier à l'heresie, & promovoir les biens, dont a esté dict cy-dessus, cela aussi est s'attaquer à Jesus-Christ mesme, & vouloir reduire tout, aux termes des premiers Tyrans, pour mettre la religion en crime. Comme aussi en Angleterre.

N'estant au surplus, à ceux qui sont ainsi condamnez, que le malheur appartient. Non plus qu'aux aultres Prestres & Docteurs, qui ont esté chassez devant eux. Pour l'honneur que ce leur est, d'endurer pour Jesus-Christ. Ains à ceux qui les chassent, sur qui ils secouent la pouldre de leurs pieds, pour leur estre un jour en tesmoignage : & au peuple qu'ils abandonnent. Auquel ils peuvent dire, comme celuy dont ils portent le nom, & qui est chassé avec eux, *Ne plorez point sur moy, mais sur vous, & sur vos enfans,* qui seront frustrés, de ce qui leur estoit le plus utile. Et sur le peuple, qui comme du temps d'Ozias le ladre, sera destitué de Prophetes. Et (ce qui est la plus grande menace, que Dieu face en l'Escriture) verra *le silence estre imposé à sa mere, en la nuict* de persecution : *les nuées retenues, pour ne plus donner la pluye :* & en consequence, *la faim qui viendra dessus luy, non de pain & de vin, mais de parole de Dieu.* Pour estre abandonné à ceux, *qui prophetisent de leur cœur, & qui suyvent leur esprit,* separez qu'ils sont de l'Eglise : & pensant veoir, ne voyent goute. A ce qu'il soit de l'Eglise, comme du Senat, & comme dict le Prophete, *ainsi que le peuple, ainsi soit le Prestre.* Qu'il leur en prenne comme aux Egyptiens, par la sortie d'Israel, qui fut cause de leur ruyne. Ou comme à Jerusalem, ayant jetté hors l'heritier, de la vigne de Dieu. Et

pourtant

O 3

pourtant ; n'en demoura pierre sur pierre.

CHAPITRE VIII.

Injustice contre le P. Jehan Gueret.

MAis cela n'estoit assez, *si le sang, comme dict le Prophete, ne touchoit un autre sang*, par la peine & le supplice, par dessus le general, de deux de ce mesme corps. Qui sont le Pere Jean Gueret, qu'ils ont mis à la torture, & le Pere Jehan Guygnard, qu'ils ont faict pendre & estrangler, le 7. de Janvier suyvant, & reduire le corps en cendre. Tous deux Prestres, & Professeurs, l'un en Philosophie, & l'aultre en Theologie. Soit qu'ils l'ayent faict, pour saouller leur passion, soit pour donner couleur à leur faict, par un odeur de charge & atteincte sur les condamnez, & de justice de leur part. Voire aussi de misericorde, comme ayant faict moins, que ce qu'ils pouvoyent. Mais autant iniquement, qu'il n'y avoit suject, ni en l'un, ni en l'aultre, pour en venir si avant.

Osee. 4.

Nulle charge contre le Pere Gueret.

Car on sçait pour le premier, que la question ne se donne, que ou au convaincu, pour sçavoir les complices, ou à celuy qui est chargé, pour le moins de demy preuve, pour en tirer la charge entiere. Et quelle charge sur ledict Gueret, qui n'a esté accusé seulement ? Car si pour avoir esté Precepteur de Chastel (& qu'il avoit quicté, dès un an ou environ) il fault qu'il entre en ceste peine, ô dure & non ouye condition, si chacun est tenu de ceux, qu'il auroit eu en sa charge, & de ce qu'ils feront par après !

Recherche inique pour avoir esté Precepteur.

Bien trouvons-nous, que Diogene le Philosophe, voyant un jeune escholier faire le fol, en présence de son Maistre, donna du baston au Maistre qui permettoit l'insolence. Mais aussi c'estoit le Maistre, & qui l'avoit en sa discipline, & en oultre estoit présent. Et ce fust bien gardé le Philosophe, de luy faire cest affront, pour la faulte de l'escolier, faicte en l'absence de luy, & plus encore un an après, qu'il eust esté sorty de son eschole. Le Seigneur, par la loy, ne respond pas de celuy, qu'il a mis en liberté, s'il faict rien mal à propos. Et bien est-il dict en l'escriture, que si un bœuf sujet à heurter & dont le maistre avoit esté averty, & ne l'avoit gardé, tuoit homme ou femme, le bœuf estoit lapidé, & le maistre en respondoit, ou de la vie, ou de la rençon, telle qui luy estoit imposée. Mais si le bœuf n'avoit heurté auparavant, & heurtoit homme ou femme, tellement que mort en ensuivist, le bœuf estoit lapidé & le maistre en estoit quicte. Le Capitaine en faction, est responsable de ses soldats, & les doibt représenter. Mais non de ce qu'ils feront, après les avoir cassez. Ainsi le Geolier, de ceux qui luy sont baillez en garde, mais non de ceux, à qui les prisons sont ouvertes, & dont il a suffisante descharge. Les parens de l'aveugle nay, disoient de leur fils, *Il a de l'aage, qu'il parle pour luy.* Encore que peult estre, ils n'eussent que celuy-là. Et en tout cas, l'escriture dict, *que le fils ne portera poinct l'iniquité du pere, ni le pere l'iniquité du fils.* Et Jesus-Christ mesme interrogé par le grand Prestre, de ses Disciples, non qui avoient esté, mais qui estoient avec luy, ne respond aucun mot sur cest article. Et seroient bien marris ces Messieurs, si pour les actes & forfaicts de ceux, qui sont sortis de leur barreau, voire mesme de leur corps, on les venoit prendre à partie.

Exod. 21.

Joh. 9.

Deut. 24. Ezech. 18.

Joh. 18.

Car si cela a lieu une foys, que respondent

pondent donc les vignerons, des faultes que font les yvrognes. Qu'on recherche les Quinqualliers, des meurtres qu'on faict par leurs armes. Que les Medecins soient en peine, pour les poisons qui se donnent. Qu'on s'attaque aux Theologiens, pour les heresies de ceux, qui ont esté instruicts à leur escholle. Car qui les pourra garentir, à y proceder de la sorte ? Et miserables les Catholiques, qu'il faudra à tout propos, & sans propos neantmoins, estre mis en peine & en gehenne. Qu'il faudra estre responsables, des feuilles qui remueront, & tomberont des arbres: de tout le vent qui soufflera, & de tout ce que le fumet, des plus eschauffez cerveaux, produira de jour en aultre.

Mais belle va, qu'ils l'ont absous, l'ayant trouvé innocent, & veu que c'est celuy, pour lequel, & en consequence duquel, ils semblent avoir banny tous les aultres, & confisqué leurs biens, ils condamnent neantmoins leur jugement, par eux-mesmes. Car quelle plus grande justification, que de declarer innocent celuy, pour qui on punit les autres ?

Juges se condamnent eux-mesmes.

CHAPITRE IX.

Cruaulté & sacrilege, en la personne du Pere Guygnard.

MAis d'autant plus cruel a esté l'excès, commis en la personne du pere Guygnard, que moindre estoit aussi, voire du tout nul le sujeçt, sur lequel ils luy ont faict perdre la vie. A sçavoir pour des collections, & memoires, tirez tant des Peres, que des Decrets, pour montrer qu'il est loysible, de faire la guerre, aux Princes heretiques & excommuniez, qu'ils ont trou-

Sujeçt de la mort du P. Guygnard.

vé en son estude. Sur l'advis spécial, qu'un certain Ministre, qui avoit quelques années auparavant, ouy ledict Guygnard, preschant à Bourges sur ce sujeçt, leur donna, de le fouiller, & les servit à ce besoing.

Car si pour des collections scholastiques, il fault condamner à mourir, quel préjugé contre les Saincts Peres, dont elles ont esté tirées ? Si tels memoires sont damnables, que ne le sont ceux dont ils sont pris ? Et comment sauver S. Hilaire, la lumiere des François, & Lucifer Evesque de Sardaigne, qui de leur temps ont escrit si vivement, sur ce sujeçt, contre l'Empereur Constantius, & luy ont envoyé leurs Livres ? Et comment aussi S. Cyrille, & S. Gregoire de Nazianze, contre Julian l'Apostat ? Si ce sont choses debatues, de temps immemorial, digerées par l'accord des anciens, ratifiées par le jugement de l'Eglise, à qui seule appartient, decider telles veritez, & depuis receues & publiées, ès escholles des Theologiens, depuis quand venus ces censeurs, qui si haultement les reprouvent ? qui condamnent le S. Esprit ? & osent juger des couleurs, où ils ne sont que vrays aveugles, & conducteurs d'aultres aveugles ?

Nullité du sujeçt.

Escrits des anciens Peres condamnés par l'Arrest.

Et si telles collections condamnées, & si severement punies, comment souffertes celles des heretiques ? Comment leurs Livres & pestilens escrits, leurs propositions & maximes, jugées & condamnées qu'elles sont, tant par l'Eglise, que par les Parlemens de France ? Pourquoy leurs presches & blasphemes tolerez, contre Dieu & contre l'Eglise, voire approuvez par édict, & vérifié par eux ? Et s'il n'est loysible de faire la guerre à un Prince heretique, comment loysible à l'heretique, de la faire au Prince Catholique ? Et quelle justification

Et ceux des Heretiques tolerez.

fication pour celuy, qui comme Chef des Heretiques, a faict la guerre toute sa vie, aux Roys de France Catholiques? Qui est tout, ce dont il s'est faict valoir, & pourquoy il a esté condamné, & qu'ils reconnoissent pour leur Prince? Pourquoy non loysible contre luy, ce dont oultre l'authorité des Decrets, luy-mesme a donné l'exemple?

Joinct, que cela en tout n'estoit condamnable, pour estre une proposition Scholastique & generale, & purement de la doctrine de l'Eglise. Et en tout cas, appartenant au General du party, & par consequent couvert, tant par l'édict, de la trahyson de Paris, que par celuy, qui depuis a esté publié. Veu qu'à en user ainsi, il n'y avoit aucun, non seulement de ladicte Société, mais ni aussi Ecclesiastique bien zelé, voire ni de tout le party Catholique, qui ne deust subir mesme peine.

Persecution ouverte contre les Prestres.

Et voylà comme ils adjoustent au tas, pour remplir la mesure, tant d'eux-mesmes, que de leurs peres. Pour faire mourir les Prestres, & tuer les oingts de Dieu. Continuant les erres de Tours, & ce qu'ils y ont faict, en la personne, de plus de quatre-vingt & dix, tant Prestres que Religieux. Sans autre propos ni suject, sinon de leurs impietez, & prétensions heretiques. Sans garder mesme les formes, & solennitez juridiques, portées par les Decrets, & Ordonnances du Royaume, practiquées ès Parlemens, & toutes jurisdictions criminelles, de ne toucher aux Ecclesiastiques, tant qu'ils soyent condamnez par l'Eglise, & livrez au bras seculier. Com-

1. Reg. 22.

me vrays Idumeans, de la race de Doëg, & Ministres de ceste femme, enyvrée du sang des Saincts & Martyrs de Jesus-Christ, qu'on appelle Babylon, *mere des fornications & abominations*

Apoc. 17.

de la terre, qui est l'heresie. N'avisant à ce que dict le S. Esprit, *Ne touchez pas à mes oingts*, Et ailleurs, *Qui vous touche, touche la prunelle de mon œil*. Ni aux fouldres & censures, fulminées par l'Eglise, contre tels entrepreneurs & sacrileges. Et dont le cas est reservé sur tous, par le Concile de Constance, pour tenir rang, par quiconque en est coulpable, de gens excommuniez *nominatim*. Afin que vienne dessus eux, *tout le sang juste, qui a esté respandu dessus la terre, depuis le sang d'Abel le juste*, le premier Prestre. Et de tous ceux de cest ordre, qui ont esté massacrez par les heretiques, & heretiques Calvinistes, tant en Angleterre & Pays-bas, que depuis trente ans en France.

Psal. 104. Zach. 2.

Matt. 23.

CHAPITRE X.

Martyre du P. Guygnard, justifié de tout poinct.

HEureux cependant celuy, qui payant au prix de son sang, la folie & témérité des Juges, comme jadis S. Jehan Baptiste celle d'Herodes, en rapporte ce bonheur, que d'en tirer le proussit, & jouir du bien de la faulte. Mort qu'il est, non sur un songe de sa part : non sur une vanité phantastique, non sur un fondement en l'air, ou sable mouvant d'heresie : & non, comme dict S. Paul, *courant comme à l'incertain, ou comme un qui bat le vent*, mais comme un qui se tient ferme, sur la base & solidité, de la pierre Evangelique. C'est-à-dire de l'obéissance, & pour l'obéissance de l'Eglise. Qui sçait d'où il vient, & où il va. *Regardant à l'Autheur de salut*, Jesus-Christ; & attendant de luy *la couronne de justice*.

Mar. 6.

1. Cor. 9. Mat. 7.

Heb. 12. 2. Timot. 4.

Et quoyqu'ils ayent bruslé le corps, & jetté la cendre en l'air, si ne laissera pourtant

pourtant le fang jufte, de bouillonner, & les playes de faigner, en préfence des meurtriers, devant le Dieu Sabaoth, qui un jour le leur fçaura rendre.

Conftance du P. Guy-guard.

La conftance du perfonnage, jufques au dernier foufpir, pour ne vouloir reconnoiftre pour Roy, celuy que l'Eglife a condamné, ni pour Juges legitimes, ceux qui fe font feparez de l'Eglife, & jugent contre l'Eglife : pour ne vouloir proferer, les claufes & paroles, portées par leur Arreft, pour faire l'amende honorable : perfiftant en la verité, de ce qu'il avoit prefché, & couché en fes Memoires (pour raifon dequoy en fut l'exécution précipitée, & fur le champ, & en chemife, fans le remener aux prifons) & en qui par ce moyen de tout poinct, a efté juftifié le martyre, pour n'y avoir aultre fuject, finon d'une pure verité Catholique, fouftenue jufqu'à la mort inclufivement, dont le contraire eft herefie : eft ce qui fervira de tefmoignage, pour leur faire un jour leur procès, les tenir aux fers pieds & mains, leur pronocer leur Arreft, & condamner diffinitivement, & de jugement irrevocable, comme *cefte gloire eft à tous les Saincts*. Lorfque celuy, *qui garde la verité éternellement*, qui tient foy les Livres du Greffe éternel, où tout eft efcrit, voire mefme qui en eft le Livre, *fera jugement à ceux, qui fouffrent injure*. Que les juftes s'éleveront en grande affeurance, en la face de ceux, qui les ont tourmentez. Qui les voyant, feront troublez, & faifis d'horrible crainte, effrayez de les veoir fauvez, contre leur attente. Et changeans d'opinion & foupirans de l'angoyffe, qu'ils auront en

Efai. 149.

Apu. 20.

Pfal. 146.

Sap. 5.

leurs efprits, diront contre eux. *Voicy ceux de qui aultrefois nous rions, & faifions des proverbes de deshonneur. Nous infenfez, eftimions leur vie eftre forcenerie, & leur mort infame. Et comme ils font comptez entre les fils de Dieu, & leur part eft entre les Saincts! Nous avons donc fourvoyé, hors du chemin de vérité, & la lumiere de juftice ne nous a point éclairez, & le Soleil de juftice, ne s'eft point levé fur nous*. Et ce qui eft plus amplement en l'efcriture.

CHAPITRE XI.

Advis aux Catholiques, fur la confequence de ce faict.

ET penfent icy tous Catholiques, où va cefte premiere atteincte. Et quelle entrée à l'avenir, de chaffer tant qu'il y a, de Religieux & de Preftres, voire de les faire mourir, & perdre la religion. Et ce qui eft le plus deplorable, quelle bouche ouverte & bayante, pour devorer la jeuneffe, & l'enfevelir au profond du gouffre de l'herefie. O puiffance de tenebres, comme tu as aujourd'huy le temps!

Luc. 25.

Et fi c'eft par le temporel, que les hommes fe gouvernent, penfent ceux qui y ont cooperé, qu'ils y viendront comme les aultres, & n'en feront pour cela garentys. Qu'ils fe fouviennent, qu'en Angleterre, ceux qui ont favorifé le fchifme, ont efté des premiers punis. Et par ceux mefme, dont ils ont foutenu la caufe. Tel que fut le Cardinal d'Yorc, (1) principal Miniftre des impietez de Henry VIII. Lequel enfin difgracié, & rendu criminel de leze-Majefté,

Advis particulier aux fauteurs de l'hérétique.

(1) C'étoit le Cardinal Volfey, Archevêque d'Yorck dont le nom eft très-céiebre dans l'Hiftoire de Henry VIII, & que tous les Princes de l'Eu-rope cherchoient à mettre dans leurs intérêts, à caufe de fa faveur auprès du Roi d'Angleterre, dont il étoit le principal Miniftre,

P

Majesté, mourut en prison, comme on le menoit à Londres. Tel aussi que Mylord Cromwel, autheur de la confiscation, du revenu de l'Eglise en Angleterre. Lequel ayant donné advis, de faire passer en édict, qu'un seul témoin suffiroit pour le crime de leze-Majesté, fut par le mesme édict (qui fut revoqué après) le premier & dernier, & un seul pour tous, executé à mort : & pour une parole, qu'en la présence d'un seul, il avoit legerement dicte. Car *s'il* *Luc. 23.* *est ainsi du bois verd, que sera-ce du bois* *sec* ? Si ceux, dont les fruicts & actions, ne sont que de pieté & doctrine, de former les consciences ; promouvoir l'honneur de Dieu, & le salut du prochain, ont esté maniez de la sorte : s'ils ont esté traicté de mesme que celuy, dont ils portent le nom : que sera-ce de ceux, qui n'excellent qu'en leur vice, & que nulle vertu ne recommende ? Qui sont muets comme poissons, vaisseaux remplis d'iniquité, dont l'air put & est infecté des ordures ? Si sans propos & suject, on attaque l'innocence des uns, quel suject n'aura le Ministre, de chasser & mettre hors le scandale & impureté des aultres, pour empieter leur temporel ?

Si les vices des gens d'Eglise, ont servy aux heretiques, de si specieux suject, quand ils estoient nuds & miserables, pour les charger & courre sus, mesmes que sans cela, les pauvres morfondus Ministres, seroient le plus souvent muets, & au bout de leur roullet, que sera-ce quand ils seront les maistres, & verront le temps venu, pour s'enrichir de leurs depouilles ? Et que gagneront lors leurs fauteurs, contre leurs puissans ennemis, quand après les noix abatues, ils jetteront le baston au feu ? Quand montez sur leurs grands chevaux, l'ouverture leur estant faicte,

ils leur passeront sur le ventre, comme sur enfans perdus ? Quand ils raconteront leurs legendes, dont ils ont faict des Registres, & qu'ils gardent au dernier mets, pour servir de bonne bouche ? Brief, si le bon sel est foulé, que *Mat. 5.* sera-ce du mauvais, & qui n'a nulle saveur ?

CHAPITRE XII.

Advis de cooperer avec Dieu, contre la tyrannie heretique.

QUE si tel est le jugement du Ciel, pour les pechez de la France, & pour tant de vices énormes, dont le Soleil a eu horreur, si c'est le fruict des misericordes, qu'elle n'a que trop faict aux meschans, qui aujourd'huy selon la parole de Dieu, *luy sont cloux en ses* *Num. 33.* *yeux, & lances en ses costez.* Si l'effect *Hier. 31.* *de la grappe de verjus, que nos peres ont* *Ezech. 18.* *mangée, & nos dents en sont agacées,* quelle raison neantmoins, de ne resister au mal, de ne cooperer avec Dieu, & avoir recours à luy, pour y apporter le remede ?

La nature du suject, qui est la cause de Dieu mesme, & l'offense delicate, *Fondement* qui le touche au cœur & à l'œil, est ce *en la cause* *de Dieu.* qui nous en donne asseurance. Pour luy dire. *O Dieu leve toy, Aye memoire de* *l'opprobre, qui t'est faict par le fol, jour-* *Psal. 73.* *nellement. N'oublie poinct le cry de tes* *adversaires, ni l'orgueil de tes haineurs,* *qui monte continuellement.*

Sa justice nous promet le mesme, *En la justice.* pour l'ennemy d'une part, qui le brave & le despite, qui opprime son Eglise, met les loups dans son bercail, contamine ses Sacremens, massacre ses Serviteurs, persecute ses Prophetes, mesprise ses commandemens, authorise le peché, la Simonie en l'Eglise, la violence

violence en la Nobleffe, la vengeance en la Juftice, l'adultere aux bons me- nages, & l'herefie en l'Eftat. Et de l'autre pour les clameurs de fon peuple, qui gemit *à la brique & au mortier*, dont feul *il confidere le labeur & la douleur.* Le labeur, pour fon merite, pour fon zele à la religion, & à def- fendre fon Eglife, efcouter fa parole, frequenter fes Sacremens, les corvées & les veilles, la longanimité & conf- tance, & devoirs en toutes fortes. Et la douleur, pour les peines qu'il a eues des ennemys, & qu'il a eues des amis, les travaux qu'il a foufferts, les domma- ges qu'il a receus, l'oppreffion qu'il en- dure, & la captivité où il eft.

Car fi *heureux eft le peuple, auquel le Seigneur eft fon Dieu,* & par confequent, celuy qui a combatu pour fon Dieu, qui a fouffert pour luy, la famine dans les murs, & le glaive par dehors, com- me maintenant il faict, & la perfecu- tion au dedans, & l'exil hors du Royau- me : brief qui a donné preuve de fa Chreftienté, devant Dieu, devant les Anges, & devant les hommes, *Pour- quoy eftre debouté à jamais ?* Et eftre le courroux de Dieu, fi long-temps *en- flambé, fur le troupeau de fa pafture.* Et fi les *hayneurs de Dieu, ont bravé & retenty, au milieu de la folemnité,* c'eft-à- dire de l'Eglife : s'ils *ont mis leurs fignes pour fignes,* c'eft-à-dire leur Arreft, comme trofées, pour faire la loy à l'E- glife : *fur le hault d'icelle, comme en un carrefour,* & fans refpect, c'eft-à-dire, par deffus l'authorité & dignité mefme du S. Siege, comme s'il leur eftoit fu- ject, & euffent affaire à gens du fimple peuple. *Si avec congnées, ils en ont brifé les portes, & les ornemens,* chaffant de force, & non de droit, ceux qui inf- truifoient le peuple, & le faifoient en-

trer en Jefus-Chrift. *S'ils ont mis le feu* de l'herefie, *au Sanctuaire de Dieu,* par la publication, de liberté de confcien- ce, c'eft-à-dire, *Licence d'eftre mefchant & impie.* S'ils ont pollué le *Tabernacle de fon nom.* S'ils ont dict en leur cœur, *eux & toute leur race : Venez, & ruinons tou- tes les feftes de Dieu, de deffus la terre.* Si le peuple *ne voit plus les fignes, s'il n'y a plus de Prophetes, & de gens qui les connoiffe,* c'eft-à-dire, qui foient en- tendus, à manier les confciences, *Pour- quoy Dieu retirera-il fa dextre, & tien- dra fa main en fon fein ?* Pourquoy luy qui eft *fon Roy, qui a operé le falut au milieu de la terre,* pendant en croix, qui a *brifé la tefte du Dragon,* qui eft le Diable, *n'aura-il memoire, de l'enne- my qui le brave, & du peuple infenfé, qui depite fon nom ?*

Mais fur tout, la mifericorde de ce- luy, devant qui *la patience des pauvres ne perit poinct éternellement. Qui mortifie & vivifie, qui bleffe & garit les playes. En la volonté duquel eft la vie, & l'ire en fon indignation.* C'eft-à-dire, qui fe plaift à donner la vie, & ne fe courrouce qu'à regret. *Qui ne fe plaift point en la perdition des vivans. Qui ne permet la tentation, par deffus les forces,* & en fçait donner bon yffue. *Qui fe plaift en ceux qui le craignent, & qui efperent en fa mifericorde.* Qui promet de *s'élever, pour la mifere des fouffreteux, & pour le gémiffement des pauvres; de venger le fang de fes ferviteurs, & d'eftre propice à la terre de fon peuple :* eft ce qui l'affeure d'autant plus, que c'eft *la pierre ferme & folide,* fur laquelle *Dieu a pofé fes pieds : & la maifon de refuge, pour le fauver :* Et comme dict le Prophete : c'eft *la force du chetif, & la force du pau- vre en fa tribulation : le refuge contre le tourbillon, & l'ombrage contre la chaleur.*

Voire

Exod. 1. *Pfal. 9.*

Pfal. 143.

Pfal. 73.

Liberté de confcience que c'eft.

Pfal. 9. *1. Reg. 2.* *Pfal. 29.*

Sap. 1. *1. Cor. 10.*

Pfal. 146.

Pfal. 11. *Deut. 32.*

Pfal. 39. *Pfal. 30.* *Pfal. 90.* *Efa. 25.*

Psal. 30.

Voire *le secret de sa face, où il le musse, contre les troublemens des hommes: & la la loge, où il le cache, arriere de la contradiction des langues.*

Obligation de cooperer avec Dieu.

Comme aussi ce qui oblige les hommes, à cooperer avec luy, est l'ordre qu'il a mis en la nature, d'ayder à qui s'ayde soy-mesme. Comme S. Paul,

1. Cor. 3. Job. 1.

nous appelle *Cooperateurs de Dieu.* Et comme *sans luy rien n'est faict,* ainsi ne veut-il faire seul, ains qu'avec luy on travaille.

La terre ne porte sans semence, ni la vigne sans estre labourée. *Et en la*

Genef. 3.

sueur de son corps, il faut que l'homme mange son pain. La science n'est sans l'estude, ni la victoire sans combat, ni le

Mat. 11.

ciel acquis *sans violence.* Dieu par l'homme engendre l'homme, le nourrit, éleve & instruict: le vestit, conduict, & gouverne: le garit, le sauve, & delivre. Et tellement l'homme ayde à l'homme, que comme dict le proverbe, *l'homme à l'homme est un Dieu.* Pourquoy non donc garentir les hommes, de la

Psal. 135.

main de ses ennemis, par l'ayde & secours des hommes? Si Dieu tue Seon

Num. 21.

Roy des Amorrheans, Og Roy de Bazan, & autres Roys puissans, Josué en est le Ministre; Si Eglon Roy des Moabites, & tyran du peuple de Dieu,

Jud. 3.

c'est par l'accorte hardiesse, du deter-

Psal. 82. Jud. 7.

miné Aiod. Si Oreb, Zeb, Zebée & Salmanah, Tyrans Madianites, c'est *le glaive du Seigneur, & de Gedeon ensemble.*

1. Reg. 17. Judith. 13.

S'il renverse Goliath, c'est par la main de David. S'il coupe la teste à Holofernes, c'est par la main d'une femme. S'il

4. Reg. 9.

faict mourir Ochosias Roy de Juda, Jotam Roy d'Israël, & la cruelle Jezabel, Jehu en fera l'office. Ainsi ont

Jud. 3. Jud. 4.

servy à Dieu de Ministres? Othoniel contre Cusamrasathaim, Roy de Mesopotamie: Barac contre Jabin, Roy des Cananéens: Jahel, contre Sisara: Jep-

thé, Samson, Saul, David contre les Philistins: les Machabées, contre Antiochus. Les Prophetes mesmes & les Prestres, n'y sont espargnez, comme Samuel contre Agag Roy d'Amalech,

1. Reg. 15. 4. Reg. 11.

qu'il tue de sa propre main. Et Joiada

3. Reg. 18.

contre la Royne Athalie. Et Elie contre les faux Prophetes.

Ainsi depuis la Chrestienté, Dieu s'est servy des armes de Constantin, contre Maxence & Licinius; d'Heraclius, contre Cosroes, Roy des Perses; de Clovis, contre les Gots Arians; de Simon de Monfort, contre les Albigeois: de Georges Castriot Scanderbeg & Huniades, contre les Turcs; de Charles le quint, contre les Protestans: Et des Ducs de Guyse, pere & fils decedez, contre les Calvinistes en France. Et par les heureux exploicts qu'ils ont faicts, Dieu a monstré, que leur action luy estoit agreable.

Et ne s'ensuit, que si bien Dieu permet les meschans, que pourtant on n'y doibve toucher. Car Dieu envoye aussi les loups, les Lyons & autres bestes furieuses. Comme il est dict en

Hier. 19.

Hieremie. Et sans sa permission, les

Job. 1.

brigans ne peuvent rien faire, comme il se voit au Livre de Job. Et cela n'empesche pourtant, qu'on ne doibve aller au devant, les prendre & leur rompre la teste. Et moins sera-il dict, que pour telles permissions de Dieu, les nobles & Seigneurs feodaux, soyent rendus quictes, de l'obligation qu'ils ont, de leur courre sus, & délivrer le pays, comme on dict, *de male beste &*

Droict de justice, de chasse, & de timbrer leurs armes, &c. pourquoy aux Nobles.

male gent. Ou que soit pour neant le droict, que pour ce seul effect ils ont, de justice haulte, moyenne, & basse d'une part, & de la chasse de l'autre; & de tymbrer en consequence, en guise de trophées, leurs armes: & orner les portes de leurs maisons, des hures des loups.

loups & fangliers, & autres beftes ennemies. Comme ceux qui d'office, doibvent eftre les Hercules,& Alexikakes du
pays. La pefte eft un fleau de Dieu, comme toutes autres maladies, fi ne lairra
l'on pourtant, d'ufer de la medecine,
pour fe prévaloir alencontre. Et fi Dieu
envoye, les inondations des eaux, fi ne
laiffe-il d'eftre permis, de faire des di-
gues, pour y fervir de rempart. Les
Diables mefmes, qui ne font envoyez
aux corps des hommes, que par un jufte
jugement de Dieu, ne laiffent d'eftre
chaffez de force. Et fi Dieu permet qu'ils
nous tentent, fi fault-il refifter neantmoins. Et l'Efcriture le commande,
voire que c'eft à cefte fin, que les tentations font permifes, & envoyées divinement. Et le mefme eft de tous ennemis, qui viennent avec main armée.
Aufquels de dire qu'il ne fault refifter,
eft une propofition non feulement ridicule, mais auffi heretique, & comme
telle condamnée par les Decrets.

Et fi bien il n'a encore reuffi, pourquoy ne reuffira-il après. Tel qui faut
du premier coup, à enfiler la bague,
n'y fauldra au fecond, ou troifieme.
Et fera le quatriefme, ce que le tiers
n'aura peu faire. Le jour d'après, eft
difciple, de celuy qui va devant: Le
fiege ne fe leve par l'affiegeant, pour
avoir efté batu à un affault. La goutte
peu à peu cave la pierre, & les formis
à force d'aller. Les enfans d'Ifrael batus, pour la premiere & feconde fois,
par les Benjamites, les ont vaincus à la
troifiefme. Les Romains, desfaicts plufieurs fois par Hannibal, font enfin demeurez vainqueurs. Et comme dict le
Poëte moral.

*Tel fouvent eft battu, qui enfin eft le
maiftre.*

Et fi de fraifche memoire, le pre-

marginalia: Pourquoy les tentations font permifes.

marginalia: Iud. 20.

mier coup donné au Prince des Gueux,
n'adreffa qu'en la machouere, le fecond
n'a failly après. Dont le premier fut le
prefage, comme encore fera il en celuy,
en a eu au mefme endroict. Suyvant ce
que dict l'Efcriture, que *Dieu caffera
leurs dents en leur bouche; il rompera les
machoueres des Lyons.* Attendant, *que
le mefchant s'efcoule & s'en aille comme
l'eau. Que tirant fes flesches elles foient
comme rompues. Qu'ils fondent comme la
cire, ou comme la limace, qui vient de
terre. Que le feu du ciel tombe, & ne
voye plus le Soleil. Que d'efpine qu'il eft,
avant que devenir ronce, c'eft-à-dire,
que la tyrannie foit du tout confommé,
Dieu en fon courroux l'engloutiffe tout vivant. Et lors le jufte s'éjouira, quand il
verra la vengeance, & lavera la plante de fes pieds, au fang des mefchans. Et
chacun dira, que certainement il y a fruict
au jufte. Et certainement il y a un Dieu,
qui juge en la terre.* Et que la plus grande fineffe, qui foit au monde, eft fe
renger à fon party, & attendre fes mi-
fericordes.

marginalia: Il veut parler de la premiere bleffure, & enfuite de la mort du Prince d'O-range.

marginalia: Pfal. 58.

CHAPITRE XIII.

*Exhortation finale, à exterminer l'ennemy
de Dieu, & de fon Eglife.*

HEUREUX cependant celuy, par
la forte dextre de qui, fera la befte terraffée. *Heureux celuy, qui rendra
à Babylon, la pareille qu'elle nous a faicte.
Heureux, qui perdra fes enfans, & les
froiffera fur la pierre.*

C'eft à quoy doibvent penfer, tous
les grands de la Chreftienté, pour ruyner d'un accord, celuy qui eft la ruyne,
du bien commun des Chreftiens. Au
fiffle & mouvement duquel, toutes
fortes d'ennemys, & heretiques aux dedans

marginalia: Pfal. 136.

dans , & infidéles aux dehors , de la maifon de Dieu , font venus en mefme temps , pour devorer la Religion , & l'Eglife Catholique. C'eft-là que les armes font juftes , & plus que contre tout infidéle. Comment l'héréfie eft pire que toute infidélité, & conformement à

Hérétique pire que le Payen. la parole de Dieu. Lequel permettant à fon peuple , de faire paix & alliance , avec les citez payennes , qui eftoient loing de luy, mais nullement avec celles, qui eftoient proches , lefquelles fans re-miffion , il vouloit eftre mifes au fil de

Deut. 20. l'épée , fans en épargner un feul , nous apprend cefte Theologie.N'eftant autre chofe l'infidéle , qui eft proche , finon celuy, qui foubs le nom de Chreftien-té , coule fes impietez & blafphemes , comme faiĉt tout heretique. Mais fi jufte contre l'heretique, combien plus contre le chef des heretiques?Et fi pour le chaf-fer de tout Royaume Chreftien , com-bien plus du Royaume très-Chreftien ?

Roy Catho-lique fup-port & porte baniere de la foy. C'eft la gloire auffi qui eft deuë , à ce Monarque très-puiffant , & Roy vrayement Catholique , que Dieu fur tous a choifi , pour deffendre fon Egli-fe. Pour porter en tous endroiĉts , com-me un aultre Conftantin, la banniere du Crucifix, & de la Religion Catholi-que : fouftenir le faix de toute la Chref-tienté ébranlée , qui le rendra invinci-ble. Et qui comme , il eft la butte, de tous les mefcreans de la terre, Idolatres,

Eſt la butte de tous meſ-creans. Mahometans, Juifs, heretiques de tou-tes fortes , & de tous quartiers , & de leurs confederez les Politiques , & tant qu'il y a de mefchans : ou comme diĉt l'Efcriture , des *Idumeans, Ifmaelites ,*

Pfal. 82. *Moabites , Agarenes , Gebal , Ammon & Amalec :* & en oultre *des Philiftins , Tyriens & Affiriens :* dont les fept pre-miers , pour appartenir à Abraham , & en eftre venus, fignifient les heretiques & Politiques , & les trois autres , les

infidéles eftrangers : & enfemble figni-fient par le nombre de dix, tous ceux qui s'oppofent à Dieu , & à fon Eglife :

Hier. 13 ainfi Dieu le faiĉt eftre , *comme une co-lonne de fer , & vifaige d'airain*, qui re-fifte contre tous. Et fi bien tous luy font *la guerre , fi ne pourront-ils rien contre luy , pour ce que Dieu eft avec luy , & fon ange campe entour luy* , comme jadis en-tour Elifée : & depuis entour Theodofe

Pfal. 33: 4. *Reg.* 6. *Soc. lib.* 7. c. 18. le jeune , combattant contre les Sarra-fins. Par le moyen dequoy , *il fecouera*

Pfal. 43: *fes ennemys* , comme faiĉt le taureau *de fa corne , & au nom de Dieu , il paffera fur le ventre à ceux, qui s'élevent contre luy.* Voire *les brifera ainfi que pots de terre.* Comme l'homme fage de l'Evan-gile , *qui a édifié fa maifon fur la roche. Et la pluye eft tombée , les torrens font*

Mat. 7. *venus , & les vents ont foufflé & heurté contre cefte maifon , & n'eft point tombée :*

Profperité & grandeur du Roy Ca-tholique, pour deffen-dre la Rili-gion. *car elle eft fondée fur la roche.* C'eft-à-di-re , fur la caufe de Dieu , & de fa Reli-gion , unique & veritable. Qui comme un champ heureux & fertile , luy ger-me des couronnes , & multiplie les Ef-tats. Comme au bon & fidéle ferviteur qui multiplie *les marcs d'argent de fon*

Luc. 19. *maiftre* , & le maiftre en recompenfe , luy multiplie les charges & gouverne-mens. Suyvant ce qu'il diĉt ailleurs , *Qui m'honorera je l'honoreray , & ceux*

1. *Reg.* 2: *qui me mefprifent , feront contemnez.* Voi-re , pour eftre celuy, qui faiĉt regner Jefus-Chrift par tout , il a l'honneur auffi , de participer avec luy, en ce qui en a efté prédiĉt , & dont il eft faiĉt le Miniftre. *Qu'il dominera depuis une mer,*

Pfal. 71: *jufqu'à l'autre , & depuis un fleuve juf-qu'aux bouts de la terre.* Tenant minifte-riellement , & en fief & hommage, ce que Jefus-Chrift tient en proprieté, & fouveraineté : qui eft le rond de la ter-re , & le cercle qui a efté prédiĉt , pour faire *ouir la voix des Apoftres.* Et com-

Pfal. 18 me

me il eſt le refuge & ſupport des Catholiques, il merite auſſi d'eſtre dict, non ſeulement Roy Catholique, mais auſſi des Catholiques.

Ruyne préparée aux Politiques.

1. Reg. 3.

Et au contraire, l'ignominie eſt à ceux, qui ſe bandant à l'encontre, pour des fantaſies d'Eſtat, qu'ils mettent par ſus la Religion, & s'attaquant à Dieu meſme, ſe preparent un jugement, *que Dieu fera en Iſrael, lequel quiconque orra, les deux oreilles luy corneront.* Comme le

Matt. 7.

fol de l'Evangile, *qui a édifié ſa maiſon ſur le ſable. Et la pluye eſt tombée, les torrens ſont venus, & les vents ont ſoufflé, & heurté contre ceſte maiſon. Laquelle eſt tombée, & ſa ruyne a eſté grande.* Comme l'experience en ſera, lorſque moins

Prov. 1.

ils s'y attendront. *Que Dieu ſe rira de leur perdition, & ſe moquera, quand ce qu'ils craignent ſera avenu. Quand la calamité ſoudaine viendra ſur eux, & leur perdition comme la tempeſte: & tourment & angoiſſe tombera ſur eux. Lors ils appelleront Dieu, & ne reſpondra point, ils le chercheront du matin, & ils ne le trouveront point. Pour autant qu'ils ont hay la ſcience, & n'ont point receu la crainte du Seigneur. N'ont point voulu de ſon conſeil, & ont vilipendé toute ſa correction.*

De s'unir avec le Roy Catholique.

C'eſt auſſi à ce protecteur, que ſe doibvent joindre, tous vrays zelez Catholiques, comme à celuy qui eſt l'Hercule, & Alexikake, eſtably de Dieu, pour courre ſus à ceſte Hydre, à ces monſtres bigarrez, à ce Dragon veneneux, & roux du ſang des Catholiques: qui infecte de ſon ſiffle, le ſejour le plus beau, & le plus delicat, de la Chreſtienté. Voire meſme s'y vouer, comme jadis Iſrael, contre le Cananean (& Dieu le combla de victoire)

Num. 21.

pour abbattre ceſt ennemy, & tout ce qui luy adhere. Ce que doivent faire d'autant plus, ceux qui ont gouſté,

que c'eſt du mal de l'hereſie, que plus cruelles ſont les marques, des lieux, Villes & Provinces, où ces tygres ont paſſé. Dont les Temples ruynez, les ordures & ſacrileges, & excès de toutes ſortes, donneront à jamais teſmoignage. Pour exciter les cœurs, les plus froids, de ceux qui ont quelque ſentiment, de Religion Catholique, d'en exterminer l'engeance. Et d'autant plus encore en France, que pour l'excellence naturelle d'icelle, les monſtres neceſſairement y ſont pires, en matiere d'hereſie. Luy en prenant, comme au bon vin, qui rend le poiſon plus mortifere. Comme à l'air le plus ſubtil, qui plus dangereuſement ſe corrompt. Et comme aux corps les mieux temperez & plus nobles, dont l'infection eſt plus grande, quand la corruption y eſt miſe.

Hérétiques pires en France, qu'ailleurs.

Pour en chaſſer *le Sanglier, qui gaſte la vigne de Dieu;* & les *renardeaux,* qui

Pſal. 67. Cant. 2.

le ſuyvent. Pour envoyer *l'impieté* enfermée dans *un boiſſeau,* & couverte *d'une maſſe de plomb,* c'eſt-à-dire vaincue & captive, *en la terre de Sennaar, ou Babylone,* & hors la Chreſtienté, comme il eſt dict en Zacharie. *Pour deſ-*

Zach. 5.

truire les ſages d'Edom, & la prudence de la montaigne d'Eſau, c'eſt-à-dire, le Conſeil ſanguinaire, & la caballe

Abd. ver. 8.

entiere de la tyrannie Politique, *qui eſt de terre,* & non du ciel: declarée par Eſau, *meſpriſeur des choſes ſainctes,* qui pourtant eſt appelé, *profane.* Pour

Baruch. 3.
Geneſ. 27. Heb. 12.

faire que *honte le couvre, & ſoit exterminé à jamais, pour l'occiſion & injure, qu'il a faicte à ſon frere Jacob,* qui eſt le

Abd. ver. 10.

pauvre Catholique. *Que Jacob r'entre en ſes biens,* après la perſecution, & *ſoit comme le feu, & Joſeph comme la flamme, & la maiſon d'Eſau comme l'eſteule ſur laquelle ils s'allumeront, & la devoreront, tant que nul relief n'en demeure.*

Verſ. 18.

Pour ſauver tant d'ames Chreſtiennes,

qui

qui gemiſſent ſous ce joug. Pour garentir la jeuneſſe, de ce poiſon ſi mortel.
Pour repurger la maiſon, où Dieu a
tant habité, & le cabinet ſecret, de
celuy, *qui paiſt entre les lys*, pour y re-
baſtir l'Autel, & *de pierres toutes neuves*,
comme feirent les Macchabées, pour la
corruption & ſouilleure, qui eſt aux
vieilles. Pour reunir ce beau corps, à
l'union de l'Egliſe. Et pour faire en
ſomme que par l'eſtabliſſement, d'une
ſainte Royaulté, par laquelle *les Sal-
vateurs, & perſeverateurs* en la cauſe de
Dieu, pour monter *en la montaigne de
Sion, juger la montaigne, d'Eſau*, (qui
eſt le regne Politique) LE ROYAUME
SOIT AU SEIGNEUR. C'eſt-à-dire que
DIEU regne, de tout poinct, par un
ordre mieux dreſſé, tant en l'Egliſe,
par élection *de Preſtres ſans macule, &
ayans leur volonté en la loy de Dieu*:
qu'en l'Eſtat, par un Roy, *qui regnera
en juſtice, & les Princes preſideront en
équité.* Pour *conforter ce qui eſt affoibly,
guarir ce qui eſt malade, radouber ce qui
eſt dérompu, ramener ce qui eſt devoyé, rechercher ce qui eſt perdu*, du bercail de
Jeſus-Chriſt.

Cant. 2.

t. Mac. 4.

Abd. verſ. ult.
Et erit Domi-
ne regnum.

1. Mac. 4.

Eſa. 32.

Ezech. 34.

Et par la reunion, qui ſera lors, de
ceux que la furie de la guerre, auroit
jetté en diſcord, comme du temps de
David, par l'eſtabliſſement de ſon regne, lors qu'après la mort de Saul, &
de tous ceux de ſa maiſon, il fut oinct
Roy paiſible ſur tout Iſrael, on chante
le meſme Cantique, que David com-
poſa alors, & qu'il accorda ſur ſa harpe.

2. Reg. 5

Pſal. 132

    O bien ſur tous déſirable ,
      O allegreſſe d'eſpris ,
    De veoir que d'un cœur ſemblable.
      Tous les freres ſoyent unis !
    Comme l'onguent qui découle ,
      Deſſus la barbe d'Aaron :
    Et du parfun qui en coule ,
      Remplit toute la maiſon.
    Comme d'Hermon la rouſée ,
      Qui tombe au mont de Sion ,
    Dont la campaigne engraiſſée ,
      Remplit toute la maiſon.
    Car c'eſt là que l'on éprouve ,
      De Dieu les dons & bienfaicts ,
    Et que la vie ſe trouve ,
      Vie qui dure à jamais.

FIN.

L'AVERTISSEMENT

ADVERTISSEMENT
AUX CATHOLIQUES,

Sur l'Arreſt de la Cour du Parlement de Paris, en la cauſe de JEAN CHASTEL, qualifié Eſcolier eſtudiant au College des Jeſuiſtes.

AMY Lecteur, combien que ceſt Arreſt par ſa forme & teneur ſoit manifeſtement pernicieux, qu'il ne ſembloit neceſſaire d'uſer de beaucoup de propos pour vous en advertir; neantmoins afin que ſoyez dirigez à la lecture d'iceluy, vous pourront bien ſervir les points qui s'en ſuivent.

Premierement fault noter que ledict Arreſt eſt bien & proprement dicté au gouſt des Heretiques de noſtre temps; à ſçavoir pour rendre la Compagnie des Jeſuiſtes ſuſpecte & odieuſe, ce qui apert, tant par la qualification dudit Jean Chaſtel, que de ſon procès & condamnation.

Car au titre dudit Arreſt, iceluy Jean Chaſtel eſt dit Eſcolier eſtudiant au College des Jeſuiſtes, & au contexte de ſon procès eſt qualifié Eſcolier ayant fait le cours de ſes eſtudes au College de Clermont. D'où il eſt manifeſte qu'il devoit eſtre dit & qualifié avoir eſté du paſſé Eſcolier des Jeſuiſtes, afin que par telle maniere de parler ne fuſſent traduits iceux Jeſuiſtes, qui ne doivent eſtre calumniez, à cauſe que ceux qui ont eſté autrefois leurs Eſcoliers, tombent puis après en quelque crime ou infamie, ne plus ne moins que l'Univerſité de Paris, ou quelque College d'icelle peut eſtre blaſmée à cauſe que Calvin & Beze, avec pluſieurs autres, ont achevé le cours de leurs eſtudes en icelle.

Semblablement Jean *Gueret* Preſtre, eſt introduit audit procès, qualifié cy-devant Precepteur dudit Jean Chaſtel, duquel n'eſt dit autre choſe, ſinon qu'il a eſté ouy en ceſte cauſe, où s'il eut confeſſé quelque choſe, comme ja avoit fait ledit Chaſtel, n'euſt eſté diſſimulé; ains bien amplement inſeré au contexte du procès, comme l'on y a mis la confeſſion dudit Jean. Partant la mention dudit Preſtre eſt icy impertinente, ſervante tant ſeulement pour en chargeant apparemment leſdits Jeſuiſtes du cas d'iceluy Chaſtel, les rendre ſuſpects & odieux.

Quand à la Sentence & condemnation, il y a deux parties principales, l'une contre ledit Jean Chaſtel, l'autre contre les Jeſuiſtes. Par icelle Sentence eſt commandé audit Jean de dire & déclarer entre autres choſes de ſon amende honorable. *Que par fauſſes & damnables inſtructions, il a dit* audit procès *eſtre permis de tuer les Roys, & que le Roy Henry 4. à préſent regnant, n'eſt en l'Egliſe, juſques à ce qu'il ait l'approbation du Pape, dont il ſe répent, & demande pardon à Dieu, &c.* Note, ami Lecteur, que cela lui eſt commandé de dire, non pas que luy l'ait ainſi dit & confeſſé; autrement il ne faut douter que ſes ſubornateurs, & inſtructeurs fauſſement préſumez, euſſent auſſi eſté nommez, tant audit procès qu'en ceſte declaration ainſi commandée, & par tant

Q

tant on a voulu, comme deſſus odieu-
ſement inſinuer que les Jéſuiſtes luy auroient ſuggerées leſdites inſtructions
fauſſes & damnables.

Davantage il n'eſt vray ſemblable
que ledit Jean Chaſtel, dès l'année paſ-
ſée Maiſtre ès Arts, comme l'on dit,
auroit eſté ſi deſpourveu de ſens, que
de ſoi laiſſer perſuader de quelqu'un,
tant docte qu'il fut, eſtre permis ſimplement de tuer les Roys & beaucoup
moins avoir dit & confeſſé cela en ces
termes, car le commun jugement de
tous eſt entierement contraire, qu'il
faut honorer ſpécialement les Roys.
Mais il eſt à croire qu'il a voulu dire &
ſoutenir ce que les Docteurs approuvez
enſeignent touchant ce ſujet, à ſçavoir
qu'il eſt licite de tuer, non pas toutes
ſortes de Roys, mais ceux-là tant ſeulement, qui ſont invaſeurs & tyrans?
leſquels eſt bien licite de maſſacrer,
non-ſeulement par authorité de la Republique, mais encore par chacun privé, principalement là où il n'y a moyen
de recourir au Superieur, à l'exemple
d'Aiod au Livre des Juges, c. 3. *Cajetan ſecunda ſecundæ q.64.a.3. Dom: Soto
Lib. 5. de juſtit. & jure q. 1. a. 3.* Selon
*Saint Thomas, 2. Senten. d. 44. q. 2. a.
2. item opuſcul. de Regim. princip. Lib. 1.
c. 6. Caietan. Sylveſter in Summa Verbo
tyrannus.*

Et ce qu'a eſté dit & déclaré au Concile de Conſtance; Seſſ. 15. qu'il n'eſt
loiſible à chacun privé de tuer les Roys,
encore que tyrans, ſe doit entendre
des Roys légitimes, & non invaſeurs.
Ce que le tout enſeigne doctement
après les ſus-alleguez Théologiens: *D.
Fernandus Vaſquius* Juriſconſulte, au
Lib 1. de ſes Controverſies, c. 8.

Note icy, ami Lecteur, que ceſte
doctrine ne peut eſtre referée origine-
lement aux Jeſuiſtes, attendu que la

pluſpart des Docteurs alleguez ont eſcrit pluſieurs années auparavant que
jamais leur Compagnie fut excitée de
Dieu en ce monde. Meſmement iceux
Jeſuites ſont ordinairement bien plus
adviſez, que d'inciter quelqu'un particulier à l'entrepriſe licite ſelon ladite
opinion, n'eſtans ignorans que ſemblable cas eſt eſtimé dépendre de quelque
occulte & divine motion & inſpira-
tion, laquelle on remarque en tous
ceux qui valeureuſement on enſuivy
l'exemple du ſuſdit Aiod.

Quand à ce que ledit Jean *Chaſtel*
auroit encores dit, que le Roy Henry
4. n'eſt en l'Egliſe juſques à ce qu'il ait
l'approbation du Pape; à quelle raiſon
peut-il eſtre reprins? Attendu que *Sixte V.* l'auroit declaré relaps, l'inhabili-
tant (par le pouvoir donné à Saint Pierre ſur tous les Royaumes du monde)
à toute ſucceſſion de Royaume, nommement de celui de France. Ce que depuis a eſté encores confirmé par *Grégoire XIV.* en ſes Lettres monitorial au
Clergé & à la Nobleſſe de France; &
de plus encor advoüé par N. S. P. *Clement VIII* comme il apert par les Actes
du Conſiſtoire des Cardinaux, touchant
ce que N. dit S. Pere reſpondit à la
pourſuite qu'on faiſoit, lors de l'abſolution d'iceluy Henry. Mais qui eſt celuy
qui admirera telle reprehenſion dudit
Chaſtel, s'il a bonne ſouvenance que
ladite Bulle de Sixte, fut condamnée
(ſelon le bruit commun) les ans paſſez
à Tours, comme Libelle diffamatoire,
par ceux-là meſme peut-eſtre, qui ont
forgé le preſent Arreſt.

Ouvrez les yeux (hommes François)
& voyez qu'entre onze exemples des
Empereurs & Roys qui ont eſtez ci-devant deſtituez par le S. Siege Apoſtolique, vos anteceſſeurs ont eſtez fort
obéiſſans au Pape Zacharie, qui leur
donna

donna pour Roy Pepin pere de Charle-
maigne, ayant depoféChildebrand pour
fes meffaits & iniquitez dont les Hiftoires font mention , comment du depuis voftre Republique a profperée.

Finalement la Cour déclarante que
les propos dudit Jean font fcandaleux , feditieux , contraires à la parole
de Dieu, & condamnez comme Heretiques par les faints Decrets, s'ufurpe
l'authorité de l'Eglife pour juger ce
qui eft herefie , & contre les faints Canons , qui encores pour le moins doivent eftre ici alleguez , afin de voir la
belle reverence que les autheurs dudit
Arreft portent auxdits SS.Decrets, defquels les Heretiques fe mocquent ordinairement. Mais tant s'en faut que lefdits propos , en tant qu'ils touchent la
perfonne dè Henry de Bourbon,foyent
contre les SS. Canons, que voirement
ils font bien conformes & confentens
à iceux, felon qu'il eft jà dit par la Bulle
de Sixte V.

Pour la *feconde Partie* de cette condemnation contre les Jefuiftes , il faut noter en *premier lieu*, que les Juges laïcs
condemnans les perfonnes Ecclefiaftiques, & fpecialement les Religieux im-
mediatement fujeéts au Pape, & ce en
caufe criminelle , font excommuniez
par les faints Canons de l'Eglife , aufquels toutes fois les autheurs de ceft
Arreft font eftat de porter fi grande reverence, encores que l'on ignore point
que telle authorité ne leur appartient
par privilege, ou autrement, mais que
ce n'eft autre chofe qu'ufurpation très-
inique dès le commencement de l'Eglife
de Dieu condamnée par les Empereurs
mefme. En *fecond lieu*, fera facile d'obferver que le fufdit Jean *Gueret* Preftre
& Jefuifte n'eft ici fententié perfonnellement, dequoy l'on doit entendre ,

qu'il n'a confeffé , ny efté convaincu
des fauffes & damnables inftructions ci-
deffus infinuées , comme par lui données audit Jean Chaftel : qui du paffé
fut Efcolier : car autrement l'on en euc
bien fait banniere, comme d'une chofe
fort propre pour charger & outrager
ledit Jean Gueret,avec tous fes Compagnons.

Et puifque ledit Chaftel après cefte
condamnation devoit encores eftre appliqué à la queftion ordinaire & extraordinaire , pour connoiftre de fes
complices , entre lefquels on attendoit
que ledit Gueret feroit nommé , pourquoy ne fe peut-il dire , qu'en ce cas
l'ordre de juftice requeroit de fufpendre encores la Sentence d'iceluy Gueret,
& beaucoup davantage celle de tous fes
Confreres, qui ne communiquoient en
ce fait : neantmoins : ils ont efté tous
enfemble condamnez tant ledit Chaftel
que indifferement tous les Jefuiftes du
Royaume de France , duquel ils font
auffi bannis & privez de leurs biens.

Ceux de leur Compagnie ont encore
fouffert femblables perfécutions, car
en Efpagne par aucuns leurs malvueillans, ils ont efté jettez hors la Ville de
Saragoffe ; aux Pays-bas par les menées du Prince d'Orenge, ils ont efté
pouffez hors d'Anvers , de Bruges, de
Tournay, & de Doüay ; mais chaque
Ville foi reffentant bientoft après de
leur abfence , les ont fait rentrer avec
beaucoup de congratulation, honneur
& faveur. D'où l'on voit que lefdits
Jefuiftes ne fe font du paffé en rien diminuez , ains de beaucoup acreus &
augmentez à l'occafion mefme de leurs
banniffemens.

Oultre ce , ladite condamnation des-
borde & arrive jufques aux autres Jefuites partout le monde hors dudit Royaume,

me, lesquels on a voulu aussi punir, parce que déformais ils n'auront des Escoliers de France. Mais qui des deux s'en doivent plus ressentir, les François mesme ou bien les Jesuistes? Il semble veritablement qu'on a voulu pourvoir par ce moïen aux entrailles de Paris. Les Enfans de France pourront déformais frequenter les Escoles de Geneve, de Leyde, de Bale, mais sous peine de crime de leze-Majesté ne leur sera permis d'aller aux Escoles des Jesuistes ès Villes, & Universitez de Rome, de Naple, de Milan, du Pont-à-Mousson, de Louvain, & de Douay.

Vous me direz qu'il y a accusation grande contre les Jesuistes en France, car ils sont ici condamnez comme corrupteurs de la jeunesse, perturbateurs du repos publique, ennemis du Roy & de l'Estat, elle est très-grieve à la verité ceste accusation, mais il faut noter que la preuve suffisante est omise*, l'on peut apporter à l'encontre le tesmoignage que les Jesuistes ont de toute l'Europe, des Roys, des Republiques, des Princes, voirement dudict Royaume de France, chez lesquels iceux Jesuistes ont vescu & vivent encores avec grande satisfaction.

Remarquez ici, ami Lecteur, comment cette Compagnie appellée par le Saint Siege Apostolique & du Saint Concile de Trente, Société de Jesus, est bien ornée de la livrée de Nostre Redempteur Jesus. Les Jesuistes sont-ils dicts corrupteurs de la jeunesse? Nostre Sauveur fut appellé trompeur & seducteur du peuple. Sont-ils accusez comme perturbateurs du repos publique? Ainsi fut Nostre Seigneur tenu pour seditieux. Sont-ils chargez d'estre ennemis du Roy & de l'Estat?

*Voyez la procédure cy-après & la préface sur cette collection.

Ainsi Nostre Sauveur à l'occasion de son Royaume qu'il disoit n'estre de ce monde, fut estimé ennemy de l'Empereur de Rome & de l'Estat.

Il est escript en Saint Mathieu. c. 10. le Disciple n'est point par-dessus le Maistre: ne le Serviteur par-dessus son Seigneur. Il suffit au Disciple, qu'il soit comme son Maistre, & que le Serviteur soit comme son Seigneur. S'ils ont appellé le pere de famille de Beelzebub, comme plus ses Domestiques.

Finallement je ne puis ici omettre, ami Lecteur, vous dire que l'Arrest present symbolise fort bien avec celuy d'Angleterre, par lequel fut cy-devant décreté, que tous Anglois estudians chez les Jesuistes seroient coupables, (ensemble leurs parens) du crime de leze-Majesté. D'où l'on peut bien entendre que si les autheurs dudict Arrest ne sont eux Calvinistes, ils ont suivy de près les traces des Anglois, qui se disent Calvinistes; qui pieça aussi déclarerent lesdicts Jesuistes estre seditieux, ce que ne se doit prendre en autre façon, que du passé les Arriens déclarerent Saint Athanase Evesque d'Aléxandrie, & Saint Hilaire Evesque de Poictiers, estre gens seditieux.

Voilà donc, ami Lecteur, ce qui vous pourra diriger, pour ne facilement chopper ne chanceler à la lecture dudict Arrest, vous exhortant de plus, à prier Dieu Nostre Seigneur (en la main duquel sont toutes les puissances & droicts de tous Royaumes) qu'il vueille regarder benignement ce pauvre & désolé Royaume de France, afin qu'il plaise à sa bonté infinie de secourir & pourveoir, selon qu'il voit estre nécessaire pour le maintien de son Eglise. Ainsi soit-il.

COPIE

COPIE
DE LA LETTRE DU ROY,

Sur l'Affaſſinat attenté contre ſa perſonne : envoyée à Meſſieurs les Conſuls Echevins, manans & habitans de la Ville de Lyon.

Imprimée en M. D. XCV.

A NOS TRE'S-CHERES ET BIEN AMEZ les Conſuls Eſchevins, manans & habitans de noſtre Ville de Lyon.

TRES-CHERS & bien amez, vous ouïrez icy la nouvelle du malheureux accident, qui nous eſt penſé arriver : & comme il a pleu à Dieu par ſa miſéricorde miraculeuſement nous en préſerver. Il n'y avoit pas plus de deux heures que nous eſtions arrivez en ceſte Ville, du retour de noſtre voyage de Picardie, & eſtions encores tout botté, que ayans autour de nous nos couſins le Prince de Conty, Comte de Soiſſons & Comte de Sainct Paul, & plus de trente ou quarante des principaux Seigneurs & Gentilshommes de ceſte court, comme nous recevions les Sieurs de Ragny & de Montigny, qui ne nous avoient point encores ſalué. Un jeune garçon nommé Pierre * Chaſtel fort petit, & qui ne peut avoir plus de dix-huict ou dix-neuf ans, fils d'un Marchand Drappier de ceſte Ville, lequel s'eſtoit gliſſé avec la troupe dans la chambre, s'advança ſans eſtre quaſi apperceu de perſonne, nous penſans

On voit par la procédure, qu'il ſe nommoit Jean, fils de Pierre.

donner dans le corps d'un couteau qu'il avoit : le coup (parce que nous nous eſtions baiſſé pour relever ledict Sieur de Montigny & de Ragny qui nous ſaluoyent) ne nous a porté que dans la face ſur la levre haute, du coſté droict & nous a entamé & couppé une dent, à l'inſtant ce miſerable a eſté pris : & après avoir voulu un peu déſadvouer le fait, incontinent après il l'a confeſſé ſans aucune force. Il ne s'eſt encores rien peu tirer de luy, ſinon qu'il a eſté nourry trois ans au College des Jeſuites, où l'on préſume qu'il a receu ceſte bonne inſtruction. Ce dont nous ſommes voulu premierement ſouvenir, a eſté de rendre graces à Dieu de ceſte particuliere grace, qu'il nous a faict de nous garentir de ceſt aſſaſſinat, & en a eſté à l'inſtant chanté un *Te Deum* en toutes les Egliſes de ceſte Ville, à quoy les habitans ont adjouſté des feux de joye par toutes les rues. Il y a, Dieu mercy, ſi peu de mal, que pour cela nous

Q 3

nous ne nous en mettrons au lict de meilleure heure, & esperons que nous n'en perdrons point la bonne occasion pour laquelle nous avons advancé nostre retour, qui est pour faire la feste & cérémonie de l'ordre du Sainct-Esprit. Nous n'avons pas voulu tarder davantage à vous donner cest advis, afin que vous & nos autres bons serviteurs, estans prevenus de quelque autre, n'en soïez en peine. Mais cest principalement à ce que vous en faciez rendre graces publiques à Dieu, & bonnes prieres qu'il luy plaise nous conserver tousjours en sa saincte protection contre tels assassinats : ausquels puisque nos ennemis recourent si souvent, c'est bien une preuve manifeste de leur malheureuse intention. Et comme se sentans abandonnez de Dieu, ils s'abandonnent aux resolutions les plus exécrables, que nous espérons qu'il confondra tousjours à leur ruyne.

Donné à Paris le vingt-septiesme jours de Décembre, 1594. HENRY.

Et plus bas,   FORGET.

PROCEDURE

FAICTE CONTRE JEAN CHASTEL, ESCHOLIER

estudiant au College des Jesuites, pour le parricide par luy attenté sur la personne du Roy Très-Chrestien Henri IV. Roy de France & de Navarre.

Par la Court de Parlement de Paris, & Arrests donnez contre le Parricide & contre les Jesuites.

Avec l'Histoire prodigieuse du détestable parricide, attenté contre ledict Sieur Roy, par Pietre Barriere à la suscitation desdicts Jesuites.

Sur la Copie imprimée en M. D. XCV.

LE vingt-septiesme Decembre mil cinq cens quatre-vingt-quinze, sur les six à sept heures du soir, le Roy très-Chrestien Henry IV. Roy de France & de Navarre, estant arrivé à Paris, Jean Chastel natif de Paris, Escholier nourry & eslevé au College des Jesuites, aagé de dix-neuf ans estant entré au Louvre approcha de Sa Majesté, & comme elle se baissoit pour embrasser un Gentilhomme affectionné à son service, qui luy faisoit la reverence, il luy donna un coup de cousteau dans la bouche, qui luy coupa la levre d'enhaut : & s'il n'eust rencontré les dents, eust outrepassé. Puis tascha de se sauver, ayant jetté le cousteau par terre : mais il fut reprins par un des Capitaines des Gardes. Ce que Sa Majesté pleine de clemence ayant apperceu, commanda à celuy qui le tenoit de le laisser, disant qu'elle luy pardonnoit : & après avoir entendu, que c'estoit un Escholier enseigné par les Jesuites, Sa Majesté dit alors : *Falloit-il donc que les Jesuites fussent convaincus par ma bouche ?* Le parricide

ricide surprins, du commencement nia le faict, puis le confessa, & fut mis entre les mains du Prevost de l'Hostel, & mené ès prisons du For-l'Evesque, où estant interrogé qu'il estoit, pourquoy il estoit en prison, s'il n'avoit pas attenté un parricide sur la personne du Roy, comment il l'avoit frappé, & si le cousteau estoit empoisonné. Le serment de luy pris, dit qu'il estoit Escholier, & avoit esté constitué prisonnier pour avoir voulu tuer le Roy; lequel toutesfois il n'avoit que blessé : qu'il avoit deliberé exécuter ceste entreprise en quelques sortes que l'occasion se fut presentée avec un cousteau qu'il avoit sans fourreau dedans sans manche, entre sa chair & sa chemise, & avoit frappé Sa Majesté au visage, parce qu'elle s'estoit baissée, & que le cousteau n'estoit empoisonné, au moins qu'il sceust, & que c'estoit un cousteau commun, duquel on se servoit ordinairement en la maison de son pere : que son intention avoit esté par plusieursfois de tuer le Roi à la premiere commodité, qui se presenteroit. Que ce soit voyant passer plusieurs chevaux, & hommes de pied avec flambeaux & torches, estant luy respondant en la rue S. Honoré, au bout de la rue d'Austruche, il demanda à un Gentilhomme ou autre qui estoit-là, lequel estoit le Roy : surquoy ce Gentilhomme luy auroit monstrez un qui avoit des gands fourrez, lequel il luy dit estre le Roy : & dès-lors il auroit continué à executer ce mauvais dessein, le suivant jusques en une des chambres du Louvre, dans laquelle il luy auroit donné le coup de cousteau dedans la bouche, & ce faict jetta le cousteau dans la chambre, & tascha de se sauver, niant lorsqu'il fut pris avoir faict le coup : ce que toutesfois il a depuis confessé, comme estant la vérité, &

sur ce enquis, a confessé y avoit long-temps qu'il auroit pensé en soy-mesme à faire le coup, & y ayant failly le feroit encores s'il pouvoir, ayant creu que cela seroit utile à la Religion Catholique, Apostolique, & Romaine : qu'il y avoit huict jours qu'il auroit recommencé à deliberer son entreprinse, & environ sur les unze heures du matin pris la resolution de faire ce qu'il a faict, s'estant saisi du cousteau qu'il auroit pris sur le dresseoir de la maison de son pere, lequel il auroit porté en son estude, & de-là seroit venu disner avec Pierre Chastel son pere, Denise Hazare sa mere, Catherine sa sœur aisnée, mariée avec un nommé le Comte, & Magdeleine Chastel sa sœur puisnée, estant au logis Pierre Roussel, Simone Thurin, & Loyse Camùs. Qu'après le disner son pere & sa mere l'auroient exhorté à bien vivre, ce qu'il leur auroit promis faire. De-là seroit allé à Vespres, puis retourné au logis de son pere, avec lequel il seroit allé en la Ville pour trouver un Conseiller du Chastelet, & ne l'ayant trouvé, seroient allez en l'Eglise de S. Jean : puis estant de retour chez son pere, seroit sorty avec le cousteau dedans la manche de son pourpoint, lequel il avoit pris dès la premiere fois qu'il estoit allé à S. Jean. De rechef interrogé qu'il avoit faict en ce jour, & avec qui il avoit communiqué, a dit qu'il s'estoit levé sur les huict heures du matin, & estoit sorty hors la Ville, & allé à la Messe à S. Laurens. Examiné sur sa qualité, & où il avoit faict ses estudes, a dit que c'estoit aux Jesuittes principalement, où il avoit esté trois ans, & à la derniere fois souz Pere Jean Gueret Jesuite : qu'il auroit veu ledict Pere Gueret Vendredy ou Samedy precedent le coup, ayant este mené vers luy par Pierre Chastel son pere, pour un

casi

cas de conscience, qui estoit qu'il dé-
sesperoit de la misericorde de Dieu
pour les grands pechez par luy commis :
qu'il avoit eu volonté de commettre
plusieurs pechez énormes contre nature, dont il se seroit confessé par plusieurs fois, que pour expier ces pechez,
il croyoit qu'il faloit qu'il fist quelque
acte signalé : que souventes fois il auroit
eu volonté de tuer le Roy, & auroit
parlé à son pere de l'imagination & volonté qu'il avoit eu de ce faire : surquoy sondit pere luy auroit dit que ce
seroit mal faict. Interrogé parce qu'il
avoit un Agnus Dei, une chemise Nostre-Dame, & Chappelets à l'entour du
col, que les luy avoit baillé, & si ce
n'estoit pas pour le persuader à assasiner
le Roy, sous asseurance qu'il seroit inviolable ; depuis quel temps il s'estoit
confessé, & à qui, dit que sa mere luy
avoit baillé l'Agnus Dei, & la chemise
Nostre-Dame : & quant aux Chappelets les avoir luy-mesmes enfilé : qu'il
avoit esté à confesse à la Toussaincts
derniere à Maistre Claude l'Alement
Prestre Curé de S. Pierre des Assis,
Maistre Jacques Benard, Prestre Clerc,
& Maistre Lucas Morin Prestre habitué
en icelle Eglise. Ce faict le cousteau duquel il avoit frappé le Roy à lui representé, il le recogneut comme aussi il
recogneut trois billets contenant l'Anagramme du Roy en ces mots : Henry de
Bourbon, Graisse, Bouvier, Tyran,
brandon de la France, & neuf petits
fueillets escrits de sa main de part &
d'autres contenans la confession de ses
pechez : lesquels fueillers il avoit cachés dans la cave du logis de son pere.
Par ces neuf fueillets il avoit escrit ses
pechez par ordre des Commandemens
du Decalogue : qu'il avoit doubté de la
Deité : qu'il n'aimoit son prochain :
qu'il estoit sans charité : qu'il avoit

mescogneu ses pere & mere : que l'un
de ses Maistres luy demandant s'il n'a-
voit pas commis le peché contre nature
(lequel ne se nomme point) il l'avoit
nié faussement, avec grande asseurance : & de cela pensoit ne s'estre pas confessé, comme de plusieurs autres cas vilains & exécrables, d'avoir voulu commettre un inceste avec sa sœur ; occasion pour laquelle il pensoit que toutes
ses confessions & communions estoient
autant de pechez mortels : que depuis
il se seroit imaginé, & auroit eu volonté de commettre plusieurs homici-
des, & signament de tuer le Roy :
pendant ce premier interrogatoire le
bruit courant par la Ville que le Roy
n'estoit que blessé, & que le cousteau
n'estoit empoisonné, graces en furent
incontinent rendues à Dieu, & le *Te
Deum laudamus* chanté en l'Eglise Nostre-Dame. Le lendemain la procédure
ayant esté envoyée en la Cour de Parlement, & le prisonnier mené en la
Conciergerie du Palais, fut interrogé
par les principaux Officiers de la Cour.
A répété ce qu'il avoit dit par ses responses au premier interrogatoire par-
devant le Prevost de l'Hostel. Interrogé quel estoit l'acte signalé, qu'il disoit
avoir peust devoir faire pour expier les
grands crimes, dont il sentoit sa conscience chargée : à dit qu'il se seroit efforcé de tuer le Roy, mais n'auroit faict
que le blesser à la levre, le cousteau
ayant rencontré la dent, dont toutesfois luy accusé n'auroit senty la resistance, & pensoit tuer ledict Seigneur
Roy, lequel il avoit pensé frapper à la
gorge, craignant pour ce qu'il estoit
bien vestu, que le cousteau rebouchast.
Qu'ayant opinion d'estre oublié de
Dieu, & estant asseuré d'estre damné
comme l'Antechrist, il vouloit de deux
maux éviter le pire, & estant damné
aimoit

aimoit mieux que ce fuſt *ut quatuor* que *ut octo.* Interrogé ſi ſe mettant en ce déſeſpoir il penſoit eſtre damné, ou ſauver ſon ame par ce meſchant acte. A dit qu'il croyoit que ceſt acte eſtant faict par luy, ſerviroit à la diminution de ſes peines, eſtant certain qu'il ſeroit plus puny, s'il mouroit ſans avoir attenté de tuer le Roy, & qu'il le ſeroit moins s'il faiſoit effort de luy oſter la vie: tellement qu'il eſtimoit que la moindre peine eſtoit une eſpece de ſalvation, en comparaiſon de la plus grieſve. Enquis où il avoit apprins ceſte Théologie nouvelle, à dit que c'eſtoit par la Philoſophie. Interrogé s'il avoit eſtudié en Philoſophie au College des Jeſuites, à dit que ouy, & ce ſouz le Pere Gueret, avec lequel il avoit eſté deux ans & demy. Enquis s'il n'avoit pas eſté en la chambre des Meditations, où les Jeſuites introduiſoient les plus grands pecheurs, qui voyoient en icelle chambres les portraicts de pluſieurs diables de diverſes figures eſpouventables, ſous couleur de les reduire en une meilleure vie, pour eſbranler leurs eſprits, & les pouſſer par telles admonitions à faire quelque grand cas; a dit qu'il avoit eſté ſouvent en ceſte chambre des Meditations. Enquis qui il avoit eſté perſuadé à tuer le Roy, a dit avoir entendu en pluſieurs lieux qu'il faloit tenir pour maxime véritable qu'il eſtoit loiſible de tuer le Roy, & que ceux qui le diſoient l'appelloient tyran. Enquis ſi les propos de tuer le Roy n'eſtoit pas ordinaires aux Jeſuites, a dit leur avoir ouy dire, qu'il eſtoit loiſible de tuer le Roy, & qu'il eſtoit hors de l'Egliſe, & ne luy faloit obéir, ny le tenir pour Roy juſques à ce qu'il fut approuvé par le Pape. De rechef interrogé en la Grand Chambre, Meſſieurs

les Préſidens & Conſeillers d'icelle, & de la Tournelle aſſemblez, il a fait les meſmes reſponſes, & ſignamment a propoſé & ſouſtenu la maxime qu'il eſtoit loiſible de tuer les Roys, meſmement le Roy regnant, lequel n'eſtoit en l'Egliſe, ainſi qu'il diſoit, parce qu'il n'eſtoit approuvé par le Pape. Finalement la Cour a donné l'Arreſt, dont la teneur enſuit.

Extraict des Regiſtres de Parlement.

VEU par la Cour, les Grand Chambre & Tournelle aſſemblées, le procès criminel commencé à faire par le Prevoſt de l'Hoſtel du Roy, & depuis parachevé d'inſtruire en icelle, à la requeſte du Procureur General du Roy, demandeur & accuſateur, à l'encontre de Jean Chaſtel, natif de Paris, Eſcolier, ayant faict le cours de ſes eſtudes au College de Clermont, priſonnier ès priſons de la Conciergerie du Palais, pour raiſon du très-execrable & très-abominable parricide attenté ſur la perſonne du Roy, interrogatoires & confeſſion dudit Jean Chaſtel, ouy, & interrogé en ladicte Cour ledict Chaſtel ſur le fait dudict parricide, ouy auſſi en icelle Jean Gueret, Preſtre ſoy diſant de la Congregation & Société du Nom de Jeſus, demeurant audit College, & cy-devant Precepteur dudit Jean Chaſtel, Pierre Chaſtel, & Deniſe Hazard pere & mere dudict Jean: concluſions du Procureur General du Roy, & tout conſideré. Il ſera dit que ladicte Cour a declaré & declare ledict Jean Chaſtel attaint & convaincu du crime de leze-Majeſté divine & humaine au premier chef; par le très-meſchant & très-deteſtable parricide, attenté ſur la perſonne du Roy: pour réparation duquel

R

quel crime a condamné & condamne ledit Jean Chaftel, à faire amende honorable devant la principale porte de l'Eglife de Paris, nud en chemife, tenant une torche de cire ardente du poids de deux livres ; & illec à genoux dire & declarer, que malheureufement & proditoirement, il a attenté ledict très-inhumain & très-abominable parricide, & bleffé le Roy d'un coufteau en la face, & par faulfes & damnables inftructions, il a dit audit procès eftre permis de tuer les Roys, & que le Roy Henry IV. à prefent regnant, n'eft en l'Eglife jufques à ce qu'il ait l'approbation du Pape : dont il fe repent, & demande pardon à Dieu, au Roy & à Juftice. Ce faict eftre mené & conduit en un tumbereau en la place de Greve. Illec tenaillé aux bras & cuiffes, & fa main dextre, tenant en icelle le coufteau duquel il s'eft efforcé commettre ledict parricide, couppée : & après fon corps tiré & demembré avec quatre chevaux, & fes membres & corps jettez au feu & confumez en cendres, & les cendres jettées au vent. A declaré & declare tous & chacuns fes biens acquis & confifquez au Roy. Avant laquelle execution fera ledit Jean Chaftel apliqué à la queftion ordinaire & extraordinaire, pour fçavoir la verité de fes complices, & d'aucuns cas refultans dudict procès : a faict & fait inhibitions & deffenfes à toutes perfonnes de quelque qualité & condition que elles foyent, fur peine de crime de leze-Majefté de dire ne proferer en aucun lieu public, ne autre lefdits propos : lefquels ladicte Cour a declaré & declare fcandaleux, feditieux, contraires à la parole de Dieu, & condamnez comme heretiques par les faincts Decrets. Ordonne que les Préftres & Efcoliers du College de Clermont, & tous autres

foy-difans de ladicte Societé, comme corrupteurs de la jeuneffe, perturbateurs du repos public, ennemis du Roy & de l'Eftat, vuideront dedans trois jours, après la fignification du prefent Arreft, hors de Paris, & autres Villes & lieux où font leurs Colleges, & quinzaine après hors du Royaume, fur peine, où ils y feront trouvez ledit temps paffé, d'eftre punis comme criminels & coupables dudict crime de leze-Majefté. Seront les biens tant meubles qu'immeubles à eux appartenans, employez en œuvres pitoyables, & diftribution d'iceux faite ainfi, que par la Cour fera ordonné. Outre fait deffenfes à tous fubjects du Roy d'envoyer des Efcoliers aux Colleges de ladite Societé, qui font hors du Royaume, pour y eftre inftruits, fur la mefme peine de crime de leze-Majefté : ordonne la Cour que les extraicts du prefent Arreft feront envoyez aux Bailliages & Senefchauffées de ce reffort, pour eftre executé felon fa forme & teneur. Enjoint aux Baillifs & Senefchaux, leurs Lieutenans generaux & particuliers proceder à l'exécution, dedans le delay contenu en iceluy, & aux Subftituts du Procureur General renir la main à ladite execution, faire informer des contraventions & certifier ladicte Cour de leurs diligences au mois, fur peine de privation de leurs eftats. Signé, *Du Tillet.*

Prononcé audict Jean Chaftel, executé le Jeudy vingt-neufiefme Decembre, mil cinq cens quatre-vingt-quatorze.

Pendant la procedure fur laquelle eft intervenu ceft Arreft, aucuns de Meffieurs deputez par la Cour, s'eftans transportez au College de Clermont, où eftoient les Jefuites, ayant fait faifir plufieurs papiers, ont trouvé entre
iceux

iceux des Livres escripts de la main de Jean Guignard Prestre, soy disant de la Societé d'iceux Jesuites, qui estoient Libelles diffamatoires, par luy composez, & gardez depuis l'Edit d'oubliance & abolition generale, très-benignement octroyée par ledict Seigneur Roy à ses subjets de Paris revoltez, depuis qu'il auroit pleu à Dieu les reduire à sa puissance, dans lesquels il avoit non-seulement usé de mesdisances contre l'honneur du deffunct Roy de très-heureuse memoire (que Dieu absolve) & contre le Roy regnant : mais escrit des propositions contenant plusieurs faux & seditieux moyens pour prouver qu'il avoit esté loisible de commettre le parricide du feu Roy, & induictions pour faire tuer le Roy son successeur, ès termes cy-après en suivans.

1. Et premierement, que si en l'an 1572. au jour S. Barthelemy on eust saigné la veine basilique, nous ne fussions tombez de fievre en chaud mal, comme nous experimentions, *sed quicquid delirant Reges*, pour avoir pardonné au sang, ils ont mis la France à feu & à sang, *& in caput reciderunt mala.*

2. Que le Neron cruel a esté tué par un Clement, & le Moine simulé depesché par la main d'un vray Moine.

3. Appellerons-nous un Neron, Sardanapale de France, un Renard de Bearn, un Lyon de Portugal, une Louve d'Angleterre, un Grifon de Suede, & un Pourceau de Saxe.

4. Pensez qu'il faisoit beau veoir trois Roys, si Roys se doivent nommer, le feu Tyran, le Bearnois, & ce pretendu Monarque de Portugal Don Antonio.

5. Que le plus bel Anagramme qu'on trouve jamais sur le nom du Tyran deffunct, estoit celuy par lequel on disoit : *O le vilain Herode.*

6. Que l'acte heroique fait par Jacques Clement, comme don du Saint-Esprit, appellé de ce nom par nos Theologiens, a esté justement loué par le feu Prieur des Jacobins Bourgoing, Confesseur & Martyr, par plusieurs raisons, tant à Paris que j'ay ouy de mes propres aureilles, lorsqu'il enseignoit sa Judith, que devant ce beau Parlement de Tours : ce que ledict Bourgoing, qui plus est a signé de son propre sang, & sacré de sa propre mort : & ne faloit croire ce que les ennemis apportoyent que par ses derniers propos, il avoit improuvé cest acte comme detestable.

7. Que la Courone de France pouvoit & devoit estre transferée en une autre famille que celle de Bourbon.

8. Que le Bearnois ores que converty à la foy Catholique, seroit traicté plus doucement qu'il ne meritoit, si on luy donnoit la Courone Monascale en quelque Couvent bien reformé, pour illec faire penitence de tant de maux qu'il a fait à la France, & remercier Dieu de ce qu'il luy avoit fait la grace de se recognoistre avant la mort.

9. Que si on ne le peut deposer sans guerre, qu'on guerroye si on ne peut faire la guerre, la cause, mort, qu'on le face mourir.

Par ces propositions il se justifie clairement, que l'Arrest de la Cour donné contre Jean Chastel parricide portant le bannissement des Jesuites hors le Royaume a esté justement donné, & se peut appeller un jugement vrayement divin, se voyant par les escripts de ce Jesuite Guignard, combien est pestifere & pernicieuse la doctrine de ces hommes, & à quoy elle tend.

Or la Cour ayant veu ces escripts, Guignard

Guignard auteur mandé & interrogé sur iceux à luy representez, recogneu les avoir composez & escrits de sa main, & pour ce la Cour a donné l'Arrest cy ensuivant.

Extraict des Regiftres de Parlement.

VEU par la Cour, les Grand Chambre & Tournelle assemblées, le procès criminel fait par l'un de Conseillers d'icelle, à la requeste du Procureur General, à l'encontre de Jean Guignard Prestre, Regent au Collège de Clermont de cette Ville de Paris, prisonnier ès prisons de la Conciergerie du Palais, pour avoir esté trouvé saisi de plusieurs Livres composez par luy & escripts de sa main, contenans entre autres choses, approbation du très-cruel & très-inhumain parricide du feu Roy (que Dieu absolve) & induction pour faire tuer le Roy à present regnant, interrogatoires & confessions dudict Guignard, lesdicts Livres reprefentez, recogneu composez par luy, & escripts de sa main, conclusions du Procureur General du Roy, ouy & interrogé en ladicte Cour ledit Guignard sur les cas à luy imposez & contenus esdits Livres; & tout consideré, Dit a esté que ladicte Cour a déclaré & declare ledit Guignard attaint & convaincu du crime de leze - Majesté, & d'avoir composé & escrit lesdicts Livres, contenans plusieurs faux & seditieux moyens, pour prouver qu'il avoit esté loisible de commettre ledict parricide, & estoit permis de tuer le Roy Henry IV. à present regnant : pour reparation de ce, a condamné & condamne Guignard faire amende honorable, nud en chemise, la corde au col devant la principale porte de l'Eglise de Paris, illec estant à genoux, tenant en ses mains une torche de cire ardente du poids de deux livres, dire & declarer que meschamment & malheureusement & contre verité, il a escrit le feu Roy avoir esté justement tué par Jacques Clement, & que si le Roy à present regnant ne mouroit à la guerre, il le faloit faire mourir, dont il se repent, & demande pardon à Dieu, au Roy & à Justice. Ce faict mené & conduit en la place de Greve, pendu & estranglé à une potence, qui y sera pour cet effect plantée, après le corps mort, reduit & consumé en cendres en un feu, qui sera fait au pied de ladite potence, a declaré & declare tous & chacuns ses biens acquis & confisquez au Roy. Prononcé audict Guignard, & executé le septiesjour de Janvier, l'an mil cinq cens quatre-vingts-quinze.

Le mesme jour le procès ayant esté fait à Jean Gueret, Preeepteur du Parricide, & à Pierre Chastel pere, & à la mere & sœurs, mesmement à l'une d'icelles, laquelle ayant entendu que son frere estoit prisonnier, comme on la menoit en prison, s'estoit escriée que les Jesuites avoyent donné quelque mauvais conseil à sondict frere; iceux Gueret, Pierre Chastel, sa femme & ses filles, & leurs serviteurs & servantes, ensemble le Curé de Saint Pierredes-Assis ouys, est ensuivy l'Arrest qui s'ensuit.

Extraict des Regiftres de Parlement.

VEU par la Cour, les Grand Chambre & Tournelle assemblées. Le procès criminel commencé à faire par le Prevost de l'Hostel du Roy, & depuis parachevé d'instruire en icelle, à la requeste du Procureur General du Roy, demandeur & accusateur, à l'encontre de Jean Gueret Prestre, soy

disant

difant de la Congregation & Societé du Nom de Jefus, demeurant au College de Clermont, & cy-devant Precepteur de Jean Chaftel, n'agueres executé à mort par Arreft de ladite Cour, Pierre Chaftel, Marchant Drappier, Bourgeois de Paris, Denife Hazard fa femme, pere & mere dudict Jean Chaftel, Jean le Comte & Catherine Chaftel fa femme, Magdeleine Chaftel, filles defdits Pierre Chaftel & Denife Hazard, Anthoine de Villiers, Pierre Rouffel, Simonne Turin & Louyfe Camus leurs ferviteurs & fervantes, Maiftre Claude l'Allemant, Preftre de Sainct Pierre-des-Affis, Maiftre Jacques Benard, Preftre Clerc de ladicte Eglife, & M. Lucas Morin, Preftre habitué en icelle, prifonniers és prifons de la Conciergerie du Palais; interrogatoires, confeffions & denegations defdicts prifonniers, confrontation faicte dudict Jean Chaftel audict Pierre Chaftel fon pere, information faicte contre ledict Pierre Chaftel, confrontation à luy faicte des tefmoins ouys en icelle, le procès criminel fait audict Jean Chaftel, pour raifon du très-execrable & très-abominable parricide attenté fur la perfonne du Roy, le procès-verbal de l'execution de l'Arreft de mort donné contre ledit Jean Chaftel, le vingt-neufiefme Decembre dernier paffé. Conclufions du Procureur General du Roys, ouys & interrogez en ladite Cour, lefdits Gueret, Pierre Chaftel & Hazard, fur les cas à eux impofez & contenus audit procès: autres interregatoires & denegations faictes par lefdits Gueret & Pierre Chaftel, en la queftion à ceux baillée par Ordonnance de ladicte Cour, & tout confideré: Dict a efté que ladicte Cour pour les cas contenus audit procès, a banny &

bannit lefdits Gueret & Pierre Chaftel du Royaume de France, à fçavoir ledict Gueret à perpetuité, & ledict Chaftel pour le temps & efpace de neuf ans, & à perpetuité de la Ville & Faulxbourgs de Paris, à eux enjoinct garder leur ban, à peine d'eftre pendus & eftranglez, fans autre forme ne figure de procès; a déclaré & declare tous & chacuns les biens dudit Gueret acquis & confifquez au Roy, & a condamné & condamne ledit Pierre Chaftel en deux mil efcus d'amende envers le Roy, applicable à l'acquict, & pour la fourniture du pain des prifonniers de la Conciergerie, à tenir prifon jufques à plain payement de ladite fomme, & ne courra le temps dudit banniffement, finon du jour qu'il aura icelle payée: Ordonne ladite Cour, que la maifon en laquelle eftoit demeurant ledit Pierre Chaftel fera abbatue, demolie & razée, & la place appliquée au public, fans que à l'advenir on y puiffe baftir, en laquelle place pour memoire perpetuelle du très-mefchant & très-deteftable parricide attenté fur la perfonne du Roy, fera mis & érigé un piller éminent de pierre de taille, avec un tableau auquel feront infctiptes les caufes de ladite demolition & érection dudit piller, lequel fera faict des deniers provenans des demolitions de ladite maifon. Et pour le regard defdits Hazard, le Comte, Catherine, & Magdeleine Chaftel, de Villiers, Rouffel, Turin, Camus, l'Allemant, Benard & Morin: Ordonne ladite Cour, que les prifons leur feront ouvertes. Prononcé aufdits Hazard, le Conte, Catherine & Magdeleine Chaftel, de Villiers, Rouffel, Turin, Camus, l'Allemant, Benard & Morin, le feptiefme jour de Janvier, & aufdicts Gueret & Pierre Chaftel, le dixiefme

dixiefme jour dudiét mois, mil cinq
cens quatre-vingts quinze.

Par cefte procedure fe peut veoir que
la Cour a apporté en l'inftruction & au
jugement tout ce qui fe peut defirer
d'une bonne, entiere & fainte juftice,
avec toutes les formes accouftumées aux
procès criminels : de maniere que les
Arrefts ainfi donnez n'ont befoin d'eftre deffenduz par raifon. Et ce qu'elle
a jugé contre les Jefuites, fe fuft fait
juftement auparavant fur ce qui eftoit
arrivé à Melun le dernier Aouft 1593,
& que icelle Cour a reveu depuis, lorfqu'elle a procedé au jugement du procès de Jean Chaftel, à fçavoir fur le
procès criminel faict à Pierre Barriere,
lequel ayant demandé confeil à Lion à
plufieurs Preftres, aufquels il avoit confeffé fes péchez touchant l'affaffinat,
qu'il avoit entreprins de commettre fur
la perfonne du Roy, eftant pris fur l'advertiffement d'un Religieux très-faint
& amiable de tous les bons François,
frere Saint B. F. & de B. F. qui le defcouvrit, confeffa qu'il eftoit venu exprès en Cour afin de tuer le Roy; à
quoy il avoit efté pouffé par un Jefuite
nommé Varade, qui defchiroit tous les
jours le Roy par mefdifances. Par la
perfuafion duquel Jefuite, iceluy Barriere, avoit achepté un coufteau pour
faire le coup : dont ayant premierement
demandé advis à Aubry, Curé de S.
André-des-Arts, à qui il avoit ouvert
fon intention, il s'adreffa audit Varade,
Recteur du College des Jefuites, par le
confeil d'iceluy Aubry, qui fut confirmé par ledict Varade, en fa refolution
de tuer le Roy, fur l'affeurance que ledit Varade luy donnoit, s'il eftoit pris
& on le faifoit mourir, à raifon de ce,
qu'il obtiendront au ciel la couronne
de Martyr : que ledit Varade l'auroit
adjuré en le confeffant par le Sainct Sa-

crement de la Confeffion & de la Communion du Corps de Noftre Seigneur,
de faire ceft acte & deffaire la France du
Roy de Navarre, qu'il appelloit Tyran. Outre cefte charge, s'eft trouvé par
informations faictes de l'Ordonnance de
la Cour, que deux Suiffes paffans par Be-
fançon, peu de jours auparavant l'affaffinat attenté par Chaftel, avoyent rencontré deux hommes habillez en Jefuites, qui
difoyent aller à Rome, lefquels avoyent
dit que bientoft le Roy de Navarre feroit tué ou bleffé, & que ce coup eftoit
attendu comme un coup du ciel.

On remarquoit davantage, que n'a-
gueres avoit efté publié un Jubilé à Rome, que les ennemis du Roy difoyent
eftre une monition pour foudroyer le
Biarnois, comme fi c'eftoit un bon faict.
Cela eftoit auffi attendu par les Efpagnols, n'agueres arrivez en Bretaigne
pour fecourir les rebelles. Il eftoit auffi
efperé par les Jefuites, mefmes par ceux
qui eftoyent à Paris ; aucuns defquels,
comme il a efté prouvé incontinent
après la bleffure du Roy, comme leurs
Colleges furent environnez de Gardes,
crioyent aux portes de leurs confreres
en ces mots : *Surge frater, agitur de reli-*
gione.

Item furent trouvez au College defdits Jefuites, plufieurs Anagrammes
contre le Roy, & quelques themes dic-
tez par les Grammairiens, dont l'argument eftoit de fouffrir la mort conftamment, & d'affaillir les tyrans. Plus y a
eu preuve, que les Maiftres du College
de Clermont deffendoyent aux efcholiers de prier Dieu pour le Roy, depuis
la reduction de Paris en l'obeiffance de
Sa Majefté ; & difoyent que ceux qui
alloyent à fa Meffe eftoyent excommuniez.

D'ailleurs y a eu informations faites
contre Alexandre Haius Jefuite, natif
d'Efcoffe,

d'Escosse, lequel avoit enseigné publiquement, qu'il faloit dissimuler & obeyr au Roy pour un temps par feintise, disant fort souvent ces mots : *Jesuita est omnis homo.* Estoit davantage ce Jesuite chargé d'avoir dit souventesfois qu'il desireroit, si le Roy passoit devant leur College, tomber de la fenestre sur luy, pour luy rompre le col. Surquoy son procès luy ayant esté fait, & estant trouvé qu'aucunes ses paroles avoyent esté dictes auparavant la reduction de Paris, il a esté traicté plus doucement que Guignard, comme appert par l'Arrest, qui s'ensuit.

Extraict des Registres de Parlement.

VEU par la Cour, les Grand Chambre & Tournelle assemblées, le procès criminel faict & instruict de l'Ordonnance d'icelle, à la requeste du Procureur General du Roy, demandeur à l'encontre d'Alexandre Haius Prestre, se disant de la Congregation & Société du Nom de Jesus, prisonnier ès prisons de la Conciergerie du Palais, informations, interrogatoires & confrontations de tesmoins, conclusions du Procureur General du Roy : ouy & interrogé en ladite Cour ledit Haius, sur les cas à luy imposez & contenuz audit procès, & tout consideré. Dict a esté que ladite Cour pour raison des cas mentionnez audit procès, a banny & bannit ledict Haius du Royaume de France à perpetuité, luy enjoinct garder son ban, à peine d'estre pendu & estranglé sans autre forme ne figure de procès. Prononcé audit Haius pour ce attainct au guichet desdites prisons de la Conciergerie, le dixiesme jour de Janvier mil cinq cens quatre-vingts-quinze.

Par autres informations, s'est trouvé qu'aucuns des Jesuites, comme on leur auroit demandé pourquoy ils demeuroyent en France, veu qu'ils avoyent voué obeissance & fidelité au seul Pape, avoyent faict responce, que leur vœu n'estoit point enfraint par la demeure qu'ils faisoyent en ce Royaume ; par ce qu'ils avoyent un bref de sa Saincteté, qui les dispensoit d'obeyr au temps.

S'est trouvé d'abondant par informations envoyées de Bourges, faictes le septiesme Janvier, qu'un nommé François Jacob, escholier des Jesuites dudict Bourges, s'estoit vanté de tuer le Roy, n'estoit qu'il pensoit qu'il fust desjà mort, & qu'il estimoit qu'une autre l'avoit tué.

A esté encores prouvé par informations faictes à Paris, qu'en ce College des Jesuites, ont esté composez plusieurs themes, anagrammes, & carmes contre l'honneur du Roy, semblables à ceux qui furent trouvez sur Jean Chastel parricide, & mentionniez aux escrits de Guignard Jesuite.

Outre a esté prouvé que plusieurs Jesuites ont seduit & pratiqué des enfans, les ravissans à leurs peres, pour les faire aller en pays lointains. Mesmes a esté faict le procès à un nommé Jean le Bel, escholier n'agueres, estudiant au College de Clermont, pour s'estre efforcé de practiquer François Veron, escholier estudiant à Poictiers, contre le gré de Maistre Pregent Veron, Procureur en la Cour son pere, pour suivre les Jesuites hors le Roïaume, contre les deffenses portées par l'Arrest de la Cour. Et outre s'est trouvé chargé contre iceluy le Bel, pour avoir reservé & gardé par-devers luy plusieurs leçons & compositions dictées en la Societé des Jesuites, par luy receues & escrites de sa main, lorsqu'il estoit en leur College, dans lesquelles y avoit plusieurs damnables instructions

inſtructions d'attenter ſur les perſonnes des Roys, & l'approbation & louable de l'execrable parricide commis en la perſonne du feu Roy, comme appert par l'Arreſt cy-deſſous tranſcrit.

Extraict des Regiſtres de Parlement.

VEU par la Cour, le procès criminel faict & inſtruict par l'un des Conſeillers d'icelle à ce commis à la requeſte du Procureur General du Roy, demandeur à l'encontre de Jean le Bel, eſcholier n'agueres eſtudiant au College de Clermont en ceſte Ville, priſonnier ès priſons de la Conciergerie du Palais. Les interrogatoires à luy faits ſur certaine miſſive & autres papiers recogneus avoir eſcrits. Concluſions du Procureur General du Roy, ouy & interrogé en ladite Cour ledit le Bel ſur le cas à luy impoſez, & tout conſideré. Dit a eſté, que ladicte Cour pour les cas contenus audict procès, a condamné & condamne ledit le Bel à faire amende honorable en la Grand Chambre d'icelle, l'audience tenant, eſtant teſte & pieds nuds, en chemiſe, ayant en ſes mains une torche de cire ardente du poix de deux livres ; & illec à genoux dire & declarer que temerairement & comme mal adviſé, il a voulu ſeduire & practiquer François Veron, eſcholier eſtudiant en l'Univerſité de Poictiers, pour ſuivre hors le Royaume, les cy-devant dits Preſtres & Eſcholiers du College de Clermont & ceux de leur Societé, contre les deffenſes de ladite Cour. Et outre que indiſcretement il a reſervé & gardé par-devers luy les leçons & compoſitions dictées par aucuns de ladite Societé, & par luy receues & eſcrites de ſa main audict College de Clermont, contenant pluſieurs damnables inſtructions d'attenter contre les

Roys, & l'approbation & louange du deteſtable, & abominable parricide commis en perſonne du Roy, de très-heureuſe memoire Henry III. du nom, dont il ſe repent & demande mercy & pardon à Dieu, au Roy & à Juſtice : ce faict l'a banny & bannit à perpetuité du Royaume de France, luy enjoinct garder ſon ban, à peine où il ſera trouvé d'eſtre pendu & eſtranglé ſans autre forme, ne figure de procès ; a declaré & declare tous & chacun ſes biens acquis & confiſquez au Roy, ſur leſquels ſera prealablement prins la ſomme de cent eſcus ſol, applicables aux reparations neceſſaires en la Conciergerie du Palais. Faict en Parlement, le vingt-unieſme Mars & prononcé audit le Bel, & executé en la Grand Chambre de ladicte Cour, le dixieſme jour d'Avril, mil cinq cens quatre-vingts-quinze.

D'où ſe void combien juſtement a eſté donné l'Arreſt contre Jean Chaſtel parricide & les Jeſuites, pour le ſalut du Roy, pour la conſervation de la Majeſté Royale, pour la ſeureté de l'Eſtat, & de tout le peuple François.

ARREST DE LA COUR,

Enſemble les Vers & Diſcours latins, eſcrit ſur marbre noir en lettres d'or, ès quatre faces de la baſe de la Pyramide, dreſſée devant la grande porte du Palais à Paris.

VEU par la Cour, les Grand'Chambre & Tournelle aſſemblées, le procès criminel commencé à faire par le Prevoſt de l'Hoſtel du Roy, & depuis parachevé d'inſtruire en icelle, à la requeſte du Procureur General du Roy, demandeur & accuſateur, à l'encontre de Jean Chaſtel natif de Paris, Eſcolier, ayant fait le cours de ſes eſtudes

des au College de Clermont, prifonnier ès prifons de la Conciergerie du Palais, pour raifon du très-execrable & très-abominable parricide, attenté fur la perfonne du Roy : interrogatoires & confeffion dudit Jean Chaftel, ouy & interrogé en ladicte Cour ledit Chaftel, fur le faict dudict parricide : Ouys auffi en icelle Jean Gueret Preftre, foy difant de la Congregation & Societé du nom de Jefus, demeurant audit College, & cy-devant Precepteur dudit Jean Chaftel : Pierre Chaftel, & Denife Hazard, pere & mere dudit Jean : conclufions du Procureur General du Roy, & tout confideré.

Il fera dit, que ladicte Cour a declaré & declare ledit Jean Chaftel, attaint & convaincu du crime de leze-Majefté divine & humaine au premier chef, par le très-mefchant, & très-detestable parricide attenté fur la perfonne du Roy. Pour reparation duquel crime a condamné & condamne ledit Jean Chaftel a faire amende honorable devant la principale porte de l'Eglife de Paris, nud en chemife, tenant une torche de cire ardente du poix de deux livres, & illec à genoux dire & declarer : Que malheureufement & proditoirement, il a attenté ledit très-inhumain & très-abominable parricide, & bleffé le Roy d'un coufteau en la face; & par faulfes & damnables instructions, il a dit audit procès, eftre permis de tuer les Roys, & que le Roy Henry quatriefme, à prefent regnant, n'eft en l'Eglife, jufques à ce qu'il ait l'approbation du Pape : dont il fe repent & demande pardon à Dieu, au Roy & à Justice. Ce fait, eftre mené & conduit en un tumbereau en la place de Greve. Illec tenaillé aux bras & cuiffes, & fa main dextre, tenant en icelle le coufteau, du-

quel il s'eft efforcé commettre ledit parricide, coupée. Et après fon corps tiré & defmembré avec quatre chevaux, & fes membres & corps jettez au feu & confumez en cendres ; & les cendres jettées au vent. A declaré & declare tous & chacuns fes biens acquis & confifquez au Roy. Avant laquelle execution fera ledit Jean Chaftel, appliqué à la queftion ordinaire & extraordinaire, pour fçavoir la verité de fes complices, & d'aucuns cas refultant dudict procès. A fait & faict inhibitions & deffenfes à toutes perfonnes, de quelque qualité & condition qu'elles foient, fur peine de crime de leze-Majefté, de dire, ne proferer en aucun lieu public, ne autre, lefdits propos : lefquels ladicte Cour a declaré & declare fcandaleux, feditieux, contraires à la parole de Dieu, & condamnez comme heretiques par les faincts Decrets.

Ordonne que les Preftres & Efcholiers du College de Clermont, & tous autres, foy difans de ladite Societé, comme corrupteurs de la jeuneffe, perturbateurs du repos public, ennemis du Roy & de l'Etat, vuideront dedans trois jours, après la fignification du prefent Arreft, hors de Paris, & autres Villes & lieux où font leurs Colleges, & quinzaine après hors du Royaume ; fur peine, où ils y feront trouvez, ledit temps paffé, d'eftre punis comme criminels & coupables dudit crime de leze-Majefté. Seront les biens tant meubles qu'immeubles à eux appartenans, employez en œuvres pitoyables, & diftributions d'iceux faicte ainfi, que par la Cour fera ordonné. Outre, fait defenfes à tous fubjets du Roy d'envoyer des Efcholiers aux Colleges de ladite Societé, qui font hors du Royaume pour y eftre inftruits, fur la mefme

peine

S

peine de crime de leze-Majefté : Ordonne la Cour que les extraits du prefent Arreft , feront envoyez aux Bailliages & Senechauffées de ce reffort,
pour eftre execute felon fa forme & teneur. Enjoint aux Baillifs & Senechaux,
leurs Lieutenans generaux & particuliers, proceder à l'execution dedans
le delay contenu en iceluy : & aux Subftituts du Procureur General, tenir la
main à ladicte execution, faire informer des contraventions, & certifier ladicte Cour de leurs diligences au mois,
fur peine de privation de leurs eftats.
Signé, *Du Tillet.*

Prononcé audict Jean Chaftel, & executé
le Jeudy vingt-neufiefme Decembre,
mil cinq cents quatre-vingts-quatorze.

• Sur la face qui regardoit le midi, eftoit gravé ;

*QUOD SACRUM, VOTUMQUE
fit memoriæ perennitati, longævi-
tati, falutique maximi, fortiffimi &
clementiffimi Principis Henrici IV.
Galliæ & Navarræ Regis Chriftianiffimi.

*AUDI Viator, five fis extraneus,
Sive incola Urbis, quoi Paris nomen
dedit.
Hic alta qua fto Pyramis, domus fui
Caftella, fed quam diruendam funditus
Frequens Senatus, crimen ultus cenfuit.
Huc me redegit tandem herilis filius,
Malis magiftris ufus,& fcholâ impiâ,
Sotericum, eheu, nomen ufurpantibus.
Inceftus, & mox parricida in Principem,
Qui nuper urbem perditam fervaverat ;
Et qui favente fæpe victor numine
Deflexit ictum audaculi ficarii,
Punctufque tantùm eft dentium fepto tenus.
Abi viator, plura me vetat loqui
Noftræ ftupendum Civitatis dedecus.*

C'eft-à-dire.

• Mauvaife traduction, mais que nous avons cru devoir conferver.

«* Que cecy foit confacré & voué à la
memoire,longue durée, long aage, «
& falut de très-grand, très-fort & «
très-clement Prince, Henry qua- «
triefme, Roy de France & de Na- «
varre, très-Chreftien. «

Efcoute moy, paffant, & me prefte «
l'oreille, «
Soit que dehors pays eftranger & fo- «
rain, «
Ou que fois habitant de Paris nompa- «
reille, «
Qui fon renom eftend au pays plus «
lointain. «
Ce que tu vois icy dreffé en pyramide, «
Haute eflevée en l'air, ay efté le logis, «
De Chaftel, ce mefchant & cruel «
patricide : «
Lequel tout le Senat, par un com- «
mun advis, «
A ordonné que fuft rafé rez pied rez «
terre, «
Pour punir le forfaict & cruel traïfon, «
Commis contre un grand Roy, vain- «
queur en toute guerre. «
C'eft où reduit je fuis par l'infenfé «
garçon, «
Fils de mon poffeffeur, pour trop «
prefter l'oreille «
A des Maiftres mefchants, & avoir «
trop hanté «
L'efcole de ceux-là, qui mefchants à «
merveille, «
Ont le nom du Sauveur fauffement «
adopté, «
Ce faux inceftueux, ce cruel parricide, «
Sur un prince puiffant ne doute fe «
jetter, «
Encor que de la main, d'un peuple «
très-perfide, «
Sa Ville jà perdue,il vint de rachepter. «
Qui fouvent fut vainqueur ; mais la «
faveur divine, «

» Le

„ Le coup de ce meurtrier, a sceu tost
„ destourner :
„ Ayant eu seulement sa levre incarna-
„ dine,
„ Blessé du coup mortel, qu'on luy pen-
„ soit donner.
„ Retourne-t'en passant n'arreste en ce
„ passage,
„ Le cruel deshonneur de nostre grand
„ Cité,
„ Me deffend d'en parler & dire davan-
„ tage,
„ Pour en elle estre faict ceste grand
„ lascheté.

*Sur la mesme face.

* In Piramidem eandem.

Qua trahit à puro sua nomina Pyramis igne,*
Ardua barbaricas olim decoraverat urbes,
Nunc decori non est, sed criminis ara pia-
trix:
Omnia non flammis pariter purgantur &
undis,
Hic tamen esse pius monumentum insigne
Senatus
Principis incolumis statuit, quo sospite,
casum
Nec metuet pietas, nec Res grave publica
damnum.

C'est-à-dire,

„ Sur la mesme Pyramide.

*Autre mauvaise traduction.

„ *Cela que maintenant on nomme
„ Pyramide
„ (Nom tiré du pur feu) Jadis ano-
„ blissoit,
„ Haut eslevée en l'air, du peuple bar-
„ baride:
„ Les Villes, & pour lors fort les embel-
„ lissoit,
„ Maintenant l'on ne voit qu'en hon-
„ neur on la dresse :

Mais plustost elle sert d'autel pour "
expier, "
Le crime des meschants, par flamme "
vangeresse, "
Ou par eau tout péché l'on ne voit "
chastier. "
Le Sénat toutesfois pieux & débon- "
naire, "
A ordonné que soit icy ce monument,"
Hautement eslevé, pour réduire en "
mémoire "
La sauveté du Roy, duquel le sauve- "
ment, "
Fera qu'à l'advenir, tandis qu'il aura "
estre, "
La pieté ne craindra d'estre mise à "
néant ; "
Et qu'en la Republique on ne verra "
plus naistre, "
Aucun péril qui puisse aller l'endom- "
mageant. "

D. O. M.

*Sur la face qui regarde le nord.

PRo* salute HENRICI IV. clementiss. ac fortiss. Regis, quem nefandus parricida, perniciosiss. factionis hæresi pestiferà imbutus, quæ nuper abominandis sceleribus pietatis nomen obtendens, unctos Domini, vivasque Majestatis ipsius imagines occidere populariter docuit, dum confodere tentat, cœlesti numine scelestam manum inhibente, cultro in labrum superius delato, & dentium occursu fœliciter retuso, violare ausus est. Ordo ampliss. ut vel conatus tam nefarii pœnæ terror, simul & præsentissimi in Opt. Principem ac Regnum, cujus salus in ejus salute posita est, divini favoris apud posteros memoria extaret, monstro illo, admissis equis membratim discerpto, & flammis ultricibus consumpto. Ædes etiam unde prodierat, heic sitas funditus everti, & in earum

S 2

earum locum, salutis omnium ac gloria
signum erigi decrevit.

IIII. Non. Jan. Ann. Sal. M. XCV.

C'est-à-dire.

D. O. M.

» POur le salut de HENRY quatrief-
» me, Roy très - clément & très-
» fort, à la vie duquel un meschant &
» détestable parricide, ayant bien ofé
» attenter, (imbu de l'héréfie pefti-
» lentielle, d'une très-pernicieufe fac-
» tion, laquelle couvrant fes abomina-
» bles forfait du nom de pieté, a enfei-
» gné depuis peu publiquement à tuer
» les Oincts du Seigneur, Images vivan-
» tes de Sa Majefté) & s'efforçant de le
» tuer, le bras de Dieu ayant arrêté cette
» main fcelerate, il porta le coup de cou-
» teau à la levre d'en haut, lequel par la
» rencontre des dents, fut heureufe-
» ment repouffé. La Cour, foit pour im-
» primer la terreur, par la punition
» d'un tel attentat, foit pour conferver
» la memoire dans la pofterité de la
» grand force & prompt fecours de la
» faveur divine, envers un très - bon
» Prince, & envers le Royaume, le falut
» duquel gift au falut du Prince, a
» ordonné qu'après que ce monftre au-
» roit efté tiré à quatre chevaux, &
» fes membres reduits en cendres : la
» maifon, où il eftoit né, feroit demolie
» de fond en comble, & en fa place éri-
» gé ce monument du falut & de la
» gloire de tous les fujets. » Le 5. Janvier 1595.

EX S. C.

Heic domus immani quondam fuit hospita
monftro,
Crux ubi nunc celfum tollit in aftra
caput :
Sanciit in miferos pœnam hanc facer Ordo
Penates,

Regibus ut fcires fanctius effe nihil.

C'est-à-dire,

» Par Arrêt de la Court.

ICY baftie eftoit la maifon exécra- «
ble, «
D'un monftre très-cruel & très-perni- «
cieux : «
Maintenant cefte Croix pour un for- «
fait damnable «
Y eft baftie levant fa tefte jufqu'aux «
cieux. «
L'ordre faint & facré fur la vaine de- «
meure, «
Des méchants a donné cefte punition, «
Pour monftrer qu'entre tout ce qu'icy «
bas demeure, «
Le Roy de fainčteté tient la prime «
option. «

D. O. M.

SACRUM.

QUUM Henricus Chriftianissimus   * Sur la fac
Francorum & Navarrorum, Rex bo-   qui regarde
no Reip. natus, inter cætera victoriarum   le levant.
exempla, quibus tam de Tyrannide Hif-
panica, quàm de ejus factione, prifcam
regni hujus Majeftatem juftis ultus eft ar-
mis, etiam hanc urbem & reliquas regni
hujus penè omnes recepiffet, ac denique
felicitate ejus inftetinor. Francia nominis
hoftium furorem provocante, Joannes Pe-
tri F. Caftellus, ab illis fubmiffus facrum
Regis caput cultro petere aufus effet, pre-
fentiore temeritate, quàm feliciore fceleris
fucceffu : Ob eam rem ex ampliffimi Or-
dinis Confulto, vindicato perduellione, di-
rutâ Petri Caftelli domo, in quâ Joannes
ejus F. inexpiabile nefas defignatum, patri
communicaverat, in area æquata hoc pe-
renne monumentum erectum eft, in memo-
riam

riam ejus diei , in quo sæculi felicitas inter
vota & metus Urbis , liberatorem regni ,
fundatoremque publicæ quietis , à temera-
toris infando incapto , regni autem hujus
opes attritas ab extremo interitu vindica-
vit , pulso præterea totâ Galliâ hominum
genere, novæ ac maleficæ superstitionis, qui
Remp. turbabant, quorum instinctu piacu-
laris adolescens dirum facinus instituerat.

C'est-à-dire.

" D. O. M.

" SACRUM.

" COmme ainsi soit, qu'après que
" Henry très-Chrestien , Roy de
" France & de Navarre, né pour le bien
" de la republicque (entre les autres
" exemples de ses victoires, par les-
" quelles il a par ses justes armes, van-
" gé l'ancienne Majesté de ce Royau-
" me, tant de la tyrannie de l'Espagnol,
" que de ses complices) eut aussi def-
" fendu & reduit à soy ceste Ville , &
" presque toutes les autres de ce Royau-
" me , & par ce moyen provocqué par
" son bonheur la fureur de ses ennemis
" domestiques, couverts sous le nom de
" François; Jean Chastel , secrettement
" envoyé par eux , eust bien osé tant en-
" treprendre , que de lever le couteau
" pour attenter à la vie de sa sacrée Ma-
" jesté, plustost avec une insigne temé-
" rité, qu'avec un heureux succès de sa
" meschanceté : à ces causes, par Arrest
" de la Court, le criminel de leze-Ma-
" jesté ayant esté puny , & la maison
" de Pierre Chastel , pere dudict Jean
" rasée (en laquelle il luy avoit com-
" muniqué l'inexpiable forfait , qu'il
" avoit deliberé d'exécuter) en la
" mesme place rasée & aplanie, a esté
" basty ce monument perpetuel , en

memoire du jour auquel la felicité de "
ce siecle (entre les vœux & la crainte "
de la Ville) a delivré le liberateur du "
Royaume , le fondateur du repos pu- "
blic , de la cruelle entreprinse de ce "
traistre & faussaire ; & preservé de "
totale ruyne les richesses diminuées "
de ce Royaume. En outre a esté banny "
& chassé de toute la France , ce genre "
d'hommes de nouvelle & pernicieu- "
se superstition , qui troubloyent la "
republique, à la persuasion desquels, "
ce jeune homme pensant faire satis- "
faction de ses pechez , avoit entre- "
prins ceste cruelle meschanceté. "

S. P. Q. P.

Extinctori pestiferæ factionis Hispanicæ,
incolumitate ejus , & vindictâ parricidii ,
lati , Majestatique ejus devotiss.

C'est-à-dire,

A l'exterminateur de la pestiferée "
faction Espagnolle , par sa sauveté & "
par la punition de mort de ce parri- "
cide, & très-affectionné à Sa Majesté. "

Duplex potestas ista fatorum fuit ,
Gallis saluti quod foret , Gallis dare ;
Servare Gallis , quo dedissent optimum.

C'est-à-dire,

Des destinées ceste puissance , "
A esté double, pour donner "
Aux François , ce qui peut tourner "
A salut & vraye asseurance ; "
Et pour aux François conserver , "
Ce que de bon pouvoyent donner. "

Histoire

Hiſtoire prodigieuſe du déteſtable parricide
attenté contre le Roy Henry quatrieſme
de ce nom, très-Chreſtien, Roy de Fran-
ce & de Navarre, par Pierre Barrie-
re, à la ſuſcitation des Jeſuites.

JE vous raconteray ceſte hiſtoire de
Barriere fidellement, & m'en pouvez croire au peril de mon bien, de
mon corps, & de mon honneur. Car je
l'ay apriſe d'un mien amy, qui eſt un
autre moy-meſme, lequel eſtoit dedans
la Ville de Melun; lorſque ce fait advint,
Et qui parla deux fois à Barriere en la
preſence de Lugoli ſon Juge, le vit exécuter à mort, entendit tout ce qu'il
ſouſtint ſur la roue, juſques au dernier
ſouſpir de ſa vie, mania le couſteau
dont je parleray cy-après, & fit depuis
l'extraiĉt du procès, par le commandement du Roy, afin d'en faire un Manifeſte, qui a couru par ce Royaume; Extraiĉt dont il m'a fait part, & que j'ay
par-devers moy.

Le Roy ayant fait ſa paix avecques
Dieu, & la treſve avec ceux qui lors
eſtoient ſes ennemis, voulant de la Ville de S. Denis venir à Fontainebleau,
ainſi qu'il entroit dans Melun, reçeut
advis de Ludovic Brancaleon, Gentilhomme Italien, à luy incognu, qu'un
ſoldat eſtoit de propos deliberé ſorti de
Lyon, pour le tuer. S'en croyoit, parce
qu'il l'avoit non-ſeulement veu, ains
beu par deux fois avec luy, au Couvent
des Jacobins. Que ceſt homme eſtoit de
haute ſtature, fort & puiſſant ſur ſes
membres, d'une barbe de couleur ave-
laine, veſtu d'un colet de marroquin,
& de gamaches orengées. Comme le
Roy ne s'eſtonne aiſement, & néantmoins eſt plein de prudence, ſans en
faire grand bruit, envoye querir Lugoli, lors Lieutenant General de robbe-
longue, en la Prevoſté de l'Hoſtel : auquel après avoir recité ce qu'il avoit entendu, il luy commande de faire une
ſourde recherche par la Ville, de cet
homme, tel qu'on luy avoit figuré. Le
meſme jour, le dénonciateur apperçoit
ſon homme dedans la maiſon du Roy.
Mais comme il eſtoit au milieu de pluſieurs perſonnes, auſſi le perdit-il de
veue ſans y penſer. Dieu voulut remettre la partie au lendemain, que le trai-
tre s'eſtant logé en un hameau, reſte
des ruines du Fauxbourg de Sainĉt Lié-
ne, ainſi qu'il vouloit entrer dans la
Ville par la porte Saint Jean, il eſt prins
par preſomption, ſur les remarques cy-
deſſus couchées. Ce fuſt le 27. d'Aouſt
1593. Lugoli le fait mener en la priſon,
où il l'interroge : & l'ayant trouvé aucunement variable, luy fait mettre les
fers aux mains & aux pieds, pour l'importance du fait. Soudain qu'il fut parti, Anne Rouſſe, femme du Geolier,
demande au priſonnier ce qu'il vouloit
pour ſon diſner : il luy reſpondit ne
vouloir boire, ny manger ; mais qu'on
luy apportaſt ſeulement du poiſon. Ceſte reſponſe recueillie par les aſſiſtans,
fit qu'on conſideraſt de plus près ſes actions : entre autres, il y avoit un Preſtre priſonnier, appellé Meſſire Pierre
l'Hermite, lequel ſuivant la débauche
du temps, de Preſtre, s'eſtoit fait ſoldat
déterminé pour la Ligue. Barriere ayant
appris de luy qu'ils avoyent tous deux
eſté de meſme parti, l'accoſte, & après
quelque pourparler, le Preſtre s'informe de luy s'il n'avoit point ſur ſoy un
couſteau, l'autre penſant avoir trouvé
chauſſure à ſon pied, luy reſpond qu'-
ouy : & à l'inſtant tire de ſes chauſſes
un couſteau, dont la forme eſtoit telle :
l'allumelle forte à l'avenant de deux
pouces près du manche, avec le dos tel
qu'aux

qu'aux autres cousteaux, & le surplus de cinq, couppant des deux costez comme une espée, & la pointe faite à grain d'orge, comme d'un poignard; cousteau vrayement d'un meurtrier, qui ne vouloit faillir à son coup : le Prestre se souriant, luy dit que ce cousteau seroit bon pour rongner les oncles; mais que s'il estoit veu ce seroit sa mort. Barriere le prie de l'aider à le cacher. Ce qu'il luy promit, & s'en saisit. Mais dès l'instant envoya querir Lugoli, auquel il discourut ce qui s'estoit passé entr'eux, & luy mit és mains le cousteau. Lugoli informe & examine la Geoliere sur le poison, le Prestre sur le cousteau, le Gentilhomme Italien sur ce qui s'estoit passé à Lion. Le 28. d'Aoust, le prisonnier est par trois diverses fois interrogé : & de ses interrogatoires vous tirez, qu'il s'appelloit Pierre Barriere dit la Barre, natif d'Orléans, de son premier mestier Gabarrier, & depuis desbauché par un Capitaine la Tour, estoit entré au service d'une grand Dame, qu'il quitta, & se fit Gendarme de la Compagnie du Sieur d'Albigni, un an durant, faisant la guerre pour la Ligue, jusques à ce qu'il fut pris par le Seigneur de la Guesle, Gouverneur d'Issoire, où il avoit demeuré quelque jours : que dèslors qu'il demeuroit chez cette grand Dame, luy estoit entré en opinion de tuer le Roy d'un cousteau ou d'une pistolle, au travers de ses Gardes : & qu'il eust adoncques estimé faire un grand sacrifice à Dieu, tuant un Prince d'autre Religion que la sienne : qu'estant renvoyé par le Seigneur de la Guesle, passa par Lion, où il s'enquit de quelque Religieux, s'il pourroit justement tuer le Roy, estant converti à nostre Religion, & qu'il luy fut respondu, que non : que là, il avoit esté contrainct de vendre son manteau & un bas de soye pour

vivre : de Lyon estoit passé par la Bourgogne à Paris : enfin arrivé à Melun, où il avoit couché dans une grange, près l'Eglise de Saint Liesne : que quelques jours auparavant, il avoit fait ses pasques à Brie-comte-Robert, en un jour ouvrable, & qu'il estoit venu en la cour du Roy, pour y trouver maistre. Que si on le faisoit mourir, ceux de son party s'en ressentiroyent : que le cousteau luy avoit cousté quinze sols dans Paris, & ne l'avoit achepté à autre intention, que pour s'en servir à table. Le lendemain 29, ouy pour la quatriesme fois sur quelques articles, dit, qu'estant à Lion, il pouvoit avoir la Lieutenance du Marquis de Saint Sorlin, ou sous luy une Compagnie de chevauxlégers, s'il eust voulu. Alors Lugoli le pressa, luy demandant pourquoy tenant tel grade à la Ligue, il l'avoit quittée pour venir chercher maistre en la cour du Roy. A ce mot, il demeure court, & respond qu'il avoit dit ce qui en estoit. Quatre tesmoins sont examinez contre luy : Brancaleon, qui parla du conseil de Barriere, pris à Lion de tuer le Roy, & qu'il ne s'en estoit à luy caché : la Geoliere, du poison : Messire Pierre l'Hermite, du cousteau : Messire Thomas Boucher, Prestre de Brie-comte-Robert mandé, declara l'avoir confessé huict jours auparavant, & le lendemain au matin communié, & que cet homme luy dit, qu'il s'estoit aussi confessé quatre jours auparavant, en la Ville de S. Denis; mais ne luy parla qu'il voulust rien attenter sur la vie du Roy. Tous ces tesmoins à luy recolez & confrontez, non-seulement ne sont reprochez, mais recognoist leur déposition contenir verité, hormis celle de Brancaleon, en ce qu'il disoit luy avoir communiqué de l'entreprise, qu'il brassoit contre le Roy : bien recognoissoit-il avoir beu
&

& mangé par deux fois avecques luy dans les Jacobins. Le procez de cette façon inftruit par Lugoli, le Roy délegue par fes Lettres patentes fix Confeillers de fon Confeil d'Eftat, pour le juger, dont y en avoit deux Prefidents de Cours fouveraines. Qu'il n'y euft affez, voire trop de preuves pour le declarer atteint & convaincu du crime, dont il eftoit prevenu, il n'en faut faire doute : homme qui confeffoit avoir eu autrefois en opinion de tuer le Roy avant fa converfion, & néantmoins depuis icelle avoit mis en deliberation à Lyon avec quatre Moines, s'il le pourroit juftement tuer. Tefmoin de marque, qui difoit avoir beu avec luy, comme il eftoit en ce propos de venir en cour pour cet effect, qui l'avoit figuré au Roy de toutes les particularitez, par lefquelles il fut recognu : homme qui jugé par fa confcience, dès fa premiere defmarche de la prifon, avoit pour toute viande demandé de la poifon ; trouvé faifi d'un coufteau du calibre tel que deffus : homme di-je, qui recognoifloit avoir tenu rang à la Ligue, laquelle il avoit volontairement quitté, pour venir feulement trouver maiftre en cour. Auffi par Arreft du trente & unieme d'Aouft, fut-il condamné d'eftre trainé fur un tombereau, & tenaillé de fers chauts par les rues : ce fait mené au grand Marché de la Ville, pour illec avoir le poing droit bruflé tenant le coufteau, & pofé fur un efchaffaut, avoir les bras, jambes & cuiffes rompues, par l'Executeur de la Haute-Juftice, & après fa mort, fon corps eftre converti en cendres, puis jettées dedans la riviere : & feroit fa maifon rafée, & tous fes biens acquits & confifquez au Roy ; & qu'avant l'execution, il feroit appliqué à la queftion, tant ordinaire, qu'extraordinaire, pour

fçavoir par fa bouche ceux qui l'avoient induit à cette malheureufe entreprife.

Jufques-là vous ne voyez rien en ce prifonnier, qui charge les Jefuites de Paris, ni pareillement qu'il fuft efperdu de fon efprit, comme Montagne la voulu pleuvir ; ains un homme avifé, qui pare au coups de toutes manieres qu'il peut ; duquel les Juges tirerent par quattre divers interrogatoires, ce qu'ils peurent de la verité. L'Arreft luy ayant efté le mefme jour prononcé, l'on commet deux de fes Juges, & Lugoli pour luy voir bailler la queftion & l'interroger. Ce malheureux y eftant appliqué, les fupplie de n'eftre tiré, & qu'il diroit tout au long ce qui eftoit de la verité. A doncques, il confeffa toutes les particularitez de Lyon, telles que Brancaleon avoit deduites au Roy. Et recognut qu'eftant en icelle Ville, il parla à quatre Moines, uns Carmes, Jacobins, Capuchin & Jefuite, avec lefquels il avoit complotté de faire ce meurdre, & eftoit party le lendemain de l'Affomption Noftre-Dame, en ce propos : Et arrivé dans Paris, s'eftoit logé en la rue de la Huchette, où il demanda, qui eftoit des gens d'Eglife le plus zelé au parti : lequel luy ayant nommé le Curé de Sainct André-des-Arts, il l'alla auffi-toft vifiter, & luy defcouvrit fa deliberation, que le Curé trouva fort bonne, & le fit boire, luy difant, qu'il gagneroit grande gloire & Paradis. Mais que le meilleur feroit avant que de paffer plus outre, qu'il veift le Recteur des Jefuites, duquel il pourroit prendre plus certaine refolution : que l'eftant allé voir, il entendit de luy qu'il n'y avoit que trois femaines qu'il eftoit Recteur, luy difant avec plufieurs belles parolles, que la refolution par luy prife eftoit très-faincte, & qu'il falloit avoir bon courage, & eftre

constant,

conſtant, ſe confeſſer & faire ſes paſques. Dèſlors il le mena en ſa chambre,
& luy bailla ſa benediction. Le jour en-
ſuivant, il fut confeſſé par un autre Jeſuite, auquel il ne ſe deſcouvrit par ſa
confeſſion, & en aprés receut le *Corpus
Domini*, au College des Jeſuites ; & en
parla auſſi à un autre Jeſuite, Predicateur de Paris, qui preſchoit ſouvent
mal du Roy, lequel trouva ſon conſeil
trés-ſainct & trés-meritoire : à la ſuite
de cela il achepta le couſteau repreſenté à Juſtice, auquel il avoit fait faire la
poincte telle qu'on voyoit ; & lors partit de Paris & s'en alla à S. Denis, où
eſtoit le Roy, en ferme reſolution de
le tuer dedans l'Egliſe ; mais le voyant
ouir la Meſſe devotement, il en avoit
eſté empeſché, comme s'il euſt eu les
bras perclus, & impotent de ſes membres. De-là il ſuivit au Fort de Gournay,
puis à Brie-comte-Robert, où aprés avoir
eſté confeſſé & communié, le Roy paſſant, luy eſchappa, pendant qu'il vouloit tirer ſon couſteau de ſes chauſſes :
juſques à ce que pour fin de compte, il
eſtoit arrivé à Melun, où il avoit eſté
pris. Et comme ſes Juges luy remontraſ-
ſent, que c'eſtoit trés-mal fait à luy de
recevoir le S. Sacrement de l'Autel par
deux fois, ayant cette malheureuſe intention dans ſon ame, & s'il ne ſçavoit
pas que cela ne pouvoit eſtre qu'à ſa
damnation ; il s'eſcria qu'il eſtoit doncques bien malheureux, & rendoit graces à Dieu, qu'il l'avoit deſtourné d'un
ſi mauvais coup. Ses confeſſions luy furent leuës, èſquelles il perſiſta : confeſſions vous puis-je dire, qu'il fit ſans recevoir un ſeul traict de corde. De-là
traîné au ſupplice, comme il eſtoit ſur
l'eſchafaux, Lugoli le ſomme de dire
la verité, & qu'il ſe donnaſt bien garde

de charger perſonne à tort : à quoy il
reſpondit, que tout ce qu'il avoit dit
en la chambre de la queſtion eſtoit veritable, dont il demandoit pardon à
Dieu, au Roy & à Juſtice. Ce fait ayant
eu le poing dextre ars & bruſlé, & en
après les bras, cuiſſes & jambes briſez,
il eſt mis ſur la roue. L'intention des
Juges eſtoit de l'y laiſſer languir, juſques à ce qu'il euſt indiqué ſes complices. Là derechef interrogé, s'il vouloit dire quelque choſe pour la deſchar-
ge de ſa conſcience, il fit reſponſe que
tout ce qu'il avoit confeſſé contenoit
verité ; & qu'il y avoit deux Preſtres
noiraux, qui eſtoient partis de Lyon
pour le meſme effect ; mais qu'il les
avoit voulu devancer pour en rapporter
l'honneur : ſuppliant humblement ſes
Juges, ne vouloir permettre que ſon
ame fuſt perdue, par un deſeſpoir avec
ſon corps. Sur cette parolle, Lugoli le
fit eſtrangler par le commandement des
autres Juges, & le lendemain ſon corps
converty en cendres, & les cendres jettées dans la riviere. Depuis l'execution
ainſi faite, qui fut le Mardy 31. d'Aouſt,
nouvelles furent apportées par quelques
Citoyens de Melun (car les paſſages eſtoient libres d'une part, & d'autre par
le moyen de la treſve) qu'ils avoient
ouy le Dimanche precedant preſcher
dans Paris Commolet Jeſuite, & que
ſur la fin de ſon ſermon, il avoit prié
toute l'aſſiſtance de patienter : car vous
verrez (dit-il) un miracle trés-exprés
de Dieu dedans peu de jours, vous le
verrez, voire le tenez pour jà advenu.
Cette parolle proferée haut & clair, en
la preſence d'une infinité de teſmoins,
rendit les Juges trés-aſſeurez, que
tout ce qu'avoit dit Barriere eſtoit
veritable.

T

Le

Le contenu cy - deſſus , a eſté pris du Paris par Jean le Clerc , ruë S Jean-
portraiſt de la Pyramide , imprimé à de-Latran , à la Salemandre.

1601.

Avec Privilege du Roy.

HISTOIRE ABREGÉE
DU
PROCÉS CRIMINEL
DE
JEHAN CHASTEL,
AVEC

l'Arreſt donné contre luy & contre les Jeſuiſtes ;

OÙ SE TROUVE
L'ERECTION DE LA PYRAMIDE

devant la grande porte du Palais , à Paris ;

ET SA DEMOLITION.

Tiré du N°. 9033. des Manuſcrits de Bethune , dans la Bibliotheque du Roy.

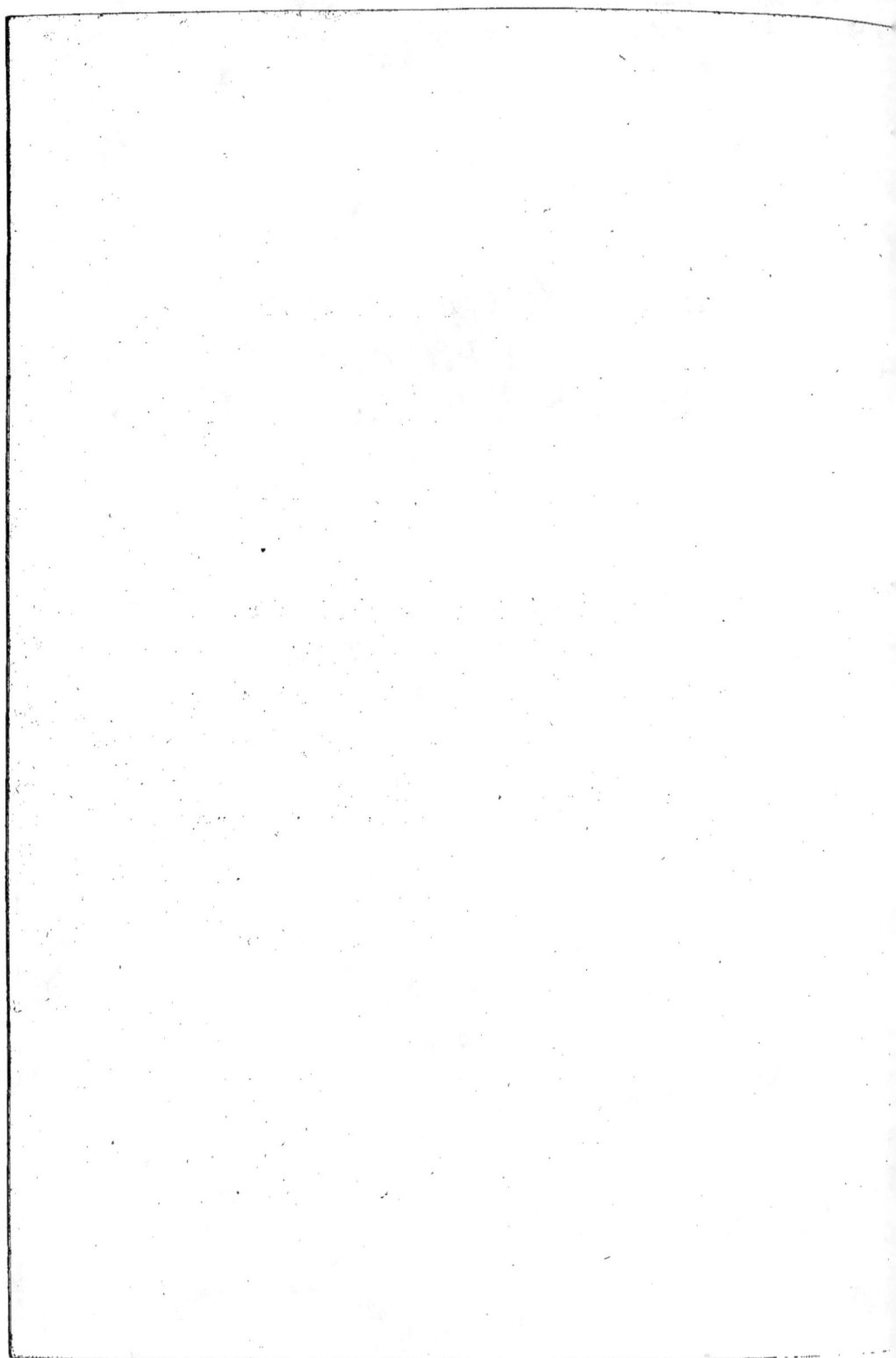

HISTOIRE ABREGÉE
DU
PROCÉS CRIMINEL
DE
JEHAN CHASTEL.

APRE'S l'Assemblée des Etats generaux du Royaume, tenue en la Ville de Blois, en l'année mil cinq cent quatre-vingt-huict, convoquez par Ordonnance du Roy, Henry de Vallois, troisieme du nom, où le Sieur Duc de Guise, & son frere le Cardinal furent massacrez ; le même Roy s'estant reconcilié avec le Roy de Navarre son beau frere, se rendit au Bourg de Saint Cloud, près la Ville de Paris, où il avoit une armée de quarante-cinq mille hommes sur pied ; il y fut frappé le premier jour d'Aoust, mil cinq cent quatre-vingt-neuf, d'un coup de couteau dans le petit ventre, par un jeune Moine Jacobin, nommé Jacques Clement, natif du Village de Sorbonne, Diocese de Sens ; duquel coup ledit Seigneur Roy mourut le lendemain deuxieme du mois, à trois heures après midi. Sa mort, qui appelloit à la Couronne le Roy de Navarre Henry quatrieme, comme plus habille à succeder, & plus proche du Sang, & de la naissance royalle, non-seulement fut causé de la continuation des troubles qui depuis long-temps estoient en France; mais il y alluma avec encore plus de violence le feu de la guerre, par le moyen de la Ligue déja formée, & qui se repandit dans tout le Royaume ; Villes, Chasteaux, Bourgs & Villages, presque personne n'en fut exempt. Les Ligueurs estoient assistez & favorisez par le Roy d'Espagne, & d'autres Princes Catholiques, qui appuyoient la Maison de Guise contre le Roy de Navarre, & luy disputoient la Couronne, parce qu'il faisoit profession de la Religion pretendué reformée, laquelle sembloit l'exclure de cette succession, jusqu'à ce qu'il en eut fait abjuration, en embrassant & faisant profession de la Religion Catholique, Apostolique & Romaine, qui étoit celle des Rois ses Predecesseurs. Ce grand Prince malgré ses pretensions, se vit obligé avec le secours de ses amis de lever une puissante armée, pour s'opposer à celle d'Espagne,

T 3

pagne, qui traverſoit ſes juſtes deſſeins, & pour reduire ſes ſujets à l'obéiſſance qu'ils luy devoient, comme à leur Roy legitime ; en telle ſorte que ces troubles de la ligue & violence de la guerre, ayant duré en France pluſieurs années, & ledit Seigneur Roi ayant livré, & donné pluſieurs batailles à ſes ennemis, qu'il gagna preſque toutes, & notament celle d'Yvry, le 14. jour de Mars mil cinq cens quatre-vingt-dix ; qui eſt la plus celebre dans l'hiſtoire : après quoy, il reduiſit pluſieurs Villes ſous ſon obéiſſance : il écarta, il éloigna même du Royaume quantité de ſes ennemis, après en avoir fait perir, & deffait la plus grande partie ; enfin il ſe reſolut de mettre le ſiege devant la Ville de Paris, comme la Capitale & la clef du Royaume, où étoit le centre de la Ligue, plus opiniatrement établie qu'en nul autre lieu ; où commandoit le Duc de Mayenne, qui en étoit l'ame & qui pretendoit à la Couronne, quoyqu'il ne fût ny du ſang, ny de la ligne royale ; mais ſeulement ſous le pretexte de la Religion, que le Roy en étoit exclu par la Religion qu'il profeſſoit.

Le Roy dans le ſiege qu'il avoit mis à la Ville de Paris, en reduiſit les habitans à la plus extrême neceſſité, & periſſoient journellement par la plus affreuſe famine, après en avoir mangé, & devoré juſqu'aux animaux les plus immondes ; il ſe tint une conference entre le Roy en ſon Conſeil, qui eſtoit compoſée de perſonnes de ſa Religion, avec le Sieur Langlois, lors Prevoſt des Marchands, & les Echevins de ladite Ville de Paris ; où ayant été repreſenté la grande importance de l'affaire, & que ſi Sa Majeſté vouloit aller à la Meſſe, on le rendroit en peu de temps paiſible poſſeſſeur de la Ville, qu'il recevroit ſans diſpute toute ſortes de contentemens, & de ſatisfactions avec l'applaudiſſement general, & qu'à l'exemple de Paris toutes les autres Villes de la France ſe reduiroient ſous ſon obéiſſance ; qu'il jouiroit d'une douceur, & tranquillité de vie le reſte de ſes jours, après tant de grands travaux. Que par l'opiniâtreté des Villes & des peuples, il pouroit voir conſommer le reſte de ſes jours dans la guerre, & qu'après en avoir conquis quelques-unes par la violence, & la force des armes, il ne ſeroit jamais aſſuré de l'amitié de ſes ſujets, qui auroient toujours dans l'ame un levain de haine & d'inimitié contre luy, à cauſe de ſa diverſité de Religion, & qu'il ne pouroit jamais croire ſa perſonne en ſeureté dans le Royaume, & ſeroit obligé de ſe defier même de ceux qui ſeroient plus proches de ſa perſonne ; au lieu que ſe rendant Catholique, & ſa clemence pardonnant à ſes peuples, puiſque tout ce qu'ils font n'étant pour aucune mauvaiſe volonté, qu'ils ayent pour Sa Majeſté, mais à cauſe de la conſcience ; il verroit de grandes acclamations de joye, & de benedictions jour & nuit par tout ſes ſujets, deſquels il recevroit tous les honneurs, les reſpects, les obéiſſances, la fidelité, & les plus grandes marques d'affection, qu'un Prince peut attendre de ſes ſujets, parce que les exemples en ſont formels, qu'il n'y a point de peuple plus ſoumis, & qui ayent plus de tendreſſe & d'amitié pour leur Roy, que les François, & principallement ceux de Paris, dont la Ville a été honorée par les anciens Rois du nom de leur bonne Ville de Paris. Dès que le Roy eut entendu ces paroles, & qu'il eut fait quelques reflexions ſur l'importance de ce conſeil ; il forma ſa reſolution, nonobſtant les perſuaſions des Religionaires qui eſtoient auprès de luy, qui luy repreſentoient, que
c'eſtoit

c'estoit une foiblesse à un Prince de flechir par les paroles de ses sujets rebelles,
lesquels meritoient des châtimens plustost que le pardon, qu'ils ne voyoient
à des soumissions que par la necessité,
& la grande famine qui les faisoit perir,
& les reduisoit à se soumettre ; cependant qu'ils avoient encore la temerité
d'imposer des loix & des conditions à
leur Prince, que rien n'estoit plus re-
prehensible à des sujets, qui sont obligez de recevoir eux-mêmes la loy de
leur Souverain, & non pas traitter avec
luy, pour le reduire à suivre les conditions qu'il leur plaist, & qui sont contraires à son salut & à sa volonté, que
ses armes & ses forces, avec l'assistance
de ses alliez & bons amis, sont assez
puissantes pour reduire ses sujets à leurs
devoirs, & les chastier de leur temerité, & même de détruire & annéantir
tous les secours estrangers de ses ennemis, & ceux des anciens ennemis jurez
de la France, dont ils se servent pour
s'opposer aux volontez & aux justes
pretentions de Sa Majesté ; c'est pourquoy, il ne devroit point incliner à
leurs propositions, ny escouter leurs
captieuses adulations pour donner atteinte à sa gloire, faire bresche à sa reputation, & ternir l'esclat de ses armes ;
Sa Majesté estant sage, prudent & très-
circonspect, ayant meurement consideré tout ce qu'on luy avoit dit de part &
d'autre, dit hautement qu'il vouloit terminer cette affaire, que le Royaume
valloit bien une Messe, & qu'il vouloit aller à l'Eglise, & se faire Catholique.

Les Prevost des Marchands & Echevins, voyant la resolution du Roy, dis-
poserent les Colonnels & Capitaines de
Paris, avec les plus affectionnez au service de Sa Majesté, chacun en droit
soy, pour retenir le peuple dans le respect & le devoir, & d'empescher qu'il
n'y eut aucune esmotion populaire dans
la Ville, lorsque l'on sauroit que le Roy
y seroit entré ; ils en donnerent même
avis au Sieur de Gondy, Evesque de
Paris, afin qu'il se disposât avec son
Clergé, pour recevoir Sa Majesté en l'E-
glise, où il devoit se rendre le lendemain, aussitost qu'il seroit entré dans la
Ville : les Prevost des Marchands & Eschevins firent donc prier le Roy de venir dans Paris, où ils l'introduisirent
pendant la nuit, que tout estoit tranquille, & y entra vers les trois heures
du matin avec son armée, par la Porte-
neuve auprès du Louvre, appellée depuis la Porte de la Conference, le vingt-
deuxieme jour de Mars, mil cinq cens
quatre-vingt-quatorze ; il est à remarquer que le Roy entra, & sortit jusques
à trois fois de la Ville, quoique les Prevost des Marchands & Eschevins fussent
avec, & luy donnassent toutes sortes
d'assurance, qu'il n'y auroit aucune esmotion populaire ; par la crainte qu'il
avoit que le peuple estant eschauffé, les
Prevost des Marchands & Eschevins,
n'en fussent pas les maistres, & que son
armée n'y fut taillée en piéce ; néantmoins par leurs persuasions & leurs promesses, que tout resteroit en repos, lorsqu'on le verroit aller à l'Eglise ; enfin
ils l'introduisirent dans le Louvre, où
furent establis les sentinelles ordinaires,
& aux coins des principales rues furent
mis des corps-de-gardes, si bien qu'au
point du jour, il se leva un bruit sourd
par toute la Ville, que le Bearnois estoit
dans Paris (c'est ainsi qu'on appelloit
le Roy durant la guerre de la Ligue) &
sur les sept à huit heures du matin, diverses personnes armées alloient par les
rues, disant à ceux qu'ils rencontroient
avec des paroles douces & affables, que
l'on criast Vive-le-Roy, qu'il estoit
dans

dans Paris, & s'en alloit à la Messe dans l'Eglise de Nostre-Dame ; incontinent on entendit les grosses cloches de cette Eglise, qui confirmoient cette verité ; & de fait, sur les neuf à dix heures du matin, l'on vist le Roy avec toute sa cour à cheval fort pompeusement vestu, sortir du Louvre accompagné des Prevost des Marchands & Eschevins, & des Colonnels & principaux Capitaines de la Ville, qui le conduisirent à l'Eglise de Nostre-Dame, où il estoit encore suivy de cinq à six cens hommes, tant à pied qu'à cheval, armés de toutes pieces, traînant leurs piques & armes, en signe de victoire volontaire ; & Sa Majesté ayant la cuirasse sur le dos, après s'estre fait maistre & assuré du Château du Louvre, du Palais, de l'Hôtel-de-Ville, des grand & petit Châtelet, & autres places importantes, & s'estant assuré du Duc de Feria, & des garnisons estrangeres, qui estoient en partie Espagnols, naturels Italiens, Napolitains, Walons & Lansqueners, ausquels il offrit sauf conduit, qui fut par eux accepté ; & en cet esquipage il arriva dans ladite Eglise de N. Dame, où il mit pied à terre ; & à son entrée à l'Eglise, il fut reçû par un des Archidiacre ; lequel accompagné de quelques Ecclesiastiques, pour l'absence de l'Evesque, du Doyen & du Chantre, vint au-devant de Sa Majesté, & se prosterna en terre, & tenant un Crucifix à la main, parla au Roy en cette sorte.

SIRE :

Vous devez bien louer & remercier Dieu, de ce que vous ayant fait naistre de la plus excellente race des Roys de la terre, vous ayant conservé l'honneur, il vous rend enfin vostre bien ; vous devez donc en cette action de grace avoir soin de vostre peuple à l'imitation de Jesus-Christ, duquel vous voyez icy l'image & portrait, comme il a eu du sien, afin que par le soin que prendrez de luy en le soulageant & deffendant, vous l'obligiez d'autant plus à prier Dieu pour vostre prosperité & santé, & que vous rendant bon Roy, vous puissiez avoir un bon peuple ; ausquels propos Sa Majesté respondit en ces termes, ou semblables :

Je rends graces & loue Dieu infiniment des biens qu'il me fait, dont je me ressent comme indigne, les reconnoissant en si grande abondance, que je ne sçay veritablement comme je l'en pourray assez remercier ; mais principalement depuis ma conversion à la Religion Catholique, Apostolique & Romaine ; & profession que j'en ay faite, en laquelle je proteste moyennant son ayde, de vivre & mourir ; quant à la deffence de mon peuple, j'y employerez toujours jusqu'à la derniere goute de mon sang, & dernier soupir de ma vie ; quant à son soulagement, j'y feray tout mon pouvoir & en toutes sortes, dont j'appelle Dieu & la Sainte Vierge sa mere à témoins.

Après ces paroles dites, le Roy baisa la Croix & entra dans le chœur, & s'achemina jusques devant le grand Autel, où s'estant mis à genoux sur un oreiller, & pulpitre couvert d'un tapis dressé exprès pour cet effet, & par l'un de ses Aumoniers ordinaires nommé Bernage, Chanoine de Paris, il fit le signe de la Croix, & reitera ses prieres, puis il fut dit une Messe, par un des Chapellains ordinaires de sa Chapelle, qu'il ouit avec grande attention ; pendant que l'on chantoit le *Te Deum laudamus*, avec la musique & des voix & les orgues, quelqu'un qui y estoit, & qui regardoit attentivement tout ce qui se passoit,

paſſoit, rapporte ce petit conte que je donne pour ce qu'il eſt, que lorſque le Roy ſe fut mis à genoux, fut veu à ſon coſté un jeune enfant de l'aage de ſix ans, ou environ, beau en perfection,& proprement habillé, qui empeſchoit ceux qui arrivoient de momens à autres, pour donner avis à Sa Majeſté de ce qui ſe faiſoit en la Ville, & pour mieux approcher, ils le vouloient faire ſortir, ou reculer; mais un des plus curieux dit aſſez hault: laiſſez cet enfant, c'eſt un bon Ange, qui conduit & aſſiſte noſtre Roy; ce qui eſtant entendu par Sa Majeſté, elle prit de ſa main le bras de l'enfant; & comme les Seigneurs & Gentilhommes eſſayoient de le faire lever, elle le retint quelque eſpace de temps & l'empeſcha de ſortir, juſqu'à ce que volontairement il ſe retira ſans qu'on s'apperçut de ce qu'il devint; & diſparut viſiblement devant tous les ſpectateurs, qui en demeurerent eſtonnez.

Et comme le Roy eſtoit dans l'Egliſe de Noſtre-Dame, le Sieur de Briſſac & le Prevoſt des Marchands & Eſchevins, accompagnez de Heraults ayant leurs toques, & Cottes-d'armes alloient en divers quartiers de la Ville, de rue en rue par toute la Ville diſant, & annonceant au peuple à haute voix grace & pardon, faiſoient prendre des eſcharpes blanches, & ſemoient partout des billets imprimés à Saint Denis, contenant en bref, l'abolition & remiſe de toutes les inſolences paſſées, & telle eſtoit la forme de ces billets.

DE PAR LE ROY.

SA MAJESTE' deſirant reunir tous ſes ſujets & les faire vivre en bonne amitié & concorde, nottament les bourgeois & habitans de ſa bonne Ville de Paris, veut & entend que toutes choſes paſſées, & advenues depuis & durant les troubles ſoient oubliées, deffend à tous ſes Procureurs Generaux, leurs Subſtituts & autres Officiers, d'en faire aucune recherche, à l'encontre de quelque perſonne que ce ſoit, meſme de ceux que l'on appelle vulgairement les Seizes, ſelon que plus à plain eſt declaré par les articles accordez à ladite Ville, promettant ſadite Majeſté, en foy & parolle de Roy, de vivre & de mourir en la Religion Catholique, Apoſtolique & Romaine, & de conſerver tous ſeſdits ſujets & bourgeois de ladite Ville, en leurs biens, privileges, eſtats, dignitez, Offices & Benefices: Donné à Senlis, le vingtieme jours de Mars, l'an de grace mil cinq cent quatre-vingt-quatorze, & de noſtre regne le cinquieme. Signe, Henry, & plus bas: Par le Roy. Ruzé.

La publication de la volonté de Sa Majeſté, fit que le peuple, qui auparavant eſtoit eſtonné, changea cet eſtonnement en joye & aſſurances, & vint en ſi grande affluance au lieu où eſtoit le Roy, que l'Egliſe de Noſtre-Dame, ny le Parvis, ny les rues qui y abordent n'eſtoient pas aſſez grandes, ny capables de les contenir ſeſt; & la voix des Chantres ne pouvoit eſtre entendue, tant le bruit eſtoit grand, qui procedoit des cris d'allegreſſe qu'ils faiſoient, on n'oyoit partout retentir que Vive le Roy, comme s'il fut venu en cette Egliſe dans une paix aſſurée.

De l'Egliſe Sa Majeſté eſtant remontée a cheval, retourna en ſon Château du Louvre, en meſme ordre qu'elle y eſtoit venue: les meſmes cris de rejouiſſances furent ouis par toutes les rues, où elle paſſoit, toutes les boutiques & feneſtres eſtant remplies de perſonnes de

V

de tout fexe, de tout âge & de toutes qualitez ; on ne voyoit que des fignes d'allegreffe ; on n'oyoit que des acclamations de fincere & de naive bienveillance, l'amertume du defdaigneux & farouche commandement de l'eftranger, faifoit favourer aux Parifiens la douceur de la paternelle Seigneurie de fon Roy ; ainfy ce peuple n'agueres fi contraire, & fi plain de cruauté, reduit à telle mifere, que de n'ofer gemir fous fes malheurs : devint tout à coup extrêmement joieux de fe voir en eftat de jouir de fon ancienne liberté : il ne fçavoit par quel applaudiffement reconnoiftre la bienveillance de fon Roy pacifique, qui par une clemence inouye, lavant les tâches des crimes dont fa Capitale s'eftoit indignement fouillée, en rendit les habitans d'efclaves citoyens libres & heureux ; leur fit recouvrer leurs femmes, enfans, bien, honneur, Magiftrats & liberté ; & donna la paix à ceux, qui quelque temps auparavant, regardoient comme un crime de demander feulement du pain, & pour cas digne de mort de demander la paix ; pour toute conclufion, en moins de deux heures toute la Ville fut paifible, chacun reprit fon exercice ordinaire, les boutiques furent ouvertes, comme s'il n'eftoit arrivé aucun changement, & le peuple fe mefla fans vanité & avec toute privauté parmy les gens de guerre, fans recevoir d'eux, ny en leurs perfonnes, biens & familles aucune perte, ny defplaifir ; à quoy Sa Majefté avoit bien pourveu, ayant pris peu auparavant fon entrée, le ferment des Capitaines de chaque Compagnie, de ne faire ny fouffrir eftre fait aucune infolence, ny outrage à quelque citoyen que ce fut, hormis à ceux qui fe rendroient opiniâtres & feroient de la refiftance, ferment, qui fut exactement obfervé, &

cette parfaite obéiffance tefmoignoit combien on refpectoit l'autorité de celuy qui les commandoit.

A cette folemnelle action de grace fe trouverent plufieurs Ecclefiaftiques & Theologiens feculiers & religieux, & autres de l'Univerfité, qui furent enfuite pendant plus d'un mois tefmoins oculaires & irreprochables de la continuation, & de la perfeverance du Roy en la Religion Catholique : ils prirent mefme garde, aux actes particuliers de devotion, que fit Sa Majefté toute la Semaine-Sainte & aux Feftes de Pafques, qu'elle toucha fix à fept cent malades des efcrouelles, dont la plus grande part fut gueri ; de forte que ceux de l'Univerfité & de la Sorbonne de leur propre mouvement & franche affection, vinrent en corps peu de temps après fe proſterner aux pieds du Roy, & luy faire ferment de fidelité, le reconnoiffant pour leur vray & unique Prince naturel, & le fupplier avec humilité d'eftendre fur eux fa benignité, comme à fes obéiffans ferviteurs & loyaux fujets, & d'autant que quelques-uns très-mal inftruits & prevenus de finiftres opinions, avoient malicieufement femé plufieurs fcrupuls és efprits des hommes fimples, pretendant que ce n'eftoit point affez que le Roy eut fait profeffion de la vraye Religion ; mais qu'il devoit eftre admis par Noftre Saint Pere le Pape, & reconnu par luy comme fils aifné de l'Eglife, avant que fes fujets fuffent tenus de luy prefter une entiere obéiffance ; ils firent le vingt & unieme jour d'Avril en fuivant, un Decret authentique en l'affemblée & congregation generale de tous les membres & fuppôts de l'Univerfité, par lequel ils donnerent refolution certaine, que toute obéiffance devoit eftre renduë indifferemment au Roy par fes fujets, sujets, tant seculiers que Ecclesiastiques & Reguliers, comme à leur vray & legitime Prince & Seigneur naturel, & mesme qu'ils devoient faire prieres & oraisons publiques pour luy : quoique les ennemis de l'Etat, & certains factieux empeschassent qu'il fût reçu & reconnu par le Saint Pere & le Siege de Rome, attendu qu'il avoit envoyé des Ambassadeurs vers Sa Sainteté, pour luy faire de sa part toutes les soumissions dues & necessaires ; & qu'à cet esgard il avoit fait tout ce qui estoit en luy, & pour plus grand approbation de cette resolution conforme à l'expresse parolle de Dieu ; elle fut par chacun d'eux confirmée par serment solemnel, presté sur les Saints Evangiles.

Il est bon de remarquer, que les garnisons estrangeres, qui estoient dans Paris, ne donnerent aucun empeschement à l'entrée du Roy, mais cederent à son bonheur ; car quelques-unes des Espagnols, qui estoient près de la Porte Saint Denis se retirerent en leurs corps de garde, les autres avec les Napolitains & Wallons, demeurerent dans leurs logis sans paroistre dans les rues ; ils feignirent neanmoins quelque peu de temps de vouloir tenir fort, n'osant se promettre de la bonté & clemence du Roy, qui leur fit grace ; mais Sa Majesté ayant fait demander au Duc de Feria, le Capitaine de Saint Quentin, Colonnel des Wallons, qu'il tenoit prisonnier en sa maison depuis sept jours, sur quelques avertissemens receus des Pays-bas, qu'il se vouloit rendre du costé du Roy ; il luy envoya incontinent, sans en faire aucune difficulté ; ce qui fut cause que Sa Majesté octroya un sauf-conduit au Duc de Feria, à Dom Diego d'Ibarra, Ambassadeur, & aux garnisons qui estoyent en la Ville

de la part du Roy d'Espagne, pourveu qu'ils ne s'en rendissent point indignes, ce qui fut promptement par eux accepté ; & il leur fut permis de sortir le mesme jour, le tambour battant, les enseignes desployées, les armes sur l'espaule & la mesche esteinte, & d'emporter leurs bagages ; qui estoit grand & precieux ; de sorte qu'ayant esprouvé une si grande bonté du Roy, s'estant remis à sa mercy & discretion ; il leur estoit difficile de dire, s'ils avoient plus redouté sa vertu en bataille rangée, ou si estant ainsi vaincus, ils devoient plus louer & aimer sa douceur.

Quant aux Cardinaux de plaisance & de Pellevé, Archevesque de Sens, & aux Dames de Nemours & de Montpensier ; aussitost que le Sieur de Saint Luc eut rangé en bataille les forces dans tous les endroits necessaires de la Ville ; il alla les trouver de la part de Sa Majesté ; & en son nom, les assura de toute faveur, qui ne leur seroit fait aucune disgrace ny desplaisir, & qu'ils pouvoient demeurer en leurs maisons, pour la conservation desquelles leur fut baillé des Archers des Gardes du Roy, plustost pour leur contentement & asseurance, que pour aucun besoin, qu'il y en eut ; car c'estoit une chose estonnante de voir que les soldats estoient par les rues, les portes des maisons ouvertes, sans toutesfois qu'ils y entrassent, quoique quelques-uns en fussent instament requis par les habitans, qui ne ressentirent aucun dommage, si ce n'est un Procureur de la Cour, nommé Filleteau, qui se jettant à corps perdu entre les armes de ceux qui s'estoient saisis du Palais & des environs, & resistant avec opiniastreté, se precipita à la mort temerairement & malheureusement.

Incontinent après que le Roy eut
disné

difné au Chafteau du Louvre , il monta
à cheval ayant quitté la cuiraffe, & vint
à la Porte Saint Denis , pour voir fortir
les garnifons, où il fe miſt à une feneſtre
qui eſt au-deſſus de la porte , de laquelle il voyoit de front dans la grande rue
Saint Denis , & bientoſt après commencerent à paſſer les Compagnies des Napolitains , au milieu defquelles eſtoient
celles des Efpagnols , qui enfermoient
le Duc de Feria , l'Ambaſſadeur Dom
Diego d'Ibara , & leurs pagadour * Ta-
xis , montez fur doubles genets d'Efpagne avec le bagage ; & derriere tout
cela marchoient les Compagnies des
Wallons , & fortirent en cet ordre de la
Ville à la vue de Sa Majeſté , qui falua
courtoifement tous les Chefs des Compagnies , felon le rang qu'ils tenoient ,
mefmes le Duc & Ambaſſadeur & Pagadour , aufquels le Roy dit ces mots :
*Recommandez-moy à voſtre Maiſtre, mais
n'y revenez plus ;* ce qui donna occaſion
de fourire aux Seigneurs & au Gentilhommes , & aux Archers des Gardes ,
qui y eſtoient prefens armez de pied en
cap , tenant la pique à la main ; les foldats marchoient quatre à quatre ; &
lorfqu'ils eſtoient au-devant la feneſtre
où eſtoit Sa Majeſté , avertis de fa prefence , ils levoient les yeux en haut vers
elle tenant leurs chapeaux à la main, &
puis les teſtes baiſſées profondément , ils
s'inclinoient , & faifoient de très-humbles reverences , fortoient de la Ville ;
& lors de leur fortie il tomboit une
telle pluye , qu'il fembloit qu'elle fut
envoyé du Ciel pour montrer fon couroux contre eux , & pour empefcher
qu'aucun d'eux , quand il eut voulu ne
puſt mal faire au Roy , qui les regardoit paſſer attentivement.

Suivant le commandement & l'ordre
donné par le Roy , les Sieurs de S. Luc,
& Baron de Salignac les allerent con-

C'eſt-à-di-
re , leur Tré-
forier.

duire jufques au Bourget,& de-là ils furent efcortez jufques à Guife , vers la
frontiere de Picardie & des Pays-bas ,
après avoir promis volontairement en
reconnoiſſance de la grace, qui leur eftoit faite de ne porter jamais les armes
en France contre le fervice de Sa Majeſté ; laquelle retint le Capitaine Saint
Quentin, Colonnel des Wallons , &
fon frere pour s'en fervir avec quelques
Wallons , & Napolitains , qui avoient
quitté les troupes & revenus à Paris ,
dont fut faite une Compagnie ; on dit
que le Colonnel des Napolitains nommé le Capitaine Alexandre , qui eſtoit
brave & plain de valleur , fit tant pour
luy que pour fes foldats , offre de fon
fervice au Roi, qui l'en remercia, & luy
dit qu'ils eſtoient anciens François du
Royaume de Naples , qu'il efperoit les
y revoir quelque jour , & que là ils
pouroient luy faire fervice dans quelque bonne action.

Alors le Sieur Buſſi le Clerc , qui n'eftoit pas compris dans cette reddition ,
ne voulut pas rendre la Baſtille dont il
avoit eſté Gouverneur pour le Duc de
Mayenne ; mais la nuit d'entre le vingt
& un , & vingt-deuxieme de Mars ,
lorfqu'on ouvroit les portes neuves S.
Honnoré & Saint Denis à Sa Majeſté ;
il fit fortir de fes foldats , qui furent aux
maifons voifines & aux Moulins-à-vent
des ramparts prochains , & s'eſtants fai-
zis des farines qui y eſtoient , & de
quelque quantité de vin , il refolut de
ne point quitter la place , & de tenir
bon ; & de fait , il commença a faire tirer quelques coups de canon du long de
la rue Saint Anthoine , dont il bleſſa
pluſieurs perfonnes , & tint en cette
forte jufques au Samedy en fuivant ;
que fe fentant foible , & auſſi redoutant
la valleur & le bonheur du Roy ; il confentit de fortir le lendemain luy à cheval ,

val, & ses soldats avec leurs armes, & qu'ils seroient conduits jusqu'à la premiere Ville, tenant le party de la ligue en toute seureté; ce qui fut executé le Dimanche vingt-septieme jour de Mars 1594, & le mesme jour & à pareilles conditions, fut rendu le Château du Bois de Vincennes à l'obéissance du Roy, par le Capitaine Beaulieu, qui en estoit Gouverneur.

Et dès le lendemain de cette reduction, le Roy remit en son Gouvernement de Paris & de l'Isle de France le Sieur d'O, que la revolte generalle en avoit dépossedé dès l'année mil cinq cens quatre-vingt & huit, & le commist pour aller à la maison de Ville, recevoir le serment de fidelité des Officiers d'icelle, en presence du Sieur Myron, pour lors Conseiller du Roy en son Conseil d'Estat, Maistre des Requestes ordinaires de son Hostel, President au Grand Conseil, Intendant de la Justice & police, és armées du Roy, Lieutenant Civil, & Prevost des Marchands à Paris, qui fut député pour assister à la prestation de serment desdits Officiers.

Ensuite de ce, & le Lundy vingt-huitieme jour dudit mois de Mars, le Sieur Comte de Chiverny, Chancelier de France, estant accompagné de quelques Officiers de la Couronne, & Pairs de France, Conseillers du Conseil d'Estat, & Maistres des Requestes, vint au Pallais dans le Parlement, & y fit lire l'Edit & Declaration du Roy sur la reduction de sa Ville de Paris, & les Lettres de retablissement de ladite Cour de Parlement, ce requerant Anthoine Loysel & Pierre Pithou, anciens & celebres Avocats de la Cour, lesquels exercerent en cette séance les Charges d'Avocat & Procureurs Generaux, comme ils avoient fait auparavant, en l'année mil cinq cens

quatre-vingt-deux, en la Chambre de Justice, qui fut envoyée en Guyenne; & après ce retablissement, tous les Presidents Conseillers Officiers, Avocats & Procureurs de la Cour, presterent le serment de fidelité au Roy, entre les mains du Chancelier; ce qui fut aussi fait le mesme jour aux autres Compagnies souveraines de Paris, sçavoir en la Chambre des Comptes, en la Cour des Aydes, & en la Chambre des Monnoyes; & pareillement au Chastelet de Paris, le Sieur Dautry Seguier, lors Lieutenant Civil, accompagné des Conseillers, qui s'estoient refugiez avec luy à Saint Denis, tenant ce jour-là le siege; y fit faire la lecture de la Declaration de Sa Majesté, & reçût le serment de fidelité de tous les autres Conseillers & Officiers du Presidial, qui estoient demeurez en ladite Ville de Paris.

Le lendemain Mardy, vingt-neuvieme jour dudit mois de Mars, audit an, qui estoit l'octave de la reduction de Paris, pour en rendre grace à Dieu, fut fait une celebre procession generalle, qui est dit vulgairement la Procession du Roy & de la Reduction de Paris, en laquelle Sa Majesté assista, accompagnée des Officiers de la Couronne & de sa Maison, avec les Officiers du Parlement, Chambre des Comptes, Cour des Aydes, & de la Ville nouvellement restablie, & y furent portées la vray-Croix, la Croix-de-Victoire, la Couronne d'Espine, & le Chef du Roy S. Louis, avec beaucoup d'autres precieux Reliquaires, qu'on y apporta de toutes les Eglises, & Monasteres de Paris & des environs; & cette Procession generalle, est fondée & establie à Paris, au mesme jour chaque année, à perpetuité.

De

De plus, le Mercredy, trentieme jour dudit mois de Mars, lendemain de ladite Procession generale, fut veriffié en la Cour de Parlement un Edit du Roy, contenant la creation de deux Offices de Prefidens, l'un à ladite Cour de Parlement pour le Sieur le Maiftre, qui auparavant n'eftoit pas Prefident, finon par commiffion du Duc de Mayenne, l'autre en la Chambre des Comptes, pour le Sieur l'Huillier Prevoft des Marchands, & un Office de Maiftre des Requeftes, pour le Sieur Langlois, perfonnage de très-grand merite (lequel ayant de longue main projetté cette réduction, l'avoit enfin fort heureufement executée) en reconnoiffance du fignallé fervice, qu'ils avoient fait au Roy & au Royaume, avec le Sieur Comte de Briffac, que Sa Majefté avoit fait Marefchal de France.

Ainfi le Roy recompenfa ceux qui l'avoient bien & fidellement fervy en cette grande entreprife, & par Arreft de la Cour de Parlement, contenant la revocation de tout ce qui avoit efté fait depuis les troubles, au prejudice de l'autorité du Roy & des Loix du Royaume; il fut ordonné qu'à perpetuité tous les ans, feroit folemnifé le vingt-deuxieme jour de Mars, & qu'à ce jour, il feroit faite la fufdite Proceffion generalle, où ladite Cour affifteroit en robe rouge, en memoire de cette heureufe delivrance. Comme une pareille Proceffion generalle annuelle avoit efté ordonnée tous les ans au premier Vendredy d'après Pâques, pour la reduction de la mefme Ville de Paris, en l'obéiffance du Roy Charles feptieme, qui avint le Vendredy treizieme jour d'Avril 1431, après Pâques, lorfqu'il en chaffa les Anglois, qui l'avoient occupée long-temps auparavant.

Les nouvelles de cette memorable journée ayant efté repandues dans tout le Royaume, inviterent les autres Villes rebelles, à fuivre l'exemple d'une pareille reduction; & les Officiers du Parlement, qui avoient efté transferez à Tours, ou qui s'eftoient retirez à Chaalons, en ayant efté bientoft avertis, en firent les feux de joyes, & peu de temps après s'en vinrent prendre leur féance & rendre la juftice en leur ancien trône à Paris, ayant ordonné qu'en memoire de ce que la Cour de Parlement avoit efté cinq ans feant dans la Ville de Tours, on folemniferoit au Pallais tous les ans la Fefte de Saint Gatien, qui arrive le deuxieme jour de May, à l'exemple de ce que la Fefte de Saint Hilaire, qui fe fait le treizieme jour de Janvier, y eft Fefte, parce que le Parlement avoit efté féant à Poictiers dix-huit ans, lorfque les Anglois occupoient la Ville de Paris.

En forte que le Roy Henry quatrieme, heureux fucceffeur de Saint Louis au Royaume de France, y a efté miraculeufement confervé, & en a eû la conduite avec tant de prudence, de magnanimité & de clemence, après le feu Roy Henry troifieme dernier, de la branche royale de Vallois, qu'il en eft digne de memoire, ayant pour cet effet gagné & obtenu contre fes ennemis & fujets revoltez, plufieurs victoires & batailles memorables, & nonobftant leurs efforts & attentâts, il a courageufement reconquis toutes fes Villes rebelles & revoltées; & enfin après avoir genéreufement furmonté une infinité de traverfes & de difficultés, & après refifté prudemment aux orages & aux bourafques contraires, il avoit rendu le Royaume paifible; reftably la Juftice en fon Tribunal, remis les Officiers tant de Judicature que de Finance, en la jouiffance paifible de leurs droits, rendu
le

le commerce & la liberté publique, avec ses voisins & ses sujets, purgé les grands chemins de volleurs & de brigands, donné l'assurance aux voyageurs, par toutes les terres de son obéissance, ouvert l'entiere liberté aux Laboureurs & gens de la Campagne, pour la culture de la terre, deschargé & soulagé ses pauvres peuples des tailles & impositions, que la tirannie de ceux qui commandoient à la rebellion, avoient imposez sur eux, banny & exilé de France & d'auprès de luy toutes sortes de partisans, maltotiers, faiseurs d'affaires, donneurs d'avis, & autres personnes abominables, comme estant la proye des boureaux, la sangsue des Royaumes, & la peste des sujets de Sa Majesté; banny & esloigné aussi tous mignons, favoris, & autres personnes qui eussent pû insinuer dans ses oreilles pour leurs interèts particuliers, l'abominable venin de flatterie pour le seduire, & le disposer à faire des levées & impositions sur ses peuples; il avoit seulement conservé pour luy & pour sa Cour, la bonté, la gentillesse, l'honneur, la noblesse, la dance, les festins, les balets, la musique, la poësie, la comedie, & finallement l'amitié, l'amour & la bienveillance de tous ses peuples, qui regorgeoient de biens & de richesses, sa Bastille estant comblée de grands & immences tresors, ses Arsenaux remplis de canons, armes & munitions de toutes sortes; ce qui le faisoit aimer & craindre par toute l'Europe, comme le support de ses amis & la terreur de ses ennemis.

Mais comme la vertu n'est jamais sans envie, non plus que le corps sans ombre, ny les choses paisibles ne sont jamais si solidement affermies, qu'elles ne soient ébranlées par le choq de la dissention & de la division, il restoit dans l'esprit des suppôts de la ligue & des auteurs de la rebellion (quoy qu'assoupie) un levain de malice & de mauvaise volonté contre ce grand Roy, si clement, si bon & si debonnaire, fondé sur l'opinion pernicieuse, que ces mauvais esprits avoient, que le Roy n'estoit point Catholique, Apostolique & Romain en son ame, & qu'il ne le paroissoit estre, que pour posseder la Couronne de France, & qu'il estoit heretique en effet.

Cette opinion passa en plusieurs personnes, par le moyen de la doctrine de Mariana Jesuite, & de quelques autres de la mesme Societé, qui tenoient pour maxime, qu'il estoit absolument necessaire que le Roy fut reconnu Catholique par Sa Sainteté, & qu'il receut son Absolution, avant que de pouvoir estre generallement reconnu pour Roy, suivant qu'il est porté, disoient-ils, par la Loy Salique, sur laquelle sont establis les fondemens du Royaume, & ce venin s'estant insensiblement glissé dans les esprits foibles, & particulierement parmi la jeunesse, qui est credule & facile à persuader par ceux ausquels elle a créance, fit un très-malheureux effets en la personne d'un jeune Escolier, nommé *Jehan Chastel*, nâtif de Paris, lequel avoit fait ses estudes sous les Jesuites dans le College de Clermont, en la rue S. Jacques de cette Ville, lequel par la mauvaise instruction, qui luy avoit esté donnée, prit une detestable & abominable resolution de commettre un parricide en la personne de ce bon Roy.

Et de fait, le Mardy vingt-septieme jour du mois de Decembre, de l'année mil cinq cens quatre-vingt-quatorze, Feste de S. Jean l'Evangeliste, sur les cinq à six heures du soir, le Roy venant de se promener, estoit attendu dans

la

la Salle des Gardes, en son Château du Louvre, par le Sieur de .... lequel approchant de Sa Majesté, pour la saluer, se baissa & s'inclina fort bas pour luy embrasser la botte; le Roy se courba pour le recevoir & le faire lever; ce malheureux Chastel (qui s'estoit introduit au Château du Louvre, & entré dans ladite Salle des Gardes) prit son temps, & se glissa parmy les Princes & Seigneurs qui accompagnoient & suivoient le Roy, & donna un coup de couteau à Sa Majesté au visage, dont il le blessa à la levre, & luy rompit une dent, puis laissa tomber le couteau & s'enfuit. Alors le Roy se sentant frapper, dit au Seigneur qui le saluoit ces mots: *ha cousin tu m'as blessé*; ce qu'estant ouy par ledit Seigneur; il se jetta à genoux aux pieds du Roy, & luy dit: à Dieu ne plaise, Sire, que j'aye la pensée de toucher, ny blesser Vostre Majesté; je n'ay rien sur moy que l'espée, qui est à mon costé. Tout aussi-tost il y eut une grande émotion dans le Louvre & par toute la Ville de Paris. Incontinant toutes les portes, & entrées du Louvre fermées, & les Gardes redoublées, & le couteau dont la blessure avoit esté faite, ayant esté ramassé, le miserable, qui avoit fait le coup, fut si surpris, qu'il ne put sortir, ny se sauver; & ayant esté arresté, il fut trouvé saisy dans sa pochette, de la gaisne du couteau duquel il avoit fait la blessure; & se voyant pris & mis entre les mains du Grand Prevost de l'Hostel du Roy, & par luy interrogé, il demeura d'accord du fait, & avec effronterie dit, qu'il avoit fait ce qu'il avoit promis & entrepris; mais qu'il n'avoit pas entierement accomply son dessein.

Le lendemain vingt-huitieme jour dudit mois de Decembre, la Cour de Parlement, s'estant assemblée au Palais,

donna une Arrest sur la Requisition du Procureur General du Roy, par lequel elle évoqua à elle le Procès Criminel, commencé audit Jean Chastel, par le Grand Prevost de l'Hostel, ordonna qu'à la diligence du Procureur General, l'accusé seroit amené sous bonne & seure garde és prisons de la Conciergerie du Palais, & la procedure criminelle apportée incessament au Greffe de la Cour, pour estre continuée, & le procès extraordinairement fait & parfait audit accusé & à ses complices, fauteurs & adherans.

Incontinent après, l'accusé fut amené dans la Conciergerie du Palais, avec *Pierre Chastel*, son pere, & *Denise Hazard*, sa mere, & Messire *Jean Gueret*, Prestre Jesuite; contre lesquels ledit Grand Prevost de l'Hostel, avoit décretté suivant les preuves resultantes des charges & informations, par luy faites le jour precedent, & interrogatoire de Jean *Chastel*, lequel fut de nouveau ouy en ladite Cour, sur les cas resultans des plaintes, charges & informations.

INTERROGATOIRE.

Interrogé de son nom, surnom, aage, qualité & demeurance.

A dit *se nommer Jean Chastel, fils de Pierre Chastel, Marchand Drapier, demeurant devant la grande porte du Pallais, & de Denise Hazard sa femme, qu'il est Escollier estudiant dans l'Université de Paris, & estre âgé de dix-neuf ans ou environ, & qu'il n'a aucune autre qualité.*

Enquis où il estoit aux estudes & sous quelles personnes il a estudié.

A dit *avoir fait tout le cours de ses estudes sous les Jesuites, dans le College de Clermont, en la rue Saint Jacques, &*
que

que le Pere Gueret estoit son Precepteur &
Regent, qui l'avoit instruit.

Enquis où il estoit le jour precedent,
vingt-septieme jour dudit mois, à cinq
heures du soir.

A dit *qu'il estoit dans le Château du*
Louvre.

Enquis ce qu'il alloit faire audit
Château du Louvre, à ladite heure.

A dit *que c'estoit pour attendre le Roy à*
son retour.

Enquis à quelle dessein il attendoit
le Roy, & ce qu'il desiroit de Sa Majesté.

A dit *qu'il l'attendoit pour le tuer; mais*
qu'il ne l'a fait que blesser.

Enquis pourquoy il avoit un si pernicieux & abominable dessein.

A dit *que c'est à cause qu'il n'est point*
dans le giron de l'Eglise, jusqu'à ce qu'il
ait l'approbation du Pape, & qu'il est
permis de tuer les Roys, suivant la doc-
trine du Pere Mariana, tirée de l'Ecritu-
re-Sainte.

Enquis où il a appris une telle doctrine, si abominable & si fausse.

A dit *y avoir respondu, & qu'il l'a veu*
& remarqué, comme il a desja dit.

Enquis s'il avoit communiqué son
meschant dessein à ses pere & mere, &
audit Gueret son Precepteur.

A dit *qu'il ne l'avoit point dit à ses pere*
& mere, ny audit Gueret, & que cette
doctrine est commune.

A luy representé le couteau, avec la
gaine, dont il fut trouvé saisi, lorsqu'il
fut pris; *lequel il a reconnu & dit estre*

celuy duquel, il a donné le coup au visage
du Roy.

Enquis où il a pris ledit couteau.

A dit *qu'il l'avoit achepté d'un Mer-*
cier dans une rue, qu'il avoit payé quatre
sols, pour le prix d'iceluy.

Enquis s'il connoist le Mercier, qui
luy a vendu ledit couteau, & s'il luy
a dit ce qu'il en vouloit faire.

A dit *qu'il ne connoist point ledit Mer-*
cier, pour ne l'avoir jamais veu, que lors-
qu'il achepta de luy ledit couteau, & qu'il
ne luy dit point ce qu'il vouloit faire d'i-
celuy.

Et comme ses pere & mere, & ledit
Gueret, luy ont esté confrontez les uns
après les autres & interrogez sur le fait,
dont est question, ledit Jean Chastel,
les a reconnus tous trois, & dit *qu'il ne*
leur avoit point communiqué son dessein,
ny audit Gueret aussi.

Et lesdits Pierre Chastel, & Denise
Hazard sa femme, ont pareillement recogneu ledit Jean Chastel, pour estre
leur fils, & dit aussi *qu'il ne leur a ja-*
mais donné avis de son malheureux des-
sein, ny dit aucune chose approchant de
cela; comme aussi ledit *Gueret* a reconnu, qu'iceluy Jean Chastel, avoit esté
Escolier estudiant chez les Jesuites,
audit College de Clermont, & qu'il
avoit esté son Precepteur; mais *que ja-*
mais il ne luy avoit montré, ny enseigné
une si detestable doctrine, ny donné aucune
mauvaise instruction; & que ledit Jean
Chastel ne luy avoit jamais parlé de son
pernicieux dessein.

Ensuite dequoy les tesmoins furent
recolez en leur deposition, esquelles
ils

X

ils perfifterent , & par après confrontez à l'accufé, qui ne propofa aucun reproche contre eux , parce qu'il ne les connoiffoit pas , joint qu'ils n'avoient dépofé que la verité , dont ledir accufé eftoit demeuré d'accord, par les reponfes qu'il avoit faites en tous fes interrogatoires.

Ce fait , toutes les procedures furent mifes entre les mains du Sieur Procureur General , pour y prendre fes conclufions , ce qu'il fit le mefme jour.

Conclufions du Parquet.

VEU le Procès criminel fait extraordinairement à ma Requefte , & commencé par le Grand Prevoft de l'Hoftel du Roy , & depuis évoqué & continué par la Cour , à l'encontre de *Jean Chaftel* , Efcolier eftudiant en l'Univerfité de Paris , fous les Jefuites , au College de Clermont , deffendeur & accufé.

Je requiers pour le Roy , qu'il foit dit , que ledit Jean Chaftel eft declaré deüement atteint & convaincu du crime de leze-Majefté divine & humaine , au premier chef, pour avoir, comme tenté du Diable , commis le très-mefchant , très-deteftable & très-abominable parricide & attentat , fur la perfonne du Roy , pour reparation duquel crime , qu'il foit condamné à faire amende honorable , devant la principale porte de l'Eglife de Paris , où il fera mené dans un tombereau , eftant nud en chemife , tenant une torche de cire ardente en fes mains , du poids de deux livres , & illec à genoux , tefte nuë , la corde au col , dire & declarer , que mefchamment , malheureufement & proditoirement , il a attenté ledit très-mefchant , très-inhumain & très-deteftable parricide , bleffé le Roy d'un coup de cou-

teau à la face ; & que par fauffes & & damnables inftructions & mauvaife doctrine , il a dit & declaré au procès , par fes reponfes aux interrogatoires , qui luy ont efté faits , eftre permis de tuer les Roys , & que le Roy Henry quatrieme , à prefent regnant , n'eft point en l'Eglife , jufqu'à ce qu'il ait eu l'approbation du Pape : dont il fe repent , & demande pardon à Dieu , au Roy & à Juftice. Ce fait , qu'il fera mené & conduit en la Place de Gréve , où eftant, qu'il fera tenaillé aux bras & aux cuiffes ; & fa main droite tenant en icelle le couteau , duquel il s'eft efforcé de commettre ledit parricide , bruflée , & par après que fon corps foit tiré & demembré avec quatre chevaux : & fes membres , & corps jetté au feu , & reduit en cendres, & les cendres efparfes au vent ; que la Maifon en laquelle il a efté nay , fize devant le Palais , fera razée & demolie , avec deffenfe d'y bâtir à l'avenir, pour quelque caufe & occafion que ce foit ; que Pierre Chaftel & Denife Hazard fa femme , père & mere dudit Jean Chaftel , affifteront à fa mort , & dans quinzaine après , feront tenus de fortir hors du Royaume de France , & deffenfes à eux d'y jamais entrer , & revenir à peine de la vie , tous les biens dudit Jean Chaftel , confifquez au Roy , fur iceux préalablement pris la fomme de dix mil livres , applicable au pain des pauvres prifonniers de la Conciergerie du Palais ; qu'avant l'execution dudit Jean Chaftel , il fera appliqué à la queftion ordinaire & extraotdinaire , pour fçavoir la verité de fes complices , & d'aucuns autres cas refultans du procès ; que deffenfes foient faites à toutes perfonnes de quelque qualité & condition qu'ils foient , fur peine d'eftre declarez criminels de leze-Majefté , de dire ou
proferer

proferer en aucun lieu public, ni autres quelconque les susdits propos, lesquels seront declarez scandaleux, seditieux, contraires à la parole de Dieu, & condamnez comme heretiques, par les saints Decrets & Constitutions canoniques ; qu'il soit aussi ordonné, que tous les Prestres & Escoliers du College de Clermont, & tous autres soit disant de la Societé des Jesuites, comme corrupteurs de la jeunesse, perturbateurs du repos public, ennemis du Roy & de l'Etat, videront dedans trois jours, après la signification de l'Arrest, qui interviendra sur ledit procès, hors de Paris & autres Villes du Royaume, & Lieux, Pays, Terres, & Seigneuries de l'obéïssance du Roy, où sont leurs Colleges ; & dedans quinzaine après, qu'ils sortiront hors de France, sur peine, où ils seront trouvez dans ledit temps d'iceluy passé, d'estre punis comme criminels & coupables dudit crime de leze-Majesté, que tous les biens, tant meubles qu'immeubles à eux appartenans, seront vendus au plus offrant & dernier encherisseur, en la maniere accoutumée, & les deniers en provenans, employez en œuvres pieuses, & la distribution d'iceux faite, selon & ainsi qu'il sera ordonné par la Cour en ma presence, ou l'un de mes Substituts ; que très-expresses inhibitions & deffenses soient faites à tous les sujets du Roy, de quelque qualité & condition qu'ils soient, d'envoyer des Escoliers aux College de ladite Societé, qui sont hors du Royaume, pour y estre instruits, sur la mesme peine de crime de leze-Majesté ; que le procès & toutes les procedures criminelles, faites contre ledit Jean Chastel, seront bruslées avec son corps ; que les copies & extraits de l'Arrest, qui interviendra sur ledit pro-

cès, soient envoyées en tous les Bailliages & Senechaussées du ressort de ladite Cour, pour estre exécuté selon sa forme & teneur ; qu'il soit enjoint aux Baillifs & Seneschaux, leurs Lieutenans generaux & particuliers, de proceder à l'exécution dudit Arrest dedans le délay, qui sera contenu en iceluy à la diligence de mes Substituts, qui tiendront la main à ladite execution, & qu'il soit informé à ma Requeste des contraventions, qui y pourroient estre faites ; pour les informations veuës, rapportées & à moy communiquées, prendre sur icelles telles conclusions,que je voirez bon estre, & par ladite Cour ordonné, ce qu'elle avisera à faire par raison.

Après lesquelles conclusions prises, & le procès remis par-devers la Cour ; le lendemain, Jeudy vingt-neuvieme jour dudit mois de Decembre audit an, mil cinq cens quatre-vingt-quatorze du matin, la Cour s'estant assemblée pour le jugement dudit procès, après que le rapport eut esté fait d'iceluy, par les Commissaires d'icelle à ce députez, & que ledit Jean Chastel eut esté ouy sur la sellette par sa bouche, sur les cas resultans dudit procès, & qu'il eut persisté en ses confessions & denegations, contenues aux responses par lui faites en ses interrogatoires ; & après l'avoir fait retirer, l'affaire ayant esté mise en deliberation à la pluralité des voix, ainsi qu'il est accoutumé, intervint l'Arrest solemnel contre ledit Jean Chastel, & contre lesdits Prestres, Escoliers, soy disant de la Societé & Compagnie de Jesus, duquel la teneur ensuit.

ARREST

X 2

Extrait des Registres de Parlement.

» VEU par la Cour , les Grande
» Chambre & Tournelle assem-
»blées, le procès criminel commencé à
»faire par le Prevost de l'Hostel du Roy,
»& depuis parachevé d'instruire en
»icelle, &c. » *Voyez, p. 136.*

Exécution de l'Arrêt.

LE mesme jour à deux heures de relevée, ledit Arrest ayant esté prononcé audit Jean Chastel , il fut mené
en la Chambre du Questionaire, où
ayant esté appliqué à la question ordinaire & extraordinaire , en la presence
des Commissaires & deputez ; il persista en ses reponses , confessions & denegations , qu'il avoit faites au procès ;
& ajouta , qu'il avoit ouy dire aux Jesuites , qu'il n'estoit pas permis de
souffrir les Roys tyrans, & qu'il croyoit
obtenir grace & remission de ses pechés
envers Dieu , lequel il prioit luy donner patience en ses souffrances & tourmens , qu'il souffroit pour la gloire de
son saint nom. Après qu'il fut tiré hors
de la question , qu'on l'eut laissé quelque temps en repos, pour reprendre ses
esprits , il demanda son Confesseur, auquel il dit humblement , qu'il s'accu-
soit d'impatience , qu'il avoit en ses
tourmens , qu'il prioit Dieu de luy
pardonner & à ses persecuteurs ; il fut
mené à la Chapelle, où ayant esté environ une heure , il fut tiré hors de la prison , mis dans un tombereau , & mené
devant la principale porte de l'Eglise de
Nostre-Dame , où estant , il fit amende

honorable ; ce fait , il fut mené à la
Place de Greve , & là sur un eschafault ,
qui y estoit dressé , on le fit mettre à genoux , la face devant la Croix , & l'E-
xecuteur luy ayant lié à la main droite
le couteau, duquel il avoit blessé le Roy,
il luy mit le bras sur un billot , qui y
estoit exprès , & d'un coup de couperet
luy coupa la main au poignet : après il
luy mit le bras dans un petit sac , plein
de son & de cendres , pour estancher le
sang ; ce fait , il fut mis sur un autre eschafaut plus bas couché sur le dos , entre deux poteaux , qui estoient plantez
en terre , & lié chacun de ses quatre
membres à la bricolle , qui tenoit au col
d'un cheval , & attaché par le bout à un
bras ou à une jambe , & en telle posture,
il fut tenaillé avec des tenailles rougies
au feu, aux bras , aux cuisses & aux jambes , c'est-à-dire , en huit endroits differens ; après cela les quatre chevaux ,
qui avoient chacun un de ses membres
attachez , estans chassez à coups de
fouets, par chacun un charretier, qui les
conduisoient , après plusieurs tirades
resterent ; enfin son corps fut deschiré
& desmembré en quatre quartiers ; lesquels quartiers , avec la teste & le surplus de son corps, furent jettez dans un
feu & bucher ardent , qui estoit à cette
fin preparé auprès de l'eschafaut , où le
tout fut consommé & reduit en cendres, lesquelles cendres furent par après
jettées & esparses au vent , avec une
pelle par ledit Executeur ; & ainsi finit
miserablement sa vie ledit Jean Chastel , le pere & la mere duquel , furent
menez à la porte Saint Jacques , & mis
hors la Ville le mesme jour , & à eux
enjoint de vuider & sortir incessam-
ment hors du Royaume , à peine de la
vie.

Suite

Suite de l'Exécution.

LE lendemain, trentieme jour du mesme mois de Decembre audit an, ledit Arrest fut signifié, & d'iceluy baillé coppie aux Prestres & Escoliers de la Societé de Jesus, au College de Clermont, par le premier Huissier de la Cour, assisté de deux autres des Huissiers d'icelle, à ce qu'ils n'en pretendissent cause d'ignorance; & à eux enjoint de satisfaire au contenu en iceluy, sur les peines y mentionnées. A quoy voulant obéir, lesdits Prestres le lendemain sortirent, & leur fut permis d'emporter leurs habits & ornemens d'Autels, servant à la Messe seulement; le surplus demeuré, pour en estre disposé conformement à l'Arrest.

Demolition de la maison de Jean Chastel, & Pyramide élevée.

INcontinent après ladite execution d'Arrest, & que lesdits Jesuites furent sortis hors de Paris; il fut mis des Maçons & autres Ouvriers en besogne, pour desmolir & abattre ladite * maison dudit Chastel, devant la grande porte du Palais, laquelle fut entierement rasée, & n'y resta que la place où elle avoit esté bastie, laquelle fut pavée, ainsi que la rue. Et comme l'action estoit memorable à la posterité, & qu'on vouloit faire savoir aux generations futures une chose si extraordinaire, qui estoit advenue par la fausse & mauvaise doctrine, & instruction que ledit Chastel avoit reçue des Jesuites, il fut fait, eslevé & érigé en la place où estoit ladite maison, une haute Pyramide, fort artistement faite, avec plusieurs figures parfaitement bien taillées, & de gran-

Cette maison est ce qu'on appelle aujourd'hui, la Place des Barnabites, près la ruë de la Vieille Drapperie, vis-à-vis, la grande Porte du Palais.

des lames de marbre noir, où estoient escrits en chacun costé en lettres d'or, ce qui en suit.

Premierement, au-devant de ladite pyramide, vis-à-vis du Palais, c'est-à-dire, vers le Couchant, estoit escrit tout au long l'Arrest de ladite Cour, cy-dessus mentionné & transcrit, page 136.

Au costé droit, regardant le Midy, estoient escrits aussi en lettre d'or, sur une table de marbre noir, ce qui ensuit.

QUOD SACRUM VOTUM QUE SIT

MEMORIÆ PERENNITATI, &c. ci-dessus, p. 137.

Sur la fase qui regarde le Nort, étoit écrit.

D. O. M.

PRO salute Henri IV. Clementiss. ac fortiss. Regis, &c. cy-dessus, page 139.

EX. S. C.

HEIC Domus immani, &c. page 140. colonne 1.

Sur la face qui regarde le Couchant.

D. O. M. SACRUM.

QUUM Henricus Christianiss. Francorum & Navarr. Rex, &c. page 140. col. 2.

Voilà les Inscriptions & les choses qui avoient esté escrites & gravées sur la Pyramide, marquée cy-dessus, bastie, érigée »

érigée, & eslevée par Arrest de la Cour de Parlement, devant la grande & principale porte de l'entrée de la Cour du Palais à Paris ; en la place où estoit bastie la maison de Pierre Chastel, après l'execution faite de la personne de Jean Chastel son fils, pour marque perpetuelle à la posterité, particulierement de la fausse, & pernicieuse instruction des Jesuites, & des malheurs qui en arrivent.

Etablissement & rétablissement des Jesuites.

CETTE Pyramide demeura en la place, où elle avoit esté eslevée & bastie, jusques en l'année mil six cens quatre ; auquel temps les Jesuites, par tous les artifices imaginables, obtinrent Lettres du Roy Henry quatrieme, afin qu'il leur fut permis de se restablir en France, pour y vivre purement & simplement comme Prestres seculiers, sans se pouvoir entremettre d'instruire, ny enseigner la jeunesse, ny de faire aucun exercice de Scolarité, directement ou indirectement en quelque sorte, & maniere que ce soit, & qu'il demeureroient soumis à l'Université de Paris, contre laquelle ils se sont perpetuellement heurtez, suivant les Loix du Roïaume de France, où les Reguliers dependent & s'attachent à la Reigle de leur Ordres, qu'ils apprennent de leurs Superieurs, Religieux comme eux, ausquels par leurs vœux, ils sont obligez d'obéir ; & les Jesuites plus que tous les autres, puisqu'ils reconnoissent en toutes choses leur General. Tant s'en faut, qu'ils voulussent recevoir la reformation en leurs mœurs, & leurs regle ou police du Magistrat, ou des Evesques, qu'ils ne reconnoissent aucunement, & du pouvoir desquels ils

se tiennent entierement soustraits & degagez.

Et ce fut le sujet pour lequel autrefois, l'Université de Paris s'opposa à l'entreprise, que vouloient faire les Jacobins, qui pretendoient tenir Escole publique dans Paris & ailleurs ; ils vantoient leur grande doctrine, & les services signalez, que leur Ordre avoit rendus à l'Eglise Catholique, neantmoins les premiers, qui estoient lors en l'Eglise, n'estant prevenus d'aucun interest ou dessein particulier, craignant la confusion des deux Corps, totalement separez, l'un seculier, l'autre regulier ; demeurerent ces Religieux rejettez de leur poursuite, & les Magistrats qui apprehendoient que ladite Université se transforma en un Estat regulier, les empescherent de continuer leur desseing.

Comme de fait, quel eut peu estre le desseing plus ordinaire des Religieux, accoutumez à la plus grande simplicité & modestie, sinon par leur exemple & leur instruction, reduire les hommes à la perfection de leur reigle, faire des Religieux & des Moynes comme eux ; ainsi peu à peu, on eut veu l'Ordre hierarchique de l'Eglise, s'assujettir & dependre d'un Ordre regulier, & la republique privée & destituée de ses Citoyens, son service abandonné, les Charges de l'Estat desertes, ou remplies de ceux que l'Ordre ou la religion, après son choix, auroit trouvez les moins capables, pour entrer dans la reigle, & la congregation reguliere.

Et l'on sçait, que le Cardinal Borromée, dont la memoire est en veneration, osta la conduite des Colleges, par luy establie en l'Archevesché de Milan, à ceux de la Societé des Jesuites, disant, que l'Eglise avoit plus besoin de Pasteurs que de Religieux. En Espagne mesme, mefme, les Jefuites n'ont peu obtenir d'avoir Efcoles publiques, ny d'enfeigner d'autres que ceux de leur maifon, en l'Univerfité de Salamanque, ou en celle d'Alcala de Henarés, qui font les deux principales du Royaume; au contraire, l'ayant tenté fur un fujet, qui leur eftoit apparamment favorable, ils n'ont point efté admis. En l'an mil cinq cens quatre-vingt-treize, le Roy d'Efpagne Philippes II. voulant eftablir un Seminaire à Salamanque, pour l'eftude des Anglois & Irlandois refugiez, les Jefuites en rechercherent l'Intendance, & eurent provifion & permiffion à cette fin; tant fur la confideration de la connoiffance qu'il avoient de la Langue & des mœurs de ceux qu'il falloit inftruire, que pour quelqu'autre confideration, & mefme à la recommandation du Duc de Medina Sidonia, dont ils implorerent le credit : neantmoins fur l'oppofition de l'Univerfité de Salamanque, ils en furent deboutez, fans que le fervice que reçoit l'Efpagne des Jefuites, puft l'emporter contre les loix & la police de cette Univerfité; & la plainte des Anglois n'eft point fecretté, de ce que les Jefuites ayant la conduite des Seminaires eftablis en Flandres en leur faveur, ils attiroient chez eux les meilleurs efprits de leur Nation, & durant le temps qu'ils ont affiegé l'Univerfité de Paris, n'a-t-on pas reffenty les mefmes pertes douloureufes à plufieurs grandes familles du Royaume, prejudiciables à l'Etat & au public.

Et chacun fçait, que les Jefuites font venus en France, fous la faveur & recommandation du Pape Paul quatrieme, de la Maifon des Carafes; cependant ils ne peuvent y eftre receus, ny fe faire approuver par l'Eglife Gallicane, comme aujourd'huy mefme, ils ne le font point; dèflors tous les Ecclefiaftiques

du Royaume s'y oppoferent.

L'an mil cinq cens foixante-trois *, ils s'adrefferent à l'Affemblée, qui fut convoquée à Poiffy, fous le regne du Roy Charles neuvieme; après avoir mandié la faveur de Meffieurs les Cardinaux de Lorraine & de Tournon, perfonnages de grande autorité, comme ils ne manquent point à dextrêment cultiver, ceux qui font en puiffance & en grand credit; & diffimulans les qualitez de leurs vœux, cacherent le fens particulier de leur regle; tellement qu'ayant demandé d'eftre receus dans Paris, comme fimples & pauvres Efcoliers; il leur fut accordé par Acte de cette Affemblée, homologué en la Cour de Parlement, qui eft le feul & unique titre de leur introduction dans la France, & principalement à Paris.

On fut trompé, car on penfa beaucoup faire alors, & l'on croyoit pourvoir furement aux inconveniens de cette nouveauté, en leur impofant de changer leur nom & leur titre, de fe foumettre abfolument, comme les autres Ecclefiaftiques, à la jurifdiction & correction de l'Evefque, les obliger precifement à renoncer, par exprès & au prealable, aux privileges mentionnez dans leurs Bulles, fans en pouvoir obtenir d'autres, à peine de defcheoir de la grace, qui leur eftoit accordée; mais cela ne fervit qu'à fortifier leur refolution, & leur donner de plus grandes efperances; car fans autre aveu ny autorité, ils s'eftablirent en l'Univerfité, au prejudice de l'oppofition, qui fut plaidée, appointée au Confeil & non encore vuidée; & y ont demeuré jufques à l'Edit & aux Arreft de l'an mil cinq cens quatre-vingt-quinze, mentionnez cy-deffus, par lequel ils furent chaffez & bannis du Royaume.

Les mefmes Jefuites fe voyant expulfez

* Ce fut en 1561. & non pas en 1563, que fe tint l'Affemblée de Poiffy.

pulfez & chaffez honteufement, avec grande ignominie & fcandale, eurent recours aux perfonnes de condition & d'autorité, qui avoient l'honneur d'eftre bien auprès du Roy ; ils firent prier Sa Majefté avec inftance, de vouloir leur permettre de revenir en France, & eftre feulement admis, comme fimples & pauvres Efcoliers, fans autre deffein, finon de faire leur exercice ordinaire & fonction facerdotale ; & donnerent parole & affurance, par la bouche de ceux qu'ils avoient employez, de ne rien entreprendre à l'avenir, qui put donner aucune deffiance de leur conduite, ny qui fut capable de donner occafion à l'Univerfité de fe plaindre d'eux.

Comme le Roy eftoit bon & remply de clemence, pardonnant fort librement les fautes paffées ; defferant aux prieres & aux inftances des perfonnes, qui intercedoient pour les Jefuites, il fe laiffa aller à leurs perfuafions, quoiqu'il en eut efté diffuadé & deftourné, par les Sieurs de Bouillon, de Sully, Maupeou, & autres de fon Confeil, qui luy reprefentoient ce qui s'eftoit paffé en fa perfonne, peu d'années auparavant ; il leur dit ces paroles : *ventre faingris, fi je ne permets le reftabliffement des Jefuites, me refpondrez-vous de ma perfonne ?* Ces paroles firent taire ceux qui confeilloient à Sa Majefté de ne point permettre ny fouffrir, qu'ils fuffent receus & reftablis en France.

Si bien, que le Roy leur octroya fes Lettres patentes, portant leur reftabliffement, & elles furent verifiées en la Cour de Parlement, au commencement de l'année, mil fix cens quatre. Il y eft dit entre autres chofes, qu'ils ne pourront dreffer aucuns Colleges, ny refidance en autre Ville, ny endroit dudit Royaume, que ceux aufquels ils eftoient

eftablis, lorfqu'ils avoient obtenu lefdites Lettres, defignées par icelles, fans expreffe permiffion du Roy, & particulierement au reffort du Parlement de Paris, excepté ès Villes de Lyon & la Fleche ; à quoy n'ayant voulu fi promptement contrevenir, ny attaquer à defcouvert l'Univerfité de Paris, qu'ils fçavent eftre fous la protection particuliere de la Cour de Parlement, ils ont differé, ainfi qu'il fera dit cy-après.

Mais il eft certain qu'il ne fut jamais tombé en l'âme d'un homme né Chreftien, ny dans l'efprit d'un François, fans la doctrine des Jefuites, de dire qu'il fut loifible d'attenter à la perfonne facrée des Roys, ny qu'il fut permis de les tuer ; car comme ils ont enfeigné qu'ils pouvoient eftre excommuniez & depofez, s'ils manquoient d'acquieffer au vouloir de la puiffance abfolue du Pape ; ils ont dit auffi, qu'il eftoit meritoire de les tuer, & ont fait de l'un la preuve de l'autre. Voicy le progrès de cette doctrine : par l'excommunication, condemnation & depofition, les Princes & perfonnes publiques, deviennent particulieres, fans autorité ny fans fujets ; de Roys, tyrans, ufurpateurs, perturbateurs du repos public, *occupantem tyrannicè poteftatem, quifque de populo poteft occidere, fi aliud non fit remedium ; eft enim publicus hoftis.* Emmanuel Sa ; in verbo *tyrannus* ; L'objet de toutes les entreprifes des parricides ; enfuite dequoy le Cardinal Bellarmin, en fon Apologie contre le Roy d'Angleterre, page 199. & Joannes Mariana, en fon Livre premier, *de Rege & Regis inftitutione* ; l'Auteur Jefuite du Livre, intitulé : *Amphitheatrum honoris*, ont également loué l'abominable parricide de noftre bon Prince ; & les Jefuites de Bourdeaux, ont dit ès efcrits, que c'eftoit la caufe de leur falut. Par cette mefme

doctrine,

doctrine, la temerité de *Barriere*, fut armée en l'an mil cinq cens quatre-vingt-treize, fortifiée par le conseil de Varrade, Recteur des Jesuites, contre le mesme Roy Henry quatrieme ; auquel temps Commelet l'excitoit par ses cris, desirant un Aod, de quelque qualité qu'il pust estre, croyant que Barriere ne manqueroit à son entreprise, ou qu'il feroit naistre la volonté à quelqu'autre de faire un semblable attentat.

C'estoit un grand malheur que la France eût perdu cet avantage, que les anciens luy donnoient, qu'elle ne nourrissoit point de monstres ; mais Dieu à propos luy avoit eslevé son Hercule pour les dompter ; de la main duquel, après sa bonté, il vouloit que nous tinssions l'œuvre divin, & le miracle de la resurrection de cet Estat.

Aussi ce miserable Chastel, n'a dit autre chose en la presence de la Cour, sinon que le Roy bien que Catholique, estoit encore hors de l'Eglise, puisque l'excommunication duroit encore, & qu'il le falloit tuer. Voit-on quelque chose en cela qui soit dissemblable aux propositions des Jesuites ? *Barriere* en avoit dit autant, *Guignard* Jesuiste les semoit ; & après mille blasphesmes contre le Roy Henry troisieme, son Prince naturel, il adjouste contre le dernier : si on ne le peut deposer sans guerre, qu'on luy fasse la guerre ; si on ne la peut faire, qu'on le fasse mourir.

Ainsi, ils sont vrais ennemis du repos & fort contraires aux Disciples de Jesus-Christ, lesquels ne s'armerent jamais que d'Oraisons, n'ont presché qu'amour, que charité, que concorde ; les entreprises de ceux de cette Société, contre les Roys & leurs Couronnes, meritoient plus que la condemnation inter-

venue par les Arrests du Parlement, cy-dessus ennoncez. Aussi est-il à remarquer, que le levain que les Jesuites avoient laissé aux Villes, dans lesquelles l'Edit du Roy touchant leur bannissement, n'avoit point encore esté executé, leur avoit toujours fait croistre l'esperance de leur retour. L'histoire du temps, la memoire des âges, le miroir des hommes, messagere de tous les accidens, qui fait connoistre la verité, rapportera fidelement à la posterité, qu'ils n'ont rien obmis pour y parvenir, & ils ne l'ont pas celé ; car en un grand discours composé de trente ou quarante articles, qu'ils ont publié & supposé avoir esté fait en l'an mil six cens trois, par le Roy, respondant aux graves remontrances de la Cour de Parlement, duquel comme veritable, ils imposent aux Nations estrangeres, l'ayant fait imprimer en latin, italien, & nouvellement *Gretserus*, en Allemand, pour leur derniere descharge, comme encore Possevin, l'a employé en sa Bibliotheque, afin que l'imposture passa à la posterité ; après avoir esté si hardis, que de comparer leur restablissement de pure grace royale, à l'establissement divin & legitime du Roy en son Estat ; ils confessent, qu'ils l'avoient obtenu comme ils avoient peu, & avec grande peine.

Et comme nous reconnoissons tous, que la misericorde & la clemence du Roy, avoit donné la paix à ses peuples, il estoit necessaire d'en asseurer les fondemens par justice, au sujet d'une grande, inveterée & pernicieuse corruption ; & pour l'establissement plus certain de la Republique, ne se peut contenter de commander le bien, mais defendre de faire mal. Grand Roy, qui avez esté, sans comparaison, plus relevé

Y

vé en vertu, qu'en dignité fur les autres
hommes , vos bons ferviteurs entamés
par le fer, qui a raccourſy vos jours , ſe
plaindront à jamais , que voſtre douceur demeſurée , ait accrû la hardieſſe
de ceux , qui vous ont eſté auſſi infideles , que vous leur avez eſté bon Roy.

Le cœur de la France eſtoit ſain, ſa
playe repriſe , & le mal particulier de
l'Univerſité commençoit à ſe diſſoudre,
quand les Jeſuites employerent l'inter-
ceſſion du Pape Clement huitieme, pour
leur reſtabliſſement en ce Royaume.
Toute la Chreſtienté peut eſtre appellée
en temoignage , de la devotion que nôtre Roy avoit au Saint Siege , de l'honneur particulier , qu'il rendoit au Pape
Clement , pour ſes grandes & éminen-
tes vertus : la bonté du Roy eut plus de
reſpeċt pour le contentement du Pape,
& l'aſſurance qu'il donnoit, qu'au reſſentiment naturel des injures & des outrages , qu'il avoit receus ; tellement
qu'après diverſes juſſions , & pluſieurs
remontrances de la Cour de Parlement,
les Lettres par eux obtenues, furent verifiées. Il eſt remarquable , que les conditions appoſées en leur reſtabliſſement , par le moyen deſquelles on penſoit les reduire aux termes de ſimples
Religieux & ſujets obéïſſans , agréez
par le Pape , n'avoient pas eſté trouvées
bonnes , par leur General , à cauſe de la
difference aux principales Reigles de la
Société ; ils nous ont gardé ce ſecret,
avec lequel ils ſe croyent diſpenſez de
tout ce qu'on a deſiré d'eux , & de ce
qu'ils ont promis , ne pouvant eſtre
obligez , ſans le vouloir du General ;
eſtant plus obéïſſant à luy qu'à Dieu ,
qu'à l'Egliſe , qu'au Pape , ny qu'à tout
le monde univerſellement.

Donques leur retabliſſement , comme il eſt dit cy - deſſus , fut au mois de
Janvier mil ſix cens quatre ; auparavant

leurs Confreres de Douay, avoient me-
nagé l'entrepriſe ſur la perſonne du Duc
Maurice , & y avoient envoyé leur
pourvoyeur , nommé Panne , pour l'é-
xecuter ; & peu de temps après, fut deſcouvert un autre deſſein de leurs bonnes intentions, la conſpiration dont trois
de leurs Peres, nommez *Teſmond* , *Ge-*
rard & *Garnet* , avoient la conduite
contre le Roy d'Angleterre , tous les
Ordres & Magiſtrats du Pays , la plus
prodigieuſe , qui puiſſe tomber en l'eſprit des humains , & qui doit faire honte à tous les excès de l'antiquité. Les E-
tats (c'eſt-à-dire le Parlement) d'Angleterre , eſtoient convoquez , le lieu,
le jour, trouvez & arreſtez , l'ouverture toute preparée. Les Conjurateurs
avoient trouvé moyen de remplir le
deſſous de la Salle , où ſe tenoit l'Aſſemblé de telle quantité de poudre à
canon , cachée & couverte de bois,
qu'avec le moindre artifice de tant loin
qu'ils euſſent voulu : Ils faiſoient perir
& mourir un Royaume tout entier ;
eux-meſmes l'ont ainſy deſcrit , partie
des coupables l'ont confeſſé ; ce n'eſt
pas là le moyen de reſtablir la Religion
Catholique, que de remplir un Eſtat
de meurtres & d'une ſi horrible com-
buſtion ; c'eſt donner ſujet aux Heretiques de ſe roidir contre des procedures
ſi oppoſées à la douceur, que Dieu a
laiſſée en ſon Egliſe , pour marque de
ſa lumiere ; c'eſt faire , que la verité
Chreſtienne ne retourne plus aux lieux,
d'où elle eſt chaſſée , & qu'il advienne
que l'hereſie ſoit pluſtoſt ſuivie d'infidelité & paganiſme , que de reſtaura-
tion de mieux.

Et de l'eſtabliſſement du pouvoir ſpirituel , ſur tout le temporel , eſt née cette autre propoſition de la doċtrine des
Jeſuites , que les Eccleſiaſtiques ne ſont
ſujets , ny juſticiables d'aucun Prince ,
mais

mais du Pape feul, mefme en ce qui concerne le temporel ; que vivans en l'Etat de qui que ce foit, ils ne font point obligez aux Loix, ny au polices, voire en ce qu'elles font les plus grandes & fouveraines. Et pour ce, *Bellarmin* en fon Traité de *Clericis*, depuis le vingt - huitieme Chapitre, jufques au trente : *Emanuel Sa* en fon Confeffionnaire, fur le mot *Clericus*, en ce qu'il a efcrit contre la Republique de Venife, difent d'un commun accord, avec tous ceux de leur Société, qu'encore que les Ecclefiaftiques confpiraffent contre l'Eftat, ou la perfonne du Prince ; neantmoins, ils ne pouvoient encourir crime de leze-Majefté, parce (difent-ils) qu'il n'eft Roy, ny Prince à leur efgard, ny eux fujets aux fiens.

Or avec cette exemption, perfonne ne pouroit douter, que les Ecclefiaftiques ne fuffent autant de garnifons eftrangeres dans l'Eftat ; & fi le Prince ou le Magiftrat les vouloient contraindre à quelque chofe pour le bien de fa police, il refulteroit de la mefme doctrine, que n'eftant point fes fujets, ce feroit un tyran & un ufurpateur, qui pouroit eftre depofé & tué : c'eft le fondement du trouble, que l'on a vû s'efmouvoir contre la République de Venife, de tout temps très-Catholique & très-foumife au Saint Siege, lequel ne peut eftre attribué qu'aux Jefuites ; que le Senat de cette grande République, en l'honneur de la Religion Catholique, avoit foigneufement cheris cinquante ou foixante ans ; jufques-là que quatre ou cinq ans auparavant, ils leur avoit fait don d'un grand Palais pour leur College, où ils tenoient plus de trois cens Efcoliers, enfans des meilleurs Maifons de Venife, & poffedoient dans cet Eftat douze ou quinze mil efcus de revenu.

Après donc le reftabliffement des Jefuites en France, & principalement à Paris, ils n'oublierent pas d'obtenir la permiffion d'ofter & de defmolir la Pyramide, qui avoit efté eflevée & baftie devant le Palais ; en la place où eftoit la maifon de Chaftel, au lieu de laquelle a efté conftruite une Fontaine publique, laquelle eft fubfiftante * en la mefme place. Enfuite de quoy a efté vûë une profopopée, de laquelle la teneur eft ainfy.

* Elle ne fubfifte plus depuis long-temps : voyez ci-deffus l'Avertiffement fur ce Recueil.

PROSOPOPÉE
DE LA PYRAMIDE,

Dreffée devant la grande Porte du Palais ; à Paris.

TAISEZ-VOUS mefchans, puifque les pierres parlent : efcoutez, vous bons François, puifque les autres n'ont point d'oreilles : je fuis ce qui n'eft plus, une pyramide, qui parle, une pierre muette, qui vous follicite de m'efcouter, une colonne fans ouye & fans fentiment, qui vous en veut faire venir ; je parle, n'eftant plus, qui eftant ne parlai jamais ; je me plains de la clemence, qui ne me plaignis jamais de la cruauté ; afin de me rehauffer par les mefmes

Y 2

mesmes moyens, qu'on m'a fait abattre; & rabattre en la memoire des hommes, ce que l'on efface de dessus la terre; la justice me fit dresser, la misericorde me fait deffaire; non misericorde, mais cruauté, puisqu'il est aussi cruel de pardonner à tous, que de ne faire grace à aucun; je nasquis d'un parricide, comme les bonnes Loix naissent des mauvaises mœurs. Un coup de couteau porté sur le visage du plus grand Roy du monde, me porta sur la plus haute face du monde; mais voyez un peu l'incertitude des choses humaines; je devois durer après mille siecles, à peine ai-je veu seulement un lustre. Que dira la posterité, à laquelle je devois succeder, si elle entend que je n'ay peu seulement succeder à mes fondateurs? Qui ne s'émerveillera de voir assujetty à l'oubly, ce qu'y estoit eslevé pour une marque de perpetuelle memoire? Et qui se pourra maintenant asseurer au monde, puisque les plus fortes resolutions sont sujettes au changement? Où est donc ce marbre, si solidement assemblé, qui devoit resister au temps & à la mort? Où sont ces Arrests, si meurement resolus, qui me devoient affermir en l'eternité? Faut-il croire qu'un peu de cotton mol, ait renversé tant de durs marbres? Pauvre *Chalus*, qu'une vaine esperance de la faveur de Monsieur de Rosny, fit embrasser l'huguenotisme durant la prison: que ne te faisois-tu Jesuite, non pas Huguenot, pour estre relevé de tous tes forfaits; mal instruit, tu ne sçavois pas la vertu du cotton. Mais s'il est permis aux pierres sans raison de se plaindre des hommes déraisonnables. Jesuites dites-moy, quels services avez-vous faits à la Couronne, qui merite une telle grace? car où vous avez esté mal jugés, & alors on vous a fait tort en vous bannissant,

ou vous l'avez esté bien; & alors on s'en est fait à soy-mesme, en vous rappellant. Mais sans doute vous l'avez esté bien; car que n'avez-vous point fait pour le meriter? vous n'avez pas seulement desbauché les enfans, mais les hommes, vous les avez obligez à une generale revolte, par des moyens encores plus illicites; qu'elles-mesmes, & qui ne se peuvent dire sans scandale? Et cela est tellement notoire, qu'il n'y a couleur de rethorique, ny finesse de cotton au monde, qui le sceut couvrir, & encore devez-vous vostre retour à la seule misericorde du Roy, qui cruel à soy-mesme, vous a rappellez au prejudice de Sa Majesté, sans qu'aucune de vos actions eut effacé le démerite de vos premiers actes: & encore n'avez-vous voulu retourner sans ceremonies, ny rentrer dans son Paris, que par les portes de ma ruyne, comme par une bresche faite à son authorité.

Mais par vostre foy (Sire) ne voulez-vous pas devenir Jesuite, afin que les Jesuites demeurent Roys. Et quand vous porteriez le sac & vous feriez appeller Frere Henry, comme le feu Roy, en penseriez-vous estre mieux servi que luy? Estes-vous plus Catholique que luy? C'est grand cas, que vous n'ouvriez quelquefois les yeux sur les ombres de ce pauvre Prince, & que la consideration de sa mort ne puisse toucher vostre vie. Je parle bien haut; mais que me peut-on pis faire, que de me ruyner? Si est-ce que vous blasmer de trop de clemence: c'est vous louer d'une bien grande vertu, si elle n'est trop grande: La clemence à sa mesure comme les autres vertus; & combien qu'un homme ne sçeut jamais estre trop vertueux, il peut neantmoins souvent estre trop clement, d'autant que le trop pardonné aux mauvais, nuist aux bons; & puis

(Sire)

(Sire) ne voyez-vous pas que l'on attribue cela, tant à voſtre naturelle douceur, qu'à une certaine moleſſe, qui ſe laiſſe aller aux flatteries de ces Charlatans, qu'on dit tout haut, que les Jeſuites vous ont charmé, & que vous n'avez que du cotton dans les oreilles; car autrement, ſi c'eſtoit magnanimité, ne ſeroit-ce pas aſſez de leur avoir pardonné, ſans les favoriſer encore par ma ruine?

Mais voilà ce qu'on dit, qu'ils ſont utiles à la France: ouy volontiers, pour la Religion. Ces nouveaux Docteurs ſont-ils plus Catholiques que la Sorbonne, qui les a deſclarez heretiques, du moins pernicieux à la Religion, en ſervant pluſtoſt de ſcandale, que d'édification? Et pour l'inſtruction de nôtre jeuneſſe, ſont-ils plus capables que les Regens de nos Colleges, en eſt-il ſorti de plus grands perſonnages, que de nos Univerſitez, qui les ont pris à parties? Mais à quoy faire inſtruire la jeuneſſe, n'en ſont-ils pas declarez corrupteurs: pourquoy eſt-ce donc qu'ils me font abattre, ſont-ils plus ſages & plus ſerviteurs du Roy, que la Cour de Parlement? Sans doute, ſi cela eſtoit, on leur auroit fait grand tort de les exiler. Mais s'il n'eſt point (comme il n'eſt pas poſſible qu'il ſoit) Jeſuites, qu'avez-vous tant à faire en France, on s'y eſt bien paſſé de vous, on vous l'a aſſez montré, quand on vous en a fait ſortir par les coudes, & toutes fois vous eſtes aſſez effrontez, pour dire qu'il n'en eſt rien, & ſoutenir encore après cela que vous eſtes neceſſaires. N'eſtes-vous pas bien impudens de vouloir eſtre parmy nous, en dépit de nous? Et retournez par la porte de derriere, quand on vous a chaſſez par celle de devant? Mais quoy faire encore? Eſt-ce pas pour re-

preſenter les ſervices que vous avez faits à cette Couronne, & en extorquer les aveus de voſtre prudhomie? Ne voulez-vous point imiter d'*Orléans* *, qui après mille méchancetez, dignes de plus de potence, qu'il n'y a de bois au monde, n'a point honte de ſe qualifier du titre d'homme de bien, & dire en ſon remerciment, que le Roy luy a rendu ce teſmoignage honorable de ſa propre bouche? Mais c'eſt ſe cacher dans un prez fauché, de quoy vous autres, Meſſieurs les Jeſuites, le deviez avoir adviſé: car s'il eſtoit tant homme de bien, que le Roy meſme l'eut teſmoigné, le Roy ne luy eut pû avoir fait de pardon, ne luy de remerciment? Mais il eſt notoire, que d'Orleans a fait un remerciment au Roy, qui luy avoit fait cette grace, de le retirer d'entre les mains de la Juſtice, & cette grace ne préſupoſe autre choſe que l'offenſe, qu'il luy a pardonnée, laquelle d'Orleans ne peut avoir commiſe, & eſtre homme de bien tout enſemble; dont s'enſuit, que s'il eſt vray qu'il y a eû un remerciment & un pardon, il eſt encore vray qu'il n'eſt point homme de bien, & que comme meſchant, il a deſmenti le Roy & ſoy-meſme. Il euſt mieux fait de ſe taire, que tant parler d'une choſe, dont il devroit deſirer l'oubly. Il y a toutes fois des gens, qui ſont nez pour eſtre reputez gens de bien, au milieu des plus énormes meſchancetez, & d'autres, qui ſe pourroient rompre le col, pour le ſervice de Dieu & du Roy, qui ſeroient encore eſtimez meſchants. Voyez-vous ces gens-cy du temps de nos troubles, c'eſtoient de petits dieux; en ce temps de paix, ce ſont encore de petits dieux: en ce temps-là, ils tenoient le peuple par les oreilles, en ce temps-icy, ils tiennent le Roy; alors, ils

* D'Orleans eſtoit Avocat General de la Ligue.

ils animoient le peuple contre le Roy, à cette heure, ils voudroient animer le Roy contre le peuple. Hé bien, ils ont fait du mal, ils en ont souffert aussi; que sert-il maintenant de renouveller ces choses? Cela est odieux, l'amnistie à tout aboly: ne vaut-il pas mieux ensevelir Lisandre avec sa harangue? Ouy, mais pensez-vous qu'il ne soit pas bien fascheux aux Colonnes de France de se laisser abattre aux Colonnes d'Espagne? Combien plus à un homme de bien, qui aura versé son sang par tous les endroits de son corps pour son Maistre, d'estre contraint de recourir à son ennemy, pour en obtenir quelque chose? Cela est si cruel, que le ressentiment en passe jusques aux pierres. Car combien, qu'on ne se doive jamais repentir de bien faire, si est ce qu'il semble, qu'il vaudroit mieux avoir fait quelquefois du mal, si la condition des mauvais est meilleure, que celle des bons.

Sire, les pierres ne parlent point, que par une grande merveille; c'est pourquoy, elles doivent d'autant plus estre escoutées, qu'elles parlent moins, surtout quand elles parlent des choses que les hommes n'osent pas dire. J'ay souvent ouy plusieurs de vos bons sujets se lamenter de cela, que vous reconnoissiez mieux, & favorisiez davantage vos ennemis, que vos serviteurs; à quoy l'occurrence de vos affaires vous pourroit bien quelquefois porter; mais d'en faire une regle generale, Sire, il vaudroit donc mieux vous avoir offensé, que servy; & quel propos a-t'il de laisser à reconnoistre un service, pour remunerer une offense? N'est-ce pas destourner les bons de bien faire, & acheminer les autres au mal, & cela, Sire, faut-il le pratiquer envers les Jesuites, qui ont tant de fois escrit

& presché, qu'il estoit licite aux sujets de tuer librement leurs Roys; car pour les autres, qu'un mesme dessein semble avoir armez pour l'accroissement de vos victoires; ils ont des excuses, qui ne peuvent servir icy que d'accusation. L'ignorance des Mysteres de la Religion, que les seculiers font profession simplement de croire, & que ces gens avoient subtilement meslés en leur but, les feignant tout autrement qu'ils n'estoient, & se jouant à la pelotte de Dieu & du monde, les avoient trompez. Ils ne sçavoient pas, qu'il leur fut enjoint de recevoir un Roy, tel qu'il plaisoit à Dieu de nous donner; & non-seulement ils ne le sçavoient pas, mais ils croyoient encore qu'il leur fut deffendu, que cela ne pouvoit estre que la Religion ne mourust, & que Dieu n'abandonnât incontinent son Eglise; car le *Catholique Anglois d'Orleans*, & la réponse des Jesuites le disoient ainsy; & ne le croire pas en ce temps-là, c'estoit bien pire, que ne croire pas en Dieu: tellement, qu'il n'est pas fort estrange, que ceux dont les ayeux avoient porté les armes jusques en Orient, pour la cause de leur Religion, s'armassent ici pour la garder de mourir entre leurs bras; mais que des Religieux se soyent laissez emporter au zele de leur Religion, comme dit *Richeome*, & si furieusement emporter comme ils ont fait, cela est bon pour ceux qui ne sçauroient pas les preceptes: on le feroit peut-estre recevoir aux nouveaux Chrestiens du Perou; mais à ceux qui sçavent qu'il faut obéir au Roy, quel qu'il soit, fut-il demoniacle, comme Saul, ou idolâtre comme Nabuchodonosor, quel moyen de leur persuader cette bourde; & toutefois, Sire, ils vous l'ont donnez tout du long, & vous en donneront bien d'autres, si Vostre Majesté les

veut

veut croire ; car les Jesuites ne s'arrestent pas en si beau chemin, leur insolence n'a point de terme. Et ne voyez-vous pas, qu'après avoir extorqué leur rappel, ils ont encore obtenu ma demolition : lorsque vous entrastes dans vostre Ville d'Amiens, Sire, il vous peut souvenir, que par la composition que Vostre Majesté fist aux Espagnols, entre autres articles, il estoit porté que vous ne destruiriez rien des honneurs, qui avoient esté dressez à la memoire d'Arnantille ; & tout au contraire les Jesuites retournant en France, non comme de pauvres Religieux rappellez d'exil ; mais comme victorieux, & triomphans du plus grand Roy de la terre, n'ont point voulu rentrer dans Paris, qu'ils ne vous ayent contraint vous-mesme, à desmolir ce qu'on avoit dressé pour la memoire de vos honneurs. Quel orgueil de ne vouloir pas retourner, que les images qui representoient la grandeur de la majesté de vostre Couronne, ne fussent par terre ? Quel presage à vous (Sire) qui semblez leur avoir fait un pont de vostre dos, pour les faire monter par dessus vostre royauté ? Jesuites, qu'auriez-vous peu faire davantage, si vous eussiez triomphé de la France ? Encore Cesar, après avoir abattu Pompée, commanda que ses statues demeurassent droites, & par ce moyen en rendit les siennes plus assurées. Mais vous estant non-seulement vaincus, mais convaincus, bannis, & retirez par misericorde ; usez plus outrageusement de votre retour, que si vous aviez opprimez la liberté du pays :

& je ne croy pas, si selon vos inutiles efforts, vous eussiez peu chasser les François, & introduire les Espagnols en ce Royaume, vous eussiez peu faire davantage, que d'abolir les marques de sa justice. Mais vous ne gagnez rien en cela : car pour une Pyramide abattue, qui ne se pouvoit voir qu'en un seul endroit, vous susciterez cent mille hommes, qui crieront & escriront par tout le monde, que justement vous avez esté declarez par divers Arrests, corrupteurs de la jeunesse de la France, & mesme perturbateurs du repos public, traistres au Roy, & deserteurs de vostre patrie.

Les Jesuites obtiennent la permission d'enseigner.

EN suite de tout ce que dessus, les Jesuites après leur restablissement, & la demolition de la Pyramide, possedant l'esprit du Roy, par le moyen du Pere Cotton, qui estoit de leur Compagnie, qui fut fait Confesseur & Predicateur de Sa Majesté, obtinrent des Lettres patentes, afin qu'il leur fut permis de lire & enseigner la jeunesse publiquement dans Paris, lesquelles ayant esté presentées au Parlement, pour y estre verifiée, l'Université de Paris y forma opposition, sur laquelle les parties ayant eu audiance en la Grande Chambre, intervint Arrest avec les causes & moyens d'opposition de l'Université des 17. & 19. Decembre 1611.

Dans le Manuscrit d'où a été tiré cette Procédure criminelle, on trouve encore le Playdoier de M. de la Martelliere, Avocat au Parlement, en faveur de l'Université contre les Jesuites ; mais il ne regarde point le fait de Jean Chastel, & se trouve ailleurs: & la Cour de Parlement même ordonna qu'il fut corrigé, comme sortant des bornes de la modération.

COMPLAINTE

COMPLAINTE AU ROY,

SUR LA PYRAMIDE.

SIRE, la France ayme les Roys, & déteste les parricides : l'amour qu'-elle vous portoit, comme au plus grand Prince de l'Europe, suivy de la crainte de vous perdre & du desir de vous conserver, luy avoit fait planter les marques de sa vengeance au plus haut lieu de vostre Empire ; après les heureuses victoires que Dieu vous a si favorablement données sur les traistres & ennemis de vostre Couronne, détournant de dessus vostre chef, ces maudites conjurations, qu'une ame Espagnole, & superstition de Jesuite, avoit enfanté au grand prejudice de vostre Estat. Voilà le sujet qui nous a fait dresser ceste Pyramide, pour porter à l'éternité par un tesmoignage si entier, nos plus fideles affections ? Sujet qui nous fait aujourd'huy malgré la violence redoubler nos plaintes contre ceux, qui si injustement l'ont renversée. Sire, dites - nous - en l'occasion ? Est - ce que les charmes de ces Charlatans touchent plus vos oreilles, que les justes remonstrances des bons François ? Ou que nous vous ayons plus offensé en vous aymant, qu'eux en vous portant envie ? Est - ce qu'un grand Roy comme vous, qui se sçait bien servir du courage de ses sujets, ne sçait admirer que la vertu de ses ennemis, pour ne recompenser que ceux, qui ont desservy le Roy & la France. Si ceux-là meritent, qui jadis tournerent leur courage plein d'ingratitude contre le service de leur Prince & de leur patrie, qu'il ont tant outragée, sauf vostre respect (Sire) ceux-là font encore mieux, qui n'ont point offensé :

encore si nous pensions que ces Jesuites eussent autant changé de dessein, comme vous avez fait de volonté, se servant de vostre clemence, pour un entier sujet de vostre conversion : nous sacrifierions avec vous à leur retour, & forçant nos justes passions, on nous verroit abattre de nos mains ces colonnes & ces marbres, les voyant démolir de leur courage l'ingratitude & la perfidie. Mais prenez garde, qu'ils n'ayent plûtost changé d'apparence que d'intention, & que par l'esclat de ces deux grandes vertus, qui les font tellement reluire en vostre Cour, complaisance & hypocrisie, ils ne vous ayent esblouy les yeux, que le reste de leurs meschancetez vous estant invisibles, vous soyent incogneues ? Rapportez-vous-en à ceux qui en voyent une bonne partie, & de l'autre, vous en deffiez avec raison, aussi bien vous ont - ils gasté les sens : Vous n'avez des yeux que pour voir ce que bon leur semble, & des oreilles que pour ouyr ce qu'il leur plaist. Retenez ceste magnanimité, que vous ont acquis vostre vertu & la noblesse de vos Predecesseurs : Vostre vertu, dis-je, qui s'estant fait paroistre au danger des armées, se voit presque aujourd'huy effacée par les charmes d'un Jesuite. Sire, vous avez fait abattre une Pyramide, que vos bons sujets avoyent bastie de l'horreur de ces meurtriers : faites - en réedifier une autre plus belle cent fois, & plus enrichie que la premiere. Qu'elle soit haulsée jusques aux nuës, vomissante le feu & le sang, pour espouvanter ceste canaille bazannée, afin que

fuyant

fuyant de si loin, qu'ils verront ces foudres eslancez, ils soyent contraints d'abandonner la France ; & quittant leur proye, ils s'aillent vanter en Espagne, d'avoir rencontré des courages vrayement François & vrayement genereux, & un Roy, qui ne se persuade qu'autant qu'il veut, & ne croit, qu'autant qu'il luy est necessaire. Jamais vostre valeur ne s'est veue tant esclater, que durant l'orage de ces guerres civiles : ores vostre courage se relevant pardessus l'adversité, a fait paroistre combien la fortune estoit sujette à la vertu : Vostre ame entierement courageuse, enfantoit des effets estranges : Jamais vos conseils ne furent plus grands, vos entreprises plus hautes, & vos executions plus heureuses. Sire, vous n'aviez point de Jesuites : Aujourd'huy, qu'un Pere Coton vous tienne tellement par les oreilles, qu'il semble que la royauté ne se puisse desunir de son Conseil : Qu'un Jesuite partialiste & Espagnol, qui a tant d'interest à la ruyne de de vostre France, & qui contribue encore soubs main à sa perte, se mesle neantmoins des affaires d'Estat : Un Roi le plus belliqueux, qui fut jamais, qui a borné ses conquestes par la mer & les montagnes, faisant sentir l'effroy de ses armes aux Nations estrangeres, qui ne sont aujourd'huy redevables qu'à sa modestie : Le mesme Roy se laisse vaincre & manier par un Jesuite. Que l'on dit qu'il ait vaincu tout le monde, pour donner plus de gloire à P. Coton en le vainquant : Il ne reste plus que de mettre vostre Sceptre & vostre Couronne à ses yeux : D'irriter tous les gens de bien pour gagner ses bonnes graces ; & si ce n'est assez, de vous faire Jesuite & le faire Roy de France. Sire, nous parlons bien haut, il est vray, à peine pou-

vons nous estre entendus : c'est à faire aux Jesuites de parler bas, qui si proches de Vostre Majesté nous en esloignent tant : jamais un bon François ne sçauroit compatir avec un Jesuite seditieux : faites choix, ou de nostre affection, ou de leur hypocrisie, comme vous faites fort bien, oubliant volontairement les bons services de ceux, dont vous ne pouvez vous souvenir sans ingratitude. C'est bien fait, pourveu que vous rencontriez plus de fidelité en vos ennemis, que d'asseurance en vos sujets. Mais dites-nous, Sire, quel advancement en attendez-vous ? Que pour caresser l'esperance d'un bien qu'ils ne peuvent faire, vous oubliez le merite de ceux qui vous en ont desjà fait ? Quel profit, dis-je, en attendez-vous pour hazarder avec ce bel avantage le danger de Vostre Majesté ? Ouy, de Vostre Majesté ? Souvenez-vous de ce coup, hélas! qui ne se pouvoit entreprendre que par un Jesuite, & autrement réussir que par la fortune. Ce coup, porté sur le visage du plus grand Roy du monde, par celuy qui sorty de vostre escole Jesuitique, comme un loup enragé d'une noire forest, s'est venu acharner sur ceste saincte Majesté, pour d'une si belle victime faire offrande, & à vous, & à la bonne fortune d'Espagne. Sire, vous vous en souvenez; & si vos oreilles en doubtent, qu'elles se rapportent à vos yeux. Vous le sçavez, on ne vous l'a point dit, afin que le bruit & la reputation ne vous trompast : Ils nous en ont fait sentir les effets. Ce sont vos entreprises, Jesuites. Sire, qu'elle en doit estre la vengeance ? Non ; mais quelle en sera la recompense. Sire, souvenez-vous éternellement de la playe que vous receustes à la bouche. Mais oubliez-là, pourveu qu'il vous souvien-

ne

Z

ne de celle que vous recevez aujourd'huy par les oreilles, qui est plus dangereuse, entant qu'elle est moins sensible. Deux playes, hélas! qui portées sur un mesme visage, ont causé deux effects si contraires. La premiere, vous a justement bannis de France Jesuites; & celle icy vous a restablis avec injustice. Par celle-là nous vous avons cogneus, & celle cy nous vient apprendre à nous oublier: celle-là nous fit abhorrer le parricide: celle-icy nous veut contraindre à l'advouer. Sire, la fortune est pour vous, & Dieu a soing de la France. Vous estes brave, vous estes heureux: Ce grand Achilles invincible aux armes aussi bien que vous, ne pouvoit estre dompté que par le tallon, & vous par les oreilles. Vous escoutez trop, & croyez beaucoup: considerez l'outrage que nostre legere croyance a fait à nostre reputation? Que nous permettions aujourd'huy les traistres victorieux dedans la France, qu'ils ont allumée, & specialement dedans ceste Ville de Paris, où nous leur avons veu exercer leurs plus sanglans desseings? Que nous voyons ces parricides venir avec leurs mains encore sanglantes desmolir nos colonnes devant le lieu le plus auguste du monde, chacun voir que nous l'endurons; mais toute le monde ne sçait pas que vous le commandez? Que l'on casse les saincts Arrests de la Justice, que l'on brise les sacrées Ordonnances, & puisque l'on luy denie ceste consolation de le pouvoir voir? Que l'on luy permette de me le pouvoir souffrir? Non, non, qu'elle voye & qu'elle l'endure, puisqu'en vengeant l'infidelité, elle vous offense, & que vous assemblez deux choses, tant insociables, de vous complaire, & de favoriser vos ennemis. Sire, considerez avec quelle insolence, ces sacrileges renversent au-

jourd'huy ceste Pyramide, que nous avons consacrée à vostre conservation, avec ce mesme courage, qui a autrefois poussé leurs mains sur Vostre Majesté. Nous les avons veus cruellement attachez sur ces pierres insensibles d'aussi bon cœur, qui leur sembloit tenir un Henry de Bourbon, entre leurs mains. Considerez combien leur est douce la victoire, que vous leur mettez en leurs mains, & avec quel mespris de vostre Cour, ils accroissent aujourd'huy le contentement de leur vengeance; elle y assiste la larme à l'œil, vous plaignât plustost en vostre victoire, & en l'accomplissement de vos volontez, qu'elle mesme en ses outrages? Elle l'a veu; & ce qui est de plus insupportable aux vaincus, on a triomphé d'elle en sa presence. Il vous sembloit, hélas! voir un second parricide, puisque abolissant les peines du premier avec la memoire, estoit en inventer un autre par l'impunité? Nous voulions crier & pleurer à haute voix, mais comme l'on remarquoit nos contenances pour nouveaux crimes, nous estions contrains de ressuyer nos larmes & remacher nos sanglors, & s'il nous restoit quelque juste ressentiment de ces injures, les resserrer en nous-mesmes, & trahir nostre Prince en apparence. Ouy, Sire, nous avons esté plus traistres en vous adherant, que fidelles sujets en vous obéissant. Nous le devions plustost empescher malgré vostre commandement pour le bien de vostre peuple, que de consentir par nostre lascheté au grand prejudice de vostre Estat. Le temps vous eut peut-estre un jour fait voir nostre sincerité, par les effets de ceste juste desobéissance. Pleust à Dieu qu'il fust en nous de l'empescher, comme nous ferions, si vous nous permettiez de vous aimer avec liberté. On ne verroit point aujourd'huy

ceste

cefte canaille Efpagnole, au grand fcandale du public, s'eflever contre la juftice, & triompher fi impudemment de fa douleur & de fa patience. Nous les avions defjà fi bien efcartez, que la France fe pouvoit dire à ce coup entierement nettoyée de cefte vermine, fi Voftre Majefté ne fe fuft ennuyée de fon repos & dépleu de fa felicité. Vous les avez vous-mefmes condamnez, & voftre fincerité nous avoit commandé de les detefter pour l'amour de vous. Quelles font vos refolutions ? Ils vous ont prié, & vous vous eftes oublié vous-mefme pour entheriner leur requefte, & hayr, pour aimer & cherir ceux que ne pouvez punir qu'avec raifon. Aujourd'huy, vous ne pouvez fléchir par les prieres de vos bons fujets, que vous ne pouvez mefcontenter fans grande injuftice. Serez-vous donc muable & inconftant en tous vos deffeins, finon lorfque vous aurez entrepris de vous perdre vous-mefmes, & ruyner voftre Eftat ? Mais auffi quelle recompenfe en recevrez vous ? La haine des voftres, & l'ingratitude de ces reftablis ? Non, non, nous aimons nos Roys, mefmes après les injures : auffi fçachant bien que vous ne nous pouvez perdre, vous nous mefprifez. Dieu vueille qu'ils foient auffi fidelles après les bienfaicts qu'ils reçoivent de vous, que nous le ferons après les offenfes, faites peu d'eftat de noftre courroux, & encore moins de nos remonftrances. Que l'on rafe la Pyramide en dépit des bons François, & fi cela ne fuffit, que l'on faffe le procès à voftre Court de Parlement, pour juftifier Pere Coton, à la charge qu'il vous fouvienne, que fur ce debris vous plantiez les trophées d'Efpagne, où l'on voit au milieu un parricide couronné, qui d'une main tienne le glaive,

& de l'autre les lauriers, avec beaucoup d'infcriptions à la loüange de fes fondateurs. Jamais la clemence n'eut rien d'inhumain : ce n'eft bonté, celle qui eft douce à vos ennemis, & cruelle à vos fujets. On vous veut apprendre à méfcognoiftre vos fidelles fujets, & à nous oublier de noftre devoir. Sire, revenez un peu à vous, que le foin de vous & de voftre peuple vous rappelle à la raifon. Dieu vous a donné à la France pour luy commander & la maintenir, & la France à vous pour vous fervir ; fi vous faictes peu d'eftat de vous-mefmes pour l'amour de vous, confervez-vous pour l'amour des voftres. Vous eftes l'ame, nous fommes le corps ; c'eft voftre voloutez qui nous fait mouvoir, & voftre haleine qui nous fait refpirer. Nous ne vivons auffi que pour vous faire fervice, & vous fervons pour nous conferver : Voftre confervation eft la noftre, & la bienveillance de vos fujets, eft voftre accroiffement. Sire, vous eftes grand Prince, vous eftes puiffant, & avez grande authorité : Ne regardez donc point, fi vous avez pouvoir d'éxecuter, mais s'il eft raifonnable d'entreprendre. Vous deviez vous pas contenter de les voir furvivre à leur parricide, tellement remplis de gloire, que nous fommes en doute de fçavoir, ou fi nous les avons chaffez avec plus d'infamie, ou reftituez avec plus d'honneur. Vous devoit-il pas fuffire de les avoir tellement remis en France, que les bons aujourd'huy portent envie aux méfchans ? Eftoit-ce pas affez, puifque vous eftes tant infidele à vous-mefme, d'avoir approché de vous ces meurtriers, que le bonheur de la France ne peut affez éloigner, & ne peut envier aujourd'huy ce feul contentement, qui reftoit à nos juftes paffions, & voir la

Pyramide

Pyramide demeurer malgré leurs efforts, à la honte perpetuelle de ces parricides? France, miserable éternise, tes larmes avec la douleur, puisqu'il faut que tu te repentes d'avoir aimé, pour voir aujourd'huy condamner les plus entieres affections. Et vous Pere Coton, Jesuite mal avisé, si vous eussiez esté aussi sage que vous estes seditieux, vous n'eussiez jamais tant poursuivy de faire abattre la Pyramide, qui vous faisoit plaindre par quelques-uns estant entiere, & vous fait maintenant blasmer d'un chacun par sa ruine? Il valloit beaucoup mieux pour vous, si à si grand tort, comme vous pretendiez, on l'avoit plantée, que l'on la souhaitast abattre. Que l'estat en portast tant d'envie à vostre felicité. C'est l'ambition qui vous commande, dont sont plaines vous seditieuses requestes. Sire, le sujet pour lequel ils vous prient, vous devoit estre occasion de les refuser. Par-là vous avez deu cognoistre le blanc, où visent leurs plus signalées intentions, & le but principal où il pretendent : puisqu'il ont tasché de vivre par vostre perte, que vostre vie soit leur mort. Plus la France se voit florissante, plus elle déteste les ennemis de sa grandeur. Voilà, Sire, quelle sont nos plaintes, que nous payons & à nostre Roy & à nostre patrie. Nos plaintes, dis-je, qui seules nous restent de nostre liberté, pour le moins un jour le triste contentement nous restera au fort de nos adversitez, que nos advis ont esté justes, mais mal receuz ; & quand le temps nous fera voir le sujet de vostre crainte, que nous puissions dire les avoir preveues, & non pas sceu empescher. En tout cas, Sire, nous vous avons obéi. Souvenez-vous donc, Sire, que vous offencez beaucoup de gens de bien, pour restituer ceux qui ne nous peuvent nuire que dedans nostre pays, que vous les attirez par vostre douceur, & ne les chasserez jamais que par violence. Sire, donnez-leur plus de sujet de se plaindre de vostre justice, que de triompher un jour de vostre bonté.

ADVERTITE CIVES.

MOLEM detestandi parricidii indicem ad perpetuum publicæ ultionis exemplum, ex S. C. positam, evertit Pater Coto. Quid non his initiis deinceps ausurus, facturus, non leges evertere, auctoritatem judiciorum evellere, libertatem publicam labefactare, juventutem corrumpere, mores transmarinos inducere, edicta violare, Regem tandem de Solio deijcere? Cave, Rex fortunatissime, ab hac peste, quæ novam ad Catholicam Majorum Religionem adjecit Sectam, & Præsules Ecclesiæ spernere, Magistratum ludibrio habere docet. Quod afflat, necat : Alphonso Cavillo ex illo Sodalatio authore, Sigismundus Battorius Transsilvaniæ princeps, fædus pacis contradicentibus suæ dicionis proceribus, violavit patruelis ad perniciem, persequutus est, bello se inextricabili implicuit, ad extremum imperio exutus, nunc miser & inglorius in Silesia senescit. Sigismundus Poloniæ Rex iisdem incensoribus, turbas in Prussia intempestivè excitavit, inauspicatâ in Sueciam profectione, periculum vitæ adivit, ac posteà Regnum ipsum avitum amisit. Rudolphus Cæsar horum Sectariorum consilio usus, Transsilvaniam Stephano Battorio fraude ereptam, ferro flammâque miscuit ; Cassoviam ad desperationem adegit, & nunc ambiguo belli

exitu

exitu cum Hungaris suis, jam vicini Turci de summa rerum decertant. His recentibus exemplis disce, Rex, quod in tuam rem vertat, Consilium capere: cuivis potest accidere, quod cuiquam potest. Consultores pessimi & ignavissimi, praeposterâ dissimulatione Reges, Regnique causam proditis. Quo vobis mentes, quod animi monumentum ad aeternam Francici nominis ignominiam Romae erectum, non sine publica indignatione stat: Et illud, pro Regis salute positum vecordiâ vestrâ ruet. Ubi nunc Montmorentii & Hospitalii foelices pro Regis Majestate asserandâ animae! Oportet Regum Consiliarios, aut Reges, aut Regum, animos habere, valete & cavete.

INVECTIVE

CONTRE L'ABOMINABLE PARRICIDE
attenté sur la personne du Roy Très-Chrestien HENRY IV. Roy de France & de Navarre.

Par Pierre Constant, Docteur ès Droicts, natif de Lengres.

Sur la Copie imprimée à Paris, en 1595.

Avec Privilege dudit Seigneur.

CE ne sont, Messieurs, ce ne sont les François, Très-Chrestiens & très-fidelles subjects de Sa Majesté, qui se laissent piper à l'opinion erronée, faulse, & heretique de ceux, qui soydisans enfans de la Saincte Hostie, soutiennent qu'il est loysible de tuer un Roy, lequel n'est approuvé du Sainct Siege: ce sont plustost ces esprits brouillons & seditieux, qui sçavent bien surprendre & illuder les ignorans de ceste mesme opinion, abominable devant Dieu & sa Justice divine; & lesquels conspirent effrontement contre les Roys, soubs pretexte de quelques exactions insupportables, & déportemens particuliers. Pourquoy faire, ils ont bien l'adresse & malice de susciter & dresser à leur poste quelque petit Asta-rot d'enfer, en luy promettant une place en Paradis, lequel soubs ombre de ces fantosmes & vaines-illusions, ose entreprendre un coup execrable, & lequel devroit estre tenu & mis entre les pechez muets.

Et à fin de former la défense, que j'entends fournir contre ces mutins, & factieux adherans à une si meschante & detestable opinion: en quelle part de l'Escriture-saincte pourroient-ils trouver la permission d'attenter sur la vie de ceux que Dieu a eslevé sur nous, sans une apparente vocation, expresse & indubitable? Cela est la base & le fondement de ma defense. Frère Jacques Clement, Pierre Barriere, Jean Chastel, de qui ont-ils esté envoyez, pour entreprendre, faire & executer, ce que je ne

Z 3

ne dois exprimer, ny dire, pour l'execration apparente ? N'est-ce pas le mefme esprit, qui posseda jadis Eroftrate
boute-feu du Temple de Diane : non
pour esperance de salut, qui fut en eux,
ains pour perpetuer leur nom, & faire
parler d'eux en la letanie de la Saincte
Ligue ? L'execration de leurs faits me
fait entrer en colere, mesmes quand je
les nomme, ou qu'il m'en souvient :
que puissent-ils estre ensevelis dedans
des ondes fluctueuses du Lethe infernal,
& que leur memoire puisse estre une
torture & gehenne perpetuelle à tous
ceux qui sont encore de ce faulx & malheureux party Espagnol, que l'on colo-
re aujourd'huy du riche & specieux
émail de Religion, soubs lequel on
abuse impudemment du droit d'hospitalité, parentele, amitié, & autres
saincts liens, pour donner lieu aux fre-
netiques opinions des Princes estrangers, & François desnaturez de ce
Royaume, leurs adherans. Que ceux de
la Ligue nous facent apparoir de l'Apof-
tolat & mission expresse de ces trois
meurtriers, de leur esprit, & commandement, qu'ils avoient de perpetrer telles choses.

Ils pourront nous supposer quelque
faux Demon, forgé de nouveau, ou bien
quelque puissance bastie & controuvée
en la Synagogue des marrans Espagnols, ou bien en quelque classe & secret
auriculaire de Jesuites. Où avons-nous
les yeux (mes chers concitoyens & François) où est nostre entendement ? Que
à nos yeux voyans, l'on attente sur la
venerable & sacrée personne de nostre
Roy, de la conservation duquel defpend l'entier repos de ce Royaume ?
Où en sont les doleances, les cris, le
dueil, & les gemissemens ? En quelles
tenebres, en quels troubles rentrions-
nous, si l'Ange du Dieu d'Abraham

n'eust destourné le coup, que ce malheureux & determiné s'estoit proposé
de faire ?

Ceux qui restent du naufrage de la
Ligue, nous allegueront Jahel, Aod,
Jehu & Judith, lesquels soubz couleur
d'obéissance, jetterent leurs mains van-
geresses sur Sisare, Eglon, Joram &
Holoferne. En quoy soubs correction,
ils se trompent grandement, & tournent l'Escriture-saincte suyvant l'inclination de leurs humeurs. Car qui est
celuy d'un entendement si stupide, qui
ne jugea ces quatre dignes de cent feux,
de cent roues, voire d'un million de
tourmens, s'ils n'eussent esté particulierement triez & choisis de Dieu, pour
delier les chaines de la servitude, en
laquelle ils estoient constituez, & tout
le peuple Hebrieu ? Et comme expressement appellez pour faire mourir ces Tyrans, d'une mort autant ignominieuse,
que leur vie avoit esté tyrannique, meschante & abominable ?

Nostre Roy Henry quatriesme, à
present regnant, n'est en rien comparable à ces quatre tyrans, payens & infidelles, entant qu'il est notoirement &
naturellement nostre Roy très-Chreftien, très-Catholique, & plein de toute pieté.

Jahel femme de Haber Cinéen, pro-
phétisse & eslevée sur le peuple de Dieu,
de son Ordonnance & par le Sainct-Ef-
prit qui la possedoit, tua Sisare Chef de
l'armée de Jabin, Roy de Canaan, luy
fichant en la temple un cloux avec un
marteau, ainsi qu'il dormoit en son Tabernacle : en quoy faisant, elle sembloit
avoir violé le droict d'hospitalité,
l'ayant humainement receu, & promis
tout bon traitement en sa maison :
neantmoins elle est tenue pour saincte,
& beniste au Cantique & actions de
graces rendues par Debora & le Roy
Barac,

Barac, après la victoire obtenue sur Sisare, près le Mont de Thabor.

Aod, semblablement homme de Dieu, & par luy indubitablement ordonné pour le salut des enfans d'Israël, avec un glaive d'une coudée seulement & à deux tranchans, tua Eglon Roy de Moab, auquel ce peuple de Dieu estoit iniquement & par force tributaire, subject à ses Ordonnances, tant pour le regard de la Religion, que pour la police humaine ; & après avoir ce faict, il ferma la Chambre d'Eglon, avec l'asseurance de l'Esprit-Sainct, qui l'assistoit, & se retira sain & sauf en Seirath, & en la Montagne d'Ephraïn, où les enfans d'Israël en rendirent louange à Dieu.

Le Roy Jehu, fils de Josaphat, après qu'il fut oinct & sacré Roy d'Israël, & sur iceluy estably par le Sainct Prophete Elisée, se transporta en Israel, où il mit à mort d'un coup de flesche Joram, aussi Roy d'Israel ; & pour avoir ce faict suyvant l'Ordonnance de ce Dieu, estant inspiré de l'esprit du grand Dieu, & pour avoir aussi destruit, mis à néant, & esteinct la maison du Tyran Achab, ses fils furent assis sur le trosne d'Israël, jusques à la quatriesme generation ; & fut à la fin de ses jours enseveli fort religieusement en Samarie, avec ses pere & mere.

Judith, se sauva miraculeusement, & passa avec une belle asseurance au travers de l'armée, & du camp d'Holoferne, après qu'elle eust coupé la teste à ce Tyran barbare, infidelle & ennemy du peuple de Dieu ; & arrivée qu'elle fut en la Ville de Bethulie, que ce Tyran tenoit assiegée, elle y fut glorieusement receue, avec une infinité de sainctes allegresses & magnificences.

Il appert doncques notoirement & veritablement, comme ces saincts personnages, après avoir faict leurs coups sur ces Tyrans, ennemis de Dieu & de son peuple, se sont retirez comme ils estoient venus, sans aucune difficulté ny empeschement. Mais c'est tout autre chose de ces meurtriers, qui ont cy-devant attenté sur nos Roys, par la fausse & damnable instruction, qu'on leur avoit donnée : car s'il faut juger leur felons attentats, par le progrès & évenement d'iceux : en vertu de quelle mission & patente, se sont-ils acheminez pour attenter sur les personnes de nos Roys sacrez ? Quel esprit, quel Ange, quel Prophete les a induicts, acheminez & reconduits, après leur forfaict commis ? Sont-ils eschappez comme Jahel, Aod, Jehu, & la saincte Judith ? Au contraire, Dieu qui abhorre les meurtriers & hommes sanguinaires, a permis qu'ils ayent esté pris & apprehendez, l'un pour estre massacré & traisné à la voirie, comme fut celuy que *L'enfer créa**: l'autre pour estre rompu & mis sur une roue, sa main bruslée, tenant le cousteau, duquel il devoit faire son coup : celuy, est vostre Pierre Barriere : le troisiesme est ce Chastel, dans lequel ces hypocrites avoient mis & logé ceste damnable opinion, & lequel fut tenaillé aux bras & cuisses, sa main dextre coupée, tenant en icelle le cousteau, duquel il s'estoit efforcé commettre le parricide, son corps tiré & demembré avec quatre chevaux, & ses membres & corps jettez au feu & consumez en cendres, pour estre jettées au vent. Voilà les couronnes, les trophées, & les lauriers de vos saincts Martyrs & Catholiques, puisqu'ainsi, mais faussement, vous les qualifiez, contre l'honneur de Dieu & de son Eglise, comme si la peine & le tourment faisoient, sans la cause, l'homme martyr

* C'est Jacques Clement.

tyr en ce monde, au défaut de laquelle, celuy qui passe par la main du bourreau, retient à juste titre & digne le nom de voleur, meurtrier, assacinateur & autres, telles ou semblables qualitez, & non de Sainct Martyr : car il faut par necessité, que la cause & la peine soient conjoinctement en celuy qui souffre, pour s'acquerir meritoirement la Couronne de Martyr ; mais quelle cause pourriez-vous trouver en vos meurtriers ? Sur quoy fondée ? Si elle n'a pour fondement le zele que ces hypocrites portent, au bien & manutention de l'Estat Espagnol, d'où sont issus originairement ces perturbateurs de l'ordre, & ancienne hierarchie de l'Eglise Catholique, ennemis jurez de nos Rois & de leur Estat.

Sa Saincteté n'a jamais approuvé vos felons attentats, moins le Sainct Siege & Consistoire de Rome : bien ont-ils accoustumé de faire passer par les Censures Ecclesiastiques, & excommunications ordinaires, ceux qui forlignent du vray & legitime party de l'Eglise Catholique ; mais en leurs Censures & Bulles, ils n'ont jamais commandé de massacrer, empoisonner, ou tuer les Roys & les Princes : bien est vray qu'ils les ont seulement declarez estre membres desunis & separez du corps de l'Eglise, hors laquelle n'y a point de salut : de les tuer, cela ne se trouvera jamais.

C'est pourquoy aussi vos meurtriers n'estans approuvez de l'Eglise universelle, Dieu a permis qu'ils ayent esté punis ignominieusement, & selon leur demerite. Ainsi il en prit à Jambri, lequel tua Ela son Maistre & Seigneur, fils de Baasa, Roy de Therse, en laquelle après l'avoir tué, il regna sept jours seulement ; mais comme le Seigneur &

pere protecteur des enfans d'Israel, qui est seul scrutateur de nos intentions, sçavoir, l'ambitieuse conjuration de Jambri, il suscita Amri, assisté de son peuple, lequel assiegea la Ville de Therse, où estoit Jambri ; & prévoyant bien que la place n'estoit tenable, il se retira dedans le Palais Royal, qu'il mit en combustion, & comme un vilain Sardanapale, se laissa brusler & consumer au feu, punition digne de son demerite : encore que le Prophete Jehu luy eust ordonné de mettre à sac, & ruiner entierement la maison & race du Roy Basa & de Ela son fils.

Ceux qui jetterent les mains sur Absalon, ne furent-ils pas punis de mort, encore qu'il portast les armes contre son pere, son Roy & sa patrie ? Aussi l'esprit de Dieu, qui estoit en son pere David, nous revele par son organe Royal, que le Seigneur Dieu abhorre l'homme sanguinaire & frauduleux.

Et Dieu vueille que nostre Roy Henry quatriesme, puisse comme le susdit Amri avec son peuple, composé de ses vrays & legitimes subjects, investir & assieger, si à propos le grand Jambri de la Ligue & ambitieuse faction, qu'il soit enfin contraint de nous laisser pour toutes reliques, ses cendres, à fin d'estre jettées au vent, & en perdre la memoire.

Telle a esté tousjours la fin des esprits ambitieux & perturbateurs du repos public, ennemis des vrays & legitimes Roys, & lesquels ne pouvant à guerre ouverte, mettre à effect leurs malitieux & diaboliques desseings, employent des petits Astarots, ministres de leurs passions, à fin d'assaciner nos Roys à tort & à droict, sans aucune autorité ou vocation expresse.

Le procès en dernier ressort de ces
meurtriers

meurtriers & de leurs iuſtructeurs, eſt tout faict au Concile de Conſtance, Seſſion quinzieſme, auquel n'a eſté deſrogé depuis, & voicy leur condemnation : *Declarat inſuper, decernit & diffinit, quod pertinaciter doctrinam hanc perniciosiſſimam aſſerentes, ſunt hæretici, & tanquam tales, juxta Canonicas ſanctiones, puniendi.* Ce qui fut ainſi arreſté en iceluy Concile, ſur la propoſition : *Quilibet tyrannus :* mais ces venerables Jeſuites, par preſomption, ou autrement, ſe declarent tacitement eſtre pardeſſus Noſtre Sainct Pere, & ce Sainct Concile.

Voilà cependant ce que l'auteur a mis en lumiere, contre la ſuſdite damnable opinion, à fin de ſurvenir au ſimple peuple, que les meſchans ont accouſtumé de ſurprendre & circonvenir, par un faux deſguiſement des Eſcritures-ſainctes :

Ainſi le faux Demon deſguiſa l'Eſcriture,
Quand il voulut tenter du monde le Sauveur,

Luy propoſant alors, ſoubs faulſe couverture,
Des celeſtes courriers, l'aſſiſtance & faveur.

Bref, il ſe faut donner de garde des faux Prophetes, & de ces Orateurs mercenaires, leſquels eſtans en Chair, tournent & virent le ſens de l'Eſcriture-ſaincte, à l'équivalent de leurs penſions & paſſions Caſtillanes, laiſſant la ſincere interprétation des Saincts Docteurs de l'Egliſe, pour preſcher & annoncer impudemment l'apotheoſe de leurs faux Machabées & parricides, que nous devrions plus abhorrer, que les abominables pechez de Sodome & Gomorre.

Dieu par ſon Sainct-Eſprit, les veuille adviſer, & leur faire la grace d'enſeigner ce qui eſt à ſa gloire, manutention de ſon Egliſe Catholique, obſervation de noz legitimes Roys, repos & tranquillité du public.

FIN.

DISCOURS D'ESTAT,
SUR LA BLESSURE DU ROY.

Sur la Copie imprimée à Paris, en 1595.

Avec Permission.

A TRES ILLUSTRE SEIGNEUR,

Monseigneur DU HARLAY, Conseiller du Roy en son Conseil Privé & d'Estat, Chevalier, & Prince du Senat de Paris, & Premier Juge du Royaume.

MONSEIGNEUR,

La Ligue, est une maladie laquelle est attachée aux ames Françoises, comme la fievre aux humeurs des corps purulens & mal-sains : c'est pourquoy j'ay dressé ce Discours, où le remede est plus apparent que le mal mesme : si les yeux des rebelles le veulent communiquer à leurs esprits, qui l'ayant digeré, se trouveront gueris, & moy satisfaict, si vous l'avez autant agréable que le service du Roy, vous est en recommendation. Ce qu'esperant, je prieray Dieu (Monseigneur) qu'il vous donne ses graces, & à moy les vostres.

Vostre plus affectionné Serviteur. PONT-AIMERY.

L'AFFRIQUE n'engendre plus les monstres, l'air de nostre Europe les conçoit, la France les nourrit & les esleve, l'Espagne les avoue, & l'Italie les sanctifie : de bastards elle les fait legitimes, & de simples avortons elle les rend hommes parfaits : la Chrestienté en est esmeue, le Christianisme scandalisé & l'Eglise divisée : bref, tout ordre est tellement perverty, que les traistres se nomment partisans ; les seditieux, bons Catholiques ; les neutres, feaux & advisez ; les rebelles, corrivaux d'Estat ; les serviteurs, enfans de famille ; les Estrangers, naturels & originaires du Royaume, voire les colonnes de l'Estat & les piliers de l'Eglise : chacun se plaint du mal, sans chercher le remede. La gangrene se met en l'ulcere, & au lieu de cauthere ardent, l'on y applique

applique des eftoupes, oinctes d'huile & de vinaigre. Les Medecins fe moquent du malade, la fonde des Chirurgiens ne penetre point jufques au vif, la nature veut forcer la violence du mal, & aucun ne la feconde, les medicamens y repugnent, la crife n'en eft pas remarquée, l'on n'eft en aucun doute, fur ce que l'on ne craint pas, la crainte ne furmonte jamais le defir, le defir furpaffe le devoir ; & pour le dire en un feul mot, toutes chofes font indifferentes à un ame mal née, & à un efprit corrompu & dépravé. Nous eftions perdus, fi nous ne l'euffions efté. Le bonheur de la France, eft pareil à un Phenix, qui faict naiftre de fa mort un femblable à foy-mefme, & tire de fes cendres mortelles un brazier de vie, qui ne fe peut efteindre à fa pofterité. Le Roy deffunct d'heureufe memoire, fe voit accablé lorfqu'il nous relevoit, fe fentit oppreffé, lorfqu'il nous foulageoit, mourut lorfqu'il nous redonnoit la vie ; il mourut, dis-je, non au milieu de fes victoires ; mais au commencement de fes triomphes, il broncha fur les ruines de fes ennemis, & n'eut rien de plus contraire à fon bien, que ceux dont il avoit eftably la feureté & le repos. Les ames des rebelles foupirent encore aux champs de Jarnac & de Montcontour, & s'eflevent contre l'affaffin qui l'a meurtry, puifque le foupçon les a condemnez, & la faute n'a fceu rendre coupable ceftuy-cy, envers ceux-mefme pour lefquels ce grand Roy proftitua fa vie à l'abandon de tant de hazards, que le Ciel nous demonftroit, qu'il eftoit invincible à la vertu, que les victoires luy eftoient certaines, les routes des fiens incognues, les trophées domeftiques & journaliers : l'infamie luy eftoit eftrangere, & la Religion du

tout inviolable & facrée fainte : noftre lafcheté a defait celuy que les armes ennemies n'oferent affaillir ; & l'Eglife qui n'avoit plus de voix, s'il ne luy euft fervy d'organe, l'a injurieufement condamné : ce faict eft extrême, l'excès en defrobe la créance, noftre honneur y eft engagé, la pofterité nous defavoura, & ceux qui naiftront de nous en ce fiecle, n'oferont à un meilleur fe dire nos enfans, le Poëte fe trouvera veritable.

Tu n'es point fils de cil, qu'on dit ton pere,
Tu fus changé dans le lict de ta mere,
Ou bien tu es d'adultere conceu,
Et par mefgard tu fus icy receu.

Chacun fçait combien l'on a faict d'entreprifes fur Sa Majefté, à prefent regnante, en qui la faveur du Ciel eft fi manifefte, que ceux qui en doutent font Athées, & ceux qui ne l'admirent & reverent, font prophanes & impies. L'on peut voir à l'œil & toucher au doigt, que plufieurs Gouverneurs ont des deffeings particuliers fur la mort du Roy. L'on peut auffi juger combien ils fe trompent, veu que la feule injuftice de leur penfée les confond, que l'apprehenfion les deftruit, & que leur confcience les bourrele avec un fleau, que l'ingratitude pouffe fur leurs efpaules, comme une mafchine defignée à cefte feule fin. Je vous prie, dictes-moy, que devindrent les heritiers non du merite, mais des Royaumes d'Alexandre ? Tous les Princes & Seigneurs de l'Afie & de la Grece, penfoient trouver une feconde vie en fa premiere mort. Et ce grand Prince n'eftoit pas enfeveli, qu'ils fe trouverent tous enterrez, n'ayant pour gain que la repentance, pour Royaume, que la volonté, pour affeurance, que le defefpoir,

poir, pour retraicte, que le tombeau, & pour eslection de pis en mieux la feule mort. Tels furent Eumenés, Demetrius, Ptolomée, Antigone, Seleucus, Lifimachus, dont les uns perdirent leurs vies & leurs Royaumes, & les autres fouffrirent des afflictions plus fortes, & des peines beaucoup plus cuifantes & dures. Le Poëte femble avoir raifon, qui dit :

> *Il eft féant qu'un bon Chef pour fa gloire,*
> *Ayant vaincu, furvive à fa victoire,*
> *Ou bien, s'il eft par fortune abatu,*
> *Qu'il meure au moins en homme de vertu.*

Que deviendront tant de Seigneurs ingrats, s'il mefadvenoit de noftre Prince ? Que deviendroyent les Princes mefmes, l'obéiffance eftant violée, la fujection enfevelie, l'ambition des particuliers accreue, la malice du general achevée, & le defordre parfait ? Des Princes d'Italie, les uns recognoiffent l'Empire, les autres font hommagers du Pape ; ils ne peuvent eftre offenfez, que quelqu'un ne reparte pour eux : mais qui feroit le protecteur de ceuxcy, puifqu'un feul Charles-le-Quint a triomphé de tous les Princes d'Allemagne en quatre mois, & qu'en effect & en apparence ils eftoient perdus, fans le fecours que leur donna Henry fecond ? S'il font un corps d'armée, qui en fera le Chef ? S'il n'y en a point, qui pourra combattre fans tefte ? S'il y en a une, qui eft celuy qui la voudra fouffrir, n'ayant fceu endurer un Roy legitime ? Et tandis que deviendra le peuple ? Ne fera-il point mené comme les Ours ou les Buffles par le nez, pour eftre le jouet des paffions d'un chaftelain, ou d'une morte paye, fur le front duquel la tyrannie fera efcrite du fang propre de fes concitoyens ? A quoy feroit mefme

reduicte l'Eglife, puifque le foldat voudroit eftre Curé de fon Village, & le Capitaine Evefque de fa garnifon ? Où feroient, je vous prie, la peine & la recompenfe ? Les tyrans pourroyent-ils eftre affeurez, les Roys ayant faillis à ce bonheur ? Practiqueroit-on en leur endroit, ce qu'ils auroient abhorré chez les autres ? Les Confeillers & Prefidens deviendroient factionnaires de ceux qui vivent fous leurs jurifdictions, & eux qui ont la tutelle des Roys, vivroient fous la halebarde d'un Caporal ou d'un fimple Hamfpefade. Cecy nous eft prefque advenu en la bleffure du Roy, (que le Ciel nous rendroit immortel, fi nous en eftions autant dignes que fes merites nous obligent à le defirer, & la neceffité que nous en avons nous y convie) fa mort efteignoit noftre liberté, fa cheute accabloit noftre bonheur, fa perte defoloit nos familles, fon abfence nous eut fait voir ce que nous craignons, fon naufrage nous eut abifmez, & le bris d'un fi grand corps, eut faict naiftre un efcueil en Europe, où la Nef de Saint Pierre fe fut diffoulte & ouverte de toutes parts. Ne me croyez pas, Meffieurs, je foûhaite que l'on me trouve menteur, en ce que j'ay à vous dire : c'eft que quelques Capucins, Feuillans, & autres Religieux de cefte Ville, confeffent librement, qu'ils ne prient point Dieu pour le Roy, parce, difent-ils, que le Pape ne la pas abfoult, comme s'il luy eftoit permis de condamner l'innocence, de juger de ce qui n'eft pas mis en controverfe, & de tirer de la grace de Dieu, celuy qui la mendie avec autant d'humilité, qu'il y a de fuperftition en une fi vaine & préfumptueufe rigueur : puifque tous les Conciles tiennent, que la Bulle ne rend point l'homme excommunié, mais la faute ; & que la faute n'eft plus où eft

la

la repentence, laquelle fert de commencement à l'Abfolution, & de fin à la peine (je parle de celle que peuvent affigner les Juges fpirituels) pourquoy veulent-ils enforceler nos ames, les repaiffans d'une viande tant peu convenable à un Chreftien, qui doit pardonner l'offenfe avant mefme qu'elle foit achevée, & fe plaindre pluftoft ou aigrir contre le mauvais naturel de celuy qui le perfecute, que repartir fur le perfecuteur, il eft efcrit : *Je l'attendray jufques au foleil couché, & luy feray lumiere en fa voye, de peur qu'il ne tombe.*

Les Curez de toutes les Paroiffes prient Dieu pour le Roy, les Loix divines & humaines l'ordonnent, fes bienfaiéts nous y obligent generalement ; & ceux - cy comme rebelles & criminels de leze - Majefté, feront un divorfe en L'Eglife, fans eftre, je ne diroy pas punis, mais tant foit peu repris ? Les fubjeéts du Roy les nourriffent, voir les Roys mefme les ont eftablis, & par une erreur barbare, fuivy d'un malicieux pretexte, ils s'affranchiront du devoir mefme auquel la nature les aftreint, & la generale focieté des hommes les appelle, en la feule France ; ils commettent cefte impieté, parce que le mefpris des Loix & de la Royauté y eft fi grand, que les Princes n'y font refpeétez que par humeur, & les Loix obfervées que par acquit, encore eft-il plus en l'apparence, qu'en l'effeét ? Le fimple peuple, digne de qui l'efprit n'eft pas capable d'une forte raciocination, & qui ne croit que ce qu'il s'imagine, eft incontinent trainé au deffeing, de ces Religieux qui leur prefchent la revolte pour du pain, faifant par aux debiles confciences, & efbranlant les mieux fondées, par je ne fçay, quelle menace, qui fert de gehenne aux ames devotes,

d'embufche à la vie des Roys, de troubles au Republique, de matiere à la fuperftition, & de fcandale à l'Eglife, de qui les juftes & fainétes armes ne s'employent jamais contre ceux qui la recognoiffent, & vivent fous fon eftendart, refolus d'y combattre jufques à la mort. Y a-il rien de plus impertinent ou de plus lafche, que quelques Officiers du Roy, qui abbayans à l'ombre des Miftres & des Chappeaux rouges, avec une éloquence plus forcée que naturelle, & avec plus de deffein que de raifon, jufques à cefte heure ont maintenu les Jefuites, avec tant d'ardeur, qu'ils embrafoyent les parolles des fidelles ferviteurs de leur Maiftre, les convertiffant en fumée, lors mefme qu'il eftoit queftion de la vie du Roy, & que l'on proteftoit contre eux, du peu de compte qu'ils en faifoient pour eftre en reputation à l'endroit du Pape, & de fes créatures formelles les Jefuites ? Il s'en faut peu que je ne vous nommes ingrates pies de cefte grande cage : j'ay affez de cœur pour l'entreprendre, & trop plus que de fubjeét pour l'effeétuer : je vous pardonne en l'honneur de la France, joinét auffi que fi vous évitez la main des hommes, celle de Dieu n'eft fubjeéte à aucune paralyfie. Vous n'aurez point de plus grands ennemis que vous-mefmes ; & fi vos Charges vous affranchiffent d'eftre punis, on ne laiffera pas de vous en juger dignes, la peine ne fait pas le martyr, mais la caufe ; c'eft affez que voftre intention vous faffe partie, & que l'on a veu qu'à tort vous foufteniez les Jefuites, de la maifon defquels, comme d'un Arcenal, eft forty cefte piece maudite, qui en une feule perfonne, a prefque foudroyé toute la France, dont fe fut enfuivy l'embrafement de l'Europe.

rope, & parmy la desolation universelle (ce croy - je) vostre ruyne particuliere. Une chose me console, & me
faict bien esperer ; c'est que Messieurs
de Paris, ont faict une entiere preuve
de fidelité, en ce dernier essay de trahison : car il n'y a eu famille, qui ne se
soit resjouie de la conservation du Roy,
& de la peine du patricide. Les saluta-
tions, les feux de joyes, & les prieres
faictes pour ce regard, apportent un
oubly perpetuel aux fautes passées des
habitans de ceste Ville, lesquels en une
seule nuict, ont donné plein jour à la
créance, que Sa Majesté doit prendre
de leur service, où l'affection preside
avec tant de verité, que le tesmoignage en est admirable, & l'esperance qu'-
ils y continueront, certaine & infaillible.

HYMNE AU ROY.

SOleil de nostre temps, lumiere des guerriers,
Qui fais naistre sous toy la palme & les lauriers,
La vertu qui t'esleve en un throne de gloire,

Butine assez ta vie au temple de memoire :
Sans que pour m'honorer, je thonore en mes
vers,
Qui te font voir au ciel, du Ciel à l'Univers,
De l'Univers à toy : car le Ciel & la terre,
Ne sont qu'un petit point en ton cœur qui les
serre :
Ne pouvant limiter, ta grace & ta valeur,
Dont le merite encor surpasse le bonheur :
Supplée à mon defaut & lis en mon ouvrage,
Mon devoir tout ensemble & mon ardant
courage :
Car mon grave dessein fait preuve de ma foy,
Autant que je te tiens pour legitime Roy.
J'ay le premier de tous fait sçavoir à la France,
Dedans un Livre d'or, ta force & ta clemence :
Ta clemence qui luit ainsi, que dans les cieux
Paroist sur le midy le soleil radieux,
Soleil qui ne voit pas environnant le monde,
Un Prince [Mon grand Roy] qui tes efforts
seconde :
Soleil qui ne voit pas au sein du firmament,
A l'ame des guerriers un pareil ornement.
Il n'est rien que toy - mesme à toy - mesme
semblable,
Pour la comparaison de chose incomparable.
Et je suis tout pareil à cil qui va suivant,
De l'œil & non du pied un tourbillon de vent,
Qui se grossit tousjours, & d'une forte haleine
Voltige parmy l'air de la chaude Cyrene,
L'esprit n'y peut atteindre, & le regard honteux
Se perd dedans la nue, & non le corps venteux.

PLAIDOYÉ,

SUR LEQUEL A ESTÉ DONNÉ CONTRE LES Jesuites, l'Arrest du 16. Octobre 1597. inseré à la fin d'iceluy.

Sur l'Imprimé à Paris, chez Mamert Patisson, Imprimeur Ordinaire du Roy, 1597.
Avec Privilege de Sa Majesté.

MARION, pour le Procureur General du Roy, a dict :

NOUS prenons en bonne part, comme nous estimons que la Cour, fera les remonstrances des Prevost des Marchans & Eschevins de Lyon, presente-
ment leuës par leur Procureur. Mesmes nous les louons de ce qu'ils disent tout au commencement : que depuis l'heureuse reduction de leur Ville à l'obéissance naturelle du Roy, ils n'ont jamais tant soit peu forligné du devoir & bon zele de fideles sujets ; & les exhortons à
la

la continuation de ceſte obéiſſance, voire à l'augmentation : ſi ce que nous croyons dès ceſte heure infiny, peut recevoir encore quelque accroiſſement. Car quoyqu'on penſe avoir fait tout ce qui ſe peut, toutesfois nous nous devons exciter à plus, & à ſurmonter par un effort extrême, l'extrêmité meſme de noſtre puiſſance, puiſque les biens-faits de Sa Majeſté, d'ailleurs ſi immenſes, qu'ils ſembloyent eſlevez en leur plus haut degré, ont eſté neantmoins infiniment accreuz, par ſa conſtance & proüeſſe indicibles, ſuivis d'un ſuccès, ſurpaſſant l'eſperance de ſe pouvoir faire, & preſque la créance d'avoir eſté faict en la repriſe de la Ville d'Amiens. C'eſt pourquoy, outre le devoir general de ſujets à leur Roy legitime ; & qu'en particulier du ſalut du noſtre dépend totalement, par les moyens humains le ſalut de nous tous ; on doit encore par un commun & naturel inſtinct, qui ravit tout le monde à la reverence des choſes admirables, un ſoin particulier, exact & curieux, à la conſervation d'une ſi éminente & ſuprême vertu. Et toutesfois, c'eſt choſe aſſeurée, que ceux qui s'arrogent le nom de Jeſuites, en ont dès long-temps conjuré la ruine, & ſe ſont dévouez à ceſte immanité. Enquoy ſe remarque un exemple notable des vrais preſages, que Dieu (quand il luy plaiſt) inſpire à ceux qu'il luy aime. Car en la cauſe celebrement plaidée, trente ans ſont & plus, ſur la reception, non pas de leur ordre (qui n'a jamais eſté approuvé en France) mais de leur College au corps & privileges de l'Univerſité, les plus ſages hommes de ce temps-là, vrayement excellens en la conjecture des affaires du monde, previrent dèſlors, que par traict de temps, ils allumeroyent le flambeau de diſcorde au milieu du Royaume, & en pro-

cureroyent l'entrée à l'Eſpagnol, qui les nous envoyoit comme ſes Emiſſaires. Meſmes ceux qui tenoyent les Charges que nous exerçons, le dirent hault & clair : & requirent par leurs concluſions, qu'on leur fermâſt l'entrée, non-ſeulement de l'Univerſité, mais de tout ceſt Eſtat. Auſſi la Cour par ſon Arreſt, ne les receut pas, ains appoincta la cauſe ſimplement au Conſeil : ce qui devoit ſuſpendre leur eſtabliſſement. Mais (par un malheur grandement lamentable & funeſte à la France) ceſte prudence moyenne & imparfaicte, qui par bonne intention differoit de leur clorre, ou leur ouvrir la porte, juſqu'à ce qu'elle y euſt plus meurement penſé, a degeneré petit à petit en la pire partie, par la legereté & licence du peuple, enclin à la nouveauté ; & par la connivence des Magiſtrats, éblouis du luſtre de leur hypocriſie : d'où leur eſt venue l'audace d'entreprendre ce qui nous a cuidé totalement ruiner ; & pour raiſon dequoy la Cour à bon droict, par ſon Arreſt du mois de Decembre, quatre-vingt-quatorze, les a releguez en Eſpagne, d'où ils eſtoyent venus. Ce qu'elle pouvoit faire, voire ſur les ſeuls merites de l'ancien procès, ores qu'il ne fuſt rien ſurvenu de nouveau ; puiſque leur réception eſtoit encore pendente & indeciſe ſous la puiſſance de ſa juriſdiction. Et combien plus s'eſtans d'abondant trouvez coulpables, & de perturbation du repos de l'Eſtat, & de corruption des mœurs de la jeuneſſe, & du conſeil de la mort du feu Roy, & finalement d'attentat à la vie de ſa Majeſté ; dont la conſcience des principaux d'entre eux remorſe & agitée, leur fit prendre la fuitte, & ainſi éviter la peine ſolemnelle uſitée par les mœurs de nos peres en ces impietez ? Auſſi pour moindres cauſes pluſieurs autres ordres, voire du

tout

tout receus (ce que cestuy-cy ne fut jamais en France) ont souvent esté, ou exilez de certaines Provinces, ou du tout abolis. Comme celuy des Templiers, sous le regne de Philippes-le-Bel ; & de nostre temps en Italie, celuy des Humiliez. Mesme un Docteur Espagnol, surnommé Navarrus, en son Manuel, reduit en épitome par un Jesuite, aussi Espagnol, nommé Alagona, * dict qu'au mois d'Octobre, mil cinq cens soixante-treze : il fut décidé en l'auditoire du Cardinal Osius, Grand Penitencier de Sa Saincteté. Qu'un Espagnol, qui avoit faict vœu de se rendre en l'Ordre des Cordeliers, qu'on dict Conventuels, lors receu en Espagne, d'où ce mesme Ordre avoit esté depuis tollu & osté, n'estoit adstreint outre son intention, expresse ou taisible, de rechercher ailleurs en un autre Royaume, où l'Ordre soit encore, un Monastere qui le peust recevoir. Ce que nous recitons plustost par ces deux Livres, que par un autres meilleurs ; d'autant qu'ils nous servent contre les Auteurs mesmes, & de tesmoignage, que l'Espagne offensée des mœurs dissolus de ces Cordeliers, s'en est delivrée, les faisant supprimer ; & d'autorité, que si quelques-uns seduits par le passé en ce Royaume, avoyent faict vœu, non encore accomply, de se rendre aux Jesuites, ils en sont aujourd'huy soluz & liberez, par le moyen de leur bannissement. Aussi les Prevost des Marchands & Eschevins de Lyon, celebrans la justice de l'Arrest, qui juge cest exil, remarquent à bon droict par leurs remonstrances, entre les tesmoignages de leur obéissance, qu'en y obtemperant, ils expulserent promptement de leur Ville tous les Jesuites, qui s'y estoyent paravant habituez. Chose vrayement digne de louange ; mais pour la rendre solide

(Cap. 27.)

& fructueuse, il faut perseverer en la mesme vigueur qu'ils eurent alors. Car il eust esté possible meilleur de laisser les choses en leur premier estat, quoy-que très-dangereux & plein d'anxieté, qu'il ne seroit de rouvrir maintenant les portes du Royaume à ces gens irritez : veu qu'ils ont adjousté à leurs premiers vœux adstreins au Roy d'Espagne nostre ennemy public, un desir de vengeance ardent & furieux, de la honte & opprobre, qu'ils publient par tout avoir receu de nous. De sorte qu'à present tout leur soin, estude & industrie, toutes leurs ruses, cauteles & finesses (& quelles gens au monde en ont de plus subtiles ?) Bref, tout leur souhait, & auquel il referent tous leurs artifices, est de rentrer en France, pour y faire pis que par le passé. C'est pourquoy, sur les advis receus de toutes parts, des diverses pratiques tendans à ceste fin, la Cour prudemment, la matiere mise en deliberation, mesmes ayant consideré des raisons speciales, qu'on ne doit divulguer, a donné, selon nos Conclusions, son second Arrest du mois d'Aoust dernier, portant defenses à toutes personnes, Communautez de Villes, & autres quelsconques, de recevoir en public, ou privé, les Escoliers ou Prestres de ceste Société, bien qu'ils voulussent dire en avoir abjuré le vœu & profession. Lequel Arrest ayant envoyé en tous les Bailliages & Seneschaussées, pour le publier & le faire observer, l'execution en a esté requise en particulier, à l'égard d'un des Peres de ceste Société, surnommé Porsan, aujourd'huy retourné, & faict Principal du College de Lyon. Surquoy le Corps de Ville a faict les remontrances presentement leuës, contenans en somme : Que Porsan autrefois a esté du nombre des surnommez Jesuites, toutesfois,

qu'il

qu'il n'a jamais faict profession de leur Ordre, & les avoit quittez dès-auparavant le premier Arrest de quatre-vingts-quatorze : ce qui l'a tant distraict de leur intelligence, que tout au contraire il est leur haineux, & si fort hay d'eux, qu'ils ont mesmes essayé d'empescher en tout ce qu'ils ont peu, sa reception au College de Lyon ; & partant qu'il ne peut estre reputé compris, ny en l'un ny en l'autre de ces deux Arrests. Pour à quoy respondre : c'en est assez qu'on confesse, ce qui d'ailleurs ne se pouvoit nier, pour estre tout notoire : Que Porsan a esté dès sa jeunesse élevé, nourry, enseigné, institué entre les Jesuites, en leur College, comme un de leur College & de leur Societé : qu'il en a pris l'habit, la demeure & le nom, par longues années, en plusieurs lieux, & dedans & dehors le Royaume : qu'il a leu & presché à leur mode, en ceste qualité. Et qui peut donc douter qu'il ne soit vray Jesuite, ainsi que nous tenons les Jesuites en France ? Car ils ont pratiqué trois especes de vœux subalternes. L'un, comme Escoliers, en leur donnant la demeure & l'habit de leur Societé. L'autre, comme Prestres, quand ils leur attribuoyent le titre de Peres. Le troisieme, supréme & plus solemnel, lorsqu'ils les admettoyent aux plus secrets mysteres de leur Ordre. Lequel dernier vœu nous n'avons jamais consideré en eux ; parce qu'entre nous, ayant esté tenu comme reprouvé, en reprouvant l'Ordre, ils le nous ont tousjours couvert & caché. Ce qu'ils faisoient aussi, à fin de recueillir toutes les successions * qui leur pouvoyent escheoir, & ne s'en dire jamais incapables, sinon après qu'ils n'en esperoyent plus. S'en estant mesmes trouvé quelques-uns qui ont hérité, & disposé au profit de leur Ordre, des biens de leurs parens, comme Escoliers, ou comme simples Prestres, vingt ou trente ans * après, qu'ils avoient commencé de faire en public & en particulier tous actes de Jesuites. Bref, tant que duroit l'attente de quelque succession, ils se disoient Novices, pour la prendre, voire jusques à l'âge de plus de cinquante ans, par un abus très-nuisible au public, & vrayement digne d'animadversion ; ayant causé la ruine de plusieurs bonnes & honnestes familles. Donc entre nous, le surnom de Jesuites, n'a point esté restreint aux Religieux Profez, par leur vœu solennel, qui nous estoit caché ; mais l'avons entendu par les qualitez seules d'Escoliers, ou Prestres, qui nous estoient notoires. Et tels sont aussi les termes des Arrests, tellement que les mots de Vœu & Profession, contenus au second, doivent estre entendus, non de leur plus grand vœu * & profession plus hault ; mais des autres moindres, que l'on ne peut nier que Porsan n'ait faicts. Entre lesquels vœux, ils apportoient une distinction telle, que le dernier, comme le plus mystique, estoit aussi le plus irrevocable ; & neantmoins que les deux precedens obligeoient si avant l'honneur & la conscience, que l'infraction de l'essence d'iceux estoit un crime énorme, attirant sur celuy qui en estoit coulpable tant de malediction, qu'il estoit impossible qu'il peust prosperer. Tellement qu'une des apparences de la charité, qu'ils disoient avoir très-fervente & extréme, à la reduction des ames dévoyées du train de leur salut, estoit de ramener à leur Congregation, par tous les artifices qui se peuvent penser, ceux qui s'en estoient ainsi divertis, qu'ils tenoient en voye de ruine & perdition, pour la peine de leur apostasie.

*Ils héritent mesme encore dans les Pays-bas, comme Prestres, ou gens d'Eglise, vivans en communauté.

* La Declaration du Roi du 16. Juillet 1715. fait à ce sujet un réglement très-sage, & déclare que les Jesuites, qui sortiront de la Compagnie après l'an 33e. accompli de leur âge, ne peuvent plus rien pretendre dans les successions directes ou collaterales.

* C'est ce qu'on appelle le quatrieme vœu, auquel tous les Jesuites ne sont pas également admis.

Bb

tafie. Ce qui fert de refponfe à ce qu'on veut dire, qu'avant mefme le premier Arreft, Porfan s'eftoit départy d'avec eux, voire avec aigreur & haine mutuelle. Car la grandeur immenfe de noftre jufte crainte, fe doit élever en garde & deffiance, par-deffus les pontilles de telles diftinctions; & nous fait croire, que tous les Jefuites dès leur enfance, font fi eftreins enfemble, & conjurez à y perfeverer par tant d'exécrations, que quelque frivufcule, quelque noife & divorce, qui par occafion puiffe arriver entre eux, ils n'oublieront jamais pour tout cela leur premiere accointance, & fe rallieront tousjours à noftre ruine. Mefme nous en avons un fi memorable & monftrueux exemple, que s'il ne nous excite à nous en preferver, nous ferons eftimez totalement ftupides, & dignes du malheur qui pourra furvenir. C'eft qu'après que l'Ordre mefchant & déteftable des Freres Humiliez, s'eftimant offenfé du Cardinal, furnommé Borromée, eut confpiré fa mort; ils ne penferent pas qu'aucun de ceux-là, qui ouvertement eftoient encore de leur Congregation, peuft executer ceft horrible complot, pour la deffiance que l'on prenoit d'eux. C'eft pourquoy, ils eurent recours à un, qui s'en eftoit paravant départy, que par apparence ils excroyent comme un apoftat; & qui fous le pretexte de cefte haine, ou vraye ou fimulée, par un art de Zopyre, approchoit de fi près ce bon Cardinal, qu'ayant mefme entrée avec fes Domeftiques, le foir en fa Chapelle où il prioit Dieu, il tira fur luy, en ce fainct acte, & en ce lieu facré, le coup de piftolle, qui le penfa tuer. Ce qui fe cognoift par la Bulle du Pape Pie-Quint, qui abolit tout l'Ordre, pour expier cefte abomination Mais ce Porfan (dit-on) eft un homme de Lettres, fort propre & utile au reftabliffement du College de Lyon, aujourd'huy deftitué de toute autre conduite. En quoy nous louons la charité des peres envers leurs enfans. Mais quelle herbe venenenfe, quelle forte poifon, n'eft d'ailleurs utile à quelque autre chofe? Toutesfois, d'autant que le mal y furpaffe infiniment le bien, & que le peril des inconveniens qui en pourroient venir, eft mille fois plus grand, que tout le profit qui s'en pourroit tirer, on en prohibe au peuple l'ufage & le commerce. Comme en femblable, qu'eft-ce que le fruict que l'on fe peut promettre de ceft homme, en comparaifon des maux prodigieux qu'on doit craindre de luy? Mefme quel remors, quel ver, quelle fynderefe, rongeroit le cœur des habitans de Lyon, s'il advenoit que des mains de Porfan, du fein de fa doctrine, du venin de fa langue, & des fafcinations, que ceux de fa fecte donnent à la jeuneffe foufmife à leur verge, & aux fantofmes qu'ils leur peignent en l'ame, il fortift quelque jour un fecond Jean Chaftel? Et qu'outre le dueil, le dommage & la ruine communs en general à toute la France, fi grands & immenfes, que nulles larmes, nuls cris, nuls foufpirs, ne pourroient fuffire à les deplorer; ils euffent encore ce regret extrême en leur particulier, de penfer que les Monftres, auteur du confeil & de l'execution d'un faict fi deteftable, feroient à jamais dépeints & defignez par toute la terre, par ces remarques honteufes à leur Ville, d'avoir efté le Principal, & un Efcholier du College de Lyon? Quelle commodité, quel fruict, quel advantage peuvent-ils propofer, qui puiffe tant foit peu élever la balance d'un fi grand contre-pois? Mefmes de quelle excufe fe pourroient-ils couvrir, tombans en ce malheur, par une obftina-

tion,

tion, contre la prudence des advis contraires, qu'on leur auroit donnez ; & , ce qui furpaffe toute autre coutumace, contre l'autorité de vos deux Arrefts ? Ils font fi fages, fi verfez & inftruits aux affaires du monde, & fi refpectueux envers la Juftice, qu'ils fe garderont bien d'entrer en ce hazard. Auffi declarent-ils par leurs remonftrances, qu'ils font prefts d'obéir à ce qu'il vous plaira ordonner fur icelles. Parole digne du renom de leur Ville, & du rang honorable qu'elle a tousjours tenu entre les illuftres de la Chreftienté. Car le plus grand honneur que les plus grandes Villes puiffent acquerir, eft de fe plus foufmettre aux plus vifves images de la Divinité, les Roys & la Juftice. Auffi voulons-nous avoir de noftre part un foin fpecial de la Ville de Lyon, comme de l'un des yeux de ce grand Royaume ; & employer ce qu'en particulier nous avons d'induftrie, & ce que nos Offices nous donnent de credit & d'authorité, pour leur aider à fournir leur College de Principal & Regens Catholiques, fages & vertueux, doctes & ufitez à former la jeuneffe, enfemblement & aux bonnes mœurs & aux bonnes Lettres. Qu'ils envoyent icy ceux qu'ils adviferont pour en faire élection, nous leur offrons toute noftre affiftance ; & efperons, bien que nos confeffions noftre Univerfité eftre fort efpuifée, qu'en y faifant une exacte recherche, comme en leur faveur nous la procurerons, elle fuffira, & pour nous & pour eux ; & qu'ils n'auront fujet de regretter deformais les Jefuites. Car quoyque le peuple, affez mauvais juge de la Litterature, l'ait autrement penfé, la verité eft, que ce genre d'hommes n'a jamais bien fceu, ny enfeigné les Lettres ; & qu'ils ont au contraire commencé d'ef-

touffer leur pure femence, renée en ce Royaume, fous les aufpices du grand Roy François, pour y replanter petit à petit l'ancienne barbarie. Car ils ignorent le vray fecret des Langues, mefme, ils font vertu de les mefprifer comme trop élégantes, & de retrancher à leur fantaifie, fous divers pretextes, les anciens Auteurs : à l'exemple de ceux, qui par le paffé nous les ont tant tronquez, qu'il nous eft plus refté de leurs épitomes, que de livres complets. D'ailleurs la Philofophie, qui eft vrayement la Roine des fciences humaines, doit eftre puifée, pour la voir naïfve, en la pure fource des Livres d'Ariftote, dont les Jefuites ne fçavent que le nom, & mefprifans fon texte, fuivent les ambages des vaines queftions, tirées de la lie des Docteurs fcholaftiques. Bref, ils ont efté plus propres à corrompre les Lettres, qu'à les illuftrer : ufans en cela du mefme artifice, dont ils fe font fervis ès autres chofes plus graves & plus fainctes. C'eft que pour attirer à eux toute la multitude, ils foulageoyent le fimple populaire de quelques petits fraiz. Comme de ce qu'on donne par louable couftume pour une confeffion, pour une leçon, pour une figure, & autres femblables ; & fe refervoyent de prendre en gros, d'affez peu de perfonnes, cent fois plus que ne vault tout ce menu detail. Ce qui les combloit de biens & d'Efcoliers, à la diminution des autres Colleges, & des gens doctes qui y fouloyent florir : d'autant que fe trouvant deftituez & d'auditeurs, & des commoditez qu'ils en fouloyent tirer, l'honneur & le loyer, qui nourriffent les arts, ainfi defcheuz, faifoyent defcheoir les hommes. Mais depuis ce peu d'années, que les Jefuites ont efté chaffez, & par ce moyen, l'eftude & l'induftrie,

la

Bb 2

la sueur & les veilles en commun invitées à la gloire & au prix de la doctrine, comme par le passé ; l'ardeur genereuse, qui de jour en jour reschaufe le courage des plus beaux-esprits, nous fait concevoir une bonne esperance de revoir déformais ce Royaume illustré de la mesme splendeur des arts & disciplines, qui y souloit reluire plus vifve & plus claire, que en nul autre lieu de la terre cogneue. Mesme, d'autant que Sa Majesté, tenant d'une main le laurier de triomphe, & de l'autre l'olive de sagesse, les daigne tendre ensemble à l'Etat, & aux Muses, pour les relever de leur cheute commune, & presque du tombeau. Il reste une chose en ces remonstrances, que nous ne pouvons dissimuler sans faulte, ny dire sans regret. C'est que par cy par-là, on y voit des scintilles, tesmoignant assez que les cendres des divisions passées, qui ont presque embrasé ceste bonne Ville, n'y sont pas encore du tout refroidies. Ce qui nous excite à les admonnester d'esteindre promptement toutes ces flammeches, & sans s'entrepiquer, ny vivre en deffiance les uns des autres, se laisser desormais totalement conduire par la sagesse inspirée de Dieu au cœur de nôtre Roy, qui le manie, le dispose & l'incline, comme le cours des eaux : & sous Sa Majesté, par la prudence de ce grand Parlement, & par la vigilance de leur Gouverneur. Croyant fermement, que sans se rendre trop subtils à chercher les causes des affaires, qui ne leur doivent pas tousjours estre cogneues, ils seront mieux regis par ces puissances justes & legitimes, establies de Dieu pour leur conservation, que par leur propre sens, & par les mouvemens de leurs privez desirs. Dont nous ne pourrions leur proposer un exemple plus propre, que celuy qui naist de cest affai-

re mesme. Car en donnant à Porsan la principale charge de leur College, ils ont pensé avoir très-bien pourveu à ce qui leur est plus cher & important que nulle autre chose, après l'honneur de Dieu, & le salut du Roy & de l'Estat. Et neantmoins les informations faictes à nostre requeste contre ce Porsan, pour cas particuliers, & le decret de prise de corps, que la Cour par Arrest y a interposé, nous font cognoistre, qu'outre ce qu'on doit craindre en commun des Jesuites, leur jeunesse d'ailleurs estoit commise en main très-perilleuse, & couroit le hazard d'estre imbeue de très-mauvaises mœurs : ce que ils doivent croire à nostre recit, sans desirer d'en sçavoir davantage, quant à present. Car nostre Office à bon droict, peut emprunter ces mots de Cassiodore : Tout ce que nous faisons est vrayement public, & toutesfois la pluspart des moyens dont nous servons, ne doivent estre sceus, sinon quand les affaires ont pris leur perfection. Quelques jours donc, & quand il sera temps de rendre le secret de la Justice notoire à tout le monde, les habitans de Lyon cognoistront tout à clair, que rien n'y a esté, & n'y sera fait que par bonne raison, & pour leur grand profit ; & que la Cour, inspirée de Dieu, duquel elle exerce les jugemens, est autant élevée en prudence & sagesse sur ses inferieurs, comme elle les surpasse en puissance & autorité. Partant nous requerons, que sans avoir esgard aux remontrances presentement leues, l'Arrest du xxj. Aoust dernier, soit executé en la Ville de Lyon, mesmement à l'esgard de Porsan ; & neantmoins, auparavant qu'il sorte du Royaume, qu'en executant le Decret de la Cour, il soit pris au corps, & rendu prisonnier en la Conciergerie, pour ester à droict.

Extraict

Cassiodorus in formula Notarioru : Publicum est quidem omne, quod agimus, sed multa non sunt ante scienda, nisi cùm fuerint, Deo, auxiliante, perfecta : quæ tantò plus debent seculi, quanto amplius desiderantur agnosci.

Extraict des Regiſtres de Parlement.

Du Jeudy, ſeizieme Octobre 1597.

CE jour, ſur ce que Marion, pour le Procureur General du Roy, a dict en la Chambre des Vacations, que de l'Ordonnance d'icelle, ils auroyent mis ès mains de Ballon, Procureur en la Cour, & Procureur des Prevoſt des Marchans & Eſchevins de la Ville de Lyon, les remonſtrances leues à l'Aſſemblée generale faicte en l'Hoſtel commun de ladite Ville de Lyon, le xx. Septembre dernier paſſé, & par eux envoyées audit Procureur general, ſur l'execution de l'Arreſt du xxj. Aouſt auſſi dernier, par lequel defenſes ſont faictes à toutes perſonnes, Corps & Communauté, de recevoir aucuns des Preſtres & Eſcoliers, eux diſans de la Societé du nom de Jeſus, encores qu'ils euſſent abjuré & renoncé au vœu de profeſſion par eux faict, ſur les peines y contenues. Auquel Ballon auroit eſté enjoint dès Mardy dernier, d'en advertir le Conſeil deſdits Prevoſt des Marchans & Eſchevins, & en venir ce matin. Iceluy Ballon ouy en ladite Chambre, qui a dict avoir faict entendre l'Ordonnance cy-deſſus, à Maiſtre Barthelemy Thomé, Secretaire de ladite Ville de Lyon, eſtant de preſent en ceſte Ville, lequel luy a faict reſponſe, n'avoir aucuns memoires & inſtructions à ceſt effect. Et après que ledit Ballon, de l'Ordonnance de ladite Chambre, a faict lecture deſdites Remonſtrances : & que Marion, pour ledit Procureur General a dict, qu'elles ne ſont conſiderables pour les raiſons par luy deduites : Requerant que ſans y avoir eſgard, ledit Arreſt du xxj. Aouſt ſoit executé en ladite Ville de Lyon,

meſmes à l'égard de Porſan, denommé eſdites remonſtrances. Et neantmoins qu'auparavant ladite execution, contre iceluy Porſan, il ſoit amené priſonnier en la Conciergerie du Palais, ſuivant l'Arreſt de priſe de corps, contre luy decerné par ladite Chambre, pour luy eſtre ſon procès faict & parfait ſur les charges & informations contre luy faictes, avec injonction au Subſtitut dudit Procureur General ſur les Lieux, d'en faire les diligences. Offrans au ſurplus auſdits Prevoſt des Marchans & Eſchevins, les aſſiſter pour leur faire trouver un Principal & Regens Catholiques, doctes & vertueux, pour l'inſtruction de la jeuneſſe en ladite Ville de Lyon. Eux retirés, & la matiere miſe en deliberation.

Ladite Chambre, ſans avoir eſgard auſdites remonſtrances, a ordonné & ordonne que ledit Arreſt du xxj. Aouſt dernier, ſera executé en ladite Ville de Lyon, ſelon ſa forme & teneur : meſmes à l'eſgard dudit Porſan, qu'elle a declaré & declare compris en iceluy. Et neantmoins ordonne ſuivant l'Arreſt du xxv. Septembre dernier, qu'iceluy Porſan ſera pris au corps, & amené priſonnier en la Conciergerie du Palais, pour eſtre ouy & interrogé ſur le contenu ès information cy-devant faictes, & procedé à l'encontre de luy, ainſi que de raiſon. A enjoinct & enjoint au Subſtitut dudit Procureur General, en la Seneſchaucée & ſiege Preſidial de Lyon, faire executer le preſent Arreſt, & certifier la Cour de ſes diligences, au mois. Et pour la conduite & direction du College de ladite Ville de Lyon, ſera pourvû de Principal, Regens, & autres perſonnes ſuffiſans & capables, ainſi que de raiſon. Et ſera le preſent Arreſt, executé par vertu de l'extraict d'iceluy.

Signé, *Du Tillet.*

Bb 3

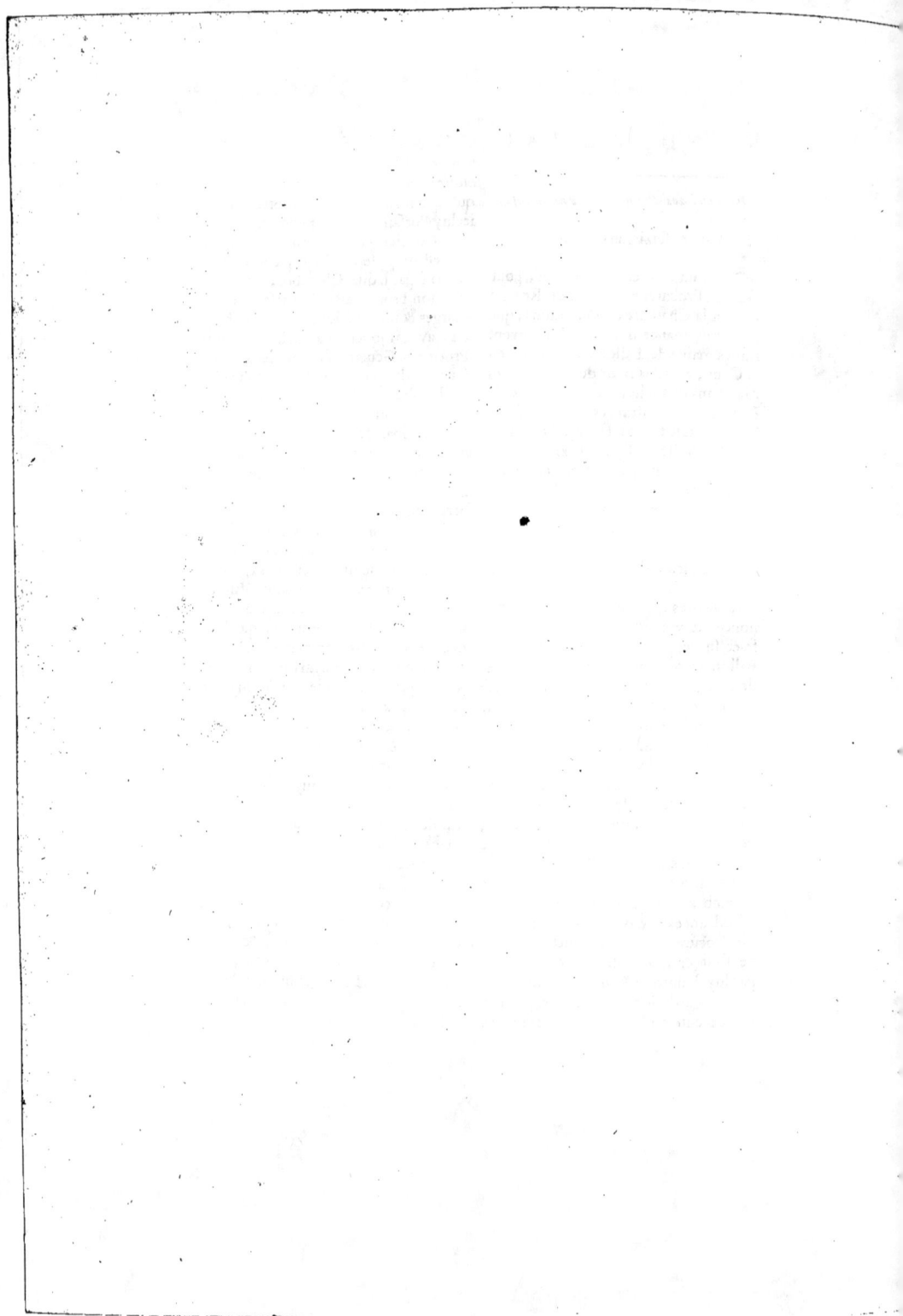

PROCÉS,
EXAMEN,

CONFESSIONS ET NEGATIONS,
du meschant & exécrable parricide FRANÇOIS RAVAILLAC,
fur la mort de HENRI-LE-GRAND ; *& ce qui l'a faiƈt*
entreprendre ce malheureux aƈte.

Sur l'imprimé à Paris, en 1611. *avec Permiſſion.*

NOUVELLE ÉDITION.

Où l'on a rétabli les Interrogatoires de Ravaillac, ſur le Manuſcrit 192.
de ceux de M. de Lomenie de Brienne, dans la Bibliothéque du Roy.

A V I S
AU LECTEUR.
Tiré de l'Edition de 1611.

J'AY bien voulu icy te donner un petit difcours, dans lequel tu apprendras la vérité, & tout ce qui s'eft paffé au Procès de Ravaillac, & ce qu'il a confeffé, ayant efté mis à la queftion, je ne me fuis point travaillé à l'enfler de belles parolles, pour contenter le Lecteur; & puis un fujet fi miférable, ne mérite pas s'y arrefter; il fuffit feulement en fçavoir ce qui eft la vérité: Adieu.

PROCE'S,

PROCES,
EXAMEN,

Confeſſions & négations, du meſchant & exécrable parricide
François Ravaillac, ſur la mort de HENRI-LE-GRAND,
& ce qui l'a fait entreprendre ce malheureux acte.

C'EST choſe eſtrange, qu'il faille que parmi les hommes, il s'en trouve de ſi barbares, que d'oſer attenter à la vie des Rois, & encore à ceux qui vrayement & légitimement ſe peuvent nommer très-Chreſtiens, Catholiques & oingts du Seigneur, tels que nos Rois de France.

Noſtre grand Henry, après avoir fait ſacrer & couronner la Roine MARIE DE MEDICIS, ſa légitime eſpouſe, à Saint Denis en France (1), le 13. de May 1610. Sa Majeſté ſe réſoult dedans deux à trois jours, de partir avec ſa Nobleſſe, pour aller trouver ſon armée ſur les Frontieres (2); & ſur le diſcours qu'il

en faiſoit, l'on luy fiſt un rapport, que Spinola (3) ſe vantoit de luy empeſcher le paſſage avec 30000 hommes, & luy donner bataille; tout à l'inſtant il demanda ſa cotte d'armes, pour l'eſſayer, qui eſtoit de velours pers, ſemée de petites fleurs-de-lys, en broderie d'or: le Roy, qui s'eſt rendu les victoires communes, comme les combats, jetta un ſouſris, diſant, nous verrons ſi Spinola, eſt homme de parole; un Seigneur luy diſt: il eſt Genevois (4), Sire. Ouy, diſt le Roy, mais il eſt ſoldat.

Leurs Majeſtez avoient reſolu enſemblement, de faire donner la liberté à tous priſonniers, entre le jour du Couronnement

---

(1) *A S. Denis.*] Cette Princeſſe fut couronnée & ſacrée, par le Cardinal de Joyeuſe.

(2) *Frontieres.*] C'eſt la guerre de Juliers, Duché de la Baſſe-Allemagne, que Henri IV. vouloit faire rendre à la Maiſon Palatine; auſſi M. *De l'Etoile* rapporte au Tome 2. de ſes Mémoires, une réponſe fort extraordinaire du P. Gontier, Jéſuite, à Henry IV. Lorſque le Prince contoit partir pour ſon armée, il avertit le P. Gontier de prier Dieu pour luy en ſon abſence. *Hé, Sire,* répondit le Jéſuite, *comment pourrions-nous prier Dieu pour vous, qui vous en allez en un pays plein d'Hérétiques, exterminer une petite poignée de Catholiques, qui y reſtent?* Ce bon Pere ignoroit, qu'il y a beaucoup d'occaſions, où les intérêts de l'Etat ſont indépendans de la Religion. Auſſi le Roi

par bonté pour l'ignorance du Jéſuite, ſupporta le diſcours de ce Théologien, attribuant à ſon zéle, ce qui pouvoit venir de quelqu'autre cauſe.

(3) *Spinola.*] Général des troupes de l'Archiduc Albert, & de l'Infante Iſabelle; mourut en 1630.

(4) *Genevois.*] C'eſt-à-dire, *Genois,* où l'illuſtre famille des Spinola tient un des premiers rangs, & s'eſt aſſez communément attachée au ſervice de la Couronne d'Eſpagne. En le qualifiant *Genois,* on vouloit faire entendre au Roi Henri IV. que ce Seigneur ne tiendroit point parole, parce que les Genois, n'ont pas une réputation bien établie ſur la fidélité. Je n'en veux pas rapporter le proverbe Italien, parce qu'il eſt trop fort, du moins quant aux Dames, qui n'y méritent pas de titre odieux.

Cc

ronnement & celuy de l'Entrée, non-
feulement à ceux des prifons communes, mais à ceux de la Baftille : pour les
prifons communes, le Roy en avoit
donné la charge aux Maiftres des Requeftes ; pour ceux de la Baftille, il en
vouloit luy - mefmes deliberer fur les
lieux à l'Arfenal ; il defiroit aufli qu'il
ne manquaft rien à cefte Entrée, bien
qu'il la preffaft fort : ce fut pourquoy,
s'en allant à l'Arfenal, il devoit vifiter
en quel eftat en eftoient les préparatifs.

Entre trois & quatre heures de relevée, il faute en fon carroffe à l'entrée
de la court du Louvre, & fe met au
fonds ; il faict entrer dedans les Ducs
d'Efpernon & Montbazon, Roquelau-
re, & trois autres ; deffendant à fes Gardes de le fuivre. Quel malheur! Car un
maudit François Ravaillac (qui felon
ce qu'il a refpondu en fes interrogatoires, avoit dès long-temps premedité de
l'affaffiner) le regardant fauter dans le
carroffe, le fuivit jufques en la ruë de
la Ferronnerie, devant le Cimetiere
des Innocents ; où voyant le carroffe
arrefté par des charrettes, Sa Majefté au
fonds tournant le vifage, & panché du
cofté de Monfieur d'Efpernon : ce monftre animé du diable, fans refpect de
l'onction facrée, dont Dieu honore les
Rois fes Lieutenants en terre, fe jette
fur Sa Majefté, & paffant fon bras au-
deffus de la roüe du carroffe, luy donna deux coups de coufteau dans le corps,
& eftendit tout roide mort ce grand
Roy, au milieu de fes plus valeureux &
fidelles Capitaines. (1)

Il donna ces deux coups fi promptement, qu'ils furent pluftoft reçeus que
veus : le premier porté entre la cinquiefme & fixiefme cofte, perça la vei-

ne interieure, vers l'oreille du cœur, &
parvint jufques à la veine cave, qui fe
trouvant coupée, feit à l'inftant perdre
la parole & la vie à ce grand Monarque : quant au fecond, il ne pénétra pas
avant & n'effleura gueres que la peau.

Perfonne n'avoit veu frapper le Roy,
& fi ce parricide euft jetté fon coufteau,
on n'euft fçeu qui c'euft efté, mais il ne
le peut jamais lafcher : les fix Seigneurs
qui eftoient dans le carroffe, en defcen-
dirent incontinent ; les uns s'empef-
chants à fe faifir du parricide, & les
autres autour du Roy ; mais un d'entre
eux voyant qu'il ne parloit point, &
que le fang luy fortoit par la bouche,
s'efcria : *le Roy eft mort.* A cefte parole,
il fe feit un grand tumulte ; & le peuple,
qui eftoit dans les ruës, fe jettoit dans
les boutiques les plus proches les uns
fur les autres, avec pareille frayeur, que
fi la Ville euft efté prife d'ennemis. Un
des Seigneurs foudain s'advifa de dire,
que le Roy n'eftoit que bleffé, & qu'il
luy avoit pris une foibleffe : On demande *du vin*, & tandis que quelques habitans fe diligentent d'en aller querir,
on abat les portieres du carroffe, & dit-
on au peuple, que le Roy n'eftoit que
bleffé, & qu'ils le remenoient viftement
au Louvre pour le faire penfer.

La Roine reçeut dans fon cabinet
cefte trifte nouvelle ; & toute efmeue,
en fortit incontinent, pour aller voir
celuy qu'elle honoroit le plus en ce
monde, privé de vie : mais M. le Chancelier, qui eftoit lors au Confeil, où
pareil advis eftoit venu, eftant monté
vers elle, la rencontra à la fortie, &
l'arrefta ; elle dès qu'elle le veit luy dit :
Hélas! le Roy eft mort. Luy, fans faire
femblant d'aucune efmotion, repartit :
Voftre

---

(1) *Et fidelles Capitaines.*] Pour Montbafon, Ro-
quelaure, & les autres, cela étoit vrai ; mais non

pas pour d'Epernon. Voyez la Préface générale fur
ce Recüeil.

Voſtre Majeſté m'excuſera, les Rois ne meurent point en France. Puis l'ayant priée de rentrer dans ſon cabinet, il luy dit : *Il faut regarder que nos pleurs ne rendent nos affaires déplorables, il les faut réſerver à un autre temps. Il y en a qui pleurent & pour vous & pour eux : c'eſt à Voſtre Majeſté de travailler pour eux & pour vous. Nous avons beſoin de remedes, & non de larmes.*

Le Sieur de Vitry, Capitaine des Gardes, eut auſſi-toſt commandement d'aſſembler tous les enfans du feu Roy en une chambre, & entr'autres, le Roy à preſent regnant Loüis XIII. ſon fils aiſné, qui tiroit lors des armes, & que perſonne n'euſt à approcher d'eux.

Meſſieurs les Ducs de Guiſe & d'Eſpernon, eurent charge de monter & faire monter à cheval le plus de Nobleſſe qui ſe pourroit, & aller par toute la Ville dire, que le Roy n'eſtoit que bleſſé; & empeſcher toute aſſemblée & eſmotion. Chacun eſt teſmoin du fidelle devoir qu'ils rendirent en ceſte journée à la Couronne.

Le Duc de Sully, ſur le bruit que le Roy eſtoit mort, puis bleſſé, s'achemina vers le Louvre; mais ayant receu en chemin nouvelles aſſeurées de la mort, s'en retourna à l'Arſenal (1), pour donner ordre à la Baſtille; l'une des places la plus importante qui ſoit en France aujourd'huy.

Le Sieur le Jay, Lieutenant Civil, & le Sieur Sanguin, Prevoſt des Marchands, ſe rendirent incontinent au Louvre, où ils receurent le commandement de faire fermer les portes de la Ville, s'emparer des clefs, ſe faire ſuivre de leurs Officiers, & empeſcher toute eſmotion; ce qu'ils exécuterent promptement, & cheminans en diverſes troupes par la Ville, fort aſſiſtez de la Nobleſſe, aſſeuroient à haute voix le peuple, que la bleſſure n'eſtoit rien.

Les Compagnies des Gardes, qui eſtoient aux Fauxbourgs, furent incontinent mandées; mais courans confuſément tous armez vers le Louvre, cela fut cauſe, que le peuple creut le mal eſtre plus grand qu'on ne leur faiſoit.

Chacun en parloit, par où il en penſoit : la pluſpart d'une meſme voix diſoient, que ce coup procédoit de ceux qui avoient en pleine paix deſbauché le Mareſchal de Biron; d'autres, qu'il venoit de la meſme inſtruction qu'avoit eue Jean Chaſtel & Pierre Barriere; & ſans l'ordre cy-deſſus donné, il y euſt eu du danger pour quelques Ambaſſadeurs des Princes, ſuſpects d'eſtre ennemes de la France. (2)

Il eſt impoſſible de pouvoir exprimer la triſteſſe, qui ſaiſit un chacun en un inſtant : car à ce premier mot, qui fut crié, *le Roy eſt mort,* ceſte voix paſſa comme un eſclair par toute la Ville : on ne voyoit que fermer portes & boutiques, on n'entendoit que clameurs & gémiſſemens : les hommes de toutes qualitez, la larme à l'œil, s'entre-demandoient, que deviendrons-nous; & aucuns diſoient : les maux que nous avons eus, dont ce Prince nous a retirez, n'auront point de comparaiſon avec

---

(1) *S'en retourna vers l'Arſenal.*] Le Duc de Sully ne revint au Louvre que le lendemain quinziéme, après avoir muni la Baſtille de tout ce qui étoit néceſſaire pour une défenſe. Et l'on prétend que cette ſage précaution, ſervit depuis de prétexte à la diſgrace de ce Miniſtre. Mais diſons mieux, Sully étoit dur & fier, & s'étoit fait beaucoup d'ennemis. Les nouveaux Favoris vouloient piller, & ils redoutoient un Miniſtre, qui avoit de la fermeté, & qui tendoit à une ſage économie.

(2) *Ennemis de la France.*] C'étoit à l'Eſpagne, que l'on en vouloit, on ſçavoit qu'elle avoit des Emiſſaires en France, qui cherchoient à la replonger dans de nouveaux troubles.

avec ceux que nous aurons après sa mort ; d'autres en leur silence portoient leur tristesse assez dépeinte dans leur face : les femmes avec exclamations les mains jointes, s'entredisoient les unes aux autres : nous sommes perduës, le Roy est mort : les petits enfans ploroient aussi ; & ceux qui absens de leurs maisons, estoient venus de dehors pour veoir l'entrée, se trouverent en une merveilleuse perplexité.

Sur l'advis que l'on donna à Monsieur le Premier Président de la mort de Sa Majesté, il fit incontinent assembler toutes les Chambres ; & à la Requeste du Procureur Général, donna l'Arrest suivant.

Premier Arrest sur la Régence.

» SUR ce que le Procureur Général » du Roy a remonstré à la Cour, » toutes les Chambres assemblées, que » le Roy estant presentement décédé par » un très-cruel, très-inhumain, & très- » détestable parricide, commis en sa » personne sacrée ; il estoit nécessaire » pourvoir aux affaires du Roy regnant, » & de son Estat, requeroit qu'il fust » promptement donné ordre, à ce qui » concernoit son service, & le bien de » son Estat, qui ne pouvoit estre régy & » gouverné que par la Royne, pendant » le bas aage dudit Seigneur son fils, & » qu'il pleust à ladite Cour la déclarer » Régente, pour estre pourveu par elle » aux affaires du Royaume. La matiere » mise en délibération : ladite Cour a » déclaré & déclare ladite Royne, mere

du Roy, Régente en France, pour « avoir l'administration des affaires du « Royaume, pendant le bas aage dudit « Seigneur son fils, avec toute puissan- « ce & autorité. Faict en Parlement, le « quatorziesme May, l'an mil six cens « dix. « (1)

Monsieur le Procureur Général, bien qu'indisposé, se feit porter en mesme temps au Louvre, pour rendre son premier devoir au Roy, & advertir la Royne & M. le Chancelier, de l'Arrest que la Cour venoit de donner pour la Régence : pensant passer en la chambre de la Royne, il entra dans celle où le corps mort du Roy estoit sur un lict, la face couverte d'un linge, vestu d'un satin noir, & autour des flambeaux, avec des Religieux qui commençoient Vigiles : luy ayant jetté de l'eau-beniste, le visage plein de larmes, il alla voir la Royne, laquelle luy confirma l'estime que le feu Roy son mari, avoit toujours faict de sa fidelité à son service, dont elle ne doutoit point qu'il ne la continuast à l'endroict du Roy son fils. Il alla après recognoistre son nouveau Seigneur, & apprit de M. le Chancelier, que leurs Majestez iroient le lendemain au Parlement.

Les Princes, Officiers de la Couronne, & Gouverneurs des Provinces, & Places frontieres, qui estoient presque tous à Paris, se rendirent incontinent au Louvre ; & après le serment de fidelité presté à Leurs Majestez, beaucoup d'iceux eurent commandement de se retirer en diligence en leurs Gouvernemens, pour prévoir à tout ce qui y pourroit

(1) *mil six cens dix.* M. De l'Estoille, dans son Journal d'Henry IV. parlant de cet Arrêt, prétend qu'il fut précipité ; & *Dieu veuille*, dit-il, *qu'on ne s'en repente point tout à loisir.* Il est vrai qu'il y eu du trouble dans cette Régence : mais alors, que pouvoit-on faire de plus sage, pour éviter la confusion, & peut-estre un renouvellement de guerre civile ? Heureusement tout fut tranquille, tant à Paris, que dans le reste de la France, dans le commencement, malgré les mouvemens que l'Espagne se donnoit ; & ce fut cette tranquillité, qui donna lieu d'éviter les guerres civiles & étrangeres.

pourroit furvenir ; mais il advint qu'-aucuns des premiers qui partirent, pour ce qu'ils le faifoient affez précipitamment, le peuple penfant que ce fuffent quelques complices du meurtrier, arreftoit tous ceux qu'il voyoit courir : un entr'autres courut la rifque d'une fureur populaire, pour ce qu'il fut trouvé defcendant par le Foffé de la Porte S. Denis, tirant après luy fon cheval par la bride

Pour obvier aux remuemens, qui euffent peu arriver à cefte occafion, fur le foir, on fit ouvrir les Portes de S. Jacques & de S. Martin, par deux Efchevins, qui feirent prendre les armes à la dixaine la plus proche, pour leur donner main forte : tellement que ceux qui avoient un commandement de la Royne pour fortir, eftant figné du Prevoft des Marchands (qui fut tout du long de la nuict avec le Confeil dans l'Hoftel-de-Ville, pour donner ordre à toutes occurrences) ils fortoient librement après l'avoir monftré.

Cefte nuict fut calme fans aucun bruict ; bien que chacun fuft fur pieds. Monfieur le Procureur Général tout du long d'icelle, feit donner ordre à tendre le Daiz à la Grand Chambre, où le Roy devoit venir le lendemain feoir en fon Lit-de-Juftice, & à faire advertir Meffieurs de la Cour de s'y rendre.

La Cour, toutes les Chambres affemblées en robbes & chapperons d'efcarlatte, Meffieurs les Prefidens reveftus de leurs manteaux, ayans leur mortiers, attendans le Roy, advertis de la venuë de M. le Chancelier, on deputa pour aller au-devant de luy, Meffires Jean le Voix & Jean Courtin, Confeillers, qui le furent recevoir hors du parquet des

Huiffiers ; & rentrez, devant luy marchoient les Huiffiers & Maffiers du Confeil, qui fe retirerent incontinent. Ledit Sieur entré, reveftu d'une robbe de velours noir, fuivy des Confeillers d'Etat, & de plufieurs Maiftres de Requêtes, prit fa place au-deffus de M. le Premier Prefident.

Depuis pour leur indifpofition, vindre feparemment le Duc de Mayenne, le Conneftable, & les Cardinaux & Prelats.

Sur les dix heures, la Cour ayant entendu comme le Roy eftoit party du Louvre monté fur une petite haquenée blanche, accompagné des Princes, Ducs, Seigneurs & Officiers de la Couronne, & grand nombre de Nobleffe, tous à pied : la Royne en fon carroffe, fuivie des Princeffes & Ducheffes ; & ayant par le fon du tambour des Gardes du Roy, entendu que Sa Majefté approchoit : les Capitaines de fes Gardes, auffi s'eftant emparez des huis du Parlement ; furent deputez pour aller au-devant de luy, Meffieurs les Prefidens, Potier & Forget, & Meffires Jean le Voix, Jean Courtin, Profpere Bouin, & Jean Scarron, Confeillers, qui le furent recevoir à la porte du Cloiftre (1), fortant la ruë, où le Roy mit pied à terre ; & la Royne fa mere, toute voilée d'un crefpe noir, & pour la multitude du peuple, qui eftoit dans la cour, ils eurent beaucoup de peine à paffer jufques à la Grand Chambre, en laquelle lefdits Sieurs Prefidens & Confeillers rentrerent devant le Roy, habillé de violet, fuivy de la Royne, des Princes, Seigneurs & Officiers, qui prirent tous place en ceft ordre :

Le

(1) La porte du Cloiftre.] C'eft le Cloitre des Grands Auguftins, dont il eft ici parlé, parce que depuis quelque temps, le Parlement y fiégoit, & ne retourna au Palais, que le Vendredi 21. May.

Le Roy L o u i s XIII. féant en fon Parlement.

A main dextre , proche le Roy , une place entre-deux.

La R o y n e , fa Mere.

Plus bas aux hauts fiéges.

Le Prince de Conty.
Le Comte d'Anguien.
Le Duc de Guife , Pair.
Le Duc de Montmorancy, Pair.
Le Duc d'Efpernon, Pair.
Le Duc de Montbazon., Pair.
Le Duc de Sully , Pair.
Le Marefchal de Briffac.
Le Marefchal de Laver-din.
Le Marefchal de Bois-Dauphin.

Aux bas fiéges dans le Par-quet, & aux Barreaux.

L'Evefque de Beziers.
De l'Aubefpine, Confeil-ler d'Eftat, *qui a feance.*
Camus. *Idem.*
Plufieurs Maiftre des Re-queftes.

Au cofté du Roy , en bas à gonoux.

Le Sr. de Souvray , fon Gouverneur.

Aux pieds du Roy.

Le Duc d'Elbœuf , pour le Grand Chambellan.

Aux pieds du Chambellan.

Le Baron de Chappes , Prevoft de Paris.

En la chaire au-deffouz.

M. le Chancelier.

Aux bas fiéges de Meffieurs les Prefidens.

M. le Premier Prefident, Potier.
Forget.   *Dans le Par-*
De Thou.   *quet, devant*
Seguier.   *lefd. Sts. Pre-*
Molé.   *fidens, en une*

Camus.   *chaire, pour*
Le Duc de   *fon indifpofi-*
Mayenne,   *tion.*
Pair.

Aux hauts fiéges , à main feneftre.

Le Cardinal de Joyeufe.
Le Cardinal de Gondy.
Le Cardinal de Sourdis.
Le Cardinal du Perron.
L'Archevefque de Reims, Duc & Pair.
L'Evefque de Beauvais, Comte & Pair.
L'Evefque de Châlons, Comte & Pair.
L'Evefque de Noyon , Comte & Pair.
L'Evefque de Paris.

Aux bas fiéges , dans le Parquet & aux Barreaux.

Les Confeillers de la Cour, en nombre de fix vingts-quatre.

Tous ayant pris place , la Royne dit :

Difcours de la Royne.

MEffieurs , ayant pleu à Dieu , par un fi miferable accident , retirer à foy noftre bon Roy , mon Seigneur. Ce di-fant, la parole luy ceffa , jettant larmes & foufpirs ; & peu aprés la reprenant, continuant plufieurs foufpirs, dit : Je vous ay amené le Roy , mon fils , pour vous prier tous d'en avoir le foin que vous eftes obligé , pour ce que vous devez à la me-moire du pere , à vous-mefmes , & à voftre pays : Je defire qu'en la conduite de fes affaires , il fuyve vos bons advis & con-feils ; je vous prie de les luy donner tels que vous adviferez en vos confciences pour le mieux.

Sur ce elle defcendit pour fe retirer ; mais eftant dans le parquet, les Prin-ces,

ces, Seigneurs, & toute la Compagnie, la supplierent d'honorer l'Assemblée de sa presence : ce qu'elle refusa plusieurs fois ; enfin pressée de supplications, elle reprit sa place. Puis le Roy dit :

Discours du Roy.

MEssieurs, Dieu ayant retiré à soy le feu Roy, mon Seigneur & pere, par l'advis & conseil de la Royne ma mere, je suis venu en ce lieu, pour vous dire à tous, qu'en la conduite de mes affaires, je desire suivre vos bons conseils, esperant que Dieu me fera la grace de faire mon profit, des bons exemples & instructions, que j'ay receues de mon Seigneur & pere : Je vous prie donc de me donner vos bons advis, & deliberer presentement sur ce que j'ay commandé à M. le Chancelier vous representer.

Ceste Harangue prononcée d'une royale gravité, M. le Chancelier ayant faict deux grandes reverences, dit :

Discours de M. le Chancelier.

» QUE pour nos pechez, Dieu ayant
» tiré à soy le feu Roy, la premiere
» action qu'avoit voulu faire le Roy son
» fils, à present regnant, a esté par
» le sage advis de la Royne sa mere,
» venir en son Parlement tenir son Lict-
» de-Justice, donnant esperance qu'il
» seroit soigneux de la rendre & faire
» administrer bonne à tous ses subjets
» (principale partie de la charge roya-
» le) : Sa naissance, & les preuves qu'il
» donnoit en sa premiere nourriture,
» faisoient esperer qu'il seroit vray imi-
» tateur des vertus de son pere, & le
» rendroit digne fils de ce grand Roy ;
» n'y ayant rien à desirer que l'aage, &
» l'esperance qui seront abondamment
» suppléez, par la prudente & sage con-

duite de la Royne sa mere, dont la «
pieté, la vertu & la sagesse, avec un «
jugement admirable, estans cognus «
en toutes choses à ce grand & sage «
Prince, prévoyant & disant souvent : «
Que par le cours de nature, il s'en «
devoit aller le premier, auroit voulu «
luy donner part & cognoissance de «
tous les grands affaires du Royaume, «
qu'il avoit faict traicter en sa presen- «
ce, afin de luy en donner l'intelligen- «
ce, & la capacité de les pouvoir or- «
donner & conduire, luy disant ; & à «
tous ses subjets, selon les occasions : «
Que son intention estoit luy remettre «
après sa mort, l'entiere administra- «
tion des affaires de son Royaume. Et «
peu de jours avant ce funeste accident, «
entré en discours & consideration de «
la mort (à laquelle il se monstroit «
tousjours preparé, sans la craindre) «
il auroit en presence de plusieurs de- «
claré ceste sienne intention, si sou- «
vent réiterée par ce grand Roy, qui «
a tant merité de la France, & de tous «
les François, que c'est un tesmoigna- «
ge plus exprès, & preuve plus cer- «
taire, qu'un testament ou simple de- «
claration des Roys de France, qui par «
leurs testamens ou autres, leurs de- «
clarations de volonté, ont declaré les «
Roynes meres de leurs enfans Régen- «
tes, pour avoir le soing & adminis- «
tration des affaires du Royaume ; à «
quoy estoit besoing pourvoir promp- «
tement, pour donner cours aux affai- «
res, qui ne pouvoient estre retardées «
qu'avec un très-grand préjudice. «

Ceste Harangue finie, M. le Premier President dit :

Discours de M. le Premier President.

SIRE : Nous estions les derniers «
jours en meditations perpetuelles «
de continuer les louanges accoustu- «
mées «

» mées des vertus très - admirables du
» feu Roy d'heureuse memoire, avec
» allegresse, qu'après avoir par sa vertu
» incomparable, courage invincible, &
» labeur indomptable, retiré la force
» de la main de ses ennemis, deslié le
» nœud de ses miseres; & comme un
» grand Esculape, réuny les parts dis-
» persées de son Hipolite, deschiré par
» tant de factions, recherchoit tous les
» moyens de dorer son siecle d'une pro-
» fonde paix, que sa valeur nous avoit
» asseurée, & disposer son peuple à
» nouvelles resjouïssances, que nous ap-
» portoit le Couronnement de la Roine
» vostre Mere, avec un applaudisse-
» ment universel. Mais à present, nous
» trouvons un changement déplorable
» en ceste contemplation: car encore
» que ses vertus soient un digne & per-
» petuel subjet de nos discours, que
» nostre intention n'est point de chan-
» ger; toutesfois nous avons plaisir &
» contentement d'eslever les vertus
» presentes, & maintenant serons
» contrains de parler des passées avec
» pleurs & gemissemens. Quand nous
» jettons l'œil sur vostre bonne Ville
» de Paris, comme le plus prochain
» object, parée & embellie d'arcs
» triomphaux, festons, & autres noti-
» fices tesmoins du contentement pu-
» blic, se plaignant de ceste éclipse in-
» fortunée inopinement survenue en
» tout le Royaume. Elle nous remet en
» memoire ce que l'Escriture - Saincte
» dit de Noëmy, qui signifie belle, qui
» ayant perdu ses enfans, disoit à ses
» voisins : Ne m'appellez plus Noëmy,
» mais triste & desolée, pour la perte
» que j'ay faicte · Ainsi nous semble
» que vostre Ville Capitale nous dit :
» Ne m'appellé plus Noëmy; car je ne
» suis plus belle ny parée, ma face pasle
» & deffaicte, ressent plus un sepulcre

blanchy, que tous ses embellissemens «
du tout inutils, par la perte de mon «
très-cher Prince, qu'un traistre dès- «
loyal & infidelle parricide, m'a ravy «
d'entre les bras. Et nous, qui ressen- «
tons ce miserable accident, serions «
en désespoir, n'estoit la consolation «
que nous recevons en vostre presen- «
ce, laquelle contemplant, il nous «
semble voir l'image vive du deffunct, «
& nous faict croire que ce n'est point «
une perte, mais plustost une éclipse «
de ce grand Soleil, lequel aussi-tost «
qu'il est obscurcy eu un lieu, faict «
paroistre sa lumiere en l'autre. Vous «
estes seul, qui pouvez essuyer nos lar- «
mes, & relever les courages abbatus «
de vos subjets, suivant la trace de «
plusieurs bons Roys, vos Prédeces- «
seurs, desquels vous portez le nom, «
entr'autres de Loys dernier, Pere-du- «
Peuple, sous le Dais duquel vous «
estes assis, qui vous doit inviter à ap- «
prendre à bien regner, afin que pa- «
reil nom de Pere-du-Peuple, vous «
soit donné; & auparavant luy, de «
Loys dixiesme, & Sainct Loys, qui «
furent assistez au bonheur de leurs «
regnes, du conseil judicieux des Roi- «
nes Blanche, & Marguerite, très- «
sages & vertueuses Princesses, des- «
quelles la prudence & le bon succès «
des affaires plus importantes, dont «
les deux bonnes Roynes leur lais- «
soient la direction, rendoient leurs «
regnes d'autant plus heureux. Sui- «
vez (Sire) ce bon exemple, confiez- «
vous en tout de vos affaires à la Roi- «
ne vostre Mere, la Régence de cest «
Estat, luy est deüe, le succès de son «
administration, ne peut estre qu'heu- «
reux, estant pleine d'affection envers «
vous, & comblée de perfections & «
dons de graces infinies, que la bonté «
Divine faict plus reluire en elle «
　　　　　　　　　　　　qu'en «

» qu'en toutes autres Princeffes de la
» Chreftienté. Autresfois a efté battu
» une monnoye en faveur de l'Impera-
» trice, femme de l'Empereur Conf-
» tance, en laquelle outre fon nom,
» eftoient gravez ces mots, (qui a-
» voient plus de grace en leur langue
» qu'en la noftre) *Seureté de l'Eftat.*
» Vous ferez chofe agréable à vos fub-
» jets d'ordonner, qu'il en foit expofé
» une contenant cefte infcription véri-
» table : *Marie de Medicis, Seureté de la*
» *France.* D'autant qu'il ne fe peut dé-
» nier, qu'elle ne l'ait affermie, ayant à
» fon advenement à la Couronne relevé
» les forces de cest Eftat languiffant,
» fous le defir du bien que peu de temps
» après elle nous a donné, duquel nous
» reffentons à prefent les grands effects,
» qui vous oblige d'autant plus à l'ai-
» mer, & à luy rendre tout l'honneur
» qu'elle peut defirer. La fupplication
» très-humble que nous vous faifons,
» eft, d'honorer de voftre bien-veil-
» lance voftre Cour de Parlement, qui
» rend à vos fujets la Juftice, vraye
» puiffance ordonnée de Dieu, gloire
» & threfor des Rois; qui retiendra
» vos fubjets en voftre obeyffance, fouz
» laquelle nous proteftons vivre &
» mourir, vous faifant à cefte fin ce
» premier hommage & ferment de fi-
» delité, auquel nous vous fupplions
» très-humblement nous recevoir. Nos
» vœux & prieres feront continuelles
» à Dieu qu'il lui vous plaife conferver,
» & la Roine voftre Mere, pour vous
» & pour vos fubjets, donner accroif-
» fement à vos jours en toute félicité,
» & un progrez du tout heureux à vos
» jeunes ans. Et comme Sa Majefté di-
» vine vous rend fucceffeur à la Cou-
» ronne hereditaire du plus brave &
» valeureux Monarque du monde, auffi

vous face vray heritier de fes vertus «
très-rares & très-fingulieres. Et qui- «
conque aura cest honneur d'eftre près «
de vous, foit affifté de fon Sainct Ef- «
prit, & rempli de fes bénédictions «
pour vous bien confeiller. Comme au «
contraire, quiconque vous contredi- «
ra & défobeyra troublant voftre Eftat, «
& entreprendra fur voftre authorité, «
foit encombré de fa malediction : & «
nous face la grace de vous rendre la «
fidelité de noftre très-humble fervice «
fi agreable, que puiffions eftre tenus «
de vous pour vos très - humbles, «
très-obeiffants & très-fidelles fubjets «
& ferviteurs. »

Les huis eftans ouverts, pour le Procureur General du Roy, Mᵣ. Servin
dit :

Difcours de M. l'Avocat General.

SIRE, fi pour dignement fervir «
un Roy, les paroles bien compofées «
avoient autant de force que la fran- «
che & pure affection d'une bonne «
ame, nous effayerions vous en offrir «
à cefte premiere entrée en voftre lict «
de Juftice : mais au lieu que les gran- «
des playes font parler l'extraordinaire «
dont nos cœurs font affligez, & ne «
nous laiffe qu'une voix tremblante & «
demie vive, fi que nous ne fçaurions «
que vous prefenter pour premices & «
offrandes que des cris & profonds ge- «
miffements, exprimez par une langue «
toute languiffante. Nous vous fup- «
plions doncques très-humblement re- «
cevoir nos paroles entrecoupées par «
les fortes pointures d'une vive dou- «
leur, que fait telle perte de nos ef- «
prits, qu'ils ne font autre chofe que «
la douleur mefme. Ne pouvant rien «
dire qu'avec un Roy qui crioit à Dieu, «
Mon efprit pafmé d'angoiffe fe renferme «
» *dans*

D d

» *dans moy, & mon cœur tout abatu d'ef-*
» *tonnement, eft troublé & defolé au mi-*
» *lieu de moy.* Il n'y a que Dieu qui nous
» peut remettre , pour vous rendre , &
» à la Royne voftre très-honorée Dame
» & Mere, ce qui vous eft deub. C'eft
» luy feul qui nous faict refpirer & re-
» venir la parole. On avoit accouftu-
» mé en l'Eftat de Rome de reciter les
» louanges des Empereurs après leur
» decès, & cela s'y faifoit lors que les
» premiers reffentimens de la douleur
» eftoient paffez , avec diverfes fleurs
» d'éloquence que les Orateurs femoient
» fur leurs tombeaux & en plein Senat ;
» & pour cefte heure , nous ne pouvons
» retenir nos efprits pour les arrefter à
» telles harangues : ce que nous difons
» vient du naïf de noftre affection , &
» du fentiment de l'Eftat prefent. Ce
» qu'avons du tout à faire eft ne furvivre
» l'exemple du Confeil Romain , qui
» foudain après le trefpas du premier
» Céfar dit : *Qu'il ne falloit que prononcer*
» *l'Arreft du Senat, par lequel tous hon-*
» *neurs divins & humains avoient efté or-*
» *donnez au deffunct*, adjouftant en peu
» de mots, qu'il eftoit befoing de pour-
» voir à trois chofes : *A vanger la mort*
» *du Prince : A la feureté de l'Eftat, &*
» *A rendre la memoire du deffunct augufte*
» *& venerable.* Le grand nom du Roy
» voftre Pere (lequel nous penfons en-
» cor voir) fa prudence fouveraine, fa
» generofité, fa valeur incomparable ,
» fa foy, fa loyauté , & verité en fes
» paroles envers fes fubjets & alliez , &
» à l'endroit de fes ennemis mefmes, fa
» finguliere moderation & clemence ,
» qui font toutes vertus Royalles, join-
» tes à l'amour de la Juftice , revien-
» nent devant nos yeux en un image
» pour le vous faire voeir. Nous vous
» reprefentons ceft image,afin que vous
» vous rendiez imitateur de fes vertus ,

tout ainfi qu'avez fuccedé à la viva-«
cité de ce grand efprit principal, de «
cefte ame vigoureufe. Toutes les ver-«
tus de ce grand Roy voftre Pere , & «
Pere du Royaume , nous font autant «
de divers fubjets de nous rafraifchir «
& augmenter la mémoire de noftre «
douleur. Mais venons en ce que nous «
difons avec un Romain (c'eft que «
vous devez, Sire , mettre en voftre «
mémoire , & l'y conferver par un «
mafle reffouvenir) *Que les Princes font* «
mortels, & la République eft éternelle. «
Ce que nous recognoiffons en tous «
efprits, quand il plaift à Dieu les be-«
nir , & nous efperons de luy cefte bé-«
nediction au voftre. Cependant il faut «
rendre les derniers honneurs au feu «
Roy, & avoir en l'efprit ces derniers «
propos du Prince Germanicus : *Si* «
quelque efperance , fi quelque proximité «
de fang touchent un fucceffeur, fi quel- «
que dévotion de fes fubjets, s'efmeut à «
plorer, de plorer l'abfence d'un grand «
Prince jadis floriffant, & qui avoit fur-
vefcu tant de guerriers & hazards, qui
nous a efté fi malheureufement ravy. Icy «
la douleur nous retient : la douleur «
de l'homme mortel tire le nom de fa «
mifere. Ce qui peut nous confoler en «
noftre affliction eft , que Dieu n'a «
point laiffé la France fans reffource , «
vous y ayant ordonné , Sire , pour «
regner fur nous. Vous, d'autant plus «
relevé, que nous remarquons en vof-«
tre bas aage, par une grace particu-«
liere de la faveur divine, comme Dieu «
donne l'efprit à ceux qui font naiz «
grands par une grande providence. «
La vertu advint aux Céfars devant les «
autres. Ainfi l'on a veu en l'Eftat Ro-«
main, qu'eftant affligé de maux & de «
calamitez, Dieu lui envoya un prompt «
remede, ordonnant pour Empereur , «
Alexandre Severe encore enfant, pour «
» la

»la bonne esperance que l'on avoit con-
» ceuë de luy, par la belle nourriture
» qu'il avoit receuë de sa mere Auguste
» Mammea, qui par mesme moyen fut
» déclarée par le Sénat Régente en l'Em-
» pire, avec toute puissance & autho-
» rité ; dont les Historiens ont escrit,
» que ce jeune enfant venu à l'Estat n'a-
» voit rien faict aux affaires grandes
» qu'avec sa mere. A quoy se pourroit
» adjouster d'autres exemples ; mais es-
» tant dans un Royaume qui se defere
» par succession, comme les estrangers
» mesmes ont recogneu, & escrit que
» vostre tiltre est le nom de Roy, sans
» adjouster de quel pays (comme a esté
» autresfois celuy du Roy des Perses,)
» que pour estre le gouvernement d'un
» tel Estat beaucoup plus légitime qu'un
» electif ; suffit d'alleguer la Régence
» de la Royne Blanche Mere du Roy S.
» Loys, duquel vous estes yssu en ligne
» directe, laquelle a rendu le bon Roy
» son fils (tige sainct & sacré de vos
» ancestres) & son Peuple, bienheu-
» reux par son administration. Nous
» n'attendons pas moins de felicitez de
» la prudence & sage conduite de la
» Royne vostre très-honorée Dame &
» Mere, douée de pieté, de sagesse &
» saincteté. D'autant plus, qu'elle a
» cognoissance des affaires de vostre
» Estat, dont le Roy vostre Pere très-
» sage & prudent, a voulu qu'elle fust
» instruite par ses serviteurs pour bien
» gouverner vostre Personne & le
» Royaume, selon l'intention qu'il leur
» en a souvent déclarée. Ce qui me faict
» esperer, que non seulement le pre-
» mier an de vostre Regne, mais ceux
» qui se suivront par un long aage que
» vous souhaittons, seront couronnez
» de toutes beatitudes. Ainsi nous
» voyons les certains effects d'une fer-

me esperance qui nous font promis «
par le simbole de vostre Lys Royal, «
avec tant ou plus de vérité, qu'elles «
font representer par ceste Fleur-de- «
Lys Imperiale, avec un renvers por- «
tant ces tiltres : *L'esperance Auguste* ; «
L'esperance du Peuple Romain. C'est «
à nous maintenant de louer Dieu pour «
la souveraine felicité, qu'il nous a en- «
voyée à l'issuë d'un grand malheur, «
composant l'esprit de vos subjets & «
serviteurs à vous rendre tous unani- «
mement leur fidelle & prompte obeis- «
sance ; & le supplie qu'il luy plaise af- «
fermir vostre Throsne en vous faisant «
regner par Justice. C'est la fin de nos- «
tre vœu en ceste journée, en laquel- «
le, comme un Roy de Palestine re- «
commandoit à un successeur à l'Empi- «
re, la cité saincte de Hierusalem, «
(comme premiere de toutes les Vil- «
les de l'Orient, voire du nombril & «
centre de toute la terre,) parce «
qu'elle avoit eu le bonheur de le sa- «
luer la premiere, & monstrer le poinct «
d'honneur de recognoissance envers «
son Prince, par une affection de tant «
plus signalée, qu'elle ressembloit aux «
vœux des premiers noms d'une famil- «
le plus aimée & cherie, que toutes les «
autres, pour avoir proferé premiere- «
ment les doux & saincts noms de Pe- «
re & Mere ; de mesme ceste principa- «
le mere-Ville de la France, où est la «
Cour des Pairs, & le premier de vos «
Parlements ; où la premiere voix de «
vostre succession à la Couronne ayant «
esté ouye, va se respandant à toutes «
les autres Provinces de vostre Estat ; «
implore vostre grace par nostre bou- «
che, & vous supplie très-humblement «
d'avoir le sacrifice, qu'elle vous offre «
de sa dévotion pour aggréable. Ce «
qu'aussi elle requiert de la Roine vos- «
» tre

» tre Augufte Mere, feante aujourd'hui
» à voftre dextre, comme eftoit la Roi-
» ne Berfabée au throfne du Roy Salo-
» mon fon fils, lors que ce fage Prince
» fe leva, & comme dict l'Efcriture
» Sainte, l'adora en fe profternant de-
» vant elle. Et d'autant que voftre Cour
» de Parlement, fur ce que luy avons
» remonftré eftre néceffaire donner
» promptement ordre à ce qui concer-
» ne voftre fervice & le bien de voftre
» Eftat, qui ne pouvoit eftre régy &
» gouverné que par la Royne voftre
» Mere, pendant voftre bas aage, don-
» na hier Arreft, par lequel elle a dé-
» claré voftre Mere Regente en France,
» pour avoir l'adminiftration des affai-
» res de voftre Royaume durant ce
» temps : Nous vous fupplions très-
» humblement, affifté que vous eftes
» des Princes, Prelats, Ducs, Pairs, &
» Officiers de la Couronne, ordonner
» que ceft Arreft fera publié en tous les
» Bailliages, Senefchauffées & Siéges
» Royaux du Reffort de cefte Cour, &
» en tous les autres Parlements & Sié-
» ges de voftre Royaume. »

Ce fait, M. le Chancelier monta au
Roy, reçeut fa volonté ; puis defcendit,
prit l'advis de Meffieurs les Prefidents ;
& remonté, celuy des Princes, Ducs,
Pairs ; par après de l'autre cofté, des
Prelats ; & redefcendu, de ceux qui
eftoient en bas, & Confeillers : & retourné en fa place, prononça l'Arreft
qui enfuit :

Arrêt confirmatif de la Régence.

» LE ROY féant en fon Lict de
» Juftice, par l'advis des Princes
» de fon fang, autres Princes, Prélats,
» Ducs, Pairs, & Officiers de fa Cou-
» ronne, ouy ce requerant fon Procu-
» reur General, a déclaré & déclare

conformément à l'Arreft donné en fa «
Cour de Parlement du jour d'hyer : «
la Royne fa Mere Régente en France, «
pour avoir foing de l'éducation & «
nourriture de fa perfonne, & admi- «
niftration des affaires de fon Royau- «
me pendant fon bas aage. Et fera le «
prefent Arreft publié & enregiftré en «
tous les Bailliages, Senechauffées, & «
autres Siéges Royaux du reffort de la- «
dite Cour : & en toutes les autres «
Cours de Parlement de fondit Royau- «
me. »

Après quoi le Roy & la Roïne fe retirerent au Louvre en mefme ordre, avec
l'acclamation & resjouïffance du peuple, crians : *Vive le Roy.*

Voilà tout ce que j'ay fçeu s'eftre paffé de plus remarquable aux trois jours
confécutifs ; fçavoir, du couronnement
de la Roine ; de la mort du Roy, & des
Arrefts prononcez pour la Régence de
la Roine.

Sur le couronnement de la Roine, il
s'en eft faict des imprimez, & entr'autres un Panegyrique : où comme l'autheur s'eft rencontré en un beau fubject, il en a dit beaucoup de belles
chofes.

Sur la mort du Roy, il s'en eft fait
& dit beaucoup : on a remarqué fur le
lieu, & fur le jour de fa mort, qu'en
l'an 1554. & le 14. jour de May, le
Roy Henri II. feit une Ordonnance,
que les Loges, Efchopes & Boutiques
de la ruë de la Ferronnerie, joignant
le Cimetiere des Innocens, feroient ab-
batuës pour plufieurs raifons, & entr'autres pour la liberté du paffage du
Roy : laquelle Ordonnance fut vérifiée
en Parlement, mais non executée : &
c'eft ce qui a donné fubject aux Eftrangers, qui ont efcrit du Gouvernement &
Police des François : la France, difent-
ils,

ils, a autant de belles Loix, Statuts & Conseils que Royaume qui soit au monde, suffisant pour gouverner un monde : mais autant qu'ils sont bons, autant sont-ils mal observez : de sorte qu'un mesme Soleil void l'establissement & la transgression d'une Loy. Aussi on tient que l'Ambassadeur de Venise respondit audit feu Roy, qui luy parloit de la révocation d'un certain Décret * : SIRE, Sénat & République de Venise n'ordonne rien qu'après une meure déliberation, & ce qu'il ordonne n'est jamais révoqué : ce ne sont pas cris de Paris. C'est assez dit sur l'Ordonnance, pour abattre ces Eschoppes : que si en ce temps elle eust esté executée, le malheur advenu par l'embarras des charettes n'y fust peut-estre survenu 56. ans après. Aussi plusieurs du depuis la mort du Roy, appellent ceste ruë de la Ferronnerie, la ruë de la Felonnie.

Plusieurs aussi ont escrit que le Duc de Vendosme luy avoit dit le matin : *Sire, j'ay receu advis que vous devez vous garder ceste journée, & que l'on doit entreprendre sur vostre vie.* A ceste parole le Roy le regarda, & lui dit : *De qui tenez-vous cest advis?* Le Duc lui respondit : *Du Medecin la Brosse.* Sa Majesté qui sçavoit que la Brosse estoit un vieil Astrologue, dit lors au Duc : *C'est un vieil fol, & vous en estes un jeune : N'adjoustez jamais foy à telles gens.*

Voici ce que M. *Bertault*, Evesque de Sées en a escrit en son Discours funebre.
» Nul n'ignore maintenant que ce
» malheur ne lui fust énigmatiquement
» prédit, & par l'inspection de son par-
» ticulier Horoscope, & par quelques
» feintes centuries, presque au mesme
» temps qu'il est arrivé. Ses plus chers
» l'en advertissoient, les plus sçavans

en cest art le supplioient de se gar- «
der : le triste Songe que peu de jours «
auparavant la Roine son espouse avoit «
faict de luy, couchée à ses costez, & «
resveillée en sursaut par l'effroy de sa «
vision, estoit presque une parlante «
image du malheur advenir, qui luy «
devoit servir d'un Oracle pour le faire «
davantage veiller à sa conservation, si «
le courage de ce Prince eust esté capa- «
ble de frayeur, & s'il eust eu pour «
soy-mesme la miliesme partie de la «
juste crainte qui nous travailloit à «
toute heure. Mais quoy? tout ainsi «
que rien ne sçauroit asseurer le Lié- «
vre, aussi rien ne sçauroit espouvan- «
ter le Lyon. La mémoire de ses Royal- «
les actions, & la consideration de la «
douceur dont il obligeoit tout le «
monde à l'aimer, luy rendoit toutes «
telles sortes d'attentats incroyables. «
Il jettoit plustost l'œil de la pensée «
sur sa propre bonté, que sur la mes- «
chanceté d'autruy. C'estoit César qui «
ne vouloit croire, ny son sage Spu- «
rina, ny sa fidelle Calphurnie, & fal- «
loit nécessairement, ce me semble, «
qu'il en imitast le désastre, comme il «
en avoit imité la clémence & la valeur. «

Bref, les premiers jours d'après la mort du Roy, les curieux recherchoient tout ce qu'avoient dit les Almanachs, & les Centuries de *Nostradamus, Pesellus*, & *Camerarius* en ses Centuries ; les Vers Latins d'un *Rossolanus* Medecin, commençans, *Lucia qui lucis contulit auspicia, &c.* d'autres Centuries toutes nouvelles de Nostradamus, qu'on asseuroit avoir esté monstrées au Roy peu avant sa mort, & une infinité de petits discours. Autres disoient, que par trois diverses fois, le jour qu'il fut assassiné le Roy entra dans son cabinet, & pria
Dieu

Dieu de le tenir en sa garde ? Cela peut estre vray, car peu de jours se passoient (ainsi que nous dirons cy-après) qu'il ne fléchist le genouil devant Dieu, en son cabinet : jamais il ne luy vint affliction, que la larme à l'œil il ne mist le genouil en terre, & ne fit des recognoissances envers Dieu, dont le zele estoit du tout hors de l'ordinaire des humains : & toutesfois il estoit homme. Je suis icy contraint de blasmer toutes ces curiositez (contre le devoir de celuy qui rapporte par Histoire ce qui s'est passé, pource qu'il le doit faire nuement, sans donner son advis par dessus) car pour les Almanachs, ceux qui les impriment & qui font les prédictions, recherchent seulement les vieux Almanachs du temps passé, & ayant racommodé le Calendrier & les Lunes, (ce qu'ils font encores la pluspart du temps mal, pource que beaucoup n'y entendent rien) donnent leurs rapsodies au public. Ceux qui voudront esprouver cecy, n'ont qu'à prendre les Almanachs de Morgar, de Florent de Crox, de Billy & autres imprimez en ceste année, & trouveront qu'il n'y a que le nom de changé, & sont tous pareils, parlant d'un Vieillard qui doit mourir au mois de May, & sont tous imprimez par un mesme Imprimeur. L'hazard de ce mot de *Vieillard*, rencontré en ce mois, leur a fait vendre toutes leurs impressions, & les curieux les ont pris pour Propheties.

Quand aux Centuries de *Nostradamus*, je seray tousjours de l'opinion de Du Verdier en sa Bibliotheque, & que ce ne sont que pures resveries. Pour Pesellus & les Centuries de *Camerarius* qui sont derriere, où il a mis l'Horoscope ou nativité du Roy, comme l'on m'eut asseuré qu'il l'avoit remarquée au mesme jour & à la mesme heure, je le

voulus voir : pour un escu j'en fus quitte, où je trouvay qu'il marquoit la mort du feu Roy en l'an 59. de son aage, six mois & quelques jours : & il est mort sur la cinquante-septiesme année. Vrayes follies : toutesfois je retiray mon argent de ce livre d'un autre curieux, & ne le voulus voir davantage. Quant à *Rossolanus*, quelqu'un s'est joué de faire ces Vers là sous ce nom, comme aussi les Nouvelles Centuries de Nostradamus. Celuy qui me les monstra escrites à la main m'en fit grand feste, je les leus, & luy demanday d'où il les tenoit ; il m'en compta merveilles, de quand & à qui Nostradamus mesmes les avoit baillées durant ces derniers troubles, mais il fut estonné quand je luy monstré que Nostradamus estoit mort dès l'an 1566. Tout le mal qui en est advenu a esté, qu'un Procureur de Provence, pensant reporter en son pays des nouvelles de la Cour, prit copie de ces Centuries, & en donna dès qu'il fut à Aix la copie à d'autres : le Parlement adverty, (pource que Nostradamus estoit Provençal) le fit constituer prisonnier, & nonobstant qu'il dit qu'il les avoit apportées de Paris, il fut condamné aux galeres. Il est dangereux de tenir des Escrits qui parlent, quel doit estre l'Estat de la République, & ce qui y doit advenir : mais sur tout de les faire courir parmi le peuple.

Que de discours divers se font faicts sur la mort subite de ce grand Roy, en des pays estranges, dont l'alliance avec la France consiste plustost en cérémonies exterieures, qu'en amitié ; leur inimitié estant trop cogneuë par les effects : mais quand on considerera les divers attentats sur la vie de ce Prince, depuis vingt-six ans en çà, & quand ils ont esté entrepris, on jugera aisément que ce dernier a esté forgé en la mesme boutique.

tique d'où les autres sont sortis.

En l'an 1584. lors que son ennemy vit qu'il estoit le presumptif héritier de la Couronne , le Capitaine Micheau vint des Pays-bas pour le tuer. *Cayer en son Histoire de la Paix.*

Estant parvenu à la Couronne en 1589. par la mort du Roy Henry III. Rougemont fut solicité pour le tuer , par le petit Feuillan *. Je l'ai veu prisonnier à Tours long-temps : & pource que ledit Rougemont en avoit adverty, il ne laissa d'avoir Arrest, portant deffences de n'approcher le Roy de dix lieuës.

* C'estoit un petit fanatique de Dévot, Ligueur outré, de la famille des Percin de Mortgaillart. Il s'est retiré dans les Pays bas, où il devint Abbé d'Orval. Fiez vous après cela aux Dévots , qui dânent tout le monde, & qui ne voyët pas qu'ils se dânent eux-mêmes.

En l'an 1593. comme cest ennemy mortel de la Grandeur de Sa M. vit qu'il estoit reschappé de tant de batailles , & de siéges de Villes , sans avoir respandu une goutte de son sang, ayant donné une Trefve à son Royaume , & toutes les Villes inclinants à le recognoistre , suscita Pierre Barriere pour le tuer , lequel fut executé à Melun. Cela est rapporté par toutes les Histoires.

En l'an 1594. après avoir réduit sous son obeyssance la plus grande partie des principales Villes de la France, forcé Laon , chassé ses ennemis en Flandres, Jean Chastel l'entrepit jusques dans sa chambre & en son Lonvre , & luy donna un coup de consteau dans la bouche , pensant luy ficher dans le col. Les Arrests de la Cour , toutes les Histoires , & tant de milliers de personnes, qui sont encores en vie,& l'ont veu executer à mort , en sont de veritables tesmoins.

* C'est l'Assemblée des Notables, & non pas des Etats.

En l'an 1597. peu après les Estats tenus à Rouen*, & que Sa Majesté faisoit tant de preparatifs pour la guerre qu'elle dessignoit en Flandres, Davesnes Flamand , & un laquais du pays de Loìraine , furent mis sur la rouë en place de Greve.

En l'an 1600. Mathieu en son Histoire de la Paix rapporte que deux assassins,qui avoient entrepris sur Sa Majesté , au commencement de la guerre de Savoye , furent recogneus , & que le Roy mesme ne voulut pas que l'on s'en saisit : Dieu les punira assez, dit-il, sans que je m'en mesle.

Et bien que depuis Sa M. ait vescu en paix,& l'ait procurée à tous ses voisins : cest ennemy n'a pas laissé depuis la guerre de Savoye,d'entreprendre encor plusieurs fois sur sa vie.

En l'an 1602. la conspiration du Mareschal de Biron : mais (ce qui est esmerveillable) paroles d'un petit Moine , qui luy dit : *Si la fin descouvroit leurs entreprises , qu'il auroit l'Enfer , & luy le Paradis.*

Il y a eu depuis encor diverses entreprises sur la vie de Sa Majesté , entr'autres une que M. de la Force descouvrit il y a trois ans.

Mais après avoir eschappé tant d'attentats & de périls : cest ennemy qui l'avoit si felonnement poursuivy depuis tant d'années , voyant que ce grand Roy avoit empesché la guerre en Italie , procuré la Paix entre ses voisins , résolu de deffendre ceux que l'on vouloit despouiller de leur juste succession , & assemblé une armée pour faire tenir les plus puissans en leur devoir : il est enfin venu à bout de son dessein. Pour voir clair en tant d'attentats , il n'est pas besoin d'avoir gueres bonne veuë. Je ne diray pour fin de ce discours, que la responce faicte à un qui disoit, louez soit Dieu, le parricide est pris , on le tirera si bien, qu'il confessera la vérité. Ne le croyez pas, luy dit-on, qu'il confesse jamais rien quelque tourment que l'on luy donne : Jean Chastel & Pierre Barriere ont esté pris vifs, & si on n'a peu jamais descouvrir d'eux , sinon

leurs

leurs damnables opinions : ce qui est
advenu, ainsi qu'il se verra cy-après.
Voilà touchant ce que l'on a dit lors
sur la mort du Roy, advenue au second des trois jours.

Quand au troisiesme jour, auquel le
Roy à present regnant en son Lict de
Justice, déclara la Royne sa Mere Régente, ceux qui l'ont appellé le jour de
la Reception du Roy en son Parlement,
ou la Proclamation du Roy au Parlement, en presence de la Royne sa Mere, se sont trompez : car les Roys de
France ne sont esleus pour estre procla-
mez ou receus : ains le mort * saisit le
vif ; son fils, ou le premier Prince de
son Sang.

Ce jour toutesfois sembla estre un
triomphe, en l'hommage universel des
François à leur nouveau Roy : on voyoit
plusieurs du peuple & les soldats, depuis les Augustins jusques au Louvre,
comme Sa Majesté passoit sur le Pont-
neuf, pleurer & crier : *Vive le Roy* : En
mesme-temps les boutiques furent r'ouvertes, les Gardes renvoyées aux Fauxbourgs, contre l'opinion commune des
Estrangers, qui estoient lors en Cour,
une si grande paix & tranquilité se voit
dans Paris, qu'il ne s'en peut imaginer
une pareille ; & ensuite par toutes les
Villes de France. Ceux qui s'estoient saisis de quelques places (pensant desjà
rentrer en guerre) furent bien-heureux
de jouyr de la Déclaration du Roy sur
la deffence du port d'armes, dont nous
parlerons cy-après.

Ce mesme jour depuis les dix heures
du matin, jusques sur les six heures du
soir, une multitude innumerable de
peuple fut voir le corps du feu Roy,
gisant sur son lict la face descouverte,
vestu d'un pourpoinct de satin blanc,
avec un bonnet de nuict de velours

très-versé
dans notre
Histoire, m'a
sagement fait
remarquer
qu'il faut di-
re : *la mort
saisit le vif* ;
& non *le mort
saisit le vif.*

rouge, chamarré de passement d'or : on
entroit par la Grand'Salle dans sa chambre, & on en sortoit par sa belle galle-
rie : puis il fut ouvert, embausmé, &
mis en un cercueil : nous parlerons cy-
après des cérémonies, qui s'observerent
jusques à son enterrement. Tous ceux
qui assisterent à ceste ouverture, voyans
toutes les parties nobles de son corps si
saines, & qu'il ne pouvoit mourir que
d'une extresme vieillesse, recommencerent leurs pleurs, & à détester un si
miserable parricide, & principalement
quand ils veirent son petit cœur, le
plus grand qui fust au monde, lequel
tout sanglant estant mis dans un bassin,
fut baisé de tous les Seigneurs comme à
l'envy, & tel en avoit ses moustaches
saigneuses qui se l'estimoit à grande
gloire.

Messieurs les Princes de Condé, &
Comte de Soissons, Princes du Sang,
n'estoient lors en Cour : cestui-là pour
quelques mescontentemens* estoit sorti de la France dès la fin de l'an passé,&
estoit lors à Milan, où il en receut les
nouvelles par les Lettres que Madame
la Princesse de Condé sa Mere luy manda : aussi-tost il fit tenir des Lettres au
Roy & à la Roine, pour se condouloir
avec eux, de l'horrible assassinat, commis à la personne du feu Roy son Seigneur, & leur tesmoigner l'extrême
regret qu'il en avoit, avec offres de son
très-humble service : protestant qu'il
avoit tousjours gardé à leurs Majestez
en paroles & en effects, l'honneur &
le respect que doit un très-humble subjet, & attendoit l'honneur de leurs
commandemens.

Pour M. le Comte de Soissons, il
n'estoit sorty de Paris *, que cinq jours
auparavant le Couronnement, & estoit
allé en une sienne maison près Chartres.

* C'estoit par
jalousie: bon
pour de pe-
tits bour-
geois : mais
cela sied-il à
un grand
Prince ?

* Par un au-
tre mécon-
tentement,
& pour ses
demandes ex-
cessives au
Roy Henri
IV. avec le-
quel il eut
quelques pa-
roles vives.

tres: la Royne envoya vers luy le Sr. de la Varenne, l'advertir de la mort du Roy, & de se rendre près de S. M. le plustost qu'il pourroit, pour y servir son Roy & l'Estat. A ceste nouvelle, la douleur le saisit tellement, qu'il en demeura malade, & ne pût arriver en Cour, que le seiziesme de May. Le Duc d'Espernon & toute la Noblesse furent au-devant de luy.

Le 16. dudit mois, Ravaillac fut conduit à la Conciergerie (1); car après qu'il fut arresté prisonnier, on l'avoit mené à l'Hostel de Raiz, où il fut environ deux jours gardé par des Archers; veu & recogneu de plusieurs. Du commencement, on luy disoit qu'il n'avoit que blessé le Roy, à quoy il respondoit,

qu'il sçavoit bien qu'il estoit mort, veu le sang qu'il avoit veu à son cousteau, & l'endroit où il l'avoit frappé; mais qu'il n'avoit point de regret de mourir, puisque son entreprise estoit venue à effect; & à ceux qui demandoient qui l'avoit meu à cest attentat, il respondit: *Les Sermons que j'ay ouys, auxquels j'ay appris les causes pour lesquelles il estoit necessaire de tuer un Roy.* Aussi sur la question, s'il estoit loisible de tuer un Tyrant, il en sçavoit toutes les dessaictes & distinctions, & estoit aysé à recognoistre, qu'il avoit esté soigneusement instruit en ceste matiere; car en tout autre poinct de théologie, il estoit ignorant & meschant; tantost disant une chose, & puis la niant.

PREMIER INTERROGATOIRE

Fait par les Sieurs Président JEANIN & BULLION, à François Ravaillac, incontinent après qu'il eust commis le parricide du feu Roy.

DU Vendredy, quatorziéme jour de May, mil six cens dix. A Paris, au Logis de l'Hostel de Raiz, près le Louvre.

Messieurs les Présidens Jeanin, & Bullion, Conseillers au Conseil d'Estat.

Le serment de luy pris.

A dit avoir nom François Ravaillac, âgé de trente-deux ans, demeurant en la Ville d'Angoulesme.

Quelle est sa profession.

A dit qu'il monstre aux Enfans à prier Dieu, en la Religion Catholique, Apostolique & Romaine.

Depuis quel temps il est en cette Ville.

Dit qu'il y a quinze jours ou trois semaines, & est logé au Fauxbourg S. Jacques, aux cinq Croix (2), où il a tousjours demeuré, fors que deux ou trois jours après, estant arrivé en ladite Hostellerie, il s'en alla pour deux ou trois jours loger au Fauxbourg S. Honoré, à l'enseigne des trois Pigeons, devant l'Eglise S. Roch.

Enquis

---

(1) *A la Conciergerie.*] Il est étonnant que dans un cas aussi grave, on ait laissé ce misérable deux jours à l'Hôtel de Rets, où tout le monde avoit permission de le voir & de lui parler.

(2) Dans l'Interrogatoire suivant, il dit que ce fut, *aux Cinq Croissans.*

E e

Enquis si pendant qu'il a esté esdits logis, il n'a hanté, ni frequenté avec quelques personnes, & qui ils sont.

Dit n'avoir hanté personne.

Enquis pourquoy il estoit venu en cette Ville.

Dit qu'il y est venu pour poursuivre des procès, qu'il a au Parlement contre les adjudicataires des biens de Geoffroy Phyar, lequel procès a esté jugé, il y a long-temps, au Rapport de Monsieur Sanguin, Conseiller au Parlement, & estoit à Paris à faire taxer les dépens.

Enquis s'il a jamais receu quelque outrage du Roy, luy ou ses parens, & qui l'a meu d'entreprendre un acte si meschant, que de le vouloir tuer.

Dit qu'il n'a receu, né luy, ny les siens (1) aucun outrage de Sa Majesté, qu'il n'a esté aussy meu, ny induit par personne pour entreprendre cest attentat ; mais l'a fait par une mauvaise & diabolique tentation ; & que venant en ceste Ville, outre ce que l'occasion de son voyage, estoit pour faire faire la taxe de ses despens ; c'estoit aussy une intention d'attenter contre Sa Majesté.

Qu'il n'est pas vray-semblable, que ayant esté tenté de si long-temps, s'il eust eu recours à Dieu, qu'il ne luy eust osté ceste mauvaise volonté, & qu'il y a apparence, qu'il l'ait fait à la poursuite & sollicitation de quelques-uns.

Dit que non (2), & que ces tentations, quand elles luy estoient faites, quelquefois il y adhéroit, quelquefois non.

A quelle heure il est sorty aujourd'huy de son logis, où il a esté, & qui a parlé à luy.

Dit estre sorty de son logis entre six & sept heures, qu'il estoit seul, & s'en est allé à l'Eglise Saint Benoist, où il a ouy Messe ; que personne n'a parlé à luy, ny par les chemins, ny audit lieu, & qu'ayant ouy la Messe, il s'en est retourné en son logis, où il a disné avec l'Hoste & un jeune homme de ceste Ville, nommé Colletet, qu'il dit estre Marchand.

Enquis s'il cognoist ledit Colletet.

Dit n'avoir autre cognoissance dudit Colletet, sinon depuis qu'il a logé audit logis, où ledit Colletet vint loger deux ou trois jours, après que ledit Deposant y feust arrivé.

Enquis où il a aprins à lire & escrire, & quels sont les Maistres qui l'ont enseigné, puisqu'il dit qu'il fait profession d'apprendre à lire, escrire, & prier Dieu aux Enfans.

Dit qu'il y a plus de vingt ans qu'il n'a eu Maistre, pour l'enseigner ; & qu'avant ledit temps, il y a eu deux Prestres, sous lesquels il a appris à lire & escrire.

Enquis s'il est marié.

A dit qu'il ne le fust onc.

Admonesté par plusieurs fois de considérer combien est meschant l'attentat qu'il a voulu faire, & qu'il doit esperer de la miséricorde du Roy, qui est vivant, qu'il esvitera la punition, & sauvera son âme

---

(1) On voit par cette réponse, que Gui Patin n'étoit pas bien informé, lorsqu'il a dit dans une de ses Lettres, que Ravaillac s'étoit porté à commettre ce parricide, parce que le Roi avoit abusé de la sœur de ce misérable, & l'avoit abandonnée sans

lui rien donner ; & qu'au cas que Ravaillac eut manqué son coup, un de ses freres devoit entreprendre le même crime.

(2) Sur les complices de Ravaillac. Voyez la Préface générale de ce Volume.

ame en difant la verité.

A dit ne sçavoir autre chose , que ce qu'il a dit cy-dessus , & qu'il n'a esté induit par personne à commettre ce qu'il a fait : bien confesse-il que c'est luy qui a blessé le Roy d'un cousteau , qu'il desroba, il y a dix ou douze jours en une Hostellerie, proche les Quinze-vingts, où il entra pensant y loger ; mais on ne l'y voulut recevoir , & qu'il desroba ledit cousteau, en intention de tuer le Roy.

S'il estoit venu d'autrefois au Louvre , ou en autre lieu , pour y trouver le Roy, & commettre ledit acte.

Dit qu'il y estoit venu deux autres fois ; sçavoir, à la Pentecoste derniere, & depuis à Noël dernier ; mais que ce n'estoit pas en intention de faire ce mauvais acte ; mais que c'étoit pour parler au Roy , & l'induire à faire la guerre à ceux de la Religion prétendue Reformée.

Sur ce que l'on a trouvé entre ses hardes quelques papiers , mesmes un contenant des Stances en rithmes françoises , pour dire par un criminel , que l'on mene au suplice

à la mort , a esté requis si o'est luy qui a fait lesdits Stances , & si c'estoit pour luy-mesme qu'il les faisoit.

A dit qu'il ne les avoit pas faites ; mais qu'elles luy furent données , il y a environt six mois , en la Ville d'Angoûlesme , par un nommé Pierre Bertheau , habitant de ladite Ville , pour veoir si elles estoient bien faictes, d'autant que ledit desposant se mesle de Poësie, ledit Bertheau luy ayant dit, qu'il les avoit faictes sur le subjet d'un homme , que l'on menoit au suplice , que ledit desposant avoit prins & mis. (1)

Enquis sur ce qu'il dit avoir voulu parler au Roy , pour l'induire à faire la guerre à ceux de la R. P. R. qui luy avoit donné ce conseil.

A dit que c'est chose qui passe nostre cognoissance (2) , & qu'il en dira la verité au Prestre en confession , & non ailleurs , encores qu'il ayt esté adjuré de la dire devant nous en justice , par le serment qu'il a fait.

Et lecture faicte , a persisté en la presente déposition , & la signée , Signé Ravaillac , *avec paraphe.*

SECOND

---

(1) Il manque ici quelque chose : il faudroit je crois ajouter , *en sa poche.*

(2) On peut veir par cet article de la déposition de ce criminel, qu'il y avoit quelque secret qu'il refusoit de faire connoître , quoiqu'il eut promis sous serment de dire la vérité : mais une simple note n'est pas susceptible des observations , que l'on pourroit faire à ce sujet.

SECOND INTERROGATOIRE

Fait par nous Achille de HARLAY, Chevallier, Premier Président, Nicolas POTIER, Président, Jean COURTIN, & Prosper BAUIN, Conseillers du Roy nostre Sire, en sa Cour de Parlement, Commissaires de par icelle en cette partie ; à la Requeste du Procureur Général du Roy, au Prisonnier accusé du parricide du feu Roy, auquel avons vacqué sur les charges & informations ; ouy & interrogé, le serment de luy prins, ainsy qu'il ensuit.

Du dix-septiéme May, mil six cens dix de relevée.

ENQUIS de son nom, aage, qualité, & demeure.

A dit avoir nom François Ravaillac, natif d'Angoulesme, y demeurant, aagé de xxxj. à xxxij. ans.

Enquis s'il est marié.
A dit que non.

S'il l'a esté.
A dit que non.

A quoy il a employé sa jeunesse, & s'est adonné.
A dit qu'il s'est employé a solliciter des procès en la Cour.

S'il a esté nourry à la praticque à Paris, & à Angoulesme.
A dit depuis quatorze ans, avoir sollicité des procès, logé aux Rats, devant le pillier vert, ruë de la Harpe, chez un Savetier, & près les trois Chappelets, ruë Callandre.

De quant il est en cette Ville, le dernier voyage.
A dit qu'il y a environ trois sepmaines.

S'il a eu volonté de s'en retourner.
A dit que ouy.

Jusques où il a esté.
A dit qu'il a esté par-delà Estampes à un *Ecce homo.*

Qui la fait retourner.
A dit que ç'a esté la volonté de tuer le Roy.

Enquis de l'occasion.
A dit plusieurs, entre autres, pour ce qu'il n'avoit voulu (comme il en avoit le pouvoir) reduire la Religion prétendue reformée à l'Eglise Catholique, Apostolique & Romaine.

Enquis des autres raisons.
A dit qu'il estoit venu en cette Ville pour parler au Roy, l'advertir de reduire ceux de la Religion pretenduë reformée, à la Religion Catholique ; & à cette fin, a esté au Louvre plusieurs fois, chercher Sa Majesté ; a esté chez Madame d'Angoulesme chercher quelqu'un qui le peust introduire ; aussy au logis de Monsieur le Cardinal du Perron, auquel ne parla seulement qu'à de ses Aumoniers,

Aumoniers, qu'il ne reconnoift de nom, bien les reconnoiftroit, s'il les voyoit ; & parla au Pere *D'Aubigny* , Jesuite , au précedent voïage, qui feut peu avant Noël , & parla encore au Curé de S. Severin, & au Pere *Sainte Marie-Magdelaine* des Feuillans.

Où il a parlé au P. D'Aubigny.

A dit qu'il luy en parla à l'Eglise , ruë S. Anthoine , à l'iffuë de fa Meffe.

En quel temps luy en parla.

A dit qu'eftant party du pays treize jours après Noël , auroit efté quinze jour à venir en cette Ville , puis trois ou quatre jours après qu'il fut arrivé , alla à la Maison des Jesuites , près la porte Saint Anthoine , où ledit d'Aubigny difoit la Sainte Meffe , après laquelle pria l'un des Freres Convers , le faire parler à iceluy d'Aubigny , ce qu'il fift ; & luy donna à entendre plufieurs visions précedentes de fes méditations , qu'il avoit faites par la permiffion de fon pere , Dom François-Marie-Magdelaine , fon Provincial des Feuillans.

Pourquoy il a dit mon Provincial.

A dit, c'eft d'autant que ledit Marie-Magdelaine la receu Convers aux Feuillans.

Enquis combien il a eu l'habit de Feuillant, & pourquoi l'a laiffé.

A dit qu'il l'a eu environ fix femaines , & que on luy a ofté , pour ce qu'il avoit eu en fes méditations des vifions.

Et fur ce enquis.

Dit qu'il l'avoit depuis redemandé , mais luy avoit efté refufé , à raison defdites vifions ; fur (1) a commencé à plorer, difant que Dieu luy avoit ofté cest habit , & fon regret eftoit que l'on ne luy avoit voulu rendre.

Enquis s'il connoift le Soubs-Prieur , & fon nom.

A dit le connoiftre , mais ne fçavoit fon nom , & n'avoit pas redemandé (2) fon habit ; mais pour ce que Noftre-Seigneur vouloit qu'il demeuraft au monde , dont defiroit fe retirer ; il euft voulu fervir comme Frere-lay , & en s'exclamant avec pleurs , a dit avoir beaucoup de déplaifir n'eftre demeuré avec les Feuillans en faveur de Dieu.

Enquis de quelles vifions il parla au P. D'Aubigny.

A dit, qu'il luy dit qu'ayant efté prifonnier à Angoulefme , pendant qu'il y eftoit retenu pour debtes, avoir eu des vifions, comme des fentimens de feu, de fouffre & d'encens ; & qu'eftant hors de la prifon , le Samedy d'après Noël de nuict , ayant fait fa méditation , à continué les mains joinctes , & pieds croifez dans fon lict, avoit fenty fur fa face couverte & fa bouche , d'une chofe qu'il ne peut difcerner , parce que c'eftoit à l'heure de minuit ; & eftant en ceft eftat euft volonté de chanter les Cantiques de David , commenceans *Dixit Dominus* , &c. jufques à la fin du Cantique, avec le *Miferere* & *Deprofondis* tout au long , & luy fembla que les chantans, il avoit à la bouche un trompette, faifant pareille fon que le trompette à la guerre ; le lendemain matin s'eftant levé , & fait fa méditation à genoux , recolligé en Dieu en la maniere accouftumée, fe leve, s'affit en une petite chaife

---

(1) Manque ici un mot , & je crois qu'il faut mettre , *fur quoy*.

(2) Il y a de la contradiction entre cet endroit & l'article précedent.

chaife devant le fonier , puis s'eftant
paffé un peigne par la tefte , voyant que
le jour n'eftant encore venu , apperceut
du feu à un tifon , s'acheve d'habiller ,
prend un morceau de ferment de vigne,
lequel ayant allié avecq le tifon , où
eftoit le feu , mit fes deux genoux en
terre , & fe print à fouffler , vift incontinant aux deux coftez de fa face à def-
tre & à feneftre , à la lueur du feu , qui
fortoit par le foufflement des hofties
femblables à celles dont l'on a accouftumé faire la communion aux Catholiques
en l'Eglife de Dieu ; & au-deffous de fa
face , au droict de fa bouche , voyoit par
le cofté un roulleau de la mefme grandeur , que celle que leve le Preftre à la
célébration du Service Divin à la Meffe , dont il avoit fait revelation audit
d'Aubigny , qui luy fit refponce , qu'il
ne devoit s'arrefter à tout cela ; crai-
gnoift qu'il euft le cerveau troublé , devoit dire fon Chappelet , & prier
Dieu , & s'eftoit deu adreffer à quelque
grand pour parler au Roy.

S'il demanda audit D'Aubigny qu'ayant
eu des vifions , qui paffoient la puiffance
commune , mefme de tuer les Rois , il s'en
falloit confeffer.

A dit que non , & ne luy dift que ce
qu'il nous a refpondu , finon qu'il vouloit dire (1) , qu'il chaffaft ceux de la
Religion prétendüe Reformée , ou les
convertit à l'Eglife Catholique , Apoftolique & Romaine.

Enquis de la refponfe dudit D'Aubigny.

A dit qu'il luy dift qu'il devoit ofter
tout cela de fon efprit , prier Dieu , &
dire fon Chapelet.

S'il n'eut autre propos avec luy.

Dit ne l'avoir veu que cette fois.

Enquis pourquoy il s'eft adreffé à D'Au-
bigny , pluftoft qu'à un autre.

A dit que c'eftoit pour ce qu'eftant
hors des Feuillans , il avoit eu volonté
de fe rendre Jefuite , où le prier parler
à fon Provincial , pour le faire remettre
aux Feuillans. Mais ne l'ayant trouvé la
premiere fois. L'un des Convers dit à
l'accufé , que l'on ne recevoit en leur
maifon , ceux qui avoient efté d'autre
Religion. Dit n'ayant peu parler au Roi,
retourna aux Jefuites pour la feconde
fois , qu'il parla à d'Aubigny , comme il
nous a dit ; & luy monftroit un petit
coufteau , auquel il y avoit un cœur &
une croix , luy difant que le cœur du
Roy devoit eftre porté a faire la guerre
aux Huguenots,

Enquis qui l'avoit empefché de parler
au Roy.

A dit que ce fuft le Grand (2) qui luy
a baillé la queftion du chien de fon ar-
quebufe , depuis qu'il a efté prifonnier
à l'Hoftel de Retz.

Enquis à qui il s'eftoit adreffé pour parler
au Roy.

A dit que c'eftoit à des Archers , qui
l'avoient renvoyé & mené parler au
Grand Prevoft , qui luy dift que le Roy
eftoit malade.

Enquis quam ce fut qu'il a efté au Lou-
vre.

A dit que ce fut après Noël , & quelques deux jours après , rencontra Sa Majefté près Saint Innocent , en fon carroffe , luy voulut parler ; s'efcria en fes
mots:

---

(1) Je crois qu'il manque ici un mot , & qu'il
faut mettre , *dire au Roy.*

(2) Je crois qu'il manque ici un mot , & qu'il
faut lire , *le Grand Prevoft.*

mots : Sire , au nom de Noſtre Seigneur
Jeſus-Chriſt & de la Sacrée Vierge Ma-
Marie , que je parle à vous ; mais on le
repouſſa avec une baguette , ne le voulut ouyr parler , lors l'accuſé ſe délibera
de ſe retirer en ſon pays , où il s'en alla,
& eſtant en Angouleſme , fut trouver
frere *Gilles Oſere* , peu auparavant Gardien des Cordeliers de Paris , luy conferer de ſes viſitations (1) , & méditations ; luy diſt qu'il voyoit que Noſtre
Seigneur vouloit reduire à la Religion
Catholique , Apoſtolique & Romaine,
ceux de la Religion prétendue Reformée ; à quoy ledit Gardien fit reſponſe , qu'il n'en falloit point douter. Peu
de jours après le premier Dimanche de
Careſme , ledit accuſé s'en alla à la Meſſe au meſme Monaſtere des Cordeliers
d'Angouleſme , ſe reconcilia avec Dieu,
ſe confeſſa à un Religieux de l'Ordre ,
dont ne ſçait le nom , de ceſt homicide
volontaire.

Et enquis d'interpréter ce mot de volon-
taire.

A dit que c'eſtoit de venir en cette
Ville en intention de tuer le Roy ; ce
que néantmoins il ne dit pas à ſon Confeſſeur , qui auſſi ne luy demanda l'interprétation de ces mots.

Sur ce enquis.

A dit que lors il avoit perdu cette
volonté ; mais que retournant en cette
Ville , le jour de Paſques dernier , &
dès lors de ſon partement , il reprint ſa
volonté.

Enquis quant il arriva en ceſte Ville.

A dit qu'il vint à pieds , arriva huit
jours après ſon partement.

(1) *Viſitations* ; je crois qu'il faut lire , *viſions.*

Enquis ce qu'il a fait depuis qu'il eſt en
ceſte Ville.

A dit qu'il fuſt loger aux cinq Croiſ-
ſans , Fauxbourg Saint Jacques ; & pour
eſtre proche du Louvre , ſe logea aux
trois Pigeons , ruë Saint Honoré , où
allant , paſſa pour loger à l'Hoſtellerie ,
proche les Quinze - vingts , où y avoit
trop d'Hoſtes , fut refuſé , & ſur la table
print un couſteau , qu'il jugea propre
pour faire ce qu'il avoit volonté , en
intention de tuer le Roy ; non à cauſe
du refus , mais pour luy ſembler le
couſteau propre à executer ſa volonté ;
le garde quelques quinze jours , ou trois
ſemaines , l'ayant en un ſac en ſa pochette : dit s'eſtant deſiſté de ſa volonté,
print le chemin pour s'en retourner, fut
juſques à Eſtampes , où y allant , rompit la pointe du couſteau , de la longueur
d'environ d'un poulce à une charette ,
devant le Jardin de Chantelou , & eſtant devant l'*Ecce homo* du Fauxbourg
d'Eſtampes , la volonté luy revint d'executer ſon deſſein de tuer le Roy , & ne
reſiſta à la tentation , comme il avoit
fait auparavant ; ſur ce revint en cette
Ville avec cette déliberation , parce
qu'il ne convertiſſoit pas ceux de la Religion prétendue Reformée , & qu'il
avoit entendu qu'il vouloit faire la
guerre au Pape , transferer le Saint Siége à Paris.

Enquis où il logea , & ce qui le fiſt loger
en cette Ville.

A dit qu'il chercha l'occaſion de trouver le Roy ; à cette fin refiſt la pointe
du couſteau avec une pierre ; & a attendu que la Royne fut couronnée , &
retournée en cette Ville ; eſtimant qu'il
n'y auroit pas tant de confuſion en la
France , le tuer après le Couronnement,
que

que fi elle n'euft pas efté couronnée(1).

Remonftré que depuis qu'il differoit , ef-
pérant qu'il y auroit moins de divifion après
le Couronnement , il pouvoit affez juger ,
que le Couronnement ne feroit pas ceffer
tant de troubles , ains la mort du Roy en
apporteroit.

A dit qu'il fe foumettoit à la puiffance de Dieu.

Enquis où il a cherché le Roy.

A dit qu'il la cherché au Louvre, où
il a efté plufieurs fois depuis fon deffein , faifant eftat de le tuer dans le Louvre , là où il fut Vendredy dernier entre les deux portes , le voyant fortir en
fon carroffe , le fuivit jufques devant
les Innocens , environ le lieu là où il
l'avoit autrefois fortuitement rencontré , qu'il ne voulut parler à luy ; &
voyant fon carroffe arrefté par des charettes , Sa Majefté au fond tournant le
Vifage, & panché du cofté de Monfieur
d'Efpernon (2) , luy donna dans le cofté
un coup ou deux de fon coufteau , paffant fon bras au - deffus de la roue du
carroffe,

Enquis ce qu'il penfe avoir fait par cet
acte.

A dit qu'il penfe avoir fait une grande faute , dont il demande pardon à
Dieu , à la Royne , à Monfieur le Dauphin , à la Cour, & à tout le monde qui
en peut recevoir préjudice.

Luy avons repréfenté le coufteau mis par-
devers nous , tranfchant des deux coftez
par la pointe , ayant le manche de corne de
cerf.

L'a reconnu eftre celuy, dont nous a
parlé , duquel a frappé le Roy , qui luy
fut à l'inftant ofté par un Gentilhomme
qui eftoit à cheval.

Remonftré qu'il n'a eu de fujet faire un fi
mefchant & dès-loyal acte , auquel vray
femblablement a efté pouffé d'ailleurs.

A dit que perfonne quelconque , ne
la induit à ce faire , que le commun
bruit des foldats , qui difoient que fi le
Roy , qui ne difoit fon confeil à perfonne , vouloit faire la guerre contre le
Saint Pere , qui luy affifteroient en
mouroient pour cela , à laquelle raifon
s'eft laiffé perfuader à la tentation , qui
l'a porté de tuer le Roy , parce que faifant la guerre contre le Pape , c'eft la
faire contre Dieu , d'autant que le Pape
eft Dieu , & Dieu eft le Pape.

Enquis du temps qu'il a ouy tenir les pro-
pos aux Soldats.

A dit que c'eft depuis qu'il eft logé
aux Cinq croix.

Remonftré que le prétexte qu'il prend eft
faux & menfonge , parce qu'il nous a dit
s'eftre mis en chemin pour retourner en fon
pays , ayant perdu cette mauvaife volonté ,
& qu'eftant à Eftampes avoit reprins la
mefme volonté, ce qui fait reconnoiftre faux,
qu'il a reprins cette volonté fur le difcours
des Soldats.

A dit qu'il avoit auparavant parlé à
eux, neantmoins il avoit changé de deffein , & qu'eftant à Eftampes , fe reffou-
venant de ce que les foldats luy avoyent
dit , il reprint la volonté.

Nous

---

(1) On voit par cette réponfe , que non-feulement ce crime étoit prémedité ; mais même qu'il
étoit fait avec une fuite de raifonnement politique ,
qui ne pouvoit pas venir d'un homme d'auffi baffe
extraction.

(2) Il connoiffoit donc au moins de vûë M.
d'Efpernon. C'eft dequoi nous parlons dans la Préface de ce Volume.

Nous a demandé veoir un papier, qu'il avoit lors de sa prise, où sont peintes les armes de France, à costé deux lyons, l'un tenant une clef & l'autre une espée, lequel luy avons representé.

Et il a dit, qu'il l'avoit apporté d'Angoulesme, avec cette intention de tuer le Roy, sur ce qu'estant en la maison d'un nommé Belliart, il dit avoir entendu que l'Ambassadeur du Pape avoit dit de sa part au Roy, que s'il faisoit la guerre au Pape, il l'excommunieroit : dit que Sa Majesté avoit fait responce, que ses Predecesseurs avoient mis les Papes en leur trosne ; & que s'il l'excommunioit, l'en dépossederoit : ce qu'ayant entendu, se resolu du tout de le tuer (1), & à cette fin mit de sa main au-dessus de ses deux lyons.

Ne souffre pas qu'on souffre en ta presence.

Au nom de Dieu aucune irreverence.

Enquis si lorsqu'il a pris le cousteau, il avoit le manche qu'il a à present.

A dit que non, & qu'il en avoit un de ballaine, lequel s'estoit rompu, y avoit fait mettre celuy de corne, par le frere de son Hoste, nommé Jehan Barbier, du mestier de Tourneur, demourant au Fauxbourg Saint Jacques; ne luy parla point de ce qu'il en vouloit faire, ny mettre plustost de la corne que autre chose.

Enquis si ce Belliart est de la Religion prétendue Reformée.

A dit que non, & qu'il est Catholique, toute fois tenoit ces propos sur lesquels print cette resolution.

Remonstré que sur la parole d'un seul homme, ny autrement, ne devoit prendre une resolution si determinée, & abominable.

A dit qu'il s'estoit resolu de tuer le Roy, pour l'avoir ouy dire, non-seulement à cest homme, mais aussi à des soldats à Paris, entre autre au Sieur de S. George, qui disoit que si le Roy vouloit faire la guerre contre le Saint Pere, luy obéiroit y estant tenu ; & que s'il la faisoit mal à propos, cela tourneroit sur luy.

Luy avons representé un cœur de cotton (2), qu'il a reconnu luy avoir esté prins.

Et a dit luy avoir esté baillé par Monsieur Guillebaut, Chanoine d'Angoulesme, l'accusé estant malade pour se garir de la fievre, disant qu'il y avoit un peu de bois de la Vraye-Croix, lequel avec le Nom de Jesus, sacré par les Peres Capucins, avoit cette vertu ; & à cette fin, l'accusé auroit envoyé Marie Moizeau son Hostesse aux Capucins, depuis l'a tousjours porté au col.

Avons fait faire ouverture dudit cœur en sa presence, ne s'y est trouvé aucun bois.

Et dit que ce n'est pas luy qui s'est trompé, ains celuy qui luy a baillé.

Luy avons representé un papier, auquel en trois lieux, est escrit le Nom de Jesus.

L'a reconnu avoir esté prins sur luy.

Luy avons representé un Chappelet.

Qu'il dit avoir achepté en la ruë S. Jacques, il y a sept ou huit jours, a fait ses

---

(1) On sent par cette réponse, que le Criminel varie dans les motifs qui lui ont fait entreprendre son parricide. Preuve certaine qu'il cherchoit à tromper ses Juges.

(2) Ce cœur *De Coton*, fut pour lors sujet à bien des gloses, peu favorables au célèbre Jesuite, qui portoit ce nom. Mais ce bon Pere s'en tira en homme habile ; & l'on jugea qu'on le pouvoit croire.

F f

ſes prieres avec icelluy, l'a tousjours porté.

Enquis de ceux qu'il a fréquentez depuis qu'il eſt venu en volonté d'exécuter ſon intention.

A dit qu'il ne fréquentoit que des Religieux, à ſon pays, qui ſont aux Jacobins, où il alloit ouyr la Meſſe & Veſpres.

Enquis quels propos il a eus avec eux, & s'il leur a parlé de ſes viſions.

A dit que ouy, leur faiſant entendre ce qu'il a dit aux autres.

Enquis de la connoiſſance qu'il a d'un nommé Colletet, & des propos qu'ils ont eu enſemble.

A dit qu'il ne le connoiſt que pour avoir logé en ſon logis, & couché enſemble, ne luy a parlé de ſon deſſeing.

S'il a communiqué avec d'autres Religieux.

A dit que non de ce dernier voyage.

S'il a communiqué avec un Cordelier, qui eſt d'Angouleſme.

A dit que ouy; & ne luy parla point de ſon entrepriſe & imaginations.

Remonſtré qu'il ne dit la vérité, luy a parlé de ſes imaginations, demanda avis, ſi celuy qui en a eu, les doit déclarer à ſon Confeſſeur.

A dit qu'il n'en a parlé à celuy de ſon pays; mais bien à un autre, qu'il trouva proche le Bourg-la-Royne, lequel pour l'accès de l'accompagner, parce qu'il n'avoit connoiſſance en cette Ville, le logea en ſon logis, portoit des Lettres de ſes amis, pour eſtre receu au Couvent; auſſi luy portoit ſes hardes,

lequel Religieux ſe nomme le Febvre.

Luy a eſté remonſtré, que pendant la lecture de l'Interrogatoire, en ce qui fait mention des coups par luy donné, il en demandoit pardon à Dieu, & que pour l'obtenir, le vray moyen eſtoit reconnoiſtre la vérité; & que le prétexte par luy prins, eſt s'y léger, qu'il eſt fort vray ſemblable, qu'il a eſté porté par quelqu'un, qui avoit intelligence au malheureux événement, dont nous reſſentons les effets.

A dit que depuis qu'il eſt priſonnier, pluſieurs perſonnes l'ont incité à faire cette reconnoiſſance, meſmes Monſieur l'Archeveſque d'Aix, & pluſieurs autres; mais qu'il n'a eſté pouſſé de perſonne quelconque, que par ſa volonté ſeule; & quelque tourment que l'on luy puiſſe faire, n'en dira autre choſe; que ſi le tourment le luy devoit faire confeſſer, il en a receu aſſez par la queſtion, que luy a donné un Huguenot de ſon authorité privée, le tenant priſonnier à l'Hoſtel de Raiz, dont à les os du poulce rompus.

Remonſtré qu'il a eſté choiſy à faire cet acte, comme organe propre à faire mal; mais toute ſa vie meſchante a eſté outrageant pere & mere, réduits à mendicité.

A dit qu'il ne ſe trouveroit pas; & que ſon pere & ſa mere ſont encore vivans, qui diront tout le contraire, comme auſſi tout le peuple, & a bien eſté accuſé & condamné, mais par faulx teſmoins, eſtant innocent.

Enquis en quel temps il a eſté à Bruxelles.

A dit qu'il ne ſortit jamais du Royaume, & ne ſçayt où eſt Bruxelles.

Lecture faite a perſiſté en ſes réponſes, & ſigné, Ravaillac.

TROISIÈME

TROISIE'ME INTERROGATOIRE.

DU LENDEMAIN DU MATIN

Au Pallais, ledit Sieur Premier Président indisposé ; par nous autres Commissaires.

DErechef mandé, & par serment ledit Ravaillac.

Enquis de sa qualité, & de ses pere & mere.

A dit qu'il est Praticien, & de present instruit la jeunesse, & son pere faisant la Pratique, & sa mere separée d'avec le pere.

Luy avons derechef fait faire lecture de ses Interrogatoires, & Responces à yceux.

Et il a persisté, sans voulloir adjouster, ny diminuer ; sinon ce qu'il a obmis, qu'il a esté induit à son entreprise, d'autant que le Roy n'avoit voulu que la Justice feust faite des Huguenots, pour raison de l'entreprinse par eux faite de tuer tous les Catoliques le jour de Noel (1) dernier, dont aucuns ont esté prisonniers, amenez en cette Ville, sans qu'il en ait esté fait Justice, comme il a ouy dire à plusieurs personnes.

Luy avons remonstré que ce qu'il dit est faux, & qu'il n'a deu (quant il l'auroit ouy dire) adjouster foy, ny estre induit à entreprendre un acte si meschant & malheureux.

A dit que c'est une des circonstances qui l'a aydé à la tantation.

Remonstré que c'est par l'ayde, conseil & induction d'autre.

A dit qu'il n'y a eu autre que luy-mesmes.

Enquis s'il estoit avec son pere, & mere.

A dit qu'il estoit avec sa mere, non avec son pere, qui veut mal à sa mere, & à luy.

Enquis dequoy il s'entretenoit.

A dit qu'il avoit quatre-vingts Escolliers, dont gaignoit ; & de ce qu'il réservoit, faisoit les voyages en cette Ville.

Si ses pere & mere, avoient l'œil sur ses déportemens.

A dit que son pere s'est separé d'avec eux, il y a plus de six ans, qu'il ne voulloit bien audit accusé, que n'a esté qu'avec sa mere seulle, laquelle a esté délaissée par les sœurs de luy respondant.

Enquis de ses moyens, & commoditez.

A dit que ses pere & mere, vivoient d'aumosne la pluspart du temps, & luy accusé de ce qu'il gaignoit de ses Escolliers,

---

(1) On sent par tous ces faux prétextes que ce malheureux ne sçachant que dire, se jettoit sur des faits notoirement imaginaires & controuvez, soit par lui, soit par ceux qui l'avoient engagé dans ce crime. C'est surquoi nous donnons quelques éclaircissemens dans la Préface générale de ce Volume.

colliers, aydé de ce que ſes amis luy donnoient.

Enquis de ſes amis.

A dit que c'eſtoient les peres, meres de ſes Eſcolliers, qui luy donnoient l'un du lard, l'autre de la chair, du bled & du vin.

Enquis pourquoi ayant cette commodité de vivre, il ne s'y tenoit.

A dit qu'il a creu qu'il falloit preferer l'honneur de Dieu à toutes choſes. (1)

Remonſtré que l'honneur de Dieu, n'eſt pas de tuer ſon Roy, mais acte du Diable.

A dit que c'eſt une mauvaiſe tentation, qui vient de l'homme par ſon peché, & non pas de Dieu.

S'il n'a pas horreur d'un coup ſi abominable & prejudiciable à toute la France.

A dit qu'il a deſplaiſir de l'avoir commis, mais parce qu'il eſt fait pour Dieu; luy fera la grace pouvoir demeurer juſques à la mort d'une bonne foy, une eſperance, & une parfaite charité, & qu'il eſpere que Dieu eſt plus miſericordieux, & ſa Paſſion plus grande pour le ſauver, que l'acte qu'il a commis pour le damner.

Remonſtré qu'il ne peut eſtre en la grace de Dieu, après un acte ſi miſerable.

A dit qu'il eſpere, que Nôtre-Seigneur Tout-puiſſant, fera qu'il n'en arrivera aucun inconvenient.

Remonſtré qu'il ne doit eſperer la miſericorde de Dieu, s'il ne reconnoiſt la verité, & déclarer ceux qui l'ont pouſſé &

perſuadé à ceſte meſchanceté.

A dit qu'il n'y a eu autre ſujet que ce qu'il a cy-devant déclaré au Procès.

A dit qu'il n'a déclaré ſa vollonté à perſonne.

Remonſtré que ſa qualité & condition eſt trop baſſe pour avoir eu cette volonté, qu'il n'y ait eſté conſeillé & fortifié.

A dit qu'il n'y a eu perſonne.

Remonſtré qu'il eſt d'autant plus miſerable, s'il a ſuivi conſeil & advis de quelqu'un & entreprins un tel coup, l'interpellant le déclarer.

A reſpondu que la cauſe pourquoy il n'a déclaré cette pernicieuſe intention aux Preſtres, & hommes ayant charge d'ames, a eſté pour eſtre tout certain que s'il leur eut déclaré l'attentaſt qu'il voulloit faire contre le Roy, c'eſtoit leur devoir ſe ſaiſir de ſa perſonne, & le rendre entre les mains de la Juſtice, d'autant qu'en ce qui concerne le public, les Preſtres ſont obligez de reveler en ce ſecret cas; occaſion qu'il ne l'a oncques voulu déclarer à perſonne, craignant que l'on le fiſt auſſi-toſt mourir de la volonté que de l'effet qu'il a commis, dont il requiert à Dieu pardon.

Remonſtré que l'Egliſe commande déclarer les mauvaiſes penſées, & s'en confeſſer, autrement on eſt en peché mortel.

A dit qu'il reconnoiſt cela.

Remonſtré qu'il en a doncques parlé.
A dit que non.

S'il en a parlé à un Cordelier.

A

---

(1) Ces ſortes de Diſcours, ſont des reſtes des Emiſſaires de la Ligue; par leſquels ce miſerable a été vraiſemblablement pouſſé & animé; on y remarque mêmé une ſorte de fanatiſme, qui eſt moins réel qu'apparent, lorſqu'il allegue toujours les tentations du Démon.

A dit que non.

Remonſtré qu'il s'eſt deſcouvert à un Cordelier, & parconſéquent menteur, lui ayant demandé quant l'on a des viſions des choſes eſtranges comme vouloir tuer un Roy, s'en fault confeſſer.

A dit que la verité eſt qu'il a fait cette conſultation, mais n'a dit qu'il le vouloit faire.

Enquis avec qui il avoit fait cette conſultation.

A dit au jeune enfant le Febvre, Cordelier; auquel demanda ſi ayant eu une tentation comme de tuer un Roy, s'il s'en confeſſeroit au Penitencier, il ſeroit tenu le reveler. Sur ce fut ledit le Febvre interrompu par d'autres Cordeliers, ne luy en rendit la réſolution qu'il aye memoire.

Remonſtré qu'il ne dit verité, & que ledit Cordelier lui fiſt réponce, s'il l'en veut croire.

A dit qu'il le veut croire, dit qu'il penſe bien que s'il luy a donné réſolution, c'eſt qu'il le faudroit reveler, mais fut interrompu, & ne luy donna reſponce, auſſy ne luy propoſa cela comme l'ayant l'accuſé en intention; ains luy fit une propoſition en general ſi un homme l'avoit.

Remonſtre qu'il n'a reconnu la verité, & qu'il lui a déclaré ſa volonté.

A dit qu'il n'y a aucune apparence, & que s'eſtant adreſſé, tant à ſéculiers que autres, meſmes à un Eſcuyer de la Royne Marguerite, nommé de Ferrare, déclaré ſes viſions, le priant le faire parler au Roy, lui auroit répondu qu'il falloit veoir, pour ce qu'au recit qu'il luy fiſt, il jugea qu'il falloit, que ce

fut un ſaint perſonnage, & homme de bien; à quoy luy accuſé repliqua qu'il penſoit d'eſtre auſſy homme de bien pour parler au Roy, & peut-eſtre s'il euſt parlé au Roy, euſt perdu ſa tentation; par après s'addreſſa au Secretaire de Madame d'Angouleſme, qui lui dit qu'elle eſtoit malade, & encores chez Monſieur le Cardinal du Perron; ont dit la reſponce qu'il nous avoit faite, qu'il euſt mieux aimé pour luy, & bien fait de ſe retirer en ſa maiſon.

Remonſtré que c'eſtoit bon conſeil, qu'il devoit ſuivre.

A dit qu'il eſt vray, mais qu'il a eſté ſi imbecile, & tellement aveuglé du peché, que le Diable l'a fait tomber en cette tentation.

Remonſtré qu'il y a autres que le Diable, qui s'eſt ſervi à le tenter.

A dit que jamais homme ne luy en a parlé.

Remonſtré qu'il ne peut eſperer la grace de Dieu, ſans deſcharger ſa conſcience.

A dit qu'il a la crainte, mais auſſy l'eſperance en la grace de Dieu.

Remonſtré qu'il ne la peut eſperer qu'en déclarant la verité.

A dit que s'il avoit eſté induit par quelqu'un de la France, ou par Eſtranger, & qu'il feut tant abandonné de Dieu, que de vouloir mourir ſans le déclarer; il ne croit pas eſtre ſauvé, n'y qu'il y euſt Paradis pour luy, parce que comme il a apprins des Prédicateurs de Noſtre-Seigneur, qu'un abiſme de peché en attiroit une autre; par tant que ce ſeroit redoubler ſon offence, que le Roy ſpecialement, la Royne & toute la maiſon de France, les Princes, la Cour,

la

la Nobleſſe, & tout le Peuple ſeroit porté à ſon occaſion offenſer Dieu, leur eſprit demourant en inquiétude perpetuelle, ſoubſonnant injuſtement tantoſt l'un, tantoſt l'autre de leurs ſujets, leſquels il ne croit pas avoir eſté ſi mal adviſez, d'avoir jamais penſé d'eſtre autre que fidelle à leur Prince.

Remonſtré qu'ayant cette croyance, il doit de tant pluſtoſt déclarer qui l'a perſuadé.

A dit que jamais Eſtranger, François, ny autre ne l'a conſeillé, perſuadé, ny parlé, comme l'accuſé de ſa part, n'en a parlé à perſonne, ne voudroit eſtre ſi miſerable que de l'avoir fait pour autre, que le ſujet qu'il nous a déclaré; qu'il a veu que le Roy vouloit faire guerre au Pape.

Remonſtré qu'il a prins un faux pretexte.

A dit qu'il en avoit deſplaiſir, ſuppliant tout le monde, qui ſe ſeroit porté à ceux de France, d'oſter & croire que tout eſt venu de lui accuſé, & n'en regarder ny de l'œil, ny de l'ame, perſonne de mauvaiſe volonté.

Enquis s'il a ſervi deffunct Roziers,

Conſeiller à Angouleſme, & demeuré avec des Procureurs décédez.

S'il a eſté Page, ou Lacquais, ou Valet de chambre de quelque grand ou autre.

A dit que non, ſinon ſervant de Clerc le Conſeiller Roziers, le ſervoit auſſy de Valet de chambre.

S'il a veu le couronnement jeudi dernier à Saint Denis, & s'il a ſuivi le Roy.

A dit que non.

S'il a eſté ſur le chemin de S. Denis.

A dit qu'il n'y a point eſté ce voyage, bien à celuy de Noel, y allant chercher l'aumoſne.

S'il y a eſté la derniere ſemaine.

A dit qu'il n'a paſſé Saint Jean-en-Gréve, & le Pont Notre-Dame.

S'il a eu des caracteres, & qui lui a baillé.

A dit qu'il croiroit faire mal.

Lecture faite, a perſiſté en ſes réponſes & ſigné, *Ravaillac,*
Que touſiours en mon cœur,
Jeſus ſoit le vainqueur.

MANDE'
Frere Jacques d'Aubigny, Preſtre.

JAcques d'Aubigny du College des Jeſuites, par nous cejourd'huy, ouy en preſence dudit Ravaillec le Serment derechef prins, icelui Ravaillac, l'a reconnu pour eſtre celui à qui il a veu dire la Meſſe à l'Egliſe Saint Anthoine, en leur Couvent après Noel dernier, lors qu'il l'alla chercher, ayant entendu qu'il eſtoit amy du Frere Marie Magdelaine Feuillant, pour le prier de le faire recevoir aux Feuillans; & à l'iſſue de la Meſſe parla à luy par le moyen d'un Frere Convers, luy déclara qu'il avoit eu de grandes viſions, & imaginations que le Roy devoit réduire ceux de la Religion prétendue Reformée; &
monſtra

monftra audit d'Aubigny un loppin de coufteau , où il y avoit un cœur & une croix, croyant que le Roy devoit convertir ceux de la Religion pretendue Reformée, à la Catholique & Romaine.

Ledit d'Aubigny a dit :
Que tout cela eft faux , & n'avoit jamais veu ledit Ravaillac, qu'il fçache.

Ledit Ravaillac a dit aux Enfeignes, que vous me donnafte un fol , que vous demandaftes à un qui eftoit là , & d'Aubigny a dit :
Que cela eft faux , & que jamais ils ne donnent argent , & n'en portent point.

Ledit d'Aubigny a dit :
Que l'accufé eft fort mefchant , & après un fi mefchant acte ne devroit point accufer perfonne ; ains fe contenter de fes pechez , fans eftre caufe de cent mil qui arriveront.

L'Accufé admonefté s'il veut le reprocher , le face tout prefentement.
A dit que non , le tient pour homme de bien , bon Religieux , & le veut croire.
Pareillement ledit d'Aubigny adverti reprocher fuivant l'Ordonnance , & qu'il n'y feroit plus receu , fi prefentement ne le propofe : a dit qu'il ne veut alleguer autres reproches, finon , que c'eft un mefchant , qui ment impudemment.

Lecture faite de la dépofition , & refponces dudit d'Aubigny , en prefence dudit Ravaillac, iceluy d'Aubigny l'a fouftenu véritable.

Ledit Ravaillac a fouftenu au con-

traire qu'il a communiqué audit d'Aubigny : le fut trouver fortant du Louvre , & luy dit comme il avoit des tentations, qui eftoient telles, qu'eftant en prifon , faifant fes méditations par la licence de Frere Marie Magdelaine , avoit fenty des puanteurs de fouffre , & feu aux pieds, qui defmonftroient le Purgatoire , contre l'erreur des Héretiques , avec des vifions de faintes Hofties aux deux coftez de fa face, ayant auparavant chanté les Cantiques de David , comme il nous refpondit hier des autres chofes contenues par fes Interrogatoires , à quoy le pere d'Aubigny luy fift refponfe , que luy Ravaillac fe devoit adreffer à quelque Grand pour en advertir Sa Majefté : toutesfois puis qu'il ne l'avoit fait, qu'il eftoit à propos à luy Ravaillac, s'arrefter à prier Dieu, croyant que c'eftoit plus imaginations que vifions, qui procedoient d'avoir le cerveau troublé, comme fa face defmonftroit , devoit manger de bons potages, retourner en fon pays , dite fon chapelet & prier Dieu.

Ledit d'Aubigny a dit :
Que ce font toutes refveries faulces , & menteries.

Avons auffy fait lecture des Interrogatoires & refponces dudit Ravaillac , perfifte en fes refponces , & ce qu'il a dit , & fouftenu véritable.

Ledit d'Aubigny a dit :
Que tout ce que ledit Ravaillac a mis en avant contre luy eft faux, comme il nous a déclaré.
Et fur ce ledit Ravaillac enquis a dit , qu'il n'a jamais veu ledit d'Aubigny que cette fois.
Lecture faite , ont perfifté & figné.

QUATRIEME

QUATRIÈME INTERROGATOIRE.

DU DIX-NEUVIÈME

Dudit mois du matin au Pallais, par nous Commiſſaires.

L Edit Ravaillac mandé, le Serment par luy reïteré : *Admoneſté reconnoître qui l'a induit & porté à cette meſchanceté & entrepriſe.*

A dit que ce qui luy reſte à déclarer, eſt une intention & deſir qu'il a de ſe relever de peché, que comme tout le peuple à ſon occaſion ſe perſuadant, & ſe laiſſant tranſporter à leur opinion, que l'accuſé a eſté induit à tuer le Roy par argent, ou par aucuns de la France, ou des Roys, & Princes Eſtrangers, deſireux de s'agrandir, à quoy tendent communement la pluſpart des Roys Potentats de la terre, ſans conſiderer ſi la raiſon pourquoy ſe réſolvent à faire la guerre, eſt conforme à la volonté de Dieu, ou à un deſir de s'approprier de la terre d'autruy injuſtement ; mais qu'à la verité que luy accuſé n'a eſté induit, ny perſuadé par aucun qui ſoit au monde, & que ſi tant eſtoit que cela fuſt vray, qu'il euſt eſté ſi abominable, que d'avoir conſenty à un tel acte par argent, ou en faveur des Eſtrangers, il euſt reconnu de prime face devant la Juſtice de Dieu, devant laquelle il reſpond maintenant la verité : ſur ce nous a dit, faites deux points ; mais qu'il prie la Cour, la Royne, & tout le peuple de cœur, qu'il ſent ſon ame deſchargée de la faute qu'ils commettent ordinairement, de penſer qu'autre que luy l'ait porté à commettre l'homicide qu'il a touſjours confeſſé, & pour ce les ſupplie de ceſſer l'opinion

qu'ils ont, qu'autre que luy aye participé à ceſt homicide, pource que le peché tombe contre l'accuſé, pour les avoir laiſſés en cette incertitude, n'y ayant perſonne pour juger du fait, qui eſt tout ce qu'il a confeſſé.

Remonſtré qu'il n'eſt vray ſemblable qu'il aye attenté à la perſonne ſacrée du Roy, qu'il ſçait eſtre l'oing de Dieu, ſans avoir ſenty incommodité, en ſa perſonne, ny en ſes biens de commandement, & ordonnance qui ſoit venu de luy, qu'il n'ait eſté pouſſé d'ailleurs & aidé ; & moyenné pour ce qu'il eſt pauvre & neceſſiteux, fils d'un pere & d'une mere qui ſont à l'aumoſne.

A dit que la Cour a aſſez d'arguments ſuffiſans, par les Interrogatoires & reſponces au procez, qu'il n'y a nulle apparence qu'il ait eſté induit par argent, ou ſuſcité par gens ambitieux du Sceptre de la France : car ſi tant eſt, ou euſt eſté porté par argent, ou autrement ; il ſemble qu'il ne fuſt pas venu juſques à trois fois, & à trois voyages exprès d'Angouleſme à Paris, diſtant l'un de l'autre de cent lieues, pour donner conſeil au Roy, ranger à l'Egliſe Catholique, Apoſtolique & Romaine, ceux de la Religion pretendue Reformée, Gens du tout contraires à la volonté de Dieu & de ſon Egliſe ; parce que qui a volonté tuer autruy par argent, dès qu'il ſe laiſſe auſſy malheureuſement corrompre par avarice pour

aſſaſſiner

affaßiner ſon Prince, ne va pas le faire advertir, comme il a fait trois diverſes fois, ainſi que le Sieur de la Force, Capitaine des Gardes, a reconnu depuis l'homicide commis par l'accuſé, avoir eſté dans le Louvre, & prier inſtamment le faire parler au Roy, luy fiſt reſponce qu'il eſtoit un Papault & Catholique à gros grain, *luy diſant s'il connoiſſoit Monſieur d'Eſpernon* ; & l'accuſé reſpondit que ouy, & qu'il eſt Catholique à gros grain ; mais que lors qu'il print l'habit au Monaſtere Saint Bernard, l'on luy donna pour pere ſpirituel, Frere François de Saint-Pere, & parce qu'il eſtoit Catholique, Apoſtolique & Romain, deſiroit luy vivre & mourir : ſuppliant ledit de la Force le faire parler au Roy, d'autant qu'il ne pouvoit & n'oſoit déclarer la tentation, qui de long-temps le ſolliciroit à tuer le Roy, vouloit le dire à Sa Majeſté, affin de ſe deſiſter tout-à-fait de cette volonté mauvaiſe.

Enquis, ſi dès-lors qu'il fiſt ſes voyages pour parler au Roy de faire la guerre à ceux de la Religion pretendue Reformée ; il avoit proteſté au Curé, que ſi Sa Majeſté ne vouloit accorder ce dont l'accuſé le ſupplioit, de faire le malheureux acte qu'il a commis.

A dit que non, & s'il l'avoit projecté s'en eſtoit deſiſté, & avoit veu qu'il eſtoit expedient luy faire cette remontrance pluſtoſt que le tuer.

Remonſtré qu'il n'avoit changé ſa mauvaiſe intention, parce que depuis le dernier voyage, qu'il a fait à Angouleſme, le jour de Paſques, il n'a cherché les moyens

de parler au Roy, qui deſmonſtre aſſez qu'il eſtoit party en cette réſolution de faire ce qu'il a fait.

A dit qu'il eſt veritable.

Enquis ſi le jour de Paſques, & jour de ſon partement il fiſt la Sainte Communion.

A dit que non, & qu'il l'avoit faite le premier Dimanche de Careſme ; mais neantmoins qu'il fiſt celebrer le ſaint ſacrifice de la ſainte Meſſe, en l'Egliſe Saint Paul d'Angouleſme ſa Parroiſſe, comme ſe reconnoiſſant indigne d'approcher de ce Très-Saint & Très-Auguſte Sacrement, plein de Miſtere & incomprehenſible vertu, parce qu'il ſe ſentoit encore vexé de cette tentation de tuer le Roy : en tel eſtat ne vouloit s'approcher du precieux Corps de ſon Dieu.

Remonſtré que depuis qu'il ſe ſentoit indigne de ce Miſtere, qu'il a dit incomprehenſible, quelle devotion il pouvoit avoir à ce ſaint ſacrifice, celebré par le Preſtre, auquel tous Chreſtiens participent, & reçoivent ſpirituellement ce que celui qui conſacre reçoit réellement.

Sur ce eſt demeuré penſif, & ayant un peu penſé, a dit : Qu'il eſt bien empeſché à reſpondre à ceſte remonſtrance ; puis après a dit ſe reſſouvenir que l'affection qu'il avoit au Très-Saint Sacrement de l'Autel, luy avoit fait faire (1), parce qu'il eſperoit que ſa mere, qui allant recevoir ſon Dieu en ce Sacrifice qu'il faiſoit faire, il ſeroit participant de ſa Communion, le croyant depuis qu'il eſt au monde, eſtre porté d'une plus religieuſe affection envers ſon Dieu, que luy accuſé : c'eſt pourquoy il

(1) On voit un coupable qui cherche toutes ſortes de prétextes, pour éviter de dire la vraye Cauſe.

Gg

il pria lors Dieu, & en difant les dernieres paroles, a jetté plufieurs pleurs
& larmes.

Remonſtré qu'il ne pouvoit avoir de re-
verance, ny de creance à la ſainte Com-
munion, & ſacrifice de la Meſſe ; parce
que de long-temps il eſtoit fait enfant du
Diable, invocquoit les Démons qu'il a
fait venir devant luy, eſtant logé en cette
Ville y a plus de quatre ans.

A dit que non.

Enquis s'il a connu un nommé Dubois
de Limoges, & s'ils ont logé enſemble en
cette Ville, couché en meſme chambre.

A dit que oui, devant le Pillier verd,
rue de la Harpe, au logis où a eſté l'Enſeigne des Rats.

S'il vouloit croire led. Dubois de ce qu'il
diroit.

A dit que oui.

Si eſtant couché avec ledit Dubois il ne
fiſt pas une conjuration, invoquans les Dé-
mons, & en quelle forme.

A dit tant s'en faut, que ce qu'on
lui demandoit fuſt veritable ; qu'au contraire, ils n'eſtoient couchez en même
chambre que ledit Dubois : ains en un
grenier au-deſſus, dans lequel eſtant environ l'heure de minuit, fut prié & requis pluſieurs & diverſes fois par iceluy
Dubois deſcendre en ſa chambre, criant
led. Dubois par trois fois : *credo in Deum*
Ravaillac mon amy, deſcend en bas ; en
s'eſclamant : *mon Dieu, ayez pitié de*
moy ; alors l'accuſé voulut deſcendre
pour veoir qui le mouvoit à implorer
ſon ſecours de la façon, & avec telles
exclamations ; mais les perſonnes couchées où eſtoit l'accuſé, ne luy vouloient permettre pour la crainte &

frayeur qu'ils eurent ; de ſorte qu'il ne
deſcendit point parler audit Dubois que
long-temps après, que ledit Dubois
luy dit qu'en la chambre au-deſſous de
l'accuſé, il avoit veu un chien noir
d'exceſſive grandeur, & fort effroya-
ble, qui s'eſtoit mis les deux premiers
pieds ſur le lit ſeul où il eſtoit couché, dont eut telle peur de cette vi-
ſion, qui l'avoit meu à faire telles exclamations & d'appeller l'accuſé pour
luy tenir compaignie en ſa peur : ce
qu'ayant entendu, l'accuſé auroit le
landemain matin donné advis audit
Dubois, que pour renverſer ſes horribles viſions, il devoit avoir recours à
la ſainte Communion, ou à la celebration de la ſainte Meſſe, ce qu'il fiſt ; &
furent enſemble le lendemain matin au
Couvent des Cordeliers, faire dire la
ſainte Meſſe, pour attirer la grace de
Dieu, & le preſerver des viſions de
Satan, ennemy commun des hommes.

Remonſtré qu'il n'y a apparence que le-
dit Dubois l'ait appellé d'en-haut, & qu'il
n'eut ouy ſa voix.

A dit que c'eſt choſe triviale, commune, & l'une des proprietez de la
voix, monter en haut ; & de peur que
n'adjouſtions pas de foy à ſes reſponces, cette verité ſeroit atteſtée par ceux
qui eſtoient en la chambre, où il eſtoit
couché, qui l'empeſcherent de deſcendre parler audit Dubois, qui eſtoient
l'hoſteſſe de la maiſon Marie Moiſneau,
& une ſienne couſine nommée Jeanne
le Blond, qui eſtoient en la chambre,
où l'accuſé eſtoit, le priant n'y aller, à
cauſe qu'elles avoient entendu un grand
bruit, qui s'y eſtoit fait, occaſion pour
laquelle il avoit quitté ladite chambre,
où il couchoit auparavant avec ledit
Dubois.

Remonſtré

Remonſtré qu'il n'a point eu de volonté changer ſon malheureux deſſein, ne voulant recevoir la Communion le jour de Paſques, parce que c'euſt eſté le moyen de s'en divertir, duquel moyen n'ayant uſé, & s'eſtant ainſi eſloigné de la ſainte Communion, il a continué en ſa mauvaiſe entreprinſe.

A dit que ce qu'il l'empeſcha de communier, fut qu'il avoit prins cette reſolution le jour de Paſques, venir tuer le Roy, ne voulant pour cette raiſon communier réellement, & de fait au precieux Corps de Nôtre-Seigneur ; mais avoit ouy la ſainte Meſſe avant que partir, croyant que la Communion réelle, que ſa mere faiſoit ledit jour, eſtoit ſuffiſante pour elle & pour luy ; & auſſy requiſt à Dieu lors, & requiers maintenant, & juſques à ſa mort, qu'il ſoit participant de toutes les ſaintes Communions, qui ſe font par les Religieux, Religieuſes, Sœurs & bons Seculiers, & autres qui ſont de l'Egliſe Catholique, Apoſtolique & Romaine, communians en la foy de notre Mere Sainte Egliſe, le precieux Corps de Noſtre-Seigneur & Redempteur, que la reception qu'ils en font luy ſoit attribuée, comme croyant eſtre l'un des membres avec eux, en un ſeul Jeſus-Chriſt.

Remonſtré que luy ayant cette meſchante intention commettre ceſt acte, il eſtoit empeſché du danger de damnation, ne pouvoit participer à la grace de Dieu & communion des fidelles Chreſtiens, pendant qu'il avoit cette mauvaiſe volonté, dont ſe devoit deſpartir pour, eſtre en la grace de Dieu, comme Catholique & fidelle.

A dit qu'il ne fait pas de difficulté qu'il n'aye eſté porté d'un propre mouvement & particulier, contraire à la volonté de Dieu, Autheur de tout bien & verité, contraire au Diable, pere de menſonge ; mais que maintenant à la Remontrance que luy faiſons, il reconnoiſt qu'il n'a peu réſiſter, ou n'a voulu reſiſter à cette tentation, eſtant hors du pouvoir des hommes de s'empeſcher du mal, & qu'apreſent qu'il a déclaré la verité entiere, ſans rien retenir & cacher ; il eſperoit que Dieu tout benin & miſericordieux, luy feroit pardon & remiſſion de ſes pechez, eſtant plus puiſſant pour diſſoudre le peché, moyennant la Confeſſion & Abſolution ſacerdotale, que les hommes pour l'offenſer : priant la ſacrée Vierge, Monſieur Saint Pierre, Monſieur Saint Paul, Monſieur Saint François en pleurant, Monſieur Saint Bernard, & toute la Cour Celeſte de Paradis requerir, & eſtre ſes Advocats & Interceſſeurs envers ſa Sacrée Majeſté, affin qu'il impoſe ſa croix entre ſa mort, & jugement de ſon ame & l'Enfer ; par ainſy requiert, & eſpere eſtre participant des merites de la Paſſion de Noſtre-Seigneur Jeſus-Chriſt, le ſuppliant bien humblement, luy faire la grace qu'il demeure aſſocié aux merites de tous les treſors, qu'il a infus en la puiſſance Apoſtolique, lors qu'il a dit : *Tu es Petrus*, &c.

Lecture faicte, a perſiſté en ſes Reſponces & a ſigné.

PROCES

Gg 2

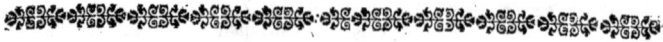

PROCE'S VERBAL

De la question à François Ravaillac, & de ce qui se passa avant, & après le supplice en la Place de Greve.

Du vingt-septiéme May, mil six cens dix.

A la levée de la Cour, en la Chambre de la Beuvette.

PÁrdevant tous Messieurs les Presidens & plusieurs des Conseillers, a esté mandé François Ravaillac, accusé & convaincu du Parricide du feu Roy, auquel estant à genoux, a esté par le Greffier prononcé l'Arrest de mort contre luy donné, & que pour revelation de ses complices, sera appliqué à la Question, & le Serment par luy pris, *exhorté prevenir le tourment, & s'en redimer par la reconnoissance de la verité, qui l'avoit induit, persuadé, fortifié à ce meschant acte, à qui il en avoit communiqué & conferé.*

A dit que par la damnation de son ame, il n'y a eu homme, femme, ny autre que luy qui l'aye sçeu.

Apliqué à la Question des Brodequins, & le premier coing mis.

S'est escrié que Dieu eust pitié de son ame, luy fist pardon de sa faute, & non pas d'avoir recelé personne, ce qu'il a reiteré avec mesmes denegations, comme il a esté interrogé.

Mis le deuxieme coing.

A dit avec grands cris & clameur, je suis pécheur, je ne sçay autre chose par le Serment que j'ay fait & doibt à Dieu, & à la Cour : je n'en ay parlé que ce que j'ay dit au petit Cordelier, soit en confession ou autrement, n'en a parlé au Gardien d'Angoulesme, ne s'est confessé (1) en cette Ville, & que la Cour ne le fist desesperer.

Continuant de frapper le deuxieme coing :

S'est escrié, mon Dieu, prenez cette penitence pour les grandes fautes que j'ay faictes en ce monde : O Dieu, recevez cette peine pour la satisfaction de mes pechez, par la foy que je dois à Dieu, que je ne sçay autre chose, & ne me faite desesperer mon ame.

Mis au bas des pieds le troisiéme coing, est entré en sueur universelle, & comme pasmé, luy ayant esté mis du vin en la bouche, ne l'a reçeu, la parole luy faillant, a esté relasché, & sur luy jetté de l'eau, puis fait prendre du vin.

La parole revenue, a esté mis sur un matelas au mesme lieu, où a esté jusqu'à midy, que la force reprise a esté conduit à la Chapelle par l'Executeur, qui l'a attaché, & mandé les Docteurs Filesac

(1) Ainsi M. de l'Estoile se trompe, lorsque sur l'an 1610, il assure que Ravaillac s'estoit confessé au Pere d'Aubigni, Jesuite.

Filefac & Gamaches; il a eu à difner, puis avant que d'entrer en conference avec les Docteurs, par le Greffier a esté admonesté de son salut, par la nue reconnoiffance de la verité, qui l'avoit pouffé, excité & fortifié, ou induit à ce qu'il avoit commis, & de fi longtemps projetté, qu'il n'y avoit apparence qu'il euft conceu & entrepris luy feul, & fans en avoir communiqué.

A dit : Qu'il n'eft fi miferable de retenir, s'il fçavoit plus ce qu'il a declaré à la Cour, fçachant bien qu'il ne peut avoir la mifericorde de Dieu qu'il attend, s'il retenoit à dire ; & n'euft pas voulu endurer les tourmens qu'il a reçeus, s'il fçavoit d'avantage l'euft declaré ; bien avoit-il fait une grande faute, où la tentation du Diable l'avoit porté, prioit le Roy, la Royne, la Cour, & tout le monde, de luy pardonner, fait prier Dieu pour luy que fon corps porte la penitence pour fon ame, & plufieurs fois admonesté, n'ayant fait que repeter ce qu'il avoit dit, a esté delaiffé aux deux Docteurs pour faire ce qui eft de leur charge.

Peu après deux heures, le Greffier mandé par les Docteurs, luy ont dit que le condamné les avoit chargez le faire venir pour luy dire, & figner comme il entendoit que fa confeffion fut revellée, mefmes imprimée, affin qu'il fut fçeu par tout ; laquelle confeffion iceux Docteurs, ont declaré estre que autre que luy n'avoit fait le coup, n'en avoit esté prié, follicité, ny induit par perfonne, ny communiqué, reconnoiffant comme il avoit fait en la Cour, avoir commis une grande faute, dont il efperoit la mifericorde de Dieu, plus grande qu'il n'eftoit pécheur, & qu'il ne s'y attendroit, s'il retenoit à dire.

Sur ce, par le Greffier, ledit condamné enquis de la reconnoiffance & confeffion qu'il vouloit eftre feue & revellée ; derechef admonesté de reconnoiftre la verité pour fon falut, avec Serment qu'il avoit tout dit, que perfonne du monde ne l'avoit induit, & n'en avoit parlé, ny communiqué à autres que ceux qu'il a nommez au Procez.

Incontinent trois heures, tiré de la chapelle, pour fortir de la Conciergerie les prifonniers en multitude & confufion, commencerent avec injures, à crier après luy, l'appellant mefchant, traiftre & autres femblables, l'ont voulu offenfer ; finon que les Archers, & autres Officiers de la Juftice prefens pour la main forte, & en armes les ont empefchez.

Sortant la Conciergerie pour monter au tombereau, & y eftant le peuple de tous coftez, & en fi grand nombre, que la place eftoit difficile aux Archers & Officiers de la Juftice pour la main forte : s'eft mis à crier ; les uns, mefchant ; les autres, parricide ; les autres, le traiftre ; les autres, le murtrier & autres paroles, indignation & opprobres ; & s'efforceans plufieurs l'offenfer & fe jetter fur luy, dont la force les a empefchez, & faifant lecture de la condamnation, fur les mots tué le Roy de deux coups de couteau, ont recommencé leurs cris à plus haute voix, & les mefmes oprobres, qui ont continué jufques à l'Eglife de Paris, où la clameur & cry ont esté femblables à la lecture de l'Arreft, qui a esté là execute pour l'amende honnorable, puis conduit à la Greve, recevant en cheminant les mefmes injures & clameurs, d'indignation du defplaifir de tous, plufieurs fe voulant jetter fur luy.

Le Cry fait à la Greve, avant que defcendre du tombereau, pour monter
sur

sur l'eschafaut, encores admonesté, a reiteré les precedentes desclarations, & prieres au Roy, & à la Royne, & à tout le monde, de luy pardonner la faute qu'il avoit faite grande, & faire prier Dieu pour luy : le peuple continuant ses clameurs d'injures, & indignations contre luy.

Monté sur l'eschafaut, y a esté consolé, & exhorté par les Docteurs, qui ayant fait ce qui estoit de leur profession, le Greffier l'a d'abondant exhorté, finissant sa vie, penser à son salut par la nue verité, à quoy n'a voulu dire que ce qu'il avoit dit au precedent.

Le feu mis à son bras, tenant le cousteau, s'est escrié à Dieu, & plusieurs fois dit *Jesus Maria* : par après tenaillé, il a reiteré les cris & prieres, faisant, lesquelles plusieurs fois admonesté à reconnoistre la verité, n'a dit que comme au precedent; & le peuple avec grand rumeur, crié & repeté les oprobres & injures : disans, qu'il le falloit là laisser languir; puis avec intervalle le plomb fondu, & huille jettée sur les playes, où il avoit esté tenaillé, a continué fort hautement ses cris.

Sur ce, les Docteurs luy ont derechef parlé; & à ce faire, invitez par le Greffier, ont voulu faire les prieres accoustumées pour le condamné, se sont debout descouverts & commencé publicquement; mais tout aussi-tost le peuple en turbe & confusion, a crié contre eux : disant, qu'il ne falloit prier pour ce meschant, ce damné, & autres paroles semblables, telles qu'ils ont esté contraints cesser, & lors le Greffier luy a remonstré, comme la grande indignation du peuple estoit le jugement contre luy, qui l'obligeoit à se disposer de tant plus à la verité; il a continué, dit-il, n'y a que moy qui l'aye fait.

Fait tirer les Chevaux environ demie heure, par intervalle arrestez; enquis & admonesté, a perseveré en ses denegations, & le peuple de toutes qualitez qui là estoient proches, & loing, continué ses clameurs & tesmoignages de ressentiment du malheur de la perte du Roy, plusieurs mis à tirer les cordes avec telle ardeur, que l'un de la Noblesse qui estoit proche, a fait mettre son cheval au lieu de l'un de ceux qui estoit recreu; & enfin par une grande heure tiré sans estre demembré, a rendu l'esprit; & lors demembré, le peuple de toutes qualitez, se sont jettez avec espées, cousteaux, bastons & autres choses qu'ils tenoient, à frapper, coupper, deschirer les membres ardemment, mis en diverses pieces, ravis à l'Executeur, les traînant qui çà, qui là par les rues de tous costez, avec telle fureur, que rien ne les a peu arrester, & ont esté bruslez en divers endroits de la Ville.

ARREST

ARREST DE LA COUR DE PARLEMENT,

Contre le très-meschant parricide François Ravaillac.

Sur la Copie imprimée à Paris, en 1610.

Avec Permission de la Court.

Extraict des Regiftres de Parlement.

VEU par la Cour, les Grande Chambre, Tournelle & de l'Edit affemblées. Le procès criminel fait par les Prefidens & Confeillers à ce commis, à la Requefte du Procureur Général du Roy, à l'encontre de Francois Ravaillac, Praticien de la Ville d'Angoulefme, Prifonnier en la Conciergerie du Palais. Information, Interrogatoire, Confeffion, Dénegation, Confrontations de tefmoins, Conclufions du Procureur General du Roy. Ouy & interrogé par ladite Cour, fut les cas à luy impofez, procès verbal des Interrogatoires à luy faits à la queftion, à laquelle de l'Ordonnance de ladite Cour, auroit efté appliqué le 25. de ce mois, pour la revelation de fes complices, tout confideré.

Dit a efté que ladite Cour a déclaré & declare ledit Ravaillac, deuëment atteint & convaincu de crime de leze-Majefté, divine & humaine, au premier Chef, pour le très-mefchant, très-abominable, & très-deteftable parricide, commis en la perfonne du feu Roy Henry IV. de très-bonne, & très-loüable memoire. Pour reparation duquel l'a condamné & condamne, faire amende honorable devant la principale porte de l'Eglife de Paris, où il fera mené & conduit dans un tombereau, là nud en chemife, tenant une torche ardente du poix de deux livres : dire & declarer, que malheureufement & proditoirement, il a commis ledit très-mefchant très-abominable, & très-deteftable parricide, & tué ledit Seigneur Roy, de deux coups de coufteau dans le corps, dont fe repend, demande pardon à Dieu, au Roy & à Juftice ; de-là conduit à la Place-de-Greve ; & fur un efchafaut, qui y fera dreffé, tenaillé aux mammelles, bras, cuiffes, & gras des jambes, fa main dextre y tenant le coufteau, duquel à commis ledit parricide, ards & bruflez de feu de fouffre ; & fur les endroits où il fera tenaillé, jetté du plomb fondu, de l'huile boüillante, de la poix raifine bruflante, de la cire & fouffre fondus enfemble. Ce fait, fon corps tiré & defmembré à quatre chevaux, fes membres & corps confommez au feu, reduits en cendres, jettées au vent. A déclaré & declare tous & chacuns fes biens, acquis & confifquez au Roy. Ordonné que la maifon où il a efté né, fera defmolie, celuy à qui elle appartient préalablement indemnifé, fans que fur le fonds puiffe à l'advenir eftre fait autre baftiment ; & que dans quinzaine, après la publication du prefent Arreft à fon de trompe & cry public en la Ville d'Angoulefme, fon pere &

& sa mere vuideront le Royaume, avec deffenses, d'y revenir jamais, à peine d'estre pendus & estranglez, sans autre forme ni figure de procès. A fait & fait deffenses à ses freres, sœurs, oncles, & autres, porter cy-après ledit nom de Ravaillac, leur enjoint le changer en autre sur les mesmes peines. Et au Substitut du Procureur General du Roy,

faire publier & executer le present Arrest, à peine de s'en prendre à luy. Et avant l'execution d'iceluy Ravaillac, Ordonné qu'il sera de rechef appliqué à la question, pour la revellation deses complices.

Prononcé & executé le xxvij. May, mil six cens dix. Signé, *Voysin*.

ARREST DE LA COUR DE PARLEMENT,

Ensemble la censure de la Sorbonne, contre le Livre de Jean Mariana, intitulé : De Rege & Regis institutione.

EN l'an du Seigneur 1610. Comme ainsi soit, que la sacrée Faculté de Theologie, n'ait peu tenir ses assemblées aux jours assignez & ordinaires, le premier ou deuxiesme de Juin, à raison des Festes de Pentecostes, & des Congregations particulieres des personnes d'eslite de l'Ordre de Theologie, qui s'estoient faictes pour meurement peser l'affaire qui se presente; elle les auroit remis au 4. Juin, & auroit convoqué dans le College de Sorbonne tous les Maistres de Theologie, en vertu de l'obeissance, que par serment presté, il ont promis à la Faculté: où après la celebration de la Messe du Saint-Esprit, à la maniere accoustumée, ils ont deliberé sur l'execution de l'Arrest de la Cour, duquel voicy la substance.

ARREST DU PARLEMENT.

» LA Cour de Parlement, les Grand
» Chambre, Tournelle & de l'E-
» dict assemblées, procedant au juge-
» ment & au procès criminel & ex-

traordinaire, instruict à la Requeste «
du Procureur General du Roy, à «
l'encontre du très - detestable, très- «
cruel & très-execrable parricide com- «
mis en la personne du Roy Henry IV. «
Ouy le Procureur General du Roy : «
elle a ordonné & ordonne, que à la «
diligence & sollicitation du Doyen «
& Syndic de la Faculté de Theologie, «
ladicte Faculté soit incontinent con- «
voquée, pour deliberer sur la confir- «
mation d'un Decret de la susdite Fa- «
culté, qui fut arresté par cent qua- «
rante & un Theologiens de la mesme «
Faculté, le 13. Decembre 1413. «
lequel depuis fut confirmé par l'au- «
torité du Concile de Constance : par «
lequel Decret, il est arresté, qu'il n'est «
loisible à aucun, pour quelque occa- «
sion que ce soit, pour quelque cause «
ou pretexte que l'on puisse prendre, «
d'attenter aux personnes sacrées des «
Roys, & autres Princes souverains. Puis «
après que le Decret, qui sera arresté «
en la Congregation de ladicte Facul- «
té, soit corroboré par les signatures «
de tous les Docteurs, qui auront as- «
sisté à la Congregation, & à la delibe- «
» ration ;

» ration ; & encore de celuy de tous les
» Bacheliers, qui font leurs cours en
» Theologie ; afin que , ouy fur ce le
» Procureur General du Roy, la Cour
» ordonne, ce qui fera jufte & de rai-
» fon. Donné en Parlement , le 27. de
» May 1610. Signé , *Voyfin.* »

Parquoy ladicte facrée Faculté, afin
d'obtemperer au Mandement de nos
Souverains Seigneurs , qui enjoignent
chofe tant jufte & neceffaire : s'eft affemblée premierement en Congregation particuliere, & puis publiquement.
Or confiderant qu'il defpendoit de fon
devoir de faire entendre fa cenfure &
fon jugement doctrinal à tous ceux qui
le requierent ; & que l'Univerfité de
Paris, dès fon premier eftabliffement,
a efté perpetuellement la mere & la
nourrice de très-bonne & très-faine
doctrine : que le bien & le repos de la
Republique dependoit de l'ordre ; &
que l'ordre & la paix, felon Dieu, qui
eft très-bon & très-grand, defpendoit
du falut des Roys & des Princes, &
qu'il n'appartient qu'au Prince feul, ou
au Magiftrat Politique, d'ufer du glaive ; & que d'abondant depuis peu d'années en çà, il y avoit quelques maximes
eftranges, feditieufes & impies, qui
avoient pris force : par le moyen defquelles plufieurs hommes particuliers
avoient efté alienez de leur bon fens,
fouillans les Roys (qui font facrez) &
les Princes, du nom execrable de Tyrans ; & que fous ce pretexte, comme
auffi fous ombre de Religion, de pieté,
ou d'aider & procurer le bien public,
ils confpiroient contre les perfonnes
facrées des Roys, & enfanglantent leurs
mains parricides de leur fang, fans avoir
horreur de ce qu'ils ouvrent tout à l'inftant une feneftre bien large à la perfidie, aux fraudes, aux embufches, aux

trahifons, au meurtre des peuples qui
s'entretuent, à la ruine des Villes, des
Provinces & des Royaumes les plus flo-
riffans, & autres genres de mefchancetez, qui ne fe peuvent raconter, qui
ont accouftumé d'accompagner les guerres civiles & eftrangeres : en outre que
telles maximes peftiferes & diaboliques, font caufe aujourd'huy que ceux
qui fe font revoltez de l'Eglife Catholique Romaine, s'endurciffent en leur
erreur, & fuyent & deteftent les hommes de Religion, les Docteurs & Prelats Catholiques, encore qu'ils n'en
peuvent mais, comme fi c'eftoient eux
qui enfeignaffent telles chofes, ou qui
leur donnaffent autorité.

Cefte mefme Faculté, dis-je, confiderant telles & femblables chofes, avec
meure attention, d'un confentement
unanime, & d'un courage deliberé,
elle a en execration, & condamne telles
maximes eftranges & pleines de fedition,
comme eftans impies, heretiques, contraires en tout à la focieté civile, à la
paix & tranquillité publique, & à la
Religion Catholique. En foy & tefmoignage de quoy, elle a eftimé qu'elle
devoit de nouveau renouveller le Decret ancien, qui fut arrefté, il y a deux
cens ans, par cent quarente & un Theologiens, pour condamner cefte execrable propofition, que voicy.

*Tout Tyran peut & doit licitement &
meritoirement eftre occis, par quelconque
fien vaffal ou fubjet, & par quelque maniere que ce foit, par embufches ou par
artifices de flatterie, nonobftant quelque
ferment ou confideration, faicte entre fes
mains, fans attendre Sentence ou Mandement de Juge quelconque.*

Telle affertion generalement, ainfi
pofée, & felon que fe prend ce mot
(Tyran) eft un erreur en noftre foy &
en

H h

en la doctrine des mœurs ; & est contre le Commandement de Dieu : *Tu ne tueras point.* Si nous nous y ingerons de nostre propre authorité, & contre ce que dit nostre Seigneur : que *Tous ceux qui auront pris le glaive, périront par le glaive.*

Item, telle assertion tend à la subversion de toute Republique, & de chaque Roy ou Prince. Item, elle ouvre le chemin & la licence à plusieurs autres maux, & aux fraudes, & aux violemens de la foy & du serment, & aux trahisons ; & generalement à toute desobéissance du subject envers son Seigneur, & à toute infidelité & deffiance des uns envers les autres ; & consequemment à damnation éternelle.

Item, celuy qui asseure obstinement un tel erreur, & autres qui viennent en consequence, est heretique ; & comme heretique, doit estre puny, mesme après sa mort. Soit notté dans les Decrets XXIII. IX. V. &c. Faict l'an 1413. le Mercredy 13. de Decembre.

Laquelle censure de la Faculté de Paris, fut approuvée au Concile de Constance, Session 15. en l'an 1415. le sixiesme jour de Juillet, en ces mots : Ce Saint Synode, voulant par un souverain esgard, avoir soin de pourvoir à l'extirpation des erreurs, & des heresies, qui se font paroistre en diverses parties du monde, ainsi qu'elle est tenue de le faire ; & que pour cest effet elle a esté assemblée : elle a esté depuis n'aguere advertie, que quelques assertions erronées en la foy, & ès bonnes mœurs, & qui sont en beaucoup de façons scandaleuses, & qui tendent à subvertir tout l'estat & l'ordre de la chose publique, ont esté dogmatisées : entre lesquelles nous a esté deferée ceste assertion cy. Tout Tyran peut & doit licite-

ment, & meritoirement estre occis par quelconque sien vassal ou subject : mesmes par embusches secrettes & subtils allechemens, ou flatteries, nonobstant quelque serment qu'il auroit presté, ou quelque alliance qu'il auroit faicte, mesme sans attendre Sentence ou Mandement de Juge quelconque. Contre un tel erreur, ce sainct Synode voulant se roidir asprement, & du tout le desraciner : après en avoir meurement deliberé, il declare, ordonne & definit, que telle doctrine est erronnée en la foy & ès bonnes mœurs ; & la reprouve & condamne comme estant heretique & scandaleuse, & qui ouvre le chemin aux fraudes, deceptions, mensonges, trahisons, & parjuremens : declare en outre, ordonne & definit, que ceux qui soustiennent opiniastrement ceste doctrine très-pernicieuse, sont heretiques, & comme tels doivent estre punis selon les sanctions Canoniques.

Donc ceste saincte Faculté, après avoir bien exactement, & avec toute diligence consideré les opinions de tous & chacuns les Docteurs : est d'avis, en *premier lieu*, que ceste censure très-ancienne faicte par la Faculté (laquelle a esté confirmée par la determination du Concile de Constance) doit estre non-seulement réiterée, mais doit aussi estre souvent ramentuë dans les esprits des hommes.

Secondement, que c'est chose seditieuse, impie & heretique, que le sujet, le vassal, ou l'estranger, sous pretexte de quelque couleur, qu'il puisse chercher, attente contre la personne sacrée des Roys & des Princes.

En *troisiesme lieu*, elle ordonne que tous les Docteurs & Bacheliers de Theologie, au jour qu'ils ont accoustumé de jurer les Statuts & articles de la Faculté,

        prestent

prestent aussi le serment sur ce Decret, & rendent tesmoignage par l'apposition de leur seing, qu'ils exposeront avec toute diligence, soit en enseignant, ou en leurs Sermons, la verité d'iceluy.

Quartement, que ces actes soient imprimez, tant en latin qu'en françois, & soient publiez. Du Mandement de M. le Doyen, & de la sacrée Faculté de la Theologie de Paris, signé, *de la Cour*. Par collation, *Voysin*.

Autre Arrêt du Parlement.

» VEU par la Cour, les Grande
» Chambre, Tournelle & de l'E-
» dict assemblées, le Decret de la Facul-
» té de Theologie, assemblée le 4. du
» present mois de Juin, suivant l'Arrest
» du 27. May precedent, sur le renou-
» vellement de la censure doctrinale de
» ladicte Faculté, faicte en l'an 1413.
» confirmée par le Sainct Concile de
» Constance : Que c'est heresie pleine
» d'impieté, de maintenir qu'il soit loi-
» sible aux sujets ou estrangers, sous
» quelque pretexte ou occasion qui puis-
» se estre, d'attenter aux personnes sa-
» crées des Roys & Princes souverains.
» Le Livre de Jean Mariana, intitulé :
» *De Rege & Regis institutione*, imprimé
» tant à Mayence, que autres lieux,
» contenant plusieurs blasphemes exe-
» crables, contre le feu Roy Henry III.
» de très-heureuse memoire, les person-
» nes & Estats des Roys & Princes Sou-
» verains ; & autres propositions con-

traires audit Decret, Conclusions du « Procureur General du Roy, la matie-« re mise en deliberation. «

Ladicte Cour a ordonné & ordon-« ne : Que ledit Decret du 4. du present « mois de Juin, sera enregistré ès regis-« tre d'icelle, ouy ; & ce requerant le « Procureur General du Roy, & leu par « chacun an à pareil jour de Dimanche,« ès Prosne des Paroisses de ceste Ville« & Fauxbourgs de Paris. Ordonne que « le Livre de Mariana sera brusflé, par « l'Executeur de la haute-Justice, de-« vant l'Eglise de Paris ; & a faict, & fait « inhibitions & deffenses à toutes per-« sonnes de quelque estat, qualité & « condition qu'elles soient, sur peine « de crime de leze-Majesté, d'escrire ou « faire imprimer aucuns Livres ou Trai-« tez contrevenans audit Decret, & « Arrest d'icelle. Ordonne que copies« collationnées aux originaux dudit De-« cret ; & present Arrest seront envoyées« aux Bailliages, & Seneschaussées de ce « ressort, pour y estre leues & publiées« en la forme & maniere accoustumée :« & outre ès Prosnes des Paroisses des « Villes, Fauxbourgs & autres Bourgs, « le premier Dimanche du mois de Juin.« Enjoinct aux Baillifs & Seneschaux,« proceder à ladicte publication : & aux« Substituts du Procureur General du« Roy, tenir la main à l'execution., & « certifier la Cour de leur diligence. «

Faict en Parlement le huictiesme de « Juin 1610. «

Extraict des Regiftres de Parlement.

Contre le Traité du Cardinal Belarmin, de Potestate Summi Pontificis.

VEU par la Cour les Grand'Chambre, de la Tournelle & de l'Edit affemblées, le Livre intitulé : *Tractatus de Poteftate Summi Pontificis in temporalibus adverfus Gullelmum Barclaium, auctore Roberto Sanctæ Ecclefia Romanæ Cardinali Bellarmino*, imprimé à Rome, par Barthelemy Zannetty, l'an préfent mil fix cens dix, Conclufion du Procureur General du Roy, & tout confideré :

Ladicte Cour a faict & faict inhibitions, & défenfes à toutes perfonnes de quelque qualité & condition qu'elles foient, fur peine de crime de leze-Majefté, recevoir, retenir, communiquer, imprimer, faire imprimer, ou expofer en vente ledict Livre, contenant une fauffe & détestable propofition, tendant à l'éverfion des Puiffances Souveraines, ordonnées & eftablies de Dieu, fouflevement des fubjects contre leur Prince, fubftraction de leur obéïffance, induction d'attenter à leurs perfonnes & eftats, & troubler le repos & tranquillité publique : enjoinct à ceux qui auront quelque exemplaire dudit Livre, ou auront cognoiffance de ceux qui en feront faifi, le déclarer promptement aux Juges ordinaires, pour en eftre faicte perquifition à la requefte des Subftituts dudict Procureur General, & procéder contre les coupables, ainfi que de raifon : A faict & faict pareilles inhibitions & défenfes fur la mefme peine à tous Docteurs, Profeffeurs, & autres, de traiter, difputer, efcrire, ny enfeigner directement, ou indirectement en leurs Efcoles, Colleges, & tous autres lieux, la fufdicte propofition Ordonne ladicte Cour, que le préfent Arreft fera envoyé aux Bailliages & Senefchauffées de ce reffort, pour y eftre leu, publié, regiftré, gardé & obfervé felon fa forme & teneur : enjoinct aufdicts Subftituts dudict Procureur General du Roy, de tenir la main à l'execution, & certifier ladicte Cour de leurs diligences, au mois. Faict en Parlement le Vendredy, vingt-fixiefme Novembre mil fix cens dix. Signé, *Voifin.*

EPISTOLA.

EPISTOLA

M· ARTHUSII,

DE CRESSONNIERIIS
BRITONIS GALLI.

*Ad Dominum de Parisius super attestatione sua justificante, &
nitidante Patres Jesuitas.*

M. DC. XI.

EDITIO NOVISSIMA.

Cui præfigitur Henrici De Gondi attestatio, quæ hâc Epistolâ
perstringitur.

Hh 3

Attestation de Monsieur de Paris, justifiant les PP. *Jésuites.*

HENRI de Gondy, Evêque de Paris, Conseiller du Roy en ses Conseil d'Etat & Privé, & Maistre de l'Oratoire de Sa Majesté; comme ainsi soit, que depuis le cruel parricide, commis en la personne du feu Roy, que Dieu absolve, plusieurs bruits ayent courus par cette Ville de Paris, du préjudice remarquable de l'Ordre des PP. Jésuites, nous désireux de pouvoir à l'honneur & réputation dudit Ordre, ayant bien recogneu, que tels bruits ne sont venus que de mauvaise affection, fondée en animosité contre lesdits Peres : Déclarons par ces Présentes, à tous qu'il appartiendra, lesdits bruits estre impostures & calomnies, controuvées malicieusement contr'eux, au détriment de la Religion Catholique, Apostolique & Romaine ; & que non-seulement lesdits PP. sont entièrement nets de tels blasmes ; mais encore que leur Ordre, est tant pour sa Doctrine, que pour sa bonne vie, grandement utile à l'Eglise de Dieu, & profitable à cet Estat, en foy dequoy nous avons fait expédier ces Présentes, que nous avons voulu signer de nostre main, & fait contresigner par nostre Secretaire, & fait mettre & apposer nostre Séel. A Paris, le vingt-sixiéme Juin, mil six cents dix. Signé, *Henri, Evêque de Paris :* & au-dessous, par Monseigneur. *Veillart.*
EPISTOLA

J'ai eu quelque peine à recouvrer cette attestation de M. de Gondy, Evêque de Paris, contre laquelle est faite la Lettre burlesque, que je publie de nouveau, à cause de sa rareté. Je n'en connois qu'une seule Edition de 1611. assez bien imprimée. L'attestation qu'elle attaque si vivement, est jointe à quelques Editions de la *Lettre Déclaratoire* du P. Cotton, *De la Doctrine des Jesuites,* que ce bon Pere prétend être conforme aux Décrets du Concile de Constance. C'est une question de fait, qu'il faudroit examiner, & dans laquelle je me garderai bien d'entrer, l'*Anticoton* & d'autres, l'ayant fait avant moy. L'Edition de Paris de 1610, est commune ; mais l'attestation y manque ; enfin après bien des recherches, j'ai trouvé l'Edition de Lyon, aussi de 1610. dans la riche & magnifique Bibliothéque d'un des plus grand Prélat de notre siécle, qui n'est pas moins illustre par sa naissance, que par les services importans qu'il a rendus à l'Eglise. On sent que je veux parler de M. le *Cardinal de Rohan.* L'Attestation de l'Evêque de Gondy se trouve à la fin de cette Edition de *Lyon,* imprimée chez *Juilleron,*comme le marque la Lettre latine ; au lieu que cette même attestation, est à la tête de l'Edition de *Roüen,* de la même année *chez Pierre Courant,* Elle m'a esté communiquée par un célébre amateur, c'est M, Turgot de S. Clair, ancien Maître des Requêtes, dont le riche cabinet l'emporte pour les morceaux rares & curieux, sur beaucoup de grandes Bibliothéques. L'Edition de Lyon, est faite sur celle de Paris, puisque l'Imprimeur de cette derniere, permet à son Confrere de Lyon de la réimprimer. Le titre de l'Edition de Lyon a encore cela de singulier, qu'on y trouve ces mots : *justifiant les Peres Jesuites,* qui sont supprimés dans l'Edition de Roüen. D'ailleurs je marque dans la Préface générale ce que je pense, & de l'Attestation & de l'Ouvrage, auquel elle est jointe dans deux Editions.

EPITOLA

ARTHUSII DE CRESSONIERIIS.

REVERENDISSIME & Illuftriffime Domine de Parifius, poft humilli- mam falutationem, cum magna Reve- rentia vobis debitam, fciatis quod men- fe Septembri præterito, dum effem Fran- cofurti, ubi tranfiveram ad videndum nundinas Autumnales, eundo in Italiam, inter prandendum, cum multis homini- bus mihi incognitis, multi jacti funt fermones, qui vos & honorem veftrum tangebant. De quibus vos adverrere exiftimavi de meo officio, & vobis computare de puncto ad punctum om- nia, fcilicet fuper uno libello, qui hîc allatus eft, intitulatus, Littera Declara- toria (1), doctrinæ Patrum Jefuitarum conformis Decretis Concilii Conftan- tienfis, Reginæ matri Regis, Regenti in Gallia, oblata per Petrum Cottonum, de Societatê Jefu, Prædicatorem ordi- narium, fuæ Majeftatis; impreffo Lug- duni, per Nicolaum Juilleron, impreffo- rem ordinarium Regium, M. DC. X. In fine cujus reperta fuit una atteftatio veftra, juftificans Patres Jefuitas. Quæ dedit occafionem pluribus, qui illic erant loquendi in magna & certe nimia libertate. Unus ex illis cœpit dicere fe attonitum effe, quod in impreffione il- lius litteræ, apud Claudium Chappelet

Parifius, veftra atteftatio non erat, ne- que in fine, neque in principio, quod vos non audebatis illam publicare in veftra Diocefi, & quod extra veftram villam, & bene longè vendebatis vef- tras cochleas. Et ideò illam nullam effe, neque poffe facere fidem, neque aucto- ritatem habere, neque valere unum floccum, Gallicè un *bouton*.

Deinde improbabat fortiter qualita- tem illam Domini de Parifius (2), alle- gans, quod omnes in illa Patria, & alibi etiam credunt, quod Rex eft folus Do- minus de Parifius, non vos qui eftis E- pifcopus Parifienfis, nifi oftendatis vos effe ortum de familia illius Joannis de Parifius (3), qui ducebat domum fuam fecum per totum mundum, de quo extat unum bellum Romanum Francicè fcrip- tum, & illo cafu vos debuiftis vos ap- pellare Henricum de Parifius non Do- minum, ut fic tollendo unam litteram, E, quæ eft in fubfcriptione veftræ at- teftationis, remaneret Henricus de Pa- rifius. Sed veftri parentes omnes, qui vi- vunt in Florentia, Lugduni & Parifius etiam, habent nomen fatis cognitum de Gondy, & fi non fint tantùm nobiles quàm vos eftis nunc: deinde oporteret accipere litteras, pro mutatione nomi- nis,

---

(1) *Littera Declaratoria.*] C'eft-à-dire, Lettre Déclaratoire de la Doctrine des Jéfuites, conforme aux Décrets du Concile de Conftance; adreffée à la Royne, Mere du Roy, Régente en France, par le Pere P. Coton, de la Compagnie de Jefus, Prédica- teur ordinaire de Sa Majefté. In-octavo, Lyon, chez Nicolas Juilleron, Imprimeur ordinaire du Roy, 1610. Tel eft le titre du Livre qu'on attaque dans cette Lettre. L'Auteur de la Lettre n'avoit pas vû vraifemblablement l'Edition de Roüen.

(2) *Domini de Parifius.*] C'eft-à-dire, *Monfieur de Paris*, comme le marque le titre de l'Atteftation. L'Auteur Latin à raifon de critiquer ce titre : où a-

t'on vû qu'on ait jamais imprimé *Monfieur de Paris*, *Monfieur de Rheims*, pour dire Monfieur l'Evêque de Paris, Monfieur l'Archevêque de Rheims ; c'eft tout ce qu'on pourroit faire dans la converfation & le difcours familier : mais cela ne fe met pas dès qu'on imprime, & cela me feroit foupçonner, ou que Henri de Gondy étoit un ignorant, ou que l'Atteftation eft fauffe ; ce qui ne m'étonneroit pas en la place où elle eft, & de la maniere dont elle eft conftruite.

(3) *Joannis de Parifius.*] C'eft Jean de Paris, qui fait le fujet d'un des Romans des plus finguliers de la Bibliothéque bleue.

nis, super quo vos remittebat ad Gregorium Tholofanum in fuo *Syntagmate Juris univerfi*, lib. 36. cap. 4. Poftea adjecit, Ego non poffum excufare Dominum de Parifius de uno errore, quod in lingua Latina illa atteftatio non eft fcripta. Nam omnes Epifcopi, in collationibus fuis, provifionibus, monitionibus, fententiis, litteris ordinum, dimifforiis, mandatis, vifa, denique in omnibus actis femper loquuntur Latinè, vel illorum Secretarii ad minus: neque enim illorum Domini omnes intelligunt Latinum, ideò mirum eft, quod D. Epifcopus de Patifius, non habeat fecretarium intelligentem taliter qualiter Latinum, ut alii. Debuit facere fcribere per illum Advocatum, quem aliquantum temporis habuit in fua domo ut illum doceret Latinum.

Unus alter dixit: Ego putabam Dominum de Parifius, quem omnes vident tam pallidum, ex nimio ftudio & affiduitate legendi ita factum pallidum, quemadmodum magnus ille dicendi magifter Porcius Latro, cujus etiam fectatores pallorem affectabant. Certè, refpondit ifle, etiamfi buxo pallidior fit, totus mundus fcit, quod nunquam accepit pœnam, vel legendi, vel ftudendi. Pallor ille fortaffe provenit ab humore melancholico ufto à bile, qui facit unos rubicundos, alios pallidos, fecundum qualitatem fanguinis, humores, & affectus corporis. Immò totam vitam tranfit in nugis Curialibus, & affectat videri bonus Curtifanus, maximè inter mulieres, inter quas reportavit unam magnam laudem, quod nullus illum præterit in Difcurfibus amatoriis, & in fcribendo litterulas quas parvos pullos vocant, ad dominas fuas,

Attamen unus ex adfiftentibus vos defendendo, fuftinuit quod vos debuiftis & voluiftis obfervare ordinationes Regias Franciæ, quæ jubent omnia Sermone Francico fcribi, & maximè atteftationes, fecundum doctrinam *Rebuffi* in fuo Commentario fuper illas, in his verbis: *Attefationes debent concipi fermone materno*: & allegat Ciceronis locum, qui facit multum pro vobis, & ad propofitum quod eo fermone uti debemus qui nobis notus eft, fed veluti fe plangendo addidit quod vos non habebatis gravitatem Epifcopi in incenfu, neque in geftu, gradiendo fuper extremitate pedum, toto corpore tremulo, veluti faltationem motoriam ducentes, & quod indigebatis Chironomo ad docendum vobis continentiam. Nunquam legit, aiebat, can. fin. Dift. 41. ubi dicitur quod *in inceffu Sacerdos debet effe ornatus, ut gravitate itineris, mentis maturitatem oftendat. Incompofitio enim corporis, ait Auguftinus, inæqualitatem indicat mentis.* Et quod non habebatis bonam gratiam, quia ore renidenti loquebamini, & ridebatis femper apertis labris, oftendendo dentes, quod eft fignum contemptus & fuperbiæ: & fe recordari quod audierat unum de veftro ordine, fæpiffimè vobis per jocum dixiffe, quod vos eratis unus bonus parvus frippo, potius quam Epifcopus. Scimus bene, dicebat ille quod facit benè divinum officium, tam in facta miffa, quam in magnis feftis, fed non facit fermones quod eft principale. Videat & attendat Lectionem 111. Dominicæ 11. poft Pafca, quæ eft homilia Sancti Gregorii Papæ, quando loquitur *de his qui diligunt terrenam fubftantiam plufquam oves & merito nomen Paftoris perdunt, & quos mercenarios vocat, qui locum Paftoris tenent, fed lucra animarum non quærunt, terrenis commodis inhiant, honore Prælationis gaudent, temporalibus lucris pafcuntur, impenfâ fibi ab hominibus reverentiâ lætantur*: & videbit fe & plurimos

rimos Epifcopos hujus fæculi, fi non omnes, depingi, fi addidiffet equos curtatos, aves prædæ, & canes. Nam D. de Parifius habet quadraginta equos curtatos pro vænatione & portat aves fuper pugno, ficut unus bonus falconierus. Ego hæc omnia graviter & iniquo animo ferebam, apud me ipfum dicens; Dixi cuftodiam vias meas, & non delinquam in lingua mea, & pofui ori meo cuftodiam, obmutui & filui in bonis, faciens femper bonam minam.

Poft-hæc, ecce profilit cerebrofus unus, qui dixit, Relinquamus reformationem Epifcoporum, & veniamus ad examen noftræ *Atteftationis*: Difputemus an procedat in forma & in materia. Non erimus multùm impediti ad monftrandum in totum non valere: in forma primò. Atteftatio femper fieri debet ad requeftam & inftantiam unius partis. Atqui Dominus de Parifius non oftendit fe requifitum effe à Patribus Jefuitis dare illis atteftationem illam, neque ab illis effe ratificatam, neque à judice competente, quod eft neceffarium, ut valere poffit, fecundum doctrinam Rotæ, & Felinum. Secundò in atteftationibus debent interponi teftes qui vel de vifu, vel auditu, vel notorietate alicujus facti deponant, in fua atteftatione nullos pofuit teftes, & fibi foli vult credi, contra doctrinam Anchara. Confil. 202. num. 5. & Jacobi de S. Georg. qui dicunt, *quod fola affertio non fufficit, ubi veritas requiritur.* Quis ignorat folam atteftationem non probare? Textus

eft totus rotundus in l. *folam* C. de teftib. & ibi Bartol. *Neque facit quidquam quod fit Epifcopus: Nam atteftatio Epifcopi, qui dicit fe contuliffe, nihil probat, neque, etiam fi atteftetur litteras fuas fub figillo fuo confectas, ei creditur.* Not. Rebuf. in glof. fuper Concord. allegans c. *poft acceffionem*, de probat. Areti. & Doctores alios, & per text. in c. *cùm à nobis*, &c. licet, de teft. *Nunquam uni creditur.* Ita confuluit Panorm. Confil. 53. vol. 2. col. 2. Et quod plus eft, ad officium fuum non pertinet atteftari, fed ad notarios, vel judices adhibitis teftibus. Nimis eft vulgare in utroque jure & in Practica, nunquam atteftationibus credi. Et per hæc concludo formaliter, quod fponte & in vanum zelo fortaffe non fatis difcreto, qui illum auferebat, dedit atteftationem Patribus, qui non petierunt illam, & qui neceffitatem habent de meliore probatione, fecit, inquit ille, ficut D. Abbas S. Victoris (1) prope muros, qui illorum bonorum patrum defenfionem fufcepit, non præcatus, fed cordialiter & affectuofè, poteft effe & jactanter & præfumptuofè, pro qua compofuit unum librum in lingua Francica, quem nemo poteft intelligere, & eft rumor quod non egerunt illi gratias de fua pœna & bona voluntate: immò quod conquefti funt quod illos nimis inepte defenderat, dicentes fe habere meliores defenfores & defenfiones, & quod vellent quod numquam intercepiffet fuam defenfionem. Quoniam dixit alius de illo libro

---

(1) *Abbas S. Victoris.*] Cet Abbé de S. Victor, dont parle ici le Satyrique, fe nommoit François de Harlay, de qui nous avons une piéce fous ce titre : *Defenfe des Jefuites, ou Réponfe aux médifances d'une Lettre compofée contre leur Ordre, in-octavo.* Paris, 1609. Ce François de Harlai, fut depuis Archevêque de Roüen, & a fait de fort mauvais Livres; entr'autre un grand vilain Volume in-folio, intitu-

lé : *Apologia Evangelii,* qui, j'en fuis sûr, ne fçauroit être lû par l'homme le plus ftudieux : je l'ai tenté plus d'une fois, & n'ai pu en venir à bout ; & l'Auteur de la Lettre reconnoît auffi, que cette defenfe de l'Ordre Jéfuitique, quoique Françoife, étoit auffi inintelligible. Il y a des gens, qui ont le talent d'écrire pour obfcurcir une matiere, & la rendre indéchiffrable.

libro loquutus es, faciam vobis unum bonum numerum super hoc. Pater illius & ille ipse filius libellum illum Regi Henrico Maximo obtulerunt, cum magnis precibus ut illum legeret, qui fecit sibi legere, & in prima pagina, audiendo nescio quid de uno verbo quod tribus litteris Hebraïcis componitur, dixit illi qui legebat se non intelligere quid vellet dicere, & quod timebat quod aliquis nomen suum Francicè loquendo componeret de tribus litteris, & noluit ultra transire. Profectò, respondit alius, liber ille non est legibilis, neque intelligibilis, neque vendibilis. Auctori non attulit honorem, impressori lucrum, neque Patribus solatium.

Sed pergamus & ad materiam attestationis veniamus, cujus examinanda sunt verba dixit, *Quoniam post crudele parricidium in personam Regis multi tumultus cucurrerunt per urbem Parisiensem in notabile præjudicium ordinis Patrum Jesuitarum.* Ergo Dominus de Parisius vult sistere cursum tumultuum Parisiensium. Quo modo? Et quo jure? habebit multum ad faciendum, tam pro se primùm, quàm pro aliis, attestatio sua non impediet cursum illorum metu pœnæ, vel punitionis: nam nullam habet potestatem, neque habet ad quem se capiat de illis, qui non habent auctores, sed non exprimit de quo erant illi rumores, & quid dicebant de Ordine Patrum Jesuitarum, & in quo erant in præjudicium illorum.

Itaque nobis donat ad divinandum,

& peccat mortaliter quia nos cogit ad malè sentiendum de illis, sed satis manifestè deprehenditur, & colligitur ex prioribus illis verbis. *Post crudele parricidium in personam Regis*, illum velle quod omnes intelligant, quod ordo ille accusabatur de nefando illo, detestabili, & execrabili parricidio, quod P. Cottonus vocat funestum accidens. Et de facto nos inducit ad illud credendum prælibatus Cottonus in initio suæ litteræ Declaratoriæ iisdem ferè verbis se plangens de rumoribus, quos de illis seminabant super hoc, quidam malè affecti erga illos & religionem Catholicam, quæ nulla est inter alios omnes Christianos Catholicos, præter Jesuitas : & soli faciunt Religionem Catholicam, & qui aliter credit & non habet illam fidem est Hæreticus, Schismaticus, ut sit unus articulus fidei quem Papa addere potest in symbolo. Credo solos Jesuitas Catholicos. Nam si fidei symbolum condere potest, secundum doctrinam *Benedicti à Benedictis* in solo libro intitulato *Antithesis*, Impresso Bononiæ apud Bartholomæum Cocchium 1608. multò magis & addere & mutare : ergo Jesuitæ se plangunt, quod accusantur de illo detestabili parricidio. Oportet illos consolari per interpretationem rumorum. Non accusatur P. Cottonus. * P. Alexander, P. Gonterius, P. Albignius, & alii coryphæi particulares sua manu occidisse incomparabilem Henricum IV. Hoc nemo neque dixit, neque præsumpsit : sed est bene verum quod factio

---

* Ce sont de célèbres Jésuites ; le P. *Coton* est fort connu dans le regne de Henri IV. & Loüis XIII. Les Jésuites lui ont obligation de leur retour en France ; aussi par reconnoissance, chose rare en des gens de Communautez, ils ont fait sa vie. Le P. *Alexandre*, avoit pour surnom, celui de *Hayus*, Jésuite Ecossois, qui fut banni du Royaume, par Arrêt du 10. jour de Janvier 1595. & rapporté ci-dessus, p. 135. de la *Procédure de Jean Chastel* ; & l'on prétend que s'étant retiré à Pragues, les Jésuites le firent empoisonner, pour les mêmes propos, qui avoient servi de sujet à son exil. Le P. *Gontier*, autre Jésuite Piémontois, en méritoit autant, pour ses discours avant & après la mort de Henri IV. On voit paroitre le *P. d'Aubigny*, dans toute la Procédure de Ravaillac, & comme homme habile il eut soin de se tenir ferme sur la négative. Quant au *P. Mariana*, il en est parlé dans la Préface générale de ce Volume.

tio & Secta Jefuitarum, triginta anni
funt plus minus, introduxit, vel reno-
vavit peftiferam illam doctrinam, Reges occidendi, toti factioni, id eft, ordi-
ni Jefuitarum probatam, nemine demp-
to, quam in Marianam folum nunc
rejiciendam fingunt, quà infecerunt
ignorantium & fuperftitioforum hominum infirma ingenia, fub fpe coronæ
Martyrii, & æternæ beatitudinis, quam
in confeffionibus, cum cautione & in
rem & in perfonam promittunt.

Quis adeò impudens erit, qui ne-
gare velit Commoletium (1), & omnes
Jefuitas, qui afcendebant cathedram,
anno 1589. in prædicationibus fuis lau-
daviffe execrabile parricidium Henrici
III. piiffimi & religiofiffimi Principis,
cum exultatione ? Suftinentes palàm,
quod licitè & juftè patratum erat, &
fecundum divinas fcripturas ? Maledic-
tus ille deteftandæ memoriæ Monachus
Clemens, qui illis abftulit illum honorem, quem affectuosè defiderabant, fcilicet martyrium. Illi enim fe glorifi-
cant mortem defiderare pro religione,
& multùm dolent, quàndo excluduntur
à corona martyrii, ut loquuntur & fcri-
bunt in illa Relatione, quam fecerunt
de 26. pauperibus Francifcanis crucifi-
xis, quos ad mortem fuftinendam alacriter hortabantur, poftquàm tamen no-
tificatum illis fuerat fe à judicio illo
exemptos. Et ea doctrina à nullo eorum
huc ufque condemnata fuit apertè &
exprefsè, fed tantùm inter dentes, & in
veftra civitate, quam obfident & poffi-
dere habent intentionem.

Sequitur pofteà. *Nos defiderofi providere illorum honori, & reputationi ordinis.* O laudabile defiderium Domini de
Parifius, & plenum charitatis. Ergo atteftatio illa eft provifio honoris, & re-
putationis ordinis Jefuitarum, quà in
veritate multum opus habent, & quam
debent portare fecum per totum mundum, ut fi quis ad illorum honorem &
reputationem velit tangere, incontinenti atteftationem fuam producant, de
qua nullus Catholicus dubitare audebit.
Utinam curaret fuam potiùs quàm Jefuitarum : verumtamen ego credo, quod
melius amarent unam bonam provifio-
nem boni & pinguis alicujus beneficii :
nam valde nimis amant beneficia Francica, & ideò obtinuerunt bullam de illis quovis modo negotiari, etiam de-
nariis contentis emere, dum modo de
manu laïcorum quantumvis Catholicorum, fed maximè hereticorum illa re-
trahant, & totum fine fimoniæ labe &
fine cafu confcientiæ. Et quod ita fit, in
ftatu facto trecentarum millium librarum, quas magnus ille Rex donaverat,
pro Collegio Flexiæ, eft unus articulus
his verbis conceptus : pro recompenfa-
tione beneficiorum occupatorum per
perfonas, qui nullum habent titulum,
& qui non funt Ecclefiaftici, ad funda-
tionem faciendam feptuaginta quinque
millia librarum. Nonne eft hoc emere ?
De quo fe de fingulari fua doctrina de-
fendunt : quæ non eft adhuc cognita,
quâ fuftinent animas in Purgatorio non
morari, plufquàm decem annos & omnia bona illa affectata beneficiis, pro re-
demptione animarum quæ funt in Purgatorio, decem annis præteritis, caufa
donationis ceffante, fieri purè profana,
& licere illis gaudere, & uti tanquam
poffeffionibus & villis rufticis, ita ut &
fervitia beneficiorum, & tituli extin-
guantur,

---

(1) *Commoletium.*] Le Pere Commolet, ou Commelet, comme on le nommoit quelquefois, étoit
un de ces Prédicateurs féditieux de la Ligue, qui
faifoit des grimaces de poffedé, quant il prêchoit
contre nos Rois ; & qui loüa extrênement le parricide Jacq. Clément, dès qu'il eut commis fon crime.

Ii 2

guantur, reditu solo apud illos remanente : inde venit quod P. Mouffy, Rector Collegii Pictavensis, publicè in præsentia Episcopi & Canonicorum prædicavit, quod omnes Canonici, tam Cathedralium, quàm Collegiatarum Ecclesiarum, & omnes monachi erant inutiles, & quod preces factæ à centum Canonicis aut Monachis, non erant vel utiles, vel necessariæ, & quod quatuor aut sex boni Scholastici plus proficerent, modò sint Jesuitæ. Bone Deus, exclamavit unus ex illis, Doctrina illa est admodum utilis, sed inter bonos Catholicos, non arbitror quod sit recepta, & est piarum aurium offensiva, & tendit ad expellendum totum Clerum, & beneficia tollenda. Bene, bene, dixit ille, disputabunt inter se super illo; quod sequitur videamus.

Recognito quod rumores isti non proveniunt, nisi ex mala affectione fundata in animositate contra dictos Patres. Et quomodo recognovit unde procedunt isti rumores? Ubi est inquesta facta ab illo contra illos, qui seminaverunt rumores? Ubi sunt testes quos audivit, qui & quales? Oporteret dicere, postquàm per inquisitionem legitimè & debitè factam, post diligentem informationem testium fide dignorum, vel aliud aliquid simile. Aliàs sua attestatio nihil infert de recognitione sua : hoc est divinare. Deinde qui sunt illi malè affecti auctores illorum tumultuum, nescit, & sic in incertum attestatio est facta, quæ tamen de re certa fieri debet. Nam incertitudo de jure reprobatur, ait specul. tit. de tuto. & vitiat contractum, obligationem, sententiam, arbitrium, & multa alia. Ibid. tit. de loc. & cond. §. 6. ver. 59. num. 74. Et personarum incertitudo vitiat stipulationem : vitiat legatum & illius ademptionem, Bart. in l. si quis §. si duobus, de adm. tuto. Ergo & à fortiori vitiabit attestationem illam.

Posteà sequitur, *Declaramus per præsentes litteras, omnibus ad quos pertinebit, tumultus illos esse, imposturas, calumnias inventas malitiosè contra illos in detrimentum Religionis Catholicæ, Apostolicæ & Romanæ.* Ad hæc verba insurgit unus, dicens : Quomodo? Episcopus ergo in Francia facit declarationes, & litteras patentes sicut Rex, & utitur verbis Regalibus. O arrogantiam inepti secretarii & impudentiam ! Deus bone hoc sufferunt officiarii Regii ! Declarat scilicet omnibus ad quos pertinebit, & ad quos pertinere potest illa declaratio & nisi ad Jesuitas solos? Quid tangit alios, si in illorum præjudicium seminati sunt rumores, ut dixit particularis est pro illas declaratio illius Domini, quam in manica sua bene servare debent, vel ubi voluerint, pro majori securitate. Sed sequentia verba videamus in detrimentum Religionis Catholicæ. Itàne? Punctum igitur est Religionis Catholicæ habere Jesuitas in bona opinione, & quod de illis non seminetur mala fama : ubi hoc scriptum, vel dictum? Certè Domine de Parisius vos transportatis vos veluti corpore perdito in amorem Patrum Jesuitarum. Apostoli & Discipuli Domini nostri Jesu Christi, tot martyres, immo ipsemet Christus tot calumnias, tot imposturas, tot convitia, tot tormenta, mortem ipsam, non tantùm rumores passi sunt, quæ & neglexerunt & fortiter sustinuerunt, propter quæ nemo sanus, neque de Religione Christiana bene sentiens dicet detrimentum ullum advenisse Religioni Christianæ : immo servierunt ad augmentum Fidei, & Domini Jesuitæ non possunt sufferre neque malum tumultum, neque suspiciones per rumorem & famam, sine detrimento Religionis Christianæ; quæ ex offensa illis facta magnum damnum patitur.

tur. Sancte Deus , quæ blasphemia !
Atqui P. Organtinus Jesuita cuidam
Josepho respondit , suum omnium de-
siderium , & suam gloriam esse pro prædicatione doctrinæ Christi, qualemcum-
que contumeliam mortem ipsam susti-
nere , & ideò omni hora se paratos esse
ad mille mortes , & ipsimet usurpant
verba illa Evangelii : *Beati eritis cum*
vos oderint homines , & persequuti vos
fuerint , & dixerint omne malum , pro
Henrico Garneto , quem Martinus Del-
ryo Dionysio Areopagitæ comparat ob
Martyrium , etsi dispari in causa , non
dispari foelicitate , cap. 27. libri intitu-
lati , Vindiciæ Areopagiticæ adversus
Scaligerum. Parcerem fortasse illi , si
contentus fuisset dicere , in opprobrium
& diffamationem ordinis : quemadmodum dicitur de Episcopis , Abbatibus ,
Sacerdotibus illis , & Canonicis , qui
ut est in proverbio vulgari derisorio ,
clericaliter vivunt , incontinentibus ,
fornicariis , adulteris , de quibus totus
titul. de vita & honestate clericorum ,
& cohabitatione illorum & mulierum ,
magnum scandalum afferre toti clero ,
sed non detrimentum Ecclesiæ Catholicæ. Sed excusandi sunt & secretarius &
magister , quia non intellexerunt vim
verbi illius , quod posuerunt pro alio
verbo innocenter. Quod autem dicit
esse calumnias & imposturas malitiosè
inventas , sub illius correctione mani-
festum est, parcat mihi sua reverentia ,
per libros illorum , per illorum loque-
las & prædicationes , nihil calumniosè
vel malitiosè inventum , sed meritò &
verisimiliter , si non verè , illos suspec-
tos esse de cædibus Regum & Principium moliendis & probandis.

Reliqua audiamus. *Et quod non tan-*
tùm dicti Patres sunt omnino nitidi falsum
vituperationum , sed adhuc quod Ordo il-
lorum , tam propter doctrinam , quàm bo-
nam vitam est maximè utilis ad Dei Ec-
clesiam , & proficuus ad hunc statum. Ecce una bona lexivia pro illis, si solo
verbo Domini de Parisius , illi sordidi
rumores,qui illos nigrè fecerunt, ablu-
antur. Itaque illos nitidat Dominus de
Parisius , ut non habeant opus sapone
moschat. Bonum est pro illis , sed , ô
Virgo Maria, quid cogitavit Dominus
attestans, quando de illorum doctrina
est attestatus. Quærerem libenter ab illo , quid est doctrina , & de qua doctrina intelligi vult suam attestationem ,
& in qua excellunt illi Patres. Sed non
est capax judicandi de doctrinis , quia
nullam habet in totum. Malum iret pro
illo , si D. Hilarii , Gelasii & Zozymi
sententia esset in usu , qui illiteratos
non promovendos statuerant , & Epis-
copos tales rejiciebant , can. 1. & 2.
dist. 36. Neque si posset judicare nobis
tres aut quatuor Jesuitas , produceret
laudabiles in doctrina , sed injuriosos
& contumeliosos scriptores multos,qui
litteras humaniores ne de limine quidem
salutaverunt , & quantú ad Philosophiã,
fecerunt unam ollam putridam illius ,
Gallicè , *un pot pourri* : Quæ vocatur
schola Conimbricensis , & nullum ex
auctoribus (1) Græcis & Latinis prete-
reà legunt. Totaiñ Theologiam ad con-
troversias & casus conscientiæ & scru-
pulositates redactã depravarunt. Quando de vita & moribus illorum attestatur , illi credendum non est , nam non
conversatur cum illis, aut illos frequen-
tat satis pro cognoscendo illos , & de-
ponendo

(1) Ho depuis ce temps-là les Peres Jesuites se
font quelquefois appliqué à la Sainte Theologie ,
tel fut le Pere Petau & le Pere Sirmond , les deux
plus grands hommes qu'il y ait eu dans cette Illustre

Compagnie , qui produira toujours de bons sujets ,
dès que l'esprit de communauté ne s'en mêlera point.
C'est souvent ce qui énerve les meilleurs génies, dès
qu'on les applique à des choses contre leur goût.

ponendo de vita & moribus: sed Dominus de Parisius attestatur de auditu tantùm quem credit, & ita habet magnam fidem, & qualem oportet habere, nam fides est ex auditu. Ipsam tamen docent per visum, id est, per imagines & picturas, & se jactant plus profecisse ad fidem plantandam inter infideles, per unam imaginem Sansebastiani, & per aliàs, quàm per prædicationes: Ideò se opus habere, bonis pictoribus scribunt in suis Relationibus & Epistolis annuis, precanturque ut conquirantur optimi pictores & illis mittantur. Bene quidem vivunt, id est opulenter, & (1) se tractant opiparè: sed quo ad actiones me refero ad ea quæ scripta sunt de illis, contentus hoc dicto unius hominis qui diu fuit cum illis Jesuita: *Quod sibi videntur soli contraxisse societatem cum Jesu, in eo sanè nimium sapientes, quod se putant cælo vel ipsi aliquando imperaturos.* Per omnia hæc posset aliquis concludere, quod Dominus de Parisius declarat oportere quod ut aliquis sit utilis & proficuus ad Ecclesiam Dei, & ad statum, quod habeat bonam vitam & doctrinam. Ergo argumento à contrario sensu, quod est bonum, & fortè, qui non sunt docti neque bonæ vitæ non sunt utiles, neque proficui, & sic tacitè multos judicat inutiles & damnosos ad statum, in quo sermone illo generali secundum Regulam juris, non comprehenditur persona loquentis, id est attestantis. Attamen illos potiùs damnosos ex illorum operibus omnes judicant, & boni & fortes Franci credunt, comparando illos assulis tenuibus sulphuratis, quas Francicè vocant, *allumettes*, ad incendia & arma

movenda. Et si per vocem & famam publicam judicarentur, illorum casus iret malè in Francia, & ubique. Famam autem antiqui, ut testatur Demosthenes, in Deos relatam esse dicebant, quam mentiri vel falsum dicere nefas esset existimare.

Reliqua verba mirabilis & ridiculæ istius attestationis sunt de stylo inepti & stulti secretarii qui verbis Regiis utitur impudenter, pro quo meruit fustigari in pronao nostræ Dominæ, gallicè *au Parvis Nostre-Dame*. Pro conclusione, Dominus de Parisius est unus excusator, qui scilicet intervenit sine mandato, Tit. de eo qui sine mand. inter. apud speculatorem, & illos excusando & justificando, nihil facit pro illis, quia nemo illos accusat. Justificatio quæ præcedit accusationem est suspecta, & est vera accusatio.

Durantibus his sermonibus concaluit cor meum intra me, & tandem ut à principio proposueram, loquutus sum in lingua me & dixi, Domini, ego audivi patienter vestras disputationes super attestatione Domini Episcopi Parisiensis, quam & illum derisistis & laceravistis acriter. Sed si vos sciretis bene veritatem & quomodo factum vadit, non tam malè illum tractavissetis. Non est ipse, qui fecit istam attestationem, quamvis subsignaverit. Fuit una importuna deceptio, quam fecit illi P. Cotonus, qui illam attulit totam scriptam, & importunissimè rogando, coëgit illum subsignare illud scriptum. Quod facilis & incautus fecit non capto alio consilio, quod tamen optimum habet, nisi sui magni Vicarii boni sui parentis Petravivæ, cujus fistula dulce canit,

---

(1) *Se traéant opipare.*] L'Auteur se trompe fort. Il n'y a pas de Communauté : j'en excepte néanmoins la Trappe & Septfons, qui vivent plus durement que les Peres Jesuites. La bonne chere n'est pas ce qu'on leur a reproché. Et s'ils continuent sur le même ton, jamais on ne la leur reprochera.

canit, qui illum favore Jefuitarum, quos ut Deos adorat, fubordinavit. Et qui creditur, quod non credo tamen, non effe nimis bonus Francicus, ut non eft natus in Francia, fed eft Pedemontanus compatriota P. Gonterii, fpiritu & corde Hifpano-Romanus, Nuncii fidelis explorator & emiffarius immo pediffequus. Qui quamvis fit Theologus Parifienfis & Cancellarius univerfitatis tamen artificiofus. Si non prodit indignè Sorbonam & facultatem Theologicam, referendo omnia confilia & acta ad Nuncium ; Eft ille folus qui illi perfuafit omne hoc malum. Et quod fit vérum quod Cottonus illam fabricavit, probo duobus argumentis. Primùm, quod illa verba, quod funt utiles, & proficui ad ftatum, funt ab illis affectata, & de inventione Cotoni Curtifani in honorem Societatis. Apparet in illa narratione quam intitulaverunt, deductio cordis Auguftiffimi, Clementiffimi Henrici Magni, ubi fol. 9. faciunt Reginam loqui ad illos fic : *fecuri fitis quod ego vos manu tenebo, & mihi cura erit veftra confervatio tanquam perfonarum, quas judico utiles ad iftum ftatum.* Secundo in libro Coeffetelli Jacobini Doctoris ad Regem Magnæ Britanniæ, pag. 12. fcriptum eft quod Rex defunctus judicavit illos utiles & ad Dei Ecclefiam, & ad fuum ftatum : quæ verba funt Cotoni. Nam Cotonus ut veritatem omnes fciant rogaverat illum fimplicem monachum, ut mifceret aliquid boni de illorum focietate, aut permitteret illi, aliquid pro illis addere, & de facto à fine folii 10. ufque ad finem folii 12. verfi, eft vera additio ad Coeffetellum : Quod facilè judicabit ; quifquis in lenociniis verborum Cotoni verfatus fuerit. Nec fibi factam injuriam putet per hoc lenocinii verbum, nam ars lenocinia ad omnes artes & difciplinas pertinet, & funt experti ifti domini illam fibi utilem : Per lenonem enim maximum inter lenones, quot funt, quotque fuère, quotque poft aliis erunt in annis, fe ab exilio revocatos & reftitutos non negabunt, & exinde illum fuum protectorem & bonum dominum appellaverunt, qui illis commodavit quindecim millia librarum, ab eo tempore quo Flexiæ fuerunt, tam pro victu, quàm pro emendis mobilibus, ut dicunt, in illo ftatu fuprà allegato, nifi illud acceperit ab illis pro fuo falario & vacationibus. Illa etiam verba mendicavit P. Cotonus, pro fua Societate à duobus Epifcopis qui fecerunt Orationes funebres, in Ecclefia Parifienfi & Sandyonifienfi, qui fervili nimirùm animo illi infervientes extra materiam & fine propofito, tamen ex promiffo illos pronuntiaverunt utiles ad Ecclefiam, & ftatum Francicum, contra quod fortaffe ipfimet credunt. Aliud argumentum eft quod illa atteftatio non fuit impreffa Parifius : Apparet ex eo quod in privilegio continetur tantùm, Littera Declaratoria, non addito cum atteftatione, & in permiffione librarii Parifienfis facta librario Lugdunenfi : non eft unum verbum de illa, quàm certè Cotonus poft impreffionem Parifienfem extorfit, & Lugdunum mifit. Fateor bene Dominum Epifcopum debuiffe propiùs afpicere & melius advertere ad ea quæ funt talis confequentiæ, quam non fecit, quia tandem totum cadit fuper fuum caput : Zelus, credo, vicit prudentiam. Sed pro veritate facti non poteft fed de illa atteftatione, & fcio quod illum pœnituit facti. Bene, bene, dixit ille, parcendum illius levitati, facilitati vel imprudentiæ. Sed rogo te allegavifti verba Reginæ contenta in illa deductione cordis regii, quorum fcripto non teftibus probabo falfitatem. Ecce liber

bene.

bene impreſſus Flexiæ , ubi eſt Jeſuitarum & illorum protectoris imperii ſedes , apud Jacobum Rezé Impreſſorem
Regium , in quo nihil tale neque ſimile
legitur : Immo Reginæ penitus diverſa
reſponſio ſcripta , vertamus fol. 8. &
9. ubi faciunt ſibi promittere per Reginam ſuum cor , de quo etiam nihil in
altero. Et ne nos imponere dicant ,
ſuumque nomen nobis donent , audiamus verba in impreſſo Flexiæ , fol. oc-
tavo. *Si-toſt que elle les apperceut , elle
les prevint, leur diſant : Vous demandez ,
mes Peres , le cœur. Hélas ! de qui ! vous
l'aurez , il l'a voulu ainſi , & ſa volonté
doit eſtre effectuée , il eſt raiſonnable que
voſtre compagnie ait le cabinet des pieuſes
& tendres affections qu'elle experimentoit
tous les jours de ce très-bon & très-grand
Prince : O avec quelle ardeur il vous recommandoit envers tous , avec quelle conſtance il vous défendoit contre tous. Quant
à mon affection elle ne vous manquera jamais : car vous ne pouvez poſſeder le cœur
du Roy mon très-honoré Seigneur & mary ,
ſans y enclorre mon amitié vivante. J'auray ſoin de vous porter amitié , & après
ma mort , mon cœur repoſera avec le ſien
cheZ vous au meſme lict , le Pere Coton ,
&c.* Adferamus alterum impreſſum Pariſiis , apud Franciſcum Rezé mercato-
rem Librarium , in vico Amygdalarum,
Legamus, pag. 9. *La Royne eſſuyant ſes
yeux , monſtrant qu'elle aggreoit ceſte ſa-
lutation. Mes peres , dit-elle , le feu Roy,
mon très-honoré Seigneur & Mary , vous
a aymez d'un vray amour , comme chacun
ſçait , & pour marque il a voulu qu'après
ſon deceds vous fuſſiez les dépoſitaires &
gardiens de ſon cœur : j'ay commandé qu'on
vous le donnaſt , & que ſa volonté fuſt
executée & effectuée. Ayans ce gage precieux , & continuans envers le Roy mon
fils , au devoir de la fidelité que vous luy
avez rendüe ; mon affection ne vous ſçau-*
*roit jamais manquer. Aſſeurez-vous que
je vous maintiendray , & auray ſoin de
voſtre conſervation , comme perſonnes que
je juge utiles à cet eſtat.* Has reſponſiones
diſſimiles eſſe , quis negabit ? Imo potiùs falſas non judicabit ? O artificium
& mendacium. P. Cotoni , plus menda-
cis quàm unus eradicator dentium , qui
utramque fabricavit ad placitum. Profectò eſt unus verus Presbiter Martinus,
qui cantat ſolus & ſibi reſpondet , verus
Comœdus , facit loqui & reſpondere
perſonas ſecundùm quod ille vult. Et
dat ſibi & ſuæ ſocietati pulchrum jocum
per tales inventiones & ſuas intentio-
nes ſecretas. Certè , inquit alius , P. Cotonus eſt ergo conſuetudinarius in hu-
juſmodi ſuppoſitionibus & mendaciis.
Nam in littera ſua Declaratoria impreſ-
ſa Pariſiis apud Claudium Chappelet ,
in vico San Jacobi ad inſigne unicornii
pag. 14. ait , Congregationem generalem Franciæ habitam Pariſiis anno 1606.
Non agnoviſſe nec auctoritatem com-
modaviſſe levitati calami ſiccati Marianæ. Deinde pag. 15. poſt tranſcrip-
tionem Verborum patris generalis , ait
quod difficillimè repertum fuiſſet unum
ſolum exemplar Marianæ , niſi fuiſſet
pernicioſa liberalitas , heredum We-
cheli quæ ſi examinentur de propius ,
reperientur omnia falſa. Primò, quando
loquitur de congregatione illa habita ,
præſupponit falſum. Oporteret illam
oſtendere , & Decretum contra Marianam , quemadmodum facultas Theologiæ ſuum fecit : Dixit eam non agnoviſſe levitatem calami. Non dicit congregationem , illam falſò ementitam
condemnaviſſe doctrinam Marianæ ,
quod oportebat dicere , non venire ad
excuſationem calami. Sed doctrina illa
eſt inter Jeſuitas omnes in univerſo
mundo generalis & reſoluta , quam Cotonus non audet , neque poteſt abſque
offenſione

offensione & injuria patrum Societatis, resolutivè condemnare, ut neque ille, neque omnes qui sunt Parisiis, illam audent directo & apparenter approbare, verbis mediis utentes & intra dentes loquentes, & caventes se suo gladio conficere. Et per verba illa sui Generalis*, quid inferri potest? Nam de libris in plurali loquitur, non de libro Marianæ : Neque exprimit libros qui & quales sint. Est verè quod vulgò dicunt, *du galimattia*, cujus Cottonus Curtisanus Jesuita est magnus artifex, & per quod intendit decipere bardos & idiotas. Cæterum inclamando in impressorem falsus est, & debuit inspicere tempus impressionis, quod est anno 1605. uno anno post * fictam illam congregationem quæ fuit anno 1606. ut fingit. Item de quo potest accusare illos hæredes Wechelii, attento quod impressus est liber cum privilegio Cæsaris & superiorum. Cavillatur malitiosè, in verbo, impensis hæredum Wechelii, hoc enim est ordinarium in omnibus locis, ubi sunt impressores, quod imprimuntur typis unius & impensis alterius, quod in omnibus ferè libris verificari potest. Sed oportet venire ad veritatem. Qui librum impressit Moguntiæ, habet litteras, quæ adhuc extant, & in lucem producentur, quando opus erit ad convincendum mendacium & malitatem Cotoni, scilicet unius ex Societate Andreæ Schotti Antuerpiensis, per quas mandat, illi ut Marianæ librum imprimat, cum maxima commendatione libri & auctoris.

Deinde si quis conferat eum eo qui impressus est Moguntiæ, cum impressione Toletana, indubitabiliter condemnabit Cotonum manifestæ calumniæ. In Toletano qui est in 4. lib. 1. cap. 6. pag. 66. sic legitur. *Jure successionis*

spoliato, nunc mente mutatâ Galliæ Regi, consilio judicato, &c. In Moguntino, pag. 52. verf. 5. *Jure successionis spoliato, nunc quod laudandum in primis, mente mutatâ, Christianissimo Galliæ Regi, consilio indicato.*

Alio loco, pag. 69. in Toletano. *Sic Clemens periit, æternum Galliæ decus, ut plerisque visum, xxiv. annos natus, simplici juvenis*, &c. In Moguntino, pag. 54. verf. 5. *Sic Clemens ille periit xxiv. annos natus*, &c.

Item in eodem, cap. 7. pag. 67. leguntur duo exempla *de Tyberio & Pyrrho*, quæ non sunt in Toletano.

Quis homo tam insipidus & judicio privatus erit, qui credet heredes Wechelii, quos ut hæreticos sibi inimicissimos clamant, correxisse & mutavisse in favorem Jesuitarum pessima & detestanda verba, & omisisse vera quæ illos jugulant. Stupidus plane qui non videt librum revisum & correctum à Jesuitis, ut in Francia importaretur & venderetur, in qua tamen malè receptus fuit.

Et illud ex illorum consuetudine adhuc probare facilè est : Nimirum ex libro intitulato, Aphorismi Confessariorum, collecti ab *Emanuele Sa* : In quo impresso Antuerpiæ in officina Joachimi Trognesii 1599. sub littera C. In fine paginæ 36. scriptum est. Clerici rebellio in Regem, non est crimen læsæ Majestatis, *quia non est subditus Regi.* Scientes illam propositionem totaliter condemnari in Francia ut falsam, illam sustulerunt in illo quem fecerunt imprimere Parisiis apud Nivellium, decem annis posteà 1609. In utroque tamē alius est Aphorismus talis. *Crimen læsæ Majestatis non incurrit, qui non est Principi subditus*, nempe in Antuerpiensi, p. 61. in Parif. pag. 92. Ex quo conficiunt Syllogismum concludentem in forma & materia:

Crimen

Kk

* Mais le P. Général Aquaviva s'explique sur la vie des Rois, côformémêt au Droit public. Voyez son Decret cy-dessous, page 267.

* Il faut lire *ante*, au lieu de *post*.

Crimen læfæ Majeftatis non incurrit qui non eft Principi fubditus ; Atqui Clericus non eft Principi vel Regi fubditus : Ergo Clerici rebellio in Regem non eft crimen læfæ Majeftatis. Item , pag. 249. impreffionis Antuerpienfis , fub littera R. legitur *Rex poteft per Rempublicam privari ob tyrannidem & fi non faciat officium fuum , & cum eft aliqua jufta caufa , & eligi alius majori parte populi.* In impreffione Parifienfi nihil tale legitur , fed tantùm pars altera Aphorifmi. *Cùm autem requiritur caufa jufta ,* &c. Item in Antuerpienfi , pag. 298. fub littera T. *Tyrannicè gubernans jufte acquifitum dominium , non poteft fpoliari fine publico judicio. Latà vero fententià , poteft quifque fieri excutor. Poteft autem deponi à populo , etiam qui juravit ei obedientiam perpetuam , fi monitus non vult corrigi.* In Parifienfi , pag. 484. hoc tantùm legitur , *Tyrannicè gubernans jufte acquifitum dominum , non poteft fpoliari fine publico judicio :* reliquùm fublatum. Videtifne ut mutant , addunt , corrigunt ad placitum, quæ fibi nocita timent , fecundum loca & tempora ? Non quod doctrinam improbent.

Inviolabiliter enim obfervatur & tenetur in Societate , per omnia loca ubi fedes pofuerunt in Hifpania , Italia , Flandria , & in Francia , etiam in urbe Parifienfi , inter fe & fuos confidentes.

Sed Cotonus & aliqui, qui hîc funt Parifiis , impliciti negotiis , quæ ad Societatem augendam & res fuas faciendum ferviunt , diffimulant pro uno tempore & per difcretionem ad lucrandam bonam gratiam erga omnes. Sunt enim induftriofi erga dominos aulæ ad confervandam eorum benevolentiam , ut teftatur de fuo Viceprovinciali P. Ludovicus Froiis , in fua Relatione de rebus Japonicis : Salvis tamen æquivocationibus , tacitis refervationibus & men-

talibus evafionibus , per quarum virtutem tanquam fanctarum reliquiarum , retinent & fervant doctrinam integram in mente & in corde.

Sed relictis Jefuitarum falfitatibus , truncationibus locorum in allegationibus & interverfionibus, quas multi notaverunt , revertamus ad Dominum de Parifius , qui reperit hîc unum bonum defenforem. Ergo Domine dic nobis pro honore Dei, cujus ceperat confilium in duobus illis actibus publicis , in quibus fe oppofuit Curiæ Parlamenti. Primus quando imprudentiffimè , nequid pejus dicam tollendo unam litteram , fefe oppofuit publicationi Arrefti dati pro confirmatione decreti Theologiæ Facultatis , fuper illa Jefuitica Marianæ propofitione , de Regibus occidendis , per quod librum comburi , & arreftum per parrochias publicari per Curatos ordinatum fuit. Quam tamen oppofitionem non aufus fuit palam formare, ut audivimus, nec fe præfentare coram Regina, ante Curiæ Præfides, quos illa mandaverat cum Procuratore generali & Advocatis Regiis. Sed fecit portare verbum per quendam magnæ auctoritatis , qui tamen ex officio fuo debebat caufam Parlamenti & Arreftum fuftinere. Quod omnes interpretati funt factum ab illo ad inftantiam & requeftam Jefuitarum : qui nihil obliti fuerant ad impediendum deeretum , quod Nuncius per dictum Dominum de Parifius , qui volebat fuftinere quod facultas fine illo non poterat decernere , quod falfiffimum eft , per Epifcopum Rozam , per Petravivam , & alios multos infidiatores , turbare omnibus modis tentaverat : fed non fecit quod voluit. Ego vidi hominem affirmantem , fe illos vidiffe in illo tempore multùm triftes & melancholicos „ facientes totum quod poterant erga judices follicitatione fua ,

&c.

& multorum magnorum commendatione. Et de facto lucratos fuisse , quod
non fuit paucum , ut Arresto verbum de
Societate Jesu , & nomen Jesuitæ Hif-
pani , non contineretur. In quorum favorem Dominus de Parisius de suo latere publicationem Arresti per parrochias impedivit. Non quod de illa publicatione sollicitus esset , sed augebat
illùm quod publicatio facta in Cathe-
dris , per curatos parrochiarum in suis
præconiis , scandalisabat ordinem Jesuitarum , & totam societatem diffamabat
nimis : Quotidie enim Electi Locum te-
nens civilis , omnes denique judices ,
ordinant , illi suos rotulos , hi ordinationes quæ ad Politiam pertinent , &
alia multa publicari in Ecclesiis Paro-
chialibus absque illius permissione , &
eo sciente. Et tamen Curia Parlamenti
non potuit similem publicationem ordinare , quia tangebat Jesuitas. Secundus
fuit in inhumatione Regis , quando
ignorans suum officium , suam qualitatem , voluit ire ante effigiem Regis , &
usurpare locum ad se non pertinentem ,
neque sibi convenientem , cum Episcopo Andegavensi , Magni Eleemosynarii
repræsentatione , debuerat legisse Tilleti librum Protonotari & Graffarii Parlamenti , in illis antiquis Cerimoniis
intelligentissimi & scientissimi , qui illum docuisset quæ sit differentia inter
pompam & exequias. Clerum & Epis-
copum Parisiensem , qui illum sequitur
tanquam curatus Regis , non esse de
pompa , sed de exequiis , & debere co-
mitari & sequi corpus Regis : Effigiem
vero esse de pompa , quam Curia Parlamenti sola circundat undique : posteà
sequitur luctus. Profecto , dixit unus :
Ego sciò bene quod communicaverat
cum bono consilio , & quod simul lege-
rant librum Tilleti , sed consuluit illum

tenere illum ordinem contra id quod
legerat. Quid tum? respondit , Nihilò-
minus non debuit facere. Nonne legere poterat ordinem servatum in exequiis Regis Francisci Primi , ubi Dnus.
Cardinalis Bellaius Episcopus Parisiensis , familiâ non solum antiquitate &
splendore, sed meritis erga nomen Francicum , illustrissimâ ortus , & doctrinâ
insignis , sine comparatione tamen Domini de Parisius (nam nulla est inter
illos in nulla re) cum Magno Eleemosynario incedebat post corpus Regis, de
quo extat parvus libellus impressus in
illo tempore apud Robertum Stepha-
num. Item debuerat ab avunculo suo
Cardinali viro prudente didicisse, quod
illi intervenerat, tunc Episcopo Pari-
fiensi , in exequiis Caroli Noni , in pa-
ri occasione , qui, cùm ante effigiem ire
vellet , cum Magno Eleemosynario A-
mioto , monitus à Primo Præside Thua-
no qui omnium habebat notitiam , locum illum , ad se non pertinere , se curatum Regis & alium confessorem esse ,
propterea ad locum ubi corpus erat , illis eundum : Quod bene consulti fecerunt. De quo indignatus Amyotus , vir
asper , ut solent esse humiles , cùm sur-
gunt in altum , ut ait parvus Cato , noluit unquam post prandium dicere gratias ante tabulam Curiæ Parlamenti ,
quod erat sui officii. Neque se defendere unquam poterit dictus Dominus
de Parisius de scandalo quod sequenti
die fecit, in medio Ecclesiæ Parisiensis,
ubi vis facta fuit Curiæ Parlamenti ; talis quod hastati & custodes , in quos-
dam è consiliariis purpuratis , manus
injicere conati sunt, hasta etiam ad pec-
tus præsentata. Quod factû esse consilio
& importunâ violentiâ sui affinis auda-
cissimi & violentissimi turbatoris, nemo
ignorat ; sed illius vanam ambitionem
&

Kk 2

& imprudentiam non excufat, quod ab alio pejus factum eft. Credit fortaffè fibi aliquid juris acquirere per unum violentum actum, adeò eft malè confultus. Etiam fi haberet titulum, quod allegare tantum non poteft, effet illo privandus, toto tit. fi per vim vel alio modo. & l. 3. C. unde vi Exemplo violenti poffefforis beneficii, ut docet Covarruvias, lib. 3. Variarum, cap. 16. num. 7. per allegata ibi per illum. Sed bene fecit pejus quando ante portam fancti Lazari in totum deferuit, & effigiem & corpus Chriftianiffimi Regis ubi fuum erat officium dicere unum De profundis, cum oratione & fequi ufque ad crucem, quæ inclinat & ibi tradere corpus Religiofis fancti Dionifii, & atteftari quod Rex mortuus erat bonus Catholicus, ficut vixerat femper. Sed quid! Maluit atteftari pro Jefuitis quam pro fuo Rege. Nec fuit honneftum videre illum currentem per campos fuper unum parvum malum, ad attingendam carrucam plenam Curtifanorum. Unde evenit quod D. de Vitry Capitaneus euftodiarum Regis coactus fuerit tradere corpus dictis Religiofis, & atteftari cum juramento, quod Rex erat mortuus bonus Catholicus, faciendo officium Domini de Parifiis, de quo facti funt verfus feu rythmi in vico Montorgolio, ubi componuntur cantilenæ, quæ quotidie cantantur per plateas, & quadrivia in hunc modum.

Prenez, Meſſieurs de Saint Denys,
Le corps du Roy, qui fut jadis
Le plus grand Prince de la terre:
Bien que je fois homme de guerre,
Pourtant ne vous eſtonnez pas
Si je le mets entre vos bras;
L'Eveſque qui l'avoit en garde
S'eſt amuſé à la mouſtarde.

Ad hæc unus exclamavit cum admi-ratione, dicens: O intolerandam Parlamenti demiffionem, & defectum animi, quam ignaviam poffemus appellare. Debebat pro jure fuo illum in Curiam vocare, & admonere tot errorum, confilio peffimo, pravâ audaciâ, injuriosè commifforum, contra Curiæ dignitatem, & auctoritatem, in qua & fedendi & opinandi, tanquam Epifcopus Parifienfis jus habet: Acta illa indigna Epifcopo Parifienfi & Franco, fi talem fe vult exiftimari, ante fe à nullo alio tentata declarare, reditum temporalem Epifcopatus manu regiâ prehendere, & ingreffum Curiæ illi ut indigno interdicere, quoad viver. Olim fic vivebatur, & fic fiebat, ut patres noftri annunciaverunt nobis. Ego volens vos defendere melius quàm poteram, dixi quod vobis nihil effet imputandum de eo quod factum eft in exequiis Regis, fed potius Magiftro Ceremoniarum, cujus officium eft dare unicuique fuum locum: Et quod ille, vel alius pro eo, vobis affignaverat illum, & vos plantaverat ante effigiem. Quod prefumptio erat illum bene fcire ordines, & quæ pertinent ad fuum officium. In quo præfuppofui falfum: nam ille oftendit bene quod nihil intelligebat in iis quæ ad fuum onus pertinent, talis fuit confufio. Sed quantum ad oppofitionem, quod audiveram, quod vos non vos oppofueratis Arrefto, fed tantùm voluiftis facere quærimoniam tanquam de contemptu. His omnibus mihi refpondit, me non tangere punctum, & fingere me nefcire intentionem & finem. veftrum. Quidquid fecit, inquit, fecit confultò, & præparatò, in favorem, & ad inftantiam Jefuitarum, qui illi promiferunt rubeum capellum & tollere difficultatem confuetudinis quam Papæ obfervant, de non faciendo duos Cardinales ex eadem familia & ejuf-
dem.

dem nominis viventes, nifi fint Principes, ita tamen ut illos in omnibus ju-
varet & fe declararet apertè pro illis,
adverfus omnes pœnas, quas omnes ferè
ftudebant fibi dare, atque omnes Curatos Parifienfes obligaret, quotiefcum-
que Cathedram poftulare vellent, pro
prædicationibus Quadragefimæ, Ad-
ventus, Octavarum fefti Dei, & aliorum bonorum feftorum, illis concede-
rent & cederent, & licentiam daret
confeffiones audire & facramenta admi-
ftrare extra parrochias. Quod ille citò
& alacriter fub fpe illa, illis promifit,
& exequitur. Nam fi qui funt Curati
qui faciant minam refutandi vel faltem
non volendi, illos vocat & hortatur &
tandem minatur, ad alios mittit fuum
magnum vicarium, qui & vim & me-
tum facit. Et de facto, difpenfat omnes
omnibus diebus quibus volunt, annuis
etiam & folemnibus Pafchæ, Natalis &
aliis, de confitendo & communicando
in fua parochia, modo ad Jefuitas eant.
Quas tamen difpenfationes non conce-
dit aliis qui habent devotionem ad fratres mendicantes, vel alios religiofos.
Certè ipfe fe dedit Jefuitis, quemadmodum unus globus trajectus per unum
lufum trunculorum gallicè, *comme une
boule au travers d'un jeu de quilles.* Inter illum & Jefuitas eft obligatio ultro
citróque obligatoria; facio ut facias. Sed
arbitror amplius quod illi multùm pro-
derunt illæ actiones, & juvabunt fuam
expectationem, nam nihil gratius potuit facere Papæ, quàm refiftendo fupre-
mæ Curiæ Parifienfi in omnibus. Et ex
eo acquifivit bonam famam & opinionem in Curia Romana erga Papam, &
Cardinales: nam omnes qui refiftunt
Parlamentis Francicis fupremis, filios
fe Vicarii Dei faciunt. Teftes funt duo
Archiepifcopi, qui in provincia fua fe-

cerunt idem, unde multùm funt æfti-
mati: fed unus fuit deceptus, quia non
poteft attingere ad Cardinalatum, quid
quid faciat, Jefuitas fupportet, Nuncium adoret, & fe veftiat more Roma-
norum Epifcoporum, de Monfignor,
portando mantelletum & cupellum du-
plicatum de viridi, & limbo viridi cir-
cundatum, coronam portet, & grana
benedicta. Sed dixi ego, non credo
quod Jefuitæ habeant tantam poteftatem Romæ, ut facere poffint Cardinales, & promittere. Audivi quidem dum
Romæ eram, quod litteris ad fuum Generalem commendant quofdam de Francia, qui refert ad Papam bonam de illis
opinionem, & fub fpe illa, quofdam
convertunt ad fe, ut fama conftans eft
de quodam Domino, cui palpum obtru-
derunt, fpem inanem verbis injicien-
do, faciendi fratrem fuum Cardinalem, jam longum eft tempus, qui à
die promiffionis contra fcientiam &
confcientiam totus mutatus fuit, & de
viro bono & honefto, factus turris,
fortitudo, pila & columen Jefuitarum.
De quibus multum ejus frater ambitione
illa tortus, conqueritur nimiùm diu &
impatienter effectum illius promiffionis
expectando. Et nifi effet quod novam
fecerunt promiffionem, pro feipfo fe
erga Regem & Reginam interceffuros,
pro falvando fuo officio, illos credo
jam deferuiffet. In veritate, refpondet
ille, funt magni ardeliones qui fe mif-
cent de omnibus ad perveniendum ad
fines fuos, & faciendum factum fuum.
Et ideò magis miror tot homines adeò
fimplices, qui ut diftento fago impofiti
in fublime jaci fe finant, id eft berna-
re. Si me crederet Dominus de Parifius,
non amplius expectaret, nec illis fuæ
fimplicitatis fupplantatoribus fideret:
fed faceret fe portari à diabolo ufque
Romam,

K k 3

Romam, ut fecit olim Epiſcopus Papienſis, ut nuntiaret Papæ, ne in craſtinum conficeret chriſma : ut refert Hoſtien. in ſumma, de probat. §. quis debet, col. 2. Et poſt illum Neviſanus Aſrenſis, in ſua ſylva nuptiali. lib. 4. num. 143. Et ibi præſens commemoraret ſua magna ſervitia ſupradicta, contra curiam Parlamenti, Contra Curatos, qui Romæ non ſunt cogniti, quos rectorali & vere paſtorali officio & juribus omnibus antiquiſſimis privat, ad Jeſuitas transferendo omnia, contra quod potuit diſcere ex libro Fileſaci Doct. religioſi & docti, ut nimirum per confeſſiones & prædicationes melius poſſint ſuam doctrinam ſeminare, per totam urbem & publicè & ſecretò : & declararet, imo juraret, quod non recognoſcit neque jura Franciæ, neque Regis auctoritatem, neque ullam aliam ſuperioritatem, niſi Papæ, ut Jeſuitæ faciunt. Sed addere opportet quod mirabiliter odit appellationes tanquam ab abuſu : Et quod exiſtimat omnes & qui appellant, etiamſi ſint Religioſi, Monachi Presbiteri, Advocatos qui illas litigant, & judices, qui accipiunt notitiam de illis, omnes hæreticos, ſchiſmaticos, & Eccleſiæ Catholicæ inobedientes, ſtatim fiet Cardinalis, & filius & novus homo Papæ. Deinde totum ad otium, qualificatus rubeo capello, redibit in Franciam, niſi cum diabolo componat tam de itu quam de reditu, quod eſſet commodius, & ad ſalvandum expenſas, & ad negotii accelerationem. Et tamen poſſet accidere unum inconve-

niens, quòd Nuncius ſcripſerit ad Papam, quod ipſe appellavit tanquam ab abuſu à certa ſignatura proviſionis, quam obtinuit à Papa, una Religioſa ordinis Sororum Pænitentium, quæ ſunt Pariſius, ſuper qua intervenit Arreſtum, quod eſt impreſſum, per quod proviſio & collatio Papæ fuit declarata nulla & abuſiva. De quo volens ſe excuſare apud Nuncium, oneravit ſuper ſuum Promotorè quod interjecerat illam appellationem, & ſollicitaverat judicium ſine ſuo mandato & ſe neſciente. Quod ta men non eſt verum, ſalvâ ſuâ reverentiâ, & ſub correctione. Nam audivi à viris bonis, dum eram Pariſius toto hoc anno, quod ſe lamentatus eſt apud plures, de quodam ex principalibus judicibus quod illi refutaverat juſtitiam, quam ab alio poſteà petiit ipſemet, & ſollicitavit judices. Hæc omnia mihi faciebant malum in corde, & ſcio quod auditui tuo non dabunt gaudium : ſed oportuit ſuſtinere uſque ad finem, ut vobis poſſem computare totum, ſecundum quod acta & dicta ſunt : Et ſic finem loquendi fecerunt. Valete vos, & patres Jeſuitæ, qui Reverendorum nomen acceperunt, & maximè Cotonus unus magiſter Aliborum. Et ſi in cubilibus veſtris compungimini, & iraſcimini, nolite peccare : Conſolamini in Domino. Ad ſocietatem civium ſupernorum, perducat vos Rex Angelorum, ut beati ſitis in ſæcula ſæculorum Amen. Dat. Francof. Kal. Octob. anno M. DC. X. & atteſtationis veſtræ primo.

FINIS.

ET DEO GRATIAS.

A LA

A LA ROYNE REGENTE,

Et à Nosseigneurs les Princes & Seigneurs du Conseil.

Le Mercure François, to. y. en faisant l'Eloge de cette piéce, dit neamoins qu'elle a été defavouée par l'Université; tant pis, car elle est bien faite.

MADAME, l'Université de Paris remonstre en toute humilité à Vostre Majesté, que la doctrine du massacre des Roys par assassins, qui par pieté se devouent à la mort, comme à un martyre agreable à Dieu, est une engeance pestiferée, non jamais veuë ny leuë dans tous les Memoires de l'Antiquité : ny les Payens, ny les Chrestiens ne l'ont jamais cogneuë. Entre les Mahometans un seul appellé le Vieil de la Montagne s'en est servi, mais les autres de la mesme Secte la suffoquerent aussi-tost, & oncques puis ils ne s'en sont servis, bien que leur haine contre les Roys Chrestiens ne soit pas diminuée. Depuis soixante ans seulement ou environ, ceste peste s'est semée dans le Christianisme, & pratiquée en Angleterre & en France. Nous disons en Angleterre, d'autant que pour l'obeissance civile & temporelle des Roys, & pour la seureté de leurs vies, tous Roys Chrestiens, Payens, Heretiques, Idolastres, Infidelles, Excommuniez, Apostats, nous tenons Saincts & sacrez, ainsi que les Apostres l'enseignent, & l'ancienne Eglise Chrestienne, & l'exemple des Saincts de Paradis, qui ont esté Prelats & Evesques de France. Or ceste Doctrine infernale, s'est appuyée & fondée sur une autre Doctrine erronée, qui est de la toute-puissance du Pape, que nous recognoissons Chef de l'Eglise, en la façon que nos Ancestres l'ont recogneu. La Doctrine de ceste toute-puissance ne se trouve point dans les Escrits de la Theologie de Paris, ny dans le sein de l'Université ; ains elle se trouve dans les Sermons & Escrits des Jesuites, & dans les Responses des assassins, quand ils sont interrogez par les Juges. Pour s'asseurer de cela, il les faut ouyr parler. Parey, qui entreprit d'assassiner la Royne d'Angleterre, dit qu'il le pouvoit faire, parce qu'elle estoit excommuniée par le Pape, & que partant sa vie estoit abandonnée. Catesby, entrepreneur de ceste fougade, qui devoit enlever le Roy de la grande Bretagne, la Royne, ses Enfans, & les Estats d'Angleterre, a respondu que ceste entreprise estoit saincte : car puisque Clement VIII. avoir défendu par deux Brefs de le recevoir, à plus forte raison, vouloit-il qu'estant reçeu, il fust osté de son siege. Jean Chastel, dit qu'il estoit meritoire de tuer le feu Roy, pource qu'encore que les Evesques de France l'eussent reçeu & mis en l'Eglise, toutesfois il n'y estoit point, le Pape ne l'ayant point reçeu : Ravaillac le dernier assassin dit, que le Roy faisoit la guerre contre la volonté du Pape, que Dieu estoit le Pape, & le Pape estoit Dieu, par ces paroles ; Tu es Pierre, & sur ceste pierre, &c. En consequence de cela, l'Evesque de Clermont leur disciple, ne faillit après le supplice du meurtrier, de se trouver à l'Assemblée de Sorbonne, qui se faisoit à l'imitation de nos Ancestres, pour la condamnation de la doctrine des assassins, où allant par toutes les bandes

avant

avant que les Docteurs fuſſent aſſis, il leur diſoit : Prenez garde à ce que vous faites, vous avez icy deux Nonces Apoſtolicques ; & la Compagnie ayant pris place, il opina que la queſtion, qui ſe preſentoit avoit eſté traictée diverſement, & qu'il eſtoit beſoin d'en parler aux Nonces, qui en reſcriroient au Pape; comme ſi entre les Roys ne devoient vivre que ceux qu'il plairoit au Pape. Après que pluſieurs bons Preſcheurs de ceſte Univerſité eurent deteſté les meurtres des Roys & les fauteurs de ceſte doctrine ; enfin, P. Coton vous preſenta, Madame, une *Lettre déclaratoire* de la doctrine des Jeſuites en ceſte matiere, de laquelle il a voulu contenter tous ceux qui ſe plaignoyent que leurs Eſcrits eſtabliſſent trop ces trois doctrines proches & voiſines, la toute-puiſſance des Papes, & en conſequence d'icelle, la rebellion contre les Roys & l'abandonnement de leurs vies, lors que telles gens veulent les ſurnommer ou eſtimer tyrans. Beaucoup de gens d'entendement, recognoiſſent aſſez les équivocques & fallaces dont il couvre & cache ſa mauvaiſe doctrine, ſuivant l'uſage dont ſa Secte fait profeſſion, par traictez exprez, approuvez par le General, comme on voit en l'Apologie de *Henry Garnet*, au Chapitre des Equivocations. Nous ſerions pourtant bien marris de les découvrir, & d'empeſcher que ſa fauſſe monnoye n'euſt cours pour quelque bien qui en peut revenir. Mais puis que par le merite de ſes fallaces, ſa Secte veut gaigner ce poinct que d'enſeigner la jeuneſſe en l'Univerſité de Paris, contre la volonté conſtante & determinée du feu Roy : ceſte Univerſité, fille des Rois de France, ſe ſentiroit coupable d'infidelité, ſi elle ne vous decou-

vroit ces fallaces, & ſi elle ne ſupplioit Voſtre Majeſté de ne vouloir permettre que ceſte fille très-fidelle aux Roys, tant que l'on ne la laiſſe corrompre & forcer, ne ſoit point corrompuë par la Compagnie d'une Secte, jà tant eſprouvée très-pernicieuſe aux Roys. Il vous dit donc, Madame, que les Autheurs de ſon Ordre diſent qu'il ne faut pas tuer un tyran, mais les Autheurs par luy alleguez, & ſur tout *Valentia*, leur dernier grand Docteur, y apporte une limitation telle : ſi ce n'eſt, dit-il, par jugement public. Or afin que vous ne doutiez point, quelle eſt ceſte authorité publique, il vous couche par après des articles de leur doctrine ſur l'authorité des Roys en ceſte façon. Que la Monarchie eſt le Gouvernement le meilleur ; que le Pape eſt Monarque en l'Egliſe pour le gouvernement ſpirituel, & le Roy en ſon Royaume pour le temporel : ne voulant point que le Roy ſoit Roy en ſon Royaume, ſi le Pape n'eſt Monarque, & n'a puiſſance abſoluë au gouvernement ſpirituel de l'Egliſe ; mais, Madame, c'eſt choſe du tout contraire à la doctrine de l'Egliſe, laquelle voſtre Univerſité de Paris a touſjours maintenuë, que le Pape ait en l'Egliſe une puiſſance Monarchique : car ce ſont choſes contraires que le Concile ſoit pardeſſus le Pape, comme voſtre Univerſité l'a touſjours défendu, & que le Pape ſoit Monarque abſolu en l'Egliſe. La doctrine de voſtre Univerſité, ſi autrefois elle fut neceſſaire, elle l'eſt maintenant plus que jamais, & au Roy & à tous les Royaumes de la Chreſtienté.

Quels ſont les effets de ceſte Monarchie ſpirituelle abſoluë, il vous le dit bien clairement en un autre Livre qu'il preſente à Voſtre Majeſté, Madame,

&

& à vous Nosseigneurs les Princes, & Seigneurs du Conseil du Roy : c'est à la fin du second Tome de son Institution, en la question 35. où il dit que le Pape n'a point de puissance absoluë d'oster & donner les Couronnes & Royaumes des Rois. Toute sa fallace est en ce mot (absoluë) car il dit, qu'il a puissance d'oster & donner les Couronnes des Rois, mais qu'il ne l'a pas absoluë. Le Roy & Vostre Majesté, Madame, & vous, Nosseigneurs, ne pretendez pas aussi une puissance absoluë de donner & oster les biens à vos subjets, ains seulement par la raison de la Justice. Aussi dit P. Coton peu après, que le Pape en vertu de son gouvernement spirituel, & pour la conjonction de la Religion & de l'Estat, du spirituel & temporel, peut en vertu de ses censures conjoinctement disposer des Couronnes des Roys, pour la Religion, pour le service de Dieu, pour le bien de l'Eglise & pour le salut des ames : & cela ne luy est point une doctrine particuliere, ains elle est commune à toute sa Secte. Or ceste doctrine de la conjonction qu'il dit estre entre la Religion & l'Estat, le spirituel & le temporel, est du tout contraire à la doctrine de Nostre-Seigneur Jesus-Christ, qui a mis pour jamais une separation grande entre la Religion & l'Estat, en disant : Rendez à Dieu ce qui est à Dieu, à sçavoir la Religion, & à Cesar ce qui est à Cesar, à sçavoir l'obeissance civile & temporelle, l'honneur, le service & le tribut. Vostre Université de Paris, Madame, l'a tousjours ainsi enseigné, se tenant aux anciens Conciles, rejettant les nouveaux, en ce qu'ils ont contrevenu à ceste saine Doctrine. Et c'est en quoy les Roys, les Evesques de la France, les Parlements, les Conseils

du Roy, les Docteurs François, & vostre Université, ont tousjours dit consister la liberté de l'Eglise Gallicane & du Royaume de France. Il n'est pas en cela question de peu, il n'y va que de l'Estat du Roy. Que ces hommes disent que le Pape luy peut oster : ces hommes, dis-je, à qui l'on fie aujourd'huy l'institution de la jeunesse par toutes les Villes, les consciences du peuple aux confessions, l'institution & l'enseignement des grands & des petits. Il y va encore de la vie du Roy, & de la vostre, Madame : car quand le Pape a osté à un Prince le droit de regner, ils le tiennent pour un tyran, qui occupe un Estat contre le jugement de ceste authorité publique, qui peut par la doctrine des Jesuites, faire d'un Roy, un tyran. Et si disent bien encor que les sujets se peuvent eslever contre leur Prince, ores qu'il ne soit pas excommunié, s'ils croyent que par la crainte de sa puissance on ne l'ose excommunier. Telle est la decision du Jesuite *Suarés*, qui met par-là l'estat & la vie de tous les puissans Princes en une merveilleuse incertitude. Telle est aussi la praticque de quelques assassins des Roys, gens qui recognoissent la toute-puissance du Pape, enseignée par les Jesuites, & qui n'en recognoissent point d'autre, sinon autant qu'il plaist au Pape. Et telle est manifestement la praticque du dernier assassin, comme il apparoissoit par ses discours execrables avec les Theologiens qui luy furent envoyez, ausquels il se monstroit parfaitement instruict en toutes les cavillations & fallaces, dont la sophistique use en ceste matiere, luy qui leur paroissoit & estoit vrayement & parfaictement ignorant en toute autre chose.

Nous ne doutons pas, Madame, que
le

le Pape bien conseillé, ne face son devoir, en condamnant par une Bulle, aux peines infernales tels meurtriers & assassins ; & faisant cesser par une seule parole, comme il peut, ces grands maux, qui font honte & opprobre à l'innocence de la Religion Chrestienne. Car jusques icy le pouvoir de telles gens à Rome, a donné occasion à quelques-uns de dire, que qui n'empesche ou ne previent pas les crimes, commis par ceux sur lesquels il a toute-puissance, & qu'il peut faire cesser par une si facile condamnation, il en est luy-mesme l'Autheur, ainsi que enseignent les regles de la Justice.

Le pretexte que prend P. Coton du bien de l'Eglise, pour donner puissance au Pape d'oster & donner les Couronnes, est une faulse couleur : car par la mesme separation que Nostre-Seigneur Jesus-Christ a fait pour jamais de la Religion & de l'Estat par toute la terre, où il veut que sa foy soit preschée, nous sommes tenus, nonobstant toutes censures Ecclesiastiques, interdictions, dispensés de serment de fidelité, commandemens du Pape de nous eslever contre nos Roys, de leur rendre toute obeissance civile & temporelle, & pour la défense de leurs vies, exposer la nostre propre. Cela est une Loy naturelle, escrite au cœur des hommes, dès-lors qu'ils viennent en ce monde, que le Fils de Dieu prenant chair humaine, a confirmée & consacrée, obligeant à l'observation d'icelle les Chrestiens plus estroitement que n'estoient les Payens ; par la seule lumiere naturelle, & les Prestres plus que les Laïcques à qui ils doivent enseigner ceste saine Doctrine, & par parole & par exemple, plus aussi les Evesques que les Prestres, & plus encor le premier des Evesques que tous les autres, pource

qu'il doit en cela plus d'exemple aux Chrestiens que tous les autres Pasteurs de l'Eglise. C'est aussi pourquoy le Roy de la grande Bretagne, pour se garentir de tels assassins, a esté contrainct de demander à ses sujects un Serment de fidelité pour son obeissance civile & temporelle, & pour la seureté de sa vie, nonobstant toutes censures Papales.

Serment que la doctrine & la frequence des assassins, rend aujourd'huy necessaire par toute la Chrestienté, pour asseurer l'Estat & la vie des Oincts de Dieu, & pour décharger la Religion Catholique, Apostolicque & Romaine envers les Roys & Princes de la terre, du blasme & de la haine, que luy procure ceste mauvaise doctrine, & pour la rendre encore plus digne de faveur envers les Princes qui tiennent Religion differente. Mais encore plus en France qu'en tout autre Pays, ceste saine doctrine est necessaire, puis que les effects de la contraire tombent principalement sur la vie de nos Roys & sur la Couronne de France. Et plus encore sous le bas aage de nostre Roy, que lors de sa majorité la faulse doctrine doit estre combatuë, & les fauteurs d'icelle rejettez, pource que la pratique du passé a tousjours enseigné que quand l'on veut employer les censures contre le temporel des Roys, l'on n'excommunie que les plus foibles.

A ces causes, Madame, l'Université de Paris, fille des Roys de France, supplie très-humblement Vostre Majesté, & vous Nosseigneurs les Princes & Seigneurs du Conseil du Roy, de ne vouloir permettre que les Jesuites ayans une doctrine sur la toute-puissance du Pape, sur la seureté de l'Estat des Roys & de leurs vies, contraire à la saine doctrine que l'Université a tousjours maintenuë,

maintenuë, inftruifent aux Lettres la jeuneffe à Paris : moins encor qu'ils foient affociez au corps de l'Univerfité pour rendre la doctrine & les mœurs d'icelle auffi contraires à l'Eftat des Roys, comme eft leur Secte, ainfi qu'il fe voit par les Efcrits que P. Coton vous adreffe & vous donne tous les jours en leur nom, & par l'experience qui s'en eft faite & s'en fait encor en plufieurs endroits de la Chreftienté : & l'Univerfité priera Dieu pour la confervation & profperité du Roy, de Voftre Majefté, Madame, & de vous Noffeigneurs les Princes & Seigneurs du Confeil du Roy.

DECRET DU REVEREND PERE

Claude Aquaviva, Général de la Compagnie de Jefus.

Contre la pernicieufe doctrine, d'attenter aux facrées perfonnes des Roys.

Sur l'Imprimé à Paris, chez Claude Chappelet, ruë S. Jacques à la Licorne, 1614.

Avec Permiffion.

D'AUTANT que ce n'eft affez aux Theologiens de noftre Compagnie, quand ils efcrivent ou enfeignent de bouche, de voir exactement ce qui a efté efcrit par les autres Docteurs, ains doivent encore bien confiderer, fi les opinions de tels Docteurs, font appuyées fur fondemens folides, fi elles font feures, approuvées, & non fujettes à fcandales ou autres inconveniens. A cette occafion pour plufieurs juftes raifons, à ce nous mouvans, nous enjoignons par ce prefent decret, en vertu de la fainéte obeiffance, fous peine d'excommunication, & inhabilité à tous offices, & de fufpenfion *à divinis*, & autres peines arbitraires à nous refervées, qu'aucun Religieux de noftre Compagnie, foit en public, ou en particulier, lifant, ou donnant advis, & beaucoup plus mettant quelques œuvres en lumiere, n'entreprenne de fouftenir, qu'il foit loifible à qui que ce foit, & fous quelconque pretexte de tyrannie, de tuer les Roys ou Princes, ou d'attenter fur leurs perfonnes, afin que telle doctrine, n'ouvre le chemin à la ruine des Princes, & trouble la paix, ou revoque en doute la feureté de ceux, lefquels felon l'Ordonnance de Dieu, nous devons honorer & refpecter, comme perfonnes facrées & eftablies de noftre Dieu, pour heureufement regir & gouverner fon peuple. Partant nous voulons, que les Provinciaux, qui auront eu la cognoiffance d'aucunes des fufdites chofes, & n'auront corrigé les delinquans, ou n'auront
ront

ront pourveu à tels inconveniens, & procuré l'exacte observation de ce decret, non seulement encourent les susdites peines, ains mesme soient privez de leurs Charges & Offices. A ce que chacun sçache quel est le jugement de la Compagnie en tel cas, & que la faute d'un particulier ne redonde à tous les autres, & les rende suspects ; jaçoit que devant tout homme de bon jugement, il est notoire, que la faute d'un membre, ne doit estre attribuée à tout le corps; En outre nous voulons que tous les Provinciaux nous rendent comp-

te de la reception du present decret, & qu'ils le facent sçavoir & annoncer par toutes leurs Provinces, puis inserer ès Archives de chaque maison, & College, afin que la memoire & observation en demeure inviolable à perpetuité.

Fait à Rome, le 6. Juillet, M. DC. X.

Faut noter que ce decret a esté produit dès l'an 1610. en la Responce imprimée, contre le Libelle, intitulé : l'Anti-Coton.

Avec privilege du Roy.

EPISTOLA

AD ALIQUEM EX CARDINALIBUS,

Qua, ostenso imminente toti Societati Jesu in Galliis periculo, Auctor, ut publicis comitiis Societatis doctrina, interfectionis tyrannorum, tanquam infernalis ac feralis censeatur & explodatur, petit atque orat.

Tirée du Liv. qui a pour titre : Pyramides Duæ, in-4°. Parisiis. 1610.

Respicit dictum ad Parlamenti, factum die 8. Junii anno 1610. de condemnato & comburendo lib. Jesuita Jobunnis Mariana.

ILLUSTRISSIME, & Reverendissime Domine, ea est in Societatem Jesu, mei animi propensio, ut inpensè doleam, dum video, illam periclitari, non ob Dei gloriam, animarúmve salutem, sed, quia quodammodo causam dedisse Edicto videtur.

Dum viveret Rex noster, Regum flos & honor, Henricus IV. Christianissimus atque humanissimus Princeps, difficilè erat, nedum impossibile, ejus menti aliquid adspergere, quod, vel tantillam de hominibus Societatis suspicionem, regio & candido pectori ingereret, ita totum ipsius animum Patris Cotoni placitus confictus demulserat, obtinuerat. At jam, rebus mutatis, & parlamento pristinâ, atque antiquâ illâ gallicâ authoritate refulgente, quæ illi virgam æquitatis super omnes omnium

gentium curias, orbis olim consensû adquisivit, timeo vehementer, si Societatis homines scriptis aut concionibus pergant, quæstionem, an liceat tyrannum interficere, eo modo, quo solent, pertractare, ne horrendis cædibus, tyrannorum nomine, Reges aliósque Principes omnes designasse existimentur.

Meritò inquam timeo, ne in eam justam necessitatem concionatores omnes Catholici Romani adigantur, ut publicis declamationibus ipsam tractationem, eo modo, quo eam hactenus authores Societatis pertractarunt, editam execrentur, & Magistratus in tractantes, ex lege animadvertere, pro sua in Principes, & ipsorum status, conservationem diligentiâ, compellatur. Etenim successivæ cædis duorum nostrorum Regum horror, adeò altè cordibus

dibus noſtris aculeum bonæ iræ infixit, ut, ſi ſemel quippiam attentetur proximè, quod ſuperi abnuunt, non ſit in hominum poteſtate, vel ex umbra, tam nefariam doctrinam delineantes, ne dicam criminis conſcios Jeſuitas, à morte eximere. Ecquid oro, juvabat Marianam, ſocietatis authorem primarium, catalogo à patribus Lugduni, hoc ipſo, quo vivimus, anno edito, immodicis laudibus potius onuſtum, quàm ornatum, ſocietatis, de quâ Rex noſter Henricus I V. adeò benè meritus fuerat, famam tanti Regis & Regis Societatis eximii benefactoris, ad poſteros traducere, eum diris quandoque devotum fuiſſe, quod etiam, ut alter Societatis author ſcripſit, jure Regni ſpoliatum poſteris tradere, eo ipſo tempore, quo Societatem condemnatam, reprobatam, graviſſimo Senatus conſulto expulſam, ipſe moderatiſſimus Princeps indemnem præſtabat, excipiebat, ac gremio, non tam paterno, quàm Regio confovebat? Quid, tot laudibus & encomiis, infamem illum parricidam, qui Henricum I I I. confoderat, celebrare neceſſe fuit, cujus parricidæ nomen, altis tenebris obruendum foret? Hæc mihi perſuadent, non omninò aberrare illos, qui dicunt, ejuſmodi encomia & laudationes, viam ad infernale, quod tot, tantiſque lacrymis lugemus, ſcelus muniviſſe, & ſicario diabolico, qui Henricum I V. perenni vitâ dignum, Regem confecit, ſicam fabricaſſe. Quo prætextu Becanus Societatis author, tam diligenter Marianam tuitus eſt, ipſiuſque doctrinam omnium Jeſuitarum eſſe, aſſeveravit, & tam inſolenter tyrannum, ſecundi generis eſſe, determinavit eum, qui etſi verus Princeps, tyrannicè tamen adminiſtrat Principatum, nempe onerando ſubditos injuſtis exactionibus

vendendo officia judicum, condendo leges ſibi commodas, publico parum utiles. Et quotuſquiſque quæſo Princeps eſt, qui vel jam illa, aut illorum aliqua, temporum importunitate, non quandoque exigere cogatur? Quis ergò Principum ſecûrus? quis vitam Ephemeræ ſibi, ſtante illa determinatione Becani, polliceri audeat?

At quo animo vir oculatiſſimus, R. Pater Aquaviva, generalis Princeps, ut genere, ſic ſapientiâ ac rerum experientiâ clariſſimus, hæc à ſuis ſcribi & permiſit & approbavit? In tam cordato viro oſcitantiam nullo pacto admiſerim. Mirer magis, quod vir, longo regimine confectus, ſua comprobatione, ſingulare crimen unius aut alterius ſcriptoris è ſuis, fecerit ſocietatis publicum eſſe ſcelus. Maximè apud illos, qui ſciunt & norunt, per Societatis leges, benè & optimè cuſtoditas, uti apud patres cuſtodiuntur, nihil non exactiſſimæ cenſuræ limâ politum, ex Societatis prodire officina. Sed & ut, inexplicabilem invidiam, à tanto viro, adimam, mihi non licet credere, quod jam noſtrates Societatis viri, re hâc nimis efficaciter peractâ obtrudant, nempe, longè anteà, & doctoris & doctrinæ reprobationem, à Generali poſtulaſſe, nec obtinere potuiſſe. Quò, ut alia multa, eaque graviſſima omittam, ſcopo, fineque Guignardus, quondam Societatis alumnus, publico Parlamenti judicio, laqueo adjudicatus paulò poſt cædem miſerandam, incomparabilis noſtri Regis, in claſſem Martyrum Societatis adſcriptus, atque Imagine laureatâ, ære inciſus, inter reliquos Martyres prodiit? Cur tandem inter prædicandum R. P. Gunterius, apud ſacram Euſtachianam ædem, frequenti hominum cœtu, paucis nuperum antè paſcha diebus, conſtanter

Nota venons de la rapporter.

tanter & firmiter asseveravit, ab hinc proximo biennio, nos in Gallia, Rege, Legeque carituros : nisi, quia animo providere poterat, quod horribile perpetratum est scelus?

Cardinalis religiosissime & sapientissime, quàm primùm per Deum te obtestor, satage, ut publicis comitiis Societatis doctrina interfectionis tyrannorum, eo modo, quo à Societatis authoribus pluribus, & proh dolor, nimis pluribus pertractata fuit, infernalis & feralis censeatur, gravissimo injecto Societatis hominibus, ubivis gentium constitutis, metu, qui ausi fuerint, eam in posterum scripto, verbóve agitare.

Aliter enim judico, T. I. R. non minimum immineret periculum, si post diabolicum, quod nuper perpetratum est scelus, quispiam è societate, intra Gallias, eam doctrinam quovis modo effutiat.

Nec mihi objiciatur Boucherus Gallus Theologus, qui id, turbatis Gallicis rebus, ut juri regio præjudicaret, id ipsum scriptis suis docuit. Etenim, audio illum pœnitere vehementer, & nisi non pœniteret, scio ex illius scriptis jam animis Gallicis nihil periculi adesse, quod sciant, jam patriæ infestum authorem, ac proptereà cavendum. Non etiam hæretici scriptores mihi obtrudantur, quibus sola hæresis labes, omnem persuadendi nostros animos aditum præcludit. At patrum Societatis ictus, quis, etiam ferreus, Catholicorum animus declinarit? quando nostris propriis se induunt visceribus multis nostratum ex-

On prétend que ce Jean Boucher étâit à Tournai, a chàgé ses détestables sentimens, & est mort bon François.

ternæ pietatis apparatu, facti spectabiles, & omnibus administratione Sacramentorum, ac divini verbi prædicatione, non tam concives, quàm doctores.

(1) Æqui bonique consule meam submonitionem, Ampliss. Cardin. brevi namque ex Parlamenti jussu, & calculo Facultatis Theologicæ Parisiensis, inter reliquas orbis facilè principis, adornato, animadvertes, meam submonitionem & gravissimorum eventuum præsagio fluxisse. Scias etiam per me, quod, nisi R. Episcopi Parisiensis sedula opera, Societatis splendor servaretur, gravior, & nominatim authores societatis carpens, divulgabitur censura, quæ non minimum colaphum vultui Societatis impinget, licet præsentire jam videar, ipsum eniti, ut ab integerrimo Parlamento hoc tantum obtineat, ut saltem suppresso nomine Societatis, Marianæ, si sit damnandus, explodatur: Hoc lenimento arbitrantem Societatis decorum propugnari; quod non ita arduè à Senatu piissimo & dolentissimo, à Societate Regis cor vivum & extinctum obtinente, tam execrabile destillasse virus, assequetur.

Quod si verò paulò liberiùs videar ad te scribere, scribo Cardinali, meum ingenium, meosque mores exploratos, intus & in cute habenti, meque verum Gallum & Catholicum esse agnoscenti, atque à teneris Societatis addictum credenti, tandem, per omnem modum, me adeò fidei Romanæ tenacem propugnatorem, ut nullâ ratione silere, aut dissimulare queam, ipsam tam execrabilibus

---

(1) Notat mandatum, Parlamenti, factum die 27. Maii, anno 1610. quo jubebatur facultas Theologica, judicium suum exponere, de quæstione : an licitum sit, quâcunque occasione, causâ, vel prætextu quæsito, Sacrosanctis Regum & aliorum Principum supremorum personis vim inferre? &

quid de ea re Concilium Constantiense statuerit? respondit facultas Theologica fusissimè, hujusmodi conatus Diabolicos esse, & Respub. evertere, &c. Quin etiam hujusmodi perniciosam doctrinam, ex decreto Concilii Constantiensis, damnatam esse. Hoc Decretum infrà editum est.

bilibus cladibus & cœdibus, quæ à Catholicis, & perpetrantur, & docentur, ab his, qui foris sunt, infamari, ac denique cui compertum est, me defuncti Regis amore, & studio deflagrasse, & jam adhuc longè ardentius, fidem & obsequia, erga ejus filium, Ludovicum XIII. Deo dilectum, Reginamque ipsius genitricem, incomparabilis ingenii, & lectissimorum Heroinam morum, successurum, & si ob id mille ignes, & quot sunt cœlo sydera, præsentissimæ mortis mihi objiceretur discrimen. Ac licet sint, qui dicant, Pontificem, à quo ita pendeo, & cui tot sum nominibus devinctus, non æquo animo laturû, si ego infracto animo hanc doctrinam, ejusque authores vellicem.

Respondeo, Pontificem tam cordatum esse & sapientem, ut non possit damnare subditum, qui intuitu sanguinis Regis, cui se totum devoverat & dederat, cuique acceptissimus erat, paulò ardentius commoveatur. Justa enim & Christiana ira est, in similibus commoveri, & quantumvis commovear, nedum tamen ad commotionem, ut quæ fuit Patrum Concilii Sexti Toletani, Zelo interfectionis unius Regis Gothorum Arriani, cœlum terramque clamoribus & execrationibus complentium, meæ commotionis fervor me abripit. Vale Illustrissime Domine Cardinalis & me uti soles ama.

Extractum Registrorum Parlamenti.

ANno Domini M. DC. X. cùm sacra Theologiæ Facultas, ob Festa Pentecostes, & comitia privata inter viros Selectos ordinis Theologici in præsenti negotio agitata, suos statos & ordinarios Conventus primâ aut secundâ die Junii habere non potuisset illos in diem quartum Julii transtulit, atque omnes

Magistros in Theologia in vim obedientiæ, quam emisso Sacramento facultati spoponderunt, in Collegium Sorbonicum convocavit, ubi post Missam de Sancto spiritu more solito celebratam deliberarunt super executione Senatusconsulti, cujus hæc summa est.

Curia Parlamenti, de Curiis, Majore, Rerum Capitalium, atque edicti unà congregatis, procedendo ad judicium & litem capitalem ac extra ordinariam Cognitoris generalis Regis postulatione instructam adversus nefandissimum, crudelissimum & execratissimum parricidium in sacratam personam Henrici Quarti, Regis patratum, Audito Cognitore generali Regio decrevit atq; decernit, ut diligentia & procuratione Decani & Syndici Facultatis Theologiæ, eadem facultas, quàm primùm convocetur, ad deliberandum super confirmatione Decreti prædictæ Facultatis, quod die XIII. Decembris Anno M. CCCC. XIII. à centum quadraginta, & uno Theologis ejusdem Facultatis constitutum, dehinc Concilii Constantiensis authoritate roboratum fuit : quo Decreto definitur. Nemini licitum esse, quacunque occasione, causâ vel prætextu quæsito, Sacrosanctis Regum & aliorum Principum supremorum personis vim inferre. Deinde ut Decretum, quod in ejusdem Facultatis comitis statuetur, omnium Doctorum, qui comitiis & deliberationi interfuerint, nec non etiam omnium Baccalaureorum, qui cursum Theologicum decurrunt, syngraphis muniatur, quo tum demum, audito super ea re Cognitore Generali Regio, Curia decernat, quod justum & rationi conforme erit. Datum in Parlamento XXVII. Maii, Anno Domini MDC. X. Signatum *Voysin* : Itaque eadem Sacra Facultas, ut mandato amplissimi ordinis, tam justa & necessaria præcipientis,

tis 3

tis, obtemperaret, primum privata, deinde publica habuit comitia : considerans autem sibi ex officio incumbere ut suam censuram & judicium doctrinale cunctis illud poscentibus declaret, atque Parisiensem Academiam à primis suis incunabulis parentem & alumnam optimæ ac saluberrimæ doctrinæ perpetuò extitisse, bonum & tranquillitatem Reip. ab ordine, ordinem porrò & pacem, secundum Deum optimum maximum à Regum & Principum salute pendere, ac solius esse Principis aut potestatis Politicæ, gladio uti : atque insuper paucis abhinc annis nonnulla peregrina, seditiosa, atque impia dogmata invaluisse, quibus plerique privati homines dementati Sacrosanctos Reges & Principes execranda appellatione Tyranni contaminare, hocque nefario prætextu, nec non Religionis, pietatis aut boni publici juvandi vel promovendi specie in Sacrosancta Regum & Principum capita conspirare, suasque manus parricidiales sacro illorum sanguine cruentare, & continuò patentissimam fenestram aperire non horrent ad perfidiam, ad fraudes, insidias, proditiones, populorum interfectiones ; Urbium Provinciarum, ac Regnorum florentissimorum excidia & alia innumerabilia nequitiæ genera, quæ civilia aut externa bella concomitari solent ; demum pestifera & diabolica dogmata hodie in causa esse, ut qui discessionem ab Ecclesia Catholica & Romana fecerunt, in suo errore obdurescant ; Virosque religiosos, Doctores & Prælatos Catholicos, quanquam insontes, quasi talia docerent vel auctorarent, fugiant ac detestentur. Eadem, inquam, Facultas hæc & similia considerate perperdens, magna animorum consensione & alacritate, ista peregrina & seditiosa dogmata, velut impia, hæretica societati civili, paci & tranquillitati publicæ ac religioni Catholicæ penitus contraria execratur, atque condemnat ; in cujus rei fidem ac testimonium decretum antiquum sibi de integro renovandum esse duxit, quod ducentis abhinc annis à centum & quadraginta uno Theologis sancitum fuit in condemnatione hujus execrabilis propositionis.

Quilibet tyrannus potest, & debet licitè & meritoriè occidi à quocunque suo vasallo aut subdito, & per quemcunque modum, per insidias, & per adulationes, non obstante quocunque juramento aut confœderatione facta apud eum, non expectando sententiam aut mandatum judicis cujuscunque.

Sequitur verò Censura Facultatis.

HÆc assertio sic generaliter posita, & secundum acceptionem hujus vocabuli, Tyrannus, est error contra nostram fidem & doctrinam bonorum morum, & est contra præceptum Dei. Non occides : [glossa.] propriâ auctoritate, & contra hoc quod dicit Dominus noster, omnes qui gladium acceperint, [glossa :] propriâ auctoritate, gladio peribunt. Item hæc Assertio vergit in subversionem totius Reipub. & unius cujusque Regis aut Principis. Item dat viam & licentiam ad plura alia mala, & ad fraudes & violationes fidei & juramenti, & ad proditiones, & generaliter ad omnem infidelitatem & diffidentiam unius ad alterum & consequenter ad æternam damnationem. Item ille, qui affirmat obstinatè talem errorem & alios qui inde sequuntur, est Hæreticus, & tanquam Hæreticus debet

debet puniri, etiam poſt ſuam mortem.
Ità decretis XXIII. IX. V. &c. Actum anno M. CCCC. XIII. die Mercurii XIII. Decembris. Quæ Cenſura Facultatis Pariſienſis in Synodo Conſtantienſi Seſſione
XV. Anno M. CCCC. XV. pridiæ Nonas
Julii his conceptis verbis comprobata
fuit : Præcipua ſollicitudine volens hæc
Sacroſancta Synodus ad extirpationem
errorum & Hæreſium in diverſis mundi
partibus invaleſcentium , providere
ſicut tenetur, & ad hoc collecta eſt.
Nuper accepit, quod non-nullæ aſſer-
tiones erroneæ in fide & bonis moribus
ac multipliciter Scandaloſæ, totiuſque
Reip. ſtatum & ordinem ſubvertere
molientes , dogmatizatæ ſunt ; inter
quas hæc Aſſertio delata eſt : Quilibet
tyrannus poteſt & debet licitè & meritoriè occidi per quemcunque vaſallum
ſuum, vel ſubjectum, etiam per clancula-
res inſidias , & ſubtiles blanditias vel
adulationes, non obſtante quocunque
præſtito juramento vel confœderatione
factâ, nec expectatâ ſententiâ vel mandato Judicis cujuſcunque. Adverſus
hunc errorem ſatagens hæc ſancta Synodus inſurgere, & ipſum funditus tollere, præhabitâ deliberatione, maturè
declarat, decernit, & definit, hujuſ-
modi doctrinam erroneam eſſe in fide
& in moribus, ipſamque tanquam hæ-
reticam, ſcandaloſam, & ad fraudes,
deceptiones, mandacia, proditiones,
perjuria viam dantem, reprobat & condemnat. Declarat inſuper, decernit &
definit, quod pertinaciter doctrinam

hanc perniciofiſſimam aſſerentes ſunt
Hæretici, & tanquam tales juxta Canonicas ſanctiones puniendi.
Sacra igitur Facultas ſtrictè, accuraté-
que exploratis omnium & ſingulorum
Doctorum ſuffragiis , primò decernit
antiquiſſimam illam Cenſuram Facultatis, Synodi Conſtantienſis ſanctione fir-
matam non modo iterari, verum etiam
omnium hominum animis inculcari debere : ſecundò cenſet, ſeditioſum, im-
pium, & hæreticum eſſe, quocunque
quæſito colere à ſubdito, vaſallo aut
extraneo, ſacris Regum & Principum
perſonis vim inferri : Tertiò Statuit,
ut omnes Doctores & Baccalaurei Theologiæ, quo die inſtituta & articulos Facultatis jurare conſueverunt, in hoc ſi-
militer Decretum jurent, ac ſyngraphæ
ſuæ appoſitione obteſtentur, ſe illius
veritatem docendo & concionando diligenter explicaturos. Quartò ut hæc
acta tum latinè, tum Gallicè typis man-
dentur ac evulgentur.

De Mandato Domini Decani & Sacræ,
Facultatis Theologicæ Pariſienſis.

Arrêt de la Cour du Parlement.

VEU par la Cour, les Grande «
Chambre, Tournelle & de l'E- «
dict aſſemblées, le Decret de la Facul- «
té de Theologie, &c. Voyez cy-deſ- «
ſus, page 243.

❉❉❉❉❉❉❉❉ ❉❉❉❉❉❉❉❉ ❉❉❉❉❉❉❉❉

LE COURRIER BRETON.

Piéce contre les Jesuites, par rapport à la mort d'Henry IV.

M. DC. XXVI.

TOUT se voit enfin, mon Prince, tout se voit, & les actions les plus cachées viennent en évidence, cet œil tout voyant leur donne jour, les tire des tenebres, les estalle en plein midi, les expose à la veüe de tout le monde, comme sur un theatre, où un chacun les peut considerer avec attention, les discerner avec jugement, & les juger sans passion : le temps, enfin le temps, esclost la verité, sa fille légitime, & luy faict voir le Soleil au désavantage de ceux, qui la pensoient ensevelir en l'obscurité, en un éternel silence.

Plutarch. in Thim. Les loix & les coustumes des hommes sont differentes, les uns estiment une chose honneste, les autres une autre ; mais bien est-il seant à tous de garder & observer celles de son pays. On tient que les Grecs estiment la liberté & l'égalité sur toutes choses ; mais quant à nous entre plusieurs belles coustumes & Ordonnances, que nous avons, celle-là me semble la plus belle de reverer & adorer nostre Roy, comme l'image de Dieu de nature, qui maintient toutes choses en leur estre & en leur entier.

Si doncques le Roy seul conserve toutes choses en leur estre & en leur entier, ou si plustost comme le Soleil il leur donne l'estre, si la vie d'un million d'hommes est attachée à la sienne, si le bonheur du public consiste en sa conservation, si la fortune d'un monde entier dépend de luy seul ; Quelle punition merite celuy qui d'un seul coup est Autheur de tant de morts ? Et si les Jesuites ont causé ces maux, ne seront-ils point punis ? Leur sera-il permis d'attenter impunement à la vie de nos Roys ? De mettre leurs malheureux desseins à execution, sans qu'il nous soit permis de nous plaindre ?

Histoire veritable, tableau du passé, docte Historien, qui en peu de paroles nous apprens nostre leçon, qui en matiere d'Estat, & en ce qui est hors de nostre Religion, nous doit servir d'Evangeliste, combien naïvement & en peu de paroles, mais d'un style d'or, nous fais-tu voir comme quoy nous avons deu proceder en cette affaire. *Cum. Tacit; lib. 11. cap. 14.*

Plusieurs Seigneurs de marque, (dis-tu) ayant esté executez à mort, pour avoir trempé en la conspiration de Silius, adultere de Messaline, Marcus Nestor homme de peu, esperant éviter le supplice merité, alleguoit qu'il avoit peché par contrainte & necessité : Non, non, disoit un homme d'estat, ces raisons ne sont pertinentes, toutesfois & quantes qu'il s'agist du crime de leze-Majesté, la seule pensée merite punition, il est indifferent si par contraincte, ou volontairement l'on a commis une si grande faute, il faut mourir. *Sponte an coactus tam magna peccavisse, nihil referrt.*

Les loix d'Estat sont toutes differentes, voire bien souvent opposées à celles

les qui s'obſervent entre les particuliers. Au premier cas, ce n'eſt point mal que de faire un grand mal pour introduire un grand bien : & au contraire les Philoſophes tiennent qu'il ne faut pas faire un mal, tant petit ſoit-il, pour introduire un grand bien ; mais quand il eſt queſtion du public & du repos d'un Eſtat, il faut paſſer ſous ces refrains.

Ces conſiderations (mon Prince) ne doivent jamais trouver place en l'ame du politic, tout eſt bon, pourveu qu'il profite ; les formes judiciaires dorment en tel faict, s'il y a quelque choſe d'inique, le bien public le rend tollerable. Les regles d'Eſtat, diſoit un jour un grand homme, ſont formées au patron de la medecine, ſelon laquelle tout ce qui eſt utile eſt auſſi juſte & honneſte. C'eſt ce que diſent les Stoïciens, que la nature meſme opere le plus ſouvent contre la Juſtice.

Qui credit ulla ima eſſe ejus conditione, ut aliquid non diceat quid ſi neceſſarium. Tacit. in Nerone.

Ouy, mais dira quelqu'un, en fait d'Eſtat, il ne faut jamais remuer les choſes non neceſſaires : les Jeſuites ſont aujourd'huy un grand corps, ils ont beaucoup d'intelligence au Conclave & en Eſpagne, rendons-les nos amis par nos bien-faicts, nous n'aurons plus de ſujet de rien craindre.

Je fronce le ſourcil de cholere ſur ces diſcours, les Jeſuites ſont un grand corps, & les Templiers, bon Dieu ne ſont plus, & peut-eſtre ſans raiſon, pour le moins la poſterité ne les accuſera point d'avoir rien entrepris contre le repos public, d'avoir troublé les Eſtats, d'avoir maſſacré les Roys, ils eſtoient innocens : O tyrannie !

Mais quel grand corps ſont les Jeſuites, que peuvent trois cens pedans tout au plus ? Juſques où ſe peut eſtendre leur pouvoir ? Qui les rend recommandables, ſinon la crainte que l'on a

d'eux ? Quelle conſideration nous peut empeſcher de les chaſſer ? Si la Nobleſſe, les Templiers eſtoient tous Gentilshommes, leur General yſſu de la maiſon de Bourgogne : ſi le nombre, ils eſtoient plus de milliers, que ceux-cy de douzaines : ſi le merite, ils eſtoient neceſſaires à la Chreſtienté, ce neantmoins ils ne ſont plus : ſi la Religion, ſi la pieté, mais l'ordre des humiliez a eſté exterminé pour l'attentat ſur la perſonne du Cardinal Borromée.

Les obliger par bien-faicts, cela ne ſe peut, cela ne ſe doit, ils en ont trop receu du défunct Roy : c'eſt une folie de rechercher le reſpect, la raiſon & obeyſſance en ces ſeditieux, & croire qu'ils s'appaiſent en les flattant, ces fievres chaudes ne ſe gueriſſent point par emplaſtres, il faut la purgation ; le frenetique rejette les remedes & chaſſe les Medecins.

Superflua ſuadere quid fieri oportean cum audientium aſſenſu in deteriora rapitur. Egeſippus.

Galli, ſi ſapitis, cur librum traditis igni,
Authores veſtris pellite liminibus.
In Cineres abiit liber unus, mille relicti ;
Horum turba loquax, mutus at ille fuit :
Hortos qui cupiunt penitus purgare venenis,
Radices properant vellere, non folia.

Vrayement c'eſt bien dit, l'on a banny pour jamais les parens de ce traiſtre meurtrier : on leur a enjoint de changer de nom, l'on a douté ſi l'on devoit démanteler la Ville d'Angouleſme, pour avoir produict cet abominable monſtre, & on apprehendera, & on n'oſera, ou pluſtoſt on ne voudra eſtendre la punition ſur tout un corps coulpable, corps cacochime, corps maleficié, tout puant, tout infect, qui doit ſa gariſon au bourreau, & on la reſtraindra à un particulier : on fera comme ce Roy de Perſe, on fouettera la robe pour le corps, le valet

valet pour le maiſtre ; ſe contenter de bruſler un Livre, comme ſi unique en ſon eſpece, comme ſi pour emporter des fueilles on arrachoit la racine, comme ſi reduiſans en cendres cet avorton, malheureuſement avorté, l'on avoit perdu tous les exemplaires.

Non, non, la foudre de vos Arreſts a deu s'eſtendre plus loing contre les Jeſuites, l'eſclat de vos Oracles a deu faire plus d'effect, la ſplendeur de voſtre eſcarlatte ſe devoit monſtrer avec une ſemblable Majeſté, que ſi vous veniez d'Edom, le glaive de Juſtice au poing pour venger nos Roys : Vous qui eſtes les Dieux tutelaires de la France ſous l'auctorité du Souverain : Vous les tuteurs, vous les mediateurs de nos Princes avec le peuple, le refuge des affligez : Bref, vous Dieux, & quels autres Dieux ſont ſemblables à vous ? Qui ſont ceux-là qui donnent, qui confirment les Regences, qui reçoivent le Serment du Prince, que vous qui contractez avec luy, qui prenez ſa foy pour gage, pour caution (comme ſacrez depoſitaires d'un ſacré dépoſt) de la bienvueillance qu'il promet avoir pour ſon peuple ? Et quoy donc, craindre, qu'il y euſt quelques innocens parmy eux ? Car autre choſe ne vous a deu empeſcher. De l'innocence, bon Dieu, de l'innocence parmi les Jeſuites ? Et qui le croira, non pas leurs plus affidez, non pas meſmes ceux qui les cheriſſent, pour la neceſſité qu'ils en penſent avoir.

Mais poſons qu'il y en ait d'innocens, qui ſouffriront ſemblable punition que les coulpables. Et pourquoy non ? Puis que d'une armée miſe en route, quand le dixieſme ſoldat eſt aſſommé d'un baſton : les vertueux tirent au ſort, ne plus ne moins que les autres ; tous actes exemplaires ont je ne

L'Auteur ſe trompe, le Roi ne fait aucun Serment au Parlement ; c'eſt au contraire, le Parlement qui le fait au Roi.

Omne magnum exemplum habet aliquid ex iniquo, quod

ſçay quoy d'inique en ſoy, qui portant prejudice à quelques particuliers, eſt recompenſé par une publique utilité. Et puis que nous avons en nos maiſons pour noſtre ſervice, des nations qui ont des façons contraires, habits, Dieux, & Religions eſtrangeres, & poſſible point du tout, vous ne ſçauriez retenir ceſte canaille que par une crainte & frayeur.

Il y en a pourtant qui en font eſtat, quelques-uns pour l'aparence de pieté & de bonté, aux autres la Religion ſert de pretexte. Auſſi eſt-ce l'une des plus violentes paſſions d'un peuple, & le plus aſſeuré moyen pour remuer un Eſtat ; il faut fuyr ces extrêmitez, le bien public eſt touſjours en campagne, il ne faut pas refuſer une purgation, pour les tranchées qu'elle pourroit cauſer, pour arreſter un grand danger. Si vous laiſſez ces fiſtules dans le corps, les vicieuſes humeurs, dont il abonde, le ſuffoqueront, le deſir de commander eſt un trop friant morceau : on foule aux pieds le reſpect, le devoir, l'honneur, & la conſcience pour en gouſter ; ils cachent leurs deſſeins : Auſſi que les hautes & hardies entrepriſes demeurent bien ſouvent incommunicables en l'eſtomach de ceux qui les entreprennent, & qui quand bon leur ſemble les mettent en évidence, avec telle couleur, qu'ils jugent meilleur pour eux. Si une fois l'apprehenſion, ceſte fievre dangereuſe glace le cœur du Souverain, c'eſt faict de Sa Majeſté, elle diminuë, ſe perd & ſe mine d'elle-meſme ; car la crainte enfle le courage, & faict entreprendre tant plus hardiment l'offenſe, qu'on s'aſſeure qu'elle ſera impunie : alors ſon reſpect, ſa puiſſance s'eſvanouiſſent, il reçoit la Loy de ceux, qui la doivent prendre de luy.

Et quoy donc craindre ? L'authorité
de

publica utilitate compenſatur. Cornel. Tacit. lib. 14. cap. 13.

Qui imperitæ animos impellant libertatem & ſpeciem ſa nos mera prætextantur. Tacit.

de ceux qui les favorifent, qui les portent, & qui tiennent rang en France,
qui femblent leur avoir attaché leur
faveur comme un prefervatif contre
toutes fortes de dangers, au travers de
laquelle toutes les impunitez des Jefuites paffent en affeurance, & leurs temeraires entreprifes s'affeurent. Ils s'imaginent qu'on les craint, puis que ce qui
merite punition a obtenu recompenfe.
Ils fe refoudront enfin d'entreprendre
au-de-là de leurs premieres'entreprifes,
leur hardieffe fans cenfure & leurs crimes fans hardieffe, fans peine efveil-
leront ce feu, qui couve fous les cendres
de leur premiere rebellion.

Grande Royne, qui eftes le Pilote de
la France, fur laquelle fe repofe le falut
public, permettez à voftre très-humble
fubject de vous reprefenter, comme fur
un tableau, la vie de ces gens-là: jugez
de la piece par l'efchantillon, ou pluftoft examinez leurs actions, & vous
verrez que c'eft un venin caché, qui
rampe par tout le corps de cet Eftat, de
tant plus à craindre que l'on n'y prend
point garde, que c'eft comme le lierre,
qui fait choir le baftiment qui le fouf-
tient.

A la mienne volonté que nous fuf-
fions affeurez que leurs pernicieux deffeins ne s'adreffaffent point à la perfonne du Roy, que leurs pieges ne fuffent
tendus qu'aux particulieres familles de
la France, qu'à leur bien, qu'à leur fubftance, & que contens de cefte defpouille,
le precieux fang de nos Rois demeuraft
affeuré en fes veines, que leur vie fuft
hors d'efchec, hors de la crainte, hors
du danger de ces courratiers de Madrit.

Allufion à la
devife de
Charles-
Quint : *Plus
ultrà*, à cau-
fe de la guer-
re qu'il porta
en Afrique.

Ah! que leurs deffeins font bien autres, ils ont pour but de leurs actions,
l'Outre de leur Protecteur, & jufques
où cet (Outre) finon jufques dans le
cœur des Roys? dans le cœur de ces
Dieux, enfans du grand Mars? Mais
nous bien fages & prevoyans, fi nous
arreftons leur courfe, fi nous faifons
que cet Outre, foit l'Outre que Æol
donna au prudent Ulyffe, que le tout
ne foit que vent, & qu'il aille en fum-
mée.

Mauvaife al-
lufion.

De dire que la preuve ne foit point
entiere contre eux, qu'il n'y aye que
des fimples conjectures. Et qui ne fçait
qu'en faict d'Eftat, les moindres adminicules, font des preuves concluantes
pour leur faire leur procez, que c'eft
un crime qui doit eftre traicté extraordinairement, qu'il n'y a point de regle
certaine, & que le plus fouvent il fe
faut fervir de l'exception.

Leurs Efcrits
qu'ils publient
tous les jours,
en rendent tef-
moignage.

Mariana, Mariana, tu n'es point feul
Autheur de ton Livre, tous les autres y
ont contribué : De Valentia, que Coton
allegue, n'en dit pas moins, mais avec
une reftriction, qu'il ne faut pas tuer
les Roys fans l'auctorité publique.

Que dis-tu, effronté? Il eft donc permis de les tuer, puis que la condition,
Sans, emporte une affirmation, qu'il eft
permis de les tuer en quelque façon.

Qu'appellez-vous authorité publique? eft-ce point cefte funefte Tragedie, qui fe fift le douziefme jour de
May, quatre-vingts huict, chaffer le
Roy & fes ferviteurs, le tuer à S.
Cloud: Appellez-vous cela l'authorité
publique? Donnerez-vous ce nom là à
une fedition, à une praguerie : qu'à
bon droit, un Ancien appelloit : *Une
image accomplie de toute mefchanceté*, &
vous la nommerez authorité publique :
il ne faut pas trouver eftrange, c'eft
leur façon de parler, ils brifent le vice
du nom de vertu, & les actions ver-
tueufes du nom de vice, autrement ne
faudroit-il pas qu'eux-mefmes, condamnant

Mm 3

nant leurs actions, se jugeassent indignes de la lumiere du jour, de laquelle ils jouyssent au milieu de nous, par nostre pusillanimité.

Je les voy rire entr'eux de ce que, combien que l'on cognoisse leurs artifices, ou plustost leurs meschancetez, que neantmoins on les laisse vivre en paix ; que le simple peuple deceu par une feinte apparence de Religion, ne peut porter sa creance à ce qui est de verité : ce nom superbe de Jesuite, est un Soleil qui offusque sa veuë. Il ne peut juger qu'ils en ont faussement emprunté le nom, que leur profession est du tout contraire, que les Apostres ont esté subjects aux Puissances Souveraines, & y ont obligé les autres; que Jesus-Christ mesmes n'a point refusé le tribut; qu'il a voulu que l'on rendist à César ce qui estoit à César ; c'est-à-dire, recognoistre les Princes temporels. Les Jesuites disent, il faut tuer les Roys, s'ils ne veulent estre Jesuisticoles, il les faut contraindre de recognoistre le Saint Siége, tant au temporel, qu'au spirituel, & celuy que le Pape ne recognoistra point pour Roy, ne sera point Roy ; ains un Tyran, ses subjects sont dispensez du Serment de fidelité, un chacun le peut tuer, voire meritoirement.

Et non seulement veulent-ils que les Roys, que le Pape ne recognoist pour Roys, perdent leur qualité, mais ceux aussi qu'eux-mesmes n'approuveront ; que la Royauté dépende de leur jugement : veulent presider au Conseil, voires mesmes avoir la garde des Places fortes, comme il y a de si effrontez que de l'oser dire.

Que me demandez-vous encore, impudens, la charge des Finances de la guerre, que vostre General (tousjours Espagnol) soit Connestable, pour met-

Ad Roman.
13.

Mariana.

In lib. qui vocatur concertatio Ecclesiæ Catholicæ, pa. 245. Idem lib. de Princ. insti, cap. 10.

Bozius de Temp. Eccl. Monarch. lib. 2, cap. 1.

tre nos meilleures Places entre vos mains, nos armées sans coup ferir eu vostre puissance, pour attacher honteusement nos sacrez Fleurons aux chaisnes de la Navarre, que les autres soient chefs des Cours Souveraines : *Qualitez fort propres à des Pedans*, comme si elles n'estoient du tout contraires, du tout incompatibles, faire un meslange des affaires du Ciel, & de la terre, ouy elles sont opposées les unes aux autres, il y a trop de disproportion, de difference pour les confondre : & comme si ce grand moteur de la volonté, duquel tout depend, nous vouloit apprendre à discerner les choses sacrées d'avec les prophanes, nous faire cognoistre que ceux qui se dedient au service de sa saincte Majesté, se doivent du tout donner à luy. Il s'oppose à leurs desseins, il renverse leurs entreprises, & fait reussir leurs Conseils à contrepoil. Et les fautes du Cardinal d'Amboise ne nous seront-elles jamais tellement presentes, que le malheur auquel son siecle a esté porté sous sa conduite, ne nous rendra point plus sages ? Et contre l'intention de ce grand Législateur, contre son expresse deffence, les Levites auront-ils la charge de la guerre, & le maniment des affaires ? Au contraire, ne seront-ils point sequestrez ? Pourront-ils servir à Dieu & au monde, rendez-les plustost à leurs Cloistres, à leurs Colleges, ils seront assez empeschez à s'acquitter de leur devoir, & ne leur permettez plus d'en sortir, puis qu'ils ne servent que de mauvais exemple, à la Cour, où ils paroissent, non point comme ayant la conduite du troupeau de Jesus-Christ ; ains en Courtisans, frisez, musquez, suivis, servis comme grands Seigneurs, dépensant le bien qui a esté donné pour la nourriture des pauvres, pour les réparations de l'Eglise.

Cardinal d'Amboise, du temps de Louys XII.

Moyse.

fe. C'eft de-là, mon Prince, que procedent tous les malheurs de la France, c'en eft la fource & origine, il n'y a plus de pieté parmi eux, plus de devotion, plus de Religion ; en leur place, l'impieté, l'irreligion, l'herefie, le mefpris des chofes divines fuccede.

Que l'on leur donne le gouvernement des Places fortes, qu'on fe ferve de ces mefchans, tueurs de Roys, cela fe peut-il faire ; le permettrez-vous, ô Ciel ? ô Dieu ?

Et toutesfois, il s'en trouve parmi nous, qui fe difent François, qui les portent, qui confeillent à la Royne d'eftouffer nos plaintes, qu'une jufte douleur de la cruelle mort de noftre Roy nous fait évaporer, que l'on ne nous permettra point de foufpirer cefte perte, que l'on empefchera la liberté de nos regrets ? Que l'on nous fermera la bouche, cela ne fe peut : Nous voulons que l'on fçache qu'il n'y a Baftille, Chaftelet, Fort d'Antonia, fupplice, quelque cruel qu'il puiffe eftre, qui nous puiffe faire perdre la memoire de tes biens-faicts, grand Roy, elle demeurera tellement gravée en nos ames, fans pouvoir eftre à jamais effacée.

Miferable accident : certes, que ce grand Roy, après avoir dompté fes fubjets rebelles, forcé fes ennemis dedans & dehors le Royaume à luy demander la paix, après les avoir mis au pied de la muraille, dans fa Ville de Paris, meure au milieu de fes Princes, ait efté maffacré par un mefchant, un perfide, un monftre, un prodige, luy que le deftin n'avoit ofé attaquer, lors qu'à la tefte de fes armes, il imprimoit fur le dos de fes ennemis vaincus ; les marques fanglantes de fes victoires ; qui tant de fois avoit donné la mort à la mort mefme, faut-il qu'un miferable t'ait ofté la vie ?

Maudite & fatale journée, quel crayon fera affez noir pour te marquer en nos Ephemerides ; & mettre au jour ces hideux fpectacles de la tyrannie des Jefuites ? Il n'y a Amniftie qui oublie la fouvenance de ton ingratitude, il n'y a abolition qui efface ta felonnie, il n'y a deffence qui efface ta vergogne : jour cruel, jour de la nativité de nos malheurs, des funerailles de noftre bien.

Les chofes fe cognoiffent mieux par leurs contraires, elles font prifées par ce qui leur eft propre, & pour la partie principale, qui leur donne la forme de leur eftre, la Doctrine des Jefuites fe cognoiftra plus facilement propofées à celle de l'Evangile, fi nous les conferons enfemble. *Senec. Epift. 77.*

Nous avons fait voir cy-deffus les preceptes qu'ils donnent pour affaffiner les Roys, lefquels s'ils veulent dependre d'eux, leur tenir le pied fur la gorge : qu'il foit en leur pouvoir de les faire maffacrer & relever leurs fubjets du Serment de fidelité, Doctrine qui leur eft commune, que ceux qui ont tenu les premiers rangs entr'eux, ont fuivy cette maxime, que non point le feul Mariana, ains les premiers de leur Ordre, Bellarmin & Toled. *Tyrannum licet occidere lirum Tit. fi tyrannice tractet fubditos, Petr. Tol.lib.1.cap. 6; num: 17.*

Cet impie ayant difcouru des Roys, de fa bouche prophane propheré leur condamnation, comme fi ce n'eftoit pas une temerité, un facrilege à ceux qui ne font qu'hommes, de parler des Dieux, qu'avec l'honneur & le refpect que l'on leur doit.

Il y a deux fortes de Tyrans, dit-il, celuy qui aura ofté la liberté du peuple, qu'il eft permis à un chacun de tuer, voire meritoirement, & fans crainte de reprehenfion, l'autre eft celuy qui traicte tyranniquement fes fubjects, lequel il eft auffi permis de tuer, combien qu'il ait un tiltre ; c'eft-à-dire, combien *Etiam meritorie.*

bien qu'il soit Roy legitime par succession.

Au contraire, il est dit dans l'Ancien & Nouveau Testament, qu'il faut que les subjects obeyssent aux superieurs, & leur rendent honneur, respect, & obeissance. Qu'il n'est loisible d'attenter à leur vie, ny Estat, combien mesmes qu'ils soient de Religion contraire, voires du tout infideles, & useroient tyranniquement de leur authorité, escoutons les paroles mesmes du Souverain. Tu ne detracteras point des Juges, & ne maudiras le Prince de ton peuple.

Exod. 22. vers. 28.

Que s'il n'est loisible de détracter & maudire, encores moins d'attenter à sa vie, il faut laisser le Jugement d'iceux à Dieu, qui en est le Superieur.

Jeremie 71.

Item. J'ay faict la terre & les hommes, & les bestes qui sont sur la face de la terre, & l'ay donnée à celuy auquel il m'a pleu : & ainsi maintenant j'ay donné toutes les terres en la main de Nabuchodonosor, Roy de Babylone, mon serviteur : toutes nations luy serviront, & à son fils, & au fils de son fils.

Et adviendra que la gent & le Royaume, qui ne soubmettra son col soubs le joug du Roy de Babylone, je feray visitation sur ceste gent là, par l'espée, par famine & par peste, jusques à ce que je les aye baillez entierement ès mains d'iceluy.

Vous donc, n'escoutez point vos Prophetes, ne vos Devins, ne vos songeurs, ne vos enchanteurs, ne vos Sorciers, qui vous disent : Vous ne servirez point au Roy de Babylone, car il vous prophetisent mensonge.

Icy, Dieu veut que son peuple obeisse à Nabuchodonosor, bien qu'infidele, idolâtre, & qui n'avoit aucune cognoissance de la Loy Mosaique, bien

que de succession legitime, le Royaume de Juda ne luy fust acquis, ne autrement par eslection, mais pource qu'il plaisoit à Dieu de luy donner, en la main duquel sont toutes choses, lequel mesme propose de grandes menaces contre ceux qui ne s'y assubjettiront, appellant faux Prophetes, Sorciers, enchanteurs, ceux qui s'y voudroient opposer. Que seroit-ce si le Roy eust esté fidele, ayant le droit d'une succession legitime ?

Saül, Roy de Juda, fust rejetté afin qu'il ne regnast plus, & David oinct pour regner en son lieu, ne voulut toutesfois jamais rien entreprendre contre sa vie, quoy qu'il semblast estre reduit à ceste extrémité, ou de mourir, conservant la vie à son ennemy, ou le faire mourir pour se conserver ; au contraire, il fist executer l'Amalecite, qui luy avoit apporté les nouvelles de sa mort, laquelle il confessoit avoir facilitée. *Comment*, disoit-il, *n'as-tu point eu de crainte de mettre ta main sur l'Oingt du Seigneur.*

1. Samuel 15. 16. 24. 26.

2. Samuel 1.

Jesus-Christ, duquel toutes les actions, non miraculeuses, servent d'instruction pour estre imitées, ne refuse point de payer le tribut à César, Empereur infidele, se rendant par ce moyen subject au Magistrat, bien qu'infidele, & donne ceste regle à tous, de rendre à César, ce qui est à César.

Matth. 17.

Matth. 22.

La raison de cela, en est renduë par Sainct Paul. Toute personne soit subjette aux puissances superieures, car il n'y a point de puissance sinon de par Dieu, & les Puissances qui sont, sont ordonnées de Dieu. Parquoy qui resiste à la Puissance, resiste à l'ordonnance de Dieu ; & ceux qui resistent, acquierent damnation sur eux-mesmes : & partant il faut estre subjects, non point seulement pour l'ire, mais aussi pour la conscience.

Rom. 13.

Soyez

k. Petri. 2

Soyez soumis à tout ordre humain pour l'amour de Dieu, soit au Roy, comme au Superieur, soit aux Gouverneurs, comme à ceux qui sont envoyez de par eux, car telle est la volonté de Dieu.

Un chacun sçait qu'en ce temps-là, les Roys & Gouverneurs estoient ennemis mortels de l'Eglise, & toutesfois ceste divine bonté nous commande, & *Etiam dsce-ᵗⁱⁱˢ.* les Apostres nous enseignent que nous leur rendions toute obeyssance, sans aucun esgard, sans aucune consideration de leur Religion, en ce qui concerne les affaires politiques. Combien donc devons-nous estre plus obligez à leur rendre ce devoir, estant membres de l'Eglise & fideles ? Et combien devons-nous tenir pour execrables, non seulement ceux qui attentent à leur vie, mais aussi ceux qui enseignent ces choses, & qui disposent les subjects, & les favorisent en ces mauvais desseings, soit par conseils secrets, soit par leurs escrits, ou par leurs actions & harangues publiques.

Les légions Chrestiennes qui combattoient soubs les Empereurs Payens, mesmes soubs Julien l'Apostat, grand ennemi des Chrestiens, ne conspirerent jamais contre eux, & ne penserent on`ques d'attenter à sa personne, car quelques meschant qu'il fust, ils recognoissoient que son authorité & puissance estoit de Dieu, encore qu'il en abusast, & attendoient que Dieu en fit son jugement.

Le principal fondement de la maxime des Jesuites, qu'il est loisible aux subjects de massacrer leurs Princes, est pource que desobeissant au Pape, ils viennent à décheoir de leur authorité, & que leurs subjects sont par ce moyen absous du serment de fidelité, & leur est permis de les massacrer.

Or ce fondement estant faux, la doctrine est donc fausse qui est posée dessus.

Car posons le cas, que le Pape eust receu de Dieu l'authorité souveraine, qu'il se vendique sur les Rois (ce qu'il n'a pas) & qu'il leur commandast choses justes qu'ils n'executassent, si est-ce qu'il ne seroit en son pouvoir de permettre & approuver le parricide commis par les subjects, en la personne de leur Prince : car Dieu ne le permet, ny ne le commande ; ains punit ceux qui l'entreprennent, duquel l'authorité est sans comparaison plus grande que celle du Pape.

Cela se prouve par cet argument. *Aminore ad majus.*

S'il n'est loisible de tuer leurs Princes, lors qu'ils desobeyssent à Dieu, leur commandant choses justes, il l'est encores moins quand le Prince *Suadendi nos tegendi hare-tici.* désobeit au Pape, luy commandant de tuer ceux qu'il appelle heretiques.

Or il n'a point esté loisible aux Israëlites de tuer Saül leur Roy, ayant désobey à Dieu, luy commandant expressement de faire mourir tous les Amalecites ses ennemis.

Il est donc encores moins loisible aux sujects de massacrer leurs Roys, qui n'executent les commandemens du Pape, de tuer ceux qu'il appelle heretiques.

S'il eust esté loisible de tuer Saül, David n'eust faict punir celuy qui l'avoit *Probation de la mineure.* achevé de tuer, mesmes ayant esté requis par luy de ce faire. Or est-il qu'il le fist massacrer, & rendit raison de la justice de son faict ; à sçavoir, pource qu'il n'avoit craint de mettre la main pour deffaire l'Oinct du Seigneur.

Il s'ensuit donc qu'il avoit fait mal, & qu'il ne luy estoit loisible de tuer Saül, bien qu'il eust esté rebelle & refractaire

Nn

*Bellarmin,
de Pontificis
Romani potes-
tate, lib. 1.
Vox impia.*

fractaire aux Commandemens de Dieu.
Ouy, disent-ils, mais c'est avec l'authorité publique, quand il a esté jugé tyran &
incapable du gouvernement de son Estat, comme il advint lors que Pepin fut
appellé à la Couronne, & que les Mero-
vingiens en furent chassez. Le Pape dis-
pensa les François du Serment de fidelité, & partant il est en la disposition
du Pape de déposer les Rois, si bon
luy semble, puis qu'il peut tout ce que
Dieu peut, comme estant son Vicaire
& Lieutenant General en terre.

Je rougis de honte pour eux, appeller une violente usurpation, une juste
disposition : & encore plus de ce qu'ils
soustiennent, que c'est au pouvoir du
Pape d'en faire autant toutesfois &
quantes qu'il luy plaira, comme si
l'Histoire de ce temps là ne nous apprenoit point que les François alors tous
Martiaux, tous guerriers, ne pouvant
souffrir d'estre commandez par des Rois
lasches & pusillanimes, se révoltèrent
contre Childéric, & firent leur Maistre
du Palais Pepin en la place, qui long-
temps auparavant, avoit plus d'authorité, pouvoir & puissance que le Roy
mesme, de sorte qu'il ne luy manquoit
plus que le nom de Roy, qui luy fut
donné du commun advis & consentement des François, lesquels pource que
les Papes de ce temps, estoient encore
pleins de pieté & devotion, eurent recours à l'Eglise, qui le leur conseilla,
non pas qu'il y interposast son authorité, mais seulement son advis & advis &
conseil Papal, c'est-à-dire, pour avoir
sa part au gasteau, ayant lors beaucoup
d'affaires contre Didier Roy des Lom-
bards, auquel les armes Françoises le
garentirent : ce que toutesfois ne fut
honneste ny au Pape, ny aux Seigneurs
de France, ains a esté & sera une perpetuelle infamie à leur posterité, d'avoir

déposé leur Roy legitime, pour favoriser son serviteur usurpateur illegitime : mais quoy, les plus forts ne manquent jamais de raison.

Comme si depuis il n'y eust pas eu
un accord fait avec Charlemagne, par
lequel la nomination de créer les Papes, fust attribuée aux Roys de France ;
& comme si le temps avoit quelque
pouvoir de prescrire contre ce droict,
auquel le Debonnaire n'a peu renoncer, estant un droict public, auquel les
pactions des particuliers ne peuvent dé-
roger. De sorte que ceux que nous
avons droict de nommer, nous dépose-
ront, nos creatures nous feront la loy,
nos serviteurs nous chasseront de nostre
maison, il n'y a point d'apparence. Ouy,
mais l'authorité de Sainct Pierre est
double, *paistre & tuer*, dit un grand
Hauteur Papicole, ce sera donc comme
les Cannibales, le Pape nous tuëra &
nous mangera, ay crainte que ce soient
morceaux trop difficiles à digerer pour
son estomac. Et d'ailleurs, Charles de
Bourbon, par son testament, nous a
appris le moyen de nous défendre, ou
de luy porter l'affront sur le nez, le
prevenir en ses mauvais desseins, & luy
faire rendre gorge de ce qu'il nous retient injustement. Ceste authorité publique a donc beaucoup de force, puis
qu'elle peut déclarer les Roys, les déclarer incapables du Gouvernement de
leurs Estats, que ce soit au moins avec
cognoissance de cause, comme que autant de privileges qu'aux particuliers,
ausquels on n'a jamais interdit la disposition de leurs biens, qu'au prealable
on n'ait informé contre eux, qu'il n'y
ait eu jugement : mais icy qui prononce-
cera, sera-ce vous impudens ? sera-ce
vous effrontez, meurtriers de nos Rois,
aboutans de nos malheurs.

Non, non, les Rois ne peuvent jamais

mais eftre déclarez Tyrans, je dis les Souverains, puis que autant de defpofitions, de confrontations, de jugemens, dont on uferoit contre eux, feroient autant de felonnies, de mutineries, de rebellions : ce ne feroit pas juftice, mais facrilége ; non un fimple crime, mais un péché trop odieux. *Les Rois*, dit un Hiftorien, un Salufte François, *font feuls Juges en leurs caus & ne refpondent à autre reffort qu'à celu de la Juftice Divine. Et s'ils ont offencé quelqu'un de leurs fubjects, ils peuvent fatisfaire civilement, comme fit Clotaire, erigeant en Royaume les terres de Gautier à l'uetot qu'il avoit tué. Les Rois font Lieutenans de Dieu, arbitres de la vie & de la mort de leurs fubjets, juftes diftributeurs des Grandeurs, & Eftats qui peuvent faire les uns vafes fans prix à une garderobe & les autres vaiffeaux d'honneur en un beau & riche cabinet ; ils font, non feulement le nerf qui donne mouvement à la Republique, mais le cœur & le chef qui la fait vivre, l'efprit vital qui anime tant d'efprits.*

Philippe de Comines.

Rex vita neeifque gentis fua arbiter. Senec. de Clem.

Quelque occafion doncques que le fubject ayt de fe revolter contre fon Prince, le plus jufte motif d'une fedition, c'eft une injuftice, c'eft un crime, eftant le fimple devoir du fubject de demeurer en la jufte obeiffance de fon Souverain. Voylà pourquoy le Roy François premier, difoit : que tout Eftat de Republique ou de Monarchie, ne confiftoit qu'en deux poincts ; *au jufte commandement du Prince, & en la loyale obeyffance des fubjects*, Que fi le Prince commande juftement, & le fubject refufe d'obeyr, le Royaume fe ruine, fon temperament s'altere, & fe refout en fa premiere matiere, en perdant fa forme : car comme la vie de l'homme, eft l'union de l'ame & du corps, celle

d'un Royaume eft le commandement & l'obeyffance, l'un fe fepare de l'autre, que l'ame tyrannie le corps, le corps ne vueille prendre la loy de l'ame, c'eft à dire de la nation, tout fe perd, tout fe ruine. [...] non pas foutesfois que pour cela nous foit en façon que ce foit, permis de nous revolter contre noftre Souverain [...] de fouhaiter un bon Prince, mais s'il eft à le faut endurer, il le faut honorer, il luy faut rendre le devoir que nous luy devons, au droit de Roy que les fubjects doivent à leur Roy, [...] fouffrir le mal qui n'a point de remede, jamais le peuple ne doit courir aux armes, mais aux Remonftrances, aux Requeftes ; & les Roys ne doivent en façon du monde, permettre que l'on mette leurs actions fur le bureau, qu'elles foient traictées publiquement, les uns en parlant felon l'affection ou ils leur portent, les autres avec de la paffion. Et fi, je diray avec verité, que la premiere caufe des troubles de quatre-vingt-huict, ne proceda que de ce que les Medecins du Roy, affeuroient que la Royne n'auroit jamais d'enfans, un chacun deflors commença à baftir fes deffeins pour fon mieux, qui a enfin efcloft le malheur de la France.

Samuel.

Periculum eft fi catus & confilia & fecretas confultationes effe finas. Tit. Liv.

Voylà que porte la doctrine des Jefuites, doctrine peftilentieufe, toute pleine d'herefie d'Atheifme, qui confondent les chofes divines & humaines, ennemis mortels de gens de bien, les viperes de leur patrie, le malheur de la jeuneffe, laquelle ils inftruifent au prejudice du bien public & de l'honnefteté. Je ne m'arrefte point à déchifrer leurs vilanies, je ne veux point parler de ce qu'ils traictent en leurs Livres, la lecture en doit eftre défendue, elle

Sanchez, Espagnol, de Cordone de Matrim.

elle offense les chastes oreilles. Et entre autres ce Traité du mariage de Sanchez, tout plein d'artifices, pour nous porter aux copulations contre la nature & mille vanitez, je veux passer seulement de ce qui regarde le public, le meurtre de nos Roys, qu'un chacun croit qu'ils en soient les autheurs, & puis nous les dirons, nous les appellerons Jesuites. Ce sera donc comme ces anciens Heretiques, Donatistes, Deslites, Anabaptistes Jesuites, tous Roys de meschans, & ennemis de l'Eglise & de Dieu: comme qui auroit du tout contraires à Dieu, constituants deux principes de toutes choses: l'un, du tout bon; l'autre, du tout mauvais: le premier, desquels nous porte à des actions vertueuses; mais l'autre, ne produit que toutes sortes de damnables inspirations, dont les effects sont les sacrileges, (1) les impietez, les adulteres, le meurtre des parens, le parricide des Roys, & autres choses semblables: au contraire, Dieu se reluit en la vertu, en la bonté & probité des hommes, (2) lors le mauvais genre n'a rien de plus agreable, que de nous voir tourner le dos au bien, & nous prostituer à toute sorte de meschanceté.

Que c'est enfin qu'eux qu'ils ont le diable pour chef, & pour autheur de leur Secte, qui les porte tant d'estranges conseils, qui leur donne courage, & les fait esperer au milieu des dangers, brave au milieu des peines, ils, plustost que damner de leurs entreprises, quoy qu'ayans apparence de parvenir à leurs desseins, ils ont tousjours mieux aimé... que de hazard &

Selon là Doctrine des Stoiciens.

ne tenter point le hazard; ils (3) n'ont point perdu courage, pour avoir failly tant de fois en tant de lieux. Enfin ils ont rencontré auprès de Sainct Innocent 1813, comme un agneau innocent, ils l'ont sacrifié; non pour le salut public, mais pour le salut de l'Espagne (ou à raison) François, qui à raison...

Voyla une belle doctrine, que d'enseigner le meurtre des Rois, doctrine Jesuitique, doctrine contraire à la doctrine de l'Eglise, aux Saincts Conciles, & specialement à celui de Constance, qui condamne le meurtre des Rois; mais ils ont une prompte exception, pour n'approuver ce Concile; sçavoir est, qu'il est improuvé par les Papes Eugene & Martin, peu s'en faut, qu'ils ne disent que l'Escriture-Saincte est Apocriphe, puis que ses Escrivains ont esté executez comme meschans, & punis comme malfaicteurs; mais que ne diront-ils point, puis qu'ils ont une creance differente, voire du tout contraire à la nostre, gens fort pieux, fort devotieux, mais ceste devotion ne s'étend qu'aux conspirations qu'ils font contre la personne de nos Rois; c'est doncques au lieu qu'ils sont pleins de pieté... à l'exemple des Anciens Goths qui massacroient leurs Rois, comme il se voit au Concile de Tolede en Espagne, qui furent tenus condamner les assassins commis en la personne de leurs Rois, ou les peines qui estoient à ce Concile, prononcent des execrations estranges contre les Espagnols, & maintenant que ces meschans le practiquent entr'eux, que peut-on dire, sinon ... à la fin des autres, en laquelle que

---

(1) Parentum cædes, homicidia, strangulationes, adulteria, dæmonis opera Trimegist.

(2) Dii virtute, bonitate & probitate delectantur. *Xenophon. in convivio.*

(3) Nec fuis, nec alienis viribus flare poterant, tamen bello non abstinebant; adeo ne infoeliciter quidam defensæ libertatis tædebat, & vinci, quam non tentare victoriam malebant. *Tit. Liv. Dec. 21.*

que ce sont des traicts originaires d'Espagne, à tous le moins pour l'exemple ;
& cependant nous en patissons, nous
sommes à deux doigts de nostre malheur, qui procede de ceste pepiniere
de nos miseres, les Jesuites qui regardent en terre ferme le naufrage de ceste
navire Françoise, qui s'arment de courage & de resolution contre les evenemens qu'ils en imaginent.

Quoy regarder le naufrage ? ouy le
desirer, ouy invoquer le Ciel, & la
terre, conjurer les vents, & la mer à
nostre ruyne, ne fut-ce pas le Pere
Matthieu, qui premier presenta la Ligue au Pape, ne fut-ce pas le P. Varade,
autre Jesuite, qui seduisit Pierre Barriere, dit la Barre, natif d'Orleans, & le
porta au meurtre du Roy, voire mesmes après qu'il fut Catholique. Et vous
aurez encore les oreilles bouchées de
Coron ? Quoy, vous, mais la pluspart
de la France, & toy ma chere patrie, ne
destoupperas-tu point les tiennes, seras-
tu tousjours sourde, n'osteras-tu point
ceste mousse qui t'a autrefois empesché
d'ouyr ceux qui te conseilloient ton devoir, qui t'a faict tremper en la rebellion de la Ligue ? ha que je te plains, &
comment te pourrois-tu faire, ton Roy
en te monstre le chemin, il cherit les ennemis mortels & conjurez à ta ruyne.

Sus mon Prince, esveillez-vous, que
tant d'exemples de cruautez, d'attentats contre vos predecesseurs, vous
soyent tousjours tellement presens, que
vous evitiez ce malheur, que vostre
regne ne soit point comme ceste année,
que les Astrologues, cent ans auparavant appelloient la prodigieuse, celle
qui seroit la fin des autres, en laquelle
on devoit voir ou le monde à son pe-
riode, ou tourmenté de convulsions &

maladies estranges par tous ses membres, ne faisons point comme ceux qui
ont evité un naufrage, qui parlent plustost du danger qu'ils ont passé, que des
pertes qu'ils ont faites pour sauver leur
vaisseau, cela est bon aux choses qui se
peuvent recouvrer ; mais nostre perte
est sans prix, regardons doncques plustost là, qui est la mort de nostre Roy :
conservez-vous donc, mon Prince &
chassez ces pestes d'alentour de vous :
ceux qui se sont sauvez du naufrage,
se plaisent d'en voir les tableaux ; mais
nous sommes encore au milieu du danger, prevenons-les doncques, mon
Prince, & destournons ce malheur, ce
cousteau que les bras des Jesuites levent
contre nous, mettons-nous à l'abry de
la pluye, gardons-nous des esclats du
foudre, garantissons-nous des fureurs
de leur mauvais conseil, qui nous va
mettre en proye nos fortunes, nos
femmes, nos enfans : permettez que
l'on vous represente ce que vous devez craindre, nous sommes François,
& c'est à dire libres, qui ne pouvons estre empeschez de dire à nos Rois les
choses veritables, & les leur representer comme un tableau, l'apprehension des calamitez publiques, faict ouvrir les yeux aux plus aveugles, & esmouvoir les plus insensibles, faictes
voir que vous estes Roy, la vraye &
vive image de Dieu, qui avez le foudre en la main pour escraser ceux qui
s'eslevent contre vous, punir doncques, punir ces gens-là : voire en toute
rigueur, puis que l'on ne nomma jamais cruauté une justice bien qualifiée,
de crainte que laissant leurs entreprises
impunies, elles ne mettent enfin en
hazard & vostre vie, & le repos de vos
subjets : il ne faut pas attendre que le
temps

Nn iij

temps change leur opiniastreté: le desir de vous perdre leur croist avec le
temps, & l'esperance que leurs conspirations reüssiront à leurs contentemens :
& qui vous craindra si vous le permettez, & qui vous craindra si vous ne
les punissez ? Paroissez donc comme un
Comette brillant, un Mars foudroyant,
& qu'ils cognoissent qu'une seule parole de Vostre Majesté, les peut reduire
en poudre, lors que le corps lumineux
est plus grand que la terre, les ombres
vont tousjours diminuant; lorsque le
Soleil est en sa plus haute station, les Ma-
thematiciens nous promettent des felicitez plus asseurées. Jamais la figure circulaire ne touche la terre que d'un
poinct, le reste haut vers le Ciel. Courage donc, grand Prince, faictes voir
que vous estes vray fils de l'Aigle, que
vous regardez le Soleil d'un œil ferme,
sans varier, que vous ne craignez rien,
que les traistres, lesquels vous sçaurez
aussi-bien punir, que dompter vos ennemis, nous les vous demandons pour
les sacrifier à nostre juste colere, aux
ombres heureuses de nos Rois, pour
apprendre à la posterité, que nous en
avons autant chery la possession, que
nous en regrettons la perte.

Fin du Suplement aux Mémoires de Condé.

TABLE
DES MATIERES

Contenuës dans le Recueil des Piéces, concernant les Procès de
Jean Châtel & de Ravaillac.

A

Oo

P p 2

Fin de la Table du Supplément aux Mémoires de Condé.

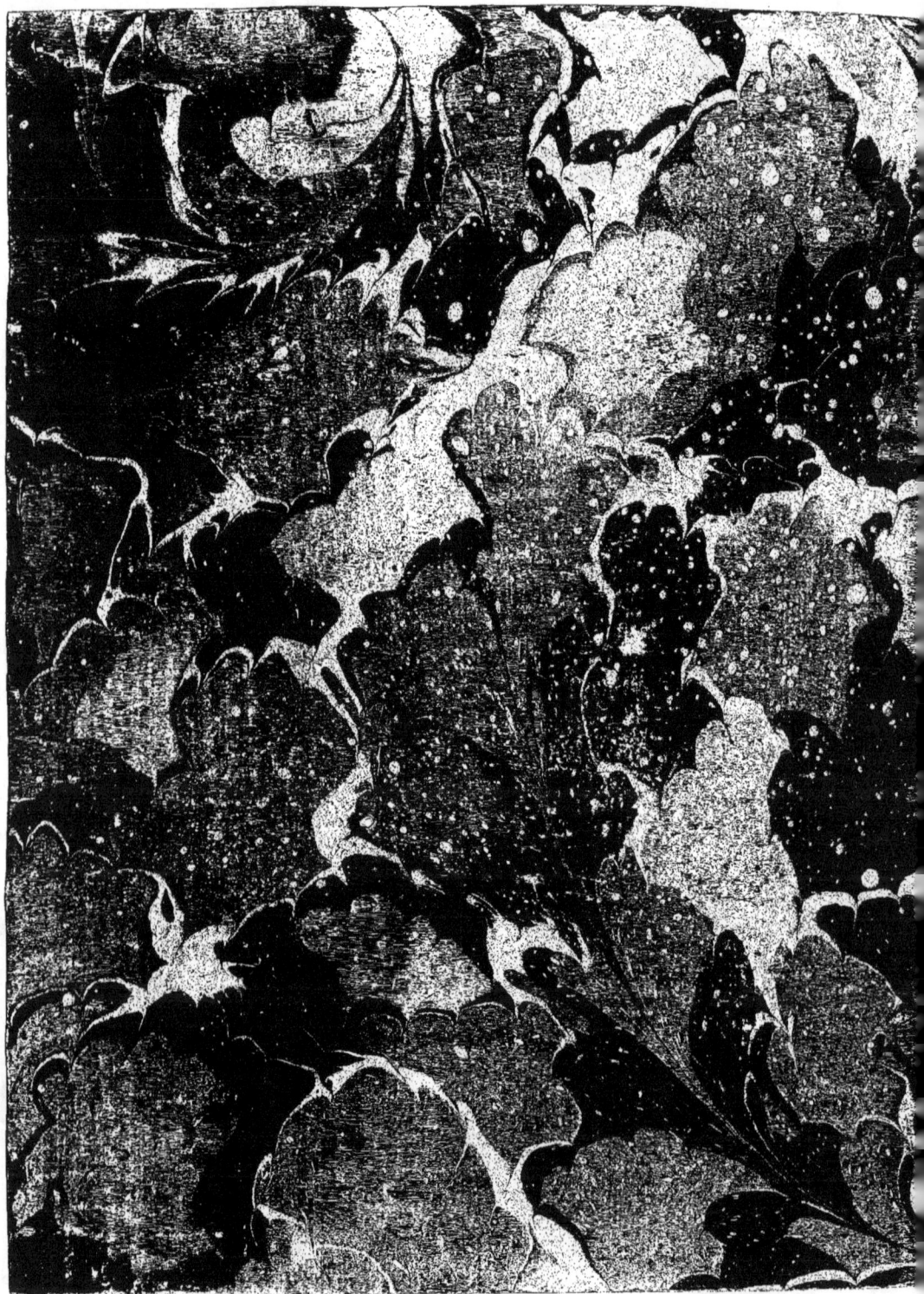

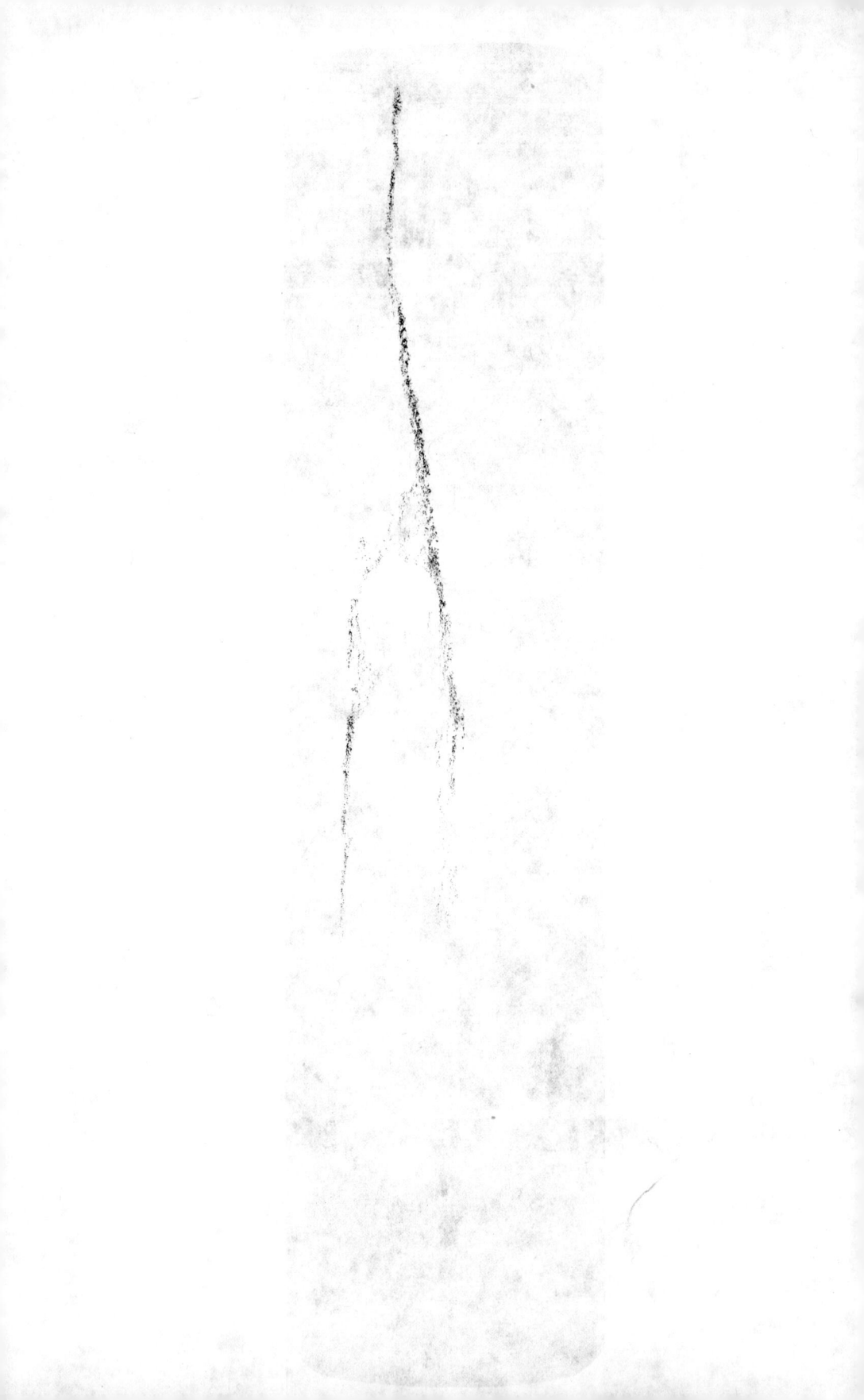